WiSo -
Lehr- und Handbücher

Herausgegeben von
Professor Dr. Harald Dettmer

Bisher erschienene Werke:

Braunschweig, Kostenrechnung
Braunschweig, Investitionsrechnung mit Unternehmensbewertung
Braunschweig, Unternehmensfinanzierung
Braunschweig, Marketing
Braunschweig, Unternehmensführung
Braunschweig · Reinhold, Grundlagen des strategischen Managements
Dettmer · Friedrich · Hausmann · Himstedt, Investitionsmanagement
Dettmer · Glück · Hausmann · Kaspar · Logins · Opitz · Schneid, Tourismustypen
Dettmer · Hausmann, Finanzmanagement I, 2. Auflage
Dettmer · Hausmann · Kaufner · Wilde, Controlling im Food & Beverage-Management
Dettmer · Hausmann · Kloss · Meisl · Weithöner, Tourismus-Marketing-Management
Kloss, Werbung, 3. Auflage
Rothlauf, Interkulturelles Management
Witte, Allgemeine Betriebswirtschaftslehre

Werbung

Lehr-, Studien- und Nachschlagewerk

Von

Prof. Dr. Ingomar Kloss

Dritte, völlig überarbeitete und stark erweiterte Auflage

R. Oldenbourg Verlag München Wien

Die Deutsche Bibliothek - CIP-Einheitsaufnahme

Kloss, Ingomar:
Werbung : Lehr-, Studien- und Nachschlagewerk / von Ingomar Kloss. – 3., völlig überarb. und stark erw. Aufl.. – München ; Wien : Oldenbourg, 2003
(WiSo-Lehr- und Handbücher)
ISBN 3-486-27253-5

Rosenheimer Straße 145, D-81671 München
Telefon: (089) 45051-0
www.oldenbourg-verlag.de

Gedruckt auf säure- und chlorfreiem Papier
Titelgestaltung mit freundlicher Genehmigung von Chris Thomsen
Druck: Grafik + Druck, München
Bindung: R. Oldenbourg Graphische Betriebe Binderei GmbH

ISBN 3-486-27253-5

Vorwort zur dritten Auflage

Auch die vorliegende dritte Auflage dieses Buches wurde wieder grundlegend überarbeitet, erweitert und aktualisiert. Nur um exemplarisch einige Ergänzungen aufzuzeigen: Im ersten Kapitel wurde ein Abschnitt über Werbung in der DDR aufgenommen, im zweiten Kapitel der Abschnitt über Messung von Werbewirkung vollkommen neu gefaßt. Das Kapitel Werbekonzeption wurde um Berufsbilder in Werbeagenturen, einen Abschnitt über Werbecontrolling und typische Fehlerquellen bei der Werbekonzeption erweitert. Das Kapitel Direct Marketing wurde neu strukturiert.

Die Praxisorientierung als konzeptioneller Ansatz wurde auch in dieser Neuauflage konsequent beibehalten und alle Ergänzungen und Überarbeitungen daran ausgerichtet bzw. dadurch initiiert. Auch an dieser Stelle möchte ich wieder zu konstruktiver Kritik aufrufen.

Ingomar Kloss
E-Mail: ingomar.kloss@fh-stralsund.de

Vorwort zur zweiten Auflage

Die verhältnismäßig schnell erschienene zweite Auflage dieses Buches zeigt, daß für seine praxisorientierte Konzeption offensichtlich Bedarf besteht.

Gegenüber der ersten Auflage wurde die zweite Auflage vollständig überarbeitet, erweitert und aktualisiert:

- Das Grundlagenkapitel wurde um die Geschichte der Werbung ergänzt, um aufzuzeigen, welche Faktoren für die Entwicklung der Werbung maßgeblich waren und wie sich die Funktionen der Werbung im Zuge dieser Entwicklung geändert haben.
- Das Kapitel über Werbewirkung wurde insbesondere im Bereich der psychologischen Erklärungsansätze erweitert.
- In den Ausführungen zur Werbekonzeption wurde der Werbestrategie ein größerer Stellenwert beigelegt. Der Abschnitt über Werbekonzeption in verschiedenen Wirtschaftssektoren wurde neu aufgenommen, um die unterschiedlichen Schwerpunkte in der Werbung für Konsumgüter und Dienstleistungen gegenüber Werbung für Investitionsgüter und für Handelsbetriebe aufzuzeigen. Zwei externe Beiträge erläutern die Arbeitsweise einer Werbe- und einer Mediaagentur.
- Das Herausarbeiten rundfunkrechtlicher Aspekte im deutschen Fernsehen stellt eine wesentliche Erweiterung im Bereich der Werbeträger dar. Der Abschnitt über Werbung im Internet wurde völlig neu gestaltet.
- Neu aufgenommen wurde das Kapitel „Internationale Werbung“, da grenzüberschreitende Werbung konzeptionell unter anderen Aspekten erfolgt als rein na-

tionale Werbung. Schwerpunkt dieses Kapitels sind Ausführungen zur Standardisierbarkeit von Werbekampagnen. Den Abschluß bildet ein Fallbeispiel der BMW AG.

- Das Kapitel über Sonderwerbeformen wurde insbesondere im Bereich des Direct Marketing erweitert um Betrachtungen zu Call Centern und Kundenclubs. Neu aufgenommen wurden hier neuere Sonderwerbeformen wie Event Marketing und Formen der virtuellen Werbung.

Die praxis- und problemorientierte Ausrichtung des Buches wurde durch Beiträge von Praktikern untermauert. Mein Dank gilt insbesondere Herrn Carl-Christian Berge von der Agentur Jung von Matt für die Ausführungen über die Arbeitsweise einer Werbeagentur (Kapitel 4.6.5), Frau Dr. Prüsse von der Agentur More Media für die Beschreibung der Arbeitsweise einer Mediaagentur (Kapitel 4.9.2), sowie Herrn Dr. Armbrecht, Herrn Hans-Peter Ketterl und Herrn Michael Lerch von der BMW AG für das Fallbeispiel zur Internationalen Werbung (Kapitel 7.4).

Ingomar Kloss

Vorwort zur 1. Auflage

Werbung ist der wohl exponierteste Teilbereich des Marketing. Sie ist mittlerweile zu einem Bestandteil des öffentlichen Lebens geworden und darin nicht mehr wegzudenken. Es ist praktisch nicht mehr möglich, sich der Werbung zu entziehen. Werbung polarisiert: Einerseits haftet ihr etwas Manipulierendes und Störendes an, andererseits etwas Faszinierendes.

Im vorliegenden Lehr- und Arbeitsbuch wird der Begriff Werbung sehr weit gefaßt und als eine spezifische Form der Kommunikation verstanden, bei der es um die Übermittlung von Werbebotschaften geht.

Dieses Buch befaßt sich mit dem Phänomen Werbung unter verschiedenen Aspekten. Zunächst sind die Voraussetzungen aufzuzeigen, unter denen die Werbung heute erfolgt. Da Werbung immer auf Wirkung ausgerichtet ist, werden die Erkenntnisse der Werbewirkungsforschung und die Methoden zur Messung der Werbewirkung in Kapitel 2 etwas ausführlicher darzustellen sein. Die Vorstellung einiger theoretischer Modelle läßt sich dabei nicht vermeiden.

Aufbauend auf einer beabsichtigten Positionierung, besteht ein sehr wesentliches Ziel der Werbung in dem Aufbau von Images für die beworbenen Produkte und Marken bzw. der Übertragung von Images, was in Kapitel 3 darzustellen ist. Daran anschließend werden in Kapitel 4 die Überlegungen aufgezeigt, die notwendig sind, um Werbung zu konzipieren. Ein Schwerpunkt wird dabei auf den Bereich der Mediaplanung gelegt.

Als klassische Werbeform ist auch die Public Relations anzusehen, die den Bereich „Werbung above the line" in Kapitel 5 komplettiert.

Damit eine Werbebotschaft die anvisierte Zielgruppe erreichen kann, bedarf sie eines Trägermediums. Die wesentlichen Werbeträger in Deutschland werden im sechsten Kapitel vorgestellt.

Seit einigen Jahren haben sich neben den klassischen Werbeformen auch Sonderwerbeformen etabliert, die zum Abschluß in Kapitel 7 vorgestellt werden. Ihre Entwicklung wurde von den Werbetreibenden vor allem auch deshalb gefördert, weil zunehmend Zweifel an der Effizienz der klassischen Werbung aufgekommen sind und Alternativen gewünscht waren. Etabliert haben sich die Verkaufsförderung, Sponsoring und Product Placement im Bereich der Massenkommunikation und das Direct Marketing im Bereich der Individualkommunikation. Die starke Tendenz der Werbetreibenden zu einem Dialog mit ihren Kunden wird den Stellenwert des Direct Marketing in Zukunft vermutlich stark aufwerten.

Von wenigen theoretischen Notwendigkeiten abgesehen, ist das Buch sehr praktisch ausgerichtet und orientiert sich an der Werbepraxis von Agenturen und Werbetreibenden. Das Buch zielt daher vor allem auf Studierende, die einen späteren Einstieg in das Marketing erwägen, aber auch an Praktiker, die ihre Kenntnisse aktualisieren wollen.

Das vorliegende Lehr- und Arbeitsbuch stellt anhand einer Vielzahl von Beispielen problemorientiert die Interdependenzen von Theorie und Praxis der Werbung vor. Jedes Kapitel beginnt mit einer einleitenden Situation. Den einzelnen Kapiteln sind Fragen angeschlossen, die Lösungen dazu finden sich im Anhang und lassen eine selbständige Lernerfolgskontrolle zu. Ein umfangreiches Stichwortverzeichnis erleichtert das schnelle Auffinden von Lehrinhalten und macht dieses Lehr- und Arbeitsbuch zusätzlich zu einem Nachschlagewerk.

Anregungen zur Verbesserung und konstruktive Kritik nimmt der Verfasser gerne entgegen.

Ingomar Kloss

Inhaltsübersicht

Inhaltsverzeichnis

Abbildungsverzeichnis

Tabellenverzeichnis

Abkürzungsverzeichnis

ACD	Automatic Call Distribution
AD	Art Director
ADC	Art Directors Club
AGF	Arbeitsgemeinschaft Fernsehforschung
AG.MA	Arbeitsgemeinschaft Media Analyse
ALM	Arbeitsgemeinschaft der Landesmedienanstalten
ARD	Arbeitsgemeinschaft der öffentlich-rechtlichen Rundfunkanstalten der Bundesrepublik Deutschland
ATL	Werbung above-the-line
AWA	Allensbacher Werbeträger-Analyse
BBC	British Broadcasting Corporation
BDZV	Bundesverband Deutscher Zeitungsverleger
BGH	Bundesgerichtshof
BTL	Werbung below-the-line
BtoB/B2B	Business-to-Business
BtoC/B2C	Business-to-Consumer
BVDA	Bundesverband Deutscher Anzeigenblätter
BVerfG	Bundesverfassungsgericht
BVerfGE	Entscheidungen des Bundesverfassungsgerichts
CD	Creativ Director
CPO	Cost per Order
CRM	Customer Relationship Marketing
DDV	Deutscher Direktmarketing Verband
DEWAG	Deutsche Werbe- und Anzeigen-Gesellschaft
DFV	Deutscher Fremdenverkehrsverband
DPRG	Deutsche Public Relations Gesellschaft
DRTV	Direct Response Television
DTP	Desk Top Publishing
DSM	Deutsche Sport-Marketing GmbH
EASA	European Advertising Standards Alliance
ECR	Efficient Consumer Response
FFA	Filmförderungsanstalt
FFF	Film, Funk, Fernsehen
FSK	Freiwillige Selbstkontrolle der Filmwirtschaft
GEZ	Gebühreneinzugszentrale
GfK	Gesellschaft für Konsumforschung
GRP	Gross Rating Point
GWA	Gesamtverband Werbeagenturen
IDV	Individualismus/Kollektivismus
IVW	Informationsgemeinschaft zur Feststellung der Verbreitung von Werbeträgern
LpA	Leser pro Ausgabe
LpE	Leser pro Exemplar
LpS	Leser pro Seite

LpwS	Leser pro werbungführender Seite
LTO	Long-Term-Orientation
MA	Media Analyse
MAS	Maskulinität/Femininität
MDR	Mitteldeutscher Rundfunk
OMG	Organisation der Media-Agenturen im GWA
ORB	Ostdeutscher Rundfunk Brandenburg
OTH	opportunity to hear
OTS	opportunity to see
OWM	Organisation Werbungtreibende im Markenverband
PDI	Power Distance
PIN	personenindividuelle Nutzungsdaten
PoS	Point of Sale
RStV	Rundfunkstaatsvertrag
SLO	Self Liquidating Offer
SZM	Skalierbares Zentrales Meßsystem
TdW	Typologie der Wünsche
TKP	Tausend Kontakt Preis
TLP	Tausend Leser Preis
TNP	Tausend Nutzer Preis
TRP	Target Rating Point
TSP	Tausend Seher Preis
UAI	Uncertainty Avoidance
UAP	Unique Advertising Proposition
USP	Unique Selling Proposition
UWG	Gesetz gegen den unlauteren Wettbewerb
VA	Verbraucher-Analyse
VPRT	Verband Privater Rundfunk und Telekommunikation
WAZ	Westdeutsche Allgemeine Zeitung
WLK	weitester Leserkreis
WSK	weitester Seherkreis
ZAW	Zentralverband der deutschen Werbewirtschaft

1 Grundlagen

„Halleluja! Treten Sie ein in die beste aller Welten, das Paradies auf Erden, das Reich der Glückseligkeit, des sicheren Erfolges und der ewigen Jugend. In diesem Wunderland mit immer blauem Himmel trübt kein saurer Regen das glänzende Grün der Blätter, nicht der kleinste Pickel wölbt die babyrosa Haut der Mädchen, und niemals verunziert ein Kratzer die spiegelblanken Karosserien der Autos. Auf leergefegten Straßen fahren junge Frauen mit langen, braungebrannten Beinen in schimmernden Limousinen, die soeben aus der Waschanlage kommen. Unfälle, Glatteis, Radarkontrollen und geplatzte Reifen sind ihnen fremd. Wie Aale schlängeln sie sich durch die Staus der Großstädte, entgehen all den braungebrannten Autoscheibenputzern an den Ampelkreuzungen und verirren sich auch niemals in heruntergekommene Viertel, sondern gleiten geräuschlos zu geräumigen Altbauwohnungen oder zu luxuriösen Wochenendhäusern mit unbezahlbaren Möbeln.

Dort erwarten sie Opapa und Omama - natürlich in Topform - inmitten eines Blumenmeeres und zu den heiteren Klängen eines Violinkonzerts. Die Kinder hüpfen lachend um sie herum und sind außer sich vor Freude dank Onkel Dittmeyer und der lila Kuh. Sie weinen nicht mehr, bekommen nie Läuse oder Scharlach, und sie stecken auch niemals die Finger in die Steckdose. Ihre Mami - zwanzig Jahre alt, kein Gramm Zellulitis und ohne einen einzigen Schwangerschaftsstreifen - wickelt singend die strammen Babypopos, die niemals vollgeschissen sind, sondern wunderbar duften. Tja, und dann wischt die hübsche blonde Fee, die sooo gut gebaut ist!, tanzend die Fliesen einer Küche, die jedem Großrestaurant Ehre machen würde. Mit Hilfe eines Zauberpulvers verwandelt sie Berge von schmutziger Wäsche in ordentliche Stapel neuer Kleidung. Und schließlich, oh Wunder!, wird ihr Regelblut hellblau und hinterläßt keine Flecken mehr auf dem Schlüpfer. Blau wie der Himmel, der durchs Fenster lächelt, blau wie das Pipi ihres Babys, das nie in die Hose geht. Ein Refrain mit Ohrwurm-Charakter trällert: ‘Das Glück ist da’.“
Toscani 1996, S. 9

1.1 Werbung und Kommunikation

1.1.1 Die Stellung der Werbung im Marketing-Mix

Die Werbung ist mittlerweile ein Bestandteil des täglichen Lebens geworden. Allerdings erhält die Werbung von der Öffentlichkeit einen Stellenwert, der ihre Bedeutung im Marketing-Mix überhöht. Tatsächlich ist die Produktpolitik viel bedeutender als die Werbung, denn selbst die beste Werbung kann auf Dauer keine schlechten Produkte verkaufen. In einer seriösen Betrachtung ist Werbung immer unter einem langfristigen Aspekt zu sehen. Die Preise der Produkte stellen für den Verbraucher Kosten dar. Eine der Hauptaufgaben der Werbung ist es, die Nutzeneinschätzung der Produkte durch den Verbraucher über den Preis zu stellen.

Langfristig deshalb, weil ein Verbraucher, der nach dem Kauf das Preis/Nutzen-Verhältnis schlechter bewertet als vor dem Kauf - beispielsweise weil die Werbung bei ihm falsche Erwartungen geweckt hat - dieses Produkt des Herstellers wahrscheinlich nicht mehr kaufen wird. Ein Unternehmen existiert jedoch nicht von den Verbrauchern, die nur einmal seine Produkte kaufen, sondern davon, daß möglichst viele Verbraucher immer wieder die Produkte kaufen. Dies ist nur dann der Fall, wenn die Verbraucher mit den Produkten des Herstellers zufrieden sind und das Preis/Nutzen-Verhältnis so einschätzen, daß sie mit dem Kauf ein „Geschäft" gemacht haben. Eine Übervorteilung der Verbraucher kann für Unternehmen - wenn überhaupt - nur kurzfristig erfolgreich sein.

Um die betriebswirtschaftliche Einbettung der Werbung zu verdeutlichen ist ein kleiner Exkurs in das Rechnungswesen notwendig. Was Einsteins berühmte Formel $E = mc^2$ in der Physik ist in der Betriebswirtschaft die Formel $G = E - K$, die den Gewinn als Residualgröße von Erlös und Kosten beschreibt. Ein Gewinn kann nur dann erwirtschaftet werden, wenn die Erlöse größer sind als die Kosten. Wie das gesamte Marketing-Mix zielt natürlich auch die Werbung auf den betriebswirtschaftlichen Gewinn, ohne den ein Unternehmen langfristig nicht überlebensfähig ist. Es ist wichtig zu betonen, daß die Werbung letztlich nichts anderes ist als ein Instrument, mit dem der Unternehmensgewinn abgesichert werden soll. Naturgemäß zielt Werbung dabei weniger auf die Kosten (die sie vor allem durch Degressionseffekte [Massenproduktionsvorteile, economies of scale] aufgrund gesteigerter Mengen beeinflussen kann), sondern in erster Linie auf die Erlöse. Die Erlöse wiederum sind das Produkt aus Preisen und Absatzmengen. Unter betriebswirtschaftlichen Aspekten hat Werbung also die Aufgabe, einerseits bestimmte Preise im Markt durchzusetzen, indem sie die Nutzeneinschätzung der Verbraucher entsprechend beeinflußt, andererseits entsprechende Mengen zu verkaufen hilft, indem beispielsweise ein entsprechender Besitzwunsch geweckt werden kann bzw. indem das Produkt in einem günstigen Preis/Leistungs-Verhältnis erscheint.

Werbung ist ein spezieller Bereich der Kommunikation. Ganz allgemein läßt sich unter **Kommunikation** die **Übermittlung bzw. der Austausch von Botschaften** verstehen. Handelt es sich bei diesen Botschaften um Werbebotschaften, wird im folgenden die Bezeichnung Werbung verwendet. Werbung wird also als eine spezifische Form der Kommunikation verstanden, die sich lediglich durch den Kommunikationsinhalt definiert.

Der Kommunikation ist ferner die Verpackung und der persönliche Verkauf zuzuordnen, die hier jedoch nur nachrichtliche Erwähnung finden. Vielfach ist das Bild, das Verbraucher von einem Produkt im Kopf haben, mit seiner **Verpackung** gleichzusetzen. Insbesondere bei der Selbstbedienung muß die Verpackung Informationen vermitteln, die der Verbraucher für seine Kaufentscheidung benötigt und somit den Verkäufer ersetzen. Von der Verpackungsgestaltung hängt in erheblichem Maße der Kommunikationswert der Marke ab.

Im **persönlichen Verkauf** erfolgt der direkte Kontakt mit dem Verbraucher. Er spielt insbesondere bei solchen Unternehmen eine bedeutende Rolle, die erklärungsbedürftige Produkte herstellen und einen intensiven Service benötigen.

Werbung wird häufig als eine typische Erscheinung marktwirtschaftlicher Wirtschaftssysteme erachtet. Es ist vielleicht sinnvoll zu betonen, daß sie auch in planwirtschaftlichen Systemen als notwendig erachtet wird und hier natürlich auch den gleichen Gesetzmäßigkeiten unterliegt. Die Unterschiede liegen vor allem in der verfolgten Zielsetzung.

Werbung ist neben der Produkt-, Preis- und Distributionspolitik ein Bestandteil des Marketing-Mix und wird im folgenden weitgehend mit der in vielen Marketinglehrbüchern verwendeten Bezeichnung Kommunikationspolitik gleichgesetzt (vgl. z.B. Meffert 1998, S. 663 ff.).
Innerhalb des Marketing-Mix sind die einzelnen Instrumente nicht gleichwertig. Um überhaupt Marketing betreiben zu können, muß zunächst einmal ein Produkt[1] vorhanden sein. Dieses Produkt hat i.d.R. einen Preis und wird auf eine bestimmte Weise vertrieben. Produkt- und Preispolitik sind immer ein Muß, die Absatzwege sind oft vorgegeben und eine Veränderung häufig schwierig. Werbung hingegen kann flexibel eingesetzt werden, sie ist kein unverzichtbarer Bestandteil im Leben eines Produktes. Viele Produkte kommen gänzlich ohne Werbung aus.
Warum also noch ein Lehrbuch über Werbung? Werbung ist ein maßgeblicher Faktor in der Gestaltung von Marken und von diesen nicht wegzudenken. Eine Marke unterscheidet sich von einer Nicht-Marke durch eine eigene Persönlichkeit, durch Charakter. Eine Marke konstituiert sich durch identifizierbare Unterschiede zu anderen Marken, durch den Bedeutungsgehalt, den der Konsument mit ihr assoziiert (vgl. Kloss 2001a, S. 236). Bei Produkten, die in ihren funktionalen Eigenschaften austauschbar sind - ein typisches Merkmal von gesättigten Märkten -, ist Werbung die einzige Möglichkeit, Marken zu differenzieren. Werbung ist in der Lage, eine große Gruppe von Zielpersonen gleichzeitig und wiederholt anzusprechen. Sie kann Verbraucher über neue Produkte informieren bzw. über wichtige Veränderungen bei bestehenden Produkten. Schließlich kann Werbung Verbraucher zu einer Änderung ihrer Einstellungen oder ihres Verhaltens veranlassen. Allerdings ist der Kontakt zwischen Werbetreibendem und Umworbenem i.d.R. nur indirekt, somit können Verhaltensänderungen normalerweise auch nur langsamer erfolgen als beispielsweise bei einer Preisänderung oder bei veränderter Distribution.

Ziel der Marketingentscheidungen ist nicht die Optimierung eines einzelnen Instrumentes, vielmehr das Finden eines optimalen Marketing-Mix. Dies erweist sich in der Praxis als ein äußerst komplexes Problem, da die Kombinationsmöglichkeiten sehr groß sind. Wie verteilt beispielsweise ein Unternehmen bei der Einführung eines neuen Produktes sein Marketingbudget auf die einzelnen Marketing-Mix-Faktoren? Das Produkt ist i.d.R. als gegeben hinzunehmen, variabel ist das

[1] Im folgenden wird die Bezeichnung ‘Produkt’ synonym verwendet für das jeweils zu vermarktende Angebot. In diesem Sinne sind also z.B. auch Dienstleistungen ‘Produkte’.

Marketing-Mix jedoch im Hinblick auf den Preis, die Werbung und - eingeschränkt - auf die Distributionswege. Das Unternehmen kann z.B. einen niedrigen Einführungspreis wählen, es kann Geld in die Werbung stecken, um das Angebot bekannt zu machen, bestehende Kunden können persönlich angeschrieben werden, um sie auf das neue Angebot hinzuweisen. Es können zusätzliche Bezugsmöglichkeiten über das Internet oder Automaten angeboten werden.

Das Problem, die optimale Kombination und die richtige Gewichtung des Marketing-Mix zu finden, ist in der **Wirkungsinterdependenz** der einzelnen Marketing-Mix-Faktoren zu sehen, die eine isolierte Betrachtung einzelner Wirkungsgrößen nicht zuläßt. Einfach ausgedrückt: Jedes Produkt hat eine bestimmte Qualität, einen Preis, eine Verpackung und einen Distributionsweg. Jeder einzelne Faktor kommuniziert Bedeutungsinhalte, die zusammen den Absatzerfolg eines Produktes bestimmen. Dabei kann die gesamthafte Anmutung mehr sein als die Summe der einzelnen Faktoren. Der Begriff Anmutung stammt aus der Psychologie und beschreibt den ersten gefühlsmäßigen Eindruck des Konsumenten bei optischer Wahrnehmung (vgl. Lippert 1993, S. 16).

In einem **erweiterten Sinn** gehören daher alle Elemente des Marketing Mix zur Marketing-Kommunikation, denn auch der Preis, der Vertriebsweg und das Produkt als solches versorgen den Markt mit Informationen. Ein niedriger Preis verträgt sich ebensowenig mit einem exklusiven Angebot, wie dessen breite Distribution. Der kommunikative Beitrag der übrigen Marketing-Instrumente kann die Übermittlung der Informationen stützen oder schwächen. Gerade im Rahmen der Kommunikationspolitik ist es wichtig, das Marketing-Mix als ganzheitlich wirkendes Instrumentarium zu betrachten. Zur Erzielung einer beabsichtigten Wirkung ist es notwendig, alle Elemente des Marketing-Mix aufeinander abzustimmen. Wichtig ist eine Konsistenz von Strategie und Kommunikation.

Im **engeren Sinn** umfaßt Werbung die in Abbildung 1-1 dargestellten Elemente des Werbe-Submix, die in den folgenden Kapiteln ausführlich dargestellt werden.

Abbildung 1–1: Die Elemente des Werbe-Submix

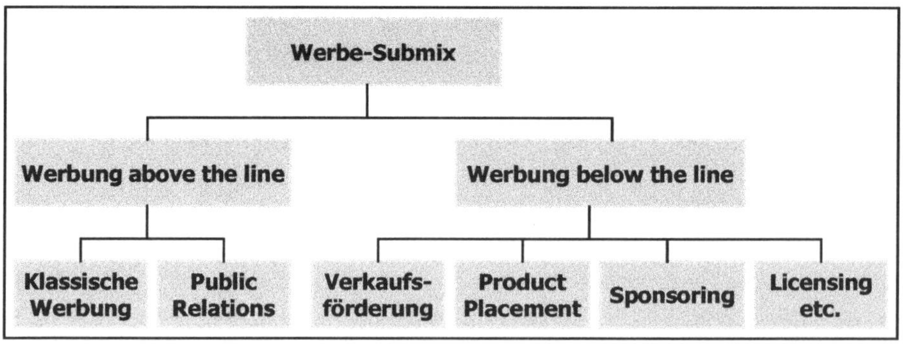

Bei der hier verwendeten breiten Definition von Werbung, die alle Formen der Übermittlung von Werbebotschaften beinhaltet, ist eine begriffliche Abgrenzung zu der enger gefaßten anonymen werblichen Ansprache über die Massenmedien vorzunehmen, die als **klassische Werbung** zu bezeichnen ist. Bei vielen Unternehmen ist die klassische Werbung nach wie vor der Hauptpfeiler der Kommunikationspolitik. Diese Form der Kommunikation wird auch als „**Werbung above the line**" (ATL) bezeichnet, wozu auch die Öffentlichkeitsarbeit (Public Relations) gezählt wird. Davon abzugrenzen ist die „**Werbung below the line**" (BTL)[2], womit alle nicht-klassischen Werbeformen bezeichnet werden. Es ist allerdings eine zunehmende Vermischung dieser Ansprachemöglichkeiten festzustellen.

Die Below-the-Line-Aktivitäten weisen seit Jahren eine stetige Zunahme auf und lagen im Jahr 2000 mit Spendings in Höhe von 31,6 Mrd. € etwa gleich mit denen für klassische Medien (33,2 Mrd. €).

Angesichts der heutigen Werbeüberflutung, einer sich abzeichnenden Werbemüdigkeit der Verbraucher und daraus resultierenden Werbevermeidungsphänomenen wie „Zapping", wurden zunehmend Zweifel an der Effizienz der klassischen Werbung laut, und die Unternehmen suchten nach Alternativen. Dafür haben sich vor allem Sonderwerbeformen wie Sponsoring (vgl. Kapitel 8.1), Product Placement (vgl. Kapitel 8.2) und Direct Marketing (vgl. Kapitel 8.3) herausgebildet. Zu den nicht-klassischen Werbeformen zählt auch die direkt am Point of Sale erfolgende Verkaufsförderung (vgl. Kapitel 8.4). Mit Ausnahme des Direct Marketing sind diese Werbeformen alle der **Massenkommunikation** zuzurechnen, d.h. der Werbetreibende richtet sich an eine anonyme Masse von Zielpersonen, die ihm nicht namentlich bekannt sind. Das Direct Marketing hingegen ist eine Form der **Individualkommunikation**, bei der der Werbetreibende eine konkrete Person direkt und namentlich anspricht.

Alle Elemente des Werbe-Submix sind untereinander wechselseitig verflochten. Häufig wird in der Praxis nicht nur ein einziges kommunikationspolitisches Instrument angewendet. Daher kann die Wirkung der einzelnen Instrumente auch nicht isoliert betrachtet werden, vielmehr geht es auch hier um das Finden eines optimalen Mix der eingesetzten Instrumente. Alle Elemente des Werbe-Submix müssen aufeinander abgestimmt sein, um in ihrer Gesamtheit die beabsichtigte Wirkung zu erzielen.

1.1.2 Die Beeinflussungsabsicht der Werbung

1.1.2.1 Definition und Abgrenzung von Werbung

Zentrales Element jeglicher Kommunikation ist die Beeinflussung. Ein Unternehmen, das seine Produkte bewirbt, ein Politiker, der ein Fernsehinterview gibt oder das Gespräch zweier Nachbarn auf dem Hausflur: Ziel jeder dieser Kommunikationsformen ist letztlich der Versuch, Meinungen, Einstellungen, Erwartungen oder

---

[2] Die Einteilung in Werbung above-the-line und Werbung below-the-line ist historisch gewachsen. „The line" beschreibt die Wahrnehmungsschwelle. Damit sind „above-the-line"-Aktivitäten alle gut sichtbaren Maßnahmen, wie eben Anzeigen oder TV-Spots. Bei „below-the-line"-Maßnahmen wie z.B. bei Verkaufsförderungen oder Sponsoring, wird eine Werbeabsicht vordergründig nicht so schnell deutlich.

Verhaltensweisen zu beeinflussen. Marketingkommunikation läßt sich also nicht nur auf die Funktion der Übermittlung von Informationen reduzieren. Werbung soll Vertrauen in die **Problemlösungskompetenz** einer Marke vermitteln, wobei das „Problem" sowohl objektiv wie psychologisch begründet sein kann (vgl. Bergler 1989, S. 17).

In Anlehnung an Kroeber-Riel (1993, S. 27) und Behrens (1976, S. 14) wird hier Werbung wie folgt definiert:

Werbung ist eine absichtliche und zwangfreie Form der Kommunikation, mit der gezielt versucht wird, Einstellungen von Personen zu beeinflussen.

Natürlich ist das eigentliche Ziel der Werbung ein ökonomisches: Steigerung von Umsatz, Marktanteilen, Kauffrequenzen usw. Da Werbung dieses Ziel jedoch in aller Regel nicht direkt ansteuern kann (vgl. Kapitel 2), wird versucht, es auf indirektem Wege zu erreichen, indem die Meinungen und **Einstellungen** der Zielgruppen zugunsten der eigenen Produkte beeinflußt werden. Einstellungen bezeichnen die inneren Bereitschaften von Personen, in bestimmter Weise auf Umweltreize zu reagieren (vgl. Meffert 1998, S. 113). Die Beeinflussungsabsicht der Werbung setzt deshalb an den Einstellungen an, weil i.d.R. davon ausgegangen wird, daß sich Menschen einstellungskonform verhalten, normalerweise werden keine Produkte (bzw. Marken) gekauft, bei denen Vorbehalte bestehen. Allerdings äußert sich nicht jede Einstellung im Verhalten und nicht jedes Verhalten ist Ausdruck der tatsächlichen Einstellung einer Person. Es kann i.d.R. aber davon ausgegangen werden, daß sich jemand nur dann einstellungskonform verhält, wenn keine negativen Sanktionen durch das soziale Umfeld zu befürchten sind.

Eine Einstellungsänderung wird nur dann auch zu einer Änderung des Verhaltens führen, wenn eine Bestätigung dieser neuen Einstellung durch das soziale Umfeld erfolgt (vgl. Festinger 1964, S. 404 f.). D.h. die Einstellung der „anderen" muß mit der des Konsumenten positiv korrelieren und sie bestätigen. Der Werbung kommt also die Aufgabe zu, die „allgemeine" Einstellung in der Zielgruppe zu bewirken (vgl. Rode 1994, S. 249).

Einstellungen umfassen sowohl eine **Bewertungs-** als auch eine **Urteilskomponente** (vgl. Felser 1997, S. 241). Beispielsweise könnte ein Urteil lauten: „Haushaltsreiniger auf Essigbasis schonen die Umwelt", verbunden mit der Bewertung: „Das finde ich gut". Diese Einstellung kann nun dazu führen, künftig nur noch Essigreiniger zu kaufen. Insbesondere die Urteilskomponente kann aber auch zu Einstellungsänderungen führen. Wenn also die persönlichen Erfahrungen mit dem Essigreiniger zu dem Urteil führen, daß dieser zwar die Umwelt schont, aber nicht richtig sauber macht, dann kann diese Einstellungsänderung auch zu einer Verhaltensänderung dahingehend führen, daß andere Reiniger ausprobiert werden.

Werbung ist eine **zwangfreie** Form der Beeinflussung, der Beeinflussungsversuch kann vom Konsumenten erkannt und kontrolliert werden. Ist dies nicht mehr der Fall, liegt also ein psychischer Zwang vor, d.h. kann der Beeinflussungsversuch als solcher nicht mehr erkannt und willentlich kontrolliert werden, handelt es sich um **Manipulation**. Der Duden definiert Manipulation als „bewußter und gezielter Einfluß auf Menschen ohne deren Wissen und oft gegen deren Willen“. Zur Manipulation müssen also auch Formen der unterschwelligen Werbung gezählt werden, deren Wirkung allerdings bisher wissenschaftlich nicht nachgewiesen ist (vgl. Kapitel 2.2.3.1.5).

Da die Werbung keine Sanktionen ausüben kann, sind ihrer Beeinflussung enge Grenzen gesetzt:

Werbung kann niemanden zu etwas veranlassen, das dieser nicht will. Werbung kann Verhaltensweisen nur beeinflussen, sofern der Umworbene dazu bereit ist.

In diesem Zusammenhang steht immer wieder die Werbung für alkoholische Getränke und für Tabakwaren in der Kritik mit dem Argument, sie verführe zum Konsum dieser Produkte und steigere deren Konsum. In beiden Produktkategorien läßt sich allerdings nachweisen, daß Werbeverbote nicht zu einem Rückgang des Konsums geführt haben. In allen Ländern, in denen ein totales Werbeverbot für Zigaretten ausgesprochen wurde (z.B. Italien 1962, Norwegen 1975, Singapur 1971), sowie in den osteuropäischen Ländern, in denen bis zur Wende praktisch überhaupt keine Werbung zugelassen war, stieg der Zigarettenkonsum weiter an (vgl. O.V. 1982). Das gleiche gilt auch für alkoholische Getränke. Totale Werbeverbote wurden hierfür z.B. in Norwegen (1972), Finnland (1977) und Schweden (1979) verhängt. Bis auf Schweden stieg der pro-Kopf-Konsum nach dem Werbeverbot weiter, in Schweden war der Konsum bereits vor dem Werbeverbot rückläufig (vgl. Nickel 1995). Sowohl für den Alkohol- als auch für den Zigarettenkonsum Jugendlicher scheint der Einfluß der unmittelbaren sozialen Umgebung (Eltern, Freunde usw.) von entscheidender Bedeutung zu sein. Werbung für Zigaretten und Alkohol zielt, wie generell auf gesättigten Märkten, in erster Linie auf eine Verschiebung von Marktanteilen.

Die Beeinflussung von Meinungen in politischen, religiösen oder weltanschaulichen Bereichen wird als **Propaganda** bezeichnet. Sie kann definiert werden als „Beeinflussung des Menschen, die ihn veranlaßt, sich freiwillig eine Überzeugung anzueignen und sie als wahr anzuerkennen“ (Buchli 1970, S. 11). Differenzierter definiert Lasswell Propaganda als „the management of collective attitudes by the manipulation of significant symbols“ (Lasswell 1927, S. 627), wobei er unter Symbolen sowohl körperliche Gesten als auch solche durch Wort und Schrift versteht.

1.1.2.2 Werbetreibende und Umworbene

Werbung ist niemals nur Selbstzweck sondern letztlich immer nur Mittel zu dem Zweck, die Umworbenen zum Kauf der beworbenen Marke zu veranlassen. Werbung muß sich also immer an der Erfüllung dieses Zieles messen lassen. „Gute Werbung“ bemißt sich also danach, inwieweit sie die Ziele der Werbetreibenden erfüllt (und nicht danach, wieviele Preise sie gewinnt). Ob Werbung das Ziel erfüllt, kann nur der Werbetreibende selbst beurteilen.

Für das Grundverständnis der Werbung ist es fundamental zu berücksichtigen, daß sie immer auf zwei Ebenen wirkt. Denn die Ziele des Werbetreibenden kann Werbung nur dann erreichen, wenn sie auch die Ziele der Umworbenen erfüllt, die durchaus unterschiedlich von denen des Werbetreibenden sind. Es ist die Aufgabe des Werbetreibenden (bzw. seiner Werbeagentur), sowohl seine eigenen Ziele als auch die der Umworbenen zu erreichen.

Die Zielerreichung der Werbung erfolgt immer auf zwei Ebenen: Werbung ist nur dann erfolgreich, wenn sie sowohl die Ziele des Werbetreibenden als auch die der Umworbenen erfüllt. Der Werbetreibende muß also seine Zielpersonen gut genug kennen, um mit der Werbung deren Bedürfnisse anzusprechen.

Abbildung 1–2: Der duale Prozeß der Zielerreichung von Werbung

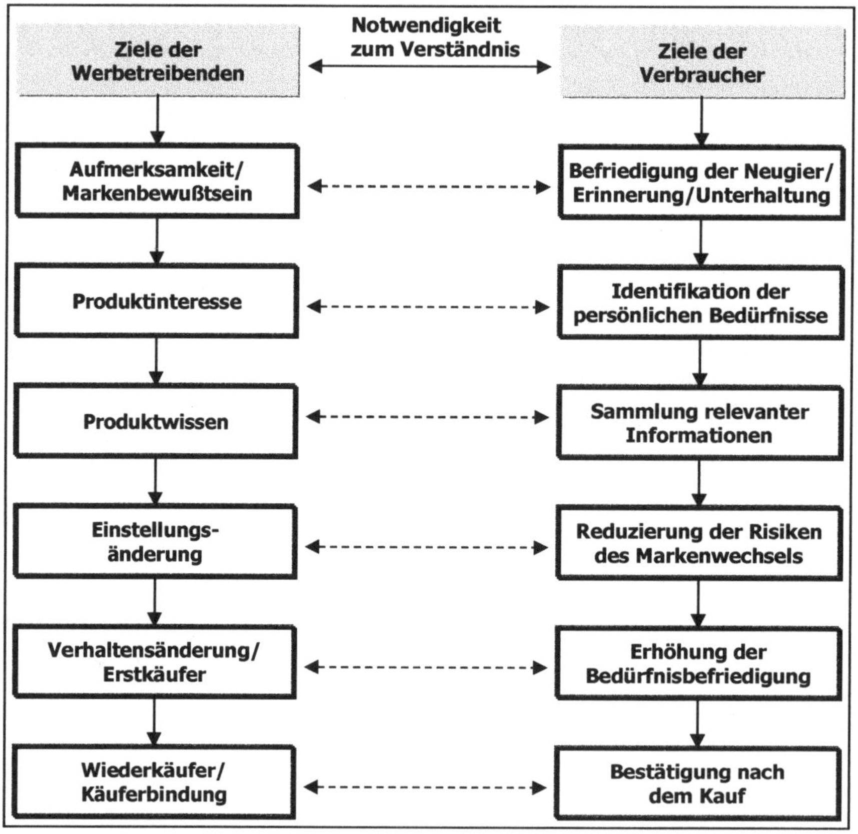

Quelle: Wells, W./Burnett, J./Moriarty, S.: Advertising: Principles and Practice, 5th ed., Prentice Hall 2000, S. 3

Dieser duale Prozeß der Zielerfüllung ist in Abbildung 1-2 dargestellt. Ein Grund für den Verbraucher, Werbung zu betrachten, könnte darin liegen, daß er sich von der Werbung unterhalten fühlt oder sie seine Neugier erregt. Wenn die Werbung hinreichend aufmerksamkeitsstark ist, wird sie vielleicht auch erinnert. Im Idealfall erkennt der Verbraucher, daß diese Werbung sich an ein persönliches Bedürfnis von ihm richtet und Hinweise darauf enthält, wie er dieses Bedürfnis befriedigen kann. Vielleicht bietet die Werbung auch genügend Anreize, um einen Markenwechsel zu riskieren. Schließlich kann Werbung zur Bestätigung der getroffenen Entscheidung beitragen und den Verbraucher daran erinnern, wie gut die Marke seine Bedürfnisse befriedigt hat.

Die Ziele des Werbetreibenden unterscheiden sich naturgemäß von denen des Verbrauchers. Letztlich will der Werbetreibende den Verbraucher zum Kauf veranlassen und ihn als Stammkunden gewinnen. Dafür muß er die Aufmerksamkeit des Verbrauchers gewinnen und ein Markenbewußtsein bei ihm aufbauen. Das Interesse des Verbrauchers muß geweckt werden und es müssen ihm hinreichende Gründe geboten werden, um ihn zu einer Änderung des Kaufverhaltens zu bewegen, ihn zu einem Probierkauf zu veranlassen und ihn als Käufer zu halten (vgl. Wells/Burnett/Moriarty 2000, S. 3 f.).

Das Zusammenspiel zwischen Werbetreibendem und Umworbenem kann nur dann funktionieren, wenn es von gegenseitigem Respekt geprägt ist. Der Werbetreibende kann nicht davon ausgehen, daß der Umworbene seine Produkte kauft, wenn er sich von ihm für „dumm verkauft" fühlt. Der große Werbemann Ogilvy hat dies deutlich formuliert: „Die Konsumentin ist durchaus nicht dumm. Sie ist wie Ihre Frau. Sie beleidigen ihre Intelligenz, wenn Sie annehmen, daß ein einziger Slogan oder einige nichtssagende Adjektive sie zum Kauf einer Ware veranlassen können" (Ogilvy 1991, S. 128 ff.).

1.1.2.3 Vorurteile gegenüber der Werbung

Werbung wird häufig eher abschätzig beurteilt und ist negativ behaftet. Der französische „Werbepapst" Seguela hat das in dem Satz zusammengefaßt: „Sag meiner Mutter nicht, daß ich in einer Werbeagentur arbeite, sie glaubt ich sei Klavierspieler in einem Bordell". Das tiefverwurzelte Vorurteil lautet: Werbung manipuliert uns Dinge zu kaufen, die wir gar nicht wollen. Nach einer 1998 durchgeführten Umfrage der GfK und der Zeitschrift „Horizont" auf Basis von 2506 Befragten, glauben 85,6% aller Deutschen, daß Werbung zum Kauf von Dingen verführt, die man eigentlich gar nicht braucht. Andererseits sind aber auch 78,8% der Meinung, daß der Werbedruck die Hersteller zu Produktverbesserungen zwingt.

Die Vorurteile gegenüber der Werbung beruhen noch heute zu einem Teil auf Packards 1957 erschienenem Buch „Die geheimen Verführer". Schon der Titel rückt Werbung in den Bereich des Mysteriösen, Dubiosen. Es ist unbestritten, daß Werbung verführen will, aber an Werbung ist nichts geheim.

Der Werbung wird vieles angelastet: „Werbung sei Schuld an Trunksucht, an exzessivem Tabak- und Tablettenkonsum, an Vergewaltigungen, Autounfällen, Magersucht und gleichzeitig Fettleibigkeit, an Scheidungen und Schulden, an Zahnschäden, an Verhaltensstörungen bei Kindern und an Depressionen Erwachsener"

(Nickel 1997b, S. 17). Allerdings enthebt die Werbung den Einzelnen nicht aus seiner Selbstverantwortung.

Das negativ gefärbte Image der Werbung resultiert aber auch aus der in der Einleitung dieses Kapitels aufgezeigten Tendenz der Werbung, eine „heile" Welt darzustellen. Der Vorwurf an die Werbung lautet, sie sei „verlogen", weil sie die Welt in einer Weise darstelle, die so nicht existiert. Abgesehen davon, daß diesem Vorwurf eine sehr subjektive, teilweise auch „moralisch" geprägte Bewertung zugrunde liegt, ist zu fragen, ob in der „heilen" Welt der Werbung nicht auch ein grundsätzliches Wirkungskriterium zu sehen ist. Werbung ist nur dann konstruktiv, wenn sie die Welt zeigt, in der die Menschen leben **möchten** (vgl. Bergler 1989, S. 35). Naheliegenderweise träumen die Menschen doch eher von Palmen, weißen Stränden und blauem Himmel als von ihren Sorgen und Problemen. Daher versucht die Werbung überwiegend, etwas Positives zu vermitteln, Erlebniswelten, mit denen sich die Menschen identifizieren können. „Die Wahrheit der Werbung wird nicht an der realen Erfüllung ihrer Versprechen gemessen, sondern an der Bedeutung ihrer Phantasien im Hinblick auf die Phantasien des Betrachters. Die eigentliche Beziehung der Werbung besteht nicht zur Realität, sondern zu den Tagträumen des Betrachters" (Berger 1974, S. 140).

Werbung hat auch einen erzieherischen Effekt. Sie arbeitet mit einer Form der Übertreibung, die sofort als solche offensichtlich ist. Tatsächlich wird niemand glauben, daß am Urlaubsort der Strand so sauber, der Himmel so blau, das Wasser so klar und das Personal so freundlich ist, wie in der Werbung gezeigt. Der Verbraucher hat es mittlerweile gelernt, mit den Werbeaussagen umzugehen und sie zu relativieren. Niemand wird von einem Schokoriegel davon abgehalten, ins Kloster zu gehen, geschweige denn für einen solchen in ein Raumschiff gebeamt. Kein Mensch glaubt, daß ein Mitarbeiter weniger Gehalt fordert, nur weil *IKEA* Winterschlußverkauf hat.[3]

Werbung steht und fällt mit ihrer Glaubwürdigkeit. Allerdings resultiert die Glaubwürdigkeit der Werbung nicht notwendigerweise aus dem objektiven Realitätsgehalt des Dargestellten, als vielmehr daraus, inwieweit die Inhalte in sich schlüssig erscheinen. Werbeszenen, die in der Vergangenheit oder der Zukunft spielen, sind per se nicht real. Dennoch kann die Werbebotschaft glaubwürdig erscheinen, wenn der Verbraucher in der Lage ist, deren eigentliche Bedeutungsinhalte, den Kern der Botschaft, zu verstehen.

Um überhaupt Konsumenten beeinflussen und damit wirken zu können, muß Werbung eine Reihe von Hürden überwinden (vgl. v. Rosenstiel/Kirsch 1996, S. 21):

- Zunächst muß Werbung überhaupt erst einmal **wahrgenommen** werden. Die Wahrnehmungsschwelle ist bei der allgemeinen Informationsüberflutung sehr hoch.

---

[3] Etwas überspitzt, aber im Kern sicherlich zutreffend steht die Aussage, daß Werbung selbst verhindere, daß sie „... Konsumtrottel heranzüchtet. Auch der größte Idiot wird nach sechs Waschmittel-Spots nicht glauben, daß alle sechs Waschmittel weißer waschen als jedes andere" (Schnibben 1992, S. 124).

- Auch wahrgenommene Werbung wird i.d.R. sehr schnell wieder **vergessen**.
- Werbung trifft häufig auf **vorgefaßte Einstellungen** der Verbraucher, die schwer zu überwinden sind.
- Die meisten Werbespots interessieren die Verbraucher gar nicht. Werbung ist an sich ein Thema, das interessiert, aber nicht die einzelne Werbebotschaft.
- Selbst die beste Werbung kann keine schlechten Produkte verkaufen, das Produkt wird stärker wahrgenommen als die Werbung.
- Verbraucher haben neben der Werbung noch weitere Informationsquellen (z.B. Testberichte, Erfahrungen von Bekannten usw.).

Werbung ist keine Begleiterscheinung des Fernsehens, sie ist vielmehr als ein Urphänomen der menschlichen Existenz aufzufassen. Soziale Beziehungen sind ohne Selbstdarstellung und Rollenspiele nicht möglich. Die Selbstbeantwortung der folgenden Fragen mag das demonstrieren (vgl. Bergler 1989, S. 18):

- Wer macht nicht auch für sich selbst Werbung?
- Wer will sich nicht auch bei den richtigen Leuten in der richtigen Situation in das richtige Licht rücken?
- Wer will sich nicht selbst vorteilhaft darstellen?
- Wer stellt bei einer Bewerbung seine Nachteile in gleicher Weise dar wie seine Vorteile?
- Wer will nicht andere überzeugen?

Der Wirkungsmechanismus der Werbung basiert also auf einem zutiefst menschlichen Phänomen:

Weil wir wissen, daß Eindrücke unser Verhalten mitbestimmen, ist unser Verhalten anderen gegenüber immer auf Wirkung ausgerichtet. **Die Absicht, auf andere zu wirken, bestimmt unser Verhalten mit.**

Letztlich sind soziale Verhaltensweisen (Mimik, Gesten, Bekleidung, Kosmetik) Werbestrategien im Dienste konkreter Absichten. **Werbung ist immer der Versuch, Angebote attraktiv zu präsentieren** (vgl. Bergler 1989, S. 19). Werbung greift also im Prinzip nichts anderes auf als bestimmte Ausprägungen des menschlichen Verhaltens. Bereits 1927 definierte ein Lehrbuch Reklame als „praktisch angewandte Menschenkenntnis“ (Halbert 1927, S. 11). Es ist also nicht ganz fair, der Werbung etwas vorzuwerfen, was im menschlichen Alltag gang und gäbe ist.

1.2 Der Kommunikationsprozeß

Es wird oft beklagt, daß zu wenig miteinander kommuniziert wird und darin die Ursache vieler Probleme zu sehen sei. Tatsächlich ist das Gegenteil der Fall. Heute ist die Kommunikation selbst das Problem. Wir leben in der ersten kommunikationsüberfluteten Gesellschaft der Menschheitsgeschichte.

Aufgabe der Kommunikation ist die Übermittlung von Botschaften zwischen Sender und Empfänger mit dem Ziel, den Empfänger in einer vom Sender gewünschten Weise zu beeinflussen (vgl. Lötters 1993, S. 4).
Die beiden wichtigsten Elemente des Kommunikationsprozesses sind **Sender** und **Empfänger**: Der Sender möchte dem Empfänger eine Botschaft übermitteln (vgl. Abbildung 1-3).

Abbildung 1–3: Grundmodell der Kommunikation

Sender → Botschaft → Empfänger

Dieses Grundmodell der Kommunikation läßt sich mit der von dem Kommunikationsforscher Lasswell geprägten Formel beschreiben:

Wer
sagt was
über welchen Weg
zu wem
mit welcher Wirkung.

Kommunikation ist die von einem Empfänger wahrgenommene Bedeutung dessen, was ein Sender zu vermitteln versucht. Das grundsätzliche Problem der Kommunikation liegt darin, daß die Botschaft vom Empfänger auch so verstanden wird, wie der Sender sie gemeint hat. Wenn unter **Kommunikation** der **Austausch von wechselseitig verständlichen Informationen** verstanden wird (vgl. Bergler 1989, S. 22), dann kann eine beabsichtigte Kommunikationswirkung nicht zustande kommen, wenn der Empfänger die Botschaft anders versteht, als der Sender sie gemeint hat.[4] In einer informationsüberfluteten Gesellschaft ist dies relativ häufig der Fall.
Tatsächlich ist der Kommunikationsprozeß auch komplexer als in dem einfachen Grundmodell (vgl. Abbildung 1-4).

Wenn Sender und Empfänger nicht unmittelbar miteinander kommunizieren können, muß der Sender Medien benutzen, um die Empfänger zu erreichen. Medien überbrücken gewissermaßen Zeit und Raum. Handelt es sich bei den Botschaften um Werbebotschaften, fungieren die Medien als Werbeträger. In dieser mittelbaren Kommunikation muß der Werbetreibende seine Botschaft an die medientypischen Gegebenheiten anpassen, d.h. verschlüsseln. Dabei muß der Sender genau wissen,

---

[4] Aus Sicht der Kommunikationstheorie ist diese Einschränkung allerdings nicht zulässig, da Kommunikation auch dann stattfindet, wenn sie nicht absichtlich, bewußt und erfolgreich ist. Es gibt kein Gegenteil von Kommunikation, d.h. man kann nicht *nicht* kommunizieren. „Handeln oder Nichthandeln, Worte oder Schweigen haben alle Mitteilungscharakter: Sie beeinflussen andere, und diese anderen können ihrerseits nicht *nicht* auf diese Kommunikation reagieren und kommunizieren damit selbst." (Watzlawick/Beavin/Jackson 2000 S. 51).

wen er ansprechen und welche Wirkung er erreichen will. Er muß also seine Botschaft in einer Weise verschlüsseln, daß sie vom Empfänger problemlos entschlüsselt werden kann.

Abbildung 1–4: Elemente im Kommunikationsprozeß

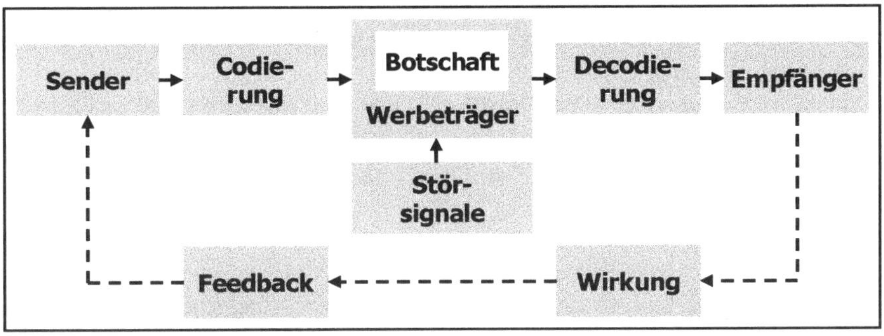

Vgl. Kotler, P./Bliemel, F.: Marketing-Management, 9. Aufl., Stuttgart 1999, S. 928

Will beispielsweise ein Automobilhersteller die Botschaft übermitteln, daß der neue Dieselmotor sehr sparsam im Verbrauch ist, so wäre es relativ banal, dieses auch direkt so auszudrücken. Auf diese Weise wäre keine Differenzierung gegenüber den anderen Dieselmotorenherstellern zu erreichen, deren Motoren ebenfalls sehr sparsam im Verbrauch sind. Anstatt zu sagen: „Der neue Dieselmotor von *Audi* ist sehr sparsam im Verbrauch", hat *Audi* diese Botschaft verschlüsselt. *Audi* zeigt in einem Werbespot einen Geschäftsmann, der mit seiner Frau am Flughafen ankommt. Es erfolgt ein Fahrerwechsel, die Frau übernimmt den *Audi*, während er zu seinem Flug eilt. Die Frau ist mit dem neuen Wagen offensichtlich noch nicht gefahren, denn sie stellt einige typische Fragen, u.a. wo der Rückwärtsgang liege und schließlich wo der Tank sei. Während er alle Fragen sofort beantworten kann, weiß er auf die Frage nach dem Tank keine Antwort, man sieht ihn vielmehr in ein tiefes Nachdenken versinken. Die Botschaft ist relativ einfach zu entschlüsseln: Der neue *Audi* verbraucht so wenig, daß man nur selten tanken muß.

Ein anderes Beispiel: Ein Reiseveranstalter möchte die Botschaft übermitteln, seine Organisation sei so perfekt, daß keine Wünsche offen bleiben, selbst verwöhnte und kritische Urlauber seien bei ihm gut aufgehoben. Es wird ein Pärchen entspannt in einem Swimmingpool gezeigt. Er fragt: „Gefällt es Dir? Du meckerst ja gar nicht". Auch hier erfolgte eine Verschlüsselung, die die eigentliche Botschaft sehr glaubwürdig übermittelt.

Auf die Botschaft und den Entschlüsselungsprozeß wirken jedoch Störsignale ein, die dazu führen können, daß die Botschaft nicht richtig empfangen wird (vgl. Kotler/Bliemel 1999, S. 929):

- **Selektive Wahrnehmung**: Die Empfänger nehmen nicht alle übermittelten Signale wahr. Nicht alle wahrnehmbaren Reize sind für die Empfänger gleichermaßen wichtig, sie selektieren vielmehr die Informationen, die ihrer aktuellen Bedürfnislage und ihren Persönlichkeitsmerkmalen entsprechen. Die selektive Wahrnehmung wirkt gewissermaßen als ein Wahrnehmungsfilter, der angesichts der Informationsüberlastung bewirkt, daß nur die persönlich relevanten Informationen wahrgenommen werden (vgl. Pepels 1996, S. 40).

- **Selektive Verzerrung**: Vorgefaßte Einstellungen der Empfänger führen zu einer bestimmten Erwartungshaltung darüber, was die Botschaft sagen soll. Die Empfänger nehmen nur das wahr, was sie wahrnehmen wollen. Sie neigen dazu, der Botschaft etwas hinzuzufügen (**erweiternde Verzerrung**) oder etwas wegzulassen (**verdrängende Verzerrung**).
- **Selektive Erinnerung**: Die Empfänger speichern nur einen Teil der Botschaften, die sie erreichen, im Gedächtnis. Damit ist die Frage der **Informationsverarbeitung** angesprochen: Beschäftigt sich der Empfänger tatsächlich mit dem **Bedeutungsinhalt** der Botschaft?

Im Gegensatz zur persönlichen Kommunikation ist Massenkommunikation durch unpersönliche Beziehungen zwischen Sender und Empfänger gekennzeichnet und erfolgt i.d.R. einseitig vom Sender zum Empfänger. Durch mangelndes Feedback vom Empfänger zum Sender sind für diesen die Reaktionen der Empfänger auch nicht unmittelbar transparent. Aber nur in einem wechselseitigen Kommunikationsprozeß wäre ein Werbetreibender in der Lage, auf das Feedback der Empfänger reagieren zu können. Zur Erfassung der Kommunikationswirkungen wird daher von Modellannahmen ausgegangen.

Es wird zwischen ein-, zwei- und mehrstufiger Kommunikation unterschieden:

- Bei **einstufiger Kommunikation** tritt der Sender mit dem Empfänger direkt und unmittelbar in Kontakt.
- Werbebotschaften gelangen aber nicht nur durch die Massenmedien zu den Empfängern, sondern auch durch persönliche Gespräche. In diesem Fall handelt es sich um eine **zweistufige Kommunikation**. Die Beeinflussungswirkung durch persönliche Gespräche mit Bekannten (Mund-zu-Mund-Propaganda) ist höher einzuschätzen als die durch Massenmedien. Die Personen, die in stärkerem Maß als andere um Rat gefragt werden und die stärker beeinflussen als andere, sind sogenannte **Meinungsführer** (vgl. Kapitel 2.2.4.2). Persönlichen Ratschlägen von Meinungsführern wird mehr Vertrauen geschenkt als der Werbung. Wenn eine Bekannte von einem Waschmittel enttäuscht berichtet, werden auch die schönsten Werbefotos dieses Waschmittel nicht attraktiv erscheinen lassen. Im Marketing ist es wichtig, jeden einzelnen Käufer als potentiellen Meinungsmultiplikator zu betrachten.
- Die **mehrstufige Kommunikation** ist der Regelfall. Hierbei wird davon ausgegangen, daß das Zusammenwirken von ein- und zweistufiger Kommunikation das Verhalten beeinflußt.

Werbung versucht also durch eine Beeinflussung von Meinungen, beim Umworbenen eine Reaktion auszulösen. Die beabsichtigte Wirkung erfolgt i.d.R. allerdings nur mittelbar, damit ist auch nur eine indirekte Messung möglich. Da die Werbung als Spezialform der Massenkommunikation jedoch die Beeinflussung von Einstellungen in Bereichen von vergleichsweise untergeordneter Bedeutung anstrebt, nämlich bezüglich Marken und Produkten, wird ihr grundsätzlich ein höheres Wirkungspotential zugesprochen, als beispielsweise im Falle von Einstellungen über politische oder religiöse Fragen (vgl. Kroeber-Riel 1992, S. 603).

1.3 Das Umfeld der Werbung

1.3.1 Kommunikative Voraussetzungen

Von den kommunikativen Voraussetzungen her hat es Werbung heutzutage denkbar schwer, überhaupt wahrgenommen zu werden. Im Zeitraum von 1991 bis 2000 haben sich die Werbeumsätze der Medien um über 60% von 14,5 auf 23,3 Milliarden Euro erhöht, und das auf sehr hohem Niveau. Werbung trifft auf eine unübersehbare Flut konkurrierender Werbung. Jeden Tag kämpfen Tausende von Werbebotschaften um die Aufmerksamkeit des Verbrauchers. Wer von einem Radiowekker geweckt wird, zum Frühstück Zeitung liest, auf dem Weg in das Büro Radio hört und abends fernsieht, der nimmt am Tag etwa 3.000 Werbebotschaften auf.

Abbildung 1-5 zeigt die Entwicklung der Sehdauer und der Anzahl der im deutschen Fernsehen gesendeten Werbespots. Während die Sehdauer seit 1987 um annähernd 50% zunahm, hat sich die Anzahl Werbespots mehr als verzehnfacht!, was natürlich in dem stark gestiegenen Angebot an Fernsehprogrammen begründet liegt. 2001 liefen rund 2,5 Millionen TV-Spots, d.h. im Durchschnitt 6.800 täglich.

Abbildung 1–5: Entwicklung der Anzahl der Werbespots und der Sehdauer in Deutschland

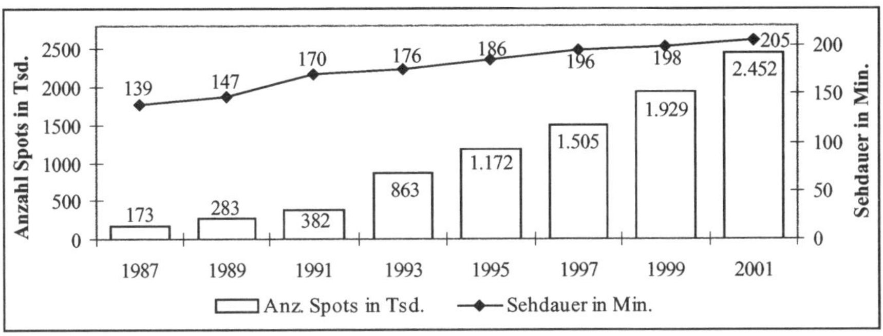

BRD Gesamt, Zuschauer ab 14 Jahren; Quelle: AGF/GfK

Kroeber-Riel hat das Ausmaß an **Informationsüberlastung** untersucht, die er als den Anteil der nicht beachteten Information an den insgesamt dargebotenen Informationen definiert. Er fand heraus, daß der Leser einer Publikumszeitschrift etwa 35 bis 40 Sekunden aufwenden muß, um die Informationen aufzunehmen, die in einer durchschnittlichen Anzeige enthalten sind. Tatsächlich wenden sich die Leser einer Anzeige im Durchschnitt jedoch nur etwa 2 Sekunden zu. Die Informationsüberlastung durch gedruckte Werbung beträgt demnach mehr als 95%. D.h. höchstens 5% der dargebotenen Informationen erreichen den Empfänger (vgl. Kroeber-

Riel 1993, S. 15). Diese Angaben sind nicht so zu verstehen, daß von jeder einzelnen Anzeige nur 5% der Informationen aufgenommen werden. Vielmehr werden von den insgesamt in einer Ausgabe geschalteten Anzeigen nur 5% aufgenommen. Es kann also sein, daß sich der Leser einer bestimmten Anzeige aufmerksam zuwendet und andere Anzeigen überhaupt nicht beachtet.

Die Informationsaufnahme ist davon abhängig, ob Informationen über Bilder oder über Sprache vermittelt werden. „Um ein Bild von mittlerer Komplexität so aufzunehmen, daß es später wiedererkannt werden kann, sind 1,5 bis 2,5 Sekunden erforderlich. In der gleichen Zeit können ca. 10 Wörter aufgenommen werden" (Kroeber-Riel 1993, S. 107). Bilder werden im Gehirn nach anderen Regeln verarbeitet als sprachliche Informationen.

Das menschliche Gehirn ist in zwei Hemisphären unterteilt:

1. In der linken Gehirnhälfte erfolgt die **rationale** Steuerung des Verhaltens. Sie dient zur Verarbeitung von sprachlichen Informationen. Die hier erfolgende Informationsverarbeitung läßt sich als **digital** bezeichnen.
2. In der rechten Gehirnhälfte erfolgt die **emotionale** Steuerung des Verhaltens. Sie dient zur Verarbeitung von bildlichen Informationen. Hier erfolgt die Informationsverarbeitung **analog**.

Beide Gehirnhälften stehen in enger Wechselbeziehung: Bilder lösen auch sprachliche Assoziationen aus, ebenso wie Sprache auch bildliche Assoziationen auslöst.

Für die Werbung heißt das, daß mit Sprache i.d.R. rational zu argumentieren und mit Bildern emotional zu beeindrucken ist.

Grundsätzlich gibt es zwei verschiedene Arten, in denen Objekte zum Gegenstand von Kommunikation werden können: Sie lassen sich entweder durch eine Analogie oder durch einen Namen (= digital) ausdrücken. Namen sind Worte, die nur eine rein zufällige oder willkürliche Beziehung zu dem damit ausgedrückten Gegenstand haben.

Abbildung 1–6: Analoge und digitale Kommunikation

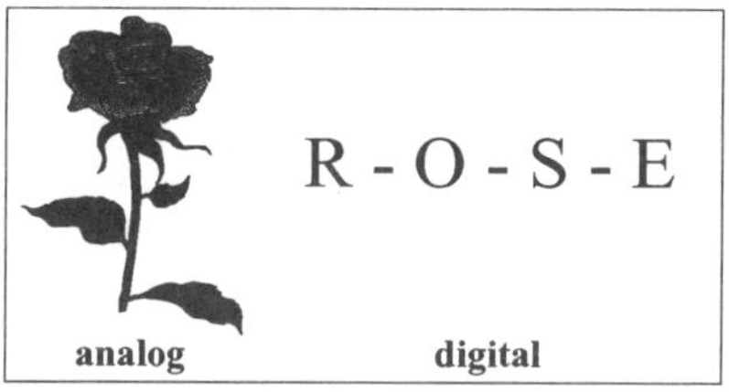

Es gibt keinen zwingenden Grund, weshalb die Buchstaben R, o, s und e in dieser Reihenfolge eine bestimmte Blume benennen sollen. Es besteht lediglich ein Übereinkommen für diese Beziehung zwischen Wort und Objekt. Das Wort Rose an sich hat nicht besonders „rosenartiges". Dagegen liegt es im Wesen einer Analogie, das sie eine grundsätzliche Ähnlichkeitsbeziehung zu dem Gegenstand hat, zu dem sie steht. Das reine Hören einer unbekannten Sprache kann nicht zum Verständnis führen, Ausdrucksgebärden hingegen schon.

Nur im menschlichen Bereich finden sowohl analoge als auch digitale Kommunikation Anwendung. Ein Hund versteht seinen Herrn nicht durch dessen Worte, sondern durch Analogiekommunikationen, die im Ton, der Sprache und der Gestik enthalten sind.

Grundsätzlich läßt sich sagen, daß immer dann, wenn es um Beziehungen geht, digitale Kommunikation fast bedeutungslos wird. Da jede Kommunikation einen Inhalts- und einen Beziehungsaspekt hat, kann man vermuten, daß der Inhaltsaspekt digital und der Beziehungsaspekt vorwiegend analog übermittelt wird.

Digitale Informationen sind viel komplexer und vielseitiger als analoge. Der Ausdruck abstrakter Begriffe ist in analoger Kommunikation sehr schwierig, wenn nicht unmöglich. In der Analogiekommunikation gibt es keine Negation, d.h. keinen Ausdruck für „nicht".

Analogiekommunikation enthält keine Hinweise darauf, welche von zwei widersprüchlichen Bedeutungen gemeint ist. Beispielsweise gibt es Tränen der Freude und des Schmerzes, ein Lächeln kann Sympathie oder Verachtung, Zurückhaltung kann Takt oder Gleichgültigkeit ausdrücken. Analoge Kommunikation unterscheidet auch nicht klar zwischen Vergangenheit, Gegenwart oder Zukunft. Dafür besitzt digitale Kommunikation kein ausreichendes Vokabular zur klaren Definition von Beziehungen.

Menschliche Kommunikation im allgemeinen und Werbung im speziellen steht also vor der Notwendigkeit, von der einen Kommunikationsform in die andere zu übersetzen. Da in der analogen Kommunikation viele Verbindungselemente der digitalen Sprache fehlen, müssen diese Elemente vom Übersetzer beigesteuert werden. Der Sender analoger Botschaften muß also versuchen, digitale Entsprechungen zu finden, die dem Empfänger eine Übersetzung der vom Sender gemeinten Bedeutungsinhalte erleichtern. Im Zweifel werden Sender und Empfänger dazu neigen, die Digitalisierungen so vorzunehmen, wie sie aus ihrer Sicht der Beziehung entsprechen, die damit aber nicht notwendigerweise der Sicht des Partners zu entsprechen brauchen. Beispielsweise ist ein Geschenk eine analoge Mitteilung. Ob der Beschenkte darin jedoch einen Ausdruck der Zuneigung, eine Bestechung oder ein schlechtes Gewissen sieht, hängt davon ab, wie er seine Beziehung zum Schenkenden definiert (vgl. Watzlawick/Beavin/Jackson 2000, S. 62 ff.).

Da insbesondere emotionale Werbung überwiegend analoge Kommunikation darstellt, sind hier digitale „Übersetzungshilfen" notwendig, um kommunikative Mißverständnisse zwischen Sender und Empfänger zu vermeiden.

Als Beispiel für digitale und analoge Informationsverarbeitung soll folgender Satz dienen (vgl. Birkenbiehl 1991, S. 29):

> „Ein Zweibein sitzt auf einem Dreibein und ißt ein Einbein. Da kommt ein Vierbein und nimmt dem Zweibein das Einbein weg. Da nimmt das Zweibein das Dreibein und schlägt das Vierbein."

Die rein sprachliche, also digitale Verarbeitung dieser Geschichte ist einigermaßen schwierig, das Auswendiglernen mühevoll. Wird die Geschichte jedoch bildlich, also analog verarbeitet, offenbart sich ihr Inhalt sofort: Ein Mensch (Zweibein) sitzt auf einem Schemel (Dreibein) und ißt eine Hühnerkeule (Einbein). Ein Hund (Vierbein) kommt hinzu und schnappt sich die Hühnerkeule, worauf der Mensch den Hund mit dem Schemel schlägt und sie sich zurückholt.

Bildinformationen eignen sich vor allem bei wenig involvierten und passiven Zuschauern, eine Situation, die für die Werbung als der Normalfall anzusehen ist.

Die „Macht der Bilder" sei an folgendem Beispiel demonstriert. 1986 wurde von der Zeitschrift „Stern" eine Ausstellung organisiert, die sich „Bilder im Kopf" nannte. Gezeigt wurden jedoch keine Bilder, sondern nur Bildbeschreibungen von Fotos, die um die Welt gegangen sind. Die Bilder erschienen im Kopf des Betrachters. Obwohl de facto nur weiße Schrift auf schwarzem Hintergrund gesehen wurde, konnten diejenigen Personen, denen die Bilder bekannt waren, diese sofort mit dem Text assoziieren (vgl. Abbildung 1-7).

Abbildung 1–7: „Bilder im Kopf"

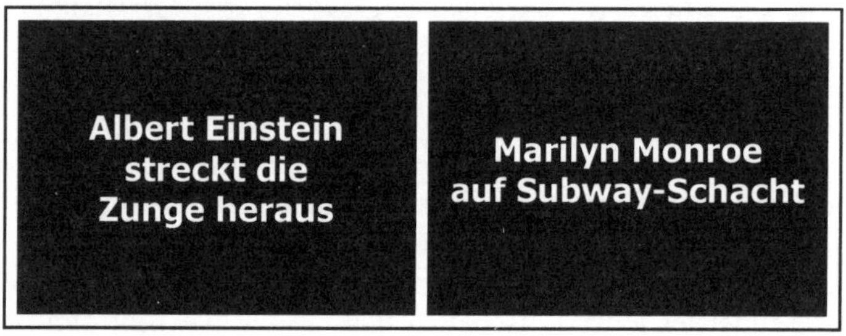

Vgl. Stern (Hrsg.): Bilder im Kopf, Hamburg 1987

Eine Konsequenz der Informationsüberlastung ist, daß sich die Werbung vor allem auf Bildkommunikation konzentriert, insbesondere dann, wenn es um die Vermittlung emotionaler Erlebniswelten geht.

Postman sieht allerdings auch eine gesellschaftliche Konsequenz: Bildkommunikation bestimmt zunehmend die Erwartungen, die an **jede** Form der Informationsübermittlung gestellt werden. Die Informationsüberlastung veranlasse die Menschen dazu, vor allem die Informationen aufzunehmen, die auffallend und einprägsam dargeboten werden. Unterhaltung werde zum natürlichen Rahmen für die Vermittlung von Informationen. „Problematisch am Fernsehen ist nicht, daß es uns unterhaltsame Themen präsentiert, problematisch ist, daß es jedes Thema als Unterhaltung präsentiert" (Postman 1985, S. 110).

1.3.2 Marktvoraussetzungen

In Abhängigkeit vom Produktlebenszyklus und den entsprechenden Marktvoraussetzungen, auf die Werbung trifft, muß sie unterschiedliche Funktionen erfüllen:

- In der Einführungsphase verfolgt Werbung vorrangig das Ziel der Bekanntmachung des neuen Produktes in der Zielgruppe. Geläufig ist für die erstmalige Werbung die Bezeichnung **Einführungswerbung**.
- In der Wachstumsphase hat das Produkt bereits seine Marktfähigkeit bewiesen und muß sich nun gegen die aufkommenden Wettbewerbsprodukte behaupten. Mit zunehmender Marktsättigung tritt die Differenzierungsfunktion der Werbung in den Vordergrund: Das Herausstellen der rationalen oder emotionalen Vorteils- bzw. Nutzendimension des Produktes.

Da **gesättigte Märkte** für das heutige Marketing als typisch anzusehen sind, sollen an dieser Stelle ihre Besonderheiten etwas ausführlicher aufgezeigt werden. Selbst in Märkten, bei denen sich derzeit noch keine Sättigungstendenzen abzeichnen, ist, den Annahmen der Produktlebenszyklustheorie folgend, davon auszugehen, daß die Zeiten starker Wachstumsraten nicht von Dauer sein werden.

Gesättigte Märkte sind durch stagnierende oder negative Wachstumsraten gekennzeichnet. Während sich auf expandierenden Märkten das Marktwachstum auf die Wettbewerber verteilt, jeder Wettbewerber also Umsatzzuwächse auch ohne Marktanteilswachstum erzielen kann, sind auf gesättigten Märkten Umsatzsteigerungen nur auf Kosten der Wettbewerber erzielbar. Ziel ist hier eine Verschiebung der Marktanteile. Das führt zu einer hohen Wettbewerbsintensität, da Erfolge eines Wettbewerbers für die anderen Wettbewerber unmittelbar spürbar sind. In einer solchen Situation überleben nur die starken Wettbewerber, die Schwachen werden zum Marktaustritt gezwungen, ein Neuzugang von Wettbewerbern erfolgt nicht mehr. Wettbewerb zielt hier auf Verdrängung der Konkurrenten.

Heute sind die meisten Haushalte mit langlebigen Gebrauchsgütern, wie Kühlschränke und Fernseher, ausgestattet. Nachfrage erfolgt hier vor allem als Ersatzbedarf. Typische gesättigte Märkte sind z.B. bei Bier, Zigaretten, Banken oder Kaffee zu sehen. Gesättigte Märkte sind durch austauschbare Produkte gekennzeichnet. Die Produkte sind ausgereift, Innovationen sind selten. Die Produkte haben keine spezifischen Vorteile mehr, die sie von denen der Konkurrenz unterscheiden. Für gesättigte Märkte ist funktionale Homogenität und mangelnde Differenzierung der Produkte als typisch anzusehen.

Funktionale Austauschbarkeit von Produkten bedeutet, daß auch die Qualität der Produkte austauschbar ist und als Selbstverständlichkeit vorausgesetzt werden kann. Wenn auch die Qualität der Produkte austauschbar ist, dann ist auch die produktbezogene Argumentation der Hersteller über die Eigenschaften der Produkte austauschbar. Rein vom Produkt her läßt sich über „*Jacobs Krönung*" nichts wesentlich anderes sagen als über „*Tchibo Beste Bohne*". Im Prinzip gilt dies auch für *Maggi* und *Knorr* bzw. für den Harz und den Schwarzwald. Positionierung auf gesättigten Märkten erfolgt daher zunehmend nach der Devise: „Erlebnisprofil statt Sachprofil" (Kroeber-Riel 1993, S. 68). Das „Verwöhnaroma" der *Krönung* ist eine Alleinstellung, die nicht auf einer Sach-, sondern auf einer Erlebnisdimension beruht.

Zentraler Bestandteil des strategischen Marketing ist der Aufbau und die Absicherung von **Wettbewerbsvorteilen**. Wettbewerbsvorteile sind grundsätzlich aus der Sicht des Verbrauchers zu beurteilen, danach, welchen zusätzlichen Nutzen sie für den Verbraucher darstellen. Ein Wettbewerbsvorteil ist nur dann gegeben, wenn im Urteil des Verbrauchers ein Produkt seine Bedürfnisse besser befriedigt als das Konkurrenzprodukt. Nur mit einem Wettbewerbsvorteil ist ein Unternehmen in der Lage, sich klar und eindeutig von seinen Wettbewerbern zu unterscheiden und dem Verbraucher einen nachvollziehbaren Grund zu bieten, warum er die Produkte des Unternehmens denen seiner Wettbewerber vorziehen soll. Ohne Wettbewerbsvorteil sind die Produkte austauschbar. Auf gesättigten Märkten sind die Produkte ausgereift und in ihren funktionalen Eigenschaften austauschbar. Daher muß ein Wettbewerbsvorteil nicht in einem konkreten Produktvorteil liegen, sondern kann auch immaterieller Art sein und in der Positionierung des Produktes begründet liegen.

Die Orientierung an den Bedürfnissen der Verbraucher beruht auf der Annahme, daß der Verbraucher nach Nutzenmaximierung strebt. Der Verbraucher kauft niemals ein Produkt als solches, sondern immer einen bestimmten Nutzen, Vorteil bzw. Imagewert, der für ihn ganz persönlich wichtig ist. Die Entscheidung für eine konkrete Alternative wird i.d.R. auch davon abhängig gemacht, inwieweit sie individuelle Bedürfnisse vermutlich besser befriedigt als andere Alternativen.

Ausgangspunkt für jede Marketingstrategie ist somit immer ein Wettbewerbsvorteil, der die Frage beantwortet, warum der Verbraucher dieses Produkt kaufen und es damit allen anderen Produkten vorziehen soll.

Das Grundproblem im heutigen Marketing besteht darin, das eigene Angebot so von den Wettbewerbsangeboten zu differenzieren, daß es die **Präferenzen** der Konsumenten besser trifft. Die Präferenzen der Konsumenten beruhen häufig genug nicht allein auf objektiven, rationalen Unterschieden in den Angeboten. Wenn Angebote funktional identisch sind, müssen Präferenzen aufgrund von subjektiven, emotionalen Unterschieden geschaffen werden. Dieses Grundprinzip ist bei der Wahl der Kaffeemarke, der Bank oder des Urlaubszieles grundsätzlich das gleiche.

> Auf dem Marktplatz eines Dorfes haben drei Eierverkäufer einen festen Standplatz. Jeder von ihnen verkauft die Eier zum Stückpreis von 28 Pfennig. Für die Drei ist die Welt in Ordnung, bis auf die Tatsache, daß jeder eigentlich gerne mehr Eier verkaufen möchte als die anderen. Eines Tages belegt einer der Eierverkäufer in der Volkshochschule einen Kursus über Marketing und es dauert nicht lange, bis er an seinem Stand ein Schild anbringt: „**Frische** Eier, das Stück 31 Pfennig". Die Reaktion der anderen Eierverkäufer bleibt nicht aus. Der Zweite verkauft am nächsten Tag „Frische **Land**eier, das Stück 33 Pfennig", der Dritte reagiert mit „Frische Landeier von freilaufenden und glücklichen Hühnern, das Stück 35 Pfennig".

In dem Beispiel boten die Verkäufer „vor Marketing" das identische Produkt zum selben Preis an. Für den Käufer gab es keinen Grund, bei einem bestimmten Verkäufer zu kaufen. Die Wahl des Verkäufers erfolgte also rein zufällig, die Käufer konnten keine Präferenzen für irgendeinen Verkäufer entwickeln.

Es ist sprichwörtlich, daß sich kaum etwas so gleicht, wie ein Ei dem anderen. An den Eiern hat sich nichts verändert, es sind nach wie vor die gleichen. Sie wurden aber mit Attributen belegt, von denen die Verkäufer glauben, daß sie für die Käufer von Eiern wichtig sind. Ein frisches Ei ist in der **Anmutung** nun einmal etwas anderes als ein Ei und ein frisches Landei etwas anderes als ein frisches Ei.

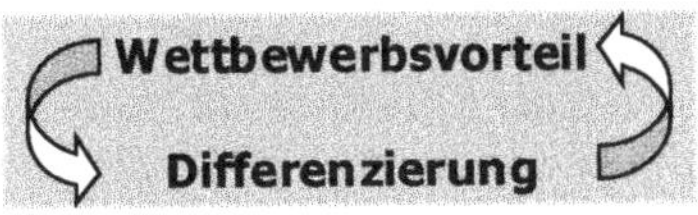

Wettbewerbsvorteile lassen sich nur dann erzielen, wenn es gelingt, sein eigenes Angebot von dem der Wettbewerber zu differenzieren.

Jeder der Eierverkäufer hat versucht, sich einen **Wettbewerbsvorteil** zu verschaffen, indem er die von ihm verkauften Eier gegenüber denen seiner Konkurrenten **differenziert** hat. Der Erste hat einen Prozeß in Gang gesetzt, in dessen Verlauf die anderen gezwungen wurden zu reagieren. Gleichzeitig wurde auch eine höhere Wertschöpfung erreicht, denn die Eier haben sich von 28 auf 35 Pfennig verteuert. (Die höhere Wertschöpfung ist allerdings kein konstituierendes Merkmal des Wettbewerbs, im Gegenteil, häufig sind sinkende Preise die Folge. In dem Beispiel bleibt allerdings zu fragen, ob denn eine Differenzierung bei gleichen Preisen glaubhaft wäre.)

Gesättigte Märkte sind heute der Normalfall des Marketing. Die auf gesättigten Märkten zwangsläufig gegebene Suche nach Wettbewerbsvorteilen, d.h. die Beantwortung der fundamentalen Frage: „Warum soll der Verbraucher mein Produkt kaufen?", hat erheblich das sogenannte **strategische** Marketing vorangetrieben.

Ziel des strategischen Marketing ist die **Differenzierung** des eigenen Angebotes von den Wettbewerbsangeboten. Differenzierung kann erreicht werden durch eine Alleinstellung, die sich aus dem Produkt heraus begründet. Diese Alleinstellung wird als **USP** bezeichnet, als „unique selling proposition", d.h. durch Individualisierung und Profilierung des Produktes wurde eine Einzigartigkeit und Unverwechselbarkeit erreicht, die es eindeutig von allen anderen Produkten unterscheidet und somit einen Wettbewerbsvorteil begründet. Auf gesättigten Märkten wird der USP häufig durch einen **UAP** ersetzt, einer „unique advertising proposition". Das Produkt soll sich durch eine einzigartige werbliche Darstellung von den Konkurrenzprodukten unterscheiden, d.h. Differenzierung erfolgt über Erlebniswerte (vgl. Abbildung 1-8).

Abbildung 1–8: Differenzierungsmöglichkeiten

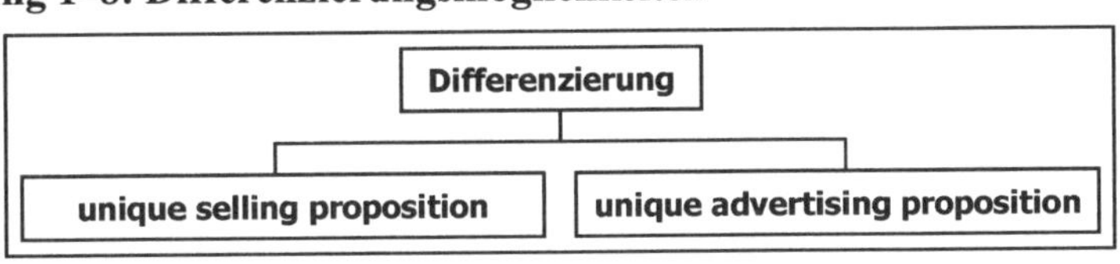

Auf gesättigten Märkten kommt es „kaum noch darauf an, **was** gesagt wird, vielmehr darauf, **wie** es gesagt wird: Gefallen geht über Verstehen" (Kroeber-Riel 1993, S. 161). Wenn das Produkt schon keinen objektiven Vorteil gegenüber einem Konkurrenzprodukt hat, muß man ihm eben einen Vorteil **beilegen**.

Ein dem französischen Philosophen Buridan zugeschriebenes Gleichnis beschreibt einen Esel, der nach einem arbeitsreichen Tag hungrig in den heimischen Hof zurückkehrt und zwischen zwei gleichen Heuhaufen stehenbleibt. Nach Buridan wird dieser Esel verhungern, weil er sich nicht für einen der Heuhaufen entscheiden kann. Stünde bei einem Heuhaufen jedoch ein Eimer Wasser, dann hätte dieser Heuhaufen gewissermaßen einen USP, und die Entscheidung würde dem Esel leicht fallen. Die Entscheidung wäre aber wahrscheinlich auch dann eindeutig, wenn einer der Heuhaufen im Schatten liegen und der andere von der Abendsonne beschienen würde. Der Heuhaufen bleibt objektiv genau der gleiche wie der benachbarte. Aber er **erscheint** dem Esel anders (vgl. Kloss 1986, S. 509 f.).

Da sich auf gesättigten Märkten Anbieter kaum noch auf objektive Leistungsvorteile gegenüber ihrer Konkurrenz berufen können, sind hier nicht nur die Produkte, sondern häufig auch die Werbung für diese Produkte austauschbar (vgl. Kroeber-Riel 1993, S. 22). Die Informationsfunktion der Werbung steht hier nicht im Vordergrund, Werbung auf gesättigten Märkten kommt vielfach ohne jede Information aus. Da die Informationen über die Produkte austauschbar sind, ist es auch nicht unbedingt sinnvoll, mit ihnen zu werben. Je austauschbarer die Produkte sind, desto geringer ist der Informationsbedarf der Konsumenten über sie.

Abbildung 1–9: Die Bedeutung einzelner Differenzierungsansätze

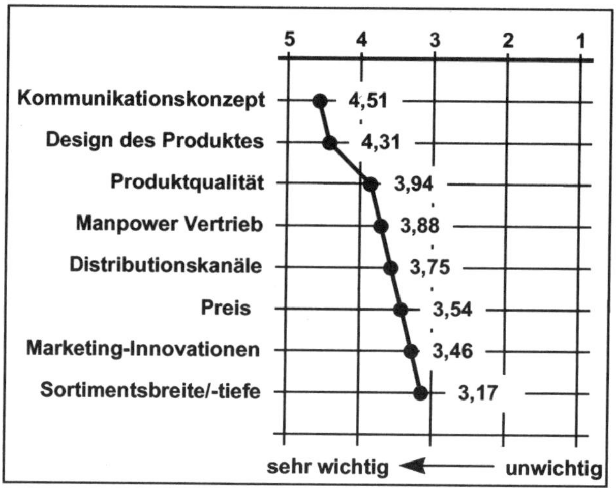

Vgl. Puhlmann, M./Semlitsch, B.: Wie geht das Management mit der Marke um?, in: Absatzwirtschaft, Sondernummer Oktober 1997, S. 27

Ein Produkt, das heute im Lebensmittelhandel neu eingeführt wird, konkurriert dort mit ca. 60.000 anderen Produkten. Dies verdeutlicht die Notwendigkeit zu einem differenzierenden Wettbewerbsvorteil. Die Frage, wie sich eine Marke von den Wettbewerbsmarken differenziert, erhält somit eine fundamentale Bedeutung. Eine 1997 durchgeführte Studie über Markenführung untersuchte die Bedeutung unterschiedlicher Differenzierungsansätze. Danach erachten die Markenartikler das Kommunikationskonzept als wichtigsten Differenzierungsansatz, gefolgt vom Produktdesign (vgl. Abbildung 1-9). Produktqualität wird vor allem unter dem Aspekt der Kontinuität betrachtet.

Auf gesättigten Märkten ist die Werbung der wesentliche Marketing-Mix-Faktor zur Differenzierung. Eine Differenzierung allein über den Preis ist auf Seiten der Hersteller eher als Ausnahme zu betrachten, obwohl auf der Handelsseite der Preis einen entscheidenden Stellenwert einnimmt.

Auf gesättigten Märkten versucht Werbung Marken über Erlebniswelten von Wettbewerbsmarken zu differenzieren. Als besonders wirkungsvoll sind dafür solche Erlebnisse anzusehen, von denen die Verbraucher fasziniert werden. Eine Untersuchung darüber, wofür sich Menschen begeistern können, ergab acht mögliche Faszinationsdimensionen (vgl. Abbildung 1-10).

Abbildung 1–10: Faszinationsdimensionen

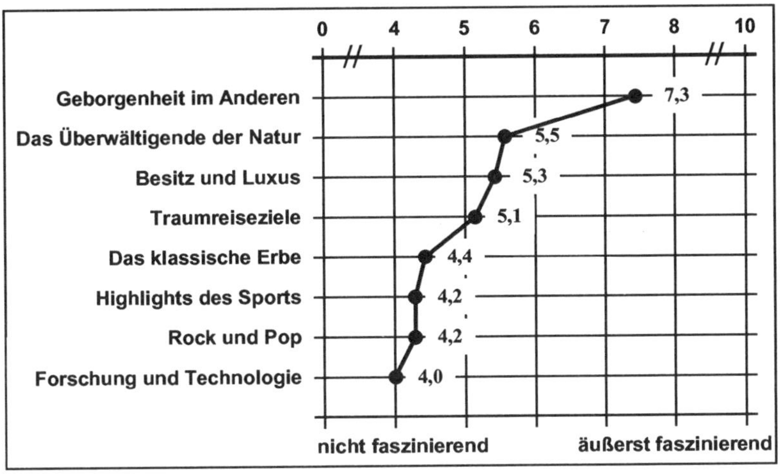

Vgl. Franke, D.: Was fasziniert Konsumenten?, in: Absatzwirtschaft Nr. 1, 1998, S. 76

Am meisten fasziniert Menschen die *„Geborgenheit im Anderen“*. Diese Dimension wird definiert durch Werte wie Geborgenheit, Partnerschaft, Treue, Liebe, Freundschaft und Familie, Werte, die für fast jeden positiv besetzt sind. Es folgen die Dimensionen *„Das Überwältigende der Natur“* (Naturgewalten, Vulkane, Wüste, Eisberge, Raubtiere), *„Besitz und Luxus“* (Gold, Geld, das eigene Haus, der eigene Garten, das Auto, Erbschaft) und „Traumreiseziele“. Die anderen Dimensionen sprechen insbesondere spezielle Zielgruppen an, beispielsweise *„Rock und Pop“* die Jüngeren, *„Das klassische Erbe“* (Kölner Dom, klassische Musik, Nobelpreis) mehr die Älteren (vgl. Franke 1998, S. 75). Für Differenzierungsansätze steht also ein breites Spektrum von psychologischen Ansätzen zur Verfügung.

1.4 Effizienz- und Effektivitätsaspekte der Werbung

Die Konsequenzen aus den beschriebenen kommunikativen Bedingungen, unter denen Werbung heute erfolgt, seien exemplarisch am Beispiel des deutschen Fernsehmarktes beschrieben.

Die Überführung des deutschen Fernsehmarktes von einem öffentlich-rechtlichen Monopol in einen Wettbewerbsmarkt führte seit 1984 dazu, daß für viele Werbetreibende Fernsehwerbung überhaupt erst möglich wurde. Gleichzeitig verteilten sich die Zuschauer nun auf eine größere Anzahl von Sendern.

Dies hatte zwei Konsequenzen:

1. Der Wettbewerb um die Gunst der Zuschauer wurde intensiver durch eine höhere Zahl von Werbetreibenden und eine größere Anzahl von Werbespots. Die Sehdauer hingegen stieg nur unterproportional. Die Überflutung der Zuschauer mit Fernsehwerbung führte zu Phänomenen wie „Zapping", die die Effizienz der Fernsehwerbung in Frage stellen.
2. Werbung wurde teurer: Um die gleichen Zuschauerreichweiten zu erzielen, mußten die Werbeetats überproportional erhöht und eine höhere Zahl an Sendern gebucht werden. Dies erhöhte für die Werbetreibenden die Notwendigkeit des ökonomischeren Umgangs mit ihren Etats.

Die beiden Faktoren führten dazu, daß die Mediaplanung nicht mehr nur unter **Effizienz**aspekten, sondern zunehmend unter **Effektivitäts**aspekten erfolgte. D.h. neben die Betrachtung des Preis-Leistungsverhältnisses trat als weiteres Kriterium der **Werbewirkungsaspekt**.

Die Begriffe Effizienz und Effektivität werden in der wissenschaftlichen Literatur nicht einheitlich verwendet. Im Rahmen der Wirtschaftswissenschaften sind es vor allem die Organisations- und Managementtheorie, die diese Begriffe zum Erfahrungsgegenstand haben.

Die begriffliche Trennung stammt aus dem amerikanischen Sprachraum, in dem die Unterscheidung von *effectiveness* und *efficiency* vorgenommen wird, die auch Eingang in den deutschen Sprachraum gefunden hat.

In dieser Trennung wird unter **Effektivität** eine Maßgröße für die **Zielerreichung** (output) verstanden und unter **Effizienz** eine Maßgröße für die **Wirtschaftlichkeit** (output/input-Relation) (vgl. Scholz 1992, Spalte 533 ff.). Sprachlich eingängiger wird Effizienz auch verstanden als „doing things right" und Effektivität entsprechend als „doing the right things" (vgl. Steinmann/Schreyögg 1993, S. 53). **Effizienz** läßt sich also als **quantitatives, ökonomisches** Maß der Wirtschaftlichkeit gegenüber **Effektivität** als **qualitatives, außerökonomisches** Maß für die Zielerreichung abgrenzen.

Eine Werbekampagne ist dann effektiv, wenn die Mittel so eingesetzt werden, daß tatsächlich eine bessere Kampagnenleistung nachvollzogen werden kann. Es geht damit nicht mehr allein darum, das Werbebudget effizient einzusetzen, sondern so, daß gleichzeitig auch auf der Werbewirkungsebene entsprechende positive Ergebnisse sichtbar werden.

Effektivität ist allerdings ein „a priori unscharfes Konstrukt,

- dessen Geltungsbereich zu bestimmen ist (Worin äußert sich Effektivität?),
- für das Effektivitätsindikatoren abzuleiten und zu operationalisieren sind (Wie mißt man Effektivität?) und
- für das Effektivitätsprädiktoren zu bestimmen und zuzuordnen sind (Wie entsteht Effektivität?)“ (Scholz 1992, Spalte 533 ff.).

Die Werbewirkungsforschung ist derzeit nicht in der Lage, generelle Antworten auf diese Fragen zu geben. Diese Faktoren sind vielmehr für jeden konkreten Einzelfall festzulegen.

> Angenommen ein Kaffeeanbieter stellt durch seine Marktforschung fest, daß die Imagekomponente „Kaffeekompetenz“ im Vergleich zu seinen Wettbewerbern deutliche Defizite aufweist. Er konzipiert eine neue Werbekampagne mit dem Ziel, das Imagedefizit auszugleichen und mit dem Hauptwettbewerber gleichzuziehen. Dafür werden zwei alternative Werbekampagnen getestet, um herauszufinden, welche der beiden Kampagnen effektiver ist.
> In diesem Fall ist der **Geltungsbereich** der Effektivität die Imagekomponente „Kaffeekompetenz“; die Kampagne ist effektiver, die das Ziel besser erreicht. Meßbare **Effektivitätsindikatoren** wären beispielsweise innerhalb eines semantischen Differentials eine Menge von Eigenschaftsaussagen, die polar gefaßt sind und semantisch abgestuft werden können. Es ist diejenige Kampagne effektiver, die die höheren Werte erreicht. Im Rahmen von Tiefeninterviews kann schließlich versucht werden, die Faktoren in der kreativen Umsetzung der Kampagnen zu isolieren, die die besseren Eigenschaftsaussagen generierten, und die somit als **Effektivitätsprädiktoren** bestimmt werden können.

1.5 Geschichte der Werbung

Die Geschichte der Werbung spiegelt die Entwicklungen in Gesellschaft, Technik und Handel wider. Die Herausbildung von Privateigentum, das Aufkommen des Tauschhandels, der sich von einer rein lokalen bis zu internationaler Bedeutung entwickelte, die Erfindung von Schrift, Papier, des Buchdrucks, von Hörfunk und Fernsehen, der Fortschritt in den Produktionsmethoden von der Naturalwirtschaft zur industriellen Massenproduktion, führte auch zu immer neuen Funktionen, die die Werbung erfüllen mußte. Stand am Anfang die Funktion der Warenpräsentation und Bekanntmachung im Vordergrund, kamen allmählich die Dokumentation der Produktqualität und schließlich die Differenzierung vom Wettbewerb hinzu, was in der heutigen Situation gesättigter Märkte in dem Aufbau von Erlebniswelten kulminiert.

Auch die Bedeutung des Wortes hat sich im Laufe der Zeit grundlegend geändert. Die etymologische Entwicklung des Wortes „werben“ wird im Grimmschen Wörterbuch dokumentiert. Der Wortursprung stammt aus dem Althochdeutschen „(h)wërban“, „(h)wërfan“ und hat sich über das Mittelhochdeutsche „werben“, „werven“, „werfen“ zum heutigen „werben“ entwickelt, wobei sich erst im Neuhochdeutschen der Konsonant „b“ gegenüber dem „f“ durchgesetzt hat. Stärker als die Schreibweise hat sich jedoch der Bedeutungsinhalt geändert. Die ursprüngliche althochdeutsche Bedeutung steht für „(sich) drehen“, „(sich) wenden“, die später aber unüblich wurde. Die mittelhochdeutsche Bedeutung des Wortes umfaßte ein breites Spektrum, von „sich bewegen“, vereinzelt auch „reisend“, über „tätig sein“ im Sinne von „handeln“, „arbeiten“, „Geschäfte betreiben“ bis „nach jemanden schicken“, „durch Boten einladen“. Erst im neueren Deutsch wird „sich um etwas bemühen“ zur Hauptbedeutung des Wortes, zunächst noch im Sinne von „um eine Frau werben“, „Soldaten werben“. Die Bedeutung „Propaganda machen“, „Reklame machen“ bekommt das Wort erst im 18. Jahrhundert (vgl. Grimm/Grimm 1960, Bd. 29, Sp. 153 ff.).

1.5.1 Urformen der Werbung

Wird Werbung als ein Urphänomen der menschlichen Existenz betrachtet (vgl. Kapitel 1.1), also ihre **Beeinflussungsabsicht** herausgestellt, dann ist die Werbung so alt wie die Menschheit. Als Urform der Werbung läßt sich in dieser Betrachtung die Gebärde als Form des menschlichen Ausdrucks bezeichnen (vgl. Hundhausen 1969, S. 11). Wenn Werbung enger definiert wird als Versuch der Beeinflussung von Zielgruppen über **Massenkommunikationsmittel**, dann ist die Geschichte der Werbung gekoppelt an die Entwicklung der Massenmedien.

Wirtschaftswerbung entsteht immer dann, wenn Personen miteinander in Tauschbeziehungen treten. Wirtschaftswerbung im weiteren Sinn reicht somit zurück bis zu der Zeit, in der erstmals über den eigenen Bedarf hinaus produziert wurde. Die Überproduktion von Gütern ist als grundlegende Voraussetzung für die Entstehung von Werbung anzusehen (vgl. Käseborn/Sieberkötter/Fehn 1993, S. 5). Sie führte zu der Notwendigkeit, in Austauschbeziehungen mit anderen zu treten, woraus sich zwangsläufig Techniken zur Darbietung und Anpreisung der Waren entwickelten, die als erste Formen der Werbung betrachtet werden können. Die Darbietung der Ware und das gesprochene und gerufene Wort waren zu allen Zeiten die wichtigsten Werbemittel.

Solange es keine Zahlungsmittel bzw. Tauschobjekte gab, die stellvertretend für alle anderen Güter gegeben und angenommen wurden und die es gestatteten, die quantitative Bedeutung der Waren zu messen und vor allem zu vergleichen, war es notwendig, die zu tauschenden Waren physisch an den Ort des Austausches (Marktplatz) zu transportieren (vgl. Leitherer 1974, Sp. 667). In den Anfängen der Tauschwirtschaft waren die Art der Warenpräsentation und die menschliche Stimme die vorherrschenden Werbemittel.

Erst als allgemein akzeptierte Zahlungsmittel aufkamen, die die Funktionen als Tauschmittel, Recheneinheit und Wertaufbewahrungsmittel erfüllten, konnte die Tauschwirtschaft dezentralisiert werden z.B. in Form von Ladengeschäften. Erste Zahlungsmittel existierten als Warengeld, wofür unterschiedliche Güter wie Weizen, Salz, Kaurimuscheln, Vieh, Häute, Metalle usw. Verwendung fanden. Im Laufe der Zeit homogenisierte sich dieser Warenkatalog und bestand schließlich nur noch aus Metallen, die haltbarer und homogener waren (vgl. Jarchow 1974, S. 17).

In den Hochkulturen um das Mittelmeer kamen erste Kupferrohstücke, die als Zahlungsmittel verwendet wurden, um 1700 v. Chr. auf.

Mit der Erfindung der Schrift, die den Phönikiern, Sumerern und Chinesen um 4000 v. Chr. zugesprochen wird, eröffneten sich für die Werbung neue Möglichkeiten. Als erste dokumentierte Werbemittel sind Tontafeln anzusehen, auf denen um 3000 v. Chr. Waren aufgelistet sind.

1.5.2 Werbung in der Antike

Systematisch betriebene Werbung ist erstmals in der griechischen und römischen Antike dokumentiert. Hier bildete sich ein Handel heraus, der lokale Grenzen überschritt. Wolle und Wein waren Güter, für die auch Fernhandel betrieben wurde. Der Wein wurde in Amphoren transportiert, die Herkunftszeichen als **Markierungen** trugen. Diese Markierungen hatten den Charakter von Warenzeichen, sie gaben einen Hinweis auf den Hersteller und die gewährleistete Garantie (vgl. Müller 1975, S. 322 f.). Markierungen wurden auch auf Arzneimitteln nachgewiesen. Diese Markierungen belegen das „... bewußte Streben nach gutem Ruf schon in alter Zeit. Die Markierung diente der Rufbildung, war aber andererseits von der ihr von den Umworbenen zugeordneten Wertigkeit abhängig" (Müller 1975, S. 324). Bereits in der Antike lassen sich die Markierungen dem Bemühen der Hersteller um Vertrauen in der Öffentlichkeit zuordnen (vgl. Müller 1990, S. 70).

Mit der Markierung von Produkten übernahm Werbung eine andere Funktion: Die Urformen der Werbung entwickelten sich in einer Gesellschaft, die überwiegend durch einen lokalen Handel gekennzeichnet war. Hauptfunktion der Werbung war hier das Bekanntmachen eines Angebotes bzw. das Hinweisen auf einen Anbieter. Markierungen hingegen dienten der Heraus- und Sicherstellung der Qualität von Handelswaren in einer Gesellschaft, in der die Marktkontakte anonym wurden, Hersteller und Käufer sich nicht mehr persönlich gegenübertraten.

Die Werbung in der Antike scheint sehr lebhaft gewesen zu sein. Werbung aus dieser Zeit ist dokumentiert auf Relieftafeln, Mauerankündigungen, Schildern und Malereien. Gesetze und Verordnungen mußten dem Volk schließlich bekanntgemacht werden. Selbst auf Münzen wurde geworben (vgl. Müller 1975, S. 324). Auch Ausrufer und Marktschreier waren bekannt, die für Produkte warben bzw. Nachrichten und Aufrufe verkündeten. Auf die Ausrufer geht das Wort **Reklame** zurück (von lat. reclamare = ausrufen), unter dem auch heute noch „marktschreierische Anpreisung" verstanden wird. Erste offizielle Ausrufer, die öffentliche Bekanntmachungen übermittelten, sind schon 3000 v. Chr. in Ägypten bekannt (vgl. Käseborn/Sieberkötter/Fehn 1993, S. 12). Geworben wurde ferner für Sportwettkämpfe, Schaustellungen, Theater, Fechterspiele und Tierbändiger (vgl. Buchli 1970, S. 12). Ein spezielles Werbemittel im alten Rom war das „Album", weiße Mauerfelder (daher „Album" von lat. albus = weiß), die als Anzeigentafeln dienten. Auf sie wurden in roter oder schwarzer Farbe Anzeigen geschrieben, die später einfach überweißt und aufs neue beschrieben wurden (vgl. Cronau 1887, Bd. 1, S. 20).

Im 6. Jahrhundert v. Chr. kam das Papyrus von Ägypten nach Griechenland, von wo aus es sich allmählich über das gesamte Römische Reich verbreitete und die Möglichkeit eröffnete, Werbung in größerer Stückzahl schreiben und verbreiten zu lassen.

Ein anderes Werbemittel, das bereits in der Antike aufkam, waren **Aushängeschilder**, die vor allem im Gaststättengewerbe üblich waren, aber auch Händler und Handwerker illustrierten auf Aushängeschildern ihre Arbeitsweise und ihre Produkte (vgl. Käseborn/Sieberkötter/Fehn 1993, S. 14 f.).

1.5.3 Werbung im Mittelalter

Von der Antike bis zum Mittelalter fehlt jede Dokumentation von Werbung. Ein Grund dafür, daß sich die Werbung bis zum 11. Jahrhundert nicht weiterentwikkelte ist darin zu sehen, daß der Handel in Europa durch die Auseinandersetzungen mit dem Islam im westlichen und östlichen Mittelmeer fast vollständig zum Erliegen kam (vgl. Käseborn/Sieberkötter/Fehn 1993, S. 21).

Als ein Beispiel für Werbung für religiöse Zwecke in dieser Zeit kann die Kreuzzugspropaganda dienen, mit der in ganz Europa zu den Kreuzzügen aufgerufen wurde. Die päpstlichen Briefe, die in diesem Zusammenhang mit geringen Änderungen an die europäischen Herrscher versandt wurden, können als eine Form der „Direktwerbung" gelten (vgl. Buchli 1970, S. 14).

In der mittelalterlichen Stadtwirtschaft war zunächst die menschliche Stimme ein bedeutendes Werbemittel: Ausrufer kamen ihrem Gewerbe auf Märkten nach. Daneben gab es aber auch Plakatschreiber und den Maueranschlag, der durch die Erfindung des Papiers, das vor allem durch die Kreuzfahrer nach Europa gelangte, schnelle Verbreitung fand. Werbung entwickelte sich im Mittelalter vor allem durch die Exportgewerbe, wie den Textil- und Edelmetallhandel. Die Konkurrenz der Städte untereinander formte auch hier schon früh Meister-, Zunft- und Produktmarkierungen und damit die ersten Markenartikel aus. Exemplarisch stehen dafür die Porzellan- und Fayence-Manufakturen des Spätmittelalters, die Luxusprodukte für die feudale Oberschicht herstellten. Hier standen französische, italienische und deutsche Manufakturen in einem erbitterten Konkurrenzkampf.

Abbildung 1–11: Europäische Porzellanmarken des 18. Jahrhunderts

v.l.n.r.: Meißen, Höchst, Wien, Nymphenburg, Severs, Chelsea

Quelle: Käseborn, H.-G./Sieberkötter, R./Fehn, T.: Wirtschaftswerbung. Historische Beispiele von der Antike bis zum Beginn des 20. Jahrhunderts, Rinteln 1993, S. 50

Die Zunftordnungen verboten jegliche Werbung für die Produkte der Zunftmitglieder. Ziel der Zünfte war es, den Mitgliedern eine wirtschaftliche Grundlage zu sichern, daher wurden die Zunftmitglieder vor fremder Konkurrenz, aber auch vor der eigenen Konkurrenz geschützt (vgl. Käseborn/Sieberkötter/Fehn 1993, S. 47 ff.).

Von grundlegender Bedeutung für die Entwicklung der Werbung ist die Entwicklung des Handels. In dem Maße, wie der Handel zwischen den Städten und Ländern zunahm, entwickelte sich auch die Werbung. Mit dem Produktionsvolumen stieg auch die Werbeintensität (vgl. Müller 1975, S. 325).

Eine besondere Rolle spielten dabei die **Messen**. Messen haben sich bereits im frühen Mittelalter aus den Jahrmärkten entwickelt. Die Wortgleichheit mit der kirchlichen Institution ist nicht zufällig: An die heilige Messe schloß sich die missa profana, die weltliche Messe an, die zunächst auch in unmittelbarer Nähe der Kirche stattfand. Messeplätze entwickelten sich vor allem an verkehrsgünstig gelegenen Fernhandelsstraßen. Die erste Messe ist 629 in St. Denis dokumentiert. 1210 wurde der Messeplatz Frankfurt unter kaiserlichen Schutz gestellt, 1458 auch Leipzig. Der staatliche Schutz war insofern notwendig, als es sich bei diesen Messen um reine **Warenmessen** handelte, d.h. die gehandelten Güter mußten alle an den Messeort transportiert werden. Das verhalf dem Berufsstand der Raubritter zu beträchtlichen Einnahmen. Erst als mit der Industrialisierung im 19. Jahrhundert gleichbleibende und garantierte Qualität der Produkte, gesicherte Transportwege und garantierte Liefertermine die Möglichkeit eröffneten, Bestellungen an Hand von Mustern zu tätigen, wandelten sich die Warenmessen zu **Mustermessen** (vgl. Strothmann/Roloff 1993, S. 709 f.).

Neben dem Handel ist es vor allem die technische Entwicklung, die maßgeblichen Einfluß auf den Fortschritt der Werbung hat. Die nicht nur für die Werbung bedeutendste Erfindung des Mittelalters war zwischen 1439 und 1444 die der Buchdruckerkunst durch Johannes Gutenberg. Bis dahin war Werbung im wesentlichen auf das gesprochene und handgeschriebene Wort bzw. auf symbol- und bildhafte Darstellungen beschränkt (vgl. Käseborn/Sieberkötter/Fehn 1993, S. 21). Die eigentliche Bedeutung von Gutenbergs (Wieder-) Erfindung für die Werbung ist darin zu sehen, daß sie nunmehr die Schwelle zur Massenkommunikation überschritt, da der Buchdruck unbegrenzte Auflagen und Streuung von Werbemitteln ermöglichte. Daß es bis zur Industrialisierung des 19. Jahrhunderts dauerte, bis sich Werbung tatsächlich zur Massenkommunikation entwickelte, lag vor allem auch darin begründet, daß sich die Kunst des Lesens nur langsam verbreitete. Schulpflicht im Sinne von Unterrichtspflicht wurde erst 1717 in Preußen eingeführt. Das Lesen blieb zunächst nach wie vor dem Adel und Klerus vorbehalten. Die Vermittlung werblicher Inhalte an den „kleinen Mann“, vor allem durch den Klerus, erfolgte in erster Linie über Bilder. Vielfach wurde dabei mit Angstappellen gearbeitet, indem mittels Hell-Dunkel-Kontrasten der Gegensatz zwischen Gut und Böse veranschaulicht wurde (vgl. Schweiger/Schrattenecker 1995, S. 2). In der Zeit der Reformation bedienten sich beide Seiten intensiv der neuen Erfindung für Propagandazwecke. Der Anschlag von Luthers Thesen an die Kirchentür von Wittenberg ist im modernen Sinn als ein Plakatanschlag zu bezeichnen.

Buchdruckereien verbreiteten sich schnell in Europa, entsprechend groß war die Zahl an gedruckten Büchern. Bis zum Jahre 1500 gab es mehr als 1100 Druckereien, die rund 36.000 Verlagswerke in einer geschätzten Auflage von 12 Millionen produzierten (vgl. Buchli 1970, S. 16). Es ist insofern nicht verwunderlich, daß die Buchdrucker selbst als Werbetreibende auftraten, indem sie ihre Druckerzeugnisse in Form von Katalogen zusammenstellten.

Um 1600 kam es zu einer neuen Form des gedruckten Wortes, den **Zeitungen**, womit sich auch bald ein neues Werbemittel begründete, die **Anzeige**. Die 1631 gegründete „Gazette de France" nahm bereits Anzeigen auf, die älteste englische Anzeige datiert aus dem Jahre 1652, für eine eingetroffene Kaffeeladung (vgl. Buchli 1970, S. 17 f.). Der englische König Karl II soll 1660 eine Anzeige wegen seines entlaufenen Hundes aufgegeben haben (vgl. Müller 1991, S. 173). Ein Anzeigenwesen im modernen Sinn entwickelte sich allerdings erst mit der Realisierung der Gewerbefreiheit ab 1850, da dem zunftgebundenen Gewerbe Werbung untersagt war und die meisten Zeitungen sich weigerten, Anzeigen zu drucken.

1.5.4 Werbung im Industrialismus

Im Zuge der industriellen Revolution bildeten sich um die Wende des 18./19. Jahrhunderts mit dem Mittel- und Kleinbürgertum zwei neue Konsumentenschichten heraus, die sehr zögerlich von der sich allmählich etablierenden Konsumgüterindustrie umworben wurden. Werbung hieß damals noch Reklame und galt als nicht gesellschaftsfähig. Ein 1887 erschienenes Lehrbuch der Reklame verstand unter „Reklame im weiteren Sinne, durch irgend ein Mittel, sei es durch Wort, Schrift oder That, Interesse für eine Sache, eine Person, einen Gegenstand oder ein Unternehmen zu erregen; im engeren Sinne versteht man darunter die empfehlende Anzeige, bei der im Unterschiede von der einfachen Annonce die Anwendung raffinierter Mittel zur Erweckung des öffentlichen Interesses wesentlich ist". Weiter wird ausgeführt: „Man ist im Publikum leicht geneigt, die Begriffe Reklame und Schwindel für identisch zu halten, und scharfe Moralisten stehen nicht an, die Reklame als unmoralisch zu erklären". Im folgenden Satz wird der Leser allerdings wieder beruhigt mit der Aussage: „An und für sich hat nun die Reklame mit Schwindel und Unmoralität nichts zu thun" (Cronau 1887, S. 1 f.).

Die industrielle Revolution erbrachte die Voraussetzungen moderner Wirtschaftswerbung. Einerseits die Möglichkeit, mehr zu produzieren als notwendig ist, um die augenblickliche Nachfrage zu befriedigen. Andererseits ermöglichte der technische Fortschritt sinkende Stückkosten mit steigender Ausbringung und somit Gewinnsteigerungen für die Hersteller, wenn es ihnen gelang, den Absatz zu steigern (vgl. Merkle 1981, S. 8), was durch den Ausbau des Verkehrswesens in eine neue Dimension geführt wurde. Daher ist es nicht erstaunlich, daß die Werbung ihren Aufschwung vor allem in den Ländern hatte, in denen aufgrund der Marktgröße diese Voraussetzungen gegeben waren, nämlich vor allem in England und den Vereinigten Staaten. In den USA verzehnfachte sich der Werbeaufwand zwischen 1867 und 1890 (vgl. Merkle 1981, S. 8).

Eine zwangsläufige Folge der zunehmenden Werbeintensität war die Herausbildung von Markenartikeln. Die Produkte erhielten Namen und entwickelten sich zu Marken, denn es ist nur möglich, für Produkte zu werben, wenn diese differenzierbar und identifizierbar sind.

Massenwerbung setzt voraus, daß Werbeträger verfügbar sind, die breite Schichten der Bevölkerung erreichen. Da die amerikanische Presse sich schon frühzeitig frei von Zensur und Besteuerung entwickeln konnte, stiegen die Auflagen der Printmedien auch schnell an. Allmählich etablierten sich auch Agenturen, die sich zwischen Werbetreibende und Werbeträger schoben. Als erste Werbeagentur wird die von V.A. Palmer angesehen, die 1841 in Philadelphia gegründet wurde. Die Funktion dieser neuen Dienstleister bestand zunächst nur in der Vermittlung von Anzeigenraum. Als zusätzlicher Service wurden die Auflagen der verschiedenen Presseorgane geschätzt, damit die Werbetreibenden in der Lage waren, Wirtschaftlichkeitsberechnungen an Hand von Reichweiten durchzuführen (vgl. Merkle 1981, S. 12).

Einer der ersten in Deutschland, der mit Werbung in dieser Zeit nachweisbare Erfolge erzielte, indem er einen vollständig neuen Bedarfskomplex entwickelte, war Karl August Lingner (vgl. Leitherer 1974, Sp. 672). Die große Leistung Lingners bestand in der Verwirklichung von Volkshygiene in Form von Mundpflege mit seinem Mundwasser *Odol*. Ein königlicher Minister führte dazu aus, daß Lingner dafür „... zu dem damals in Deutschland wenig gebräuchlichen Mittel der Reklame greifen (mußte), um sein Produkt einzuführen" (zitiert nach Müller 1986, S. 71).
Ein anderer Werbepionier der damaligen Zeit war Julius Maggi, der bereits 1886 ein „Reclame- und Pressebüro" einrichtete, dessen zeitweiliger Vorsteher der später berühmt gewordene Dramatiker Frank Wedekind war. Dieser dichtete für *Maggi* Werbetexte wie diesen (vgl. Becker 1995, S. 558):

„Vater, mein Vater!
Ich werde nicht Soldat,
dieweil man bei der Infanterie
nicht Maggi-Suppe hat.
Söhnchen, mein Söhnchen!
Kommst Du erst zu den Truppen,
so ißt man dort auch längst nur
Fleischkonservensuppen."

Ab der Mitte des 19. Jahrhunderts dominierte das Plakat als Werbemittel, es wurde jedoch erst zu Beginn des 20. Jahrhunderts von der Konsumgüterindustrie genutzt. Da kein geeigneter Werbeträger für Plakate zur Verfügung stand, wurden diese ungeregelt an Mauern, Hauswände und Bäume geklebt. Diese Situation änderte sich erst 1855, als der Berliner Druckereibesitzer Ernst Litfaß mit dem Berliner Polizeipräsidenten einen Vertrag über „öffentlichen Zettelaushang an Säulen und Brunneneinfassungen" abschloß und die ersten nach ihm benannten Säulen aufstellte (vgl. Abbildung 1-12). Allein in Berlin stieg die Zahl dieser Säulen von

150 (1855) auf 1550 (1912) (vgl. Reinhardt 1993, S. 238). Als weitere Plakatwerbeträger wurden ab 1880 die aus den USA kommenden „Sandwichmänner" als wandelnde Plakatträger genutzt. Sie trugen „zwei breite Papptafeln, die ihnen wie ein weites Herolds-Wams Brust und Rücken decken" (Cronau 1887, Bd. 1, S. 31).

Abbildung 1–12: Die erste Berliner Litfaßsäule (1855)

Quelle: Borscheid, P./Wischermann, C. (Hrsg.): Bilderwelt des Alltags, Stuttgart 1995, S. 47

Abbildung 1–13: Depotschilder

Quelle: Maggi GmbH (Hrsg.): Magginalien, Frankfurt/M. 1996, S. 28 f.

Plakate dienten zunächst vor allem der Ankündigung von Schaustellern, Veranstaltungen und für politische und religiöse Aufrufe. Später kamen Theater, Kinos, Cafés und Restaurants als Werbetreibende hinzu.

Die Markenartikelindustrie entdeckte das Plakat als Werbeträger erst Anfang des 20. Jahrhunderts. Neben Plakaten aus Papier, die primär aktuelle Kaufanreize liefern sollten, etablierten sich „Dauerplakate" in Form von emaillierten Reklameschildern, die an den Fronten der Verkaufsstellen als **Depotschilder** angebracht wurden (vgl. Abbildung 1-13).

Aus reinen Schriftplakaten entwickelten sich Plakate zu einer eigenen Kunstform, die mit dem Maler Toulouse-Lautrec ihren Höhepunkt erreichte (vgl. Abbildung 1-14). Unterstützt wurde dies durch Entwicklungen in der Drucktechnik, die ab 1890 auch Farbdrucke ermöglichte. Die Verbreitung der Photographie in der zweiten Hälfte des 19. Jahrhunderts eröffnete für die Plakatwerbung weitere Möglichkeiten.

Abbildung 1–14: Plakatkunst von Toulouse-Lautrec

Quelle: Julien, E.: Toulouse-Lautrec - Affiches, Paris 1975, S. 6

1.5.5 Werbung in der ersten Hälfte des 20. Jahrhunderts

Um die Jahrhundertwende entstanden in Deutschland die ersten bedeutenden Markenartikel wie *Maggi* (1887), *Kathreiner's Malzkaffee* (1892), *Odol* (1893), *Dr. Oetker* (1899), *Kaffee Hag* (1906), *Persil* (1907) und *Nivea*-Creme (1912). Mit den Markenartikeln übernahm die Werbung eine neue Funktion: die der Differenzierung gegenüber den Wettbewerbsprodukten. Markenartikel erhöhten die Anforderungen an die Werbung, die nun langfristiger und kontinuierlicher ausgerichtet werden mußte. Zusammen mit der parallel sich ausprägenden Vielzahl neuer Werbeträger, führte dies zu einer rasanten Entwicklung der Werbung, die nur durch die Weltkriege unterbrochen wurde.

Hauptwerbeträger waren Anfang des Jahrhunderts die Zeitungen, Hauptwerbemittel die Anzeige. Die Verlage erkannten schnell die Möglichkeiten, mit Werbung zusätzliche Einnahmen zu erzielen und gaben ihren Widerstand gegen das Anzeigenwesen auf. Noch 1857 hatte die Zeitschrift „Gartenlaube" die Veröffentlichung von Anzeigen abgelehnt, um ihre Leser nicht zu beeinträchtigen (vgl. Reinhardt 1993, S. 180). 1868 gab es in Deutschland 1525 Zeitungen, 1885 bereits 3069, 1932 wurden 4275 gezählt (vgl. Reinhardt 1993, S.177; Wimmer 1994, S. 124). Die Verbindung von Nachrichten- und Anzeigenwesen rief jedoch erhebliche Kritik hervor und Bestrebungen zur Errichtung eines staatlichen Anzeigenmonopols, um die Presse vom „Schmutz" der Anzeigen zu säubern. Diese Kritik führte 1908 zu dem Entwurf eines Anzeigensteuergesetzes, der vorsah, Zeitungsanzeigen je nach Auflagenhöhe zwischen 2% und 10% der Anzeigengebühr zu besteuern. Massive Proteste der Industrie konnten diese Steuer jedoch verhindern (vgl. Reinhardt 1993, S. 182 f.). Abbildung 1-15 zeigt einige Anzeigen-Beispiele aus den 20er Jahren.

Abbildung 1–15: Anzeigenbeispiele aus den 20er Jahren

Quelle: Halbert, A.: Praktische Reklame, Hamburg 1927, S. 99 ff.

Werbegeschichtlich gesehen ist das 20. Jahrhundert aber vor allem durch Erfindungen interessant, die vollkommen neue Werbeträger begründeten:

- Bereits 1866 wurden Plakate als Werbemittel auch in Verkehrsmitteln eingesetzt, als die Eisenbahndirektion in Württemberg zunächst die Waggons der 3. Klasse, später auch die der 2. Klasse für „geschäftliche Ankündigungen" freigab (vgl. Reinhardt 1993, S. 289). Seit 1890 dienten Heißluftballons als Werbeträger, Anfang des 20. Jahrhunderts wurden auch die Zeppeline dafür genutzt.

Abbildung 1–16: *Nivea*-Verkehrsmittelwerbung 1913

Quelle: Beiersdorf AG (Hrsg.): Nivea. Evolution of a world famous brand, Hamburg 1995, S. 15

- Die Erfindung der Elektrizität und der Glühbirne (Edison 1879) eröffnete die Möglichkeit zur **Lichtwerbung**. Erste Lichtwerbeanlagen entstanden um 1896. Aus energiepolitischen Gründen wurde Lichtwerbung jedoch 1916 in Deutschland verboten und erst 1923 wieder erlaubt. Mit den Neonröhren erlebte die Lichtwerbung dann allerdings ab 1927 neue Höhepunkte. Berühmt wurde eine Lichtwerbung von *Persil*:

  > „4000 farbige Glühbirnen demonstrierten den Waschvorgang mit *Persil*: Aus einem gelben Hahn läuft Wasser in einen roten Bottich, aus einem grünen Paket folgt das Waschmittel, dann ein schmutziges Hemd; nach dem Kochprozeß kommt das Hemd weiß wieder zum Vorschein und der Schriftzug ‘Persil bleibt Persil’ beschließt die Szenerie“ (Reinhardt 1993, S. 324).

- Werbung in bewegten Bildern wurde durch die Entwicklung der Filmtechnik möglich, die seither die Werbung revolutionierte. Die ersten öffentlichen Filmvorführungen fanden 1895 in Berlin und Paris in Jahrmarktbuden und Schaustellerzelten (Wanderkinos) statt. **Kinowerbung** erfolgte zunächst in Form von Diawerbung. Bereits seit 1895 wurden Dias in Theatern auf die Vorhänge projiziert, mit der Errichtung stationärer Kinos ab 1905 verlagerte sich die Diawerbung dorthin. Zwischen 1910 und 1914 stieg die Anzahl der Kinos von 456 auf 2446, in dieser Zeit setzten sich auch die Werbefilme durch. Markenartikelunternehmen wie *Maggi* („Die Suppe“, 1910), *Kathreiner* und *Kupferberg* unterstützten das aufkommende neue Werbemedium. Gedreht wurden Real-

und Trickfilme. Ein Werbefilm für *Dr. Oetkers* Backpulver zeigte 1911 einen Napfkuchen, der sich im Zeitraffertempo vergrößerte (vgl. Reinhardt 1993, S. 334). Während des Ersten Weltkrieges erfuhr das Kino mit der Gründung der Universum Film AG (Ufa) weiteren Auftrieb durch Propagandafilme.
1927 beendete der Tonfilm die künstlerische Hochblüte des Stummfilms. Durch die aufwendige Umrüstung der Produktions- und Vorführtechnik erlitt die Filmwirtschaft kurzfristig jedoch einen Rückschlag, nachdem in Deutschland bereits 1923 durch die Einführung einer Lustbarkeitssteuer auf öffentliche Filmvorführungen die Anzahl der Kinos von 4017 (1923) auf 3618 (1925) sank. Der erste Ton-Werbefilm in Deutschland warb 1928 unter dem Titel „Tönende Welle" für den Rundfunk (vgl. Reinhardt 1993, S. 341 ff.).
Der Farbfilm veränderte die Kinowerbung ein weiteres Mal. Zwar war schon in der Frühzeit des Kinos versucht worden, durch Einfärbungen des Filmmaterials spezielle Effekte zu erzielen, der erste abendfüllende Farbfilm wurde aber erst 1935 in New York aufgeführt.
Während des Zweiten Weltkrieges stieg zwar, aufgrund des wachsenden Bedürfnisses der Bevölkerung nach Unterhaltung, die Anzahl der Kinos auf 7042 und die Zahl der Kinogänger auf über eine Milliarde (1942) an, ab 1943 war Kinowerbung aber nur noch für Propagandazwecke zugelassen (vgl. Reinhardt 1993, S. 357).

- Noch vor dem Film bot der **Hörfunk** die erste Möglichkeit zur auditiven Massenansprache. Mit dem Hörfunk wurde erstmals in der Menschheitsgeschichte die Ortsgebundenheit der menschlichen Stimme aufgehoben. Der erste regelmäßig tätige Hörfunksender nahm 1920 in den USA seinen Betrieb auf, am 29.10.1923 startete der Unterhaltungsrundfunk in Deutschland. Da Werbung sich bisher vor allem auf den Printbereich konzentrierte, fand dieser neue Werbeträger bei den Werbetreibenden schnell eine hohe Akzeptanz. Aufgrund der Aktualität dieses Mediums waren die ersten Werbesendungen im Rundfunk die Übertragung von aktuellen Preisen in Zeiten der Hyperinflation. Wegen der geringen Senderleistungen waren die ersten Hörfunksender lokal ausgerichtet. Die Zahl der Hörfunkteilnehmer stieg von 1580 (1924) über 1.022.000 (1926) auf etwa 16 Mio. 1943 (vgl. Reinhardt 1993, S. 363 ff.).
  Rundfunkwerbung hatte in Deutschland mit einem noch negativeren Image als Anzeigenwerbung zu kämpfen, was vor allem auf eine Kampagne der Presse zurückzuführen war, die um Anzeigenerlöse fürchtete. Die Presse ließ keine Möglichkeit aus, auf die Sinnlosigkeit und Schädlichkeit der Hörfunkwerbung hinzuweisen. Erst als infolge dieses Druckes der Rundfunk drastische Einschränkungen der Werbung veranlaßte (keine Werbung an Sonn- und Feiertagen, Werbung nur in den reichweitenschwachen Vormittagsstunden), nahmen die Proteste ab (vgl. Reinhardt 1993, S. 362 f.).
  Für Goebbels wurde der Hörfunk das bedeutendste Propagandamedium. 1933 übertrug er die Zuständigkeit für den Rundfunk von der Reichspost auf sein Propagandaministerium und verbot schließlich 1935 die Hörfunkwerbung, um die Propagandakraft des Mediums allein für politische Zwecke nutzen zu können.

- Auch die Anfänge des **Fernsehens** reichen in die 20er Jahre zurück. Die ersten regelmäßigen Fernsehsendungen wurden 1928 im US-Bundesstaat New York ausgestrahlt, 1929 begann die British Broadcasting Corporation (BBC) mit regelmäßigen öffentlichen Fernsehübertragungen. Auch in Deutschland wurden 1929 erste Versuchssendungen ausgestrahlt. Seit April 1935 konnte in 15 öffentlichen Fernsehstellen in Berlin und Potsdam das Fernsehprogramm betrachtet werden. Aus der Fernsehwerbung ergab sich für die Werbetreibenden vor allem ein finanzielles Problem, da die Produktionskosten eines Fernsehspots rund zehnfach teurer waren als die eines Hörfunkspots.

Während die Zeit bis 1919 als diejenige bezeichnet werden kann, in der die Werbung laufen lernte, 1919 bis 1933 als die Zeit der Reifung, wurde nach 1933 das deutsche Werbewesen einheitlich ausgerichtet und gleichgeschaltet (vgl. Wündrich 1992, S. 11). Alle Medien und Werbemittler wurden dem neugeschaffenen „Reichsministerium für Volksaufklärung und Propaganda" durch das „Gesetz über Wirtschaftswerbung" vom 12.09.1933 unterstellt, Werbung für Staat, Kultur und Wirtschaft in den Zuständigkeitsbereich von Goebbels gegeben.

1.5.6 Werbung in der Nachkriegszeit

Die ersten Medien im Nachkriegsdeutschland waren Printmedien. Für die Alliierten hatten die Medien eine bedeutende Funktion in der „Reeducation" der Deutschen zu Demokraten. Den Deutschen wurde zunächst jede Herausgabe von Medien untersagt, später wurden unter alliierter Kontrolle Lizenzen für Zeitungen und Zeitschriften an Personen vergeben, die aus der NS-Zeit nicht vorbelastet waren.
Die Zeit der sogenannten **Lizenzpresse** begann im Juni 1945 und dauerte bis zur Bildung der ersten Bundesregierung unter Konrad Adenauer im September 1949. Insgesamt wurden in dieser Zeit 176 Lizenzen vergeben für Titel wie *Der Spiegel*, *Die Zeit*, *Stern*, *Süddeutsche Zeitung* und *Frankfurter Rundschau*. In den ersten sechs Monaten nach der Aufhebung der Lizenzpflicht wurden 400 neue Zeitungen herausgegeben (vgl. Röper 1994, S. 507 f.).

Der Rundfunk[5] wurde von den Alliierten nach dem Vorbild der öffentlich-rechtlichen BBC regional organisiert. Dies war einerseits eine Reaktion auf den Mißbrauch des Rundfunks durch die Nationalsozialisten, andererseits aber ein Reflex der Tatsache, daß aufgrund begrenzter technischer Verbreitungsmöglichkeiten ein marktwirtschaftlicher Wettbewerb auf den Rundfunkmärkten nicht möglich war. Die öffentlich-rechtliche Organisationsform sollte dem Rundfunk die Rolle eines Kulturträgers sichern und wurde damit der Kulturhoheit der Länder übertragen (vgl. Röper 1994, S. 526 f.). Zunächst wurden in den westlichen Zonen jeweils zentrale Sender eingerichtet. 1948/49 wurden auf der Grundlage von Landesrundfunkgesetzen die Landesrundfunkanstalten gegründet, die sich 1950 zur Arbeitsgemeinschaft der öffentlich-rechtlichen Rundfunkanstalten der Bundesrepublik Deutschland (ARD) zusammenschlossen. Das erste regelmäßige Fernsehprogramm

[5] Rundfunk steht als überbegriffliche Zusammenfassung von Hörfunk und Fernsehen. Diese Differenzierung wurde erst durch die Einführung des Fernsehens notwendig.

der Nachkriegszeit wurde am 25.12.1952 vom Nordwestdeutschen Rundfunk (NWDR, aus dem sich später NDR und WDR bildeten) vor zunächst ca. 7000 Zuschauern aufgenommen. Seit dem 01.11.1956 sendeten BR, HR, NWDR, SR, SWF und SFB ein Gemeinschaftsprogramm, das Deutsche Fernsehen (vgl. Modenbach/Vogler 1994, S. 296).

Das öffentlich-rechtliche Rundfunk-Monopol bestand in Deutschland bis 1984, es wurde durch den beharrlichen Druck der Verlage aufgebrochen, die die maßgeblichen Beteiligungen am privaten Rundfunk halten. Der Bayerische Rundfunk hatte als erster im Hörfunk die Möglichkeiten zu Werbeeinnahmen genutzt. Im April 1955 gab der BR bekannt, er wolle Werbung auch im Fernsehen ausstrahlen, sobald 30.000 Fernsehgeräte angemeldet seien. Damals waren es 8000. Am 03.11.1956 war es dann soweit, daß im BR zum ersten Mal Werbung ausgestrahlt wurde. Der Firma Henkel gehörte ein Felsen auf dem Berg, auf dem der BR einen Sendemast errichten wollte. Der Pachtvertrag kam unter der Bedingung zustande, daß, sollte jemals Werbung gezeigt werden, der erste Spot von Henkel sein sollte. So kam es, daß der erste in Deutschland gezeigte Werbespot über *Persil* war (vgl. Niggemeier 1996, S. 79).

Der Bundesverband Deutscher Zeitungsverleger (BDZV) klagte 1956 gegen die Werbemöglichkeiten im Fernsehen, allerdings erfolglos. Als sich neue technische Distributionsmöglichkeiten für den Rundfunk abzeichneten, beteiligten sich die Mitglieder des BDZV 1980 an den Kabelpilotprojekten in Ludwigshafen, München, Dortmund und Berlin, aus denen die ersten privaten Anbieter RTL plus und SAT1 hervorgingen. Damit etablierten sich die Verleger sehr schnell als Anbieter von Rundfunkprogrammen und erschlossen sich so die Möglichkeiten von zusätzlichen Werbeeinnahmen.

1.6 Werbung in der DDR

Es wurde bereits darauf hingewiesen, daß Werbung kein Spezifikum marktwirtschaftlicher Systeme ist und natürlich gab es auch Werbung in der DDR. Erstaunlich ist allerdings die Tatsache, daß es nur sehr wenig Literatur darüber gibt. Aber auch Beispiele der Werbung, die immerhin über 40 Jahre den Alltag der DDR geprägt hat, sind zu Raritäten geworden.

Werbung reflektiert immer den jeweiligen Zeitgeist und die Bedürfnisse einer Gesellschaft, an ihr läßt sich somit auch der Entwicklungsstand einer Gesellschaft ablesen. Werbung ist immer bestimmt vom jeweiligen Wirtschaftssystem, das entsprechend Ziele und Funktionen der Werbung vorgibt. Werbung wird üblicherweise als Instrument der Nachfragesteuerung eingesetzt, insofern erscheint Werbung in einem Wirtschaftssystem, das i.d.R. durch einen Angebotsmangel gekennzeichnet war, auf den ersten Blick als widersprüchlich. Werbung in der DDR hatte vor allem Informations- und Erziehungsfunktionen, Werbeziele waren „... sowohl die Erhöhung betrieblicher Gewinne durch Umsatzsteigerung, Beschleunigung der Umschlagsgeschwindigkeit der Umlaufmittel, Durchsetzung optimaler Losgrößen als auch die kulturelle, ästhetische, moralische und politisch-ideologische Erziehung der Konsumenten“ (Autorenkollektiv: Handbuch der Werbung 1969, S. 23, im folgenden zitiert als HdW).

> Als Begründung für die Notwendigkeit einer DDR-Wirtschaftswerbung erfolgte 1959 unter der Überschrift „Sollen wir unser Licht unter den Scheffel stellen“ im Neuen Deutschland die Aussage: „Die Kapitalisten in Westdeutschland spielen auf diesem wirksamen Instrument der Meinungsbildung mit Raffinement – sie schufen die Illusion vom ‘Wirtschaftswunder’ ... Die ins rechte Licht gerückte Auslage Westdeutschlands zieht die Blicke auf sich, während wir freiwillig unser Licht unter den Scheffel stellen und die von der Weltpresse anerkannten guten Konsumgüter und die beachtlichen neuen Erzeugnisse des Siebenjahresplanes in einem verhängten Schaufenster verstecken“ (Neues Deutschland vom 14.12.1959, S. 2, hier zitiert nach Tippach-Schneider 1999, S. 164).

Die ökonomische Funktion der Werbung ordnete sich in der DDR den politisch-ideologischen Funktionen unter, zumal die ökonomischen Voraussetzungen für die Werbung in Zeiten einer Mangelwirtschaft nicht gerade günstig waren. „Hatte die Planwirtschaft nicht planmäßig funktioniert und es waren zu viele Eier auf dem Markt, tönte es von den Bildschirmen ‘Nimm ein Ei mehr!’ Ermangelte es an denselben, wurde auf die Schädlichkeit des Cholesterin hingewiesen und die gesunde Margarine gelobt“ (Dt. Werbemuseum 1990, Sp. 185).
Wie im Westen kam es in den 50er Jahren auch in der DDR zu einem Wirtschaftsaufschwung und damit auch zu einem Aufschwung der Werbung, die zunächst direkt an die Vorkriegswerbung anknüpfte. Vorherrschende Werbemittel waren Anzeigen und Plakate, es entwickelte sich aber auch die Dia- und Filmwerbung im Kino, Messen und Ausstellungen, Prospekte und Kataloge.

Mit dem Erstarken des Einzelhandels rückte die Warenpräsentation und Schaufenstergestaltung in den Vordergrund, die das bedeutendste Werbemittel des Einzelhandels für Konsumgüter wurde. 1960 erfolgte die Gründung des Werbefernsehens beim Deutschen Fernsehfunk DFF, dadurch wurde als weiteres Werbemittel der TV-Spot ermöglicht. Nach der Versuchssendung „Notizen für den Einkauf“ gingen im April 1960 die „tausend tele tips“ (ttt) auf Sendung. In dieser Sendung wurde zehn Minuten lang vor dem Abendprogramm eine Mischung aus Werbespots, Ratschlägen und Aufklärungsfilmen ausgestrahlt. Die Fernsehwerbung wurde vor allem durch Trickfilme nachhaltig geprägt. Werbe-Trickfilme haben einerseits den Vorteil, daß Übertreibungen und humorvolle Gestalten und Handlungen leichter möglich sind. Andererseits wurde es nicht unbedingt als Provokation aufgefaßt, wenn ein im Trickfilm beworbenes Produkt im wirklichen DDR-Alltag nicht im Angebot war. „Bei einem nachgebildeten Aal oder einer Papp-Orange gingen keine Leserbriefe an die Redaktion, in denen gefragt wurde: ‘Wo bekommen wir den Aal zu kaufen?’“ (Tippach-Schneider 1999, S. 53).

Mit dem Bau der Mauer begann ein neues Kapitel in der DDR-Werbegeschichte. 1962 wurde die Werbung für Konsumartikel im Fernsehen ganz verboten, weil sozialistische Ware keine Werbung nötig hätte. Bis zu Beginn der 60er Jahre diente die binnenländische Werbung vor allem dazu, schwerverkäufliche Waren besser und schneller verkaufen zu können. Mit dem Übergang zum Neuen Ökonomischen System (NÖS) der Planung und Leitung der Volkswirtschaft 1963 wurde das strenge Verteilungssystem gelockert und eine Vielzahl von Warenarten für den Markt freigegeben, was zu einer Intensivierung der Werbung führte. Die Hoch-Zeit für die Werbung in der DDR lag zwischen 1964 und 1970. 1966 betrugen die Ausgaben für Werbung 0,6% des Nationaleinkommens (vgl. HdW, S. 35).

1971 wurden per Weisung die Werbefonds gekürzt, wodurch sich Werbung im wesentlichen noch auf den Verkaufsraum und die Schaufenstergestaltung beschränkte. Im Inland wurde auf Kultur statt auf Konsum gesetzt. Am 23.01.1975 wurde die „Anordnung zum sparsamen Einsatz materieller und finanzieller Fonds für Werbung und Repräsentation" herausgegeben, was praktisch einem Werbeverbot gleichkam. Alle eingesparten Werbefonds mußten an das Ministerium der Finanzen abgeführt werden. Eine offizielle Begründung für dieses Werbeverbot gab es nicht, aber offensichtlich entsprachen die Leitbilder einer Konsumgesellschaft zu diese Zeitpunkt nicht mehr der Parteilinie (vgl. Tippach-Schneider 1999, S. 9). Das Werbefernsehen wurde eingestellt und Werbung reduzierte sich im Inland auf die Bereiche der Gesundheitserziehung, Versicherung, Kultur, Lotterie, Produktionspropaganda und Verkaufsraum- und Schaufenstergestaltung.
Abbildung 1-17 zeigt als Beispiele für Konsumgüterwerbung in der DDR Anzeigen für Malimo-Moden, Florena-Creme und Esda-Strümpfe.

Konsumgüterwerbung in der DDR hat eine Reihe von Symbolfiguren ausgeprägt, wie die Fewa-Johanna, das Messemännchen, Nannett, die für Margarine warb oder den Minol-Pirol, der den Autofahrern mehrere Jahre lang Ratschläge erteilte. Die bekannteste Werbefigur war seit 1960 der Fischkoch, der das Aushängeschild der VVB Hochseefischerei Rostock wurde. Mit dem Slogan „Fisch auf jeden Tisch" sollten bei der Bevölkerung Vorurteile gegenüber dem Fisch abgebaut und die Verbrauchsgewohnheiten geändert werden. Kurzfristig wurde damit der Fisch zwar popularisiert, langfristig ist jedoch keine Steigerung des Fischkonsums erreicht worden.
Auch die Konsumgüterwerbung hatte in der DDR immer eine ideologische Komponente, indem sie zur Durchsetzung sozialistischer Konsum- und Lebensgewohnheiten beitragen sollte. Anzeigen in Zeitungen und Zeitschriften blieben jedoch von der direkten politischen Parole weitgehend verschont. In der Industriewerbung ging es vor allem darum, die Wirtschaftsentwicklung der DDR zu unterstützen und eine positive Einstellung gegenüber den DDR-Betrieben und Produkten zu erzeugen.
Auch in der DDR zeigten Anzeigen vornehmlich Lebensbereiche wie Haushalt, Freizeit und Einkaufen und verbreiteten auch hier die Botschaft vom modernen Leben. „Der Verband der Kaufhallen setzte das neue Lebensgefühl ab 1967 in einer Anzeigenserie mit dem Leitspruch um: 'Moderne Menschen kaufen modern'. In der Mehrzahl wurde der junge und moderne Verbraucher durch Frauendarstellungen mit mädchenhaften Körpern und strahlenden Gesichtern versinnbildlicht" (Tippach-Schneider 1999, S. 125). Anders als im Westen gab es im Konsumgüterbereich jedoch keine Werbung für Autos, Alkohol und Zigaretten.

Abbildung 1–17: Konsumgüterwerbung in der DDR

Quelle: Tippach-Schneider, S.: Messemännchen und Minol-Pirol. Werbung in der DDR, Berlin 1999, S. 11, 37, 79, 82

Auch die Werbewirtschaft der DDR war zentralistisch organisiert. Die Werbung lag in den Händen von zwei Agenturen, die Monopolstellungen innehatten: der *DEWAG* (Deutsche Werbe- und Anzeigen-Gesellschaft) und der *Interwerbung*, die für Werbung im Ausland sowie für die Werbung ausländischer Kunden in der DDR verantwortlich war. Der Schwerpunkt der DDR-Werbung lag nicht im Binnenhandel, sondern beim Export und in der Industrie, wobei sich die Exportwerbung vor allem auf Messen und Ausstellungen konzentrierte.

Abbildung 1–18: Gesellschaftliche Propaganda in der DDR

Quelle: Deutsches Werbemuseum (Hrsg.): Spurensicherung. 40 Jahre Werbung in der DDR, Frankfurt/M. 1990, Sp. 178, 478, 484, 490

Vor allem Plakate propagierten die offizielle Parteipolitik als „Sichtagitation“ und gesellschaftliche Propaganda. Sichtagitation bezeichnete politisch-ideologische Massenarbeit mit visuellen Mitteln mit dem Ziel, die Bürger für die Parteipolitik zu mobilisieren. Zur gesellschaftlichen Propaganda gehörte die Gesundheitspropaganda, die Arbeitsschutzpropaganda, die Unfall- und Schadensverhütungspropaganda, die Verkehrserziehung und die Umweltschutzpropaganda (vgl. Abbildung 1-18).

Zwischen 1960 und 1970 wurde versucht, die Werbung in der DDR auf eine theoretische Grundlage zu stellen und sie in eine sozialistische Betriebswirtschaftslehre einzubinden. Auf Initiative der Fachzeitschrift *Neue Werbung* entstand ein „Handbuch der Werbung", das Grundlagenkenntnisse aus Theorie und Praxis zu vermitteln suchte, allerdings blieb diese „Werbegrundordnung" rein theoretisch. Werbung wurde hier definiert als „bewußte Einflußnahme auf Einzelpersonen, Personengruppen und Massen mittels psychologisch begründeter und wirksamer Informationen (Wissensvermittlung), Argumentation (Überzeugung) und Appellen in sachlich-rationaler oder auch betont emotionaler Form sowie wahrheitsgemäßer Aussage" (HdW, S. 23).

Obgleich diese Definition durchaus auch für marktwirtschaftliche Werbung gelten könnte, legt das Handbuch der Werbung großen Wert auf eine inhaltliche Abgrenzung zur Westwerbung, bei der die „... Skala der Manipulationsmethoden von sexuellen Motiven als Blickfang, von der Manipulation physiologisch-psychologisch bedingter Gemütsverfassungen, vom Appell an Angst und depressive Zustände bis zur Einflußnahme auf die Vorstellungswelt der Kinder, der Erziehung sogenannter 'Verbraucherrekruten'" reiche (HdW, S. 56).

Sozialistische Werbung beruhe auf folgenden Prinzipien (vgl. HdW, S. 78 ff.):

- **Prinzip der Parteilichkeit**: Die Werbung soll bewußt dazu dienen, die Einheit von Ökonomie, Politik, Technik, Ideologie, Kultur und Bildung herauszustellen. Die Werbung soll die Einflußnahme der Produktion auf die Konsumtion unterstützen und eine aktive Beeinflussung der Konsumenten im Hinblick auf ihre Bedürfnisbildung und –lenkung erreichen, „... was selbstverständlich auch unter kapitalistischen Produktionsverhältnissen" gegeben sei (vgl. HdW, S. 78). Leitbild der Werbung sei die sozialistische Persönlichkeit.
- **Prinzip der Planbezogenheit**: Die Ziele der Werbung leiten sich mittelbar und unmittelbar von der Planung ab, gleichzeitig hat Werbung aber auch die Planrealisierung zu unterstützen. Werbung hat sich vor allem auf solche Schwerpunkte des Planes zu konzentrieren, deren Realisierung eine besondere absatzseitige Aktivität erfordert, vor allem also den Export.
- **Prinzip der Planmäßigkeit**: Werbung hat selbst Objekt der Planung zu sein, wobei sich Umfang und Intensität der Werbung vor allem aus dem Verhältnis von Angebot und Nachfrage ergebe. Bei einem Nachfrageüberhang sei die Notwendigkeit der Werbung nicht gegeben, wohl aber bei einem Angebotsüberhang.
- **Prinzip der Wirtschaftlichkeit**: Werbung habe die beabsichtigte Wirkung mit dem geringsten notwendigen Aufwand zu erreichen. Es wird aber deutlich gesehen, daß sich zwar der Werbeaufwand verhältnismäßig problemlos bestimmen läßt, die ökonomischen und außerökonomischen Wirkungen der Werbung seien allerdings kaum zu quantifizieren.

1.7 Werbung als Reflexion des gesellschaftlichen Wandels

Wie kaum ein anderes Phänomen des öffentlichen Lebens dokumentiert die Werbung den gesellschaftlichen Wandel. Wohlgemerkt: Werbung dokumentiert den Wandel, sie kann ihn niemals selbst verursachen. Werbung reflektiert den jeweiligen Zeitgeist und damit die politische und wirtschaftliche Situation einer Gesellschaft. Deutlich wird dies bei einem Rückblick auf die Entwicklung der Werbung seit dem 2. Weltkrieg.[6]

Nach dem Krieg begann die Werbung dort, wo auch die deutsche Wirtschaft begann, nämlich bei Null. Stichtag für den Beginn der Wirtschaftswerbung ist die Währungsreform am 20. Juni 1948, der Tag, an dem jeder Deutsche im Westen 40 Deutsche Mark erhält. Werbung reduziert sich in dieser Zeit darauf, daß sich Marken und Unternehmen beim Verbraucher zurückmelden. Sie zeigte lediglich auf, daß es die Produkte gab bzw. wieder gab: „Endlich wieder *Nivea* Zahnpasta", „Sie hat uns gefehlt all die Jahre. Doch jetzt ist sie wieder da. Es gibt wieder *Rama*." In Zeiten eines Anbietermarktes waren Positionsabgrenzungen gegenüber der Konkurrenz nicht notwendig. Eine Auslobung qualitativer Eigenschaften erfolgte nicht bzw. rein produktbezogen („In Friedensqualität"). Die Werbung dieser Zeit wird als **Werbung der ersten Art** bezeichnet (vgl. Beispiel in Abbildung 1-19).

Abbildung 1–19: Werbung der ersten Art

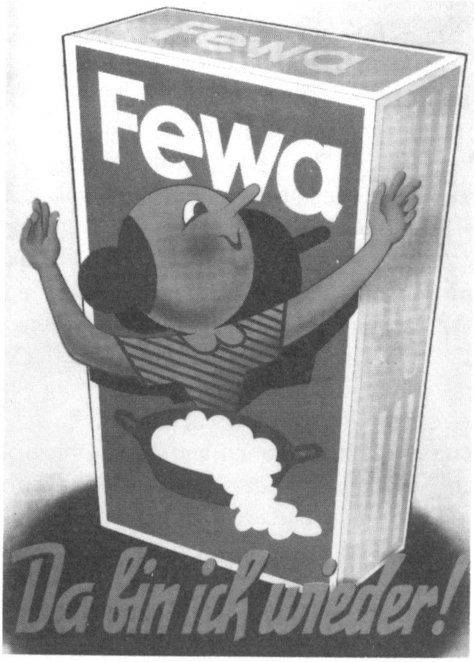

[6] Die folgenden Ausführungen sind angelehnt an den Artikel von Schnibben, C.: Die Reklame-Republik, 1992, S. 114-128.

Abbildung 1–20: Werbung der zweiten Art

Abbildung 1–21: Werbung der dritten Art

Abbildung 1–22: Werbung der vierten Art

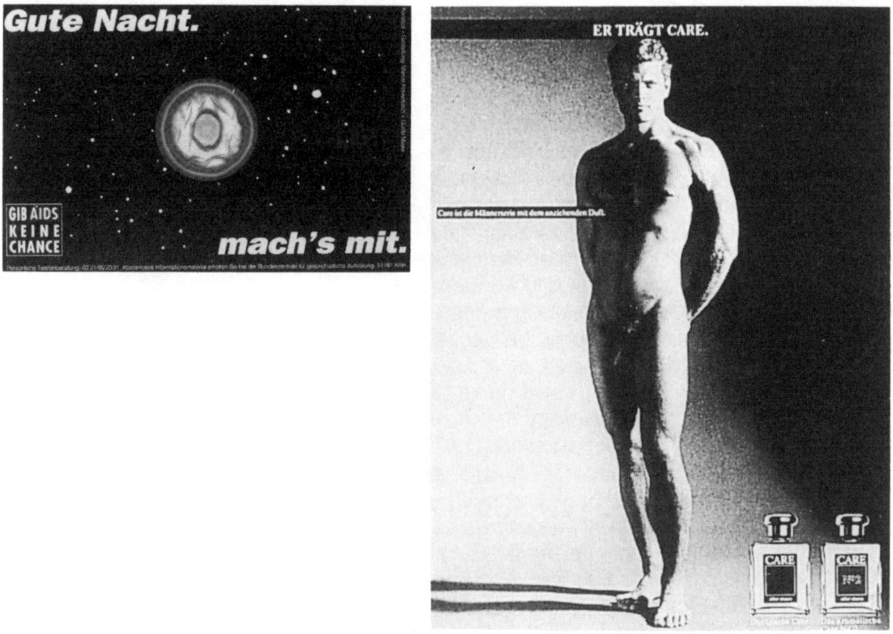

Abbildung 1–23: Werbung der fünften Art

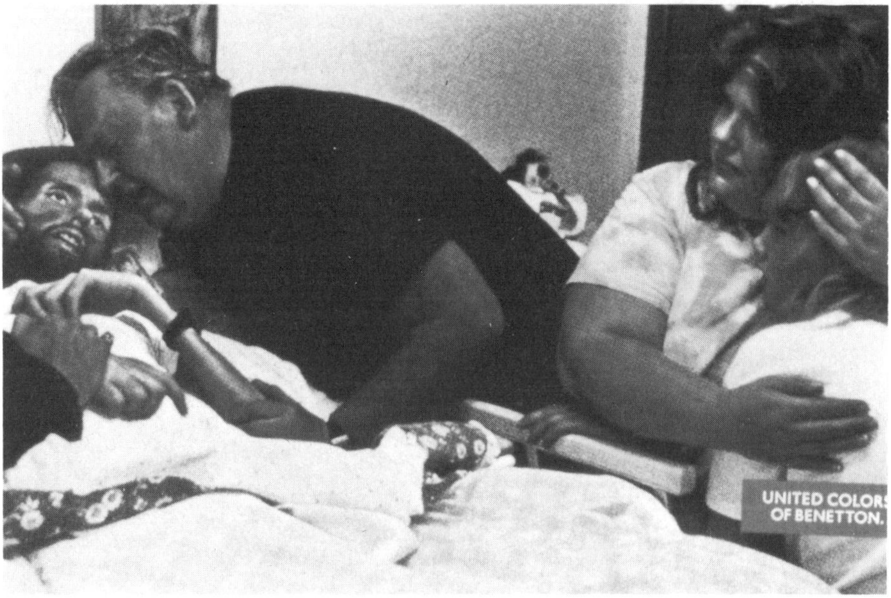

Werbung der zweiten Art (vgl. Beispiel in Abbildung 1-20) setzte ein, als sich die Märkte von Anbieter- in Käufermärkte wandelten, und sich die Produkte nicht mehr so problemlos abverkauften. In der Werbung wurde argumentiert, aber immer noch auf einer rationalen Ebene („*Pril* entspannt das Wasser"). Stellvertretend für die Werbung der zweiten Art steht das berühmte *HB*-Männchen („Wer wird denn gleich in die Luft gehen? Greife lieber zur *HB*, dann geht alles wie von selbst"). Mit dem *HB*-Männchen kamen auch emotionale Komponenten in die Werbung: „Frohen Herzens genießen".

In den sechziger Jahren kam es zu einer grundsätzlich anderen Ausrichtung der Werbung. Werbung verkaufte nicht mehr Produkte, sondern Leitbilder und Images. Als Reaktion auf erste Marktsättigungserscheinungen mit der Folge austauschbarer Produkte, war eine rein rationale Argumentation nicht mehr möglich. Die Produkte wurden mit Attributen ausgestattet, die mit ihnen nichts zu tun hatten („Der Duft der großen weiten Welt"). Einer der Werbeavantgardisten dieser Zeit war Charles Wilp, der Deutschland in den *Afri-Cola* Rausch versetzte. Die *Afri-Cola*-Kampagne griff erstmals Werte der neuen Jugendkultur auf. Diese **Werbung der dritten Art** (vgl. Beispiel in Abbildung 1-21) erfolgte in einer Zeit des gesellschaftlichen Umbruchs, der Hippies, der Pop-Musik, der 68er Jahre. Die Werbung entwickelte sich schnell und wurde immer raffinierter, allerdings sah sie sich auch zunehmend einer gesellschaftlichen Kritik ausgesetzt. In einer Zeit, in der sich die Nachkriegsjugend von ihren Eltern emanzipierte, kam es auch zu einer Emanzipierung der Werbung. Die Gesellschaft lernte mit der Werbung umzugehen. Der Verbraucher lernte, „daß auch die *Pampers* irgendwann feucht wird, daß *Pfannis* Hüttenschmaus in der Pfanne anders aussieht als im Fernsehen, daß *Rama* nicht den Familienfrieden rettet, daß *Barilla*-Nudeln nicht der Vorhand nützen und die *Gillette*-Rasierklinge seine Potenzprobleme nicht löst. Auch Werbefernsehen bildet" (Schnibben 1992, S. 118).Werbung wurde selbstbewußter, wurde zum Selbstzweck, Werbung nahm sich selbst auf den Arm.

Werbung der vierten Art (vgl. Beispiel in Abbildung 1-22) steht unter dem Motto: Wer gute Werbung macht, der macht auch gute Produkte. Werbung ließ Kamele das Lied vom Tod pfeifen und in einem *Jade*-Spot die Frage einblenden: „Warum schauen Sie beide Werbefernsehen? Gibt es nichts Schöneres? Schalten Sie doch ab".

Werbung der fünften Art führte zu einem nochmaligen Bruch mit der Werbetradition, eingeleitet durch *Benetton* (vgl. Abbildung 1-23). *Benetton* zeigte nicht mehr die heile Welt, sondern provozierte mit der kaputten Welt. Die *Benetton*-Motive wurden redaktionell besprochen, waren in aller Munde. Werbung wurde zum Ereignis, in der *Benetton*-Zielgruppe zeitweise sogar zu einer Ideologie, etwa nach dem Motto: „Endlich mal jemand, der die Dinge so zeigt, wie sie wirklich sind" (vgl. Kloss 1996 S. 5).Wie kein anderer hat *Benetton* die Frage nach Moral in der Werbung aufgeworfen. Diese Frage ist aber untrennbar mit der Frage nach der Mündigkeit der Verbraucher verbunden: „Nicht das Werbebild steuert das psychische Verhalten der Menschen, sondern der Zivilisationsstil spiegelt sich in der

Werbung wider - also die Wünsche, Ideen, Hoffnungen und auch die Realitäten der heute lebenden Menschen“ (Nickel 1997a, S. 21).

1.8 Werbung als Wirtschaftsfaktor

Die Investitionen in Werbung beziffern sich für das Jahr 2001 auf 31,5 Milliarden Euro, das entspricht einem Anteil am Brutto-Inlandsprodukt (BIP) in Höhe von 1,5% (vgl. ZAW 2002, S. 9 f.). In der Werbewirtschaft, verstanden als Oberbegriff für Werbetreibende, Werbeagenturen und Werbeträger, sind rund 350.000 Personen beschäftigt, als Auftraggeber von Werbung, in der Werbemittelgestaltung, in der Verbreitung von Werbemitteln und in Zulieferbetrieben, wie Druckereien und der Papierindustrie (vgl. ZAW 1998, S. 21). Neben ihrem Beitrag zum BIP und für den Arbeitsmarkt, gehen von der Werbung eine Reihe von Folgewirkungen auf andere Bereiche aus. Einerseits setzt die Werbung Impulse durch Innovationen, Konsumsteuerung und Markttransparenz. Vor allem aber ist die Werbung konstituierend für eine Vielzahl von Medien, der private Rundfunk finanziert sich beispielsweise fast ausschließlich von der Werbung. Ohne Werbung gäbe es viele Medien nicht bzw. würden sie erheblich teurer sein. Medienvielfalt bedeutet aber auch Meinungsvielfalt.

Die vielleicht wichtigste Funktion der Werbung als Wirtschaftsfaktor liegt jedoch in ihrer Bedeutung für den Wettbewerb. Ohne Werbung gäbe es keine Plattform für die Bekanntmachung neuer Produkte und weniger Transparenz in den Märkten. Da Werbung über Angebote (und Sonderangebote) informiert und die Wettbewerbsvorteile der Produkte herausstellt, ermöglicht sie in vielen Fällen eine Vergleichbarkeit von Preisen und Qualitäten. Der Wettbewerb bezieht seine Dynamik aus dem Prozeß von „Vorstoß und Verfolgung“, dessen Geschwindigkeit durch den Verbraucher bestimmt wird. Werbung sorgt hier für die notwendige Transparenz, was um so wichtiger ist, je differenzierter das Angebot an Produkten und Dienstleistungen einer Volkswirtschaft ist. Durch die Belebung des Wettbewerbs verringert Werbung tendenziell auch die Spielräume für Preiserhöhungen, die vor allem in monopolistischen Marktstrukturen durchsetzbar sind.

Werbung vermittelt natürlich nicht nur „objektive“ Informationen, sondern appelliert auch an Emotionen. Allerdings laufen auch die menschlichen Informations- und Entscheidungsprozesse nicht ausschließlich nach logischen Gesetzmäßigkeiten ab. Auch „objektive“ Informationen werden subjektiv verarbeitet, insofern kann Werbung zur Markttransparenz beim Verbraucher nur in dem Maße beitragen, wie es seine jeweilige Einstellungs- und Wertestruktur zuläßt (vgl. Rost 1986, S. 78).

Der Stellenwert der Werbung kommt auch in den „Frankfurter Thesen zur Werbung im Rundfunk“ zum Ausdruck, die von der Arbeitsgruppe Werbung der ARD und der Redaktion Media Perspektiven formuliert wurden (vgl. O.V. 1998, S. 436 ff.):

1. „Werbung ist in der modernen Marktwirtschaft eine unentbehrliche Schnittstelle zwischen Wirtschaft und Gesellschaft. Sie dient der Vermittlung von Informationen über das Wirtschaftsgeschehen, der Schaffung von Markttransparenz und dem Aufzeigen von Zusammenhängen, um differenzierte Marktentscheidungen treffen zu können. Sie ermöglicht den Transfer zwischen Produktion und Nachfrage und ist der Motor zur Durchsetzung von Innovationen.
2. Werbung hat eine zweifache wirtschaftliche Funktion: Als bedeutender Wirtschaftsfaktor sorgt sie für Wirtschaftswachstum und Beschäftigung, als Financier von Medien fördert sie publizistische Vielfalt. (...)“

Aufgaben:

1. Auf welche grundsätzlichen Probleme stößt Werbung in ihrer Wirkungsabsicht?

2. Zeigen Sie Gründe auf, warum Werbung als ein Urphänomen der menschlichen Existenz aufgefaßt werden kann.

3. Erläutern Sie an Hand einer konkreten Situation den Kommunikationsprozeß.

4. Suchen Sie Beispiele für verschlüsselte Botschaften in der Werbung.

5. Skizzieren Sie die kommunikativen Voraussetzungen, auf die Werbung heute trifft.

6. Erläutern Sie die Unterschiede in der Informationsaufnahme über Bilder und Sprache.

7. Welche Konsequenzen haben gesättigte Märkte für das Marketing?

8. Zu welchen Konsequenzen führte die Zulassung von Wettbewerb im deutschen Fernsehmarkt?

9. Zeigen Sie die wesentlichen Faktoren auf, die maßgeblich für die Entwicklung der Werbung waren.

2 Werbewirkung

> „Die Neigung beim Marketing zum Weg über die Tiefenpsychologie war größtenteils durch die Schwierigkeiten ausgelöst worden, denen man bei dem Versuch begegnete, die Amerikaner zum Kauf aller Produkte zu überreden, die ihre Industrie herstellen konnte. (...)
> Hellhörige Marketer hegten allmählich Zweifel an drei Grundvoraussetzungen, von denen sie bei ihrem Bemühen ausgegangen waren, das vorhersagbare Verhalten von Menschen, besonders Verbrauchern, logisch zu ergründen.
> Erstens, entschieden sie, darf man nicht annehmen, daß die Leute wissen, was sie wollen. (...)
> Zweitens, schlußfolgerten einige Marketer, darf man nicht unterstellen, daß einem die Leute hinsichtlich ihrer Wünsche und Abneigungen die Wahrheit sagen, sogar wenn sie sie wissen. Wahrscheinlicher sei, daß man Antworten erhalte, die dem steten Bestreben der Befragten entsprechen, vor der Welt als wirklich verständige, gescheite, vernünftige Leute zu erscheinen. (...)
> Schließlich, entschieden die Marketer, sei es gefährlich vorauszusetzen und darauf zu vertrauen, daß die Menschen sich vernunftgemäß verhalten."
> Packard 1974, S. 11 ff.
>
> „Ich weiß, daß die Hälfte meiner Werbeausgaben herausgeschmissenes Geld ist. Ich weiß nur nicht, welche Hälfte".
> Wanamaker.

Das Kapitel über Werbewirkung ist in einem Lehrbuch über Werbung üblicherweise ein sehr unbefriedigendes. Der zitierte Aphorismus von Wanamaker beschreibt die Situation einigermaßen zutreffend; ein Zyniker könnte allerdings fragen, woher er denn weiß, daß es nur die Hälfte der Werbeausgaben sind und nicht 70% oder 80%, die herausgeworfen sind. Es ist ein durchaus realistisches Szenario, daß trotz gesteigerter Werbeausgaben der Marktanteil sinken kann. Dennoch läßt sich nicht behaupten, daß Werbung in diesem Fall keinerlei Wirkung hinterlassen hat. Die Problematik der Werbewirkung beginnt schon bei der Definition dessen, was Werbung eigentlich bewirken soll, was unmittelbar zu der Frage führt, wie diese Wirkung zu messen ist.

2.1 Der Wirkungsbegriff

2.1.1 Die beabsichtigte Werbewirkung

In den Naturwissenschaften ist Wirkung die kausale Folge einer Ursache. Dieser kausale Zusammenhang wird auch von der Werbewirkungsforschung übernommen. So wird Werbewirkung als „jede Reaktion eines Werbeadressaten auf Werbung“ definiert (Steffenhagen 1995, Spalte 2679). Allerdings wird im Gegensatz zu den Naturwissenschaften kein Determinismus einer bestimmten Wirkung unterstellt. Es besteht Einigkeit darüber, daß nicht von **der** Werbewirkung gesprochen werden kann, da die Wirkungsmechanismen zu komplex sind und Werbung unterschiedliche Wirkungen auslösen kann. Um operationalisierbar zu sein, müssen Werbewirkungsmodelle jedoch vereinfachen und sind letztlich auf das von der Psychologie übernommene und von Lasswell in die Kommunikationswissenschaft eingeführte Stimulus-Response- (Reiz-Reaktions-) Schema zu reduzieren.

Letztlich soll Werbung „bewirken“, daß die beworbenen Produkte und Leistungen gekauft werden. Jedoch sind ökonomische Größen keine operativen Ziele für die Werbung. Kroeber-Riel weist auf eine Zurechnungs- und Operationalisierungsproblematik ökonomischer Werbeziele hin: Im allgemeinen lassen sich keine direkten Beziehungen zwischen Werbung und Verhaltensänderungen nachweisen, zum anderen kann das Verhalten durch unterschiedliche Werbemaßnahmen beeinflußt werden (vgl. Kroeber-Riel 1993, S. 30). Werbung lasse sich nur an kommunikativen Zielen messen, die „Dispositionen“ sind, die hinter dem Verhalten stehen (zur Problematik der Messung der Werbewirkung vgl. ausführlich Kapitel 2.4).

Die in der Literatur aufgeführten Werbe**ziele** unterscheiden sich weniger inhaltlich als durch die verwendeten Bezeichnungen. Ein Konsens läßt sich feststellen im Hinblick auf **Information**, **Image** und **Bekanntheit** als die wesentlichen Ziele der Werbung. Über Einstellungsänderungen sollen diese Ziele Verhaltensänderungen herbeiführen.

Werbung verfolgt ökonomische Ziele auf indirektem Weg über eine große Bandbreite von kommunikativen Zielen: Werbung will z.B. bekannt machen, informieren, Aufmerksamkeit schaffen, Neugier wecken, Sympathie vermitteln, Aktualität erzeugen, emotionalisieren.

Über die Kriterien, die zur Beurteilung einer Werbe**wirkung** herangezogen werden, besteht jedoch keine einheitliche Auffassung. Steffenhagen faßt die in der Literatur beschriebenen kommunikationsbedingten Reaktionen zu einer dreistufigen Wirkungskategorie zusammen, der hier gefolgt wird (vgl. Steffenhagen 1984, S. 13 ff.):

1. **Momentane Reaktionen:** alle Vorgänge in einer Person, die sich unmittelbar beim Werbekontakt abspielen. Darunter sind sowohl vorbewußte, als auch bewußte Reaktionen im Kurzzeitgedächtnis zu verstehen.
2. **Dauerhafte Gedächtnisreaktionen:** alle Reaktionen, die das Langzeitgedächtnis betreffen.
3. **Finale Verhaltensreaktionen:** alle beabsichtigten und beobachtbaren Verhaltensweisen.

2.1.2 Gegenwirkung: Reaktanz

Der beabsichtigten und angestrebten Werbewirkung ist ein unbeabsichtigter Effekt entgegenzustellen: die **Reaktanz**. Meinungen und Einstellungen sind Persönlichkeitsmerkmale. Wenn jemand einen Beeinflussungsversuch seiner Meinungen feststellt, wird er mit Gegenwehr reagieren. Diese Gegenwehr gegen Einengungen des persönlichen Freiraumes wird als Reaktanz bezeichnet. Werbung versucht, die Meinungen und Einstellungen der Konsumenten zu beeinflussen. Also ist Werbung potentiell auch immer von Reaktanz bedroht. Allerdings trifft Werbung i.d.R. nur auf ein geringes Interesse der Betrachter, andererseits ist die Beeinflussungsabsicht der Werbung nicht immer offensichtlich. Je offensichtlicher die Beeinflussung erfolgt, desto höher ist die Wahrscheinlichkeit, daß Werbung Reaktanz hervorruft. „Wenn bei der Person Reaktanz hervorgerufen wird, wird sie bemüht sein, ihre gedankliche Freiheit wiederherzustellen, indem sie bewußt oder unbewußt die gegenteilige Meinung annimmt und vertritt“ (v. Rosenstiel/Kirsch 1996, S. 182). Diese „Trotzreaktion“ verhindert also nicht nur die angestrebte Werbewirkung, sie erweckt im Gegenteil Einstellungen, die eine Gegenposition zu der beabsichtigten Wirkung darstellen (Bumerang-Effekt). Erzeugt eine Werbebotschaft Reaktanz, löst sie nicht die beabsichtigte Wirkung, sondern eine unbeabsichtigte Gegenwirkung aus, mit der die umworbene Person ihre erfolgreiche Abwehr des Beeinflussungsversuchs demonstriert. Das auslösende Moment für Reaktanz ist weniger in der Art der Werbung zu sehen, sondern darin, daß sich eine Person beeinflußt fühlt. Effektive Werbung darf also nicht als Druckausübung bzw. - um einen häufig im Zusammenhang mit Werbung gebrauchten Begriff zu verwenden -, als Manipulation erkennbar sein (vgl. Peter 1991, S. 133).

Eine notwendige Bedingung für Reaktanz ist die Wahlfreiheit, die Tatsache also, daß eine Person zwischen Alternativen wählen kann. Die Nachricht, daß der neue SLX zwei Jahre Lieferzeit hat, beeinträchtigt die eigene Freiheit dann nicht, wenn ohnehin keine Absicht besteht, dieses Auto zu kaufen. Falls das aber doch der Fall ist, wird diese Nachricht den Besitzwunsch nach diesem Auto nur noch verstärken. Charakteristisch für Reaktanz ist, daß die bedrohte Alternative auf einmal sehr stark aufgewertet wird. Das erklärt auch, warum verbotene Dinge vielfach eine besondere Attraktivität gewinnen. Reaktanz ist insbesondere dann stark, „wenn andere Personen in Konkurrenz um das bedrohte Gut treten“ (Felser 1997, S. 238), beispielsweise wenn jemand einem gerade das letzte Sonderangebot „vor der Nase wegschnappen“ will.

Die Tatsache, daß die bedrohten Alternativen besonders reizvoll sind, kann auch zu einer gezielten Beeinflussung genutzt werden, indem beispielsweise Produkte nur in limitierter Stückzahl aufgelegt oder sonstwie künstlich verknappt werden. Ein Nebeneffekt ist dabei, daß dadurch der Wert der Produkte erhöht, (denn nur seltene Dinge sind wertvoll) bzw. die Qualität der Produkte herausgestellt wird. Wenn *Mon Cherie* während der Sommermonate nicht ausgeliefert wird, und die Werbung vorher deutlich macht, daß *Mon Cherie* bis zur Sommerpause nur noch wenige Tage erhältlich ist, dann können die „Hamsterkäufe“, die diese Ankündigung auslöst, als Reaktanzreaktion aufgefaßt werden.

Da Werbung versucht, den Kaufentscheidungsprozeß bei den Verbrauchern zu beeinflussen, sollen im folgenden Kapitel zunächst einige wesentliche Grundlagen dazu gegeben werden, bevor auf Wirkungsmodelle einzugehen ist.

2.2 Kaufentscheidungsprozesse

2.2.1 Das Menschenbild im Marketing

Jeder Entscheidung im Marketing liegen Überlegungen über das Kaufverhalten der Zielpersonen zugrunde. Alle Marketingmaßnahmen sind letztlich darauf gerichtet, das Kaufverhalten zu beeinflussen.[1] Das Marketing-Mix ist demnach als Einflußgröße auf das Entscheidungsverhalten der Konsumenten zu betrachten. Der konkreten Ausgestaltung des Marketing-Mix liegen Annahmen über mögliche Reaktionen der Zielgruppe zugrunde.

Die Wirkungsmodelle im Marketing gehen davon aus, daß der Mensch auf Reize reagiert, d.h. es gibt strenggenommen gar keine freie Entscheidung des Konsumenten. Eine Entscheidung, die auf freiem Willen basiert, ist in den Modellen nicht vorgesehen. Der Mensch reagiert passiv und ist durch Reize fremdbestimmt (vgl. Kapitel 2.3.1). Das Menschenbild, das den Wirkungsmodellen im Marketing zugrunde liegt, ist also zunächst einmal nicht sehr optimistisch im Hinblick auf die Entscheidungsfreiheit des Menschen in seiner Rolle als Konsument.

Das Marketing setzt sich mit den konkreten Situationen im Alltag des Konsumenten auseinander. Die Unternehmen müssen täglich eine Vielzahl von Kaufentscheidungen zu ihren Gunsten erreichen, um sich am Markt behaupten zu können. Bei einem Unternehmen der Nahrungsmittelindustrie beispielsweise sind es mehrere einhunderttausend Kaufentscheidungen, die täglich erzielt werden müssen. Es ist daher notwendig, von möglichst realistischen Annahmen über das Konsumentenverhalten auszugehen.

Die tatsächlichen Entscheidungsabläufe im Kopf des Konsumenten sind nicht zugänglich, sie werden daher im Marketing als **Black-Box** betrachtet. Das Ergebnis des Kaufentscheidungsprozesses kann jedoch **beobachtet** werden, also das, was sich im Einkaufswagen befindet bzw. welches Auto gekauft wird. Einen Ursache-Wirkungs-Zusammenhang zwischen einzelnen Marketingmaßnahmen und der Entscheidung des Konsumenten herzustellen, wäre jedoch rein spekulativ. Abbildung 2-1 zeigt ein Black-Box-Modell des Käuferverhaltens.[2]

[1] Ähnlich wie die Bezeichnung „Produkt“ wird auch das Wort „Kauf“ im Marketing in einer sehr weit gefächerten Bedeutung verwendet. Unter Kauf wird auch das Buchen einer Reise, die Eröffnung eines Bankkontos oder die Bestellung eines Essens in einem Restaurant verstanden. Auch Bezeichnungen wie „Verbraucher“ oder „Konsument“ sind allgemeine Bezeichnungen für diejenigen Personen, die von einem Angebot Gebrauch machen.

[2] Bei den Black-Box-Modellen wie in Abbildung 2-1 handelt es sich um die klassischen Stimulus-Response-Modelle (vgl. dazu ausführlich Kapitel 2.3.1).

Abbildung 2–1: Black-Box-Modell des Käuferverhaltens

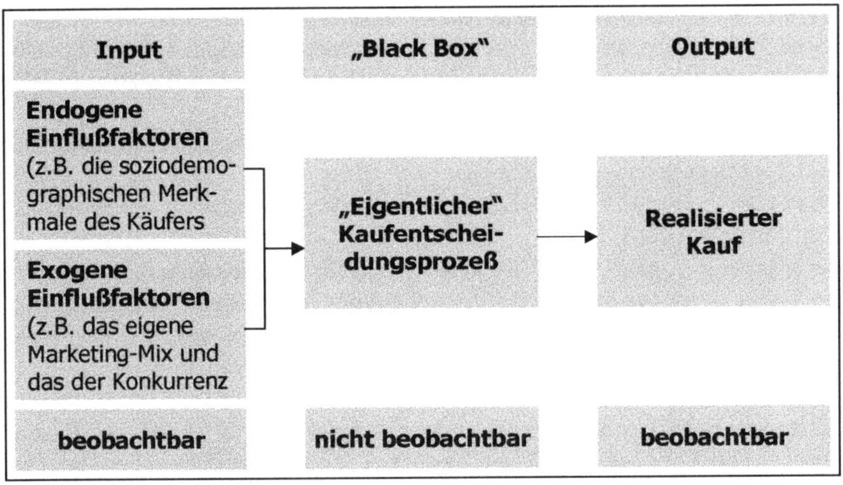

Vgl. Meffert, H.: Marketing, 7. Aufl., Wiesbaden 1993, S. 145.

Die endogenen und exogenen Faktoren, die den Entscheidungsprozeß des Konsumenten beeinflussen, sind beobachtbar. Die Marktforschung eines Unternehmens liefert Informationen über Alter, Geschlecht, Familiengröße, Einkommen, Wohnort u. dgl. und kann den „typischen" Käufer der Marke beschreiben. Die Marketingabteilung verfügt über Informationen, welche Maßnahmen in welchem Zeitraum ergriffen wurden, um bestimmte Umsatz- oder Marktanteilsergebnisse zu erzielen und kann dies mit den Erkenntnissen der Marktforschung kombinieren. Zusammen mit den Erfahrungen aus der Vergangenheit kann nun versucht werden, Rückschlüsse daraus zu ziehen und allgemeine Zusammenhänge herzustellen. Was den einzelnen Käufer jedoch tatsächlich dazu veranlaßt hat, diese Marke zu kaufen, entzieht sich allerdings der Beobachtbarkeit.

Alle Überlegungen zum Käuferverhalten versuchen, die Input- und Output-Faktoren miteinander in Beziehung zu setzen. Dabei wird im Marketing der Konsument nicht als ein **homo oeconomicus**, also als ein rein rational handelndes Wesen betrachtet. Vielmehr wird davon ausgegangen, daß der Konsument zwar sehr wohl rational handelt, in seinem Handeln aber **auch** von emotionalen und sozialen Komponenten beeinflußt wird, die die Rationalität überwiegen können.

Ein rein **rationaler Kaufentscheidungsprozeß** könnte in folgenden Stufen ablaufen (vgl. v. Rosenstiel/Kirsch 1996, S. 193 f.):

1. Es wird ein bestimmtes Problem erkannt, das durch eine Kaufentscheidung gelöst werden könnte.
2. Dafür werden bestimmte Anforderungen (Ziele) festgelegt, denen das zu kaufende Produkt entsprechen muß.
3. Es werden Informationen beschafft, um herauszufinden, welche Produkte in Frage kommen und welche Eigenschaften diese Produkte haben.

4. Auf der Basis dieser Informationen werden die Produkte danach bewertet, inwieweit sie geeignet sind, die gesetzten Ziele zu erfüllen.
5. Zusätzlich werden die Wahrscheinlichkeiten abgeschätzt, daß das Ziel auch tatsächlich erreicht wird, d.h. es erfolgt eine Abschätzung des Risikos im Falle eines Irrtums.
6. Es wird schließlich das Produkt ausgewählt, das im Hinblick auf Zielerreichung und Risikoabschätzung optimal ist.
7. Das Produkt wird gekauft und daraufhin überprüft, inwieweit der erwartete Erfolg auch eingetreten ist.

Dieser beschriebene Ablauf wäre idealtypisch für eine ausschließlich unter rationalen Erwägungen getroffenen Kaufentscheidung. Es erscheint offensichtlich, daß dieser „Aufwand" nicht für jede Kaufentscheidung getätigt wird, bei der Buchung des Jahresurlaubes sicherlich eher, als beim Kauf der Kaffeemarke.

Tatsächlich unterliegen rationale Entscheidungen einer Vielzahl von Beschränkungen. Selbst Entscheidungen, die bewußt rational getroffen werden unterliegen Verzerrungen (vgl. v. Rosenstiel/Kirsch 1996, S. 196):

- **Emotionale Verzerrungen**: Bei jeder Entscheidung wirken Emotionen mit. Auch die Wahrnehmung erfolgt niemals emotionsfrei. In allen Phasen des Entscheidungsprozesses drängen Emotionen die Produktbeurteilung und -auswahl in eine bestimmte, manchmal auch unbestimmte Richtung. Selbst nach dem Kauf wirken Emotionen, die sich in einem Bedauern der getroffenen Entscheidung äußern können.
- **Kognitive Verzerrungen**: Auch die sachliche Beurteilung - die eigentlich nicht von emotionaler Beurteilung getrennt werden kann - läuft i.d.R. nicht streng rational ab. Die Produktbeurteilung erfolgt nicht immer logisch, bei der Informationssuche und der Auswahl der Alternativen kommt es zu Vereinfachungen.

Die möglichen Verzerrungen in den einzelnen Phasen der Entscheidung sollen anhand des dargestellten idealtypischen Entscheidungsprozesses aufgezeigt werden (vgl. v. Rosenstiel/Kirsch 1996, S. 197 ff.):

1. **Problemlösung ohne Problem**: Oft werden Problemlösungen gekauft, obwohl vorher gar kein Problem existierte: Impulskauf, für den manchmal nachträglich ein Problem definiert wird („Als ich das Kleid sah, fiel mir ein, daß ich eigentlich nichts zum Ausgehen habe").
2. **Unklare oder nicht vorhandene Ziele**: Ohne vorherige Maßstäbe ist es nicht möglich, Produkte zu bewerten und zu vergleichen. Die Ziele können nicht aus dem Produkt abgeleitet werden, sondern nur aus den persönlichen Motiven. Der Verbraucher macht sich aber häufig nicht klar, was er genau von einem zu kaufenden Produkt erwartet. Produkte werden häufig an Hand von Maßstäben bewertet, die von anderen übernommen werden (bei Testsiegern werden die Maßstäbe der Tester übernommen).
3. **Unsystematische Informationsbeschaffung**: Systematische Informationsbeschaffung ist häufig mit großem Aufwand verbunden, daher werden in der Informationsbeschaffung Prioritäten gesetzt. In der Praxis wird aber nicht immer

die besonders relevante Information beschafft, sondern die, die leicht verfügbar bzw. leicht verstehbar ist (man sieht eher die Bilder in den Prospekten und liest weniger die Berichte).

4. **Unzureichende Bewertung**: Es wird häufig in logisch unzulässiger Weise von Einzelinformationen auf die Gesamtqualität geschlossen. (Viele meinen, daß naturbelassene Nahrungsmittel auch gesünder sind oder besser schmecken, obwohl natürlich und gesund und Geschmack völlig verschiedene Eigenschaften sind.)
   Eine besondere Rolle bei der Produktbeurteilung nehmen Schlüsselinformationen ein, die in der Wahrnehmung verschiedene Informationen bündeln (Testurteile, Markenname, Preis, Image).
5. **Fehleinschätzung von Risiken**: Die realistische Einschätzung von Risiken ist schwierig, da Mut und Angst Emotionen sind, die das klare Denken beeinträchtigen. Eigene Erfahrungen und anschauliche Beispiele gehen häufiger in die Risikoabschätzung ein als Statistiken. Einzelfälle werden stärker erlebt, obwohl sie statistisch irrelevant sind.
6. **Vereinfachende Auswahlregeln**: Um die richtige Auswahl zu treffen, müssen die Ziele gewichtet werden. Das kann sehr komplex werden. Daher werden häufig vereinfachende Auswahlregeln angewendet (es wird das teuerste Produkt gekauft, denn das kann ja wohl nicht schlecht sein, oder das billigste, weil da am wenigsten falsch gemacht werden kann).
7. **Kognitive Dissonanz nach der Entscheidung**: Wenn der Kauf erfolgt ist, wird häufig den Alternativen nachgetrauert, die notwendigerweise ausgeschlagen wurden. Rational wäre ein weiteres Nachdenken über die Entscheidung insofern, als daß Informationen gewonnen werden könnten, um künftige Entscheidungen zu verbessern.

2.2.2 Kaufentscheidungstypen

Die bei Kaufentscheidungen grundlegende Frage ist die nach der Motivation: Warum kauft eine Person ein bestimmtes Produkt? Daß mit dem Kauf ein Mangelzustand beseitigt wird, ist sicherlich die nächstliegende Erklärung: Es wird Kaffee benötigt, also ist er beim nächsten Einkauf zu beschaffen. Diesem Mangelzustand können aber grundsätzlich eine Vielzahl von Kaffees abhelfen. Bei der Wahl zwischen konkreten Alternativen geht es dem Konsumenten also um die Wahl zwischen dem Guten und dem Besseren. Heute ist es vielfach so, daß Werbung Konsumenten, denen es gut geht, das Gefühl vermittelt, daß es ihnen mit den beworbenen Produkten noch besser geht. Insofern kann kaufen definiert werden als „ein zielgerichtetes Handeln, dem unausgesprochen der Glaube zugrunde liegt, daß mit dem Kauf das Leben schöner ist“ (Felser 1997, S. 37).

Gegenstand ist hier das Kaufverhalten von Privathaushalten. Entscheidungsträger ist also entweder eine Einzelperson oder - wie häufig bei größeren Ausgaben - die Familie. Entscheidungen, die von der ganzen Familie getroffen werden, laufen i.d.R. arbeitsteilig ab, da die Zielsetzungen und Bewertungskriterien der einzelnen Familienmitglieder sehr unterschiedlich sein können.

Bezüglich des Entscheidungsverhaltens beim Kauf lassen sich vier Verhaltenstypen unterscheiden (vgl. Meffert 1993, S. 141 ff.):

1. **Rationalverhalten**: Hier handelt es sich um ein echtes Problemlösungsverhalten. Es werden gezielt Alternativen gesucht und bewertet, die Informationsverarbeitung erfolgt bewußt und überlegt.
2. **Gewohnheitsverhalten**: Der Käufer ist hier nicht auf der Suche nach neuen Alternativen, er stellt keine langen Überlegungen an, sondern handelt routinemäßig nach einem immer wieder praktizierten Ablauf.
3. **Impulsverhalten**: Es erfolgt keine rationale Kontrolle des Kaufs, er ist vielmehr stark von situativen Emotionen gesteuert. Strenggenommen handelt es sich hierbei weniger um ein „Entscheidungsverhalten", als vielmehr um eine spontane Reaktion.
4. **Sozial abhängiges Verhalten**: Dieser Verhaltenstyp ist stark von außen gesteuert, in die Kaufentscheidung werden die vermuteten Reaktionen der Umwelt miteinbezogen.

Welche Verhaltensweise einer Kaufentscheidung zugrunde liegt, hängt von einer Vielzahl von Faktoren ab. Je höher die finanzielle Mittelbindung bei einer Kaufentscheidung ist, desto eher wird ein rationales Kaufverhalten zu erwarten sein. Ebenso bei erklärungsbedürftigen Produkten. Der **Rationalkauf** ist vor allem bei einer extensiven Kaufentscheidung zu erwarten, also in einer Kaufsituation, in der der Käufer noch unentschlossen ist und aktiv nach Informationen sucht. Hierbei ist der Käufer hoch involviert und berücksichtigt auch werbliche Informationen, weil er bei den Kaufalternativen deutliche Unterschiede vermutet. Bei sozialer Sichtbarkeit, wenn also die Images der Produkte auf den Besitzer übertragen werden können (z.B. Auto, Jeans), tritt i.d.R. aber gleichzeitig auch ein **sozial abhängiges Verhalten** auf.

Impulskäufe sind tendenziell bei geringwertigen Produkten eher zu erwarten als bei teuren. Wohl kaum jemand wird bei der Betrachtung der Auslage eines Elektrohändlers spontan einen Fernseher kaufen. Impulskäufe sind vor allem auch dann zu erwarten, wenn die Qualitätsunterschiede zwischen den Produkten so gering sind, daß sich ein Abwägen der Alternativen nicht lohnt.

Gewohnheitskäufe erfolgen hingegen vor allem bei Gütern des täglichen Bedarfs, aber auch im Urlaubsverhalten lassen sich Gewohnheiten feststellen, beispielsweise bei den Personen, die immer wieder an den gleichen Ort und in die gleiche Pension fahren. Wie beim Impulskauf beruht auch der Gewohnheitskauf nicht auf einem Entscheidungsverhalten. Für die Entscheidungen über das Marketing-Mix sind Gewohnheitskäufer insofern interessant, als sie häufig markentreue Käufer sind. Jemand, der immer wieder dieselbe Marke kauft und noch keine schlechten Erfahrungen damit gemacht hat, wird schwer zu einem Markenwechsel zu bewegen sein. Das neue Produkt müßte schon erheblich besser sein als das gewohnheitsmäßig gekaufte Produkt. Beim Gewohnheitskauf spielt ein starker psychologischer Effekt mit: Mögliche Verluste werden höher gewichtet als gleichwertige Gewinne. Beispielsweise lassen sich Personen, die ein Lotterielos besitzen, selbst mit Geld kaum dazu bewegen, dieses gegen ein anderes einzutauschen, das objektiv dieselben Gewinnchancen hat (vgl. Felser 1997, S. 51). Auf Märkten, deren Wachstumspotential ausgeschöpft ist, ist jedoch die Gewinnung neuer Käufer eine explizite Wachstumsstrategie.

Bei neuen Produkten bzw. solchen, mit denen der Käufer noch über eine geringe Erfahrung verfügt, ist ein gewohnheitsmäßiges Verhalten naturgemäß ausgeschlossen. Je nach Produkt überwiegt hier entweder ein rationales oder sozial abhängiges Verhalten.

Aus einer anderen Sichtweise lassen sich die Kaufverhaltenstypen danach klassifizieren, inwieweit das Verhalten kognitiv kontrolliert bzw. emotional bestimmt ist (vgl. v. Rosenstiel/Kirsch 1996, S. 205 ff.). Abbildung 2-2 verdeutlicht, daß Impulskäufe stark emotional bestimmt sind und nur einer schwachen kognitiven Kontrolle unterliegen. Beim Gewohnheitskauf sind hingegen beide Klassifikationskriterien nur schwach ausgeprägt.

Abbildung 2–2: Kaufentscheidungstypen

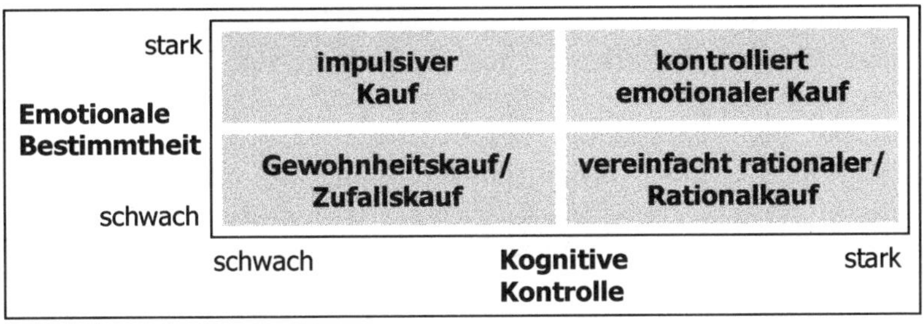

Vgl. Rosenstiel, L.v./Kirsch, A.: Psychologie der Werbung, Rosenheim 1996, S. 206.

Ein neuer, dem Rationalverhalten zuzuordnender Käufertyp, ist der sogenannte Smart Shopper, der im Umgang mit Werbung und Marketingstrategien erfahren ist und diese durchschaut. Er kennt die *Aldi*-Preise und kann Qualitäten sachkundig beurteilen, er weiß, daß Qualität nicht nur von Markenartikeln geboten wird. Emotionale Erlebniswerte sind für ihn weniger wichtig als das Preis-Leistungs-Verhältnis. Der Smart Shopper ist ständig auf der Suche nach mehr Wert für weniger Geld. Er handelt nach der Devise: „If you can`t taste the difference, why pay for the difference?" (nach Diekhof 1996, S. 198). Der Käufertyp des Smart Shoppers leistet einer Schnäppchen-Kultur Vorschub.

2.2.3 Psychologische Erklärungsansätze

Da nicht der Kaufentscheidungsprozeß selbst, sondern nur dessen Resultat beobachtbar ist, wird versucht, über einige psychologische Hilfskonstrukte den Kaufentscheidungsprozeß transparenter zu machen. Gearbeitet wird dabei im wesentlichen mit Wahrnehmungs- und Lerntheorien und mit den Begriffen Motivation und Einstellung/Image. Im Rahmen der reiz-reaktionstheoretischen Ansätze stellen diese die sogenannten „intervenierenden Variablen" dar, die als Teilerfolgsgrößen für die angestrebte Wirkung gemessen werden (vgl. Kapitel 2.3.1.1). Die folgenden

Ausführungen gehen auf Wahrnehmungs-, Lern- und Motivationstheorien ein. Einstellungen/Images werden im Zusammenhang mit der Positionierung vorgestellt (vgl. Kapitel 3).

2.2.3.1 Der Wahrnehmungsprozeß

2.2.3.1.1 Wahrnehmung und Bewußtsein

Um wirksam zu werden, muß die Werbung von der Zielgruppe überhaupt erst einmal wahrgenommen werden. Angesichts der kaum noch überschaubaren Menge an Kaufsignalen, denen der Konsument heute ausgesetzt ist, muß davon ausgegangen werden, daß die überwiegende Mehrheit dieser Reize nicht wahrgenommen wird, also unwirksam sind. So zeigt Kroeber-Riel z.B. für gedruckte Werbung eine Informationsüberlastung von 95% auf, d.h. nur 5% der werblichen Informationen erreichen den Konsumenten (vgl. Kroeber-Riel 1993, S. 14 f.).

In einer allgemeinen Bedeutung bezeichnet Wahrnehmung „einen Prozeß der Aufnahme, Selektion, Weiterleitung und Verarbeitung von Reizen aus der Umwelt durch einen oder mehrere Wahrnehmungsapparate (Gesichtssinn, Gehör, Tastsinn, Geruchs- und Geschmackssinn)“ (Mayer/Illmann 2000, S. 427). Dabei ist jeder Wahrnehmungssinn selektiv auf die ihm adäquaten Reize ausgerichtet.

Reize haben eine physikalische und eine psychologische Dimension. Die physikalische Dimension betrifft die Wahrnehmbarkeit von Reizen. Die menschlichen Sinnesorgane nehmen beispielsweise Licht und Schall nur innerhalb bestimmter Frequenzen wahr. Darüber hinaus besteht ein Zusammenhang zwischen der Reizintensität und seiner Empfindung: Damit zwei Reize als unterschiedlich wahrgenommen werden können, müssen sie sich in ihrer Intensität um 9% unterscheiden. Ein Schallreiz mit einer Intensität von 10 wird also nur dann als unterschiedlich von einem nachfolgenden wahrgenommen, wenn dieser eine Intensität von 11 hat. Je höher die Reizintensität ist, desto größer müssen die Unterschiede sein, um eben noch wahrgenommen zu werden. Bei einer Reizintensität von 80 muß der Nachfolgereiz also eine Intensität von 87 haben, um als unterschiedlich empfunden zu werden (vgl. Felser 1997, S. 73).

Die psychologische Komponente eines Reizes besteht in der Art und Weise, wie er empfunden und mit welchem Bedeutungsgehalt er ausgestattet wird. Zwischen der physikalischen und der psychologischen Dimension liegt eine physiologische in der Verarbeitung des Reizes durch die menschlichen Sinnesorgane.

Die Wahrnehmung wird gesteuert von der Erfahrung. Durch die Erfahrung wird eine bestimmte Erwartungshaltung geweckt, die die Wahrnehmung des Reizes gewissermaßen vorprogrammiert. Beispielsweise bemerkten Versuchspersonen, die einen schokoladenbraunen Vanillepudding probierten, nicht den Vanillegeschmack (vgl. Felser 1997. S. 81).

Wahrnehmung erfolgt über die menschlichen Sinnesorgane als bewußter oder unbewußter Prozeß. Da es zweifelhaft erscheint, ob unbewußt wahrgenommene

Reize spezifische Verhaltensreaktionen auslösen können[3], wird in der Werbung vor allem auf bewußt wahrgenommene Reize abgehoben, die Eingang in das Kurzzeitgedächtnis gefunden haben (vgl. Steffenhagen 1984, S. 55). Unterschwellig wahrgenommene Reize sind zu unterscheiden von Reizen, die nicht beachtet werden. Auch nur beiläufig bemerkte Reize werden verarbeitet und erzielen Wirkung. Diese Wirkung ist manchmal viel nachhaltiger als bei solchen Reizen, die mit hoher Aufmerksamkeit verfolgt werden.

2.2.3.1.2 Selektive Wahrnehmung

Das Bewußtsein läßt sich als ein in sich geschlossenes System verstehen, das nur in „... sehr lockerer Verbindung mit der Außenwelt steht: Reize aus unserer Umwelt dringen zunächst einmal nicht in unser Bewußtsein ein" (v. Rosenstiel/Kirsch 1996, S. 60). Ein Charakteristikum der Wahrnehmung ist somit, daß sie selektiv erfolgt. Selektive Wahrnehmung erfolgt immer bei aktivierten Bedürfnissen. Wenn beispielsweise das Bedürfnis aktiviert ist, zu wissen, wie spät es ist, dann schaut man auf seine Uhr. I.d.R. wird dabei auch tatsächlich lediglich die Uhrzeit aufgenommen und keine weiteren Informationen, wie z.B. das Aussehen der Uhr. Es ist daher nicht weiter erstaunlich, daß der Träger einer Armbanduhr häufig nicht in der Lage ist, spontan zu beschreiben, ob seine Uhr römische oder arabische Ziffern hat.

Durch die selektive Wahrnehmung wird verhindert, daß das Gehirn bei der Informationsverarbeitung überlastet wird. Wahrnehmung muß also auf das Zusammenspiel von „objektiven" Umweltreizen und subjektiver Erfahrungswelt des Empfängers relativiert werden. Die Reize, die das Bewußtsein wahrnimmt sind also gefiltert und müssen nicht den tatsächlichen Reizen entsprechen. Nach der „Hypothesentheorie der Wahrnehmung" erfolgt Wahrnehmung in drei Stufen:

1. „Das Individuum geht mit bestimmten Hoffnungen, Erwartungen, Befürchtungen an die Umwelt heran. Es hat sozusagen bestimmte Hypothesen über die Umwelt.
2. Die Umwelt liefert bestimmte objektive Informationen, die als Reize auf das Individuum einwirken.
3. Die erlebte Wahrnehmung ist schließlich ein Kompromiß zwischen subjektiver Hypothese und objektiver Information" (v. Rosenstiel/Kirsch 1996, S. 61).

Ein weiteres Spezifikum der Wahrnehmung ist, daß nicht nur der Reiz als solcher, sondern auch das Umfeld des Reizes wahrgenommen wird. Auf den Einfluß des Umfeldes auf die Wahrnehmung wiesen bereits Anfang des Jahrhunderts die Gestaltpsychologen hin. Sie betonten, daß die Reize, die auf Menschen einwirken, immer als Ganzes gesehen werden müssen, insbesondere dann, wenn die Reizkonfiguration aus mehreren Teilen besteht. Das Umfeld, in dem ein Signal wahrge-

---

[3] Damit ist gemeint, daß unbewußt wahrgenommene Reize beispielsweise ein Hunger- oder Durstgefühl bewirken können, aber nicht, dieses Bedürfnis mit einer bestimmten Burger- oder Getränkemarke zu stillen.

nommen wird, beeinflußt auch die Interpretation dieses Signales: „Das Ganze ist nicht nur mehr als die Summe seiner Teile, d.h. es besitzt Eigenschaften, die diesem nicht zukommen, sondern es ist auch früher als die Teile, indem nämlich von ihm deren Erscheinungsweise abhängt“ (Hofstätter 1970, S. 147). So erhält z.B. für den Betrachter ein und dasselbe Auto eine unterschiedliche Bedeutung je nachdem, ob es auf der Hebebühne einer Werkstatt oder auf einem Hotelparkplatz steht.

In Abhängigkeit von der jeweiligen Umfeldsituation wird ein Reiz also unterschiedlich wahrgenommen und verarbeitet. Entsprechend wird auch die **Erinnerung** an diesen Reiz von der Umfeldsituation gesteuert. Wenn das Ganze jedoch mehr ist als die Summe seiner Teile, dann führt auch die Veränderung eines Teils zur Veränderung des Ganzen, wie Abbildung 2-3 an einem einfachen Beispiel demonstriert.

Abbildung 2–3: Veränderung eines Teils führt zur Veränderung des Ganzen

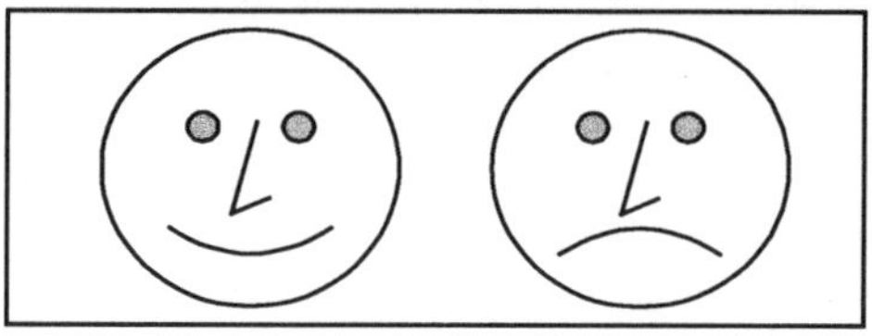

Quelle: Mayer, H./Illmann, T.: Markt- und Werbepsychologie, 3. Aufl., Stuttgart 2000, S. 438

2.2.3.1.3 Kognitive Dissonanzen

Wahrgenommene Informationen, die nicht mit dem bestehenden Wissen oder bestehenden Einstellungen übereinstimmen, können Unbehagen verursachen. Als kognitive Dissonanz werden erkenntnismäßige Ungleichgewichte bezeichnet, die zu beseitigen versucht werden. Wenn einer Person Informationen dargeboten werden, die mit den eigenen Vorstellungen nicht übereinstimmen, wird sie nach Konsonanz streben, d.h. entstehende Spannungen vermeiden. „Dissonance is a motivational state which occurs when a belief about a behavior does not follow from other beliefs“ (Calder 1979, S. 30).

Für Kaufentscheidungen sind kognitive Dissonanzen vor allem unter zwei Aspekten relevant (vgl. Schenk/Donnerstag/Höflich 1990, S. 56):

1. sie können nach einer Kaufentscheidung auftreten (z.B. als Bedauern über die ausgeschlagene Alternative oder als Folge persönlicher Produkterfahrungen)
2. oder als Folge von nachträglichen Informationen über das Produkt.

So kann jemand, der nach langem Abwägen gerade eine bestimmte Automarke gekauft hat, Überlegungen anstellen, daß auch andere Automarken Vorteile haben, oder er entnimmt einem Testbericht, daß das gekaufte Auto keine guten Kritiken bezüglich des Verbrauchs erhalten hat. Die Folge ist eine Verunsicherung im Hinblick auf die gerade getroffene Entscheidung: Es entsteht eine kognitive Dissonanz. Zur Beseitigung dieser Dissonanz erfolgt häufig ein sehr gezieltes Suchverhalten. Es wird nach Argumenten gesucht, die die Entscheidung nachträglich rechtfertigen. Dafür wird der Autokäufer beispielsweise Informationen über die Sicherheit, die Ausstattung u. dgl. heranziehen. „Konsumenten verarbeiten bevorzugt solche Werbeinformationen, die mit ihrem bisherigen Verhalten in Einklang zu bringen sind" (Felser 1997, S. 213). Bei einem einstellungskonträren Verhalten - es wurde z.B. eine Marke gekauft, die normalerweise nicht gekauft wird - kann das Streben nach kognitiver Konsonanz dazu führen, daß der Käufer im nachhinein eine zum Verhalten passende Einstellung entwickelt. Beispielsweise kann er für sich feststellen, daß die Alternative gar nicht so schlecht ist oder sogar besser, als die bisher gekaufte. Insofern sind kognitive Dissonanzen als ein wesentlicher Mechanismus anzusehen, um Einstellungsänderungen zu bewirken. Kognitive Dissonanzen können somit zu einer Verhaltensänderung führen.

Unabhängig davon, ob ein einstellungskonformes oder -konträres Verhalten vorlag, wird eine Kaufentscheidung, die mit einem hohen finanziellen Einsatz verbunden war, immer auch über den Preis gerechtfertigt: Wenn der Gegenstand schon so teuer war, dann muß er einfach gut sein.

Jede Entscheidung schließt zwangsläufig alle anderen in Frage kommenden Alternativen aus. Das sich häufig einstellende Bedauern über die ausgeschlossenen Alternativen ist eine Reaktanzwirkung, denn der Entscheider hatte ja die Freiheit der Wahl, die er mit seiner Entscheidung selbst eingeschränkt hat, die anderen Alternativen stehen nun definitiv nicht mehr zur Verfügung. Je wichtiger jedoch bestimmte Eigenschaften der nicht gewählten Alternative für den Verbraucher sind, desto größer ist auch die Dissonanz.

Absichtlich und bewußt werden kognitive Dissonanzen mit vergleichender Werbung hervorgerufen, da hier die Alternativen unmittelbar gegeneinander gestellt werden.

Kognitive Dissonanzen beeinflussen das Informationsverhalten. Es werden bevorzugt solche Informationen aufgenommen, die die Entscheidung unterstützen bzw. Informationen vermieden, die die Entscheidung in Frage stellen. Eine Verzerrung kann aber auch hinsichtlich der Informationsbewertung erfolgen, indem die Wichtigkeit von Informationen umbewertet wird. „Hat sich der Konsument für eines von zwei gleich attraktiven Produkten entschieden, dann bewertet er das gekaufte noch positiver, während das nicht ausgewählte Produkt abgewertet wird. In diesem Fall wird eher die Werbung des gekauften Produktes wahrgenommen, um die eigene Kaufentscheidung zu rechtfertigen" (Schenk/Donnerstag/Höflich 1990, S. 57). Werbung kann also sowohl zur Entstehung als auch zur Reduktion von Dissonanzen beitragen.

Für das Marketing ergeben sich aus der Theorie der kognitiven Dissonanz zwei bedeutsame Konsequenzen:

1. Das Marketing-Instrumentarium ist nicht nur unter dem Aspekt der Beeinflussung der Kaufentscheidung zu sehen, vielmehr auch unter der wichtigen Funktion der Bestätigung der Entscheidung nach dem Kauf bzw. des Abbaus von Dissonanzen. Alle Maßnahmen, die die Kundenzufriedenheit nach dem Kauf stärken können, sind dazu zu zählen, wie Reparaturservice, Beschwerdemanagement, Gebrauchsanweisungen oder Umtauschmöglichkeiten.

Abbildung 2–4: Kognitive Dissonanz in der Werbung

2. Mit kognitiven Dissonanzen läßt sich ein hohes Maß an Aufmerksamkeit erringen. Beispielsweise hat der Reifenhersteller *Pirelli* die Leistungsfähigkeit seiner Reifen nicht - wie es vordergründig zu erwarten wäre - in einer bestimmten Fahrsituation unter Beweis gestellt. Vielmehr zeigte er Carl Lewis in roten Pumps (vgl. Abbildung 2-4). Die Darstellung eines Sprinters in Pumps ist so ungewöhnlich, daß man darüber stutzt. Das kann zu einer intensiveren Beschäftigung mit der Anzeige führen, um die kognitive Dissonanz abzubauen.

Es ist in diesem Zusammenhang auf einen scheinbaren Widerspruch zwischen der Theorie der kognitiven Dissonanz und der Theorie der Reaktanz hinzuweisen. Während im Fall einer kognitiven Dissonanz die nicht gewählte Alternative abgewertet wird, erfolgt im Fall der Reaktanz das genaue Gegenteil, nämlich eine Aufwertung der vorenthaltenen Alternative. Es liegt hier allerdings kein Widerspruch vor, vielmehr handelt es sich um fundamental unterschiedliche Bedingungen. In dem einen Fall hat der Entscheider die Freiheit, zwischen Alternativen wählen zu können, in dem anderen Fall ist Entscheidungsfreiheit eingeschränkt.

2.2.3.1.4 Der „Mere-exposure-Effekt"

Aufgrund der Werbeüberflutung und dem allgemein geringen Interesse, das der Werbung entgegengebracht wird, trifft die Werbung also auf denkbar schlechte Voraussetzungen, um wahrgenommen zu werden und somit Wirkung entfalten zu können. Wahrnehmung und Informationsverarbeitung erfolgen jedoch nicht immer bewußt und kontrolliert, sondern beruhen zum Teil auf automatischen Prozessen, die ohne bewußte Kontrolle ablaufen. Auf dieser Tatsache beruht ein erheblicher Wirkungseffekt der Werbung. Werbung wird häufig nicht konzentriert und bewußt wahrgenommen, sondern eher nur beiläufig, mit geringem Involvement. Es läßt sich aber nachweisen, daß gerade die beiläufige Informationsaufnahme ein späteres Verhalten stark beeinflussen kann, u.U. stärker als eine bewußte Informationsaufnahme und -verarbeitung, da hier auch bewußt Gegenargumente entwickelt werden können. Daraus ergibt sich eine für die Werbung wichtige Schlußfolgerung:

> Die beabsichtigte Werbewirkung wird nicht notwendigerweise durch eine hohe Reizintensität erzielt. Reize, die ohne Aufmerksamkeit wahrgenommen werden, erzielen häufig eine viel höhere Wirkung, da hier bestimmte Kontrollmechanismen nicht wirken, die zu gegenläufigen Effekten führen können.

Die Beeinflussung durch beiläufige, nicht bewußt wahrgenommene und nicht erinnerte Reizverarbeitung ist als **Mere-exposure-Effekt** bekannt (vgl. Zajonc 1968).

Der Mere-exposure-Effekt beschreibt das Phänomen, daß Präferenzen für Objekte durch beiläufige Darbietung induziert werden können. Personen und Gegenstände werden grundsätzlich positiver bewertet wenn sie einem vertraut sind als wenn sie unbekannt sind. Vertrautheit führt zu Gefallen („familiarity leads to liking", vgl. Harrison 1977, S. 40). Mit dem Mere-exposure-Effekt läßt sich nachweisen, daß diese positiven Effekte völlig unabhängig davon erfolgen, ob die Personen oder Gegenstände bewußt oder unbewußt wahrgenommen wurden (vgl. Miller 1976, S. 232). Lerneffekte sind also auch ohne Nachdenken erzielbar (vgl. Krugman 1977, S. 7).

In Experimenten wurden beispielsweise Versuchspersonen chinesische Schriftzeichen in unterschiedlicher Häufigkeit gezeigt, die später mit einem semantischen Differential (vgl. Kapitel 3.6) bewertet werden sollten. Den häufiger dargebotenen Schriftzeichen wurde eine positivere Bedeutung unterstellt, als den seltener dargebotenen (vgl. Zajonc 1968). In einem anderen Experiment wurden in einem Studentenwohnheim Plakate angebracht, die in großen Buchstaben postulierten: REDUCE FOREIGN AID. Ebenfalls mittels eines semantischen Differentials konnte später zu dieser Aussage eine signifikante Zustimmung erzielt werden (vgl. Miller 1976).

Diese Effekte beruhen **nicht** auf einer Erinnerungsleistung bzw. einem Wiedererkennen. Beiläufig gesehene Werbung hat keinen Eingang in das Gedächtnis gefunden, dennoch wird eine vorher gesehene Vorlage positiver bewertet. Positive Effekte werden vor allem deshalb erzielt, weil die Reizverarbeitung ohne Aufmerksamkeit erfolgt. „Um eine positivere Einstellung gegenüber den Anzeigen zu erzeugen, genügte es offenbar, die Versuchspersonen den Werbevorlagen auszusetzen. Es war keineswegs erforderlich, daß sie sich später bewußt an die Anzeigen erinnerten“ (Felser 1997, S. 131). Der Mere-exposure-Effekt erklärt somit Werbewirkung in einer werbeüberfluteten Lebenswirklichkeit.

2.2.3.1.5 Unterschwellige Wahrnehmung

Seit 1957 Packards „Geheime Verführer“ erschienen, wird Werbung immer wieder mit unterschwelliger Beeinflussung in Verbindung gebracht, also einer Form der Beeinflussung, der der Konsument wehrlos ausgeliefert ist, da sie sich direkt an das Unterbewußtsein richte. Beispielhaft werden Filmvorführungen erwähnt, in die Werbebotschaften eingefügt wurden, die nur Sekundenbruchteile dauerten und damit zu kurz waren, „um von den Zuschauern bewußt wahrgenommen zu werden, aber lang genug für eine unterbewußte Aufnahme“ (Packard 1994, S. 34).

Die wissenschaftliche Forschung geht weniger emotional mit diesem Thema um. Allerdings stellen sich einige grundsätzliche Probleme, die die Forschung auf diesem Gebiet relativieren. Die bisherigen Ausführungen haben gezeigt, daß Reize das Verhalten nur dann beeinflussen können, wenn es zu einer Informationsaufnahme über die menschlichen Sinnesorgane gekommen ist. Insofern ist der Begriff unterschwellige Wahrnehmung in sich logisch widersprüchlich, denn er beschreibt die Wahrnehmung von nicht wahrnehmbaren Reizen (vgl. Brand 1995, S. 7).

Das grundlegende Problem besteht in der Feststellung, **ob** es zu einer Wahrnehmung des betreffenden Reizes gekommen ist. Nur wenn ein Reiz jemanden zu einer bestimmten Reaktion veranlaßt, läßt sich mit hinreichender Sicherheit darauf schließen, daß der Reiz wahrgenommen wurde. Unterbleibt eine Reaktion, läßt sich jedoch nicht der Umkehrschluß ziehen, daß keine Wahrnehmung des Reizes erfolgte (vgl. Brand 1995, S. 5).

Die Ausführungen zum Mere-exposure-Effekt haben gezeigt, daß auch nur beiläufig wahrgenommene Informationen Wirkungen haben können (vgl. auch die Ausführungen zum Priming-Effekt in Kapitel 2.3.1.2). Bei unterschwelliger Wahrnehmung geht es um die Frage, ob auch Reize Wirkungen verursachen können, obwohl sie überhaupt nicht wahrnehmbar waren. „Es gibt im Prinzip nur zwei Klassen von Umweltreizen: solche, deren physikalische Intensität groß genug ist, daß sie wahrgenommen werden (können), und solche, deren Reizenergie so gering ist, daß sie nicht mehr wahrgenommen werden (können)" (Brand 1995, S. 6). Bei der Festlegung eines Grenzwertes, also der „Schwelle", ab der ein bisher nicht wahrnehmbarer Reiz nunmehr doch wahrgenommen werden kann, ergibt sich ein weiteres Problem: Diese Schwelle ist von Person zu Person und von Situation zu Situation verschieden. Die Forschung zu unterschwelligen Reizen kann also nicht wirklich eindeutig klären, ob ein bestimmter Reiz dem Bewußtsein zugänglich war oder nicht. Somit kann auch nicht ausgeschlossen werden, daß die in Experimenten festgestellten Wirkungen von vermeintlich unterschwelligen Reizen nicht auf anderen Ursachen basieren.

Ein Nachweis, daß durch unterschwellige Wahrnehmung das Verhalten beeinflußt werden kann, konnte in der wissenschaftlichen Forschung bisher nicht erbracht werden (vgl. Moore 1980, Brand 1995). „Eines der überzeugendsten Argumente für die tatsächliche Unterschwelligkeit der dargebotenen Reize ist, daß sich die Identifikationsleistung der Versuchspersonen nicht einmal dann bessert, wenn man ihnen für ein konkretes Wiedererkennen des unterschwellig dargebotenen Materials Geld anbietet" (Felser 1997, S. 154).

2.2.3.2 Der Lernprozeß

2.2.3.2.1 Determinanten des Lernerfolges

Damit ein Reiz eine Wirkung erzielen kann, ist seine Wahrnehmung notwendige Voraussetzung. Von den Reizen, die direkt am Point of Sale auf den Konsumenten einwirken einmal abgesehen, ist es aber i.d.R. so, daß zwischen dem Reiz und seiner beabsichtigten Wirkung, nämlich der Kaufhandlung, eine zeitliche Spanne besteht. Wichtig ist also nicht nur die Wahrnehmung des Reizes, sondern auch die Speicherung seiner inhaltlichen Bedeutung. Nur wenn sich jemand in einer Kaufsituation an ein beworbenes Angebot erinnert, er seinen Inhalt also gelernt hatte, kann dieser Reiz wirksam werden. Werbung kann also nur dann wirken, wenn sie Eingang in das Gedächtnis gefunden hat. Die Werbeerinnerung ist auch eine der zentralen Säulen zur Messung der Werbewirkung (vgl. Kapitel 2.4.3).

Gemeinhin wird unter **Lernen** die **Änderung des Verhaltens einer Person aufgrund von Erfahrungen** verstanden (vgl. z.B. Kotler/Bliemel 1999, S. 346). Lernen ist also nicht nur die Speicherung von Informationen, sondern auch deren verhaltensrelevante Anwendung.

Damit Werbebotschaften im Gedächtnis gespeichert werden können, müssen sie codiert, also so verarbeitet werden, daß sie im Gehirn abgelegt und wieder abgerufen werden können. Die Codierung kann dabei bildlich und/oder sprachlich erfolgen. Die Erinnerungsleistung ist um so besser, je konkreter und je bedeutungsvoller die Information war, die gespeichert wurde. Da ein persönlicher Bedeutungsgehalt der Werbebotschaften häufig nicht gegeben ist, sollten sie daher möglichst konkret sein, um gute Gedächtnisleistungen zu erbringen. Die *Benetton*-Werbung, die Werbung für Tierfutter oder die Anti-AIDS-Kampagne arbeiten mit konkreten, memorisierbaren Inhalten. Das Kondom in der Anti-AIDS-Kampagne läßt sich sowohl bildlich als auch sprachlich speichern. Auch der *Mercedes*-Spot mit der „Ohrfeige“ enthielt ein konkretes Bild, das nicht nur gut abrufbar, sondern auch leicht mit der eigentlichen Werbebotschaft zu assoziieren war. Hingegen enthält Werbung für Erdgas, Strom oder politische Werbung häufig keine konkreten Botschaften, so daß sie nur schwer zu erinnern ist.

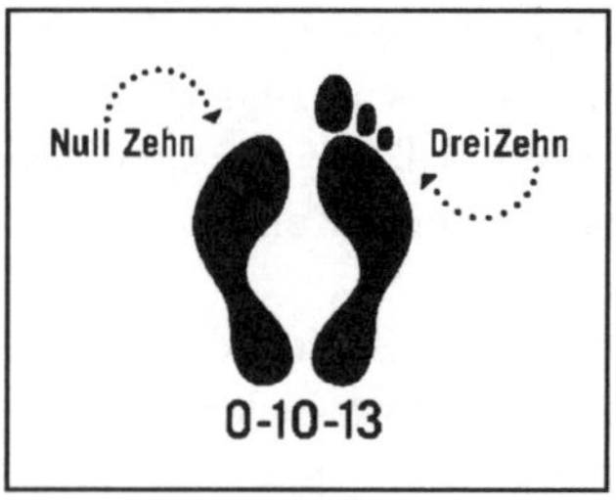

Besonders schwer sind i.d.R. Zahlen zu lernen, was für Telefonanbieter und telefonische Auskunftdienste eine besondere Herausforderung darstellt, der sie häufig mit einem massiven Werbedruck und somit häufigen Wiederholungen begegnen. Als ein sehr gelungenes Beispiel für die bildliche Codierung einer Zahl ist die Kampagne des Netzanbieters *Tele2* zu nennen.

Der Lernerfolg steht in einem funktionalen Zusammenhang mit der Zahl der Wiederholungen des zu lernenden Gegenstandes, die wiederum abhängt vom Involvement des Lernenden (zum Involvement vgl. ausführlich Kapitel 2.3.2). Je höher das persönliche Interesse einer Person an einem Gegenstand ist, desto schneller wird er gelernt und desto weniger Wiederholungen sind notwendig.

Üblicherweise sind die Informationen, die durch das Marketing-Mix vermittelt werden, von geringem Interesse für die Konsumenten, es sei denn, der Konsument steht unmittelbar vor einer Kaufentscheidung. Wird der Kauf eines Fernsehgerätes erwogen oder der nächste Urlaub geplant, werden die entsprechende Werbung, Prospekte und Preise mit hoher Intensität verfolgt. In den meisten anderen Situationen ist hingegen das Interesse daran nur gering ausgeprägt.

Der Lernerfolg ist aber auch abhängig von der Anzahl der zu lernenden Informationen. Das Gehirn kann nur eine begrenzte Anzahl von Informationen auf einmal verarbeiten. Wird diese Grenze überschritten, kommt es zu einer Informationsüberlastung („information overload“), die bewirkt, daß deutlich weniger Informationen verarbeitet werden, als es ohne Überlastung der Fall ist. Während 6 Silben nach einer Darbietung gelernt werden können, ist für das Lernen von 12 Silben nicht der doppelte, sondern der 17-fache Aufwand notwendig! (vgl. v. Rosenstiel/Kirsch 1996, S. 95 f.). Eine Erhöhung der zu lernenden Informationen führt zu einem überproportional steigenden Lernaufwand.

Dem Lernen entgegen steht das **Vergessen**. Wie lange Lerninhalte im Gedächtnis bleiben hängt auch von der Zeitspanne zwischen Lern- und Prüfphase ab. Mit zunehmender zeitlicher Distanz sinkt die Qualität der Erinnerungsleistung erheblich. Der Verlauf der sogenannten **Vergessenskurve** in Abbildung 2-5 zeigt, daß ein gelernter Inhalt anfänglich sehr schnell, später jedoch immer langsamer vergessen wird.

Für die Werbung gilt diese Kurve jedoch nur vom Prinzip her, denn Lernen und Vergessen hängen hier in hohem Maße von der Art des beworbenen Produktes, der Gestaltung der Werbemittel, der Werbeträger und der Zielgruppe ab (vgl. Mayer/ Illmann 2000, S. 466 f.).

Abbildung 2–5: Vergessenskurve

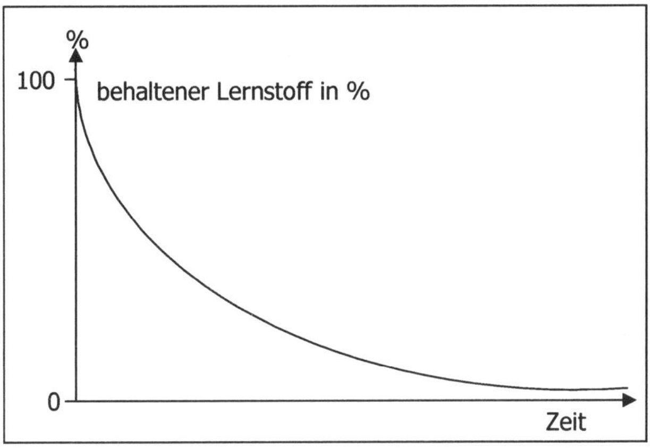

Quelle: Mayer, H./Illmann, T.: Markt- und Werbepsychologie, 3. Aufl., Stuttgart 2000, S. 467

Für die Werbepraxis ist die Verteilung des **Werbedrucks** bzw. die **Wiederholungsdichte** von besonderer Relevanz. Grundsätzlich bietet sich die Möglichkeit – bei gegebenem Werbebudget – die Schaltungen zu massieren oder über einen längeren Zeitraum zu verteilen (vgl. Abbildung 2-6). Beide Strategien führen zu unterschiedlichen Ergebnissen (vgl. Mayer/Illmann 2000, S. 544 ff.):

Abbildung 2–6: Erinnereranteil bei unterschiedlicher Wiederholungsdichte von Werbemitteln

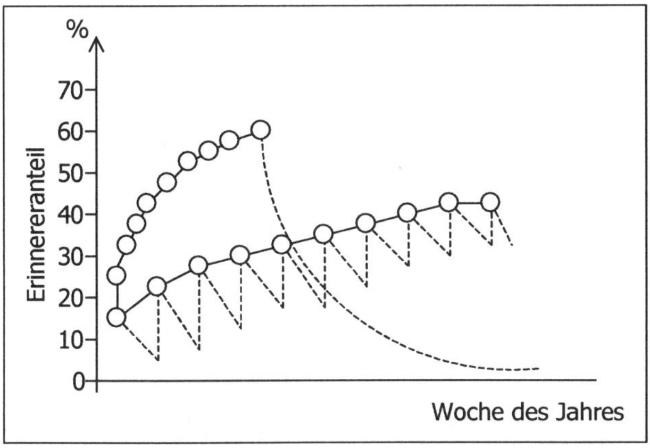

Quelle: Mayer, H./Illmann, T.: Markt- und Werbepsychologie, 3. Aufl., Stuttgart 2000, S. 545

- Bei der massierten Strategie ist der Grenzzuwachs der Erinnerer deutlich größer als bei den über das Jahr verteilten Schaltungen, ebenso ist das Maximum höher.
- Allerdings strebt der Erinnereranteil bei der massierten Strategie am Jahresende gegen Null, während er im Fall der verteilten Strategie deutlich höher liegt.

Der sägezahnartige Verlauf der Kurve bei der verteilten Strategie verdeutlicht das periodische Vergessen der Botschaftsinhalte.

Die Wahl der Strategie hängt davon ab, welche Ziele verfolgt werden. Soll möglichst schnell ein möglichst hoher Bekanntheitsgrad erreicht werden, ist die Strategie der Massierung vorzuziehen. Wird jedoch eine längerfristige Bekanntheit und detailliertere Produktkenntnis angestrebt, ist die Strategie der Verteilung über einen längeren Zeitraum empfehlenswerter.

2.2.3.2.2 Semantische Netzwerke

Ein interessantes Modell dafür, wie die Wissensspeicherung im Gehirn erfolgen könnte, ist das der „**semantischen Netzwerke**". Es ist davon auszugehen, daß das bereits vorhandene Wissen über z.B. einen Produktbereich eine Schlüsselrolle beim Lernen spielt. Denn das Lernen von neuen Informationen über ein Produkt ist nur dadurch möglich, daß diese mit den bereits vorhandenen Informationen abgeglichen werden (vgl. Kroeber-Riel 1992, S. 344). Mit Hilfe von semantischen Netzwerken lassen sich bestehende Wissensstrukturen und deren Veränderungen aufzeigen. Neue Informationen können nur dann gelernt werden, wenn sie in ein bestehendes semantisches Netzwerk eingebunden werden können.

Daraus ergibt sich eine scheinbare „Paradoxie des Lernens": „...wir (können) um so mehr über einen Gegenstand dazulernen, je mehr wir schon von ihm wissen" (v. Rosenstiel/Kirsch 1996, S. 99). Beispielsweise wird es einem Verbraucher, der - durch Erfahrung oder Werbung - bereits gelernt hat, daß *Persil* ein Waschmittel ist, das bei 30°, 60° und 90° wäscht, vielleicht etwas teurer ist, als Colorwaschmittel erhältlich ist und von Henkel stammt, nicht schwer fallen, die Informationen zu lernen, daß es *Persil* auch als Megaperls und Tabs gibt.

Ein großer Teil des Wissens besteht in den standardisierten Strukturen dieser Netzwerke. Abbildung 2-7 zeigt als Beispiel für ein semantisches Netzwerk die Assoziationskette, die jemand bei dem Stichwort „Urlaub" bildet. Urlaub vollzieht sich für ihn entweder im Gebirge oder am Meer und entweder als Badeurlaub oder als Aktivurlaub. Der Urlauber hat also ein bestimmtes Anforderungsprofil an seine Urlaubsorte entwickelt (geeignet zum Wandern/Skifahren oder Baden oder Segeln/Surfen), sowie aufgrund seiner Erfahrungen Urlaubsorte diesen Anforderungen zugeordnet (die Karibik eignet sich gut zum Segeln, der Schwarzwald gut zum Wandern).

Es ist nachzuvollziehen, daß in diesem Beispiel der Urlauber eher in der Lage ist, Informationen über eine Hotelneueröffnung im Schwarzwald zu lernen, als über eine im Odenwald, weil dieser in seinem semantischen Netzwerk über die Urlaubsplanung nicht enthalten ist.

Abbildung 2–7: Beispiel für ein semantisches Netzwerk

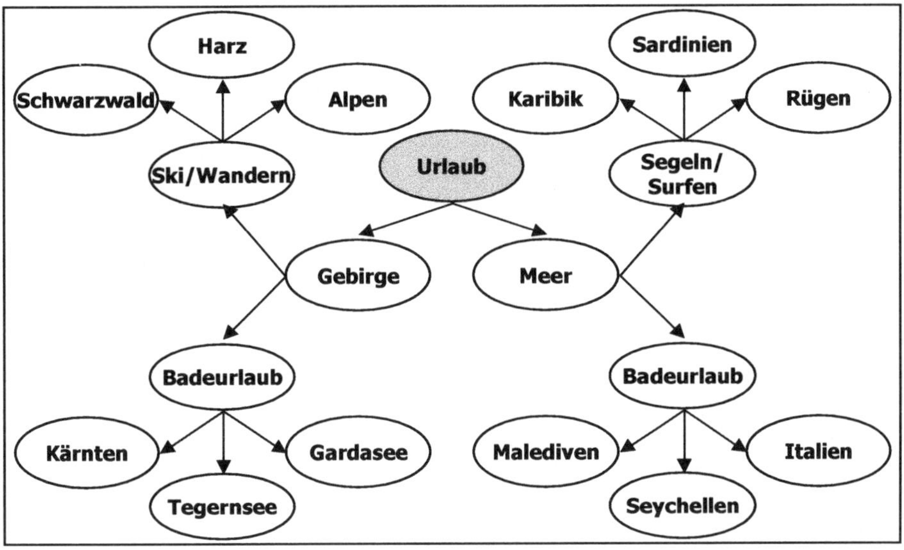

2.2.3.2.3 Das Lernen von Emotionen

Heutzutage geht es für den Konsumenten eher in Ausnahmefällen um das Lernen von Produktinformationen. In einer Marktsituation, die vielfach durch gesättigte Märkte und damit austauschbare Produkte gekennzeichnet ist oder auch bei Produkten, die nicht erklärungsbedürftig sind, hebt das Marketing vor allem auf das Lernen von **Emotionen** ab. Emotionen (oder auch Gefühle) werden als Empfindungen bezeichnet, die als angenehm oder unangenehm erlebt werden (vgl. Meffert 1993, S. 148). Von dem gefühlsmäßigen Zustand des Konsumenten hängt es ab, wie die Verarbeitung der Werbebotschaft erfolgt, ebenso die Schärfe der Wahrnehmung, sowie das Behalten von Werbeaussagen. So verarbeiten schlecht gelaunte Zuschauer starke Produktargumente besser als schwache; gut gelaunte Zuschauer scheinen hingegen weniger zwischen starken und schwachen Argumenten zu differenzieren (vgl. Bless/Mackie/Schwarz 1992, S. 585 ff.).

Das Marketing versucht, Stimmungen zu schaffen, die Emotionen auslösen, und zwar mit Argumenten und Informationen, die mit dem Produkt eigentlich nichts zu tun haben. Der „Duft der großen weiten Welt" hat zunächst einmal mit Zigaretten ebenso wenig zu tun wie lila Kühe mit Schokolade. Die Verbindung wird über den Mechanismus der **emotionalen Konditionierung** hergestellt: Wenn ein Produkt hinreichend oft gleichzeitig mit emotionalen Reizen dargeboten wird, vermag schließlich das Produkt allein die Gefühle auszulösen (vgl. Kapitel 2.3.1.2).

Abbildung 2-8 zeigt ein Beispiel, wie Werbung gezielt versucht, Stimmungen zu schaffen und somit die Wahrnehmung zu beeinflussen. Gezeigt wird ein freundlicher, älterer Herr, der gerade einen Pferdekopf aus Holz anstreicht. Der Betrachter ist geneigt zu vermuten, daß der Opa für seinen Enkel ein Schaukelpferd bastelt.

Abbildung 2–8: Beispiel für emotionale Werbung

Die Headline: „Aus Liebe zum Holz - Aus Liebe zur Umwelt" wird gedanklich erweitert zu „Aus Liebe zum Enkel". Ganz sicher würde der Opa keine Materialien verwenden, die seinem Enkel in irgendeiner Weise Schaden zufügen könnten.

Das beworbene Holzschutzmittel hat zunächst einmal nichts mit dem gedanklichen Enkel zu tun. In der Wahrnehmung des Betrachters wird dennoch eine Verbindung hergestellt. Im Vordergrund steht nicht das Produkt, sondern die alles überlagernde Emotionalität. Das Produkt steht in einem starken emotionalen Umfeld, die zu lernende Botschaft ist eindeutig: *Xyladecor* ist so umweltschonend, daß man es selbst für die geliebten Enkelkinder verwenden kann. Ein pikanter Aspekt ergibt sich aus der Tatsache, daß *Xyladecor* vor einigen Jahren wegen hoher Dioxinbelastung vom Markt genommen werden mußte.

Abschließend sei angemerkt, daß Lerntheorien vor allem für ein gewohnheitsmäßiges Kaufverhalten herangezogen werden können. Bei Impuls- oder Spontankäufen versagen lerntheoretische Erkenntnisse naturgemäß. Insbesondere bei Neueinführungen wird versucht, den Kaufentscheidungsprozeß mit risikotheoretischen Erklärungen zu beschreiben. Da jede Kaufentscheidung mit mehr oder weniger großen Risiken verbunden ist, muß der Konsument bei neuen Produkten eine Einschätzung der möglichen Konsequenzen vornehmen. Dabei gilt es nicht nur, das ökonomische Risiko einzuschätzen (der bezahlte Preis), sondern gegebenenfalls auch das soziale Risiko (wie reagiert die Umwelt?).

2.2.3.3 Motivation

Die Wahrnehmung und das Lernen von Reizen sind für viele Kaufentscheidungen grundsätzliche Voraussetzungen. Damit sie jedoch auch tatsächlich zu einer Kaufhandlung führen, muß beim Konsumenten auch ein Kaufmotiv vorhanden sein.

Unter **Motiv** versteht man den **Beweggrund für ein bestimmtes Verhalten**. Motive werden auch als Bedürfnisse bezeichnet (vgl. Meffert 1993, S. 150). Motive sind individuelle Persönlichkeitsmerkmale, insofern können zwei Personen, die die gleiche Kaufentscheidung tätigen, durchaus unterschiedliche Motive dafür haben. Bei einem kann das Motiv, eine bestimmte Automarke zu kaufen darin bestehen, daß der Glanz dieser Nobelmarke auch auf ihn abstrahlt, für einen anderen ist vielleicht der hohe Wiederverkaufswert dieser Marke ein Kaufgrund.

Einen sehr einleuchtenden motivationstheoretischen Ansatz stellen die **Erwartungs-Wert-Modelle** dar. Sie erklären die Motivation zu einem bestimmten Verhalten als Produkt aus der Erwartung, mit diesem Verhalten Erfolg zu haben und dem Wert, den die Folgen des Verhaltens für eine Person haben. Die Motivation ist um so höher, je stärker beide Faktoren ausgeprägt sind. Ist hingegen einer der Faktoren Null, so besteht keinerlei Motivation zu einem bestimmten Verhalten (vgl. Felser 1997, S. 35 f.).

Die wohl bekannteste Motivtheorie ist die Bedürfnishierarchie von Maslow (vgl. Abbildung 2-9). Maslow entwickelte ein Modell menschlicher Bedürfnisse, die in einer nach ihrer Dringlichkeit abgestuften Hierarchie angeordnet sind. Der Mensch ist bestrebt, die dringlichsten Bedürfnisse zuerst zu befriedigen. Ist dies erfolgt, verliert dieses Bedürfnis an Wirkung und es wird versucht, das nächstdringliche Bedürfnis zu befriedigen.

Da in Wohlstandsgesellschaften die physiologischen Bedürfnisse und die Sicherheitsbedürfnisse im allgemeinen abgedeckt sind, werden die oberen Schichten der Bedürfnishierarchie besonders verhaltensrelevant. Daher ist es auch nicht überraschend, daß die Werbung häufig den Prestige- und Statuswert der Produkte heraushebt. Die unteren Bereiche der Bedürfnishierarchie werden nur in Ausnahmefällen von der Werbung angesprochen („Hoffentlich *Allianz* versichert").

Abbildung 2–9: Die Maslowsche Bedürfnispyramide

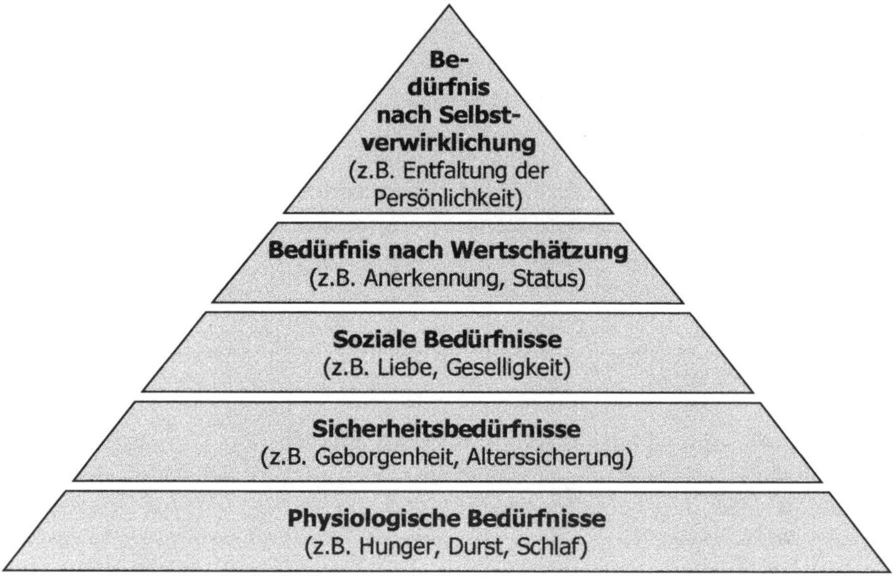

Die Unternehmen versuchen, das Marketing-Mix so zu gestalten, daß es die mutmaßlichen Motive der angestrebten Zielgruppe anspricht. Dies kann jedoch nur auf einer aggregierten Ebene erfolgen, da die Motive individuell unterschiedlich sind und bei einer Kaufentscheidung häufig mehrere Motive mitwirken. So ist es denkbar, daß eine bestimmte Zahnpasta sowohl nach dem Geschmack als auch aus kosmetischen Gründen (weißere Zähne) gekauft wurde. Wenn die Marktforschung des Herstellers ergibt, daß Geschmack und Kosmetik die beiden Hauptmotive der Käufer sind, dann ist das Marketing-Mix entsprechend darauf auszurichten.

Die Ausführungen zu den Motiven der Konsumenten machen deutlich, daß es in aller Regel nicht das Produkt als solches ist, das gekauft wird. Vielmehr werden Produkte danach beurteilt, inwieweit sie bestimmte Bedürfnisse befriedigen können. Bei der Entscheidung zwischen mehreren Produkten wird die Alternative gewählt, die nach der **subjektiven Einschätzung** des Konsumenten am besten geeignet erscheint, die dem Kauf zugrundeliegenden Bedürfnisse zu befriedigen.

2.2.3.4 Exkurs: Autorität und Gehorsam

Einstellungskonträres Verhalten kann vielfältige Ursachen haben. Kaufhandlungen können beeinflußt werden durch Verkaufsförderungsmaßnahmen wie Sonderangebote, Gratisproben oder Probieraktionen. Es wurde aufgezeigt, daß der Mechanismus kognitiver Dissonanzbewältigung zu einer nachträglichen Rechtfertigung des Verhaltens bzw. zu einer Einstellungsänderung führen kann.

Im täglichen Leben können Einflüsse wie Belohnung, Bestrafung, Freundschaft oder Sympathie zu einem einstellungskonträren Verhalten führen (vgl. Felser 1997, S. 244 ff.). Aber auch der Gehorsam gegenüber einer (vermeintlichen) Autorität. Der Psychologe Milgram hat in einem sehr umstrittenen Experiment erschreckende Ergebnisse zum Gehorsam erzielt, die ein interessantes Licht auf das menschliche Verhalten werfen.

> Das Experiment wurde mit Männern und Frauen durchgeführt, deren Aufgabe darin bestehen sollte, die Lern- und Erinnerungsfähigkeit einer Testperson („Lerner") zu überprüfen. Der „Lerner" war ein von Milgram instruierter Schauspieler. Die Versuchspersonen wurden in dem Glauben belassen, wissenschaftliche Assistenten in einem Experiment über die Auswirkung von Strafe auf das Lernen zu sein, tatsächlich waren sie aber die Versuchspersonen. Ihre Aufgabe bestand darin, der vermeintlichen Testperson zwei Serien von Wortpaaren vorzulesen. Der „Lerner" sollte dann dasjenige Wortpaar benennen, das in beiden Serien vorkam. Bei einer falschen Antwort sollte der „Lerner" mit Stromstößen von 15 bis 450 Volt bestraft werden.
>
> Bei der Bestrafung hatten die Versuchspersonen einen angeblichen „Schock-Generator" mit 30 Knöpfen zu bedienen, mit Aufschriften, die die angebliche Wirkung auf den „Lerner" beschrieben: „Leichter Schock", „Mäßiger Schock", bis hin zu „Extrem intensiver Schock", „Gefahr: ernster Schock". Die letzten Knöpfe trugen die Aufschrift „XXX". Den Versuchspersonen wurde glauben gemacht, daß sie dem an einen (angeblichen) elektrischen Stuhl gefesselten „Lerner" tatsächlich Stromstöße austeilten, was in Wirklichkeit nicht der Fall war. Diese Täuschung wurde durch die Reaktionen des (angeblichen) „Opfers" glaubwürdig unterstützt. Nach einem festgelegten Eskalations-Muster hatte der „Lerner" zunächst zu stöhnen, dann bei steigender Voltzahl zu protestieren, dann Schmerzen zu bekunden und schließlich Folter- und Todesschreie auszustoßen.
>
> Milgram führte vier Versuchsreihen durch:
>
> 1. Versuchsperson und Opfer befinden sich in getrennten Räumen. Das Opfer kann nur über Lichtsignale protestieren, poltert aber ab 300 Volt gegen die Wand.
> 2. Wie Experiment 1, aber die Versuchsperson hört die Proteste und schließlich Schreie des Opfers durch die Wand.
> 3. Versuchsperson und Opfer befinden sich in einem Zimmer.
> 4. Das Opfer befindet sich in Reichweite der Versuchsperson. Der Versuchsperson wurde aufgetragen, den Fortgang des Experiments trotz der Schreie des Opfers mit körperlicher Gewalt zu erzwingen.
>
> Für den Fall, daß die Versuchspersonen Bedenken äußern sollten, wurden sie mit Äußerungen wie „Bitte fahren Sie fort" bis zu: „Sie haben keine Wahl, Sie müssen weitermachen" zur Fortführung des Experiments gedrängt. Der Versuchsleiter versicherte, daß er die Verantwortung trage und keine medizinischen Konsequen-

zen zu erwarten seien: „Die Schocks mögen schmerzhaft sein, aber es ist keine irreparable Verletzung der Haut zu erkennen, fahren Sie bitte fort!"
Das Ergebnis des Experiments war nicht erwartet worden. Die Versuche ergaben, daß

- bei Experiment 1 65% aller Versuchspersonen den „Schock-Generator" bis zu 450 Volt bedienten,
- bei Experiment 2 62,5%,
- bei Experiment 3 40% und
- bei Experiment 4 immer noch 30% der Versuchspersonen gehorchten

(vgl. O.V. 1974, S. 102 ff.; ausführlich: Milgram 1974/1997).

Die Autoritätshörigkeit der Menschen wurde mit diesem Experiment in einem nicht für möglich erachteten Ausmaß bewiesen. Mit blindem Gehorsam wurde die Autorität des Versuchsleiters akzeptiert, die ihm sein vermeintlicher Rang als Professor und sein weißer Kittel verliehen.

Autorität wird auch in der Werbung aufgegriffen, wenn die in klinischen Tests bewiesene Wirksamkeit von beispielsweise Produkten der Zahnhygiene vorgestellt werden. Auch hier ist häufig ein Experte in weißem Kittel zu sehen, der die Glaubwürdigkeit der Ergebnisse unterstreicht. Der entscheidende Unterschied zu den Milgram-Experimenten besteht jedoch darin, daß die Werbung keine Befehle erteilt, der Konsument vielmehr frei entscheidet.

2.2.4 Soziologische Erklärungsansätze

Soziologische Erklärungsansätze beschreiben das Verhalten von Personen in Gruppen. Wenn zwei oder mehr Personen zusammen sind, legen diese andere Verhaltensweisen an den Tag, als wenn sie alleine wären. So waschen sich mehr Personen nach der Toilettenbenutzung die Hände, wenn weitere Personen im Raum sind, als wenn sie alleine sind.

Gruppen bilden sich nach den unterschiedlichsten Kriterien, entsprechend unterschiedlich ist auch die Intensität der Beziehungen zwischen den Gruppenmitgliedern. Diese ist in Familien, am Arbeitsplatz, innerhalb studentischer Jahrgänge oder im Freundeskreis üblicherweise intensiver als innerhalb von Alters- und Geschlechtsgruppen oder Gruppen, die sich aus gemeinsamen Interessen oder situativ, z.B. als Urlaubsgruppe, ergeben. Aus allen diesen Gruppen resultiert jedoch eine - unterschiedlich starke - Beeinflussung des Verhaltens, sei es, daß an die Mitgliedschaft bestimmte Rollenerwartungen geknüpft sind, oder daß diese Gruppen als Bezugspunkt für das eigene Verhalten dienen.

2.2.4.1 Rollenerwartungen

Jeder Mensch nimmt in seinem Leben eine Vielzahl von Rollen ein, an die jeweils bestimmte Verhaltenserwartungen geknüpft werden. So ist jemand beispielsweise gleichzeitig Sohn, Vater, Finanzbeamter und Kassenwart im Tennisverein. Gelegentlich nimmt er Rollen ein als Zuhörer in einem Rockkonzert, Student in einem

Volkshochschulkurs über Marketing, erholungsuchender Urlauber auf Teneriffa. Jede dieser Rollen ist mit einem bestimmten Status behaftet. Als Sohn und Vater ist man einzigartig, als Student und Urlauber einer unter vielen. Jede dieser Rollen wird sich auf das Kaufverhalten der Person auswirken.

Die Umwelt hat für jede Rolle Normen und Werturteile etabliert, die innerhalb bestimmter Toleranzen ein konformes Verhalten der Mitglieder festlegen und an denen das tatsächliche Verhalten bewertet wird. Wer sich in einer bestimmten Rolle anders verhält, als es die Umwelt von einem erwartet, läuft Gefahr, „geächtet" zu werden und „nicht mehr dazuzugehören".

Unter diesem Aspekt übernehmen Produkte eine neue Funktion: Sie werden zu Mitteilungen an die Umwelt. Durch Produkte wird Zugehörigkeit signalisiert, Produkte sollen aufzeigen, für was der Besitzer gehalten werden möchte. Die Markenlogos sind auf vielen Produkten an prominenter Stelle plaziert, so daß die Krokodile, Ausrufungszeichen, Sterne, Raubkatzen usw. gut sichtbar sind und von der Umwelt auch wahrgenommen werden können.

Es wird registriert, welche Jeansmarke die Kollegin trägt, welches Auto sich die Nachbarn gekauft haben und wo der letzte Urlaub verbracht wurde. Und häufig wird auf die Markenwahrnehmung bei anderen auch mit entsprechend expressivem Konsum reagiert.

Der Konsum ist also häufig durch Verhaltenserwartungen der Umwelt beeinflußt. Es muß allerdings betont werden, daß in der heutigen Zeit, die einem so häufigen Wertewandel unterliegt, die durch nie gekannte Kommunikations- und Informationsmöglichkeiten gekennzeichnet ist, die Rollenerwartungen zu relativieren sind. Nicht jeder, der eine Nobelmarke fährt oder ein *Lacoste*-Hemd trägt, tut dies aus Statusgründen. Manchmal sind es auch rein rationale Überlegungen im Hinblick auf die Qualität der Produkte, deren Sicherheit oder Wiederverkaufswert. (Direkt danach gefragt, ob denn Statusdenken die Produktwahl beeinflußt hat, werden die meisten dies natürlich vehement abstreiten und genau die genannten rationalen Gründe angeben.)

Soziale Schichten sind heute horizontal und vertikal durchlässiger geworden, deswegen sind die folgenden Aspekte des Kaufverhaltens nur als grobe Tendenzaussagen zu werten (vgl. Meffert 1993, S. 159 f.):

- Konsumenten einer sozialen Schicht orientieren sich häufig am Konsum höherer Schichten.
- Konsumenten jeder Gruppe werden von den Konsumgewohnheiten soziologisch benachbarter Gruppen beeinflußt.
- Auf Konsumveränderungen anderer Gruppen wird nur dann reagiert, wenn bestimmte Reizschwellen überschritten werden.

2.2.4.2 Bezugsgruppen

Unter Bezugsgruppen werden diejenigen Gemeinschaften verstanden, „die einen direkten (...) oder indirekten Einfluß auf die Einstellungen und Verhaltensweisen eines Menschen ausüben" (Kotler/Bliemel 1995, S. 284). Am intensivsten wird der Konsum i.d.R. von den Gruppen geprägt, in denen jemand Mitglied ist (**Mitglied-**

schaftsgruppen). Zu denken ist dabei z.B. an Aktivitäten in der Freizeit, die in Mannschaften oder Vereinen ausgeübt werden. Auch in zufälligen Gruppen, die sich spontan bilden, lassen sich Einzelpersonen zu Verhaltensweisen verleiten, die sie „normalerweise" nicht tun würden. Das Ausmaß der Beeinflussung des (Kauf-) Verhaltens hängt vom Grad der Identifikation des Einzelnen mit der Gruppe ab (vgl. Meffert 1993, S. 160). Die stärksten Gruppenbeziehungen findet man häufig in der Familie vor. Kaufentscheidungen werden hier oft gemeinsam getroffen.

Ein anderes Bezugsgruppensystem sind **Leitbildgruppen**. Das sind Gruppen, denen eine Person nicht persönlich angehört, aber gerne angehören würde. Die Identifikation mit diesen Leitbildgruppen kann so stark sein, daß deren Normen als Orientierungsmaßstäbe herangezogen werden. Die Orientierung am (Konsum-) Verhalten von anderen gibt persönliche Sicherheit. Die Berufung darauf, daß die Leitbildgruppe sich genauso verhält, rechtfertigt das eigene Verhalten. Die Leitbildgruppen sind abhängig von den jeweiligen persönlichen Interessenlagen und können für Teenager beispielsweise Boy Groups sein (wie Take That, Backstreet Boys), für Berufstätige der Jet Set oder buddhististische Mönche. Diese Leitbildfunktionen werden stark von der Werbung aufgegriffen. I.d.R. handelt es sich dabei um Werbung für Produkte, die von der Umwelt wahrgenommen werden können und mit denen man Zugehörigkeit signalisieren kann.

Ein starker Einfluß geht auch von sogenannten **Meinungsführern** aus. Das sind Personen, die einen tatsächlichen oder mutmaßlichen Informationsvorsprung haben und deshalb häufiger um Rat gefragt werden als andere (z.B. Ärzte, Journalisten, Professoren, Nachbarn, Freunde). Die Beeinflussung des Konsums durch persönliche Gespräche mit Bekannten (Mund-zu-Mund-Propaganda) kann stärker sein als die durch Massenmedien. Meinungsführerschaft kann als eine Kommunikationsform aufgefaßt werden, die vor allem in kleinen Gruppen vorkommt, in denen häufige persönliche Kontakte stattfinden.

Persönlichen Ratschlägen von Meinungsführern wird häufig mehr Vertrauen geschenkt als der Werbung, insbesondere bei Nahrungs- und Waschmitteln. Die Erfahrungen von Freunden und Bekannten werden bei der Planung des eigenen Konsums berücksichtigt. Jeder einzelne Konsument ist ein potentieller und i.d.R. auch aktiver Meinungsmultiplikator, der neue Konsumenten zuführen kann. Meinungsführer haben zwei Funktionen (vgl. v. Rosenstiel/Kirsch 1996, S. 215):

1. Sie übermitteln Informationen an weniger informierte Personen.
2. Sie beeinflussen andere in der Bewertung dieser Informationen.

Es lassen sich jedoch keine bestimmten „Führerpersönlichkeiten" ausmachen, deren Meinung die anderen generell folgen. Vielmehr scheint sich Meinungsführerschaft situativ zu ergeben. Dafür können folgende Aspekte als typisch angesehen werden (vgl. v. Rosenstiel/Kirsch 1996, S. 216 f.):

- **Spezifische Kompetenz des Meinungsführers**: Je nach Thema oder Produkt werden verschiedene Personen als kompetent angesehen.
- **Vertrauensbeziehungen**: Meinungsführer üben tendenziell nur in ihrem Bekanntenkreis und innerhalb ihrer sozialen Gruppe Einfluß aus.

- **Problemdruck des Geführten**: Jemand der vor einer Kaufentscheidung steht wird eher geneigt sein, eine andere Person um Rat zu fragen.

Die Kompetenz von Meinungsführern greift auch die Werbung auf. Beispielsweise wurde es Manfred Krug durchaus abgenommen, daß er mit der *Telekom* an die Börse geht. Die Aufmachung des Spots wurde einem persönlichen Gespräch nachempfunden.

2.2.5 Die Theorie des „Relevant Set“[4]

Ein im Marketing häufig gebrauchtes Wort ist **Markentreue**. Dieser Begriff impliziert einen Konsumenten, der immer wieder die von ihm präferierte Marke kauft. Tatsächlich ist es jedoch so, daß nicht **eine** bestimmte Marke regelmäßig bevorzugt wird, sondern ein bestimmter **Satz von Marken** (relevant set, in der Literatur häufig auch als evoked set bezeichnet), der, je nach Produktfeld, im Durchschnitt zwischen 3 und 4 Marken liegt. Der Umfang des Satzes hängt einerseits davon ab, wie viele Marken es im Produktfeld gibt, andererseits von der Austauschbarkeit der Produkte untereinander. Daher ist beispielsweise davon auszugehen, daß der relevant set bei Automarken größer als bei Kaffeemarken ist.

So konnte eine Marktforschungsuntersuchung aufzeigen, daß sich der Durchschnittsdeutsche an 8 verschiedene Automarken spontan erinnern kann, an 5,5 Biermarken, an 5,3 Zigarettenmarken und an 1,5 Marken von Pfefferminzbonbons (vgl. O.V. 1994, S. 16).

Für die Käufer gibt es nicht die eine grundsätzlich bevorzugte und immer wieder gekaufte Marke, sondern einen **relevanten Satz** von Marken.

Die Plausibilität dieser Kernaussage läßt sich nachvollziehen mit der Überlegung: Was macht eigentlich ein Konsument, wenn die von ihm gesuchte Marke im Laden nicht vorrätig ist? Sucht er noch einen anderen Laden auf oder kauft er eine andere Marke? Wahrscheinlicher ist das Letztere.

Jeder Leser möge auch für sich selbst überlegen, was er auf einen Einkaufszettel schreibt. Werden Marken aufgeschrieben oder Produktkategorien? Steht auf dem Einkaufszettel also Schokolade oder *Milka*, Kaffee oder *Jacobs Krönung*, Suppe oder *Maggi*? Auch von dieser Seite her erscheint es als plausibel, daß für den Konsumenten die Produktkategorie zunächst einmal wichtiger ist, als eine bestimmte Marke daraus.

Der relevante Satz von Marken, in dem sich die Kaufentscheidung vollzieht, ist für jeden Käufer auf ganz bestimmte Marken begrenzt, **außerhalb liegende Marken werden nicht für den Kauf in Betracht gezogen.**

D.h. jemand, der beispielsweise *Aldi* nicht in seinem relevant set für Einkaufsstätten hat, wird ihn für seine Einkaufsplanung gar nicht erst in Erwägung ziehen.

[4] Die Ausführungen zum „relevant Set“ basieren im wesentlichen auf einer empirischen Untersuchung der Gesellschaft für Konsumforschung (GfK), vgl. GfK 1981.

Die Kaufentscheidung **innerhalb** der Marken des relevanten Satzes wird primär gesteuert durch die unterschiedlichen **Präferenzen,** die der Verbraucher diesen Marken gegenüber hat. Natürlich können exogene Faktoren, wie Sonderangebote, werbliche Erinnerung, distributive Gegebenheiten u. dgl. kurzfristig überlagernd wirken.

Die Frage der Markentreue ist in der Realität also eine Frage der Treue zu einem, für jeden Verbraucher individuellen, relevanten Satz von Marken.
Die Aufgabe des Marketing besteht also darin,

1. eine Marke so darzustellen, daß sie in den Kreis derjenigen Marken gelangt, die für den Kauf in Betracht kommen.
2. Positive Produkterfahrung vorausgesetzt, muß dann versucht werden, der Marke das Maß an Präferenz zu verschaffen und zu erhalten, das diese Marke zu einer bevorzugten Marke macht.
3. Darüber hinaus muß die eigene Marke immer wieder so ins Bewußtsein gerufen werden, daß die Entscheidung beim Kauf zugunsten dieser Marke fällt.

Diese Zusammenhänge lassen sich auf die Vermarktung von allen Produktkategorien übertragen. Voraussetzung für eine erfolgreiche Vermarktung ist, daß eine Marke bei möglichst vielen Personen in deren relevant set verankert werden kann. Gleichzeitig ist diese Marke mit einem hohen Maß an Präferenz und Aktualität auszustatten. Entscheidend für eine Marke ist also zunächst einmal ihre Aufnahme in den Kreis der für den Kauf in Betracht kommenden Marken bei möglichst vielen Verwendern.

Der Einstieg in den Kreis der in Betracht kommenden Marken erfolgt über die **Markenbekanntheit.** Es besteht ein Zusammenhang zwischen dem Bekanntheitsgrad von Marken und dem Ausmaß, in welchem sie für den Kauf in Betracht gezogen werden, ihrer **Attraktivität.**

Als Bekanntheit ist dabei die **spontane** Bekanntheit[5] zu sehen, also die Antwort auf die Frage: Wenn Sie z.B. an den Bier- (Kaffee-, Schokolade-, usw.) Markt denken, welche Marken fallen Ihnen dazu spontan ein? Man kann mit einiger Berechtigung davon ausgehen, daß die von einer Person spontan genannten Marken auch diejenigen sind, die für sie in dieser Produktkategorie den relevant set darstellen.

In einer Untersuchung von 24 Produktfeldern mit 448 Marken, konnte folgender statistischer Zusammenhang nachgewiesen werden (vgl. GfK 1981):

1. Mit zunehmendem Bekanntheitsgrad der Marken wächst der Kreis der Verwender, denen sie attraktiv erscheinen;

[5] Im Unterschied dazu wird bei der **gestützten** Bekanntheit der Versuchsperson eine Liste mit Marken vorgelegt und gefragt, welche Marken daraus bekannt sind. Spontane und gestützte Bekanntheit können stark divergieren. So ist z.B. die Biermarke *Pilsener Urquell* sicherlich vielen Biertrinkern bekannt, aber wahrscheinlich würden nur wenige sie spontan nennen. Spontane Bekanntheit ist also eine aktive, gestützte Bekanntheit eine passive Form, die die Wiedererkennung beschreibt.

2. allein schon von der Bekanntheit her nimmt also die Kaufneigung gegenüber einer Marke zu;
3. das geschieht im unteren Bekanntheitsbereich zunächst nur langsam, dann jedoch in zunehmend wachsendem Maße.

Diese Zusammenhänge sind in Abbildung 2-10 aufgezeigt. Die Kurve ist die Regressionslinie durch eine Wolke aus Koordinatenpunkten, die für jede Marke eines Produktfeldes deren Attraktivität und Bekanntheit darstellt.

Abbildung 2–10: Der Zusammenhang zwischen Attraktivität und Bekanntheit von Marken

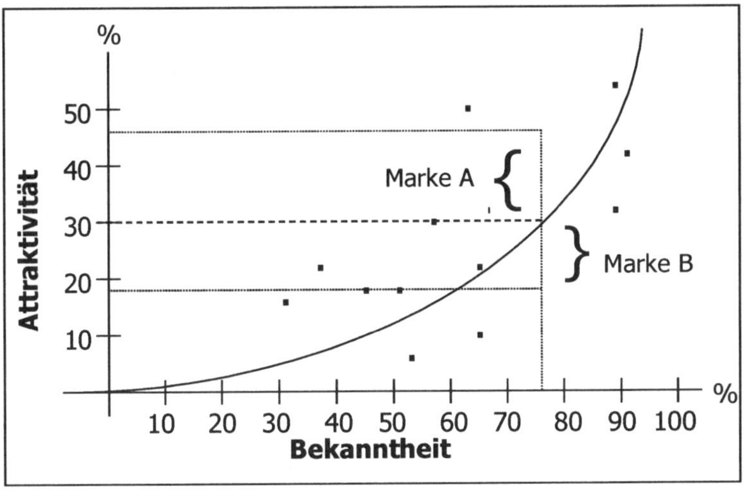

Die Kurve zeigt, welcher Attraktivitätsgrad im Durchschnitt einer Produktgattung einem bestimmten Bekanntheitsgrad entsprechen würde. Ein Vergleich der Marken A und B in Abbildung 2-10 zeigt, daß beide Marken zwar über den gleichen Bekanntheitsgrad (76%) verfügen, A aber aus diesem Bekanntheitsgrad mehr gemacht hat, denn die Marke wird viel eher für den Kauf in Betracht gezogen, als Marke B. Während im Durchschnitt der Produktkategorie eine Bekanntheit von 76% zu einer Attraktivität von 30% führt, würden 47% der Konsumenten die Marke A für den Kauf in Betracht ziehen, aber nur 18% die Marke B.

Das Marktforschungsinstitut Emnid hat beispielsweise für die Produktbereiche Kaffee, Schokolade und Schmerzmittel u.a. die ungestützte (= spontane) Bekanntheit der jeweiligen Hauptmarken und den jeweiligen relevant set (welche Marken können Sie sich vorstellen zu kaufen?) erhoben (vgl. Abbildung 2-11). Das Ergebnis bestätigt, daß Marken um so eher für den Kauf in Betracht gezogen werden, je bekannter sie sind.

Lesebeispiel: 68,8% der deutschen Bevölkerung nennen bei der Frage, welche Schmerzmittel sie kennen, spontan die Marke *Aspirin.* 68,4% könnten sich auch vorstellen, diese Marke zu kaufen.

Abbildung 2–11: Der relevant set in unterschiedlichen Produktkategorien

1. Kaffeemarken im Vergleich

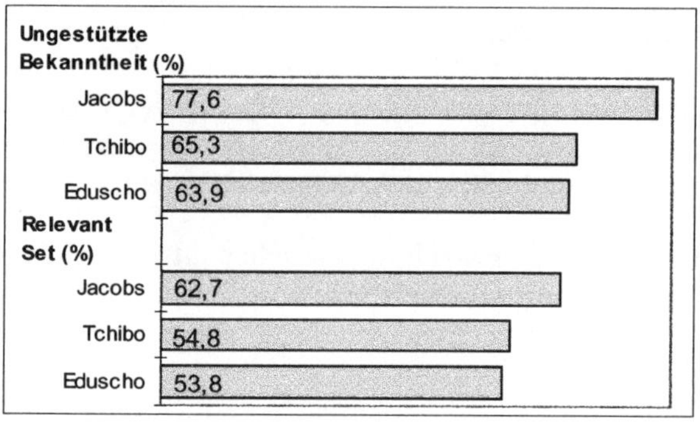

Vgl. Bottler, S.: Verbraucher krönen Jacobs, in: Werben & Verkaufen, Nr. 31, 1996, S. 27

2. Tafelschokolade im Vergleich

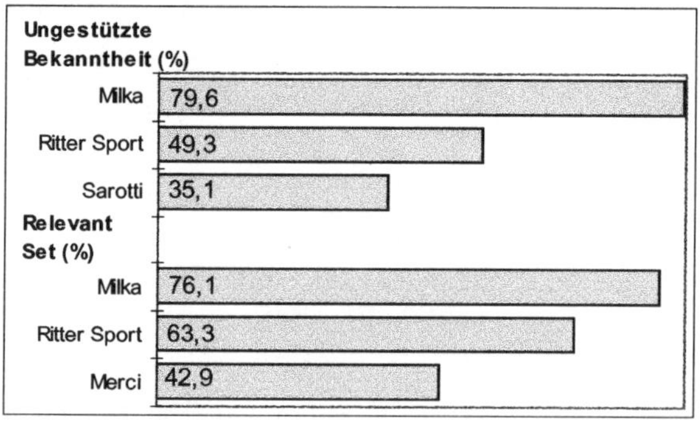

Vgl. Bottler, S.: Spitzenplatz für lila Versuchung, in: Werben & Verkaufen, Nr. 33, 1996, S. 29

3. Schmerzmittel im Vergleich

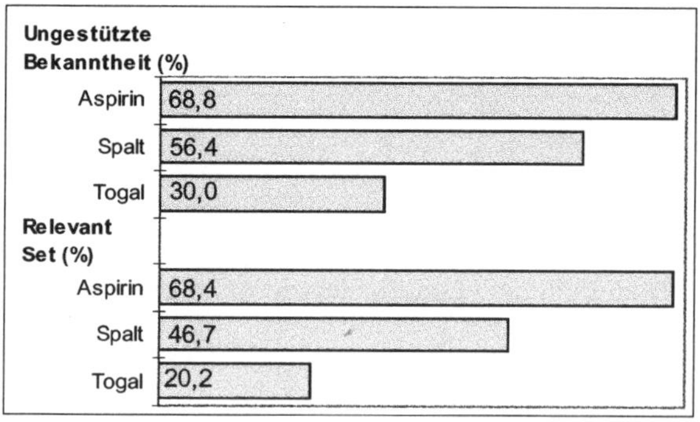

Vgl. Schröter, R.: Diese Marken bringen Erlösung, in: Werben & Verkaufen, Nr. 35, 1996, S. 27

2.3 Wirkungsmodelle

2.3.1 Stimulus-Response-Modelle

2.3.1.1 Das S-R- und S-O-R-Modell

Insbesondere die Werbepsychologie verwendet zur Betrachtung der psychischen Wirkungsweise von Werbung in aller Regel Stimulus-Response-Modelle. Gegenüber der vergleichsweise einfachen Struktur dieser Modelle erscheinen die Involvement-Modelle als außerordentlich komplex, obwohl sie in ihrer Grundstruktur ebenfalls auf die Stimulus-Response-Modelle zurückzuführen sind. Als Standardmodelle der Werbewirkungsforschung werden beide Modelle im folgenden vorgestellt.

Das klassische Stimulus-Response-(S-R) Modell (vgl. Abbildung 2-12) unterstellt, daß die Stimuli der Sender (Werbung) die Empfänger in gleicher Weise erreichen und bei ihnen Wirkungen auslösen. Die Stimuli sprechen beim Individuum angeborene Mechanismen an, die keiner willentlichen Kontrolle unterliegen. Gleiche Stimuli erzeugen auch gleiche Wirkungen, die Beeinflussung erfolgt unmittelbar.

Abbildung 2–12: Das Stimulus-Response-Modell

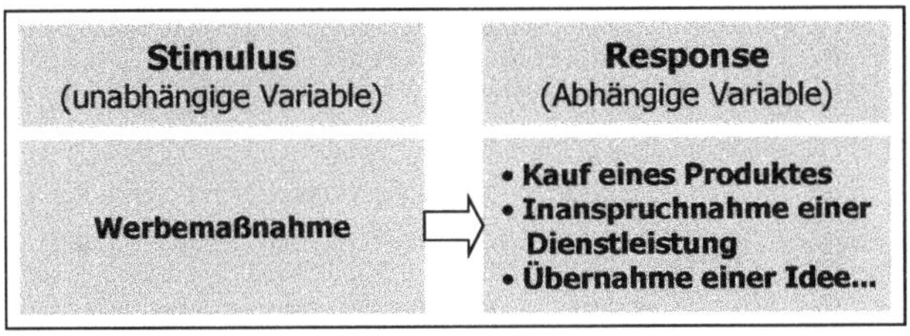

Vgl. Rosenstiel, L.v./Kirsch, A.: Psychologie der Werbung, Rosenheim 1996, S. 49

Der deterministische Ansatz der S-R-Modelle vernachlässigt die **Bedingungen**, unter denen Wirkung erzielt wird. In Stimulus-Organismus-Response-(S-O-R) Modellen (vgl. Abbildung 2-13) werden **intervenierende Faktoren** kultureller, sozialer, persönlicher und psychologischer Art berücksichtigt, die beim Empfänger eines Stimulus über theoretische Konstrukte wie Motive, Einstellungen, Lernen u. ä. zu Reaktionen führen: Die Reaktion ergibt sich aus dem Zusammenwirken von Stimulus- und Organismusfaktoren.

S-O-R-Modelle berücksichtigen die Interdependenzen von Wirkungsbeziehungen im Zeitablauf: Die angestrebte Reaktion wird, anders als bei den S-R-Modellen, nicht als direkte Funktion der Werbung angesehen, sondern als indirekte Folge von Reaktionen im Vorfeld der Kaufhandlung. S-O-R-Modelle werden daher auch als Hierarchiemodelle bezeichnet: Werbewirkung entwickelt sich in der Aufeinanderfolge mehrerer Stufen. Die Stufenmodelle unterstellen damit jedoch, daß sich der Mensch in unterschiedliche Teilbereiche gliedern läßt, wie Wahrnehmung, Lernen, Erinnern u.ä. Menschliches Handeln und Erleben erfolgt jedoch ganzheitlich.

Abbildung 2–13: Das Stimulus-Organismus-Response-Modell

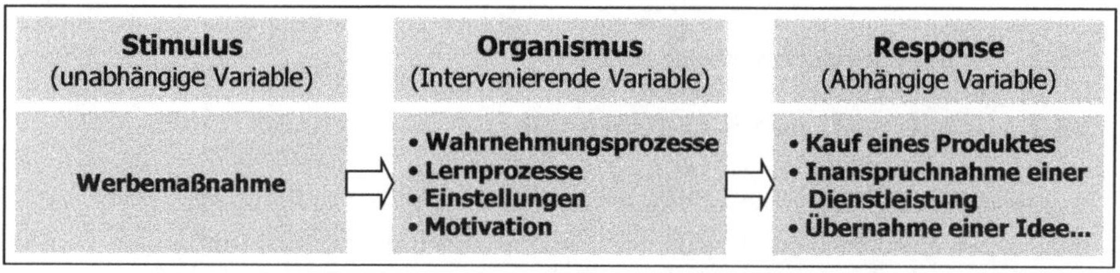

Vgl. Rosenstiel, L.v./Kirsch, A.: Psychologie der Werbung, Rosenheim 1996, S. 49

Das wohl bekannteste Stufenmodell ist die AIDA-Regel. Sie ergibt sich als Aufeinanderfolge von Aufmerksamkeit (**a**ttention), Interesse (**i**nterest), Wunsch (**d**esire) und Handlung (**a**ction). Das Modell geht davon aus, daß der Verbraucher, der sich für ein Produkt interessiert, sich Produktwissen aneignet, daraufhin positive oder negative Einstellungen zu dem Produkt entwickelt und es dann entsprechend kauft oder nicht.

Die AIDA-Regel unterstellt somit involvierte Verbraucher und ist daher nur für den Sonderfall extensiver Kaufentscheidungen relevant, bei denen eine intensive Auseinandersetzung mit dem Produkt erfolgt und Informationen gezielt gesucht werden. Abbildung 2-14 zeigt ein aus den Werbewirkungskategorien von Steffenhagen entwickeltes S-O-R-Modell.

Abbildung 2–14: Das S-O-R-Modell von Steffenhagen

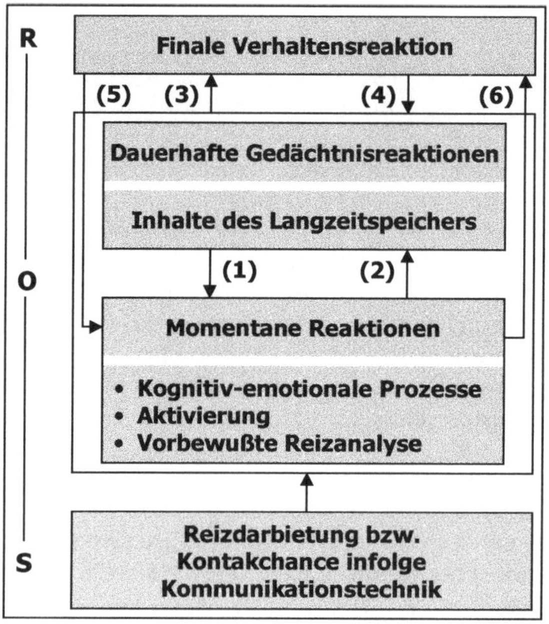

Vgl. Steffenhagen, H.: Kommunikationswirkung, Kriterien und Zusammenhänge, Hamburg 1984, S. 17

Die Beziehungen zwischen kommunikativen Reizen und unterschiedlichen Reaktionen der Rezipienten erläutert Steffenhagen wie folgt (vgl. Steffenhagen 1984, S. 16):

1. „Bestehende Inhalte des Langzeitgedächtnisses beeinflussen die momentane Reaktion. Beispiel: Interessengesteuerte Aufmerksamkeit gegenüber eingehender Briefpost.
2. Momentane Reaktionen formen die dauerhaften Gedächtnisinhalte. Beispiel: Ein am Messestand gewonnener Eindruck wird gespeichert.
3. Dauerhafte Gedächtnisinhalte beeinflussen das finale Verhalten. Beispiel: Einstellung zu einer politischen Partei führt zu entsprechendem Verhalten des Wählers.
4. Das tatsächliche Verhalten prägt den Inhalt des Langzeitspeichers. Beispiel: Der Beitritt eines Studenten zu einer Verbindung bewirkt eine zunehmend positive Einstellung bei ihm zu dieser Verbindung.
5. Das tatsächliche Verhalten beeinflußt momentane Reaktionen. Beispiel: Die Produktverwendung löst momentane Denkprozesse oder Emotionen (Ärger, Freude) aus.
6. Momentane Reaktionen beeinflussen, ohne Zwischenschaltung des Langzeitspeichers, finales Verhalten. Beispiel: Impulskauf eines neuen Produktes".

Die einfache Struktur der Stimulus-Response Modelle hat den Vorteil, daß sie leicht verständlich und operationalisierbar sind. Sie vereinfachen allerdings zu stark und sind insofern als Erklärungsmodelle für die Wirkungsweise von Werbung nur eingeschränkt sinnvoll. Die Annahme des S-R-Modells, daß verschiedene Personen auf gleiche Reize auch immer in gleicher Weise reagieren, trägt individuellen Unterschieden der Person nicht Rechnung. Dies erfolgt zwar in den S-O-R-Modellen durch die Berücksichtigung von „intervenierenden Variablen", die aber - da Lernprozesse, Motivationen und Einstellungen nicht direkt zugänglich sind - ebenfalls nur Hilfskonstrukte für das letztliche individuelle **Verhalten** sind. Nicht berücksichtigt bleiben Gruppenprozesse und Umweltbedingungen, die nicht direkt „Reize" sind, aber dennoch Einfluß auf das Verhalten haben, z.B. die allgemeine wirtschaftliche Lage (vgl. v. Rosenstiel/Kirsch 1996, S. 50).

Die eigentliche Problematik der Stimulus-Response-Modelle liegt jedoch in dem Menschenbild, das sie implizieren. Die Modelle unterstellen, daß der Mensch auf Reize **reagiert**, der Mensch ist passiv und von außen gesteuert, Entscheidungen aus freiem Willen werden dem Menschen nicht zugestanden. Der Konsument erscheint als „Konsumäffchen"[6].

Aber unabhängig davon, ob dem Konsumenten nun ein freier Wille bei seinen Kaufentscheidungen zugestanden werden kann oder nicht, erlauben die individuellen Unterschiede, die das S-O-R-Modell sehr wohl berücksichtigt, keine generellen **Vorhersagen** über den Werbeerfolg. Alle werblichen Maßnahmen zielen

---

[6] Die Frage der Konsumentensouveränität wird nach Kroeber-Riel vielfach ideologisch diskutiert. Er selbst spricht dem Konsumenten eine Souveränität in seinem Kaufverhalten ab: „Das Verhalten des Menschen wird oft und auch hinsichtlich seines Konsumverhaltens durch Reiz-Reaktions-Beziehungen gesteuert. Die Werbung beeinflußt gerade solche reizgesteuerte Verhaltensweisen und entmündigt damit den Verbraucher" (Kroeber-Riel 1992, S. 677).

letztlich auf das R im S-O-R-Modell, also die **R**eaktion des Umworbenen. Dieser Wirkungseffekt der Werbung ist aber grundsätzlich nur im nachhinein und pauschal an den Absatzzahlen feststellbar. Daran läßt sich aber noch nicht festmachen, **warum** die Werbung gewirkt hat. Um die Ursachen für den Werbeerfolg (bzw. –mißerfolg) zu ermitteln, wird in der Praxis üblicherweise auf das O im S-O-R-Modell zurückgegriffen. D.h. es werden die „intervenierenden Variablen“ als Teilerfolgsgrößen gemessen (Wurde die Werbung erinnert? Hat sie zu Einstellungsänderungen geführt? usw.), denen auch eine Vorhersagekraft für die Gesamtwirkung einer Werbekampagne beigemessen wird.

Reiz-reaktionstheoretische Ansätze sind gut dazu geeignet, die Komplexität des menschlichen Verhaltens in (meßbare) Einzelkonstrukte zu untergliedern, um daraus Schlußfolgerungen für Beeinflussungsmöglichkeiten zu ziehen. Sie dürfen jedoch nicht den Blick dafür verstellen, daß das Verhalten aufgrund der Komplexität seiner Bestimmungsgründe eben **nicht vorhersagbar ist**.

2.3.1.2 Konditionierung

Eine spezifische Ausprägung haben die Reiz-Reaktions-Theorien in den Konditionierungsansätzen erfahren, die Zusammenhänge von unbedingten und bedingten Reizen unterstellen. Bei der klassischen Konditionierung wird die angeborene reflexartige Verbindung zwischen Reiz und Reaktion mit einem bis dahin neutralen Reiz verbunden. Die Erkenntnisse über die **klassische Konditionierung** beruhen auf den Forschungen von Pawlow, der in einem Experiment zeigte, daß der Speichelfluß eines Hundes nach einer mehrfachen gleichzeitigen Verabreichung des Futters mit einem akustischen Reiz auch bei alleiniger Darbietung des akustischen Reizes zunahm.

Unter den Voraussetzungen:

- zeitlicher Nachbarschaft der Reize,
- Wiederholung der Reizkombinationen und
- Verstärkung durch einen befriedigenden Reaktionseffekt,

lassen sich zwei voneinander unabhängige Reize miteinander kombinieren (vgl. Kroeber-Riel 1984, S. 538 f.). Mit der Konditionierung läßt sich eine bestimmte Reaktion also auch dann hervorrufen, wenn an die Stelle des ursprünglich auslösenden Reizes ein anderer tritt. Kroeber-Riel führte ein Experiment mit der fiktiven Seifenmarke HOBA durch. Anfänglich hatte der Markenname für die Probanden keine emotionale Bedeutung. Durch Darbietung des Produktes mit reizstarken, emotionalen Bildern (Erotik, soziales Glück, Urlaubsstimmung), erhielt die Marke jedoch ein klares emotionales Erlebnisprofil (vgl. Kroeber-Riel 1992, S. 128 ff.).

Die klassische Konditionierung wird als ein zentraler Wirkungsmechanismus in der Werbung angesehen, wobei hier häufig von **emotionaler Konditionierung** gesprochen wird: Durch gleichzeitige Darbietung einer Marke mit einem emotionalen Reiz erhält die Marke einen emotionalen Erlebnisgehalt. Die Bedeutsamkeit für die Werbewirkung liegt darin begründet, daß die emotionale Konditionierung eine **automatische Reaktion** darstellt. Sie erfolgt unabhängig davon, ob sich jemand für eine bestimmte Werbung interessiert oder nicht. Mittlerweile läßt sich die *Marlboro* schon identifizieren - von Rauchern wie von Nichtrauchern -, wenn nur Details aus der Cowboywelt gezeigt werden. Allerdings sind für die emotionale Aufladung von Reizen zahlreiche Wiederholungen nötig (vgl. Kroeber-Riel 1993, S. 150 ff.). Die Wirksamkeit der Konditionierung ist zeitlich begrenzt und erlischt, wenn sie nicht ständig wiederholt wird. Wenn dem Pawlowschen Hund der akustische Reiz häufiger dargeboten wird, ohne daß er sein Fressen erhält, wird er sich „das Sabbern sehr schnell wieder abgewöhnen" (Felser 1997, S. 96).

Emotionale Konditionierung baut auf Schemavorstellungen auf, die sich bei Konsumenten im Gedächtnis eingeprägt haben und verhaltenswirksam sind. Die Werbung arbeitet vielfach mit derartigen Schemavorstellungen. Produkte aus südlichen Ländern werden häufig mit antiken Tempelruinen und lockerer Lebensart dargestellt, tropische Produkte i.d.R. mit Bildern von menschenleeren, palmengesäumten, weißen Stränden, türkisfarbenem Wasser und blauem Himmel. *Bacardi* hat in einer, mittlerweile schon als Klassiker einzustufenden Anzeige, diese Schemavorstellungen thematisiert (vgl. Abbildung 2-15).

> Wie stark Schemavorstellungen wirken, hat ein Experiment mit Studenten an der Fachhochschule Stralsund gezeigt. Eine Gruppe von Studenten wurde gebeten, eine Person möglichst genau, sowohl nach soziodemographischen als auch nach psychographischen Merkmalen zu beschreiben. Das Plenum sollte nach der Beschreibung erraten, welche Automarke diese Person fährt. Die Person wurde wie folgt beschrieben:
>
>> Er ist etwa 20 Jahre alt, männlich, hat braune, kurze Haare und ist 1,72 m groß. Er trägt einen Ohrring im linken Ohr und ein Kettchen um den Hals. Er ist ledig, hat ein unterdurchschnittliches Bildungsniveau und tut „cool". Er ist Handwerker in der Ausbildung. Seine Hobbies sind Disco, vorwiegend Techno, Fitneß, Fußball und Autopflege, sein Auto ist natürlich getunt. Er trinkt Bier aus Dosen, liebt Fast Food. Seine Wochenenden verbringt er mit seinem Autoclub, in der Disco oder mit Saufen. Er trägt Jeans, T-Shirt, Turnschuhe und weiße Tennissocken. Er hat einen Wimpel bzw. eine CD am Rückspiegel, sein After Shave ist *Cool Water*. Er liest die *Auto-Bild* und den *Kicker*, im Fernsehen liebt er Rambo, Rocky I-V und Star Trek. Seine Freundin ist 17, blond, mit gleichem Bildungsniveau wie er. Er hat noch einen jüngeren Bruder. Sein Verhältnis zu den Eltern ist gestört. Er träumt von einem Urlaub auf Mallorca. Er hat ein hohes Geltungsbedürfnis und ist ein Angeber, sein Schlagwort ist „Alter". Er ist ein Mitläufer und nur in der Gruppe stark, er ist völlig desinteressiert an Politik und Umweltfragen.
>
> Das Plenum hat diese so beschriebene Person sofort als *Golf-GTI*-Fahrer erkannt.[7]

[7] Es ist darauf hinzuweisen, daß diese Typisierung in den neuen Bundesländern erfolgt ist. In den alten Bundesländern liegt einem GTI-Fahrer wahrscheinlich eine andere Schemavorstellung zugrunde.

Abbildung 2–15: Schemavorstellungen in der Werbung

Im Gegensatz zur klassischen Konditionierung wird bei der **operanten Konditionierung** die Person selbst aktiv. Der Lernvorgang besteht darin, daß ein bestimmtes Verhalten zu einer bestimmten Belohnung führt, wobei die Person dieses Verhalten selbst herausfinden muß. „Ein Verhalten, das belohnt wurde, wird mit größerer Wahrscheinlichkeit in Zukunft wieder gezeigt, als ein Verhalten, das nicht belohnt wurde" (Felser 1997, S. 104). Damit läßt sich z.B. der Gewohnheitskauf erklären: Weil jemand mit einem bestimmten Produkt immer positive Erfahrungen gemacht hat, wird dieses Produkt immer wieder gekauft. Wird das Verhalten allerdings nicht immer wieder belohnt, weil sich z.B. die Qualität des Produktes verändert hat, kommt es zu einer Verhaltensänderung.

In diesem Zusammenhang ist auf einen weiteren, ebenfalls weitgehend automatisch ablaufenden Mechanismus hinzuweisen, das **Priming**. Priming bezeichnet die Beeinflussung des Urteils durch kürzlich dargebotene Informationen (vgl. Meyers-Levy 1989, S. 76). Die Interpretation von Informationen hängt oftmals von bestimmten Wissensstrukturen oder Denkschemata ab, die gerade aktiviert sind. Wenn beispielsweise ein Student einem Freund im Examen bei der Beantwortung einer Frage hilft, dann kann dies als „unehrlich" oder als „freundlich" interpretiert werden. Die Art der Interpretation hängt davon ab, welcher Bewertungsmaßstab zum Interpretationszeitpunkt einfacher zugänglich ist (vgl. Yi 1991, S. 417). Je nachdem, ob gerade über den Baulöwen Schneider oder über Mutter Theresa berichtet wurde, wird in dem Beispiel die Beurteilung eher in Richtung „unehrlich" bzw. „freundlich" ausfallen. Urteile hängen also häufig auch davon ab, woran gerade gedacht bzw. an was jemand gerade erinnert wurde.

Bezogen auf die Werbung bedeutet dies, daß die Interpretation von Werbebotschaften durch das Umfeld gesteuert werden kann, in dem die Werbung erfolgt. Die Bewertung einer beworbenen Marke hängt demnach auch davon ab, welche Bewertungsmaßstäbe durch das Umfeld, das der Werbung voranging, aktiviert wurden. Von erheblichem Einfluß für die Bewertung eines Produktes ist beispielsweise die Marke und das Herkunftsland.

Ein anderes Beispiel:

> „Nehmen wir beispielsweise an, Sie wären zufällig Zeuge der hier folgenden Unterhaltung:
> *Hast du eigentlich Jochen noch einmal gesehen?*
> *- Ja, er hat jetzt eine neue Stelle.*
> *Arbeitet er nicht mehr in Saarbrücken?*
> *- Nein, es war ihm zu lästig, immer mit dem Zug dahin zu fahren.*
> *Wenn du ihn siehst, dann sag ihm doch bitte, ich würde ihn gerne auf eine Cola einladen und mich mal wieder mit ihm unterhalten.*
> *- Mach ich gerne, im Augenblick ist er allerdings im Urlaub.*
> ...
> Ein völlig alltägliches Gespräch, wie Sie zugeben werden, und trotzdem glaube ich, daß es Sie ganz leicht beeinflußt hat. Gehen wir davon aus, eine ganze Gruppe hätte das Gespräch gehört. Wenn jetzt jemand die Personen der Gruppe bitten würde das erste nichtalkoholische Getränk aufzuschreiben, das ihnen einfällt, dann würden sicher mehr Personen *Coca-Cola* oder *Pepsi* nennen, als wenn im Gespräch das Wort „Cola" nicht vorgekommen wäre" (Felser 1997, S. 156 f.).

2.3.2 Involvement-Modelle

2.3.2.1 Der Involvement-Begriff

Die aus dem Behaviorismus stammenden Stimulus-Response-Modelle unterstellen, daß lernende Organismen einen Reaktionsablauf aufbauen, der durch äußere und innere Reize gesteuert wird. Grundlegende Änderungen der Forschungsansätze gehen auf Krugman zurück, der 1965 den Begriff des **Involvement** in die Werbewirkungsforschung einführte. Er stellte fest, daß Werbebotschaften und sinnlose Silben in gleicher Weise gelernt werden: passiv und wenig involviert.

Krugman unterscheidet zwei Arten von Involvement:

> „With low involvement one might look for gradual shifts in perceptual structure, aired by repetition, activated by behavioral-choice situations, and **followed** at some time by attitude change. With high involvement one would look for the classic, more dramatic, and more familiar conflict of ideas at the level of conscious opinion and attitude that precedes changes in overt behavior“ (Krugman 1965, S. 355).

Die Implikationen aus dem Involvement-Konstrukt für die Werbewirkung sind bedeutsam: Nach den klassischen Theorien hängt die Werbewirkung von der aktiven Verfolgung der Werbung durch die Zuschauer ab. Bei einem geringen Zuschauerinvolvement erfolgt die Wirkung jedoch passiv, ohne aktive Beteiligung der Zuschauer.

Die Involvement-Literatur weist keine einheitliche Definition von Involvement aus. Krugman betont ausdrücklich, daß unter Involvement **nicht** Aufmerksamkeit, Interesse oder Erregung des Zuschauers zu verstehen ist, vielmehr „the number of ‘bridging experiences’, connections, or personal references per minute that the viewer makes between his own life and the stimulus“ (Krugman 1965, S. 355). Kroeber-Riel versteht unter Involvement „das Engagement, mit dem sich jemand einem Gegenstand oder einer Aktivität zuwendet“ (Kroeber-Riel, 1993, S. 98). Ein Konsens läßt sich dahingehend finden, daß Involvement das Maß der persönlichen Bedeutung und Wichtigkeit bezeichnet, die eine Sache (hier: beworbenes Produkt) für jemanden (hier: Umworbener) hat. Das bedeutet, nicht das Produkt als solches involviert, sondern die **individuelle, persönliche Bedeutung**, die einzelnen Produktmerkmalen in einer spezifischen Situation beigemessen wird. Insofern läßt sich nicht a priori eine Einteilung in High- und Low-Involvement Produkte vornehmen. Ein und dasselbe Produkt kann in unterschiedlichen Situationen unterschiedliche Involvementausprägungen haben.

In der Werbewirkungsforschung wird dem Involvement des Zuschauers ein entscheidender Erklärungsbeitrag beigemessen, allerdings existiert kein einheitliches Involvement-Konzept. Einigkeit besteht lediglich darüber, daß Involvement mehrdimensional ist und nicht von **dem** Involvement gesprochen werden kann. Trommsdorff faßt die Involvement-Determinanten wie in Abbildung 2-16 zusammen.

Abbildung 2–16: Das Involvement-Strukturmodell von Trommsdorff

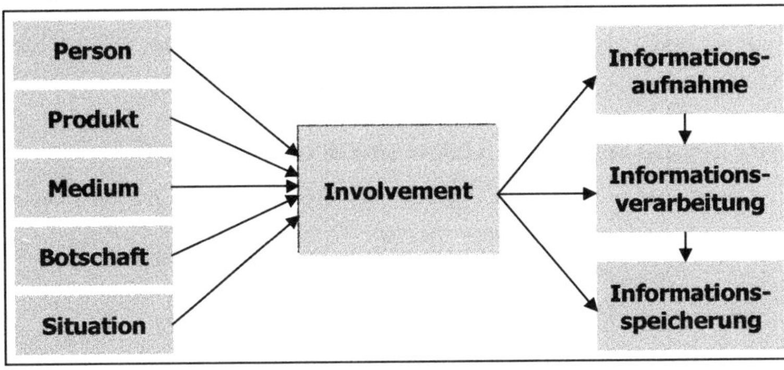

Vgl. Trommsdorff, V.: Involvement, in: Tietz, B./Köhler, R./Zentes, J. (Hrsg.): Handwörterbuch des Marketing, 2. Aufl., Stuttgart 1995, Spalte 1071

Aufgrund unterschiedlicher Persönlichkeitsmerkmale können verschiedene Personen in gleichen Situationen unterschiedlich involviert sein (Personeninvolvement). Je nachdem, ob eine Person vor einer Kaufentscheidung steht oder nicht (Produktinvolvement), ob die Botschaft über elektronische Medien oder Printmedien vermittelt wird (Medieninvolvement), wie „interessant" sie subjektiv empfunden wird (Botschaftsinvolvement), und wie die psychische Situation des Empfängers bzw. die jeweilige Umweltsituation beschaffen ist (Situationsinvolvement), erfährt das Involvement unterschiedliche Ausprägungen mit entsprechenden Auswirkungen auf Informationsaufnahme, -verarbeitung und -speicherung (vgl. Trommsdorf 1995, Spalte 1071 ff.).

Die Verwendung des Begriffes Involvement verlangt also jeweils eine Präzisierung dahingehend, welche Art des Involvements gemeint ist. Laurent und Kapferer schlagen dafür vor, die Bedeutungsunterschiede des Involvement-Begriffes aus seinen Beeinflussungsfaktoren abzuleiten (vgl. Abbildung 2-17). Sie klassifizieren vier Faktoren, die das Involvement bestimmen (vgl. Laurent/Kapferer 1985, S. 41 ff.):

1. die individuell wahrgenommene Bedeutung, die der Konsument einem Produkt beimißt,
2. das wahrgenommene Risiko, das mit dem Kauf des Produktes verbunden wird und sich wiederum unterteilt in die wahrgenommene Bedeutung der negativen Konsequenzen aus dem Kauf und die wahrgenommene Wahrscheinlichkeit, einen solchen Fehler zu begehen,
3. der symbolhafte Wert sowie
4. der emotionale Wert, den das Produkt für den Verbraucher hat.

Der Informationsverarbeitungs- und Entscheidungsprozeß des Konsumenten ist je nach Ausprägung der individuellen Involvement-Situation bzw. des Involvement-Niveaus unterschiedlich. Ohne Kenntnis der konkreten Involvement-Dimensionen sind Wirkungsvorhersagen rein spekulativ. Die Fülle von Kombinationsmöglichkeiten der Einflußfaktoren sowie deren jeweilige spezifische Ausprägungen führen jedoch zu einer Vielfalt spezifischer Involvement-Situationen, die eben diese konkrete Kenntnis des Involvement als unmöglich erscheinen lassen.

Festzuhalten bleibt, daß Involvement in hohem Maße subjektiv und situationsspezifisch ist.

Abbildung 2–17: Beeinflussungsfaktoren des Involvements

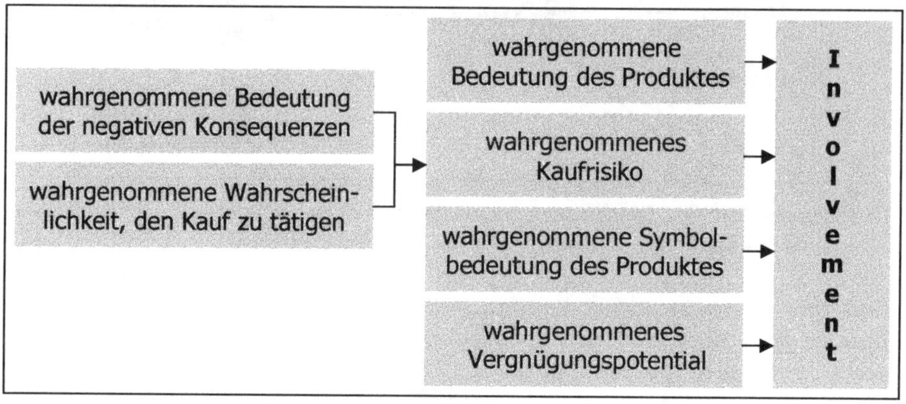

Vgl. Laurent, G./Kapferer, J. N.: Measuring Consumer Involvement Profiles, in: Journal of Marketing Research, 21 (Feb.), 1985, S. 43

Werbung kann also sowohl bei gering- als auch bei hochinvolvierten Zuschauern wirksam werden. Über die **Wirkungseffizienz** läßt diese Unterscheidung keine Aussage zu, lediglich darüber, daß unterschiedliche **Wirkungsmechanismen** zum Tragen kommen. Die Ausführungen über den Mere-exposure-Effekt haben bereits gezeigt, daß auch beiläufig, ohne Involvement wahrgenommene Informationen eine nachhaltige Wirkung auslösen können. Hochinvolvierte Zuschauer verarbeiten werbliche Informationen bewußt und kritisch. Es bestehen bereits Einstellungen zu Produkten bzw. Marken; Einstellungsänderungen durch werbliche Beeinflussung stoßen auf Widerstände. Bei geringinvolvierten Zuschauern hingegen bestehen aufgrund der geringen Bedeutung, die der Zuschauer dem Produkt in der werblichen Situation beimißt, noch keine konkreten Einstellungen, eher ein mehr oder weniger ausgeprägtes allgemeines Interesse an der Produktkategorie. Einstellungsänderungen sind daher weniger durch direkte werbliche Beeinflussung zu erwarten als vielmehr aus der konkreten Produkterfahrung. Erst **nach** dem Kauf lernt der Konsument die Marke näher kennen und bildet sich eine Einstellung dazu. Die Buchung einer Urlaubsreise ist dafür als ein typisches Beispiel anzusehen. Zwar erfolgt die Urlaubsplanung üblicherweise mit einem hohen Involvement. Der Urlauber hat aber oft nur eine grobe Vorstellung darüber, was ihn am Urlaubsort erwartet, seine Einstellung zu dem Urlaubsangebot erfolgt daher i.d.R. erst nach dem Urlaub, wenn er seine Vorstellungen mit der Realität vergleichen konnte. Der Wirkungsmechanismus im Low-Involvement-Fall folgt also gegenüber dem High-Involvement-Fall einer umgekehrten Hierarchie (vgl. Abbildung 2-18).

Für Fernsehwerbung wird üblicherweise die Low-Involvement-Hierarchie unterstellt. Für diese Annahme spricht auch das Zapping-Phänomen. Auf unterschiedliche Involvement-Voraussetzungen bei Programm und Werbung verweisen Niemeyer und Czycholl in dem „Medientyp“ des „physischen Zappers“, der persönliche Bedürfnisse während der Werbepause erledigt. Angesichts dieser Verhaltensweise ist von einem hohen Programminvolvement und einem geringen Werbeinvolvement auszugehen, denn das Aufschieben der Bedürfnisse auf die zu erwartende Werbepause erfolgt mit der Motivation, keine relevanten Programmpunkte zu verpassen (vgl. Niemeyer/Czycholl 1994, S. 65 f.).

Die Implikationen aus dem Involvement-Konstrukt sollen im folgenden an dem „Modell der Wirkungspfade“ von Kroeber-Riel näher erläutert werden, dem im deutschsprachigen Raum besondere Aufmerksamkeit gewidmet wird.

Abbildung 2–18: Involvement Hierarchien

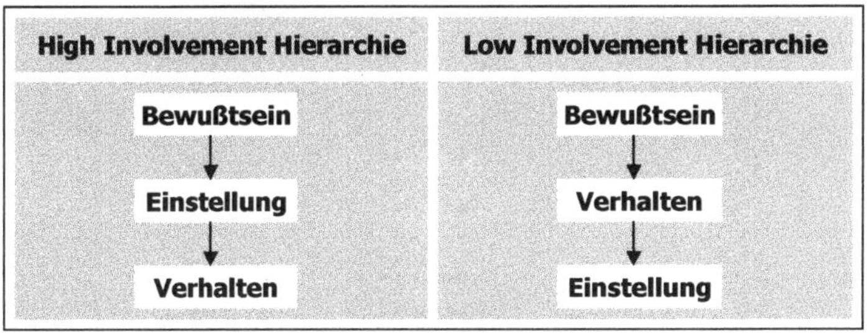

Vgl. Rothschild, M. L.: Advertising Strategies for High- and Low-Involvement Situations, in: Maloney, J. C./Silverman, B. (Eds.): Attitude Research Plays for High Stakes, Chicago 1979, S. 76

2.3.2.2 Das Modell der Wirkungspfade

Das Modell der Wirkungspfade arbeitet mit drei Konzepten:

1. Als **Wirkungskomponenten** werden die psychischen Reaktionen der Umworbenen auf die Werbung und das davon bestimmte Kaufverhalten bezeichnet (vgl. Abbildung 2-19).
2. **Wirkungsdeterminanten** sind die Bestimmungsgrößen der Werbewirkung, die einerseits aus Unterschieden der Werbung (emotional oder informativ) und andererseits aus Unterschieden bei den Empfängern (hohes oder geringes Involvement) resultieren.
3. **Wirkungsmuster** sind diejenigen Werbewirkungen (von 1), die unter den verschiedenen Bedingungen (von 2) zu erwarten sind (vgl. Kroeber-Riel, 1992, S. 619 ff.).

Der **Werbekontakt** kann bewußt gesucht werden oder nur flüchtig, ohne Absicht und Aufmerksamkeit, erfolgen. Je nach Involvement ist eine unterschiedliche Intensität der **Aufmerksamkeit** der Konsumenten zu erwarten, entsprechend auch eine mehr oder weniger aktive Aufnahme der Werbung. Die Art der Werbung determiniert, ob primär **emotionale** oder **kognitive Vorgänge** im Konsumenten ausgelöst werden, was Auswirkungen hat auf die Aufnahme, Verarbeitung und Speicherung der Werbebotschaft. Sowohl kognitive als auch emotionale Vorgänge können **Einstellung** und **Kaufabsicht** beim Konsumenten beeinflussen, die Vor-Entscheidungen darüber sind, ob ein Produkt gekauft wird oder nicht. Je stärker die Werbung aktiviert, desto höher ist das Maß an kognitiver Verarbeitung (vgl. Kroeber-Riel 1979, S. 240 ff.).

Abbildung 2–19: Das Modell der Wirkungspfade: Wirkungskomponenten der Werbung

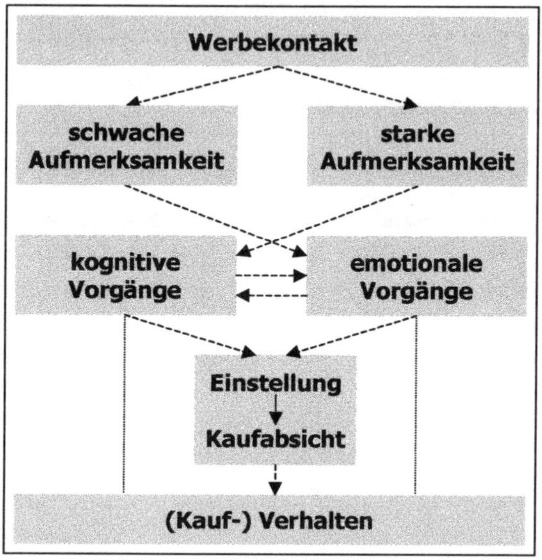

Vgl. Kroeber-Riel, W.: Konsumentenverhalten, 5. Aufl., München 1992, S. 620

Die Kombination der Determinanten (emotionale/informative Werbung, hohes/ geringes Involvement) führt zu vier Konstellationen, die jeweils spezielle Bedingungen für die Werbewirkung darstellen (vgl. Abbildung 2-20).

Hochinvolvierte Zuschauer bringen der Werbebotschaft eine starke Aufmerksamkeit entgegen, bei geringinvolvierten Zuschauern beginnt der Wirkungspfad entsprechend bei schwacher Aufmerksamkeit. Eine grundsätzliche Besonderheit von Werbung, die sich an wenig involvierte Zuschauer richtet, liege darin, daß sie öfter wiederholt werden muß, um wirksam zu werden. Informative Werbung bewirkt vorrangig kognitive Vorgänge, emotionale Werbung vorrangig emotionale Vorgänge.

Informative Werbung

Bei involvierten Zuschauern sprechen Informationen vorhandene Bedürfnisse an, dadurch werden auch **emotionale Begleitreaktionen** verursacht, die für eine effizientere Verarbeitung der Informationen sorgen (eine typische Situation dafür ist die Urlaubsplanung, der geplante Kauf von Prestigeprodukten oder die Geldanlage). Bei wenig involvierten Zuschauern hingegen sind die Produktinformationen nicht relevant. In Verbindung mit Wiederholungen werden Marken und einzelne Produkteigenschaften gelernt, was für die **Kaufsituation** jedoch schon entscheidend sein kann. „Die Markenwahl erfolgt jedenfalls **nicht** deswegen, weil der Konsument vorher Kenntnisse über Produkteigenschaften erworben und eine Präferenz (Einstellung) gegenüber der Marke entwickelt hat" (Kroeber-Riel 1992, S. 620). Vielmehr bilden sich Einstellungen erst **nach** dem Kauf, wenn der Konsument die Produkteigenschaften aus konkreter Erfahrung heraus kennengelernt hat.

Abbildung 2–20: Das Modell der Wirkungspfade: Wirkungsmuster

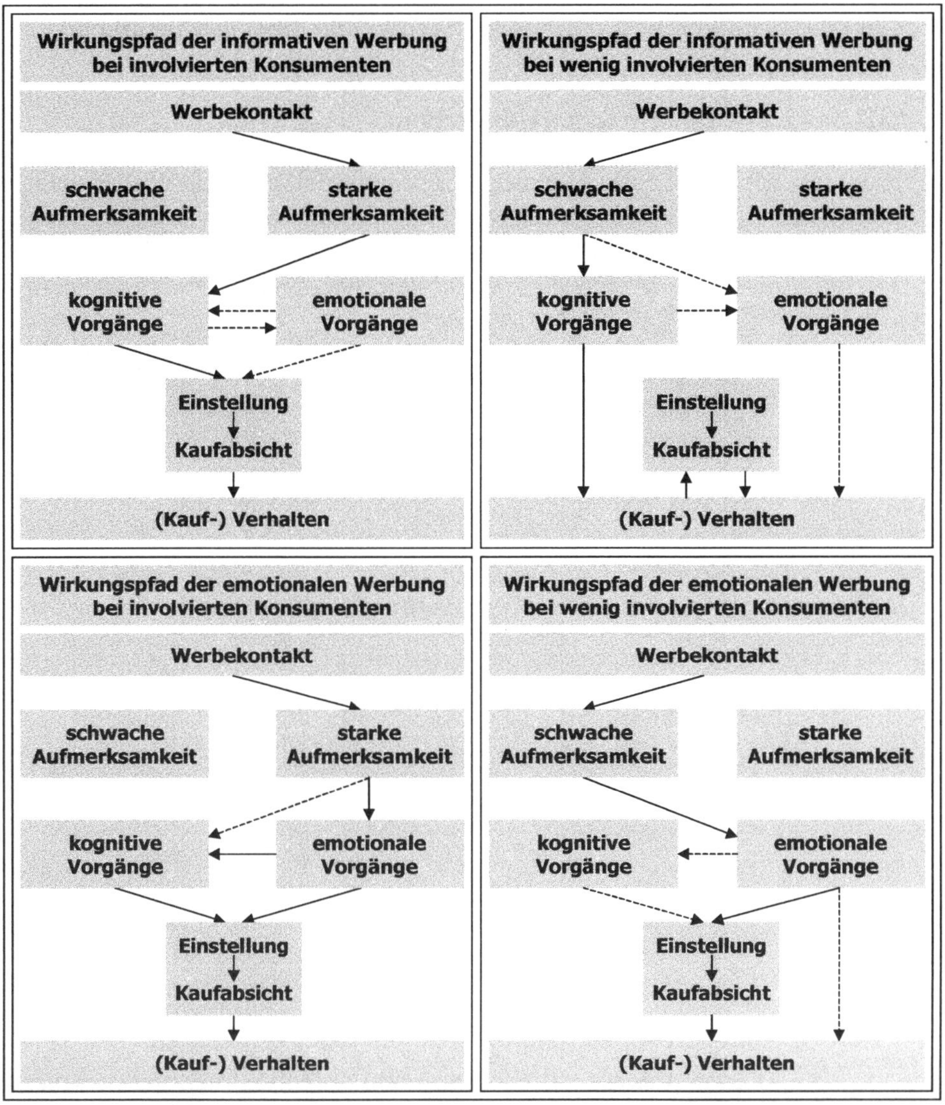

Vgl. Kroeber-Riel, W.: Konsumentenverhalten, 5. Aufl., München 1992, S. 628 ff

Emotionale Werbung
Stoßen emotionale Werbebotschaften auf ein hohes Zuschauerinvolvement, lösen die emotionalen Vorgänge auch kognitive Prozesse aus, „die emotionalen Eindrücke werden direkt mit Produkteigenschaften assoziiert“ (Kroeber-Riel 1992, S. 632). Werbung, die angenehme Empfindungen weckt, führe auch zu positiven Vorstellungen über Produkteigenschaften. Emotionale Werbung bei geringinvolvierten Zuschauern wirke in erster Linie nach den Gesetzmäßigkeiten der klassischen Konditionierung. Durch Wiederholungen werde eine emotionale Bindung zur Marke hergestellt, die eine verhaltenswirksame Einstellung zur Marke bewirke. Als typisches Beispiel für emotionale Werbung, die auf hochinvolvierte Zuschauer stößt, ist Urlaubswerbung anzusehen oder Werbung für Baby- und Tiernahrung.

2.3.2.3 Effekte der Werbewiederholung

Die Anzahl der Werbewiederholungen nimmt im Hinblick auf die Werbewirkung eine zentrale Bedeutung ein. Effekte aus der Wiederholung von Werbung lassen sich in zwei Kategorien einteilen:
1. Die eine Kategorie umfaßt die größeren Möglichkeiten, sich mit dem Inhalt der Werbebotschaft zu befassen.
2. Die andere Kategorie umfaßt die psychischen Reaktionen, die durch Wiederholungen beim Zuschauer ausgelöst werden.

Bezüglich der Wirkung von Wiederholungen wird üblicherweise eine umgekehrte U-Funktion unterstellt (vgl. Cacioppo/Petty 1979, S. 97 f.): Eine moderate Anzahl von Wiederholungen ermöglicht eine bessere Verarbeitung der Werbebotschaft, mit zunehmenden Wiederholungen bauen sich jedoch Reaktanz und negative Einstellungen auf.

Abbildung 2–21: Wear-out-Effekt von Werbewiederholungen

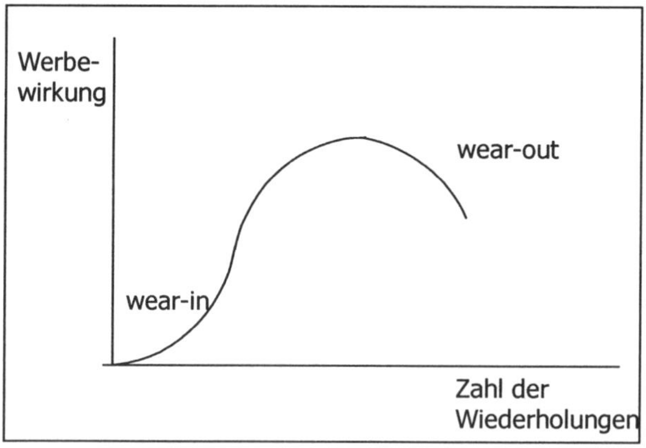

Dieser Effekt wird als **wear-out** bezeichnet und beschreibt Abnutzungserscheinungen von Werbewiederholungen. Wird ein Wirkungsverlauf der Werbung in Abhängigkeit von der Zahl der Wiederholungen wie in Abbildung 2-21 unterstellt (vgl. auch Abbildung 4-27), ergeben sich zunächst steigende, dann abnehmende und schließlich sogar negative Grenzerträge der Wirkung, die ihren Ausdruck finden in Beschreibungen wie *ermüdend, überdrüssig, kann ich nicht mehr sehen* o.ä. Allerdings verdeutlicht die Abbildung auch, daß der wear-out-Effekt offenbar davon abhängt, wie Werbewirkung definiert wird. Wird als Wirkungskriterium „Erinnerung" definiert, so ist ein negativer Verlauf nur schwer nachvollziehbar. Wird hingegen „Sympathie" oder „Kaufbereitschaft" unterstellt, erscheint die Wirkungsfunktion logisch.

Kroeber-Riel differenziert die Wiederholungseffekte nach der Art der Werbung (informativ/emotional) und dem Involvement (hoch/gering) (vgl. Abbildung 2-22). Grundsätzlich gelte: Je geringer das Involvement der Zuschauer, desto größer muß die Zahl der Wiederholungen sein, jedoch nehmen mit zunehmender Wiederholung die negativen Reaktionen zu und die positiven gedanklichen Reaktionen ab (vgl. Kroeber-Riel 1993, S. 113 f.).

Abbildung 2–22: Wiederholungseffekte der Werbung

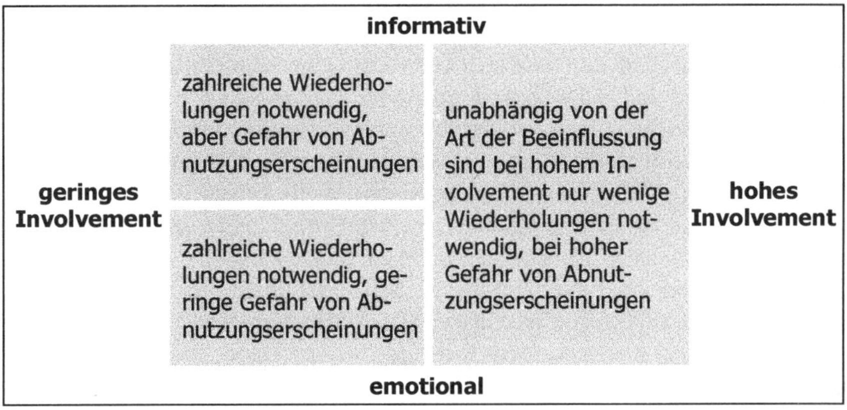

Nach Kroeber-Riel, W.: Strategie und Technik der Werbung, 4. Aufl., Stuttgart 1993, S. 112 ff.

Im Falle informativer Beeinflussung und geringem Involvement werden Informationen dargeboten, die beim Empfänger auf ein geringes Aktivierungsniveau treffen und oft wiederholt werden müssen, um im Gedächtnis verankert zu werden. In diesem Fall seien zu viele Wiederholungen zwar unschädlich für Lernen und Erinnerung, jedoch können gedankliche Gegenreaktionen hervorgerufen werden, „die sich nicht bloß auf die Werbebotschaft beziehen, sondern auch eigenständige Vorstellungen und Ideen des Empfängers umfassen, die lediglich von der Werbung 'angestoßen' werden" (Kroeber-Riel 1993, S. 116). Im Falle der emotionalen Beeinflussung bei geringem Involvement folge die Verarbeitung den Gesetzmäßigkeiten der klassischen Konditionierung. Bei hohem Involvement hingegen wird die Werbebotschaft schnell gelernt, unabhängig davon, ob sie informativ oder emotional gestaltet ist. Daher entstehe bereits nach wenigen Wiederholungen ein starkes Abnutzungsrisiko (vgl. Kroeber-Riel 1993, S. 116 f.).

2.3.2.4 Kritische Würdigung der Involvement-Modelle

Gegenüber den Stimulus-Response-Modellen haben die Involvement-Modelle insofern einen Vorteil, als sie die Komplexität des Käuferverhaltens veranschaulichen. Allerdings vermögen sie genausowenig wie diese, Indikatoren für die Vorhersagbarkeit des Verhaltens zu liefern. Das kann aber auch nicht Ziel von Verhaltensmodellen sein. Sie sollen vielmehr einen Erklärungsbeitrag für das Entscheidungsverhalten geben. Der „gläserne Verbraucher" ist weder ethisch zu rechtfertigen noch ökonomisch sinnvoll. Ein Wettbewerb um die Gunst der Verbraucher wäre nicht mehr notwendig, wenn deren Reaktionen im voraus bekannt wären. Wettbewerb ist ein „Entdeckungsverfahren" und somit grundsätzlich offen. Wettbewerb sei gerade dadurch zu rechtfertigen, „... daß wir die wesentlichen Umstände **nicht** kennen, die das Handeln der im Wettbewerb Stehenden bestimmen", denn es wäre „offensichtlich sinnlos, einen Wettbewerb zu veranstalten, wenn wir im voraus wüßten, wer der Sieger sein wird" (v. Hayek 1969, S. 249).

Der Erklärungsbeitrag, den die Involvement-Modelle zum Verbraucherverhalten liefern, ist insbesondere darin zu sehen, daß eben keine generalisierenden Aussagen darüber zu machen sind, wie sich ein Verbraucher in einer bestimmten Situation verhalten wird. Individuelle und situative Gegebenheiten entziehen sich einer Vorhersagbarkeit. Bedeutsam ist darüber hinaus die Erkenntnis, daß die Werbewirkung nicht davon abhängt, ob der Verbraucher sich aktiv mit der Werbung beschäftigt, vielmehr erfolgt auch bei passivem Werbekonsum eine Wirkung. Da man sich heute der Werbung praktisch nicht mehr entziehen kann, bedeutet dies, daß man sich auch der Werbewirkung nicht entziehen kann.

Das Involvement-Konstrukt zeigt die Vielzahl der Dimensionen auf, die das Verbraucherverhalten mitbestimmen. Diese Multidimensionalität spiegelt sich in der Uneinheitlichkeit der Involvement-Konzepte wider. Dabei drängt sich der Eindruck auf, daß es so viele Konzeptansätze für das Involvement gibt wie Forscher, die in seine Erforschung involviert sind.

2.3.3 Der „Uses and Gratifications Approach"

Während die Kommunikationswirkung üblicherweise aus der Sicht vom Sender zum Empfänger betrachtet wird, nimmt der „Uses and Gratifications Approach" die umgekehrte Perspektive ein und stellt die aktive Rolle der Empfänger bei der Medienselektion in den Vordergrund (vgl. Abbildung 2-23).

Ausgegangen wird von der Annahme, daß ein Mediennutzer bestimmte Bedürfnisse hat, die von den Medien erfüllt werden sollen. Nach dem inhaltlichen Angebot der Medien wird beim Empfänger vor allem das Bedürfnis nach Unterhaltung und Information unterstellt, aber auch, insbesondere beim Fernsehen, das Eskapismus-Motiv. Als ein weiteres Motiv für die Selektion von Fernsehprogrammen wird die Regulierung aktueller Stimmungen („mood-management") gesehen.

Da vielfältige Alternativen der Mediennutzung bestehen, ist anzunehmen, daß der Rezipient diejenige Alternative wählt, die seiner aktuellen Bedürfnissituation am ehesten entspricht. Das setzt allerdings voraus, daß die Alternativen zumindest teilweise bekannt sind. Ein Überblick über die Alternativen ist jedoch z.B. mittels Programmzeitschriften oder Fernbedienung problemlos möglich.

Abbildung 2–23: Der „Uses and Gratifications Approach"

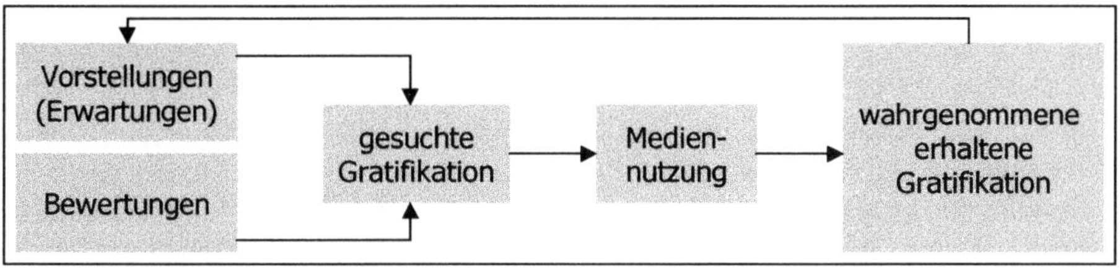

Vgl. Palmgreen, P.: Der „Uses and Gratifications Approach", in: Rundfunk und Fernsehen, 32, 1984, S. 56

Die Vorstellungen (Erwartungen) des Mediennutzers bestimmen zusammen mit Bewertungen die Suche nach Belohnungen (Gratifikationen), die dann auf die Mediennutzung einwirkt. Die Nutzung führt zur Wahrnehmung der tatsächlich erhaltenen Gratifikation, was in einem Feedback-Prozeß zu einem Abgleich mit der ursprünglichen Erwartung führt (vgl. Palmgreen 1984, S. 56). Wenn also z.B. jemand das Bedürfnis nach Unterhaltung hat und eine bestimmte Spielshow im Fernsehen entsprechend positiv bewertet, ist die Motivation vorhanden, diese Show auch zu sehen. Insoweit das Bedürfnis nach Unterhaltung von dieser Show dann tatsächlich befriedigt wird oder nicht, wird dies auf die Vorstellungen zurückwirken, die über den Unterhaltungswert des Programms bestanden, und gegebenenfalls zu einem Programmwechsel führen. Je höher die Erwartungshaltung an das Fernsehen ist, desto intensiver selektieren die Zuschauer die Programme und desto höher ist auch das Involvement. Im Hinblick auf das Zusammenwirken von emotionalem und kognitivem Involvement läßt sich zeigen, daß für die gesuchte Gratifikation insbesondere das emotionale Involvement wichtig ist. Das Programm wird neu selektiert, wenn innerhalb eines Zeitraums von 2–4 Minuten der Zuschauer nicht emotional involviert bleibt (vgl. Vorderer 1994, S. 333 ff.). Entscheidend dafür, ob ein Programm den gesuchten Gratifikationen entspricht oder nicht, ist insbesondere dessen Realitätsgehalt, wobei zwischen dem vom Zuschauer empfundenen **empirischen** und dem **strukturellen Realitätsgehalt** einer Sendung unterschieden werden kann. Der Realitätsgehalt einer Sendung werde als empirisch empfunden, wenn er der objektiven Wirklichkeit entspricht. Von größerer Bedeutung für den Zuschauer sei jedoch der strukturelle Realitätsgehalt, d.h. inwieweit das Dargestellte in sich schlüssig erscheint (vgl. Staab/Hocker/Berghaus 1994, S. 160 ff.).

2.4 Messung von Werbewirkung

2.4.1 Probleme der Messung von Werbewirkung

Daß Werbung wirkt ist offensichtlich, allerdings wissen wir nicht genau *wie* Werbung wirkt. Wanamaker hat dies treffend in dem Aphorismus zusammengefaßt, daß er zwar wisse, daß die Hälfte seiner Werbeausgaben herausgeworfenes Geld sei, er wisse nur nicht welche Hälfte. Im Rahmen der hier betrachteten Problematik läßt sich seine Feststellung um die Frage erweitern, woher er denn wußte, daß es 50% sind und nicht etwa 60% oder 70%.

Es gibt bis heute keine hinreichend zuverlässige Methode, Werbewirkung zu prognostizieren. Weder lassen sich durch Werbung zu erwartende Imageveränderungen noch kaufauslösende Impulse einer Werbekampagne vorhersagen (zu den bestehenden Meßmethoden vgl. Rode 1994).

Werbewirkung läßt sich sowohl unter Effizienz- als auch unter Effektivitätsaspekten betrachten. **Effizienz** ist eine Maßgröße für die Wirtschaftlichkeit und betrachtet das Preis-Leistungsverhältnis. **Effektivität** bezeichnet den Zielerreichungsgrad (vgl. Kapitel 1.4).

Unter Effizienzaspekten ist die Beurteilung der Werbewirkung verhältnismäßig einfach: Ermittelt wird hier, wieviele Personen zu welchem Preis mit der Werbung erreicht wurden. Als Maßgröße gilt der TKP, der beziffert, wieviel Geld aufgewendet wurde, um 1000 Personen der Zielgruppe zu erreichen. Damit lassen sich Werbeträger miteinander vergleichen (vgl. Kapitel 4.9.3.5).

Unter Effektivitätsaspekten geht es um die Frage, ob auch auf der Werbewirkungsebene etwas bewirkt wurde. Eine Werbekampagne ist dann effektiv, wenn die Mittel so eingesetzt werden, daß tatsächlich eine bessere Kampagnenleistung nachvollzogen werden kann. Es geht damit nicht mehr allein darum, das Werbebudget effizient einzusetzen, sondern so, daß gleichzeitig auch auf der Werbewirkungsebene entsprechende positive Ergebnisse sichtbar werden.

Die Schwierigkeit, eine beabsichtigte Werbewirkung zu messen (und zu prognostizieren), resultiert im wesentlichen aus zwei Faktorenkomplexen (vgl. Falkowski/Kloss 2000, S. 216 ff.):

1. Aus den **Wirkungsinterdependenzen** der Faktoren, die die Kaufentscheidung und die ökonomischen Zielgrößen des Werbetreibenden beeinflussen:
   - **Beeinflussungsfaktoren der Kaufentscheidung**: Werbung ist nur eine Einflußgröße unter vielen, die auf die Kaufentscheidung wirkt.
   - **Beeinflussungsfaktoren ökonomischer Größen**: Auch hier ist Werbung wiederum nur ein Teilfaktor unter vielen, vom Werbetreibenden nicht beeinflußbaren Faktoren.
2. Andererseits ist die Meßbarkeit der Werbewirkung per se durch eine inhärente **Meßproblematik** in Frage zu stellen:
   - **Spezifische Meßproblematik**: Nach wie vor basiert die Werbewirkungsmessung auf den beiden Säulen Messung der Werbeerinnerung (Recall/Recognition) und Messung der Einstellungsänderung.

- **Grundsätzliche Meßproblematik**: Darunter sind die Faktoren zu verstehen, die einer Messung der Werbewirkung grundsätzlich entgegenstehen.

Abbildung 2-24 zeigt die Problematik und die Komplexität der Messung von Werbewirkung auf. Eine Isolierung der Einflußfaktoren erscheint praktisch unmöglich, was ein grundsätzliches Operationalisierungsproblem der Werbewirkungsmessung darstellt.

Abbildung 2–24: Problematik der Werbewirkungsmessung

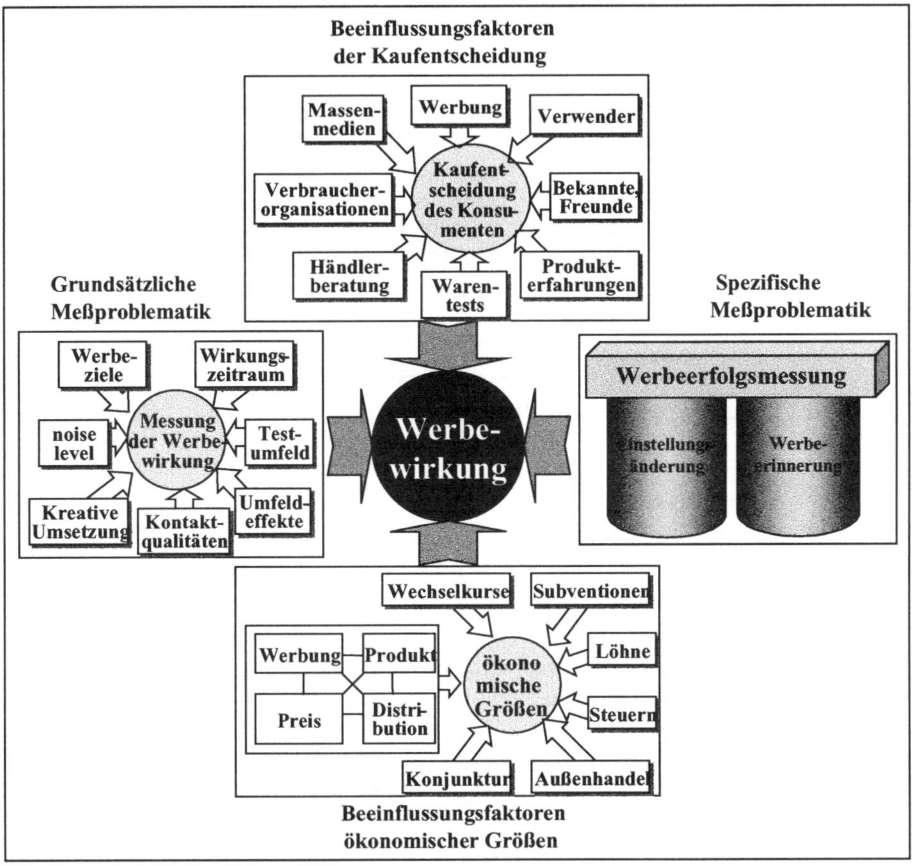

2.4.2 Wirkungsinterdependenzen

2.4.2.1 Beeinflussungsfaktoren der Kaufentscheidung

Natürlich wird die Kaufentscheidung nicht nur von der Werbung beeinflußt (vgl. ausführlich Kapitel 2.2). Je nach Produkt werden im Einzelfall gezielt weitere Informationsquellen genutzt (vgl. Abbildung 2-25). Die wichtigste ist sicherlich die Erfahrung, die der Konsument mit dem Produkt bzw. der Produktgruppe hat. Die

Zahl der genutzten Informationsquellen steigt normalerweise mit der Bedeutung der Kaufentscheidung und ist beim Kauf eines Fernsehers i.d.R. größer als bei einem Kaugummi. Beispielsweise kann die Markenwahl beim Kauf eines Fernsehgerätes zwar durch die Werbung begrenzt worden sein. Allerdings werden vor dem Kauf möglicherweise noch Fachleute, das Internet, Bekannte, Prospekte oder Testberichte konsultiert. Nicht zu vergessen auch der Einfluß durch die Beratung des Fachhändlers vor Ort. Insofern relativiert sich der Einfluß der Werbung auf die Kaufentscheidung erheblich.

Abbildung 2–25: Beeinflussungsfaktoren der Kaufentscheidung

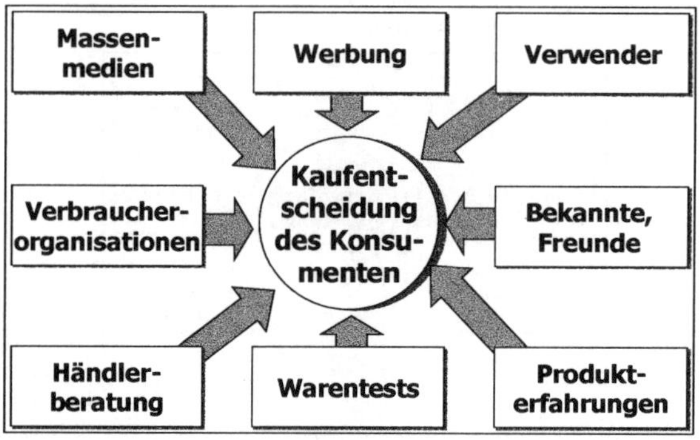

Quelle: O.V.: Werbung. Strukturen, Ziele, Grenzen, Bonn 2000, S 33

2.4.2.2 Beeinflussungsfaktoren ökonomischer Größen

Letztlich zielt die Werbung natürlich auf die Beeinflussung ökonomischer Größen wie Umsatz oder Marktanteil. Allerdings werden diese ökonomischen Größen von einer Reihe weiterer Faktoren beeinflußt, wie die konjunkturelle Lage, Steuern, Subventionen usw. Abbildung 2-26 zeigt exemplarisch einige Einflußfaktoren der ökonomischen Unternehmensziele auf.

Abbildung 2–26: Beeinflussungsfaktoren ökonomischer Größen

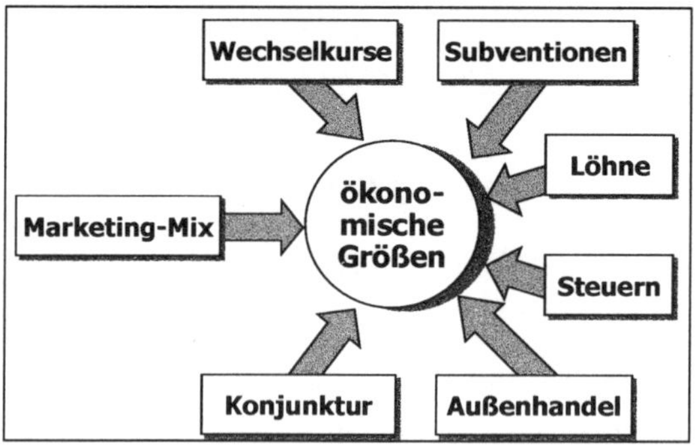

Das Marketing-Mix ist nur ein Einflußfaktor unter vielen. Die Werbung wiederum ist nur ein Teilfaktor im interdependenten Wirkungsgeflecht des Marketing-Mix (vgl. Abbildung 2-27). Entsprechend stellt sich die Frage, inwieweit Werbewirkung überhaupt isoliert meßbar ist.

Abbildung 2–27: Wirkungsinterdependenzen im Marketing-Mix

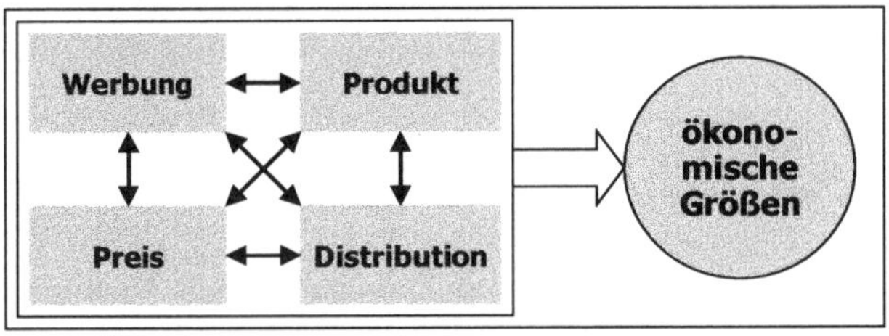

Aufgrund der Wirkungsinterdependenzen mit dem übrigen absatzpolitischen Instrumentarium ist eine direkte Messung der Werbewirkung nicht möglich. Kommunikation kann direkt auch nur kommunikative Ziele beeinflussen. Gemessen werden daher kommunikative Indikatoren, von denen Rückschlüsse auf die beabsichtigte Wirkung gezogen werden können.

Der beabsichtigte Werbeerfolg (z.B. Kauf des Produktes) wird dabei in meßbare Teilerfolgsgrößen zerlegt, die der Werbung direkt zurechenbar und meßbar sind (vgl. Abbildung 2-28). Den Methoden zur Messung der Werbewirkung liegen somit die Annahmen des S-O-R-Modells zugrunde. Allerdings muß darauf hingewiesen werden, daß die **Wirkungsrichtung** nicht immer eindeutig bestimmbar ist: Wurde das Produkt gekauft, weil die Werbung erinnert wurde oder wurde die Werbung erinnert, weil das Produkt gekauft wurde?

Abbildung 2–28: Erfolgsgrößen für die Werbung

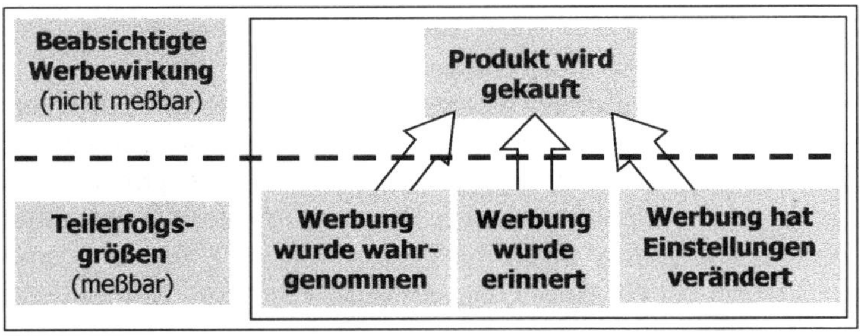

Vgl. Rosenstiel, L.v./Kirsch, A.: Psychologie der Werbung, Rosenheim 1996, S. 56

2.4.3 Gegenstandsbereiche und Methoden der Wirkungsmessung

Die beiden „zentralen Säulen" zur Messung der Werbewirkung sind einerseits die der **Einstellungsänderung** und andererseits die der **Werbeerinnerung**.

2.4.3.1 Die Messung von Einstellungsänderungen

Die Methode der Messung der Einstellungsänderung (in der amerikanischen Literatur als „persuasion“ oder „attitude-shift“ bezeichnet) geht von der Annahme aus, daß zwischen der Einstellung, die jemand zu einem Produkt hat und dem daraus resultierenden Verhalten, dieses Produkt zu kaufen, ein Zusammenhang bestehe, die Änderung der Kaufabsicht somit ein vorhersagbares Marktverhalten ermögliche. Gemessen wird die Kaufabsicht vor und nach der Konfrontation mit der Werbung.

Einstellungsänderungen treten dann ein, wenn sich
1. die persönliche Überzeugung und/oder
2. der bewertende Aspekt von Überzeugungen ändert (vgl. Fishbein 1967, S. 397).

Werbung zielt naturgemäß eher auf den zweiten Einflußfaktor.

Die **Kritik** an dieser Form der Werbewirkungsmessung basiert im wesentlichen auf folgenden Argumenten:
1. Einerseits wird mit der Langfristwirkung von Werbung argumentiert: Einstellungen gegenüber Marken bilden sich nicht unmittelbar beim Werbekontakt, sondern später, manchmal erst nach dem Kauf, wenn der Konsument Gelegenheit hatte, das Produkt auszuprobieren (z.B. bei Dienstleistern wie Bäckern, Metzgern, Friseuren). Diese umgekehrte Wirkungshierarchie ist auch aus den Low-Involvement-Modellen bekannt (vgl. Kapitel 2.3.2.1).
   Das Grundproblem bei der Messung der Einstellungsänderung liegt in der Vorhersagekraft auf das **tatsächliche** Verhalten. Die Vorhersagekraft ist um so größer, je spezifischer eine zukünftige Kaufsituation von der Versuchsperson beschrieben wird, z.B. im Hinblick auf intendierte Verwendung, Kaufort und Kaufzeitpunkt (vgl. Ajzen/Fishbein 1970, S. 466 ff.). Die in der Praxis angewendeten Fragestellungen zur Ermittlung der Kaufwahrscheinlichkeit („Wie groß meinen Sie, sind etwa die Chancen, daß Sie dieses Produkt kaufen würden“?) sind dafür jedoch zu allgemein gehalten.
2. Die Werbewirkungsforschung unterscheidet zwischen der Einstellung gegenüber dem Produkt und der Einstellung gegenüber seiner Werbung. Nachweislich beeinflußt die Einstellung gegenüber einer Produktwerbung auch die Einstellung gegenüber dem beworbenen Produkt (etwa nach dem Motto: „Wer gute Werbung macht, der macht auch gute Produkte“), was zu Operationalisierungsproblemen bei der Einstellungsmessung führt (vgl. Mitchell/Olson 1981, S. 318 ff.).
3. Grundsätzlich ist zur Methode der Messung von Einstellungsänderungen anzumerken, daß insbesondere situative Einflüsse in der konkreten Kaufsituation (Sonderangebote, Erhältlichkeit des Produktes) zu einem einstellungskonträren Kaufverhalten führen können. Als Indikator zur Erfassung des tatsächlichen Kaufverhaltens erscheint die Methode der Einstellungsänderung, insgesamt betrachtet, somit wenig aussagekräftig.

2.4.3.2 Die Messung der Werbeerinnerung

Die Konzepte, die auf der Messung der **Werbeerinnerung** (Recall) aufbauen, gehen von der Annahme aus, daß Werbung nur wirksam werden kann, wenn sie gesehen wurde und Eingang in das Gedächtnis gefunden hat. Werbung, an die sich nicht erinnert wird, hat keine Wirkung hinterlassen. Diese Verfahren messen Indikatoren wie Markenerinnerung, Erinnerung an spezifische Inhalte, Gefallen/ Nichtgefallen u. ä. Beim Recall-Verfahren werden zwei unterschiedliche Werte erfragt: die freie, ungestützte Erinnerung (unaided recall) und die gestützte Erinnerung (aided recall). Die Befragungswerte sind abhängig von der zeitlichen Distanz zwischen der Wahrnehmung des Werbemittels und der Befragung. Standardverfahren ist der sogenannte **Day After Recall**, das hauptsächlich bei Fernsehspots angewendet wird. Dabei wird 12 bis 24 Stunden nach Ausstrahlung des Spots eine (telefonische) Befragung durchgeführt und nach dem Fernsehverhalten des vorherigen Abends gefragt. Erfragt wird die Erinnerung an die Werbung, das Produkt sowie spezielle und/oder unspezifische Erinnerung an den Spot.

Im Unterschied zu Methoden, die die **Wiedererkennung** (Recognition) eines Werbemittels messen, wird die Recall-Methode als die validere erachtet. Die beiden Verfahren scheinen grundsätzlich unterschiedliche Gedächtnisleistungen zu messen. Während mit der Wiedererkennung lediglich zu messen ist, ob überhaupt ein Werbekontakt stattgefunden hat, wird bei der Werbeerinnerung unterstellt, daß eine inhaltliche Auseinandersetzung mit der Werbebotschaft stattgefunden hat, sowohl im Sinne einer „motivierten Zuwendung" als auch im Sinne eines Verstehens der Werbebotschaft (vgl. Kasprik 1994, S. 251 f.).

Je nach Zielsetzung können in der Werbung sowohl die Erinnerung als auch die Wiedererkennung von Relevanz sein. Beispielsweise kann das Wiedererkennen einer Marke im Regal eines Supermarktes für den Einkauf schon ausreichen, während in einem Fachgeschäft sowohl Benennung als auch detaillierte Beschreibung notwendig sind.

Die **Kritikpunkte** an dem Konzept der Messung der Werbeerinnerung sind im wesentlichen folgende:

1. Die Normierung der gemessenen Werte (welche Werte sind „gut" und welche „schlecht"), lassen einen großen Interpretationsspielraum im Hinblick auf zu erwartendes Verhalten zu.
2. Andererseits wird die Verbalisierungsfähigkeit emotionaler Reaktionen des Verbrauchers in Frage gestellt.
3. Zuschauer verarbeiten bei der Wahrnehmung von Werbung nicht nur die tatsächlich dargebotenen Informationen, sondern darüber hinaus auch sogenannte „kognitive Interferenzen", d.h. über das Produkt hinausgehende Gedanken. In der Erinnerung an die Werbung werden z.B. auch Werbeinformationen von anderen, gleichzeitig beworbenen Produkten verarbeitet (vgl. Fisher Gardial/ Schuhmann/Petkus et.al. 1993, S. 25 ff.).
4. Bei Produkten, die einen **hohen Verwenderanteil** haben, ist eine Werbeerinnerung als wahrscheinlicher anzusehen, als bei Produkten, die nur einen geringen Verwenderanteil haben.

5. Ebenso ist zu vermuten, daß Produkte, die eine sehr eigenständige **Positionierung** haben, höhere Erinnerungswerte erzielen, als Produkte, die eine schwache Positionierung haben.
6. Ferner ist auf den Wirkungsmechanismus des Mere exposure-Effektes (vgl. Kapitel 2.2.3.1.4) hinzuweisen. Er beruht darauf, daß keine Erinnerungsleistung erfolgt ist, die insofern auch nicht meßbar ist.

2.4.3.3 Methoden der Informationsgewinnung

Die Methoden, mit denen ein Werbetreibender in der Praxis Informationen über seine Werbung gewinnt, lassen sich nach folgenden Kriterien klassifizieren:
1. **Nach dem Zeitpunkt der Untersuchung:** vor oder nach der Schaltung.
2. **Nach der Art der Datenerhebung:** qualitativ oder quantitativ. Bei den qualitativen Methoden (z.B. Gruppendiskussion, Tiefeninterview) geht es vor allem um psychologische Analysen: Welche Assoziationen werden mit der Werbung verknüpft, wie wird die Werbung verstanden? Quantitative Methoden zielen auf die Erhebung meßbarer Daten.
3. **Nach der Regelmäßigkeit der Durchführung:** ad hoc oder kontinuierlich. Ad hoc Untersuchungen erfolgen einmalig, um konkrete Fragen zu beantworten. Kontinuierliche Untersuchungen erfolgen regelmäßig, entweder in Form eines **Panels** (hier werden in regelmäßigen Abständen die gleichen Personen über den gleichen Gegenstand befragt) oder in Form von **Wellenerhebungen** (hier werden wechselnde Zielpersonen befragt, die jedoch jeweils nach identischen Kriterien rekrutiert werden). Während ad hoc Untersuchungen sowohl qualitativer als auch quantitativer Art sein können, sind kontinuierliche Untersuchungen fast ausschließlich quantitativ.

Abbildung 2–29: Methoden der Informationsgewinnung

	Vor Schaltung		Nach Schaltung	
	Qualitativ	Quantitativ	Qualitativ	Quantitativ
Ad hoc	Konzepttests	Konzepttests Werbemittel-pretests	Werbemittel-tests	Ex-post-Tests
Kontinuierlich				Werbe-tracking

Für einzelne Werbemittel oder Kampagnen stehen im wesentlichen folgende Methoden zur Verfügung (vgl. Abbildung 2-29):
- **Konzepttests** können sowohl qualitativ als auch quantitativ erfolgen. Sie werden üblicherweise durchgeführt, bevor die Werbung geschaltet wird und untersuchen die Akzeptanz und das Verständnis des Konzeptes durch die Zielgruppe.

- **Werbemitteltests** werden sowohl vor als auch nach der Schaltung durchgeführt. Vor der Schaltung fließen die daraus gewonnenen Erkenntnisse in die Entwicklung der Werbemittel ein, Ex-post-Tests dienen der Überprüfung, ob die Werbemittel auch tatsächlich das erreichen, was die Pre-Tests erwarten ließen und erlauben ggf. nachträgliche Optimierungen.
- Das **Werbetracking** zählt zu den kontinuierlichen Methoden. Hierbei handelt es sich um kampagnenbegleitende Untersuchungen in zwei oder mehreren Erhebungswellen, in denen vor allem Erinnerungswerte (Recall), aber auch Image-Profile abgefragt werden. Der wesentliche Vorteil dieser Methode liegt darin, daß sie Veränderungen der Erhebungswerte im Zeitablauf (Kampagnenverlauf) aufzeigt.

2.4.4 Grundsätzliche Meßproblematik

Wie aufgezeigt, beinhalten sowohl die Methoden zur Messung der Einstellungsänderung als auch die der Werbeerinnerung eine Reihe von spezifischen Meßproblemen. Von einer ganz anderen Dimension sind die Faktoren, die grundsätzlich bei *jedem* Versuch, Werbewirkung zu messen, beeinflussend wirken:

1. **Neueinführung.** Ein grundsätzlicher Unterschied ergibt sich aus der Frage, ob es sich um Werbung für ein neues oder bereits eingeführtes Produkt handelt. Beispielsweise wurde das *BMW* 3er Coupé mit einer sehr kreativen Mediaplanung eingeführt. Bei Sat. 1 wurden komplette Werbeblöcke gekauft, die an andere Werbetreibende mit einem Nachlaß von 20% weiterverkauft wurden. Auf einer Fläche von 20% des Bildschirms war während des ganzen Blocks das Auto zu sehen. Der Aufmerksamkeitswert war enorm, da dieses bisher einmalige Event eine außerordentlich hohe Resonanz in der Presse hatte, die den Werbeimpact multipliziert hat.
   Abgesehen von derartiger Kreativität in der Mediaplanung: Bei Produktneueinführungen hat Werbung vor allem die Funktion der Bekanntmachung. Es ist ziemlich problemlos möglich, die Bekanntheit eines Produktes zu messen. Es war aber auch bereits durch redaktionelle Berichterstattung seit längerem bekannt, daß das 3er Coupé bald kommen wird. Die Frage, wieviele 3er Coupés durch die Werbung mehr verkauft wurden, ist eine rein akademische. Hier wirkt vor allem auch das Produkt bzw. dessen Positionierung.
   Werbung für bereits eingeführte Produkte erfolgt unter einer anderen Zielsetzung, hier steht die Imagebildung mit der Zielsetzung der Differenzierung im Vordergrund. In diesem Fall wirkt also nicht nur die Werbung, sondern vor allem auch die Relevanz der gewählten Positionierung. Es ist eher unwahrscheinlich, daß Erwachsene als Zielgruppe für Kinderprodukte zu gewinnen sind, aber eine Positionierung, daß man für eine zusätzliche Portion Milch nicht alt genug sein kann, scheint zu wirken.
   Die Positionierung eines Kaffees speziell für Jugendliche (*Jacobs* SWING) oder einer Zigarette mit einem Truckerimage hat trotz großer Werbeaufwendungen nicht gewirkt, weil sie sich als nicht relevant erwies. Erst als die *West*

die Preise senkte, schoß sie von 0,5 auf über 10% Marktanteil. Welche Werbewirkung ist hier zu messen?

2. **Kampagnenwirkung.** Bei den Werbetreibenden tritt zunehmend die Erfolgsbewertung ganzer Kampagnen über einen Zeitraum in den Vordergrund (vgl. Feldwick 1995, S. 45). Aus dieser Sicht der beabsichtigten Langfristwirkung der Werbung bieten sowohl das Konzept der Werbeerinnerung als auch das der Einstellungsänderung nur eingeschränkt sinnvolle Indikatoren.
   Langfristwerbung entspricht der grundsätzlichen Konzeption der Werbung, die auf Wiederholungen ausgerichtet ist. Da im Normalfall davon auszugehen ist, daß Werbung nur in seltenen Fällen die volle Aufmerksamkeit des Zuschauers trifft, bedarf sie – allein schon unter Lernaspekten – i.d.R. zahlreicher Wiederholungen, um überhaupt wirken zu können (zu den Effekten der Werbewiederholung vgl. Kapitel 2.3.2.3).
   Unter Langfristaspekten erscheint Werbewirkung in einem anderen Licht. Zwar lassen sich auch hier problemlos Bekanntheits- und Imagewerte zu Beginn der Kampagne mit denen am Ende der Kampagne vergleichen. Dies erscheint als das einzig sinnvolle Meßverfahren zur Werbewirkung. Allerdings ist das Problem hier offensichtlich: Welcher Werbetreibende geht das Risiko ein, erst nach einem halben Jahr zu wissen, ob sein Geld sinnvoll investiert war oder nicht.
3. **Testumfeld.** Ein Methodenproblem grundsätzlicher Art stellt auch die Umgebung dar, in der die Tests durchgeführt werden. In **Studiotests** sind die Testpersonen einer „forced-exposure-situation" ausgesetzt, die eine Aufmerksamkeit gegenüber der Werbung hervorruft, die in der realen Situation üblicherweise nicht gegeben ist. **Reale Testsituationen** hingegen ermöglichen keine Kontrolle über z.B. Umfeldwirkungen (vgl. Gardner/Raj 1983, S. 142 ff.). Die reale Situation wird durch Geräusch-Faktoren aus der Umgebung des Zuschauers bestimmt. Das kann beispielsweise ein schreiendes Kind sein oder irgendeine Form der Nebenbeschäftigung, die den Informationsverarbeitungsprozeß der Werbung beeinträchtigt.
4. **Umfeldeffekte.** Für Werbetreibende, die unter Effektivitätsaspekten eine „Werbeumfeldoptimierung" anstreben, ergeben die Erkenntnisse aus der Werbewirkungsforschung keine konkreten Umsetzungshinweise. Die Forschung zeigt auf, daß sich die Effizienz eines Werbespots durch gezielte Auswahl der Umfelder steigern läßt, aber sie zeigt nicht auf, in welches Umfeld ein bestimmter Werbespot plaziert werden sollte, um eine „optimale" Wirkung zu erzielen (vgl. Kloss 1998 S. 17 ff.).
   Die Forschungsbefunde bedeuten für die Werbetreibenden ein Dilemma: Ein und dasselbe Werbeumfeld kann gegensätzliche Wirkungen hervorrufen, es kann die Werbewirkung verstärken, aber auch konterkarieren.
   Beide Befundstränge erweisen sich als plausibel: Es ist nachzuvollziehen, daß sich die Aufmerksamkeit, die ein interessantes Programmumfeld evoziert auf die nachfolgende bzw. eingebettete Werbung überträgt. Es ist jedoch ebenso nachvollziehbar, daß in einem interessanten Programmumfeld die Werbung als störende Unterbrechung und Belästigung empfunden wird und Verärgerung hervorruft und nur eine geringe Aufmerksamkeit erzielt. Es erscheint plausibel,

daß Produkte in einem positiven Umfeld auch positiver bewertet werden, ebenso wie es plausibel erscheint, daß Aufmerksamkeit und Erinnerung in einem kontrastierenden Umfeld größer sind. Die Plausibilität von sowohl Übertragungs- als auch Kontrasteffekten impliziert folgende Schlußfolgerung:

> Es erscheint sinnvoll, Übertragungs- und Kontrasteffekte nicht als sich gegenseitig ausschließendes Gegensatzpaar zu verstehen in dem Sinne, daß ein bestimmtes Umfeld grundsätzlich die Werbung *entweder* fördert *oder* behindert. Es wird vielmehr vorgeschlagen, die Befundstränge als *parallel wirkend* zu interpretieren in dem Sinne, daß bei einem Teil der Zuschauer Programm und Werbung in die gleiche Richtung wirken, bei einem anderen Teil der Zuschauer kontrastieren und bei einem dritten Teil möglicherweise keinerlei Wirkungen festzustellen sind. Diese Interpretation der Forschungsergebnisse bedeutet jedoch, *daß jedes Programm in der anvisierten Zielgruppe immer sowohl Übertragungs- als auch Kontrasteffekte in bezug auf die Werbung erzielt.* Auch als „unpassend" eingestufte Programme würden demzufolge positive Effekte generieren.

Unter dem Aspekt der Kontrasthypothese erscheint beispielsweise die Plazierung eines *Unox*-Suppenspots in unmittelbarer Folge einer Erbrechenszene in dem Film „Der Exorzist" unter einem anderen Licht. Im Verlauf einer Werbekampagne wird ein Werbespot über einen längeren Zeitraum in „guten" wie in vermeintlich „schlechten" Umfeldern plaziert. Es erscheint als ausgesprochen unwahrscheinlich, daß sich ein Zuschauer über den gesamten Kampagnenzeitraum hinweg erinnern kann, in welchem Umfeld er wann, welchen Werbespot gesehen hat. Aufgrund der kognitiven Dissonanz erzielte der *Unox*-Spot sicherlich eine erhöhte Aufmerksamkeit, die zu einer kognitiven Verarbeitung der Plazierung geführt haben dürfte und damit zu einer bewußten gedanklichen Auseinandersetzung mit der Marke, was von den Involvementvoraussetzungen her mehr ist, als die meisten Werbespots erreichen können. Negative Überstrahlungen auf die Marke erscheinen nur bei konsequenter Plazierung in vergleichbaren Umfeldern als wahrscheinlich.

Es sollte den Werbetreibenden bewußt sein, daß ihre Werbung nicht auf eine homogene Zielgruppe trifft, sondern auf eine Vielzahl von Einzelindividuen, mit jeweils spezifischen individuellen und situativen Gegebenheiten: Wenn zwei Personen die gleiche Werbung im gleichen Umfeld sehen, wird sie nur zufälligerweise die gleiche Wirkung verursachen.

5. **Kontaktqualitäten.** Ein weiteres Problem bei der Messung von Werbewirkung liegt in den Kontakt**qualitäten**, also der Frage, ob ein Werbekontakt im Fernsehen gleichwertig ist mit dem Werbekontakt in Print-Medien. Print- und elektronische Medien haben unterschiedliche Funktionen bei der Tagesgestaltung, aber auch unterschiedliche psychologische Wirkungsdimensionen und damit auch unterschiedliche Qualitäten als Werbeträger. Während z.B. der Leser einer Tageszeitung Zeitpunkt und Ort der Konfrontation mit Werbung selbst bestimmen kann, ist der Fernsehzuschauer der Werbung „ausgeliefert". Daher wird Werbung in Printmedien eher toleriert (vgl. Hippler/Lönneker 1995, S. 35 ff.). Hingegen hat Werbung im Fernsehen aufgrund der Tatsache, daß sie sowohl akustisch als auch visuell aufgenommen wird, gegenüber Printwerbung

die größere Chance wahrgenommen zu werden. Die einzelnen Medien haben unterschiedliche Wirkungen auf potentielle Käufer, und offenbar gibt es auch medienspezifische Eignungen für bestimmte Produkte (vgl. Högl 1988, S. 80 ff.).

6. **Kreative Umsetzung.** Ein erheblicher Wirkungseffekt ist insbesondere auch von der kreativen Umsetzung eines Werbespots zu erwarten. Die nur in einem direkten Vergleich zu beantwortende Frage, ob mit einem anders gestalteten Werbespot andere Ergebnisse erzielt worden wären, ist als ein grundsätzliches Problem aller Untersuchungen über Werbewirkung anzusehen.
   Starke Werbemittel (*Maoam*, *Toyota*) benötigen weniger Wiederholungen und werden schneller und besser gelernt als schwache Werbemittel.
   Zwar läßt sich nachweisen, daß die **Aufmerksamkeit** von spezifischen Gestaltungsmerkmalen gesteuert wird, jedoch vernachlässigen diese Untersuchungen wiederum den Einfluß der übrigen medien- und zuschauerspezifischen Faktoren. Erhöhte Aufmerksamkeit erzielen z.B. Großaufnahmen, klare akustische Signale, große Farb- und Hell/Dunkel-Kontraste oder erotische Motive. Erotische Motive steigern zwar die Aufmerksamkeit (insbesondere bei Männern), lenken gleichzeitig aber auch von den Sachaussagen der Werbebotschaft ab (vgl. Koschnick 1995, S. 42 f.).
   Jedoch zeigen die Untersuchungen auch, daß es keine einzige Variable gibt, von der allein die Aufmerksamkeit der Zuschauer bei allen Werbespots gesteuert wird.
   Der Einsatz von Kindern, Tieren und die Verwendung von Humor kann die Akzeptanz von Werbespots ebenso positiv beeinflussen (vgl. Bell 1992, S. 165 ff.) wie eine geringe Frequenz der Einstellungen (vgl. MacLachlan/Logan 1993, S. 57 ff.). Die visuelle Dramaturgie beeinflußt die Akzeptanz ebenso wie die zeitliche Dramaturgie, also wie, wann und wie oft bestimmte Inhalte im Verlauf eines Werbespots plaziert werden (vgl. Young/Robinson 1992, S. 51 ff.; Alwitt/Benet/Pitts 1993, S. 9 ff.).
   Andere Untersuchungen zeigen auf, daß Werbespots mit emotionalen Inhalten weniger vermieden werden als solche mit informativen Inhalten. Die Aufmerksamkeit wird vor allem durch neuartige und einzigartige Aufmachung positiv beeinflußt. Allerdings geht diese erhöhte Aufmerksamkeit zu Lasten der Informationsverarbeitung: Die Inhalte atypischer Werbespots werden schneller vergessen, anfänglich positivere Produktbeurteilung läßt mit zunehmender Zeit nach (vgl. Chattopadhay/Nedungadi 1992, S. 26 ff.).
7. **Noise level.** Es gibt einige Indizien dafür, daß die Werbung mittlerweile ein Geräuschniveau überschritten hat, das eine weitere Steigerung ihrer Wirksamkeit nicht mehr zuläßt. Beispielsweise lassen sich keine Unterschiede in der Markenbekanntheit und dem Markenbewußtsein von Vielsehern und Wenigsehern bzw. bei Werbevermeidern feststellen. Pro Tag wird jeder von uns mit ca. 3000 Werbebotschaften konfrontiert. Die aktive Bekanntheit von Werbung ist als äußerst gering anzusehen.

Als **Fazit** bleibt festzuhalten:

1. daß Werbewirkung ein außerordentlich komplexer Bereich ist, dessen Wirkungsmechanismus nicht bekannt ist und dem man sich über Plausibilitäten zu nähern versucht.
2. daß es wenig sinnvoll ist, die Werbewirkung an ökonomischen Größen festzumachen, Werbung kann nur an kommunikativen Größen gemessen werden.
3. daß der Einfluß der Werbung auf die Kaufentscheidung praktisch nicht zu isolieren ist, und
4. daß aufgrund einer Vielzahl grundsätzlicher Meßprobleme es im Einzelfall nicht sicher ist, was eigentlich gemessen wird.

Unter der Voraussetzung, daß Werbung die einzige Variable im Marketing-Mix ist, wenn also Produkt, Preis, Distribution als national einheitlich und konstant angesehen werden können und auch keine unmittelbaren Konkurrenten gegeben sind (eine Situation, die beispielsweise bei der Firma *Ferrero* annähernd gegeben ist), erscheint im konkreten Einzelfall eine isolierte Messung der Werbewirkung als sinnvoll. Allerdings kann auch *Ferrero* die exogenen Faktoren nicht kontrollieren.

2.4.5 Gesamterhebungen

Den Verfahren zur Messung von Einzelkampagnen sind abschließend die Gesamterhebungen gegenüberzustellen, die Grundlage der allgemeinen Mediaplanung sind. Die beiden wesentlichen Planungsinstrumente sind hier für den Printbereich die „Media-Analyse (MA)" (auf Basis von jährlich bis zu 52.000 Befragungen zum Leseverhalten) und die GfK-Fernsehforschung (auf Basis des in ca. 6000 Fernsehhaushalten installierten GfK-Meters) (vgl. Kapitel 6.3.2.1). Beide Instrumente arbeiten mit dem sogenannten **Kontaktmodell**, das sich de facto als S-O-R-Modell erweist. Erhoben werden Kontakthäufigkeiten: Wie oft hatte jemand in einem bestimmten Zeitintervall Kontakt mit einem Werbeträger? Für den Printbereich wird dabei ein Werbeträgerkontakt gleichgesetzt mit einer Werbemittelkontaktchance.

Fernsehen ist das einzige Medium, für das die Medialeistung täglich erhoben wird. Seit 1989 weist die Gesellschaft für Konsumforschung (GfK), Nürnberg, die Werbeblock- und Programmreichweiten der Fernsehsender in einem Panel aus. Das GfK-Meter registriert automatisch alle Ein-, Um- und Ausschaltungen. Per Fernbedienung melden sich die Haushaltsmitglieder (sowie gegebenenfalls Gäste) an und ab. „Die so ermittelten Daten geben Aufschluß darüber, welche Haushalte/Personen mit welchen soziodemographischen Merkmalen welche Sendungen wie lange gesehen haben" (GfK 1993, S. 14). Die Daten werden sekundengenau erfaßt. Aus den gesammelten Daten werden als Nutzungsindikatoren Reichweiten (ratings) und Marktanteile ermittelt.

Auf Basis dieser Daten betreiben Werbetreibende und Agenturen TV-Planung und TV-Optimierung. Die von der GfK erhobenen Einschaltquoten geben, rein quantitativ betrachtet, zunächst lediglich Auskunft darüber, bei wie vielen Zuschauern das Fernsehgerät **eingeschaltet** war. Aus der Tatsache des Eingeschaltetseins lassen sich jedoch auch qualitative Implikationen ableiten: Bei eingeschaltetem Fernsehgerät kann unterstellt werden, daß der Minimum-Schwellenwert des Involvement beim (potentiellen) Zuschauer überschritten wurde, denn ansonsten bliebe der Fernseher ausgeschaltet bzw. würde ein anderes Programm gesehen. Diese Schlußfolgerung läßt jedoch keine Hinweise auf die tatsächliche Höhe des Involvement der Zuschauer zu.

2.5 Zusammenfassung der Erkenntnisse aus den Werbewirkungsmodellen

Zur Erfassung von Werbewirkungen wird von Modellannahmen ausgegangen, die komplexe Zusammenhänge notwendigerweise vereinfachen. Wirkungseffekte werden auf reiz-reaktionstheoretischer Grundlage unterstellt und gemessen. Aus den betrachteten Modellen lassen sich die Determinanten der Werbewirkung, bezogen auf das Fernsehen, wie in Abbildung 2-30 darstellen. Die Wirkungsinterdependenzen veranschaulichen die Komplexität der Zusammenhänge, die zu einer Werbewirkung führen.

Abbildung 2–30: Determinanten der Werbewirkung

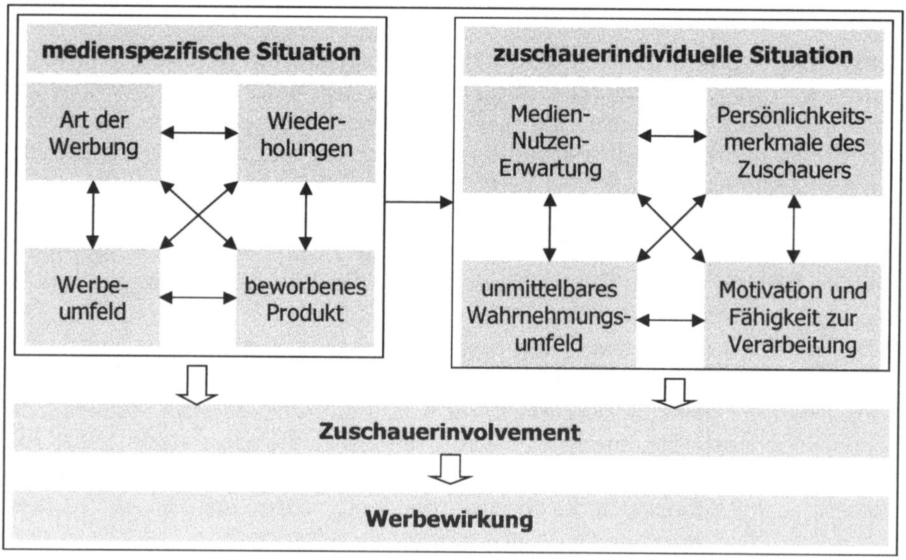

In einer weit gefaßten Definition läßt sich das Zuschauerinvolvement als ein „Filter" betrachten, den jegliche Information durchlaufen muß. In Abhängigkeit davon, wieviele Informationen „herausgefiltert" werden, bestimmt sich die Wahrnehmungsintensität.

Die spezifische Ausprägung des Zuschauerinvolvement wird bestimmt durch zwei komplexe Einflußgrößen:

1. Das interdependente Beziehungsgeflecht zwischen Art der Werbung, Werbeumfeld, der Zahl der Wiederholungen und dem beworbenen Produkt läßt sich als **medienspezifische Situation** bezeichnen. Die Art der Werbung bezeichnet die kreative Umsetzung des Werbespots, seine Einzigartigkeit, die Gestaltungsmittel, emotionale und informative Inhalte. Das Modell der Wirkungspfade verdeutlicht, daß emotionale Werbung anders verarbeitet wird und bei Wiederholungen anders wirkt als informative Werbung. Die Eigenschaften des beworbenen Produktes haben wiederum Einfluß darauf, ob es informativ oder emotional beworben wird.
   Aus lerntheoretischen Erkenntnissen heraus erscheinen Wiederholungen notwendig, jedoch besteht die Gefahr, daß bei zu vielen Wiederholungen sich negative Einstellungen herausbilden und Reaktanzen entstehen. Ein erklärungsbedürftiges oder neues Produkt wiederum bedarf einer höheren Zahl von Wiederholungen als beispielsweise ein bestehendes „fast moving consumer good"
2. Die **zuschauerindividuelle Situation** bestimmt sich durch die Interaktion von Persönlichkeitsmerkmalen des Zuschauers, seiner Fähigkeit und Motivation zur Verarbeitung der Werbebotschaft, seiner Mediennutzenerwartung und dem unmittelbaren Wahrnehmungsumfeld. Der „Uses and Gratifications Approach" zeigt auf, daß der Zuschauer seinen Medienkonsum nach seinen Nutzenerwartungen aktiv steuert. Die Nutzenerwartung an einen Werbeblock ist eine andere als an eine Informations- oder Unterhaltungssendung. Schließlich bestimmen die allgemeinen Persönlichkeitsmerkmale des Zuschauers seine Dispositionen zum Medienkonsum und dessen Verarbeitung.

Die medienspezifische Situation beeinflußt ihrerseits wiederum durch unterschiedliche Aktivierungspotentiale die zuschauerindividuelle Situation. So ist davon auszugehen, daß der Zuschauer durch Werbung anders aktiviert wird als durch das Programm.

Die situationsspezifische Abhängigkeit der Wirkungsfaktoren lassen generalisierende Voraussagen über Werbewirkung für den konkreten Einzelfall nicht zu.

Aufgaben:

1. Welche Konsequenzen ergeben sich aus dem Phänomen der Reaktanz für die beabsichtigte Werbewirkung?

2. Zeichnen Sie einen idealtypischen Kaufentscheidungsprozeß für den Kauf eines Fernsehgerätes auf. Stellen Sie dem realistische Abläufe gegenüber.

3. Welchem Kaufverhaltenstyp würden Sie den Kauf einer Tennisausrüstung zuordnen?

4. Wieso ist der Mere-exposure-Effekt als einer der grundlegenden Wirkungsmechanismen in der Werbung anzusehen?

5. Worin liegt das Problem in der Erforschung der Wirkungseffekte unterschwelliger Wahrnehmung?

6. Was sind die Grundaussagen der Theorie des Relevant set?

7. Erläutern Sie die Grundgedanken des S-O-R-Modells und ihre Bedeutung für die Annahmen, die der Werbewirkung zugrunde liegen.

8. Erläutern Sie den Mechanismus der emotionalen Konditionierung.

9. Worin bestehen die wesentlichen Fortschritte des Involvement-Konstruktes für die Erklärung der Werbewirkung?

10. Mit welchem Modell läßt sich die Kommunikationswirkung aus der Sicht vom Empfänger zum Sender erklären?

11. Warum sind ökonomische Größen keine operationalen Ziele für die Werbewirkung?

12. Welche Effekte können sich aus der Wiederholung von Werbung ergeben?

13. Welche grundsätzlichen Möglichkeiten bestehen für die Messung der Werbewirkung und welche Probleme sind damit verbunden?

3 Positionierung und Image

> „Für den Konsum-Setter der neunziger Jahre ist der Kauf Ausdruck von Weltanschauung geworden. In dem, was ich nicht kaufe, drückt sich aus, was ich denke; in dem was ich kaufe, drückt sich aus, was die Leute denken sollen, was ich denke.
>
> Rauche ich *Stuyvesant*, bin ich multikulturell; kaufe ich Spülmittel von *Frosch*, bin ich ökologisch; trinke ich Kaffee aus Nicaragua, bin ich antiimperialistisch; fahre ich kein Auto, bin ich der Größte; fahre ich *Saab*, habe ich es nicht nötig; trage ich *Adidas*, habe ich es noch nicht gemerkt; trage ich *L.A. Gear*, bin ich subversiv.
>
> Weltanschauung hat Werbung schon immer vermittelt. Jede Anzeige, jeder Spot verbreitet, egal ob für Autos, Klopapier, Gold oder Bausparkassen geworben wird die Botschaft: Glück ist käuflich. Das konsumistische Manifest: Arbeite, kaufe und du wirst so zufrieden sein wie die *Milka*-Kuh, die *Knorr*-Familie und die Menschen in der *Punica*-Oase.“
>
> Schnibben 1992, S. 125

Eines der Hauptanliegen des Marketing und insbesondere der Werbung ist der Aufbau und die Absicherung von Images bzw. deren Transfer auf andere Produkte. Die Einleitung zeigt auf, wie stark Images sich bereits in den Köpfen der Verbraucher etabliert haben. Images und insbesondere Imagetransfers spielen im Marketing eine überragende Rolle. Da auf gesättigten Märkten die Produkte weitgehend austauschbar sind, erfolgt hier eine Differenzierung über Images.

3.1 Strategische Grundlagen der Positionierung

3.1.1 Positionierung auf gesättigten Märkten

Alle marketingstrategischen Überlegungen beginnen und enden bei der Positionierung. Positionierung ist das Bestreben, an sich austauschbaren Produkten Eigenständigkeit zu verleihen. Wenn auf gesättigten Märkten Produkte sich in ihren funktionalen Eigenschaften nicht von den Konkurrenzprodukten unterscheiden, dann ist eine Argumentation über Eigenschaften nicht sinnvoll. Bei der Positionierung eines Angebotes geht es daher auch nicht darum, die Eigenschaften des Angebotes herauszustellen, sondern dessen Vorteile bzw. den Nutzen, den der Verbraucher davon hat. Biere vergleichbarer Kategorie unterscheiden sich letztlich ebensowenig wie Zigaretten. Bei Bier ist sogar vorgeschrieben, welche Zutaten verwendet werden dürfen, nämlich Wasser, Hopfen und Malz. Mehr nicht, aber auch nicht weniger. D.h. von den Zutaten her können sich deutsche Biere gar nicht voneinander unterscheiden.

Hersteller sind häufig versucht, in Produkteigenschaften zu denken. Aber erst, wenn diese Eigenschaften in einen verbraucherrelevanten Nutzen übersetzt werden, kann daraus eine Positionierung erfolgen. Beispielsweise ist „kalorienreduziert" eine Produkteigenschaft, sie sich naheliegenderweise in Verbrauchervorteile wie „gute Figur", „gutes Aussehen", „stärkeres Selbstbewußtsein" umsetzen läßt (vgl. das Du-darfst-Beispiel auf S. 144).

Jedes Angebot hat einen funktionalen **Grundnutzen**, der immer um einen emotionalen **Zusatznutzen** erweitert werden kann. D.h. jedes Angebot läßt sich sowohl objektiv als auch subjektiv beschreiben, hat also sowohl eine rationale als auch eine emotionale Dimension (vgl. Abbildung 3-1). Auf gesättigten Märkten würde eine rein rationale Nutzenargumentation der Wettbewerber gegenüber dem Verbraucher entsprechend auf den gleichen Argumenten basieren, die Anbieter könnten sich auf dieser Ebene aus der Sicht der Verbraucher also kaum voneinander unterscheiden.

Abbildung 3–1: Dimensionen eines Produktes

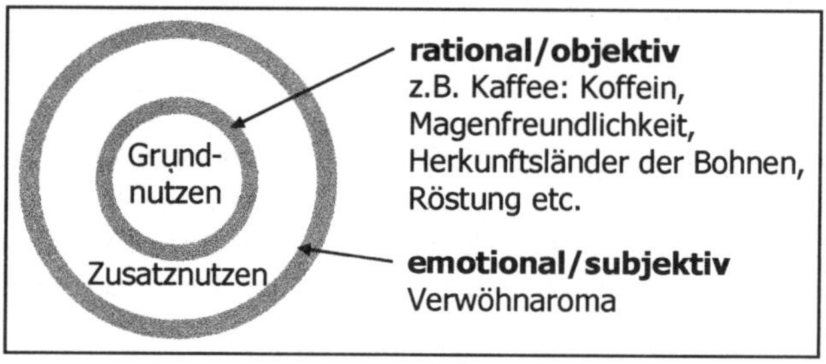

Die Positionierung setzt i.d.R. bei der emotionalen Dimension an. Wenn sich aus dem Grundnutzen allerdings eine wettbewerbliche Alleinstellung herleiten läßt, also ein USP vorliegt, dann kann auch dies als Ansatzpunkt für die Positionierung dienen. Beispielsweise hat *Sony* weltweit eine Alleinstellung im Hinblick auf die Miniaturisierung technischer Geräte, also einen Vorteil gegenüber den Wettbewerbern, der sich allein aus dem Grundnutzen ableiten läßt.

Auf gesättigten Märkten sind Positionierungen auf Basis des Grundnutzens jedoch eher die Ausnahme. Wenn das Produkt keinen objektiven Vorteil hat, muß die Differenzierung zum Wettbewerb über einen Zusatznutzen erfolgen (vgl. die Metapher vom Buridanschen Esel aus Kapitel 1.3.2). Es geht darum, solche Erlebnisse zu vermitteln, die der Wettbewerber nicht bietet. Die Positionierung versucht also, die **subjektive Wahrnehmung** der Verbraucher zu beeinflussen. „Die Werbung soll im Dienste der Positionierung die Wahrnehmung der Abnehme so beeinflussen, daß das Angebot in den Augen der Zielgruppe so attraktiv ist und gegenüber konkurrierenden Angeboten so abgegrenzt wird, daß es den konkurrierenden Angeboten vorgezogen wird" (Kroeber-Riel 1994, S. 45).

! Unterschiedliche Positionierungsstrategien führen dazu, daß mehrere Unternehmen auf dem gleichen Markt mit weitgehend identischen Produkten erfolgreich nebeneinander konkurrieren können.

Marken sind sehr komplexe Leistungsangebote, die ganzheitlich zu betrachten sind. Mit der Positionierung wird versucht, die Kompetenz einer Marke so zu gestalten, daß sie für definierte Zielgruppen bessere Problemlösungen bietet als die Wettbewerber. Positionierung ist nicht das, was man mit dem Produkt macht, sondern was man mit der Gedankenwelt des potentiellen Käufers macht. Ein Produkt wird in die Gedankenwelt des Käufers hinein positioniert (vgl. Ries/Trout 1986, S. 19).

Um eine Position in den Köpfen der Verbraucher einnehmen zu können, muß die für ein Angebot aufgebaute Positionierung **eigenständig**, d.h. von den Positionierungen der Konkurrenzangebote unterscheidbar sein. Eine Positionierung ist um so eigenständiger, je besser sie einem Bedürfnisproblem einer bestimmen Zielgruppe entspricht und das Angebot als Problemlösung glaubwürdig im Bewußtsein der Verbraucher verankern kann. Voraussetzung für die Glaubwürdigkeit einer Positionierung ist ihre **Konsumrelevanz**. Die Verbraucher akzeptieren kein Nutzenversprechen, mag es noch so eigenständig sein, wenn es keine Relevanz für den Konsum dieses Produktes hat.

> „Die allererste von mir entwickelte Anzeige zeigte eine nackte Frau. Dies war ein Fehler, und zwar nicht, weil sie zu sexy war, sondern weil Sex für das Produkt irrelevant war - es ging um einen Küchenherd. Das entscheidende Kriterium ist die Relevanz. Ein Busen in einer Anzeige für Reinigungsmittel würde dessen Umsatz sicherlich nicht steigern. Demgegenüber hat es durchaus einen funktionellen Grund, nackte Mädchen in Anzeigen für Kosmetikprodukte zu zeigen." (Ogilvy 1984, S. 26).

Hat eine Marke eine Position im Verbraucherbewußtsein erlangt, gilt es, diese Position zu sichern und so auszugestalten, daß sie eine besonders präferierte Position wird. Wie im Zusammenhang mit dem relevant set aufgezeigt wurde (vgl. Kapitel 2.2.5), werden Marken, die keine Aufnahme in den relevant set gefunden haben, bei der Kaufentscheidung nicht berücksichtigt. Die Kaufentscheidung innerhalb des relevant set wird von den aktuellen Präferenzen gesteuert.

Je nach werblicher Zielsetzung sind für die Positionierung unterschiedliche **Strategien** zu verfolgen. So kann eine Positionierung durch Information, Emotionen oder durch Aktualisierung erfolgen (vgl. Kroeber-Riel 1994, S. 56 ff.):

- Bei der **informativen Positionierung** verzichtet die Werbung auf emotionale Appelle und vermittelt lediglich Informationen über spezielle Eigenschaften eines Produktes. Dies ist vor allem bei neuen und hochinvolvierenden Produkten der Fall.
- Eine **emotionale Positionierung** ist immer dann anzustreben, wenn davon ausgegangen werden kann, daß Informationen über ein Angebot trivial sind, also die typische Situation, die auf gesättigten Märkten mit austauschbaren Produkten gegeben ist.
- Vielfach zielt die Werbung auch auf eine Kombination aus informativer und emotionaler Positionierung ab. In diesem Fall wird dem Grundmuster gefolgt: 1. appelliere an ein Bedürfnis, 2. informiere über die Eigenschaften des Angebotes, die geeignet sind, dieses Bedürfnis zu befriedigen. Beispielsweise: „Sie

legen besonderen Wert auf einen entspannten Flug in Ihren Urlaub? Bei *Condor* beginnt die Erholung bereits während des Fluges".

- Bei der **Positionierung durch Aktualität** vermittelt die Werbung weder Informationen noch emotionale Erlebnisse. Vielmehr geht es darum, die Marke auffallend zu inszenieren und ihr dadurch ein hohes Maß an Präsenz zu verschaffen. Beispiele für diese Strategie sind die *Maoam*-Werbung, die meisten Waschmittel-Spots oder auch die Werbung für die Marke *West*, die seit Jahren zum Testen der Marke auffordert.

Für den Aufbau einer Positionierung sind einige **Regeln** einzuhalten (vgl. Kroeber-Riel 1994, S. 46 ff.):

1. **Die Besonderheiten des Angebotes herausstellen**. Diese können in objektiven und funktionalen Eigenschaften liegen, wobei selbst Nebensächlichkeiten Unterschiede verdeutlichen können. Besteht keine Möglichkeit zu einer rationalen Argumentation, ist auf subjektive, emotionale Werte abzuheben, die im Wege einer emotionalen Konditionierung (vgl. Kapitel 2.3.1.2) mit dem Angebot in Verbindung gebracht werden.
2. **Für den Konsumenten attraktiv sein**. „Der Köder muß dem Fisch schmecken und nicht dem Angler" (Kroeber-Riel 1994, S. 47). Der Verbraucher kauft keine Produkteigenschaften, sondern Produktnutzen. Da durch den Wertewandel die Nutzenerwartungen der Verbraucher Trends unterworfen sind, muß eine Positionierung immer zukunftsorientiert sein und versuchen, die künftigen Werte der Verbraucher vorwegzunehmen.
3. **Sich gegenüber der Konkurrenz abheben**. Es geht darum, verbraucherrelevante Positionen zu finden, die die Konkurrenz nicht besetzt. Das eigene Angebot muß als eine eigenständige Alternative gesehen werden können.
4. **Langfristige Positionen aufbauen**. Kurzfristig wechselnde Positionierungen haben es schwerer, sich im Verbraucherbewußtsein festzusetzen, da sie immer wieder neu gelernt werden müssen. Langfristigkeit bedeutet auch Kontinuität. „Zur Umsetzung der gewählten Positionierung ist Kontinuität in der Markenführung unabdingbar, da es sich beim Aufbau von Gedächtnisstrukturen für Marken und Unternehmen um ein Lernkonzept handelt" (Puhlmann/Semlitsch 1997, S. 25).

3.1.2 Positionierung als Implikation

Die Positionierung einer Marke wird von einem Unternehmen schriftlich fixiert und ist die Basis aller Marketingmaßnahmen. Alle Entscheidungen im Marketing sind auf den Aufbau bzw. die Absicherung der Positionierung ausgerichtet. Die Positionierung ist damit nicht nur ein strategisches Ziel, sondern gleichzeitig auch die Richtschnur, an der alle Marketingaktivitäten zu messen und zu beurteilen sind. In der Marketingkommunikation wird die Positionierung nicht expressis verbis ausgedrückt, vielmehr wird sie impliziert. Kein Kaffeeanbieter sagt, daß sein Kaffee der beste ist bzw. derjenige, der die Verbraucherbedürfnisse besser befriedigt als seine Wettbewerber. Dies wäre eine unzulässige Alleinstellung und juristisch

Abbildung 3–2: Positionierungsbeispiel der Marke *Condor*

nicht haltbar. Aber jeder richtet seine Kommunikation darauf aus, daß der Verbraucher genau das denken soll. Es ist sinnvoll, die Positionierung mit einem Superlativ zu formulieren („xyz ist der beste Kaffee im Markt ...“; „abc ist die einzige Schokolade, die ideal als kleines Dankeschön zum Verschenken geeignet ist“).

Damit läßt sich relativ einfach überprüfen, ob die angestrebte Alleinstellung wirklich sinnvoll ist.

Die nebenstehende Anzeige von *Ballantine's* läßt beispielsweise auf eine im Superlativ formulierte Positionierung schließen. Ein offensichtlich notorischer „Querulant“ mäkelt hier an allem herum, aber selbst er kann an dem Whisky nichts Negatives finden und beurteilt ihn mit „just fine“. Vermutlich würde er an jeder anderen Whisky-Marke auch etwas auszusetzen haben, aber *Ballantine's* scheint makellos zu sein.

Die Anzeige in Abbildung 3-2 soll beispielhaft aufzeigen, auf welche Weise eine Positionierung impliziert wird. Gezeigt wird der Pool eines Hotels, in dem sich eine Frau mittleren Alters (mit Badehaube) befindet, und in den eine nackte Person gerade hineinspringt, vermutlich der Mann der Frau. Außer den beiden Personen ist keine weitere zu sehen. Der Pool und die Umgebung ist menschenleer, also eine Situation, in der schon einmal jemand spontan nackt badet. Darunter steht die Headline: „Wir zeigen Ihnen alle Sehenswürdigkeiten dieser Erde“. Das Hotel und der Pool befinden sich offenbar in einem tropischen Land, was sich aus der abgebildeten Vegetation schließen läßt. Bei tropischen Reisezielen werden in der Werbung häufig Strand, Palmen und Meer gezeigt. Hier nicht, ganz im Gegenteil nur ein Swimming-Pool, den man grundsätzlich auch überall außerhalb der Tropen findet. Die kognitive Dissonanz in dieser Anzeige ist offensichtlich: Die Sehenswürdigkeiten dieser Erde werden ausgelobt, aber das einzige, was hier als Sehenswürdigkeit angesehen werden könnte, ist das nackte Hinterteil des Mannes, der gerade in einen Pool springt. Das Wort „Sehenswürdigkeit“ bezieht sich offensichtlich nicht auf seine landläufige Bedeutung. Denn wenn es tatsächlich um Sehenswürdigkeiten gehen würde, wären sie wahrscheinlich auch abgebildet worden. Der Betrachter wird also zum Nachdenken angeregt. Was ist an dem Hinterteil des Mannes wohl so sehenswert? Der Betrachter sucht nach einer Erklärung. Er stellt sich vielleicht jemanden vor, der seinen Urlaub ganz einfach nur zur Erholung von einer anstrengenden Arbeit nutzt, dem die Sehenswürdigkeiten dieser Erde nicht mehr so wichtig sind. Der ganz entspannt und gelöst in einen Pool springen kann, und weil er dort mit seiner Partnerin allein ist, auch sogar einmal nackt, obwohl er das ansonsten vielleicht niemals tun würde. Vielleicht besteht die Sehenswürdigkeit einfach darin, sich selbst sehen zu können. Sich in ruhiger und entspannter Atmosphäre dem Partner widmen zu können, kann Personen, die vielleicht während des Jahres wenig Zeit und Gelegenheit dazu haben, möglicherweise wichtiger sein, als Sightseeing, das seinerseits ebenfalls anstrengend sein kann.

Abbildung 3–3: Positionierungsbeispiel der Marke *Bitburger*

Abbildung 3–4: Positionierungsbeispiel der Marke *Bitburger*

Condor ist jedoch kein Reiseveranstalter, sondern eine Chartergesellschaft, die Urlauber an ihr Ziel bringt. Wieso bildet eine Fluggesellschaft ein Reiseziel ab, das man bei ihr nicht buchen kann? Eine weitere kognitive Dissonanz. Wenn der Betrachter als Grundaussage der Anzeige Erholung und Entspannung identifiziert hat, bietet sich zur Auflösung dieser Dissonanz vielleicht die naheliegende Erklärung an, daß die Erholung und Entspannung schon beim Flug selbst anfängt. Die Personen werden zwar in einer sehr ausgelassenen Situation dargestellt, dennoch kann sich der Betrachter schwer vorstellen, daß sie sich auch im Flugzeug schon so ausgelassen verhalten. Denkbar wäre demnach, daß sich *Condor* als ein Flugunternehmen positionieren will, bei dem die Erholung bereits auf dem Flug in den Urlaub stattfindet.

Die beiden Anzeigenbeispiele der Marke *Bitburger* zeigen, wie ein und dieselbe Positionierung durch sehr unterschiedliche Anzeigenmotive ausgedrückt werden kann (vgl. Abbildungen 3-3 und 3-4). Es ist zu vermuten, daß beiden Motiven die gleiche Copy Strategy zugrundeliegt (vgl. Kapitel 4.4). Während in Abbildung 3-4 die beabsichtigte Assoziation des Bieres mit Champagner offensichtlich ist, muß diese Verbindung in Abbildung 3-3 erst durch einen Denkprozeß hergestellt werden. Gezeigt wird eine blonde Frau in Gesellschaftskleidung, die ein Glas Bier hält. Die Frau wird nur angeschnitten gezeigt, Gesicht und Dekolleté liegen im Schatten, offensichtlich soll die Frau anonym bleiben. Das Stück blauer Himmel und der Hintergrund implizieren, daß die Dame sich auf einer gehobenen Tagesparty befindet. Auch diese Anzeige zieht die Aufmerksamkeit des Betrachters durch eine kognitive Dissonanz auf sich: Es ist doch eher ungewöhnlich, daß eine Frau auf einem gesellschaftlichen Anlaß ein Bier trinkt. Die Dame repräsentiert weder den „typischen" Biertrinker, noch besteht die primäre Absicht darin, verstärkt Frauen als Zielgruppe anzusprechen. Vielmehr ist zu vermuten, daß die Marke *Bitburger* als Bier „gesellschaftsfähig" gemacht werden soll. Denn üblicherweise trinkt „frau" bei einer derartigen Gelegenheit Champagner und kein Bier.

Ein naheliegender Einwand gegen eine derartige Analyse von Bedeutungsinhalten von Anzeigen besteht darin, daß ein Verbraucher sich wahrscheinlich nur in den seltensten Fällen so intensiv mit einer Anzeige auseinandersetzt um auch Details in ihrer Bedeutung zu erfassen. Das mag für den Einzelfall sicherlich auch zutreffen, allerdings sind bezüglich der beabsichtigten Anzeigenwirkung bzw. der angestrebten Positionierung einige Faktoren zu berücksichtigen:

1. Positionierung bzw. Werbewirkung generell, ist grundsätzlich langfristig ausgerichtet, der Verbraucher hat also die Möglichkeit, durch Wiederholungen von Anzeigenmotiven deren Botschaften sukzessive zu lernen.
2. Um Bilder mittlerer Komplexität zu erfassen, genügen schon kurze Expositionszeiten (vgl. Kapitel 1.3.1). Wahrgenommene Unstimmigkeiten (die „Sehenswürdigkeiten" in der *Condor*-Anzeige, eine biertrinkende Frau in der *Bitburger*-Anzeige) können zu kognitiven Dissonanzen führen (vgl. Kapitel 2.2.3.1.3). Die wiederum können ein hohes Maß an Aufmerksamkeit erregen, was zu einer intensiveren Auseinandersetzung mit einem Werbemittel führen kann.

3. Es ist nicht abwegig zu vermuten, daß der Verbraucher durchaus Vergnügen dabei empfindet, auch bei Anzeigen Zusammenhänge zu entschlüsseln und Assoziationen herzuleiten. Zur Erbringung dieser Eigenleistungen muß der Betrachter bei der Anzeige etwas länger verweilen, was auch die Wahrscheinlichkeit erhöht, daß auch die Beziehungen innerhalb des Dargestellten gespeichert werden[1] (vgl. Werner 1993, S. 191).

Wie tief Positionierungen im Bewußtsein der Verbraucher verwurzelt sein können, zeigt eine Analyse des Marktes für Haushaltsreiniger (vgl. Grünewald 1996, S. 234 ff.). Das Institut für qualitative Markt- und Wirkungsanalysen in Köln unterzog diesen Markt einer qualitativen und einer quantitativen Analyse. Die Frage nach den Gründen für den Hausputz ergab, daß geputzt wird, weil Wert auf häusliche Sauberkeit und Hygiene gelegt wird. „Die Putzmittel sollen deshalb eine schnelle und schonende Schmutzbeseitigung garantieren. Die Markenwahl wird durch Preisargumente, Effizienz oder Umweltverträglichkeit der Mittel gerechtfertigt“ (Grünewald 1996, S. 234). Die psychoanalytische Untersuchung ergab jedoch eine viel komplexere Motivation für das Putzen. Dabei ist der Prozeß des Putzens häufig wichtiger als das Endergebnis. Im Putzen lebt sich der Verbraucher aus:

> „Geputzt wird daher nicht, wenn es die Wohnung, sondern wenn es der Verbraucher nötig hat: Wenn man im Büro klein bei gegeben hat, wenn bei der Arbeit die Erfolgserlebnisse ausbleiben, wenn man wieder einmal spüren will, daß man etwas bewirken und verändern kann, wird eine bestimmte Stimmungslage, nämlich die dramatische und begeisternde Putzverfassung gesucht. Das Wüten und Schrubben, das Wienern und Scheuern ist ein Daseinsbeweis, ein kraftvoller Ausdruck elementaren Lebenswillens: ‘Ich putze, also bin ich’“ (Grünewald 1996, S. 235).

Untersucht wurden die Haushaltsreinigermarken *Der General*, *Meister Proper* und *Frosch*. Diese Marken sind in bezug auf das Endergebnis des Putzens im wesentlichen austauschbar, es zeigt sich jedoch, daß sie sehr unterschiedliche Stimmungslagen der Verbraucher ansprechen.

- „*Der General* liefert die Schlachtenmusik zum häuslichen Kleinkrieg. Er verkörpert eine generalstabsmäßige Dramatisierung des Putzens. Er (...) fordert unbedingtes Engagement und eine unerbittliche Haltung gegen jede aufkeimende Schmutzopposition. (...)
- *Meister Proper* hingegen macht das Putzen zu einer Art häuslichen Karneval: problemloses Aufpolieren und Verwandeln der Wohnung bei minimalem Engagement. (...) Effizienz und Glanz (verknüpft er) mit dem augenzwinkernden

[1] Nachweisbar werden Zusammenhänge, die einen mittleren Komplexitätsgrad aufweisen, als angenehm empfunden, zu hohe oder zu geringe Komplexität als unangenehm. Als optimal ist die Komplexität dann anzusehen, wenn der Betrachter aus dem Dargestellten Regelmäßigkeiten und Gestaltungsprinzipien ableiten kann und diese Leistung als Eigenleistung erlebt (vgl. Werner 1993, S. 190). In diesem Sinne kann die *Bitburger*-Anzeige als optimal eingestuft werden, die *Condor*-Anzeige möglicherweise als zu komplex.

Versprechen: 'Man muß es nicht ganz so genau nehmen. Es genügt, wenn man oberflächlich eine blendende Wirkung erzielt'. (...)

- *Frosch* verkörpert eine völlig zwanglose Form des Reinigens. (...) Er steht für eine entschiedene Abkehr von makellosen Glanzwelten und perfekter Sauberkeit. *Frosch* ist Befürworter einer naturgemäßen Wohnumwelt, die auch schmutzige oder schmuddelige Seiten duldet (...). Der psychologische Kunstgriff von *Frosch* (...): 'Wenn man schon die Wohnung nicht total sauber macht, dann hält man wenigstens die Gewässer sauber'" (Grünewald 1996, S. 235).

Die Positionierungen dieser Marken basieren somit auf unterschiedlichen Stimmungslagen: Die Markenwahl richtet sich nach der jeweiligen Stimmung. Eine derartige Positionierung ist von den Herstellern wahrscheinlich nicht bewußt angestrebt worden. Sie zeigt aber, daß Positionierungen tief in unterbewußte Bereiche wirken.

3.2 Das klassische Positionierungsmodell

Solange eine Marke nicht mit anderen Marken verglichen werden kann, kann sie auch keine Positionierung haben (vgl. Kroeber-Riel 1993, S. 45). Ausgangspunkt für alle Positionierungsüberlegungen sind daher die Positionen, die die Wettbewerber einnehmen. Nur so ist sichergestellt, daß eine eigenständige Position gefunden wird. Eigenständig ist eine Positionierung nur dann, wenn sie sich von den Positionen der Wettbewerber abhebt. Das klassische Positionierungsmodell geht davon aus, daß in den Vorstellungen der Verbraucher auf jedem Markt eine Idealposition existiert. Ziel der Positionierung ist es, dieser Idealposition möglichst nahe zu kommen.

Bei klassischen Positionierungsmodellen wird

- die Position der **eigenen Marke** relativ zu den
- Positionen der **Konkurrenzmarken** und relativ zu den
- Positionen der **idealen Angebote**,
- aus der **Sicht der Zielgruppe,**
- in einem mehrdimensionalen Eigenschaftsraum

eingetragen (vgl. Kroeber-Riel 1994, S. 45).

Als Instrument dient dabei eine strategische Karte („mehrdimensionaler Eigenschaftsraum"), in der alle Marktpositionen der Wettbewerber eingetragen werden können und die gegebenenfalls Lücken aufzeigt, die für die eigene Positionierung genutzt werden können. Wichtig ist dabei, daß dafür strategische Dimensionen herangezogen werden, die für den jeweiligen Markt relevant sind. In einer derartigen strategischen Karte sind ferner nur diejenigen Wettbewerber zu berücksichtigen, die ein Angebot haben, das dem eigenen vergleichbar ist. Es macht keinen Sinn, sich von Wettbewerbern abgrenzen zu wollen, die von der Zielgruppe ohnehin nicht als Alternative wahrgenommen werden.

Abbildung 3–5: Klassisches Positionierungsmodell

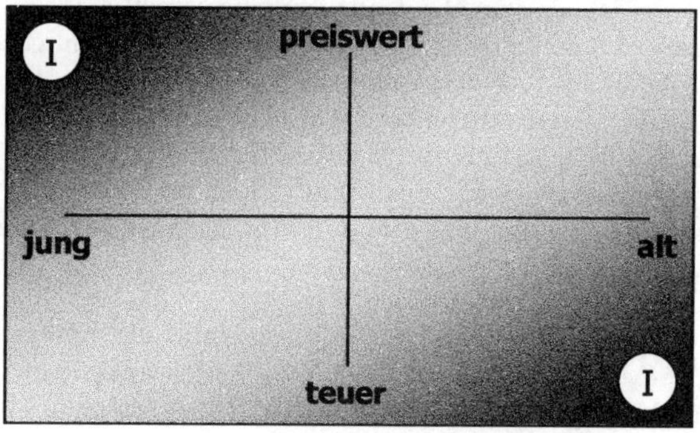

Abbildung 3-5 zeigt ein einfaches Positionierungsmodell, das Zielgruppen nach dem soziodemographischen Kriterium „Alter“ und als konsumrelevantes Kriterium den Preis definiert. Die beiden Idealpositionen (I) unterstellen, daß der ältere Teil der Zielgruppe über eine größere Kaufkraft verfügt und eher in der Lage ist, höhere Preise zu bezahlen. In dieser Überlegung würden die Quadranten preiswert/alt und teuer/jung keine Idealpositionen darstellen können.

Abbildung 3–6: Positionierungsmodell für einen Bierbrauer

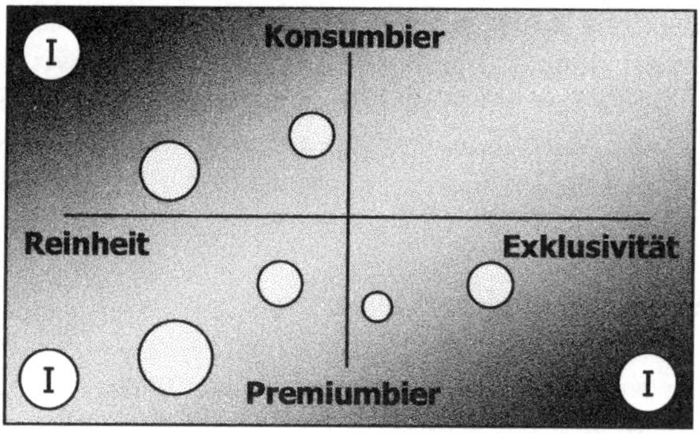

Abbildung 3-6 zeigt ein Beispiel für ein Positionierungsmodell aus dem Biermarkt. Angenommen, ein Bierbrauer untersucht die Marktpositionen seiner Wettbewerber unter den Aspekten Konsum-/Premiumbiere und Reinheit/Exklusivität um festzustellen, ob der Markt Lücken für eine sinnvolle Positionierung hergibt. Die Marktbedeutung der einzelnen Wettbewerber läßt sich durch entsprechende Größe der Kreise darstellen. Bei den verwendeten strategischen Dimensionen sind drei Idealpositionen denkbar, die Dimensionen Konsumbier und Exklusivität schließen sich gegenseitig aus. Die strategische Karte zeigt auf, daß alle relevanten Positionen besetzt sind, sich hier die Möglichkeit zu einer Alleinstellung im Markt also nicht bietet. Allerdings sind alle Wettbewerber einigermaßen weit von den Idealpositionen entfernt.

Auf dem deutschen Biermarkt lassen sich für die Premium-Marken im wesentlichen vier Positionierungsansätze feststellen:

- Natur/Herkunft: „Das natürliche Pils, aus Felsquellwasser gebraut", (*Krombacher, Licher*),
- Internationalität: „Spitzenpilsener von Welt", „In der ganzen Welt zu Hause" (*Beck's, Binding Lager*),
- After Action Satisfaction: „Das Bier für besondere Augenblicke als Belohnung für besondere Momente" (*König Pilsener*),
- Exklusivität: „Das einzig Wahre", „Ein besonderes unter den Besten" (*Warsteiner, Bitburger*).

Bemerkenswert ist, wie es in einem derart gesättigten Markt den einzelnen Marken gelungen ist, eigenständige und differenzierbare Positionierungen aufzubauen. Selbst eine Nischenpositionierung wie die der Marke *Jever*, die auf den ursprünglichen Charakter Frieslands abhebt, hat mit „friesisch-herb" eine relevante, nationale Eigenständigkeit erreicht.

Positionierungen sind immer ziel- und zielgruppenorientiert vorzunehmen. Diese Tatsache stellt im Normalfall auch kein Problem dar. Problematisch kann es jedoch dann werden, wenn sich ein Angebot an unterschiedliche Zielgruppen richtet, die diesem Angebot gegenüber unterschiedliche oder sogar gegensätzliche Erwartungshaltungen einnehmen.

> Beispielsweise ist die Positionierung für eine Hochschule in hohem Maße davon abhängig, ob die Zielgruppe Abiturienten/Studenten angesprochen werden soll oder die Zielgruppe Unternehmen als potentielle Arbeitgeber der Absolventen dieser Hochschule.
> Es sei folgender Fall konstruiert: Die Hochschulleitung könne einerseits das Ziel „möglichst viele Studenten", andererseits das Ziel „möglichst qualifizierte Lehre" verfolgen. Es ist erkennbar, daß sich diese Ziele notwendigerweise gegenseitig ausschließen. Die geographische Lage der Hochschule (eigener Hafen, Strandnähe) erlaube eine Alleinstellung gegenüber den Konkurrenzhochschulen (also gewissermaßen einen usp) und lasse das Umfeld des Studiums als Basis einer Positionierung (etwa im Sinne von „Studieren wo andere Urlaub machen") als denkbare Alternative zu. Für die Zielgruppe Abiturienten/Studenten und die Zielsetzung Maximierung der Studentenzahl könnte dieser Positionierungsansatz als attraktiv angesehen werden. Diese Attraktivität ist allerdings für die Zielgruppe Arbeitgeber nicht als gegeben anzusehen, im Gegenteil könnten diese vermuten, daß Urlaub und Studium in unangemessenerweise von den Studierenden dieser Hochschule vermischt werden.
> Wird andererseits jedoch das Ziel eines hohen Lehr- und Anspruchsniveaus der Professoren verfolgt, könnte das einen hohen numerus clausus zur Folge haben und nur wenigen eine Studienmöglichkeit eröffnen, was die Hochschule jedoch für potentielle Arbeitgeber attraktiver machen würde.

Da die Bedürfnisse je nach Zielgruppe sehr unterschiedlich ausgeprägt und stark differenziert sind, kommt der Segmentierung in gesättigten Märkten eine wachsende strategische Bedeutung zu. Differenzierte Verbraucherbedürfnisse lassen sich mit der Strategie der Kostenführerschaft nicht berücksichtigen. Insbesondere im Bereich von Luxus- und Statusprodukten ist diese Strategie wenig sinnvoll. In allen Märkten, in denen der Preis für den Verbraucher nicht das allein ausschlaggebende Kriterium ist, läuft ein Kostenführer Gefahr, an den Verbraucherbedürfnissen vorbei zu produzieren.

Abbildung 3–7: Positionierungsproblematik am Beispiel einer Hochschule

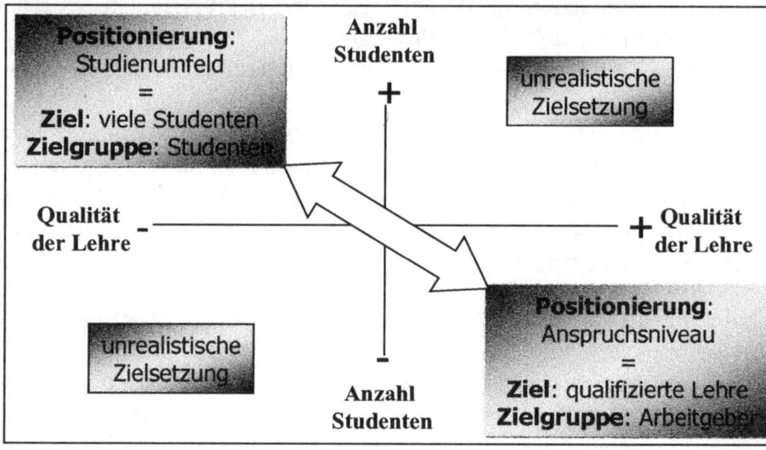

Wenn es gelingt, das Produkt mit einem Vorteil auszustatten, der für den Verbraucher relevant ist und der das Produkt von allen Wettbewerbsprodukten unterscheidet, handelt es sich um das Resultat einer Differenzierungsstrategie. Differenzierung beruht darauf, ein Produkt mit einem zusätzlichen Nutzen auszustatten, den Wettbewerbsprodukte nicht bieten. Das Resultat einer Differenzierungsstrategie ist häufig die Konzentration auf ein einzelnes Segment, in dem durch Differenzierung eine Alleinstellung erreicht werden kann, die es vom Preiswettbewerb abkoppelt (vgl. Porter 1992, S. 164).

Bei austauschbaren Produkten wird Differenzierung i.d.R. nicht über materielle Produktvorteile erreicht, sondern vor allem über immaterielle. Insbesondere der Imagewert bzw. die Anmutung eines Produktes ist dazu zu zählen. Das Beispiel auf Seite 20 hat gezeigt, daß selbst ein so profanes Produkt wie ein Ei positioniert werden kann.

Abbildung 3–8: Positionierung von einem Ei

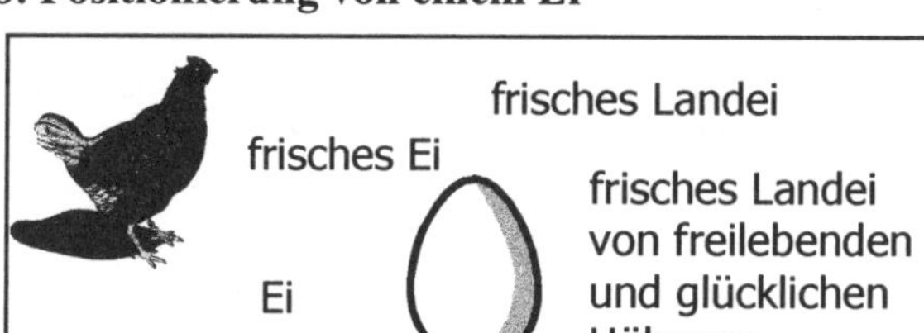

Ein geradezu klassisches Beispiel für die Besetzung einer Positionierungslücke ist *Merci*. Diese Schokolade positioniert sich nicht über die Qualität sondern als Schokolade zum Verschenken, als kleines „Dankeschön“ für nahezu jede Gelegenheit. Damit unterscheidet sie sich von allen Schokoladen im Markt. *Duplo* positioniert sich nicht einfach nur als Schokoriegel sondern als vermutlich längste Praline der Welt. Tankstellen positionieren sich weniger über ihr Stammprodukt (Benzin), als vielmehr über die Tatsache, daß sie Einkaufsmöglichkeiten rund um die Uhr anbieten. Sie grenzen sich damit also nicht gegenüber ihren unmittelbaren Wettbewerbern ab, sondern gegenüber dem Handel. De facto begeben sie sich damit allerdings von einer Austauschbarkeit in eine andere, denn mittlerweile sind die Einkaufsmöglichkeiten und Servicequalitäten der Tankstellen genauso identisch, wie der Treibstoff, den sie verkaufen.

Im Dienstleistungsbereich lassen sich Positionierungen in erster Linie über die Servicequalität realisieren. Der Qualität des Personals kommt daher im Dienstleistungsbereich eine entscheidende Bedeutung zu. Die wesentlichen Dimensionen sind dabei Höflichkeit, Freundlichkeit, Kompetenz, Zuverlässigkeit und Sensibilität. Da Dienstleistungen immateriell sind, lassen sie sich schlechter beurteilen als Sachgüter. Im Gegensatz zu Sachgütern, die sich „anfassen" lassen und sichtbar sind, lassen sich Dienstleistungen eben nicht anfassen. Dadurch ist es häufig so, daß Dienstleistungen zur Positionierung den umgekehrten Weg wählen wie Sachgüter: Während Sachgüter häufig immaterialisiert werden, wird bei Dienstleistungen versucht, sie zu materialisieren. Bei einem Sachgut Auto kann nachvollziehbarerweise eine Positionierung über etwas so Immaterielles wie „Sicherheit" angestrebt werden. Diese Sicherheit kann z.B. über ein schlafendes Kind im Fond eines fahrenden Autos ihrerseits wieder materialisiert werden. Dienstleister wie Banken materialisieren ihr Angebot beispielsweise über eine Metapher wie „Wir machen den Weg frei". Häufig dienen auch Personen zur Materialisierung, wie Herr Kaiser von der *Hamburg-Mannheimer*.

Generell läßt sich feststellen, daß Positionierungen im Dienstleistungsbereich weniger ausgeprägt sind als bei Konsumgütern. Dies ist zum einen sicherlich in der schwierigeren Ausgangsposition begründet (Immaterialität). Nachdem viele Konsumgüter aber mit grundsätzlich gleicher Austauschbarkeit der Angebote bewiesen haben, daß Positionierungen möglich sind, ist dies andererseits wiederum nur schwer nachzuvollziehen. Nach wie vor fehlen eindeutige Positionierungen im Banken-, Versicherungs-, Kreditkarten- oder Tourismusbereich.

3.3 Der Imagebegriff

In Zeiten der Informationsüberlastung erfüllt die Marke zunehmend **Orientierungsfunktionen** für den Konsumenten. Die Frage stellt sich, wie lange eine Marke diese Funktion erfüllt, wenn sie zunehmend auf verschiedenen Produkten erscheint und wie unterschiedlich diese Produkte sein dürfen, bis der Schaden größer ist als der Nutzen.

Da auf gesättigten Märkten Produkte in ihren funktionalen Eigenschaften weitgehend austauschbar sind, erfolgt Produktdifferenzierung hier überwiegend mittels emotionaler Erlebniswerte. Differenzierung ist ein Wesensmerkmal der Marke. Nur wenn es Marken gelingt, sich aus ihrem Wettbewerbsumfeld abzuheben und eine Alleinstellung zu erreichen, kann von **Markenpersönlichkeiten** gesprochen werden. Eine Imagepolitik ist häufig das einzige Mittel zur Markenprofilierung für austauschbare Produkte auf gesättigten Märkten.

Beim Versuch einer Definition erweist sich Image als ein schillernder Begriff, der eine außerordentliche Bandbreite von Bedeutungsinhalten umfaßt.

Tabelle 3-1 gibt einen Überblick über teilweise synonym verwendete Begriffe, ohne einen Anspruch auf Vollständigkeit zu erheben.

Tabelle 3-1: Übersicht über synonyme Verwendungen des Imagebegriffes

Allgemeine Synonyme	Spezielle Marketingsynonyme
Ansehen	Firmenruf
Charakterbild	Markenstereotyp
Nimbus	Markenvorstellungsbild
Renommee	Brand-Image
Ruf	Markenbild
Reputation	Markenstil
Bild	Markenprofil
Prestige	Markengesicht
Leitbild	Markencharakter
Vorurteil	Markenpersönlichkeit
Stereotyp	Markenerlebnis

Quellen: Thesaurus von Microsoft Word 6.0; Mayerhofer, W.: Imagetransfer, Wien 1995, S. 51

Als entsprechend vielfältig und uneinheitlich erweisen sich auch die Definitionen von Image. Der gemeinsame Nenner der Definitionen liegt in der subjektiven Bewertung von Images. Unter Image sind die „subjektiven, verstandes- wie gefühlsmäßigen Bedeutungsgehalte, die der Konsument mit der Marke verbindet" (Mayer/Mayer 1987, S. 6), zu verstehen. Kroeber-Riel definiert Image als „das Bild, das sich jemand von einem Gegenstand macht. Ein Image gibt die subjektiven Ansichten und Vorstellungen von einem Gegenstand wieder" (Kroeber-Riel 1992, S. 90).

Das Image eines Produktes setzt sich aus mehreren Komponenten zusammen:

- das Image des Landes, aus dem das Produkt stammt,
- das Image der Produktgruppe, der das Produkt angehört,
- das Firmenimage des Herstellers,
- das Markenimage des Produktes.

Abbildung 3-9 verdeutlicht die Vielschichtigkeit und Ganzheitlichkeit des Markenimages. Es wird beeinflußt von den Images der einzelnen Produkte der Marke, vom Herstellerimage (das seinerseits wiederum vom Markenimage profitieren kann), sowie von den Unterschieden zu den Images der Wettbewerbsprodukte. In den Augen des Käufers der Marke schließlich überträgt sich das Markenimage auf ihn selbst. Weitere Einflußfaktoren sind das Image des Distributionskanals und das

Image des Herstellerlandes. Diese Einflußfaktoren führen letztlich zu einer Bewertung der Marke und zu einem in Geld bewertbarem Markenwert.

Abbildung 3–9: Komponenten des Markenimage

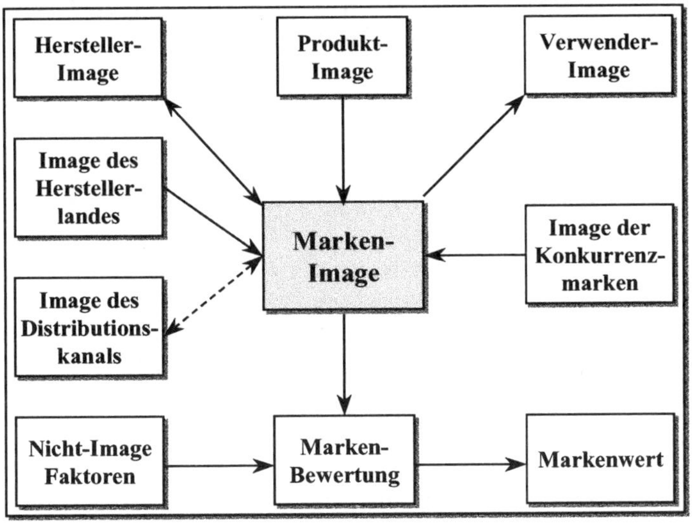

Vgl. Mayerhofer, W.: Imagetransfer, Wien 1995, S. 55

Die Marke stellt das Kapital eines Unternehmens dar, Werbung läßt sich auffassen als Investition in eine Marke. Über den Lebenszyklus einer Marke hinweg, belaufen sich diese Investitionen im Einzelfall auf Hunderte von Millionen Euro. In dieser Betrachtung stellt die Übertragung des Markenimages auf andere Produkte nichts anderes als einen Versuch der Amortisation der getätigten Investitionen dar.

Das Image einer Marke ist ein wesentlicher Faktor für den Markenwert. Daher ist es nur allzu verständlich, warum Markeninhaber das Image ihrer Marke pflegen. Wie stark Images wirken, läßt sich vor allem immer dann feststellen, wenn die Images einmal geschädigt wurden, sei es durch technische Fehler oder Erpressungsversuche von Nahrungsmittelherstellern. Rückrufaktionen von Automobilherstellern wirken sich immer negativ auf das Image aus. Das Image eines Nudelherstellers ist nach Anschuldigungen über die Verwendung verunreinigter Eier nachhaltig geschädigt und kann für ihn den wirtschaftlichen Ruin bedeuten, unabhängig davon, ob ihn eine Schuld trifft oder nicht.

Das Image eines Unternehmens ist das, was ihm von seinen Zielgruppen zugesprochen wird. Ein Image kann ein Unternehmen also nicht erwerben, vielmehr muß es durch einen gezielten kommunikativen Auftritt und ein damit stimmiges Verhalten langfristig aufgebaut und abgesichert werden.

Die Bedeutung von Images für den Marken- und damit Unternehmenswert zeigt sich vor allem bei der Akquisition von Unternehmen. Die bilanztechnische Bewertung von Images trägt dem realen Wert von Images nicht Rechnung. Ein geschickter Markentechniker kann aus einer erworbenen Marke schnell ein Vielfaches seiner Investition herausholen, wenn er es versteht, das Imagepotential auf andere Produkte zu übertragen. Ein spektakuläres Beispiel für den Wert von Marken ist die Akquisition von *Kraft* durch *Philip Morris*. Von dem Kaufpreis von 13,1 Mrd. Dollar wurden 90% in der Bilanz unter „Goodwill und andere immaterielle Vermögensgegenstände" ausgewiesen.

3.4 Funktionen von Images

3.4.1 Funktionen von Images im Kaufentscheidungsprozeß

Im modernen Marketing wird das Image als eine der entscheidenden Variablen angesehen, die die Kaufentscheidung beeinflussen. Der Konsument richte seine Entscheidungen gegenüber einem Angebot nicht danach, wie dieses ist, sondern danach, wie er glaubt, daß es wäre (vgl. Spiegel 1961, S. 29). Die Funktionen von Images im Kaufentscheidungsprozeß lassen sich wie in Abbildung 3-10 klassifizieren.

Abbildung 3–10: Funktionen von Images

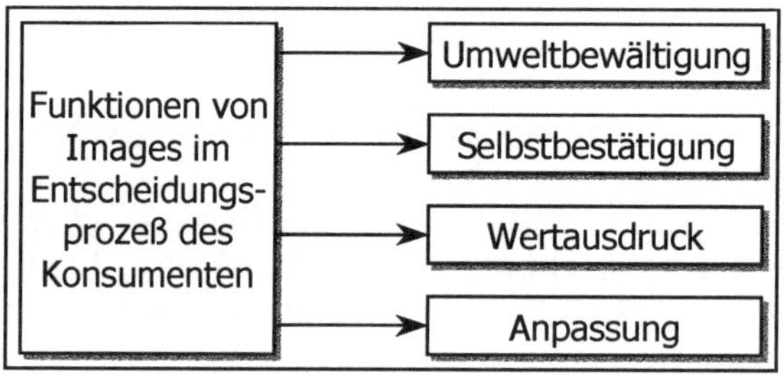

Nach Mayer, A./Mayer, R.U.: Imagetransfer, Hamburg 1987, S. 13 ff.

Auf gesättigten Märkten ist das Angebot häufig sehr komplex. Images können hier die Funktion der **Umweltbewältigung** übernehmen, indem sie die Umwelt- (d.h. Markt-) Situation strukturieren; sie übernehmen eine Orientierungsfunktion bei der Bewertung von Alternativen. Markenimages können das mit der Kaufentscheidung verbundene, subjektiv empfundene Risiko begrenzen. Images ersetzen fehlendes Wissen (vgl. Mayer/Mayer 1987, S. 14).

Die Selbstbestätigungsfunktion von Images zeigt sich darin, daß der Konsument bestrebt ist, die Produkte zu kaufen, die zur Stützung des eigenen Selbstbildes beitragen. Es wird größtmögliche Übereinstimmung zwischen Selbstbild und Produkteinstellung angestrebt (ist man mehr der *BMW*- oder der *Mercedes*-Typ?). Es liegt dabei in der Natur der Sache, daß Produkte, die öffentlich konsumiert werden (Statusprodukte), damit stärker korrelieren als Produkte des privaten Konsums.

In eine ähnliche Richtung zielt die **Wertausdrucksfunktion** von Images. Mit dem Konsum bestimmter Produkte möchte man zeigen, was man ist, Produkte werden zu Mitteilungen an die Umwelt. Andere sollen beeinflußt werden. In den Gedanken des Besitzers dieser Produkte wird das mit diesen Produkten assoziierte Image auf ihn übertragen (vgl. Mayer/Mayer 1987, S. 15). So kann die Wahl der Jeansmarke auch durch Vermutungen oder Hoffnungen darüber beeinflußt werden, was Freunde von einem denken, wenn sie ihn in dieser Marke sehen.

Die **Anpassungsfunktion** von Images schließlich betrifft das Bemühen um Akzeptanz durch die Umwelt. Produkte signalisieren ein „sich zugehörigfühlen" zu bestimmten Gruppen.

Der Stellenwert, den Images bei der Markenwahl einnehmen, hängt stark von der jeweiligen Produktkategorie ab, sowie von der Bedeutung, die diese Produktkategorie bei einzelnen Zielgruppen hat. Abbildung 3-11 zeigt beispielhaft die Bedeutung, die Marken in einzelnen Produktkategorien für 13- bis 20jährige einnehmen.

Abbildung 3–11: Bei welchen Produkten für 13 bis 20jährige die Marke wichtig ist

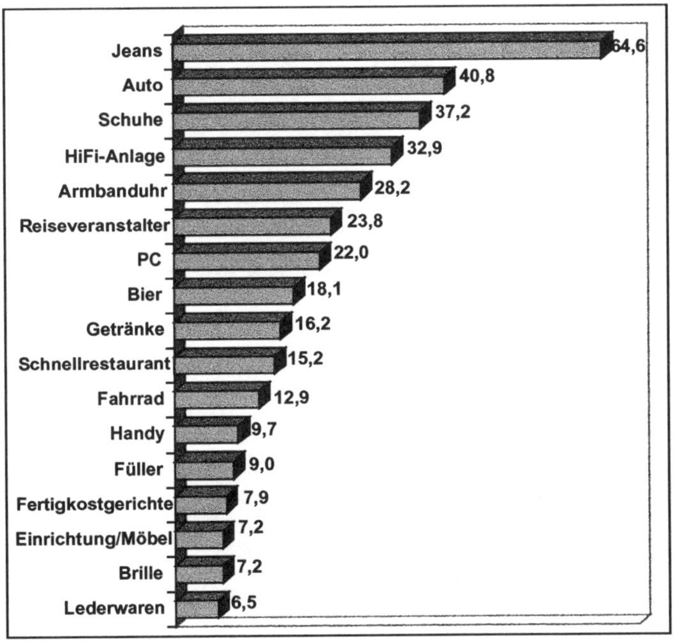

Vgl. O.V.: Welche Marken will die Jugend?, in: Absatzwirtschaft, Sondernummer Oktober 1997, S. 216

3.4.2 Image und Markenpersönlichkeit

Eine wesentliche Funktion, die Images übernehmen, ist die Positionierung einer Marke durch Erlebniswerte. Bereits Domizlaff verwies auf die zentrale Bedeutung, die der Ausbildung von Produktpersönlichkeiten im Marketing zukommt: „Der Wert eines Markenartikels beruht auf dem Vertrautsein des Verbrauchers mit dem Gesicht des Markenartikels“ (Domizlaff 1939, S. 98). Der Agenturgründer Ogilvy setzt Image gleich mit Persönlichkeit. „Image heißt Persönlichkeit. Produkte haben genau wie Menschen eine Persönlichkeit“ (Ogilvy 1984, S. 14). Die Persönlichkeit eines Menschen konstituiert sich vor allem aus seinen spezifischen Eigenheiten, die ihn von anderen Personen unterscheiden. Auch Marken spezifizieren sich vor allem durch ihre Unterschiede zu anderen Marken. Von Markenpersönlichkeiten wird dann gesprochen, wenn es einer Marke gelungen ist, im Wettbewerbsumfeld eine Alleinstellung zu erreichen, die es ihr ermöglicht, sich eindeutig von anderen Marken abzuheben.

Marken werden vielfach menschliche Eigenschaften zugeschrieben, sie werden als lebende Wesen betrachtet, die auch eine Seele haben. Für die Markenführung ist dies eine sehr sinnvolle Betrachtungsweise, verdeutlicht sie doch, daß eine Marke Schaden an ihrem Kern nehmen kann, wenn sie nicht ihren Persönlichkeitsmerkmalen entsprechend geführt wird. Was der Kern oder die „Seele“ einer Marke ist, kann jeweils nur für eine konkrete Marke beantwortet werden. Um eine pauschaliertere Bewertung vorzunehmen, wurden Verbraucher gebeten, die Marke mit Eigenschaften zu beschreiben, mit denen sie auch einen Menschen, z.B. einen guten Freund, charakterisieren würden. Das Ergebnis dieser Untersuchung zeigt Abbildung 3-12.

Abbildung 3–12: Die „Seele“ des Markenartikels

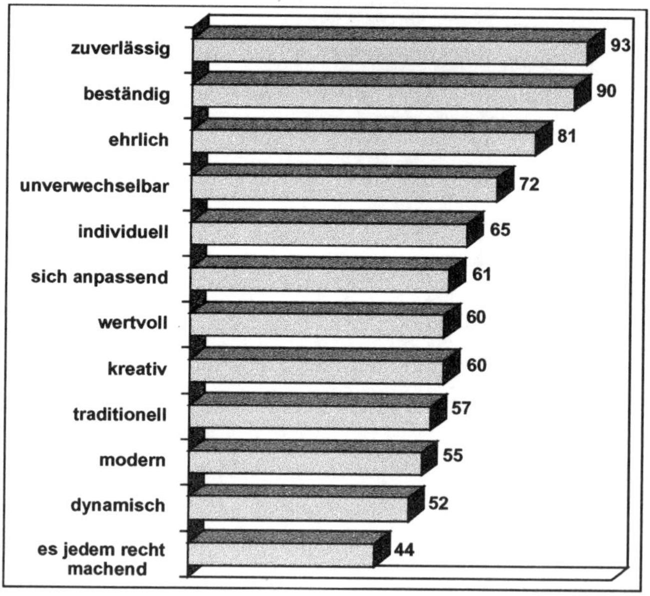

Vgl. Szallies, R.: Neue Bilder in den Köpfen? Die herausgeforderte Marke, in: Absatzwirtschaft, Sondernummer Oktober 1997, S. 140

Das Wesen einer Marke wird also durch dieselben Werte gekennzeichnet, die auch einen Menschen charakterisieren: Zuverlässigkeit und Beständigkeit, Unverwechselbarkeit und Individualität. Diese Werte machen eine Marke identifizierbar und differenzieren sie somit von allen anderen.

Eine GfK-Langzeitstudie zeigte auf, daß die Qualität des Produktes die zentrale Dimension für das Vertrauen des Verbrauchers in ein Produkt ist. Für die Orientierung beim Kauf kommt jedoch dem Image des Herstellers eine entscheidende Bedeutung zu (vgl. Szallies 1988, S. 8 ff.).

Das Marken- bzw. Produktimage läßt sich somit als Ausgangspunkt für den Einsatz des Marketing-Mix wie in Abbildung 3-13 bezeichnen.

Abbildung 3–13: Image als Ausgangspunkt für den Einsatz des Marketing-Instrumentariums

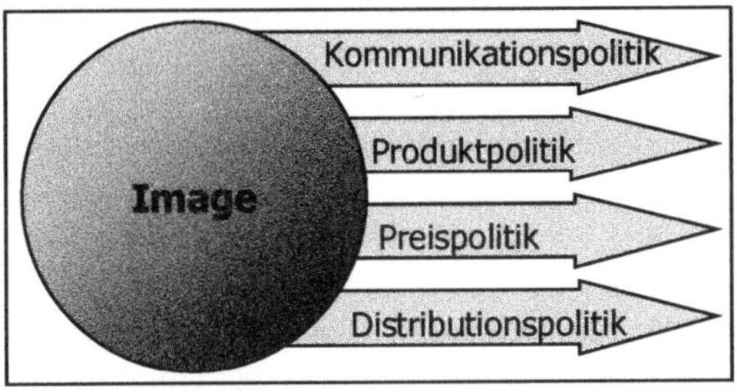

Im Mittelpunkt der Markenbildung steht die Entwicklung einer Produktpersönlichkeit. Die ist nur zu erreichen durch ein aufeinander abgestimmtes widerspruchsfreies Zusammenwirken sämtlicher Marketing-Mix-Faktoren. Dabei bildet das Image die integrierende Klammer für den Einsatz aller Marketing-Mix-Instrumente.

Die Werbung soll dem Verbraucher ein klar profiliertes Markenbild vermitteln. Da objektiv erkennbare Produktvorteile auf gesättigten Märkten eher die Ausnahme sind, ist die Vermittlung eines „einzigartigen Produktversprechens" (USP) meist nicht möglich. Der Werbung muß es in diesen Fällen gelingen, den objektiv nicht vorhandenen Produktvorteil durch einen psychologischen Markenunterschied zu ersetzen. Die kommunikative Leistung besteht darin, Erlebniszusammenhänge zwischen einem Produkt und Tatbeständen, die zunächst nicht als zusammengehörig erlebt werden, zu vermitteln: Gefühle, Stimmungen, Leitbilder, Lebensstile. „Die Leute wollen mit einer Firma in Verbindung gebracht werden, die sie gut finden. Mit einem Namen der sagt: 'Du bist sophisticated. Du bist reich. Du bist cool. Du bist jung, amüsant und sexy'" (Der Designer Calvin Klein auf die Frage, warum es nicht mehr genügt, den Firmennamen auf der Innenseite zu tragen, Klein 1999, S. 88).

3.5 Imagetransfer

3.5.1 Voraussetzungen für einen Imagetransfer

„Beim Imagetransfer strebt man die Übertragung von positiv aufgeladenen emotionalen und sachhaltigen Imagebestandteilen von einem Produkt auf ein anderes Produkt an. (...) Hierdurch soll die Kaufbereitschaft für das neue Produkt einer Marke gesteigert werden" (Mayer/Mayer 1987, S. 82). Als Mechanismus, mit dem der Imagetransfer beim Konsumenten funktioniert, werden Analogieschlüsse unterstellt.

Für einen erfolgreichen Imagetransfer müssen drei Voraussetzungen gegeben sein (vgl. Trachtenberg 1985, S. 45):

- ein gemeinsamer Markenname,
- möglichst hohe gemeinsame Konsumentenanteile,
- hohe emotionale Affinität.

Schweiger geht bei den Transfer-Voraussetzungen von den emotionalen und technologischen Produktunterschieden aus. Je geringer die emotionalen und technologischen Unterschiede zwischen zwei Produkten sind, desto besser seien die Voraussetzungen für einen Imagetransfer. Als Beispiel nennt er Zigaretten und Damenparfum, die technologisch nicht affin sind. Eine Markengleichheit würde vom Verbraucher als eher zufällig erachtet und damit nicht verhaltenswirksam werden. Findet dennoch ein Imagetransfer statt, könnten unpassende technologische Eigenschaften übertragen werden (das Parfum riecht nach Zigarette/die Zigarette nach Parfum) (vgl. Schweiger 1982, S. 321 f.).

Ausgehend von der Annahme, eine Firma vermarkte erfolgreich ein Produkt P1 unter der Marke B und eine zweite Firma wolle ein Produkt P2 ebenfalls unter der bekannten Marke B einführen, erstellt Schweiger ein Imagetransfermodell, wie in Abbildung 3-14 dargestellt.

Abbildung 3–14: Imagetransfer-Modell nach Schweiger

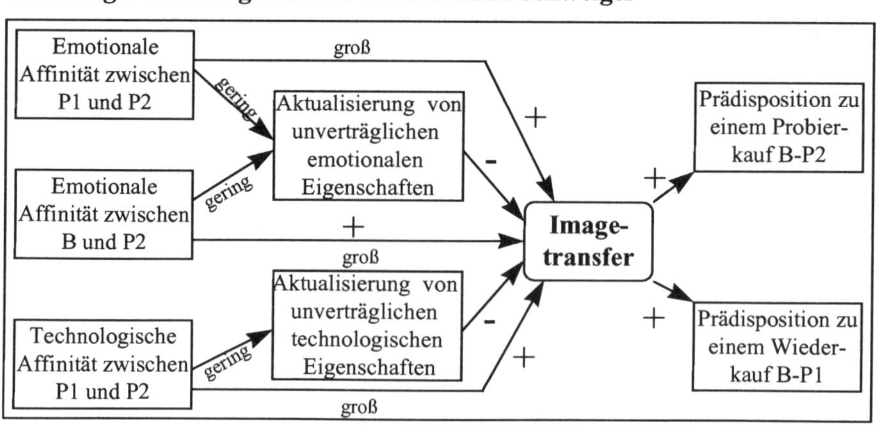

Vgl. Schweiger, G.: Imagetransfer, in: Marketing-Journal Nr. 4, 1982, S. 321

„Mangelnde emotionale Affinität zwischen P1 und P2 bzw. zwischen B und P2 aktualisiert unverträgliche emotionale Eigenschaften. Mangelnde technologische Affinität zwischen den beiden Produktgruppen P1 und P2 aktualisiert unverträgliche technologische Eigenschaften. Dadurch wird der Imagetransfer behindert oder durch unpassende emotionale bzw. technologische Eigenschaften erfolgen" (Schweiger 1982, S. 322).

Imagetransfer zielt auf die wechselseitige Übertragung von Assoziationen zwischen Produkten unterschiedlicher Kategorien und damit auf eine Mehrfach-Nutzung von Markennamen. Dabei wird davon ausgegangen, daß jedes Produkt von zwei Assoziationskreisen umgeben ist (vgl. Mayer/Mayer 1987, S. 26), die durch Imagetransfer auf andere Produkte übertragen werden können (vgl. Abbildung 3-15):

1. Die **technische Beschaffenheit** eines Produktes, d.h. die objektiv nachvollziehbaren Eigenschaften (Grundnutzen). Objektiv läßt sich beispielsweise eine Zigarette nach den Nikotin- und Teerwerten, dem Filter, der Größe u. dgl. beschreiben.
2. Das **emotionale Erlebnisumfeld**, d.h. die subjektiven Phantasien und Vorstellungen, die der Gedanke an ein bestimmtes Produkt auslöst (Zusatznutzen). Der Geschmack von Freiheit und Abenteuer oder der Duft der großen weiten Welt sind emotionale Komponenten, die Zigaretten eindeutig differenzieren.

I.d.R. zielt der Imagetransfer auf die Übertragung der emotionalen Werte. Da es sich aber beim Imagetransfer um eine *wechselseitige* Übertragung handelt, ist immer auch von einem Rücktransfer auszugehen, d.h. auch die Stamm-Marke wird mit zusätzlichen Assoziationen aufgeladen.

Abbildung 3–15: Grundmodell des Imagetransfers

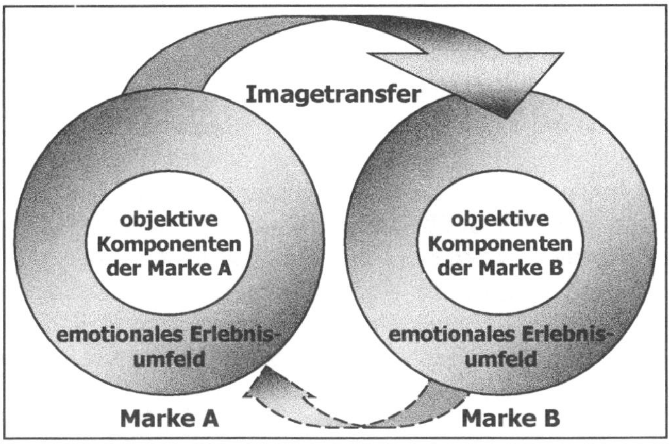

Wesentliches Merkmal von Imagetransferstrategien ist das einheitliche Auftreten mehrerer Produkte unterschiedlicher Kategorien unter einer Marke. Das einheitliche Erscheinungsbild wird um so wichtiger, je größer die Anzahl der Produkte unter einer Marke ist. Die Produkte sollten in einem oder in benachbarten Preis- und Qualitätssegmenten angesiedelt sein: Wenn Premiummarke, dann in allen

Märkten. Das Marketing-Mix für verschiedene Produkte unter einem gemeinsamen Imagedach muß also sowohl in vertikaler als auch in horizontaler Ebene aufeinander abgestimmt sein.

Abbildung 3–16: Horizontale und vertikale Abstimmung des Marketing-Mix

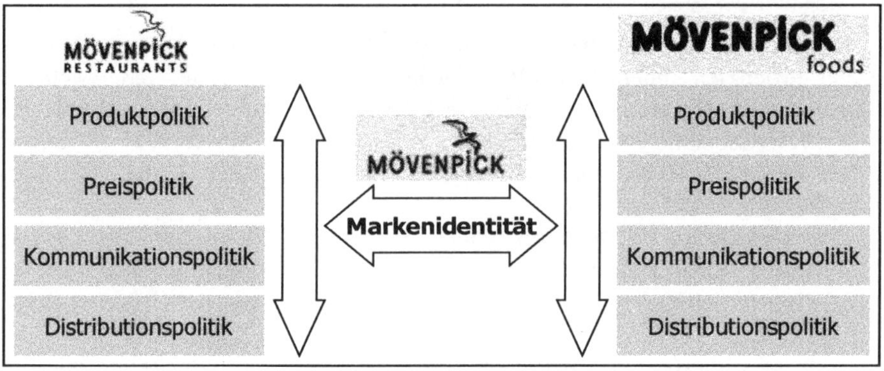

Nach Mayer, A./Mayer, R.U.: Imagetransfer, Hamburg 1987, S. 27

Um Zugriff auf die Marken eines anderen Unternehmens zu haben, muß man diese allerdings nicht gleich kaufen, i.d.R. werden dafür Lizenzverträge abgeschlossen.

3.5.2 Funktionsweise von Imagetransfers

Grundlage für den Erfolg von Imagetransferstrategien ist ein von der Zielgruppe wahrgenommener und akzeptierter gemeinsamer Vorteil der Transferpartner.

Für den Imagetransfer besonders interessant ist die **selektive Wahrnehmung**, d.h. der Konsument nimmt vor allem solche Reize wahr, die seinen Bedürfnissen und Wünschen entsprechen. Schlüsselinformationen sind für die Produktbeurteilung besonders wichtig, da sie mehrere andere Informationen bündeln. Der Preis oder der Markenname sind solche Schlüsselinformationen. Ein bekannter Markenname verfügt aus der Sicht des Konsumenten über einen hohen Nutzenwert, indem er z.B. bei der Beurteilung der zu erwartenden Qualität des Produktes hilft.

Überragende Bedeutung für die Wahrnehmung der Konsumenten haben die Erwartungen, die aus der Kenntnis einer bekannten Marke abgeleitet werden. Ein bekannter Markenname aktiviert ein **Markenschema** und beeinflußt damit automatisch die gesamte Produktwahrnehmung.

Dieser Effekt wird im Rahmen von Markenerweiterungen genutzt, indem ein bekannter Markenname für neue Produkte verwendet wird, die oft mit der Stammkategorie wenig verwandt sind. Die bekannte Marke soll z.B. die Qualitätserwartungen dem neuen Produkt gegenüber positiv beeinflussen. Erwartungen der Konsumenten werden aber nicht nur durch die Marke, sondern z.B. auch durch das Herkunftsland des Produktes ausgelöst.

I.d.R. erfolgt die Wahrnehmung einer Werbebotschaft zeitlich getrennt von der Kaufhandlung. Daher ist es wichtig, daß die Aussagen im Gedächtnis haften bleiben, also gelernt werden.

Käufer sammeln Erfahrungen über ein Produkt, indem sie es kategorisieren, d.h. im Gedächtnis in eine Kategorie mit gleichartigen Marken einordnen. Sucht ein Konsument beim Einkauf nach Alternativen, kommen vor allem solche Produkte zum Zuge, die mit starken Assoziationen über die Produkteignung verbunden sind; man spricht in diesem Zusammenhang von **Reizgeneralisierung**: Auf ähnliche Reize wird reagiert, als ob es sich um die gleichen Reize handelt, auf ähnliche Produkte wird reagiert, als ob es sich um das gleiche Produkt handelt (vgl. Mayerhofer 1995, S. 17).

Reizgeneralisierung ist eine wesentliche Ursache für die Präferenzbildung. Der Konsument überträgt Präferenzen, die er erworben hat auf andere Produkte, die den präferierten Produkten ähnlich sind.

Markenerweiterungen stellen einen Eingriff in vorhandene Schemata dar (vgl. die Ausführungen über semantische Netzwerke in Kapitel 2.2.3.2.2). Führt z.B. die Marke *Milka* als Produzent von Tafelschokolade eine Markenerweiterung in die Produktgruppe Riegel durch, wird das Schema der Produktgruppe Riegel um die Marke *Milka* erweitert. Gleichzeitig kommt es auch auf der Markenebene zu einer Veränderung des Markenschemas von *Milka* (vgl. Abbildung 3-17).

Abbildung 3–17: Markenerweiterungen

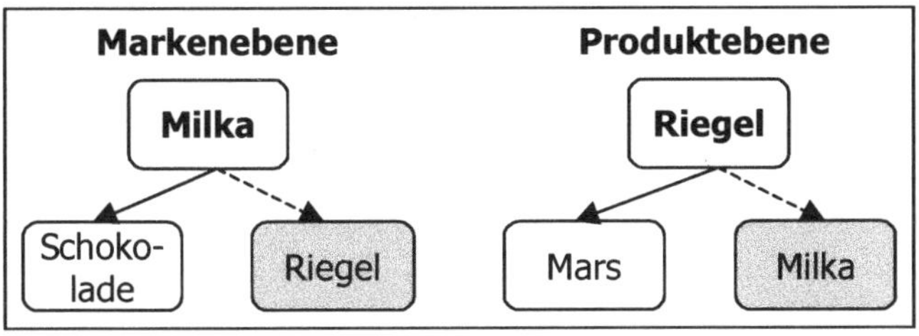

Bekannte Marken können fehlende Informationen ersetzen. Im Falle einer Entscheidung zwischen der Einführung einer neuen Marke und der Nutzung eines eingeführten Markennamens kann die Marke einen Ersatz für andere, fehlende Informationen über das Produkt darstellen. Fehlende Informationen über Produktmerkmale (Preis, Qualität) können aus einer bekannten Marke abgeleitet werden. Hat eine Marke ein exklusives und teures Image, werden diese Aspekte auch auf die unter dem gleichen Markendach eingeführten weiteren Produkte übertragen. Ohne die neuen Produkte zu kennen, wird ein Konsument vermuten, daß sie ebenfalls exklusiv und teuer sind.

Nach welchem Prozeß übertragen Konsumenten Eigenschaften von der Originalmarke auf eine andere Produktkategorie? Es ist davon auszugehen, daß Konsumenten **Analogieschlüsse** verwenden, um Wissen von vergangenen Erfahrungen mit verwandten Produkten auf Markenerweiterungen zu übertragen. Besonders bedeutungsvolle Eigenschaften der Originalmarke werden auf das Transferprodukt übertragen. Eine Marke kann nur dann in eine unähnliche Kategorie übertragen werden, wenn ein bedeutungsvolles Merkmal übertragen werden kann.

Eine weitere wichtige Funktion von Imagetransfers liegt in der Nutzung von etablierten Marken zur **Reduzierung des Kaufrisikos**. Wenn das von einem Konsumenten wahrgenommene Kaufrisiko eine individuelle Toleranzschwelle überschreitet, versucht er, das Risiko zu reduzieren. Konsumenten können sich auf eingeführte Marken als Qualitätssymbol verlassen. Bei einer bekannten Marke wird das Risiko, mit ihr schlechte Erfahrungen zu machen, tendenziell geringer eingeschätzt, als bei einer unbekannten.

Durch das Wiedererkennen eines Markennamens wird erwartet, daß auf Seiten der Konsumenten Vertrautheit und Wissen über eine etablierte Marke bestehen. Dadurch können die Kosten für Distribution und Werbung reduziert werden. Es kann unterstellt werden, daß Werbung nicht nur auf das beworbene Stammprodukt, sondern auch auf das Transferprodukt wirkt und umgekehrt. Imagetransfers basieren somit auf Synergieeffekten der Werbung. Wird für ein Produkt der Marke geworben, profitieren davon automatisch alle anderen Produkte der Marke. Es kommt zu einem Transfer von positiven Assoziationen, die mit einer vertrauten Marke verbunden sind. Der Goodwill, der in einem Markennamen aufgebaut wurde kann auf andere Produkte übertragen werden. Die systematische Ausdehnung einer Marke kann aber auch die Bedeutung der Stamm-Marke und deren Markenwert erhöhen.

Es empfiehlt sich, beim Imagetransfer zwei grundlegende Zielsetzungen zu unterscheiden: Einerseits im Hinblick auf die Einführung neuer Produkte, andererseits bei bereits eingeführten Produkten (vgl. Mayer/Mayer 1987, S. 28 ff.). Ziel beim Imagetransfer auf eine Neueinführung ist die Erleichterung der Markteinführung und eine Reduzierung des Floprisikos. Durch die Verwendung des Namens einer bereits erfolgreich am Markt etablierten Marke und der weitgehenden Beibehaltung von spezifischen Marketing-Mix-Komponenten wird eine Übertragung der aufgebauten Markenbekanntheit und der mit ihr verbundenen Wertvorstellungen auf ein neues Produkt angestrebt.

Bei bereits eingeführten Produkten wird eine Intensivierung des Markenvorstellungsbildes beim Verbraucher angestrebt. Durch Kopplung mit Produkten anderer Produktklassen wird versucht, einzelne Aspekte der bestehenden Erlebniswelt abzustützen.

Ein weiteres Ziel kann die Aktualisierung und Modernisierung der eigenen Marke sein, indem durch die Wahl von Transferpartnern eine Veränderung der mit dem Produkt assoziierten Erlebniswelt angestrebt wird. So erlebte die Eismarke *Schöller* durch Kooperation mit *Mövenpick* ein up-grading.

Wenn ein und derselbe Markenname für mehrere Produkte aus unterschiedlichen Kategorien verwendet wird, handelt es sich um eine **Dachmarkenstrategie**. Die Synergiemöglichkeiten die Dachmarkenstrategien bieten sind sehr vielfältig. Es besteht aber die Gefahr der Markenerosion, daß also mit zunehmender Ausweitung das Image einer Marke verschwommen wird. Die Frage, wie weit eine Marke ausgedehnt werden kann, hängt von den zentralen Assoziationen ab, die die Marke hervorruft. Je stärker eine zentrale Assoziation ist, desto eingeschränkter ist die Ausdehnbarkeit auf andere Kategorien.

3.5.3 Kernkompetenzen als Basis von Imagetransfers

Ausgangspunkt von Imagetransfers ist immer die **Kernkompetenz** der Marke, für die die Marke im Bewußtsein der Verbraucher steht. Von dieser Kernkompetenz leitet sich auch die Positionierung ab. Abbildung 3-18 zeigt aus der Kernkompetenz heraus vorgenommene Markenerweiterungen am Beispiel der Marke *Milka*. Dabei wird angenommen, daß *Milka* für Schokolade steht, und die Marke über ihre Zartheit positioniert wird.

Die Kuh würde dann als ein Symbol für die Positionierung stehen, wobei die Farbe lila von der Packungsfarbe kommt. Die Assoziationskette, die die Kuh symbolisieren sollte, könnte beispielsweise lauten:

- *Milka* wird aus Schweizer Alpenvollmilch hergestellt,
- diese Milch ist deshalb so gut, weil die Almen in den Schweizer Alpen hoch gelegen sind, das Gras deshalb dort langsamer wächst, sich die Geschmacksbestandteile daher besser entwickeln können,
- daher ist *Milka* die zarteste Versuchung, seit es Schokolade gibt.

Abbildung 3–18: Kernkompetenz als Basis von Imagetransfers

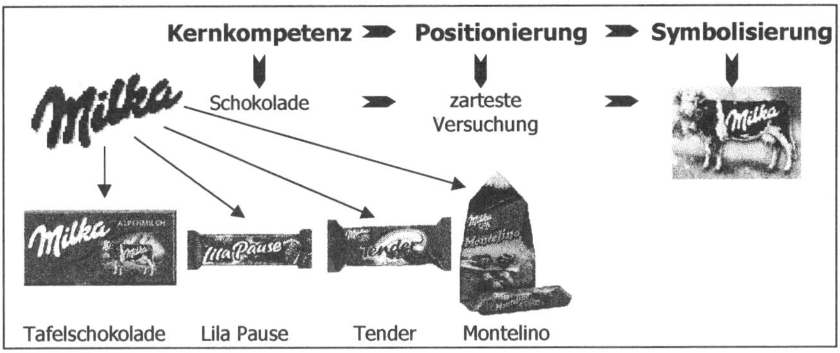

Die Frage ist, ob die Kuh tatsächlich für diese Assoziationskette steht oder ob sie sich mittlerweile nicht verselbständigt hat (vorausgesetzt, die getroffenen Annahmen stimmen). Wenn *Milka* für Schokolade und nicht für Naschen allgemein steht, wäre die Marke *Milka* wahrscheinlich nicht auf Knabbergebäck ausdehnbar.

Das gemeinsame Imagedach der *Nivea*-Produkte ist die Pflege. Es ist gelungen, viele bedarfsverwandte Produkte um die Muttermarke zu legen und erfolgreich einen Markentransfer vorzunehmen. Die Imagefacette „Duft" würde aber wahrscheinlich die Glaubwürdigkeit der Marke strapazieren (vgl. Mayerhofer 1995, S. 112). Ausgehend von der Kernkompetenz „Pflege" wurde die Muttermarke sukzessive um neue Segmente erweitert (vgl. Abbildung 3-19). „*Nivea* hat sein Grundverständnis komplett neu definiert. Früher war *Nivea* eine Hautcreme, heute ist es ein Versprechen, das ungefähr so lautet: 'All die Pflege, die ich benötige, um gut auszusehen und mich gut zu fühlen'" (F. Schmiedebach, Corporate Vice President, Beiersdorf, zitiert nach O.V. 1998, S. 63). Dennoch ist zu vermuten, daß die Kernkompetenz „Pflege" nicht beliebig ausgeweitet werden kann. Zahn- oder Fußpflege würde die Pflegekompetenz von Nivea wahrscheinlich überfordern.

Abbildung 3–19: Das Nivea Universum

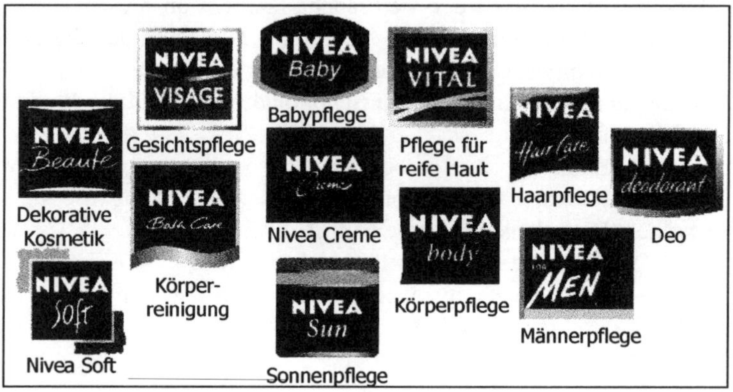

Bei alkoholfreiem Bier hingegen war die Schaffung einer neuen Marke erfolgreich. *Clausthaler* dominiert diesen Markt. Hingegen neigten Nachfolger (*Becks*, *Jever*, *Bitburger*) eher dazu, die Stamm-Marke zu nutzen.

Abbildung 3–20: Markenportfolio der Unternehmensgruppe Melitta

Melitta stand als Dachmarke für 200 verschiedene Produkte, vom Kaffeefilter bis zum Luftreiniger. Das führte zu einem diffusen Markenbild. Im Zuge einer Umstrukturierung wurden strategische Geschäftsfelder definiert für die jeweils eigene Marken geschaffen wurden (vgl. Abbildung 3-20). Die Marke *Melitta* steht heute nur noch für den angestammten Kaffeebereich (Kaffee, Filterpapier, Kaffeezubereitungsprodukte) sowie als *Melitta* System Service im Bereich Gastronomie und Großküchen. Für das strategische Geschäftsfeld „Praktische Sauberkeit" wurden die Produkte der Bereiche Abfallentsorgung, Haushaltsreiniger, Staubsaugerbeutel und -zubehör die Marke *Swirl*, für Folien die Marke *Toppits*, für Teefilter die Marke *Cilia*, sowie für Luftreinigung und Luftbefeuchtung die Marke *Aclimat* geschaffen.

Die **Kernkompetenz** einer Marke sollte auf den für die jeweilige Produktkategorie relevanten Werten basieren. Jede Produktkategorie hat spezifische Wertaffinitäten, wobei der „Wert" auf der „Konzeption des Wünschenswerten" beruht (vgl. Dingler 1997, S. 161).

Ein Beispiel aus dem Lebensmittelbereich soll dies verdeutlichen: Gemeinsames Merkmal aller *Du darfst*-Produkte ist, daß sie kalorienreduziert (fettarm) sind. Die *Du darfst*-Kampagne positionierte die Produkte jedoch nicht über den unmittelbaren Nutzen, sondern über das daraus abgeleitete Selbstbewußtsein der Verwender(innen) (vgl. Abbildung 3-21).

Abbildung 3–21: Kategorietypische Wertaffinitäten

Vgl. Dingler, R.: Core Values ein Roulettespiel?, in: Absatzwirtschaft, Sondernummer Okt. 1997, S. 163

> „Das objektive Merkmal „fettarm" wird mit der Bedeutung „kalorienarm" direkt assoziiert. Dieses wiederum hat die Konsequenz „schlank bleiben" und „schön sein". In unserer Kultur ist Schlankheit bei Frauen ein bedeutender Wert. Und Schlankheit ist ein Bild von Schönheit. Das Ideal „dicke Menschen" besitzt unsere Kultur nicht. Dicksein ist folglich „nicht wünschenswert" und damit „abzulehnen" und in letzter Konsequenz „häßlich", „abstoßend".
> Steigt man höher, kommt man auf den Wert „Respekt und auf den terminalen Wert „Selbstbewußtsein" (Dingler 1997, S. 163).

Die „Spiegelbild-Kampagne" von *Du darfst* (vgl. Abbildung 3-22) demonstrierte den Produktnutzen: *Du darfst* hilft, die Figur zu halten. Die Kampagne spricht alle die an, die Wert auf ein ästhetisches Erscheinungsbild und damit auf eine gute Figur legen (vgl. Mayer/Mayer 1987, S. 149). Die Kampagne richtete sich nicht vordergründig an dicke Menschen, die mit den Produkten abnehmen können, sondern sie zeigte schlanke Menschen, die so bleiben wollen, wie sie sind.

Abbildung 3–22: ***Du darfst*-Anzeige**

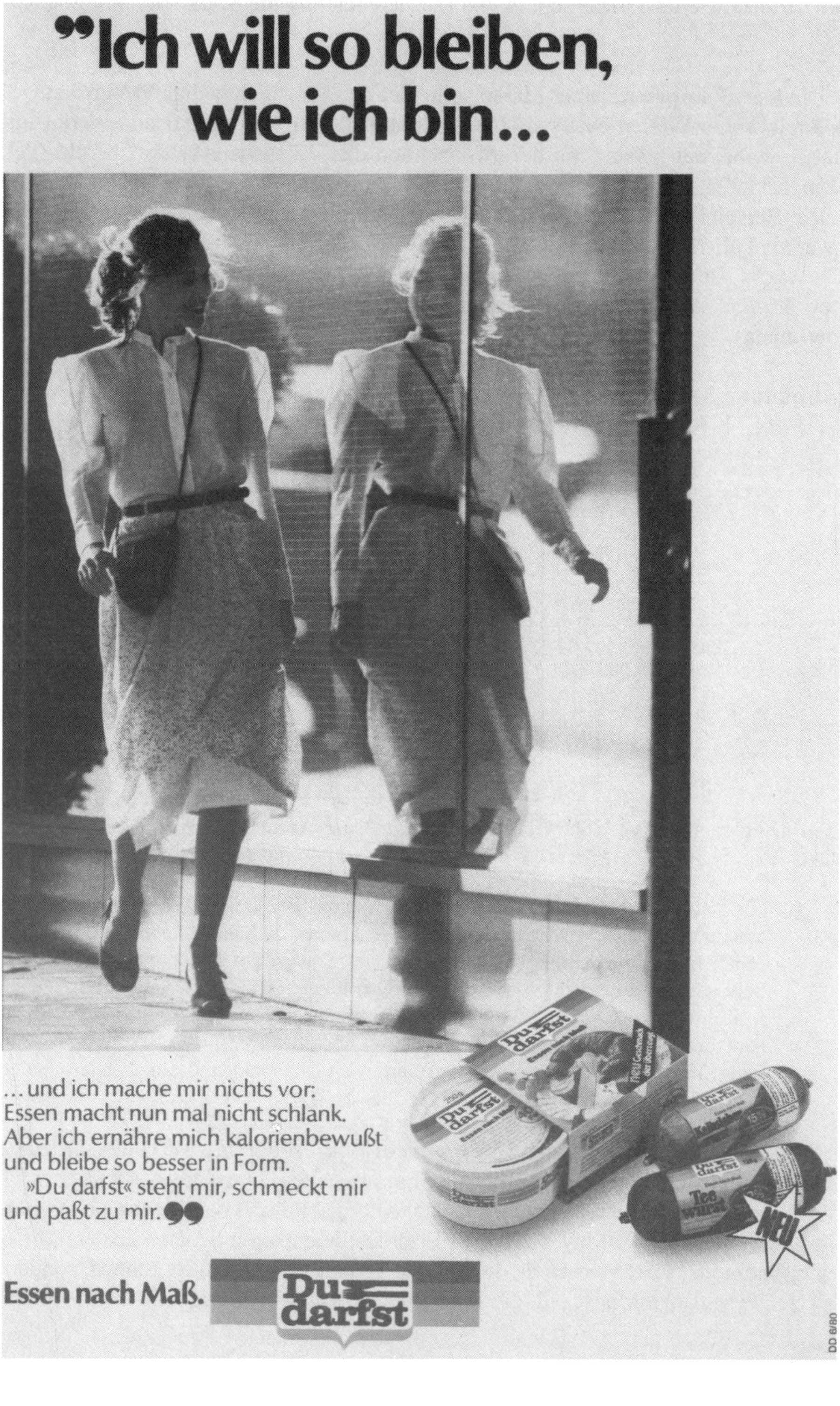

Zwischen den Partnerprodukten sollte also eine wahrnehmbare Verbindung bestehen, die sich aus der Kernkompetenz der Stamm-Marke ableitet. Ist dies nicht der Fall, wird eine Markengleichheit vom Verbraucher möglicherweise nur als zufällig erlebt, Transfereffekte sind dann nicht zu erwarten. So ist vielleicht nicht allen Verbrauchern bewußt, daß die *Michelin*- bzw. *Varta*-Führer von dem Reifen- bzw. Batteriehersteller aufgelegt werden.
Die wahrgenommene Übereinstimmung der Transferprodukte hat eine direkte Auswirkung auf die Einstellung gegenüber diesem Transfer und damit einen Effekt auf den Zusammenhang zwischen der wahrgenommenen Qualität der Originalmarke und der Einstellung gegenüber einer Erweiterung.

> Der US-Marktführer bei Backmischungen trat unter seiner Marke erfolgreich in den Sirupmarkt ein. Der Versuch des Marktführers im Sirupmarkt, in den Markt für Backmischungen einzutreten, schlug hingegen fehl. Das Problem bestand darin, daß der Siruphersteller mit klebrig und süß assoziiert wurde, was im Widerspruch zu den Vorstellungen von einem leichten Kuchen stand, während der andere mit Frühstück assoziiert wurde (vgl. Mayerhofer 1995, S. 135).

3.5.4 Der „Country of Origin-Effect“

Der Erfolg ausländischer Produkte hängt in wesentlichem Maße auch von den Imagekomponenten des Herkunftslandes ab. In einem erweiterten Sinn wird von Imagetransfer gesprochen, wenn das Image des Herkunftslandes für die Positionierung von Produkten genutzt wird (Country of Origin-Effect). Viele Länder rufen pauschale Assoziationen hervor, im positiven wie im negativen Sinn. So mag für einige Italien das Land des Weines, der Lebensfreude, der Spaghetti, aber auch der Unzuverlässigkeit und der Mafia sein. Die Schweiz wiederum steht vielfach für Zuverlässigkeit, Uhren, Berge, Reichtum aber vielleicht auch für Spießbürgerlichkeit.
Die globalen Kompetenzen eines Landes greift die Werbung gerne als Begründung für die besondere Qualität bestimmter Produkte auf. So hat Italien nun einmal eine größere Kompetenz für Spaghetti als beispielsweise die Schweiz und die Schweiz eine größere Kompetenz für Präzisionsuhren als Italien.

Das Image eines Landes wird von verschiedenen Faktoren beeinflußt (vgl. Mayerhofer 1995, S. 142):

- Eigenschaften der Bevölkerung,
- landschaftliche Gegebenheiten,
- kulturelle Aspekte,
- Wahrzeichen,
- Essen und Trinken,
- berühmte Persönlichkeiten,
- Kompetenz des Landes als Hersteller von Produkten,
- für das jeweilige Land repräsentative Produkte.

Viele Produkte erhalten ihre Qualitätsanmutung überhaupt erst durch das Land in dem sie hergestellt wurden, wie beispielsweise Whisky aus Schottland, Pralinen aus Belgien, Uhren aus der Schweiz, Wein aus Frankreich oder Mode aus Italien.
Die Ansichten über ein Land bestimmen auch die Akzeptanz ausländischer Produkte und sind deshalb ein wichtiger Marketingfaktor. Bei ansonsten identischen Produkten, die sich lediglich durch das Herkunftsland unterscheiden, ist zu erwarten, daß die Beurteilung der Produkte von den persönlichen Ansichten über das Herkunftsland beeinflußt wird. Nationale Stereotype spielen vielfach auch bei der Urlaubsplanung, sowie generell im Tourismus-Marketing eine große Rolle. So war zu Zeiten der Apartheid für viele Südafrika kein Urlaubsland (vgl. zu diesem Thema auch Kapitel 5.4.1: Standort-PR).
Wie stark der Einfluß des Herkunftslandes auf die Qualitätserwartungen seiner Produkte ist, zeigt die Bezeichnung „Made in Germany", die nach wie vor noch ein Gütesiegel darstellt.

> Das Label „Made in Germany" auf den Produkten zu haben war für die chinesische First Pencil Co. Shanghai Anlaß, eine Bleistiftproduktion in Deutschland aufzunehmen. Die Maschinen und die Rohlinge stammen aus China. Deutsche Bleistifte haben Weltruf. Zwar sind die Löhne in Deutschland höher als in China, aber im Gegensatz zu dem Label „Made in China" läßt sich mit „Made in Germany" in ein höheres Preissegment vorstoßen (vgl. O.V. 1997, S. 142 f.).

In Zeiten der Globalisierung stehen international agierende Unternehmen vor dem Problem, daß ihre Produkte nicht mehr mit einem bestimmten Herkunftsland in Verbindung gebracht werden. Der Versuch, Firmenmarken aufzubauen, konfligiert dann zwangsläufig mit den Länderimages. Es kann sich beispielsweise die Frage stellen, ob eine Bezeichnung wie „Made by *Siemens*" eine Herkunftsbezeichnung auf den Produkten „Made in Taiwan" in den Qualitätserwartungen kompensieren kann.
Die Images des Herkunftslandes können im Zuge einer Internationalisierung aber auch gezielt genutzt werden, um Differenzierungen gegenüber Wettbewerbsprodukten auf Auslandsmärkten aufzubauen (vgl. Kapitel 7).

3.5.5 Risiken von Imagetransfers

Die große Gefahr von Imagetransfers liegt darin, daß die Bedeutung einer Marke verwischt und die Klarheit des inneren Markenbildes getrübt werden kann. Das ist spätestens dann der Fall, wenn eine Marke so stark ausgedehnt wird, daß sie von den Konsumenten für gar nichts mehr außer für eine bekannte Marke gehalten wird. Falsche Imagetransfers können negative Assoziationen hervorrufen. Wird eine Marke auf ein Produkt von geringer Qualität ausgedehnt, führt dies nicht nur zu einer Abwertung des Transferproduktes, sondern zu einer generellen Abwertung der Marke und bedroht auch andere Produkte, die mit dieser Marke verbunden sind. Eine Marke überdauert oftmals die Produkte für die sie steht, insofern kommt der Marke prinzipiell eine größere Priorität zu als ihren Produkten. Da jedes Produkt, das zusätzlich unter einer Marke plaziert wird, die Bedeutungsinhalte dieser

Marke verändern kann, ist bei Markenerweiterungen darauf zu achten, daß die Markenpersönlichkeit nicht verwischt und die Tragfähigkeit des Markenimages nicht überfordert wird.

Die Auswahl der Transferprodukte hat beim Imagetransfer also eine entscheidende Bedeutung. Werden Produkte ausgewählt, die nicht zueinander passen, kann das Auswirkungen sowohl auf das Stamm- als auch auf das neue Produkt haben. Fehlen die Gemeinsamkeiten zwischen den Transferprodukten oder werden sie von den Verbrauchern nicht erkannt, wird die Markengleichheit im günstigsten Fall als zufällig erachtet. In diesem Fall erfolgt auch kein Imagetransfer. Alle Produkte jedoch, die Assoziationen hervorrufen, die mit der Stamm-Marke unvereinbar sind, können deren Identität gefährden. Die größte Gefahr geht von **Rücktransfers** aus, wenn das neue Produkt Assoziationen hervorruft, die mit der bisher erfolgreichen Marke unvereinbar sind (vgl. Mayer/Mayer 1987, S. 60). So stellte beispielsweise der nicht bestandene „Elchtest“ der A-Klasse ein außerordentliches Gefahrenpotential für das durch Zuverlässigkeit und Sicherheit gekennzeichnete Image von *Mercedes-Benz* dar.

Eine andere Gefahr beim Imagetransfer liegt in der Überforderung der Tragfähigkeit des Markenimages. Die Überforderung kann einerseits daraus resultieren, daß eine Marke auf zu viele Produkte ausgeweitet wird und damit an Profil verliert. Pierre Cardin hat beispielsweise weltweit über 600 Lizenzen für Produkte vergeben, die seinen Namen tragen. Andererseits können Marken überfordert werden, wenn sich die einzelnen Produkte der Marke an zu unterschiedliche Zielgruppen wenden. Beispielsweise vertreibt der Couturier Karl Lagerfeld auch eine Kollektion über den *Quelle*-Katalog.

Neben der Gefahr der Schädigung des Markenkerns, besteht beim Imagetransfer auch ein ökonomisches Risiko. Die Kosten für die Entwicklung einer neuen Marke und die Realisierung eines Markentransfers hat eine Studie für den deutschen Markt auf der Basis einer Befragung von 71 Führungskräften deutscher Konsumgüterhersteller untersucht (vgl. Sattler 1997a). Danach sind für eine Markenneuentwicklung zwei- bis dreistellige Millionenbeträge aufzuwenden. So werden im Biermarkt für die Entwicklung einer neuen Marke durchschnittlich 177 Mio. DM an Marketingkosten wie Werbung, Verkaufsförderung und Listung veranschlagt. Aber auch Markenerweiterungen benötigen erhebliche Mittel. Der Markentransfer von einem Pilsbier auf ein alkoholfreies Bier ist mit Kosten in Höhe von etwa 70 Mio. DM anzusetzen, wobei mit zunehmender Ähnlichkeit zwischen Muttermarke und Transferprodukt die zu veranschlagenden Kosten tendenziell sinken (vgl. Sattler 1997b, S. 86 ff.).

3.6 Imagemessung

Das Standardverfahren zur Imagemessung ist das sogenannte **Semantische Differential (Polaritätenprofil)**, das ursprünglich zur Messung von Wortbedeutungen entwickelt wurde. Gearbeitet wird hierbei mit **Assoziationen**. Allerdings werden keine freien Assoziationen zugelassen, vielmehr werden den Versuchspersonen Begriffspaare vorgegeben. Um die Assoziationsstärke messen zu können, werden die Assoziationen mit **Ratingskalen** verknüpft.

Das semantische Differential besteht aus einer Menge von Eigenschaftsaussagen, die polar gefaßt sind und semantisch abgestuft werden können. Die Abstufung erfolgt entweder durch Vorgabe von semantischen Skalen oder durch eine numerische Skala (vgl. Hammann/Erichson 1994, S. 281 f.), i.d.R. wird eine 7er-Skala verwendet.

Tabelle 3-2: Beispiel für eine Rating-Skala: „Wie schätzen Sie unser Produkt ein?“

Sehr gut	+3	(1)
Gut	+2	(2)
Weniger gut	+1	(3)
Mittelmäßig	0	(4)
Eher schlecht	-1	(5)
Schlecht	-2	(6)
Sehr schlecht	-3	(7)

Vgl. Hammann, P./Erichson, B.: Marktforschung, 3. Aufl., Stuttgart 1994, S. 274

Abbildung 3-23 zeigt als Beispiel für ein semantisches Differential, die Gegenüberstellung der Imagedimensionen zweier Biermarken. Während Marke B eher unterdurchschnittliche Ausprägungen in den untersuchten Imagedimensionen zu verzeichnen hat, erscheint die Marke A zwar als langweilig und altmodisch, aber auffallend und eindeutig als Premiumbier. Das deutliche Problem dieser Marke liegt jedoch darin, daß sie als zu „alt“ empfunden wird, was mit den Ausprägungen bei „langweilig“ und „altmodisch“ korrespondiert. Werden jetzt Maßnahmen ergriffen, um dieses Imagedefizit auszugleichen, also die Marke „jugendlicher“ erscheinen zu lassen, könnte dies auch andere Imagefacetten beeinflussen. So könnte ein jugendlicheres Image die Marke zwar moderner und zeitgemäßer, aber möglicherweise auch die Premiumaspekte (Qualität, für gehobene Ansprüche) weniger ausgeprägt darstellen.

Das Beispiel zeigt auf, daß die Imagefacetten einer Marke eng miteinander verzahnt sind und Änderungen in einzelnen Ausprägungen nicht ohne Auswirkungen auf andere Bereiche bleiben können.

Abbildung 3–23: Beispiel für ein Polaritätenprofil

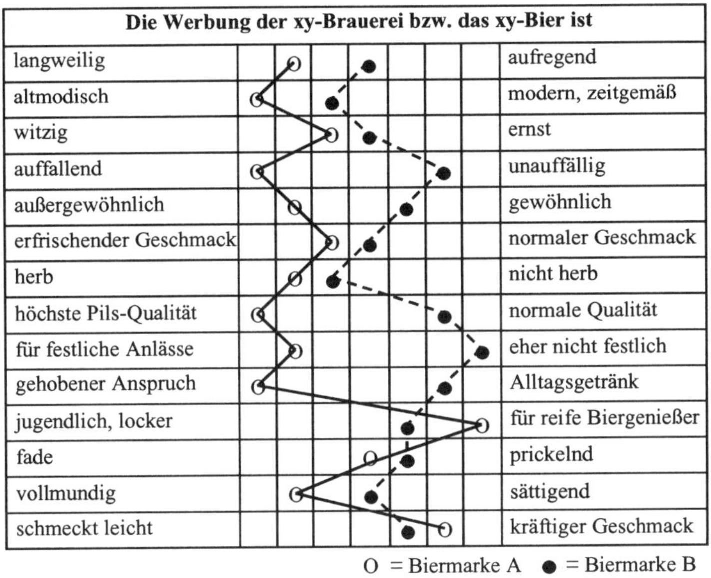

Mittels einer Befragung werden Personen aus der Zielgruppe gebeten, eine Einschätzung zu den jeweiligen Aussagen abzugeben. Durch Verbindung der Ankreuzungen entsteht ein Polaritätenprofil. Die Stärken und Schwächen der Werbung bzw. des Bieres lassen sich durch die Kumulation der Angaben einer Vielzahl von Personen in einem bestimmten Zeitraum auf diese Weise feststellen und erlauben eine Positionsbestimmung und entsprechende gezielte Maßnahmen zur Behebung von Defiziten. So läßt sich auch die Position der Brauerei im Vergleich zum Durchschnitt aller Brauereien bzw. zu einem angestrebten Ideal bestimmen. Daneben ist diese Form der Marktforschung ein ideales Überwachungsinstrument, um Imageveränderungen im Zeitablauf festzustellen.

Das Semantische Differential hat den großen Vorteil, einfach in der Konstruktion, Anwendung und Auswertung zu sein. Es hat jedoch auch einige konzeptionelle Mängel (vgl. Hammann/Erichson 1994, S. 274 f.):

1. Der **Nachsichtseffekt**: Die Befragten schätzen ihnen bekannte Gegenstände tendenziell günstiger ein als ihnen unbekannte.
2. Der **Zentralitätseffekt**: Die Befragten neigen dazu, extreme Beurteilungen zu vermeiden.
3. Der **Haloeffekt**: Die Befragten lassen sich bei ihren Einschätzungen von übergeordneten Sachverhalten leiten (bayerisches Bier wird von der Einstellung zu Bayern dominiert).

Aufgaben:

1. Welche Regeln sind für die Erstellung einer Positionierung einzuhalten?

2. Suchen Sie strategische Dimensionen, die für eine Positionierung Ihres Heimatortes Aussicht auf Erfolg verheißen. Entwickeln Sie Strategien, um die Ausprägungen dieser Dimensionen möglichst nahe an eine Idealposition zu führen.

3. Sie planen, auf Rügen eine Brauerei zu errichten, die den gesamten norddeutschen Raum beliefern soll. Zunächst überlegen Sie jedoch, ob Sie eine eigenständige Positionierung finden, die Aussicht auf Erfolg verspricht und die die Basis für eine ebenso eigenständige Werbekampagne sein kann.
   Erstellen Sie Positionierung und Copy Strategy für Ihr Bier. Gehen Sie dabei von möglichst realistischen Voraussetzungen bezüglich der Verhältnisse auf gesättigten Märkten und insbesondere für Ihre Brauerei aus.

4. Welche Zusammenhänge bestehen zwischen dem Image des Distributionskanals und dem Markenimage?

5. Übertragen Sie die Funktionen von Images auf den Kauf einer Jeans.

6. Welche Voraussetzungen müssen bei einem Imagetransfer gegeben sein?

7. Welche Vorteile versprechen sich Markenartikler von einem Imagetransfer?

8. Erarbeiten Sie eine Imageanalyse für Ihren Heimatort.

4 Werbekonzeption

Das mittelständische Nahrungsmittelunternehmen Schmecklecker plant eine Werbekampagne für die in ihrem Angebot befindlichen Produkte. Das Unternehmen ist ein Anbieter von Convenienceprodukten und vertreibt sowohl Tiefkühl- als auch Trockenfertigprodukte.

Die auf den ersten Blick einfache Absichtserklärung stellt die mit der Durchführung beauftragte Marketingabteilung des Unternehmens vor eine Reihe zu lösender Probleme:

1. Zunächst ist zu klären, wofür geworben werden soll: Für das gesamte Angebotsprogramm, für einige ausgewählte Nahrungsmittel oder soll ein besonders repräsentatives Produkt stellvertretend für das Gesamtprogramm dargestellt werden? Ist es sinnvoll, aus Kostengründen eine Werbekooperation mit einem Hersteller von Desserts einzugehen?
2. An wen soll sich die Werbung richten, wer soll angesprochen werden?
3. Welche Ziele sollen mit der Werbung verfolgt werden? Soll das Angebot lediglich bekannt gemacht oder soll gleichzeitig auch das Image des Unternehmens verbessert werden?
4. In welchen Medien soll geworben werden?
5. Wie soll die Werbung gestaltet sein?

Die Einleitung zeigt einige der Bereiche auf, die Gegenstand der Werbekonzeption sind (vgl. Abbildung 4-1).

Abbildung 4–1: Gegenstandsbereiche der Werbekonzeption

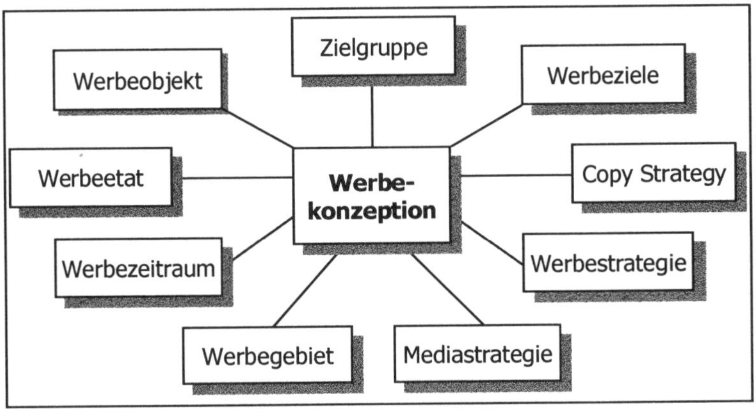

Unter Konzeption wird gemeinhin die gedankliche Grundlage für die Realisierung eines Vorhabens verstanden. Die Werbekonzeption geht jedoch noch darüber hinaus. Hier wird nicht nur die spätere Werbekampagne gedanklich vorweggenommen, vielmehr dient die Werbekonzeption auch als Richtschnur für deren Realisierung. Werbekonzeption ist die zusammenfassende Bezeichnung für die genaue Vorstellung darüber, wie, wann und wo für ein Produkt geworben werden soll (vgl. Dohmen 1993, S. 122).

4.1 Werbeobjekt

Als Werbeobjekt wird der Gegenstand bezeichnet, für den geworben werden soll, also eine bestimmte Marke, ein Produkt, eine Dienstleistung usw. Die Bestimmung des Werbeobjektes ist immer dann völlig problemlos, wenn es sich um ein klar definiertes Einzelprodukt handelt. Wenn also Werbung für die Tiefkühlpizza Napoli aus dem Schmeckleckersortiment konzipiert werden soll, ist damit das Werbeobjekt eindeutig vorgegeben.

Ist das Werbeobjekt bestimmt, stellt sich die Frage nach seiner Darstellung in der Werbung. Ein Kaffeeröster müßte beispielsweise entscheiden, wie er eine Tasse Kaffee fotografiert: Welche Tasse mit welchem Dekor paßt am besten zu der Marke? Auf welcher Seite der Tasse liegt der Kaffeelöffel? Wie läßt sich der „Dampf" erzeugen, denn die Anzeige soll ja die Illusion einer heißen Tasse Kaffee vermitteln? Wie lassen sich die Luftblasen erzeugen, die auf dem Kaffee schwimmen, die den Eindruck erwecken sollen, daß gerade frisch eingeschenkt wurde? Ein Autohersteller muß über Farbe, Ausstattung, Fahrer und die Umgebung, in der das Auto aufgenommen werden soll, entscheiden. Wie alt soll der Fahrer sein, männlich, weiblich, welche Kleidung und welche Accessoires, welche Haarfarbe hat er?

Ein anderes konzeptionelles Problem ergibt sich immer dann, wenn für ein Angebot geworben werden soll, das aus mehreren Teilen besteht, also beispielsweise das komplette Tielkühlsortiment oder das gesamte Angebotsprogramm. Für den in der Einleitung vorgestellten Nahrungsmittelproduzenten gibt es mehrere Möglichkeiten, sein Angebot zu bewerben:

1. Im Rahmen einer **Sortimentswerbung** können mehrere Nahrungsmittelangebote herausgestellt werden. Das Entscheidungsproblem besteht darin, festzulegen, welche Produkte mit welcher Priorität beworben werden sollen. Es handelt sich also einerseits um ein Auswahl- und andererseits um ein Gewichtungsproblem.

> Im Angebot des Unternehmens sind Tiefkühl- und Trockenfertigprodukte. Das Tiefkühlsortiment umfaßt verschiedene Sorten original italienischer Pizzen, deutsche Standardgerichte wie Königsberger Klopse und Rouladen und neu ein Sortiment aus der internationalen Küche wie Bami Goreng und Cannelloni. Im Sortiment der Trockenfertigprodukte befinden sich verschiedene Sorten Suppen und Saucen sowie Kartoffel- und Nudelgerichte. Ein neues Sortiment mit hochwertigen Feinschmeckerprodukten in der Premiumpreisklasse wird gerade für die Konsumenten erstellt, die bisher noch keine Verwender von Trockenfertigprodukten sind.
> Die Firma Schmecklecker legt Wert auf die Feststellung, daß alle Produkte aus naturbelassenen Rohstoffen und ohne Konservierungsstoffe gefertigt werden.

Abbildung 4–2: Beispiel einer Multipicture-Anzeige

- Eine Möglichkeit, Sortimente zu bewerben besteht darin, alle Produkte unter einem gemeinsamen Markendach gleichwertig herauszustellen. Der Vorteil liegt darin, daß die gesamte Angebotsvielfalt und Leistungsfähigkeit des Unternehmens demonstriert werden kann. Je nach Sortimentsbreite bleibt dem einzelnen Angebot jedoch nur wenig Raum, so daß nur eine sehr grobe Beschreibung gegeben werden kann. Das Problem stellt sich für alle Unternehmen mit einem heterogenen Angebot. Eine Lösung für derartige Probleme stellen sogenannte Multipicture Anzeigen dar (vgl. Abbildung 4-2).

  Das Unternehmen Schmecklecker hat bei dieser Art der werblichen Umsetzung beispielsweise die Möglichkeit, sowohl die Tiefkühl- als auch die Trockenfertigprodukte, sowie die neuen Angebote jeweils mit einem beispielhaften Foto und einer kurzen Textbeschreibung vorzustellen. Der Betrachter der Anzeige bekommt also einen Überblick über die unterschiedlichen Tätigkeitsfelder des Unternehmens.

- Eine weitere Möglichkeit besteht darin, ein einzelnes Angebot dominant herauszuheben und es als exemplarisches Beispiel für das Gesamtangebot vorzustellen. Auf diese Weise ist eine ausführliche Beschreibung eines Angebotes möglich. Sind die Angebote einigermaßen gleichwertig, stellt die Auswahlentscheidung kein großes Problem dar. Bei einer heterogenen Angebotspalette besteht jedoch die Gefahr, daß ein nicht repräsentatives Bild von dem Unternehmen gezeichnet wird.

  Die Firma Schmecklecker steht bei dieser Möglichkeit vor der Entscheidung, welches Angebot sie vorstellen soll. Je nachdem, ob die Tiefkühl- oder die Trockenprodukte vorstellt werden, hat sie zwar die Möglichkeit, die Qualität und die Vorteile des jeweiligen Angebotes ausführlich vorzustellen, jedoch läuft sie Gefahr, daß der Betrachter der Anzeige das Angebot als pars pro toto auffaßt und ihn entweder als Tiefkühl- oder als Trockenproduktanbieter klassifiziert. Bei Herausstellung der neuen Feinschmeckerrange würde das Bild zwar noch schiefer gezeichnet, aber möglicherweise könnte das Restsortiment von einem positiven Imagetransfer profitieren.

- Eine dritte Möglichkeit besteht schließlich darin, rotierend jeweils immer ein Angebot herauszustellen. Auf diese Weise lassen sich die Vorteile der beiden anderen Möglichkeiten kombinieren: Die Angebotsbreite läßt sich in aller Ausführlichkeit darstellen. Als problematisch ist hierbei anzusehen, daß bei einem breiten Angebot viele Motive produziert und geschaltet werden müssen und sich daraus eine teure Kampagne ergeben kann.

  Bei der Wahl dieser Möglichkeit wird das Unternehmen also für jedes Angebot ein eigenständiges Anzeigenmotiv schalten und hat die Möglichkeit zu verdeutlichen, daß es sowohl Tiefkühl- als auch Trockenfertigprodukte produziert. Zusätzlich können die neuen Sortimente vorgestellt werden.

Aufgabe der Werbekonzeption ist es, sich unter Abwägung aller Vor- und Nachteile für eine der Möglichkeiten zu entscheiden und entsprechende Begründungen dafür zu geben.

2. Während im Fall der Sortimentswerbung mehrere Produkte eines Herstellers unter einem gemeinsamen Markendach beworben werden, schließen sich bei der **Verbundwerbung** oder bei der **Kooperationswerbung** zwei oder mehrere Partner für einen gemeinsamen Werbeauftritt zusammen. Bei der Verbundwerbung werden Angebote unterschiedlicher Hersteller gemeinsam beworben (vgl. Abbildung 4-3), bei der Kooperationswerbung werben Partner unterschiedlicher Marktstufen (z.B. Hersteller und Abnehmer) gemeinsam. Allerdings wird diese definitorische Trennung in der Praxis nicht sehr strikt gehandhabt, vielmehr wird vielfach übergeordnet von **Co-Branding** gesprochen, wenn zwei (oder mehr) Marken einen gemeinsamen Werbeauftritt haben.
Naturgemäß kann in diesem Fall nicht mehr der Markenname die verbindende Klammer im Auftritt sein, vielmehr ist es ein gemeinsames Thema. Der wesentliche Vorteil des Co-Branding besteht darin, daß sich die Partner die Werbekosten teilen und damit jeder einzelne Partner einen größeren Werbeauftritt realisieren kann, als es mit dem eigenen Werbebudget möglich wäre. Außerdem kann sich durch einen Imagetransfer eine Verstärkung der Werbebotschaft ergeben, wenn sich die Partner sinnvoll ergänzen. Wenn z.B. ein Automobilhersteller eine bestimmte Benzinmarke oder ein Bekleidungshersteller eine bestimmte Waschmittelmarke empfiehlt, kann sich durch ein glaubwürdiges Zusammenspiel der Partner eine Testimonialwirkung ergeben. Probleme können sich vor allem aus der Wahl der Partner und deren Anteile im Werbeauftritt ergeben.

Marken-Kooperationen können auf sehr vielfältige Weise erfolgen und ein hohes Maß an Kreativität freisetzen. Beispielsweise haben sich *Warsteiner* und *Zewa Wisch & Weg* zu einem gemeinsamen Werbeauftritt vereint und ihre Produkte sinnvoll zueinander in Bezug gesetzt. Zuerst erscheint ein *Warsteiner*-Spot, in dem beim Einschenken des Bieres ein Schaumfleck auf der Kameralinse zurückbleibt, der beim nachfolgenden *Zewa*-Spot weggewischt wird.
Noch enger ist die Zusammenarbeit zwischen *Ritter Sport* und *Smarties*, die nicht nur ihren Werbeauftritt verschmolzen haben, sondern durch eine Schokolade mit eingestreuten *Smarties* auch ihre Produkte.

Kooperationsstrategien können Synergieeffekte fördern. So kooperiert die *TUI*-Tochter *Robinson-Club* mit der Zeitschrift „Fit for Fun", um die Aufmerksamkeit für ihre Clubaktivitäten mit bekannten Sportlern zu erhöhen. In einer gemeinsamen Broschüre wird über Sport-Events informiert. Auch auf regionaler Ebene wird durch Kooperationen eine Stärkung der Markenpräsenz angestrebt, indem Fitness-Studios oder Tennisclubs mit ortsansässigen Reisebüros zusammengebracht werden (vgl. Riefler 1997, S. 89 f.).

Für den Nahrungsmittelhersteller kann es also sinnvoll sein zu überlegen, ob er einen gemeinsamen Werbeauftritt mit einem Hersteller von Vor- oder Nachspeisen oder beispielsweise mit einer Handelskette planen sollte. Durch die Erhöhung des Werbebudgets hat er die Möglichkeit zu einem massiveren Werbeauftritt. Die Images der Werbepartner oder das Prestigeimage der Handelskette könnte sich auf ihn übertragen und möglicherweise einzelne Facetten des eigenen Images verstärken. Gleichzeitig könnten auch die anderen Partner von positiven Imagefacetten der Firma Schmecklecker profitieren.

Abbildung 4–3: Beispiel einer Verbundwerbung

4.2 Zielgruppe

4.2.1 Aktuelle und potentielle Zielgruppen

Als Zielgruppe werden diejenigen Personen bezeichnet, die mit der Werbung angesprochen und beeinflußt werden sollen. Es ist wichtig, darauf hinzuweisen, daß sich die Werbung niemals an alle richtet, sondern immer nur an bestimmte Personengruppen. Werden mit den werblichen Maßnahmen Personen erreicht, die nicht zur anvisierten Zielgruppe gehören, wird von **Streuverlusten** gesprochen. So sind z.B. alle Männer, die Werbung für Damenhygiene sehen, Streuverluste, ebenso wie alle eingefleischten Vegetarier, die von der Werbung für Fleischprodukte eines Nahrungsmittelherstellers erreicht werden.

Unternehmen richten ihre werblichen Maßnahmen nur an die Personen, die grundsätzlich ein Interesse an ihren Produkten haben bzw. haben könnten, also aktuelle und potentielle Kunden. Für einen Tiernahrungshersteller sind dies entsprechend alle Personen, die Tiere halten, für einen Nahrungsmittelproduzenten z.B. alle Haushaltsführenden, für einen Friseur oder ein Restaurant alle Personen in einem bestimmten Umkreis um den Standort.

Die werbliche Ansprache potentieller Zielgruppen kann als langfristig wirkende Investition in die Zukunft betrachtet werden. Für ein Automobilunternehmen, das beispielsweise hochpreisige Statuslimousinen herstellt, deren Fahrer ein Durchschnittsalter von 50 Jahren haben, kann es daher durchaus sinnvoll sein, die Zielgruppe der 20- bis 40-jährigen anzusprechen. Zwar verfügen die noch nicht über die Kaufkraft, um sich ein Auto dieser Firma leisten zu können. Aber wenn sie es einmal tun, dann sollen sie einen Wagen dieser Firma in engere Erwägung ziehen. Diese Vorgehensweise zielt auf ein langfristiges „Heranführen" potentieller Zielgruppen an eine Marke.

> Ein Student an der Fachhochschule Stralsund, der ein begeisterter Hobbykoch ist und der bisher nie industrielle Fertigprodukte verwendet hat, stößt eines Tages in einem Gourmetmagazin auf die Anzeige von Schmecklecker, der seine Feinschmeckerprodukte vorstellt. Mit seinem Bafög und verschiedenen Jobs in den Semesterferien kann er seiner Leidenschaft nur am Wochenende oder zu besonderen Anlässen frönen. Aber die Produktbeschreibungen und die entsprechenden Fotos in der Anzeige haben ihn spontan begeistert. Er erkennt das gute Preis-Leistungsverhältnis und kalkuliert, daß er nur noch zweimal pro Woche die Mensa aufsuchen muß und für den Rest der Woche nach Lust und Laune kochen kann.

Jeder Werbetreibende muß bei der Konzeption seiner Werbung zunächst die anvisierte Zielgruppe eingrenzen und beschreiben. Bei der Festlegung der Zielgruppe sollten zwei Kriterien erfüllt sein:

- Die Zielgruppe sollte möglichst **homogen** sein, d.h. über Merkmale oder Einstellungen verfügen, die sie hinreichend deutlich von der Nicht-Zielgruppe unterscheidbar machen.
- Die Zielgruppendefinition sollte **operationalisierbar** sein, d.h. die herangezogenen Merkmale sollten sich auch für die Werbeträgerplanung eignen. Die

Zielgruppe kann sinnvoll nur nach solchen Kriterien beschrieben werden, mit denen sie später auch erreicht werden kann.

Zielgruppenbeschreibungen erfolgen entweder nach soziodemographischen oder nach psychographischen Merkmalen.

4.2.2 Soziodemographische Zielgruppenbeschreibung

Am häufigsten erfolgt die Zielgruppenbeschreibung nach **soziodemographischen Merkmalen** wie Geschlecht, Alter, Beruf, Einkommen, Bildung, Haushaltsgröße, Schichtzugehörigkeit, Wohnort oder Wohnortgröße (vgl. Koschnick 1995, S. 347 f.). Der Verwendung dieser Merkmale liegt die Annahme zugrunde, daß sie mit spezifischen Konsumgewohnheiten korrelieren. Der Rückschluß von den soziodemographischen Merkmalen eines Konsumenten auf dessen Konsumverhalten ist jedoch nur in Einzelfällen sinnvoll.

Die meisten dieser Merkmale haben den Vorteil, daß sie leicht erfaßbar und meßbar sind. Da sich auch die Nutzerschaften von Werbeträgern nach diesen Merkmalen erfassen lassen, erfüllen sie das Kriterium der Operationalisierbarkeit. Allerdings lassen sich nach diesen Kriterien keine homogenen Gruppen bilden, da sie nur in sehr eingeschränktem Maße von prognostischer Relevanz im Hinblick auf das Konsumverhalten sind.

- Das **Geschlecht** ist für bestimmte Produktgruppen, die nur von Frauen (z.B. Lippenstifte, Damenhygiene) bzw. nur von Männern (Rasierwasser) nachgefragt werden, durchaus ein konsumdifferenzierendes Merkmal. Bei vielen Produktgruppen kann dieses Merkmal jedoch entweder nur eingeschränkt (Zeitschriften, Autos, Bekleidung) bzw. überhaupt nicht (Zigaretten, Waschmittel) zur Abgrenzung des Konsums herangezogen werden. Für Nahrungsmittel ist das Geschlecht im allgemeinen kein Merkmal, mit dem sich sinnvolle Zielgruppenbeschreibungen erzielen lassen.
- Das **Alter** greift als differenzierendes Merkmal ähnlich ungenau wie das Geschlecht. Zwar gibt es typische Produkte für einzelne Altersgruppen (Höschenwindeln, Gebißreiniger), für die Mehrzahl der Produktbereiche läßt das Alter der Zielgruppe jedoch nur eine sehr vage Konsumabgrenzung nach vermutlichen Interessenschwerpunkten zu. Auch bei Nahrungsmitteln finden sich Angebote, die allein auf das Alter der Zielgruppe abheben, relativ selten. Als Beispiel läßt sich Babynahrung anführen.

Traditionell konzentriert sich die Mediaplanung in Deutschland auf die Standardzielgruppe der 14-49jährigen, was sich auch in der Strategie der Medien, insbesondere von Hörfunk und Fernsehen, reflektiert, die Angebote vor allem für jüngere Zielgruppen machen. Argumentiert wird, daß die ab 50jährigen sowieso mehr fernsehen und in der Seherschaft überproportional vertreten und damit leichter zu kontaktieren sind als die 14-49jährigen. Die Mediaplanung richtet sich daher vor allem auf die Ansprache jüngerer Zielgruppen, die schwerer zu erreichen sind. Die älteren Zuschauer gebe es quasi als 'kostenlose Dreingabe'. Ein anderes Argument ist die Befürchtung, daß die Verbindung von Mar-

ken mit älteren Menschen bei jüngeren Zielgruppen Akzeptanzprobleme verursachen könnten. Schließlich besteht die Auffassung, ältere Menschen seien in ihren Markenpräferenzen und Konsumgewohnheiten schon zu festgelegt, als daß sie noch zu einem Markenwechsel bereit wären.
In der Vernachlässigung der über 50jährigen offenbart sich ein Mißverhältnis zwischen dem zunehmend größer werdenden Anteil dieser Zielgruppe an der Bevölkerung und ihrer überdurchschnittlichen Kaufkraft einerseits und der Werbepraxis andererseits. Ältere Menschen sind in der Werbung auch deutlich unterrepräsentiert. Ferner zeigt sich, daß eine altersadäquate Ansprache dieser Zielgruppe noch kaum gelingt. Noch immer herrscht ein Defizitmodell des Alterns vor, d.h. es wird die Unterstützungs- und Hilfsbedürftigkeit älterer Menschen herausgestellt, was sie gegenüber jüngeren Zielgruppen deutlich abgrenzt (vgl. Gleich 1999, S. 301 ff.).

- Das **Einkommen** ist als Zielgruppenkriterium insofern bedeutsam, als es die finanziellen Möglichkeiten der Zielgruppe beschreibt. Als Einkommensgröße wird üblicherweise das Haushaltsnettoeinkommen verwendet. Kaviar und Champagner erfordern einen höheren finanziellen Mitteleinsatz als Eintopf und Bier. Allerdings lassen Statusambitionen einkommensschwächerer Zielgruppen oder auch die Erfüllung von lange gehegten Wünschen auch das Merkmal Einkommen nicht als eindeutiges Abgrenzungskriterium erscheinen. Insbesondere bei Produkten, die nach außen sichtbar sind oder über die gegenüber Freunden und Bekannten berichtet werden kann (Autos, Spirituosen, Urlaub), stellt das Einkommen heutzutage häufig keine Grenze mehr dar. Das gleiche gilt für die Kriterien **Ausbildung** und **Beruf**.
- Das Einkommen wird vor allem auch durch das Kriterium **Haushaltsgröße** relativiert. Mit steigender Haushaltsgröße sinkt die Konsumkraft des Haushaltes bei gegebenem Einkommen. Während für einen Single eine Gourmetmahlzeit problemlos mit seinem Einkommen vereinbar sein kann, multiplizieren sich für eine mehrköpfige Familie die Kosten der Zutaten für das Menü mit der Anzahl der Personen. Bei Nahrungsmitteln ist die Haushaltsgröße häufig ein relevantes Kriterium, das in speziellen Packungsgrößen berücksichtigt wird.
- Insbesondere für Produkte des täglichen Bedarfs ist die Zielgruppe **Haushaltsführende** relevant, womit die Personen beschrieben werden, die für den Einkauf des gesamten Haushaltsbedarfs verantwortlich sind.
- Geographische Kriterien, wie **Wohnortgröße** oder **Region**, können einen großen Einfluß auf den Konsum haben. Einige Produkte sind nur regional distribuiert (regionale Spezialitäten), so daß die Zielgruppenansprache auch nur regional erfolgen kann. Häufig lassen sich Trendprodukte eher in Ballungsräumen absetzen und Bewohner der Küstenregion beispielsweise eher für frische Fische ansprechen.
  Das Marktforschungsinstitut A.C. Nielsen hat Deutschland in sogenannte „ACNielsen-Gebiete“ eingeteilt, die sich als Basis für eine geographische Zielgruppenplanung durchgesetzt haben. Darin sind einzelne Bundesländer zu einem Nielsen-Gebiet zusammengefaßt (vgl. Abbildung 4-4). Insgesamt teilt sich Deutschland in sieben Nielsen-Gebiete auf. Bei Betrachtung von Regionalstrukturen wird entsprechend von „Nielsen 2“ oder „Nielsen 6“ gesprochen.

Abbildung 4–4: ACNielsen-Gebiete

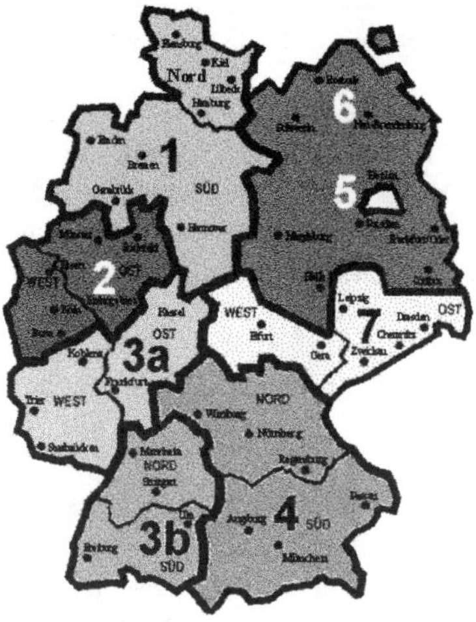

ACNielsen-Gebiet 1
Hamburg, Bremen, Schleswig-Holstein, Niedersachsen

ACNielsen-Gebiet 2
Nordrhein-Westfalen

ACNielsen-Gebiet 3a
Hessen, Rheinland-Pfalz, Saarland

ACNielsen-Gebiet 3b
Baden-Württemberg

ACNielsen-Gebiet 4
Bayern

ACNielsen-Gebiet 5
Berlin

ACNielsen-Gebiet 6
Mecklenburg-Vorpommern, Brandenburg, Sachsen-Anhalt

ACNielsen-Gebiet 7
Thüringen, Sachsen

Da jedes einzelne soziodemographische Merkmal für sich genommen Zielgruppen nicht hinreichend genau abgrenzen kann, werden i.d.R. Kombinationen dieser Merkmale verwendet. Häufig werden dazu die Merkmale Alter und Einkommen oder auch Haushaltsgröße und Einkommen kombiniert.

> Unter soziodemographischen Aspekten lassen sich beispielsweise für die Firma Schmecklecker zwei unterschiedliche Zielgruppen beschreiben. Die internationale Küche und die Feinschmeckerangebote könnten an Singles im Alter zwischen 25 und 39 Jahren mit einem Einkommen zwischen 1.750.- und 2.500.- € schwerpunktmäßig in Ballungsräumen gerichtet werden. Die Tiefkühl- und Trockenfertiggerichte hingegen an alle Haushaltsführenden.

Merkmalskombinationen finden beispielsweise ihren Niederschlag in Zielgruppenbeschreibungen wie **Yuppies** oder **Dinks**. Yuppy steht als Abkürzung für Young Urban Professional People und bezeichnet Personen zwischen 20 und 39 Jahren, mit hohem Bildungsniveau, überdurchschnittlichem Einkommen und einem großstädtischen Wohnsitz. Dinks stehen für Double Income, no Kids, also Doppelverdiener ohne Kinder.

4.2.3 Psychographische Zielgruppenbeschreibung

Abbildung 4-5 verdeutlicht, daß eine Zielgruppendefinition auf rein soziodemographischer Basis nicht ausreicht, um seine Zielgruppen zu beschreiben. Es ist offensichtlich, daß die beiden dargestellten Typen, obwohl nach soziodemographischen Daten identisch, völlig unterschiedlich sind und sicher auch verschiedene Konsumgewohnheiten haben.

Aufgrund der ungenügenden Trennschärfe soziodemographischer Merkmale werden diese häufig durch **psychographische Merkmale** ergänzt, d.h. Zielgruppen werden nach psychologischen Kriterien beschrieben. Während soziodemographische Merkmale lediglich einen beschreibenden Charakter haben, zielt die Verwendung psychographischer Merkmale auf eine Erklärung des Verbraucherverhaltens. Diese Art der Zielgruppenbeschreibung verwendet Merkmale wie Einstellungen, Motive, Verhaltensweisen und Persönlichkeitsmerkmale, um daraus einstellungs- und verhaltenshomogene Personengruppen zu bilden. Diese Merkmale dienen im S-O-R-Modell als intervenierende Variable dazu, das Käuferverhalten als indirekte Folge von Reaktionen im Vorfeld der Kaufhandlung zu erklären (vgl. Kapitel 2.3.1).

Abbildung 4–5: Zwei völlig unterschiedliche Typen

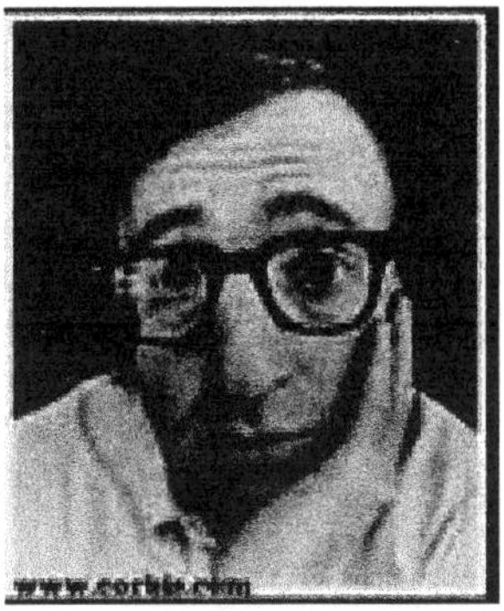

- **männlich**
- **wohnhaft in Großstadt mit 500.000+ Einwohnern**
- **Alter 50+**
- **Haushaltsnetto-einkommen € 3.000+**

Der nach soziodemographischen Merkmalen bereits beschriebene Yuppy läßt sich mit psychographischen Merkmalen wie folgt beschreiben: Er hat eine positive Grundeinstellung und schätzt die Zukunft optimistisch ein. Häufig zeigt er wenig Interesse an politischen oder kulturellen Fragen, er ist emotionsarm, ichbezogen und materialistisch eingestellt. Er orientiert sich an äußerlichen Attributen, ist voller Selbstvertrauen, strebt nach Erfolg und demonstriert den Erfolg mit Statussymbolen (vgl. Koschnick 1995, S. 1923).

Die Zielgruppen für die Firma Schmecklecker lassen sich nach psychographischen Merkmalen für das Gesamtsortiment beispielsweise als convenienceorientiert beschreiben, die einerseits den Haushalt wirtschaftlich und rationell organisieren. Unter dem Convenienceaspekt können andererseits aber auch kommunikative, aufgeschlossene, erlebnisorientierte, lebensbejahende und extrovertierte Personen beschrieben werden, die stärker freizeitorientiert sind, ohne Abstriche an der Ernährung hinnehmen zu wollen.

Aus den psychographischen Merkmalen entwickelten sich sogenannte Life-Style-Typologien, mit denen Persönlichkeitstypen beschrieben werden, die bestimmte Personengruppen repräsentieren sollen: „Die einzelnen Life-Style-Typen werden gemäß ihren dominierenden Einstellungen und Lebensstilen beschrieben, die das Fundament der Life-Style-Typenbeschreibungen bilden und ergänzt werden um ihr Konsum- und Medienverhalten sowie die vorherrschenden soziodemographischen Ausprägungen" (Koschnick 1995, S. 1018).

Als Beispiel sei die Typologie vorgestellt, mit der das ZDF seine Zuschauer kategorisierte. Diese Typologie basiert auf einer exklusiven Studie von der Agentur Michael Conrad & Leo Burnett. Zur Personifizierung wurden jeweils exemplarisch Personen abgebildet, die die jeweiligen Typen repräsentieren sollen und den Personen wurden Namen gegeben. Die Zahlen in Klammern bezeichnen den Anteil der Typen an der Gesamtbevölkerung:

- Gerd und Gerda, die resignierten Unzufriedenen (8%),
- Martin und Martina, die trend- und modebewußten Freizeitorientierten (5%),
- Tom, der spontane, gruppenorientierte Jugendliche (9%),
- Erika, die konventionelle Häusliche (15%),
- Jochen, der sportliche, aufgeschlossene Facharbeiter (7%),
- Monika, die moderne Angepaßte (8%),
- Andreas und Andrea, die alternativ orientierten Intellektuellen (9%),
- Wilhelm und Wilhelmine, die pflichtbewußten Rentner (12%),
- Erwin, der autoritäre Arbeiter (9%),
- Eberhard, der selbstbewußte arrivierte Konservative (11%),
- Alexandra, die vielseitig interessierte Selbstbewußte (7%).

Jeder dieser Typen ist im Hinblick auf seine Einstellungen und seine Konsummuster genau beschrieben. Alexandra wird beispielsweise wie folgt charakterisiert:

„Dieser Frauentyp hat sich aufgrund seiner deutlich überdurchschnittlichen Bildung und einer gewissen materiellen Unabhängigkeit auf selbstverständliche Weise emanzipiert. Ob als Alleinstehende oder als Familienmutter hat sie eine gleichberechtigte Eigenständigkeit erreicht, die nicht nur in ihrer geistigen Kompetenz zum Ausdruck kommt. Sie nimmt gerne und intensiv am öffentlichen Leben jeder Art teil, ist prestigebewußt und luxusorientiert; im Hinblick auf Mode und Kultur zählt sie zur Avantgarde.
Alexandra dokumentiert ihren Wohlstand und ihre Kennerschaft durch den Konsum moderner, hochwertiger Produkte und durch ihr aufwendiges und genußorientiertes Freizeitverhalten. Aktuelle und ausgefallene Kleidung und Kosmetika hoher Qualität gehören zu ihren Konsumprioritäten ebenso wie Reisen, gutes Essen und der Besuch von teuren Restaurants und Discotheken." (Lürzer, Conrad & Leo Burnett: Life Style Research 1985).

Typologien stellen den Verbraucher einfach und übersichtlich dar. Aber gerade darin liegt ihre Problematik, denn sie täuschen eine Trennschärfe vor, die sie per se nicht haben. Je nach Produktbereich haben Lebensstile unterschiedliche Relevanz. Bei persönlichkeitsgeprägten, äußerlich sichtbaren Produkten wie Urlaub, Kleidung oder Autos haben sie wahrscheinlich einen größeren Stellenwert als bei Produkten des täglichen Bedarfs bzw. generell bei Massenprodukten. Außerdem erscheinen derartige Typologien in einer Zeit, die durch den Wertewandel gekennzeichnet ist, als obsolet.

Zwar erfüllen Typologien die Forderung nach Homogenität der Zielgruppen, jedoch sind sie nicht operationalisierbar, denn sie grenzen den Konsum nicht hinreichend genau ab. Die Frage ist, ob Tom, Jochen oder Monika tatsächlich unterschiedliche Nahrungsmittel kaufen.

Einen anderen Ansatz verfolgen die sogenannten **Sinus-Milieus**. Hier orientiert sich die Zielgruppenbeschreibung an der Lebensweltanalyse der Gesellschaft. Es werden Menschen gruppiert, die sich in ihrer Lebensauffassung und Lebensweise ähneln. Die Positionierung der Milieus erfolgt in einer strategischen Karte mit den Achsen *soziale Lage* und *Grundorientierung* (vgl. Abbildung 4-6). „Je höher ein Milieu in dieser Grafik angesiedelt ist, desto gehobener sind Bildung, Einkommen und Berufsgruppe; je weiter rechts es positioniert ist, desto moderner ist die Grundorientierung" (vgl. www.sinus-milieus.de). Mit dieser strategischen Karte können auch Marken und Produkte positioniert werden.

Abbildung 4–6: Die Sinus-Milieus in Gesamtdeutschland 2001

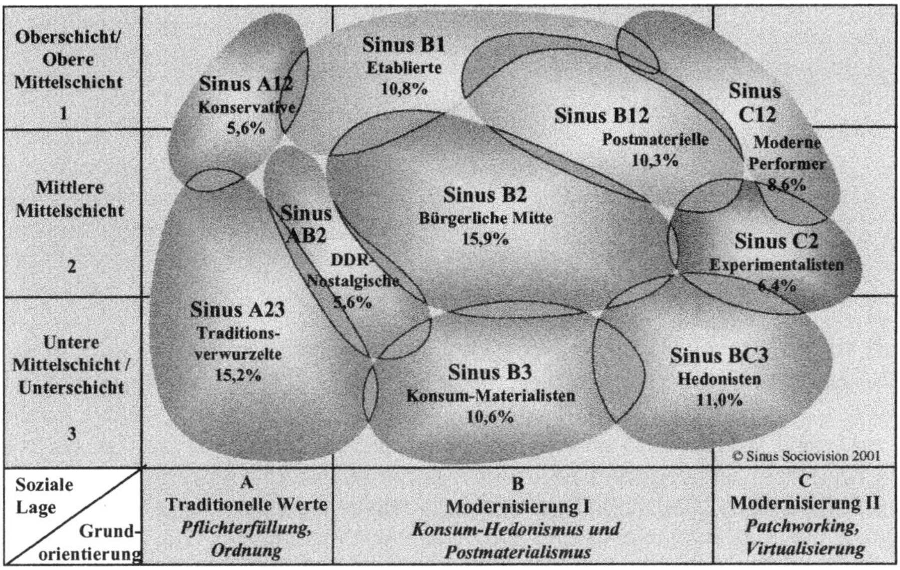

Quelle: www.sinus-milieus.de, Kurzcharakteristik

Die einzelnen Milieus werden wie folgt charakterisiert:

Gesellschaftliche Leitmilieus

▪ Sinus B1 (Etablierte)	10%	Das selbstbewußte Establishment: Erfolgs-Ethik, Machbarkeitsdenken und ausgeprägte Exklusivitätsansprüche
▪ Sinus B12 (Postmaterielle)	10%	Das aufgeklärte Nach-68er-Milieu: Postmaterielle Werte, Globalisierungskritik und intellektuelle Interessen
▪ Sinus C12 (Moderne Performer)	8%	Die junge, unkonventionelle Leistungselite: intensives Leben – beruflich und privat, Multi-Optionalität, Flexibilität und Multi-Media-Begeisterung

Traditionelle Milieus		
▪ Sinus A12 (Konservative)	5%	Das alte deutsche Bildungsbürgertum: konservative Kulturkritik, humanistisch geprägte Pflichtauffassung und gepflegte Umgangsformen
▪ Sinus A23 (Traditionsverwurzelte)	15%	Die Sicherheit und Ordnung liebende Kriegsgeneration: verwurzelt in der kleinbürgerlichen Welt bzw. in der traditionellen Arbeiterkultur
▪ Sinus AB2 (DDR-Nostalgische)	6%	Die resignierten Wendeverlierer: Festhalten an preußischen Tugenden und altsozialistischen Vorstellungen von Gerechtigkeit und Solidarität
Mainstream-Milieus		
▪ SinusB2 (Bürgerliche Mitte)	16%	Der statusorientierte moderne Mainstream: Streben nach beruflicher und sozialer Etablierung, nach gesicherten und harmonischen Verhältnissen
▪ Sinus B3 (Konsum-Materialisten)	11%	Die stark materialistisch geprägte Unterschicht: Anschluß halten an die Konsum-Standards der breiten Mitte als Kompensationsversuch sozialer Benachteiligung
Hedonistische Milieus		
▪ Sinus C2 (Experimentalisten)	7%	Die extrem individualistische neue Bohème: Ungehinderte Spontaneität, Leben in Widersprüchen, Selbstverständnis als Lifestyle-Avantgarde
▪ Sinus BC3 (Hedonisten)	11%	Die Spaß-orientierte moderne Unterschicht/untere Mittelschicht: Verweigerung von Konventionen und Verhaltenserwartungen der Leistungsgesellschaft

Quelle: www.sinus-milieus.de, Kurzcharakteristik

Abschließend sei auf eine Reihe von Spezialuntersuchungen hingewiesen, in denen psychographische Merkmale mit Besitz- und Verbrauchsdaten kombiniert werden zu sogenannten Markt-Media-Studien. So erstellt der Verlag Gruner + Jahr im Abstand von zwei Jahren die „Brigitte Kommunikations-Analyse", in der für Produktfelder wie z.B. Mode, Kosmetik/Körperpflege, neben quantitativen Konsumdaten auch psychographische Merkmale erhoben werden. Diese werden kombiniert mit dem Medienverhalten, so daß sich exakt beschreiben läßt, über welche Zeitschriften beispielsweise Verwenderinnen von Parfums zu erreichen sind.

4.3 Werbeziele

Werbung soll für die beworbenen Produkte Aufmerksamkeit erregen und sie positiv beurteilen lassen. Dazu sollen die Meinungen und Einstellungen der Umworbenen beeinflußt werden. Werbung zielt letztlich immer darauf, Konsumenten dazu zu bewegen, die beworbenen Produkte zu kaufen, eine Partei zu wählen, einen bestimmten Nahrungsmittelhersteller zu bevorzugen.

Grundsätzlich lassen sich ökonomische Werbeziele von kommunikativen Werbezielen unterscheiden. Zu den **ökonomischen Werbezielen** sind z. B. zu rechnen:

- Steigerung von Umsatz oder Marktanteilen,
- Erhöhung der Kauffrequenz,
- Erhöhung der Handelsattraktivität.

Kommunikative Werbeziele können sein:

- Steigerung von Aktualität und Bekanntheit,
- Aufbau emotionaler Erlebniswelten,
- Differenzierung von der Konkurrenz,
- Aufbau und Absicherung von Markenimages
- oder einfach Vermittlung von Informationen.

Dabei stehen kommunikative und ökonomische Werbeziele untereinander in einer Mittel-Zweck-Beziehung. Anders ausgedrückt: Kommunikative Werbeziele lassen sich als die Operationalisierung der ökonomischen Werbeziele auffassen.

Kapitel 2.4 hat aufgezeigt, daß es nicht sinnvoll ist, Werbung an ökonomischen Zielen zu messen, da Werbung nur einer von vielen Einflußfaktoren ist, die das Konsumentenverhalten beeinflussen. Wirkungsinterdependenzen mit den anderen Marketing-Mix-Faktoren lassen sich nicht isolieren. Daher sind ökonomische Werbeziele zu abstrakt, als daß ihnen der Werbeerfolg direkt zugerechnet werden kann.

Eindeutig zurechenbar und meßbar ist der Werbeerfolg nur bei kommunikativen Werbezielen. Die Erhöhung des Bekanntheitsgrades durch eine Werbekampagne ist ebenso problemlos meßbar, wie eine Veränderung von Markenimages oder des Informationsstandes über ein Angebot.

Kroeber-Riel unterscheidet als grundlegende Beeinflussungsziele der Werbung:

- Aktualität,
- Emotionen,
- Informationen,

wobei ein viertes Ziel in der Kombination von Emotionen und Informationen zu sehen ist (vgl. Kroeber-Riel 1993, S. 33 ff.).

1. Die Kombination von **Emotionen und Informationen** folgt dabei dem klassischen Mechanismus:
   - appelliere an ein Bedürfnis (beispielsweise: „Achten Sie nicht auch auf Ihre Ernährung?") und
   - informiere über Eigenschaften des Angebotes, die dazu dienen, das Bedürfnis zu befriedigen (beispielsweise: „Schmecklecker garantiert naturbelassene Lebensmittel").

   In aller Regel erfolgt der Bedürfnisappell durch eine bildliche Darstellung und die Information durch Sprache oder Text (vgl. Kroeber-Riel 1993, S. 37). Je nach Involvement-Voraussetzungen ist dabei entweder stärker auf informative (hohes Involvement) bzw. emotionale Aspekte (geringes Involvement) abzuheben.
2. **Informationen** sind als Werbeziel immer dann notwendig, wenn die relevanten Eigenschaften eines Angebotes der Zielgruppe unbekannt oder nicht hinreichend bekannt sind. Von dieser Situation ist immer dann auszugehen, wenn es sich um neue Angebote handelt bzw. um solche Güter des Spezialbedarfs oder des gehobenen Bedarfs, bei denen der Kaufentscheidung ein intensiver Informationsbeschaffungsprozeß vorausgeht.
3. Auf gesättigten Märkten, auf denen die Eigenschaften der Angebote weitgehend austauschbar sind, sind häufig auch die Informationen über die Angebote austauschbar. Güter des täglichen Bedarfs sind nicht erklärungsbedürftig, jeder

Verbraucher weiß, wie er mit Zigaretten oder Kaffee umzugehen hat. In diesen Fällen versucht die Werbung, **Emotionen** zu vermitteln, d.h. dem Verbraucher solche Konsumerlebnisse nahezubringen, die dieses Angebot von dem der Konkurrenz unterscheiden. Je mehr sich die Angebote angleichen, desto notwendiger ist ihre Differenzierung über Erlebnisprofile.

4. **Aktualität** ist als Zielsetzung vor allem bei wenig involvierten Konsumenten notwendig. Aktualität ist die aktive Form von Bekanntheit. Eine Marke ist bei einem Verbraucher dann aktuell, wenn er sie spontan im Zusammenhang mit einer bestimmten Produktkategorie nennen kann. Wie im Zusammenhang mit dem relevant set aufgezeigt wurde (vgl. Kapitel 2.2.5), kann davon ausgegangen werden, daß aktuelle Marken für den Verbraucher auch zu dem Kreis derjenigen Marken gehören, die für eine Kaufentscheidung in Betracht gezogen werden. Werbung, die auf Aktualität abzielt, vermittelt weder Informationen noch Emotionen. Sie verfolgt vielmehr das Ziel, eine Marke durch auffallende Darstellung und häufige Wiederholungen so in Szene zu setzen, daß sie sich in das Bewußtsein der Verbraucher einprägt. Insbesondere in einer Zeit, die durch ein hohes Maß an Informationsüberlastung gekennzeichnet ist, wird es für die Werbung immer schwieriger, die Aufmerksamkeit der Verbraucher zu erringen. In Abwandlung eines Zitates des Trendforschers Naisbitt läßt sich diese Art der Werbung wie folgt charakterisieren: Werbung muß heutzutage schreien, um überhaupt gehört zu werden.

Diese Werbeziele sind sowohl unter strategischen als auch unter taktischen Aspekten zu verfolgen. Während ein strategisches Ziel versucht, langfristige Positionen für ein Angebot aufzubauen, kann es aus taktischen Gründen sinnvoll sein, kurzfristig Defizite im Hinblick auf Informationen, Emotionen oder Aktualität auszugleichen. Verfolgt beispielsweise der Nahrungsmittelhersteller Schmecklecker über den Aufbau emotionaler Erlebniswelten (z.B. das gesunde Landleben als Assoziationsbasis für die Naturbelassenheit der Rohstoffe) das strategische Ziel, sich als der ideale Anbieter für besonders anspruchsvolle Genießer zu positionieren, kann er durchaus kurzfristig andere Schwerpunkte setzen. Wenn er feststellt, daß seine Angebote als sehr teuer eingeschätzt werden, kann er aus taktischen Gründen über bestimmte Sonderangebote informieren.

4.4 Copy Strategy

Grundlage für die kreative Umsetzung einer Werbekampagne ist die Copy Strategy (aus dem Englischen copy = [Werbe-] Text).

Ausgehend von der angestrebten Positionierung definiert die Copy Strategy die **Eindrücke, die der Verbraucher von der beworbenen Marke haben soll.**

Da die Positionierung i.d.R. langfristig ausgerichtet ist, ist auch die Copy Strategy als ein **Langzeit-Dokument** aufzufassen, das auch für Folgekampagnen Gültigkeit hat. Vielfach wird eine Marke nicht nur mit einer Werbekampagne beworben, vielmehr wird die Kampagne im Zeitablauf geändert. Solange an der Positionierung der Marke keine Änderungen vorgenommen werden, bleibt auch die Copy Strategy bestehen.

Die Copy Strategy drückt aus, **was** die Werbung aussagen soll, sie enthält jedoch keine Hinweise darüber, **wie** es ausgedrückt werden soll. Die kreative Umsetzung ist Aufgabe der Werbeagentur. Mit der Copy Strategy läßt sich deren kreative Leistung beurteilen. Die *Bitburger*-Anzeigen in den Abbildungen 3-3 und 3-4 haben gezeigt, mit welch unterschiedlichen kreativen Lösungen ein und dieselbe Positionierung umgesetzt werden kann.

Eine Copy Strategy enthält zumindest vier wesentliche Aussagen:

1. Der **Benefit** beinhaltet das Nutzenversprechen, den Basis-Nutzen, weshalb der Verbraucher diese Marke kaufen und sie allen anderen Marken vorziehen soll.
2. Der **Reason Why** begründet den Benefit, d.h. er stellt eine Produkt-Charakteristik heraus, die das Nutzenversprechen nachvollziehbar untermauert.
3. Die **Target Audience** beschreibt die Zielgruppe, die mit der Werbung angesprochen werden soll.
4. Die **Tonality** definiert die Individualität und die Atmosphäre, die die Werbung übermitteln soll. Sie wird üblicherweise mit Adjektiven beschrieben.

Manchmal findet sich in der Copy Strategy zusätzlich noch der emotionale Wert oder die Bedeutung, die an das Nutzenversprechen geknüpft ist.

Von zentraler Bedeutung ist in der Copy Strategy der Benefit und der Reason Why. Jede Werbung sollte dem Verbraucher Argumente liefern, warum er das Produkt kaufen soll. Diese Argumente sind jedoch nur mit einer plausiblen Begründung glaubwürdig.

Häufig haben verschiedene Marken einer Produktkategorie denselben Benefit. Die Differenzierung zu den Wettbewerbern erfolgt dann durch den Reason Why. **Der Benefit behauptet die Alleinstellung, der Reason Why begründet sie**. Beispielsweise implizieren sowohl *Milka* als auch *Merci*, *Ritter Sport* und *Kinder* Schokolade den Anspruch, die „beste Schokolade" zu sein (Benefit). Aber jede dieser Marken gibt dafür eine andere Begründung (Reason Why):

- *Milka*: Die zarteste Versuchung, seit es Schokolade gibt,
- *Merci*: weil man sie jederzeit guten Gewissens verschenken kann,
- *Ritter Sport*: quadratisch, praktisch, gut,
- *Kinder*: weil sie die Extra-Portion Milch hat.

Die Copy Strategy wird vom werbetreibenden Unternehmen seiner Werbeagentur vorgegeben und hat zwei **Aufgaben** zu erfüllen:

1. Einerseits ist sie die **Anleitung für die Werbeagentur** zur kreativen Umsetzung der Werbung. Sie soll die Arbeit der Agentur auf einen produktiven Fokus konzentrieren, ohne die Kreativität zu behindern.
2. Andererseits ist sie auch die **Anleitung zur Beurteilung** der Arbeit der Werbeagentur. Mit ihr wird überprüft, ob eine Werbung „on strategy" ist oder nicht und ob sie wahrscheinlich wirkungsvoll ist oder nicht.

Die spezifischen Bedeutungen und **Vorteile**, die sich aus einem genauen Verständnis der Copy Strategy ergeben, liegen auf der Hand:

1. Die Copy Strategy garantiert, daß die Werbung über einen langen Zeitraum mit der Positionierung und den angestrebten Zielen in Einklang bleibt.
2. Sie garantiert die Folgerichtigkeit und Kontinuität der Werbung während einer gewissen Zeit.

Diese Vorteile kann die Copy Strategy jedoch nur dann erfüllen, wenn sie in der Tat als ein Langzeit-Dokument gehandhabt wird, das nicht kurzfristigen Änderungen unterworfen wird. Gründe für eine **Änderung der Copy Strategy** können nur liegen in einer Änderung

- der Positionierung,
- des beworbenen Produktes,
- der Produktverwendung,
- der Konkurrenz-Situation oder
- der Verbraucher-Bedürfnisse.

Welchen Änderungen die Produktverwendung unterliegen kann, zeigt die Entwicklung, die das T-Shirt durchgemacht hat. In den sechziger Jahren zählte das T-Shirt noch ausschließlich zur Unterwäsche; in den siebziger Jahren wurde es Bestandteil der Freizeitkleidung; Ende der achtziger Jahre wurde es anstelle eines Hemdes zum Anzug getragen (vgl. Werner 1993, S. 187). Es ist klar, daß der Werbung eines T-Shirt-Herstellers eine jeweils entsprechend veränderte Copy-Strategy zugrunde lag.

Aus der Zwecksetzung und der Bedeutung, die die Copy Strategy für das werbetreibende Unternehmen hat, lassen sich einige Regeln für ihre Anwendung ableiten: Eine Copy Strategy sollte

- **spezifisch** und **konkret** sein, um wirkliche Richtlinien und Anhaltspunkte zu schaffen,
- **einfach** sein, möglichst nur ein Hauptversprechen - höchstens zwei - enthalten und sich auf ein Minimum von untergeordneten Punkten konzentrieren,
- **klar** sein, d.h. keine Zweideutigkeiten enthalten und keine Gelegenheiten für eine variable Interpretation liefern,
- in sich **konsequent** sein, d.h. alle Elemente sollten zueinander passen und sich gegenseitig ergänzen,
- primär **Vorzüge** behandeln, ausgedrückt in der Verbrauchersprache und nicht Produkt-Charakteristika oder Marketingziele: Der Verbraucher kauft keine Produkteigenschaften, sondern Vorteile,
- deutlich **konkurrenzfähig** sein und versuchen, den Verbraucher zu überzeugen, das eigene Produkt an Stelle der Konkurrenzprodukte zu kaufen. Gerade in Bereichen, in denen eine Marke keine besonderen funktionalen Vorzüge besitzt, muß die Copy Strategy die Konkurrenzfähigkeit hervorheben, wenn die Werbung wirksam sein soll. Copy Strategy-Versprechen müssen nicht rechtlich voll vertretbar sein, wohl aber Werbeaussagen,
- **positiv** und auf die Markenstärke eingestellt sein und nicht versuchen, Schwächen der Marke durch Rückversicherungen auszugleichen,
- **entschieden** geschrieben sein, so daß sie eine Basis bietet, auf der sich zustimmen oder ablehnen läßt.

Für den Nahrungsmittelhersteller Schmecklecker läßt sich folgende Copy Strategy konstruieren:

> **Benefit**: Schmecklecker verwendet für seine Produkte ausschließlich naturbelassene Rohstoffe. Jeder Kunde kann sicher sein, daß er sich mit Schmecklecker-Produkten gesund ernährt.
>
> **Reason Why**: Denn Schmecklecker hat eine langjährige Erfahrung in der schonenden Verarbeitung naturbelassener Rohstoffe.
>
> **Target Audience**: Alle Haushaltsführenden, die auf eine gesunde und ausgewogene Ernährung Wert legen.
>
> **Tonality**: Zeitgemäß, alle positiven Assoziationen vom Leben auf dem Lande.

Mit der Copy Strategy soll eine **werbliche Alleinstellung** erreicht werden, also eine werbliche Abgrenzung zum Wettbewerb. Für die Entwicklung der eigenen Copy Strategy ist es daher notwendig, mittels einer Copy Analyse auf die mutmaßlichen Copy Strategies der Wettbewerber zu schließen. Am Beispiel der Anzeige für *Nivea* Creme in Abbildung 4-7 soll hier der Versuch einer Copy Analyse unternommen werden. Für die Durchführung einer Copy Analyse werden zunächst die Inhalte der Anzeige beschrieben, dabei kann es im Einzelfall auch wichtig sein aufzuzeigen, was nicht dargestellt ist (vgl. auch die Ausführungen zu der *Condor*-Anzeige in Abbildung 3-2).

Prägnant an der *Nivea*-Anzeige ist ihre Schlichtheit und Einfachheit. *Nivea* Creme ist ein Hautpflegeprodukt für Männer und Frauen. *Nivea* ist kein High-Tech-Produkt für den extrovertierten Menschen, sondern eine schlichte Creme für die persönliche Hautpflege. Es wird keine Verjüngung, Vitalität oder Faltenreduzierung versprochen, sondern das elementare Bedürfnis nach Wohlbefinden, Geborgenheit, Nähe und Liebe geweckt. *Nivea* bietet alles, was die Haut (der Mensch) zum Leben braucht: Liebe und *Nivea*. Die Haut braucht nicht viel, schlicht und einfach nur *Nivea*. So wie der Mensch Zärtlichkeit braucht, braucht die Haut *Nivea*. Gezeigt wird ein Pärchen mit Hautkontakt, ohne daß eine erotische Atmosphäre entsteht. Die Anzeigengestaltung vermittelt Harmonie: Die Harmonie der Partnerschaft überträgt sich auf die Harmonie Haut - *Nivea*. Offensichtlich wird dabei auch die Doppelbedeutung der Headline „Only you", die sowohl für den Partner als auch für das Produkt steht. Die Headline ist in der gleichen Schrift-Typologie gehalten wie *Nivea* Creme, auch die Farbgebung der Anzeige, leichte Blautöne, wiederholt die Packungsfarbe.

Die vermutliche **Positionierung**, die die Grundlage der Copy Strategy bildet, könnte lauten: Was Harmonie in der Partnerschaft, ist *Nivea* für die Haut. Die mögliche Copy Strategy könnte wie folgt formuliert werden:

> **Benefit:** *Nivea* bietet eine zarte Haut, Pflege und Wohlbefinden.
>
> **Reason Why:** *Nivea* enthält alles, was die Haut zart und weich pflegt.
>
> **Target Audience:** *Nivea* ist für Männer und Frauen geeignet.
>
> **Tonality:** Das sehr persönliche Bedürfnis nach Wohlbefinden, Nähe und Liebe wird durch *Nivea* auf einfache Weise befriedigt.

Abbildung 4–7: Anzeige von *Nivea*

Ein Beispiel für zielgruppenorientierte Werbung bietet die Kampagne der *Frankfurter Allgemeinen Zeitung* (vgl. Abbildung4-8).

Seit den fünfziger Jahren hat die *Frankfurter Allgemeine Zeitung* ein sehr eigenständiges Werbelogo: Ein Leser, der die Beine übereinanderschlägt und sein Gesicht hinter einer Zeitung verbirgt. Die dazugehörige Werbeaussage lautet: „Dahinter steckt immer ein kluger Kopf". Ziel der neuen Kampagne war es, diesen klugen Kopf zeitgemäßer werden zu lassen, ohne das altbewährte Text-Bild-Logo aufzugeben. Das Resultat ist eine intelligente Zielgruppenkampagne, die mit der Text-Bild-Ebene spielt.

Gezeigt werden ebenfalls kluge Köpfe, die sich wiederum mit übergeschlagenen Beinen hinter einer Zeitung verbergen. Testimonials sind bekannte Persönlichkeiten, die sonst nicht für Werbung zur Verfügung stehen und für die Motive kreiert wurden, die sie in typischer Weise charakterisieren: Klaus Töpfer, Umzugsminister, auf der Quadriga des Brandenburger Tors; Ignaz Bubis, Vorsitzender des Zentralrats der Juden, auf der Friedenseiche in Sossenheim bei Frankfurt; Bodo Hauser und Ulrich Kienzle, Journalisten, als feindliche Brüder auf den Bergfrieden einer Burg; Jürgen Weber, Vorstandsvorsitzender der *Lufthansa,* auf dem Flügel eines Flugzeuges, um nur einige zu nennen. Die Kampagne arbeitet mit eindrucksvollen Fotos, die insofern irritieren, als man die Prominenten suchen muß. „Die Namen zu nennen, aber die Gesichter eben nicht zu zeigen, vermittelt die subtile Botschaft der Anzeigenserie (...). Den Beweis der Prominenz für sich zu behalten, das kann sich nur leisten, wer auch sonst zuverlässig informiert" (Turner 1997, S. 11). Die Kampagne zeigt sich also sehr selbstbewußt, indem prominente Persönlichkeiten zwar abgebildet, aber nicht gezeigt werden. Der Betrachter muß ganz einfach glauben, daß die Person hinter der Zeitung auf der Quadriga auch tatsächlich Klaus Töpfer ist. Dieses Vertrauen in die Glaubwürdigkeit der Werbekampagne überträgt sich damit implizit auch auf die Glaubwürdigkeit der Berichterstattung der Zeitung.

Als der Copy Strategy zugrundeliegende **Positionierung** läßt sich somit vermuten: Die *Frankfurter Allgemeine Zeitung* ist eine Qualitätszeitung für gehobene Leser, die das Anspruchsvolle und intellektuell Fordernde suchen.

Die mutmaßliche Copy Strategy könnte lauten:

Benefit: Die *Frankfurter Allgemeine Zeitung* bietet eine in jeder Hinsicht glaubwürdige und zuverlässige Berichterstattung.

Reason Why: Das Gesicht nicht zu zeigen, den Beweis der Prominenz für sich zu behalten, das kann sich nur leisten, wer auch sonst zuverlässig informiert. (Dahinter steckt immer ein kluger Kopf.)

Zielgruppe: Personen, die höchste Informationsansprüche haben und die in Bildung und sozialem Status überdurchschnittlich sind.

Tonality: Vielschichtige Spannung; Zeitungslektüre, die an ungewöhnlichen Orten die volle Aufmerksamkeit des Lesers fesselt.

Es muß betont werden, daß derartige Copy Analysen niemals verifiziert werden können, da die Copy Strategy ein wohlgehütetes Geschäftsgeheimnis eines Werbe-

Abbildung 4–8: Werbekampagne der *Frankfurter Allgemeinen Zeitung*

[Dahinter steckt immer ein kluger Kopf.]
BODO H. HAUSER, ULRICH KIENZLE, Journalisten
Frankfurter Allgemeine
ZEITUNG FÜR DEUTSCHLAND

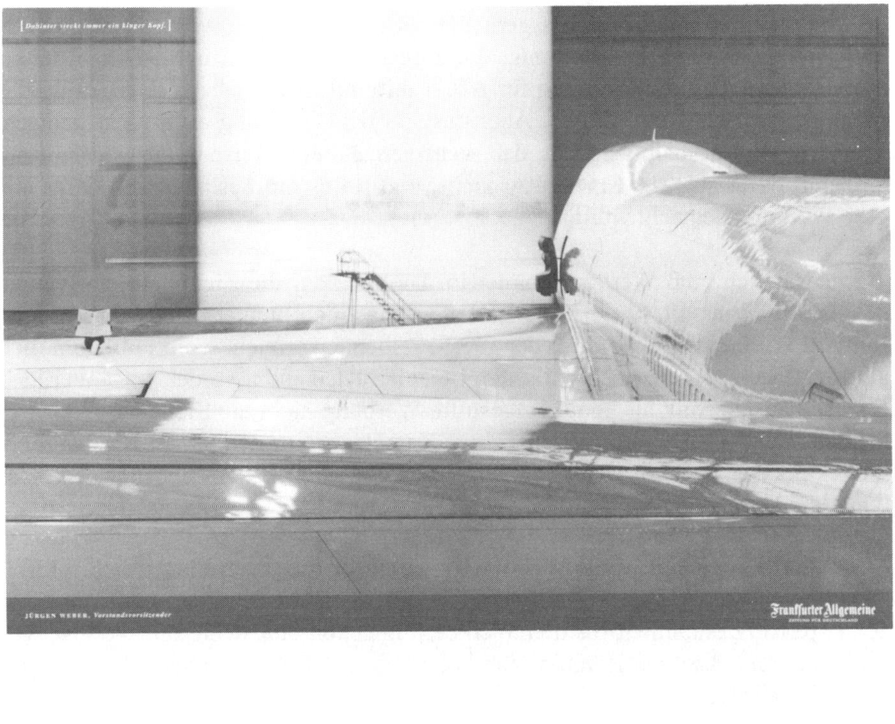
[Dahinter steckt immer ein kluger Kopf.]
JÜRGEN WEBER, Vorstandsvorsitzender
Frankfurter Allgemeine
ZEITUNG FÜR DEUTSCHLAND

treibenden ist. Die Ergebnisse von Copy Analysen können sich immer nur auf der Ebene von Plausibilitäten bewegen. Im Rahmen einer Wettbewerbsanalyse sind sie jedoch als eine sehr nützliche Übung anzusehen, um sich in die Denkhaltung des Wettbewerbers hineinzuversetzen.

Wird es aus einem der genannten Gründe notwendig, die Copy Strategy zu ändern oder ist es von vornherein die Absicht, die endgültige Positionierung in mehreren Schritten anzustreben, wird dafür ein **Copy Development Program** erstellt. Es zeigt auf, in welchen Schritten und in welcher zeitlichen Abfolge die Copy Strategy zu ändern ist. Das Copy Development Program stellt somit die kontinuierliche Weiterentwicklung einer Copy Strategy sicher.

4.5 Exkurs: Visuelle Rhetorik in der Werbung

Für die Umsetzung der Copy Strategy, also für die Gestaltung der Werbung, gibt es keine allgemeinen Grundsätze. Angesichts der Reizüberflutung kämpft jede Werbebotschaft um die Wahrnehmung der Zuschauer. Es stellt sich also die Frage, wie eine Werbebotschaft gestaltet sein muß, um vom Konsumenten trotz Reizüberflutung wahrgenommen zu werden.

Jeder hat ein Empfinden darüber, welche Werbung „gut" ist. Das ist auch häufig die Werbung, die in Cannes oder vom Art Directors Club ausgezeichnet wird. Aber nicht jeder hat auch eine Antwort darauf, **warum** er die Werbung als gut empfindet.

Sehr vereinfachend läßt sich sagen: Werbung ist dann gut, wenn sie originell ist und intelligent gemacht. Werbung, die zum Denken anregt, bei der man denken muß. Jemand mag die Werbung für z.B. Tahiti gut finden, aber deswegen wird er nicht gleich nach Tahiti fahren. Aber deshalb wird Werbung auch nicht gemacht. Werbung wird deshalb gemacht, daß **wenn** jemand eine Reise in die Südsee plant, er Tahiti dafür auch **in Erwägung zieht**, und sei es nur deshalb, weil dafür eine gute Werbung gemacht wurde.

Grundsätzlich muß Werbung immer im Hinblick auf die **Ziele** beurteilt werden, die sie erreichen soll. Diese Ziele sind allerdings nicht immer offensichtlich. Häufig wird Werbung, die die Ziele der Werbetreibenden erreicht, vom Publikum nicht als „gut" bewertet, dennoch wirkt sie. Beispiel: Klementine in der *Ariel*-Werbung. Ebenso häufig erfüllt als „gut" eingestufte Werbung nicht die Ziele der Werbetreibenden. Beispiel: Die animierten *Camel*-Kamele, die in der *Camel* Kinowerbung „Spiel mir das Lied vom Tod" pfiffen. Aber Werbung ist kein Selbstzweck. Werbung, die in Schönheit stirbt, ist nicht effektiv.

Um zu wirken, muß Werbung nicht unbedingt gefallen. Auch schlecht gemachte Werbung kann das Ziel Bekanntheit erfüllen, und manchmal reicht Bekanntheit für den Werbeerfolg schon aus, denn nachweisbar wird einem bekannten Produkt eine höhere Qualität beigemessen, als einem unbekannten.

Es gibt keine Gesetze für erfolgreiche Werbung, aber es gibt einige Regeln, wie intelligente Werbung gemacht wird. Im Zusammenhang mit der emotionalen Konditionierung wurde aufgezeigt, daß Werbung sich möglichst an den Schemavorstellungen orientieren soll, die die Verbraucher in ihren Köpfen haben (vgl. Kapitel 2.3.1.2). Aber gute Werbung kann auch mit der genau gegenteiligen Strategie gemacht werden, indem sie bewußt Schemavorstellungen vermeidet.

Ein neuerer Begriff faßt dazu einige Regeln unter der Bezeichnung „Visuelle Rhetorik" zusammen. Visuelle Rhetorik umschreibt Botschaften, „die im Bild visuell kodiert sind und durch den Betrachter **de**kodiert werden müssen. Bilder, welche eine zielgruppenspezifische Zeichensprache enthalten, werden mit einem Schlüsselelement versehen, das sie aus der routinemäßigen Wahrnehmung (...) herausreißt" (Urban 1995, S. 9).

Bei einigen Lösungen wird die Realität ausgetauscht, um den Betrachter bewußt zu verwirren und ihn so zum Nachdenken anzuregen.

Das menschliche Handeln und Denken ist von Erfahrungen geprägt. Erfahrungen machen bequem, verführen dazu, sich in eingefahrenen Gleisen zu bewegen („wir machen das so, weil wir es schon immer so gemacht haben"). Insofern kommen Schemavorstellungen dem üblichen Denken sehr entgegen. Es besteht daher die Gefahr, daß das, was der Erfahrung entgegenläuft, nicht zur Kenntnis genommen wird. Manchmal wird es aber auch **gerade deshalb** wahrgenommen, weil es der naheliegenden Logik nicht entspricht, z.B. im Falle kognitiver Dissonanzen. In solchen Fällen wird mit Analogien gearbeitet. Es wird hinterfragt, um was es grundsätzlich geht und versucht, dies mit Ähnlichkeiten oder Entsprechungen darzustellen. Dabei ist zwischen formalen und inhaltlichen Analogien zu unterscheiden.

Eine **formale Analogie** liegt dann vor, wenn Gegenstände sich **äußerlich** ähnlich sind, aber unterschiedlich funktionieren. Im Gegensatz dazu wird von einer **inhaltlichen Analogie** gesprochen, wenn Dinge zwar völlig anders aussehen, aber gleich oder ähnlich funktionieren.

In der visuellen Rhetorik lassen sich fünf Kategorien unterscheiden (vgl. Abbildung 4-9) (vgl. zum folgenden Urban 1995, S, 77 ff.)

Abbildung 4–9: Visuell-rhetorische Kategorien

Visuell-rhetorische Kategorien				
Wort	**Text**	**Bild**	**Bild/Text**	**Farbe**
(Verballhornungen)	(Wortspiele)	(Analogien)	(Dialektik)	(Paradoxien)

Vgl. Urban, D.: Kauf mich, Stuttgart 1995, S. 77 ff.

1. **Die Verschiebung von Wortebenen: Verballhornungen**. Verballhornen bezeichnet die Entstellung eines Wortes in der Absicht, etwas vermeintlich Falsches zu berichtigen. Das Wort geht auf den Lübekker Buchdrucker J. Ballhorn zurück, der im 16. Jahrhundert eine Ausgabe des lübischen Rechts druckte, die viele Verschlimmbesserungen enthielt. Die Verschiebung von Wortebenen durch Verballhornung kann durch **Ersetzen** der Buchstaben oder durch **Weglassen** erfolgen, durch **Vertauschen** oder **Falschschreiben**. So läßt sich zweckgebunden verballhornen, um die Aufmerksamkeit der Werbung zu steigern (vgl. Urban 1995, S. 86), (vgl. Beispiel in Abbildung 4-10). Auf die *Hulstkamp*-Anzeige 1967 reagierten 200.000 Briefeschreiber, die auf das fehlende „r" hinwiesen.

2. **Die Verschiebung von Textebenen: Wortspiele**. Das Spiel mit Worten basiert auf der Doppeldeutigkeit des gebrauchten Wortes bzw. auf verschiedenen Bedeutungsinhalten ähnlicher Worte (vgl. Beispiel in Abbildung 4-11).

3. **Die Verschiebung von Bild-Ebenen: Analogien**. Ziel ist hier die Verfremdung gelernter Begriffe. Bildmotive werden durch Analogien bewußt verfälscht, um höhere Aufmerksamkeit zu erzielen. Dabei sprechen häufig die Anzeigen für sich und jeder Text ist überflüssig (vgl. Beispiel in Abbildung 4-12).

4. **Die Verschiebung von Bild-Text-Ebenen: Dialektik**. Bilder lassen häufig entsprechende Texte assoziieren, Texte entsprechende Bilder. Wird jedoch ein Bild mit Text ergänzt, können durch gezielte Unstimmigkeiten Spielräume für Pointen eröffnet werden. Je unpassender das Bild zum Text bzw. der Text zum Bild ist, desto mehr spielt sich im Kopf des Betrachters ab (vgl. Beispiel in Abbildung 4-13).

5. **Die Verschiebung von Farb-Ebenen: Paradoxien**. „Farbrhetorik ist die Kunst, durch gezielten Einsatz einer (falschen) Farbe eine bestimmte Wirkung hervorzurufen" (Urban 1995, S. 177). Farbe dort einzusetzen, wo auf Worte verzichtet werden kann. Mit Farbe kann man identifizieren, Farbe schafft Assoziationen, läßt schmecken, riechen, drückt Gefühle aus. Mit Farbe kann man aber auch irritieren. Beispiele für Farbrhetorik sind die lila Kuh in der *Milka*-Werbung oder das Schiff mit grünen Segeln in der *Beck`s*-Werbung.

Die visuell-rhetorischen Kategorien stellen natürlich kein Rezept für erfolgreiche Werbung dar, aber sie zeigen eine Möglichkeit auf, um aufmerksamkeitsstarke Werbung zu gestalten. Werbebotschaften, die nach der visuellen Rhetorik gestaltet sind, offenbaren nicht auf den ersten Blick ihre eigentlichen Inhalte. Vielmehr muß der Betrachter die Botschaften entschlüsseln, was er aber nur dann kann, wenn er sich mit der Werbebotschaft beschäftigt. Der alte Werbegrundsatz „show what you say and say what you show" sollte also nicht als Dogma aufgefaßt werden.

Abbildung 4–10: Visuelle Rhetorik: Verballhornungen

Abbildung 4–11: Visuelle Rhetorik: Wortspiele

Abbildung 4–12: Visuelle Rhetorik: Analogien

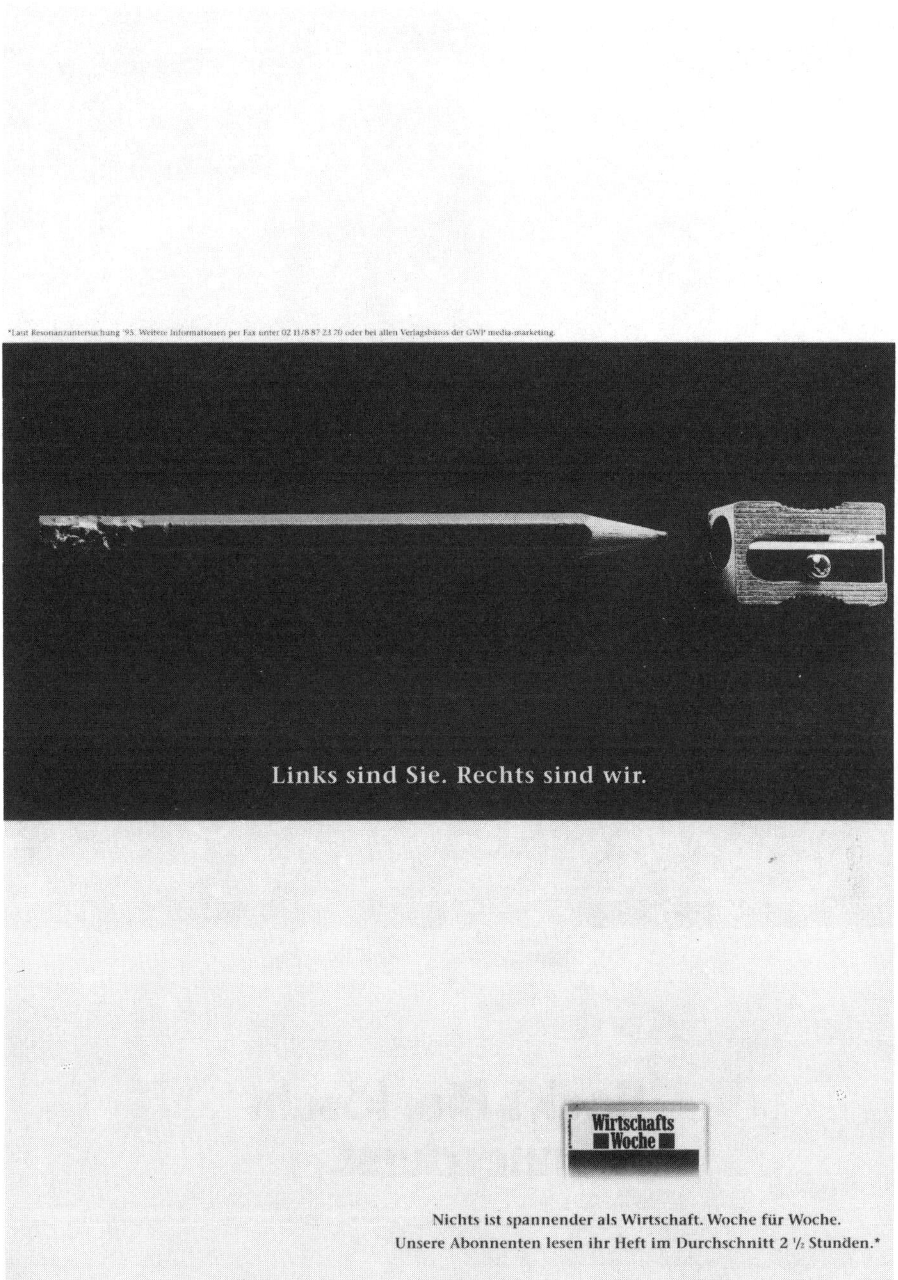

Abbildung 4–13: Visuelle Rhetorik: Dialektik

4.6 Werbestrategie

Die Werbestrategie beantwortet die Frage, mit welchen werblichen Maßnahmen die Werbeziele erreicht werden sollen. Konzeptionell geht es hierbei um die Planung der **Werbemittel**. Die wichtigsten Werbemittel sind Anzeigen in Zeitschriften/Zeitungen, Spots im Fernsehen/Hörfunk/Kino und Plakate. Speziell für die elektronischen Medien Fernsehen und Hörfunk muß im Rahmen der strategischen Überlegungen auch die Frage entschieden werden, in welcher Form geworben werden soll. Hierbei ist grundsätzlich zwischen programminternen und -externen Werbeformen zu unterscheiden, also ob Werbung in Form klassischer Spotwerbung erfolgen soll oder in Form von Sonderwerbeformen, die nicht unmittelbar als Werbung erkannt werden, wie beispielsweise Sponsoring oder Product Placement (vgl. Kapitel 8).

4.6.1 Anzeigengröße und -plazierung

Die Festlegung der Werbemittel beinhaltet bereits einen Vorgriff auf die Mediastrategie, also auf die Wahl der Werbeträger, die zur Verbreitung der Werbebotschaft eingesetzt werden sollen.

Zunächst ist also die grundsätzliche Entscheidung zu treffen, welche Werbemittel am besten geeignet erscheinen, die Werbebotschaft zu übermitteln bzw. dem Werbeobjekt angemessen erscheinen. Bei einer Anzeige wäre dann z.B. zu entscheiden, in welchem Format (Doppelseite, halbe Seite), mit welcher Farbigkeit (vierfarbig, schwarz-weiß), mit welcher Schrifttypographie der Text gedruckt werden soll oder ob das Motiv fotografiert oder illustriert werden soll.

Neben der Anzeigengestaltung ist es insbesondere die **Größe der Anzeige**, die die Aufmerksamkeit des Betrachters beeinflußt. „Generell ist unumstritten, daß größere Anzeigen größere Aufmerksamkeit finden und größere Werbewirksamkeit haben“ (Koschnick 1995, S. 99). Allerdings sind die Befunde darüber, welcher Zusammenhang zwischen dem Zuwachs an Anzeigengröße und der Erhöhung der Aufmerksamkeit besteht, nicht eindeutig.

Während einige Studien hier einen linearen Zusammenhang belegen, zeigen andere Studien einen unterproportionalen Zusammenhang auf, d.h. der Wirkungszuwachs steigt nicht in gleichem Maße mit der Anzeigengröße. Geschätzt wird, daß der Wirkungseffekt der Wurzel aus der Vergrößerung entspricht. Eine doppelt so große Anzeige würde also eine Wirkungssteigerung um den Faktor 1,4 erzielen (vgl. Felser 1997, S. 87). Derat exakten mathematischen Zusammenhängen in der Werbung sollte allerdings mit einer gewissen Skepsis begegnet werden.

Beim Aufmerksamkeitswert, der von der Anzeigengröße ausgeht, sind auch rein praktische Erwägungen anzustellen. Je nachdem, wie stark den Leser das redaktionelle Umfeld interessiert, ist seine Aufmerksamkeit zielgerichtet auf den Artikel. Insofern kann eine Doppelseite oder auch eine ganze Seite einfach ungesehen überblättert werden. In dem Fall wäre eine Anzeige im Format einer halben oder

Abbildung 4–14: Anzeigengröße und Werbewirkung

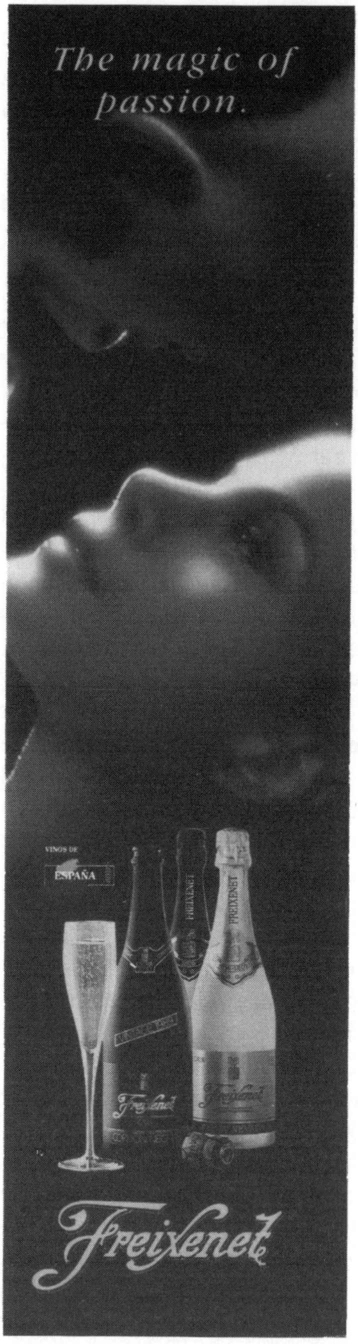

drittel Seite wie im Beispiel der Abbildung 4-14 von ihrem Aufmerksamkeitspotential her höher einzuschätzen, da sie nicht überblättert werden kann. Allerdings gilt grundsätzlich auch für diesen Fall, daß Anzeigen, die von einem interessanten redaktionellen Umfeld umgeben sind, schlechter erinnert werden.

Eine andere Frage, die in diesem Zusammenhang immer wieder diskutiert wird ist, welchen Einfluß die **Plazierung** einer Anzeige auf die Werbewirkung hat. Eine weit verbreitete Ansicht ist die, daß Plazierungen auf der rechten Seite bzw. oben rechts besonders starke Beachtung finden. Ähnliches wird für Plazierungen im vorderen Heftteil gegenüber solchen im hinteren Teil angenommen. Diesen Ansichten fehlt es aber zumeist an wissenschaftlicher Fundierung. Denn das Grundproblem bei der Untersuchung von Plazierungseffekten ist, daß sie sich nicht von anderen Wirkungsdeterminanten wie z.B. der Anzeigengestaltung isolieren lassen. Wissenschaftlich gesehen scheint die Existenz eines Plazierungseffektes eher fraglich (vgl. Koschnick 1995, S. 1388 f.).

Während bei der Fernsehwerbung eindeutige Positionseffekte nachgewiesen werden können, besteht bei Zeitschriften das Problem darin, daß sie nicht kontinuierlich von Anfang bis Ende durchgelesen werden, sondern über einen längeren Zeitraum (Erscheinungszeitraum) immer wieder einmal in die Hand genommen werden und einzelnen Bereichen unterschiedliche Aufmerksamkeit gewidmet wird. Hingegen lassen sich für das Fernsehen unterschiedliche Erinnerungswirkungen eines Werbespots in Abhängigkeit von seiner Position in einem Werbeblock feststellen. Aus der allgemeinen Psychologie ist dieser Zusammenhang bekannt als **Primacy-Recency-Effekt**: Erzielt die erste oder die letzte Aussage den größeren Effekt? Primacy-Effekte werden u.a. damit erklärt, daß erste Informationen mehr Aufmerksamkeit erhalten als spätere. Wird jedoch der Informationsfluß unterbrochen und das Urteil abgefragt, nachdem alle Informationen vermittelt wurden, ist mit einem Recency-Effekt zu rechnen, d.h. die zuletzt präsentierte Information dominiert den Eindruck (vgl. Forgas 1994, Rosnow 1964). Zwar sind die Ergebnisse nicht eindeutig, ob der erste oder letzte Werbespot die höchsten Aufmerksamkeits- und Erinnerungswerte erzielt, die an mittlerer Position gesendeten Werbespots erzielen jedenfalls die schlechtesten Ergebnisse (vgl. Webb/Ray 1979, Mayer/Schuhmann 1981).

Neben der Entscheidung über Anzeigengröße und Plazierung ist bei der Werbestrategie gleichzeitig auch über flankierende Maßnahmen zu entscheiden, ob beispielsweise die Werbekampagne mit Verkaufsförderungsmaßnahmen unterstützt werden soll oder ob für ausgewählte Meinungsführer (Vertriebspartner, wichtigste Abnehmer) eine Direct-Marketing-Aktion gestartet werden soll.

4.6.2 Gestaltung von Werbemitteln

4.6.2.1 Gestaltungselemente

Neben den klassischen Werbemitteln Anzeigen und Spots, gibt es in der Praxis eine große Anzahl weiterer, wie z.B. Prospekte, Mailings, Leuchtschriften, Handzettel, Tragetaschen, Schaufensterauslagen, Messestände, Werbung an Einkaufswagen, Beilagen, Beikleber, Beihefter, Kataloge, Dekorationen, Displays, Preisausschreiben, Verpackungen.

Werbemittel lassen sich einteilen in:

- visuelle (z.B. Anzeigen, Plakate),
- akustische (z.B. Hörfunkspots, Ladendurchsagen) und
- audiovisuelle (z.B. Fernseh- und Kinospots).

Diese Unterscheidung der Werbemittel ist insofern wichtig, als sie unterschiedliche Gestaltungselemente erfordern. Die wesentlichen Gestaltungselemente sind Text, Bild, Ton und Farbe, die, je nach Werbemittel, einzeln oder in Kombination eingesetzt werden können. Im Normalfall übermitteln Text und Bilder gemeinsam das kreative Konzept. Allerdings arbeiten Worte und Bilder in unterschiedlicher Weise (vgl. Kapitel 1.3.1).

Text hat in der Werbung seine spezifischen Stärken vor allem in folgenden Situationen:

- Ist die Werbebotschaft kompliziert, kann Text Zusammenhänge spezifischer formulieren und wiederholt gelesen werden.
- Bei high-involvement-Produkten, denen ein extensiver Kaufentscheidungsprozeß vorausgeht, ist es sinnvoll, möglichst viele Informationen zu vermitteln.
- Informationen, die Definitionen und Erklärungen verlangen, werden ebenfalls am besten mit Text übermittelt.
- Enthält die Botschaft abstrakte Werte wie z.B. *Gerechtigkeit* oder *Qualität*, können diese über Text tendenziell besser vermittelt werden als mit Bildern.
- Ferner helfen Slogans Markencharakteristika im Gedächtnis zu verankern.

Die in einem Werbemittel verwendete **Schrifttype** hat nicht nur Auswirkungen auf die Erkennbarkeit und Lesbarkeit, sondern auch auf die damit ausgelösten Assoziationen, wie beispielsweise schön, modern, altmodisch, schwerfällig, flott, stilvoll, nüchtern usw. (vgl. Mayer/Illmann 2000, S. 503). Der Schrifttyp kann also auch bestimmte emotionale Eindrücke vermitteln bzw. unterstützen. Er kann erheblich zur Einzigartigkeit und Unverwechselbarkeit der Werbebotschaft beitragen. Einzelne Marken sind allein schon an der Schrifttype erkennbar, bevor das Logo gesehen wurde. **Beispielsweise gilt die Schrifttype Bodoni als edel, seriös und standesgemäß und wurde insofern nicht zufällig als Hausschrift für die Marke *Mercedes* gewählt.**

Der unterschiedliche Ausdrucksgehalt von Schriften bietet somit zusätzliche gestalterische Möglichkeiten. Darüber hinaus läßt sich durch Fett-, Kursiv- oder Negativschriften die Lesegeschwindigkeit gezielt beeinflussen bzw. die Verweildauer im Text an einer bestimmten Stelle erhöhen. Diese Beeinflussung der Lesegeschwindigkeit beeinflußt gleichzeitig allerdings auch die Lesbarkeit des Textes. Tendenziell sind TEXTE IN GROSSBUCHSTABEN, Texte in Negativschrift, *Texte in Schreibschrift* und Texte vor unruhigem Hintergrund schwerer lesbar.

Abbildung 4–15: Beispiele unterschiedlicher Schrifttypen

Arial	Comic Sans MS
Garamond	*Signet Roundhand*
Courier New	Letter Gothic MT
Bookman Old Style	**Impact**

Die „**Werbesprache**" ist nicht immer grammatisch korrekt, teilweise werden bewußt Fehler gemacht, um eine höhere Aufmerksamkeit zu erringen („Deutschlands meiste Karte", „... da werden Sie geholfen"). Zwar bedient sich die Werbesprache i.d.R. der Alltagssprache, dennoch besitzt sie nicht notwendigerweise Sprechwirklichkeit, sondern ist auf eine ganz bestimmte Wirkung hin ausgerichtet. Sie kann aber ihrerseits die Alltagssprache beeinflussen durch Redewendungen, die in den Sprachgebrauch übergehen („Nicht immer, aber immer öfter") (vgl. Janich 1999, S. 34).

Die wesentlichsten Elemente einer Anzeige sind in Abbildung 4-16 dargestellt.

- Die **Headline** (Schlagzeile) ist der Aufhänger einer Anzeige und das zentrale Textelement, das üblicherweise den Benefit bzw. die Werbebotschaft in konzentrierter Form enthält. Sie soll Aufmerksamkeit und Interesse wecken und den flüchtigen Leser zur Bodycopy führen. Wortwahl und Ausdrucksweise der Headline muß auf die Zielgruppe abgestimmt sein. Aufmerksamkeitsstärke kann beispielsweise durch die Typographie oder durch die Formulierung (Wortspiele, Verfremdung, Versprechen, Originalität) erreicht werden. Obwohl Headline übersetzt „Kopfzeile" bedeutet, muß sie nicht notwendigerweise am Anfang der Anzeige stehen, sie kann auch zwischen Bild und Bodycopy oder über die Anzeigenfläche verteilt oder auch in das Bild integriert sein.

Abbildung 4–16: Elemente einer Anzeige

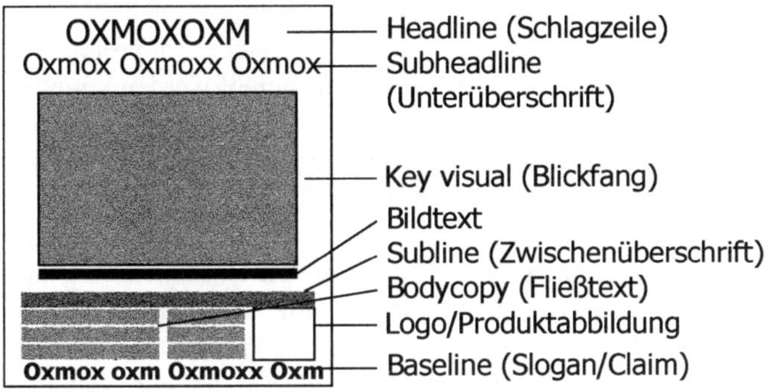

- Sie **Subheadline** (Unterüberschrift) hat häufig die Funktion der Ergänzung oder Erklärung der Headline bzw. einen unmittelbaren Aufforderungscharakter (Headline: „Brauchen Sie mehr Spielraum? Subheadline: „Baufinanzieren mit *Wüstenrot*").
- Das **Key visual** ist das Bildelement einer Anzeige und dient als Blickfang. Bei Text-Bild-Anzeigen wird üblicherweise das Bild stärker wahrgenommen als der Text, insofern kommt dem Bild eine zentrale Funktion bei der Steuerung der Aufmerksamkeit zu. Das Bildelement soll die Aussage der Headline visualisieren und beinhaltet üblicherweise die emotionale Ansprache der Zielpersonen. (Zu den unterschiedlichen Aktivierungswirkungen von Bildern und Sprache vgl. Kapitel 1.3.1). Häufig enthält das Bildelement einen sogenannte **eyecatcher**, der als besonders auffälliges oder sogar störendes Element den Blick des Betrachters „einfängt".
- **Bildtexte** sind erläuternde Unterschriften zu Bildern bzw. in Bilder integrierte Textbausteine, die bestimmte Bildelemente hervorheben oder sie nach Art einer Legende erklären können.
- Die **Bodycopy** (Fließtext) stellt im copystrategischen Sinne den Reason Why zu dem in der Headline (oder im Key visual) behaupteten Benefit dar. Sie thematisiert den Aufhänger bzw. das Bildmotiv und gibt detaillierte, sprachlich ausformulierte Erläuterungen. Insbesondere sogenannte Longcopies (Texte, die – im Gegensatz zu Shortcopies – länger als fünf Sätze sind), werden häufig durch **Sublines** (Zwischenüberschriften) optisch gegliedert. In der Realität ist es allerdings häufig so, daß lange Texte i.d.R. nicht (ganz) gelesen werden bzw. nur von involvierten Lesern. Satzlänge, Satztiefe und Satzart beeinflussen in hohem Maße die Verständnisfähigkeit des Textes. Es empfiehlt sich Informationen in möglichst kurzen Sätzen anzubieten, insbesondere dann, wenn die Anzeige viele und wenig vertraute Informationen enthält. Auf jeden Fall ist es notwendig, den Text so abzufassen, daß er dem sprachlichen Verhalten und dem Verständnis sprachlicher Informationen der Zielgruppe entspricht (z.B. hinsichtlich der Verwendung von Fremdwörtern). Die Herausforderung für den Texter besteht darin, sich in die Sprache der Zielgruppe hineinzuversetzen, was bei speziellen Zielgruppen (Jugendliche, Senioren) im Einzelfall schwierig werden kann. In diesem Zusammenhang stellt sich beispielsweise die Frage der

Anrede der Zielgruppe. Insbesondere jüngere Zielgruppen werden häufig geduzt („Zeig, was in Dir steckt", „Ich trink Ouzo, was machst Du so?"). Geduzt wird in der Werbung meist, um Nähe vorzutäuschen, allerdings besteht die Gefahr, daß dies als peinliche Anbiederung aufgefaßt werden könnte.

- Das Unternehmenslogo bzw. eine Produktabbildung stellt eine Werbekonstante dar, die die Identifikation einer Anzeige erleichtert. Sie haben gewissermaßen die Funktion einer „optischen Eselsbrücke" (vgl. Pflaum 1993, S. 343).
- Auch die **Baseline** ist i.d.R. eine Werbekonstante in einer Anzeige. Sie enthält entweder den **Slogan** oder einen **Claim**. Im Unterschied zum Slogan besitzt der Claim keinen Wiederholungscharakter. Beide haben jedoch den Charakter von Merksprüchen, die vom Leser gelernt und in Erinnerung behalten werden sollen. Insbesondere der Slogan soll die Wiedererkennung von Produkt, Marke oder Unternehmen ermöglichen und hat häufig eine imagebildende Funktion („Die zarteste Versuchung, seit es Schokolade gibt"). Die Merkfähigkeit von Slogans wird vor allem durch eingängige Formulierungen („Alles *Müller*, oder was?", „*Neckermann* macht`s möglich"), im Einzelfall auch durch Wortneuschöpfungen („unkaputtbar") erhöht, die teilweise auch als eine Art „geflügelter Worte" Eingang in die Alltagssprache finden.

Von besonderer Bedeutung für die Glaubwürdigkeit der Werbebotschaft ist der **Argumentationsstil**. Im Fall einer **einseitigen Argumentation** werden in der Botschaft ausschließlich die positiven Seiten des Produktes herausgestellt und eventuelle Schwächen verschwiegen. Eine **zweiseitige Argumentation** enthält hingegen sowohl negative als positive Aspekte, allerdings bei deutlicher Übergewichtung der positiven Aspekte. Im Normalfall beschränkt sich die Werbung auf die einseitige Argumentation. Für die Glaubwürdigkeit ist es jedoch günstiger, wenn Werbung auch Nachteile ansprechen würde. Untersuchungen zeigen auf, daß sich in diesem Fall eine Art Immunisierung einstellt: Die Empfänger der Werbebotschaft bilden weniger Gegenargumente und sind auch für Beeinflussungsversuche der Wettbewerber weniger empfänglich (vgl. Mayer/Illmann 2000, S. 561).

Die Verwendung von Mundart erfolgt in der Werbung relativ selten. Bei Dialektansprache einer Zielgruppe wird die Zugehörigkeit des Senders zur sozialen Gruppe des Empfängers suggeriert bzw. sprachlich die spezifische regionale Herkunft eines Produktes betont. Beabsichtigt wird damit eine bessere Akzeptanz der Werbebotschaft. Da Dialekt i.d.R. keine Schriftlichkeit aufweist, ist er weitgehend auf die Medien mit gesprochener Sprache (also Hörfunk und Fernsehen) beschränkt. Insbesondere in regionalen Hörfunkspots dient Dialekt der regionalsprachlichen Identifikation mit dem Publikum.

Im Zusammenhang mit der Gestaltung von Werbemitteln wird immer wieder die Bedeutung von **Farben** herausgestellt, die vor allem psychologische Wirkungsdimensionen haben, durch die Assoziationen, die sie hervorrufen. Mit Farben läßt sich einerseits Aufmerksamkeit erzielen, andererseits bieten sie die Möglichkeit, Produkte realitätsnahe darzustellen. Bei der Abbildung von Nahrungsmitteln und Speisen in Farbe läuft einem eher das „Wasser im Munde" zusammen, als bei einer schwarz-weiß-Anzeige. Zwar erfahren farbige Werbemittel grundsätzlich mehr Beachtung als schwarz-weiße. Allerdings *erheischt* ein in schwarz-weiß gehaltener Werbespot im Umfeld von lauter farbigen Spots eine besondere Aufmerksamkeit.

Die folgenden Farbassoziationen werden in der Literatur nicht einhellig vertreten und variieren auch in Abhängigkeit von unterschiedlichen Kulturkreisen und des jeweiligen Zeitgeistes:

> **Weiß**: Anfang, das All, Reinheit, Unschuld, Heiligkeit. In China: Tod und Trauer.
> **Gelb**: das Helle, Leichte; Luft, Licht, Schwerelosigkeit, Sonne, Erleuchtung, aber auch Neid, Bosheit, Aggressivität.
> **Grün**: die Farbe der Natur, Lebenskraft, Hoffnung; Hinweis auf Hygiene.
> **Blau**: das Ursprunghafte, das Ruhende, Feste; Vernunft, Gesetz, Glaube, Treue.
> **Rot**: Liebe, Seelenkraft, Freude, Wille, Triebkraft, Leidenschaft, das Dynamische, das Warme, Gesundheit, das Nahe, Zorn, Roheit, Gewalt, Krieg.
> **Purpur**: Macht, Reichtum, Tradition, hohe Würde, Majestät.
> **Violett**: Verinnerlichung, Enthaltung, Buße, Geheimnis, Mystik, Magie, Unruhe, das Außerirdische.
> **Schwarz**: das Materielle, das Feierliche, Würdevolle; Zwang, Übeltat, Nacht, Tod, Ende.
> **Rosa**: Isolierung, Zurückhaltung, Anmut, Überwindung von Gewalt.
> **Braun**: Stabilität, Sicherheit, Mütterlichkeit.
> **Gold**: Ruhm, Ehre, Macht.
> **Silber**: Technik, Neutralität.
> **Grau**: Zwang, Hunger, Angst.
> (vgl. O.V. 1998 f, S. 23)

Hörfunkwerbung arbeitet im wesentlichen mit den Elementen Stimme, Musik und Sound-Effekten. Die Stimme ist hier das wahrscheinlich wichtigste Instrument, sie ist in Jingles, gesprochenen Dialogen und Ankündigungen zu hören. Insbesondere in den Dialogen müssen die Stimmen ein Bild der Sprecher vermitteln können: ein Kind, ein alter Mann, ein Manager, eine Hausfrau. Auch die verwendete Musik trägt in hohem Maße zur beabsichtigten Stimmung bei. Sie kann eine Zirkusatmosphäre ebenso vermitteln wie ein romantisches Diner oder eine Direktionssitzung. Sound-Effekte unterstützen die akustischen Bilder; Wellengeräusche, Vogelgezwitscher oder das Öffnen einer Flasche unterstreichen die Rahmenhandlung. „Je bildhafter zum Beispiel ein Geräusch etabliert wird, je intensiver sich eine Musik präsentiert, je präziser der Wortschatz der Textvorlage ein Charakterbild ergibt und je mehr der Sprecher einer Figur Zeit für Nuancen und Tempiwechsel hat, um so farbiger wird das Bild im Kopf des Hörers“ (Heinlein 1999, S. 409).

Während Hörfunkwerbung mit akustischen Bildern arbeitet, kommen bei der **Fernsehwerbung** noch die visuellen Bilder dazu, die i.d.R. die Werbebotschaft dominieren. Im Unterschied zu Printwerbung konstituiert sich Fernsehwerbung durch bewegte Bilder. Mehr als jedes andere Werbemittel haben Fernsehspots die Möglichkeit, Emotionen zu vermitteln, den Zuschauer miterleben und mitfühlen zu lassen. Reale Situationen, gekennzeichnet durch Humor, Zorn, Angst, Stolz, Eifersucht und Liebe kommen life auf den Bildschirm. Der Zuschauer kann hier die Handlung mit eigenen Augen sehen und mitverfolgen und sich leicht einen Eindruck über die Glaubwürdigkeit des Dargestellten machen, besser als er es vom Hören in der Lage ist. Während bei einer Anzeige der Text in optisch isolierbare Teiltexte zerfällt, kann er in einem Fernsehspot geschrieben, gesprochen oder gesungen werden. Gesprochener Text kann dabei aus dem **Off** (es ist kein Sprecher sichtbar) oder dem **On** (Sprecher ist sichtbar) kommen.

4.6.2.2 Gestaltungstechniken

Häufig ist es so, daß sich Produkte nur über die Gestaltung ihrer Werbung voneinander unterscheiden, also eine „unique advertising proposition" (UAP) haben. Damit die Positionierung klar übermittelt wird, müssen alle Gestaltungselemente der Werbung aufeinander und mit der Strategie abgestimmt sein.

Da im Gegensatz zum Printbereich in den elektronischen Medien Werbung in Blöcken geschaltet wird, kommt hier der Gestaltung der Werbespots eine besonders wichtige Funktion zu, um den einzelnen Werbespots Eigenständigkeit und Identität zu verleihen. Es kann allerdings nicht oft genug betont werden, daß Kreativität kein Selbstzweck ist, sondern nur Mittel zu dem Zweck, daß Werbung die beabsichtigte Wirkung erzielt. Ist Werbung *zu* kreativ, kann dies zur Folge haben, daß die Aufmerksamkeit vom eigentlichen Anliegen abgelenkt wird. Diese Gefahr besteht vor allem dann, wenn kein nachvollziehbarer Zusammenhang zwischen dem Aufhänger und der Werbebotschaft besteht.

Für TV-Spots haben sich spezifische Formate herausgebildet, die auf typischen Grundmustern basieren. Die gebräuchlichsten Gestaltungstechniken sind folgende:

- **Slice of Life**: Hier stellt der Werbespot eine Geschichte aus dem „realen" Leben dar. Diese Geschichten sind zwar häufig erkennbar konstruiert, sie sollen es dem Zuschauer aber erleichtern, sich mit dem Produkt und seiner Verwendungswelt zu identifizieren. Klassische Slice-of-Life-Formate waren die *Knorr*-Familie oder Frau Sommer in der *Krönung*-Werbung. Berühmt wurde der *Mercedes*-Spot „Die Ohrfeige": Eine junge Dame wartet unruhig in der Wohnung. Als der Erwartete dann verspätet und mit schuldbewußter Mine kommt, bringt er zur Entschuldigung vor, er hatte eine Panne mit dem Auto, worauf sie ihm eine Ohrfeige verpaßt. Die begleitenden Worte „Mit einem *Mercedes*?" erklären, daß es sich um eine Ausrede handeln muß und zwar eine schlechte, denn offensichtlich hat ein *Mercedes* keine Pannen.
- **Testimonial**: Hier treten Personen auf, die aus eigener Erfahrung positiv über ein Produkt berichten. Bei diesen Testimonials kann es sich um Prominente handeln (Boris Becker und *Nutella*, Michael Schumacher und *Nusspli*) oder um „Menschen wie du und ich", denen aber eine spezifische Kompetenz für das Produkt zuerkannt wird. Beispiele sind die Zahnarztfrau mit strahlend weißen Zähnen, die eine bestimmte Zahnpasta empfiehlt oder Frauen, die sich über ihre wiedererlangte Freiheit äußern, seit sie Tampons verwenden. In der *Jägermeister*-Kampagne „Ich trinke *Jägermeister* weil..." traten über 3000 Alltags-Testimonials auf. Typische Konsumenten sind als Testimonials immer dann angemessen, wenn es sich um Produkte des täglichen Bedarfs handelt.

Prominente werden als Testimonials häufig vor allem wegen ihres hohen Bekanntheitsgrades und Aufmerksamkeitswertes eingesetzt, von dem die - manchmal unbekannten - Produkte profitieren sollen. So warb z.B. Franziska v. Almsick für Schallschutzfenster von *Schüco* und die *Hanseatische Ersatzkasse*, Berti Vogts für *Wolf* Klimatechnik. Henry Maske wurde für das Haarwasser *Alpecin* eingesetzt, um dessen Bekanntheit vor allem in den neuen Bundesländern zu steigern. Eine nachvollziehbare Verbindung zwischen Prominenten und den Produkten, die sie bewerben, ist somit häufig nicht gegeben, so daß ihre Glaubwürdigkeit hier als fragwürdig erscheint. „In Promi-Werbung treffen also zwei Marken aufeinander, die des Stars und die der Marke. Sie müssen im subjektiven Urteil der Verbraucher zusammenpassen“ (Michaelis 2001, S. 26).

Abbildung 4–17: Testimonial- und Expertenwerbung

Zwar läßt sich mit Prominenten schnell Bekanntheit für ein neues Produkt aufbauen (z.B. die *SEB*-Bank mit Peter Ustinov). Es besteht allerdings die Gefahr, daß der Prominente die Aufmerksamkeit auf sich lenkt und das Produkt in den Schatten stellt. Prominente nutzen sich auch relativ schnell ab, wenn sie für unterschiedliche Marken eingesetzt werden. So warb Verona Feldbusch für *Daewoo*, *Telegate*, *Iglo*, *Otto-Versand*, die *Expo* 2000, *Schwartau* und den *Smart*. Nicht in jedem Fall erschien die Rückkopplung zur Marke geglückt.

Imagebildend wirken prominente Testimonials vor allem dann, wenn sie nachvollziehbare Gemeinsamkeiten mit dem beworbenen Produkt aufweisen. Günter Strack hat in gelungener und glaubwürdiger Weise in der *Malteserkreuz* Werbung behauptet, daß er sich ja sonst nichts gönne, wobei sich die Selbstironie jedem offenbarte.

Dem Einsatz von prominenten Personen in der Werbung sind dann Grenzen gesetzt, wenn sie einen Status vermitteln, der bei der Zielgruppe den Eindruck erweckt, weit außerhalb ihrer realisierbaren Reichweite zu sein.

Abbildung 4–18: Beispiel einer Teaser-Kampagne

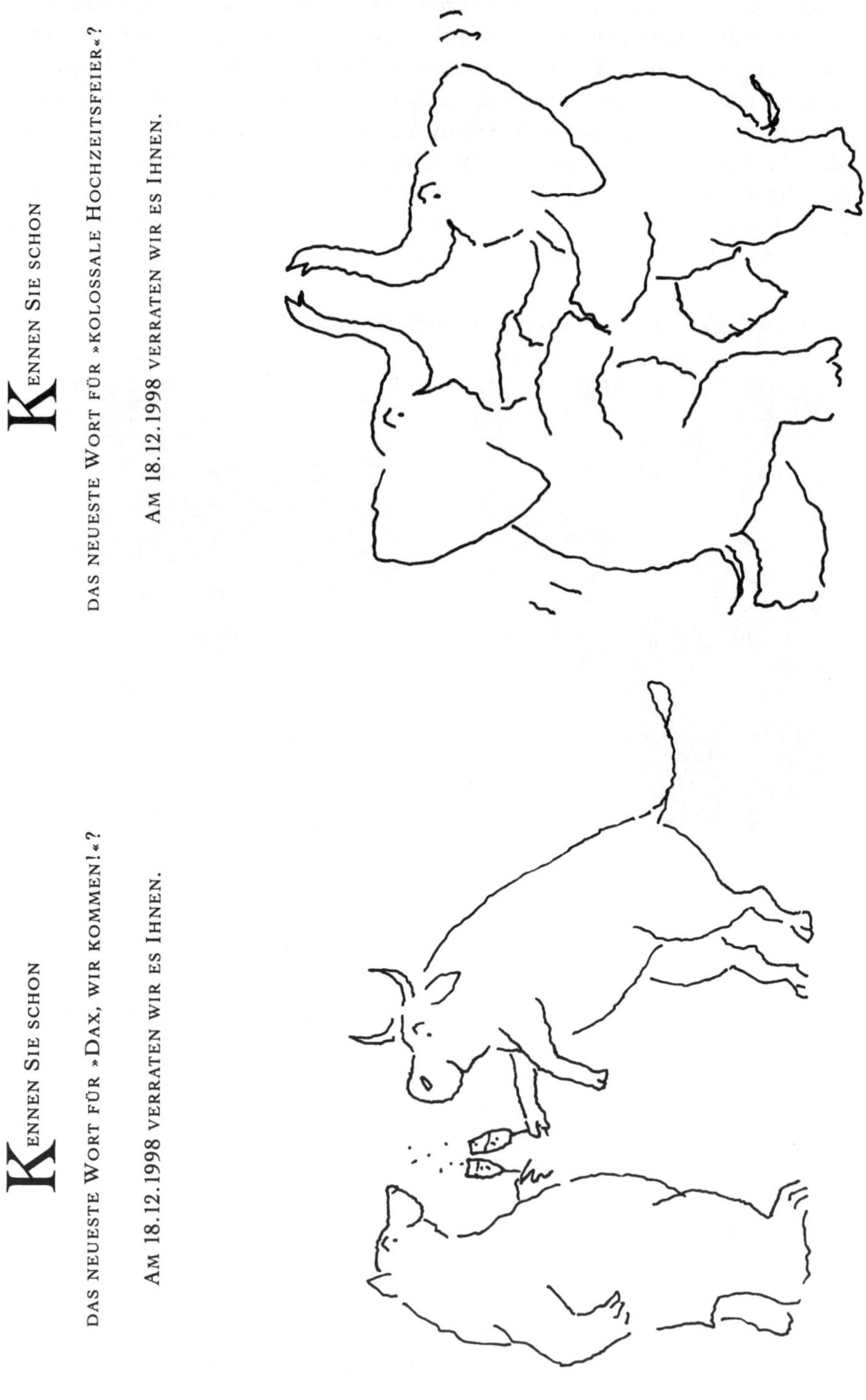

- **Experten**: Sie unterscheiden sich von Testimonials insofern, als sie über ein spezifisches Know-how verfügen. Diese Experten können authentisch sein, wie *Dr. Best* oder künstlich aufgebaut, wie Klementine, der *Tchibo* Kaffee-Experte oder Herr Kaiser von der *Hamburg-Mannheimer*. In diese Kategorie fallen auch Produkte, die mit Ergebnissen von klinischen Tests ausgestattet werden, wie beispielsweise häufig im Bereich der Zahnhygiene. Wesentlich ist beim Einsatz von Experten, daß ihre Aussagen von der Zielgruppe als objektiv und unabhängig aufgefaßt werden.
- **Presenter**: Berühmtes Beispiel für diese Gestaltungstechnik ist der *Persil*-Presenter, der den Zuschauern die Vorteile des Waschmittels erklärte. Ein anderes Beispiel ist Robert *T-Online*, der als virtueller Presenter den Börsengang von *T-Online* begleitete.
- **Lifestyle**: Diese Technik betont vor allem den Prestige- und Statuswert bestimmter Produkte. Alle „Designerprodukte" im Kleidungs- und Parfumbereich setzen auf den Imagewert ihrer Markennamen. Auch im Automobilbereich ist dies anzutreffen, wobei Autos der Luxusklasse häufig mit deutlichem understatement beworben werden.
  Zu diesem Gestaltungstyp ist auch die Werbung für vor allem „junge" Produkte zu zählen wie beispielsweise Wetgels oder die *L'Oréal* Studio-Line. Die Spots sind häufig mit entsprechender Musik unterlegt und haben teilweise sehr kurze Schnittfrequenzen, die den Eindruck eines hohen Tempos vermitteln.
- **Teaser**: Werbung, die weder Produkt noch Hersteller erkennen läßt oder nur unzureichende Informationen enthält, wird als Teaser-Werbung bezeichnet. Ziel ist es hierbei, Neugier und einen hohen Erwartungsdruck aufzubauen, der Distribution und die spätere Einführung erleichtern soll. *Mercedes* hat z.B. die *A-Klasse* und den *Smart* lange vor der Einführung beworben. Abbildung 4-18 zeigt die Teaser-Kampagne der Fusion zur *Degussa-Hüls* AG.

Die Mediagruppe München (MGM) teilt Fernsehwerbespots nach ihrer Dramaturgie in fünf Kategorien ein (vgl. Feldmeier 1997, S. 126 f.):

- **Action/Dramatik**: Spots, die gekennzeichnet sind durch schnelle Schnitte, sprunghafte Bilder und dominante Musik.
- **Mainstream**: Konventionell gestaltete Alltagsszenen (Slice-of-Life).
- **Demonstration**: Diese Spots stellen das Produkt und seine Vorzüge in den Vordergrund.
- **Humor**: Spots mit Schmunzel-Elementen, Slap-Stick, Sitcoms.
- **Erlebniswelten**: Außergewöhnliche, nicht-alltägliche Situationen und Umgebungen, Traumwelten.

Seit in Deutschland **vergleichende Werbung** erlaubt ist, muß auch sie als gestalterische Möglichkeit für Werbung in Betracht gezogen werden. Die Erscheinungsformen von vergleichender Werbung sind vielfältig und reichen vom unausgesprochenen impliziten Vergleich – bei dem der Wettbewerber nicht ausdrücklich genannt wird, aber jeder weiß, wer gemeint ist – bis zum direkten Vergleich. Abgesehen davon, daß mit dieser Art der Werbung bewußt kognitive Dissonanzen hervorgerufen werden (vgl. Kapitel 2.2.3.1.3), wird die Aufmerksamkeit der Zielgruppe immer auch gezielt auf ein Konkurrenzprodukt gelenkt und damit auf eine Kaufalternative aufmerksam gemacht.

Es ist nicht zu vermuten, daß sich vergleichende Werbung als Gestaltungsform in Deutschland durchsetzen wird, da die deutschen Werbetreibenden eine sehr lange Tradition mit Positionierungen haben, in die im Laufe der Jahre sehr viel Geld investiert wurde. Das Wesen der Positionierung ist aber gerade darin zu sehen, einen direkten Vergleich mit den Wettbewerbsmarken eben zu vermeiden.

4.6.2.3 Symbolfiguren in der Werbung

Für viele Marken wurden **Symbolfiguren** geschaffen, mit denen sie personifiziert werden. Derartige Symbolfiguren können reale Menschen sein (Klementine, Frau Antje, der *Marlboro*-Cowboy, Herr Kaiser) oder Comicfiguren (*HB*-Männchen, der *Sarotti*-Mohr, Lurchi von *Salamander*, *Meister Propper,* der *Bärenmarke-Bär*). „Statt heute so und morgen so aufzutreten und zersplitterte bildliche Eindrücke zu hinterlassen, werden durch den durchgängigen Auftritt der Werbefiguren klare innere Marken- und Firmenbilder geschaffen, die nachweisbare, besonders starke Beeinflussungswirkungen entfalten" (Kroeber-Riel 1991, zitiert nach Deutsches Werbemuseum (Hrsg.) 1995, S. 52). Werbefiguren haben den großen Vorteil, daß sie Marken und Markenimages verkörpern und emotional aufladen können. Prägnante Figuren sind darüber hinaus i.d.R. sofort identifizierbar. Diese Vorteile sind um so bedeutsamer, wenn es sich dabei um zeitlose Figuren handelt, wie beispielsweise den *Marlboro*-Cowboy. Problematisch können sie aber dann werden, wenn sie im Laufe der Zeit ihre Aktualität verlieren und veraltete Markenimages verkörpern. Einmal gelernte Symbolfiguren können sehr nachhaltige Erinnerungswirkungen haben. Beispielsweise wurde der *Tchibo*-Kaffee-Experte noch lange später als aktuelle *Tchibo*-Werbung erinnert, obwohl er dort schon seit Jahren nicht mehr verwendet wurde.

Abbildung 4–19: Symbolfiguren in der Werbung

Ein Beispiel dafür, daß Symbolfiguren auch produktübergreifend genutzt werden können, ist der von *Nescafé* aufgebaute Italiener „Angelo", der als Testimonial für die Kompetenz von *Nescafé* im Bereich Espresso steht. In einem Werbespot bittet seine Nachbarin („Carlotta") ihn, doch seinen Wagen aus der Einfahrt zu fahren. Angelo nutzt die Gelegenheit zu einer sympathischen „Anmache" und lädt sie zu einem Espresso ein, den er mit dem *Nescafé*-Produkt zubereitet. Der Spot endet mit dem Eingeständnis, daß er gar keinen Wagen hat: „Isch 'abe keine Auto". Dieser Satz wurde von der Firma *Opel* aufgegriffen, um Angelo als Werbefigur für das *Corsa*-Sondermodell Capuccino einzusetzen, gewissermaßen als Fortsetzung des *Nescafé*-Spots. In dem *Opel*-Spot fährt er mit einem *Corsa* vor und kann den Satz sagen „Isch 'abe nun eine Auto".

4.6.3 Briefing

Nachdem die Werbemittel festgelegt wurden, wird die Werbeagentur zu einem Briefinggespräch gebeten und beauftragt, die Kampagne auszuarbeiten. In einem **Briefing** werden alle Informationen übermittelt, die für die Realisierung eines Vorhabens notwendig sind. Die Werbeagentur wird also über Hintergründe und Ziele der geplanten Werbekampagne informiert. Je vollständiger die Informationen in dem Briefing sind, desto besser kann eine konzeptionskonforme Umsetzung erfolgen: Der kreative output kann nie besser sein als der informative input.

Ein Agenturbriefing sollte folgende Informationen enthalten:

- **Informationen über das Unternehmen:** seine Stellung im Markt, seine Entwicklung in der Vergangenheit, sein Image, seine Leistungsfähigkeit.
- **Informationen über den Markt:** Größe und Entwicklung, wichtigste Wettbewerber, Distributionskanäle.
- **Informationen über die Konsumenten:** aktuelle und potentielle Verwender, ihre Einstellungen und Verhaltensweisen, soweit aus der Marktforschung bekannt.
- **Informationen über die Werbung:** die eigene Werbung bisher, Werbeaufwendungen, Werbezeiträume, Akzeptanz der Werbung, Werbung des Wettbewerbs, Verkaufsförderungsmaßnahmen.
- **Informationen über das Produkt:** Produkteigenschaften, Produktnutzen, Produktimage, Produktverwendung, Bekanntheitsgrad, Service, Produktbesonderheiten, Wettbewerbsprodukte.
- Zusätzlich sind Informationen notwendig über die **Marketingziele** und das zur Verfügung stehende **Budget**.
- Im Briefing sollte darüber hinaus unmißverständlich definiert sein, welche **Schlüsselinformationen** durch die Werbung vermittelt werden sollen.

Mit den Informationen aus dem Briefing ist die Agentur nun in der Lage, die Werbung zu erarbeiten. Sie stellt dafür ein Projektteam zusammen, das aus dem Kundenberater (Kontakter), einem Texter und einem Kreativen (Art Director) besteht. Fallweise werden Media- und Marketing-Fachleute hinzugezogen. Die Ergebnisse der Agenturarbeit werden dann dem Kunden präsentiert, der anhand der

Copy Strategy überprüft, inwieweit die vorgestellte Werbung „on strategy“ ist oder nicht.

Die Firma Schmecklecker hat sich dazu entschlossen, für ihr Nahrungsmittelangebot einen Werbespot drehen zu lassen. Ihre Werbeagentur hat ein umfassendes Briefing erhalten und wird nun vorstellig, um ihre Ergebnisse zu präsentieren.

Abbildung 4–20: Beispiel für ein Storyboard

Werbeagentur Creativ & Partner

Kunde: Schmecklecker

Produkt: Image-Spot
Länge: 30 sec.

Video		Audio
Symbolische Darstellungen von Erfolgserlebnissen in Sport und Beruf.		Off-Sprecher: Eine ausgewogene Ernährung ist eine wichtige Voraussetzung für die Leistungsfähigkeit in Sport, Freizeit und Beruf.
Vorstellung Walter Lehmann.		Musik: We are the champions. Off-Sprecher: “Nehmen wir beispielsweise die Familie Lehmann. Walter Lehmann ist als selbständiger Unternehmer sehr erfolgreich......
Vorstellung Brigitte Lehmann		... und Brigitte Lehmann steht ihre Frau als Vorstandssekretärin.
Vielfältige Palette von Nahrungsmitteln.		Beide achten auf eine natürliche und ausgewogene Ernährung. Und wenn es einmal schnell gehen muß, greifen sie zu den Produkten von Schmecklecker.
Szenen auf dem Bauernhof.		Denn Schmecklecker-Produkte kommen von ausgesuchten Bauernhöfen, die biologischen Anbau betreiben.
Das glückliche Familienleben der Lehmanns.		Schmecklecker. Wir sorgen für die Familie.”

4.6.4 Storyboard

Werbespots werden in Form eines sogenannten **Storyboards** präsentiert (vgl. Abbildung 4-20). Ein Storyboard ist die visualisierte und verbalisierte Vorwegnahme eines Werbespots, also gewissermaßen ein Drehbuch. Es dient als Diskussionsvorlage für den zu produzierenden Werbespot.

Ein Storyboard ist dreigeteilt:

- In der Mitte ist jede einzelne Einstellung abgebildet, die auf dem Fernsehschirm zu sehen ist.
- Auf der linken Seite findet sich die entsprechende Beschreibung dazu, mit Regieanweisungen, wie z.B. Kameraeinstellungen.
- Auf der rechten Seite steht der auditive Teil, also was an Sprache, Musik und Geräuschen zu hören ist.

Anhand des Storyboards werden im Verlauf der Detailbesprechungen auch jeweils minutiös die Einzelheiten festgelegt, die zu sehen sein werden. Wichtig ist dabei vor allem die Auswahl der Personen, ob Männer oder Frauen gezeigt werden, Alter, Typus, Haarfarbe usw. Diese Personen werden später in einem sogenannten Casting ausgewählt. Dabei wird eine Vorauswahl von Bewerbern auf ihre spezifische Eignung für die Rolle begutachtet. Nicht immer ist der Einsatz von überdurchschnittlich attraktiven Personen in der Werbung sinnvoll. Güter des täglichen Bedarfs werden von durchschnittlich attraktiven Darstellern (Personen „wie du und ich") eher vermittelt, da sich der Zuschauer besser mit ihnen identifizieren kann.

Ferner wird die Umgebung (location) festgelegt, in der der Spot spielen soll sowie Einzelheiten im Hinblick auf Kleidung und welche Accessoires die Personen tragen, welcher Hintergrund abgebildet ist usw.

Nach dem Storyboard wird der Werbespot Szene für Szene gedreht und auf die beabsichtigte Länge geschnitten.

4.6.5 Exkurs: Die Aufgaben der Werbeagenturen

4.6.5.1 Arbeitsweise einer Werbeagentur

***Carl-Christian Berge**, Jung von Matt*

„Sagen Sie meiner Mutter bitte nicht, daß ich in einer Werbeagentur arbeite - sie denkt immer noch, ich wäre Pianist in einem Bordell". Dieser Ausspruch kursiert heute noch, wenn es um die Arbeit in der Werbebranche geht. Die Aufgaben und Arbeitsweisen erscheinen einerseits verklärt und mystifiziert, andererseits auch chaotisch und nervenaufreibend - die Werbeagentur als „Black Box", in der junge Menschen so lange mit markigen Sprüchen und bunten Bildern experimentieren, bis Werbung daraus entsteht.

Dabei finden sich in vielen Bereichen der Wirtschaft Unternehmenszweige, deren Funktionsweise und Strukturen sehr viel komplexer und für den Außenstehenden undurchschaubarer sind. Da das produzierte Gut oder die erbrachte Leistung dort jedoch oft emotionsärmer ist, ist anscheinend auch der dazu notwendige Erstellungsprozeß von geringerem Interesse.

Doch die Wertschöpfung in einer Werbeagentur folgt ebenso eindeutigen Regeln wie auch in anderen Unternehmen im Dienstleistungsbereich. Dazu gehören insbesondere klare Strukturen - sowohl horizontal wie auch vertikal - sowie die Einhaltung von logisch sinnvollen Entwicklungsschritten.

Abbildung 4–21: Die größten Werbeagenturen in Deutschland 2001

Agentur		Werbevolumen Mio. €
1	BBDO	2.007,8
2	Grey	1.005,2
3	Publicis	906,6
4	McCann-Erickson	693,3
5	Ogilvy & Mather	667,5
6	Young & Rubicam	525,6
7	Scholz & Friends	463,7
8	Springer & Jacoby	459,5
9	J. Walter Thompson	408,3
10	DDB	390,4
11	FCB	373,0
12	TBWA	347,1
13	Lowe	342,9
14	ServicePlan	338,2
15	Citigate	278,3
16	Michel Conrad & Leo Burnett	276,7
17	Jung von Matt	255,0
18	Heye & Partner	250,0
19	Euro RSCG	214,0
20	D`Arcy	211,3
21	Bates	184,9
22	Saatchi & Saatchi	162,0
23	Select Communications	150,7
24	Economia	116,8
25	Plenum Stoll & Fischbach	115,2

Quelle: Arbeitsgemeinschaft GWA, Horizont, Werben & Verkaufen (www.horizont.de)

1. Die Struktur und die wichtigsten Funktionsbereiche einer Werbeagentur

Grundsätzlich läßt sich der Entstehungsprozeß von Werbekampagnen in die drei Bereiche **Planung, Gestaltung/Realisation** sowie **Vermittlung/Durchführung** einteilen. Kernfunktion des Leistungsangebots ist die Entwicklung kreativer Ideen, also die zielgerichtete Entwicklung von Werbekonzeptionen und ihre Umsetzung.

Die vorbereitende Marketingplanung fällt in das Aufgabengebiet der Beratung, die - soweit vorhanden - auf eine Abteilung für strategische Planung zurückgreift.

Auch alle weiteren Schritte im Entstehungsprozeß werden von der Beratung begleitet, geführt und wirtschaftlich betreut.

Die Gestaltung im Sinne von Ideenentwicklung und bildhafter Darstellung dieser Ideen geschieht durch die Kreation, die aus Grafikern und Textern besteht. Diese Teams arbeiten auf Basis von Vorgaben, die sich durch die vorbereitende Planung ergeben. Für die Umsetzung der Ideen bedient sich die Kreation Serviceabteilungen wie Art Buying, FFF (Film, Funk, Fernsehen) sowie DTP/Reinzeichnung und Produktion.

Der dritte der oben genannten Bereiche hat zur Aufgabe, einerseits die geplanten Werbeträger zieladäquat auszuwählen und andererseits die produzierten Werbemittel effizient und ohne Streuverluste zu schalten. Insofern spielt er vor und nach dem Entwicklungsprozeß von Kampagnen eine Rolle. Mediaplanung und –schaltung liegen meist außerhalb des Aufgabenbereichs einer Werbeagentur, und die Beratung spielt hier eine Mittlerrolle zwischen Mediaagentur und Kunde.

Insofern liegt die Schnittstelle zwischen Agentur und Kunde auf der einen Seite bei der Beratung und der Kreation, auf der anderen bei der Marketing- bzw. Werbeabteilung.

Die strategische und konzeptionelle Arbeit wird also in der Kreation und der Beratung geleistet. Auf diese zwei „Abteilungen“ wird im folgenden näher eingegangen.

Die Beratung

Die Stellenbezeichnungen und die Tiefe der Hierarchien unterscheiden sich je nach Größe und Nationalität, aber auch Geschichte und Geschäftsphilosophie der Agentur. Üblicherweise besteht ein Beratungsteam aus Team-Assistent/in, Kontakter/in und Etat-Direktor/in oder Berater/in (vereinfachend wird im folgenden nur die männliche Form verwendet). Übergeordnet steht entweder direkt die Geschäftsleitung, oder mehrere Beratungsteams werden zu sogenannten Units zusammengefaßt, die einem Unitleiter unterstehen. Die Anzahl der Hierarchiestufen beeinflußt vor allem die Flexibilität eines Teams und die Schnelligkeit in der Entscheidungsfindung.

Die Beratungs-Teams betreuen i.d.R. mehrere Kunden, sehr große Unternehmen können jedoch auch von mehreren Teams betreut werden, wobei dann idealerweise unterschiedliche Geschäftsfelder von je einem Team übernommen werden. Sowohl die ergebnisbezogene als auch die wirtschaftliche Etatverantwortung liegt beim **Etat-Direktor**. Er trifft die endgültigen Entscheidungen und steht für die seiner Mitarbeiter gerade.

Seine Aufgabe ist im Kern die Marketingberatung für seine Kunden. Alles, was zur optimalen und effizienten Erfüllung der marketing- und kommunikationsorientierten Unternehmensziele zählt, fällt in diesen Bereich. Dabei dient der Etat-Direktor oder Berater einerseits als Sparringspartner für Strategien, Planungen, laufende Maßnahmen und sonstige Ideen des Unternehmens, andererseits entwikkelt er im Team Werbestrategien zur Markenentwicklung, zu Produkteinführungen oder Relaunches anhand von Marktanalysen, Wettbewerbsbeobachtungen und allgemeinen Trends. Aus den Strategien lassen sich wiederum Copyplattformen und

Positionierungsmodelle für die entsprechende Marke, das Produkt oder die Leistung ableiten, die im letzten Schritt in ein Briefing an die Kreation in der Agentur münden, das als Fundament für die Entwicklung einer zielgerichteten Kampagne dient.

Abbildung 4–22: Die Agenturstruktur im Überblick

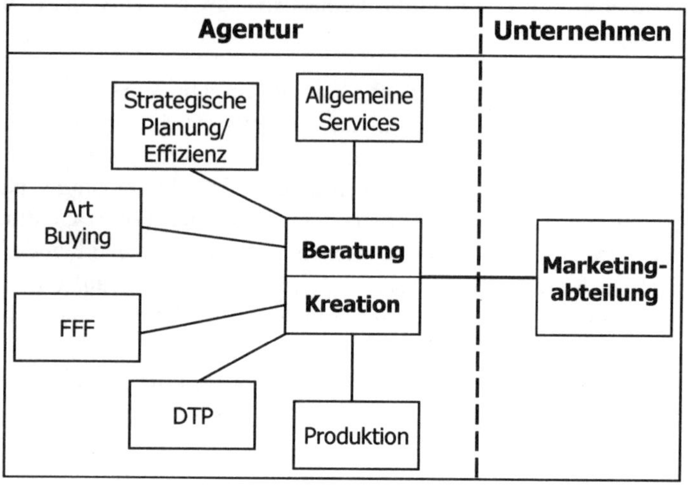

Quelle: Eigene Darstellung JvM

Ausbildungsvoraussetzung für einen Etat-Direktor oder Berater ist mittlerweile fast immer ein abgeschlossenes wirtschafts- oder kommunikationsorientiertes Studium an einer Universität oder Fachhochschule mit gutem Ruf, um den Ansprechpartnern auf Kundenseite, zumeist Marketingleiter oder Marketinggeschäftsführer, eine vergleichbare Qualifikation entgegenzustellen. Studienbegleitende Praktika in Agenturen oder Unternehmen werden gerne gesehen.

Der Kontakter ist stärker in das operative Geschäft eingebunden. Er nimmt eine Organisations- und Traffic-Funktion ein und hat ständigen Kontakt zum Kunden und zu allen Abteilungen in der Agentur. Er kennt jedes Projekt im Detail und überwacht das zeitliche und qualitative Voranschreiten der Jobs. Dies kann die Ablieferung von einzelnen Druckunterlagen, aber auch die Produktion diverser Werbemittel im Rahmen einer konzeptionell umfassenden Aktion sein. Der Job des Kontakters wird entweder über den Aufstieg vom Team-Assistenten mit Berufserfahrung, eine zusätzliche Ausbildung an einer Werbefachschule/Werbeakademie oder ein abgeschlossenes BWL- bzw. kommunikationsorientiertes Studium erreicht. Die letztgenannte Form ist aufgrund der gestiegenen Anforderungen und der Konkurrenz auf dem Arbeitsmarkt immer häufiger anzutreffen, zumal der Arbeitgeber in diesem Fall eher mit einer beruflichen Weiterentwicklung zum Etat-Direktor rechnet.

Der Team-Assistent ist für die reibungslosen Abläufe, die Vorbereitung von Meetings und Präsentationen sowie die Durchführung kleinerer Jobs zuständig. Das Erstellen von internen Aufträgen, die Koordination von Terminen und die Abstimmung mit internen Abteilungen gehört zu seinen Aufgaben. Für die tägliche Flut der unterschiedlichsten Kundenanfragen ist er die Schalt- und Steuerstelle. Der Ausbildungsweg führt häufig über eine kaufmännische Lehre (im Idealfall mit werbefachlicher Zusatzausbildung).

Die Kreation

Das kreative Zentrum einer Agentur setzt sich aus Textern und Grafikern zusammen, die auf Basis der Briefings in Teams arbeiten und das produzieren, was am Ende des Prozesses als Werbung von den Zielgruppen aufgenommen wird.

In der Grafik gibt es klare Hierarchiestufen: Grafiker, Art-Direktor (AD), Creativ-Direktor (CD). Je nach Agenturstruktur lassen sich bis zum Kreativ-Geschäftsführer weitere Hierarchieebenen draufsetzen. Texter werden begriffsmäßig gerne über einen Kamm geschoren, dabei gibt es auch dort Unterschiede: Junior-Texter, Texter, Konzeptionstexter, Creativ-Direktor Text (CD Text) etc.

Grafiker haben meistens ein grafik- oder designorientiertes Studium oder eine entsprechende Ausbildung hinter sich und nebenbei oft in Agenturen gearbeitet. So wichtig wie das handwerkliche Rüstzeug, also der Umgang mit Rechnern und Grafikprogrammen, sind Kreativität und Phantasie. Der abgenutzte Begriff Kreativität ist dabei zu verstehen als Fähigkeit, aus nüchternen Informationen eine überraschende, ungewöhnliche Idee zu entwickeln, die die fixierte Kernaussage auf den Punkt bringt und geeignet ist, als tragfähige Basis für einen TV-Spot, eine Anzeige, eine Promotion oder eine ganze Kampagne zu dienen.

Ein vergleichbares Anforderungsprofil gilt auch für Texter, jedoch gibt es für ihr Berufsbild keinen allgemein gültigen Ausbildungsweg. Unter Textern finden sich ehemalige Musiker oder Bademeister, abgebrochene Germanistikstudenten, verhinderte Schriftsteller und Menschen, die ihr Talent schon früh beim Schreiben von Liebesbriefen oder Artikeln für Schülerzeitungen entdeckt haben. Speziell auf diesen Beruf zugeschnittene Ausbildungswege sind noch selten.

Ein Kreativ-Team, das für einen oder mehrere Kunden arbeiten kann, besteht i.d.R. aus AD, Grafiker und Texter. Entscheidend für die Qualität der Ideen ist - abgesehen von der Leistungsfähigkeit jedes einzelnen - auch die Zusammenarbeit des Teams. Der zentrale Prozeß der Ideenfindung ist einem Fußballspiel vergleichbar: Je besser das Zuspiel, die Pässe und die Flanken, desto höher ist die Wahrscheinlichkeit für einen Treffer.

2. Vom Briefing zum Werbemittel: Abläufe

Wie in der Industrie gibt es auch in Werbeagenturen definierte Entwicklungs- und Produktionsabläufe, Stellenbeschreibungen, Funktionsabgrenzungen und Benchmarks für die Qualität, ohne die eine zielgerichtete und erfolgversprechende Leistung kaum erbracht werden könnte. Eine ganz entscheidende Rolle spielt dabei der schwer berechenbare Faktor Mensch und sein kreativer Output.

Die Abläufe beziehen anfangs Beratung und Kreation ein, in der Umsetzungsphase alle Abteilungen einer Agentur. Am Anfang steht das Kundenbriefing als die konkrete Aufgabenstellung für eine Kampagne, das je nach Unternehmenstyp und Aufgabenstellung unterschiedlich detailliert ist. Ein umfangreiches Briefing erhält die Agentur dann, wenn eine komplett neue Kampagne gefordert ist, die Kampagnenplanung für das folgende Jahr aufzustellen ist oder es sich um eine Wettbewerbspräsentation zur Gewinnung eines neuen Kunden handelt. Die wichtigsten Bestandteile des Briefings sind: Marktsituation, Marketingziel, Kommunikationsziel, Zielgruppendefinition, Konkurrenzanalyse, geplante Maßnahmen und Mediabudget (vgl. Kapitel 4.6.3). Beratung und strategische Planung befassen sich mit der Aufgabenstellung, oft auch anhand von zusätzlich beschafftem Material, mit dem Ziel, den Markt genau kennenzulernen sowie Image, Charakteristika und Differenzierungsmerkmale des zu bewerbenden Produkts und der Wettbewerbsprodukte. Je genauer diese Felder untersucht und analysiert werden können, desto erfolgversprechender kann das daraus entwickelte Briefing an die Kreation sein. Wichtig dabei ist: Auch ein hoher Aufwand bei Research und Analyse kann auf den Holzweg führen, wenn die daraus für die Strategie gezogenen Schlüsse die falschen sind und nicht auch Erfahrungswerte und Interpretationsfreiheiten einbezogen werden.

Nur so ist es möglich, die kommunikative Stoßrichtung und eine Kernbotschaft festzulegen, die alleinstellend, glaubwürdig und für die Zielgruppe relevant ist (Single-Minded-Proposition). In diesen Prozeß ist auch der verantwortliche CD eingebunden. Es folgt die Verwandlung vom Kunden- ins Kreativbriefing, das die zum Teil abstrakten und mit Hintergrundinformationen beladenen Ur-Briefings in klare Worte faßt. In klare Worte zumindest für den Kommunikationsprofi, denn hier tauchen dann Begriffe wie Benefit, Reason Why, Positionierung und Copyplattform bzw. -strategie auf. Wurde bei der Übertragung ins Kreativbriefing sauber gearbeitet, entstehen keine Informationsverluste, die die Arbeit der Kreation behindern oder sogar irreführen.

Abbildung 4–23: Arbeitsschritte zur Erstellung einer Werbekonzeption

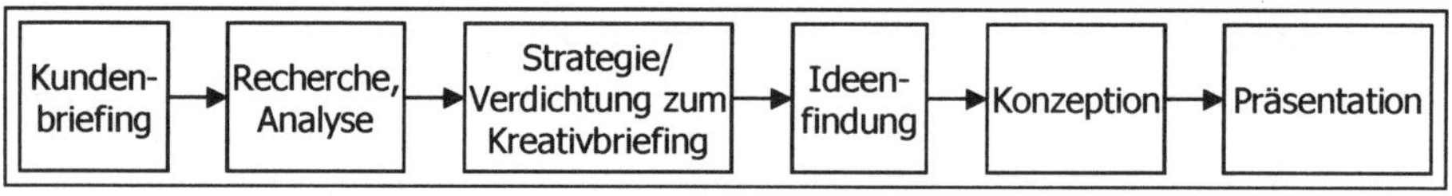

Quelle: Eigene Darstellung JvM

Das Kreativ-Team beginnt nun mit seiner Arbeit: der Ideenfindung. Dieser Prozeß ist einem Filterverfahren vergleichbar. Texter und Art-Direktoren notieren Assoziationen und Gedanken zu der entsprechenden Aufgabenstellung, wählen aus, entwickeln weiter, formulieren erste Botschaften, stimmen sich mit ihrem CD ab, ergänzen, verwerfen wieder, entwickeln neu etc. Wieviele Tage oder Wochen und wieviele Abstimmungen zu einer guten Konzeption nötig sind, ist die große Unbekannte in diesem Prozeß. Spätestens der kurz bevorstehende Präsentationstermin schafft einen Point-of-no-return, an dem unter allen vorliegenden Ansätzen die beste Kampagnenidee (oder mehrere) ausgewählt werden muß und die Ausarbeitung beginnt. Die Konzeption wird anhand von Bildmaterial visualisiert, Headlines und Fließtexte werden beispielhaft ausgearbeitet und weitere Kommunikationsmaßnahmen werden gemäß der konzeptionellen Leitidee ausgearbeitet. Gegebenenfalls finden parallel vorbereitende Gespräche mit einer Mediaagentur statt, die im wesentlichen anhand des bereitgestellten Budgets, der Zielgruppendefinition und der geplanten Werbemittel einen beispielhaften Mediaplan erstellt.

Ist die Präsentation beim Kunden erfolgreich verlaufen, beginnt die Umsetzung der Kampagne. Je nach eingesetzten Werbemitteln müssen Shootings, Funk- oder Filmproduktionen organisiert und durchgeführt, Texte und Motivideen feingeschliffen und Druckvorlagen hergestellt werden. In dieser Realisationsphase kommen die Abteilungen FFF, Art Buying, DTP und Produktion ins Spiel.

Alle Prozeßabschnitte verlaufen in ständiger Abstimmung mit dem Kunden. Wichtige Schritte werden in Meetings mit dem Kunden diskutiert, kleinere Schritte per Fax oder Post bzw. Kurier abgestimmt. Je kontinuierlicher Marketingplanung und Strategie verfolgt werden, je konsequenter Kunde und Agentur um klare und ungewöhnliche Konzeptionen ringen, und je exakter die gemeinsam bestimmten Ziele und Absprachen in Maßnahmen umgesetzt werden, desto höher ist die Chance auf eine erfolgreiche Kampagne.

In der zielgerichteten Kreativität und der strukturierten Arbeitsweise liegen wohl die wichtigsten Wettbewerbsvorteile, die sich Agentur und Kunde verschaffen können.

3. Die Praxis am Beispiel der *DBV-Winterthur* Versicherungen und der Werbeagentur Jung von Matt

Die *DBV-Winterthur*, die sich bis vor einigen Jahren noch *DBV* (Deutsche Beamtenversicherung) nannte, wollte zugleich mit der Fusion mit der schweizerischen Winterthur auf dem deutschen Markt stärker in Erscheinung treten und sich ein klares Profil verschaffen. Ein ehrgeiziges Ziel wurde vorgegeben: eine nicht unerhebliche Steigerung des Bekanntheitsgrades innerhalb von drei Jahren.

Das umfangreiche Briefing enthielt im wesentlichen Ausgangssituation und Ziel, die angestrebte Marktpositionierung, Marktforschungsergebnisse und Überlegungen zur Werbestrategie. Zusammen mit der Effizienz (so nennt sich bei Jung von Matt die Abteilung, die sich am ehesten mit einer strategischen Planung vergleichen läßt) wurden diese und zusätzlich beschaffte Informationen analysiert: Mediaspendings der Wettbewerber, Markttrends und Kommunikationsstrategien der Konkurrenten (Contentanalysen). Letztendlich ließ sich das Kundenbriefing in Verbindung mit den weiteren Analysen auf ein Kreativbriefing (bei Jung von Matt nennt sich das Short&Snappy-Briefing) verdichten, das folgende Inhalte hatte:

- **Das gemeinsame Ziel:** Steigerung des gestützten Bekanntheitsgrades. Profilierung als unkomplizierten Versicherer.
- **Zielgruppe:** Gesamtbevölkerung 18 bis 49 Jahre, Kernzielgruppe eher jünger (18 bis 35 Jahre). Wichtigste Forderungen der Zielgruppe: schnelle, unbürokratische Hilfe und kulante Auszahlungen im Schadensfall, günstige Beiträge.
- **Ist-Image:** Unterdurchschnittlicher Sympathiewert, unprofiliert, geringe Bekanntheit.
- **Soll-Image:** Unkompliziert, dynamisch, jung.

- **Differenzierung:** In der Zielgruppe: Kundennutzen „Unkompliziertheit" ist ein noch ungedecktes Bedürfnis. Im Markt: „Unkompliziertheit" ist eine noch nicht besetzte Marktlücke.
- **Strategie:** Dramatisierung des Kundennutzens „Unkompliziertheit".

Aufgrund der Rahmenbedingungen stellte sich schnell heraus, daß die gestellten Anforderungen am ehesten über eine Imagekampagne zu erfüllen waren, was im ersten Schritt auf einen emotionalen TV-Spot mit einer profilierenden Kernaussage hinauslief. Vorschläge für eine Spotidee und einen Slogan wurden präsentiert und verfeinert, ein Pretest in Form von Einzelinterviews unterstützte den Entscheidungsprozeß, an dessen Ende man sich für den Spot „Mann über Bord" entschied. Der Slogan war schnell gefunden: So unkompliziert, wie sich das Unternehmen gibt, sollte auch sein Markenversprechen sein. Da lag die einfache Botschaft „*DBV-Winterthur*. Die Unkomplizierten" nahe.
Im Film wird die vielstufige und bemühte, aber letztendlich erfolglose Hilfsbereitschaft der Schiffscrew dramatisiert, einen über Bord gegangenen Passagier aus dem Wasser zu retten. Die *DBV-Winterthur* nimmt so die langwierige und umständliche Betreuung vieler Versicherungen auf den Arm und spricht damit vielen Versicherungskunden aus dem Herzen. Die Situation mündet in das Versprechen, daß Kunden der *DBV-Winterthur* schnell und unkompliziert geholfen wird.

4.6.5.2 Berufsbilder in einer Werbeagentur

In den sogenannten Full-Service-Agenturen, die alle Aufgaben im Zusammenhang mit der Betreuung eines Kunden selbst übernehmen können, haben sich spezifische Berufsbilder herausgearbeitet, die im folgenden kurz vorgestellt werden sollen (die Beschreibungen sind entnommen aus Wegener/Bös 2001, S. 20 ff.):

- **Der Kontakter**
  Aufgabengebiet: Der Kontakter ist das Bindeglied zwischen dem Kunden und der Agentur. Er ist für die ganzheitliche Beratung und Führung des Kunden verantwortlich, verwaltet und plant den Werbeetat zusammen mit dem Kunden und überwacht die wirtschaftliche Performance des Etats. Er erarbeitet das Briefing mit dem Kunden, gibt es weiter an die Kreation, bringt Marketing-Instrumente ein und erarbeitet zusammen mit der strategischen Planung die Strategie für den Etat.
  Ausbildung, Einstiegsmöglichkeiten: Abitur oder vergleichbarer Schulabschluß. Abgeschlossenes wirtschaftswissenschaftliches Studium oder qualifizierter Fachhochschulabschluß, Fachrichtung Marketing, oder Ausbildung zum Kommunikationswirt – entweder an staatlichen oder privaten Institutionen. Studienbegleitende Praktika (Agentur oder Industrie). Alternativ (je nach Agentur und Ausrichtung) Ausbildung zum/zur Werbekaufmann/-frau mit anschließendem Abendstudium zum Kommunikationswirt.
  Zusätzliche Anforderungen: Sprachkenntnisse (Englisch in Wort und Schrift dringend erforderlich), umfassende Allgemeinbildung, kreatives Gespür, hohe Integrationsfähigkeit und soziale Intelligenz.

Karrieresteps: Junior-Kontakter, Kontakter, Etat-Direktor, Management-Supervisor, Geschäftsführer Beratung.
Quereinstieg: Kaum möglich, manchmal aus dem Product Management der Industrie.

- **Der Grafiker**
  Aufgabenstellung: Der Grafiker arbeitet in der Regel mit einem Texter zusammen und bildet mit ihm ein Team. Er erstellt Layouts und Reinlayouts, ist verantwortlich für Präsentationscharts, prüft den Umfang und die Formate von Reinzeichnungen und Druckunterlagen (er ist jedoch kein Reinzeichner!). Er denkt sich zusammen mit dem Texter Promotions, Anzeigen und Filme aus. Er findet mit dem Texter und dem Kontakter strategische Visionen für einen Kunden, leitet Konzeptionen oder andere Werbemaßnahmen ab. Als Art Director oder Creative Director präsentiert er die Ergebnisse beim Kunden und begleitet die Foto-Shootings und Filmdrehs für seinen Kunden.
  Ausbildung, Einstiegsmöglichkeiten: Abitur oder vergleichbarer Schulabschluß. Erfolgreicher Studienabschluß an einer Fachhochschule für Gestaltung (Grafik-Design) oder einer entsprechenden privaten Institution. Computerausbildung, Training on the job durch Praktika in Werbeagenturen.
  Zusätzliche Anforderungen: Englischkenntnisse, Scibble-Talent, Präzision, Beherrschung der gängigen Grafik-Programme (Photoshop, FreeHand etc.), Gefühl für visuelle Wahrnehmung, Ideenreichtum, Ahnung von Fotografie und Typographie, ästhetisches Empfinden.
  Karrieresteps: Grafiker, Junior-Art Director, Art Director, Creative Director Art, Geschäftsführer Kreation.
  Quereinstieg: selten Lithographen oder Druckvorlagenhersteller, Reinzeichner.

- **Der Texter**
  Aufgabenstellung: Der Texter arbeitet in der Regel mit einem Grafiker zusammen und bildet mit ihm ein Team. Er schreibt Headlines, Anzeigentexte und Broschüren, denkt sich Promotions, Funk- und TV-Spots aus. Er findet zusammen mit dem Grafiker und Kontakter strategische Visionen für einen Kunden und leitet Konzeptionen oder andere Werbemaßnahmen ab. Die Ergebnisse präsentiert er beim Kunden.
  Ausbildung, Einstiegsmöglichkeiten: Abitur oder vergleichbarer Schulabschluß. Talent zum Schreiben und überraschende Ideen. Besuch einer Werbefachschule mit spezialisiertem Studiengang Text oder Hochschulstudium der Sprach- und Literaturwissenschaft (Schwerpunkt Germanistik); Volontariat bei einer Zeitung oder Zeitschrift, Textpraktika in Agenturen, spezielle Texterschulen, Seminare oder Workshops.
  Zusätzliche Anforderungen: Sprachkenntnisse (Englisch in Wort und Schrift dringend erforderlich), breite Allgemeinbildung, Belesenheit, schöpferisches Denken, kreatives Gespür.
  Karrieresteps: Junior-Texter, Texter, Creative Director Text, Geschäftsführer Kreation.

Quereinstieg: möglich, meist jedoch nur bei überzeugendem Talent, oft aus dem Journalismus oder künstlerischen Berufen – eher in jungen Jahren.

- **Der Strategische Planer**
  Aufgabenstellung: Die strategische Planung ist eine übergreifende Serviceabteilung der Agentur. Der Planer trägt einen entscheiden Teil dazu bei, daß Werbung kreativ und effektiv ist. Er schreibt Kommunikationsstrategien, verfaßt Creative Briefs für die Kreation und bietet damit eine optimale Grundlage für den kreativen, markenorientierten Output. In der strategischen Planung wird regelmäßig überprüft, ob die Kampagne „on strategy" ist.
  Ausbildung, Einstiegsmöglichkeiten: Abitur oder vergleichbarer Schulabschluß. Abgeschlossenes wirtschaftswissenschaftliches Studium oder qualifizierter Fachhochschulabschluß, Fachrichtung Marketing, VWL, Psychologie oder auch Philosophie. Alternativ Ausbildung zum Kommunikationswirt – entweder an staatlichen oder privaten Institutionen – mit Schwerpunkt Kommunikationsplanung. Studienbegleitende Praktika in Strategie-Abteilungen von Agenturen.
  Zusätzliche Anforderungen: Sprachkenntnisse (Englisch in Wort und Schrift dringend erforderlich), umfassende Allgemeinbildung, hohe Integrationsfähigkeit und soziale Intelligenz. Scharfes Denken, gutes Markenverständnis. Sachen verstehen wollen, ihnen auf den Grund gehen. Durchblick bei komplexen Sachverhalten, Verständnis für kreatives, konzeptionelles Denken. Gute Redebegabung und überzeugende Präsentationsfähigkeiten.
  Karrieresteps: Junior-Planner, Senior-Planner, Leiter Strategische Planung (Head of Planning).
  Quereinstieg: erfahrene Kontakter oder Kreative aus Agenturen, Marktforscher.

- **Der Produktioner**
  Aufgabenstellung: Die Produktion ist eine übergreifende Serviceabteilung der Agentur. Der Produktioner berät Kontakter und Kreative in allen Fragen zu Printprodukten. Er setzt die kreativen Ideen in drucktechnische Erzeugnisse um und wickelt die kompletten Arbeitsschritte vom Shooting-Ergebnis bis zur Anzeige, zum Werbemittel ab. Er steuert und überwacht sowohl den Umfang und die Formate für Druckunterlagen als auch die Termine, berät Kreative und Kunden über Druck- und Verarbeitungstechniken, kennt sich in der Papierherstellung und Farbenlehre aus und hat ein fundiertes Wissen über elektronische Techniken.
  Ausbildung, Einstiegsmöglichkeiten: Abitur oder vergleichbarer Schulabschluß. Studium an einer Fachhochschule (mit Studienschwerpunkt Werbetechnik bzw. Drucktechnik) oder Ausbildung zum/zur Werbekaufmann/-frau in einer Agentur und Training on the job in der Produktionsabteilung. Zusätzliche Spezziallehrgänge mit Einweisung in alle wichtigen gestalterischen und produktionstechnischen Verfahren und Kommunikationstechnologien.
  Zusätzliche Anforderungen: Sprachkenntnisse (Englisch in Wort und Schrift), detaillierte Kenntnisse sämtlicher Schriften und Verfahren zur Herstellung von

Druckunterlagen und Printmaterialien, technisches Verständnis und schöpferisches Denken, überdurchschnittliche EDV-Kenntnisse, Präzision und Detailverliebtheit.
Karrieresteps: Produktionsassistent, Junior-Produktioner, Produktioner, Leiter Produktion.
Quereinstieg: sehr selten Schriftsetzer, Buchdrucker.

- **Der Art Buyer**
  Aufgabenstellung: Das Art Buying ist eine übergreifende Serviceabteilung in der Agentur. Der Art Buyer ist zuständig für die Organisation aller Foto-Shootings. Dies beginnt mit der Beratung der Kreativen hinsichtlich Fotografen- und Illustratorenauswahl und endet bei der Abwicklung der entsprechenden Jobs. Im Art Buying werden die Kosten mit den Fotografen abgesprochen, Copyright-Verhandlungen geführt, Kostenvoranschläge erstellt, Casting-Vorschläge mit dem Kunden, dem Fotografen und den Kreativen besprochen, Aufträge erteilt, das Timing überwacht und die Koordination von Castings und Locationsuche übernommen. Hinzu kommen Rechnungsprüfung und Weiterbelastung der Kosten an die jeweiligen Kunden.
  Ausbildung, Einstiegsmöglichkeiten: Abitur oder vergleichbarer Schulabschluß, Praktika in Art-Buying-Abteilungen einer Agentur. Ausbildung zum/zur Werbekaufmann/-frau in einer Agentur mit einem professionellen Art-Buying. (Es gibt keine spezielle Ausbildungsstätte – der Beruf wird in den Agenturen von Senior-Art Buyern vermittelt.)
  Zusätzliche Anforderungen: Sprachkenntnisse (Englisch in Wort und Schrift dringend erforderlich, möglichst zweite Fremdsprache), breite Allgemeinbildung, kreatives Gespür, Blick für gute Fotografie, soziale Intelligenz, guter Umgangston, kaufmännische/abrechnungstechnische Kenntnisse, Verhandlungsgeschick.
  Karrieresteps: Art Buying-Assistent, Junior-Art Buyer, Art Buyer, Leitung Art Buying.
  Quereinstieg: diverse Möglichkeiten, entweder aus dem Team-Assistenten-Bereich in einer Agentur oder Assistent beim Fotografen oder Assistent in einer Filmproduktion, manchmal kommen Art Buyer auch aus der Sparte Modedesign oder von der Kunsthochschule.

- **Der FFF-Producer**
  Aufgabenstellung: Die FFF-Abteilung (Film, Funk, Fernsehen) ist eine übergeordnete Serviceabteilung der Agentur. Der FFF-Producer stellt das Bindeglied zwischen der Agentur und der Filmproduktion dar. Er berät die Kreativen bezüglich kreativer, technischer und finanzieller Umsetzung von Film- und Fernsehspots, überwacht die Realisierung von Filmprojekten, führt die technische Betreuung bei Musik- und Sprachaufnahmen durch, wickelt Post-Production-Aufgaben ab und hat detaillierte Kenntnisse der unterschiedlichen Schnitt-Techniken.
  Ausbildung, Einstiegsmöglichkeiten: Abitur oder vergleichbarer Schulabschluß. Studium an einer Film- oder Fotofachschule, Ausbildung bei Filmproduktionen

oder in der Agentur als Art Director. Visuelle filmische Begabung und Auffassungsgabe.
Zusätzliche Anforderungen: Sprachkenntnisse (Englisch in Wort und Schrift), technisches Verständnis, Gespür für kreative und psychologische Problemstellungen, konzeptionelles Denken, organisatorisches und administratives Talent.
Karrieresteps: FFF-Assistent, Junior-Producer, Producer, Leiter FFF.
Quereinstieg: eventuell Video-Spezialisten.

4.7 Werbegebiet, Werbezeitraum, Werbeetat

Üblicherweise gehört das **Werbegebiet** zu den Rahmenbedingungen, die bereits durch das Produkt oder den Marketingplan vorgegeben sind. Nur in Ausnahmefällen ist es Gegenstand einer konzeptionellen Planung. Werbung wird üblicherweise innerhalb nationaler Grenzen geplant. Da Produkte und Marken jedoch zunehmend nationale und kulturelle Grenzen überschreiten, gewinnt entsprechend internationale Werbung an Bedeutung. Internationale Werbung weist eine sehr spezifische Problematik auf, nicht immer ist nationale Werbung auf andere Länder übertragbar (vgl. Kapitel 7).

Das Werbegebiet richtet sich grundsätzlich nach der Distribution des zu bewerbenden Produktes bzw. nach dem Einzugsgebiet der Zielgruppe. Es ist sinnlos, dort zu werben, wo das Produkt nicht erhältlich ist bzw. die Zielgruppe nicht angesprochen werden kann. Der Grundsatz lautet: „Advertising follows distribution". Bei Neueinführungen geben einige Firmen Distributionswerte vor, die erreicht sein müssen, bevor Werbung erfolgt. Als Faustformel kann gelten: Werbung setzt ein, wenn eine gewichtete Distribution von 30% erreicht ist. Diese Faustformel kann allerdings nicht zum Dogma erhoben werden. Beispielsweise wird mit **Teaser-Werbung** ein Produkt beworben, bevor es auf dem Markt ist (vgl. Kapitel 4.6.2.2).

Entscheidungen über das Werbegebiet bestimmen grundlegend auch die Entscheidungen über die einzusetzenden Werbeträger. Je nachdem, ob das zu bewerbende Produkt lokal, regional oder national distribuiert ist, sind auch entsprechende Werbeträger zu belegen.
Das Werbegebiet ist insbesondere immer dann Gegenstand konzeptioneller Überlegungen, wenn der Werbedruck im Werbegebiet nicht gleichmäßig verteilt werden soll. Dies kann beispielsweise in folgenden Situationen der Fall sein:

1. Wenn zusätzlich zur Basiswerbung **geographische Schwerpunkte** gesetzt werden sollen. Beispielsweise plane ein Vermarkter von russischem Kaviar eine europaweite Werbekampagne, mit Schwerpunkten in deutschen und schweizer Medien, aus der Überlegung heraus, daß hier die Kaufkraft überdurchschnittlich ist. Für Deutschland könnte zusätzlich zur nationalen Kampagne ein Schwerpunkt in Düsseldorf gesetzt werden, da hier viele Millionäre wohnen.
2. Wenn der Werbedruck im Werbegebiet abgestuft erfolgen soll. Mit zunehmender Entfernung vom Standort kann der Werbedruck erhöht oder verringert werden. Ein gutbürgerliches Restaurant, das seine Gäste aus der näheren Umgebung

rekrutiert, wird den Werbedruck mit zunehmender Entfernung verringern. Die Urlaubsregion Harz hingegen wird mit zunehmender Entfernung den Werbedruck erhöhen, weil die Harzer möglicherweise ihren Urlaub nicht im Harz verbringen.

Der **Werbezeitraum** ist immer dann zu planen, wenn der Werbedruck zeitlich nicht gleichmäßig verteilt werden soll. Üblicherweise wird für ein Jahr im voraus geplant. Es kann aber sinnvoll sein, **zeitliche Schwerpunkte** zu setzen. Dies kann aus drei konzeptionellen Gründen heraus erfolgen:

1. Wenn die Nachfrage saisonalen Schwankungen unterliegt. Der Werbedruck kann hier zyklisch oder antizyklisch gesteuert werden. So ist es beispielsweise angebracht, daß die Firma Schmecklecker während der Spargelsaison ihre Spargelsauce herausstellt. Für ein Urlaubsgebiet macht es dagegen wenig Sinn, während der Hauptreisezeit dafür zu werben, hier werden nur die Kurzentschlossenen erreicht. Urlaubsgebiete werden i.d.R. antizyklisch beworben, d.h. in der Zeit, in der die Urlaubsplanung erfolgt.
2. Zunehmend werden neben den eigenen werblichen Aktivitäten bei der Werbekonzeption auch die werblichen Aktivitäten der Konkurrenz berücksichtigt. Die Überlegung ist dabei, daß die eigene Werbung keine Alleinstellung erreichen kann, wenn alle werben. Die Gefahr besteht, daß bei einem insgesamt hohen Werbedruck die eigene Werbung nicht auffällt. Daher wird die Relation des eigenen prozentualen Werbeanteils an der Werbung für das gesamte Produktfeld gebildet. Unter diesem Aspekt kann eine konzeptionelle Überlegung dahin gerichtet sein, **Share of Voice-Leader** zu sein. Der Share of Voice (SOV) beziffert den Anteil der Zielgruppenkontakte (vgl. nächstes Kapitel) der eigenen Marke an den Gesamtkontakten des Marktes (vgl. Hofsäss/Krupp/Maksymiw-Wolf 1994, S. 92). Dieser Wert kann natürlich immer nur im nachhinein festgestellt werden. Allerdings können dafür bei der Planung Erfahrungswerte aus der Vergangenheit zugrunde gelegt werden.
3. Schließlich kann der Werbetreibende den Werbedruck im Hinblick auf massierte oder verteilte Schaltungen steuern (vgl. Kapitel 2.2.3.2.1). Bei einem zeitlich massierten Werbedruck werden sehr schnell hohe Bekanntheitswerte erreicht, die allerdings nach der Werbephase auch schnell wieder abfallen. Die Verteilung des Werbedrucks über einen längeren Zeitraum baut die Bekanntheit zwar langsamer auf, erreicht über den Werbezeitraum aber anhaltendere Bekanntheitswerte als im Fall der massierten Strategie (vgl. Abbildung 2-6).

Eines der wichtigsten Entscheidungsprobleme bei der Werbekonzeption ist die Festlegung des **Werbeetats**. Der Werbeetat wird im wesentlichen bestimmt von Art und Anzahl der Zielpersonen, den als geeignet erscheinenden Werbeträgern und der Häufigkeit der Schaltungen (vgl. Unger u.a. 1999, S. 6). Die Problematik ist darin zu sehen, den Werbedruck so zu planen, daß die Werbeziele optimal erfüllt werden. Die Etatplanung müßte daher eigentlich von der beabsichtigten Wirkung ausgehen, also die Frage beantworten: Wie groß muß der Werbedruck in der Zielgruppe sein? Allerdings würde damit ein kausaler Zusammenhang zwischen Werbeaufwendungen und Werbewirkung unterstellt, der auf dieser rein quantitativen, monokausalen Betrachtung nicht sinnvoll ist, da er Wirkungsinterdependenzen mit den anderen Faktoren des Kommunikations-Submix bzw. des Marketing-Mix vernachlässigt. Angesichts dieser Problematik folgt in der Praxis die Planung des Werbeetats pragmatischen Überlegungen. Üblicherweise wird der Werbeetat an ökonomische Orientierungsgrößen gekoppelt, z.B. Umsatz („Prozent-vom-Umsatz-Methode"), Marktanteile, Gewinne, Werbeaufwendungen der Konkurrenz („Wettbewerbs-Paritäts-Methode") oder die eigenen finanziellen Möglichkeiten („All-You-Can-Afford-Method"). Diesen Methoden liegen Erfahrungen bzw. allgemeine Faustregeln zugrunde, von denen angenommen wird, daß sie mehr oder weniger genau eine zieladäquate Etatplanung ermöglichen (vgl. Koschnick 1995, S. 304).

Keine dieser Methoden richtet sich an den Werbezielen aus. Die „Prozent-vom-Umsatz-Methode" beinhaltet sogar ein offensichtliches logisches Problem in der Form, „daß Werbung als ein Marketing-Instrument zur Erzielung von Marketing-Zielen, so z.B. Umsatzsteigerung, eingesetzt wird, aber bei dieser Methode umgekehrt, die Werbung durch den Umsatz bestimmt wird" (Unger u.a. 1999, S. 6). Abgesehen davon führt diese Methode zu einem prozyklischen Verhalten und somit zu geringeren Werbeetats bei sinkenden Umsätzen.

4.8 Werbekonzeptionen in verschiedenen Wirtschaftssektoren

Das vorliegende Lehrbuch bezieht sich schwerpunktmäßig auf die werbeintensivsten Wirtschaftsbereiche Konsumgüter und Dienstleistungen. Zwar gelten die in diesem Kapitel aufgezeigten Gegenstandsbereiche der Werbekonzeption grundsätzlich und für alle Bereiche. Allerdings haben die einzelnen Wirtschaftssektoren Spezifika, die besondere Schwerpunkte erfordern. Naheliegenderweise muß Werbung für Konsumgüter, Investitionsgüter, Dienstleistungen oder Handelsbetriebe die jeweiligen Voraussetzungen, die in diesen Bereichen gelten, berücksichtigen. Die für die Werbung relevanten Unterschiede ergeben sich nicht nur im Hinblick auf die Bedeutung für die Werbeaufwendungen, sondern vor allem im Hinblick auf die mit der Werbung verfolgten Zielsetzungen. In allen betrachteten Wirtschaftssektoren bestimmt jedoch die Orientierung am Markt den Einsatz des Marketing-Mix.

4.8.1 Werbekonzeption für Konsumgüter und Dienstleistungen

Konzeptionell ergeben sich keine großen Unterschiede bei der Werbung für Konsumgüter und Dienstleistungen. In beiden Bereichen richtet sich Werbung an den Endverbraucher, handelt es sich um Massenwerbung auf einem anonymen Markt, werden Massenkommunikationsmittel genutzt und erfolgt Werbung vielfach auf gesättigten Märkten, mit funktional weitgehend austauschbaren Produkten. Hauptzielsetzung der Werbung ist hier also die **Differenzierung** und **Positionierung** der Produkte und Leistungen (vgl. Kapitel 1.3.2), bei denen es sich ausnahmslos um Markenartikel handelt. Eine weitere Gemeinsamkeit ist in der Tatsache zu sehen, daß die Werbung im Normalfall nur gering involvierte Verbraucher anspricht, also eher emotional als rational ausgeprägt ist.

Diese Gemeinsamkeiten von Konsumgütern und Dienstleistungen sollen jedoch nicht darüber hinwegtäuschen, daß es eine Reihe von spezifischen Unterschieden gibt und sowohl Konsumgüter als auch Dienstleistungen außerordentlich heterogene Bereiche umfassen. Die Tabellen 6-5 und 6-6 zeigen die Bedeutung auf, die einzelnen Konsumgüter- und Dienstleistungsbereichen innerhalb der Gesamt-Werbeausgaben zukommen.

Konsumgüter werden üblicherweise in **Gebrauchs**- und **Verbrauchsgüter** unterteilt.

- **Gebrauchsgüter** sind langlebige Konsumgüter, „die im Regelfall viele Verwendungseinsätze überdauern“ (Kotler/Bliemel 1999, S. 673). Beispiele sind Autos, Kleidung, Hausrat oder Unterhaltungselektronik. Aufgrund ihrer Nutzung über einen längeren Zeitraum sind Gebrauchsgüter durch eine geringere Kauffrequenz als Verbrauchsgüter gekennzeichnet und benötigen entsprechend auch eine geringere Distributionsdichte.
- **Verbrauchsgüter** sind kurzlebige Konsumgüter, „die im Regelfall im Laufe eines oder einiger weniger Verwendungseinsätze konsumiert werden“ (Kotler/Bliemel 1999, S. 673). Dabei handelt es sich vorrangig um Massenprodukte des täglichen Bedarfs, die breite Bevölkerungsschichten ansprechen, wie z.B. Nahrungs- und Genußmittel, Arzneimittel, Kosmetika, Wasch- und Reinigungsmittel.

Für die Werbekonzeption ist die Unterscheidung in Gebrauchs- und Verbrauchsgüter vor allem insofern relevant, als unterschiedliche Kaufentscheidungsprozesse zugrunde liegen können. Während Verbrauchsgüter häufig gewohnheitsmäßig oder auch spontan gekauft werden, geht dem Kauf von Produkten, die über einen längeren Zeitraum genutzt werden, vielfach ein intensiverer Informationsbeschaffungsprozeß voraus. Naturgemäß trifft Werbung für Gebrauchsgüter häufiger auf Personen, die sich nicht in einer Kaufentscheidungsphase befinden. Werbung zielt hier also primär darauf ab, das Produkt in den relevant set bei möglichst vielen potentiellen Käufern zu verankern.

Durch das starke Wachstum des tertiären Sektors in den letzten Jahrzehnten haben **Dienstleistungen** enorm an Bedeutung gewonnen, der Dienstleistungssektor erzielt bereits deutlich mehr als die Hälfte der gesamten Wertschöpfung. Typische Dienstleistungssektoren sind Handel, Banken, Versicherungen und der Tourismus.

Dienstleistungen lassen sich durch folgende Besonderheiten kennzeichnen (vgl. Meffert/Bruhn 1997, S. 59 ff.):

- Dienstleistungen stellen Leistungspotentiale dar, die ihrer Natur nach immateriell und somit weder lager- noch transportfähig sind. Die Nichtlagerfähigkeit hat zur Folge, daß Dienstleistungen nur in dem Moment in Anspruch genommen werden können, in dem sie produziert werden. Nichttransportfähigkeit bedeutet, daß Dienstleistungen i.d.R. am Ort ihrer Erstellung konsumiert werden müssen.

- Dienstleistungen erfordern immer spezifische Leistungsfähigkeiten des Dienstleistungsanbieters.
- Bei der Erstellung von Dienstleistungen ist die Einbeziehung eines externen Faktors notwendig, d.h. derjenige, der die Dienstleistung in Anspruch nehmen will, wird in ihre Erstellung miteinbezogen.

Diese Besonderheiten haben bedeutsame Implikationen für die Werbung von Dienstleistungen. Da nicht nur die Dienstleistungen selbst, sondern auch ihre wesentlichen Bestandteile (z.B. Know-how, Erfahrung und Zuverlässigkeit des Dienstleistungsanbieters) immateriell sind, sind sie für den Dienstleistungsnachfrager auch nur sehr schwer zu bewerten (vgl. Meyer 1993, S. 901 f.). Zur Einschätzung von Dienstleistungsqualitäten werden daher Ersatzindikatoren herangezogen. Als wesentlicher Qualitätsindikator zählt bei Dienstleistungen vor allem das Unternehmensimage. Beispielsweise versuchen Banken ihre Kompetenz durch Images zu unterstreichen, die sie als Hort des Vertrauens oder als Garant für die Selbstverwirklichung ihrer Kunden darstellen.

Anders als im Konsum- und Investitionsgüterbereich, wo die Produktqualität unmittelbar beurteilt werden kann, wird im Dienstleistungsbereich häufig auch von dem Verhalten der Mitarbeiter auf die Qualität der angebotenen Leistung geschlossen. Eine schmutzige Tischdecke in einem Restaurant oder eine defekte Dusche in einem Hotelzimmer kann von einem Gast als Zeichen für ein schlampiges Management gedeutet werden, das vermutlich auch in anderen Bereichen Nachlässigkeiten erwarten läßt.

Eine weitere Implikation aus der Immaterialität besteht darin, daß die Dienstleistung selbst nicht markiert werden kann. Einem Haarschnitt kann nicht angesehen werden, wer ihn ausgeführt hat. Während bei Konsumgütern das Herstellerlogo häufig als Mittel zu einem Imagetransfer genutzt wird, ist dies bei Dienstleistungen visuell nicht möglich.

Da Dienstleistungen nicht greifbar und Dienstleistungsqualitäten für den Verbraucher schwer zu beurteilen und zu vergleichen sind, versucht Werbung für Dienstleistungen häufig, diese zu materialisieren bzw. zu personifizieren, indem z.B. Herr Kaiser von der *Hamburg-Mannheimer* in seiner Person stellvertretend für die Versicherung steht.

4.8.2 Werbekonzeption für Investitionsgüter

Die intensive Auseinandersetzung mit Konsumgüterwerbung hat in der Literatur zu einer Vernachlässigung der Investitionsgüterwerbung geführt, die erst in den letzten Jahren unter dem Begriff **Business-to-Business-Kommunikation** stärkere Beachtung findet. Investitionsgüter werden als Leistungen bezeichnet, „die von Organisationen beschafft werden, um weitere Leistungen zu erstellen, die nicht in der Distribution an Letztkonsumenten bestehen" (Backhaus 1997, S. 8). Investitionsgüter grenzen sich also nicht durch technische Merkmale von Konsumgütern ab, sondern durch die Zielgruppe. D.h. ein und dasselbe Produkt kann Investitions- oder Konsumgut sein, je nachdem, wer es kauft. So ist beispielsweise ein Auto ein Investitionsgut, wenn es für den Fuhrpark eines Unternehmens gekauft wird und

Konsumgut bei ausschließlich privater Nutzung. Da sich die Werbung für Investitionsgüter folglich auch nicht an den Endverbraucher richtet, gelten hier spezifische Besonderheiten in der Werbekonzeption.

Die Heterogenität von Investitionsgütern wird deutlich bei Betrachtung der unterschiedlichen Geschäftstypen im Investitionsgüterbereich. In Abhängigkeit davon, ob sich die Nachfrager auf einem anonymen Markt befinden oder Einzelkunden sind und ob ein Kaufakt weitere Kaufakte bedingt oder nicht (Kaufverbund), werden vier Geschäftstypen unterschieden (vgl. Backhaus 1997):

- Ein **Produktgeschäft** ist durch die Vermarktung von Leistungen gekennzeichnet, die sich an eine breite Zielgruppe richten, der Käufer ist bei allen Folgeentscheidungen frei (Beispiele: Fuhrpark, Personalcomputer, Drucker).
- Bei einem **Anlagengeschäft** handelt es sich um einen in sich abgeschlossenen Kaufprozeß einer individuellen Leistung für einen Einzelkunden (Beispiele: Raffinerien, Meerwasserentsalzungsanlagen, Lichtwerbung für die Außenfassade).
- Ein **Systemgeschäft** beinhaltet die Vermarktung von Leistungen für einen anonymen Markt, bei denen eine sukzessive Abfolge hintereinandergeschalteter Kaufprozesse besteht, die eine innere Verbindung aufweisen (Beispiele: Büroeinrichtungen, Softwarelösungen, aufeinander abgestimmte Informationstechnologien).
- Bei einem **Zuliefergeschäft** handelt es sich um die Vermarktung von einzelkundenspezifischen Leistungen, die in identischer Ausführung von demselben Kunden immer wieder gekauft werden (Beispiel: Lieferung von Scheinwerfern, Sitzen oder Türen in der Automobilindustrie).

Kommunikative Maßnahmen im Investitionsgüterbereich unterscheiden sich grundsätzlich dadurch, ob sie sich an einen anonymen Markt oder an namentlich bekannte Einzelkunden richten. Werbung im klassischen Sinn ist somit nur bei Produkt- und bei Systemgeschäften sinnvoll, die folgenden Ausführungen beschränken sich auf diese Geschäftstypen. Im Anlagen- und Zuliefergeschäft konzentrieren sich die Kommunikations-, wie überhaupt die gesamten Marketingaktivitäten, auf das Management der Geschäftsbeziehungen.

Nachfrager von Investitionsgütern und damit werbliche Zielgruppe sind Organisationen. Dabei kann es sich um Industrieunternehmen handeln, aber auch um Behörden oder Verbände. Kaufentscheidungen sind hier i.d.R. keine Individualentscheidungen, sondern Gruppenentscheidungen („buying center"). Der Entscheidungsprozeß ist durch folgende Besonderheiten gekennzeichnet (vgl. Merbold 1993, S. 863 ff.):

- Die Entscheider im buying center kaufen nicht für sich selbst und nicht mit eigenem Geld.
- Gekauft werden maßgeschneiderte Problemlösungen, für die umfangreiche Informationen benötigt werden.
- Der Kaufentscheidungsprozeß durchläuft unterschiedliche Phasen, an denen unterschiedliche Personen beteiligt sind, die unterschiedliche Informationsbedürfnisse haben.

Abbildung 4–24: Fachzeitschriftenanzeigen für Investitionsgüter

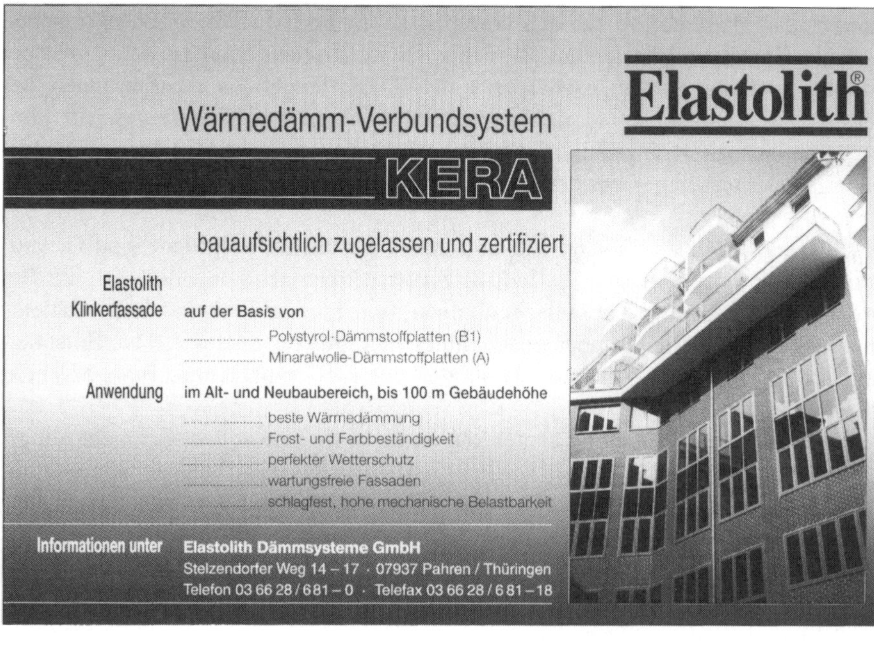

- Die Kaufentscheidung erfolgt in einem formalisierten und länger andauernden Prozeß.

Werbung für Investitionsgüter muß also in erster Linie einen hohen Informationsbedarf befriedigen, naheliegenderweise erfolgt dies vor allem auf einer rationalen Ebene. Die Kommunikationsmittel sind entsprechend dem Informationsbeschaffungsverhalten der Zielgruppe zu wählen. Werbemittel im Investitionsgüterbereich sind vor allem
- Messen,
- Prospekte,
- Anzeigen in Fachzeitschriften (vgl. Kapitel 6.4.5) und das
- persönliche Gespräch.

Die klassischen Werbemittel wie im Konsumgüterbereich spielen hier nur eine untergeordnete Rolle. Der klassischen Werbung sind hier auch insofern enge Grenzen gesetzt, als im Investitionsgüterbereich Produktmarken vergleichsweise selten sind, die Kommunikationswirkung geht vor allem vom Firmennamen aus. Abbildung 4-24 zeigt allerdings, daß auch die Gestaltung von Anzeigen für Investitionsgüter mit den gleichen Mitteln wie für Konsumgüter erfolgen kann, wie z.B. der kognitiven Dissonanz und daß auch emotionale Elemente sinnvoll einzufügen sind.

Bei der Auswahl eines Anbieters von Investitionsgütern spielen vor allem zwei Faktoren eine Rolle: Die technischen und wirtschaftlichen Produktaspekte und das Herstellerimage. Dies zeigt eine weitere Besonderheit der Kommunikation im Investitionsgüterbereich auf: „Die Gleichzeitigkeit und Identität von Informations- und Imagezielwirkungen in jeder Marketing-Kommunikations-Maßnahme“ (Merbold 1993, S. 868).

Messen erfüllen die Kommunikationsbedürfnisse von Anbietern und Nachfragern im Investitionsgüterbereich in idealer Weise. Die Anbieter haben die Möglichkeit, ihr Leistungsprogramm in Form von Exponaten zu präsentieren, Kontakte zu knüpfen und im persönlichen Gespräch mit den Besuchern gezielt auf deren Informationsbedürfnisse einzugehen. Dem Interessenten kann ein umfassender Überblick über das Produkt gegeben werden. Die Möglichkeit von Rückfragen seitens der Besucher erlaubt es, Fehlinformationen oder falsche bzw. unvollständige Vorstellungen über das Produkt und/oder den Hersteller selbst abzubauen oder von vornherein zu vermeiden. Darüber hinaus bietet die Erfassung der Besucher am Messestand die Grundlage von Direktwerbemaßnahmen (vgl. Wenge/Müller 1993, S. 742 f.). Durch die Gestaltung des Messestandes schließlich kann der Aussteller seine Firma angemessen darstellen.

Die Nachfrager nutzen die Messe für einen umfassenden Marktüberblick, bei dem sie in einem direkten Vergleich die neuesten Problemlösungen der relevanten Wettbewerber vergleichen können.

Die Erklärungsbedürftigkeit von Investitionsgütern und ihre Beschaffungsmotive machen die persönliche Kommunikation mit dem Kunden während des gesamten Beschaffungsprozesses, und häufig auch noch nach der Lieferung, unumgänglich.

4.8.3 Werbekonzeption für Handelsbetriebe

Mit einem Anteil von 6,2% an den gesamten Werbeausgaben und absoluten Ausgaben von mehr als 1 Milliarde Euro, liegt der Handel 2001 in der Branchenrangfolge auf Rang 3 (vgl. Tabelle 6-6).

Konzeptionell gibt es auch für die Handelswerbung einige Besonderheiten zu berücksichtigen. Als erstes stellt sich die Frage nach dem **Werbeobjekt** des Handels. Grundsätzlich kommen dafür Sortimente, Preise, Serviceleistungen, Standorte etc. in Betracht. Allerdings bilden diese Faktoren keine hinreichende Grundlage zur Differenzierung vom Wettbewerb, da die Sortimente, Standorte und Serviceleistungen der einzelnen Handelsorganisationen weitgehend austauschbar sind und ein Preiswettbewerb ruinös wirken kann. Eine Abgrenzung vom Wettbewerb, d.h. eine eigenständige Positionierung, kann im Handel vor allem durch die Profilierung der Einkaufsstätte erfolgen. Ziel der Handelswerbung ist es, die Marketing-Konzeption der Handelsorganisation sichtbar zu machen und den Verbraucher dazu zu veranlassen, bevorzugt seine Einkaufsstätten zu wählen (vgl. Oehme 1992, S. 366).

Der wesentliche Unterschied zwischen Industrie- und Handelswerbung besteht also darin, daß der Handel eine Betriebsstättenprofilierung anstrebt, während die Industrie auf eine Produktprofilierung abzielt (vgl. Barth 1993, S. 884).

Tabelle 4-1: Geschäftstypen im Einzelhandel

	Anzahl		**Umsatz (Mio. €)**	
	01.01.2000	**01.01.2001**	**1999**	**2000**
SB-Warenhäuser	667	677	15.492	15.850
Große Verbrauchermärkte	1.972	2.022	15.697	16.003
Kleine Verbrauchermärkte	4.501	4.391	16.412	16.003
Discountmärkte	9.672	9.733	19.429	20.349
Supermärkte	4.730	4.450	12.731	12.271
Restliche Geschäfte	44.848	42.927	17.384	16.924
Aldi	3.388	3.494	16.617	16.975
Drogeriemärkte	11.552	12.372	8.503	9.065
Drogerien	6.100	5.900	1.790	1.738
Apotheken	21.823	21.617	29.246	31.700

Quelle: A.C. Nielsen GmbH: Universen 2001.

Nielsen unterscheidet folgende Einzelhandelstypen (Quelle: www.acnielsen.de):

- **SB-Warenhäuser**: Einzelhandelsgeschäfte mit mindestens 5.000 m^2 Verkaufsfläche, die ein breites warenhausähnliches Sortiment des Lebensmittel- und Nichtlebensmittelbereiches in Selbstbedienung anbieten.
- **Große Verbrauchermärkte**: Einzelhandelsgeschäfte mit einer Verkaufsfläche zwischen 1.500 und 5.000 m^2, die ein breites, warenhausähnliches Sortiment des Lebensmittel- und Nichtlebensmittelbereiches in Selbstbedienung anbieten.
- **Kleine Verbrauchermärkte**: Lebensmittel-Einzelhandelsgeschäfte mit einer Verkaufsfläche zwischen 800 und 1.500 m^2.

- **Supermärkte**: Lebensmittel-Einzelhandelsgeschäfte mit einer Verkaufsfläche zwischen 400 und 800 m^2.
- **Discountmärkte**: Lebensmittel-Einzelhandelsgeschäfte, für deren Absatzpolitik das Discount-Prinzip (Niedrigpreise, begrenztes Sortiment) maßgebend ist, unabhängig von der Größe der Verkaufsfläche.

Die Bedeutung dieser Einzelhandelstypen zeigt Tabelle 4-1.

Grundsätzlich stehen dem Handel zwei Kommunikationsmöglichkeiten zur Verfügung:

- Präsentationspolitik und
- Werbung.

Unter **Präsentationspolitik** ist die Art und Weise zu verstehen, mit der der Handel seine Waren darbietet. Präsentationspolitische Entscheidungen betreffen einerseits die grundsätzliche strategische Ausrichtung über die Gestaltung der Einkaufsatmosphäre (also beispielsweise Erlebniskauf oder Preiskauf). Andererseits intralokale Standortentscheidungen, d.h. die Anordnung der einzelnen Warengruppen und Produkte innerhalb des Verkaufsraumes (beispielsweise Plazierung in Griff- oder Augenhöhe, Zweitplazierungen).

Auf Erlebniskauf setzen vor allem die Verbrauchermärkte, während die Discounter sich auf den Preiskauf spezialisiert haben.

Werbung versucht grundsätzlich, die angebotenen Produkte und Leistungen vom Angebot des Wettbewerbs zu differenzieren. Für den Handel zielt Werbung somit auf Profilierung der Betriebsstätte, d.h. Werbung muß sich auf den Aufbau typischer Leistungsprofile konzentrieren, die einer bestimmten Handelsorganisation zugerechnet werden können. Dies muß jedoch in großen Bereichen des Lebensmitteleinzelhandels als nicht erreicht angesehen werden.

Zur Imageprofilierung einer Handelsorganisation (z.B. *Rewe*, *Edeka*, *Tengelmann*) ist Werbung auf nationaler (internationaler) Ebene notwendig. Das einzelne Geschäft wird jedoch nur innerhalb seines Einzugsgebietes werben, also vornehmlich lokal, im Einzelfall auch regional. Als Werbemittel werden dafür vor allem Anzeigen in Tageszeitungen und Anzeigenblättern, Handzettel und Beilagen genutzt. Auch der lokale Hörfunk eignet sich aufgrund seiner hohen Aktualität als Werbeträger. Zur Steigerung der Werbeeffizienz nutzt insbesondere der lokale Facheinzelhandel häufig Formen der Kooperationswerbung.

Einen breiten Raum in der Handelskommunikation nimmt nach wie vor die **Sonderangebotspolitik** ein, als Gegenstück der Verkaufsförderung auf Herstellerseite.

Als Sonderangebote werden bevorzugt solche Produkte vermarktet, die eine so große Anziehungskraft haben, daß der Verbraucher möglicherweise nur wegen dieses Sonderangebotes die Einkaufsstätte aufsucht. Da i.d.R. dabei aber auch noch weitere Produkte eingekauft werden, ist das Kalkül, daß der Absatz der Normalpreisartikel den Preisnachlaß des Sonderangebotes kompensieren kann.

Abbildung 4–25: Werbung für Handelsbetriebe

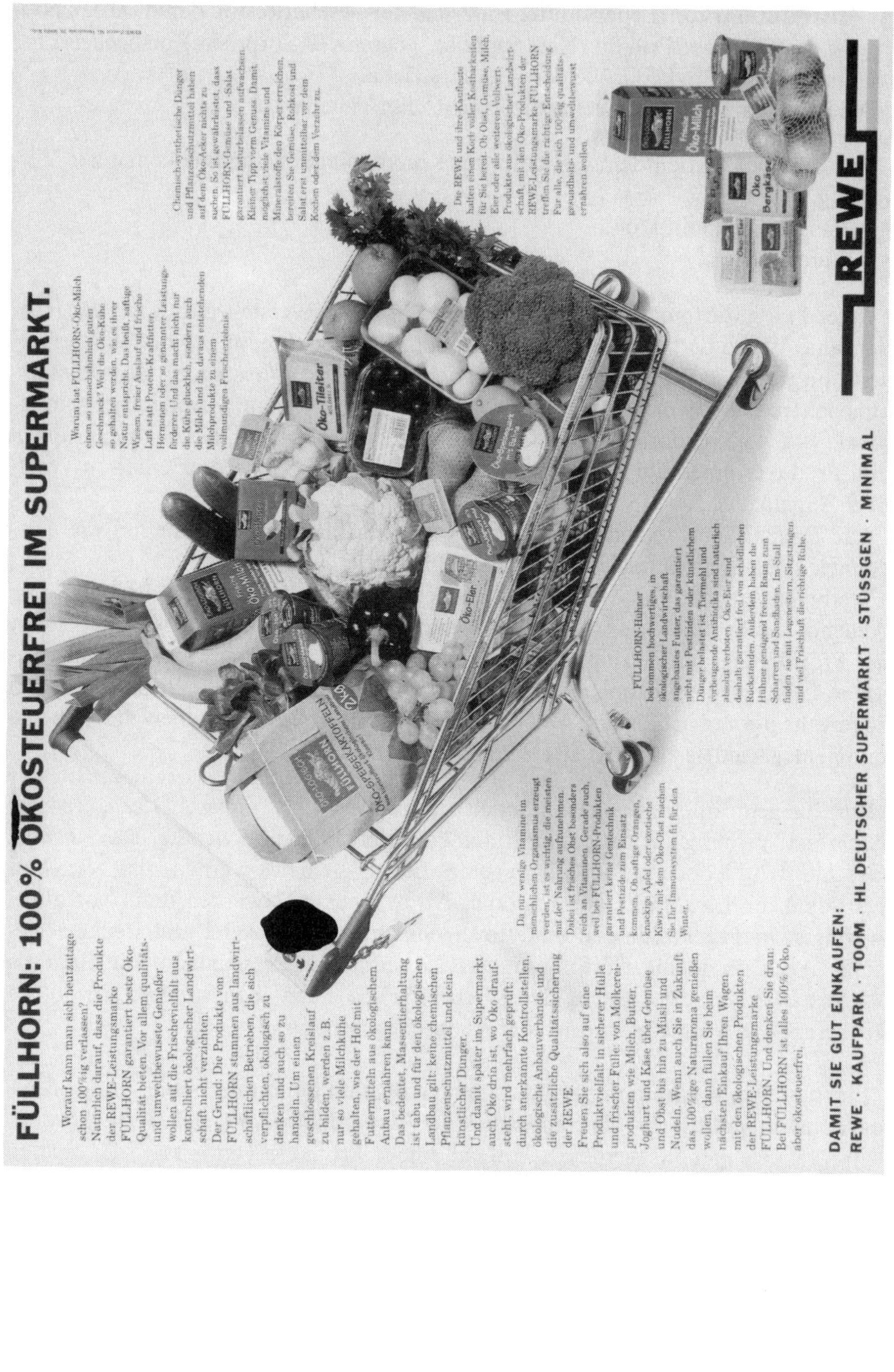

4.9 Mediastrategie und Mediaplanung

4.9.1 Die Aufgabe der Mediaagenturen

Die Begriffe Werbung und Media stehen in einem Verhältnis wie Software und Hardware zueinander: Werbung wird über die Medien gestreut. Die Mediastrategie befaßt sich mit dem Einsatz der Werbeträger. Es geht dabei um die Frage, welche Medien am besten geeignet erscheinen, die Werbebotschaft an die Zielgruppe heranzutragen und welche Gewichtung die einzelnen Medien erhalten sollen (vgl. Koschnick 1995, S. 1237). Gegenstand der Mediaplanung ist die Auswahl der sinnvollen Werbeträger aus der Summe der möglichen. Dieser Auswahlprozeß erfolgt sowohl in Form eines Inter- als auch eines Intramediavergleichs:

- Beim **Intermediavergleich** erfolgt eine Gegenüberstellung der einzelnen Werbeträgerkategorien. Es geht hier um die Frage, ob beispielsweise im Fernsehen oder in Zeitschriften geworben werden sollte.
- Beim **Intramediavergleich** werden die Werbeträger einer Gattung auf ihre Eignung hin untersucht: Wenn im Fernsehen geworben werden soll, auf welchem Sender?

Der Erfolg einer Werbekampagne hängt nicht nur von der kreativen Umsetzung ab, sondern auch von der Effizienz und Effektivität ihrer Verbreitung. Die Mediaplanung versucht sicherzustellen, daß die anvisierte Zielgruppe mit den richtigen Werbeträgern, mit der richtigen Frequenz, zur richtigen Zeit bei minimalen Streuverlusten und zu optimalen Kosten erreicht wird. Im Sinne dieser Zielsetzung wird häufig ein Werbeträger als Basismedium (z.B. TV) gewählt, der gegebenenfalls durch weitere Werbeträger (z.B. Hörfunk oder zielgruppenspezifische Publikumszeitschriften) ergänzt wird. Im Falle einer Verknüpfung von klassischen Medien mit Online-Medien wird neuerdings von **Cross Media** gesprochen. Allerdings wird diese Bezeichnung teilweise auch für die Verknüpfung von Above- und Below-the-line-Aktivitäten verwendet. Hintergrund des Cross Media Ansatzes ist die realistische Vermutung, daß unterschiedliche Kompetenzen, Zeitbudgets, ästhetische Vorlieben, etc. bei Nutzern für unterschiedliche Strategien im Umgang mit Medien („Medienstile“) sorgen und individuelle Medienwelten schaffen.

Da die Mediaplanung ein sehr spezifisches Know-how voraussetzt, wird dafür üblicherweise eine Mediaagentur beauftragt. Eine Mediaagentur ist ein spezialisiertes Dienstleistungsunternehmen aus dem Werbebereich, das von Werbetreibenden für Planung, Einkauf und Durchführung des Werbeträgereinsatzes beauftragt wird.

Viele große Werbetreibende haben hauseigene Mediaabteilungen, allerdings mit sehr unterschiedlichen Funktionen, die von Koordination bis hin zu eigenständiger Mediaplanung und -einkauf reichen. Die Bedeutung, die Mediaagenturen bei den Werbetreibenden einnehmen, ist daher sehr unterschiedlich und umfaßt die Bandbreite von Full-Service-Media bis ausschließlich Abwicklung.

Die Mediaagenturen haben ein spezifisches Know-how erworben, auf das auch die großen Werbetreibenden mit eigenen Mediaabteilungen zurückgreifen. Die kleinen und mittleren Werbetreibenden hingegen betrauen ihre Mediaagenturen i.d.R. mit dem Media-Full-Service, der Beratung, Planung, Einkauf und Durchführung des Werbeträgereinsatzes umfaßt. Insbesondere die Beratungskompetenz wird auch von den großen Werbetreibenden als die eigentliche Domäne der Mediaagenturen betrachtet.

Die Beratungskompetenz der Mediaagenturen ermöglicht ihnen eine Beeinflussung der strategischen Ausrichtung der Werbetreibenden in Fragen der Mediaplanung und des Medieneinsatzes. Die Tatsache, daß Mediaagenturen üblicherweise mehrere Kunden betreuen, verschafft ihnen einen breiteren Marktüberblick, als ihn ein einzelner Werbetreibender häufig hat. Gleichzeitig ist dadurch aber auch die Möglichkeit zur Koordinierung und Bündelung von Einzelinteressen gegeben. Abbildung 4-26 gibt einen Überblick über die größten Mediaagenturen in Deutschland.

Abbildung 4–26: Die 20 größten Mediaagenturen in Deutschland 2001

Agentur		Etatvolumen Mio. €
1	HCCS Plus	3.224,2
2	MediaCom	2.708,9
3	OMD	1.801,5
4	Magna Global	1.761,0
5	Mediaedge: CIA	1.561,0
6	MindShare	1.295,0
7	Zenith Optimedia	989,4
8	tkm Starcom	732,0
9	Schmitter	304,3
10	M&MC	203,4
11	Ariston	200,5
12	Pilot Media	195,0
13	Springer & Jacobi Media	125,0
14	Media Promotion	120,0
15	Dr. Pichutta	110,0
16	Crossmedia	99,0
17	Deutsche Eisenbahn Reklame	92,7
18	Kemmerich Media	46,0
19	die media	41,8
20	Mediaplan	39,9

Eigene Angaben der Agenturen. Quelle: Werben & Verkaufen (www.wuv.de)

Für eine professionelle Mediaplanung ist eine enge und vertrauensvolle Zusammenarbeit zwischen Werbetreibenden und Mediaagenturen notwendig, in deren Verlauf es häufig zu einem Abgleich zwischen den Zielvorstellungen der Werbetreibenden und den Realisierungsmöglichkeiten auf seiten der Mediaagenturen kommen kann. Auch das kann zu einer Überprüfung der strategischen Ausrichtung führen.

4.9.2 Exkurs: Arbeitsweise einer Mediaagentur

Dr. Nicole Prüsse, MORE MEDIA Agentur

„Werbung ohne Medien ist wie ein Star ohne Publikum!"

In dem speziellen Kommunikationsbereich Werbung muß der Sender, in diesem Fall der Werbetreibende, Medien als Werbeträger einsetzen, damit seine Botschaft, d.h. die jeweilige Kampagne, die Zielgruppe möglichst wirkungsvoll, das heißt effizient und effektiv erreicht.

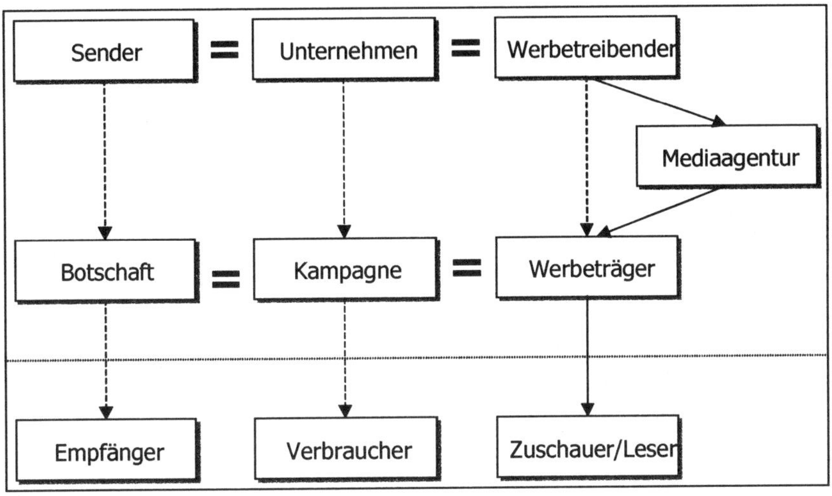

Quelle: Präsentationsunterlagen der Mediaagentur MORE MEDIA

Die **Mediaagentur** übernimmt innerhalb dieses Prozesses die **Auswahl der Werbeträger** und die **Analyse der Zielgruppe**. Es geht dabei um die Beantwortung der Frage, welche Medien am besten geeignet erscheinen, die Werbebotschaft an die Zielgruppe heranzutragen und welche Gewichtung die einzelnen Medien erhalten sollen (vgl. Koschnick 1995, S. 1237). Media trägt daher die Verantwortung dafür, daß die Werbekampagne die anvisierte Zielgruppe wirklich trifft, die eingesetzten Werbeträger und -mittel die Botschaft erfolgreich transportieren und das Werbeziel des Kunden erreicht wird. Übergeordnetes Ziel ist dabei die Maximierung der Effizienz und Effektivität der Werbekampagne. Media ist damit maßgeblich am Erfolg einer Werbekampagne beteiligt. Voraussetzung dafür ist ein integrativer Planungsansatz, der die Parameter der Werbe-, Kreativ- und Mediastrategie in die Gesamt-Kommunikationsplanung miteinbezieht.

Mediastrategie und –planung erfordern ein spezifisches Know-how. Sie sind Aufgabe von Mediaspezialisten, die von den Werbetreibenden beauftragt werden. Zusätzlich kaufen diese Dienstleistungsunternehmen Werbeflächen, das heißt Anzeigen, Spots im Funk, TV, Kino, Plakate usw. bei den Medien ein und sind verantwortlich für die Durchführung des Mediaeinsatzes einschließlich Abrechnung.

Ihre Aufgaben haben sich im letzten Jahrzehnt in ihren Schwerpunkten verändert. Dies begründet sich in der Entwicklung der Medienlandschaft vom angebots- zu einem nachfrageorientierten Markt.

Vor der Einführung des privaten Rundfunks konnten im Bereich der elektronischen Medien nur die öffentlich-rechtlichen Sender als Werbeträger genutzt werden, deren Werbezeitraum zusätzlich auf 20 Minuten pro Tag begrenzt war. Auch im Printbereich stagnierte der Titelmarkt und konzentrierte sich auf die „Flaggschiffe“ der etablierten Verlage wie „Hörzu“, „Bunte“, „Stern“ und „Spiegel“. Die Arbeit der Mediaagenturen beschränkte sich bis zu den 80er Jahren vorrangig auf die Durchführung, Organisation und Budgetkontrolle des eingeschränkten Werbeträgereinsatzes.

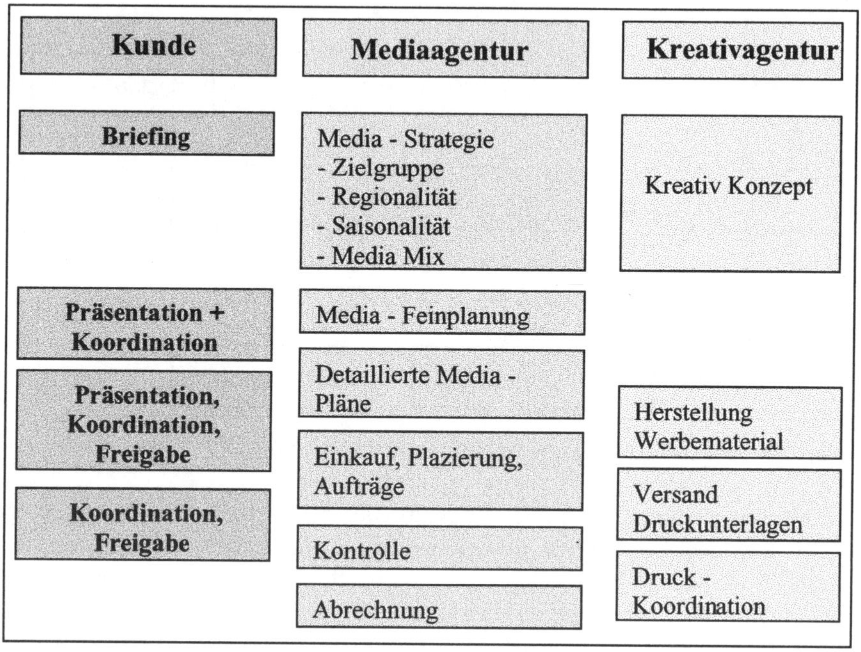

Quelle: Präsentationsunterlage der Mediaagentur MORE MEDIA

Demgegenüber hat die Medienentwicklung innerhalb der letzten beiden Dekaden zu einer Medienvielzahl und –menge in allen Bereichen geführt (vgl. Tabelle 6-1), die in ihrer Optionalität hinsichtlich Zielgruppenansprache und als Träger der Botschaft nur ansatzweise in der Kommunikationsstrategie berücksichtigt werden kann.

Angesichts dieser Entwicklung steht neben dem spezifischen Medien-Know-how die Beratungskompetenz der Mediaspezialisten immer stärker im Vordergrund. Dies spiegelt sich in der Vielzahl von Gründungen unabhängiger Mediaagenturen seit Ende der 80er Jahre wider. Die bis dahin integrierten Mediaabteilungen innerhalb der Werbeagenturen firmieren seitdem zunehmend als eigenständige Agenturen.

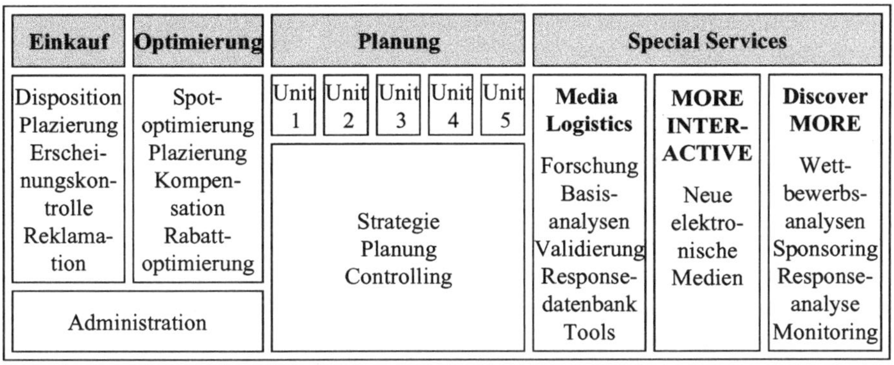

Quelle: Präsentationsunterlage der Mediaagentur MORE MEDIA

Grundlage einer erfolgreichen Kampagne ist ein detailliertes operationalisierbares Mediabriefing mit kundenspezifischen Angaben zur Zielsetzung im Rahmen der Gesamt-Kommunikationsplanung, der Marketing- / Werbestrategie, der Kommunikationszielgruppe, der Marktsituation sowie des Budgets und eventuellen Vorgaben zum Werbezeitraum. Auf dieser Basis analysiert der Planungsbereich der Mediaagentur mit Unterstützung der Forschungsunit Produkt bzw. Marke des Werbetreibenden und leitet daraus die Mediazielgruppe ab. Da die Mediazielgruppe aus den verfügbaren Persönlichkeitsmerkmalen der Markt- und Mediaanalysen gebildet wird, die Kommunikationszielgruppe aber häufig nach psychographischen Merkmalen, sind Kommunikations- und Mediazielgruppe nicht unbedingt identisch.

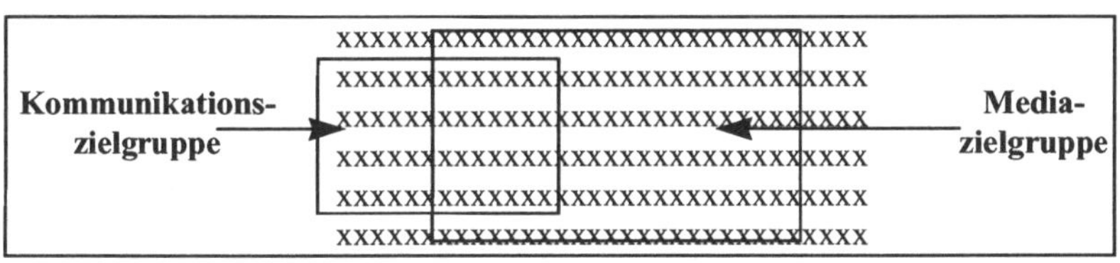

Quelle: Präsentationsunterlage der Mediaagentur MORE MEDIA

Ziel der Mediaplanung ist es, eine möglichst hohe Überschneidung zwischen Kommunikations- und Mediazielgruppe zu erreichen, um Streuverluste zu minimieren. Dies erfordert aufgrund der wachsenden Optionalität der Zielgruppenansprache neue Ansätze zur Zielgruppendefinition. Die Wahrnehmungsselektion des Verbrauchers konzentriert sich zunehmend auf Informationen, die im Bezugssystem seiner Lebenswelt relevant sind. Traditionelle Zielgruppendefinitionen auf sozio-/psychographischer Basis bilden nur Facetten dieser Welten ab. Demzufolge wird in der Mediaplanung verstärkt mit soziokulturellen Ansätzen gearbeitet. Wertprioritäten und Einstellungen werden zu Basistypologien verdichtet und bieten adäquate Ansätze zur Zielgruppenbeschreibung.

Parallel zur Zielgruppenanalyse erfolgt die Wettbewerbsanalyse mit Hilfe von EDV-gestützen Analysetools. Werbedruckparameter für eine erfolgreiche Kampagnendurchsetzung sind einerseits der Werbedruck des Gesamtmarktes und im definierten Wettbewerbsumfeld andererseits der Kampagnencharakter und die kreative Umsetzung.

Die Ergebnisse der Zielgruppen- und Wettbewerbsanalyse sind Grundlage für die Entwicklung der Mediastrategie, in der die Mediaplanung Medien inter- und intramedial selektiert und Budget, Performance sowie Timing empfiehlt. Prämissen für die Medienselektion sind neben Zielgruppen- und Wettbewerbsanalyse die strategische Zielsetzung, der Kampagnencharakter und –inhalt sowie eventuelle individuelle Vorgaben des Kunden. So erfordern schnelle Durchsetzung einer Kampagne und Awarenessaufbau den Einsatz eines breiten, schnellarbeitenden Mediums wie beispielsweise TV. Print kann in diesem Fall zusätzlich als Zielgruppenmedium mit hoher Detailwahrnehmung eingesetzt werden, um spitze Zielgruppen additiv anzusprechen und die Positionierung eines Produktes über Design und Qualität zu kommunizieren.

Die Entwicklung der Medien und die daraus resultierende Fragmentierung des Medienangebots verlangen nicht nur in der Zielgruppenansprache neue Wege sondern auch bei der intramedialen Selektion. Die Effizienz der klassischen Kommunikationsmittel wie Einzelseiten im Print, 30-Sekunden-Spots in TV und Hörfunk und Großflächenplakatierungen sinkt kontinuierlich. Die Mulitoptionalität und Wahrnehmungsselektion des Verbrauchers einerseits und die Medienvielzahl andererseits begründen ein zunehmendes Kommunikations-Gap zwischen Verbrauchern und Marken. Ein weiterer Einflußfaktor ist die steigende Konvergenz der Medien sowohl in horizontaler als auch vertikaler Richtung. Das Ergebnis sind weitere Optionen der werblichen Ansprache mit semi-redaktionellen Werbeformen.

Diese Entwicklung erfordert von der Mediaplanung integrative Strategieansätze, die abhängig vom formulierten Kommunikationsziel und der Gegebenheit des Marktes sowohl klassische als auch neue, kreative Kommunikationsmittel einsetzen.

Nach Freigabe der Mediastrategie und Detailpläne durch den Kunden erfolgen Einkauf und Abrechnung der Werbeträger bzw. Werbemittel innerhalb der Einkaufsabteilungen (TV, Print, Funk) sowie die anschließende Ausstrahlungs-/Belegungskontrolle und gegebenenfalls Reklamationen.

Während und nach Ablauf der Kampagne findet eine kontinuierliche individuelle Media- und Werbeerfolgskontrolle statt. Dieses Tracking überprüft die Umsetzung der definierten Werbeziele wie beispielsweise Steigerung der Bekanntheit, Kampagnenerinnerung, Kaufbereitschaft, Image usw. und liefert Ex-Post-Erkenntnisse zur Zielgruppenansprache, Mediamix, Performance. Die Ergebnisse fließen in den laufenden Planungsprozeß mit ein und führen zu einer kontinuierlichen Optimierung der Mediastrategie.

Wie sieht der idealtypische Planungsablauf in der Mediaagentur in der Praxis aus? Das nachfolgende Fallbeispiel zeigt die Entwicklung und Umsetzung der Mediastrategie für einen Kunden aus dem Bankenbereich mit ihren einzelnen Bausteinen.

Ausgangssituation:
Fusion der Bayerischen Hypotheken- und Wechselbank mit der Vereinsbank zur zweitgrößten Bank Deutschlands. Termin des offiziellen Fusionstages: 1. September 1998.

Marktsituation:
Der Bankenmarkt ist einerseits durch eine Zunahme der Direktbanken gekennzeichnet andererseits durch den Trend immer größerer Bankenfusionen. Gleichzeitig sind die Werbespendings überproportional stark gewachsen. Dies gilt vor allem für den TV-Bereich. Ein weiteres Kennzeichen ist der kaum differenzierende Werbeauftritt der jeweiligen Banken.

Ziel:
Die Ziele der Mediastrategie unterteilen sich in drei Bereiche. Die Kommunikationsparameter Bekanntheit, Sympathie und Attraktivität (Top of Mind) der "neuen" Bank sollen in einem möglichst kurzen Zeitraum signifikant gesteigert werden. Der (neue) Name bzw. das Logo des Werbetreibenden müssen etabliert werden. Ein weiteres Ziel ist die Durchsetzung der neuen Positionierung hinsichtlich Markenkern, Kompetenzfelder und Unternehmensgröße.

Wettbewerbsanalyse:
Im Rahmen der Wettbewerbsanalyse werden Mediastrategien und Performance der definierten Wettbewerber getrennt nach Medien unter Berücksichtigung der kreativen Umsetzung detailliert analysiert und bewertet. Insgesamt nehmen die Kosten für die Steigerung der Werbebekanntheit um 1% zu, wobei eine monothematische Ausrichtung der Werbestrategie und kontinuierliche Medienpräsenz keine Garantie für die Steigerung des Kommunikationsparameters Werbebekanntheit sind. Dies ist nur möglich durch eine Focussierung auf die Produktkommunikation. Innerhalb des Media-Mix setzen die Banken verstärkt auf TV.

Zielgruppe:
Mit Blick auf die vorher genannten Kommunikationsziele focussiert die Media Strategie auf eine breite Zielgruppenansprache . Dies sind

- Erwachsene zwischen 20 bis 49 Jahre,
- bestehende und potentielle Kunden,
- Meinungsbildner aus Wirtschaft und Politik,
- Mitarbeiter der neuen Bank.

Mediastrategie:
Zur Umsetzung der Kommunikationsziele wird ein zweistufiges Konzept eingesetzt. Dem eigentlichen Kampagnenbeginn geht eine Teaserkampagne voraus, deren innovative Idee die Schaltung von Spots und Anzeigen ist, die keinen Absender erkennen lassen. Sie weisen inhaltlich nur auf das Datum der Fusion (1. September 1998) der beiden Banken hin.

Am Fusionstag startet mit der tatsächlichen Kampagne die zweite Phase. Deren Strategie setzt sich aus drei Schlüsselkomponenten zusammen, die ein „Magisches Dreieck" bilden.

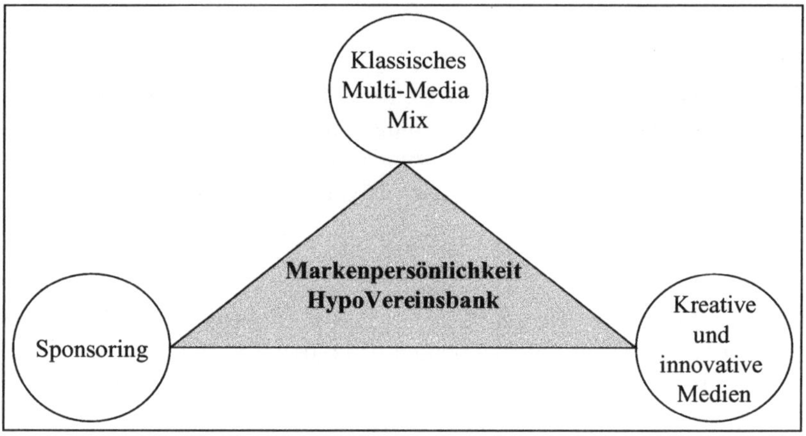

Quelle: Präsentationsunterlage der Mediaagentur MORE MEDIA

Oberste Priorität der Mediastrategie für den Einsatz aller Komponenten hat das Kriterium Dominanz. Die erfolgreiche Durchsetzung gegenüber dem Gesamtwerbemarkt und definierten Wettbewerbsumfeld, das heißt die Etablierung als „Leader" im Bankenkonzert, erfordert das Dominanzprinzip. Dies gilt sowohl in der quantitativen als auch qualitativen Dimension.

In der qualitativen Umsetzung bedeutet dies den Einsatz von langen bzw. großen Formaten in den Medien:

- TV-/Funk-Spots: 180", 45" und 30"
- Publikumszeitschriften/Tageszeitungen: 2/1 Seiten, Gatefolder
- Außenwerbung: Riesenposter, Flughafenwerbung, Erfrischungstücher Business Class *Lufthansa*

Grundlage für die quantitative Aussteuerung der Strategie, das heißt des Werbedrucks, sind die Festlegung von Benchmarks innerhalb des Wettbewerbs. Die konsequente Fortführung des Dominanzprinzips bedeutet daher, daß der Werbedruck der Mediakampagne oberhalb der definierten Benchmarks liegen muß.

1. Schlüsselkomponente: Klassischer Multi-Media-Mix:

Die Optimierung der Werbewirkung wird durch eine breite Media-Mix-Kampagne mit dem Einsatz von TV, Funk, Zeitschriften, Tageszeitungen, Plakat, Internet erzielt, die gleichzeitig die unterschiedlichen Hauptnutzungszeiten der jeweiligen Medien berücksichtigt, die sogenannten Prime Times. Im Fernsehen ist dies beispielsweise die Zeit von 19 bis 23 Uhr, im Funk morgens auf dem Weg zur Arbeit und abends zurück usw. Dadurch erfolgt eine variable Ansprache der Zielgruppen und eine Allgegenwärtigkeit der Kampagne beim Konsumenten.

Motivvariationen inter- und intramedial steigern die Werbeattraktivität und -akzeptanz der Kampagne und unterstützen die Verankerung der „neuen" Bank im relevant set.
Der zielgruppenspezifische Einsatz der Medien verstärkt die selektive und individuelle Zielgruppenansprache.

2. Schlüsselkomponente: Kreative und innovative Medien

Die Effizienz der klassischen Kommunikationsmittel sinkt angesichts des hohen Noiselevels und der Fragmentierung des Medienangebots. Innovative und kreative Kommunikationswege garantieren ein höheres Effizienzniveau. Kreativ Media heißt in diesem Fall eine Deutschlandpremiere neuer Medienformate am Fusionstag:

- Gleichschaltung eines 3 Minuten Infomercial am 1. September 1998 um 19:45h auf 16 nationalen TV Sendern (inkl. ARD und ZDF) mit Vorankündigung als eigenes Programmformat in diversen Programmzeitschriften.
- Adaption des 3 Minuten Infomercials auf einen 90" Funk Spot, der am Folgetag national auf allen Sendern ausgestrahlt wird.
- Titelgatefolder mit extravaganter Faltung.
- Schattendruck innerhalb der Börsennachrichten überregionaler Tageszeitungen.
- Semiredaktionelle Werbeformen wie beispielsweise Werbebanner im Programmteil des „Stern TV Journal" mit Hinweis auf die Spotpremiere am 1. September.

Damit generiert die Kampagne überdurchschnittliche hohe Aufmerksamkeitswerte in allen Medien sowie eine kommunikative „Pole Position" als „Talk of Town und Branch".

3. Schlüsselkomponente: Sponsoring

Das kontinuierliche und konsequente Sponsoring von selektierten Spielfilmhighlights parallel zur klassischen Kampagne bewirkt die Steigerung der Bekanntheitswerte und ein ideales Branding des „neuen" Namens und der Tagline der Kampagne: „Leben Sie. Wir kümmern uns um die Details." Dazu gehören solche Blockbuster wie Jurassic Park, Vier Hochzeiten und ein Todesfall, Speed, No Way Out usw. Das zusätzliche Sponsoring bankenaffiner Umfelder wie „n-tv Börse live" ermöglicht der Bank die ideale Darstellung ihrer Kompetenzfelder.

Werbeerfolgskontrolle:
Die werbebegleitende Marktforschung zur Kampagne bestätigt die Mediastrategie. Seit Kampagnenstart sind die Kommunikationsparameter Markenbekanntheit und Werbeerinnerung für die HypoVereinsbank überproportional gestiegen:

Steigerung seit Kampagnenstart in den ersten 3 Monaten in %	
Markenbekanntheit (gestützt)	+ 20
Werbeerinnerung (gestützt)	+ 20

Quelle: Präsentationsunterlagen der Mediaagentur MORE MEDIA.

Parallel dazu ist die Mediastrategie beim erstmalig 1999 verliehenen „Deutschen Mediapreis“ in der Kategorie 1: Die Mediastrategie des Jahres mit dem 2. Preis ausgezeichnet worden.

Dieses Fallbeispiel verdeutlicht die Notwendigkeit einer integrativen strategischen und gleichzeitig kreativen Mediaplanung, die Einflußfaktoren wie sinkende Effizienz klassischer Medien, Fragmentierung des Medienangebots und zunehmende Kommunikations-Gaps zwischen Werbetreibenden und Konsumenten mitberücksichtigt, um die individuellen Ziele des Kunden möglichst effizient und effektiv zu erreichen.

4.9.3 Grundbegriffe der Mediaplanung

4.9.3.1 Reichweiten und Kontakte

Ausgangspunkt der Mediaplanung ist die **Reichweite.** Die Reichweite kann sowohl als Prozentwert (Anteil der erreichten Personen an allen Personen) als auch als absoluter Wert (Hochrechnung in Millionen erreichter Personen) ausgewiesen werden.

Die **Reichweite** gibt an, **wieviele Personen insgesamt bzw. innerhalb einer Bevölkerungsgruppe (Zielgruppe) durch eine Schaltung in einem Werbeträger erreicht werden.**

In engem Zusammenhang mit der Reichweite ist der Kontakt zu sehen. Der Begriff **Kontakt** wird einerseits im Zusammenhang mit der Berechnungsweise eines Reichweiten-Wertes verwendet, z.B. Werbeträger-Kontakt/Werbemittel-Kontakt.

Eine weitere, hier vor allem interessierende Verwendung, findet der Kontaktbegriff insbesondere aber vor allem dann, wenn es sich um mehrere Einschaltungen in einem oder mehreren Werbeträgern handelt. Man spricht dann von **Brutto**- oder **Durchschnittskontakten**, synonym auch von **OTS/OTH** (opportunity-to-see/opportunity-to-hear).

Der Begriff **Kontakt** bezeichnet die **Häufigkeit**, mit der Zielpersonen erreicht werden.

Bei nur einer Schaltung gibt es keinen Unterschied zwischen der Reichweite und einem Kontakt. Komplizierter wird es erst bei mindestens zwei Schaltungen, weil sich hier die Frage stellt, ob *dieselben* Personen wie bei der ersten Schaltung erreicht wurden oder ob die Zusammensetzung der erreichten Personen eine andere war. Damit stellt sich automatisch auch die Frage, *wie oft* einzelne Personen mit dem Werbemittel erreicht wurden.

Um diesen Zusammenhang zu verdeutlichen, seien die drei möglichen Fälle vorgestellt, die sich bei zwei (oder mehr) Schaltungen ergeben können. Angenommen, es wird mit jeder Schaltung eine Reichweite von einer Million erzielt:

1. Bei der zweiten (und/oder jeder folgenden) Schaltung werden genau dieselben Personen erreicht wie bei der ersten Schaltung. In diesem Fall bleibt die Reichweite konstant, aber jede Person wird genau zwei Mal erreicht, hat also zwei Kontakte mit dem Werbemittel. Insgesamt werden mit zwei Schaltungen eine Million Personen erreicht, also genauso viel, wie mit einer Schaltung. Dies ist ein eher theoretischer Grenzfall, vorstellbar beispielsweise bei einer Fachzeitschrift, die ausschließlich von Abonnenten bezogen wird.

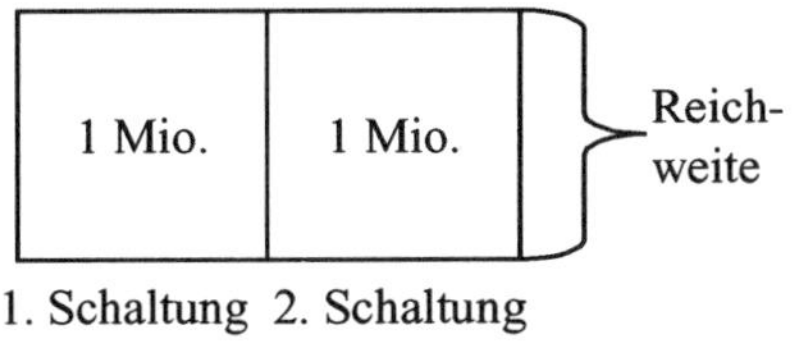

2. Bei der zweiten (und/oder jeder folgenden) Schaltung werden jeweils vollkommen andere Personen erreicht als bei der ersten Schaltung. Hier ergibt sich der genau gegenteilige Effekt wie im ersten Fall: Die Reichweite verdoppelt sich bei konstanter Kontaktzahl, jede Person wird genau ein Mal erreicht. Auch dies ist ein eher theoretischer Grenzfall, vorstellbar beispielsweise bei der Verteilung von Broschüren an Gäste eines Hotels oder an Flugzeugpassagiere.

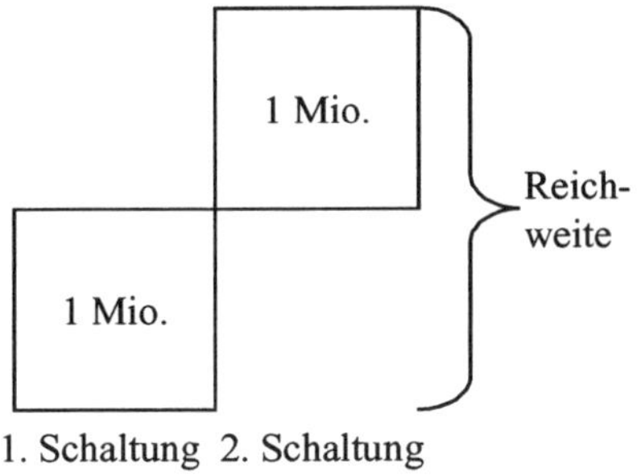

3. Der realistische Fall liegt irgendwo zwischen den beiden Extremfällen. Mit der zweiten (und jeder weiteren) Schaltung werden zwar auch jeweils eine Million Personen erreicht, aber es sind nicht jedes Mal dieselben. Vielmehr fallen gegenüber der ersten Schaltung einzelne Personen weg, dafür kommen neue hinzu. In dem nebenstehenden Beispiel ist es also die schraffierte Fläche, die den Personenkreis darstellt, der mit beiden Schaltungen erreicht wurde, der also zwei Kontakte mit dem Werbemittel hatte, die weißen Flächen entsprechend der Personenkreis mit nur einem Kontakt. Die (Netto-) Reichweite hat sich also erhöht, der Werbetreibende hat einen Reichweitenzuwachs erhalten. Wie hoch dieser Reichweitenzuwachs ist hängt davon ab, wie regelmäßig oder unregelmäßig die Nutzerschaft des gewählten Werbeträgers ist.

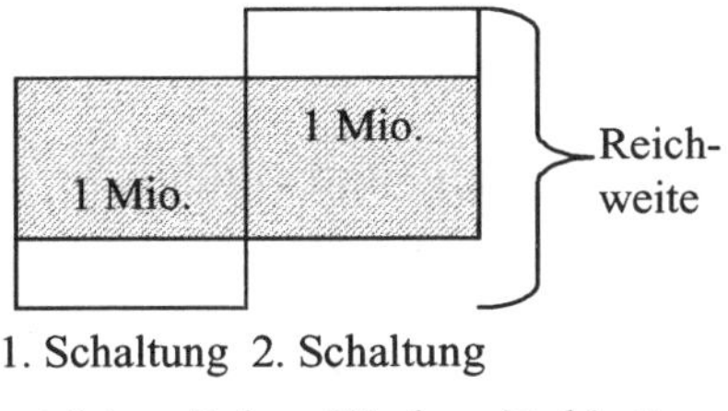

Die Beispiele verdeutlichen den Begriff **Kontakt**. In Fall 1 wurden alle Personen durchschnittlich zwei Mal erreicht (daher auch **Durchschnittskontakt**), in Fall 2 wurde genau 1 Durchschnittskontakt erreicht und in Fall 3 ist der Wert größer als 1 aber kleiner als 2.

Ein konkretes Beispiel soll dies noch einmal verdeutlichen (s. Tabelle 4-2). Die Werbeinsel am 31.07. erreichte 1,39 Mio. Zuschauer. Prozentual ausgedrückt: 2,2% aller Erwachsenen ab 14 Jahren in den Fernsehhaushalten. Der in dieser Werbeinsel geschaltete Spot erzielte also 1,39 Mio. Kontakte.

Was geschieht, wenn der gleiche Spot eine Woche später erneut in der gleichen Werbeinsel im gleichen Umfeld geschaltet wird? Samstag, 07.08., Werbeinsel im

Programmumfeld der gleichen Serie. Diesmal erreichte die Werbeinsel 930.000 Zuschauer. Die Frage, die sich in der Mediaplanung nun stellt ist: Wie viele Personen wurden durch **beide** Schaltungen erreicht? Waren es 2,32 Millionen, was der Summe beider Reichweiten (Brutto-Reichweite) entspricht? Dies ist eher unwahrscheinlich, denn bei der zweiten Schaltung hat sich das Publikum natürlich anders zusammengesetzt. Viele Zuschauer, die die erste Werbeinsel gesehen haben, waren bei der zweiten Ausstrahlung nicht vor dem Fernseher, dafür sind neue hinzugekommen. Jetzt erst macht es Sinn, mit differenzierteren Reichweiten-Begriffen zu arbeiten (vgl. Stanko 1993a, S. 44).

Tabelle 4-2: Zuschauerdaten einer Werbeinsel in einer Fernsehserie

Datum	Zeit	Reichweite, Mio.	Brutto-Kontakte, Mio.	GRP (Brutto-RW in %)	Netto-RW in Mio.	Netto-RW in %	Durchschnittskontakte
Sa, 31.07.	18:01	1,39	1,39	2,2	1,39	2,2	1,0
Sa, 07.08.	18:00	0,93	2,32	3,8	2,12	3,4	1,1
Zielgruppe: Erwachsene ab 14 Jahre, Basis: 61,68 Mio.							

Quelle: Stanko, M.K.: Keine Angst vor Kontakten, in: Tele Images Nr. 4, 1993, S. 44

Zurück zur Frage: wie viele Personen wurden mit beiden Schaltungen **(mindestens einmal!)** erreicht? Diese Frage ist nur mittels spezieller Kontrollverfahren zu beantworten, was in dem Beispiel einen Wert von 2,12 Millionen Zuschauern ergibt. Dieser Reichweiten-Wert wird als **Netto-Reichweite** bezeichnet oder auch als **kumulierte** (Netto-) Reichweite. Er tritt erst dann auf, wenn ein Werbeträger mehr als einmal bzw. mehrere Werbeträger mindestens einmal belegt werden und läßt sich nur mit EDV-Programmen analysieren, die die internen bzw. externen Überschneidungen hochrechnen können.

Die **Netto-Reichweite** bezeichnet die **Anzahl der Zielpersonen, die bei mehreren Belegungen mindestens einmal erreicht wurden.**

Bei mehr als einer Einschaltung eines Werbespots weicht die Zahl der erreichten Personen (Netto-Reichweite) von der Summe der erzielten Kontakte mit diesen Personen (Brutto-Reichweite) ab. Die **Netto-Reichweite** gibt also an, wieviele Personen **insgesamt** mit der Belegung eines oder mehrerer Werbeträger erreicht werden. Die **Brutto-Reichweite** ergibt sich dagegen aus der Summe der Belegungen aller Werbeträger und enthält somit auch die Personen, der mehrfach erreicht wurden, während die Netto-Reichweite jede Person nur einmal erfaßt.

Die Unterscheidung in Brutto- und Nettoreichweite ist immer dann relevant, wenn entweder in unterschiedlichen Ausgaben eines Werbeträgers mehrere Schaltungen erfolgen bzw. bei jeweils einer Schaltung (oder mehreren Schaltungen) parallel in unterschiedlichen Werbeträgern. Zur Verdeutlichung: Bei nur einer einzigen Schaltung in nur einem einzigen Werbeträger sind Brutto- und Netto-Reichweite identisch, die Durchschnittskontakte haben den Wert 1. Bei mehr als einer Schaltung sind die Werte unterschiedlich.

Eine andere Frage ist: Wie häufig wurde die Werbeinsel mit dem Spot gesehen? Die Antwort darauf führt zu dem Begriff **Brutto-Kontakt.** In dem Beispiel sind es insgesamt 2,32 Millionen Kontakte mit der Werbeinsel, also die Summe der beiden Einzel-Reichweiten. Hier findet der Durchschnittskontakt seine Anwendung: Er sagt aus, **wieviele Werbeinseln, die den Spot enthalten, von jeder erreichten Person durchschnittlich gesehen wurde.** Es handelt sich dabei also um einen gemittelten Wert.

Tabelle 4-3: Die Berechnung von GRP, Netto-Reichweite und Durchschnittskontakten

Auf der Ebene von Prozentwerten:

1. GRP (Brutto-Reichweite in %)
   = Netto-Reichweite (in %) x Durchschnittskontakte

2. $$\text{Netto-Reichweite (in \%)} = \frac{\text{GRP (Brutto} - \text{Reichweite in \%)}}{\text{Durchschnittskontakte}}$$

3. $$\text{Durchschnittskontakte} = \frac{\text{GRP (Brutto} - \text{Reichweite in \%)}}{\text{Netto} - \text{Reichweite in \%}}$$

Auf der Ebene von hochgerechneten Werten (Mio.):

1. Brutto-Kontakte (in Mio.)

   = Netto-Reichweite (in Mio.) x Durchschnittskontakte

2. $$\text{Netto-Reichweite (in Mio.)} = \frac{\text{Brutto} - \text{Kontakte (in Mio.).}}{\text{Durchschnittskontakte}}$$

3. $$\text{Durchschnittskontakte} = \frac{\text{Brutto} - \text{Kontakte (in Mio.)}}{\text{Netto - Reichweite (in Mio.)}}$$

Für das Beispiel errechnen sich die Durchschnittskontakte also wie folgt:

$$\frac{\text{GRP (in \%)} = 3{,}8}{\text{Netto - RW (in \%)} = 3{,}4} = 1{,}1 \text{ OTS} = \frac{\text{GRP (in Mio.)} = 2{,}32}{\text{Netto - RW (in Mio.)} = 2{,}12}$$

d.h.: 3,4% der Zielgruppe bzw. 2,12 Millionen wurden mit zwei Schaltungen des Spots mindestens 1 mal erreicht, im Durchschnitt 1,1 mal.

Quelle: Stanko, M.K.: Keine Angst vor Kontakten, in: Tele Images Nr. 4, 1993, S. 44

Die in Prozent ausgewiesene Netto-Reichweite gibt an, welcher Anteil an Gesamt (bzw. an der vorgegebenen Zielgruppe) erreicht wurde. Sie kann höchstens 100% erreichen, was nichts anderes heißt, als daß jeder mindestens einmal kontaktiert wurde. Zu berücksichtigen ist eine nicht überschreitbare Grenze der Netto-Reichweite: der **weiteste Seherkreis (WSK)** (resp. der **weiteste Leserkreis WLK**). Dieser Wert wird vor allem durch das Empfangspotential bestimmt. Bei einem Sender mit einer technischen Reichweite von 70% (begrenzt z.B. durch die Empfangbarkeit über Kabel oder Satellit) in der Gesamtbevölkerung kann der WSK (und somit die maximale Netto-Reichweite!) höchstens den Wert 70% erreichen (vgl. Stanko 1993a, S. 45).

Werden hingegen nur die einzelnen Kontakte betrachtet, so zeigt sich ein anderes Bild. Denn das Kontaktwachstum ist unbegrenzt, mit jeder weiteren Einschaltung vergrößert es sich. Hier werden die mit jeder weiteren Einschaltung erzielten Einzel-Reichweiten addiert - sei es in absoluten Zahlen oder in Prozentwerten. Deshalb erreicht das prozentuale Kontaktwachstum bei größeren TV-Kampagnen schnell Größenordnungen von mehr als 100% (= Brutto-Reichweite in %). Dieser Wert, der die internen und externen Überschneidungen nicht berücksichtigt, wird auch als **GRP (Gross-Rating-Point)** bezeichnet. Der GRP ist also nichts anderes als die **Summe aller Einzel-Reichweiten in Prozent** (und damit vor allem eine rein mathematische Größe). In der Mediaplanung werden GRPs als Kenngröße für den Werbedruck genutzt. Vereinzelt wird in der Praxis auch ein enger gefaßter **TRP (Target Rating Point)** verwendet, der nur die Reichweiten in speziellen Zielgruppen erfaßt.

4.9.3.2 Kontaktverteilung und wirksame Reichweite

Das Lernen von Werbebotschaften setzt eine Verankerung im Langzeitgedächtnis voraus. Die Inhalte müssen dabei mit „Stichwörtern" verknüpft werden, um zu einem späteren Zeitpunkt reaktiviert werden zu können. Die Zahl der Wiederholungskontakte - die sogenannte **Kontaktdosis** - ist dabei ausschlaggebend für den Lernerfolg.

Ausgangspunkt sind Werbewirkungs-Funktionen sogenannte **Response-Funktionen**. Dabei werden meist S-förmige oder degressiv steigende Funktionen verwendet, d.h. es wird davon ausgegangen, daß die Wirksamkeit einer Werbebotschaft mit steigender Kontaktdosis nur unterproportional zunimmt und eine Art Sättigungseffekt eintritt (vgl. Abbildung 4-27).

Die pauschale Betrachtung von Durchschnittskontakten ist für sich allein betrachtet nicht sehr aufschlußreich. Unter Berücksichtigung der Bedeutung von Wiederholungen für den Lernerfolg, stellt sich schnell die Frage, welche Reichweiten eine Kampagne in einzelnen Kontaktklassen erzielt hat.

Für den Mediaplaner gilt es, einen optimalen Kontaktkorridor in einem gegebenen Zeitraum anzustreben. Vorrangiges Ziel sollte dabei sein, die Kontakte unterhalb der Wirkungsschwelle zu vermeiden und somit die sogenannte **wirksame Reichweite** zu erhöhen.

Das nachhaltige Lernen einer Werbebotschaft setzt ausreichend Kontakte in einem gegebenen Zeitraum voraus. Zu wenige Kontakte (sogenannte Untersteuerung) führt zu Streuverlusten. Das Gegenteil sind zu hohe Kontakte jenseits des Sättigungspunktes. Unter Wirtschaftlichkeits- wie auch unter Wirkungsaspekten empfiehlt es sich daher, einen Kontaktkorridor anzusteuern, der Kontakte unterhalb der Wirkungsschwelle sowie Kontakte jenseits der Sättigungsgrenze einer Kampagne minimiert.

Abbildung 4–27: Der Kontaktkorridor

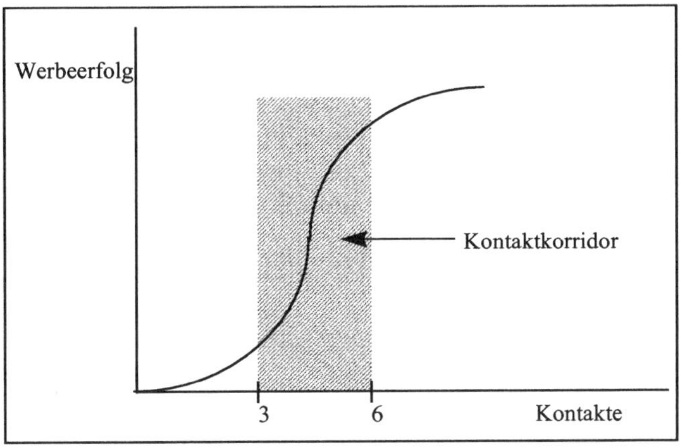

Der Versuch, eine optimale Kontaktdosis in der Zielgruppe zu erreichen, konfligiert in der Praxis häufig mit dem zur Verfügung stehenden Werbeetat (vgl. Abbildung 4-28). Werden beispielsweise durchschnittlich 5 Kontakte in der Zielgruppe für notwendig gehalten, läßt sich daraus ein erforderlicher Werbeetat in Höhe von 5 Mio. DM ableiten. Stehen tatsächlich jedoch nur 2 Mio. DM zur Verfügung, ist die angestrebte Zielsetzung nicht realisierbar.

Abbildung 4–28: Zielkonflikt zwischen Werbedruck und Werbeetat

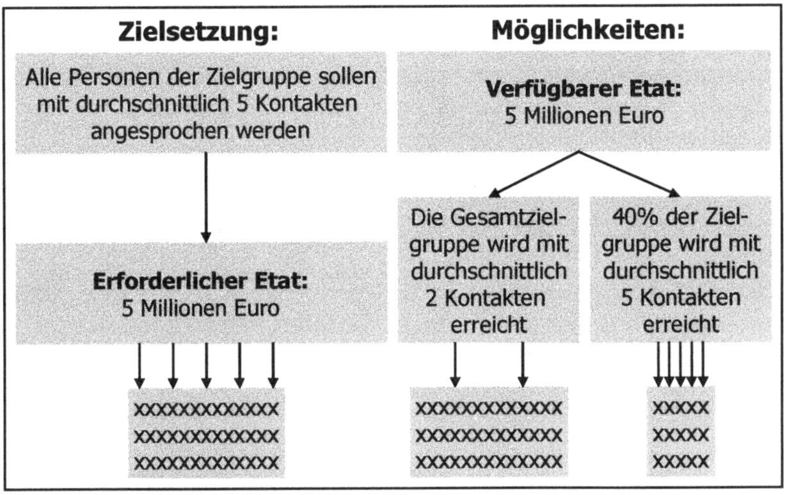

Quelle: Präsentationsunterlage der Mediaagentur MORE MEDIA

Für die Mediastrategie ergeben sich dann zwei Möglichkeiten:

- entweder kann die Gesamtzielgruppe nur mit durchschnittlich 2 Kontakten angesprochen werden, d.h. es werden zwar alle Zielpersonen angesprochen, aber mit einer unzureichenden Kontaktdosis oder
- nur ein Teil der Zielgruppe wird mit durchschnittlich 5 Kontakten angesprochen, d.h. die für notwendig erachtete Kontaktdosis wird zwar erreicht, aber nicht bei der Gesamtzielgruppe.

Informationen über die Kontaktverteilung sind immer dann wichtig, wenn die Werbewirkung als Folge von Wiederholungs-Kontakten verstanden wird (vgl. Kapitel 2.2.3.2). Die Frage, wo die Wirkungsschwelle und die Sättigungsgrenze anzusetzen ist, läßt sich nicht generalisierend beantworten. Fest steht nur, daß ein Zusammenhang, wie ihn Response-Kurven unterstellen, existiert. Wie der Verlauf einer Response-Kurve ist, läßt sich jedoch nur für jeden individuellen Einzelfall erforschen und hängt natürlich auch von der kreativen Umsetzung der Kampagne ab.

Eine Kontaktverteilung ist dann als optimal anzusehen, wenn möglichst viele Zielpersonen mit der angestrebten Kontakthäufigkeit (Kontaktkorridor) erreicht wurden. Die Problematik liegt jedoch darin, daß es in der Zielgruppe immer Personen geben wird, die intensive Mediennutzer sind und mit einer hohen Kontaktdosis erreicht werden. Andererseits gibt es Personen, die nur gelegentliche Mediennutzer sind.

4.9.3.3 Überschneidungen und Fluktuation

Die unterschiedliche Nutzungsintensität von Medien beeinflußt in entscheidendem Maße die Entwicklung der **Netto-Reichweite**, die im Normalfall mit jeder weiteren Belegung eines Werbeträgers ansteigt. Dieser Vorgang wird als **Kumulation** bezeichnet.

Das Kumulationsverhalten ist je nach Werbeträger sehr unterschiedlich. Es wird beeinflußt von **Überschneidungen**. Je nachdem, ob ein und derselbe Werbeträger mehrmals oder ob verschiedene Werbeträger parallel belegt werden, wird zwischen externen und internen Überschneidungen unterschieden.

Externe Überschneidungen sind die zwischen den Nutzern mehrerer Medien (Doppel-, Mehrfachleser), d.h. eine Person nutzt mehrere Werbeträger parallel.

Interne Überschneidungen sind solche zwischen den Nutzern verschiedener Ausgaben desselben Mediums. Wird also in einer Zeitschrift eine Anzeige in mehreren aufeinanderfolgenden Ausgaben geschaltet, haben die Nutzer dieser Zeitschrift auch mehrfach die Möglichkeit, diese Anzeige zu sehen.

Je größer die Stammleserschaft eines Werbeträgers ist, desto größer ist die interne Überschneidung, weil Kontakte mit ein und denselben Lesern erzielt werden. Für den Reichweitenaufbau ergibt sich entsprechend der Umkehrschluß: Je größer die interne Überschneidung ist, desto geringer ist der Reichweitenzuwachs bei

Mehrfachbelegung derselben Zeitschrift, weil bei hoher interner Überschneidung wenige neue Leser erreicht werden. Eine breite Streuung wird also dann erreicht, wenn Medien eingesetzt werden, die sich möglichst wenig überschneiden.

Die Netto-Reichweite bei Schaltungen in den Werbeträgern A und B (vgl. Abbildung 4-29) berücksichtigt die Überschneidung (intern und/oder extern) der Nutzerschaft. Die Brutto-Reichweite ist hingegen die Addition der beiden Reichweiten. Da es erhebungstechnisch praktisch jedoch nicht möglich ist, die Mehrfachnutzung von Werbeträgern - also die Überschneidungen - zu erfassen, wird deutlich, daß es sich bei der Netto-Reichweite im wesentlichen um ein theoretisches Konstrukt handelt, das auf der Ebene von Wahrscheinlichkeiten angesiedelt ist.

Abbildung 4–29: Externe Überschneidung 1

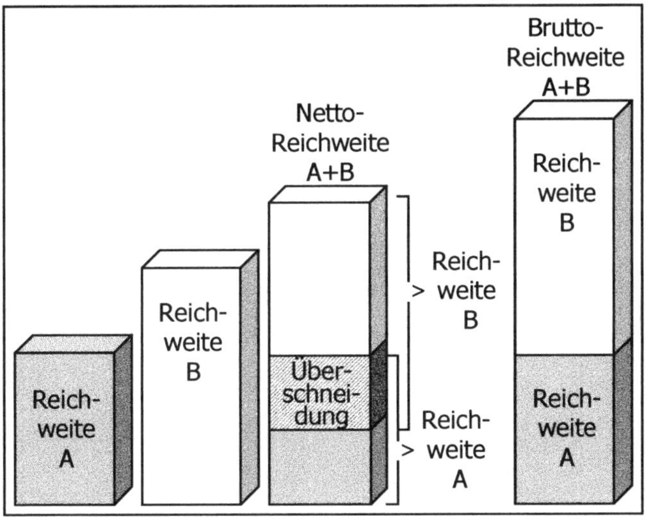

Quelle: Koschnick, R.: Standard-Lexikon für Mediaplanung und Mediaforschung in Deutschland, 2. Aufl., München/New Providence/London/Paris 1995, S. 1319

Abbildung 4-30 stellt die Situation einer parallelen Schaltung in drei Zeitschriften dar. Die Brutto-Reichweite ergibt sich hier aus $L_1 + L_2 + L_3$, die Netto-Reichweite = Brutto-Reichweite - L_{12} - L_{13} - L_{23} - L_{123}. L_{123} ist somit die Leserschaft, die parallel alle drei Zeitschriften nutzt. Abbildungen 4-29 und 4-30 verdeutlichen, daß der Unterschied zwischen Brutto- und Netto-Reichweite in den (internen und/oder externen) Überschneidungen liegt.

Das Überschneidungsmodell in Abbildung 4-31 zeigt, daß bereits nach drei Ausgaben sieben verschiedene (Leser-) Gruppen vorhanden sind, die entweder eine, zwei oder drei Ausgaben des Titels gelesen haben. Die Anzahl möglicher Leserschaften (L) entwickelt sich nach der Formel $L = 2^n - 1$, nach 10 Schaltungen ergeben sich demnach rechnerisch bereits 1023 verschiedene Leserschaftsgruppen.

Abbildung 4–30: Externe Überschneidung 2

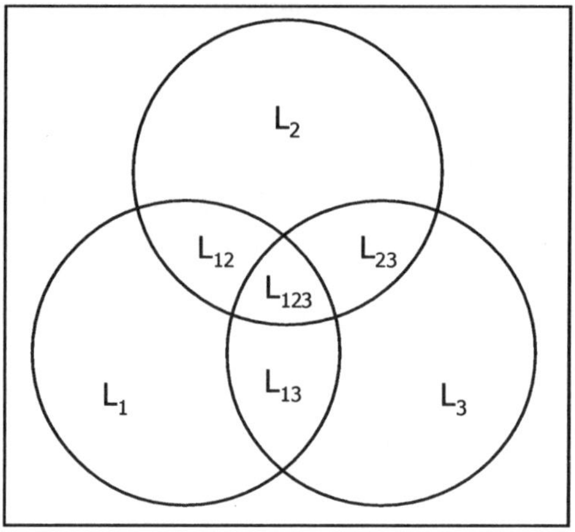

Quelle: Braunschweig, C.: Marketing, München 1999, S. 241

Abbildung 4–31: Überschneidungsmodell der kumulierten Leserschaft eines Mediums

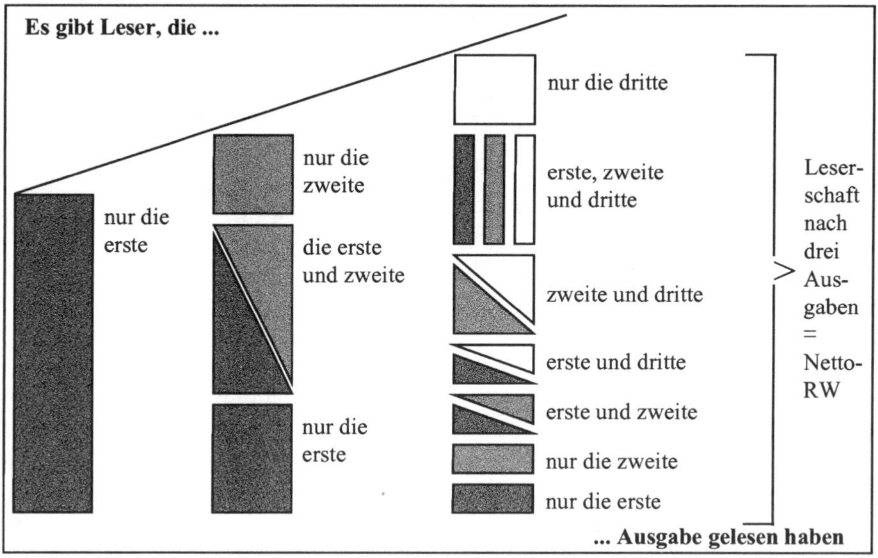

Vgl. Hörzu (Hrsg.): Media - Planung für Märkte, 5. Aufl., Hamburg 1995, S. 54

Das unterschiedliche Mediennutzungsverhalten wird auch als **Fluktuation** bezeichnet.

Fluktuation ist die personenmäßige Veränderung innerhalb der Gesamtnutzerschaften, **ohne daß sich die Gesamtzahl der Nutzer ändern müßte**.

Fluktuation entsteht durch das unterschiedliche Nutzungsverhalten bezüglich der Regelmäßigkeit der Nutzung. Die Fluktuation innerhalb z.B. der Leserschaft einer Zeitung ist um so größer, je höher der Anteil gelegentlicher Leser ist. Die Fluktuation ist also Ausdruck für den Wechsel in der Zusammensetzung der Nutzerschaft eines Werbeträgers von Ausgabe zu Ausgabe bzw. von Sendung zu Sendung.

Wie die Fluktuation die kumulierte Reichweite (= Netto-Reichweite) beeinflußt zeigt Abbildung 4-32. Bei einem hohen Anteil gelegentlicher Leser (anders ausgedrückt: bei einem geringen Anteil regelmäßiger Leser, Bsp. A), kumuliert sich die (Netto-) Reichweite deutlich höher, als bei Zeitschriften mit einem hohen Anteil regelmäßiger Leser (Bsp. B). Für den Mediaplaner ergibt sich aufgrund des unterschiedlichen Kumulationsverhaltens die Möglichkeit, mit jedem Zukauf entweder die **Reichweite** (Titel mit unregelmäßiger Leserschaft) oder die Anzahl der Werbeanstöße pro erreichter Person (**Kontakte**) (Titel mit regelmäßiger Leserschaft) zu forcieren.

Abbildung 4–32: Fluktuation von Leserschaften

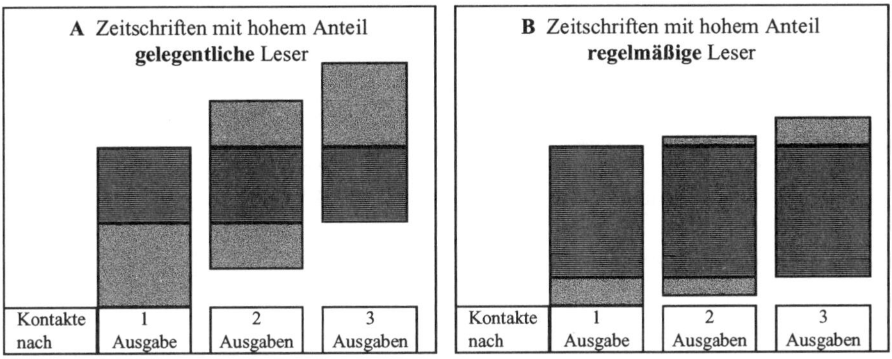

Vgl.: Hörzu (Hrsg.): Media - Planung für Märkte, 5. Aufl., Hamburg 1995, S. 236

In dem gedanklichen Extremfall, daß ein Werbeträger ausschließlich regelmäßige Nutzer hat, werden bei Mehrfachbelegung dieses Werbeträgers auch ausschließlich Wiederholungskontakte erreicht, da immer nur dieselben Personen erreicht werden. Die Netto-Reichweite bleibt also konstant, allerdings werden die Kontakte maximiert. In dem anderen Extremfall, daß ein Werbeträger ausschließlich unregelmäßige Nutzer hat, wird hingegen bei Mehrfachschaltung die Netto-Reichweite maximiert und jeder Nutzer hatte nur einen Kontakt.

Das Beispiel in Abbildung 4-33 verdeutlicht den Einfluß der Fluktuation auf die Durchschnittskontakte. Angenommen seien 4 Schaltungen einer Anzeige in 4 Ausgaben des *Stern*. Mit jeder Anzeige werden 15% Reichweite bei den 20-29-jährigen Personen erzielt. Einige Personen lesen jede Ausgabe, andere lesen den *Stern* nur gelegentlich. Nach 4 Schaltungen ergibt sich in dem Beispiel durch die *internen* Überschneidungen eine Netto-Reichweite von 27%, die sich kumuliert aus:

9% Reichweite mit Personen, die 1,
6% Reichweite mit Personen, die 2,
9% Reichweite mit Personen, die 3 und
3% Reichweite mit Personen, die 4 Kontakte hatten.

Mit 4 Schaltungen wurden jeweils 15% Reichweite (= 60% Brutto-Reichweite) erzielt, insgesamt wurden 27% der Zielgruppe (=Netto-Reichweite) erreicht, mit durchschnittlich 2,2 Kontakten.

Abbildung 4–33: Interne Überschneidungen und Durchschnittskontakte

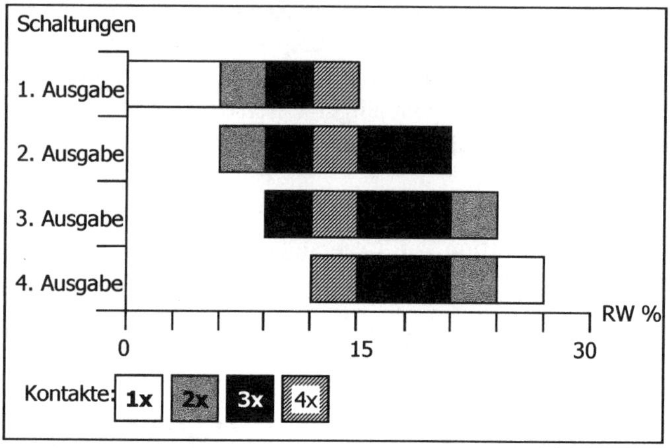

Quelle: Präsentationsunterlage der Agentur MORE MEDIA

Die Durchschnittskontakte errechnen sich wie folgt:

$$\text{Durchschnittskontakte} = \frac{\text{GRP}\,(4 \times 15\%) = 60\%}{\text{NRW} = 27\%} = 2{,}2 \text{ OTS}$$

Unterschiedliche Titel werden von teilweise den gleichen Personen gelesen: Ihre Leserschaften überschneiden sich (= externe Überschneidung). Die Leserschaften überschneiden sich aber auch dadurch, daß unterschiedliche Ausgaben desselben Titels von denselben Personen gelesen werden (= interne Überschneidung). Tabelle 4-4 enthält ein Beispiel dafür, wie Durchschnittskontakte von Überschneidungen beeinflußt werden.

Tabelle 4-4: Externe und interne Überschneidungen

	Brigitte	Freundin	Für Sie	Journal für die Frau
Brigitte	57	23*	19	9
Freundin	31*	54	25	11
Für Sie	26	24	55**	11
Journal für die Frau	21	19	20	54

Leserschaft pro Ausgabe, Angaben in %,
Quelle: Präsentationsunterlage der Agentur MORE MEDIA

Lesebeispiel: 23% der Leser einer (beliebigen) Ausgabe der *Brigitte* lesen auch eine (beliebige) Ausgabe der *Freundin*, 31% der Leser einer (beliebigen) Ausgabe der *Freundin* lesen auch eine (beliebige) Ausgabe der *Brigitte* (= externe Überschneidung). 55% der Leser einer (beliebigen) Ausgabe der *Für Sie* lesen auch eine andere (beliebige) Ausgabe der *Für Sie* (=interne Überschneidung, markierte Zellen).

4.9.3.4 Zielgruppenaffinität

Massenkommunikation zieht immer Streuverluste nach sich, nur ein Teil der über die Werbeträger erreichten Personen gehört zur anvisierten Zielgruppe. Der andere, häufig sogar größere Teil, fällt unter die Rubrik „Streuverluste". Als Maß für die Übereinstimmung der Nutzerschaft eines Werbeträgers mit der damit anvisierten Zielgruppe dient die Affinität.

Die **Affinität** gibt Auskunft über den **Anteil der Zielgruppe an der Gesamtnutzerschaft eines Werbeträgers**. Je ausgeprägter die Affinität - je größer also der Anteil der Zielgruppe an der Gesamtnutzerschaft - desto geringer sind die Streuverluste und um so besser wird die Zielgruppe abgedeckt.

Der Affinitäts-Wert sagt nur etwas über den relativen Anteil der Zielgruppe an der Werbeträgernutzerschaft aus. Man kann diesem Wert jedoch nicht entnehmen, ob die Zielgruppe in der betrachteten Zeit über- oder unterproportional vertreten war. Hier hilft der **Affinitäts-Index** weiter: Ein Index-Wert über 100 bedeutet, daß die Zielgruppe überproportional an der Seherschaft der Werbeinsel beteiligt war, was für eine hohe Zielgruppen-Abdeckung und niedrige Streuverluste spricht. Ein Index unter 100 hingegen drückt den gegenteiligen Sachverhalt aus, also überdurchschnittliche Streuverluste. Ein Index von 100 bedeutet, daß die Zielgruppe den gleichen prozentualen Anteil an der Gesamtnutzerschaft eines Mediums aufweist wie an der Gesamtbevölkerung.

$$\text{Affinität (\%)} = \frac{\text{Reichweite der Zielgruppe (Mio.) x 100}}{\text{Reichweite in der Grundgesamtheit (Mio.)}}$$

$$\text{Affinitäts-Index} = \frac{\text{Zielgruppenanteil an der Werbeträger - Nutzerschaft (\%)}}{\text{Zielgruppenanteil an der Gesamtbevölkerung (\%)}} \text{ x } 100$$

Ein hoher Affinitäts-Index ist vor allem ein qualitativer Wert: Je höher der Affinitäts-Index, desto stärker trifft der Werbeträger die besonderen Interessen der jeweiligen Zielgruppe. Das positive Image, welches dieser Werbeträger in der Zielgruppe besitzt, wird sich vermutlich auch auf die darin geschalteten Werbemittel übertragen.

Affinitäten und Affinitäts-Indices gestatten eine schnelle Übersicht über die Nähe der Zielgruppe zu den Werbeträgern. Sie liefern allerdings keinen Hinweis auf die absoluten Reichweiten-Verhältnisse. Affinitäts-Indices zeigen schnell, wo sich die anvisierte Zielgruppe überdurchschnittlich gut erreichen läßt. Sie dürfen aber nicht den Blick auf die absolut erzielten Reichweiten verstellen. Denn reduzierte Streuverluste stellen nur eine Zielgröße der Mediaplanung dar. Eine andere, oftmals wichtigere Zielgröße, besteht in einer hohen, zielgruppenspezifischen Reichweite. Diese wird häufig nur durch die Belegung von reichweitenstarken Medien erzielt, in denen die anvisierte Zielgruppe aber nur eine unterproportionale Affinität und somit vergleichsweise hohe Streuverluste aufweist (vgl. Stanko 1994, S. 42 ff.).

4.9.3.5 Wirtschaftlichkeitskennziffern

Bisher wurden nur die Größen betrachtet, mit denen sich die **Leistungsdimensionen** von Werbeträgern beschreiben lassen. Unberücksichtigt bleibt dabei der **Kostenfaktor**. In der Praxis interessieren nicht die absoluten Preise für Werbung, vielmehr das **Verhältnis von Einschaltkosten zu Medialeistung.**

Dieses Verhältnis wird durch sogenannte **Tausenderpreise** gekennzeichnet, die es ermöglichen, Werbeträger unter dem Aspekt der Wirtschaftlichkeit miteinander zu vergleichen. Die Wirtschaftlichkeit (Effizienz) eines Werbeträgers bezieht sich nur auf die Werbeträgerleistung im Hinblick auf die Preiswürdigkeit. Sie bewertet nicht die Werbewirkung (Effektivität).

Die grundlegende Idee der Wirtschaftlichkeit ist einfach: Die Schaltkosten werden ins Verhältnis zur Reichweite gesetzt:

$$\textbf{Wirtschaftlichkeit} = \frac{\textbf{Kosten}}{\textbf{Reichweite}}$$

Allerdings sind auch hier einige besondere Aspekte zu berücksichtigen. Um im Beispiel Werbefernsehen zu bleiben (für die anderen Werbeträger gelten die Überlegungen analog): Ex ante, also **vor** Ausstrahlung der Werbespots, können die Kosten nur in Relation zu **den prognostizierten Leistungswerten** gesetzt werden. Erst die ex post Kontrolle liefert Aufschluß über die tatsächlich erzielte Leistung.

Die wesentliche Frage bei Mediainvestitionen lautet: Welche Reichweite (Leistung) erhält der Werbetreibende für das investierte Geld (Schaltkosten)? Die rechnerische Verknüpfung der Kosten- und Leistungsdimensionen ergibt einen Wirtschaftlichkeitswert „DM pro Reichweiteneinheit". Erst diese rechnerische Normierung gestattet den Vergleich von Werbeträgern unterschiedlicher Schaltkosten und Reichweiten. Dabei gehen jedoch die Ursprungsinformationen verloren: **Dem Wert läßt sich nicht mehr ansehen, aufgrund welcher absoluten Größen er entstanden ist.** Ein TKP von 30 € kann sowohl mit Schaltkosten von 45.000 € und einer Reichweite von 1,5 Mio. erzielt werden als auch mit Schaltkosten von 450 € und einer Reichweite von 15.000.

Im Fernsehen geht eine besonders hohe Wirtschaftlichkeit oftmals mit niedrigen absoluten Reichweiten einher. Werden nur die wirtschaftlichsten Werbeinseln ausgewählt, besteht die Gefahr, die Ziele „Mindestreichweite" und „Kontaktoptimierung" zu vernachlässigen.

Der **Tausend-Kontakt-Preis (TKP)** beziffert den Betrag, der aufzuwenden ist, um 1.000 Kontakte in der anvisierten Zielgruppe zu erzielen.

Der TKP berechnet sich nach folgender Formel:

$$\text{TKP} = \frac{\text{Einschaltkosten in Euro}}{\text{Kontakte}} \text{ x } 1.000$$

Um zu verdeutlichen, daß sich die Einschaltkosten üblicherweise auf die Summe aller Kontakte, also die Brutto-Reichweite, beziehen, läßt sich diese Formel auch wie folgt darstellen:

$$\text{TKP} = \frac{\text{Einschaltkosten x } 1.000}{\text{Reichweite absolut x } \varnothing \text{ Kontakthäufigkeit (Brutto - Reichweite)}}$$

Im Falle einer **einmaligen** Einschaltung stimmt der TKP mit dem TSP (Tausend-Seher-Preis) bzw. dem TLP (Tausend-Leser-Preis) überein. Der TSP/TLP wird auch als TNP (Tausend-Nutzer-Preis) bezeichnet. Tabelle 4-5 zeigt, wie der TKP eine Vergleichbarkeit von unterschiedlichen Reichweiten und Kosten bei der Belegung von unterschiedlichen Werbeinseln schafft.

Tabelle 4-5: TKP-Vergleich von unterschiedlichen Werbeinseln am gleichen Tag

Zeit	RW (Mio.)	Kosten (€)	TKP (€)
18:43	1,99	34.160	17,19
21:48	5,41	92.000	17,00
23:22	0,96	16.330	17,07
00:29	0,39	6.670	17,04
RW: Erwachsene ab 14 Jahren, Bruttokosten für 30 Sec.			

Quelle: Stanko, M.K.: Ein Muster mit Wert, in: Tele Images Nr. 3, 1993 S. 31

Je nachdem, wie speziell (Teil-) Zielgruppen definiert sind, ergeben sich entsprechend höhere TKP. Bei Wirtschaftlichkeitsvergleichen ist also immer auf die zugrundeliegende Zielgruppendefinition zu achten (s. Tabelle 4-6).

Da die Kosten einer Schaltung auch von der Spotlänge abhängen, beeinflußt natürlich auch diese den TKP, wie Tabelle 4-7 zeigt.

Tabelle 4-6: Der Einfluß der Zielgruppe auf die Wirtschaftlichkeit

	Werbeinsel - RW	Kosten	TKP
Zielgruppe A	6,00	48.000	8,00
Zielgruppe B	2,00	48.000	24,00
Zielgruppe C	0,80	48.000	60,00

Quelle: Stanko, M.K.: Ein Muster mit Wert, in: Tele Images Nr. 3, 1993, S. 31

Tabelle 4-7: Wirtschaftlichkeitsvergleich unterschiedlicher Spotlängen

Spotlänge	Kosten	RW (Mio.)	TKP
30 sec	48.000	6,00	8,00
20 sec	32.000	6,00	5,33
40 sec	64.000	6,00	10,67

Quelle: Stanko, M.K.: Ein Muster mit Wert, in: Tele Images Nr. 3,1993, S. 31

4.9.4 Bewertung alternativer Mediapläne

Auf Basis des Kundenbriefings erstellt die Mediaagentur den Mediaplan (vgl. Kapitel 4.9.2). Ausgangspunkt für die Bewertung einzelner Werbeträger sind sogenannte **Rangreihen**. Für eine vorgegebene Zielgruppe können über die Außendienstbüros der Verlage kostenlos Rangreihen gezählt werden, die für jeden einzelnen, in der jeweiligen Markt-/Mediauntersuchung erhobenen Titel, alle wichtigen Leserschaftsdaten für diese Zielgruppe beinhalten. Die üblichen Rangreihenkriterien sind:

- Kosten pro Tausend Kontakte,
- Netto-Reichweite und
- Affinität.

Tabelle 4-8 zeigt als Beispiel den Auszug aus einer Rangreihe, die für die Zielgruppe Studenten gezählt wurde. Die typischen Studentenzeitschriften *Unicum* und *Audimax* rangieren nach allen drei Kriterien auf den vordersten Plätzen. Die Entscheidung für diese Titel dürfte also eindeutig sein. Schwieriger wird es bei den anderen Titel. Von der Reichweite her plaziert sich *TV Spielfilm* auf Rang 2, bei einem verhältnismäßig guten TKP, allerdings ist dieser Titel nicht sehr affin. Die Zeitschrift *rolling stone* hat hingegen eine gute Affinität (Rang 4), aber eine schlechte Reichweite in der anvisierten Zielgruppe (Rang 82). Umgekehrt ist es mit Titel wie *ADAC Motorwelt* (Reichweite Rang 4) und *rtv* (Reichweite Rang 12), die von der Affinität her weit abgeschlagen sind. Daß auch die *Bild* viele Studenten erreicht ist bei der hohen Basisreichweite dieses Titels nicht verwunderlich, allerdings spricht schon der außerordentlich hohe TKP für diese Zielgruppe gegen eine Belegung dieses Titels. Auch bei *Unicum Abi* wird der TKP, trotz einer sehr guten Affinität dieses Titels, wahrscheinlich ausschlaggebend für eine Nichtbelegung sein. Verhältnismäßig gute Leistungswerte erzielen für die Zielgruppe Studenten auch Computerzeitschriften, Lifestyle- und Nachrichtenmagazine.

Solche Rangreihen sind der Ausgangspunkt für die Erstellung alternativer Mediapläne. Tabelle 4-9 zeigt ein Beispiel für die Zielgruppe Feinschnittdreher. Die Rangreihen haben als geeignetste Zeitschriften für diese Zielgruppe die Titel *Stern, Auto Motor und Sport, mot, Motorrad, Praline, Wochenend, Kicker* und *Bild am Sonntag* ergeben. Ein gegebener Werbeetat ließe sich sinnvoll mit 5 verschiedenen Titelkombinationen realisieren. Beispielsweise durch jeweils 8 Schaltungen in *Stern, Auto Motor und Sport, mot* und *Motorrad* oder durch 8 Schaltungen im

Stern und 7 in der *Bild am Sonntag*. Das Entscheidungsproblem besteht darin, welche dieser Kombinationen gewählt werden soll. Als Kriterium werden die jeweiligen **Medialeistungswerte** Reichweite und Durchschnittskontakte bzw. die sich daraus ergebenden Gross Rating Points herangezogen.

Tabelle 4-8: Rangreihe

Medien	TKP		Reichweite			Affinität	
	DM	Rang	%	Mio.	Rang	Index	Rang
Unicum	91,85	1	27,9	0,40	1	2367	2
Audimax	132,51	2	18,0	0,26	5	2670	1
Cinema	182,53	4	10,1	0,14	16	479	14
PC Intern	210,83	6	2,2	0,03	97	469	15
TV Spielfilm	255,58	10	25,4	0,36	2	197	72
Allegra	261,62	13	7,4	0,10	26	564	8
Spektrum der Wissenschaft	272,44	15	4,3	0,06	57	583	6
Der Spiegel	279,75	16	22,3	0,32	3	241	57
Geo	297,67	18	16,0	0,23	8	245	56
fit for fun	318,74	22	9,0	0,13	18	316	34
MAX	333,02	25	6,7	0,10	33	460	17
P.M. Magazin	350,12	28	7,2	0,10	27	327	31
Rolling Stone	361,02	30	2,8	0,04	82	624	4
Focus	361,85	32	14,8	0,21	9	171	78
Die Zeit	373,16	34	7,7	0,11	23	296	41
Stern	398,53	36	16,3	0,23	7	140	90
Musikexpress/Sounds	411,29	37	2,9	0,04	75	541	9
Men's Health	448,67	39	5,0	0,07	44	442	19
TV Movie	462,14	41	13,4	0,19	10	151	86
Joy	479,78	44	2,9	0,04	76	407	23
Prinz	480,94	45	5,9	0,08	36	467	16
PLAYBOY	549,98	46	4,7	0,07	48	176	77
ADAC Motorwelt	630,40	53	20,6	0,29	4	92	124
Hörzu	643,88	56	8,8	0,13	20	76	138
live in concert	685,83	59	2,2	0,03	96	506	13
rtv	689,13	61	12,2	0,17	12	97	120
Unicum Abi	743,13	71	2,8	0,04	81	722	3
BILD am SONNTAG	862,40	87	9,5	0,13	17	52	169
Apotheken Umschau A	1.127,18	115	5,9	0,08	37	41	197
BILD	3.405,76	207	7,1	0,10	29	41	198

Zielgruppe: Studenten, Quelle: AWA 1999, Reihenfolge nach TKP

Der Werbedruck den diese Kombinationen erzielen ist mit 322 GRP in Kombination 4 am geringsten, mit 344 GRP in Kombination 1 m höchsten. Es zeigt sich, daß mit Kombination 1 62,5% der Zielgruppe mit 5,5 Durchschnittskontakten erreicht wird, was einem Werbedruck von 342 GRP entspricht, mit Kombination 4 71,5% der Zielgruppe mit 4,5 Durchschnittskontakten. Kombination 1 erzielt also die geringste Reichweite allerdings die höchsten Kontaktwerte, Kombination 4 die höchste Reichweite mit den niedrigsten Kontaktwerten. Diese unterschiedlichen

Ergebnisse hinsichtlich Reichweite und Kontakte sind, wie in Kapitel 4.9.3.3 ausgeführt, das Resultat des unterschiedlichen Kumulationsverhaltens der Zeitschriften als Reflex der Fluktuation von Leserschaften.

Tabelle 4-9: Vergleich alternativer Mediakombinationen

Titel	Komb. 1	Komb. 2	Komb. 3	Komb. 4	Komb. 5
Stern	8x	7x	7x	5x	8x
Auto Motor und Sport	8x	6x	6x	6x	
mot	8x	6x	6x	6x	
Motorrad	8x	6x	6x	6x	
Praline		6x			
Wochenend		6x			
Kicker			7x		
Bild am Sonntag				5x	7x
Medialeistungswerte					
Reichweite %	62,5	66,8	64,8	71,5	68,5
Ø-Kontakte	5,5	5,1	5,1	4,5	4,8
GRP	344	341	330	322	329

Die Frage ist jetzt, was dem Werbetreibenden wichtiger ist: Möglichst viele Personen der Zielgruppe mit seiner Anzeige zu erreichen oder die erreichten Personen möglichst oft? Die Beantwortung dieser Frage hängt vor allem von den angestrebten Werbezielen und dem beworbenen Produkt ab. Bei einem erklärungsbedürftigen Produkt ist es sinnvoller, die Kontakte zu maximieren. Bei einem hochinvolvierenden Produkt werden relativ wenige Kontakte benötigt. Auch die Tatsache, ob es sich um eine Neueinführung oder um ein bestehendes Produkt handelt, ist bei der Entscheidung heranzuziehen: Wenn Bekanntmachung das Ziel ist, sollte versucht werden, die Reichweite zu maximieren.

Nach Entscheidung für eine Titelkombination, erstellt die Mediaagentur den Schaltplan. Das Beispiel in Abbildung 4-34 unterstellt, daß zugunsten der Titelkombination 1 entschieden wurde.

Abbildung 4–34: Beispiel eines Media-Schaltplanes

Titel	Januar				Februar				März					April				Mai					Juni			
	1	2	3	4	5	6	7	8	9	10	11	12	13	14	15	16	17	18	19	20	21	22	23	24	25	26
Stern						X		X		X		X														
AMS						X		X		X		X														
mot					X		X		X		X															
Motorrad					X		X		X		X															
	Juli				August				September					Oktober				November					Dezember			
	27	28	29	30	31	32	33	34	35	36	37	38	39	40	41	42	43	44	45	46	47	48	49	50	51	52
Stern																			X		X		X		X	
AMS																			X		X		X		X	
mot																		X		X		X		X		
Motorrad																		X		X		X		X		

Bei der Verabschiedung des Schaltplanes steht der Werbetreibende vor der Frage, wie der Werbedruck über den Werbezeitraum verteilt werden soll (vgl. Kapitel 4.7). In dem betrachteten Beispiel wurden Schwerpunkte am Anfang und am Ende des Jahres gesetzt.

4.10 Werbecontrolling

Werbekonzeptionen haben immer eine Doppelfunktion: Einerseits stellen sie die Grundlage für die Realisierung der Werbung dar, gleichzeitig dienen sie aber auch als Richtschnur für deren Bewertung. In dieser Doppelfunktion – Planung und Steuerung – erfüllt die Werbekonzeption somit auch die korrespondierende Funktion des **Werbecontrolling**, das zusätzlich auch der Überprüfung von Werbekonzeptionen dient. Werbecontrolling und Werbekonzeption lassen sich also als die zwei Seiten ein und derselben Medaille auffassen. Da Werbung kein Selbstzweck ist, sondern immer zielorientiert erfolgt, kann die Bedeutung des Werbecontrolling nicht hoch genug eingeschätzt werden.

Allerdings ist das Controlling in der Werbung nach wie vor nicht sehr verbreitet, daher besteht auch keine Einheitlichkeit über Begriff und Ausprägung des Werbecontrolling. Generell ist Controlling „als Arbeitsbegriff aufzufassen, dessen Inhalt in der Praxis vielfältig und unterschiedlich ausgelegt wird" (Preißler 1996, S. 107). Dies gilt insbesondere auch für die begriffliche Auffassung des Werbecontrolling. Hier soll folgende Definition zugrundegelegt werden (vgl. Czenskowsky/Schünemann/Zdrowomyslaw 2002, S. 17):

Werbecontrolling ist die zielorientierte Planung und Steuerung der Werbung.

Die Definition folgt der in diesem Buch vertretenen Auffassung über Werbung, nämlich daß es sich dabei um einen Bereich handelt, der sich weitgehend einer Betrachtung unter Effizienzaspekten entzieht, der vielmehr unter dem Aspekt der Effektivität behandelt werden muß (vgl. Kapitel 1.4). Effizienzaspekte spielen im Rahmen der Werbung vor allem bei der Mediaplanung eine Rolle, hier z.B. mit dem Instrument des TKP.

In Abbildung 4-35 wird der Versuch unternommen, die Funktionen des Werbecontrolling als Prozeß aufzuzeigen. Wenn von den konzeptionellen Bereichen Werbegebiet, Werbezeitraum und Werbeetat - die vielfach als vorgegebene Rahmenbedingungen zu betrachten sind - abgesehen wird (was aber auf keinen Fall bedeuten kann, daß sie nicht ebenfalls einer kritischen Überprüfung unterzogen werden müssen), so lassen sich im wesentlichen drei Phasen unterscheiden: Die Konzeption (im engeren Sinn), die Realisation und die Kontrolle.

Die in diesem Kapitel ausführlich beschriebenen Teilbereiche der Werbekonzeption lassen sich demnach folgenden Controlling-Prozeßphasen zuordnen:

- In der **Konzeptionsphase** sind vor allem Werbeobjekt, Zielgruppe und Werbeziele festzulegen. In einer späteren Phase erfolgt die Konkretisierung der Werbestrategie.
- In der **Realisationsphase** erfolgt die Produktion und Schaltung der Werbemittel. Die Copy Strategy ist als phasenübergreifendes Instrument zu betrachten, da sie sowohl das Briefing für die Agentur darstellt, als auch die kreative Leistung auf ihre Strategieadäquanz überprüft. Die Schaltung erfolgt auf Basis des Mediaplanes, als Resultat der Mediastrategie, die ebenfalls phasenübergreifend ist, da sie auch als Teil der Konzeptionsphase anzusehen ist.
- Die **Kontrollphase** beginnt mit der Messung der Werbewirkung unmittelbar nach Schaltung der Werbemittel und dient zur Überprüfung der Frage, inwieweit die Werbeziele auch tatsächlich erreicht wurden. Werbemittel Pre-Tests erfolgen allerdings auch begleitend zur Konzeptions- und Realisationsphase.

Abbildung 4–35: Controlling-Prozeß in der Werbung

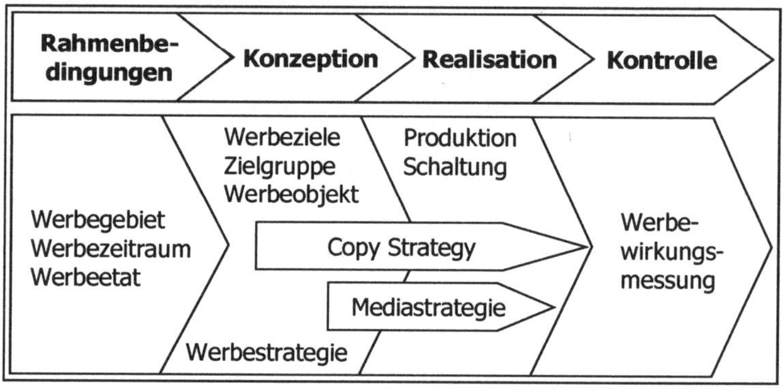

Die hier angestellten Überlegungen verdeutlichen die Schwierigkeiten des Werbecontrolling: Während das „klassische" Controlling vorwiegend auf die Planung und Steuerung quantifizierbarer Zielvorgaben abhebt (vgl. Preißler 1996, S. 107), hat es das Werbecontrolling im wesentlichen mit qualitativen Vorgaben zu tun. Copy Strategy und Werbestrategie entziehen sich einer quantitativen Bewertung.

Zur Beurteilung einer Werbestrategie ist ein erhebliches Maß an kreativem Gespür Voraussetzung. Insbesondere die adäquate Umsetzung der Copy Strategy in ein Werbemittel bedarf einiger Erfahrung und Übung. Es muß dabei versucht werden, sich in die Zielgruppe hineinzuversetzen und aus deren Sicht zu beurteilen, was der Werbetreibende mit diesem Werbemittel mitzuteilen beabsichtigt (vgl. dazu ausführlich die Ausführungen zu Copy Strategy und Copy Analyse in Kapitel 4.4).

Werbecontrolling ist vor allem im Rahmen des **strategischen Controlling** zu betrachten, also als Versuch, Abweichungen ex-ante zu erkennen und ihr Eintreten entsprechend zu verhindern (vgl. Becker 2001, S. 862, Horvath 1994, S. 237 ff.). Das Werbecontrolling umfaßt somit zwar den Gesamtbereich der Werbekonzeption, geht in seiner strategischen Ausprägung allerdings deutlich darüber hinaus, indem auch die strategischen Grundlagen der Werbekonzeption in die Überprüfung mit einbezogen werden, nämlich deren Ableitung aus der Positionierung, die wiederum aus den Marketingzielen abgeleitet ist, die sich ihrerseits den Unternehmenszielen unterordnen (vgl. Abbildung 4-36). Mit dem strategischen Werbecontrolling wird also ein feed-back-Prozeß von der Werbewirkungsebene auf die vorgelagerten konzeptionellen Bereiche etabliert. Sollten sich im Rahmen einer Überprüfung durch das Werbecontrolling Zielabweichungen auf der Werbewirkungsebene abzeichnen, sind entsprechend grundsätzlich strategische Neuausrichtungen auf jeder Ebene denkbar.

Abbildung 4–36: Konzeptionelle Einbettung des strategischen Werbecontrolling

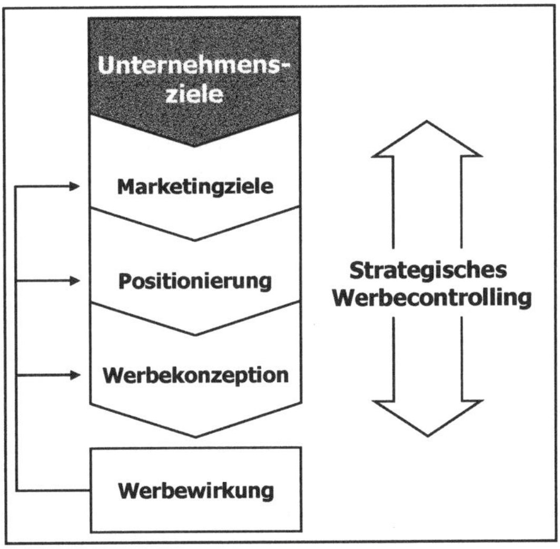

Es ist offensichtlich, daß die Aufgaben des Werbecontrolling in der hier dargestellten Sichtweise nicht von „klassischen" Controllern durchgeführt werden können, vielmehr ist ein fundierter Marketing-Hintergrund unabdingbar. Ebenso offensichtlich ist, daß Werbecontrolling die einzige Möglichkeit für einen Werbetreibenden darstellt, seine Erfolge auf der Werbewirkungsebene planbarer und steuerbarer zu gestalten. Werbecontrolling sollte daher zu einer ständigen Einrichtung bei Werbetreibenden werden, organisatorisch nicht der Marketingabteilung, sondern als Stabsstelle direkt der Unternehmensleitung zugeordnet.

4.11 Fehlerquellen bei der Werbekonzeption

Abschließend soll auf einige konzeptionelle Fehlerquellen hingewiesen werden. Zwar erfolgt in Deutschland die Werbeumsetzung sehr professionell und auf einem außerordentlich hohen Niveau, konzeptionelle Fehler sind selten, aber falls sie gemacht werden, lassen sie sich im wesentlichen auf folgende Fehlerquellen zurückführen:

1. **Unklare Zieldefinition**. Die Grundsatzfrage, die sich jeder Werbetreibende stellen muß, lautet: „Was soll durch meine Werbung erreicht werden?". Die werbliche Umsetzung folgt den Werbezielen. Sie ist eine vollkommen andere, wenn das Ziel „Bekanntheit" verfolgt wird als bei dem Ziel „Imagebildung". Diese unterschiedlichen Ziele haben beispielsweise auch Auswirkungen auf die Wiederholungsdichte bei der Schaltung. Zwar lassen sich „Bekanntheit" und „Image" sehr wohl miteinander kombinieren, es besteht allerdings die Gefahr, daß die Umsetzung zu einem faulen Kompromiß führt. Das Ziel „Aktualität" folgt eigenen Gesetzen. Hier geht es weder um die Übermittlung von Informationen noch von Emotionen, sondern einfach nur um das Auffallen, um die Übernahme in den relevant set. Häufig liegt solchen Werbekampagnen auch keine Copy Strategy zugrunde.
   Es soll in diesem Zusammenhang nochmals darauf hingewiesen werden, daß Werbeziele als kommunikative und nicht als ökonomische Ziele definiert werden sollten. Werbung erreicht ökonomische Ziele in aller Regel nicht direkt sondern über den „Umweg" von beispielsweise Bekanntheit, bestimmten Images oder relevanten Informationen. Ein Werbeleiter kann sich nicht am Erreichen ökonomischer Ziele messen lassen, da hier zu viele Faktoren einwirken, die er nicht kontrollieren kann, wie beispielsweise Preisveränderungen, Distributionsgewinne oder Wechselkurse.
   Eine Werbeerfolgskontrolle ist nur dann sinnvoll durchzuführen, wenn vorher operationale Werbeziele definiert wurden.

2. **Unklare Zielgruppendefinition**. Ebenso grundsätzlich wie die Frage nach den Zielen ist die Frage nach der Personengruppe, die von der Werbung erreicht werden soll. In der Praxis ergibt sich vielfach der Konflikt zwischen Wunsch- und Ist-Zielgruppe: Sollen die Personen angesprochen werden, die das Produkt tatsächlich kaufen oder die, von denen man möchte, daß sie das Produkt kaufen und die damit häufig gleichzeitig auch als Leitbilder der Ist-Zielgruppe dienen. In der Tat ist diese Frage nicht einfach zu beantworten. Ein Argument lautet, daß man die Ist-Zielgruppe ja ohnehin als Käufer sicher habe, man sich also auf die Akquisition von Neukunden konzentrieren könne. Diese Logik ist trügerisch. Die wohl am meisten verkannte Funktion der Werbung liegt in der Bestätigung nach dem Kauf. Wie im Zusammenhang mit kognitiven Dissonanzen ausgeführt, wird Werbung für die Produkte, die selbst genutzt werden stärker wahrgenommen als für Produkte, die man selbst nicht nutzt. Den Kunden in seiner Meinung zu bestätigen, daß er das richtige Produkt gekauft hat, ist eine der Hauptzielsetzungen der Werbung. Unternehmen machen den überwiegenden Teil ihres Umsatzes mit den Stammkunden. Unter diesem Aspekt ist Kundenbindung als wichtiger zu erachten als Neukundengewinnung.
   In diesem Zusammenhang ergibt sich häufig ein Folgeproblem bei spezifischen Zielgruppen: Es ist für den Werbetreibenden bzw. dessen Agentur nicht immer einfach, sich in seine Zielgruppe hineinzuversetzen. Dies ist vor allem bei älteren und sehr jungen Zielgruppen der Fall.

3. **Falsche Mediaplanung**. In engem Zusammenhang mit der Zielgruppendefinition steht die Frage der Mediaplanung. Die Planungsmechanismen sind in Deutschland – auch im internationalen Vergleich – sehr ausgefeilt. Wenn dennoch Anzeigen in Zeitschriften erscheinen in denen mutmaßlich die Zielgruppe nicht oder nur unzureichend erreicht wird, ist dies i.d.R. auf eine Entscheidung des Werbetreibenden zurückzuführen. Es stellt sich im Einzelfall schon die Frage, ob tatsächlich alle Anzeigen beispielsweise in *Spiegel* oder *Stern* die richtigen, d.h. zielgruppenadäquaten, Werbeträger haben. Oder ist es vielleicht so, daß der Werbetreibende die Anzeigen lieber im *Spiegel* haben möchte als im *Goldenen Blatt*?
   Falsche Mediaplanung führt zu Streuverlusten, also zu einer ineffizienten Verwendung des Werbeetats. Vielfach werden Streuverluste in Kauf genommen weil es praktisch keine Alternativen zu den belegten Werbeträgern gibt, beispielsweise wenn für Damenhygiene im Fernsehen geworben wird. Etwa die Hälfte der Zuschauer scheiden als Verwender bzw. Käufer dieser Produkte aus. Dennoch ist das Fernsehen in diesem Fall als ein sinnvoller Werbeträger einzustufen. Eine andere Dimension liegt jedoch vor, wenn eine rein regionale Biermarke im nationalen Fernsehen wirbt, mit Streuverlusten in einer Größenordnung von über 90%. Dies ist selbst unter dem Aspekt des Aufbaus von Distributionsdruck nicht mehr nachzuvollziehen.

4. **Unspezifische Copy Strategy**. Es empfiehlt sich, den Benefit als Superlativ zu formulieren. Beispielsweise: „Unser Kaffee ist der beste auf dem Markt...", der entsprechend im Reason Why zu begründen ist „... weil kein anderer Kaffee an sein Aroma herankommt." In diesem Fall wird die Alleinstellung auf dem Aroma begründet. Bei konsequenter Umsetzung ist es den Wettbewerbern dann praktisch nicht mehr möglich, ebenfalls mit dem Aroma zu werben, da sie im ungünstigsten Fall für den anderen Kaffe werben würden. Tatsächlich wirbt in Deutschland allein die *Krönung* mit dem Aroma, alle anderen Kaffeeanbieter haben andere Reason Whys.
   Spezifisch ist eine Copy Strategy dann, wenn sie eine Position beschreibt, die sich klar von denen der Wettbewerber differenziert. Darüber hinaus müssen Benefit und Reason Why glaubwürdig, nachvollziehbar und für die Produktkategorie relevant sein. Dies ist nicht in allen Märkten der Fall. Beispielsweise fehlen klare Differenzierungen weitgehend im Markt der Düfte, der Bekleidung und im Bankenmarkt. Für Bier, Zigaretten und Autos lassen sich hingegen gelungene Differenzierungen nachweisen.
   Nicht jede Werbung erfolgt offensichtlich auf Basis einer Copy Strategy. Dies ist häufig der Fall bei Werbung die vor allem auf Aktualität zielt, bei der „Auffallen um jeden Preis" das Hauptmotiv ist. Dies läßt sich vielleicht bei der Kampagne der Zigarettenmarke *West* vermuten, die seit Jahren mit skurrilen Motiven und der Aufforderung „Test the West" wirbt. Andere Beispiele lassen sich bei der Jeanswerbung vermuten, aber auch bei den bereits erwähnten Düften und bei Bekleidung. Die Stringenz einer Copy Strategy wird in diesen Fällen durch hohe Werbeetats ersetzt.

Grundsätzlich ist die Copy Strategy vom Werbetreibenden zu erstellen und der Agentur vorzugeben. Schließlich dient die Copy Strategy ja nicht nur zur Beurteilung der kreativen Umsetzung sondern auch zur Beurteilung der Agenturleistung. In den Fällen, in denen auch die Copy Strategy durch die Agentur verfaßt wird, macht man gewissermaßen – salopp formuliert – den „Bock zum Gärtner".

5. **„In Schönheit sterben.**" Für die Werbung gibt es einige Wettbewerbe, bei denen kreative Werbung prämiert wird. Die Highlights der kreativsten Werbung finden sich auf der sogenannten **Cannes-Rolle**, auf der die weltweit „besten" Werbespots eines Jahres zu sehen sind. Einmal im Jahr trifft sich die Werbeelite der Welt in der südfranzösischen Stadt beim „Cannes Festival". Eine Jury bewertet die eingesandten Werbespots im Hinblick auf ihre Kreativität und vergibt goldene, silberne und bronzene Löwen, die für die Werbung den Stellenwert eines „Oscar" haben. Auf nationaler Ebene prämiert der **Art Directors Club** Deutschland kreative Werbung.
   Sicherlich ist es für den Werbetreibenden und vor allem für seine Werbeagentur eine Auszeichnung einen derartigen Preis entgegennehmen zu können. Es muß aber nochmals betont werden, daß es nicht das primäre Ziel der Werbung sein kann, Kreativpreise zu gewinnen. „Gute Werbung" ist nicht notwendigerweise gleichzusetzen mit kreativer Werbung. Werbung darf sich nicht in erster Linie an ihrer Kreativität messen lassen sondern daran, inwieweit sie die Ziele der Werbetreibenden erfüllt. Werbung zielt immer auf eine Wirkung ab. Wirkung und Kreativität schließen sich natürlich nicht aus, im Gegenteil ist Kreativität vielfach eine notwendige Voraussetzung für die beabsichtigte Werbewirkung. Es soll hier nur zum Ausdruck gebracht werden, daß Kreativität kein Selbstzweck ist. Werbung die „in Schönheit stirbt" ist nicht effektiv. Die Cannes-Rolle bietet Musterbeispiele für kreative Werbung. Häufig ist die Kreativität hier aber so dominant, daß die beworbene Marke in den Hintergrund tritt und somit keine Erinnerungswirkung hinterläßt.

6. **Fehleinschätzung des Zuschauerinteresses an der eigenen Werbung**. Hiermit ist die Tatsache gemeint, daß Werbetreibende häufig unzulässigerweise unterstellen, daß der Zuschauer die Werbung mit der gleichen Aufmerksamkeit betrachtet, wie er selbst. Tatsächlich wird die meiste Werbung – wenn überhaupt – eher zufällig und mit geringer Aufmerksamkeit wahrgenommen. Viel wichtiger erscheint es, auf die Langfristwirkung der Werbung abzuheben und das Werbemittel mit Elementen auszustatten, die es aus der Masse der um die Aufmerksamkeit des Betrachters konkurrierenden Werbung heraushebt und die Marke unmittelbar identifiziert. Ein solches Identifikationselement kann sowohl optischer als auch akustischer Art sein, bei TV-Spots idealerweise natürlich eine Kombination aus beidem.

Die folgende Auflistung zur Beurteilung von Werbekampagnen erhebt keinen Anspruch auf Vollständigkeit und muß notwendigerweise vereinfachen. Sie soll auch nicht als „Gesetz" für erfolgreiche Werbung verstanden werden. Sie kann im Einzelfall jedoch als Checkliste gute Dienste leisten.

Fünf wichtige Punkte, um neue Kampagnen beurteilen zu können

1. Enthält die Kampagne eine einzige, grundlegende Verkaufsidee?
2. Wächst diese Idee auf natürliche Weise aus der Beschaffenheit und dem Charakter des Produktes?
3. Appelliert die Werbung sofort an das persönliche Interesse des Verbrauchers?
4. Ist dies eine Art von Werbung, die für die Marke zu einem exklusiven Besitzstand entwickelt werden kann?
5. Ist es so, daß die Werbung in ihrer Exekution die grundlegende Verkaufsidee adäquat entwickelt und interpretiert und verkaufsstark „an den Mann" bringt?

Aufgaben:

1. Erläutern Sie die Umsetzungsmöglichkeiten von Sortimentswerbung und deren Vor- und Nachteile.

2. Zeigen Sie sinnvolle Zielgruppenbeschreibungen nach soziodemographischen Merkmalen in der Automobilbranche auf.

3. Erstellen Sie die Copy Strategy für die Condor-Anzeige auf S. 119.

4. Durch welche Besonderheiten ist Werbung für Investitionsgüter und für Handelsbetriebe gekennzeichnet?

5. Erläutern Sie den Unterschied zwischen Brutto- und Netto-Reichweiten. Arbeiten Sie die Problematik heraus, die in der Netto-Reichweite liegt.

6. Als Programmdirektor eines Senders planen Sie eine neue Unterhaltungsshow. Für die Unterbrecherwerbung streben Sie einen TKP von 30 € an und rechnen mit einer Reichweite von durchschnittlich 1,5 Millionen Zuschauern. Welchen Preis verlangen Sie für die Schaltung eines Werbespots?
   Tatsächlich erreicht das Magazin aber nur durchschnittlich 500.000 Zuschauer. Wie hoch ist der effektive TKP bei gleichen Schaltkosten?

7. Welche Konsequenzen ergeben sich in der Mediaplanung aus der Tatsache, daß es Zeitschriften mit regelmäßigen und unregelmäßigen Lesern gibt?

8. Wieviel OTS erreichen Sie mit der Schaltung eines 30-sekündigen Werbespots während der Prime-Time auf RTL?

9. An Hand welcher Medialeistungswerte lassen sich alternative Mediapläne bewerten?

10. Erläutern Sie die Grundlagen des Werbecontrolling.

5 Public Relations

„Wenn ein junger Mann ein Mädchen kennenlernt und ihr erzählt, was für ein großartiger Kerl er ist, so ist das Reklame.
Wenn er ihr sagt, wie reizend sie aussieht, so ist das Werbung.
Wenn sie sich aber für ihn entscheidet, weil sie von anderen gehört hat, er sei ein feiner Kerl, so ist das Public Relations."
A. Münchmeyer

5.1 Grundlagen

5.1.1 Gegenstand der PR

Auch die Public Relations zählen konventionsgemäß zu den klassischen Werbeformen und damit zur „Werbung above the line". Ganz allgemein ist unter Public Relations (PR) die Öffentlichkeitsarbeit eines Unternehmens zu verstehen, nämlich Verbindungen (Relations) mit der Öffentlichkeit (Public) herzustellen (vgl. Rota 1994, S. 66). Allerdings wird der alte PR-Grundsatz „Tue Gutes und rede darüber" den Inhalten einer modernen Öffentlichkeitsarbeit nicht mehr gerecht. Vielmehr ist PR heute im Rahmen einer integrierten Kommunikation zu betrachten (vgl. Abbildung 5-1). Darin kommt der PR die komplexe Aufgabe des Managements der Kommunikationsbeziehungen eines Unternehmens nach innen und außen zu.

Die Geschichte der PR läßt sich in vier Entwicklungsphasen unterteilen:

1. „The public be fooled: Die Öffentlichkeit ist bereit, sich für dumm verkaufen zu lassen. Das war - ganz besonders in den USA - die Praxis bis Ende des 19. Jahrhunderts.
2. The public be damned: Die Öffentlichkeit sei verdammt (daß sie es überhaupt wagt, Aufklärung zu verlangen). Weitgehend herrschende Meinung in den USA etwa von 1890-1910.
3. The public be informed: Das war der Leitspruch von Ivy Lee, der damit ab 1910 eine neue Epoche der Kommunikation einleitete mit einer ersten praktischen Auswirkung in den USA während des Ersten Weltkrieges.
4. The public be understood: Die Öffentlichkeit soll verstehen, was sich ereignet, die Geschehnisse müssen also über die Informationen hinaus erläutert und begründet werden. Diese letzte Entwicklung wurde (...) in den zwanziger Jahren initiiert und schuf die Grundlage der heutigen modernen Öffentlichkeitsarbeit" (Oeckl 1987, S. 30).

Im Gegensatz zu den übrigen Instrumenten des Kommunikations-Mix zielt die PR-Arbeit nicht unmittelbar auf die Beeinflussung ökonomischer Größen, vielmehr will sie den wirtschaftlichen Handlungsspielraum eines Unternehmens ausbauen und absichern. „Dabei besteht ihre Aufgabe darin, Identität, Zielsetzungen und Interessen einer Organisation sowie deren Tätigkeiten und Verhaltensweisen nach innen und außen zu vermitteln“ (Naundorf 1993, S. 604). PR reflektiert die Tatsache, daß ein Unternehmen nicht allein unter betriebswirtschaftlichen Aspekten betrachtet werden kann, sondern Teil der Gesellschaft ist und als solches auch gesellschaftliche Verantwortung trägt.

PR bemüht sich nicht nur um Vertrauen für das Unternehmen in der Öffentlichkeit, sondern versucht darüber hinaus auch den Prozeß der Meinungsbildung gegenüber dem Unternehmen zu gestalten. Dieser Prozeß der Meinungsbildung verläuft nicht immer nach objektiven Kriterien. Im Gegenteil, er ist subjektiv geprägt und kann damit zu Einstellungen gegenüber dem Unternehmen führen, die keine rationale Basis haben. Bereits Epiktet erkannte: „Es sind nicht so sehr die Tatsachen, die in unserem Sozialleben entscheiden, sondern die Meinungen der Menschen über die Tatsachen, ja, die Meinungen über die Meinungen.“

Abbildung 5-1: Integrierte Kommunikation

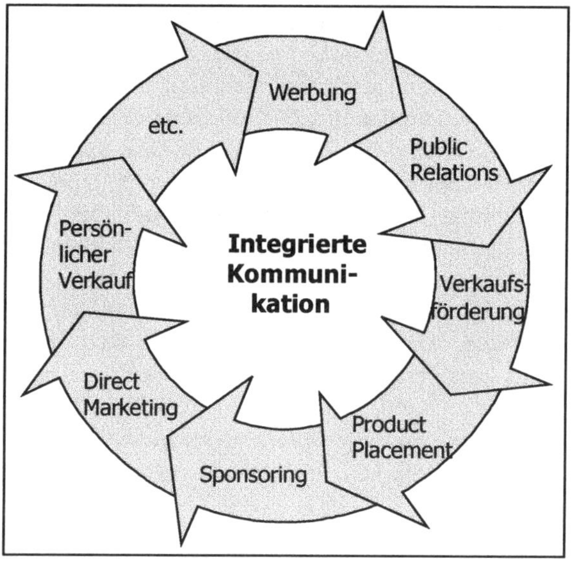

Die Meinung der Öffentlichkeit gegenüber einem Unternehmen wird von einer Vielzahl von Faktoren beeinflußt, die außerhalb der Kontrolle des Unternehmens liegen (vgl. Trux 1994, S. 68 f.):

- Jede Information wird vom Empfänger subjektiv interpretiert und kann damit sowohl in positiver als auch in negativer Richtung verfälscht werden.
- Häufig ist aber auch die Informationspolitik eines Unternehmens unzureichend, so daß in der Öffentlichkeit nur ein diffuses Bild über das Unternehmen entstehen kann. Insbesondere Unternehmenskonglomerate und stark diversifizierte Unternehmen sind von der Öffentlichkeit schwer einzuschätzen.
- Wenn die Meinungsbildung durch ideologisch geprägte Vorurteile bestimmt wird (beispielsweise gegenüber Großbanken, Chemieunternehmen, „Multis“),

ist es dem einzelnen Unternehmen nur sehr schwer möglich, hier Korrekturen vorzunehmen.

Als Teil der Öffentlichkeit ist jedes Unternehmen jedoch auf das Vertrauen der Öffentlichkeit bzw. bestimmter Teilöffentlichkeiten angewiesen. Sowohl von den Beschaffungsmärkten (Kapital-, Arbeits-, Rohstoffmärkte) als auch von den Absatzmärkten her. Die Schaffung einer Vertrauensbasis im Außenverhältnis setzt allerdings voraus, daß das Vertrauen im Innenverhältnis gegeben ist. Ein Unternehmen wird es langfristig nicht schaffen, öffentliches Vertrauen zu gewinnen, wenn es dies bei seinen eigenen Mitarbeitern, Kunden und Lieferanten nicht besitzt.

Bestimmte Entscheidungen sind zunehmend schwerer gegen die öffentliche Meinung durchzusetzen. Um Verständnis für eine Entscheidung zu erreichen, ist es daher unumgänglich notwendig, die Öffentlichkeit in den Entscheidungsprozeß mit einzubeziehen. Dabei sollte bereits in der Entscheidungsvorbereitung die mutmaßliche Reaktion der Öffentlichkeit mit einbezogen und gegebenenfalls eine Argumentationsplattform vorbereitet werden. Alle Unternehmensentscheidungen, die die Öffentlichkeit betreffen, müssen auf ihre öffentliche Wirkung hin untersucht werden. Bei der Durchsetzung der Entscheidungen lassen sich notwendigerweise im Einzelfall Kompromisse nicht vermeiden.

Die Aufgaben der PR-Arbeit lassen sich zusammenfassend wie in Abbildung 5-2 darstellen.

Abbildung 5-2: Aufgaben der PR

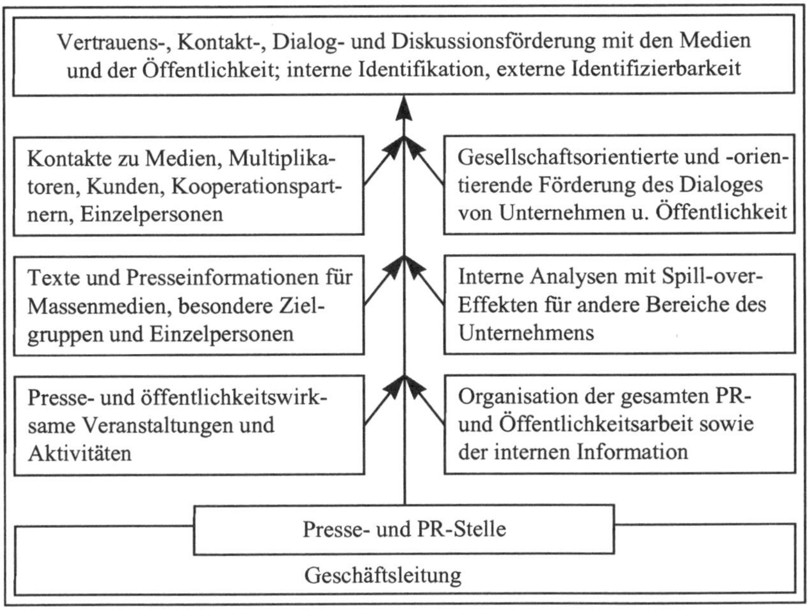

Quelle: Rota, F.: PR- und Medienarbeit im Unternehmen, 2. Aufl., München 1994, S. 69

5.1.2 Präsenz in der Öffentlichkeit

Das klassische Instrument der PR ist die **Presse- und Medienarbeit**. Ziel ist hierbei immer die „Verbreitung, Ergänzung oder ggf. Richtigstellung von Informationen" (Naundorf 1993, S. 610). „Zentrales Thema der nichtwerblichen Presse- und Öffentlichkeitsarbeit ist es zunächst, die Präsenz, Identifizierbarkeit und die Unterscheidbarkeit auf dem Markt der Informationen zu erhöhen, also in der Öffentlichkeit gegenwärtig zu sein" (Rota 1994, S. 50). Da jedes Unternehmen in der Öffentlichkeit „lebt", hat es auch ein natürliches Interesse an einem Dialog mit der Öffentlichkeit. Je nach Größe und Bedeutung des Unternehmens ergibt sich eine Abstufung in nationale, regionale bzw. lokale Öffentlichkeit. Das Richtfest für eine neue Lagerhalle eines lokalen Unternehmens ist normalerweise für eine überregionale Tageszeitung nicht von Interesse, kann aber in der Lokalzeitung ein Aufmacher im Wirtschaftsteil sein.

Im normalen Alltag ist die Öffentlichkeitsarbeit eines Unternehmens gewissermaßen als „Bringschuld" aufzufassen, d.h. die Aktivität muß vom Unternehmen ausgehen. Denn erst wenn ein Unternehmen mit Informationen nach außen tritt, werden diese wahrgenommen und bekannt. Solange die Öffentlichkeit nichts über ein Unternehmen erfährt, bleiben ihr auch die Erfolge des Unternehmens verborgen.

Die Notwendigkeit zu einer bewußt geplanten und aktiven PR-Arbeit zeigt sich vielleicht am deutlichsten an den Konsequenzen, die sich ergeben können, wenn keinerlei Informationen über ein Unternehmen bekannt sind. Denn auch Nichtwissen hindert die Öffentlichkeit nicht daran, sich eine Meinung zu bilden. Der schlimmste Fall ist, daß sich falsche Meinungen bilden, auf diese Weise entstehen leicht Gerüchte. Je weiter verbreitet eine falsche oder unzureichende Meinung über ein Unternehmen ist, desto schlechter wird seine Position in der Öffentlichkeit. Andererseits ist auch der Markt der Informationen hart umkämpft. Informationen von anderen Unternehmen treten sofort an die Stelle der Informationen, die von dem eigenen Unternehmen stammen könnten. Die öffentliche Meinung ist abhängig von den Informationen, mit denen sie versorgt wird. Also läßt sich die öffentliche Meinung über Informationen steuern.

Spätestens wenn sich in einem Unternehmen etwas ereignet hat, das von öffentlichem Interesse ist, weil es z.B. unmittelbaren Einfluß auf den lokalen Arbeitsmarkt hat (Kurzarbeit, Entlassungen, Schließungen) oder weil es skandalträchtig ist (Unfälle, Steuerdelikte), steht es in der Presse. Es ist unklug von einem Unternehmen, solange zu warten, bis die Journalisten ihrer Informationspflicht nachkommen. Sinnvoller ist es, bereits vorher für Bekanntheit und Goodwill in der Öffentlichkeit gesorgt und somit das Verständnis für zu ergreifende Maßnahmen vorbereitet zu haben.

Wenn sich ein Unternehmen mit Informationen an die Öffentlichkeit wenden will, so erfolgt das über Journalisten, die diese Informationen über ihre Medien weitergeben (vgl. Abbildung 5-3).

Abbildung 5-3: Informationsübermittlung in der PR

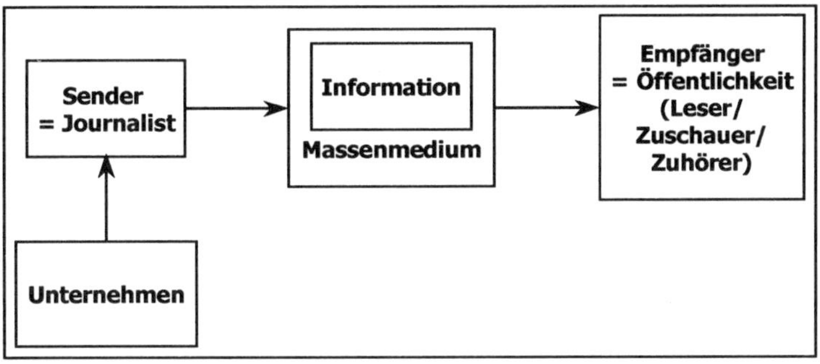

Journalisten geben Informationen jedoch nur dann weiter, wenn sie auf ein mutmaßliches Interesse in einer breiteren Öffentlichkeit stoßen. Welche Informationen veröffentlicht werden, hängt aber auch von organisatorischen und technischen Zwängen ab, denen die Medien unterliegen. Dazu gehören z.B. Platzmangel (Presse), Zeitnot (Rundfunk, Fernsehen), die Zielgruppen der Medien (Leser mit speziellen Interessen) und die möglichen journalistischen Darstellungsformen (vgl. Rota 1994, S. 14).

Die **Anlässe für eine Berichterstattung** in den Medien sind sehr vielfältig. Einige Beispiele:

> „Gründungen, Jahresabschlußbericht, neue Mitarbeiter, neue Produktionsweisen, besondere Maschinen, neue Geschäfts- oder Produktionsräume, Geschäftskontakte und Kooperationen, organisatorische Veränderungen (z.B. Umstrukturierungen), neue Werbestrategien, neue Leistungen oder Produkte, Patente, Tag der offenen Tür, Sponsoraktivitäten, Spenden, Beteiligungen, Betriebsjubiläen und sonstige Feiern, Schulungs- und Seminarveranstaltungen, Auslandsaktivitäten, neue Strategien, Stellungnahmen zum Markt und zu wirtschaftlichen Entwicklungen, Gebäudeeinweihungen und Messeaktivitäten etc." (Rota 1994, S. 83).

Tendenziell haben es kleine und mittelgroße Unternehmen schwerer „in die Presse" zu kommen als Großunternehmen, deren Produkte häufig einer breiteren Öffentlichkeit bekannt sind. Das liegt einerseits daran, daß Lokaljournalisten vielfach eher an der lokalen Politik und dem lokalen Gesellschaftsleben interessiert sind. Zum anderen unterhalten viele Lokalzeitungen aus Kostengründen keine eigene Vollredaktion und übernehmen überregionale Berichte und Meldungen von einer zentralen „Mantelredaktion". Auch Wirtschaftsmeldungen kommen i.d.R. über die Mantelredaktion, so daß die lokale Wirtschaft häufig wenig Berücksichtigung findet (vgl. Rota 1994, S. 18).

Auch aus einer ganz anderen Richtung ergibt sich in zunehmendem Maße die Notwendigkeit für Präsenz in der Öffentlichkeit: Durch die Globalisierung der Märkte bzw. im konkreten Fall durch das Zusammenwachsen der europäischen Märkte zu einem gemeinsamen EU-Binnenmarkt, sehen sich heimische Unternehmen mit neuen Wettbewerbern konfrontiert. Für den Endverbraucher vergrößern sich dadurch die Auswahlmöglichkeiten, er kann zwischen einer größeren Zahl von Anbietern wählen. Das bedeutet zunächst einmal, daß auch mit den Mitteln der

PR-Arbeit versucht werden sollte, eine Differenzierung gegenüber den Wettbewerbern in der Zielgruppe zu verdeutlichen. Es ist ein grundsätzliches Ziel in der PR-Arbeit, über die Informationspolitik in der Öffentlichkeit eine Unterscheidbarkeit zu den Wettbewerbern zu verdeutlichen.

Auf der anderen Seite bedeutet die EU-Liberalisierung für viele Unternehmen, daß auch die PR-Arbeit künftig europäisch ausgerichtet werden muß, die PR-Manager also neue Kontakte knüpfen müssen.

5.2 PR und Werbung

Die **Unterschiede** zwischen **PR** und **Werbung** werden deutlich bei Betrachtung der jeweiligen **Zielsetzungen** und des **Argumentationsstils.**

Sowohl Werbung als auch PR zielen auf eine Beeinflussung von Einstellungen bei den anvisierten Zielgruppen. Während für die Werbung die Beeinflussung der Einstellungen jedoch nur Mittel zu dem Zweck ist, eine konkrete Reaktion bei den Umworbenen auszulösen, ist sie für die PR das Endziel. PR will über den Dialog mit der Öffentlichkeit die Einstellungen gegenüber dem Unternehmen ändern.

Die Dialogorientierung verdeutlicht den zweiten Unterschied zur Werbung. Während Werbung als Massenkommunikation einseitig vom Sender zum Empfänger gerichtet ist und eine direkte Rückkoppelung des Umworbenen mit dem Werbenden i.d.R. nicht stattfindet, setzt sich PR argumentativ mit den Zielgruppen auseinander, d.h. PR ist ein Austausch von Argumenten. Werbung richtet sich an die Personen, die Interesse für das Angebot des Unternehmens haben bzw. haben könnten, hingegen zielt PR häufig nicht auf aktuelle oder potentielle Verwender, sondern i.d.R. auf Meinungsbildner wie Journalisten und Politiker. Die Unterschiedlichkeit der Zielgruppen bedingt auch Unterschiede in den kommunikativen Inhalten. Der Dialog mit den PR-Zielgruppen kann nicht, wie häufig in der Werbung, auf emotionaler Ebene erfolgen, sondern muß mit rationalen Argumenten stattfinden.

Nach einer Umfrage der Deutschen Public Relations Gesellschaft (DPRG) verfolgen Unternehmen mit PR vor allem die Ziele:

- Steigerung des Bekanntheitsgrades,
- Imageprofilierung,
- Vermarktung von Dienstleistungen und Produkten,
- Kommunikation mit Kunden,
- Dialog mit Mitarbeitern und Investoren (vgl. Hendtrich 1997, S. 27).

PR und Werbung benutzen grundsätzlich die gleichen Medien, aber in unterschiedlicher Art und Weise. PR kann auch breitstreuende Medien benutzen, um beispielsweise Images für Unternehmen aufzubauen. Dabei sind die Grenzen zur Werbung fließend. Ob eine Anzeige eher der Werbung oder der PR zuzuordnen ist, beruht häufig nur auf graduellen Unterschieden. Abbildung 5-4 zeigt ein Anzeigenbeispiel, das der PR zugeordnet werden kann. *Henkel* stellt in dieser Anzeige nicht das Produkt in den Vordergrund, sondern seine Leistungen für die Umwelt.

Abbildung 5-4: Anzeige mit PR-Charakter

PR zielt auf Vertrauen und Verständnisbereitschaft in der Öffentlichkeit. Beides steht und fällt mit der **Glaubwürdigkeit**, mit der das Unternehmen nach innen und außen agiert. Ein Unternehmen, das über einen Goodwill in der Öffentlichkeit verfügt, kann mit einer größeren Toleranz gegenüber Fehlentscheidungen und bei anfallenden Problemen, z.B. unvermeidbaren Wartezeiten oder Reparaturen, rechnen. PR-Arbeit ist grundsätzlich langfristig ausgerichtet. Der Aufbau von positiven Images und Akzeptanz ist kurzfristig auch nicht zu erreichen. Eine langfristig ausgerichtete PR-Strategie stellt darüber hinaus auch sicher, daß sich ein Unternehmen bei unvorhersehbar aufgetretenen Problemen strategiekonsistent verhalten kann.

Der größte Fehler der PR besteht darin, Tatsachen verschweigen oder schönreden zu wollen. Dies hat immer den Verlust des Vertrauens und der Glaubwürdigkeit zur Folge. Die alte Volksweisheit „Wer einmal lügt, dem glaubt man nicht“ ist das Menetekel der PR-Arbeit.

5.3 Instrumente der PR

Das Instrumentarium der PR-Arbeit ist sehr umfangreich. Grundsätzlich gilt es, das Interesse der Journalisten für die ausgegebenen Informationen zu wecken. Journalisten werden täglich mit einer Vielzahl von Pressemitteilungen überschüttet. Die Chance zur Veröffentlichung einer herausgegebenen Pressemitteilung ist wesentlich von dem bisherigen Umgang mit den Journalisten und den aufgebauten Kontakten abhängig.

- **Pressemitteilungen** umfassen alle Äußerungen, Erklärungen, Stellungnahmen, Hintergrundberichte u.dgl. aus dem Unternehmen an die Presse. Wenn mehrere Medien über ein Ereignis berichten, hat dies i.d.R. die gleiche Pressemitteilung zur Grundlage. Sie müssen einigen inhaltlichen Anforderungen genügen (vgl. Pauli 1994, S.179): Die Informationen müssen
  - aktuell,
  - sachlich,
  - präzise,
  - nachprüfbar und
  - originell sein.
- **Pressemappen** fassen zu bestimmten Anlässen (z.B. Präsentation neuer Produkte, Pressekonferenzen) Informationen über das Gesamtunternehmen in einer Mappe zusammen, die an Journalisten und Multiplikatoren verteilt wird. Eine Pressemappe enthält Berichte, Hintergrundinformationen, Zahlenspiegel, Bildmaterial usw. das für eine Veröffentlichung bestimmt ist.
- **Pressekonferenzen** werden zu besonderen Anlässen (Vorstellung des Geschäftsberichtes, Firmenjubiläum) i.d.R. außerhalb des Unternehmens als öffentliches Ereignis veranstaltet. Die Geschäftsführung stellt das Schwerpunktthema vor und steht nachher den Journalisten für Fragen zur Verfügung.

Abbildung 5-5: PR-Anzeige

AUF DEM WEG ZUM GLOBAL PLAYER

„Volkswagen – die Erfolgreichsten"

Am 4. Juni 1998 findet in Hamburg die Hauptversammlung der Volkswagen AG statt. Ergebnisse und Dividenden werden die Aktionäre in Rekordlaune versetzen. Die Geheimnisse des Erfolgs: Plattformstrategie, Modellvielfalt und Mehrmarkenpolitik.

„Volkswagen – die Erfolgreichsten." Dr. Ferdinand Piëch, Vorsitzender des Vorstands der Volkswagen AG, hat sein Ziel klar definiert. Wenn er am 4. Juni 1998 im Hamburger Congress Centrum seinen Aktionären Rede und Antwort steht, kann er ihnen guten Gewissens verkünden: „Diesem Ziel sind wir im Geschäftsjahr 1997 wieder einen Schritt näher gekommen."

Dr. Ferdinand Piëch: *„Zum dritten Mal das Ergebnis verdoppelt."*

Mit einem Gewinn nach Steuern in Höhe von rund 1,4 Milliarden Mark hat der Volkswagen-Konzern das beste Ergebnis in seiner Geschichte erzielt. „Dabei ist es uns zum dritten Mal in Folge gelungen, das Ergebnis zu verdoppeln", freut sich der Konzernlenker.

Auch die Volkswagen AG hat ihren Jahresüberschuß deutlich um 53,3 Prozent auf 966 Millionen Mark steigern können – zur Freude der Aktionäre: Sie stimmen auf der Hauptversammlung am kommenden Donnerstag über eine erneute Anhebung der Dividende um jeweils drei Mark je Aktiengattung auf die Rekordhöhe von zwölf Mark für die Stammaktie und 13 Mark für die Vorzugsaktie ab.

Der neue Lupo *rundet die Palette im Segment kleinerer Kompaktwagen ab.*

Für Piëch lauten die drei Geheimnisse des Volkswagen-Erfolgs: Plattformstrategie, Modellpolitik und Mehrmarkenstrategie. „Diese Elemente werden wir konsequent weiterverfolgen und ausbauen. Ich bin fest davon überzeugt, daß wir damit Volkswagen in der Liga der weltweiten Automobilindustrie weiter nach vorne bringen", prognostiziert der Konzernchef.

Bereits im laufenden Jahr wird der Anteil der konzernweiten Produktion auf neuen Plattformen knapp 50 Prozent erreichen. Damit werden weitere Ertragspotentiale erschlossen. „Außerdem bietet uns die Plattformstrategie wie keinem anderen Hersteller die Möglichkeit, Kosten- und Technologievorteile auf Marken zu übertragen, die heute noch nicht zu uns gehören", so Piëch. Welche? „Wait and see!"

Die Erfolge der vergangenen Jahre bestätigen ihn in der Richtigkeit der Modellpolitik. So wird der Konzern allein in diesem Jahr acht neue Pkw-Modelle auf den Markt bringen. Zum Jahresende wird das Angebot 46 Fahrzeuge umfassen, darunter den Audi A6 Avant, den New Beetle und den Octavia Kombi. Und mit dem Lupo wird die Marke Volkswagen ihre Modellpalette im Segment kleinerer Kompaktwagen abrunden.

Um den vielfältigen Wünschen der Kunden nachzukommen und um eine breite Marktabdeckung zu erzielen, erfüllen die fünf Konzernmarken Volkswagen Pkw und Volkswagen Nutzfahrzeuge, Audi, Seat sowie Skoda eine bestimmte Aufgabe. „Insgesamt besteht unser Anspruch darin, die besten, wirtschaftlichsten, umweltfreundlichsten und emotionalsten Fahrzeuge anzubieten. Dazu gehört nun einmal ein Drei-Liter-Auto genauso wie ein mittelschwerer Lkw im Nutzfahrzeugbereich", macht Piëch deutlich. Aber auch die Positionierung einer Marke oberhalb von Audi im Top-Luxussegment hält er für sinnvoll: „Ob nun aus eigener Kraft oder durch den Kauf entsprechender Marken, beides ist für uns denkbar. Dies gilt auch für unser Engagement im Nutzfahrzeugbereich."

Nach seiner Rechnung könnte der Volkswagen-Konzern in zehn Jahren sechs Pkw- und drei Lkw-Marken vereinen. Entscheidend dafür sei jedoch, daß dadurch zusätzliche Ertragsfelder genutzt und Wettbewerbsvorteile erzielt würden.

Volkswagen sei auf dem besten Weg zu einem „Global Player". Das große Wachstumspotential, über das der Konzern verfüge, werde in den kommenden Jahren kontrolliert und gezielt genutzt. Bei jeder Entscheidung müsse allerdings der selbst gesetzte Anspruch einer Rendite von 6,5 Prozent vor Steuern erfüllt werden. „Ich habe keinen Zweifel daran, daß die Intensität und die Geschwindigkeit im Wettlauf um die Gunst der Kunden weiter zunehmen werden. Ebenso wenig Zweifel habe ich daran, daß Volkswagen die Geschwindigkeit vorgeben und den eingeschlagenen Weg konsequent fortsetzen wird", betont Piëch.

Stau-Ende

Die Zeit, in denen Autofahrer verzweifelt in unangekündigten Staus stehen, gehört in Kürze der Vergangenheit an. Die gedas telematics GmbH, eine 90prozentige Tochtergesellschaft des Volkswagen-Systemhauses gedas GmbH, hat innovative Telematikdienste entwickelt, die dem Golf- oder Passat-Fahrer schnellere und präzisere Verkehrshinweise als derzeit zum Beispiel im Rundfunk ermöglichen. Die Informationen sind auf Tastendruck abrufbar und können individuell für die persönliche Fahrtstrecke angezeigt werden. Ergänzt wird das Angebot durch ein Notruf- und Pannenservice-System.

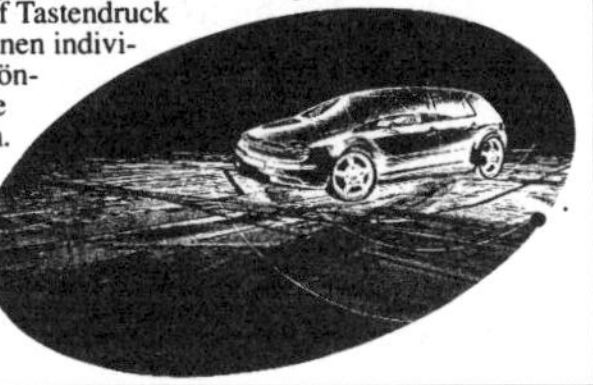

Neben der Presse- und Medienarbeit sind verschiedene Arten von **Firmenveranstaltungen** weitere Instrumente der PR. Sie bieten die Möglichkeit, nicht nur der Presse, sondern auch einer breiteren Öffentlichkeit das Unternehmen vorzustellen:

- Ein **Tag der offenen Tür** gibt Endverbrauchern, Kunden und interessierten Anwohnern Gelegenheit, sich vor Ort ein Bild von dem veranstaltenden Unternehmen zu machen. Hiermit kann Anonymität abgebaut werden.
- **Betriebsbesichtigungen** sind in einigen Unternehmen eine ständige Einrichtung. Hier werden Teilbereiche des Unternehmens vorgestellt und erklärt.
- **Jubiläumsveranstaltungen** sind vor allem im lokalen Einzugsbereich wirksame gesellschaftliche Ereignisse, die ebenfalls viel zum Image eines Unternehmens beitragen können.

Weitere PR-Möglichkeiten ergeben sich aus den klassischen und nichtklassischen Werbeformen. So lassen sich bestimmte Sponsoringformen vor allem auch im lokalen Bereich gut pressewirksam nutzen. Eine enge Verbindung mit der PR-Arbeit besteht auch zum Product- oder Corporate Placement. Vielfach ist beim Placement nicht zu unterscheiden, ob es sich um eine journalistische Berichterstattung handelt oder um ein bezahltes Placement. Beispielsweise wenn ein Unternehmen beiläufig erwähnt wird („**namedropping**") oder die Kamera zufällig über ein Produkt des Unternehmens schwenkt.

Als eine Zwitterform von Werbung und PR sind die **PR-Anzeigen** anzusehen, die sich in Aufmachung und Schriftart dem Redaktionsstil einer Zeitung oder Zeitschrift anpassen und sich klar von klassischen Anzeigen unterscheiden (vgl. die Anzeige in Abbildung 5-5 aus dem „Spiegel").

Schließlich sind Informationsbroschüren, Haus- und Kundenzeitschriften sowie Geschäftsberichte als weitere Instrumente der PR zu erwähnen.

Eine spezielle Ausprägung findet die PR im Lobbyismus. In seiner ursprünglichen Bedeutung steht Lobby für die Wandelhalle eines Parlamentes. Unter Lobbyismus wird der Versuch verstanden, Abgeordnete durch Interessenvertretungen zu beeinflussen. Entsprechend finden sich die Lobbyisten für die Vertretung nationaler deutscher Interessen vornehmlich in Berlin und in Brüssel, im Umfeld der Europäischen Kommission, des EU-Ministerrats und des Europäischen Parlaments. Lobbyisten sind vor allem Vertreter von Verbänden, Unternehmen, Länderbüros, Anwaltskanzleien und Beratergremien. Die Repräsentanten sind häufig ehemalige Ministerialbürokraten bzw. Ex-Militärs. Wer nicht vertreten ist, läuft Gefahr, nicht zur Kenntnis genommen zu werden.

In der Lobbyliste des deutschen Bundestages sind über 1.500 Verbände registriert. Beispielsweise finden sich dort der Deutsche Bauernverband, die Bundesvereinigung der Selbständigen und der Zentralverband des Deutschen Handwerks, aber auch der Circus-Direktorenverband, der Bundesverband der Puddingpulverindustrie und der Verband deutscher Zahnärzte sind vertreten (vgl. Kalt 1993, S. 155 f.).

Es wird geschätzt, daß sich in Brüssel ca. 4.000 Interessenvertretungen mit mehr als 10.000 Beschäftigten befinden. Damit steht praktisch jedem EU-Beamten ein Lobbyist gegenüber (vgl. Hort/Stabenow 1995, S. 17). In Brüssel gibt es sogar eine eigene Lobbyisten-Schule, in der das Diplom eines „Euro-Lobbyisten“ erworben werden kann.

Lobbyisten versuchen, auf legitime Weise politische Entscheidungen zu ihren Gunsten zu beeinflussen. Allerdings geht es nicht nur um politischen Einfluß, sondern auch um Aufträge, beispielsweise aus dem Rüstungsbereich oder bei der Präsenz im Fuhrpark. Ein anderes Ziel besteht ferner in der Informationsbeschaffung, damit sich Unternehmen und Verbände möglichst frühzeitig auf neue Gesetzgebungen vorbereiten können.

PR setzt **aktive Kommunikation** voraus. Ein Unternehmen, das nur auf Berichte in der Presse reagiert, verliert den Einfluß auf seine Akzeptanz und sein Image in der Öffentlichkeit. Insbesondere bei Problemthemen ist eine aktive Vorgehensweise des Unternehmens gefordert. Auf diese Weise läßt sich die Argumentation versachlichen und lenken. Aktive Kommunikation heißt aber auch gezieltes Gegensteuern gegen negative Berichterstattung in der Presse.

Als ein gelungenes Beispiel für Produkt-PR ist die Medienarbeit zum 25. Geburtstag des *Big Mäc* 1993 anzusehen (vgl. Meisel 1994, S. 108 ff.).
Die Kommunikationsarbeit wurde in drei Maßnahmen aufgeteilt:

- Versand von Pressemappen an alle Redaktionen in Print, TV und Hörfunk und alle Nachrichtenagenturen,
- Erstellung eines TV-Features,
- Aktionen mit *Big-Mäc*-Lieferservice für Lokalmedien.

Ziel der PR-Aktivitäten war es, das Jubiläum des Big Mäc in ein so interessantes, unterhaltsames und informatives Umfeld zu stellen, daß es die Presse zur Berichterstattung bewegen würde. Ferner sollten die Kontakte zwischen Restaurants und örtlichen Medien ausgebaut werden.
Die Pressemappe enthielt eine Übersicht der Ereignisse des Geburtsjahres 1968 und Beispiele für die Übernahme des *Big Mäc* in den allgemeinen Sprachgebrauch (Apple, McEnroe, Polo) sowie den *Big-Mäc*-Index der Wirtschaftszeitung *Economist*, die ihn seit 1987 regelmäßig als Währungsindikator veröffentlicht (vgl. Abbildung 5-6).
Die Pressemappe wurde an 731 Fachzeitschriften, Tageszeitungen, Publikumszeitschriften, Wirtschaftszeitungen und elektronische Medien verschickt. Für das Fernsehen wurde ein TV-Feature als sendereifes Material zur Verfügung gestellt mit Rückblick auf Ereignisse von 1968, Zubereitung des *Big Mäc*, Kuriositäten, dem *Big-Mäc*-Index und der Behauptung, der *Big-Mäc* würde als zukünftige Weltwährung diskutiert.
Die Abrundung war der direkte Kontakt zu den lokalen Medien: *Big-Mäc*-Lieferservice frei Haus durch den Restaurantmanager, der dabei den Journalisten die Pressemappe überreichen sollte. Im Schnitt wurden pro Ort 37 *Big Mäcs* ausgeliefert.
Im Ergebnis berichteten 316 Zeitungen und Zeitschriften über das Ereignis, was einer Responsequote von ca. 50% entspricht, alle Berichte waren positiv.

Abbildung 5-6: Der Big Mäc Währungsindex

The hamburger standard

	Big Mac prices: in local currency	Big Mac prices: in dollars	Implied PPP* of the dollar	Actual dollar exchange rate 23/04/02	Under(-)/over(+) valuation against the dollar, %
United States†	$2.49	2.49	-	-	-
Argentina	Peso 2.50	0.78	1.00	3.13	-68
Australia	A$3.00	1.62	1.20	1.86	-35
Brazil	*Real* 3.60	1.55	1.45	2.34	-38
Britain	£1.99	2.88	1.25‡	1.45‡	+16
Canada	C$3.33	2.12	1.34	1.57	-15
Chile	Peso 1,400	2.16	562	655	-14
China	Yuan 10.50	1.27	4.22	8.28	-49
Czech Rep	Koruna 56.28	1.66	22.6	34.0	-33
Denmark	DKr24.75	2.96	9.94	8.38	+19
Euro area	€2.67	2.37	0.93§	0.89§	-5
Hong Kong	HK$11.20	1.40	4.50	7.80	-42
Hungary	Forint 459	1.69	184	272	-32
Indonesia	Rupiah 16,000	1.71	6,426	9,430	-32
Israel	Shekel 12.00	2.51	4.82	4.79	+1
Japan	¥262	2.01	105	130	-19
Malaysia	M$5.04	1.33	2.02	3.8	-47
Mexico	Peso 21.90	2.37	8.80	9.28	-5
New Zealand	NZ$3.95	1.77	1.59	2.24	-29
Peru	New Sol 8.50	2.48	3.41	3.43	-1
Philippines	Peso 65.00	1.28	26.1	51.0	-49
Poland	Zloty 5.90	1.46	2.37	4.04	-41
Russia	Rouble 39.00	1.25	15.7	31.2	-50
Singapore	S$3.30	1.81	1.33	1.82	-27
South Africa	Rand 9.70	0.87	3.90	10.9	-64
South Korea	Won 3,100	2.36	1,245	1,304	-5
Sweden	SKr26.00	2.52	10.4	10.3	+1
Switzerland	SFr6.30	3.81	2.53	1.66	+53
Taiwan	NT$70.00	2.01	28.1	34.8	-19
Thailand	Baht 55.00	1.27	22.1	43.3	-49
Turkey	Lira 4,000,000	3.06	1,606,426	1,324,500	+21
Venezuela	Bolivar 2,500	2.92	1,004	857	+17

*Purchasing-power parity: local price divided by price in United States
†Average of New York, Chicago, San Francisco and Atlanta
‡Dollars per pound §Dollars per euro

Sources: McDonald's; *The Economist*

Quelle: The Economist (www.economist.com)

5.4 Arten von PR

Die Arten von PR lassen sich im wesentlichen nach zwei Kriterien untergliedern (vgl. Naundorf 1993, S. 607). Nach den **Nutznießern** wird unterschieden in

- Produkt- und Dienstleistungs-PR: Gegenstand ist die Unterstützung der Vermarktung von Produkten bzw. Dienstleistungen. Die Grenzen zur Werbung sind hier fließend.
- Unternehmens- und Organisations-PR: Gegenstand ist hier die Schaffung von Akzeptanz und Vertrauen in der Öffentlichkeit.

- Branchen- und Verbands-PR: Hierbei geht es im wesentlichen um die Interessenvertretung der jeweiligen Unternehmensgruppen (Lobbyismus).
- Regierungs- und Verwaltungs-PR: Gegenstand ist hier vor allem die Information der Öffentlichkeit und entsprechende Rechtfertigung von zu ergreifenden Maßnahmen.

Nach den **Inhalten** von PR läßt sich klassifizieren:

- Standort-PR bezieht sich auf das Bemühen, das Image von Städten und Regionen zu beeinflussen.
- Mit Krisen-PR werden alle PR-Maßnahmen bezeichnet, die vor, während und nach einer Krise ergriffen werden.

5.4.1 Standort-PR

Die Gemeinsamkeit von Städten/Regionen und Konsumgütern besteht darin, daß sie in überwältigender Anzahl um die Gunst der Nachfrager konkurrieren. Als Nachfrager kommen beispielsweise Touristen, Investoren oder auch Studenten in Frage. Eine andere Gemeinsamkeit besteht darin, daß beide häufig im Hinblick auf ihre objektiven und funktionalen Eigenschaften gleichermaßen austauschbar sind. Erholungs-, Einkaufs-, Studienmöglichkeiten, kulturelle und wirtschaftliche Infrastrukturen bieten eine Vielzahl von Städten und Regionen. Wie im Konsumgütermarketing müssen also auch im Standortmarketing Präferenzen über Images gebildet werden. Standort-PR ist in erster Linie Image-PR. „Das Image eines Ortes ist einer der ausschlaggebenden Faktoren für die Art und Weise, wie Privatleute und Unternehmen auf einen Ort reagieren" (Kotler/Haider/Rein 1994, S. 179). Die Bedeutung der Standortimages beispielsweise für die Urlaubsplanung läßt sich aus der einfachen Tatsache ableiten, daß die von einer Person noch nicht bereisten Urlaubsgebiete nicht vor, sondern erst nach Reiseantritt geprüft werden können und damit per se ein hohes Risiko beinhalten. Zur Minimierung dieses Risikos wird die Urlaubsplanung daher vor allem von dem bestimmt, was einen vermutlich am Urlaubsort erwartet. Diese Erwartungen sind aber nichts anderes als das Image, das eine Person von einem bestimmten Urlaubsgebiet hat.

Standort-PR setzt eine Positionierung der angestrebten Images voraus. Dabei sind Standortimages eher noch komplexer strukturiert als die Images von Konsumgütermarken, da sie einer Reihe von externen Faktoren unterliegen, die sich einer Beeinflussung entziehen, wie beispielsweise den natürlichen Gegebenheiten.

Standortimages haben die Tendenz, sich sehr langfristig zu halten, selbst wenn die Gegebenheiten, die einmal zu den Images geführt haben, nicht mehr bestehen. Wahrscheinlich ist das Ruhrgebiet in den Vorstellungen vieler Personen nach wie vor von rauchenden und rußigen Schloten der Stahlindustrie bestimmt, obwohl der Strukturwandel hier längst zu einer Änderung geführt hat.

Zur Positionierung von Standortimages empfiehlt sich die Verwendung eines Positionierungsmodells (vgl. Kapitel 3.2). Ausgangspunkt ist die Feststellung des Ist-Images, das mit Hilfe eines semantischen Differentials erhoben werden kann (vgl. Kapitel 3.6). Auf dieser Basis kann das **Ziel-Image** festgelegt werden, das, um wirksam zu sein, folgende Kriterien erfüllen muß (vgl. Kotler/Haider/Rein 1994, S. 188 ff.):

1. **Es muß Gültigkeit besitzen**, d.h. es darf nicht zu stark von den tatsächlichen Gegebenheiten abweichen.
2. **Es muß glaubwürdig sein**. Glaubwürdigkeit resultiert nicht notwendigerweise aus der Gültigkeit von Images, wenn sich in den Vorstellungen der Zielgruppen Images verfestigt haben, die stark von der Realität abweichen.
3. **Es muß einfach sein**. Es sollte nur einen zentralen Punkt beinhalten und nicht zu viele Ansätze verfolgen.
4. **Es muß reizvoll sein**, d.h. es muß erklären können, warum beispielsweise ein Investor hier investieren sollte.
5. **Es muß sich abgrenzen**, d.h. klar unterscheidbar von den konkurrierenden Standortimages sein.

Das bedeutendste Instrument der Standort-PR ist die Berichterstattung der Medien. Andere PR-Maßnahmen zielen auf die Akquisition von politischen, kulturellen oder sportlichen Großereignissen.

5.4.2 Krisen-PR

Krisen in Unternehmen sind immer Vertrauenskrisen, die den Verlust der Glaubwürdigkeit nach sich ziehen. „Krisen-PR ist darauf ausgerichtet, Glaubwürdigkeit zu bewahren (...) oder zurückzugewinnen" (Lambeck 1994, S. 115). Eine Krise ist der Extremfall, in dem sich zeigt, wie wirkungsvoll das in jahrelanger Arbeit aufgebaute Unternehmensimage ist. Ein Umweltskandal kann ein Unternehmen ruinieren oder von der Öffentlichkeit als Katastrophe eingestuft werden, die trotz umfangreicher Sicherheitsvorkehrungen nun einmal passieren kann.

Die Nachfrage nach Lebensmitteln ist in hohem Maße krisenempfindlich. Sie reagiert sofort auf Berichte über z.B. Verunreinigungen (Glykol in österreichischem Wein). Auch Rückrufaktionen bei Autos fördern nicht das Vertrauen in die Sicherheit der Fahrzeuge.

Kennzeichen einer Krise ist, daß sie einen plötzlichen Ernstfall darstellt, der keiner Standardsituation entspricht. „Es gibt die Standardkrise so wenig wie die genormte Strategie zu ihrer Bewältigung" (Lambeck 1994, S. 116). Eine Krise stellt immer einen Einzelfall dar. Die Herausforderung einer Krise für die PR-Abteilung besteht darin, daß plötzlich alle für das Unternehmen relevanten Teilgruppen, wie Banken, Mitarbeiter, Kunden und Lieferanten, gleichzeitig das Unternehmen in den Mittelpunkt ihres Interesses stellen. Insbesondere jedoch die Medien.

Die einzige Möglichkeit auf eine Krise zu reagieren, besteht in der glaubwürdigen Information der Medien. Das Zurückhalten von Informationen oder ihre Beschönigung kann die Krise noch verschärfen. Um auch hier wieder eine Volksweisheit zu bemühen: Ein Ende mit Schrecken ist insbesondere in einer Krise sinnvoller als ein Schrecken ohne Ende. „Dinge, die zuerst abgestritten und dann doch zugegeben werden müssen, schlagen doppelt schwer und negativ in der öffentlichen Meinung zu Buche" (Puchleitner 1994, S. 36). Die Öffentlichkeit weiß, daß es in jedem Unternehmen zu Störfällen kommen kann, sie reagiert jedoch mit

Unverständnis, wenn versucht wird, Vorkommnisse zu verheimlichen oder zu beschönigen.

Neben der Zusammenarbeit mit den Medien ist eine weitere Aufgabe der Krisen-PR die Analyse der Medienberichterstattung. „Je mehr dieses Fremdbild des Krisengeschehens von den unternehmensinternen Lageeinschätzungen abweicht, um so größer ist der akute Handlungsbedarf“ (Lambeck 1994, S. 128).

Unabhängig ob auf nationaler, regionaler oder lokaler Ebene, generell gilt: Medien sind gerne bereit, außergewöhnliche Ereignisse aufzugreifen und über Hintergründe zu spekulieren, wenn sie nicht über ausreichende Informationen verfügen. Im Krisenfall rächen sich Versäumnisse in der PR-Arbeit der Vergangenheit. So gesehen kann jegliche PR als Präventiv-PR aufgefaßt werden. Allerdings kann Präventiv-PR eine Krise weder verhindern noch beschönigen. Die Medien werden auf keinen Fall auf einen „Knüller“ verzichten. Aber ein Unternehmen, daß in der Vergangenheit einen vertrauensvollen Dialog mit der Öffentlichkeit gepflegt hat, kann in der Krise insofern davon profitieren, als zumindest die gröbsten Unterstellungen verhindert werden (vgl. Rota 1994, S. 42).

Da Krisen immer Einzelfälle darstellen, ist es nicht möglich, sich auf einen konkreten Krisenfall einzustellen. Dessen ungeachtet ist es sinnvoll, sich generell auf Krisensituationen vorzubereiten. Dafür bietet sich die Einrichtung von Krisenstäben an, die Szenarien durchspielen. Auf diese Weise können die zuständigen Stellen, die in einer Krisensituation immer in der Chefetage und der PR-Abteilung angesiedelt sind, Ernstfälle simulieren und stehen den Medien nicht völlig unvorbereitet gegenüber.

International operierende Unternehmen müssen darauf vorbereitet sein, daß Krisenfälle in einem Land schnell über die Medien in andere Länder übertragen werden können. Der Fall Brent Spar hat aufgezeigt, wie wichtig eine unternehmensinterne Abstimmung über Ländergrenzen hinweg ist. Im Februar 1995 erteilte die britische Regierung die Genehmigung zur Versenkung der *Shell*-Bohrinsel im Atlantik. Die Besetzung der Bohrinsel durch Greenpeace sorgte vor allem auch in der deutschen Öffentlichkeit für eine emotional geführte Diskussion, so daß auch die Deutsche *Shell* zu Reaktionen gezwungen wurde. Obwohl sich im nachhinein die Position der *Shell* AG als richtig herausstellte, war der Imageschaden groß. Dieser Imageschaden wiegt durchaus schwerer als der Umsatzverlust durch den temporären Boykott von *Shell*-Tankstellen. Solange die Verbraucher Alternativen zu den boykottierten Produkten haben, fällt ihnen ein „moralisch“ begründeter Boykott nicht schwer, denn sie üben damit ja keinen Konsumverzicht. Erfahrungsgemäß pendelt sich der Konsum nach einiger Zeit wieder auf den Marktanteilen ein, wie sie vor der Krise bestanden. Die eigentliche Gefahr liegt darin, daß etwas in den Köpfen hängen bleiben kann und das Unternehmen seinen „Vertrauenskredit“ im Wiederholungsfall verspielt.

Klaus-Peter Johanssen, Direktor Unternehmenskommunikation und Wirtschaftspolitik der Deutschen *Shell* AG, resümiert: „Die Schlußfolgerungen für die Informationsstrategie sind einfach und schwer zugleich. Erstens: Laß dich nicht in die

Defensive drängen. Zweitens: Mach nur das, was du öffentlich vertreten kannst" (Johanssen/Vorfelder 1996, S. 102).

Abbildung 5-7: Spiegel-Titelseite zu *Shell* Brent Spar

Aufgaben:

1. Erläutern Sie die Unterschiede zwischen Werbung und PR.

2. Als PR-Manager eines südeuropäischen Flughafens werden Sie darüber informiert, daß die Piloten gerade jetzt in der Hochsaison Dienst nach Vorschrift machen wollen, um ihrer Forderung nach mehr Lohn Nachdruck zu verschaffen. Es ist mit erheblichen Verspätungen und dem Ausfall einzelner Flüge zu rechnen, allerdings ist nur kurzfristig einzuschätzen, welche Flüge genau betroffen sein werden. Problematisch ist vor allem die Tatsache, daß Ihr Flughafen der zentrale Anlaufpunkt aller Flüge von den vielen Inseln des Landes ist, die ankommenden Urlauber also teilweise schon längere Zeit unterwegs sind und hier auf ihre Anschlußflüge warten.
   Wie sieht Ihre Planung aus?
   Was veranlassen Sie im Hinblick auf den Umgang mit den Urlaubern?
   Erarbeiten Sie worst-case-Szenarien.

6 Werbeträger

Werden die Medien zur Übermittlung von Werbung genutzt, bezeichnet man sie als Werbeträger. Im Kommunikationsmodell sind Werbeträger die Kanäle, über die Werbebotschaften vom Sender zum Empfänger gelangen.

Tabelle 6-1 verdeutlicht das vielfältige und breite Angebot an Werbeträgern in Deutschland sowie das Entscheidungsproblem, das sich daraus ergibt: Welcher der Werbeträger soll für eine Schaltung belegt werden? Die Werbetreibenden müssen in einem ständig größer werdenden Angebot sich nicht nur zwischen unterschiedlichen Werbeträger-Kategorien entscheiden, sondern auch innerhalb dieser Kategorien die geeigneten Werbeträger ermitteln.

Tabelle 6–1: Werbeträger in Deutschland

Mediengruppe	Anzahl			Auflage		
	1996	2001	+/- in %	1996	2001	+/- in %
Tageszeitungen	408	387	-5,1	30,6 Mio.	28,6 Mio.	-6,5
Wochenzeitungen	28	25	-10,7	2,2 Mio.	2,0 Mio.	-9,1
Anzeigenblätter	1279	1312	+2,6	80,5 Mio.	88,9 Mio.	+10,4
Publikumszeitschriften	745	817	+9,6	142,5 Mio.	138,5 Mio.	-2,8
Fachzeitschriften	978	1096	+12,1	24,3 Mio.	27,4 Mio.	+12,7
Kundenzeitschriften	58	81	+39,6	27,9 Mio.	57,6 Mio.	+106,4
Telekommunikations-verzeichnisse	94	183	+94,7	27,3 Mio.	39,6 Mio.	+45,1
Massendrucksachen, Infopost	-	-	-	5,7 Mrd.	6,5 Mrd.	+14,0
Bundesweite u. regionale TV-Programme	233	231	-0,8	33,1 Mio.	35,5 Mio.	+7,3
				angemeldete Fernsehgeräte		
Bundesweite, regionale u. lokale Hörfunkprogramme	221	240	+8,6	37,0 Mio.	40,3 Mio.	+9,0
				angemeldete Hörfunkgeräte		
Online-Angebote	55	410	-	-	60,0 Mrd. Visits	-
Plakatanschlagstellen	419645	412614	-	-	-	-
Kino (Leinwände)	4025	4792	+19,2	132,9 Mio.	177,9 Mio	+33,9
				Kinobesucher		

Quelle: ZAW Jahrbuch 2002, S. 220

6.1 Werbeinvestitionen

Mit einem Volumen von 31,5 Milliarden Euro umfassen die Werbeinvestitionen einen Anteil von 1,5% am deutschen Bruttoinlandsprodukt. Das reine Streuvolumen, also die Werbung, die über die Medien verbreitet wird, liegt bei ca. 21,7 Mil-

HOTEL Smolka

ISESTRASSE 98 · 20149 HAMBURG · TEL. 0 40 / 480 98 - 0 · FAX 0 40 / 480 98 11
e-mail: hotel-smolka@t-online.de · internet: www.hotel-smolka.de

liarden Euro (die Differenz sind vor allem Produktionskosten für die Werbemittel und Agenturhonorare).

Die Investitionen in Werbung sind im Jahr 2001 um 5,1% gesunken. Gegenüber dem Boom-Jahr 2000 bedeutet dies einen Verlust von 1,7 Milliarden Euro. Dies entspricht fast genau dem Wert des Werbezuwachses im Jahr zuvor.

Mit einer Steigerung des Streuvolumens von ca. 7% stellte 2000 ein Ausnahmejahr dar, das von einer Reihe von Sondereffekten gekennzeichnet war. Zusätzliche Werbeimpulse waren zurückzuführen auf den starken Wettbewerb zwischen den Medienangeboten, großen Firmenfusionen, den Preiskampf der Telefon-Netzbetreiber und der allgemeinen Börsenbegeisterung (vgl. ZAW 2001, S. 11). Im Jahr 2001 führte jedoch die Flurbereinigung bei der New Economy, der Absturz der Börsenkurse, Einbrüche bei Stellenangeboten (was insbesondere Tageszeitungen traf, die mit einem Minus von 14% zu den stärksten Verlierern gehören) und Pkw-Anzeigen sowie der Stimmungsabfall nach den Anschlägen des 11. September zu einer gegenteiligen Entwicklung, so daß das Werbevolumen wieder auf das Niveau des Normaljahres 1999 zurückfiel (vgl. ZAW 2002, S. 9). Damit zeigen sich die Werbeumsätze erstmals vom Bruttoinlandsprodukt abgekoppelt.

Abbildung 6–1: Werbeinvestitionen in Deutschland

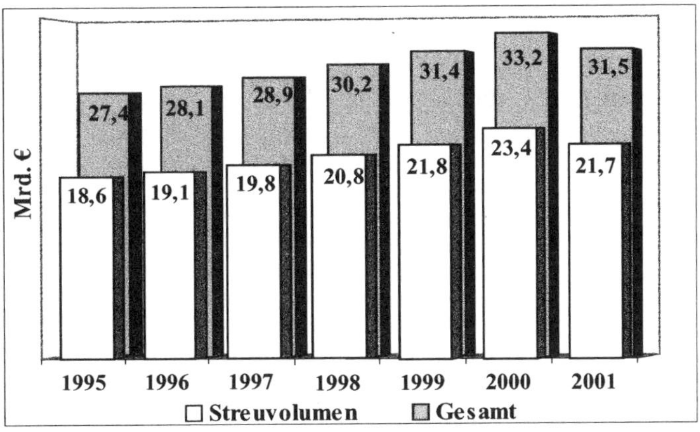

Quelle: ZAW Jahrbücher

Abbildung 6-2 und Tabelle 6-2 zeigen, wie sich die Werbeinvestitionen auf die einzelnen Werbeträger verteilen. Mit einem Anteil von über 50% stellen die Printmedien die bedeutendste Werbeträgergattung in Deutschland dar. Hierin dominieren die Tageszeitungen mit einem Anteil von 26%, gefolgt von den Publikumszeitschriften (10%), den Anzeigenblättern (8%) und den Fachzeitschriften (5%). Tageszeitungen sind ein überwiegend regionales bzw. lokales Werbemedium; hier schlagen vor allem die Anzeigen des regionalen Einzelhandels und die Rubrikenmärkte (Immobilien, Kfz usw.) zu Buche. Das Fernsehen rangiert als bedeutendster nationaler Werbeträger mit einem Marktanteil von ca. 21% an zweiter Stelle und Direktwerbung (Werbung per Post) liegt mit 15% auf Platz 3. Hörfunk-, Kino- und Außenwerbung haben nur eine untergeordnete Bedeutung und werden vor allem für spezielle Zielgruppen (Kino die 14-29jährigen), gezielt für bestimmte Produkte (Außenwerbung vor allem für Zigaretten, Bier, Massenmedien und Automobile) oder für lokale und regionale Werbung (Radio) eingesetzt. Die aufgeführten Werbeträger werden alle im Verlauf dieses Kapitels vorgestellt.

Abbildung 6–2: Anteile der Werbeträger

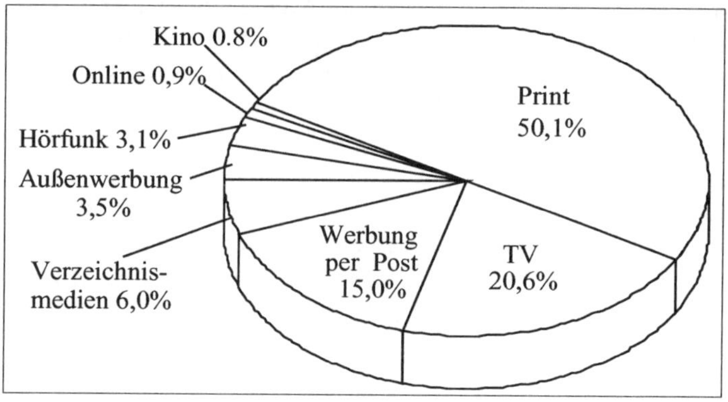

Tabelle 6-2 zeigt auch die Dynamik des Werbewachstums in den letzten 10 Jahren. Trotz des deutlichen Rückgangs der Werbeausgaben in 2001 ergibt sich im Durchschnitt eine Zunahme der Werbung von fast 36%. Das Fernsehen hatte den mit Abstand deutlichsten Aufschwung und konnte seit 1992 die Werbeeinnahmen mehr als verdoppeln, was auch in der starken Zunahme neuer Sender begründet liegt. An zweiter Stelle liegt die Außenwerbung (+76%), gefolgt von der Direktwerbung (+55%).

Tabelle 6–2: Nettowerbeeinnahmen erfaßbarer Werbeträger

Werbeträger (Mio. €)	**2001**	**1992**	**Wachstum %**	**Anteil 2001 %**
Tageszeitungen	5.642,2	5.125,8	10,1	26,0
Fernsehen	4.469,0	2.213,0	101,9	20,6
Werbung per Post	3.255,8	2.101,9	54,9	15,0
Publikumszeitschriften	2.092,5	1.726,9	21,2	9,7
Anzeigenblätter	1.742,0	1.232,7	41,3	8,0
Verzeichnis-Medien	1.269,4	973,7	30,4	5,9
Fachzeitschriften	1.057,0	1.190,1	-11,2	4,9
Außenwerbung	759,7	431,0	76,3	3,5
Hörfunk	678,0	501,6	35,2	3,1
Wochen-/Sonntagszeitungen	286,7	237,8	20,6	1,3
Online-Angebote	185,0			0,9
Filmtheater	170,2	123,2	38,2	0,8
Zeitungssupplements	72,8	134,3	54,2	0,3
Gesamt	**21.680,3**	**15.991,8**	**35,6**	**100,0**

Quelle: ZAW Jahrbuch 2002, S. 17

Während Tabelle 6-2 die Werbeträger nach Kategorien aufführt, zeigt Tabelle 6-3 die größten Einzelwerbeträger, die vor allem von den Fernsehsendern dominiert werden. Im Jahr 2001 belegten in der Gruppe der Publikumszeitschriften die Nachrichtenmagazine Focus, Spiegel und Stern die vorderen Plätze. Werbestärkste Zeitungen waren die FAZ vor der WAZ-Gruppe, gefolgt von der Bild-Gruppe.

Tabelle 6-4 zeigt die größten Werbetreibenden. Sie rekrutieren sich vor allem aus den Bereichen Telekommunikation, Automobil und Nahrungsmittel. In Tabelle 6-5 sind die größten Produkt- bzw. Markenetats aufgelistet. Größte Werbebranche sind die Medien selbst. Tabelle 6-6 zeigt die Werbeausgaben nach Branchen, die von den Massenmedien angeführt werden, gefolgt von der Automobilbranche und den Handelsorganisationen.

Diese Rankings unterliegen jährlichen Schwankungen, die durch konjunkturelle und vor allem branchenspezifische Besonderheiten bestimmt sind.

Tabelle 6–3: Die Größten Werbeträger pro Mediengruppe 2001

Mediengruppe	Werbeträger	T EUR
TV	RTL	2.159.844
	ProSieben	1.527.470
	Sat. 1	1.494.817
	RTL 2	469.002
	Kabel Eins	414.284
Publikumszeitschriften	Focus	244.880
	Spiegel	232.610
	Stern	216.860
	TV Spielfilm	121.652
	Brigitte	111.449
Zeitungen	FAZ	175.656
	WAZ Zeitungsgruppe	167.594
	Bild Gesamt	163.967
	Handelsblatt	123.233
	Süddeutsche Zeitung	118.466
Radio	Radio NRW	70.877
	Antenne Bayern	59.699
	Hit Radio FFH	52.834
	Eins Live Radio	45.610
	SWR 3	35.518
Fachzeitschriften	Computerwoche	33.531
	Lebensmittel Zeitung	23.550
	Werben + Verkaufen	18.532
	Textil Wirtschaft	15.961
	Horizont	12.426

Quelle: ACNielsen Werbeforschung S+P GmbH

Tabelle 6–4: Die 20 größten Werbetreibenden 2001

		TEUR
1	Ferrero	234.101
2	Media Markt + Saturn	198.982
3	Procter & Gamble	179.733
4	Haarkosmetik + Parfümerien	168.698
5	Springer Verlag	152.856
6	Lidl + Schwarz	142.942
7	Volkswagen AG	137.210
8	Adam Opel AG	137.086
9	Ford Werke	135.332
10	Beiersdorf AG	134.982
11	Unilever Bestfoods	132.965
12	Gruner + Jahr Verlag	131.956
13	Vodafone D2	131.248
14	Dt. Renault	128.896
15	Henkel Wasch- + Reinigungsmittel	126.705
16	Coca-Cola	118.470
17	Daimler Chrysler	116.053
18	Premiere Medien	115.064
19	Masterfoods	110.116
20	Dt. Peugeot	107.691

Quelle: ACNielsen Werbeforschung S+P GmbH

Tabelle 6–5: Die 20 größten Produkt-/Markenetats 2001

		TEUR
1	Media Markt	145.793
2	Lidl	141.824
3	Premiere World	114.221
4	C+A	99.564
5	Aldi	98.001
6	McDonald`s	85.939
7	Plus	81.524
8	Deutsche Bahn	61.626
9	Ikea	59.938
10	E-On	59.568
11	AOL	57.942
12	Coca-Cola	54.401
13	Saturn	51.151
14	Toto Lotto	46.858
15	RTL	37.616
16	Vodafone D2	36.346
17	Focus	36.216
18	Schlecker	34.431
19	Faber Lotto	33.158
20	ProSieben	31.012

Quelle: ACNielsen Werbeforschung S+P GmbH

Tabelle 6–6: Werbeausgaben 2001 nach Branchen

		TEUR
1	Massenmedien	1.702.568
2	Auto-Markt	1.542.576
3	Handelsorganisationen	1.055.540
4	Telekommunikation	778.836
5	Schokolade + Süßwaren	602.203
6	Spezial-Versender	592.262
7	Pharmazie	573.948
8	Finanzdienstleistungen	527.141
9	Finanzanlagen	403.678
10	Unternehmens-Werbung	363.961
11	Bier	361.278
12	Rubriken-Werbung	346.853
13	Versicherungen	321.580
14	Alkoholfreie Getränke	291.530
15	Haarpflege	272.088
16	Buch-Verlage	258.698
17	Computer + Zusatzgeräte	249.263
18	Reise-Gesellschaften	245.108
19	Bild- + Tonträger	234.452
20	Möbel + Einrichtung	203.288
21	Kaffee, Tee, Kakao	186.701
22	Pflegende Kosmetik	182.514
23	Energie-Versorgungsbetriebe	182.494
24	Oberbekleidung	180.949
25	Körperschaften	177.621
26	Waschmittel	176.758
27	Milchprodukte – Weiße Linie	169.860
28	Caritative Organisationen	157.459
29	Kunst + Kultur	144.233
30	Konserven + Fleisch + Fisch	143.747

Quelle: ACNielsen Werbeforschung S+P GmbH

6.2 Institutionen der Werbewirtschaft

Bevor auf die wichtigsten Gattungen der Werbeträger eingegangen wird, sind einige Institutionen der Werbewirtschaft vorzustellen, die insbesondere im Hinblick auf die der Werbeträgerplanung zugrundeliegenden Informationen von Bedeutung sind.

Der Zentralverband der deutschen Werbewirtschaft (ZAW) wurde bereits 1949 (damals unter der Bezeichnung Zentralausschuß der Werbewirtschaft) gegründet und ist die Dachorganisation aller zur Werbewirtschaft in Deutschland zählenden Gruppen. Der ZAW ist einerseits die Interessenvertretung der Werbewirtschaft nach außen, andererseits Koordinationsorgan unterschiedlicher Auffassungen der Werbebranche. Der ZAW sieht seine Aufgabe darin, „... ungerechtfertigten und unzulässigen Beschränkungen der Wirtschaft entgegenzuwirken“ (ZAW 2002, S. 404).

Dem ZAW gehören 40 Verbände an aus den Bereichen
- werbungtreibende Wirtschaft,
- Werbeagenturen,
- Werbungdurchführende und Werbemittelhersteller,
- Werbeberufe und Marktforschung.

Der Deutsche Werberat wurde 1972 durch den ZAW gegründet. Seine Hauptätigkeit liegt in der Behandlung von Beschwerden über einzelne Werbemaßnahmen. In dieser Funktion ist er die Schiedsstelle zwischen Beschwerdeführern aus der Bevölkerung und werbetreibenden Firmen.

Jedermann kann Beschwerden einbringen, der Werberat wird aber auch eigeninitiativ tätig. Geht eine Beschwerde ein, wird zunächst das betroffene Unternehmen bzw. dessen Werbeagentur zu einer Stellungnahme aufgefordert. Ist im Falle einer Beanstandung das Unternehmen nicht bereit, die Werbung einzustellen oder zu ändern, begutachtet ein Expertengremium des Deutschen Werberates die beanstandete Werbung. Die Unternehmen folgen fast immer der Auffassung des Werberates, wenn dieser eine Beschwerde für gerechtfertigt erachtet und die Unternehmen auffordert, die entsprechende Werbung zu unterlassen bzw. zu ändern. Falls die Unternehmen dieser Aufforderung nicht nachkommen, hat der Werberat zwei Sanktionsmöglichkeiten. Einerseits erfolgt eine Weiterleitung des Vorgangs an die Zentrale zur Bekämpfung unlauteren Wettbewerbs, die dann Rechtsmaßnahmen ergreift, andererseits erteilt der Werberat eine **öffentliche Rüge**. Damit werden gleichzeitig die Medien aufgefordert, die beanstandete Werbemaßnahme nicht mehr zu verbreiten. Zur öffentlichen Rüge kommt es jedoch nur selten, im Jahr 2001 nur in drei Fällen (vgl. ZAW 2002, S. 64 f.).

Verbraucherbeschwerden über grenzüberschreitende Werbemaßnahmen werden im Rahmen der Werbeselbstdisziplin von der 1991 gegründeten **European Advertising Standards Alliance (EASA)** behandelt (vgl. Kapitel 7.4.2.4).

> Für den Nahrungsmittel-Bereich seien beispielhaft folgende Beschwerden vorgestellt:
> Eine Vermarktungsgesellschaft von Agrarprodukten warb mit der Abbildung eines Mannes mit halb geöffneter Hose und der Aussage: „Ich mag`s am liebsten mit jungem Gemüse“. Ein Mineralwasserhersteller zeigte auf Plakaten die Brüste einer schwangeren Frau mit der Aussage: „Von Anfang an wenig Natrium, viel Leben.“
> Die Beschwerden stellten auf die Diskriminierung von Frauen ab. Nachdem der Werberat die Werbetreibenden über die Beschwerden informiert hatte, stellten diese die Werbung ein (vgl. ZAW 1996, S. 35, 42).

Die Informationsgemeinschaft zur Feststellung der Verbreitung von Werbeträgern e.V. (IVW) ermittelt, veröffentlicht und kontrolliert die Verbreitungsdaten von Werbeträgern seit 1949. Die IVW wurde ursprünglich vom ZAW gegründet, arbeitet seit 1955 jedoch rechtlich selbständig. Sie ist eine neutrale Einrichtung zur Selbstkontrolle im Bereich der Werbeträger und wird von Medien, Werbetreibenden und Werbeagenturen getragen. Im Jahr 2001 gehörten der IVW insgesamt 1.879 Unternehmen und Organisationen an. Die Tätigkeit der IVW erstreckt sich auf die Feststellung der

- nachgewiesenen Auflagen bei Verlagen für periodisch erscheinende Presseerzeugnisse (Zeitungen, Zeitschriften, Adreßbücher, Handbücher),
- regionalen Verbreitung der verkauften Auflagen bei Verlagen von Tageszeitungen,
- nachgewiesenen Anschlagstellen und der Sauberkeit des Plakatanschlags bei Unternehmen für Außenwerbung,
- nachgewiesenen Besucherzahlen bei Filmtheatern, sowie der ordnungsgemäßen Vorführung von Werbefilmen,
- nachgewiesenen Strukturanalysen der Empfängerschaft/Leserschaft bei Verlagen von Fachzeitschriften,
- ordnungsgemäßen Ausstrahlung von Werbespots bei Hörfunk und Fernsehen,
- nachgewiesenen Zugriffe auf das Online-Angebot bei Anbietern von Online-Werbeträgern (vgl. IVW 2002, S. 9 f.).

Die Mitgliedsunternehmen verpflichten sich, die entsprechenden Daten zu melden, die von der IVW überprüft werden.

Die Auflagen der Presseerzeugnisse werden von der IVW sehr differenziert erhoben. Folgende **Auflagenarten** sind zu unterscheiden:

- Die **Druckauflage** ist die Gesamtzahl aller gedruckten Exemplare eines Presseerzeugnisses. In der Mediaplanung ist sie wichtig für die Kosten- und Auflagenkalkulation von Beilagen und Beiheftern.
- Die **Abonnementsauflage** ist die Anzahl der an feste Abonnenten und Lesezirkel gelieferten Exemplare. Sie ist ein wichtiges Maß für die Bestimmung der Stammleser. Je höher der Anteil der Abonnementsauflage, desto höher ist der Anteil der kontinuierlichen Leser, bei denen sich durch Mehrfachschaltung schnell hohe Kontaktzahlen erreichen lassen.
- Die **Einzelverkaufsauflage** ist die Zahl der Exemplare, die als Einzelstücke im Einzelverkauf gekauft wurden. Je höher der Anteil der frei verkauften Auflage, desto mehr muß sich ein Titel mit jeder Ausgabe neu am Kiosk behaupten.
- **Remittenden** sind die über den Einzelverkauf nicht abgesetzten und an den Verlag zurückgeschickten Exemplare.
- Abonnements- und Einzelverkaufsauflage abzüglich der Remittenden ergibt die **verkaufte Auflage**. Sie ist das wichtigste Auflagenkriterium für die Beurteilung eines Titels, da gekaufte Exemplare auch am ehesten gelesen werden.
- Die **verbreitete Auflage** umfaßt die Druckauflage abzüglich der Remittenden, Rest- und Archivexemplare, aber einschließlich der unentgeltlich vertriebenen Exemplare (Frei- und Werbeexemplare). Ist die verbreitete Auflage erheblich höher als die verkaufte Auflage, besteht eine gewisse Unsicherheit darüber, inwieweit die Exemplare der Differenz auch gelesen werden.

Für Zeitschriften werden von der IVW zusätzlich auch heftbezogene Auflagendaten erfaßt, wodurch die Werbeträgerleistung nicht nur für den Quartalsdurchschnitt sondern für jede Heftnummer transparent wird.

Tabelle 6-7 zeigt die unterschiedlichen Auflagenarten beispielhaft an ausgewählten Titeln.

Tabelle 6–7: Auflagenarten

	Der Spiegel	Stern	Hörzu	TV-Spielfilm
verbreitete Auflage	1.081.774	1.057.363	1.994.441	2.188.031
verkaufte Auflage	1.065.625	1.040.229	1.967.086	2.178.459
Abo-Exemplare	371.075	314.594	991.836	664.516
Einzelverkauf	745.878	681.005	1.096.151	1.810.045
Remittenden	235.162	241.860	248.667	387.400
Lesezirkelexemplare	101.698	198.523	45.446	4.656
sonst. Verkauf	82.136	87.967	82.320	86.642
Freiexemplare	16.149	17.134	27.355	9.572
Druckauflage	1.323.424	1.313.577	2.253.321	2.588.760

Quelle: IVW Auflagenliste 1/2002

6.3 Informationsquellen für die Planung des Werbeträgereinsatzes

Die Werbeträgerforschung verfolgt grundsätzlich zwei Ziele: Kontaktmessung und Zielgruppenbeschreibung. Einerseits wird versucht zu erheben, wie viele Personen wie oft in einem bestimmten Zeitraum Kontakt mit einem Werbeträger hatten. Andererseits wird versucht, diese Personen nach soziodemographischen und psychographischen Merkmalen zu beschreiben.

Die für die Werbeplanung relevanten Informationsquellen lassen sich einteilen in solche für

- Werbeumsätze,
- die Verbreitung von Werbeträgern und
- die Struktur von Mediennutzerschaften.

6.3.1 Werbeumsätze und Verbreitung von Werbeträgern

Werbeumsätze veröffentlichen einerseits das ZAW, andererseits die Nielsen Werbeforschung Schmidt & Pohlmann GmbH. Das ZAW erhebt von den angeschlossenen Verbänden die Nettowerbeumsätze, also bereinigt um Rabatte und Provisionen, aufgeschlüsselt nach Werbeträgern (vgl. Tabellen 6-1, 6-2). Während das ZAW also von effektiven Zahlen ausgehen kann, beruhen die von Nielsen S+P erhobenen Daten auf **Beobachtung** der Werbung in nur drei Werbemedien (Presse – und hier nur überregionale Anzeigen –, Hörfunk und Fernsehen). Die in diesen Medien geschaltete Werbung wird registriert und über die Tarifunterlagen hochgerechnet, so daß die Nielsen S+P-Zahlen **Bruttoangaben** sind (vgl. Tabellen 6-3, 6-4, 6-5, 6-6). Anders als das ZAW erhebt Nielsen S+P nicht nur die Werbeträgerkategorien, sondern jeden Werbeträger einzeln und jede darin geschaltete Werbung. Durch diese detailliertere Erhebung eignen sich die Nielsen S+P-Daten vor allem als Instrument der Wettbewerbsbeobachtung bzw. zur Analyse des Werbedrucks in einer Branche. Da Nielsen S+P und das ZAW also grundsätzlich unterschiedliche Daten erheben, empfiehlt es sich bei Werbeumsätzen darauf zu achten, aus welcher Quelle sie stammen. Ein Vergleich beider Umsatzstatistiken ist nur bedingt aussagefähig. Auch die ZAW-Netto-Umsatzzahlen sind nicht unstrittig, da beispielsweise die Fernsehsender zum Teil auch Einnahmen aus Programm-Sponsoring, Teletext und Bartergeschäften melden. Auf der anderen Seite enthalten die Nielsen-Bruttozahlen bei den Fernsehsendern auch kostenlose Schaltungen, die im Rahmen von Preis-Leistungsgarantien erfolgen (vgl. Modenbach 1999, S. 254 f.).

Informationen über die **Verbreitung von Werbeträgern** (vgl. Tabelle 6-1) geben die IVW und die Gebühreneinzugszentrale GEZ, (angemeldete Hörfunk- und Fernsehgeräte); die Versorgung der Haushalte mit Kabelanschlüssen wird von der Deutschen Telekom dokumentiert. Die Anzahl der Hörfunk- und Fernsehgeräte sowie die technische Empfangbarkeit der Programme bestimmt die **technische Reichweite** eines elektronischen Mediums. Damit wird die Anzahl der Personen oder Haushalte bezeichnet, die die Möglichkeit haben, einen bestimmten Sender zu empfangen.

Angaben über die Verbreitung von Werbeträgern (technische Reichweite bei elektronischen Medien, verbreitete Auflage bei Druckmedien) geben Auskunft über das Empfangs- bzw. Nutzer**potential** des jeweiligen Werbeträgers. Damit ist noch keine Aussage darüber gemacht, wieviele Personen über einen Werbeträger **tatsächlich** erreicht werden. So wird beispielsweise eine Zeitschrift nicht nur von dem Käufer, sondern i.d.R. auch von weiteren Personen genutzt.

6.3.2 Mediennutzerschaften

6.3.2.1 Erhebungsmethoden

Die Ermittlung der **Mediennutzerschaften** bzw. der **Reichweite** von Medien dient der Erhebung von Nutzungs**wahrscheinlichkeiten** für Werbeträger- und Werbemittelkontakte. Dafür gibt es im wesentlichen zwei Informationsquellen: die MA und das GfK-Meter. Die **MA** ist die **M**edia-**A**nalyse der Arbeitsgemeinschaft Media-Analyse (AG.MA). Die AG.MA ist ein Zusammenschluß von Werbeträgern, Werbeagenturen und Werbetreibenden. Die MA ist die größte durchgeführte Analyse über das Mediennutzungsverhalten von Werbeträgern in Deutschland. Grundgesamtheit bildet die deutsche Bevölkerung in Privathaushalten ab 14 Jahren. Die Durchführung erfolgt in zwei Tranchen:

- Pressetranche: rund 26.000 Interviews jährlich; erhoben werden Printmedien und Kino.
- Elektronische Tranche: rund 52.000 Interviews jährlich; erhoben werden Hörfunk, Fernsehen und Tageszeitungen.

Abbildung 6-3 zeigt beispielhaft Reichweiten von Publikumszeitschriften aus der Pressetranche der MA 2000. Sie verdeutlicht, daß Reichweiten, anders als Auflagenzahlen, auch Angaben über die **Struktur der Mediennutzer** geben.

Abbildung 6–3: Datendarstellung der MA

Pressemedien, Reichweite in %, Leserschaft pro Ausgabe, Basis: Pressemedien II,	Total	Geschlecht: Männer	Geschlecht: Frauen	Altersgruppen: 14- 29 J.	Altersgruppen: 30- 49 J.	Altersgruppen: 50 J.+	Ausbildung: Hauptsch. o.Lehr	Ausbildung: Hauptsch. m.Lehr	Ausbildung: weiterf.Sch. o.A	Ausbildung: Abi.,Studium	Beruf: Selbst, kl+	Beruf: ltd.Ang +Be	Beruf: so.Ang +Bea	Beruf: Facharbeit	Beruf: sonst.Arbe	Beruf: nicht beru
Ungew. Fallzahlen	25.959	11.568	14.391	4.979	8.963	12.017	3.412	9.552	8.402	4.593	1.008	666	7.073	2.446	1.395	13.133
Gew. Fallzahlen	25.959	12.392	13.567	5.422	9.157	11.380	3.495	9.384	8.519	4.561	1.198	777	6.831	2.938	1.516	12.424
BILD am SONNTAG	15,6	20,4	11,3	12,5	15,8	16,9	13,7	21,2	13,7	9,1	18,0	12,5	14,8	24,7	19,9	13,6
Bunte	5,5	3,7	7,1	3,6	5,3	6,6	4,7	6,1	5,7	4,6	6,1	5,4	5,9	3,4	4,1	5,9
Neue Revue	3,3	3,8	2,9	2,9	3,6	3,3	3,6	4,5	2,7	2,0	2,7	2,6	3,2	5,1	4,5	3,0
Focus	9,2	12,0	6,6	9,3	11,3	7,5	2,3	6,2	10,4	18,5	14,1	27,0	12,5	6,9	3,5	6,8
DER SPIEGEL	9,0	12,1	6,2	9,7	10,3	7,7	2,6	5,4	9,1	21,2	13,8	29,3	11,8	5,6	3,3	7,0
Stern	10,6	11,8	9,4	12,0	12,2	8,6	4,8	8,8	11,6	16,6	14,8	21,5	13,3	9,2	6,3	8,5
BILD + FUNK	2,0	1,7	2,3	1,0	1,7	2,7	2,7	2,7	1,5	1,0	1,7	1,6	1,8	2,0	1,4	2,3
Hörzu	9,7	9,7	9,8	6,6	8,0	12,7	8,6	9,8	9,6	10,6	11,2	13,1	8,6	7,7	6,8	10,7
Super TV	1,4	1,3	1,5	1,2	1,3	1,5	0,8	1,5	1,5	1,4	0,4	1,0	1,2	1,5	1,9	1,6
TV Hören und Sehen	6,5	6,0	6,9	4,1	6,2	7,9	6,9	8,2	5,7	4,2	5,0	4,0	6,4	7,0	6,7	6,8
TV Movie	10,1	10,7	9,5	16,2	13,1	4,7	7,5	8,4	12,8	10,4	8,6	11,6	13,4	12,4	13,3	7,3
TV Spielfilm	11,1	12,8	9,5	18,4	13,9	5,3	7,7	8,4	13,7	14,2	12,8	12,6	14,7	13,2	11,0	8,5
TV TODAY	5,1	5,5	4,8	7,4	5,9	3,3	3,8	4,4	5,7	6,5	4,6	6,2	6,2	6,0	5,6	4,2
rtv	14,5	13,8	15,1	11,0	13,5	17,0	13,3	14,6	15,2	13,8	17,6	17,9	13,6	13,2	10,9	15,2
Das Goldene Blatt	2,5	1,2	3,7	1,0	1,6	3,9	4,5	3,3	1,6	0,8	1,2	0,7	1,8	0,8	1,7	3,6
BILD der FRAU	8,0	2,2	13,2	5,4	8,2	9,0	10,2	9,4	7,4	4,5	6,4	3,2	9,6	3,8	8,4	8,5
Frau im Spiegel	3,0	0,8	5,0	0,7	1,7	5,1	6,2	3,6	2,0	1,2	1,3	0,4	2,1	0,7	2,8	4,4
Tina	5,5	1,2	9,3	4,0	5,5	6,1	7,1	6,8	5,1	2,0	4,3	2,9	7,1	1,8	5,3	5,8
Brigitte	5,8	1,0	10,3	5,9	7,3	4,6	3,8	4,7	7,3	6,9	5,9	5,6	9,7	1,6	4,2	4,8
Freundin	3,9	0,7	6,9	4,4	5,1	2,8	2,8	3,3	4,9	4,3	3,7	2,1	6,3	0,9	2,6	3,7
Für Sie	4,1	0,6	7,2	3,1	4,7	4,0	3,6	4,2	4,3	3,8	4,1	2,4	5,7	1,1	2,8	4,2
Journal für die Frau	2,9	0,5	5,1	1,6	3,3	3,2	3,1	2,9	3,2	2,2	4,2	1,9	4,1	0,8	2,6	2,7
COSMOPOLITAN	1,7	0,6	2,8	3,2	2,1	0,7	0,5	0,8	2,4	3,3	1,7	2,9	3,2	0,4	0,7	1,2
ELLE	0,9	0,3	1,4	1,1	1,3	0,4	0,4	0,5	1,0	1,7	1,1	1,1	1,6	0,2	0,4	0,6
Madame	0,5	0,1	0,9	0,5	0,6	0,4	0,3	0,3	0,6	0,9	0,8	0,5	0,8	0,1	0,4	0,4
Marie Claire	0,5	0,2	0,8	0,7	0,6	0,3	0,2	0,3	0,6	0,9	0,4	0,7	0,8	0,1	0,2	0,4
Petra	1,9	0,3	3,4	2,2	2,3	1,4	1,7	1,7	2,3	1,6	2,2	1,0	2,7	0,4	1,3	1,8
Vital	1,8	0,9	2,5	0,7	1,7	2,3	1,3	2,0	1,8	1,7	1,9	1,7	2,1	0,4	1,5	1,9
Vogue	0,9	0,3	1,5	1,3	1,2	0,4	0,4	0,4	1,2	1,8	1,1	1,9	1,5	0,2	0,2	0,7
Eltern	2,5	1,4	3,5	3,4	4,5	0,4	1,0	1,9	3,2	3,5	2,2	2,7	3,6	2,0	1,7	2,1
Bravo	3,3	2,4	4,2	11,2	2,3	0,4	5,6	1,4	5,5	1,4	1,2	1,1	2,0	2,2	2,6	4,8
Micky Maus	1,4	1,3	1,4	2,8	1,7	0,4	1,5	0,9	1,9	1,2	1,5	1,5	1,5	1,2	1,5	1,3
Fit For Fun	2,4	2,3	2,5	6,1	2,7	0,4	1,1	1,3	3,2	4,3	2,3	3,6	3,6	2,5	1,3	1,8
MAX	0,7	0,9	0,5	1,9	0,6	0,2	0,3	0,3	0,9	1,5	0,5	0,7	0,8	0,7	0,5	0,6
Men's Health	0,9	1,5	0,4	2,4	1,0	0,2	0,4	0,6	0,9	1,9	1,2	1,1	1,2	1,6	0,8	0,6
Playboy	1,3	2,3	0,4	2,6	1,6	0,4	0,9	1,1	1,4	1,7	2,9	1,4	1,4	2,3	2,0	0,7
AUTO BILD	4,3	8,1	0,9	5,3	5,5	2,9	2,3	5,1	4,5	3,8	5,1	5,4	4,7	10,8	6,1	2,2
auto motor und sport,	3,3	5,9	0,8	5,5	4,0	1,6	1,4	3,0	3,9	4,0	6,2	6,5	3,2	6,7	3,6	1,9
ADAC motorwelt	27,3	39,4	16,3	21,9	33,4	25,1	9,2	27,1	30,0	36,7	38,7	48,4	31,6	41,9	20,7	19,8
Kicker Sportmagazin	3,1	6,0	0,5	4,5	3,6	2,1	2,2	3,6	3,3	2,7	2,6	3,5	2,8	7,4	4,0	2,2
SPORT BILD	3,9	7,4	0,7	5,8	4,5	2,5	2,3	4,6	4,0	3,6	3,3	3,7	3,9	9,5	5,3	2,5
Bild der Wissenschaft	0,9	1,4	0,5	1,2	1,0	0,8	0,2	0,2	0,7	3,5	1,4	6,3	1,0	0,5	0,4	0,7
Geo	4,3	5,3	3,4	6,1	4,7	3,2	1,3	2,1	4,3	11,5	5,4	13,6	5,5	2,5	1,6	3,6
COMPUTER BILD	4,4	7,0	1,9	8,5	5,8	1,2	2,2	2,3	5,3	8,5	6,1	10,8	6,0	5,2	1,5	3,0
Wirtschaftswoche	1,2	1,9	0,7	0,9	1,9	0,9	0,1	0,4	1,1	4,1	3,4	9,8	1,7	0,3	0,1	0,5
Capital	2,3	3,3	1,3	2,0	3,1	1,8	0,3	0,9	2,4	6,5	6,0	10,8	3,2	0,9	0,6	1,2
DM	1,3	2,0	0,6	0,6	1,8	1,2	0,3	1,0	1,4	2,7	3,2	5,6	1,5	1,2	0,6	0,7
manager magazin	0,8	1,3	0,3	0,5	1,2	0,5	0,1	0,2	0,6	2,8	2,1	6,2	1,1	0,2	0,1	0,3
Die Woche,	0,4	0,5	0,4	0,6	0,4	0,4	0,1	0,2	0,4	1,4	1,0	1,3	0,6	0,1	0,1	0,3
DIE ZEIT	1,8	2,2	1,5	2,0	2,1	1,5	0,2	0,3	1,4	7,0	3,0	8,4	1,9	0,3	0,4	1,6

MA 2000 Arbeitsgemeinschaft Media Analyse (AG.MA) / Media Micro Census GmbH

Lesebeispiel: Mit einer durchschnittlichen Ausgabe des *Spiegel* werden 9,0% der Gesamtbevölkerung ab 14 Jahren erreicht, davon 12,1% Männer und 6,2% Frauen. 10,3% aller *Spiegel*-Leser sind im Alter von 30 - 49 Jahren, 21,2% haben Abitur, Hochschulreife oder studiert, 29,3% sind leitende Angestellte oder Beamte, 5,6% Facharbeiter.

Neben der MA gibt es weitere bundesweite sogenannte Markt-Media-Studien, die das Medienverhalten kombinieren mit zusätzlichen Kriterien, wie Freizeitverhalten der Mediennutzer, Einstellungen, Einkaufsgewohnheiten, Konsum- und Besitzmerkmale, Urlaub und Reise u.v.a.m.:

- Die Allensbacher Werbeträger-Analyse (AWA) vom Institut für Demoskopie in Allensbach,
- die Verbraucher-Analyse (VA), im Auftrag der Verlage Axel Springer und Heinrich Bauer,
- die Typologie der Wünsche (TdW) des Burda-Verlages.

Speziell für das Fernsehen werden Mediennutzungsdaten durch das **GfK-Meter** erhoben. Die sechs größten Fernsehsender (ARD, DSF, PRO7, RTL, SAT1, ZDF) haben sich in der „Arbeitsgemeinschaft Fernsehforschung" (AGF) zusammengeschlossen und die Gesellschaft für Konsumforschung, GfK, mit der Untersuchung des Fernsehverhaltens beauftragt. Kernstück der Erforschung des Sehverhaltens ist ein Mikrocomputer, das GfK-Meter, das alle Ein-, Um- und Ausschaltvorgänge der Fernsehzuschauer sekundengenau erfaßt. Das GfK-Meter ist in ca. 5.200 Privathaushalten mit ca. 12.000 Personen installiert, die repräsentativ sind für 33 Millionen Privathaushalte bzw. 71 Millionen Personen. Ein Haushalt im GfK-Panel repräsentiert also rund 6.390 Haushalte in der Gesamtheit aller Fernsehhaushalte in der Bundesrepublik.

Erfaßt werden alle im Gebiet der Bundesrepublik empfangbaren Fernsehsender (= ca. 300 identifizierbare Sender). Aus den gesammelten Daten werden im wesentlichen folgende Nutzungsindikatoren ermittelt:

1. **Reichweite (Ratings):** Sie wird auf Personenebene (Sehbeteiligung) und auf Haushaltsebene (Einschaltquote) erfaßt und als Durchschnittswert in Prozent oder absolut in Millionen ausgewiesen. Dafür werden die Sehdauern aller Personen bzw. Haushalte addiert und zur möglichen Sehdauer in Beziehung gebracht (vgl. GfK 1993, S. 18). Die Informationen aus dem GfK-Panel sind also Sehwahrscheinlichkeiten, d.h. die Zahl der ausgestrahlten Werbesekunden wird ins Verhältnis gesetzt zu der Zahl der gesehenen Werbesekunden.
2. **Marktanteil**: Der Marktanteil eines Senders ist sein Anteil an der personenbezogenen Gesamtfernsehnutzung. Er gibt die Sehdauerrelationen zwischen den Sendern wieder und ist unabhängig von der absoluten Sehdauer (vgl. GfK 1993, S. 21).

Für die Fernsehsender (und Werbeagenturen) stehen die erhobenen Daten tagesaktuell zur Verfügung, so daß ein Sender bereits am nächsten Tag die Daten auswerten kann. Über eine online-Verbindung sind auch alle Reichweiten der konkurrierenden Programme transparent; damit ist eine unmittelbare Entscheidungsmöglichkeit für die Sender, die Agenturen und die Werbungtreibenden gegeben.

> „Ich kriege eine Art EKG nach jeder Sendung. Ich weiß, ich habe mit 12 Millionen begonnen, ziehe auf 14, 16, dann plötzlich fehlt mal eine Million. Wir wissen, wie die Zielgruppe der 14- bis 49jährigen reagiert hat oder was die Alten nicht interessiert. Das ist heute beinahe eine klinische Angelegenheit" (Thomas Gottschalk 1999, S. 119).

Seit 1997 stehen die GfK-Daten als **personenindividuelle Nutzerdaten (PIN)** zur Verfügung. Für jede Person innerhalb des GfK-Panels wird ein Datensatz angelegt (Personenstammdatei), in dem die erhobenen Personenmerkmale abgespeichert sind, wie Alter, Geschlecht, Familienstand, Ausbildung, Beruf, Einkommen, Informationen zum Konsumverhalten. Bis 1997 wurden die GfK-Daten ausschließlich als aggregierte Ergebnisse zur Verfügung gestellt. Als PIN-Daten sind nun Reichweiten und Marktanteile für beliebige Zielgruppendefinitionen möglich, es kann das individuelle Fernsehverhalten (z.B. Programmwechsel) der Panelteilnehmer verfolgt werden (die für Außenstehende natürlich anonymisiert sind).

Das GfK-Panel hat durch Nielsen Konkurrenz bekommen. Nielsen erhebt ebenfalls in (6.000) Privathaushalten die TV-Nutzung und gleichzeitig auch das Konsumverhalten. Die TV-Messung erfolgt ebenfalls sekundengenau, allerdings nur mit wochenweisem Ausweis. Gleichzeitig werden in den Haushalten aber auch die Einkäufe per Handscanner erfaßt. Diese Methodik wird als **Single-Source-Panel** bezeichnet: TV-Nutzung und Kaufverhalten aus einer Datenquelle. Für die Mediaplanung kann Nielsen damit neben soziodemographischen Zielgruppen auch Käuferzielgruppen zur Verfügung stellen.

Mediennutzer werden eingeteilt in Leserschaften, Hörerschaften und Seherschaften. Als **Leser** gilt, „wer innerhalb eines bestimmten Zeitraumes vor dem Tag des Interviews ein Presseerzeugnis in die Hand genommen und darin geblättert oder gelesen hat" (MA-Definition). Der abgefragte Zeitraum entspricht dabei der Länge des Erscheinungsintervalls. Die Leserschaft eines Titels läßt sich aufgrund der errechneten Lesewahrscheinlichkeiten in Leserschaftsgruppen einteilen.
Die MA unterscheidet:

Leserschaftsgruppe	Lesewahrscheinlichkeit
▪ ganz seltene Leser	0,01 - 0,24
▪ seltene Leser	0,25 - 0,41
▪ gelegentliche Leser	0,42 - 0,58
▪ häufige Leser	0,59 - 0,82
▪ Kernleser	0,83 - 1,0

Da Hörfunk als ein Medium mit mehreren Ausgaben pro Tag (z.B. Nachrichtensendungen) aufgefaßt werden kann, fragt die MA zur Ermittlung von **Hörerschaften** sowohl nach dem Kontakt, der mit dem Medium „gestern" stattgefunden hat, als auch nach dem gesamten Tagesablauf „gestern" (vgl. Landgrebe 1994, S. 39). Dafür wird der Tag in Viertelstundeneinheiten erfaßt. **Seherschaften** werden über die Sehbeteiligung eines Fernsehprogrammes erhoben. Als Quellen stehen dafür einerseits die Messung des Tagesablaufs der MA, andererseits das GfK-Meter zur

Verfügung. Zwar hat sich die MA als allgemein gültige Währung in der Mediaplanung etabliert, allerdings haben die Fernsehdaten der MA an Bedeutung verloren, seitdem die Fernsehsender 1988 ein eigenes Forschungssystem etabliert haben (GfK-Meter). Die durch das GfK-Meter erhobenen Reichweiten sind für jede Sendung und jeden Werbeblock tagesaktuell, während die Fernsehdaten der MA Halbjahresdurchschnittswerte darstellen.

6.3.2.2 Werbeträgerkontakte und Werbemittel-Kontaktchancen

Der Einteilung der Mediennutzerschaften liegen grundsätzliche Unterschiede in der Kontakt- und Reichweitenmessung zugrunde. Während es sich beim Fernsehen um **personenbezogene Meßwerte** handelt, sind die Reichweiten bei Printmedien auf der Ebene von **Werbemittel-Kontaktchancen** anzusiedeln. Das GfK-Meter erlaubt eine definitive Aussage darüber, bei wievielen Personen der Fernseher während eines Werbeblocks eingeschaltet war. Mittels Cross-Checks läßt sich eine hinreichend genaue Wahrscheinlichkeit darüber ermitteln, wieviele Personen einen bestimmten Werbespot gesehen haben. Bei Printmedien wird hingegen von einer sehr viel weicheren „Währung" ausgegangen, indem der Kontakt mit dem Werbeträger gleichgesetzt wird mit der Chance, eine darin geschaltete Anzeige auch gesehen zu haben. Als **Werbeträgerkontakt** gilt jeder Kontakt einer Person mit dem Medium. Bei Publikumszeitschriften gilt als etabliertes Reichweitenmaß die **Leserschaft pro Ausgabe (LpA)**. Allerdings beschreibt die LpA die Reichweite eines Mediums unabhängig von der Nutzungsintensität, also auch unabhängig von dem Kontakt mit dem Werbemittel. Wie viele Personen **tatsächlich** eine bestimmte Anzeige von einem bestimmten Werbetreibenden in einer bestimmten Zeitschrift gesehen haben, läßt sich über die Kontaktmessung nicht ermitteln. Hinzu kommen verfälschende Antworten bei der Befragung innerhalb der MA. Wird beispielsweise nach der Nutzung des *Spiegel* gefragt, kann von einem overreporting ausgegangen werden, bei einem Titel wie dem *Playboy* hingegen von einem underreporting.

Während die Reichweite „Leser pro Ausgabe" angibt, wie viele Personen eine durchschnittliche Ausgabe eines Titels nutzen, gibt der **Leser pro Exemplar (LpE)** an von wie vielen Personen im Durchschnitt das gleiche Exemplar der Ausgabe eines Titel genutzt wird. Dieser Wert wird durch Berechnung ermittelt:

$$\text{Leser pro Exemplar} = \frac{\text{hochgerechnete Reichweite des LpA}}{\text{tatsächlich verbreitete Auflage}}$$

Beispielsweise weist die MA 2002 für die *Hörzu* eine Reichweite von 5,62 Millionen Lesern aus (LpA). Wird diesem Wert die von der IVW ermittelte tatsächlich verbreitete Auflagen von 1,99 Millionen Exemplaren gegenübergestellt, resultiert daraus ein LpE in Höhe von 2,8. Dieser Wert besagt, daß jedes Exemplar der *Hörzu* im Durchschnitt von 2,8 Personen in die Hand genommen wird, um darin zu blättern oder zu lesen.

Die Unterschiede in den Qualitäten der Reichweiten von Print- und elektronischen Medien liegen in den grundsätzlich unterschiedlichen Nutzungsmöglichkeiten dieser Medien begründet. Der Kontakt mit einem Werbespot im Fernsehen kann nur zum Zeitpunkt der Ausstrahlung erfolgen, er kann später nicht mehr nachgeholt werden. Ferner ist die Fernsehnutzung örtlich fixiert. Die beiden Tatsachen ermöglichen es der GfK, den Kontakt unmittelbar beim Zustandekommen zu **messen**. Da die Nutzung von Printmedien weder stationär noch zeitgebunden erfolgt, können die Kontakte hier nicht gemessen werden, sondern werden in der MA mittels einer Befragung erhoben. Die Leserforschung ist also auf die Gedächtnisleistung der Versuchspersonen angewiesen (vgl. Müller 1997, S. 322 f.).

Die Definitionen von Werbeträger-Kontakten und Werbemittel-Kontaktchancen für einzelne Werbeträger zeigt Tabelle 6-8. Mit den hier getroffenen Definitionen wird unterstellt, daß jemand, der eine durchschnittliche Seite in einer Zeitschrift aufschlägt, die gleiche Wahrscheinlichkeit hat, eine dort geschaltete Anzeige zu sehen, wie jemand, der in einer Viertelstunde Sendezeit die Hörfunkwerbung hört oder in einer durchschnittlichen Minute Fernsehzeit die Fernsehwerbespots wahrnimmt.

Tabelle 6–8: Kontaktdefinitionen in den Medien

	Werbeträger-Kontakt	**Werbemittel-Kontaktchance**
Zeitungen/ Zeitschriften	Wahrscheinlichkeit, eine durchschnittliche Ausgabe in die Hand zu nehmen, um darin zu lesen oder zu blättern.	Wahrscheinlichkeit, eine durchschnittliche Seite einer durchschnittlichen Ausgabe aufzuschlagen, um darauf etwas anzusehen oder zu lesen.
Hörfunk	Wahrscheinlichkeit, in einer durchschnittlichen Stunde mit Werbung zu einer bestimmten Tageszeit den Sender zu hören.	Wahrscheinlichkeit, in einer durchschnittlichen Viertelstunde in einer Stunde mit Werbung zu einer bestimmten Tageszeit den Sender zu hören.
Fernsehen	Wahrscheinlichkeit in einer durchschnittlichen Halbenstunde mit Werbung zu einer bestimmten Tageszeit den Sender zu sehen.	Wahrscheinlichkeit, während einer durchschnittlichen Minute in einer durchschnittlichen Halbenstunde mit Werbung zu einer bestimmten Tageszeit den Sender zu sehen.

Vgl. Hörzu (Hrsg.): Media - Planung für Märkte, 5. Aufl., Hamburg 1995, S. 60

Während das GfK-Meter also die tatsächlichen Werbemittelkontakte erhebt, wird in den Printmedien ein Werbeträgerkontakt gleichgesetzt mit einer Werbemittel-Kontaktchance. Versuche einer weitergehenden Qualifizierung der Kontakte im Printbereich müssen als gescheitert angesehen werden (vgl. Müller 1997, S. 323). Zunächst wurde als Werbemittelkontakt der **Leser pro Seite (LpS** = Seitenkontaktchance) gewählt. Diese Präzisierung des Werbeträgerkontaktes wurde in einer externen Untersuchung erhoben und für die MA bereitgestellt. Allerdings ist das Meßverfahren sehr aufwendig und auch sehr problematisch. Dem Befragten wird eine Zeitschrift vorgelegt und der Interviewer geht Seite für Seite mit dem Befragten durch und fragt bei jeder einzelnen Seite, jedem einzelnen redaktionellen Beitrag oder jeder Anzeige, ob der Befragte sich daran erinnern kann, sie gesehen oder gelesen hat (**Copytest**).

Ein weiterer Versuch zur Qualifizierung des Werbeträgerkontaktes im Print sollte nicht nur den Kontakt mit einer durchschnittlichen Heftseite, sondern den „Kontakt mit einer durchschnittlichen werbungführenden Seite einer durchschnittlichen Ausgabe" erheben und wies das Ergebnis als **Leser pro werbungführender Seite (LpwS)** aus. Auch der LpwS wird mittels eines Copytests erhoben. Fragwürdig ist hier insbesondere, ob die allgemeine Wirkungsleistung eines Werbeträgers gemessen wird oder nur die spezifische Leistung der Anzeige. Denn nicht die Zeitschrift bestimmt, wie die Anzeigen genutzt werden, sondern die konkreten Anzeigen in der jeweiligen Ausgabe. Unabhängig davon enthält der LpwS keine Aussage über die konkrete Nutzung einer konkreten Anzeige in einer konkreten Zeitung. LpS und LpwS werden in kleinen Stichproben erhoben und auf die Gesamtleserschaften projiziert. Auch diese Projektion erscheint als fragwürdig, da die Testresultate einer kleinen Gruppe in einer Laborsituation nicht dem tatsächlichen Mediennutzungsverhalten entsprechen müssen.

6.4 Die wichtigsten Werbeträger

6.4.1 Zeitungen

Mit einem Werbevolumen von 5,6 Mrd. Euro und einem Marktanteil von 26% stellen Zeitungen die bedeutendste Gruppe der Werbeträger dar (vgl. Tabelle 6-9).

Tabelle 6–9: Nettowerbeumsätze der Tageszeitungen

	1996	1997	1998	1999	2000	2001
Werbeumsätze in Mio. €	5.459,9	5.557,6	5.868,3	6.066,4	6.556,6	5.642,2
+/- vs. Vorjahr in %	-0,4	+1,8	+5,6	+3,4	+8,1	-14,0
Anzahl	408	402	398	393	388	387
Auflage in Mio.(1)	30,6	30,1	29,7	29,3	28,9	28,6
(1) = tatsächlich verbreitete Auflage lt. IVW						

Quelle: ZAW Jahrbücher

Zeitungen sind durch folgende Merkmale charakterisiert, die sie gegenüber anderen Medien eindeutig abgrenzen (vgl. Wimmer 1999, S. 66):

- **Aktualität**: Vermittlung jüngsten Gegenwartsgeschehens.
- **Periodizität**: Erscheinen in kürzester, regelmäßiger Folge.
- **Publizität**: Allgemeine Zugänglichkeit, breiteste Öffentlichkeit.
- **Universalität**: Keine thematischen Einschränkungen.
- **Vertrieb**: Abgabe gegen einen festen Bezugspreis.

Üblicherweise werden Zeitungen eingeteilt in **Tages-** und **Wochenzeitungen**. Wird eine Zeitung überwiegend im Abonnement vertrieben, wird von **Abonne-**

mentszeitungen gesprochen, in Unterscheidung zu **Kaufzeitungen**, die überwiegend im Einzelverkauf vertrieben werden. Diese Unterscheidung ist relevant im Hinblick auf die Regelmäßigkeit der Leserschaft und daraus resultierenden Auswirkungen auf Kontakt- und Reichweitenaufbau (vgl. Kapitel 4.8.2). Eine weitere Einteilung wird vorgenommen im Hinblick auf Verbreitung und Berichterstattung in regionale und überregionale Zeitungen (vgl. Abbildung 6-4).

Abbildung 6–4: Die Einteilung von Zeitungen

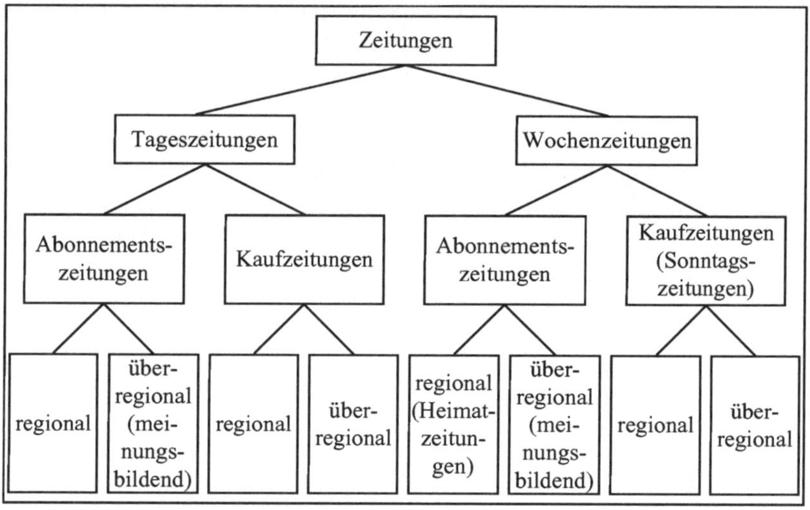

Quelle: Ruland, J. (Hrsg.): Werbeträger, 4. Aufl., Bad Homburg 1978, S. 57

Innerhalb dieser Einteilung stellen **regionale Tageszeitungen** im Hinblick auf Zahl, Auflage und Werbeumsatz die größte Gruppe dar. Sie erreichen einen Abonnementsanteil von 80% bis 90%. Aufgrund dieses hohen Abonnementsanteils (= hoher Anteil regelmäßiger Leser) wird bei Mehrfachschaltung in regionalen Tageszeitungen die Reichweite nur unwesentlich erhöht, vielmehr steigen die Kontakte stark an. Die hohen Werbeumsätze der regionalen Tageszeitungen resultieren in erster Linie aus Anzeigen lokaler und regionaler Geschäfte und aus den Rubrikenmärkten (Immobilien, Kfz, Stellenanzeigen, Bekanntschaften usw.). Überregionale Anzeigen machen nur ca. 8% des gesamten Anzeigengeschäftes aus.

Tabelle 6–10: Der Zeitungsmarkt in Deutschland

	Anzahl Titel	**Auflage**
Tageszeitungen	387	28,22
davon: abonniert		17,55
im Einzelverkauf		9,32
Wochenzeitungen	24	1,91
Gesamt	411	30,13

Quelle: IVW Auflagenliste 1/2002

Überregionale Tageszeitungen werden ebenfalls schwerpunktmäßig im Abonnement vertrieben, nach Zahl und Auflage stellen sie jedoch nur eine relativ kleine Gruppe dar. **Kaufzeitungen** (auch: Boulevard-Zeitungen) kennzeichnen sich durch Straßenverkauf und sensationsorientierte Berichterstattung. Sie haben einen Einzelverkaufsanteil von bis zu 98%, verglichen mit den regionalen Tageszeitungen verläuft das Kontaktwachstum hier also deutlich flacher.

Wochenzeitungen sind von der redaktionellen Konzeption her mit den überregionalen Tageszeitungen vergleichbar, allerdings liegt der Schwerpunkt naturgemäß nicht auf der tagesaktuellen Berichterstattung, sondern auf Themenaktualität mit Hintergrundberichten. Eine Auflistung der wesentlichen überregionalen Zeitungen zeigt Tabelle 6-11.

Tabelle 6–11: Überregionale Zeitungen

Verlagsort	Titel	Verkaufte Auflage in 1000
Überregionale Tageszeitungen		
Frankfurt/M.	Frankfurter Allgemeine Zeitung	390,7
Frankfurt/M.	Frankfurter Rundschau	188,2
München	Süddeutsche Zeitung	434,7
Hamburg	Die Welt	233,7
Düsseldorf	Das Handelsblatt	141,3
Hamburg	Financial Times Deutschland	80,4
Berlin	Neues Deutschland	56,2
Überregionale Wochenzeitungen		
Hamburg	Die Zeit	423,7
Bonn	Rheinischer Merkur	101,9
Sonntagszeitungen		
Hamburg	Bild am Sonntag	2.221,6
Hamburg	Welt am Sonntag	406,6
Berlin	B.Z. am Sonntag	139,3
Stuttgart	Sonntag Aktuell	1.052,7
Frankfurt/M.	Frankfurter Allgemeine Sonntagszeitung	255,4
Dresden	Morgenpost am Sonntag	75,2
Kaufzeitungen		
Hamburg	Bild	4.083,3
Köln	Express	272,5
Berlin	B.Z.	244,3
München	Abendzeitung	180,1
München	tz	164,9
Hamburg	Hamburger Morgenpost	113,4
Berlin	Berliner Kurier	152,4
Dresden	Morgenpost für Sachsen	104,9

Quelle: IVW Auflagenliste 1/2002

Vier Fünftel der deutschen Bevölkerung über 14 Jahre (78%) lesen regelmäßig eine Tageszeitung. Tageszeitungen werden sehr intensiv genutzt, durchschnittlich ca. 40 Minuten am Tag (38 Minuten im Westen, 46 Minuten im Osten). Dadurch ergibt sich für Anzeigen in Tageszeitungen eine hohe Kontaktchance. Die Lesedauer nimmt mit zunehmendem Alter zu. Die 14- bis 29jährigen lesen im Durchschnitt 28 Minuten, die 30- bis 49jährigen 35 Minuten und die über 50jährigen 48 Minuten (vgl. Wimmer 1999, S. 94).

Als Werbeträger haben Zeitungen den Vorteil, daß sie regional und zeitlich exakt steuerbar sind. Ein Werbetreibender hat hier also die Möglichkeit, tagesgenau eine räumlich definierte Zielgruppe auf seine Angebote aufmerksam zu machen. Eine zielgruppenspezifische Steuerbarkeit ist hingegen bei regionalen Tageszeitungen nicht möglich, Zielgruppe ist vielmehr im wesentlichen die Gesamtbevölkerung. Aufgrund ihrer hohen Reichweiten entspricht die soziodemographische Struktur der Leser regionaler Tageszeitungen weitgehend der der Gesamtbevölkerung. Bei überregionalen Tages-, Wochen- und Sonntagszeitungen ist hingegen eine Ansprache spezieller Zielgruppen möglich. Aufgrund ihres redaktionellen Anspruchs erreichen sie Leserschaften schwerpunktmäßig in den oberen Bildungs- und Einkommensgruppen, Selbständige und leitende Angestellte. Auch die Leser von Kaufzeitungen weichen vom Bevölkerungsdurchschnitt ab. Sie sind überproportional in den unteren und mittleren Einkommens- und Bildungsgruppen vertreten.

Deutschland hat eine, auch im internationalen Vergleich, sehr hohe Zeitungsdichte: Auf je 1.000 Einwohner entfallen 375 Zeitungsexemplare. Deutschland liegt damit hinter Japan (688), der Schweiz (453) und Großbritannien (408) auf Platz 4, vor Österreich (374), den Niederlanden (345) und den USA (263), (vgl. ZAW 2002, S. 243).

Hinsichtlich der Werbemöglichkeiten in Tageszeitungen ist zwischen Anzeigen im Text- und im Anzeigenteil zu unterscheiden. Die Anzeigenformate in Tageszeitungen sind frei wählbar, Anzeigenraum steht unbegrenzt zur Verfügung und ist kurzfristig disponibel. Die Kosten für eine Anzeige berechnen sich aus dem Millimeter-Grundpreis, der den Preis für einen Millimeter Höhe je Spalte angibt, multipliziert mit der Millimetermenge. Die Millimetermenge ergibt sich aus der Höhe der Anzeige und der Spaltenzahl. Eine Anzeige die 250 mm hoch ist und über vier Spalten verläuft umfaßt also eine Menge von 1000 mm:

250		4		1.000		6,80		6.800
Anzeigen-höhe (mm)	x	Zahl der Spalten	=	Millimeter-menge	x	Millimeter-preis (€)	=	Anzeigen-preis (€)

Tabelle 6–12: Anzeigenpreise ausgewählter Zeitungen 2000

Titel	Mo-Fr, sw, €		Titel	Mo-Fr, sw, €	
	mm-Preis	1/1 Seite		mm-Preis	1/1 Seite
FAZ	7,11	30.019,79	Neues Deutschland	2,30	7.408,62
Die Welt	4,55	19.221,30	Bild	55,12	232.731,88
Die Zeit	6,52	27.536,14	Express	5,78	14.906,20

Abbildung 6–5: Anzeigenbeispiele für regionale Tageszeitungen

Abbildung 6–6: Anzeigenbeispiele für überregionale Tageszeitungen

Abbildung 6–7: Anzeigen-Sonderformate

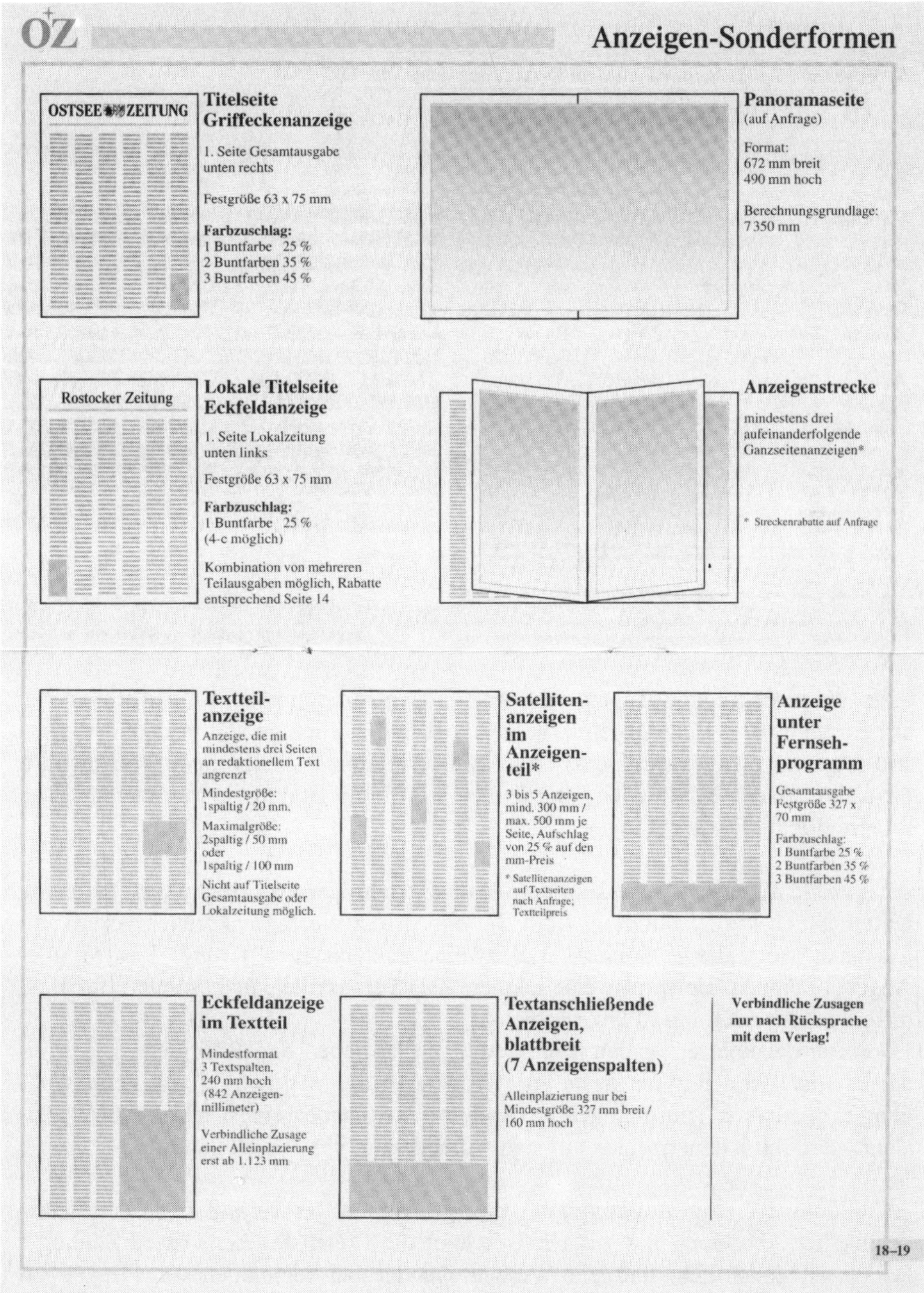

Abbildung 6–8: Preisliste der Ostsee Zeitung

OZ **Ortspreise** gültig ab 1. Januar 2002 **Nr. 27**

für direkt schaltende Kunden aus dem Verbreitungsgebiet der OZ

	ZIS-Nr.	s/w-Anzeigen mm-Preis	s/w-Anzeigen Preis 1/1 Seite 3.430 mm	s/w-Anzeigen Textteil-anzeigen*	s/w-Anzeigen Anzeigen im Reise-teil**	Farbanzeigen 1 Buntfarbe (Mindestgröße 200 mm pro Seite) mm-Preis	Farbanzeigen 1 Buntfarbe Preis 1/1 Seite 3.430 mm	Farbanzeigen 2 Buntfarben (Mindestgröße 500 mm pro Seite) mm-Preis	Farbanzeigen 2 Buntfarben Preis 1/1 Seite 3.430 mm	Farbanzeigen 3 Buntfarben (Mindestgröße 500 mm pro Seite) mm-Preis	Farbanzeigen 3 Buntfarben Preis 1/1 Seite 3.430 mm
Gesamtausgabe	101988	4,92	16.875,60	22,14	3,59	6,15	21.094,50	6,64	22.775,20	7,13	24.455,90
Rostock	101779	2,30	7.889,00	10,35	1,68	2,88	9.878,40	3,11	10.667,30	3,34	11.456,20
Grevesmühlen	101019	0,89	3.052,70	4,01	0,65	1,11	3.807,30	1,20	4.116,00	1,29	4.424,70
Wismar	100200	1,19	4.081,70	5,36	0,87	1,49	5.110,70	1,61	5.522,30	1,73	5.933,90
Bad Doberan	101209	0,89	3.052,70	4,01	0,65	1,11	3.807,30	1,20	4.116,00	1,29	4.424,70
Ribnitz-Damgarten	100477	1,00	3.430,00	4,50	0,73	1,25	4.287,50	1,35	4.630,50	1,45	4.973,50
Stralsund	100198	1,21	4.150,30	5,45	0,88	1,51	5.179,30	1,63	5.590,90	1,75	6.002,50
Rügen	101496	1,15	3.944,50	5,18	0,84	1,44	4.939,20	1,55	5.316,50	1,67	5.728,10
Grimmen	101525	0,86	2.949,80	3,87	0,63	1,08	3.704,40	1,16	3.978,80	1,25	4.287,50
Greifswald	101624	1,15	3.944,50	5,18	0,84	1,44	4.939,20	1,55	5.316,50	1,67	5.728,10
Usedom-Peene	101022	0,98	3.361,40	4,41	0,72	1,23	4.218,90	1,32	4.527,60	1,42	4.870,60
Wirtschaftsraum[1] Mecklenburg	100739	2,72	9.329,60	–	–	3,40	11.662,00	3,67	12.588,10	3,94	13.514,20
Wirtschaftsraum[2] Vorpommern	100569	2,72	9.329,60	–	–	3,40	11.662,00	3,67	12.588,10	3,94	13.514,20

[1] gleichzeitige Belegung der Lokalausgaben Grevesmühlen, Wismar, Rostock, Bad Doberan
[2] gleichzeitige Belegung der Lokalausgaben Ribnitz-Damgarten, Stralsund, Rügen, Grimmen, Greifswald, Usedom-Peene
[1/2] Diese Belegungen sind nur am Samstag möglich und gelten ausschließlich für den Immobilienmarkt, den Automarkt, den Stellenmarkt und den Reisemarkt.

* Mindestgröße: 1spaltig/20 mm
Maximalgröße: 2spaltig/50 mm oder 1spaltig/100 mm / Farbe auf Anfrage

** Anzeigen im Reiseteil von Kurverwaltungen, Fremdenverkehrsverbänden, Hotels, Pensionen, Ferienhaus-, Ferienwohnungsvermietern, Gasthöfen, Sanatorien

Eine Kombination der einzelnen Lokalausgaben ist möglich. Kombinationsrabatte sind der Seite 12 zu entnehmen.
Die Verbreitungsgebiete der einzelnen Ausgaben entnehmen Sie bitte der Übersicht auf den Seiten 27-28. **Alle Preise in EURO zuzüglich gesetzlicher Mehrwertsteuer.**

Als Werbeträger sind Tageszeitungen immer dann sinnvoll, wenn das Angebot auf ein regionales Einzugsgebiet begrenzt ist und zeitlich gezielt gesteuert werden soll (regionale Tageszeitungen) bzw. an überregionale Zielgruppen gerichtet ist, die sich nach den Merkmalen Einkommen, Beruf und Bildung klassifizieren lassen (überregionale Tageszeitungen).

Regionale Tageszeitungen sind der ideale Werbeträger für örtliche Geschäfte und Unternehmen (vgl. Abbildung 6-5). Sie haben hier ein tagesaktuelles Forum, für das sich vor allem Sonder- („Schweinebauchanzeigen") und Last-Minute-Angebote eignen. Beispielsweise können Reiseveranstalter, insbesondere für Busreisen, gezielt noch freie Plätze anbieten.
Domäne der überregionalen Tageszeitungen ist neben den Rubrikenmärkten einerseits der Bereich „von Privat an Privat", z.B. die Vermietung von Ferienwohnungen, Verkäufe, Tauschangebote. Andererseits machen eine Vielzahl von Spezialanbietern mit Kleinanzeigen auf sich aufmerksam (vgl. Abbildung 6-6).

Abbildung 6-7 zeigt die gängigen Anzeigen-Sonderformen außerhalb der Rubrikenmärkte. Abbildung 6-8 zeigt beispielhaft die Preisliste der „Ostsee Zeitung". Daraus ist ersichtlich, daß ein Werbetreibender bei regionalen Tageszeitungen grundsätzlich die Möglichkeit hat, in der Gesamtausgabe zu werben oder in einer oder mehreren **Teilbelegungseinheiten**, was vor allem für lokal ausgerichtete Werbetreibende interessanter sein dürfte.

Werbung in Tageszeitungen ist eine der wenigen Werbeformen, die nicht als zudringlich erachtet werden. Sie wird sowohl genutzt, um sich über Sonderangebote zu informieren als auch um sich zu informieren, was gerade im Kino läuft. Anzeigen in Zeitungen haben den Vorteil, daß sie nicht so stark um die Aufmerksamkeit der Zielgruppe kämpfen müssen, wie andere Werbeträger. Weil das redaktionelle Umfeld hier üblicherweise ernster Natur ist, muß Werbung in Zeitungen auch nicht den hohen Unterhaltungswert besitzen, wie beispielsweise Fernsehspots. Die meisten Anzeigen in Tageszeitungen sind daher direkt und informativ. Händleranzeigen sagen, welche Ware im Angebot ist, wieviel sie kostet und wo sie zu bekommen ist.

Zeitungen werden mit hoher Geschwindigkeit auf saugfähigem Papier gedruckt, das Farbe unmittelbar aufnimmt. Daher eignen sich Zeitungen üblicherweise nicht für die Wiedergabe feiner Details oder von Farbfotografien. Obwohl mittlerweile fast alle Zeitungsverlage auch Vierfarbdruck anbieten, sind die Anzeigen nach wie vor in schwarz-weiß gehalten, eventuell mit einer Zusatzfarbe.

6.4.2 Anzeigenblätter

Anzeigenblätter werden als Werbeträger häufig unterschätzt, immerhin vereinen sie 8% des gesamten Werbevolumens. Sie finanzieren sich ausschließlich über Anzeigenwerbung und werden kostenlos und unaufgefordert verteilt.[1] Fast alle Anzeigenblätter erscheinen wöchentlich, Erscheinungstage sind überwiegend Mittwoch sowie das Wochenende.

Tabelle 6–13: Nettowerbeumsätze der Anzeigenblätter

	1996	1997	1998	1999	2000	2001
Werbeumsätze in Mio. €	1.539,5	1.676,4	1.761,9	1.742,3	1.791,9	1.742,0
+/- vs. Vorjahr in %	+3,2	+8,9	+5,1	-1,1	+2,8	-2,8
Anzahl	1.279	1.316	1.331	1.311	1.336	1.312
Auflage in Mio.	80,5	84,0	88,2	88,5	90,8	88,9

Quelle: ZAW Jahrbücher

In ihrer Funktion als Werbeträger sind Anzeigenblätter vor allem mit den regionalen Tageszeitungen vergleichbar, deren wichtigster Wettbewerber sie sind. Die Verteilung erfolgt lokal bzw. regional an alle Haushalte. Eine zielgruppenspezifische Steuerung ist dadurch nicht möglich. Der Erscheinungstag orientiert sich an den Bedürfnissen der örtlichen Werbetreibenden. Seit Einführung des langen Donnerstags ist Erscheinungstag vor allem der Mittwoch. Einen starken Auftrieb haben Anzeigenblätter vor allem nach der Wende in den neuen Bundesländern erlebt. Für lokale Werbetreibende erfüllen Anzeigenblätter die gleichen Voraussetzungen wie

[1] Da bei Anzeigenblättern keine Vertriebserlöse anfallen, ist eine IVW-Überprüfung nicht möglich. Die im Bundesverband Deutscher Anzeigenblätter (BVDA) zusammengeschlossenen Verlage unterziehen sich einer Auflagenprüfung durch Wirtschaftsprüfer an Hand des Papierverbrauchs und Trägerabrechnungen.

regionale Tageszeitungen. Seit Januar 2000 stellen die Anzeigenblätter ihre Kleinanzeigen auch ins Internet (www.anonza.de).

In den letzten Jahren gab es einen heftigen Streit über die Herausgabe kostenlosen Tages- und Sonntagszeitungen, in den auch Großverlage involviert waren. Dabei wird der Versuch unternommen, den journalistischen Anspruch einer Zeitung mit der für ein Anzeigenblatt kostenlosen Verteilung zu verknüpfen. Auch hier erfolgt die Finanzierung ausschließlich über Werbung.

6.4.3 Supplements

Supplements sind „zeitschriften- bzw. zeitungsähnliche Presseerzeugnisse, die in großen Auflagen ausschließlich als Beilage von Trägerobjekten (...) vertrieben werden“ (ZAW 2002 , S. 252). Sie erfüllen alle wesentlichen Merkmale von Zeitschriften. Die IVW erfaßte 2001 insgesamt 18 Supplements mit einer Auflage von durchschnittlich 17,2 Millionen pro Ausgabe. Der wesentliche Vorteil von Supplements besteht darin, daß sie bei den Trägerobjekten Zeitungen Anzeigen in der Qualität wie bei Zeitschriften ermöglichen. Sie bieten darüber hinaus ein eigenständiges redaktionelles Angebot und sollen für die Trägerobjekte die Leser-Blatt-Bindung verstärken. Supplements können nicht separat käuflich erworben werden, ihr Vertrieb erfolgt ausschließlich über die Trägerobjekte. Trägerobjekte können Tages- oder Wochenzeitungen, Publikums- oder Fachzeitschriften sein.

Unterschieden werden drei Gruppen von Supplements:

1. **Programmsupplements** (z.B. *rtv*, *iwz*, *BWZ*, *prisma*, *Stern-TV*, *Telestunde*) stellen mit 15,6 Millionen Exemplaren die bei weitem größte Gruppe der Supplements dar. Sie werden vielfach als eigenständige Programmzeitschriften genutzt und liegen vor allem regionalen Tageszeitungen bei. Die meisten regionalen Tageszeitungen haben mittlerweile eines der Programmsupplements, i.d.R. der Freitagsausgabe, beigelegt. Programmsupplements zählen sowohl in West- als auch in Ostdeutschland zu den 10 reichweitenstärksten Titeln.
2. **Unterhaltende/meinungsbildende Supplements** liegen nur jeweils einem Trägerobjekt bei. Während die Programmsupplements sich an die Gesamtbevölkerung richten, zielt diese Gruppe wie ihre Trägerobjekte auf eine gehobene Leserschaftsgruppe. Sie sind im Anzeigenmarkt vor allem Wettbewerber der Wirtschafts- und Nachrichtenpresse. Als erster Vertreter dieser Gattung erschien 1970 das *Zeitmagazin*, 1980 folgte das *FAZ-Magazin* und 1990 das *Süddeutsche Zeitung Magazin*. Zwischenzeitlich wurden sowohl das *Zeitmagazin* als auch das *FAZ-Magazin* wieder eingestellt, als Konsequenz der schlechten Entwicklung der Anzeigenumsätze (vgl. Pfennigschmidt 1999, S. 130). Zu erwähnen ist noch *Spiegel Kultur Extra*, ein Kultur-Magazin für *Spiegel*-Abonnenten.
   In den letzten Jahren zeichnet sich ein Trend zu Supplements speziell für Jugendliche ab. Sie sollen Jugendliche an die Tageszeitung heranführen. Jugendsupplements sind z.B. *Jetzt* von der *Süddeutschen Zeitung*, *Cocktail* von der *Westdeutschen Allgemeinen Zeitung* und *U 30* von der *Südwestpresse*.
3. **Fachzeitschriften Supplements** liegen unterschiedlichen Fachzeitschriften eines Verlages bei.

Als Werbeträger erfüllen Supplements die gleiche Funktion wie Publikumszeitschriften. Sie sind vor allem für nationale Werbetreibende geeignet. Allerdings verläuft das Anzeigengeschäft im Gegensatz zur Auflagenentwicklung eher negativ. Insbesondere in den neuen Bundesländern haben Programmsupplements den Charakter von Basiswerbeträgern, da hier keine andere Zeitschriften-Gattung vergleichbare Reichweiten erzielt. So erreicht beispielsweise *Tele Prisma* in Nielsen 6 eine Reichweite in der Gesamtbevölkerung ab 14 Jahren von 39,2%, *rtv* in Nielsen 7 eine Reichweite von 39,7%. Erst mit weitem Abstand folgt als reichweitenstärkste Publikumszeitschrift die *ADAC Motorwelt* mit einer Reichweite von 27,3% in Nielsen 6 bzw. 25,9% in Nielsen 7.

6.4.4 Publikumszeitschriften

Die große Vielfalt im Bereich der Publikumszeitschriften macht eine eindeutige Definition dieser Gattung schwierig. Von Fachzeitschriften grenzen sie sich dadurch ab, daß sie nicht der beruflichen Weiterbildung dienen, von Tageszeitungen durch ihre nicht auf Tagesaktualität gerichtete Berichterstattung. In dieser Abgrenzung lassen sich Publikumszeitschriften definieren als „regelmäßig erscheinende Druckerzeugnisse, die für breiteste Publikumskreise zugänglich sind und ihren Lesern allgemeinverständliche Informationen und/oder Unterhaltung“ bieten (Koschnick 1995, S. 1446). Publikumszeitschriften erscheinen i.d.R. wöchentlich, 14-tägig oder monatlich. Äußerlich unterscheiden sie sich von den Zeitungen vor allem durch die Verwendung von Farbe, einer besseren Papierqualität und der Rükkenheftung.

Tabelle 6–14: Nettowerbeumsätze der Publikumszeitschriften

	1996	1997	1998	1999	2000	2001
Werbeumsätze in Mio. €	1.746,9	1.794,3	1.869,0	2.006,5	2.247,3	2.092,5
+/- vs. Vorjahr in %	-2,5	+2.7	+4,2	+7,4	+12,0	-6,9
Anzahl	745	778	809	839	847	817
Auflage in Mio. (1)	142,5	142,1	142,5	138,5	138,9	138,5
(1) = tatsächlich verbreitete Auflage lt. IVW						

Quelle: ZAW Jahrbücher

Publikumszeitschriften richten sich zwar grundsätzlich an jedermann, sie werden jedoch nach ihren inhaltlichen Schwerpunkten in drei Gruppen eingeteilt:

1. **General-Interest-Titel** sind Massenzeitschriften und sprechen die Gesamtbevölkerung mit allgemein interessierenden Themen an. Die MA ordnet hier die
   - Aktuellen Zeitschriften/Magazine zum Zeitgeschehen (z.B. *Der Spiegel*, *Stern*, *Focus*, *Super Illu*, *Neue Revue*) und die
   - Programmpresse (z.B. *Hörzu*, *FF*, *Gong*, *TV-Movie*, *Auf einen Blick*) ein.

   General-Interest Titel charakterisieren sich durch hohe Auflagen und Reichweiten, daher ist die Struktur der Leserschaft ähnlich der der Gesamtbevölkerung.

2. **Zielgruppenzeitschriften** sprechen mit einer spezifischen Thematik bestimmte Bevölkerungssegmente an, wie Frauen, Männer und Jugendliche. Die MA unterscheidet hier
   - Frauenzeitschriften (z.B. *Brigitte, Cosmopolitan, Freundin, Die Aktuelle, Tina*),
   - Familienzeitschriften (z.B. *Eltern, Glücks Rätsel*) und
   - Jugendzeitschriften (z.B. *Bravo, Micky Maus, Mädchen, Pop Rocky*).

   Zielgruppenzeitschriften haben geringere Auflagen, erzielen aber hohe Reichweiten in den jeweiligen Zielgruppensegmenten.
3. **Special-Interest-Titel** kennzeichnen sich durch ein redaktionelles Schwerpunktthema. Die MA zählt dazu Zeitschriften aus den Bereichen
   - Wohnen und Leben (z.B. *Schöner Wohnen, Essen & Trinken, Goldene Gesundheit, Selber Machen, Mein schöner Garten*),
   - Erotik-Zeitschriften (z.B. *Blitz Illu, Wochenend, Coupé*),
   - Lifestyle-Zeitschriften/Stadtmagazine (z.B. *Max, Penthouse, Prinz*),
   - Motorpresse (z.B. *Auto Bild, Auto Motor und Sport, ADAC Motorwelt, Motorrad, PS*),
   - Sportzeitschriften (z.B. *Kicker, Sport Bild, Sports, Tennis Magazin*),
   - Zeitschriften für Kultur/Natur/Wissenschaft (z.B. *Cinema, Ein Herz für Tiere, Bild der Wissenschaft, Capital, Geo*).

   Special-Interest Titel weisen i.d.R. nur geringe Auflagen und Reichweiten auf, sie erzielen aber teilweise sehr stark ausgeprägte Leserschaftsschwerpunkte.

Die fortschreitende Marktsegmentierung führt allerdings zu einer zunehmenden Unschärfe bei der Abgrenzung der verschiedenen Zeitschriftengattungen.

Publikumszeitschriften sind Zielgruppenmedien. Wie bei kaum einem anderen Werbeträger lassen sich mit ihnen gezielt bestimmte Zielgruppen nach demographischen, psychographischen oder Konsum-Merkmalen ansprechen. Diese Steuerbarkeit ist bei den Zielgruppen- und Special-Interest-Titeln am stärksten ausgeprägt.

Die IVW wies im ersten Quartal 2002 beispielsweise 61 Sportzeitschriften mit einer verbreiteten Auflage von 3,9 Millionen aus (vgl. Tabelle 6-15). Unabhängig von soziodemographischen Kriterien lassen sich mit Sportzeitschriften alle an Sport Interessierten erreichen.

Als Werbeträger sind Publikumszeitschriften vor allem für nationale Werbetreibende geeignet. Zwar gibt es in einigen Zeitschriften auch die Möglichkeit, einzelne Nielsen-Gebiete zu belegen, allerdings sind diese Teilbelegungen verhältnismäßig teuer.

Im Gegensatz zu elektronischen Medien werden Publikumszeitschriften aktiv genutzt, d.h. ablenkende Nebenbeschäftigungen sind bei der Nutzung praktisch ausgeschlossen. Ferner ist der Nutzungszeitpunkt und die Nutzungsdauer auch nicht durch das Medium vorgegeben, sondern vom Leser bestimmt. Zeitschriften werden über einen längeren Zeitraum und i.d.R. auch von mehreren Lesern genutzt, damit sind für Anzeigen Wiederholungskontakte möglich.

Tabelle 6–15: Ausgewählte Sportzeitschriften

Titel	verbreitete Auflage
Alpin	30.692
Blinker	97.199
Boote	50.415
Bravo Sport	149.617
Cavallo	87.010
Fisch und Fang	59.405
Golf Aktuell	64.706
Kicker (Montag)	250.671
Palsteg	30.662
Pferdemarkt	46.313
Rute & Rolle	64.885
Segeln	30.904
Ski-Magazin	163.587
Sport-Bild	477.164
Tauchen	46.383
Tennis-Magazin	60.582

Quelle: IVW-Auflagenliste 1/2002

Publikumszeitschriften finanzieren sich aus Anzeigen- und Vertriebserlösen. Bei Nachrichten- und Wirtschaftsmagazinen überwiegen die Anzeigenerlöse, bei den Titeln der unterhaltenden Wochenpresse die Vertriebserlöse.

Tabelle 6–16: Die werbestärksten Publikumszeitschriften 2000

Titel		Brutto-Werbeumsatz (Mio. €)
1	Der Spiegel	283,364
2	Focus	273,950
3	Stern	259,447
4	TV Spielfilm	151,148
5	Bild am Sonntag	126,630
6	Brigitte	113,217
7	Wirtschaftswoche	113,211
8	TV Movie	94,145
9	Capital	85,304
10	Freundin	81,806

Quelle: A.C. Nielsen Werbeforschung S+P GmbH

Das klassische Werbemittel in Publikumszeitschriften ist die Anzeige. Der Anzeigenanteil an der Gesamtseitenzahl liegt im Durchschnitt bei 30%. Im Gegensatz zu Tageszeitungen sind die Anzeigenformate jedoch nicht frei wählbar, sie müssen sich vielmehr an vorgegebenen Größen orientieren. Übliche Formate sind die Doppelseite, 1/1-, 1/2- oder 1/3- Seite. Bestimmender Faktor für die Anzeigengröße ist der Satzspiegel, also die Fläche, die innerhalb einer Seite bei Einhaltung eines festgelegten Randabstands für Text und Abbildungen zur Verfügung steht. Allerdings besteht auch die Möglichkeit, bei Anzeigen über das Satzspiegelformat hinauszugehen und somit den weißen Rand um die Anzeige zu vermeiden. Man spricht in diesem Fall von Anzeigen mit Satzspiegelüberschreitung oder Anzeigen mit Anschnitt (vgl. Meier 1999, S. 165).

Tabelle 6-17 gibt einen Überblick über die Anzeigenpreise ausgewählter Zeitschriften im Format 1/1 Seite, vierfarbig.

Tabelle 6–17: Anzeigenpreise ausgewählter Zeitschriften 2001

Titel	Preise 1/1-Seite, 4c, €	verbreitete Auflage, `000	1.000-Preis, €	LpA, Erw. 14+		TKP, €
				Mio.	%	
Bild am Sonntag	59.821	2.520	23,74	9,97	15,6	6,00
Der Spiegel	46.000	954	48,22	5,76	9,0	7,98
Hörzu	41.160	2.124	19,38	6,21	9,7	6,63
TV Spielfilm	48.200	2.266	21,27	7,07	11,1	6,81
Bild der Frau	39.550	1.687	23,44	5,08	8,0	7,79
Brigitte	46.750	838	55,79	3,72	5,8	12,58
Cosmopolitan	23.320	293	79,59	1,10	1,7	21,25
Bravo	33.573	724	46,37	2,12	3,3	15,85
Playboy	19.810	226	87,66	0,81	1,3	24,43
Auto Motor Sport	32.320	452	71,50	2,08	3,3	15,56
Kicker	18.505	284	65,16	2,00	3,1	9,23
Geo	33.600	410	81,95	2,77	4,3	12,13
Wirtschaftswoche	19.501	195	100,00	0,79	1,2	24,64
Manager Magazin	16.700	116	143,96	0,49	0,8	33,77

Weitere Werbemöglichkeiten sind (vgl. Meier 1999, S.168 ff.):

- Gatefold: ausschlagbare Seite, die sowohl beim Umschlag als auch im Innenteil der Zeitschrift möglich ist.
- Beihefter: fertige Prospekte, die beim Heften der Zeitschrift fest mit ihr verbunden werden.
- Beikleber: Postkarten, Warenproben, CD-ROMs u.dgl. die auf eine Anzeige geklebt werden.
- Beilagen: den Zeitschriften lose beigefügte Blätter oder Prospekte, die auch regional gestreut werden können.
- Duftlackanzeigen: Aufdruck von mikroverkapselten Duftstoffen auf eine Anzeige, die durch Reibung freigesetzt werden können.
- Anzeigenstrecke: mehrere ganzseitige Anzeigen eines Werbetreibenden, die innerhalb einer Ausgabe unmittelbar aufeinander folgen. Die Kosten sind hier geringer als die Gesamtkosten für die gleiche Menge an Einzelseiten.

Werbung, die eng mit der speziellen Thematik einer Zeitschrift verknüpft ist, wird vom Leser u.U. mit der gleichen Aufmerksamkeit beachtet, wie die redaktionellen Artikel. Beispielsweise können Surfer, Mountain-Biker, Angler usw. aus Anzeigen in den entsprechenden Special-Interest-Titeln entnehmen, welche Neuheiten es im Bereich Ausrüstung, Technik oder Mode gibt. Unabhängig davon müssen Anzeigen in Publikumszeitschriften aufgrund des redaktionellen Umfeldes jedoch grundsätzlich stärker um die Aufmerksamkeit des Lesers kämpfen, als Anzeigen in Zeitungen. Daher ist die Kreativität hier auch häufig überlegen. Anzeigen in Publikumszeitschriften arbeiten in hohem Maße mit impactstarken Photos und ausgefeilten Texten, die Ästhetik und Funktionalität kombinieren. Die im Vergleich zu Tageszeitungen überlegene Papier- und Druckqualität ermöglicht bessere visuelle Botschaften.

6.4.5 Fachzeitschriften

Fachzeitschriften unterscheiden sich von Publikumszeitschriften durch ihre Funktion. Sie dienen der „beruflichen Information und Fortbildung eindeutig definierbarer, nach fachlichen Kriterien abgrenzbarer Zielgruppen" (Schneider 1999, S. 178). Fachzeitschriften sind die am häufigsten genutzte berufliche Informationsquelle. Von ihrer Anzahl her sind sie die größte Mediengattung. Die IVW erfaßte 2001 insgesamt 1096 Titel, das Statistische Bundesamt wies in der 1994 letztmalig ausgewiesenen Pressestatistik 3.589 Titel aus. Damit umfassen Fachzeitschriften einen Anteil von ca. 40% am Gesamtzeitschriftenmarkt. Fast jeder Berufs- und Ausbildungszweig hat eigene Fachzeitschriften.

Tabelle 6–18: Nettowerbeumsätze der Fachzeitschriften

	1996	1997	1998	1999	2000	2001
Werbeumsätze in Mio. €	1.078,8	1.105,4	1.161,7	1.189,8	1.267,0	1.257,0
+/- vs. Vorjahr in %	-4,6	+2,5	+5,1	+2,4	+6,5	-16,6
Anzahl	978	1.029	1.080	1.089	1.094	1.096
Auflage in Mio.(1)	24,3	25,4	26,4	26,3	27,7	27,4
(1) = tatsächlich verbreitete Auflage lt. IVW						

Quelle: ZAW Jahrbücher

Zielgruppe von Fachzeitschriften sind Fachleute, die hiermit punktgenau erreicht werden können. Diese Fachleute sind häufig auch Entscheidungsträger, so daß Anzeigen in Fachzeitschriften darauf zielen, das eigene Angebot als Alternative vorzustellen.

Fachzeitschriften haben teilweise nur geringe Auflagen aber eine sehr hohe Zielgruppenaffinität und damit eine hohe Reichweite bei den Entscheidungsträgern. Mit ihnen lassen sich kleine und kleinste Zielgruppen erreichen. Wirtschafts-Fachzeitschriften sind beispielsweise *Absatzwirtschaft* (26.806 verbreitete Auflage), *Lebensmittel Zeitung Direkt* (87.790), *Bank Magazin* (14.608), *Computerzeitung* (59.950), *Deutsche Polizei* (196.186), *Sales Business* (29.428) (Quelle: IVW Auflagenliste 1/2002).

Es ist davon auszugehen, daß Fachzeitschriften in hohem Maße vom Trend zu elektronischem Publizieren erfaßt werden und sich allmählich von einem Print- zu einem elektronischen Medium entwickeln werden.

6.4.6 Kundenzeitschriften

Kundenzeitschriften sind dem Marketing bzw. der Öffentlichkeitsarbeit eines Unternehmens zuzuordnen, sie dienen in erster Linie der Pflege des Kundenkontaktes. Im ersten Quartal 2002 erfaßte die IVW 82 Kundenzeitschriften mit einer verbreiteten Auflage von 58,6 Mio. Im Jahr 2001 erschienen in Deutschland insgesamt 2.902 Titel, von denen 70% durch Fremdanzeigen belegbar sind. Die gedruckte Auflage liegt bei 418 Millionen pro Erscheinungsintervall.

Die meisten als Werbeträger relevanten Kundenzeitschriften lassen sich einer der beiden folgenden Gruppen zuordnen (vgl. Jüngling 1999, S. 203):

- **Branchenbezogene (klassische) Kundenzeitschriften**: Sie werden von unabhängigen Verlagen herausgegeben und z.B. vom Ladenhandwerk (Metzger, Bäcker, Friseure, Floristen), Apotheken und Drogerien gekauft und von diesen kostenlos an ihre Kunden weitergegeben. Diese Zeitschriften finanzieren sich einerseits über Vertriebserlöse (pro Zeitschrift zahlt das Ladenhandwerk bis zu 30 Cent), andererseits durch Werbeeinnahmen. Die Titel informieren vor allem über Produktneuheiten, ihre Anwendung und Handhabung, ergänzt durch unterhaltenden Lesestoff.
- **Unternehmens-/Organisationsbezogene Kundenzeitschriften**: Hierbei handelt es sich um Publikationen von Unternehmen und Verbänden, die diese in eigener Regie herausgeben. Der Vertrieb erfolgt vor allem über den Postweg. Die Abgabe ist i.d.R. kostenlos, die Finanzierung erfolgt daher überwiegend aus den Marketing- bzw. PR-Budgets. Anders als die klassischen Kundenzeitschriften entsprechen viele Titel dieser Gruppe den Special-Interest-Zeitschriften.

  Dieser Kategorie sind auch die **Gästezeitschriften** zuzuordnen, Zeitschriften von z.B. Hotels und Fluggesellschaften. Von ihrem redaktionellen Anspruch her entsprechen sie der gehobenen Gesellschaftspresse.

Tabelle 6-19 gibt einen Überblick über ausgewählte Kundenzeitschriften.

Tabelle 6–19: Ausgewählte Kundenzeitschriften

Titel	**verbreitete Auflage**
Apotheken-Umschau	5.943.078
Bäckerblume	298.034
Haushalts-Journal	876.700
Lukullus	691.217
Mercedes-Magazin	676.475
Premiere World	2.364.701
Senioren Ratgeber	1.892.701

Quelle: IVW Auflagenliste 1/2002

Seit Mitte der 90er Jahre ist ein starker Trend zur Professionalisierung im Bereich der Kundenzeitschriften festzustellen. Die Unternehmen haben die Potentiale erkannt, die in ihren Kundenzeitschriften stecken. Kundenzeitschriften zielen verstärkt auf Imagetransfer und richten sich konzeptionell neu aus. Die Unternehmen wollen mit ihren Kundenzeitschriften zunehmend ein breiteres Publikum ansprechen, dafür treten die Unternehmen und ihre Produkte inhaltlich in den Hintergrund.

Während bisher ein Charakteristikum der Kundenzeitschriften in ihrer kostenlosen Verteilung bestand, streben Kundenzeitschriften zunehmend auch an die Kioske und treten damit in Konkurrenz zu den Publikumszeitschriften. Kundenzeitschriften verändern ihre redaktionelle Berichterstattung mit Lifestyle Stories, Informationen und Berichten aus Kultur, Gesellschaft, Politik, Wirtschaft und Wissenschaft und werden professionelle General-Interest-Titel. Durch die inhaltliche Distanz der Kundenzeitschriften zu den Produkten des Unternehmens werden sie glaubwürdiger. Es werden auch Fremdanzeigen zugelassen; teilweise sind sogar die Anzeigen aus dem eigenen Hause begrenzt, womit sich ein Trend zur Erlösorientierung abzeichnet.

Aufgrund ihrer Individualisierungsmöglichkeiten, werden Kundenzeitschriften zunehmend auch als Instrument des Direct Marketing genutzt. Drucktechnisch ist es problemlos möglich, eine Kundenzeitschrift auf spezielle Kundenprofile zuzuschneiden. So kann die Kundenzeitschrift eines Hundefutterherstellers Artikel über Doggen oder Dackel enthalten, je nachdem, welchen Hund der Hundebesitzer hält. Solche zielgruppengenauen Versionen werden „selektive Bindings" genannt.

6.4.7 Lesezirkel

Lesezirkel sind Unternehmen, die Zeitschriften verleihen (Zeitschriften-Leasing). Sie beziehen die Zeitschriften direkt von den Verlagen und stellen zwischen 5 und 10 Zeitschriften zu einer sogenannten Erstmappe zusammen. Der Vorteil für das Unternehmen besteht in der Mehrfachvermietung der Zeitschriften. Die Abonnenten haben die Möglichkeit zum Bezug der Erst-, Zweit-, Dritt- oder Viertmappe, mit entsprechend abgestuften Abonnementsgebühren. Der Vorteil für den Abonnenten besteht in einer Ersparnis von bis zu 50% gegenüber dem Einzelkauf der Zeitschriften. Der Preis für eine Erstmappe liegt im Durchschnitt zwischen 8 € und 10 €, der Preis einer Viertmappe zwischen 5 € und 6 € pro Woche. Die Mappen werden wöchentlich durch Boten zugestellt und abgeholt.

Derzeit gibt es in Deutschland ca. 210 Lesezirkelunternehmen mit ca. 700.000 Abonnenten (500.000 Privathaushalte, 200.000 öffentliche Auslagestellen), für die ca. 205.000 Erstmappen zusammengestellt werden. 2000 waren insgesamt 234 Zeitschriften im Angebot der Lesezirkelunternehmen, mit einer wöchentlichen Gesamtauflage von ca. 2,4 Mio. Exemplaren (Quelle: Verband Deutscher Lesezirkel). Die Reichweite einer Lesezirkelmappe liegt bei 16,4% (= 10,45 Millionen Leser) (Quelle: MA 2001). Abonnenten von Lesezirkeln in der öffentlichen Auslage sind in erster Linie Ärzte und Friseure. Nach Untersuchungen des Verbandes Deutscher Lesezirkel werden die Zeitschriften z.B. bei Friseuren bis zu 500 mal gelesen, im Durchschnitt hat jedes Heft ca. 54 Leser.

Dadurch, daß über die Lesezirkel die Lebensdauer einer Zeitschrift stark verlängert wird, ergibt sich bei der Reichweitenermittlung ein verzerrender Effekt (Lesezirkeleffekt). Denn zum Zeitpunkt der Befragung haben die Abonnenten der Zweit- bis Viertmappe die Zeitschriften noch gar nicht lesen können.

Werbeträger bei einer Lesezirkelmappe ist der Schutzumschlag, den die Lesezirkelunternehmen um jede einzelne Zeitschrift anbringen. Auf ihm kann konkurrenzlos ein Aufkleber angebracht werden. Wie bei Plakaten ist bei dieser Form der Werbung der Werbeträgerkontakt mit dem Werbemittelkontakt gleichzusetzen. Zwischen dem Umschlag und der Titelseite der Zeitschrift kann ferner ein Beihefter oder ein Prospekt eingefügt werden. Darüber hinaus besteht die Möglichkeit zu losen Beilagen. Es ist den Lesezirkeln jedoch untersagt, Werbung in das Innere der Zeitschrift zu legen. Pro Exemplar kann jeweils nur ein Aufkleber und ein Beihefter plaziert werden. Der Lesezirkel kann sowohl national belegt werden, als auch lokal. Insbesondere als lokaler Werbeträger eignet er sich für ortansässige Unternehmen.

6.4.8 Verzeichnismedien

Weithin verkannte und wenig offensichtliche Werbeträger sind Verzeichnismedien, d.h. Adreß- und Telefonbücher.

Tabelle 6–20: Nettowerbeumsätze der Verzeichnismedien

	1996	1997	1998	1999	2000	2001
Werbeumsätze in Mio. €	1.175,5	1.177,0	1.198,0	1.227,1	1.268,0	1.269,4
+/- vs. Vorjahr in %	+1,6	+0,1	+1,8	+2,4	+3,3	+0,1
Anzahl [(1)]	94	96	131	155	160	183
Auflage in Mio.	27,3	30,0	34,3	36,0	38,5	39,6

[(1)] ab dem 1. Quartal 1999 Ausweitung der bisherigen Mediengattung „Branchen-Telefonbücher Gelbe Seiten", daher Daten nur bedingt vergleichbar.

Quelle: ZAW Jahrbücher

Zu den Adreßbüchern zählen im wesentlichen die Stadt-Adreßbücher und Wirtschaftsnachschlagewerke.

- **Stadt-Adreßbücher** sind regionale Nachschlagewerke mit den Adressen der Haushalte, Behörden und Unternehmen einer Gemeinde. Sie werden häufig haushaltsabdeckend kostenlos verteilt bzw. verfügen mittlerweile über einen Online-Auftritt.
- Wirtschaftsnachschlagewerke umfassen Bundes- und Landesadreßbücher, Internationale- und Export-Adreßbücher und Fachadreßbücher (z.B. Wer liefert was, ABC der Deutschen Wirtschaft). Diese Nachschlagewerke enthalten ausschließlich Wirtschaftsadressen. Vor allem im business-to-business-Bereich ist mit einer Verlagerung der Printausgaben auf Datenträger bzw. Online-Medien zu rechnen.

Hauptwerbeträger sind jedoch die rund 1.650 **Telekommunikationsverzeichnisse** (Telefonbücher).

Telefonbücher werden unterschieden in

- das Amtliche Telefonbuch,
- das Örtliche,
- Gelbe Seiten und Gelbe Seiten regional,
- das Telefaxbuch und
- das Postleitzahlenbuch.

Jeder Inhaber eines Telefonverzeichnisses hat Anspruch auf ein kostenloses Exemplar seines Bereiches. Telefonbuch und Gelbe Seiten werden auch als bundesweite Verzeichnisse online (z.B www.teleauskunft.de) bzw. offline (CD-ROM) angeboten.

Werbung in Adreß- und Telefonbüchern hat den Vorteil langfristiger Natur zu sein. Die Bücher dienen als Nachschlagewerke in einer konkreten Bedarfssituation, um den Kontakt mit bestimmten Personen oder Institutionen herzustellen. Jeder Gewerbetreibende ist daher gut beraten, in den entsprechenden Büchern Präsenz zu zeigen. Jemand der einen speziellen Bedarf hat, beispielsweise einen Buchbinder für die Diplomarbeit sucht, wird dafür in den Gelben Seiten nachschlagen. Für das lokale und regionale Gewerbe ist Werbung in Adreß- und Telefonbüchern ein Muß.

Die häufigsten Werbeformen sind einerseits der Zeileneintrag mit besonderer Hervorhebung (z.B. Fettdruck oder Integration des Firmenlogos), andererseits gestaltete Anzeigen, die die Werbung besonders deutlich aus der Masse hervorheben. Daneben besteht die Möglichkeit, auf den Kopf-, Fuß- oder Randleisten zu werben sowie ganzseitig auf den Umschlagseiten und den ersten Seiten, ferner auf den Schnittflächen oder dem Buchrücken (vgl. Enzenauer/Jansen 1999, S. 220 ff.).

6.4.9 Fernsehen

Das Fernsehen ist der bedeutendste nationale Werbeträger, mit einem Werbevolumen von rund 4,5 Milliarden € vereint es 2001 ca. 21% des gesamten Werbevolumens. Allerdings sackten erstmals seit Aufkommen des privaten Fernsehens die Werbeeinnahmen im Vergleich zum Vorjahr ins Minus.

6.4.9.1 Der Fernsehwerbemarkt im Überblick

Fernsehen ist ein Massenmedium, dessen Besonderheit darin besteht, daß Botschaften audiovisuell gesendet werden. Die Werbepräsenz ist auf einem sehr hohen Niveau. Sie dokumentierte sich im Jahr 2000 in 16.767 Stunden Werbezeit, also ca. 46 Stunden täglich (vgl. Tabelle 6-22). 98,7% aller Haushalte sind mit mindestens einem Fernsehgerät ausgestattet. Die durchschnittliche Sehdauer pro Tag liegt bei 205 Minuten, allerdings mit nach wie vor deutlichen Unterschieden zwischen Ost- (226 Minuten) und Westdeutschland (200 Minuten) (vgl. Darschin/Gerhard 2002, S. 154). Mit Abstand werbestärkste Branchen sind Schokolade und Süßwaren, gefolgt von Automobilen.

Tabelle 6–21: Nettowerbeumsätze des Fernsehens

Werbeumsätze in Mio. €	1996	1997	1998	1999	2000	2001
ARD	153,6	157,5	180,1	183,6	192,8	166,7
ZDF	177,9	157,5	159,5	160,9	178,8	147,8
RTL	1.048,7	1.144,3	1.196,4	1.244,5	1.345,7	1.274,5
RTL II	206,5	208,1	213,2	227,0	293,9	255,1
Sat.1	846,1	849,3	909,1	943,8	982,2	858,0
Pro Sieben	746,8	807,8	827,8	848,2	882,5	875,0
Kabel 1	105,8	134,5	161,6	194,3	227,0	219,0
Super RTL	27,9	52,6	63,4	83,3	92,7	91,1
Vox	96,6	130,8	152,4	165,9	190,0	198,3
n-tv	-	-	-	63,0	93,9	56,3
Sonstige Private	117,0	160,8	178,2	203,0	229,7	327,2
Gesamt	**3.526,4**	**3.803,1**	**4.041,7**	**4.317,6**	**4.709,1**	**4.469,0**
+/- vs. Vorjahr in %	+8,7	+7,8	+6,3	+6,8	+9,1	-5,1

Quelle: ZAW Jahrbücher

Tabelle 6–22: Volumen-Entwicklung des Werbefernsehens

Alle Sender	1996	1997	1998	1999	2000
TV-Werbeminuten gesamt	594.093	653.182	729.677	821.577	1.006.004
TV-Spots gesamt	1.412.829	1.638.955	1.952.501	2.354.269	2.452.459
Durchschnitts-Spotlänge	25 Sek.	24 Sek.	22 Sek.	21 Sek.	25 Sek.

Quelle: ZAW-Jahrbuch 2000, S. 248

RTL ist nicht nur der umsatzstärkste Sender – und damit gleichzeitig auch der größte Werbeträger Europas –, sondern auch der beliebteste Fernsehsender mit einem Zuschauermarktanteil von 14,8% (vgl. Abbildung 6-9).

Abbildung 6–9: Zuschauermarktanteile im deutschen Fernsehmarkt 2001

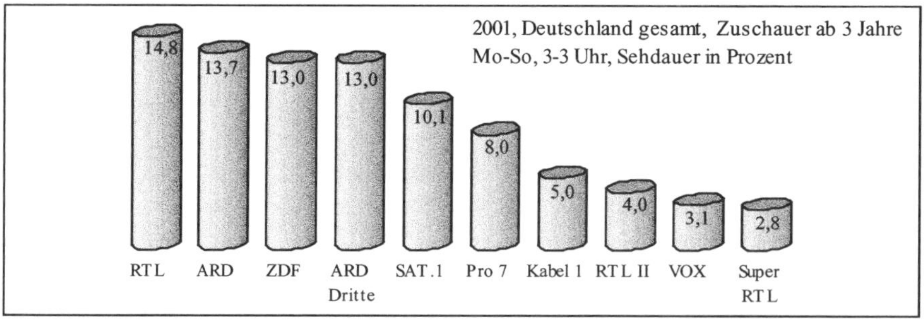

Quelle: GfK-Fernsehforschung

Trotz des harten Wettbewerbs um Zuschauer- und damit um Werbemarktanteile, haben sich auf dem Zuschauermarkt relativ stabile Marktverhältnisse für die vier großen Vollprogramme etabliert: Mehr als die Hälfte der Zuschauermarktanteile entfallen auf ARD, ZDF, RTL und Sat. 1.

Allerdings ergeben sich bei den Sendern deutliche Unterschiede hinsichtlich der Altersstruktur der Zuschauer (vgl. Abbildung 6-10). ARD, ZDF und Kabel 1 sind zu den „älteren" Sendern zu zählen, während Super RTL Spitzenreiter bei den Kindern ist, bei denen sich auch RTL II großer Beliebtheit erfreut. RTL und Sat.1 haben bei Erwachsenen ähnliche Zuschauerstrukturen

Abbildung 6–10: Altersstruktur der Werbeinselzuschauer 3.00-3.00 Uhr

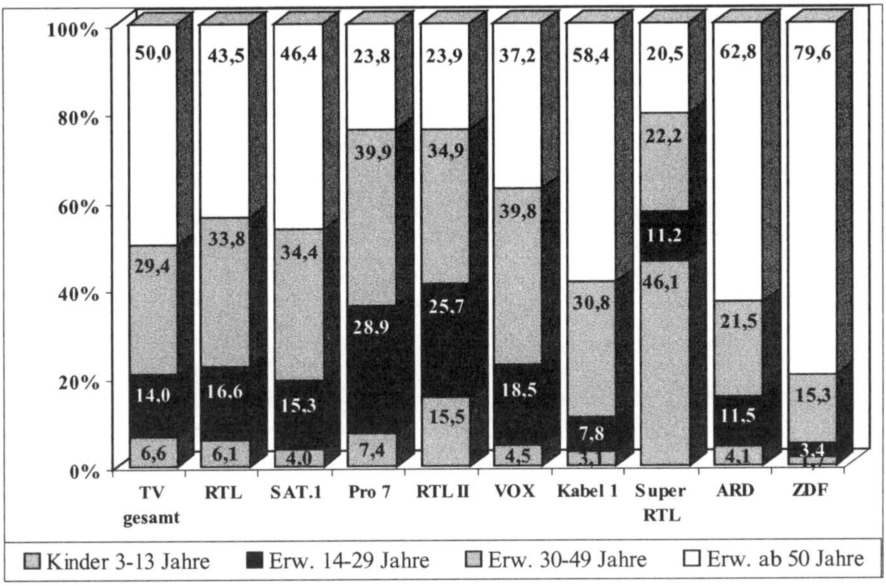

Quelle: Absatzwirtschaft Nr. 3/2000, S. 96

Abbildung 6–11: Entwicklung der im Fernsehen beworbenen Marken

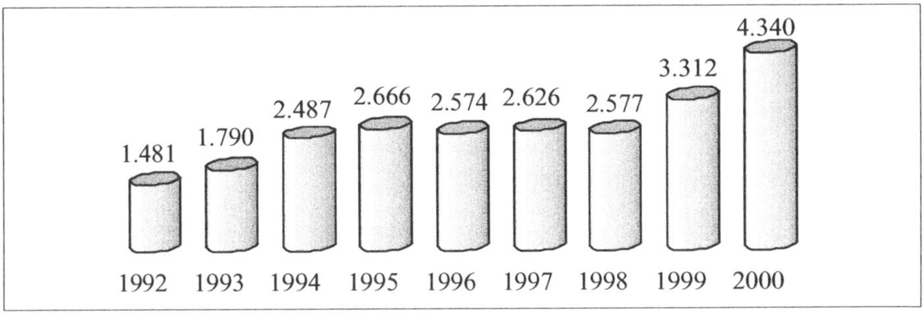

Quelle: AC Nielsen Werbeforschung S + P GmbH

Die Bedeutung des Fernsehens als nationaler Werbeträger läßt sich auch an der Entwicklung der im Fernsehen beworbenen Marken ablesen (vgl. Abbildung 6-11).

2000 wurden im deutschen Fernsehen 4.340 Marken beworben (TV-Monokampagnen), was einem durchschnittlichen Markenetat von 1,3 Millionen € entspricht. Der meiste Werbeumsatz pro Marke wurde jedoch in Radio- und TV-Mixkampagnen generiert. In diesem Media-Mix wurden 2000 insgesamt 769 Marken beworben, für die rund 3,3 Milliarden € aufgewendet wurden, was einem durchschnittlichen Markenetat von 4,3 Millionen € in den elektronischen Medien entspricht.

6.4.9.2 Die Entwicklung des Fernsehmarktes in Deutschland

Als Werbeträger ist das Fernsehen eher zu den Jüngeren zu zählen, vielfach wird es dem Bereich der „Neuen Medien“ zugeordnet. Die Landesrundfunkanstalten schlossen sich 1950 zur „Arbeitsgemeinschaft der öffentlich-rechtlichen Rundfunkanstalten der Bundesrepublik Deutschland“ (ARD) zusammen und nahmen am 01.11.1954 das „Deutsche Fernsehen“ in Betrieb. Es dauerte bis 1963, bis von der Reichweite her die Voraussetzungen für ein Zweites Deutsches Fernsehen gegeben waren. Am 02.01.1984 nahm der erste private Sender, RTL plus, den Sendebetrieb auf, ein Jahr später folgte Sat. 1. Seit dem 28.02.1991 wird mit Premiere das erste Pay-TV ausgestrahlt. 1995 startete mit H.O.T. der erste deutsche Teleshopping-Kanal, 1996 folgte QVC.[2]

Mit den privaten Sendern wurde in Deutschland eine **duale Rundfunkordnung** etabliert, mit den öffentlich-rechtlichen Sendern auf der einen und den privaten Sendern auf der anderen Seite. Das Aufkommen privater Anbieter hat den deutschen Fernsehmarkt in einen Wettbewerbsmarkt überführt. Für viele Werbetreibende wurde dadurch Fernsehwerbung überhaupt erst möglich. Die Werbebeschränkungen im öffentlich-rechtlichen Monopol führten zu einem Nachfrageüberhang. Da nur 20 Minuten Werbezeit pro Tag zur Verfügung standen, konnten ARD und ZDF nur etwa 24.000 Werbespots (a 30 Sekunden) pro Jahr senden. Werbezeiten wurden von den Sendern zugeteilt, Mediaplanungsmechanismen entsprechend hauptsächlich für den Printbereich entwickelt.

Die Zulassung privater Fernsehanbieter änderte die Situation grundlegend: 2000 wurden rund 2,5 Millionen Werbespots ausgestrahlt. Durch die veränderte Angebotssituation waren die Werbetreibenden nicht mehr auf die Zuteilungen der öffentlich-rechtlichen Anstalten angewiesen, sondern konnten unter Alternativen wählen. Es mußten also Instrumente gefunden werden, die die Planungsalternativen im Fernsehen operationalisierbar machten.

Vor dem Aufkommen der privaten Sender war den Werbetreibenden eine produkt- und zielgruppenorientierte Planung ihrer Werbespots nur in Ausnahmefällen möglich. Insofern hatte die deutsche Werbewirtschaft naturgemäß ein hohes Inter-

---

[2] In der Anfangsphase war die Zulässigkeit der Teleshoppingkanäle nicht eindeutig, da sie über den Rundfunkstaatsvertrag nicht geregelt war. Mittlerweile gelten Teleshopping-Sender nicht als Fernsehsender, da sie keine journalistischen Inhalte ausstrahlen, sondern als Mediendienste, die keine Sendelizenz zum Betrieb benötigen.

esse an der Beendigung des öffentlich-rechtlichen Monopols und subventionierte die Privaten in ihrer Phase des Aufbaus der technischen Reichweite. Zwar gab es seit 1984 kommerzielle Konkurrenz für ARD und ZDF, jedoch waren die neuen Sender zunächst nur von wenigen Haushalten zu empfangen, da die Antennenfrequenzen den öffentlich-rechtlichen Anbietern vorbehalten blieben. Der Empfang der Privaten war anfangs nur über Satellit bzw. Kabel möglich. Das öffentlich-rechtliche Monopol wurde nur sukzessiv in dem Maße abgebaut, wie die Privaten ihre technische Reichweite ausbauen konnten. Erst ab 1989/90 läßt sich faktisch von einem Wettbewerb im deutschen Fernsehmarkt sprechen, als die Privaten von etwa der Hälfte der deutschen Haushalte empfangbar waren. Seither dominieren sie eindeutig den Werbemarkt (vgl. Abbildung 6-12). Bei den Zuschaueranteilen können die öffentlich-rechtlichen Sender jedoch konkurrieren (vgl. Abbildung 6-9).

Abbildung 6–12: Entwicklung der Umsatzmarktanteile im Werbefernsehen

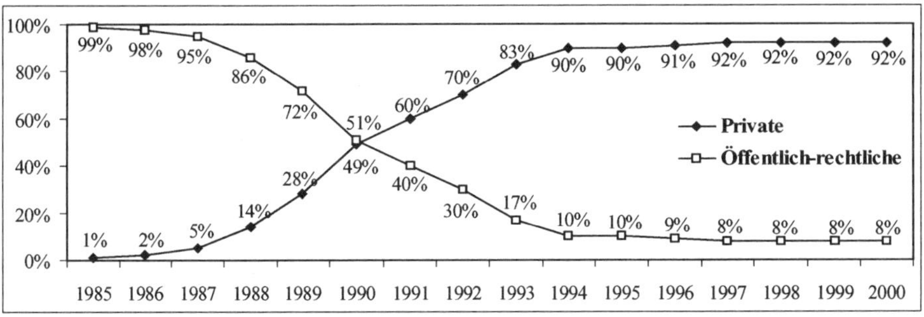

Quelle: ZAW Jahrbücher

Unter betriebswirtschaftlichen Aspekten ist das private Fernsehen in Deutschland nur als bedingt erfolgreich zu erachten. Die kumulierten Anlaufverluste aller privaten Fernsehsender vom Sendestart bis Ende 2001 belaufen sich auf 4,5 Milliarden € (vgl. Tabelle 6-23). Lediglich RTL, Pro Sieben, und Kabel 1 erzielten kumulierte Gewinne. Sat.1 wies 1998 erstmals einen Gewinn in Höhe von 11 Millionen € aus. Der Wettbewerb innerhalb der Sender trieb die Programmkosten in die Höhe. „In der Konsequenz leidet die Qualität des Privatfernsehens, die Programmfläche wird permanent für wirtschaftlich bewährte Formate ausgeweitet (...). Die Refinanzierung vieler Programme wird inzwischen nur noch über eine Mehrfachausstrahlung über Senderverbünde gewährleistet“ (Modenbach 1999, S. 257). Es ist abzusehen, daß der wirtschaftliche Erfolg der privaten Sender vor allem über die Kostenseite bestimmt wird.

Die duale Rundfunkordnung hat zu einem Auseinanderdriften von Angebot und Nachfrage auf dem Fernsehmarkt geführt, denn die Sehdauer hat sich nur unerheblich erhöht (vgl. Abbildung 1-5). Das gestiegene Programmangebot durch die Privatsender wird (fast) ausschließlich über Werbung finanziert, ein größeres Programmangebot bedeutet also auch ein größeres Werbeangebot. Bei einer stagnierenden Nutzungsdauer heißt das, daß sich die Wahrnehmungschance eines Werbespots seit der Dualisierung kontinuierlich verschlechtert hat.

Tabelle 6–23: Bilanz des Privatfernsehens

Sender	Gewinn/Verlust seit Sendergründung (in Mio. Euro)
RTL	951
ProSieben	897
Kabel 1	44
Viva	-19
Super RTL	-92
RTL 2	-130
N-TV	-135
N 24	-174
Neun Life/TM 3	-219
Vox	-375
DSF	-485
Sat.1	-658
Premiere	-4138
Saldo: Verlust Free-TV	-4533

Quelle: HMR, Horizont, Nr. 15, 2002

6.4.9.3 Klassifizierungskriterien des deutschen Fernsehmarktes

Der Fernsehmarkt in Deutschland läßt sich nach folgenden Kriterien einteilen:

- Nach der **Distributionsform** ist zu unterscheiden zwischen terrestrischem Empfang (über die Haus- oder Gemeinschaftsantenne), Kabel- und Satellitenempfang. Mehr als die Hälfte der deutschen Fernsehhaushalte empfängt über Kabel, etwa ein Drittel verfügen über Satellitenempfangsanlagen und nur noch etwa 11% empfangen ausschließlich über Antenne. Damit ist Deutschland nicht nur der größte Fernsehmarkt Europas, sondern auch der größte Kabel- und Satellitenmarkt. Etwa 85% der deutschen Fernsehhaushalte können 30 und mehr Fernsehprogramme frei empfangen. Abbildung 6-13 zeigt die Entwicklung der Fernsehempfangsarten in Deutschland. Den stärksten Zuwachs verzeichnete in den letzten Jahren der Satellitenempfang. Ein Grund dafür ist darin zu sehen, daß im Gegensatz zum Kabelanschluß beim Satellitenempfang keine laufenden Kosten anfallen.

- Nach dem **Distributionsgebiet** wird unterschieden in nationale, regionale und lokale Sender. Regionale Sender sind vor allem die Dritten Programme der ARD. Einige Städte und Gemeinden senden mittlerweile lokale Programme, die zeitweise in die Kabelnetze eingespeist werden.

- Nach dem **Programmangebot** ist zu unterscheiden in Voll- und Spartenprogramme. Der Rundfunkstaatsvertrag definiert ein **Vollprogramm** als „ein Rundfunkprogramm mit vielfältigen Inhalten, in welchem Information, Bildung, Beratung und Unterhaltung einen wesentlichen Teil des Gesamtprogramms bilden“ (§ 2). Programme mit „im wesentlichen gleichartigen Inhalten“ werden als **Spartenprogramme** bezeichnet (§ 2). Während Vollprogramme also ein komplettes Programmangebot bieten (zu den Vollprogrammen zählen ARD, ZDF, RTL, Sat. 1 und Pro 7), beschränken sich Spartenprogramme auf Angebotsnischen, wie Musik (z.B. MTV, Viva), Sport (DSF) oder Nachrichten (n-tv). Weitere Marktzutritte bei den Vollprogrammen erscheinen wenig erfolgversprechend. Mit Ausnahme von VOX und RTL 2 sind seit Anfang der 90er Jahre nur noch Special-Interest-Programme (Spartenprogramme) auf Sendung gegangen. Neuen Programmen und Sendern bietet das Pay-TV eine Möglichkeit, unter Umgehung der Refinanzierung über den Werbemarkt, eine ökonomische Grundlage zu finden.

Abbildung 6–13: Entwicklung der Fernsehempfangsarten in Deutschland

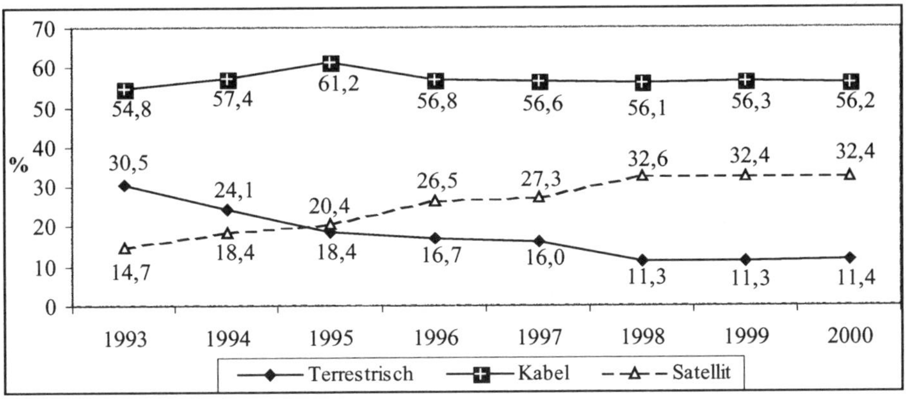

Basis: TV-Haushalte
Quelle: AGF/GfK; Methodenberichte; Stand: jeweils Dezember des Jahres

- Die bedeutsamste Unterscheidung der Sender ist die nach der **Rechtsform**. Danach lassen sich **öffentlich-rechtliche** und **private Sender** unterscheiden. Diese Unterscheidung ist fundamental vor allem im Hinblick auf die werberechtlichen Möglichkeiten der jeweiligen Sender. Zu den öffentlich-rechtlichen Sendern zählen ARD, ZDF, ARD-Dritte, Arte, 3Sat, Kinderkanal, und Phoenix. Der private Fernsehmarkt in Deutschland wird im wesentlichen von Bertelsmann und der Kirch-Gruppe dominiert (vgl. Abbildung 6-14). Durch die Fusion der CLT-UFA mit den Fernsehaktivitäten der britischen Pearson-Gruppe zur RTL-Group ist der größte Fernsehkonzern in Europa entstanden. Allerdings ist der Kirch-Konzern auf seinem Weg zu einer Senderfamilie durch die Fusion der ProSieben-Gruppe mit dem Sendeunternehmen Sat. 1 weiter als Bertelsmann. Bemerkenswert ist am Kirch-Konzern vor allem, daß mit dem angestammten Geschäft des Rechtehandels (Sport- und Filmrechte) eine nahezu komplette Struktur einer vertikalen Verwertung gegeben ist. Der Konzern ist somit in der Lage, die Pay- und Free-TV-Rechte auf seine Sender aufzuteilen.

Abbildung 6–14: Die wichtigsten Beteiligungen im deutschen Fernsehmarkt

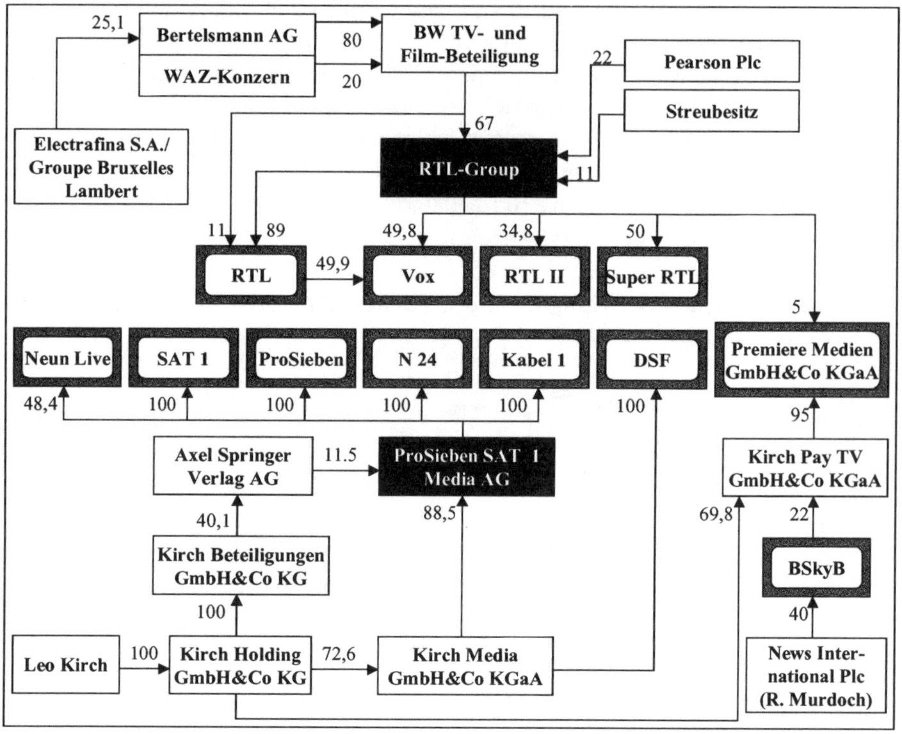

Quelle: Röper, H.: Formationen deutscher Medienmulties 1999/2000, in: Media Perspektiven Nr. 1, 2001, S. 2 ff. (Bei Drucklegung waren die neuen Beteilungsverhältnisse infolge der Insolvenz der Kirch-Gruppe noch nicht bekannt.)

- Nach der **Entgeltlichkeit der Nutzung** hat sich erst seit kurzem die Unterscheidung in **Free-TV** und **Pay-TV** etabliert. Während das Free-TV für den Nutzer entgeltfrei ist, muß für das Pay-TV ein Nutzungsentgelt entrichtet werden. Dafür gibt es grundsätzlich mehrere Möglichkeiten:
  - Beim **Abonnentenfernsehen** (z.B. Premiere) zahlt der Abonnent eine monatliche Gebühr für einen Dekoder und ist in der Nutzung des Programmangebotes unbeschränkt. Beim **pay-per-channel** erfolgt die Bezahlung nur für einzelne Kanäle innerhalb eines kompletten Programmpaketes.
  - In der Form des **pay-per-view** zahlt der Zuschauer nur für die Dauer des Zusehens, beispielsweise für einen Spielfilm oder eine Fußballübertragung.
  - Beim **video-on-demand** kann sich der Zuschauer aus einer Videodatenbank einen bestimmten Film aussuchen, für dessen Nutzung eine Gebühr zu entrichten ist.

  Pay-per-view und video-on-demand sind derzeit noch unübliche Entgeltformen, die über die für das digitale Fernsehen notwendige Set-Top-Box möglich werden (vgl. Kapitel 6.4.9.7). Dabei werden dem Nutzer die Gebühren direkt vom Konto abgebucht.

Inwieweit sich das Pay-TV durchsetzen wird bleibt abzuwarten. Als Hemmnisse sind einerseits das große Programmangebot im Free-TV zu sehen, andererseits entstehen die Nutzungsentgelte für das Pay-TV zusätzlich zu den Fernsehgebühren und ggf. den Kabelnutzungskosten bzw. den Investitionen für Satellitenempfangsanlagen.
Zwar sind die öffentlich-rechtlichen Sender grundsätzlich auch dem Free-TV zuzurechnen, aus der Sicht der werbefinanzierten privaten Sender grenzen diese sich mit der Bezeichnung Free-TV jedoch von den überwiegend gebührenfinanzierten öffentlich-rechtlichen ab, so daß sich eine Einteilung wie in Abbildung 6-15 vornehmen läßt.

Abbildung 6–15: Klassifizierung der Fernsehsender nach dem Nutzungsentgelt

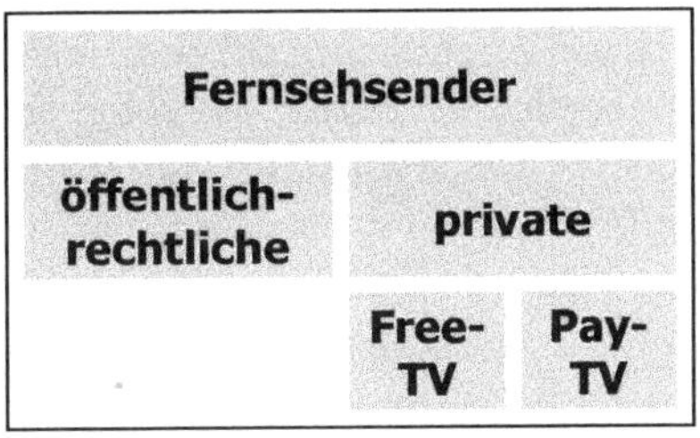

6.4.9.4 Rechtliche Aspekte im deutschen Fernsehmarkt

6.4.9.4.1 Verfassungsrechtliche Aspekte

Der Rundfunk unterliegt traditionell der Kulturhoheit der Länder, jedoch hat der Gesetzgeber einen ordnungspolitischen Rahmen vorgegeben. In seinem vierten sogenannten „Fernseheurteil" vom 04.11.1986 mußte das Bundesverfassungsgericht (BVerfG) konkret zu der dualen Rundfunkordnung Stellung beziehen (BVerfGE 73, 118). Tenor des Urteils ist die Chancenungleichheit der privaten gegenüber den öffentlich-rechtlichen Sendern. Denn von den Privaten könne „kein in seinem Inhalt breit angelegtes Angebot erwartet werden, weil die Anbieter zur Finanzierung ihrer Tätigkeit nahezu ausschließlich auf Wirtschaftswerbung angewiesen sind. Diese können nur dann ergiebiger fließen, wenn die privaten Programme hinreichend hohe Einschaltquoten erzielen". Daher sind „an die Breite des Programmangebotes (...) im privaten Rundfunk nicht gleich hohe Anforderungen zu stellen wie im öffentlich-rechtlichen Rundfunk" (1 BvF 1/84.) Gleichzeitig schrieb das BVerfG auch eine Bestands- und Finanzierungsgarantie für den öffentlich-rechtlichen Rundfunk fest.

Mit diesem Urteil hat sich das BVerfG auf ein „strukturell ungleiches, in einer leistungsmäßigen Schieflage befindliches duales System eingelassen" (Stock 1992, S. 633), getragen von der Absicht, die Wettbewerbsvoraussetzungen für die privaten Anbieter zu verbessern. Diese Existenzgrundlage für die Privaten wurde in

Fachkreisen sogar noch als zu eng angesehen. „Wie sollen private Anbieter mit gebührenfinanzierten öffentlichen Anstalten am Markt mithalten können, wenn das Gebührenaufkommen einen nahezu risikolosen Einsatz aller möglichen Aktionsparameter erlaubt?“ (Gröner 1988, S. 357). Eine aus heutiger Sicht bemerkenswerte Einschätzung der Konsequenzen des Urteils lautete: „Die etablierten Anbieter benötigen kein strategisches Verhalten, um langfristig den Bestand und die Entwicklung ihrer marktlichen Position abzusichern; sie ist es bereits“ (Wieck 1988, S. 380).

De facto führte die Entwicklung zu einer Umkehrung der Marktverhältnisse (vgl. Abbildung 6-12). Wurden in der Anfangszeit die Privaten von der Werbewirtschaft subventioniert, um den Wettbewerb zu fördern, ist dies heute bei den Öffentlich-rechtlichen der Fall.

Die Rechtsprechung des Bundesverfassungsgerichtes begründet einige weitreichende Unterschiede zwischen öffentlich-rechtlichen und privaten Sendern. Materielle Grundlage der bestehenden deutschen Rundfunkordnung ist Art. 5 Abs. 1 Satz 2 Grundgesetz mit dem Wortlaut: „Die Pressefreiheit und die Freiheit der Berichterstattung durch Rundfunk und Film werden gewährleistet.“ Daraus begründen sich im wesentlichen folgende Unterschiede in den wettbewerblichen Rahmenbedingungen für private und öffentlich-rechtliche Fernsehanbieter:

1. **Meinungsvielfalt**
   Die Tatsache, daß das Fernsehen in seiner Eigenschaft als Massenmedium in erheblichem Maße geeignet ist, die öffentliche Meinung zu beeinflussen, veranlaßte das Bundesverfassungsgericht, den Rundfunkmarkt als **wettbewerblichen Ausnahmebereich** festzuschreiben. Den öffentlich-rechtlichen Sendern schreibt das BVerfG vorrangig die „unerläßliche Grundversorgung“ zu, die Aufgaben der Bildung, Information, Unterhaltung und Beratung umfaßt. Da die Privaten im wirtschaftlichen Wettbewerb stehen, wurde ihnen ein abgeschwächter Programmauftrag gegeben. Sie sind lediglich einem „Grundstandard“ verpflichtet, der mehr Freiheit bezüglich der Programmgestaltung zuläßt. Weder „Grundversorgung“ noch „Grundstandard“ sind jedoch eindeutig definiert.

2. **Organisationsstruktur**
   Für die öffentlich-rechtlichen Sender ist das Prinzip der **Binnenpluralität** zwingend vorgeschrieben, d.h. die Ausgewogenheit des Programmangebotes soll durch den Fernsehveranstalter intern gesichert werden. Privater Rundfunk kann durch **Außenpluralität**, also externe Vielfalt erfolgen, dann allerdings muß das Gesamtangebot der Privaten dem des öffentlich-rechtlichen Rundfunks gleichwertig sein. Der Rundfunk dürfe nicht dem „freien Spiel der Kräfte“ überlassen werden, „es liegt vielmehr in der Verantwortung des Gesetzgebers, daß ein Gesamtangebot besteht, in dem die für die freiheitliche Demokratie konstitutive Meinungsvielfalt zur Darstellung gelangt“ (1 BvL 89/78).

3. **Finanzierungsquellen**
   Der Rundfunkstaatsvertrag definiert die Finanzierung der Beteiligten am dualen Rundfunksystem. § 12 legt fest, daß für den öffentlich-rechtlichen Rundfunk

Hauptfinanzierungsquelle die Rundfunkgebühr ist, als weitere Finanzierungsmöglichkeit stehen Einnahmen aus der Rundfunkwerbung offen. Diese Einnahmengewichtung folgt stringent den Implikationen aus dem verfassungsrechtlichen Programmauftrag, der nur bei Unabhängigkeit von der werbungtreibenden Wirtschaft erfüllt werden kann.
Da die Gebührenpflicht durch das **Bereithalten** eines Rundfunkempfangsgerätes begründet wird, ist ihr Aufkommen vom Versorgungsgrad der Bevölkerung abhängig. Da annähernd Vollversorgung mit Rundfunkgeräten erreicht ist, ist eine Einnahmenerhöhung durch eine höhere Teilnehmerzahl faktisch ausgeschlossen und nur über Gebührenerhöhungen möglich. § 43 Rundfunkstaatsvertrag regelt die Finanzierung der Privatsender und schließt für diese eine Finanzierung aus Rundfunkgebühren aus. Als Finanzierungsquellen stehen Einnahmen aus Werbung und Teleshopping, eigene Mittel der Veranstalter und „Entgelte der Teilnehmer (Abonnements oder Einzelentgelte)“ zur Verfügung. Die Gebühreneinnahmen der öffentlich-rechtlichen Sender belaufen sich insgesamt auf 4,4 Mrd. €, davon entstammen 2,3 Mrd. € aus Fernsehgebühren und 2,1 Mrd. € aus Hörfunkgebühren[3] (vgl. Abbildung 6-16).

Abbildung 6–16: Entwicklung der Gebühreneinnahmen der öffentlich-rechtlichen Rundfunkanstalten

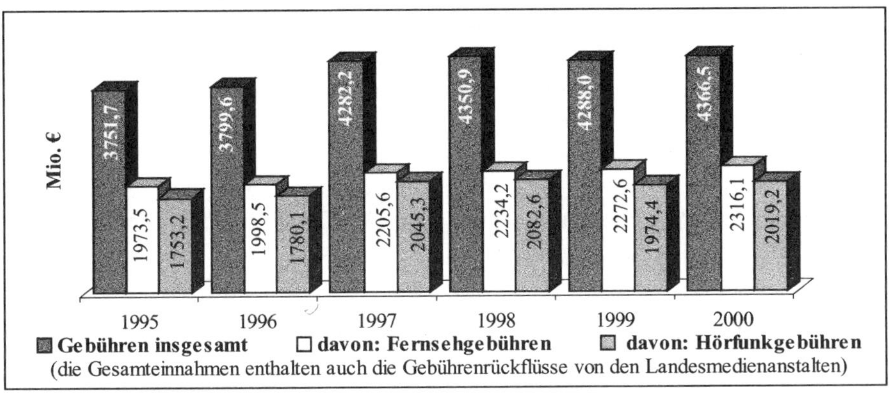

Quelle: ARD-Jahrbücher

4. Werbemöglichkeiten

In der Präambel des Rundfunkstaatsvertrages ist festgelegt, daß den privaten Veranstaltern Aufbau und Fortentwicklung eines privaten Rundfunks ermöglicht wird. „Dazu sollen ihnen ausreichende Sendekapazitäten zur Verfügung gestellt und angemessene Einnahmequellen erschlossen werden.“ Da für den öffentlich-rechtlichen Rundfunk Gebühren als Hauptfinanzierungsquelle festgeschrieben sind, der private Rundfunk davon jedoch ausgeschlossen ist, hat der Gesetzgeber folgerichtig den privaten Anbietern weitergehende Werbemöglichkeiten eingeräumt als den öffentlich-rechtlichen.

[3] Die Hörfunkgebühr beträgt 5,32 € und die Fernsehgebühr 10,83 € pro Monat (Stand: 01.01.2002).

Dieser Rundfunkordnung sind alle Sender unterworfen, die Programme von bundesdeutschem Boden ausstrahlen. Sie gilt naturgemäß nicht für Programme, die per Satellit eingestrahlt werden, wie MTV oder Super Channel.

6.4.9.4.2 Erscheinungsformen von Fernsehwerbung

Die rechtliche Beurteilung von Werbung im Fernsehen ist in erster Linie davon abhängig, was als Werbung zu bezeichnen ist. Es ist offensichtlich, daß Werbung im rundfunkrechtlichen Sinn anders zu definieren ist als im kommunikationstheoretischen Sinn. Der Rundfunkstaatsvertrag definiert Werbung (§ 2) „als „jede Äußerung bei der Ausübung eines Handels, Gewerbes, Handwerks oder freien Berufs, die im Rundfunk von einem öffentlich-rechtlichen oder privaten Veranstalter entweder gegen Entgelt oder eine ähnliche Gegenleistung oder als Eigenwerbung gesendet wird mit dem Ziel, den Absatz von Waren oder die Erbringung von Dienstleistungen (...) gegen Entgelt zu fördern". Diese Definition greift jedoch für eine Klassifikation der mittlerweile etablierten Erscheinungsformen von Fernsehwerbung zu kurz, da sie lediglich die klassische Spot-Werbung hinreichend genau erfaßt. Um auch Werbeformen einzubeziehen, die in das Programm integriert sind, erscheint eine weitergehende Definition notwendig. Als Fernsehwerbung sind all jene Erscheinungsformen zu bezeichnen, „in denen ein Produkt, eine Marke oder eine Dienstleistung verbal und/oder visuell präsentiert werden, ohne daß dies aus redaktionellen oder dramaturgischen Gründen notwendig erscheint" (Volpers/ Herkströter/Schnier 1998, S. 56).

Werbung erfolgt im Fernsehen längst nicht nur innerhalb von Werbeblöcken. Vielmehr haben sich Erscheinungsformen der Fernsehwerbung etabliert, die nicht mehr eindeutig als Werbung zu erkennen sind. Abbildung 6-17 zeigt eine entsprechende Einteilung des Fernsehprogramms.

Abbildung 6–17: Elemente des Fernsehgesamtprogramms

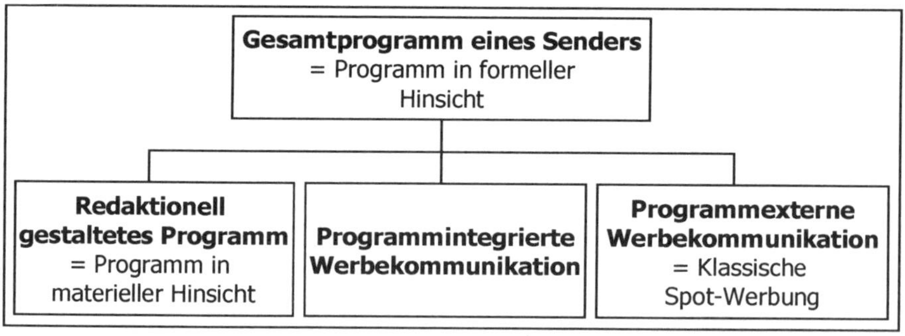

Quelle: Volpers, H./Herkströter, D./Schnier, D.: Die Trennung von Werbung und Programm im Fernsehen, Opladen 1998, S. 57

Unter **programmexterner Werbung** ist die klassische Spot-Werbung zu verstehen, die in Werbeblöcken erfolgt und die eindeutig als Werbung erkennbar ist. Es ist insbesondere diese Form der Werbung, die vom Zuschauer häufig zu vermeiden getrachtet wird.[4]

> „Hierbei besteht eine stillschweigende Übereinkunft zwischen Zuschauer und Werbetreibenden, die lautet: 'Schaue dir meine Werbung an, und ich zahle für dein Fernsehprogramm'. Im dualen Rundfunksystem Deutschlands, in dem die Fernsehzuschauer Gebühren entrichten und nicht ständig zwischen privat finanziertem und öffentlich-rechtlichem Fernsehen differenzieren, ist die Programmfinanzierung der Werbung dem Zuschauer kaum bewußt" (Volpers/Herkströter/ Schnier 1998, S. 96).

Als **programminterne** oder **programmintegrierte Werbung** werden diejenigen Werbeformen bezeichnet, die nicht eindeutig als Werbung zu erkennen sind, wie Sponsoring, Product Placement, Dauerwerbesendungen, Gewinnspiele, Teleshopping, Bartering und Merchandising (diese Werbeformen werden in dem Kapitel Sonderwerbeformen vorgestellt, vgl. Kapitel 8).

Die Einteilung in programmexterne und programminterne Werbung ist insbesondere unter werberechtlichen Aspekten von Belang, da die programminternen Werbeformen geeignet sind, das Trennungsgebot von Programm und Werbung zu unterlaufen.

6.4.9.4.3 Werberegelungen für private und öffentlich-rechtliche Sender

Ein Werberecht in Form einer spezifischen Einzelgesetzgebung gibt es in Deutschland nicht. Werbung wird vielmehr durch eine Fülle von Spezialgesetzen und Verordnungen geregelt. Rundfunkwerbung ist im wesentlichen im „Staatsvertrag über den Rundfunk im vereinten Deutschland vom 31.08.1991 in der Fassung des Fünften Rundfunkänderungsstaatsvertrags vom 09.01.2001" geregelt (Rundfunkstaatsvertrag, RStV, s. www.alm.de).

Die deutsche Rundfunkwerbung basiert auf vier Rechtsgrundsätzen (vgl. Keusen 1995, S. 166):

1. Das **Gebot der Trennung von Programm und Werbung**. Dieser „Trennungsgrundsatz" leitet sich aus dem Gesetz gegen den unlauteren Wettbewerb (UWG) her. Wenn Werbung getarnt wird, ist dies ein Verstoß gegen die „guten Sitten". Der Trennungsgrundsatz soll in erster Linie die Glaubwürdigkeit der Berichterstattung durch die Medien sicherstellen. Die Informationsfreiheit gilt dann als gesichert, wenn der Zuschauer eindeutig die Herkunft des Beitrages erkennen, d.h. redaktionelles Programm und Werbung unterscheiden kann. Aus diesem Grund ist es auch Nachrichtensprechern und Moderatoren von politi-

[4] In diesem Zusammenhang erscheint ein Zitat von C. Schneider, dem ehemaligen Vorstand des US-Kinderkanals Nickelodeon nicht als zynisch: „... der hauptsächliche Antrieb für das Fernsehen ist nicht die Bildung, die Information oder die Aufklärung. Es geht nicht einmal um Unterhaltung. Es geht darum, die Zuschauer dazu zu bringen, sich Werbung anzuschauen" (zitiert nach Kline, S.: Let`s make a deal: Merchandising im US-Kinderfernsehen, in: Media Perspektiven Nr. 4, 1991, S. 222).

schen Sendungen nicht gestattet, in der Fernsehwerbung aufzutreten (§ 7,7 RStV). Bei einigen neueren Werbeformen ist der Trennungsgrundsatz nicht immer gewährleistet (vgl. dazu Kapitel 8). Dem Trennungsgebot entsprechend werden Werbeblöcke mit einem Werbelogo eingeleitet, das Ende eines Werbeblocks wird allerdings i.d.R. nicht in analoger Weise gekennzeichnet.

2. Die **Pflicht zur Kennzeichnung der Werbung**. Sie leitet sich zwangsläufig aus dem Trennungsgrundsatz ab und ist im Rundfunkstaatsvertrag (RStV) eindeutig geregelt: „Werbung und Teleshopping müssen als solche klar erkennbar sein. Sie müssen im Fernsehen durch optische Mittel und im Hörfunk durch akustische Mittel eindeutig von anderen Programmteilen getrennt sein" (§ 7,3). Diese Formulierung impliziert, daß Einigkeit darüber besteht, welche Kommunikationsinhalte unter „Werbung als solche" zu subsumieren sind. Angesichts der Tatsache, daß sich eine Vielzahl programmexterner und programminterner Erscheinungsformen von Fernsehwerbung entwickelt hat, kann diese Einigkeit allerdings nicht unterstellt werden.
Trennungs- und Kennzeichnungsgebot verfolgen die Absicht, daß ein Zuschauer eindeutig erkennen kann, ob er gerade das redaktionelle Programm oder Werbung betrachtet. Zwar kann dies für Werbespots, die innerhalb eines Werbeblocks ausgestrahlt werden, i.d.R. als gegeben angesehen werden. Allerdings ist die Gestaltung von Werbespots teilweise dergestalt, daß ein Zuschauer, der sich in einen laufenden Werbeblock einschaltet, diesen nicht immer sofort erkennen kann, was jedoch als unvermeidlich hinzunehmen ist.

3. Das **Verbot der Irreführung**. Auch die Irreführung ist grundsätzlich in § 3 UWG geregelt. Speziell für die Rundfunkwerbung führt der RStV weitergehend aus: „Werbung darf nicht irreführen, den Interessen der Verbraucher nicht schaden und nicht Verhaltensweisen fördern, die die Gesundheit oder Sicherheit der Verbraucher sowie den Schutz der Umwelt gefährden" (§ 7,1).

4. Das **Verbot der Beeinflussung**. „Werbung oder Werbetreibende dürfen das übrige Programm inhaltlich und redaktionell nicht beeinflussen" (§ 7,2). Weitergehende Ausführungen bestimmen, „daß Einzelheiten des Programms nicht den Vorgaben der Werbungtreibenden angepaßt werden dürfen. Unzulässig ist auch die Einflußnahme der Werbungtreibenden auf die Plazierungen von Sendungen im Umfeld der Werbung" (zitiert nach Nickel 1997b, S. 87).

Im Bereich der klassischen Werbung ist die Einhaltung dieser Regelungen üblicherweise gewährleistet. Einige Sonderwerbeformen (z.B. Product Placement und Sponsoring) operieren jedoch an der Grenze zwischen redaktionellen und werblichen Elementen.

Der Begriff Werbung ist vor allem auf die Wirtschaftswerbung bezogen, politische, weltanschauliche oder religiöse Werbung ist verboten (§7,8 RStV). Unberührt ist davon jedoch das Recht der Parteien für Werbung im Wahlkampf (vgl. Keusen 1995, S. 171).

Der unterschiedliche Werberahmen für private und öffentlich-rechtliche Sender ist detailliert im Rundfunkstaatsvertrag geregelt. Die bedeutsamsten Unterschiede in den Werbebestimmungen für private und öffentlich-rechtliche Sender liegen in der 20.00 Uhr-Werbegrenze und dem Sonn- und Feiertagswerbeverbot, vor allem jedoch in der Begrenzung auf 20 Minuten werktäglich. Hierin liegt ein eindeutiger Wettbewerbsvorteil für die Privaten. Insbesondere die 20.00 Uhr-Grenze begründet auch strukturelle Unterschiede in den Werbezielgruppen, denn ein Teil der Zuschauer kann allein schon aus beruflichen Gründen über die Werbung in den öffentlich-rechtlichen Sendern nicht erreicht werden.

Durch die drastisch gesunkenen Werbeeinnahmen sehen die öffentlich-rechtlichen Anstalten ihren verfassungsrechtlich gebotenen Programmauftrag gefährdet und fordern die Aufhebung der 20.00 Uhr-Werbegrenze. Darin liegt allerdings die Gefahr der Kommerzialisierung auch des Abendprogramms, was die Legitimation des öffentlich-rechtlichen Rundfunks und die Akzeptanz der Rundfunkgebühr in Frage stellen könnte.

Im einzelnen sieht der Rundfunkstaatsvertrag folgende **Werberegelungen** für öffentlich-rechtliche und private Sender vor:

1. **Einfügung der Werbung**:
   Der am 1. April 2000 in Kraft getretene vierte Rundfunkänderungsstaatsvertrag sieht eine Lockerung des bisherigen Blockwerbegebotes vor. Während bis dato sowohl für öffentlich-rechtliche als auch private Sender zwingend vorgeschrieben war, daß Werbung ausschließlich in Blöcken zu erfolgen hatte, erlaubt die neue Regelung auch einzeln gesendete Werbespots zwischen den Sendungen, die allerdings die Ausnahme bilden müssen (§ 14,2/§ 44,2). Allerdings darf durch Einzelspots die Zahl der Werbeunterbrechungen nicht zunehmen.
   Unterbrecherwerbung ist möglich, „sofern der gesamte Zusammenhang und der Charakter der Sendung nicht beeinträchtigt werden“ (§ 14,2/§ 44,2).
   Gottesdienste und Kindersendungen dürfen nicht von Werbung unterbrochen werden (§ 14,1/§ 44,1).

2. **Unterbrecherwerbung**:
   - Für **öffentlich-rechtliche Sender** gilt: Sendungen, die länger als 45 Minuten dauern dürfen einmal von Werbung unterbrochen werden (§ 14,3), bei Übertragungen von Sportereignissen, die Pausen enthalten, darf Werbung nur in den Pausen gesendet werden (§ 14,4).
   - Für **private Sender** sind weitergehende Regelungen vorgesehen: Unterbrecherwerbung darf bei Sportübertragungen mit Pausen oder bei Sendungen, die aus eigenständigen Teilen bestehen, nur in den Pausen bzw. zwischen den Teilen erfolgen. Während der alte Rundfunkstaatsvertrag zu den Abständen zwischen zwei Werbeunterbrechungen weiter ausführte: „Bei anderen Sendungen muß der Abstand zwischen zwei aufeinanderfolgenden Unterbrechungen innerhalb der Sendung mindestens 20 Minuten betragen“, wurde in der Neuregelung das Wort „muß“ durch das Wort „soll“ ersetzt (§ 44,3). Diese neue Abstandsregelung ermöglicht den Privaten etwas mehr Flexibilität, an der möglichen Gesamtwerbezeit hat sich jedoch nichts geän-

dert. Zwar bleibt die Summe der Werbeblöcke gleich, allerdings sind zuschauerfreundlichere Werbeplazierungen möglich.
Sendungen, die länger als 45 Minuten betragen, dürfen „je vollständigem 45-Minutenzeitraum" einmal unterbrochen werden. Eine weitere Unterbrechung ist zulässig, wenn diese Sendungen mindestens 20 Minuten länger dauern als zwei oder mehr vollständige 45-Minutenzeiträume" (§ 44,4).[5]
Nachrichten-, Politik-, Dokumentarsendungen und Sendungen religiösen Inhalts dürfen nur unterbrochen werden, wenn die Sendezeit mindestens 30 Minuten beträgt (§ 44,5).

3. **Werbedauer pro Stunde**: Innerhalb einer Stunde dürfen sowohl öffentlich-rechtliche als auch private Sender nicht mehr als 12 Minuten werben (§ 15,3/ § 45,2). Hinweise der Sender auf eigene Programme und auf Begleitmaterialien, die direkt von diesen Programmen abgeleitet sind, sowie unentgeltliche Beiträge im Dienst der Öffentlichkeit einschließlich von Spendenaufrufen gelten in diesem Zusammenhang nicht als Werbung (§ 15, 4/§ 45,3).

4. **Werbedauer pro Tag**:
   - Für die **öffentlich-rechtlichen Sender** gilt die 20 Minuten-Regel: Die Gesamtdauer der Werbung darf pro Werktag 20 Minuten im Jahresdurchschnitt nicht überschreiten. Wird die Werbezeit nicht vollständig genutzt, dürfen maximal 5 Minuten pro Tag nachgeholt werden. „Nach 20.00 Uhr sowie an Sonntagen und im ganzen Bundesgebiet anerkannten Feiertagen dürfen Werbesendungen nicht ausgestrahlt werden." (§ 15,1). Werbung darf nur in den nationalen ARD- und ZDF-Programmen ausgestrahlt werden, nicht jedoch in deren weiteren Programmen (ARD-Dritte, 3-Sat, Arte, Kinderkanal, Phönix) (§15,2).
   - Auch hier gelten für die **privaten Sender** weitergehende Regelungen. Die Werbezeit darf insgesamt 20% der täglichen Sendezeit nicht überschreiten, die reine Spotwerbung (also Gesamtwerbezeit ohne Teleshopping und Dauerwerbesendungen) nicht mehr als 15% (§ 45,1).
     Ein Verbot der Werbung an Sonn- und Feiertagen sieht der Rundfunkstaatsvertrag für die Privaten nicht vor, d.h. die aufgezeigten Werberegelungen gelten an diesen Tagen analog.

5. **Teleshopping** ist den öffentlich-rechtlichen Sendern mit Ausnahme von Teleshopping-Spots nicht erlaubt (§ 18). Die Privaten dürfen Teleshopping-Fenster

---

[5] Der vierte Rundfunkänderungsstaatsvertrag hat auch die bisherige Rechtsunsicherheit über die Berechnungsgrundlage der Anzahl der zulässigen Werbeunterbrechungen bei Spielfilmen beendet. Festgeschrieben ist jetzt die „programmierte Sendezeit" und damit das von den privaten Fernsehsendern bisher ohnehin praktizierte sogenannte Bruttoprinzip. Die Länge eines Spielfilmes berechnet sich damit aus seiner Nettospielzeit zuzüglich der Dauer der Unterbrecher-Werbeblöcke. Während nach dem Nettoprinzip ein Spielfilm von 90 Minuten Dauer also nur zwei Mal unterbrochen werden dürfte, ermöglicht das Bruttoprinzips drei Werbeunterbrechungen, wenn diese die Spieldauer auf mehr als 110 Minuten verlängern.

senden, die eine Mindestdauer von 15 Minuten ohne Unterbrechung haben müssen. Pro Tag sind acht solcher Fenster möglich, ihre Gesamtsendedauer darf drei Stunden pro Tag nicht überschreiten. Die Fenster müssen optisch und akustisch klar als Teleshopping-Fenster gekennzeichnet sein (§ 45a).

6. Grundsätzlich erlaubt ist seit dem 01. April 2000 auch das sogenannte **Split Screening** (Teilbelegung des TV-Bildes) und **virtuelle Werbung** (Werbung die durch digitale Bildbearbeitung ermöglicht wird) (vgl. Kapitel 8.5.4). Bei der Split-Screen-Werbung läuft der Werbespot mit Ton auf rund 80% des Bildschirms, das aktuelle Programmbild in einem kleinen Fenster am Bildschirmrand. Diese Werbeform wird voll auf die Dauer der klassischen Werbung angerechnet. Preislich wird Split-Screen-Werbung wie Vollbild-Werbung berechnet.

6.4.9.5 Werbemöglichkeiten im Fernsehen

Es sind zwei Arten von Werbeblöcken zu unterscheiden (vgl. Abbildung 6-18):

Abbildung 6–18: Werbemöglichkeiten im deutschen Fernsehen

Sendung A	Unterbrecher-Werbeblock	Sendung A	Scharnier-Werbeblock	Sendung B

- **Unterbrecher-Werbeblöcke** sind solche, die - wie der Name schon sagt - eine Sendung unterbrechen.
- **Scharnier-Werbeblöcke** sind solche, die zwischen zwei unterschiedlichen Sendungen (z.B. zwischen einem Spielfilm und den Nachrichten) geschaltet werden.

Als bedenklich könnte sich die Aufweichung des Gebotes der Blockbildung erweisen. Denn es diente einerseits dem Trennungsgrundsatz, da Werbeblöcke unmittelbar als Werbung erkennbar sind. Andererseits aber auch dem Beeinflussungsverbot: „Mit dem Blockwerbegebot soll der Einfluß der Werbewirtschaft auf die Programmgestaltung von vornherein unterbunden werden, dadurch, daß Werbebotschaften nicht einzeln und an jeder beliebigen Stelle eingesetzt werden können“ (Müller, O. 1997, S. 187).

Zwar hat ein Werbetreibender die Möglichkeit, den Werbeblock auszuwählen, in dem der Spot plaziert werden soll, jedoch ist das Umfeld des Werbespots innerhalb eines Werbeblocks nur begrenzt kontrollierbar. So hat ein Werbetreibender i.d.R. weder einen Einfluß darauf, an welcher Position sein Werbespot in einem Werbeblock ausgestrahlt wird, noch darauf, wie viele und welche anderen Werbespots der Werbeblock enthält. Jedoch hat ein Werbetreibender weitgehend die Möglichkeit, innerhalb des Werbeblockschemas eines Senders zu wählen, in welchem Werbeblock der Werbespot geschaltet werden soll. Damit ist auch eine Kontrolle des Programmumfeldes gegeben. Allerdings müssen dabei folgende Einschränkungen berücksichtigt werden (vgl. Kloss 1998, S. 18):

- Bei Spielfilmen sind ex ante die tatsächlichen Inhalte nicht immer bekannt, ebensowenig die Zielgruppen. Weitgehende Planungssicherheit hat man vor allem bei Serien.
- Die Werbetreibenden haben keinen Einfluß auf den Zeitpunkt der Unterbrechung einer Spielhandlung. Damit ist nicht kontrollierbar, wie der Werbeblock den Handlungsablauf der Sendung unterbricht. Diese Tatsache kann durchaus zu ungewollten Überraschungen führen. Berühmt wurde eine Plazierung in dem Film „Der Exorzist", die unmittelbar nach einer Erbrechensszene geschaltet wurde und als ersten Spot einen *Unox*-Suppenspot zeigte.

Eine Konsequenz der Blockbildung ist, daß sie prinzipiell die Werbevermeidung erleichtert, da der Zuschauer die Werbeblöcke dafür nutzt, um persönliche Bedürfnisse zu befriedigen. Als Gegenstrategie versuchen Werbetreibende und Sender, Werbung stärker an das Programm zu koppeln. Dies ist durch eine Reihe von Sonderwerbeformen möglich, wie Sponsoring, Product Placement oder Game Shows, bei denen sich der Zuschauer der Werbung nicht mehr entziehen kann (vgl. Kapitel 8).

Die klassischen Werbeformen im Fernsehen, Werbespots und Sponsorhinweise, konnten aufgrund der Änderungen im Rundfunkstaatsvertrag durch neue Werbeformen ergänzt werden (vgl. ZAW 2001, S. 302 f.):

- **Laufbandwerbung**, vor allem bei Nachrichtensendern zwischen den Börsenkursen.
- **Titelpatronate**, die als Ergänzung zum TV-Sponsoring den Sponsor und seine Marke konsequent in das Umfeld und den Titel eines Programms integrieren.
- **Werbeuhren**, insbesondere im Vorfeld von Nachrichtensendungen.
- **Gewinnspiele** im redaktionellen Programm.
- **Split-Screen-Werbung** erzielt bei der Übertragung von Sportereignissen, aber auch in Shows, bis zu 20% mehr Reichweite als Werbeblöcke im Vollbild.
- **Exklusiv-Inseln** als Ausstrahlung eines einzelnen Werbespots. Jeder Sender bietet derartige exklusive Werbemöglichkeiten i.d.R. vor einzelnen Sendungen. Beispielsweise ProSieben Sonntags 18:59 Uhr vor „Welt der Wunder", Montag-Mittwoch 21:15 bzw. 21:45 Uhr in der Prime Time, Montag-Mittwoch 22:15 Uhr vor „TV-Total".
- **Infomercials**, als Dauerwerbesendung gekennzeichnete redaktionell aufgemachte Beiträge, werden vor allem von Finanzdienstleistern und Telekommunikationsfirmen eingesetzt.

Darüber hinaus bieten die Sender weitere Werbeformen an, z.B. zur Vernetzung der TV-Werbemaßnahmen mit Aktivitäten in den Sektoren Internet sowie Veranstaltung und Promotion (vgl. z.B. www.sevenonemedia.de für die Sender ProSieben, Sat. 1, Kabel 1 und N24).

Die klassischen Werbespots machen über 90% des Werbeaufkommens aus. Bei den Sonderwerbeformaten hat vor allem das Teleshopping im privaten Fernsehmarkt gewonnen, bei Kabel 1 betrug 2001 hier der Anteil 7,1% an den gesamten Werbeeinnahmen.

Abbildung 6–19: Werbeblockschema von ProSieben (Auszug)

Zeit	Samstag	Sonntag	Montag 02.05.-25.06. 27.08.-24.09.	Dienstag 02.05.-26.06. 28.08.-18.12.	Mittwoch 02.05.-27.06.	Donnerstag 5.7.-23.8.	Freitag
20:00	SPORT	SPORT	SPORT	SPORT	SPORT	SPORT	SPORT
	E-WB 862017 (20.08)	E-WB 922017 (20.08)	E-WB 882017 (20.11)	E-WB 862017 (20.11)	E-WB 872017 (20.11)	E-WB 872017 (20.08)	E-WB 852017 (20.08)
	WETTER	WETTER	WETTER	WETTER	WETTER	WETTER	WETTER
	WB 172055 (20.13)	WB 222055 (20.10)	WB 182055 (20.13)	WB 172055 (20.13)	WB 142055 (20.13)	WB 142055 (20.10)	WB 122055 (20.10)
	Spielfilm	Spielfilm	Serie-Mystery (RR)	Serie-Drama/ U-Show	Serie-Mystery	Spielfilm	Spielfilm
			U-WB 222010 (20.35)	U-WB 282010 (20.35)	U-WB 252010 (20.35)		
			Teil II	Teil II	Teil II		
	U-WB 252010 (20.45)	U-WB 322010 (20.45)				U-WB 242010 (20.45)	U-WB 232010 (20.45)
	Teil II	Teil II				Teil II	Teil II
21:00			U-WB 222120 (21.00)	U-WB 282120 (21.00)	U-WB 252120 (21.00)		
			Teil III	Teil III	Teil III		
	U-WB 262120 (21.15)	U-WB 322120 (21.15)		E-WB 952107 (21.15)	E-WB 922107 (21.15)	U-WB 252120 (21.15)	U-WB 242120 (21.15)
	Teil III	Teil III	Serie-Mystery	Serie-Drama	Serie-Mystery	Teil III	Teil III
			U-WB 242130 (21.30)	U-WB 262130 (21.30)	U-WB 252130 (21.30)		
			Teil II	Teil II	Teil II		
	U-WB 272130 (21.50)	U-WB 322130 (21.50)				U-WB 262130 (21.50)	U-WB 252130 (21.50)
	Teil IV	Teil IV	U-WB 242140 (21.55)	U-WB 262140 (21.55)	U-WB 252140 (21.55)	Teil IV	Teil IV
22:00			Teil III	Teil III	Teil III		
	WB 232265 (22.10)	WB 262265 (22.10)				WB 242265 (22.10)	WB 222265 (22.10)
	Spielfilm	Focus TV	E-WB 912217 (22.15)	E-WB 942217 (22.15)	E-WB 932217 (22.15)	Show-Comedy (RR)	Spielfilm
			Show-Comedy	Show-Comedy	Show-Comedy		
			U-WB 292260 (22.30)	U-WB 292260 (22.30)	U-WB 292260 (22.30)	U-WB 232260 (22.30)	
		U-WB 212260 (22.35)	Teil II	Teil II	Teil II	Teil II	
	U-WB 262260 (22.40)	Teil II					U-WB 222260 (22.40)
	Teil II						Teil II
		U-WB 182270 (22.55)	U-WB 262270 (22.55)	U-WB 262270 (22.55)	U-WB 262270 (22.55)	U-WB 222270 (22.55)	
23:00		Teil III	Teil III	Teil III	Teil III	Teil III	
	U-WB 202380 (23.10)	Spielfilm				Show-Comedy	U-WB 192370 (23.10)
	Teil III		Show-Comedy	BIZZ	Reportage		Teil III
						U-WB132380 (23.25)	
		U-WB 132360 (23.30)	U-WB 192380 (23.30)	U-WB 122380 (23.30)	U-WB 112380 (23.30)	Teil II	
		Teil II	Teil II	Teil II	Teil II		
	U-WB 202380 (23.40)						U-WB 172380 (23.40)
	Teil IV		Serie-Comedy	Serie-Krimi		Serie-Comedy	Teil IV
00:00					U-WB 092360 (23.55)	U-WB 122360 (23.55)	

gültig ab 02.05.2001 (Stand: 18.05.2001). Quelle: www.sevenonemedia.de

Jeder Sender hat ein **Werbeblockschema**, das als Grundlage für die Mediaplanung dient. Abbildung 6-19 zeigt als Beispiel das Werbeblockschema von ProSieben während der Prime Time. Der Mediaplaner kann daran erkennen, wann welcher Werbeblock belegt werden kann. Zur Auswahl stehen Exklusiv-Werbeblöcke (E-WB), Scharnier-Werbeblöcke (WB) und Unterbrecher-Werbeblöcke (U-WB).

Beispielsweise kann Samstags auf ProSieben zwischen den Sportnachrichten und der Wettervorhersage der Exklusiv-Werbeblock 862017 um 20.08 Uhr belegt werden. Nach der Wettervorhersage folgt um 20.13 Uhr der Scharnier-Werbeblock 172055, der zum Spielfilm überleitet. Der Spielfilm wird durch drei Werbeblöcke um 20.45 Uhr, 21.15 Uhr und 21.50 Uhr unterbrochen. Um 22.10 folgt ein weiterer Werbeblock als Trennung zum nachfolgenden Spielfilm, der wiederum von drei Werbeblöcken unterbrochen wird. Anhand der Kennung der Werbeblöcke ist der Mediaplaner ferner in der Lage, die Werbeblöcke der entsprechenden Preisgruppe (vgl. Abbildung 6-26) zuzuordnen.

6.4.9.6 Das „magische Dreieck" in der Fernsehprogrammpolitik

Von entscheidender Bedeutung für die Wettbewerbsverhältnisse im deutschen Fernsehmarkt sind die unterschiedlichen Finanzierungsvoraussetzungen für private und öffentlich-rechtliche Anbieter. Sie zwingen die Privaten in eine ungleich stärkere Abhängigkeit von den Einschaltquoten als die Öffentlich-rechtlichen.

Die Werbeeinnahmen fließen nach Maßgabe der Zuschauer. Die Bedeutung der Anzahl der Zuschauer (Reichweite) für die Fernsehsender verdeutlicht insbesondere auch die Tatsache, daß sie als Bewertungskriterium für einen Sender herangezogen werden.

Von diesem Sachverhalt ging auch das Bundesverfassungsgericht in seinem vierten „Fernsehurteil" aus. Die privaten Anbieter stehen: „... deshalb vor der wirtschaftlichen Notwendigkeit, möglichst massenattraktive, unter dem Gesichtspunkt der Maximierung der Zuschauerzahlen (...) erfolgreiche Programme zu möglichst niedrigen Kosten zu verbreiten" (1 BvF 1/84 (BVerfGE 73, 118).

Die Sender stehen also in einem Wettbewerb um die Gunst der Zuschauer. Denn aufgrund der unterschiedlichen Finanzierungsvoraussetzungen bestimmt letztlich die von den Zuschauern empfundene Attraktivität des Programmangebotes die erzielbaren Reichweiten, die wiederum maßgeblich sind für die Werbeeinnahmen. Die Programmattraktivität ist eine nur subjektiv beschreibbare Dimension. Sie kann definiert werden als „die subjektive Einstellung bzw. das Image der Zuschauer im Hinblick auf das Programmangebot eines Fernsehsenders und im Vergleich zu anderen Angeboten" (Meffert/Hensmann 1993, S. 15). Die Determinanten der Programmpolitik lassen sich wie in Abbildung 6-20 darstellen.

Je größer die Alleinstellung eines attraktiven Programmangebotes ist, desto nachhaltiger fließen demzufolge auch die Werbeeinnahmen. Diese Einnahmen können wiederum in das Programmangebot investiert werden und somit die Programmattraktivität absichern und ausbauen. „Ohne attraktive Programme keine Zuschauer, ohne Zuschauer keine Werbekunden, ohne Werbekunden kein Geld für Programme" (Tostmann/Trautmann 1993, S. 425).

Abbildung 6–20: Determinanten der Programmpolitik der Privatsender

Von besonderer Relevanz ist der Umkehrschluß: Eine geringe Programmattraktivität führt zu geringen Zuschauerreichweiten, was diese Programme auch für die werbetreibende Wirtschaft unattraktiv macht. Dadurch fließen geringere Werbeeinnahmen, somit stehen weniger Mittel für die Programmgestaltung zur Verfügung. Diese Interdependenz der Determinanten läßt sich wie in Abbildung 6-21 darstellen.

Abbildung 6–21: Die Interdependenz der Determinanten der Programmpolitik

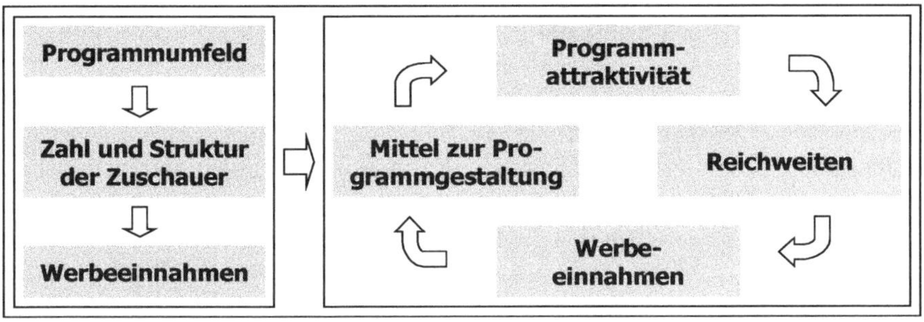

Da die kommerziellen Fernsehanbieter im Gegensatz zu den Öffentlich-rechtlichen weder im Hinblick auf Bestand und Finanzierung noch Entwicklung verfassungsmäßig abgesichert sind, müssen sie – wie jedes andere erwerbswirtschaftlich geführte Unternehmen auch – Erlöse erwirtschaften. Die Programmpolitik der privaten Fernsehveranstalter dient daher vor allem dazu, attraktive und zielgruppenspezifische Umfelder für die Werbung zu schaffen. Ist das Programmumfeld für die Werbung nicht mehr attraktiv, wird es geändert bzw. abgesetzt.

Für konkrete und spezifische Programmumfelder müssen die aufgezeigten Determinanten der Programmpolitik allerdings noch im Hinblick auf die Attraktivität der Programme für die Werbetreibenden erweitert werden. Denn trotz hoher Reichweiten zu günstigen TKP werden Programme nicht notwendigerweise von den Werbetreibenden als Werbeumfelder genutzt, wenn sie beispielsweise der

Meinung sind, ihre Marken passen nicht in diese Umfelder bzw. negative Rücktransfers befürchten (z.B. reality-TV, Erotikprogramme). Es müssen also noch weitere Faktoren berücksichtigt werden, die in bestimmten Umfeldern dazu führen, daß das Angebot sich nicht nach der Nachfrage richtet, Zuschauererfolg also nicht unbedingt auch Werbeerfolg bedeutet.

Das Zusammenspiel der Beteiligten am Fernsehmarkt läßt sich in Form eines „magischen Dreiecks“ wie in Abbildung 6-22 veranschaulichen.

Ausgangspunkt für Sender und Werbetreibende sind die Zuschauer: Wenn ein Sender keine Zuschauer hat, finden sich auch keine Werbetreibenden. Je attraktiver das Programmangebot, desto mehr Zuschauer zieht es an. Erst wenn das Programm hinreichend Zuschauer angezogen hat und diese von ihrer soziodemographischen Struktur her der Zielgruppe des Werbetreibenden entsprechen, ist es für den Werbetreibenden attraktiv. Die Entscheidung, in diese Umfelder auch Werbung zu schalten, hängt jedoch von weiteren Faktoren ab. Die Programmattraktivität bemißt sich für die Werbetreibenden nicht ausschließlich nach den objektiv meßbaren Kriterien Zahl und Struktur der Zuschauer, sondern maßgeblich auch nach subjektiven Kriterien.

Abbildung 6–22: Das „magische Dreieck“ im privaten Fernsehmarkt

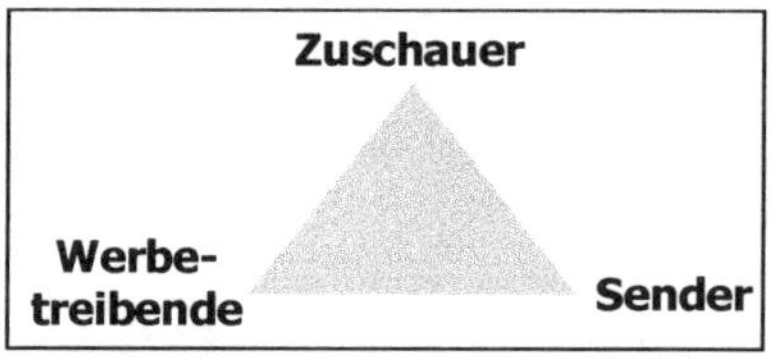

Die Werbeeinnahmen eines Senders fließen also nicht nur nach Maßgabe der Attraktivität seiner Programmangebote aus Sicht der Zuschauer; erst wenn auch die Werbetreibenden das Programmangebot als attraktiv empfinden, erfolgen Buchungen.

Da die privaten Sender von den Werbetreibenden und nicht von den Zuschauern finanziert werden, richten sich die Entscheidungen über die Programmpolitik letztlich danach, welche Programme die Werbetreibenden als attraktiv empfinden, vorausgesetzt, sie binden hinreichend Zuschauer.

Zusammenfassend läßt sich feststellen:

- Zuschauererfolg und Werbeerfolg stehen in einem funktionalen Zusammenhang. Ausgangspunkt aller wirtschaftlichen Überlegungen der privaten Fernsehanbieter ist die Reichweite, die von der Attraktivität der ausgestrahlten Programme abhängt.
- Für die Werbetreibenden ist der Zuschauererfolg einer Sendung nur notwendige, aber noch nicht hinreichende Bedingung für die Buchung. Zuschauererfolg garantiert noch keinen Werbeerfolg, aber ohne Zuschauererfolg gibt es garantiert keinen Werbeerfolg.

6.4.9.7 Digitales Fernsehen

Derzeit zeichnen sich mögliche Veränderungen in der Fernsehlandschaft durch digitale Aufnahme-, Übertragungs- und Empfangstechnik ab, die ein interaktives Fernsehen ermöglichen. Beim digitalen Fernsehen werden die Programme digital codiert übertragen, d.h. als Folge von binären Zeichen (0 und 1). In Deutschland begann das digitale Fernsehzeitalter am 28.07.1996 mit der digitalen Plattform DF1 von Kirch, die mittlerweile in Premiere aufgegangen ist.

Da digitales Fernsehen in Deutschland derzeit vor allem über Pay-TV verbreitet wird, setzen Zuschauer vielfach digitales Fernsehen fälschlicherweise mit Pay-TV gleich. Dabei ist digitales Fernsehen zunächst nichts anderes als ein technischer Generationswechsel in den Übertragungskapazitäten.

Die digitale Technik zeichnet sich gegenüber der analogen im wesentlichen durch zwei Unterschiede aus:

- Einerseits durch eine enorme **Datenkompression**: Während ein analoges Programm ca. 200 Megabit pro Sekunde braucht, benötigt ein digitales Programm im MPEG-2-Format, das als Standard zur Datenkompression von Fernsehbildern eingeführt wurde, nur zwischen 20 und 30 Megabit pro Sekunde. D.h. im digitalen Fernsehen wird es künftig möglich sein, die Anzahl der Programme je Fernsehkanal zu Vervielfachen. Daher werden auch neue Angebotsformen wie z.B. video-on-demand ermöglicht. Bereits Ende 2000 wurden über 400 Programme in Deutschland digital per Satellit verbreitet.
- Andererseits bietet die digitale Technik die Möglichkeit zu **interaktivem Fernsehen**, in dem der Zuschauer direkten Einfluß auf das Geschehen am Bildschirm nehmen kann, auch Online-Applikationen sind möglich. „Interaktivität“ ist ein Begriff, der derzeit noch unscharf verwendet wird. Auch beim analogen Fernsehen wird dem Zuschauer die Möglichkeit zur „interaktiven“ Einflußnahme auf das Fernsehgeschehen gegeben. Allerdings wird als Rückkanal i.d.R. das Telefon benutzt, mit dem Zuschauer abstimmen, Programmwünsche äußern oder an Spielen teilnehmen können. Diese Form der Interaktivität wird den Möglichkeiten des digitalen Fernsehens nicht gerecht, da hier Inhalte durch einen **permanenten Rückkanal** beeinflußt werden können.

Digitales Fernsehen kann sowohl über Kabel als auch über Satellit empfangen werden. Unabhängig vom Distributionsweg ist der Zugang zu der digitalen Fernsehwelt derzeit nur über einen multifunktionalen Dekoder möglich, der sogenannten Set-Top-Box, die die Zugangsberechtigung und die Dauer der Nutzung kontrolliert. Darüber hinaus kann über die Set-Top-Box auch das Inkasso der Gebühren erfolgen (vgl. Abbildung 6-23). Mit dem von der Kirch-Gruppe auf den Markt gebrachten Dekoder sind die öffentlich-rechtlichen digitalen Angebote nicht nutzbar. Für die zweite Generation der Set-Top-Box ist die Internet-Fähigkeit angekündigt, womit sich die Möglichkeit zur Interaktivität noch verstärken wird.

Abbildung 6–23: Möglichkeiten digitaler Fernsehtechnik

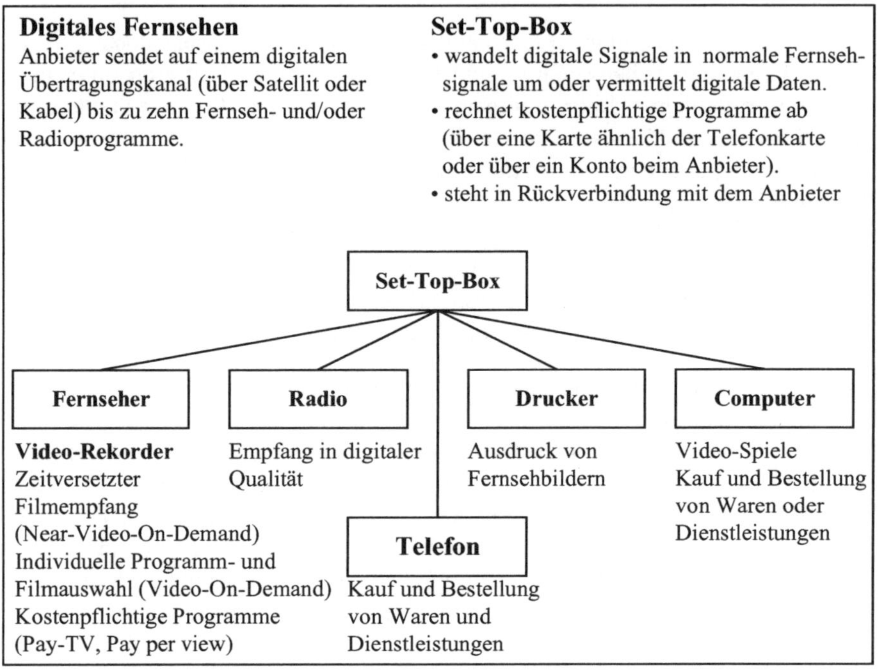

Quelle: ZAW Jahrbuch 1996, S. 236

Aus den Unterschieden zum herkömmlichen Fernsehen resultieren für Zuschauer, Sender und Werbetreibende eine Reihe von spezifischen Vorteilen (vgl. Heinemann 1997, S. 86 ff.):

- Für den **Zuschauer** liegen die Vorteile in einer deutlich verbesserten Bildqualität, in schmaleren Fernsehgeräten, die wie Bilder an die Wand gehängt werden können, in einer größeren Programmvielfalt und der Möglichkeit zum Internetzugang über das Fernsehen. Diese Vorteile müssen allerdings durch die Anschaffung neuer Hardware-Komponenten erkauft werden. Derzeit über die Set-Top-Box, später durch völlig neue Fernsehgeräte.
- Durch die digitale Übertragungstechnik reduzieren sich für die **Sender** die Anfangsinvestitionen und die laufenden Kosten, so daß auch die Markteintrittsbarrieren für neue Sender sinken. Da jedes Endgerät einzeln adressiert werden kann, erfolgt die Marktforschung über das Fernsehverhalten künftig online, die Stichprobengröße kann bis auf 100% erhöht werden. Allerdings wird die Wettbewerbsintensität im Fernsehmarkt weiter steigen durch eine Vielzahl von neuen Marktteilnehmern.
- Da jeder Zuschauer direkt angesprochen werden kann, erhält der **Werbetreibende** die Möglichkeit, seine Streuverluste zu minimieren. Die Interaktivität ermöglicht dem Zuschauer die direkte Kontaktaufnahme mit dem Werbetreibenden. „Am Ende des Einführungsspots z.B. für die A-Klasse von *Mercedes-Benz* drückt der Zuschauer einen Knopf auf seiner Fernbedienung und gelangt

zu weiterführenden Informationen, z.B. über Motorisierung, Modelle, Finanzierung etc." (Heinemann 1997, S. 89). Werbung über das digitale Fernsehen wird somit dialogfähig und individualisierbar, damit ist es theoretisch auch möglich, daß der Zuschauer selbst nach bestimmten Werbeinformationen sucht (vgl. Abbildung 6-24). Durch diese Dialogfähigkeit könnte die Werbung aber auch attraktiver gestaltet werden, indem sie mit einem Zusatznutzen versehen wird.
Im digitalen Fernsehen könnte Werbung also gezielt vermieden bzw. gezielt angefordert werden, wodurch die Qualität der Werbekontakte erhöht würde. Nach den Vermeidungstendenzen der Zuschauer im analogen Fernsehen erscheint es allerdings als zweifelhaft, daß sie Werbung gezielt suchen, insbesondere dann, wenn digitales Fernsehen in der Form von Pay-TV angeboten wird.

Abbildung 6–24: Individualisierungsmöglichkeit von Werbung im digitalen Fernsehen

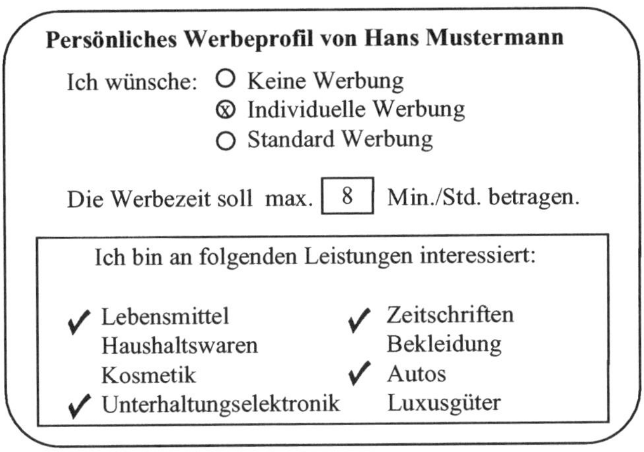

Quelle: Heinemann, C.: Werbung im interaktiven Fernsehen, Wiesbaden 1997, S. 148

Das digitale Fernsehangebot steht noch am Anfang und es ist schwer abzuschätzen, auf welche Akzeptanz es beim Zuschauer treffen wird. Untersuchungen zeigen auf, daß die Nutzung des neuen Mediums die Sehgewohnheiten dahingehend verändern wird, daß weniger Gebrauch von Außer-Haus-Angeboten gemacht wird, sondern die Vielfalt des Programmangebotes im eigenen Wohnzimmer genutzt und noch mehr Zeit vor dem Fernseher verbracht wird (vgl. Schenk u.a. 2001, S. 233). Ende 2000 konnten lediglich 5% der bundesdeutschen Fernsehhaushalte digitale Programme empfangen, erst 1,75 Millionen Haushalte verfügten über einen entsprechenden Dekoder. Der Hauptgrund für die zögerliche Entwicklung in Deutschland ist darin zu sehen, daß Deutschland der mit Abstand größte Kabel- und Satellitenmarkt in Europa ist und somit über deutlich bessere Fernsehempfangsmöglichkeiten verfügt, als alle anderen europäischen Länder. Ende 2000 konnte ein durchschnittlicher Fernsehhaushalt in Deutschland 38 verschiedene Programme empfangen. Somit bestehen hier auch andere Ausgangsvoraussetzungen für die digitale Fernsehtechnik. Allerdings hat die Initiative „Digitaler Rundfunk" von Bund, Ländern und Verbänden festgelegt, die Ausstrahlung von Fernsehprogrammen in Deutschland bis zum Jahr 2010 vollständig von der analogen auf die digitale Technik umzustellen.

Nach dem Ausstieg von Bertelsmann bei Premiere gibt es derzeit in Deutschland nur zwei Anbieter im digitalen Fernsehmarkt: die Kirch-Gruppe, die mit 2,4 Millionen Abonnenten (Stand Mai 2002) von Premiere der maßgebliche Anbieter auf dem digitalen Pay-TV-Markt ist und die öffentlich-rechtlichen Sender, die digitale Zusatzprogramme als Free-TV anbieten.

6.4.9.8 Fernsehen im Online-Verbund

Im Zusammenhang mit der Diskussion über die Konvergenz von Fernsehen und Internet erscheint es sinnvoll, eine Unterscheidung zwischen dem Fernseher als Empfangsgerät, dem Fernsehen als Institution und den über das Fernsehen verbreiteten Inhalten vorzunehmen (vgl. Volpers/Herkströter/Schnier 1998, S. 36 ff.). Als Empfangsgerät soll der Fernseher denjenigen Personen einen Zugang zum Internet ermöglichen, die keinen PC besitzen (Stichwort: Web-TV). Die Entwicklung geht aber auch in die umgekehrte Richtung, daß der PC-Monitor als Empfangsgerät für das Fernsehen genutzt wird, Fernsehsender ihre Programme also auch über das Internet anbieten (Stichwort: PC-TV). Technisch gesehen findet hier also lediglich ein Austausch der Empfangsgeräte statt.

Abbildung 6–25: Dimensionen des Begriffes Fernsehen

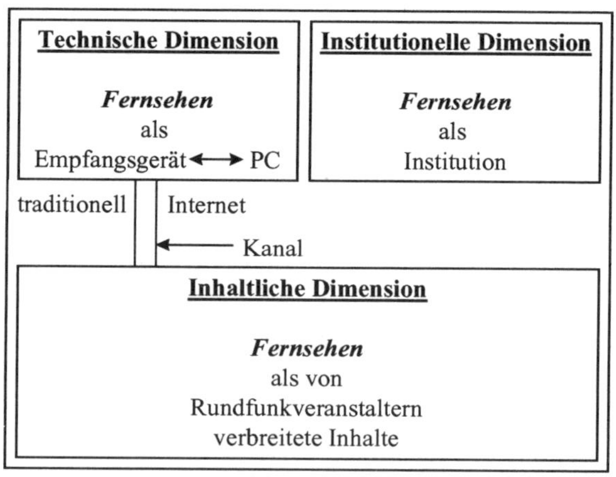

Quelle: Volpers, H./Herkströter, D./Schnier, D.: Die Trennung von Werbung und Programm im Fernsehen, Opladen 1998, S. 37

Wenn die Sender über das Internet eigene Programme verbreiten, die nicht dem klassischen Fernsehprogramm entsprechen, wird eine neue inhaltliche Dimension geschaffen, indem Rundfunkveranstalter in ein neues Medium expandieren. Für die Sender könnte dies insofern von Interesse sein, als sie sich mit dem Internet ein neues Werbemedium erschließen könnten, beispielsweise als Plattform für individuelle Werbeformen. Rundfunkrechtlich könnte sich daraus ein Klärungsbedarf ergeben, ob in diesem Fall auch die Werberichtlinien des Rundfunkstaatsvertrages gelten (vgl. Volpers/Herkströter/Schnier 1998, S. 102).

Inwieweit eine derartige inhaltliche Angleichung von Internet und Fernsehen auf eine entsprechende Nachfrage trifft bleibt offen, da es eine Änderung des Mediennutzungsverhaltens bedingen würde. Aus heutiger Sicht scheint beiden Medien ein grundsätzlich unterschiedliches Nutzungsverhalten zugrunde zu liegen. Die inhaltliche und institutionelle Dimension des Fernsehens wird aller Voraussicht nach im Kern erhalten bleiben.

Viele Fernsehprogrammformate verfolgen bereits systematisch eine bimediale Strategie. Am erfolgreichsten ist bisher „Big Brother" anzusehen, das als erstes Showformat eines deutschen Fernsehsenders eine fast gleichberechtigte Einbindung des Internet vornahm. Während das Fernsehen nur ausgewählte Geschehnisse des Tages zeigte, geht die Website deutlich darüber hinaus. Hier wird nicht nur ein Archiv angeboten, sondern auch Hintergrundinformationen zu den Kandidaten, Chatforen und die Möglichkeit, über Livestreams die Kandidaten rund um die Uhr beobachten zu können. Für die „Big Brother"-Sendungen und -Website konnte eine komplementäre Nutzung nachgewiesen werden. Website und Sendungen werden mit den gleichen Motiven genutzt (Infotainment, Orientierung und Zeitvertreib), allerdings bietet die bimediale Strategie dem Interessenten eine bessere Befriedigung seiner Interessen, als dies bei nur einem Angebot möglich wäre (vgl. Trepte/Baumann/Borges 2000, S. 550 ff.).

6.4.9.9 Kosten der Fernsehwerbung

Die Kosten der Fernsehwerbung orientieren sich an der erzielbaren Reichweite. Als Maß für die Wirtschaftlichkeit der Plazierung eines Werbespots wird der TKP verwendet. Der TKP ist der Quotient aus Kosten und Reichweite (vgl. Kapitel 4.9.3.5). Zu seiner Beurteilung ist es daher notwendig, sowohl die Kosten als auch die Reichweite zu wissen, aus denen er gebildet ist. Ein TKP von z.B. € 20,- ergibt sich sowohl in einem Werbeblock, in dem der geschaltete Werbespot € 30.000,- kostet und 1,5 Millionen Zuschauer erreicht als auch in einem Werbeblock für € 3.000,- mit einer Reichweite von nur 150.000 Zuschauern. Bei Werbung in Massenmedien ist ein Werbetreibender grundsätzlich daran interessiert, möglichst viele Personen in der angestrebten Zielgruppe zu erreichen, d.h. möglichst hohe Reichweiten zu erzielen. Insofern erscheint es naheliegend, daß ein Sender um so höhere Werbeeinnahmen erzielt, je höher seine Reichweiten sind.

Maßgeblich für die Werbeeinnahmen der Sender ist ihre Preisstrategie. Für konkrete Tageszeiten und Sendungen planen die Sender die TKP im voraus, die somit notwendigerweise auf einer **Einschätzung** der jeweils erzielbaren Reichweiten für das zugrunde gelegte Programmschema beruhen. Angestrebt werden marktgerechte Preise, im Vergleich zu den entsprechenden TKP der Konkurrenz. Allerdings können die absoluten Preise erhebliche Unterschiede aufweisen. Je attraktiver ein Programm eingeschätzt wird, desto höher werden die TKP für die jeweiligen Werbeblocks angesetzt. Dabei ist das Maß für die Attraktivität einer Sendung die Einschätzung der erzielbaren Einschaltquoten. So sind in der sogenannten „Primetime“ (20:00 Uhr bis 23:00 Uhr) höhere Preise zu erzielen als beispielsweise im Frühstücksfernsehen (6:00 Uhr bis 9:00 Uhr). Die Primetime ist für Werbetreibende deshalb so interessant, weil hier besonders hohe Reichweiten erzielt werden, vor allem auch in Zielgruppen, die zu anderen Zeiten über das Fernsehen nicht erreichbar sind, wie z.B. Berufstätige.

Tabelle 6-24 zeigt die Durchschnitts-TKP ausgewählter deutscher Fernsehsender. Im ersten Halbjahr 2001 lagen sie zwischen 13 € und 33 €. Die „kleineren“ Sender wie RTL 2, Vox oder Kabel 1 sind dabei naturgemäß preiswerter als die reichweitenstärkeren Sender.

Tabelle 6–24: TKP der deutschen Fernsehsender

	ZDF	ARD	Pro 7	RTL	Sat.1	RTL II	Vox	Kabel 1	Super RTL
03.00 Uhr – 03.00 Uhr/Ganzer Tag:									
Ø TKP:	33,36	30,86	19,58	19,58	19,42	16,06	13,29	13,13	12,71
Werbeinsel-Reichweite									
Mio.	0,50	0,59	0,60	0,73	0,48	0,23	0,21	0,14	0,12
Zielgruppe: Zuschauer 14 – 49 Jahre/BRD Gesamt, TKP in €, 1. Halbjahr 2001									

Quelle: www.horizont.de

Auf Basis der geplanten TKP werden Tarifgruppen gebildet. Diese regulären Tarifgruppen werden ergänzt durch Sondertarifgruppen für z.B. neue Serien, die gewissermaßen den Status von Einführungsangeboten haben. Die Tarifgruppen fassen Werbeblöcke zusammen, die ähnliche Reichweitenniveaus für bestimmte Zielgruppen erwarten lassen. Diese Tarifgruppen sind für die Mediaagenturen Basis der Mediaplanung und erlauben einen direkten Vergleich der TKP der einzelnen Sender. Abbildung 6-26 zeigt die Tarifpreise von ProSieben für das Jahr 2001.

Im Jahr 2000 haben die Fernsehsender sogenannte **disproportionale Preise** eingeführt. Seither werden die Preise nicht mehr auf Basis eines konstanten Sekundenpreises linear auf die Spotlänge hochgerechnet, sondern kürzere Spots mit einem disproportionalen Ansatz stärker verteuert als längere.

Da die TKP auf einer Schätzung der erzielbaren Reichweiten beruhen, besteht immer die Gefahr, daß diese zu hoch oder zu niedrig angesetzt wurden. Stellt sich im nachhinein z.B. heraus, daß für eine bestimmte Sendung von zu hohen Reichweiten ausgegangen wurde, bedeutet dies, daß die tatsächlichen TKP höher als geplant sind und der Sender ggf. einen Preisnachteil hat. Das kann dazu führen, daß die Agenturen bei einem anderen Sender mit kompetitiveren TKP buchen. Im Falle einer Fehleinschätzung der TKP ändern die Sender nicht die Preislisten, vielmehr werden die entsprechenden Werbeblöcke einer anderen Tarifgruppe zu geordnet, das Tarifgefüge bleibt unverändert. Da Reichweitenänderungen häufig vorkommen können, sind derartige Normierungen der Tarife an der effektiven

Reichweite mittels neuer Zuordnungen von Werbeblöcken an der Tagesordnung, um die TKP wettbewerbsfähig zu halten.

Abbildung 6–26: Preisliste von ProSieben, 2001

Monat:	Jan	Feb	Mar	Apr	Mai	Jun	Jul	Aug	Sep	Okt	Nov	Dez
SI:	83	99	119	113	101	86	67	67	106	124	124	111
PG 1	480	570	690	630	570	480	390	390	600	720	720	630
PG 2	690	840	990	960	840	720	570	570	900	1.050	1.050	930
PG 3	960	1.170	1.380	1.320	1.170	1.020	780	780	1.230	1.440	1.440	1.290
PG 4	1.350	1.590	1.920	1.830	1.650	1.380	1.080	1.080	1.710	2.010	2.010	1.800
PG 5	1.890	2.250	2.700	2.580	2.310	1.950	1.530	1.530	2.430	2.820	2.820	2.520
PG 6	2.430	2.910	3.510	3.330	2.970	2.520	1.980	1.980	3.120	3.660	3.660	3.270
PG 7	3.180	3.810	4.560	4.350	3.870	3.300	2.580	2.580	4.080	4.770	4.770	4.260
PG 8	3.990	4.740	5.700	5.430	4.860	4.140	3.210	3.210	5.100	5.940	5.940	5.340
PG 9	4.980	5.940	7.140	6.780	6.060	5.160	4.020	4.020	6.360	7.440	7.440	6.660
PG 10	5.970	7.140	8.580	8.130	7.260	6.180	4.830	4.830	7.620	8.940	8.940	7.980
PG 11	6.570	7.830	9.420	8.940	8.010	6.810	5.310	5.310	8.400	9.810	9.810	8.790
PG 12	7.230	8.610	10.350	9.840	8.790	7.470	5.820	5.820	9.210	10.800	10.800	9.660
PG 13	7.950	9.480	11.400	10.800	9.660	8.220	6.420	6.420	10.140	11.880	11.880	10.620
PG 14	8.730	10.410	12.540	11.910	10.650	9.060	7.050	7.050	11.160	13.050	13.050	11.700
PG 15	9.600	11.460	13.770	13.080	11.700	9.960	7.770	7.770	12.270	14.370	14.370	12.840
PG 16	10.560	12.600	15.150	14.370	12.840	10.950	8.520	8.520	13.470	15.780	15.780	14.130
PG 17	11.640	13.860	16.680	15.840	14.160	12.060	9.390	9.390	14.850	17.370	17.370	15.540
PG 18	12.780	15.240	18.300	17.400	15.540	13.230	10.320	10.320	16.320	19.080	19.080	17.070
PG 19	14.070	16.770	20.160	19.140	17.130	14.580	11.370	11.370	17.970	21.030	21.030	18.810
PG 20	15.450	18.450	22.170	21.060	18.810	16.020	12.480	12.480	19.740	23.100	23.100	20.670
PG 21	17.010	20.280	24.390	23.160	20.700	17.610	13.740	13.740	21.720	25.410	25.410	22.740
PG 22	18.720	22.320	26.850	25.500	22.800	19.410	15.120	15.120	23.910	27.960	27.960	25.050
PG 23	19.650	23.430	28.170	26.760	23.910	20.370	15.870	15.870	25.080	29.340	29.340	26.280
PG 24	20.640	24.630	29.610	28.110	25.110	21.390	16.650	16.650	26.370	30.840	30.840	27.600
PG 25	21.660	25.830	31.050	29.490	26.370	22.440	17.490	17.490	27.660	32.370	32.370	28.980
PG 26	22.770	27.150	32.640	30.990	27.690	23.580	18.360	18.360	29.070	33.990	33.990	30.450
PG 27	23.910	28.500	34.260	32.550	29.100	24.780	19.290	19.290	30.540	35.700	35.700	31.980
PG 28	25.080	29.910	35.940	34.140	30.510	25.980	20.250	20.250	32.010	37.470	37.470	33.540
PG 29	26.340	31.410	37.770	35.880	32.070	27.300	21.270	21.270	33.630	39.360	39.360	35.220
PG 30	27.660	33.000	39.660	37.650	33.660	28.650	22.320	22.320	35.340	41.340	41.340	36.990
PG 31	29.040	34.620	41.640	39.540	35.340	30.090	23.430	23.430	37.080	43.380	43.380	38.820
PG 32	31.950	38.100	45.810	43.500	38.880	33.090	25.800	25.800	40.800	47.730	47.730	42.720
PG 33	35.130	41.910	50.370	47.820	42.750	36.390	28.350	28.350	44.880	52.500	52.500	46.980
PG 34	38.640	46.080	55.410	52.620	47.040	40.050	31.200	31.200	49.350	57.720	57.720	51.690
PG 35	42.540	50.730	60.990	57.900	51.750	44.070	34.320	34.320	54.300	63.540	63.540	56.880
Kinder												
SI:	75	105	130	120	85	55	55	55	110	140	150	120
PG 50	180	240	300	300	210	120	120	120	270	330	360	300
PG 51	420	600	750	690	480	300	300	300	630	810	870	690
PG 52	630	870	1.080	1.020	720	450	450	450	930	1.170	1.260	1.020
PG 53	870	1.230	1.530	1.410	990	630	630	630	1.290	1.650	1.770	1.410
PG54	1.230	1.710	2.100	1.950	1.380	900	900	900	1.770	2.280	2.430	1.950
PG 55	1.710	2.400	2.970	2.730	1.950	1.260	1.260	1.260	2.520	3.180	3.420	2.730
PG 56	2.220	3.090	3.810	3.540	2.490	1.620	1.620	1.620	3.240	4.110	4.410	3.540
PG 57	2.880	4.020	4.980	4.620	3.270	2.100	2.100	2.100	4.230	5.370	5.760	4.620
PG 58	3.600	5.040	6.240	5.760	4.080	2.640	2.640	2.640	5.280	6.720	7.200	5.760

Monat:	Jan	Feb	Mar	Apr	Mai	Jun	Jul	Aug	Sep	Okt	Nov	Dez
Exklusiv Werbeblöcke												
PG 84	10.560	12.600	15.150	14.370	12.840	10.950	8.520	8.520	13.470	15.780	15.780	14.130
PG 85	11.640	13.860	16.680	15.840	14.160	12.060	9.390	9.390	14.850	17.370	17.370	15.540
PG 86	12.780	15.240	18.300	17.400	15.540	13.230	10.320	10.320	16.320	19.080	19.080	17.070
PG 87	14.070	16.770	20.160	19.140	17.130	14.580	11.370	11.370	17.970	21.030	21.030	18.810
PG 88	15.450	18.450	22.170	21.060	18.810	16.020	12.480	12.480	19.740	23.100	23.100	20.670
PG 89	17.010	20.280	24.390	23.160	20.700	17.610	13.740	13.740	21.720	25.410	25.410	22.740
PG 90	19.650	23.430	28.170	26.760	23.910	20.370	15.870	15.870	25.080	29.340	29.340	26.280
PG 91	21.660	25.830	31.050	29.490	26.370	22.440	17.490	17.490	27.660	32.370	32.370	28.980
PG 92	23.910	28.500	34.260	32.550	29.100	24.780	19.290	19.290	30.540	35.700	35.700	31.980
PG 93	27.660	33.000	39.660	37.650	33.660	28.650	22.320	22.320	35.340	41.340	41.340	36.990
PG 94	31.950	38.100	45.810	43.500	38.880	33.090	25.800	25.800	40.800	47.730	47.730	42.720
PG 95	38.640	46.080	55.410	52.620	47.040	40.050	31.200	31.200	49.350	57.720	57.720	51.690
Bruttopreise in EURO zzgl. MwSt. Spotlänge: 30 Sekunden, Basispreise 2001 SI = Saisonalitätsindex; PG = Preisgruppe												

Quelle: www.sevenonemedia.de

6.4.9.10 Selektives Medienverhalten

Die enorme Zunahme privater Fernsehprogramme, die sich ausschließlich über Werbung finanzieren, hat zu einem selektiven Medienverhalten der Zuschauer geführt. Dieses selektive Verhalten bezieht sich sowohl auf die Werbung als auch auf das gesamte Programmangebot der Sender. Entsprechend lassen sich die Zuschauer einteilen in „Werbevermeider“ und „Programmvermeider“ (vgl. Niemeyer/Czycholl 1994), wobei den Programmvermeidern keine eigentliche Vermeidungsabsicht zugrundeliegt, vielmehr die Absicht, aus einem vielfältigen Programmangebot eine Auswahl zu treffen. Bei den Programmvermeidern lassen sich unterschiedliche Verhaltenstypen klassifizieren. Der „Flipper“ schaltet den Fernseher ein ohne sich vorher über das Programm informiert zu haben und wählt so lange, bis er ein Programm gefunden hat, das ihn interessiert. Der „Switcher“ schaltet in parallel laufende Sendungen hinein in der Hoffnung, ein besseres Programm zu finden als das, was gerade eingeschaltet ist. Der „Hopper“ schaltet gezielt zwischen mehreren Programmen hin und her, er ist bestrebt, mehrere Programme gleichzeitig zu sehen und versucht dabei, inhaltliche Zusammenhänge zu begreifen.

Der Programmwechsel mit dem Ziel, Werbung zu vermeiden, wird als Zapping bezeichnet. Die Hauptursachen der Werbevermeidung dürften einerseits in dem großen Programmangebot liegen, andererseits in der Tatsache, daß 97% aller Fernsehgeräte mit einer Fernbedienung ausgestattet sind (Quelle: MA). Untersuchungen über die Höhe der Zappingrate variieren stark in den Ergebnissen und schwanken zwischen 15% und 55%. Da das GfK-Meter jedoch personenbezogene Nutzungsdaten liefert, sind die entsprechenden Werbeblock-Reichweiten stets zappingbereinigt. Insofern entstehen den Werbetreibenden durch zappende Zuschauer keine finanziellen Nachteile.

Eine Studie der Universität Hohenheim, die auf den sekundengenauen Messungen des GfK-Meters basiert (Stichprobe: 8.416 Personen ab 14 Jahren), ermittelte die Sehtreue von Zuschauern während der Werbeunterbrechungen. Die Sehtreue bezeichnet den Anteil vom Werbeblock, den der Zuschauer gesehen hat. Bei Unterbrecherwerbung liegt sie im Durchschnitt bei 83,5% (die Zappingrate also bei durchschnittlich 16,5%), wobei die höchste Sehtreue von Game Shows erreicht wird (93,9%) und die geringste von Spielfilmen (78,0%). Werbe- und Programmvermeidung scheint demnach in vergleichbaren Größenordnungen zu erfolgen.

Abbildung 6–27: Zappingverhalten

	Sehtreue in %	
Genre	**Unterbrecherwerbung**	**Programm**
Serie	83,1	85,1
Spielfilm	78,0	85,2
Magazin	83,9	78,5
Game Show	93,9	90,2
Große Show	85,0	83,6
Sport	87,1	86,4

Quelle: O.V.: Kleben am Werbeblock, in: Werben&Verkaufen Nr. 8, 1997, S. 14

Beim Fernsehen ist das Ausmaß der Werbevermeidung durch die elektronische Messung der Nutzung also eindeutig bezifferbar; „dies unterscheidet das Medium von anderen Werbeträgern, zum Beispiel den Printmedien, denn Zappen ist wie Umblättern, aber meßbar" (vgl. Hofsümmer/Müller 1999, S. 299).

6.4.9.11 Vor- und Nachteile der Fernsehwerbung

Fernsehen ist nur eingeschränkt zielgruppenspezifisch steuerbar. Zwar wird durch Selektion bestimmter Sender, Programme und Tageszeiten versucht, Zielgruppenschwerpunkte zu setzen. „Dem Wesen nach ist Fernsehen allerdings ein Massenmedium, das exakte Zielgruppenabgrenzungen meist nicht zuläßt" (Modenbach/ Vogler 1994, S. 315). Lediglich die Spartensender bieten Angebote, die auf spezielle Zielgruppensegmente zugeschnitten sind.

Als Werbeträger ist das Fernsehen für alle nationalen Werbetreibenden interessant, die sich an ein möglichst breites Publikum wenden wollen.

Die Vorteile des Fernsehens liegen vor allem in seiner multisensorischen Wirkung, Fernsehen wirkt sowohl visuell als auch akustisch. Dadurch sind insbesondere emotionale Ansprachen möglich. Fernsehen ist in der Lage, kurzfristig hohe Reichweiten zu erzielen und kann Markenimages und Bekanntheit schnell aufbauen. Der große Nachteil der Fernsehwerbung besteht allerdings darin, daß es zunehmend zu einem Nebenbeimedium wird, das Werbeflucht und Nebenbeschäftigungen erlaubt, wodurch die Effizienz der Fernsehwerbung in Frage gestellt wird. Als nationaler Werbeträger gibt es jedoch keine Alternative zum Fernsehen.

6.4.10 Hörfunk

Hörfunk ist ebenfalls ein Massenkommunikationsmittel, das wie das Fernsehen tagesaktuelle Informationen vermittelt. Die Vorteile des Hörfunks gegenüber dem Fernsehen liegen vor allem darin, daß mit dem Radio die Zielgruppen vor allem tagsüber erreicht werden und seine Nutzung praktisch überall erfolgen kann. Die Nutzung erfolgt sowohl gezielt als auch andere Tätigkeiten begleitend. Jeder Haushalt besitzt im Durchschnitt drei Hörfunkgeräte. Ebenfalls wie beim Fernsehen wird auch beim Hörfunk in öffentlich-rechtliche und private Sender unterschieden, auch hier gilt, daß die privaten Sender von den Gebühreneinnahmen ausgeschlossen sind und sich ausschließlich über Werbung finanzieren. Für die öffentlich-rechtlichen Hörfunkprogramme begrenzt der Rundfunkstaatsvertrag die Werbung auf 90 Minuten werktäglich im Jahresdurchschnitt (§ 15,5). Einige öffentlich-rechtliche Sender verzichten ganz auf Werbung. Private Sender können maximal 20% der täglichen Sendezeit Werbung ausstrahlen.

Auch der private Hörfunk hat erst ab 1984 begonnen, sich zu etablieren. Zunächst starteten in Rheinland-Pfalz, Niedersachsen, Schleswig- Holstein und Hamburg landesweite private Sender. In den neuen Bundesländern wurden nach der Wiedervereinigung der Mitteldeutsche Rundfunk (MDR) und der Ostdeutsche Rundfunk Brandenburg (ORB) gegründet, die 1991 der ARD beitraten.

Tabelle 6–25: Nettowerbeumsätze des Hörfunks

	1996	1997	1998	1999	2000	2001
Werbeumsätze in Mio. €	589,6	601,3	604,7	690,9	732,9	678,0
+/- vs. Vorjahr in %	+2,3	+2,0	+0,6	+14,3	+6,1	-7,5

Quelle: ZAW Jahrbücher

Hörfunk ist ein fast ausschließlich regionales bzw. lokales Medium, das sich in 231 werbungtreibende Anbieter segmentiert. Zwar weichen die regionalen Strukturen mit zunehmender Bedeutung von Kabel- und Satellitenverbreitung auf, wenngleich der Empfang über Kabel, Satellit (und neuerdings auch Internet) eine stationäre Nutzung bedeutet. Allerdings wird auch in absehbarer Zukunft die klassische terrestrische UKW-Frequenz der wichtigste Distributionskanal bleiben.

Rund 30% der Werbeeinnahmen der Sender stammen von regionalen Werbetreibenden, 70% von bundesweit Werbenden. Im Radio werden die meisten Marken beworben (4.700), da für viele Werbetreibende dessen regionale Steuerbarkeit Werbung überhaupt möglich macht. An den meisten Sendern sind Zeitungsverlage maßgeblich beteiligt, darunter so bedeutende Medienkonzerne wie Bertelsmann, Springer, Holtzbrinck, Burda, Bauer und die WAZ.

Nach dem Distributionsgebiet lassen sich folgende Unterscheidungen treffen (vgl. Schrey 1999, S. 275 f.):

- **Lokale Hörfunkprogramme**: Existieren in den Stadtstaaten Berlin, Hamburg und Bremen. Ferner gibt es in Bayern, Baden-Württemberg, Nordrhein-Westfalen und Sachsen z.T. flächendeckende Netze lokaler Hörfunksender.

- **Landesweite Hörfunkprogramme**: Bestehen in Bayern, Rheinland-Pfalz, Hessen, Saarland, Schleswig-Holstein, Niedersachen, Mecklenburg-Vorpommern, Sachsen, Sachsen-Anhalt, Thüringen und Brandenburg.
- **Mehrländeranstalten**: Schleswig-Holstein, Hamburg, Niedersachsen und Mecklenburg-Vorpommern haben einen Staatsvertrag, der eine gemeinsame Rundfunkversorgung durch den Norddeutschen Rundfunk (NDR) vorsieht. Sachsen, Sachsen-Anhalt und Thüringen haben sich im MDR zusammengeschlossen. Rheinland-Pfalz und Baden-Württemberg haben seit 1998 den Südwestdeutschen Rundfunk (SWR) als Mehrländeranstalt.
- **Überregionale Hörfunkprogramme**: Deutschland Radio und Deutschland Funk sind in ca. 60% der Bundesrepublik terrestrisch empfangbar. Auch eine Reihe privater Sender arbeiten mit einer Kombination aus Kabel- und terrestrischer Verbreitung auf eine nationale Empfangbarkeit hin.

Es haben sich im Hörfunk unterschiedliche Programmformate herausgebildet, mit unterschiedlichen Hörerschaftsschwerpunkten. Beispielsweise läßt sich unterscheiden in (vgl. Schrey 1999, S. 278 f.):

- Adult Contemporary Hit Radio: Es werden überwiegend Titel aus den gängigen aktuellen Hitlisten gespielt, Zielgruppe sind die 14- bis 24-jährigen.
- Middle of the Road: Musikfarbe international, harmonisch, melodiös, relativ hoher Wortanteil, Kernzielgruppe sind die 35- bis 55-jährigen.
- Easy Listening: ruhige und leichte Musik für eine ältere Zielgruppe.
- Klassik-Format: klassische Musik für eine einkommensstarke Zielgruppe.

Mediaplanerisch steuerbar ist Hörfunk in erster Linie zeitlich und unter regionalen Aspekten. Eine Steuerung nach Zielgruppen folgt vor allem den unterschiedlichen Hörerschaftsschwerpunkten im Tagesverlauf. „Als Faustformel läßt sich sagen, daß mit Hörfunk am Vormittag die Hausfrauen, mittags die Gesamtbevölkerung, am frühen Nachmittag Jugendliche und Schüler, am späten Nachmittag Berufstätige im Auto auf dem Weg nach Hause, zu erreichen sind" (Schega 1994, S. 344). Die Hörfunknutzung ist im Tagesverlauf sehr unterschiedlich. Zwischen 7.00 und 8.00 Uhr morgens lassen sich die größten Reichweiten erzielen, die Nutzung sinkt dann kontinuierlich, bis zwischen 15.00 und 16.00 Uhr ein zweiter Höhepunkt erreicht wird. Zur Fernsehzeit, ab 20.00 Uhr, hört kaum noch jemand Radio. Hörfunk ist ein vergleichsweise sehr preiswerter Werbeträger mit Durchschnitts-TKP zwischen 1,60 € und 2,90 €.

Laut MA 2001 liegt die Tagesreichweite des Hörfunks bei 79%, es lassen sich aber starke regionale Unterschiede feststellen: Die höchsten Tagesreichweiten werden in Mecklenburg-Vorpommern erzielt (86%), die geringsten in Rheinland-Pfalz (75%). Die Hördauer (Basis: Gesamtbevölkerung) betrug 203 Minuten. 53% der Radionutzung erfolgt beim Essen, 25% bei der Arbeit im Haus, 35% bei der Arbeit außer Haus, 37% beim Autofahren und 29% bei sonstigen Freizeitaktivitäten. In den neuen Bundesländern wird pro Tag durchschnittlich 30 Minuten mehr Radio gehört als in den alten Bundesländern.

Radio ist das Medium, das die besten Möglichkeiten zur Parallelnutzung mit anderen Aktivitäten bietet, es fungiert vielfach als ein Nebenbeimedium, das häufig nur passiv als Hintergrundbeschallung genutzt wird. In der Mediaplanung erhält der Hörfunk meist nur die Funktion eines Komplementärmediums bzw. wird als taktisches Medium eingesetzt, d.h. als Ergänzung zu anderen Medien. Hörfunk eignet sich als Werbeträger vor allem dann, wenn es um tagesaktuelle Informationen geht, also z.B. der Hinweis auf einen Einsendeschluß, daß ein bestimmtes Angebot nur noch drei Tage gilt oder daß für die Busreise nach Paris nur noch wenige Plätze frei sind.

Abbildung 6–28: Reichweiten ausgewählter Radiosender

ARD-Sender		Privat-Sender	
WDR Eins Live	0,695	Antenne MV	0,238
WDR 2	0,345	radio NRW	0,972
WDR 4	0,185	Hit-Radio Antenne	0,383
HR 3	0,242	Antenne Bayern	0,702
HR 4	0,049	RPR 1	0,343
SWF 3	0,626	Radio SAW	0,295
Radio Regenbogen	0,274	Antenne Thüringen	0,225
Bayern 1	0,214	Antenne Sachsen	0,200
Bayern 3	0,412	Fritz	0,108
Bayern 4 Klassik	0,013	Hundert,6	0,021
MDR 1	0,068	104,6 RTL	0,160
Jump	0,331	Energy 103,4	0,103
Senderauswahl, Hörer pro durchschnittlicher Stunde (6-18 Uhr), Gesamtbevölkerung 14-49 Jahre, Angaben in Mio. Quelle: MA 2000			

Wie beim Fernsehen richten sich auch beim Hörfunk die Werbekosten nach der Reichweite. I.d.R. werden pro Stunde zwei Werbeblöcke ausgestrahlt. Neben den klassischen Werbespots haben sich einige Sonderwerbeformen herausgebildet, z.B. das Sponsoring von Wetter-, Verkehrs-, Sport- oder Börsenberichten bzw. sogenannte Syndications, das sind vorproduzierte Sendungen, die den Sendern von Werbetreibenden zur Verfügung gestellt werden (z.B. die *Coca-Cola* Hitparade). Die Hörfunkanbieter haben ein hohes Maß an Flexibilität entwickelt im Hinblick auf die Zusammenarbeit mit den Werbetreibenden, so daß Werbetreibende vielfach auch in das redaktionelle Umfeld einbezogen werden.

Seit einiger Zeit weitet der Hörfunk seine Präsenz konsequent aus, indem Veranstaltungen und Internet mit dem Hörfunk in sogenannten Cross-Media-Kampagnen miteinander verknüpft werden. Auf diese Weise können Zielgruppen mit Werbebotschaften multimedial erreicht werden und insbesondere auch bei den Veranstaltungsevents aktiv mit einbezogen werden.

Das Internet-Radio entwickelt sich bisher allerdings nur sehr zögerlich. Anfang 2001 existierten nur ca. 10 kommerzielle Stationen, die sich komplett über Werbeeinnahmen – Banner auf der Homepage und Spots im laufenden Programm – refinanzieren. Durchsetzungsprobleme liegen in der mangelhaften Übertragungsqualität, den hohen Internetkosten und geringen technischen Reichweiten (vgl. ZAW 2001, S. 314).

6.4.11 Kino

Neben dem Fernsehen ist Kino das zweite audiovisuelle Medium. Kino ist kein Medium für die Gesamtbevölkerung, die Gesamtreichweite liegt nur bei 3,9%, vielmehr liegt der Schwerpunkt der Kinobesucher bei den 14- 29-jährigen, bei denen eine Reichweite von 24% erzielt wird (Quelle: MA 2001). 65% aller Kinobesucher (gegenüber 21% in der Gesamtbevölkerung) sind im Alter von 14 - 29 Jahren; 49% der Kinobesucher verfügen über ein Haushaltsnettoeinkommen von über 2.300 € (Gesamtbevölkerung: 36%) und 34% der Kinobesucher haben Abitur oder studiert (20% der Gesamtbevölkerung). Kinowerbung trifft also auf überdurchschnittlich junge, überdurchschnittlich reiche und überdurchschnittlich gebildete Zuschauer.

Tabelle 6–26: Nettowerbeumsätze des Kinos

	1996	1997	1998	1999	2000	2001
Werbeumsätze in Mio. €	153,3	156,1	165,5	172,4	175,1	170,2
+/- vs. Vorjahr in %	+1,4	+1,8	+6,0	+4,1	+1,6	-2,8
Anzahl Kinos	4.025	4.284	4.435	4.651	4.783	4.792
Anzahl Kinobesucher (Mio.)	132,9	143,1	148,9	149,0	152,5	177,9

Quelle: ZAW Jahrbücher

Werbung erfolgt in Blöcken vor dem Hauptfilm. Spielfilmbezogene Buchungen sind zwar grundsätzlich möglich, allerdings nur unter erheblichem finanziellen Mehraufwand. Ein Werbetreibender, der filmorientiert werben will, muß bei jedem Kino einzeln ermitteln, ob und wann der gewünschte Film dort gezeigt wird.

Kino eignet sich als Werbeträger für praktisch alle Werbetreibende. Es ist von der Belegung her sehr variabel. Kleinste Belegungseinheit ist das einzelne Kino, es können aber auch alle Kinos im gesamten Bundesgebiet belegt werden. Über Kino läßt sich also sowohl ein lokaler, regionaler als auch ein nationaler Werbeeinsatz realisieren. Der wesentliche Vorteil der Kinowerbung liegt in ihrer hohen Kontaktintensität, die die geringe Reichweite kompensiert. Der Kinobesucher ist hochinvolviert, er hat sich bewußt einen bestimmten Film ausgesucht, dafür bezahlt und möchte sich ein paar „schöne Stunden" machen. Werbung wird dafür in Kauf genommen, man kann sich ihr auch nicht entziehen, da Nebentätigkeiten praktisch ausgeschlossen sind. Werbebotschaften im Kino werden von einem überwiegend jungen Publikum zielgerichtet aufgenommen, d.h. die Werbewirkung im Kino ist tendenziell höher als in allen anderen Medien.

Die besondere Situation, in der Kinowerbung stattfindet, ermöglicht sehr kreative Umsetzungen. Ein Unternehmen das Kontaktlinsen verkauft, schaltete einen „interaktiven" Werbefilm: Während einer Kußszene in dem Spot springt ein von der

Werbeagentur engagierter Schauspieler, der als Besucher im Kino sitzt, auf und spielt den Betrogenen. Er verwickelt den „Nebenbuhler" in eine Diskussion, dabei stellt sich heraus, daß dieser seiner vermeintlichen Freundin nur deshalb näher gekommen ist, um sich deren Kontaktlinsen näher ansehen zu können.

Seit Anfang des Jahres 2002 werden die Einschaltpreise der Kinowerbung auf Basis eines Zeitzonenmodells berechnet (vgl. Abbildung 6-29). Dieses Modell unterteilt das Buchungsjahr in zwölf Zeitzonen mit Preisindices von 120 in der Spitze und bis zu 70 in den Sommermonaten. Damit werden die saisonalen Schwankungen der Besucherströme berücksichtigt.

Abbildung 6–29: Zeitzonenmodell für die Einschaltpreise im Kino

<table>
<tr><td></td><td colspan="4">Januar</td><td colspan="4">Februar</td><td colspan="5">März</td><td colspan="4">April</td><td colspan="4">Mai</td><td colspan="5">Juni</td></tr>
<tr><td>Wo.</td><td>1</td><td>2</td><td>3</td><td>4</td><td>5</td><td>6</td><td>7</td><td>8</td><td>9</td><td>10</td><td>11</td><td>12</td><td>13</td><td>14</td><td>15</td><td>16</td><td>17</td><td>18</td><td>19</td><td>20</td><td>21</td><td>22</td><td>23</td><td>24</td><td>25</td><td>26</td></tr>
<tr><td>von</td><td>3</td><td>10</td><td>17</td><td>24</td><td>31</td><td>7</td><td>14</td><td>21</td><td>28</td><td>7</td><td>14</td><td>21</td><td>28</td><td>4</td><td>11</td><td>18</td><td>25</td><td>2</td><td>9</td><td>16</td><td>23</td><td>30</td><td>6</td><td>13</td><td>20</td><td>27</td></tr>
<tr><td>bis</td><td>9</td><td>16</td><td>23</td><td>30</td><td>6</td><td>13</td><td>20</td><td>27</td><td>6</td><td>13</td><td>20</td><td>27</td><td>3</td><td>10</td><td>17</td><td>24</td><td>1</td><td>8</td><td>15</td><td>22</td><td>29</td><td>5</td><td>12</td><td>19</td><td>26</td><td>3</td></tr>
<tr><td>Index</td><td colspan="26"></td></tr>
<tr><td>120</td><td colspan="26"></td></tr>
<tr><td>115</td><td colspan="9"></td><td colspan="5">+ 15%</td><td colspan="12"></td></tr>
<tr><td>110</td><td colspan="26"></td></tr>
<tr><td>105</td><td colspan="5"></td><td colspan="4">+ 5%</td><td colspan="5"></td><td colspan="4">+5%</td><td colspan="8"></td></tr>
<tr><td>100</td><td colspan="26"></td></tr>
<tr><td>90</td><td colspan="5">-10%</td><td colspan="21"></td></tr>
<tr><td>80</td><td colspan="18"></td><td colspan="5">-20%</td><td colspan="3"></td></tr>
<tr><td>70</td><td colspan="23"></td><td colspan="3">- 30%</td></tr>
</table>

<table>
<tr><td></td><td colspan="4">Juli</td><td colspan="4">August</td><td colspan="5">September</td><td colspan="4">Oktober</td><td colspan="4">November</td><td colspan="5">Dezember</td></tr>
<tr><td>Wo.</td><td>27</td><td>28</td><td>29</td><td>30</td><td>31</td><td>32</td><td>33</td><td>34</td><td>35</td><td>36</td><td>37</td><td>38</td><td>39</td><td>40</td><td>41</td><td>42</td><td>43</td><td>44</td><td>45</td><td>46</td><td>47</td><td>48</td><td>49</td><td>50</td><td>51</td><td>52</td></tr>
<tr><td>von</td><td>4</td><td>11</td><td>18</td><td>25</td><td>1</td><td>8</td><td>15</td><td>22</td><td>29</td><td>5</td><td>12</td><td>19</td><td>26</td><td>3</td><td>10</td><td>17</td><td>24</td><td>31</td><td>7</td><td>14</td><td>21</td><td>28</td><td>5</td><td>12</td><td>19</td><td>26</td></tr>
<tr><td>bis</td><td>10</td><td>17</td><td>24</td><td>31</td><td>7</td><td>14</td><td>21</td><td>28</td><td>4</td><td>11</td><td>18</td><td>25</td><td>2</td><td>9</td><td>16</td><td>23</td><td>30</td><td>6</td><td>13</td><td>20</td><td>27</td><td>4</td><td>11</td><td>18</td><td>25</td><td>1</td></tr>
<tr><td>Index</td><td colspan="26"></td></tr>
<tr><td>120</td><td colspan="15"></td><td colspan="5">+ 20%</td><td colspan="6"></td></tr>
<tr><td>115</td><td colspan="20"></td><td colspan="4">+ 15%</td><td colspan="2"></td></tr>
<tr><td>110</td><td colspan="11"></td><td colspan="4">+ 10%</td><td colspan="11"></td></tr>
<tr><td>105</td><td colspan="26"></td></tr>
<tr><td>100</td><td colspan="7"></td><td colspan="4">Basispreis</td><td colspan="15"></td></tr>
<tr><td>90</td><td colspan="24"></td><td colspan="2">-10%</td></tr>
<tr><td>80</td><td colspan="2"></td><td colspan="5">-20%</td><td colspan="19"></td></tr>
<tr><td>70</td><td colspan="2">-30%</td><td colspan="24"></td></tr>
</table>

Quelle: WerbeWeischer

Die IVW ordnet auf Basis der verkauften Eintrittskarten jedes Kino in eine Besucherfrequenzstaffel ein. Jeweils 500 Besucher pro Woche ergeben eine Staffelstufe (vgl. Tabelle 6-27). Die Kosten der Kinowerbung basieren auf den Besucherstaffeln der einzelnen Kinos, die Einschaltpreise werden also auf der Basis der festgestellten Besucher ermittelt. Der Basispreis beträgt für alle Kinos ab IVW-Staffel 1 einheitlich 0,70 Euro pro Besucherstaffel und Sekunde pro Woche. Also in der Staffelgruppe 2 1,40 €, in Staffelgruppe 3 2,10 € usw. Zur Ermittlung der effektiven Preise wird dieser Basispreis jeweils mit dem Saisonalitätsindex multipliziert.

Tabelle 6–27: IVW-Besucherfrequenzstaffel

Besucherzahlen		Staffel-gruppe	Zahl der Filmtheater	
jährlich	wöchentlich		2000 absolut	Prozent
bis 26.000	bis 500	1	626	28,2
über 26.000	über 500	2	413	18,6
über 52.000	über 1.000	3	273	12,3
über 78.000	über 1.500	4	257	11,6
über 104.000	über 2.000	5	233	10,5
über 130.000	über 2.500	6	152	6,8
über 156.000	über 3.000	7	86	3,9
über 182.000	über 3.500	8	76	3,4
über 208.000	über 4.000	9	35	1,6
über 234.000	über 4.500	10	22	1,0
über 260.000	über 5.000	11	18	0,8
über 286.000	über 5.500	12	14	0,6
über 312.000	über 6.000	13	4	0,2
über 338.000	über 6.500	14	3	0,1
über 364.000	über 7.000	15	2	0,1
über 390.000	über 7.500	16	1	0,1
über 520.000	über 10.000	21	1	0,1
über 962.000	über 18.500	38	1	0,1
über 1.222.000	über 23.500	48	1	0,1

Quelle: IVW Geschäftsbericht 2001/2002, S. 64

Im Kino stehen drei verschiedene Werbemittel zur Verfügung, für die das ZAW Allgemeine Geschäftsbedingungen verabschiedet hat. Im Gegensatz zu den meisten anderen Werbeträgern ist die Verfügbarkeit von Werbung in Kinos jedoch eingeschränkt auf maximal 200 m Werbefilm[6] und 30 Dias. Die Werbemittel im Kino unterscheiden sich in ihren technischen und kaufmännischen Aspekten (Quelle: Unterlagen der Firma WerbeWeischer):

- Ein **Stand-Kinospot**, ehemals Dia auf Film, ist technisch gesehen ein abgefilmtes Dia, d.h. es wird nur ein stehendes Motiv gezeigt. Die Standzeit eines stummen Stand-Kinospots beträgt 10 Sekunden (ca. 4,5 Meter), das Format mit Ton ist 20 Sekunden (ca. 9 Meter) lang. Stand-Kinospots sind monatlich buchbar, die Preise werden von der jeweiligen Werbeverwaltung des Kinos nach lokaler Bedeutung des Kinos festgelegt. Darin muß sich nicht immer ein linear rechenbarer Zusammenhang mit den Besucherzahlen des Kinos ausdrücken. Die kleinste buchbare Einheit ist i.d.R. das einzelne Kino und der Kalendermonat. Stand-Kinospots sind vor allem für lokale Werbetreibende geeignet, sie sind ideal für örtliche Gewerbetreibende.

- Ein **Kinospot** ist ein kurzer Film, dem keine Einschränkungen in der Gestaltung gesetzt sind. Die Länge beträgt zwischen 6 und 12 Meter. Kinospots sind

[6] Im Kino wird die Länge der Kinospots und Werbefilme nicht in Sekunden, sondern in Metern angegeben. Die Laufzeit für einen Normalfilmmeter beträgt 2,2 Sekunden.

monatlich buchbar, allerdings beträgt hier die Mindestauftragsdauer 12 Monate, die innerhalb von 15 Monaten abgenommen werden können. Die Preisbildung erfolgt hier wie beim Stand-Kinospot über eine nicht an direkte Zuschauerzahlen gebundene Einschätzung des Kinos. Kinospots sind empfehlenswert, wenn erstens nur ein kurzes Filmmotiv vorliegt und zweitens eine längere Präsenz im Kino angestrebt wird. Die kleinste buchbare Einheit ist das einzelne Kino.

- Der **Werbefilm** ist das gebräuchlichste und werbewirksamste Werbemittel im Kino. Die übliche Filmlänge beginnt bei 44 Sekunden, es können aber auch Werbefilme ab einer Länge von 30 Sekunden eingesetzt werden.
  Der Werbefilm wird wöchentlich gebucht, jeweils von Donnerstag bis Mittwoch (Spielwoche). Die kleinste buchbare Einheit sind die einzelnen Abspieleinheiten. Die Preisbildung beim Werbefilm erfolgt in Abhängigkeit von Filmlänge und Besucherzahlen laut IVW. Ein Konkurrenzausschluß wird nicht gewährt. Werbefilme werden fast ausschließlich von nationalen Werbetreibenden geschaltet.
  In Kinovorstellungen dürfen grundsätzlich nur Filme gezeigt werden, die für eine bestimmte Altersgruppe ausdrücklich zugelassen sind. Diese Beschränkung gilt auch für Werbefilme. Die Freigabe erfolgt durch die Freiwillige Selbstkontrolle der Filmwirtschaft (FSK). Jeder Werbefilmkopie muß eine Freigabekarte der FSK beigefügt werden. Werbefilme, die keine entsprechende FSK-Freigabe haben, können grundsätzlich nicht eingesetzt werden.

Neben diesen klassischen Werbeformen im Kino werden als Sonderwerbeformen im wesentlichen Tandem- und Tridem Schaltungen eingesetzt, also die Schaltung von zwei bzw. drei Werbefilmen, die durch Fremd-Werbefilme getrennt sind. Für Tandem-Schaltungen ist eine Mindestlänge von 40 Sekunden Voraussetzung, für Tridem-Schaltungen von 50 Sekunden. Darüber hinaus werden Below-the-line-Aktivitäten im Kinofoyer angeboten.

Das Kinofilmjahr 2001 erbrachte mit 177,9 Millionen Besuchern das bisher beste Ergebnis und setzte damit den langjährigen positiven Trend fort. Statistisch gesehen ging jeder Einwohner 2,2 mal ins Kino. Dieser Zuwachs resultiert insbesondere aus den neuen Bundesländern, in denen sich in den letzten acht Jahren der Bestand an Kinosälen mehr als verdoppelt hat, während in den alten Bundesländern die Sättigungsgrenze bereits erreicht ist. Die Entwicklung der Besucherzahlen erklärt sich jedoch nicht durch überdurchschnittlich viele Top-Filme, vielmehr zeichnet sich aufgrund des seit Jahren anhaltenden Investitionsbooms in der Branche ein Strukturwandel ab. Die 90er Jahre wurden vom Aufkommen und der Verbreitung sogenannter Multiplexe geprägt, Großkinocentern mit mindestens sieben Sälen. Ende 2001 gab es insgesamt 138 Multiplexe mit zusammen 1250 Sälen. Der Anteil dieser Multiplexe am Gesamtkinobesuch in Deutschland lag im Jahr 2001 bei 43% (Quelle: FFA). Die wirtschaftliche Situation der Branche ist angespannt, es zeichnet sich ein „overscreening", also ein Überangebot an Kinoleinwänden, ab, so daß mit einer steigenden Zahl von Kinoschließungen zu rechnen ist.

Abbildung 6–30: Entwicklung der Kinobesucherzahlen

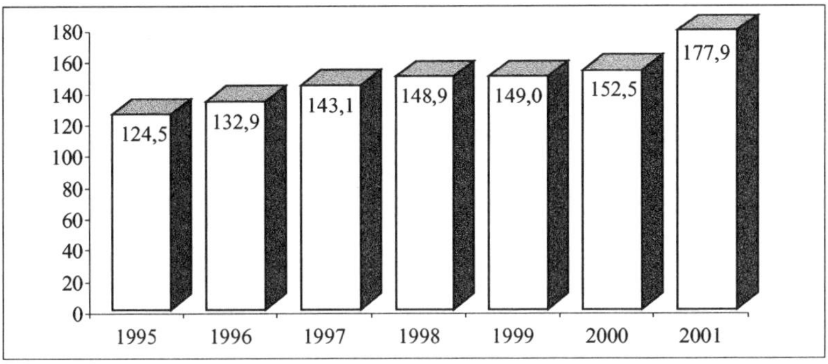

Quelle: Filmförderungsanstalt Berlin (www.ffa.de)

Tabelle 6–28: Hitliste der Kinofilme 2001

Rang	Filmtitel	Besucher
1	Der Schuh des Manitu	10.526.676
2	Harry Potter und der Stein des Weisen	10.416.102
3	Was Frauen wollen	6.477.651
4	American Pie 2	5.739.432
5	Der Herr der Ringe 1 – Die Gefährten	5.151.793
6	Verschollen	4.950.830
7	Pearl Harbor	4.626.573
8	Bridget Jones – Schokolade zum Frühstück	4.133.963
9	Die Mumie kehrt zurück	4.088.278
10	Shrek – Der tollkühne Held	3.563.030
11	Jurassic Park 3	3.321.029
12	Miss Undercover	3.273.899
13	Hannibal	3.112.519
14	Chocolat	2.968.830
15	Ein Königreich für ein Lama	2.807.816
16	Fabelhafte Welt der Amelie	2.522.427
17	Tomb Raider	2.472.557
18	Der kleine Eisbär	2.415.431
19	Planet der Affen	2.263.022
20	102 Dalmatiner	2.087.095

Quelle: Filmförderungsanstalt (www.ffa.de)

Die Besuchszuwächse werden zunehmend nur noch von den Neueröffnungen getragen, die auch zu einem veränderten Besucherverhalten führen. Das Kino hat, aufgrund des verbesserten Filmtheaterangebotes, an Attraktivität auch bei neuen Besucherschichten gewonnen. Starke Zuwächse gab es vor allem bei Besuchern über 30 Jahre, hingegen ist die Entwicklung in der Altersgruppe 20-29 rückläufig, wenngleich immer noch deutlich überdurchschnittlich im Vergleich zur Gesamtbevölkerung (vgl. Abbildung 6-31).

Abbildung 6–31: Altersstruktur der Kinobesucher

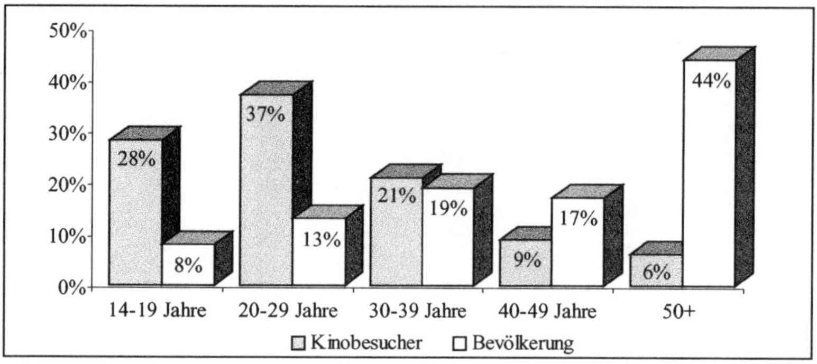

Quelle: MA 2001

6.4.12 Außenwerbung

Unter Außenwerbung wird alle Werbung im öffentlichen Raum zusammengefaßt. Dazu zählt insbesondere die Plakat- und Verkehrsmittelwerbung, aber auch Sonderwerbeformen wie Banden-, Leucht- und Luftwerbung. Vorrangiges Werbemittel ist das Plakat.

Tabelle 6–29: Nettowerbeumsätze in der Außenwerbung

	1996	1997	1998	1999	2000	2001
Werbeumsätze in Mio. €	530,8	512,5	562,8	681,7	746,2	759,7
+/- vs. Vorjahr in %	+3,7	-3,4	+9,8	k.Vm.	+9,5	+1,8

Quelle: ZAW Jahrbücher

Ausgangspunkt für die **Plakatformate** ist der DIN A1-Bogen (auch 1/1-Bogen), der dem 8-fachen des normalen Schreibpapiers im DIN A4-Format entspricht. Alle anderen Plakatgrößen ergeben sich durch Vervielfachung des 1/1-Formates, also z.B. 4/1- oder 18/1-Bogen (vgl. Abbildung 6-32).

Generell wird unter Plakatwerbung die Anbringung von Plakaten auf einer der folgenden Anschlagstellen verstanden:

- **Allgemeinstellen** sind Anschlagsäulen, -tafeln oder -wände auf öffentlichen Plätzen, die für die Plakatwerbung mehrerer Werbetreibender vorgesehen sind. Allgemeinstellen werden auch „Zeitung der Straße" genannt, weil sich hier Werbebotschaften der Wirtschaft mit Veranstaltungshinweisen und kommunalen Informationen mischen. Plakatformat: 1/1 Bogen bis 6/1 Bogen.
- Im Gegensatz dazu sind **Ganzstellen** nur einem einzigen Werbetreibenden vorbehalten, wie Allgemeinstellen stehen auch sie auf öffentlichem Grund. Diese Litfaßsäulen verbreiten also nur eine Werbebotschaft, die rundum sichtbar ist. Plakatformat: 6/1 Bogen.

- **City-Light-Poster** sind hinterleuchtete Werbeträger im 4/1 Bogen-Format, die an verkehrsreichen Stellen und an Haltestellen und Wartehallen zu finden sind.
- **Großflächen** sind Ganzstellen im 18/1 Bogen-Format, die i.d.R. auf privatem Grund stehen.
- **City-Light-Boards** sind, wie City-Light-Poster ebenfalls hinterleuchtet und verglast, allerdings im 18/1 Bogen-Format. Sie werden ausschließlich an Top-Standorten quer zur Fahrbahn plaziert.
- **Kleintafeln** stehen ebenfalls meist auf privatem Grund und haben ein Format von 4/1 bis 6/1 Bogen.
- Sonderformen reichen von kleinen, mobilen Plakataufstellern bis hin zu Riesenformaten, sogenannten **Superpostern** im Format 40/1 Bogen.

Abbildung 6–32: Plakatformate

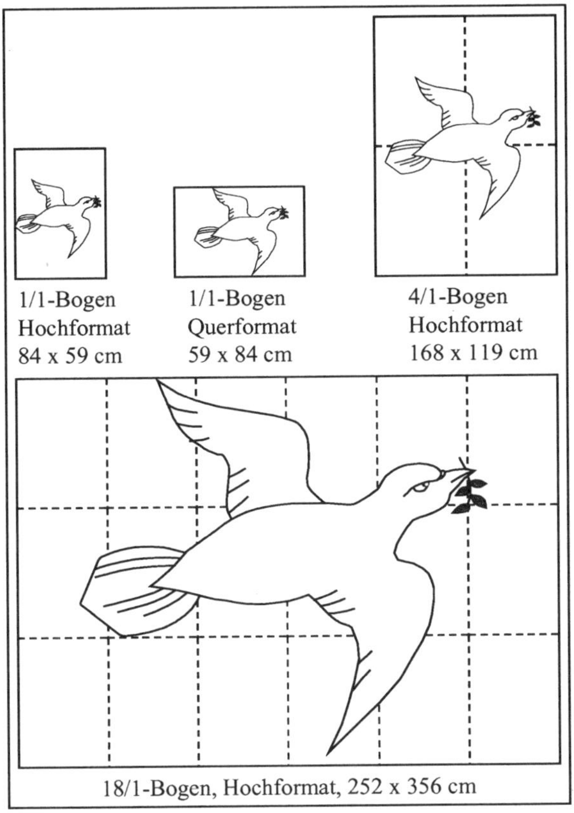

Die Errichtung von Plakatstellen auf öffentlichem Grund ist denjenigen Unternehmen exklusiv vorbehalten, die einen Werbenutzungsvertrag mit einer Gemeinde geschlossen haben. Auf privatem Grund kann grundsätzlich jeder Plakatstellen errichten, es ist allerdings eine amtliche Baugenehmigung dafür notwendig. Da die Genehmigungspraxis der Gemeinden und Bundesländer sehr unterschiedlich ist, verteilen sich die Plakatstellen nicht gleichmäßig über das Bundesgebiet.

Im Jahr 2001 waren bei der IVW 29.421 Allgemeinstellen, 10.650 Ganzstellen, 154.700 Großflächen und 35.622 City-Light-Poster gemeldet.

Die Belegungsmöglichkeiten von Plakaten sind sehr variabel: Sie können national, regional, örtlich und an Einzelstandorten belegt werden. Zu unterscheiden ist zwischen Werbeträgern, die nur in Netzen gebucht werden können und somit eine vorgegebene Streuung besitzen und solchen, die einzeln belegbar sind. Allgemeinstellen und City-Light-Poster werden in Netzen gebucht, hingegen können Ganzstellen und Großflächen einzeln gebucht werden.

Da Plakatwerbung im öffentlichen Raum angesiedelt ist, kann man sich ihr nicht entziehen. Das hat zur Folge, daß Plakatwerbung häufig nur flüchtig und ohne bewußte Aufmerksamkeit registriert wird.

Das Problem bei Plakaten ist die Meßbarkeit der Medialeistung. Während bei den anderen Medien der **Kontakt** gemessen wird, wird in der Außenwerbung von der GfK der **G-Wert** ermittelt. G-Wert steht für Gesamt-Wert und berücksichtigt die Gesamtheit aller relevanten Passantenarten und Passantenströme. Als Beispiel für die Akribie, mit der Medialeistungswerte erhoben werden, um den Werbetreibenden Transparenz über ihre Werbeinvestitionen zu verschaffen, sei der G-Wert im folgenden etwas ausführlicher erläutert (vgl. Koschnick 1995, S. 721 ff.).

„Der G-Wert gibt für eine Werbefläche an, wieviel Passanten sich pro durchschnittlicher Stunde im Tagesintervall von 7:00 bis 19:00 Uhr in einem Wiedererkennungstest an ein durchschnittlich aufmerksamkeitsstarkes Plakatmotiv erinnern können“ (Koschnick 1995, S. 722).

Ursprünglich wurde der G-Wert nur für die Zigarettenindustrie ermittelt, für die, aufgrund des für sie geltenden Werbeverbotes in den elektronischen Medien Fernsehen und Hörfunk, Plakate einen der Hauptwerbeträger darstellen. Mittlerweile wird der G-Wert bei allen Markenartiklern verwendet. Der G-Wert wird für jede Plakatstelle einzeln erhoben.

Die GfK analysiert die Leistung einer Plakatstelle aus der Perspektive aller relevanten Verkehrsströme, d.h. aller Möglichkeiten, die Plakatstelle zu passieren.

Wie ein Passant eine Werbefläche erlebt hängt davon ab, ob er als Fußgänger oder in einem Fahrzeug unterwegs ist, und auf welchem Weg er daran vorbeikommt. Eine Plakatstelle wird also aus der Sicht unterschiedlicher Verkehrsteilnehmer und unterschiedlicher Verkehrsströme erhoben.

Es werden drei Passantengruppen unterschieden:

- Fußgänger,
- Autofahrer,
- Fahrgäste in öffentlichen Verkehrsmitteln.

Ermittelt wird eine Passantenzahl für eine durchschnittliche Stunde in der Zeit von 7:00 bis 19:00 Uhr an einem Werktag.

Zur Bestimmung des Aufmerksamkeitspotentials einer Plakatstelle werden die Ausprägungen folgender Variablen erhoben (vgl. Koschnick 1995, S. 721 f.):

- **Winkel der Plakatstelle zum jeweiligen Verkehrsstrom**: wie lange hat ein Passant die Möglichkeit, das Plakat zu sehen? Berücksichtigt wird, daß durch Ampeln die Betrachtungszeit künstlich erhöht wird.
- **Kontaktchancen-Dauer**.

- **Entfernung zum Verkehrsstrom**: wie dicht kommt ein Passant an der Stelle vorbei?
- **Ausmaß der Verdecktheit durch Sichthindernisse**: wie lange verdecken Laternenpfähle, Büsche, parkende Autos etc. zu welchem Flächenanteil die Sicht auf das Plakat während der Passage?
- **Umfeldkomplexität**: wie stark konkurrieren andere visuelle Reize mit einer Plakatstelle? Vor einem einheitlichen Hintergrund hebt sich eine Plakatstelle besser ab, als zwischen Schaufenstern bzw. anderen starken optischen Reizen.
- **weitere Plakatstellen im Umfeld**: wieviele Stellen sind im Umfeld, wieviele bilden mit der Stelle eine Gruppe, liegt die Zielstelle am Rand oder in der Mitte?
- **Situationskomplexität**: wieviel Aufmerksamkeit kostet die Bewältigung der Verkehrssituation? Je mehr Aufmerksamkeit dem Verkehr gewidmet werden muß, desto weniger Zeit bleibt für die Betrachtung des Plakates.
- **Höhe**: mittlerer Höhenwinkel, berücksichtigt Höhe und Abstand.
- **Beleuchtungsverhältnisse**.

Zur Bestimmung des G-Wertes wird in folgenden Schritten vorgegangen (vgl. Tabelle 6-30):

1. Aufgrund der Frequenzzählungen wird bei allen Passantengruppen für jeden Verkehrsstrom die Passantenzahl für eine durchschnittliche Stunde berechnet.
2. Für jeden Verkehrsstrom wird der Erinnerer-Anteil berechnet, unter Berücksichtigung der erhobenen Variablen für die Beeinflussung des Aufmerksamkeitspotentials.
3. Der Erinnerer-Anteil wird mit der Passantenzahl pro Stunde multipliziert. Die Summierung über alle Verkehrsströme ergibt den G-Wert.

Tabelle 6–30: Berechnung des G-Wertes

	Erinnerer-Anteil (EA)	Frequenz (F) pro Stunde	EA x F
Fahrzeuge			
Strom 1	2%	600	12
Strom 2	4%	600	24
Fußgänger			
Strom 1	9%	100	9
Strom 2	11%	100	11
Strom 3	6%	150	9
Strom 4	8%	150	12
			G-Wert: 77

Quelle: Koschnick R.: Standard-Lexikon für Mediaplanung und Mediaforschung in Deutschland, 2. Aufl., München/New Providence/London/Paris 1995, S. 722

Plakatstellen haben einen hohen G-Wert, wenn sie gut wahrnehmbar sind und viele Passanten daran vorbeikommen. G-Werte über 300 sind selten, die meisten

Plakatstellen liegen zwischen 40 und 50. G-Werte machen die Qualität von Plakatstellen transparent. Mit Hilfe des G-Wertes läßt sich der Werbedruck in den Städten besser steuern. Der G-Wert macht darüber hinaus die Leistung aller Plakatstellen miteinander vergleichbar, so daß unterschiedliche Preisklassen gebildet werden können. Allerdings liefert der G-Wert keine Erkenntnisse zu Reichweiten und Zielgruppen.

Beim G-Wert wird also der **erinnerungswirksame Kontakt** ermittelt, die Erinnerung an die Werbung. Diese Bewertung ist härter als der einfache Kontakt bei den anderen Mediengattungen und mit ihnen nicht vergleichbar.

Die GfK versucht eine Verfeinerung des G-Wertes in einen **Blickkontakt-Wert** (vgl. O.V. 1996, S. 250). Die GfK hat ermittelt, in welchem Verhältnis die Blickkontakte mit dem Plakat zu den erinnerungswirksamen Kontakten stehen. Da sich Fußgänger und Autofahrer unterschiedlich verhalten, wurden sie separat untersucht.

Fußgänger wurden gefilmt, während sie ein Plakat passierten. Die Kamera wurde dabei so plaziert, daß sie einerseits von den Fußgängern nicht bemerkt werden konnte, andererseits aber die Blickrichtung der Passanten erkennbar war. Ausgewertet wurde die Gesamtzahl der Passanten und die Anzahl derjenigen, die auf das Plakat geblickt hatten.

Die Blickkontakte der Autofahrer wurden mit Blickaufzeichnungsbrillen festgehalten, die das Blickfeld und die Pupillenbewegungen registrierten. Die Probanden fuhren eine bestimmte Strecke ab, wobei der erste Teil lediglich der Gewöhnung diente, im zweiten Teil fuhr man an Teststandorten vorbei. Es ergab sich ein Gesamtumrechnungsfaktor (als gewichtetes Mittel für Fußgänger und Autofahrer) von 3,99. Multipliziert man den durchschnittlichen G-Wert von 45 mit diesem Faktor, liegt die Zahl der Blickkontakte pro Durchschnittsstunde bei 180.

Die wesentlichen Vorteile des Plakates liegen einerseits in dem schnellen Aufbau von Bekanntheit, andererseits in seiner punktgenauen regionalen Steuerbarkeit. Beispielsweise können gezielt Pendler oder Messebesucher angesprochen werden, es können Ein- und Ausfallstraßen oder Bahnhöfe belegt werden, Produkte können in Wohngebieten oder in der Nähe von Schulen beworben werden. Der Werbedruck kann gesteuert werden durch den Werbezeitraum und die Belegungsdichte. Als Richtwert gilt, eine Fläche pro 3.000 Einwohner zu belegen; in einer Stadt mit 600.000 Einwohnern werden also 200 Plakate geklebt.

Belegungsdauer ist jeweils eine Dekade. Das Jahr wird in 34 Dekaden eingeteilt, dabei umfaßt eine Dekade abwechselnd 10 bzw. 11 Tage, die Dekade am Jahresende 14 Tage.

Werbemöglichkeiten sind auf die vorhandenen Plakatstellen begrenzt, insbesondere in Wahlperioden kann es daher zu Engpässen kommen.

Die Preise für Plakatwerbung werden pro Tag und pro gebuchtem Werbeträger ausgewiesen. Für Allgemeinstellen erfolgt die Berechnung nach dem Bogentagpreis, d.h. dem Preis für 1/1-Bogen-Plakat. Ein 4/1-Bogen-Plakat kostet also das vierfache eines 1/1-Bogen-Plakates.

Tabelle 6–31: Durchschnittspreise der Plakat-Werbeträger 2002

Werbeträger		**Preis pro Tag bzw. Bogentagpreis**		
Allgemeinstelle	1/1 Bogen-Plakat	0,53 €		
Ganzstelle	ohne Beleuchtung	13,00 €		
	mit Beleuchtung	17,50 €		
Großfläche*		bis 499.999 Ew.	ab 500 T Ew.	ab 1 Mio. Ew
	ohne Beleuchtung	5,60 – 11,50 €	6,00 – 12,50 €	6,40 – 13,80 €
	mit Beleuchtung	11,60 – 19,00 €	13,20 – 20,50 €	15,00 – 24,00 €
City-Light-Poster	bis 499.999 Ew.	9,60 €		
	ab 500.000 Ew.	11,00 €		

* Preise abhängig von der Standortqualität
Quelle: awk Außenwerbung (www.awk.de)

Plakatgestaltung folgt eigenen Regeln. Herausragendes Merkmal ist die hohe Sichtbarkeit. Plakate müssen daher förmlich „ins Auge springen". Plakate sind zu jeder Jahres- und Tageszeit sichtbar, bei unterschiedlichsten Fahr- und Lichtverhältnissen. Der Text ist normalerweise minimal, eine Zeile, die sowohl als Headline als auch zur Produktidentifikation dient. Abbildungen können überlebensgroß erfolgen, Produkte und Logos können vielfach größer abgebildet werden als in Wirklichkeit. Es sollten kontrastreiche Farben verwendet werden, der Hintergrund sollte nicht mit der Abbildung konkurrieren. Die Typographie sollte möglichst einfach gehalten werden unter Vermeidung von Versalien oder Kursivschriften. Die Übertragung von Anzeigen in Publikumszeitschriften auf Plakate ist in aller Regel wenig sinnvoll.

Verkehrsmittelwerbung ist Werbung an und in öffentlichen Verkehrsmitteln wie Busse, Bahnen und Straßenbahnen, überwiegend in der Form von Ganz- oder Rumpfflächenbemalung oder Werbung auf den Seitenscheiben (vgl. Abbildung 6-33). Ganzbemalung (oder -beklebung) ist die auffälligste Form der Verkehrsmittelwerbung, das ganze Fahrzeug wird individuell gestaltet.

Abbildung 6–33: Verkehrsmittelwerbung

Quelle: awk Außenwerbung (www.awk.de)

Verkehrsmittelwerbung ist mobile Werbung, sie wird durch die jeweiligen Verkehrsmittel transportiert. Ihr Wirkungsbereich ist üblicherweise regional begrenzt, daher eignen sich Verkehrsmittel auch vorrangig für regionale Unternehmen.

Neben der klassischen Verkehrsmittelwerbung an Bussen und Bahnen steht dieser Werbeform eine Fülle weiterer Werbeträger zur Verfügung. Genutzt werden beispielsweise Flugzeuge, Fährschiffe, Seilbahnen, Fahrräder, Lkws, Müllfahrzeuge und Kehrmaschinen. An Marktbedeutung hat in den letzten Jahren vor allem die Taxi-Werbung gewonnen. Für Fremdwerbung stehen ca. 55.000 Fahrzeuge bzw. 110.000 Werbeflächen zur Verfügung (vgl. Schloßbauer 1998, S. 263 f.).

Auch die Deutsche Bahn bietet eine Vielzahl von Werbemöglichkeiten:

- Die Fahrzeuge des Fernverkehrs sind mit Innenwerbung belegbar in Form von verschiedenen Plakatformaten und hinterleuchteten Dias. Auch die Verteilung von Broschüren ist möglich, ebenso Werbung auf Loks und Güterwagen.
- Im Nahverkehr gibt es Werbemöglichkeiten an und in Bussen, Bahnen und S-Bahnen, wobei sogenannte „Window Graphics“ (von außen bedruckte, von innen aber durchsichtige Folien) auch die Einbindung von Fensterflächen ermöglichen.

Konstituierendes Merkmal der **Lichtwerbung** ist, wie der Name schon sagt, das Licht (vgl. Behrens 1996, S. 180). Mit Lichtwerbung werden alle Werbemittel bezeichnet, die entweder beleuchtet oder angestrahlt sind. Im Gegensatz zur Plakatwerbung wirken sie auch und vor allem nachts. Die verbreitetste Form der Lichtwerbung sind Leuchtschriften, als Einzelanfertigungen i.d.R. an Gebäuden. Der Fachverband Lichtwerbung weist für das Jahr 2001 einen Gesamtumsatz von 458 Millionen Euro aus.

Die Außenwerbung ist im Wandel begriffen. Heute wird eher von Outdoor-Kommunikation gesprochen, die sich über „out-of-home-Medien“ definiert. Damit wird den Bestrebungen Rechnung getragen, Zielpersonen in ihrem direkten Umfeld anzusprechen. In dieser sehr weit gefaßten Definition umfassen die out-of-home Medien nicht nur die klassischen Plakatflächen, sondern beispielsweise auch Bauzäune und Bierdeckel, Werbepostkarten in Kinos, Kneipen und Gaststätten, Disco-TV, Werbung auf Zapfpistolen oder in Golflöchern, bis hin zu Werbung auf dem „Örtchen“. Die Werbetreibenden können auf diese Weise den Verbraucher durch seinen Alltag begleiten. Daher wird diese Art der Werbeträger auch als **Ambient-Medien** bezeichnet, also Medien in der unmittelbaren Umgebung des Umworbenen. Es können Konzepte entwickelt werden, die sich auf Reisen, Freizeit, Handel, Bildung oder Events beziehen. Damit wird die Abgrenzung zu den Verkaufsförderungsmaßnahmen zunehmend fließend.

Tabelle 6–32: Intermedia-Vergleich der klassischen Werbeträger

	Publikumszeitschriften	Tageszeitungen	Fernsehen	Radio	Plakat	Kino
Wirkung des Mediums	Unterhaltung, Information, Orientierung, Ratgeber, Leser-Blatt-Bindung, Interessenschwerpunkt Lebenshilfe	Information, Aktualität, Regionalität, Glaubwürdigkeit, Leser-Blatt-Bindung	Unterhaltung, Information, Glaubwürdigkeit, Aktualität, Programmgenres, Orientierung	Aktualität, Information, Unterhaltung, Senderbindung, Regionalität	Aktualität, Information, Standortqualität, sichtbare Präsenz	Unterhaltung, Information, Regionalität, Frequentierung ist vom Film abhängig
Wirkung des Werbemittels	Format, Farbe, Seitenanteil, Plazierung	Format, Farbe, Seitenanteil, Plazierung	Spotlänge, Farbe, Geschwindigkeit, Bewegung, Ton, Musik , Sprache	Spotlänge, Geschwindigkeit, Ton, Musik, Sprache	Format, Farbe, Textmenge/ Lesbarkeit	Spotlänge, Farbe, Geschwindigkeit, Bewegung, Ton, Musik, Sprache
Ort der Nutzung	beliebig	beliebig	meist zu Hause	zu Hause, bei der Arbeit, im Auto	außer Haus	im Kino
Zeitpunkt der Nutzung	beliebig	beliebig	im Sendezeitraum	im Sendezeitraum	beliebig	meist am Abend
Nutzungsdauer	meist im Erscheinungsintervall, unbekannt	tagesaktuell	zur Ausstrahlungszeit	zur Ausstrahlungszeit	im Dekadenzeitraum	zur Ausstrahlungszeit
Schnelligkeit der Verbreitung	langsam, nach Erscheinung	schnell, tägliches Erscheinen	schnell, tägliche Ausstrahlung	schnell, tägliche Ausstrahlung	langsam, in der Dekade	langsam, in der Kinowoche
Kommunikationsinhalte	rationale und/oder emotionale Darstellung von Produktinformationen	rationale und/ oder emotionale Darstellung von Produktinformationen	rationale und emotionale Darstellung von Produktinformationen, Handlungsabläufe, Demonstrationen, Gefühlswelten	rationale und emotionale Darstellung von Produktinformationen, Visual-Transfer, Gefühlswelten	rationale und - emotionale Darstellung von Produktinformationen, Impulse	rationale und emotionale Darstellung von Produktinformationen, Handlungsabläufe, Demonstrationen, Gefühlswelten
Lernerfolg	langfristig Imageaufbau	kurzfristig aktualisierend, informierend	kurzfristig aktualisierend, informierend, Imageaufbau	kurzfristig aktualisierend, informierend, unterstützend	kurzfristig aktualisierend, informierend, unterstützend	langfristig Imageaufbau
Selektionskriterien	Gattung, Auflage, Reichweite, zielgruppenspezifisch	Regionalität, Auflage, Reichweite, zielgruppenspezifisch	Programm, Wochentag, Tageszeit, Genre, Werbeblock, zielgruppenspezifisch	Regionalität, Reichweite, Programm, Tageszeit, zielgruppenspezifisch	Regionalität, Standortqualität, Stellenqualität, keine Zielgruppen	Regionalität, Besucherfrequenz, Programm, zielgruppenspezifisch

Quelle: IP-Deutschland (Hrsg.): Im Fokus der Forschung, 2. Aufl., Kronberg 1998, S. 18 f.

6.4.13 Werbung im Internet

Mit der zunehmenden Kommerzialisierung des Internet vergrößert sich auch die Bandbreite seiner Nutzungsmöglichkeiten. Das Internet wird genutzt als Medium zur Kommunikation, Interaktion und Transaktion (Onlinebanking, Onlineshopping). An dieser Stelle interessieren vor allem die Interaktions- und Kommunikationsmöglichkeiten des Internet, das mit zunehmender Reichweite für Werbetreibende immer attraktiver wird. Nach einer Untersuchung von ARD und ZDF betrug in 2001 die Reichweite des Internet bei Personen über 14 Jahren in Deutschland 38,8%, was 24,8 Millionen Nutzern entspricht (vgl. Ridder 2002, S. 121)). Damit nähern sich die Strukturen der Internet-Nutzer immer mehr an die der Bevölkerung an. Das Internet ist mittlerweile also zu einem Massenmedium geworden, das neue Möglichkeiten der Zielgruppenansprache bietet, die den klassischen Medien verwehrt bleiben.

Tabelle 6–33: Werbeumsätze der Online-Angebote

	1996	1997	1998	1999	2000	2001
Werbeumsätze, Mio. €	2,6	12,8	25,6	76,7	153,4	185,0
+/- vs. Vorjahr in %	-	+400	+100	+200	+100	+21,0

Quelle: ZAW-Jahrbücher

Die Erhebung der **Werbeausgaben** im Internet wirft derzeit noch zwei Fragen auf (vgl. ZAW 1997, S. 228):

- Was ist der Werbung zuzurechnen? Lediglich die Kosten für die Werbemaßnahmen eines Unternehmens in fremden Online-Angeboten oder auch die Kosten für den eigenen Internet-Auftritt?
- Wie sind die Folgekosten des Internet-Auftritts zu erfassen, die sich aus der Pflege des Auftritts und der interaktiven Kommunikation mit den Nutzern ergeben? Diese Kosten werden aber aus Konkurrenzgründen von den einzelnen Unternehmen nicht veröffentlicht.

6.4.13.1 Werbemöglichkeiten im Internet

Das Grundproblem der heutigen Werbung liegt darin, daß immer mehr Marken um die Gunst der Konsumenten kämpfen, die ihrerseits gezielt versuchen, sich der Werbung zu entziehen. Das Problem, wie ein Werbetreibender effizient seine Zielgruppe erreichen kann, wird von den Online-Medien auch nicht gelöst.

Von ihrer Struktur her sind Online-Marketingaktivitäten dem Bereich der Individualkommunikation zuzuordnen. Mit den klassischen Werbeträgern hat das Internet die Notwendigkeit zu großen Reichweiten gemein, die es für Werbetreibende überhaupt erst interessant machen. Da das Internet aber auch die Möglichkeit zur Interaktivität bietet, kombiniert es Massenkommunikation (one-to-many) mit Individualkommunikation (one-to-one).

Der große Vorteil besteht darin, daß die Inanspruchnahme von Online-Diensten sehr genau dokumentiert wird. Im Gegensatz zur klassischen Massenkommunikation ermöglichen Online-Medien auch Informationen über die Nutzung von Kommunikationsinhalten. Denn „es wird nicht nur erfaßt, wer wann und wie lange auf Datenbestände zurückgegriffen hat, sondern auch welche Daten rezipiert worden sind" (Jaspersen 1996, S. 46).
Werbung im Internet bietet eine Reihe spezifischer Vorteile, die allen individuellen Nutzungsgewohnheiten entgegenkommen können (vgl. Hünerberg 1996, S. 123 f.):

- globale Reichweite, Nutzer können von jedem Ort der Erde zugreifen,
- Verfügbarkeit rund um die Uhr,
- Werbung kann in redaktionelle Umfelder eingebettet werden,
- Werbung kann interaktiv gestaltet werden,
- die Nutzungsvorgänge werden unmittelbar registriert.

Ein spezifischer Vorteil ist auch in der Flexibilität der Werbegestaltung zu sehen. Das Design der Anzeigen in Online-Medien kann jederzeit geändert werden. Ist der Besucher einer Website identifizierbar (z.B. wenn er sich über ein Passwort einloggt), lassen sich Werbeeinblendungen speziell auf ihn zuschneiden.

Zwar ist das Internet grundsätzlich global ausgerichtet, allerdings ist mit Hilfe einer Adserver-Technologie auch gezielte lokale Werbung möglich. Lokale Zielgruppen können über den Einwahlpunkt des Nutzers identifiziert werden. So kann beispielsweise eine bestimmte Werbung nach Browser, Alter, Geschlecht oder nach Suchwort, Thema oder Website definiert werden. Ebenso ist die Auswahl nach Nielsen-Gebieten, Bundesländern oder Vorwahl möglich.

Das Internet bietet eine Vielzahl von Diensten an, die als Werbemedium in Frage kommen. Derzeit werden vor allem das World Wide Web (WWW) und das Usenet genutzt. Das Usenet ist das Diskussionsforum im Internet, das ca. 13.000 Newsgroups umfaßt. Eine Newsgroup funktioniert im Prinzip wie ein schwarzes Brett, jeder kann hier seine Meinung per E-mail publizieren. Auf diese Weise ist auch das Versenden von Werbebotschaften möglich. Als weitere Werbeträger sind die Newsletter anzusehen, die Internetnutzer abonnieren können, um ständig über bestimmte Webangebote informiert zu sein. In diese Newsletter kann auch Fremdwerbung integriert werden. Abbildung 6-34 zeigt die derzeit wichtigsten Werbeträger und Werbemittel im Internet. Allerdings muß darauf hingewiesen werden, daß durch die Möglichkeit, Werbemittel als Link zu nutzen, um auf weitere Werbemittel zu verweisen, die Grenzen zwischen Werbeträger und Werbemittel im Internet verschwimmen.
Werbetreibende haben grundsätzlich folgende Möglichkeiten, im Internet zu werben:

1. durch Einrichtung eigener Homepages,
2. Bannerwerbung,
3. Unterbrecherwerbung oder
4. durch das Sponsoring von virtuellen Räumen (Web-Promotion).

Mit einer eigenen **Homepage** kann ein Werbetreibender eine direkte Kontaktmöglichkeit zu aktuellen und potentiellen Kunden schaffen, verbunden mit der Möglichkeit zu direkter Transaktion (Onlineshopping). Der Abruf von Werbeinformationen eines Unternehmens im WWW kann mit der Nutzung von Katalogen verglichen werden, wobei Informationen aus Texten, Bildern, Audio- und Videosequenzen bestehen können (vgl. Zimmer 1998b, S. 498 f.).

Abbildung 6–34: Werbeträger und Werbemittel im Internet

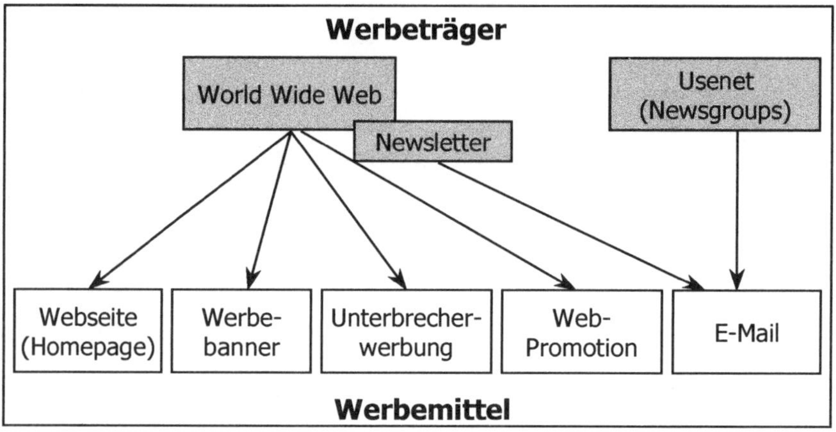

Quelle: Nagel, D.: Die Bewertung des Internet als Werbeträger unter besonderer Berücksichtigung der Leistungsmessung, Stralsund 1998, S. 14

Die Homepages der Werbetreibenden müssen von den Internetnutzern gezielt aufgesucht werden. Grundsätzlich gilt: Wer Internet-Werbung anklickt, tut dies bewußt und möchte dafür etwas geboten bekommen. Dafür muß dem Nutzer allerdings bekannt sein, **wo** er ein bestimmtes Unternehmen finden kann. Für das Auffinden eines Anbieters stehen sogenannte Search Engines (Suchmaschinen, neuerdings Portals genannt) zur Verfügung, wie beispielsweise Yahoo, Alta Vista oder Lycos. Die Search Engines bieten zu bestimmten Stichwörtern einen Überblick über alle von ihnen erfaßten Anbieter, das können im Einzelfall Tausende oder auch Millionen sein. D.h. ein einzelner Anbieter wird im Internet eher zufällig gefunden. Werbetreibende sind also nicht nur auf Werbung entlang der Search Engines angewiesen, sie müssen dafür auch die möglichen Suchwege der Nutzer kennen.

Als weitere und derzeit meistgenutzte Möglichkeit wird daher die Werbung auf Bannern entlang der Search Engines oder auf einzelnen Websites eingesetzt. Banner haben prinzipiell die gleiche Funktion wie Anzeigen im Printbereich: Sie sollen die Aufmerksamkeit der Nutzer erregen. Dabei wird unterschieden zwischen aktiver und passiver Werbung, d.h. zwischen lediglich einem werblichen Hinweis und der Möglichkeit, per Mouseclick direkt in die jeweilige Homepage des Unternehmens zu gelangen. In ihrer aktiven Form liegt die Hauptfunktion der Banner. Sie sollen zum Anklicken anregen und damit den User zur eigentlichen Werbeseite des Unternehmens führen. I.d.R. sind Banner heute interaktiv. Banner werden häufig sehr auffällig gestaltet, damit sie dem Nutzer gewissermaßen „ins Auge springen“, oftmals sind sie auch animiert, d.h. sie enthalten bewegliche Elemente. Je größer jedoch die Datenmenge eines Banners ist, desto länger dauern seine Ladezeiten, wodurch sich die Telekommunikationskosten für den Nutzer erhöhen.

Zwar gibt es derzeit noch keine standardisierten Formate für Banner, es haben sich aber die Formate wie in Abbildung 6-35 durchgesetzt.

Abbildung 6–35: Bannerformate

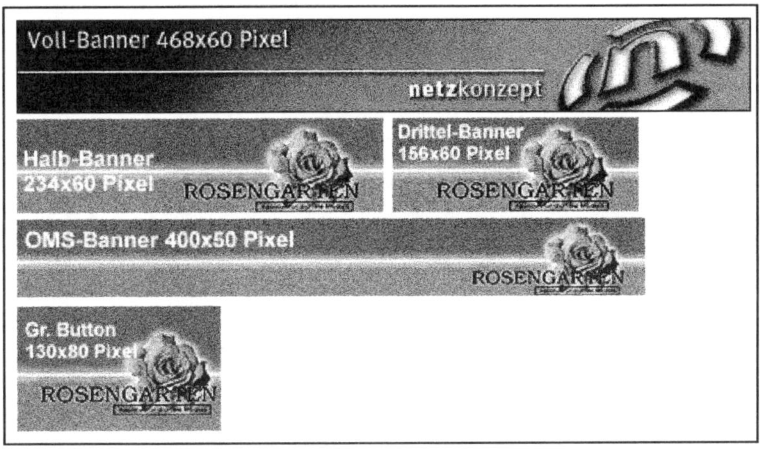

Quelle: www.werbeformen.de

Abbildung 6–36: Beispiele für Bannerwerbung

Banner sind Werbemittel auf einer Website. Allerdings nutzt sich ihre Wirksamkeit schnell ab (Banner burnout). Die ohnehin sehr niedrige Klickrate (im Durchschnitt 2%) sinkt bei jedem weiteren Besuch einer Website kontinuierlich ab. Animierte Banner sind um 25% erfolgreicher. Auch die Verwendung von Fragen

(„Suchen Sie ...?"), Aufforderungen („Klicken Sie hier") und das Angebot kostenloser Leistungen verbessern die Klickrate erheblich. Einen eher gegenteiligen Effekt haben hingegen Dringlichkeitsappelle („Verlieren Sie keine Zeit", „Kommen Sie nicht zu spät") (vgl. Gleich 1998, S. 370).

Von Suchmaschinen und Webkatalogen wird für Bannerwerbung eine sogenannte **Rotation** angeboten. Hierbei rotieren die Banner abwechselnd auf allen Seiten des Angebotes. Es ist auch eine Eingrenzung auf Teilbereiche eines Angebotes möglich, beispielsweise nur auf den Finanzseiten, Unterhaltungsseiten usw. Darüber hinaus wird auch ein **Keyword-Advertising** angeboten, also die Belegung bestimmter Begriffe, bei deren Abfrage das Banner eingeblendet wird.

Zunehmende Verbreitung finden Formen der Unterbrecherwerbung (vgl. Goldhammer/Fölsch 2002, S. 276):

- **Interstitials** bestehen zumeist aus einer bildschirmfüllenden Werbeseite, die der Nutzer eine Zeit lang anschauen muß, bevor er weitersurfen kann.
- **Superstistials** funktionieren ähnlich wie Interstitials. Dabei handelt es sich um ein Programm, das parallel zum Browser aktiv ist und immer dann bildschirmfüllende Werbung darstellt, wenn der Browser gerade mit dem Laden von Dateien beschäftigt ist.
- **Pop-ups** sind Werbefenster, die sich beim Aufrufen oder Verlassen bestimmter Sites automatisch öffnen und extra einzeln geschlossen werden müssen. Neuere Pop-up-Formen sind sogar beweglich und wandern über die Website mit, wenn der user auf der Seite nach unten scrollt.

Der Vorteil dieser Werbeformen liegt darin, daß sie konkurrenzlos auf dem Bildschirm erscheinen und der user praktisch keine Möglichkeit hat, sich der Werbebotschaft zu entziehen. Während Bannerwerbung jedoch nicht unbedingt als aufdringlich empfunden wird, kann dies bei den Unterbrecherwerbeformen durchaus der Fall sein.

Das **Sponsoring** von virtuellen Räumen (auch **Web-Promotion** genannt, vgl. Beispiel in Abbildung 6-37) basiert darauf, daß ein Website-Betreiber interessante Inhalte (Datenbanken, z.B. ein Guestbook), in die seine Werbebotschaft fest integriert ist, anderen Websites im Internet zur Verfügung stellt. Diesen kostenlosen Service bietet er auf seiner eigenen Website großzügig und unübersehbar an. Durch die Koppelung der Werbebotschaft an nützliche Inhalte erscheint die Werbebotschaft und dessen Absender in einem positiven Licht, da der Werbetreibende als Sponsor der Inhalte auftritt. Hinzu kommt, daß die angebotenen Inhalte eine sinnvolle Angebotserweiterung für jede Website darstellen und dadurch die Attraktivität dieser Website zusätzlich erhöhen. Als Inhalt kann man sich beispielsweise ein Guestbook, einen Veranstaltungskalender oder ein Diskussionsforum vorstellen (vgl. www.werbeformen.de).

Eine spezielle Form des Sponsoring im Bereich der Online-Medien ist das **Email-Sponsoring**. Es handelt sich hierbei um die kostenlose Bereitstellung von Email-Adressen (z.B. Yahoo, gmx). Benutzer müssen lediglich in Kauf nehmen, daß am Ende ihrer mail eine kurze Werbebotschaft angehängt wird. Dadurch vermeiden die Unternehmen die Probleme unangeforderter mails, da nicht sie selbst, sondern ihre Kunden Absender sind. Außerdem sind die Werbebotschaften so kurz, daß sie auch von den Empfängern i.d.R. akzeptiert werden.

Abbildung 6–37: Beispiel für das Sponsoring einer Website

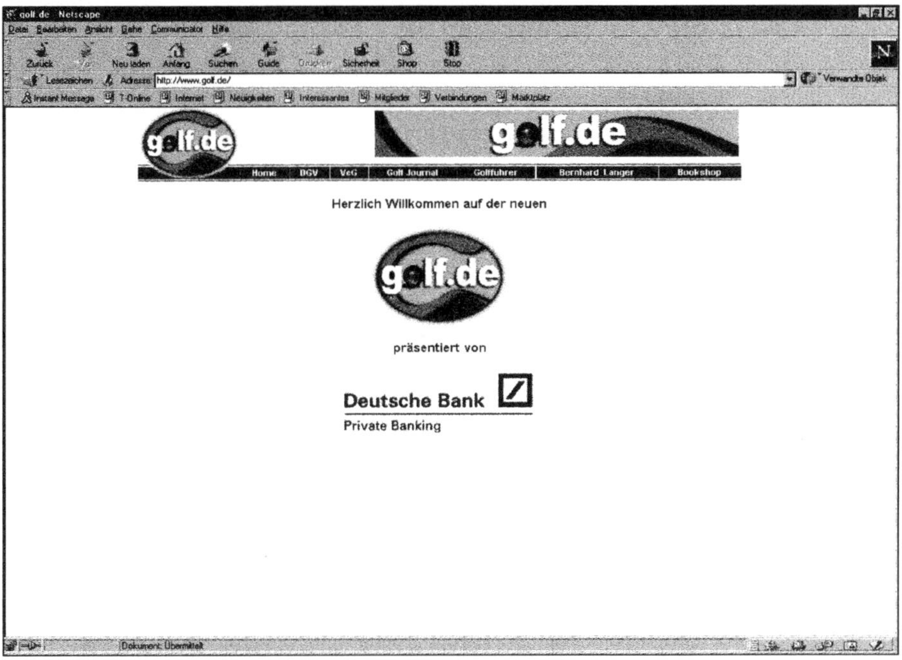

Tabelle 6–34: Kleines Internet-Glossar

Browser	Ein Programm, das benutzt wird, um WWW-Dokumente anzusehen
Homepage	Anfangsseite einer Site auf dem World Wide Web.
HTML	Hypertext Markup Language, die Hypertext-Sprache, die im World Wide Web derzeit verwendet wird. In Hypertext-Dokumenten sind einige Stellen hervorgehoben, diese hervorgehobenen Stellen sind Links zu anderen Dokumenten, die einfach durch ein Anklicken aufgerufen werden können.
Link	Eine Hypertextverbindung im World Wide Web. Eine hervorgehobene Textstelle, die ein neues Dokument aufruft, wenn es angeklickt wird.
Server	Ein Computer, der Daten mit anderen Computern oder Clients austauscht.
World Wide Web, WWW	Teil des Internet mit Hypertext- und Hypermedia-Dokumenten, die mit Links ausgestattet und auf den Web-Servern beheimatet sind.

Quelle: Oenicke J.: Online-Marketing, Stuttgart 1996, S. 184 ff.

Online-Medien lassen sich auch in der Verkaufsförderung einsetzen, beispielsweise für Produktproben immaterieller Güter. Buch- oder CD-Versender können kostenlose Lese- oder Hörproben anbieten.

Das Angebot an Werbeflächen im Internet ist derzeit größer als die Nachfrage. Grundlage für die Preisgestaltung ist der Preis pro 1.000 PageImpressions (vgl. nächstes Kapitel). Je spezialisierter die Inhalte sind, desto höher ist der Preis. Für General Rotations liegt er bei 10 bis 30 Euro, für themenspezifische Belegungen bei 30 bis 60 Euro und für Keyword-Advertising bei 45 bis 50 Euro. Üblich ist auch die Abnahme einer bestimmten Anzahl an PageImpressions. Der Banner wird dann so lange geschaltet, bis die gewünschte Anzahl erreicht wird.

Tabelle 6–35: Unterschiede zwischen Fernseh-, Online- und Print- Werbung

Fernseh-Werbung	Online-Werbung	Print-Werbung
zeitpunktabhängig	weitgehend zeitpunktunabhängig	zeitpunktunabhängig
ortsgebunden	weitgehend ortsgebunden	ortsungebunden
für den Zuschauer nicht mit direkten Kosten verbunden	für den User mit Kosten verbunden	für den Leser weitgehend nicht mit direkten Kosten verbunden
niedriger Interaktivitätslevel	hoher Interaktivitätslevel	keine Interaktivität
verzögerungsfrei	unterschiedliche Verzögerungsgrade durch verschiedene Download-Zeiten	verzögerungsfrei
zufällige Werbekontakte	wird weitgehend aufgesucht	zufällige Werbekontakte
hohe Streuverluste	geringe Streuverluste	Streuverluste unterschiedlich
isoliert einsetzbar	i.d.R. nur im Kommunikationsmix einsetzbar	isoliert einsetzbar
Inhalt kommt bei jedem Zuschauer nahezu gleich an	Inhalte kommen durch verschiedene Computer und Browser der Netizens in verschiedenen Versionen an	Inhalte kommen bei den Lesern einer Printpublikation nahezu gleich an

Quelle: Werner, A./Stephan, R.: Marketing-Instrument Internet, Heidelberg 1997, S. 19

6.4.13.2 Messung der Werbeträgerleistung von Online-Medien

Im Mittelpunkt der Erforschung der Wirkung von Werbung im Internet stehen Kontakthäufigkeiten. Grundsätzlich läßt sich die Werbeträgerleistung von Online-Medien genau ermitteln, da Webserver die abgerufenen Dokumente und Nutzerdaten in sogenannten Log-Dateien protokollieren. Aus datenschutzrechtlichen Gründen und aufgrund starker Vorbehalte der Nutzer, persönliche Daten offenzulegen, können die theoretisch idealen Möglichkeiten zur Transparenz der Online-Nutzer praktisch nur sehr eingeschränkt genutzt werden.

Ein repräsentatives Onlinepanel wie beispielsweise im Fernsehen, besteht in Deutschland noch nicht. Seit Oktober 1997 erhebt die IVW die Nutzungsdaten von Online-Medien. Als einheitliche Mediawährung wurden dafür Page Impressions (früher: Page Views) und Visits eingeführt. Den Kern des IVW-Verfahrens bildet ein Softwarepaket, bestehend aus Meß- und Auswertungssoftware. Die Software wird auf die Server der Online-Anbieter installiert, auf diese Weise wird jeder Nutzungsvorgang direkt gemessen.

> Am 1. Januar 2002 hat die IVW das neue Online-Messverfahren gestartet. Das Skalierbare Zentrale Meßsystem (SZM) arbeitet mit einem neuen Zählpixel, das auf jeder HTML-Seite des gemessenen Angebots eingefügt ist. Über dieses Pixel ermitteln IVW-Boxen in Echtzeit die Anzahl der von Browsern abgerufenen Seiten (PageImpressions) sowie die Summe der einzelnen zusammenhängenden Nutzungsvorgänge (Visits). Die Daten der einzelnen Angebote werden in einem zentralen Kollektor zu Monatszahlen aggregiert und von der IVW einmal monatlich veröffentlicht.
> Ruft ein Internet-Nutzer eine beliebige Seite eines bei der IVW registrierten Angebots auf, wird neben den Elementen der gewünschten HTML-Seite - Texte, Grafiken, Bilder, Werbebanner, etc. - auch das so genannte IVW-Pixel übertragen. Jeder Abruf dieses winzigen Datenpakets, der mit einem neuen Seitenaufruf gleichzusetzen ist, wird von einer Messsoftware auf einer Zählbox (IVW-Box) registriert.
> Bei der IVW-Box handelt es sich um ein Gerät zur Messung von Seitenabrufen (PageImpressions) und Besuchen von Internet-Angeboten (Visits), die die Nutzung mehrerer Seiten aus derselben Quelle umfassen können. Die Zählbox enthält die von der IVW installierte Messsoftware sowie ein Administrationstool. Dies ist ein Programm, das die Fernwartung des Systems durch die IVW ermöglicht.
> (Quelle: www.ivw.de)

Als Online-Kernwährungen wurden definiert (vgl. ZAW Jahrbuch 1998, S. 252 f.):

1. **PageImpressions** bezeichnen die Anzahl der Sichtkontakte beliebiger Benutzer mit einer potentiell werbeführenden HTML-Seite. Sie liefern das Maß für die Nutzung einzelner Seiten eines Angebotes.
   Setzt sich eine Bildschirmseite aus mehreren Frames zusammen (Frame-set), so zählt der Erstabruf dieses Framesets als ein Page Impression.
2. Ein **Visit** bezeichnet einen zusammenhängenden Nutzungsvorgang (Besuch) eines WWW-Angebots. Er definiert den Werbeträgerkontakt. Als Nutzungsvorgang zählt ein technisch erfolgreicher Seitenzugriff eines Internet-Browsers auf das aktuelle Angebot, wenn er von außerhalb des Angebots erfolgt. Im Gegensatz zur MA oder dem GfK-Meter lassen sich aus den Visits jedoch aus datenschutzrechtlichen Gründen keine Hinweise über die Zahl der Nutzer und Nutzerstrukturen (Reichweite) ableiten.

Im Sommer 2000 führte die IVW mit **AdImpressions** eine dritte Meßgröße ein. Im Gegensatz zur PageImpression, die den Abruf einer werbeführenden Seite bezeichnet, bildet die AdImpression den Abruf eines Werbemittels vom Server eines Werbetreibenden ab. Dadurch können auch die Abrufzahlen für die rotierende

Bannerwerbung im Netz ermittelt werden. AdImpressions beziehen sich also auf die Werbemittelleistung. Eine allgemeine Veröffentlichung ist nicht vorgesehen, da AdImpressions keine Werbeträgerleistung darstellen. Die Werte werden lediglich dem Online-Anbieter auf Anforderung zur Verfügung gestellt (vgl. ZAW-Jahrbuch 2000, S. 276).

Visits bezeichnen also die Häufigkeit der Besuche eines WWW-Angebotes, PageImpressions erfassen auch die Aktionen innerhalb eines Angebotes. Das Verhältnis von PageImpressions zu Visits, die PI/V-Ratio, gibt somit an, wieviele Aktionen beim Besuch eines Angebotes durchschnittlich ausgeführt werden. Die IVW erhebt derzeit die Leistungswerte von 389 WWW-Angeboten (Stand April 2002). Tabelle 6-36 zeigt die Zugriffsdaten auf die Top 20 Onlineangebote.

Tabelle 6–36: IVW-Zugriffsdaten auf die Top 20 Onlineangebote

Rang	Angebot	Visits	Page Impressions	PI/V-Ratio
1	GMX	63.638.417	486.044.016	7,64
2	heiseonline	15.842.401	80.682.932	5,09
3	Spiegel Online	15.642.748	89.500.655	5,72
4	AOL Homepage	14.460.214	84.954.862	5,88
5	U BOOT	14.209.709	145.483.056	10,24
6	RTL.de	12.625.385	263.385.450	20,86
7	mobile.de	11.682.761	315.952.356	27,04
8	Bild.de	10.552.039	123.587.653	11,71
9	CHIP Online	9.588.409	68.952.978	7,19
10	Focus Online	7.146.182	70.834.341	9,91
11	Sport1	5.511.664	45.098.682	8,18
12	OnVista.de	4.582.779	38.151.804	8,33
13	Wetter Online	4.397.691	33.336.213	7,58
14	n-tv online	4.376.152	26.814.324	6,13
15	gamigo.de	4.348.868	51.758.977	11,90
16	RTL World-Gamechannel	4.208.694	47.708.230	11,34
17	Consors-Discount-BrokerAG	4.094.179	21.085.274	5,15
18	Coupé Online	3.870.258	77.877.049	20,12
19	ZDNet	3.857.404	34.718.013	9,00
20	stern.de	3.768.784	26.564.102	7,05

Stand: April 2002, Quelle: IVW, (www.ivw.de)

Auffallend ist, daß auch im Internet vorwiegend die klassischen Print- und elektronischen Medien aufgerufen werden. Die meisten Bewegungen innerhalb des Angebotes verzeichnet im April der Gebrauchtwagenhändler mobile.de.

Alleine seit 1998 haben sich die PageImpressions pro Jahr mehr als verdreifacht:

- 1998: 2,04 Milliarden PageImpressions
- 1999: 6,55 Milliarden PageImpressions
- 2000: 17,31 Milliarden PageImpressions
- 2001: >40,00 Milliarden PageImpressions (geschätzt).

Der Trend geht dabei von den traditionellen Printmedien (genauer: deren Ablegern in der Online-Welt) hin zu neuen Angeboten, die sich nicht mehr in die bisherigen Kategorien einfügen lassen (Quelle: www.ivw.de).

Untersuchungen über die Motivation zur Nutzung des Internet zeigen, daß diese vor allem vom persönlichen Interesse geprägt ist (88,6%). Bei 61% ist es berufliche Notwendigkeit, 56% nutzen das Internet als Unterhaltsangebot. Inhaltliche Präferenzen bestehen vor allem für die Themen Computer (78,6%), Wissenschaft/Forschung (57,8%), Nachrichten/Magazine (56,2%) und Unterhaltung/Spiele (45,5%) (vgl. Gleich 1998, S. 368).

6.4.13.3 Besonderheiten der Werbung im Internet

Werbung im Internet folgt anderen Gesetzen und muß anders gestaltet sein, als Werbung in den klassischen Medien. Online-Nutzung erfolgt zielgerichtet, der Nutzer möchte konkrete Informationen, Beratung und Service. Der wesentliche Vorteil des Internet, seine Interaktivität, wird von vielen Unternehmen bisher nur unzureichend genutzt (vgl. Kasten).

Wenig professionell

„Nur von wenigen Unternehmen wird das Internet professionell als Marketing- und Vertriebsinstrumentarium genutzt. Eine Studie von Diebold Deutschland und Yukom New Media zeigt, wo die Defizite liegen. So wird bei vielen Auftritten offenbar nicht einmal die Grundvoraussetzung der Dialogfähigkeit berücksichtigt. Bei mehr als 27 Prozent der von den Beratern untersuchten Web-Sites waren die Unternehmen zum Beispiel nicht per E-Mail zu erreichen. Jedes fünfte hatte keine Angaben zur Postadresse oder zu Telefon- und Faxnummern gemacht. Bei keiner der untersuchten Firmen gab es Call-back buttons oder Multimedia-Call-Center. Bei Firmenfragen per E-Mail reagierte nur jedes dritte Unternehmen. Bei diesen allerdings waren Laufzeiten von vier und mehr Tagen keine Ausnahme. In etlichen Fällen konnten die Berater anhand der „Header" auf den Antwort-Mails erkennen, daß die Anfragen offenbar tagelang durch verschiedene Abteilungen eines Hauses geirrt waren. Offenbar gibt es kaum personelle und strukturelle Zuständigkeiten für eine schnelle Beantwortung, weil viele Unternehmen nicht darauf vorbereitet sind, Informationen in elektronischer Form zu versenden. Auch inhaltliche Defizite, vor allem in der Presse- und Kundenkommunikation sowie interaktiven Komponenten, haben die Berater ausgemacht. Zurückgeführt wird dies auf die fehlende Erfahrung mit interaktiven Medien und unzureichende personelle Ausstattung der ausführenden Abteilung. Häufig müßten Productmanager neben ihren Aufgaben auch noch den Onlineauftritt realisieren. Aus Zeitmangel und fehlendem Know-how würden vorhandene Printunterlagen einfach digitalisiert und ins Netz gestellt. (...)"

O.V., in: Absatzwirtschaft Nr. 11, 1998, S. 35

Da das Aufsuchen der Homepage eines Anbieters also ein gezielter Vorgang ist, muß dem Nutzer ein Grund gegeben werden, dies zu tun. Werbung im Internet kann nur indirekt Imagewerbung sein, im Vordergrund muß immer die Information stehen. Da das Internet ein sehr aktuelles Medium ist, heißt das, daß auch die angebotene Information für den Nutzer ein aktuelles Informationsbedürfnis befriedigen muß. Neben der Information sollten aber noch zusätzliche Anreize geschaffen werden, die z.B. einen Unterhaltungswert haben, Gewinnmöglichkeiten bieten oder Meinungsäußerungen ermöglichen.

Beispielsweise kann der Tourismusbereich das Internet in seiner Funktion als Distributionskanal nutzen. Der Online-Reisemarkt entwickelt sich jedoch nur verhalten, derzeit sind es vor allem Mittelständler, die direkte Buchungsmöglichkeiten anbieten. Dies liegt einerseits darin begründet, daß die großen Reiseveranstalter ihren traditionellen Vertriebspartnern, den Reisebüros vor Ort, keine Konkurrenz machen wollen, andererseits darin, daß sich nur bestimmte Angebote online vermarkten lassen. Dies sind vor allem einfache Produkte wie Bahnfahrkarten, Hotelnächte, Inlands-Flugtickets und Last-Minute-Trips. Pauschalreisen sind hingegen sehr beratungsintensiv und lassen sich derzeit noch kaum über das Internet vermarkten (vgl. O.V. 1997a, S. 11 f.). Die Erwartungen an das Reisegeschäft im Internet werden daher zurückgeschraubt. Die anfängliche Prognose, wonach der Online-Anteil am Gesamtgeschäft im Jahr 2000 bei 20% liegen könnte, wurde auf 5% zurückgenommen. Im Reisemarkt spielt das Internet vor allen eine Rolle als Informationsmedium, als Verkaufsinstrument wird es derzeit von den Nutzern aber noch kaum akzeptiert.

Die Abbildungen 6-38 - 6-41 zeigen einige Beispiele für den Internet-Auftritt unterschiedlicher Anbieter.

Abbildung 6–38: Internet-Auftritt der *Lufthansa*

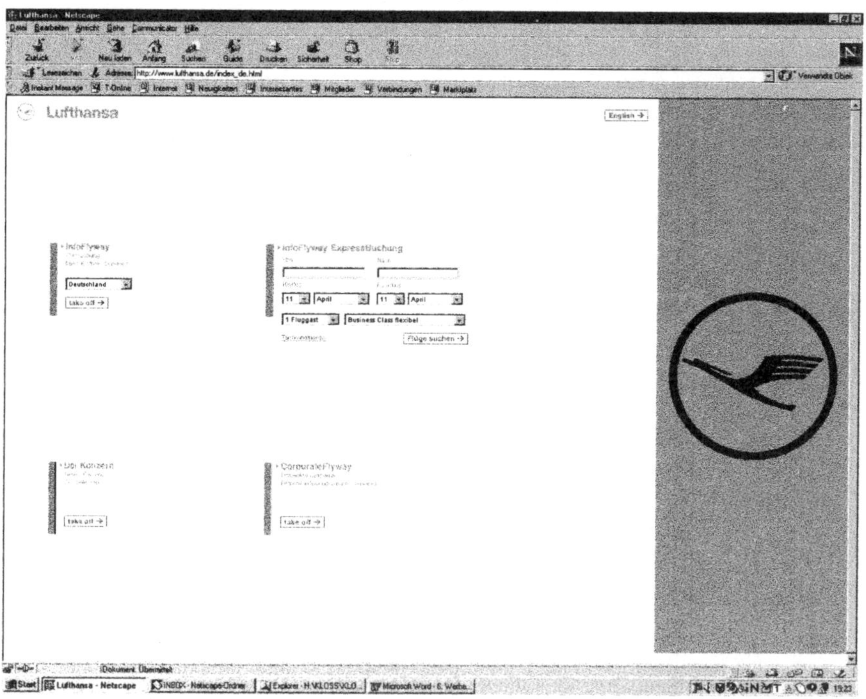

Abbildung 6–39: Internet-Auftritt von *Maggi*

Abbildung 6–40: Internet-Auftritt von *Milka*

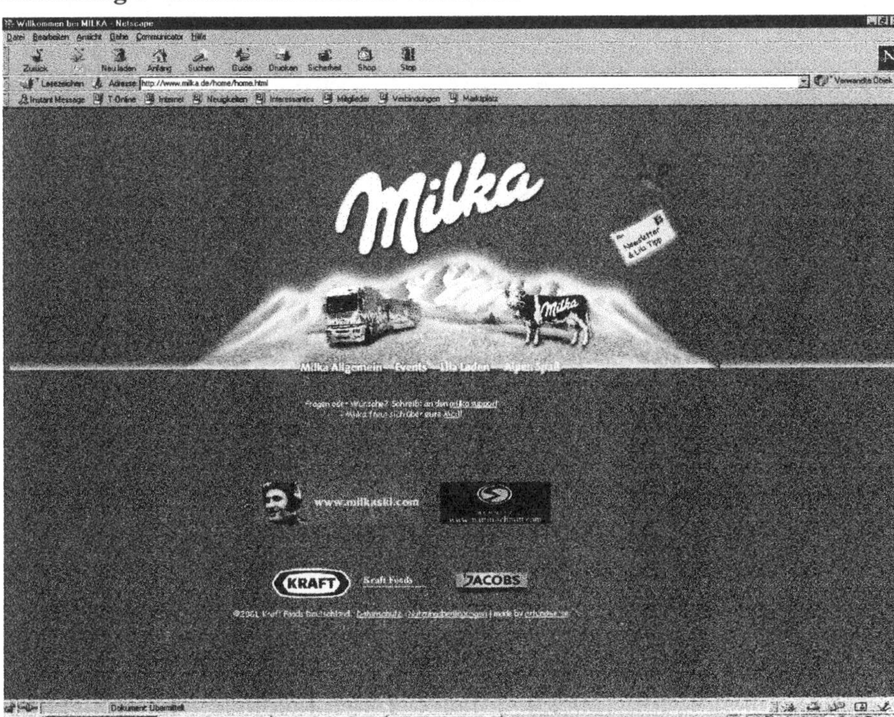

Abbildung 6–41: Internet-Auftritt von *Bild*

Im Nahrungs- und Genußmittelbereich kann das Internet dem User andere Nutzen bieten, die ihn dazu veranlassen können, deren Homepages aufzusuchen. Beispielsweise bietet die Firma *Maggi* einen Rezeptservice an. Es steht eine Textdatei mit Rezepten zur Verfügung, die auf den PC geladen werden kann. *Milka* ermöglicht die Patenschaft für eine lila Kuh, die entweder auf der Alm, beim Arzt oder auf der Beauty-Farm umsorgt werden kann. *Jever* bietet die Möglichkeit zu einem virtuellen Rundgang durch das Brauhaus. Automobilhersteller bieten die Möglichkeit zu umfassender Information über die jeweiligen Modelle, im Hinblick auf Ausstattungen, technische Daten, Preise u. dgl. Das Internet ersetzt hier also den Katalog.

6.4.13.4 Status und Perspektiven der Online-Werbung

Bei der Bestimmung der Online-Werbeumsätze kann nur auf Schätzungen zurückgegriffen werden, die stark divergieren. Weltweit werden die Werbeausgaben für 1997 auf 400 bis 900 Millionen $ geschätzt. Der derzeitige Stellenwert der Online-Werbung läßt sich wie folgt skizzieren (vgl. Zimmer 1998b, S. 504 f.):

1. Online-Werbung spielt innerhalb der Gesamtumsätze der Onlinebranche nur eine untergeordnete Rolle.
2. Auch das Werbevolumen ist nur marginal. Der Anteil der Online-Werbung an der Gesamtwerbung liegt in Europa bei nur 0,1%, in den USA bei 0,7%.
3. Werbeausgaben in Online-Medien konzentrieren sich auf wenige Branchen. Mehr als die Hälfte der Online-Werbung erfolgt aus Branchen, die direkt am Onlinegeschäft partizipieren: Computer, Telekommunikation und Finanzdienstleistungen. Die Suchmaschinen verbuchen mehr als die Hälfte der Werbeeinnahmen.
4. Die dominierende Werbeform ist mit einem Anteil von 80% die Bannerwerbung.

Angesichts der hohen Marktdurchdringungsgeschwindigkeit werden Online-Medien weiter an Attraktivität gewinnen. Eine Substitution der klassischen Werbeträger ist jedoch nicht zu erwarten. In einer realistischen Einschätzung ist vielmehr davon auszugehen, daß Werbetreibende dieses Medium ergänzend einsetzen und langfristig insbesondere seine spezifischen Vorteile nutzen werden, nämlich die der Interaktivität und der streuverlustfreien Zielgruppenansprache. Nach wie vor ist das Internet ein zu junges Medium und als Kommunikationskanal zu unerprobt, als daß Werbetreibende ihre bewährten Mediastrategien ändern würden. Auf heutigem Stand ist eine Substitution am ehesten im Rubrikenmarkt zu erwarten, also der klassischen Domäne der Tageszeitungen.

Es wird abzuwarten bleiben, inwieweit sich durch die UMTS-Technik das Internet auch zu einem mobilen Werbeträger mit individuellem Zuschnitt entwickeln wird.

Tabelle 6-37 gibt einen zusammenfassenden Überblick über die Zielgruppenansprache-Möglichkeiten der einzelnen Werbeträger.

Tabelle 6–37: Zielgruppenansprache-Möglichkeiten der Werbeträger

Werbeträger	Zielgruppe
regionale Tageszeitungen	Gesamtbevölkerung
überregionale Tageszeitungen	gehobene Zielgruppen
Anzeigenblätter	Gesamtbevölkerung
Fernsehen	Gesamtbevölkerung
Publikumszeitschriften	Gesamtbevölkerung/spezielle Segmente
Fachzeitschriften	Fachleute/ Entscheidungsträger
Adreßbücher	Gesamtbevölkerung/Entscheidungsträger
Hörfunk	Gesamtbevölkerung (lokal/regional/national)
Außenwerbung	Gesamtbevölkerung (lokal/regional/national)
Filmtheater	schwerpunktmäßig 14-29jährige (lokal/regional/national)
Supplements	Gesamtbevölkerung/spezielle Segmente
Werbung im Internet	Jugendliche/professionelle Nutzer

Aufgaben:

1. Welche Aufgaben hat die IVW?

2. Was sind die Unterschiede im Informationsgehalt der von Nielsen Schmidt&Pohlmann und dem ZAW veröffentlichten Werbeumsätze?

3. Welche Möglichkeiten stehen der Mediaplanung zur Verfügung um Informationen über die Verbreitung von Werbeträgern und über Mediennutzerschaften zu erlangen?

4. Diskutieren Sie die Erhebungsmethoden von Mediadaten für Print und TV.

5. Inwieweit ist die Unterscheidung in Abonnements- und Kaufzeitungen für die Mediaplanung relevant?

6. Welche grundsätzlichen Unterschiede bestehen zwischen programminternen und -externen Werbeformen?

7. Auf welchen Rechtsgrundsätzen basiert die deutsche Rundfunkwerbung?

8. Erläutern Sie die wesentlichen Unterschiede in den Werbemöglichkeiten von privaten und öffentlich-rechtlichen Fernsehsendern.

9. Erläutern Sie die Vor- und Nachteile der Fernsehwerbung.

10. Was ist der qualitative Unterschied zwischen dem G-Wert und dem Kontaktbegriff bei den Zeitschriften?

11. Vergleichen Sie die Werbeträger Fernsehen, Kino und Publikumszeitschriften unter dem Aspekt der Medialeistung.

12. Vor der Eröffnung einer neuen Bäckerei in Ihrem Heimatort bittet Sie der Bäcker um Rat, in welchen Werbeträgern er die Neueröffnung bekannt machen soll. Welchen Rat geben Sie ihm?

13. Anhand welcher Kriterien mißt die IVW die Leistung von Online-Medien?

7 Internationale Werbung

„The globalization of markets is at hand. With that, the multinational commercial world nears its end, and so does the multinational corporation. (...) The global corporation operates with resolute constancy - at low relative cost - as if the entire world were a single entity; it sells the same things in the same way everywhere. (...)

The world's needs and desires have been irrevocably homogenized. This makes the multinational corporation obsolete and the global corporation absolute. (...)

Cosmopolitanism is no longer the monopoly of the intellectual and leisure classes; it is becoming the established property and defining characteristic of all sectors everywhere in the world. Gradually and irresistibly it breaks down the walls of economic insularity, nationalism, and chauvinism. What we see today as escalating commercial nationalism is simply the last violent death rattle of an obsolete institution. (...)

The modern global corporation contrasts powerfully with the aging multinational corporation. Instead of adapting to superficial and even entrenched differences between nations, it will seek sensibly to force suitable standardized products and practices on the entire globe."

Levitt 1983, S. 92 ff.

„Selbst wenn unsere Lebensstile immer ähnlicher werden, gibt es doch unmißverständliche Anzeichen eines mächtigen Gegentrends: eine heftige Reaktion auf die Gleichförmigkeit. Das Bedürfnis, die Einzigartigkeit der eigenen Kultur zu bewahren und fremde Einflüsse abzulehnen. (...)

Je homogener unsere Art zu leben, unser Lebensstil wird, desto stärker halten wir an tiefen, uns vertrauten Werten fest: an Religion, Sprache, Kunst und Literatur. Während die äußere Welt immer ähnlicher wird, werden uns gewachsene Traditionen und Werte immer wichtiger. (...)

Die neue Ära des Individuums entfaltet sich zeitgleich mit dem Trend zur Globalisierung. (...) Während wir an dieser Globalisierung arbeiten, gewinnen paradoxerweise die Individuen immer mehr an Gewicht und Macht. Diese Macht verstärkt sich auch durch die Medien. In einer Zeit des globalen Fernsehens (...) kann sich jeder einzelne mit Hilfe der audiovisuellen Technik sein eigenes Programm zusammenstellen. Das erhöht die Unabhängigkeit des Individuums."

Naisbitt/Aburdene 1992, S. 154, 156, 376.

7.1 Entwicklungen im internationalen Umfeld

Internationale Werbung erfolgt konzeptionell unter vollkommen anderen Aspekten als nationale Werbung. Auf nationalen Märkten ist i.d.R. ein hohes Maß an Homogenität hinsichtlich des politischen, gesellschaftlichen und kulturellen Umfeldes gegeben. „Internationale Marketingkommunikation erfolgt in unterschiedlichen soziokulturellen Systemen" (Meissner 1995, S. 187). Die Internationalisierung der Geschäftstätigkeit ist nichts Neues. Bereits Anfang dieses Jahrhunderts operierten die großen Ölfirmen im internationalen Rahmen. Neu ist vor allem der Umfang und die Geschwindigkeit, mit der die Prozesse heute ablaufen.

Daß Amerikaner, Japaner und Deutsche die gleichen Zigaretten rauchen, die gleiche Cola trinken und in den gleichen Schuhen joggen, ist zur Selbstverständlichkeit geworden und wird nicht mehr hinterfragt. Dabei ist es alles andere als selbstverständlich, daß in so unterschiedlichen, fast schon gegensätzlichen Kulturkreisen wie Amerika und Südostasien, die traditionell eine diametral entgegengesetzte Eßkultur haben, die gleichen Hamburger gegessen werden.

Die zunehmende weltwirtschaftliche Arbeitsteilung und weltweiter Wettbewerb durch Globalisierung der Wirtschaft veranlassen immer mehr Unternehmen, ihre angestammten Heimatmärkte zu verlassen und sich dem internationalen Wettbewerb zu stellen. Unterstützt wird diese Tendenz durch eine Vielzahl simultaner Entwicklungen:

- Gesättigte nationale Märkte und Überkapazitäten veranlassen Unternehmen zunehmend dazu, neue Märkte zu erschließen.
- Der gestiegene Wettbewerbsdruck sensibilisiert für die Ausnutzung von Kostenunterschieden bei Rohstoffen und Löhnen.
- Eine steigende Ausbringungsmenge durch Internationalisierung ermöglicht sinkende Stückkosten (global economies of scale). Beispielsweise lassen sich Entwicklungskosten so auf eine größere Stückzahl verteilen (vgl. Levitt 1983, S. 92 ff., Aaker 1989, S. 297).
- In vielen Branchen verkürzen sich die Produktlebenszyklen, was zu Innovationen in immer kürzeren Zeitabständen zwingt. Dadurch verkürzen sich auch die Amortisationszeiten, so daß größere Mengen produziert werden müssen, um die Innovationen rentabel zu machen. Auch von dieser Seite her kann ein Druck zur Internationalisierung erfolgen (vgl. Backhaus 1997, S. 13).
- Einige Branchen sind in nationalen Märkten gar nicht mehr existenzfähig. Beispielsweise ist für die Vermarktung von Großcomputern und Verkehrsflugzeugen die globale Ausrichtung eine conditio sine qua non für das Überleben (vgl. Rall 1988, S. 206).
- Bei saisonabhängigen Produkten läßt sich eine größere Umsatzkonstanz erreichen durch Verkauf in Ländern, in denen die Saison entgegengesetzt zum Heimatmarkt verläuft (z.B. Skiausrüstung auf der Nord- und Südhalbkugel).
- In einzelnen Branchen schließlich läßt sich eine weltweite Zunahme globaler Marken feststellen, wie z.B. bei Sportartikeln, Elektronik und Automobilen. Bei Luxusgütern oder auch bei Designerprodukten im Bereich von Kleidung und Düften kommt es sogar zu einer weltweiten Vereinheitlichung des Konsums.

Derartige Tendenzen entwickeln eine Eigendynamik, die ihrerseits wiederum zu einer Verstärkung der Internationalisierung führt. So können beispielsweise Zulieferer veranlaßt werden, ihren Abnehmern ins Ausland zu folgen. Andererseits kön-

nen sich heimische Unternehmen durch neue Wettbewerber zum Eintritt in neue Märkte gezwungen sehen bzw. dazu, einen Angreifer in dessen Stammland zu bekämpfen.
Der technische Fortschritt in der Verkehrs- und Kommunikationstechnologie hat Verbrauchern wie Unternehmen Möglichkeiten zu Mobilität und Informationsaustausch gegeben, die erst die Voraussetzungen für eine internationale Orientierung geschaffen haben. Die Internationalisierung verändert aber auch das Umfeld, in dem das Unternehmen operiert. Dadurch ergibt sich die Notwendigkeit einer konsequenten Informationsausrichtung auf das internationale Umfeld (vgl. Simmet-Blomberg 1998, S. 1).

Internationalisierung ist allerdings nicht für alle Unternehmen gleichermaßen von Relevanz. Alle lokal und regional ausgerichteten Unternehmen werden ihre Expansion vorrangig innerhalb regionaler bzw. nationaler Grenzen tätigen. Der Biermarkt ist typischerweise lokal bzw. regional geprägt, internationale Biere sind die Ausnahme. Während aufgrund der Individualität ihrer Leistungserstellung Dienstleistungen überwiegend national ausgerichtet sind, ergibt sich für viele Investitionsgüter aufgrund der geringen Zahl nationaler Nachfrager eine strategische Notwendigkeit zur Internationalität (vgl. Backhaus/Büschken/Voeth 1998, S. 74). In vielen nationalen Unternehmen bekommt Marketing allerdings zunehmend stärker eine internationale Ausrichtung. Aber nationale Marketingkonzepte sind nicht ohne weiteres auf internationale Verhältnisse übertragbar.

Tabelle 7–1: Die 20 werbestärksten Staaten der Welt

	Werbung in Mrd. US $		
Land	**2000**	**1991**	**+/- %**
USA	132,3	71,2	+85,8
Japan	37,5	35,8	+4,8
Deutschland	18,7	12,0	+55,8
Großbritannien	18,7	9,5	+96,8
Frankreich	9,2	6,9	+33,3
Italien	7,4	3,8	-94,7
Mexiko	6,7	0,4	+1575,0
Kanada	5,3	3,6	+47,2
Brasilien	5,2	-	-
China	5,0	0,3	+1566,7
Spanien	5,0	3,0	+66,7
Australien	4,7	2,7	+74,1
Südkorea	4,1	1,7	+141,2
Niederlande	3,6	1,9	+89,5
Hongkong	3,5	0,9	+288,9
Taiwan	3,3	1,4	+135,7
Argentinien	3,1	0,8	+287,5
Schweiz	2,6	1,9	+36,8
Indien	2,0	0,4	+400,0
Schweden	1,9	1,1	+72,7

Quelle: ZAW Jahrbuch 2002, S. 23

Die Dynamik der internationalen Märkte spiegelt sich auch in der Entwicklung der Werbeausgaben wider. Spitzenreiter sind mit deutlichem Abstand die USA, gefolgt von Japan und Deutschland. In der Spitzengruppe sind aber auch einige Schwellenländer vertreten, wie Mexiko, Taiwan und China (vgl. Tabelle 7-1).

Die weltweiten Werbeausgaben für das Jahr 2002 werden mit etwa 360 Milliarden Dollar beziffert, von denen mehr als 70% auf Nordamerika und Europa entfallen, 18% auf Asien und den pazifischen Raum und weniger als 10% auf den Rest der Welt (vgl. Tabelle 7-2).

Tabelle 7–2: Weltweite Werbeausgaben

	1998	1999	2000	2001	2002
Nordamerika	121.998	130.575	139.592	147.981	156.296
Europa	79.480	84.262	89.475	94.934	101.035
Asien/Pazific	54.240	56.262	58.964	62.273	65.869
Lateinamerika	23.153	21.375	22.968	24.785	26.308
Afrika/Mittlerer Osten	6.763	7.204	8.059	8.819	9.737
Total	285.634	299.678	319.058	338.792	359.245

Quelle: Zenithmedia, Angaben in Millionen US $

7.2 Grundsatzkonzeptionen im Internationalen Marketing

Internationales Marketing beinhaltet Marketingaktivitäten in mehr als einem Land, „... beginnend bei 'zwei' und endend bei 'allen' Ländern der Erde“ (Berekoven 1985, S. 19).

Eine der grundlegenden Entscheidungen im Internationalen Marketing betrifft die Frage, wo innerhalb der polaren Ausrichtung **Standardisierung** einerseits und **Differenzierung** andererseits, das Marketing-Mix angesiedelt werden soll. Wird international eine einheitliche, standardisierte Marketing-Konzeption verfolgt oder wird für jedes Land eine spezifische Marketing-Konzeption erstellt, die die jeweiligen nationalen Eigenheiten berücksichtigt (vgl. Zentes 1995, Sp. 1036)? Die Extreme bilden einerseits die weltweit identische Marketing-Konzeption nach dem Motto „one product, one message, worldwide“, andererseits die voneinander völlig unabhängige Bearbeitung mehrerer Länder. Kennzeichnend für das Internationale Marketing ist es, daß die Einzelentscheidungen pro Land nach Maßgabe einer gemeinsamen, internationalen Unternehmenszielsetzung getroffen und koordiniert werden und sich somit wechselseitig bedingen. Gegenüber rein nationalem Marketing stellt Internationales Marketing vor allem erhöhte Anforderungen an die Beschaffung und Interpretation von Informationen, da es nicht nur vermehrte, sondern auch andersartige Probleme und Aufgabenstellungen beinhaltet (vgl. Berekoven 1985, S. 21).

Die Strategie der Standardisierung, also die Bearbeitung mehrerer Länder mit weitgehend einheitlichem Marketing-Mix ohne Berücksichtigung länderspezifischer Gegebenheiten, wird üblicherweise als **globales Marketing** bezeichnet, die länderspezifische Differenzierung des Marketingprogrammes als **multinationales Marketing** (vgl. Abbildung 7-1).

Abbildung 7–1: Grundsatzkonzeptionen im Internationalen Marketing

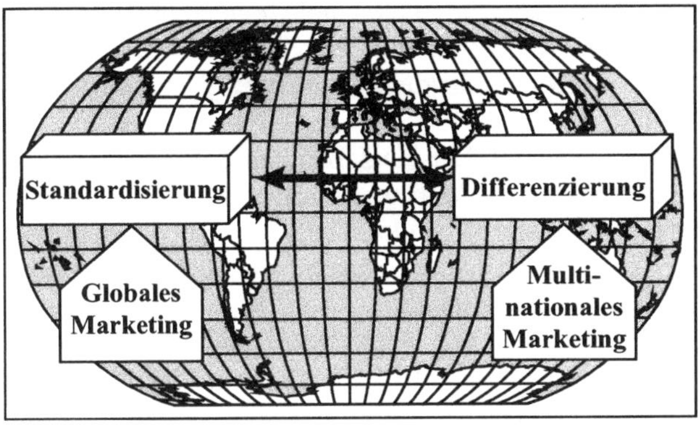

Die Diskussion über die Vor- und Nachteile eines standardisierten oder differenzierten grenzüberschreitenden Vorgehens wurde vor allem durch einen Aufsatz von T. Levitt belebt. Er vertritt die These, daß sich die Verbraucherbedürfnisse weltweit zunehmend angleichen, aufgrund zunehmender soziodemographischer und psychographischer Ähnlichkeiten der Zielgruppen, hoher Mobilität und neuer Kommunikationstechnologien. Diese Konvergenz der Verbraucherbedürfnisse führe zu einer weltweiten Homogenisierung der Nachfrage, was eine Standardisierung der Produktion ermögliche und somit zu Kostenvorteilen aufgrund von Skalen- und Erfahrungskurveneffekten führe (vgl. Levitt 1983, S. 92 ff.). In der Tat scheint auch vieles für die These Levitts zu sprechen, da viele Produkte weltweit distribuiert und nachgefragt werden. Marken wie *Coca-Cola*, *Marlboro*, *Nike* und alle Designerprodukte werden schließlich weltweit mit weitgehend identischem Marketing-Mix geführt, Pavarotti und die Rolling Stones werden weltweit gehört.

„Wir haben es redlich versucht (Lebensmittel global zu vermarkten, I.K.), zum Beispiel mit Margarine. Die verkauft sich ganz gut – in Europa und in den USA. Aber nicht in Asien. Dort wird kein Brot gegessen, also wofür Margarine? Wir haben versucht, den Asiaten beizubringen, daß Brot ganz köstlich schmeckt und dabei gelernt, besser etwas zu verkaufen, was die Menschen gerne essen, anstatt sie zu bewegen, etwas zu essen, was wir gerne verkaufen. (...) ... bei Filmen gibt es keine nationalen Unterschiede. Wir dagegen bedienen die Wünsche der Konsumenten individuell. Beispielsweise mit Lebensmitteln. Die Ernährungsgewohnheiten sind verschieden. Die Deutschen essen Würstchen, Kartoffeln und Soße. Die Italiener lieben ihre Pasta, die Chinesen Nudeln, in Indonesien wird Reis gegessen. Wir verkaufen unsere Ware in 160 Ländern der Erde, und wir produzieren in rund 90 Ländern. Aber unterschiedliche Produkte – nicht nur bei Lebensmitteln, auch bei Waschpulver und Hygieneartikeln. (...) Sicher, wir kaufen auf der ganzen Welt alle die gleichen Autos und Fernseher und sehen dieselben Seifenopern. Auch die Snacks von *McDonald's* und die Drinks von *Coca-Cola* werden überall geliebt. Die Menschen rund um den Globus lieben Marken. Aber sie lieben sie nicht, weil sie auf der ganzen Welt zu haben sind."
Morris Tabaksblat, Chairman von *Unilever*, zitiert nach Baron/Bierach/Thelen, 1997, S. 130 f.

Die Gegner dieser These argumentieren mit einer diametral entgegengesetzten Entwicklung im Verbraucherverhalten, nämlich einer zunehmenden Individualisierung, die eine stärkere Differenzierung erfordere (vgl. z.B. Naisbitt 1984, 1992). Kotler hält Levitt entgegen, daß dieser den Erfolg internationaler Marken falsch interpretiere. Auch *Coca-Cola* und *McDonald`s* haben sich mit ihrem Angebot an den Geschmack unterschiedlicher Regionen angepaßt. (vgl. Kotler/Bliemel 1999, S. 647). In Deutschland bietet *McDonald`s* Bier an, in Frankreich Wein, in Singapur und Malaysia Fruchtsaft. In Indonesien wird Reis zum *Big Mäc* serviert, in Mexico Chilisoße statt Ketchup. In einigen Ländern ist *Coca-Cola* weniger süß und kohlensäurehaltig als in anderen.

Die - vor allem kulturgeprägten - Unterschiede zwischen den Verbrauchern in den einzelnen Ländern seien größer als deren Gemeinsamkeiten. Dafür spricht, daß Differenzierung insbesondere auf gesättigten Märkten ein Grundgesetz des Marketing und die Basis für Wettbewerbsvorteile ist. Marken wie *McDonald`s*, *BMW* oder *Nescafé* bzw. der größte Teil aller internationalen Lebensmittel-Unternehmen wie *Unilever*, *Maggi* oder *Knorr* verfolgen ein länderspezifisches Produktmarketing.

Standardisierung und Feintuning bei L`Oréal

„L`Oréal ist heute nicht mehr das multinationale Unternehmen, das in mehreren Ländern agiert und seine Produkte und Strategien jeweils voll an die lokalen Gegebenheiten anpaßt. Vielmehr sind wir inzwischen in die Phase des global operierenden Unternehmens hineingewachsen, das die Welt als großen, einheitlichen Markt sieht, der im Prinzip überall mit den gleichen Produkten und denselben Strategien bedient wird. Dennoch hat das Feintuning des 'act locally', natürlich nach wie vor seine Berechtigung – etwa im Vertrieb, Merchandising und bei den Promotions.

In der Markenpolitik kommt es also zu einer Bündelung der Kräfte, zu einer Standardisierung und Vereinfachung, die nicht mehr die Unterschiede in den einzelnen Ländern sucht, sondern die Gemeinsamkeiten. Dies wird insbesondere in den Kosmetikmärkten dadurch erleichtert, daß es heute starke internationale Trends gibt. Die Vorstellungen von Schönheit und Lebensstil laufen rund um den Globus zusammen. Kurz, die Konsumenten, zumindest diejenigen, die die Zielgruppe großer Kosmetikmarken sind, reagieren in allen Ländern ungefähr gleich. So wird L`Oréal in Zukunft Mittel und Strategien noch weiter konzentrieren. Von den über 500 Marken, die heute weltweit in allen Segmenten des Kosmetikmarktes angeboten werden, sind es nur zehn Mega-Brands, die bereits über 80% des Konzernumsatzes auf sich vereinen: L`Oréal, Laboratoires Garnier, Maybelline (USA), Vichy, Lancôme, Helena Rubinstein, Giorgio Armani, Ralph Lauren, Redken und Biotherm. Diese großen Dachmarken haben in allen Ländern dieselbe Positionierung, ja meistens sogar eine identische Werbeaussage."

Witzens 1998, S. 111

Unter dem Aspekt von Skaleneffekten sind globale Marken nationalen Marken eindeutig überlegen. Allerdings können auch nationale Konzepte eines international ausgerichteten Unternehmens von Synergien seiner globalen Marken profitieren. Denn einerseits können die größeren finanziellen Spielräume globaler Marken für den Auf- und Ausbau nationaler Marken-Positionen eingesetzt werden. „Zum anderen kann jede nationale Marke irgendwann auch international zum Einsatz kommen, weil sich die Verbraucherwünsche entsprechend entwickelt haben. (...) Von Konzepten mit 'nationaler' Kundennähe kann folglich auch die globale Wettbewerbsstärke profitieren" (Stach 1999, S. 63).

Teilweise stellt sich bei global geführten Marken auch die Frage nach der Henne und dem Ei: Bewirkt eine weltweit homogene Vermarktung nicht auch eine Angleichung der Verbraucherbedürfnisse (vgl. Jenner 1994, S. 16)? Möglicherweise wäre der *Marlboro*-Cowboy ohne die John-Wayne-Filme international auch nicht so erfolgreich.

Je mehr das Marketing-Mix standardisiert werden kann, desto mehr können economies of scale generiert werden, desto unflexibler ist ein Unternehmen jedoch auch im Hinblick auf seine Reaktionen auf externe Faktoren. Die Gefahr der Standardisierung liegt darin, daß die jeweiligen Verbraucherbedürfnisse ungenügend berücksichtigt werden.

Während die Strategie der Standardisierung eher produktionsorientiert ist und vor allem auf Kostensenkungen abzielt, richtet sich die Strategie der Differenzierung eher an jeweiligen Marktfaktoren aus, wie dem Verbraucherverhalten und dem Wettbewerb (vgl. Jenner 1995, S. 17 f.).

Die Frage ob Standardisierung oder Differenzierung ist in der Praxis abhängig vom jeweiligen Produkt und eher ein graduelles Problem. Sicherlich gibt es Produkte, bei denen eine weltweite Konvergenz der Verbraucherbedürfnisse festzustellen ist. Es lassen sich auch „Cross-Cultural-Groups" identifizieren, die sich durch einheitliche Verhaltens- und Konsummuster auszeichnen. Bei vielen Produkten ist dies jedoch nicht der Fall. Dafür sind die Unterschiede zwischen den einzelnen Ländern zu groß.

Diese Unterschiede liegen im wesentlichen in folgenden Faktoren begründet:

- Kaufkraftverhältnisse.
- Bedarfs- und Geschmacksusancen.
- Werteverständnis unterschiedlicher Kulturkreise.
- Wettbewerbssituationen.
- Unterschiedliche Rechtsrahmen (z.B. bezüglich Kennzeichnungspflicht, Produkthaftung).
- Imageunterschiede bei Marken und Herkunftsländern.
- Kostenstrukturen (Lohn-, Rohstoffkosten).
- Handelsstrukturen.

Diese Faktoren bewirken häufig schon innerhalb nationaler Grenzen unterschiedliche Konsumpräferenzen (z.B. zwischen Ost- und Westdeutschland, Nord- und Süditalien).

Im Normalfall sind im Internationalen Marketing Anpassungen des Marketing-Mix unumgänglich:

- **Produktpolitik**: Obwohl *Coca-Cola* weltweit ein sehr weitgehend standardisiertes Produkt ist, erfolgt die Produktkennzeichnung in der jeweiligen Landessprache. In anderen Fällen kann es nötig sein, die Schutzfunktion der Verpackung an extreme Verhältnisse in den Tropen (Schutz vor Feuchtigkeit und

Wärme) anzupassen. Produktnamen sind auf ihre internationale Verwendung zu überprüfen. Beispielsweise bedeutet *Pajero* im Spanischen ein übles Schimpfwort, so daß *Mitsubishi* dort sein Produkt anders bezeichnen muß. Im Automobilbereich sind Anpassungen an nationale Sicherheitsstandards oder Abgasvorschriften notwendig. *Mattel* mußte die amerikanischen Schönheitsidealen entsprechende *Barbie*-Puppe den japanischen Vorstellungen anpassen, als die Puppe auch in Japan vertrieben werden sollte. Schönheit im westlichen Sinn erscheint in Japan eher als häßlich.

- **Preispolitik**: Dieser Marketing-Mix-Faktor ist, falls überhaupt, nur mit Einschränkungen standardisierbar. Unterschiede in den Konkurrenz-, Kosten-, Lieferantenstrukturen, Wechselkursen, Kaufkraftverhältnissen, Steuern, Zahlungs- und Lieferbedingungen lassen einen weltweit einheitlichen Preis praktisch unmöglich erscheinen. Andererseits wirken zunehmende Preistransparenz, Mobilität der Verbraucher, internationale Handelskonzerne und die Existenz grauer Märkte gegen eine zu starke internationale Preisdifferenzierung. Auf dem europäischen Automarkt werden Preisunterschiede in einzelnen Ländern immer wieder zu Reimporten ausgenutzt.
- **Distributionspolitik**: Auch hier ist eine Anpassung an die jeweiligen nationalen Verhältnisse i.d.R. unabdingbar. Da der Aufbau eigener Vertriebswege sehr teuer sein kann, wird ein Unternehmen vorhandene Absatzwege nutzen. Dies erfolgt häufig über Exporteure oder Vertriebs-Joint-Ventures.

Die Entscheidung zwischen Standardisierung und Differenzierung geht aber über derartige Betrachtungsweisen noch hinaus, denn sie rüttelt an einem Marketingdogma: „Die Grundphilosophie des Marketing basiert auf einer Heterogenitätsannahme und dem Bestreben, segmentierte Teilmärkte unterschiedlich, dafür aber optimal zu bedienen. Der Standardisierungsgedanke steht damit in krassem Widerspruch zu den grundlegenden Elementen der Marketingphilosophie“ (Müller 1998, S. 88).

Unabhängig davon entspricht eine polarisierende Betrachtung – entweder Standardisierung oder Differenzierung – auch zunehmend weniger der Realität. Es ist vielmehr davon auszugehen, daß eine wachsende Differenzierung eine notwendige Folge der Globalisierung ist (vgl. Brabeck-Letmathe 1999, S. 70). Beispielsweise hat sich die Pizza auf der ganzen Welt durchgesetzt, wobei sie immer mehr den lokalen Geschmacksrichtungen angepaßt wurde.

7.3 Grundsatzkonzeptionen der Internationalen Werbung

Innerhalb des globalen Marketing-Mix wird der Standardisierung der in diesem Buch vor allem interessierenden **Kommunikationspolitik** die größte Bedeutung zugemessen (vgl. Kreutzer 1989, S. 311).

Tabelle 7-3 gibt einen Überblick über die 50 größten werbetreibenden Unternehmen der Welt und zeigt die Bedeutung auf, die der Internationalen Werbung zukommt. Unter den größten Werbetreibenden finden sich vor allem Unternehmen aus der Automobil-, der Nahrungs- und Genußmittel- und der Körperpflegebranche. Bei allen diesen Unternehmen, wie grundsätzlich in der Internationalen Werbung, stellen sich insbesondere die Fragen nach der Standardisierbarkeit von Markenname und Markenlogo (International Branding), sowie nach der Standardisierbarkeit von Werbekampagnen.

Tabelle 7–3: Die 50 größten Werbetreibenden der Welt 2000

Werbetreibender		Werbe-Länder	Werbe-volumen	Werbetreibender		Werbe-Länder	Werbe-volumen
1	Procter & Gamble	66	4.152	26	Mars	27	980
2	General Motors	39	3.979	27	Ferrero	26	978
3	Unilever	56	3.665	28	Glaxo Smith Kline	33	932
4	Ford Motor	39	2.323	29	PepsiCo	33	915
5	Toyota Motor	43	2.135	30	Renault	29	914
6	DaimlerChrysler	18	2.110	31	News Corp	4	856
7	Nestle	53	1.887	32	Telefonica	4	855
8	AOLTimeWarner	22	1.841	33	Diageo	22	813
9	Volkswagen	26	1.714	34	Vivendi Universal	18	807
10	Hyundai Motor	20	1.674	35	Henkel	32	738
11	Coca-Cola	64	1.579	36	IBM	15	724
12	L`Oreal	38	1.407	37	Tricon Global Rest.	16	660
13	McDonald's	48	1.404	38	Microsoft	13	559
14	Nissan Motor	34	1.284	39	Philip Morris	36	543
15	Kia Motors	10	1.273	40	France Telecom	11	542
16	Sony	35	1.215	41	Kellogg	18	532
17	Kao	4	1.136	42	Reckitt Benckiser	18	515
18	Walt Disney	8	1.103	43	Colgate-Palmolive	47	495
19	Vodafone	9	1.091	44	Mitsubishi	17	477
20	Danone	18	1.084	45	Toshiba	4	474
21	Johnson&Johnson	33	1.075	46	Suzuki	9	467
22	Beiersdorf	35	1.054	47	Mazda	16	447
23	Honda	17	1.029	48	BAT	24	442
24	Fiat	23	1.008	49	Ericsson	22	440
25	Peugeot Citroen	25	1.004	50	Siemens	27	398

Mio. US $; Quelle: Advertising Age (www.adage.com)

7.3.1 International Branding

Beim Aufbau globaler Marken kommt der Werbung eine entscheidende Bedeutung zu. Es ist offensichtlich, daß eine international einheitliche Werbekampagne auch eine international einheitliche Marke voraussetzt. Die Standardisierung von Markenname und -logo kann als der Regelfall im Internationalen Marketing angesehen werden, wenn das strategische Ziel verfolgt wird, eine Weltmarke aufzubauen. Voraussetzung dafür ist jedoch, daß der Markenname in allen Ländern

- aussprechbar ist,
- ähnliche Assoziationen und Bedeutungsinhalte weckt,
- rechtlich schutzfähig ist und
- die Marke dem Unternehmen auch in allen Ländern gehört.

Ist eine dieser Voraussetzungen nicht gegeben, muß auch beim Markennamen international eine Strategie der Differenzierung verfolgt werden. Eine andere Notwendigkeit zu einer international differenzierten Markenführung ergibt sich, wenn Unternehmen nicht mit ihrer eigenen Marke im Ausland expandieren, sondern sich dort existierende Marken hinzukaufen (vgl. Berndt/Altobelli/Sander 1995, S. 177 f.). Beispielsweise bietet der Unilever-Konzern seine Speiseeismarken international mit unterschiedlichen Markennamen an: z.B. *Langnese* in Deutschland, *Algida* in Italien, Griechenland, der Türkei, *Ola* in Holland und Belgien, *Frisko* in Dänemark, *Frigo* in Spanien, *Eskimo* in Österreich und Ungarn, *Miko* in Frankreich, *Good Humor* in den USA und Kanada, *Pierrot Lusso* in der Schweiz, *Bresler* in Chile, allerdings unter Beibehaltung des Markenzeichens. Unabhängig davon ist es gelungen, *Magnum* als globale Marke mit einem länderübergreifenden Konzept in 50 Ländern zu positionieren. International unterschiedliche Marken finden sich auch im Waschmittel- und Hauhaltsreinigerbereich.

Abbildung 7–2: Speiseeismarken des Unilever-Konzerns

Unter dem Aspekt der Standardisierung steht im Internationalen Marketing der Aufbau einer Weltmarke im Vordergrund. Als Weltmarke ist eine Marke dann zu bezeichnen, wenn sie weltweit weitgehend einheitlich erscheint und eine hohe symbolische Wirkung bei den Verbrauchern hat, d.h. von allen in gleicher Weise verstanden wird (vgl. Kelz 1989, S. 120 f.). In diesem Sinn sind z.B. *Toyota, Kodak, IBM, Sony, Coca-Cola, Pepsi Cola, McDonald's, Mercedes Benz, Nivea, Pampers, Levis, Marlboro, Rolex* und *Rolls Royce* als Weltmarken zu bezeichnen (vgl. Kelz 1989, S. 137).

In einer restriktiveren Sicht hat das Marktforschungsinstitut ACNielsen eine Marke als global definiert, wenn sie folgende Kriterien erfüllt:

- Jahresumsatz mindestens eine Milliarde US $.
- Geographische Präsenz in allen Hauptregionen der Welt: Nordamerika, Lateinamerika, Asien/Pazific, Europa/Mittlerer Osten/Afrika.
- Umsätze außerhalb des Heimatmarktes müssen mindestens 5% des gesamten Umsatzes ausmachen.

Unter der Einschränkung, daß nur Einzelhandelsumsätze berücksichtigt wurden, identifizierte eine entsprechende Studie unter diesen Kriterien insgesamt nur 43 Marken, die die Bezeichnung „global" beanspruchen können (vgl. Tabelle 7-4).

Tabelle 7–4: Globale Marken nach ACNielsen

Marke	Hersteller	Branche	Umsatz
Coca-Cola	Coca-Cola	kohlensäurehaltige Getränke	< 15 Mrd. $
Marlboro	Philip Morris	Tabakwaren	
Pepsi	PepsiCo	kohlensäurehaltige Getränke	5-15 Mrd. $
Budweiser	Anheuser-Busch	Bier	3-5 Mrd. $
Campbell`s	Campbell Soup	Suppen	
Kelloggs	Kelloggs	Cerealien	
Pampers	Procter & Gamble	Windeln	
Benson&Hedges	Rothmans, Gallaher, BAT	Tabakwaren	2-3 Mrd. $
Camel	Japan Tobacco	Tabakwaren	
Danone	BSN	Joghurt	
Fanta	Coca-Cola	kohlensäurehaltige Getränke	
Friskies	Nestlé	Tiernahrung	
Gillette	Gilette	Klingen und Rasierer	
Huggies	Kimberley-Clark	Windeln	
Nescafé	Nestlé	Kaffee	
Sprite	Coca-Cola	kohlensäurehaltige Getränke	
Tide	Procter & Gamble	Waschmittel	
Tropicana	PepsiCo	stille Getränke	
Wrigley`s	Wrigley	Kaugummi	
Colgate	Colgate-Palmolive	Zahnpasta	1,5-3 Mrd. $
Duracell	Gillette	Batterien	
Heineken	Heineken	Bier	
Kodak	Eastman-Kodak	Filme	
L&M	Philip Morris	Tabakwaren	
Lay`s	Frito-Lay	Chips & Snacks	
Pedigree	Mars	Tiernahrung	
Always	Procter & Gamble	Hygieneartikel	1-1,5 Mrd. $
Doritos	Frito-Lay	Chips & Snacks	
Energizer	Energizer	Batterien	
Gatorade	PepsiCo	Sportgetränke	
Guinness	Diageo	Bier	
Kinder	Ferrero	Schokolade	
Kleenex	Kimberley-Clark	Gesichtstücher	
L`Oreal	L`Oreal	Kosmetik	
Maxwell House	Procter & Gamble	Kaffee	
Minute Maid	Coca-Cola	stille Getränke	
Nivea	Beiersdorf	Gesichtspflege	
Pantene	Procter & Gamble	Haarpflege	
Philadelphia	Philip Morris	Käse	
Pringles	Procter & Gamble	Chips & Snacks	
Seven-Up	Cadbury Schweppes/ PepsiCo	kohlensäurehaltige Getränke	
Tylenol	Johnson & Johnson	OTC Schmerzmittel	
Whiskas	Mars	Tiernahrung	

Quelle: ACNielsen, 2001: Reaching the Billion Dollar Mark, www.acnielsen.de

Hinter diesen Marken stehen 23 globale Hersteller mit einem Gesamtumsatz von 125 Milliarden US $. Fast ein Drittel dieser Marken entstammen dem Bereich Getränke, angeführt von *Coca-Cola* und *Pepsi*. Zigaretten, Snacks und Tiernahrung sind die anderen dominanten Bereiche. Acht Hersteller verfügen über mehr als eine globale Marke: PepsiCo (6), Procter & Gamble (5), Philip Morris (5), Coca-Cola (4), Kimberley Clark (2), Gillette (2), Mars (2) und Nestlé (2) (vgl. ACNielsen 2001).

Die Kategorisierung einer Marke als „global" bedeutet jedoch nicht notwendigerweise, daß diese Marke auch global standardisiert ist im Hinblick auf Markenname, Produkt, Verpackung oder Werbung. Diese Voraussetzungen erfüllt kaum eine globale Marke. Fast immer ist das Marketing-Mix dieser Marken den lokalen Notwendigkeiten angepaßt. Selbst *Coca-Cola* variiert im Geschmack, je nachdem, ob in einzelnen Ländern süßere oder weniger süße Getränke präferiert werden. Globale Marken sind nur in seltenen Fällen in allen Märkten wirklich identisch.

Es erscheint sinnvoll, in diesem Zusammenhang zwischen Firmenmarken und Individualmarken zu unterscheiden. Firmenmarken (z.B. *Siemens*, *IBM*) finden sich häufig bei technischen Produkten, bei denen das gesamte Produktionsprogramm unter der Firmenbezeichnung beworben wird. Markentechnisch interessanter sind Weltmarken, die auf individuellen Produktdifferenzierungen innerhalb vergleichbarer bzw. austauschbarer Produkte basieren (vgl. Berekoven 1985, S. 151).

Abbildung 7–3: Weltmarken-Logos

Hauptkriterium für die Klassifizierung einer Marke als Weltmarke ist die weltweit gleiche Positionierung, unabhängig von der konkreten Ausgestaltung des Marketing-Mix.

Aus der Sicht der Verbraucher ist es häufig irrelevant, ob eine Marke national oder global ist. Es zeichnen sich im Gegenteil immer wieder Tendenzen ab, daß Verbraucher nationale Marken präferieren bzw. Marken, die sie als nationale Marken ansehen. Auch erfolgreiche globale Marken werden in einzelnen Ländern oft als nationale Marken wahrgenommen, wie beispielsweise *Nivea* in Deutschland. Explizite Strategie von *Nivea* ist es, „... international so einheitlich wie möglich und nur so unterschiedlich wie nötig aufzutreten. Abweichungen vom internationalen Auftritt müssen durch nationale Marktgegebenheiten begründet sein" (Raithel 1986, S. 236).

Weltmarken wie die aufgeführten sind eher die Ausnahme im Internationalen Marketing. Ihre Alleinstellung basiert häufig auf echten Produktinnovationen (*Coca-Cola, McDonald`s*) oder auf herausragenden Kommunikationskonzepten (*Marlboro*), die sie zu eigenen Produktgattungen werden lassen. Möglicherweise ist der internationale Erfolg von Marken wie *Coca-Cola, McDonald's* und *Marlboro* aber vor allem darin begründet, daß sie mit dem „american way of life" eine über sozio-kulturelle Grenzen hinweg wirkende Identifikationsplattform haben, die auf allen Kontinenten wirkt. Wären diese Marken auch so erfolgreich, wenn sie aus Italien, Frankreich oder Japan stammten? Um die Spekulation auf die Spitze zu treiben: Wäre es Unilever gelungen, in Asien Margarine als Brotaufstrich zu etablieren, wenn es ein amerikanischer Konzern wäre?

7.3.2 Standardisierbarkeit von Werbekampagnen

Die Argumente für und gegen international standardisierte Werbekampagnen sind diametral entgegengesetzt. Die Befürworter argumentieren, daß die Verbraucher weltweit die gleichen Grundbedürfnisse haben und somit in gleicher Weise angesprochen werden können. Unterschiede zwischen den Verbrauchern in einzelnen Ländern seien eher gradueller denn grundsätzlicher Art. Werbetreibende, die national differenzierte Werbeauftritte verfolgen, begründen dies damit, daß Verbraucher von Land zu Land unterschiedlich sind und dementsprechend mit maßgeschneiderten, länderspezifischen Kampagnen zu erreichen sind. Untersuchungen über das Verhalten internationaler Werbetreibender zeigen auf, daß der Trend eher zu differenzierten Werbeauftritten geht (vgl. z.B. Kanso 1992, S. 10 ff.). Zwar scheint es in vielen Bereichen tatsächlich so zu sein, daß die Verbraucherbedürfnisse weltweit mehr oder weniger gleich sind, allerdings kann daraus nicht geschlossen werden, daß diese Bedürfnisse auch weltweit in gleicher Weise angesprochen werden können. Selbst der vermeintlich „globalste" Markenartikler *Coca-Cola* hat seine Strategie überdacht und gibt seinen Führungskräften in den Regionen vor, so lokal wie möglich zu denken. Der ehemalige Chief Operating Officer Jack Stahl hatte die Richtung vorgegeben: „Unsere Kunden auf der ganzen Welt wollen in einer Art und Weise angesprochen werden, mit der sie etwas anfangen können. Die wollen keine Werbung, die überall gleich aussieht. (...) Wir müssen genau wissen, wie wir einen New Yorker ansprechen wollen oder einen Menschen in einer Stadt in Brasilien. Das ist der beste Weg, immer mehr *Coca-Cola* zu verkaufen" (zitiert nach o.V. 2001, S. 19). Dieses Credo ist mittlerweile auch Bestandteil der *Coca-Cola*-Philosophie:

> Our local strategy enables us to listen to all the voices around the world asking for beverages that span the entire spectrum of tastes and occasions. What people want in a beverage is a reflection of who they are, where they live, how they work and

play, and how they relax and recharge. Whether you're a student in the United States enjoying a refreshing Coca-Cola, a woman in Italy taking a tea break, a child in Peru asking for a juice drink, or a couple in Korea buying bottled water after a run together, we're there for you.
Quelle: www.coca-cola.com

Das „*Bacardi*-Feeling“, das Karibik, Sonne und Strand herausstellt, dürfte wohl weltweit kommunizierbar sein. Aber der Elch in der *IKEA*-Werbung assoziiert in Deutschland völlig andere Bedeutungen als in Skandinavien, wo er als dummer, waldschädigender und Verkehrsunfälle provozierender Schmarotzer angesehen wird und *IKEA* auf seine kommunikative Einbindung verzichtet (vgl. Kreutzer 1989, S. 326).

Das Hauptproblem der Internationalen Werbung besteht darin, daß Verbraucher in allen Ländern die gleichen Assoziationen mit der Werbung verbinden.

7.3.2.1 Internationale Werbeplanung

Eine Werbekampagne ist international nur dann standardisierbar, wenn die ihr zugrundeliegende Positionierung und die daraus abgeleitete Copy Strategy international standardisierbar sind.

Nicht immer ist eine international einheitliche Positionierung sinnvoll oder möglich. Positionieren heißt, die eigene Marke/das eigene Unternehmen in Relation zu dem Wettbewerb zu setzen und aus der Sicht der Zielgruppe zu bewerten (vgl. Kapitel 3.2). Das hängt natürlich in hohem Maße von den jeweiligen nationalen Wettbewerbsverhältnissen und den Nutzenerwartungen und -bewertungen der internationalen Zielgruppen ab. Die Positionierungsmodelle wie in Abbildung 3-5 und 3-6 müssen also im internationalen Maßstab Gültigkeit haben. Bei Märkten mit starker nationaler Prägung wie Nahrungsmittel oder Automobile, ist eine international einheitliche Positionierung i.d.R. ungleich schwieriger zu erreichen als in Märkten, die international mehr oder weniger einheitlich geprägt sind wie Naßrasierer oder der Freizeitbereich (zu internationaler Positionierung vgl. auch das nächste Kapitel).

Für eine international einheitliche Copy Strategy gilt tendenziell das gleiche, nur läßt sich hier noch differenzierter argumentieren. Je nach kulturellem Hintergrund werden die einzelnen Bestandteile einer Copy Strategy (vgl. Kapitel 4.4) unterschiedlich beurteilt. Selbst in den Fällen, in denen eine international homogene Zielgruppe unterstellt werden kann, müßte für diese der versprochene Nutzen auch von gleicher Relevanz, der Reason Why gleichermaßen nachvollziehbar und die Tonality gleichermaßen attraktiv sein. Auch diese Voraussetzungen grenzen die Zahl der möglichen Fälle ein.

Standardisierung und Differenzierung Internationaler Werbung liegen unterschiedliche organisatorische Beziehungen zwischen der Muttergesellschaft und den jeweiligen nationalen Tochtergesellschaften zugrunde. Grundsätzlich gibt es folgende Möglichkeiten der Zusammenarbeit:

1. Die Muttergesellschaft entscheidet zentral über die weltweite Werbung. Diese Vorgehensweise korrespondiert mit der Strategie der Standardisierung, ein weltweit identischer Werbeauftritt ist so am ehesten zu garantieren. Werbemittel werden zentral produziert und eventuell mit sprachlichen Anpassungen im Ausland eingesetzt. Soweit die Werbemittel in englischer Sprache erstellt sind, wird selbst auf die sprachliche Anpassung häufig verzichtet: *Nike* „Just do it", *Coca-Cola* „Can`t beat the feeling", *IBM* „Solutions for a small planet", *Sony* „It`s not a trick", *Philips* „let`s make things better" sind Werbeaussagen, die weltweit weitgehend einheitlich verwendet werden.

Tabelle 7–5: Die 10 größten internationalen Werbeagenturen 2000

Agentur		Weltweites Bruttoeinkommen	Weltweites Werbevolumen
1	Dentsu	2.432,0	16.507,0
2	McCann-Erickson Worldwide	1.824,9	17.468,5
3	BBDO Worldwide	1.534,0	13.611,5
4	J. Walter Thompson	1.489,1	10.229,0
5	Euro RSCG Worldwide	1.430,1	10.646,1
6	Grey Worldwide	1.369,8	9.136,9
7	DDB Worldwide Communications	1.176,9	9.781,0
8	Ogilvy & Mather Worldwide	1.109,4	10.647,2
9	Publicis Worldwide	1.040,9	7.904,5
10	Leo Burnett Worldwide	1.029,3	7.757,8

Mio. US $; Quelle: Advertising Age (www.adage.com)

Tabelle 7–6: Die 10 größten internationalen Agenturnetzwerke 2000

Agentur-Netzwerk		Hauptsitz	Weltweites Bruttoeinkommen	Weltweites Werbevolumen
1	Interpublic Group*	New York	8.135,0	67.999,9
2	WPP Group	London	7.971,0	67.225,0
3	Omnicom	New York	6.986,2	55.651,6
4	Dentsu	Tokyo	3.089,0	21.689,1
5	Havas Advertising	Levallois-Perret	2.757,3	26.345,5
6	Publicis	Paris	2.479,1	29.302,7
7	B Com 3 Group	Chicago	2.215,9	17.932,6
8	Grey Global Group	New York	1.863,2	11.406,3
9	Cordiant Group	London	1.254,8	11.256,0
10	Hakuhodu	Tokyo	1.008,7	7.640,0

* = inkl. True North
Mio. US $; Quelle: Advertising Age (www.adage.com)

Die Entwicklung der Kampagne obliegt der Werbeagentur der Muttergesellschaft, die auch Koordination und Kontrolle der internationalen Schaltung übernimmt. Internationale Unternehmen bedienen sich hierbei häufig auch internationaler Agenturen, die ihrerseits über Dependancen im Ausland verfügen oder in internationale Agenturnetzwerke eingebunden sind. Beispielsweise ist die internationale Werbeagentur McCann-Erickson weltweit für *Coca-Cola* tätig.

Die Internationalisierung ihrer Kunden haben auch die Agenturen nachvollzogen. Die Tabellen 7-5 und 7-6 zeigen die international größten Werbeagenturen bzw. Agenturnetzwerke.

2. Entscheidungen über den Werbeauftritt werden mit allen nationalen Einheiten gemeinsam getroffen. Resultat ist dabei häufig eine internationale Dachmarkenkampagne. Im Rahmen einer internationalen Werbestrategie, die i.d.R. von der Muttergesellschaft vorgegeben wird, können notwendige nationale Anpassungen durch die Tochtergesellschaften vorgenommen werden. Ein Beispiel dafür ist *McDonald's*, die in Deutschland mit Testimonials wie Thomas Gottschalk und Heino werben, die eine rein nationale Bekanntheit haben.
   Eine Variante dieser Vorgehensweise besteht darin, daß eine globale Werbestrategie durch nationale Verkaufsförderungsmaßnahmen der Tochtergesellschaften ergänzt wird, wie es beispielsweise *Coca-Cola* praktiziert.
3. Die nationalen Tochtergesellschaften entscheiden autonom. Diese dezentrale Vorgehensweise führt zu national differenzierten Werbeauftritten, bei denen gezielt auf die jeweiligen nationalen Verhältnisse eingegangen werden kann. Zentral wird lediglich das Werbebudget koordiniert. Beispiele hierfür finden sich vor allem im Nahrungsmittelbereich (*Knorr*, *Maggi*).

In der Praxis haben sich zahlreiche Mischformen etabliert. Beispielsweise verfolgt *BMW* eine internationale Dachmarkenkampagne zur Vermittlung der *BMW*-Kernwerte Innovation, Dynamik und Ästhetik, die Produktwerbung hingegen liegt in der Verantwortung der nationalen Tochtergesellschaften (vgl. das Fallbeispiel am Ende dieses Kapitels).

Die Frage einer standardisierten oder differenzierten Kommunikationspolitik stellt sich auch für die Sonderwerbeformen.

- Das **Sponsoring** (vgl. Kapitel 8.1) bietet die vergleichsweise variabelsten Gestaltungsmöglichkeiten. Es eignet sich gleichermaßen für globale wie für multinationale Kommunikationsstrategien. Das Sponsoring von internationalen Großereignissen (Olympische Spiele) zielt auf eine globale Kommunikationsstrategie. Dabei ist der Sponsor auf Gesponserte angewiesen, die international gleichermaßen erfolgreich und bekannt sind und das gleiche Image haben (z.B. Formel 1, ATP-Tourniere, Rolling Stones Welttournee). Sponsoring bietet aber auch die Möglichkeit, rein national oder regional bekannte Personen, Institutionen oder Ereignisse zu sponsern. In den jeweiligen Ländermärkten können so eigenständige nationale Sponsoring-Konzeptionen erarbeitet und umgesetzt werden.

> Die Sponsoring-Strategie von *Mercedes-Benz* zeigt beispielhaft die differenzierten Möglichkeiten, die sich im Sponsoring bieten.
> Auf internationaler Ebene ist der Konzern Hauptsponsor im Tennis und hat einen Vertrag mit der ATP. Der *Mercedes*-Stern ist unübersehbar auf den Netzen plaziert. Nationales Sponsoring liegt in der Eigenverantwortung der Länder. Beispielsweise sponsert *Mercedes-Benz* in den USA Golf-Tourniere, in Deutschland Fußball. Die einzelnen Niederlassungen schließlich haben die Möglichkeit, regional zu sponsern.

- Auch das **Product Placement** (vgl. Kapitel 8.2) bietet die Möglichkeit zu internationalen wie nationalen Ausprägungen. Internationale Spielfilmproduktionen (z.B. *BMW* in den James-Bond-Filmen) können genauso Gegenstand von Placements sein, wie nationale Fernsehserien oder -filme (z.B. *Paroli*-Bonbons im Tatort).
- International erfolgreiche Spielfilme werden zunehmend auch für internationales **Merchandising** (vgl. Kapitel 8.5.2) genutzt. Beispielsweise vermarkten internationale Spielzeugproduzenten weltweit Artikel aus den Star-Wars- und Batman-Filmen. Wie beim Product Placement bietet das Merchandising aber auch auf nationaler Ebene Möglichkeiten wie z.B. die Vermarktung von Kommissar-Rex-Schäferhunden.
- Die **Verkaufsförderung** (vgl. Kapitel 8.4) hingegen bietet nur eingeschränkte Möglichkeiten für eine internationale Standardisierung. Sie ist von der Grundausrichtung eher auf kurzfristige Wirkung und auf regionale oder nationale Zielgruppen ausgerichtet und wird entweder direkt am PoS, für Handelsmarketing oder zur Unterstützung des Außendienstes eingesetzt.

7.3.2.2 Ziele der Standardisierung von Werbekampagnen

Die Frage nach den Zielen in der Internationalen Werbung stellt sich zunächst unter einem kommunikationsstrategischen Aspekt: Welche kommunikativen Ziele sollen in den einzelnen Ländern verfolgt werden? Auch bei dieser Frage ist offensichtlich, daß eine international standardisierte Werbekampagne nur dann sinnvoll ist, wenn international die gleichen Ziele verfolgt werden.

Die Notwendigkeit zu differenzierten Werbezielen in unterschiedlichen Ländern ergibt sich vor allem dann, wenn sich das Produkt in den einzelnen Ländern in unterschiedlichen Lebenszyklusphasen befindet. Während in der Sättigungsphase die Aufgabe der Werbung vorrangig darin besteht, psychologisch wirksame Differenzierungen zu den Wettbewerbsprodukten aufzubauen, geht es in der Einführungsphase vorrangig um die Bekanntmachung.

Die weltweit gleiche Werbekampagne setzt voraus, daß sich das Produkt in allen Ländern in der gleichen Lebenszyklusphase befindet und auf vergleichbare Wettbewerbsprodukte trifft, gegenüber denen es sich in vergleichbarer Weise positioniert.

Bei Produkten, die im internationalen Rahmen beworben werden, stellt sich i.d.R. nicht die Frage nach einer standardisierten oder differenzierten Werbestrategie, sondern vielmehr die Frage nach der Ausgestaltung von Standardisierungs- und Differenzierungselementen (vgl. Backhaus/Büschken/Voeth 1996, S. 186).

Mit einer standardisierten Werbestrategie werden im wesentlichen folgende Ziele verfolgt (vgl. Kreutzer 1989, S. 313 ff.):

1. **Länderübergreifende Ressourcen-Nutzung**. Innerhalb multinationaler Unternehmen lassen sich Ressourcen länderübergreifend entweder finanziell oder im Hinblick auf das Know-how bündeln. Ein Unternehmen kann in internationalen

Arbeitsgruppen das Marketing Know-how der einzelnen Länderniederlassungen zusammenführen (vgl. Backhaus/Büschken/Voeth 1996, S. 187). Auf diese Weise können Kampagnen abgestimmt werden, die in allen beteiligten Ländern auf Akzeptanz treffen.
Wenn das Kommunikationsbudget von mehreren Ländern gebündelt wird, kann das zur Produktion von Kampagnen führen, die für ein einzelnes Land zu aufwendig wären. So konnte beispielsweise *Philips* einen mit 5 Mio. DM dotierten 3-Jahres-Vertrag mit Boris Becker nur deshalb unterzeichnen, weil mehrere Länderniederlassungen ihre Werbebudgets zusammenlegten (vgl. O.V. 1986, S. 19).

2. **Erzielung von Kosteneinsparungen**. Den mit Abstand bedeutendsten Teil der Werbekosten bilden die Streukosten, also die Kosten für die Schaltung der Werbemittel in den Werbeträgern. Diese Kosten fallen unabhängig davon an, ob eine standardisierte oder differenzierte Strategie verfolgt wird. Einsparmöglichkeiten ergeben sich vor allem bei den Produktionskosten und den Agenturhonoraren. Wie Abbildung 6-1 für deutsche Verhältnisse zeigt, liegt deren Anteil an den Gesamtkosten etwa bei einem Drittel. *Coca-Cola* produzierte zentral Werbespots, aus denen sich die nationalen Niederlassungen diejenigen Spots aussuchen konnten, die sie für das jeweilige Land als geeignet erachteten. Durch die Produktion weltweiter Werbespots konnten im Laufe von 20 Jahren mehr als 90 Millionen Dollar an Werbekosten eingespart werden (vgl. Aaker 1989, S. 297). Soweit sprachliche Anpassungen notwendig sind, werden die Spots neu synchronisiert, was in jedem Fall erheblich preiswerter ist, als wenn der Spot neu produziert werden müßte.
3. **Ausschöpfung von Medien-Overspills**. Ein Medien-Overspill bezeichnet die Nutzung ausländischer Werbeträger im Inland bzw. inländischer Werbeträger im Ausland (vgl. Koschnick 1995, S. 1243). Beispielsweise wird Österreich in erheblichem Maß von Deutschen Sendern und Verlagen abgedeckt. Derartige Reichweitenüberhänge stellen für die Werbetreibenden einen Bonus dar: zusätzliche Reichweiten, für die sie nicht zu bezahlen brauchen. Medien-Overspills wirken vorwiegend im grenznahen Bereich. Derartige Overspills sind allerdings nicht nur unter Reichweiten-, sondern auch unter Positionierungsaspekten zu betrachten. Overspills lassen sich nur bei einheitlicher Kommunikationsstrategie nutzen. Wenn in benachbarten Ländern unterschiedliche Kampagnen gefahren werden, kann es in den jeweiligen Overspill-Gebieten zu Verwirrungen der Verbraucher kommen.
Grenzüberschreitende Reichweiten beschränken sich im wesentlichen auf diese Medien-Overspills, da es derzeit noch kaum transnationale Medien gibt, die international eine flächendeckende Zielgruppenansprache erlauben. Die Medienstrukturen sind nach wie vor regional und national geprägt.
Die Reichweite der wenigen **transnationalen Fernsehsender** hängt von ihrer Empfangbarkeit über Kabel und Satellit ab. Defizite gibt es hier vor allem in Süd- und Osteuropa (vgl. Abbildung 7-4).
Die Ausstattung mit Kabel- und Satellitenempfangsmöglichkeiten variiert von Land zu Land sehr stark. Während die Benelux-Staaten hier über eine hohe technische Reichweite verfügen (Belgien 92,7%, Holland 93,0%, Luxemburg

81,9%), ist eine Empfangbarkeit in den südlichen Ländern praktisch nicht gegeben (Spanien 4,3%, Italien 0,4%). In Osteuropa schwankt die technische Reichweite zwischen 12,5% (Kroatien) und 45,2% (Slowenien) (vgl. Keinath 2000, S. 451 ff.).

Abbildung 7–4: Fernsehempfangsarten in Europa

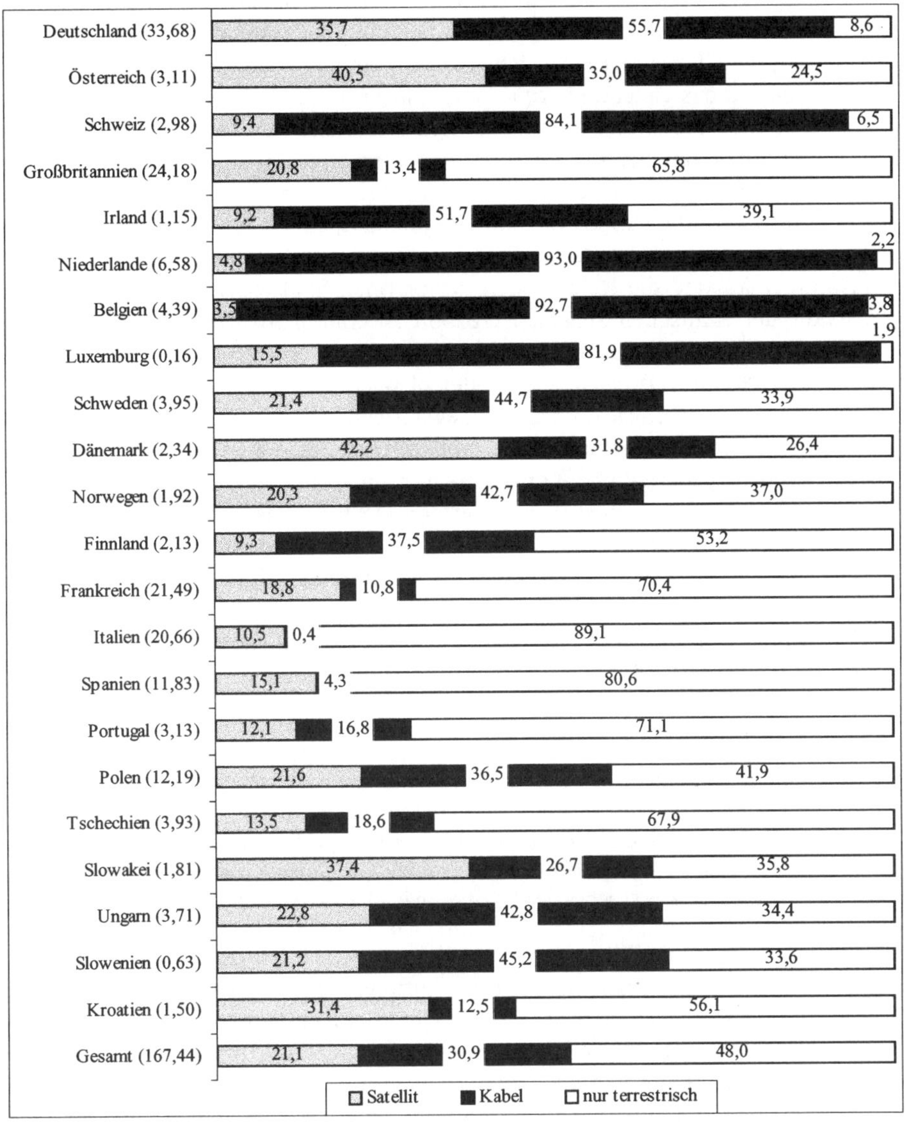

Jahresmitte 2000, Anteile in %, in Klammern: TV-Haushalte in Mio.
Quelle: Keinath, A.: Fernsehempfang und PC/Online-Ausstattung in Europa, in: Media Perspektiven Nr. 10/2000, S. 452

Die transnationalen Fernsehsender lassen sich in zwei Gruppen unterscheiden:

- **Ethnische Sender**: Sie verbreiten Programme von nationalem Interesse in der Landessprache an ein internationales Publikum, vornehmlich Aussiedler (z.B. TV5, TRT). Diese Sender sind i.d.R. öffentlich-rechtliche.
- **Kommerzielle Spartensender**: Sie verbreiten zielgruppenspezifische Programme wie Nachrichten, Sport, Musik, Kultur (z.B. CNN, MTV, Eurosport, Bloomberg TV). In Europa ist bei den paneuropäischen Fernsehsendern jedoch ein Trend zur Regionalisierung festzustellen. So bot MTV 2001 insgesamt 9 regionale Ausgaben an, Bloomberg 5. Eurosport strahlt zwar europaweit das gleiche Sportprogramm aus (mit Ausnahme von Frankreich und England), bietet dies aber in 18 Sprachversionen an. Durch diese Regionalisierung erhöht sich das Potential von Werbetreibenden, da nur verhältnismäßig wenige in der Lage sind, international einsetzbare Spots zu produzieren. Die Sender bieten sowohl die Möglichkeit, Spots in einzelnen als auch in allen Ländern zu senden.

Naturgemäß sind die Reichweiten der privaten Spartensender erheblich größer als die der ethnischen Sender. Eurosport ist empfangbar von 72 Mio. Haushalten, CNN von 62 Mio., MTV von 44 Mio.

4. **Aufbau globaler Images**. Die vielleicht wichtigste Zielsetzung der Standardisierung des Werbeauftritts ist die Gewährleistung eines international einheitlichen Auftretens mit entsprechend einheitlicher Positionierung. Allerdings führt eine weltweit einheitliche Kommunikation nicht notwendigerweise auch zu einer weltweit einheitlichen Positionierung. Denn das Hauptproblem bei Standardisierungen im Bereich der Kommunikation besteht darin, daß gleiche Inhalte verschieden interpretiert werden und somit zu unterschiedlichen Positionierungen führen können.

   Für weltweit operierende Unternehmen ist ein einheitlicher Auftritt naheliegend. Beispielsweise orientiert sich die *Lufthansa* an folgenden Werberichtlinien:

> „Da unsere Kunden sich von Land zu Land und von Kontinent zu Kontinent bewegen, sollte es selbstverständlich sein, daß sie uns überall in unserer Werbung auch sofort als *Lufthansa* identifizieren können. Je kontinuierlicher wir uns in unserem werblichen Auftreten verhalten, je weniger wir den Stil unserer Werbung variieren oder gar wechseln, umso größer ist die kumulierte Wirkung aller unserer werblichen Anstrengungen und umso wirtschaftlicher ist der Einsatz unseres Werbebudgets“ (zitiert nach Kreutzer 1989, S. 316).

Eine weltweit einheitliche Identität gewinnt ein Unternehmen durch ein weltweit einheitliches Erscheinungsbild, Auftreten und Verhalten (vgl. Meissner 1995, S. 185). In je mehr Ländern ein Unternehmen vertreten ist, desto schwieriger ist dieses Ziel zu erreichen, desto unwahrscheinlicher ist es auch, daß das angestrebte Image in den einzelnen Ländern auch in gleicher Weise verstanden wird. Im Normalfall ist davon auszugehen, daß in den einzelnen Ländern unterschiedliche Ist-Images über das Unternehmen und seine Produkte bestehen. Daher muß die Kommunikationsstrategie länderspezifisch so ausgerichtet werden, daß in allen Ländern ein einheitliches Soll-Image erreicht wird (vgl. Berndt/ Altobelli/Sander 1995, S. 201). Sicherlich kein einfaches Unterfangen.

Mit zunehmender Anzahl von Ländern, in denen ein Unternehmen vertreten ist, steigt auch die Anzahl der zu koordinierenden Tochtergesellschaften. Gleichzeitig erhöht sich auch der Anpassungsbedarf an nationale Gegebenheiten. Je zentralistischer ein Unternehmen geführt wird, desto eher läßt sich ein einheitliches Auftreten durchsetzen, desto größer ist allerdings auch die Gefahr, daß notwendige Kommunikationsanpassungen unterbleiben.

7.3.2.3 Internationale Zielgruppen

International standardisierte Werbekampagnen setzen international homogene Zielgruppen voraus. Zwar wird eine Vielzahl von Produkten weltweit identisch angeboten und beworben, die Käufer sind jedoch vor allem national geprägt. Die Globalität von Produkten ist auch nur in den seltensten Fällen ein kaufentscheidender Grund, in dem Sinne, daß jemand ein Produkt kauft, *weil* es international distribuiert ist. Dennoch lassen sich Verhaltensformen beim Konsum feststellen, die länderübergreifend sind und die auf das Vorhandensein von cross-cultural-groups schließen lassen.

Als ein Beispiel dieser länderübergreifenden Zielgruppen seien die **Euro-Socio-Styles** der GfK vorgestellt. Sie repräsentieren Lebensstilkonzepte, die die grundlegende Persönlichkeit eines Menschen beschreiben und die in jedem europäischen Land anzutreffen sind. „Mentalitätsbedingte Unterschiede zwischen den einzelnen Ländern und Regionen spiegeln sich in der Größe, also der prozentualen Verteilung der einzelnen Lebensstiltypen wider“ (GfK o.J., S. 1). In einer repräsentativen europaweiten Erhebung, wurden für jede befragte Person rund 3.500 Variablen erhoben, die nahezu alle Aspekte des Lebens abdecken. Die Fragen bezogen sich auf den privaten, beruflichen, gesellschaftlichen, politischen und kulturellen Bereich, sowie auf das Verhalten als Verbraucher und als Geschäftsperson (vgl. Abbildung 7-5).

Insgesamt konnten 15 Euro-Socio-Styles unterschieden werden:

- **Preservers**: Ältere Menschen, Traditionalisten, zurückhaltend, enthaltsam, puritanisch, Protektionisten, ohne in einen ausländerfeindlichen, antieuropäischen Extremismus zu verfallen, und darauf bedacht, die Welt auf den richtigen Weg der Moral zurückzuführen.
- **Guardians**: Landbewohner ohne Hoffnung, in sich und auf die Menschen zurückgezogen, die ihnen ähneln, Moralisten, stets ihren Überzeugungen treu, Konformisten, extrem ausländerfeindlich, verteidigen frühere Werte.
- **Safety-Oriented**: Enttäuschte aus einfachen Kreisen, individualistisch, mißtrauisch und unbeteiligt gegenüber der sie umgebenden Welt, bestimmt von Fremdenfeindlichkeit und - aus Gründen der Selbstverteidigung - einem Rückzug auf sich selbst.
- **Isolated**: Ältere, isolierte Menschen, die in Städten leben, puritanisch, völlig passiv, die sich in der Gesellschaft nicht mehr zurechtfinden und sich in ein Schneckenhaus unter Gleichgesinnten zurückziehen.

Abbildung 7–5: Die Fragebogenstruktur der Euro-Socio-Styles

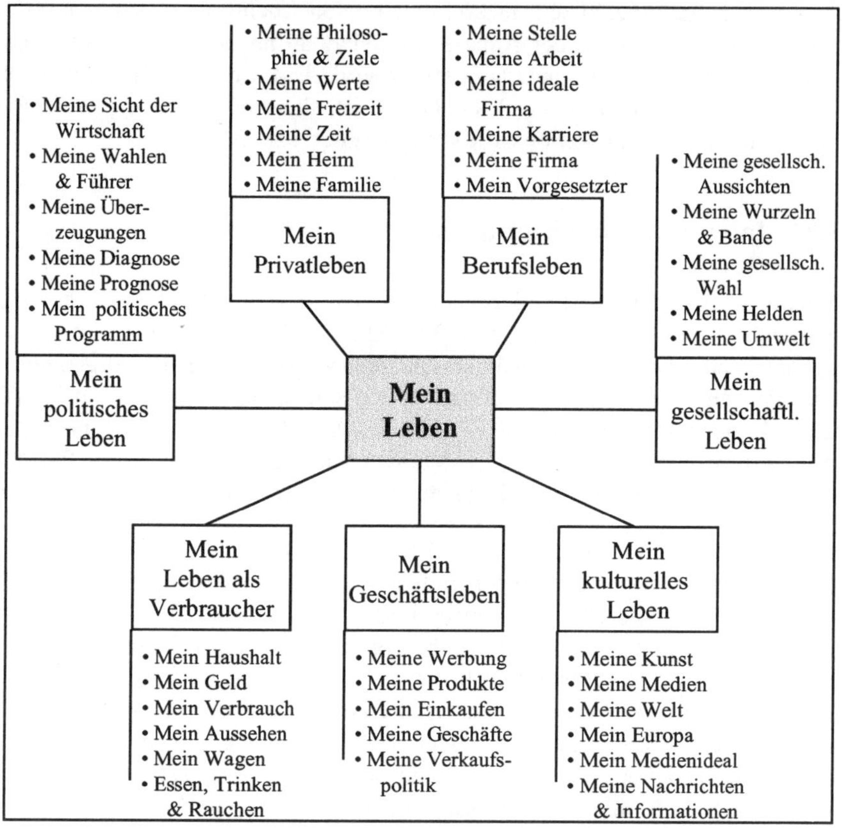

Quelle: GfK: Die Euro-Socio-Styles, Nürnberg, o.J., S. 2

- **Unapproachables**: Durch die aktuelle Krise verhärtete Cocooners, die sich auf konservative, sogar reaktionäre und fremdenfeindliche Werte zurückziehen, aber die in ihrer Lebensweise modern eingestellt bleiben.
- **Easy-Going**: Junge Unverheiratete und junge materialistische Haushalte auf der Suche nach sozialem Erfolg und Geld, hauptsächlich individualistisch und opportunistisch, in sozialer Hinsicht leicht repressiv, aber permissiv gegenüber sich selbst.
- **Eldest**: Bürgerliche, konformistische und konservative Honoratioren, die den Einzelnen, aber auch der an zuviel Freiheiten und Individualismus leidenden Gesellschaft, die Rückkehr traditioneller Moralwerte predigen.
- **Bonvivants**: Modern eingestellte Junge, hedonistisch, materialistisch, angeberisch, sehr zweckorientiert, aber viel vom Geld träumend, um in vollem Ausmaß an der modernen Konsumgesellschaft der neuen Technologien teilnehmen zu können.
- **Pilots**: Dynamische Vierzigjährige, die in der Gesellschaft auf wirtschaftlicher, aber immer stärker auch auf sozialer Ebene engagiert sind, gemäßigte Befürworter des Fortschritts, die eigene Überzeugungen und Moral besitzen.

- **Free-Thinkers**: Vierzigjährige hedonistische Intellektuelle aus Großstädten, völlig vom System enttäuscht, die hinsichtlich der Zukunft skeptisch sind, auf der Suche nach Lebensqualität und Entfaltung in der Familie.
- **Reformers**: Aktive Familien, liberal und proeuropäisch, entschieden optimistisch, freizügig, fortschrittlich und humanistisch, auf der Suche nach persönlicher Entfaltung.
- **Gamblers**: Junge Unverheiratete aus einfachen Kreisen, dynamisch und tolerant, zukunftsoptimistisch, Materielle Hedonisten, die das Gleichgewicht zwischen Vergnügen und Vernunft suchen.
- **Go-Ahead-Fellows**: Ehrgeizige Junge, tolerant, verrückte Experimentatoren, begierig auf Neuheiten und darauf bedacht, Erfolg zu haben und in vollem Ausmaß an der Gesellschaft von Morgen teilzunehmen.
- **Stabilizers**: Moralisierende Fünfzigjährige, die sich nach den heutzutage verlorengegangenen unveränderlichen und traditionellen Regeln zurücksehnen. Sie suchen den Konsens und predigen Selbstbeherrschung.
- **Censors**: Ehemalige beruflich Ehrgeizige, enttäuscht und ernüchtert, die ihre auf materielle und permissive Werte ausgerichtete Lebenswahl in Frage stellen und nun traditionelle Moralwerte fordern.

Abbildung 7–6: Die Position der Euro-Socio-Styles

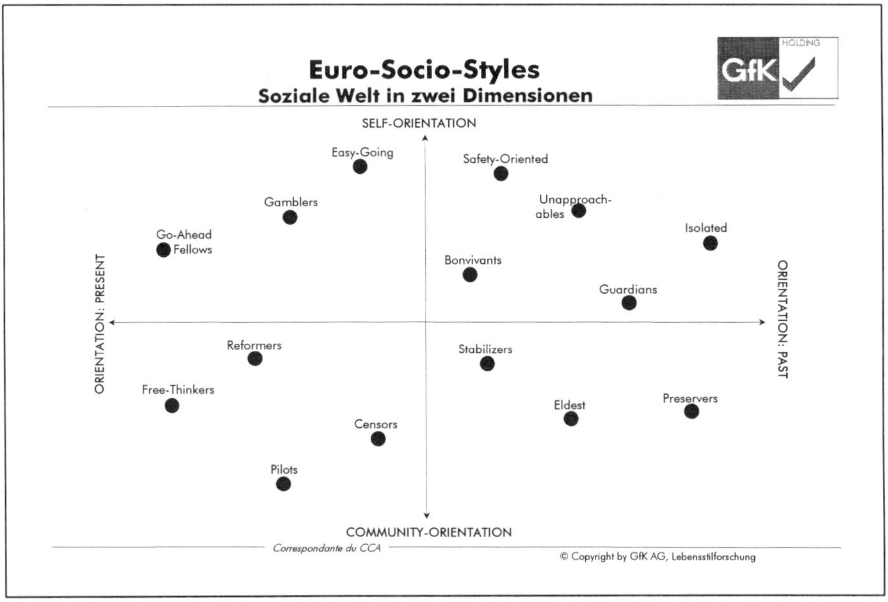

Quelle: Präsentationsunterlagen der GfK

Abbildung 7-6 zeigt die Position dieser Euro-Styles in einem zweidimensionalen Raum. Als Dimensionen wurden einerseits Gegenwarts- und Vergangenheitsorientierung gewählt. Sie sollen beschreiben, ob eine Person innovativ, beweglich und interessiert ist, das zu erforschen, was woanders unterschiedlich und zukünftig ist (gegenwartsorientiert) bzw. ob sie konservativ, traditionalistisch, sicherheitsorientiert und bestrebt ist, das bisher Erreichte zu bewahren unter Rückzug auf die familiäre Kleingruppe (vergangenheitsorientiert). Die andere Dimension wird durch die Pole Ich-Orientierung und Gesellschaftsorientierung gebildet. Ich-Orientierung heißt, daß die eigene Person im Mittelpunkt steht, emotionelle Wahrnehmungen des materiellen Vergnügens Vorrang haben, auf äußere Reize reagiert wird. Gesellschaftsorientierung beinhaltet Vorrang der Vernunft, der Abstraktion von Werten und Ideen, Suche nach moralischer wie intellektueller Strenge, nach Organisation und Disziplin (vgl. GfK o.J., S. 4).

Für internationale Werbetreibende stellt sich bei derartigen Typologien die grundlegende Frage, ob sie den Konsum hinreichend genau abgrenzen. Untersuchungen über die Globalisierung der Konsumgewohnheiten zeigen zwar, daß sich die Form des Lebensstils auf die Konsumgewohnheiten auswirkt. Allerdings schwankt die Globalisierung des Verbraucherverhaltens von Produkt zu Produkt sehr stark (vgl. Usunier/Walliser 1993, S. 101). Es ist davon auszugehen, daß transnational identische Zielgruppen sich auf wenige Produktbereiche beschränken und tendenziell im Investitionsgüterbereich eher anzutreffen sind als im Konsumgüterbereich.

Eine andere Frage ist die der Erreichbarkeit der Zielgruppen. Wie lassen sich z.B. die „Pilots" oder die „Gamblers" erreichen, wenn verschiedene Sprachen gesprochen und verschiedene Medien genutzt werden?

7.4 Kommunikationsbarrieren

7.4.1 Grundsätzliche Kommunikationsbarrieren

Als notwendige Voraussetzungen für international standardisierte Werbung muß also eine internationale Einheitlichkeit der Marke, der Zielgruppen und der Unternehmenszielsetzungen in allen Ländern gegeben sein. Aber selbst wenn diese Voraussetzungen erfüllt sind, trifft länderübergreifende Kommunikation auf eine Reihe von Kommunikationsbarrieren, die zu überwinden sind.

Kommunikation wird als der Austausch von wechselseitig verständlichen Informationen verstanden. Grundproblem der Kommunikation ist die Frage, ob der Empfänger die Botschaft auch so versteht, wie der Sender sie gemeint hat (vgl. Kapitel 1.2). Kommunikation erfolgt nur dann, wenn die **Bedeutungsinhalte** übermittelt werden.

Insbesondere bei Internationaler Werbung geht es um die Überwindung folgender Kommunikationshindernisse (vgl. Keegan/Green 1997, S. 351):

1. Die Werbebotschaft erreicht nicht die anvisierte Zielgruppe. Dieser Fall ist vor allem ein Mediaplanungsproblem.
2. Die Werbebotschaft erreicht die Zielgruppe, wird aber nicht verstanden oder mißverstanden. In diesem Fall hat der Werbetreibende seine Botschaft nicht adäquat verschlüsselt.
3. Die Werbebotschaft erreicht die Zielgruppe, wird von dieser auch verstanden, bewirkt aber dennoch nicht den beabsichtigten Beeinflussungserfolg. Hier kann das Problem darin liegen, daß der Werbetreibende die soziokulturellen Eigen-

heiten der Zielgruppe vernachlässigt hat. Dieser Punkt berührt eine Schlüsselfrage in der Internationalen Werbung. Die meisten Fehler passieren hier deshalb, weil die Werbetreibenden fremde Kulturen nicht verstanden bzw. die Werbebotschaft nicht entsprechend adaptiert haben.
4. Die Wirksamkeit der Werbebotschaft wird durch externe Einflüsse, beispielsweise Werbung der Wettbewerber, beeinträchtigt.

Es ist unmittelbar nachvollziehbar, daß die Wahrscheinlichkeit zu kommunikativen Mißverständnissen steigt, wenn Kommunikation kulturelle Grenzen überschreitet (vgl. Bradley 1995, S. 587). Auf den Kommunikationsprozeß wirken hier völlig andere Störsignale ein, als in dem Fall, daß Sender und Empfänger gleiche kommunikative Voraussetzungen haben. Internationale Märkte umfassen mehrere Kulturräume. Bei dem beabsichtigten Austausch von wechselseitig verständlichen Informationen sind somit unterschiedliche Wertesysteme von Sender und Empfänger zu berücksichtigen. In Abwandlung der Kommunikationsmodelle aus Kapitel 1.2 läßt sich ein internationales Kommunikationsmodell wie in Abbildung 7-7 darstellen.

Abbildung 7–7: Grundmodell der internationalen Kommunikation

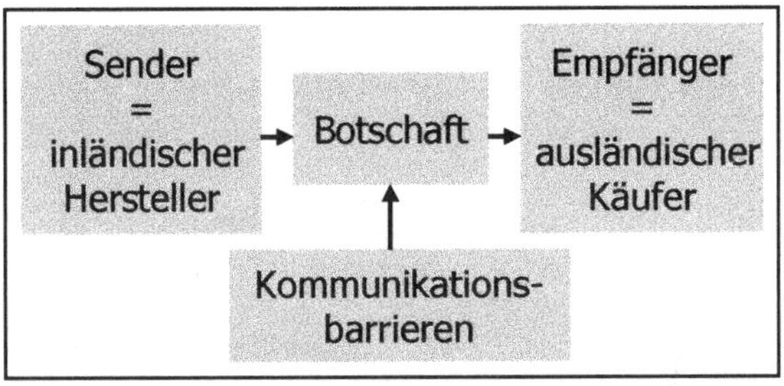

Die offensichtlichste Kommunikationsbarriere ist die Sprache. Probleme können sich hier einerseits aus der **Übersetzung**, andererseits aus der **Interpretation** ergeben (vgl. Fuchs 1995, S. 432).

> „So wird zum Beispiel der Markenname *Coca-Cola* im Chinesischen so übersetzt, daß das chinesische Wort zum einen etwas vom ursprünglichen Klang enthält, zusätzlich aber auch eine Bedeutung: „*Kekou kelè*“ ist eine interpretierende, lautangleichende Übersetzung von *Coca-Cola.* (...) Die chinesische Übersetzung kennt in China jedermann. Sie klingt phonetisch ähnlich wie *Coca-Cola*, so daß der Konsument sogleich an ein ausländisches Produkt denkt. Zusätzlich lenkt die Bedeutung der chinesischen Lautfolge die Phantasie jedoch in eine bestimmte Richtung. Denn sie besagt wörtlich: ‘Es schmeckt gut und man trinke es mit Behagen’“ (Felser 1997, S. 306).

Zwei Beispiele, wie eine schlechte Übersetzung eine falsche Werbebotschaft vermittelt (vgl. Wells/Burnett/Moriarty 2000, S. 489):

> Anzeige einer römischen Wäscherei:
> „Ladies, leave your clothes here and spend the afternoon having a good time.“

Aus einer Moskauer Wochenzeitschrift:
„There will be a Moscow Exhibition of Arts by 1.500 Soviet Republic painters. These were executed over the past two years."

Unterschiede zwischen einzelnen Sprachen gehen häufig weit über die bloße Übersetzungsproblematik hinaus. Manche Konzepte lassen sich nicht in andere Sprachen transferieren, da auch die Sprache in hohem Maße Ausdruck des jeweiligen kulturellen Verständnisses ist. Am deutlichsten wird diese Tatsache vielleicht am Beispiel des Humors, der selbst innerhalb eines Sprachraumes sehr unterschiedliche Ausprägungen annehmen kann.

Die einzelnen Sprachen benötigen unterschiedlich viele Wörter um ein und denselben Zusammenhang auszudrücken. Das Englische benötigt normalerweise am wenigsten Platz. Dies kann Probleme bereiten, wenn in einer internationalen Anzeige der Raum, der für den Text zur Verfügung steht, nach der englischen Version bemessen ist und für die französische oder spanische Version ein Drittel mehr Platz benötigt wird. Auf der anderen Seite hat das Englische nicht die Feinheit und Raffinesse der Wortwahl wie Griechisch, Chinesisch oder Französisch. Diese Sprachen haben sehr viele unterschiedliche Worte für Situationen und Gefühle, die sich nicht genau in das Englische übersetzen lassen.

Abbildung 7–8: Anpassungen des Coca-Cola-Logos

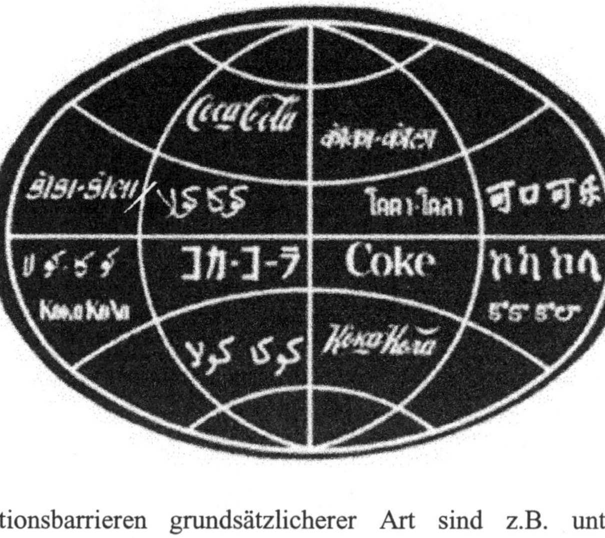

Kommunikationsbarrieren grundsätzlicherer Art sind z.B. unterschiedliche Schriften oder Lesegewohnheiten, die einer weltweiten Standardisierung Grenzen setzen. Um in den arabischen Staaten, in Rußland oder China gelesen und identifiziert werden zu können, müssen die Markenzeichen entsprechend in arabischen, kyrillischen oder chinesischen Schriftzeichen gesetzt werden. Auch die sehr weitgehend standardisierte Marke *Coca-Cola* ist den jeweiligen Schriftarten der unterschiedlichen Sprachräume angepaßt.

Im westlichen Sprachraum wird von links nach rechts gelesen, im arabischen Sprachraum von rechts nach links. Dies kann zu einer umgekehrten Wahrnehmung von Bildfolgen führen. Abbildung 7-9 zeigt ein Beispiel dafür. Dargestellt ist eine Bildfolge, die eine an Kopfschmerzen leidende Person vor, während und nach einer Tabletteneinnahme zeigt. Im arabischen Sprachraum würde die untere, völlig sinnlose Bildfolge wahrgenommen werden (vgl. Berndt 1993, S. 795).

Abbildung 7–9: Wahrnehmung einer Bildfolge in Abhängigkeit unterschiedlicher Lesegewohnheiten

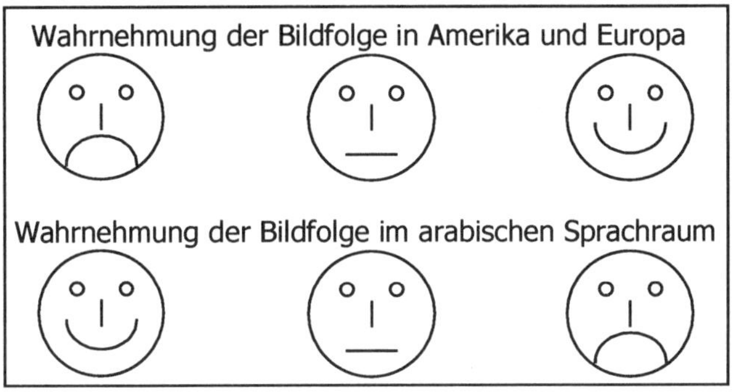

Quelle: Berndt, R.: Das Management der Internationalen Kommunikation, in: Berndt, R./ Hermanns, A. (Hrsg.): Handbuch Marketing-Kommunikation, Wiesbaden 1993, S. 794.

7.4.2 Spezifische Kommunikationsbarrieren

Die geschilderten grundsätzlichen Kommunikationsbarrieren machen eine Anpassung der Werbung an die nationalen Gegebenheiten unumgänglich. Daneben wirken aber noch spezifische Kommunikationsbarrieren in der internationalen Kommunikation, die eine fallweise Überprüfung der Anpassungsnotwendigkeit erfordern. Als wesentliche Barrieren seien im folgenden kulturelle Faktoren, Imageunterschiede von Produkten und Marken, unterschiedliche Verfügbarkeiten von Werbeträgern und unterschiedliche Rechtsvorschriften vorgestellt.

7.4.2.1 Kulturelle Faktoren

Als bedeutendste Kommunikationsbarrieren sind die kulturellen Besonderheiten eines Landes zu betrachten. Gehören Sender und Empfänger unterschiedlichen Kulturen an, kann Kommunikation zwischen ihnen nur dann funktionieren, wenn sie auf der Ebene gleicher Bedeutungssysteme erfolgt.

7.4.2.1.1 Erfassungskriterien von Länderkultur

Sollen verschiedene Länder und Kulturen miteinander verglichen werden, ist es notwendig Kriterien zu haben, die zwischen allen Kulturen als normative Größen

Geltung besitzen (Rothlauf 1999, S. 20) und mit denen der Grad der Gemeinsamkeit bzw. der Verschiedenartigkeit aufgezeigt werden kann. Hofstede unterscheidet fünf Dimensionen, anhand derer sich Kulturen miteinander vergleichen lassen: Machtdistanz, Individualismus versus Kollektivismus, Maskulinität versus Feminität, Vermeidung von Unsicherheit und Kurzzeit- versus Langzeitorientierung (vgl. Hofstede 1984, 1991). Sein **5-D-Modell** entwickelte Hofstede auf Basis einer *IBM*-Datenbank die 116.000 Fragebögen aus 72 Ländern in 20 Sprachen enthielt, mit denen *IBM* versuchte herauszufinden, warum einige Motivationskonzepte nicht in allen Ländern gleichermaßen arbeiteten.

1. **Machtdistanz** (Power Distance (PDI); Autoritätsakzeptanz bzw. –ablehnung)
Machtdistanz kann definiert werden als das Ausmaß, in dem weniger mächtige Mitglieder einer Gesellschaft erwarten und akzeptieren, daß Macht ungleich verteilt ist.

Das Ausmaß an PDI beeinflußt die Art und Weise, in der Menschen mit Autorität umgehen. In Kulturen mit großer PDI hat jeder seinen Platz in der gesellschaftlichen Hierarchie, Akzeptanz und Ausübung von Autorität wird als natürlich angesehen. Z.B. ist für die Japaner soziale Hierarchie so natürlich wie das Atmen. In Kulturen mit geringer PDI wie z.B. den USA ist Autorität negativ besetzt. Diese Kulturen setzten auf Gleichheit von Rechten und Möglichkeiten. In den USA werden Vorgesetzte und Untergebene grundsätzlich als gleichwertig angenommen.

Beispiele unterschiedlicher Werthaltungen in bezug auf PDI in Staat und Gesellschaft	
Gesellschaften mit niedriger PDI	**Gesellschaften mit hoher PDI**
▪ Machtgebrauch/Machteinsatz muß legitimiert sein (Wahlen, Kompetenz)	▪ Macht geht vor Recht, Macht ist vererbbar, stützt sich z.T. auf Gruppen- oder Familienclans
▪ Gleiche Rechte für alle	▪ Mächtige genießen Privilegien
▪ Regierungsform ist demokratisch, pluralistisch	▪ Regierungsform ist autokratisch oder oligarchisch
▪ Ausgeprägte Parteienlandschaft, Parteien der Mitte sind stark, extreme Links- und Rechtsparteien sind schwach	▪ Parteienspektrum schwach ausgeprägt, starke Links- und Rechtsparteien, schwache Mitte
▪ Föderalismus	▪ Zentralismus

Quelle: Weidmann, W.F.: Interkulturelle Kommunikation und nationale Kulturunterschiede in der Managementpraxis, in: Scholz, J.M. (Hrsg.): Internationales Change-Management, Stuttgart 1995, S. 45

Die Akzeptanz von Hierarchie läßt sich im persönlichen Verhalten erkennen. In Japan muß jedes Grüßen und jeder soziale Kontakt Art und Ausmaß der sozialen Distanz erkennen lassen.

Generell ist in Kulturen mit großer PDI akzeptiert, daß jeder einen bestimmten Parkplatz hat, der die hierarchische Stellung des Inhabers in der Organisation reflektiert. In solchen Kulturen entschuldigt sich derjenige, der angerempelt wird, im Gegensatz zu Kulturen mit geringer PDI, wo sich der Rempler entschuldigt.

Dieses Konzept des „richtigen Platzes in der Gesellschaft“ kommt auch in der Berichterstattung der Presse zum Ausdruck. Gesellschaftliche Skandale werden in England sehr viel stärker aufgegriffen als in Frankreich.

In Kulturen mit großer PDI sind Organisationen hierarchisch geordnet und Ungleichheit wird akzeptiert. Status ist wichtig und wird demonstriert, ältere Menschen werden als wichtig erachtet, man zeigt Respekt vor dem Alter. In Kulturen mit geringer PDI versuchen mächtige Leute weniger mächtig auszusehen und ältere jünger.

Malaysia rangiert in der PDI-Skala am höchsten, Österreich am geringsten, Mexiko und Frankreich scoren hoch, USA, Dänemark und Ungarn relativ gering.

Das Ausmaß an PDI korreliert mit dem Bildungsniveau, es nimmt ab mit zunehmender Bildung. Es ist anzunehmen, daß mit einer Verbesserung der Ausbildung die PDI abnehmen wird. Es ist aber nicht zu erwarten, daß sich die Relationen zwischen den Ländern ändern werden aufgrund der Stabilität der kulturellen Werte.

2. **Individualismus/Kollektivismus (IDV)**

Der Kontrast zwischen Individualismus und Kollektivismus kann definiert werden als Personen, die sich in erster Linie um sich selbst und ihre Familie kümmern im Gegensatz zu Personen, die zu Gruppen gehören, die sich um sie kümmern im Austausch gegen Loyalität.

In **Individualistischen Kulturen** liegt die Identität in der Person, individuelle Entscheidungen werden höher bewertet als Gruppenentscheidungen, eigene Meinungen werden ausgedrückt. In individualistischen Kulturen wird die Sache höher bewertet, in kollektivistischen Kulturen die Beziehungen zu anderen Personen. Individualistische Kulturen sind wenig auf das Umfeld, stärker Ich-bezogen.

Kollektivistische Kuturen sind Wir-bezogen, ihre Identität basiert auf dem sozialen System zu dem sie gehören, die Vermeidung von Gesichtsverlust ist wichtig. Wenn jemand etwas Falsches getan hat, fällt das auf die Gruppe zurück, deshalb empfindet derjenige Scham. Kollektivistische Kulturen sind in hohem Maße umfeldbezogen.

Die meisten westlichen Kulturen sind individualistisch, Asien und Lateinamerika kollektivistisch. In Europa scored England am höchsten und Portugal am geringsten individualistisch. 70-80% der Weltbevölkerung ist mehr oder weniger kollektivistisch.

Mitglieder kollektivistischer Kulturen erachten Ziele, Bedürfnisse und Meinungen der in-group höher als die des Individuums, die sozialen Normen der Gruppe werden über den einzelnen gestellt. Gruppenbeziehungen in kollektivistischen Kulturen sind normalerweise auf drei Gruppen limitiert: Bruder/Schwester (Familien-Gruppe), Mitarbeiter und Kollegen (Unternehmens-Gruppe) und Kommilitonen (Universitäts-Gruppe). Mitglieder einer kollektivistischen Kultur werden als Teil einer Gruppe geboren, die ihre Identität definiert. Sie können nicht wählen. Mitglieder individualistischer Kulturen gehören zu mehreren In-Gruppen, denen sie sich freiwillig anschließen. Deshalb haben diese Gruppen auch einen geringeren Einfluß als in kollektivistischen Kulturen.

In individualistischen Kulturen gibt es eine strikte Trennung von Privat- und Berufsleben, in kollektivistischen Kulturen ist diese Trennung nicht sehr strikt. Dies kommt beispielsweise in der Tatsache zum Ausdruck, daß es in kollektivistischen Kulturen relativ wenige private Gärten gibt.

Beispiele unterschiedlicher Werthaltungen in bezug auf IDV in Staat und Gesellschaft	
Kolletivistische Gesellschaften	**Individualistische Gesellschaften**
▪ High-Context Kommunikation ▪ Partikularismus ▪ Kollektive Interessen dominieren individuelle Interessen ▪ Identität durch Gruppen- oder Firmenzugehörigkeit ▪ Dominierende Rolle des Staates im Wirtschaftssystem ▪ Politische Macht wird von Interessengruppen ausgeübt	▪ Low-Context Kommunikation ▪ Universalismus ▪ Individuelle Interessen dominieren kollektive Interessen ▪ Identität durch berufliche, gesellschaftliche Einbindung ▪ Eingeschränkte Rolle des Staates im Wirtschaftssystem ▪ Politische Macht wird von Wählern ausgeübt

Quelle: Weidmann, W.F.: Interkulturelle Kommunikation und nationale Kulturunterschiede in der Managementpraxis, in: Scholz, J.M. (Hrsg.): Internationales Change-Management, Stuttgart 1995, S. 46

Das Verschmelzen von Privat- und Berufsleben in kollektivistischen Kulturen führt zu einem sogenannten Technologie-Paradox: Auch in entwickelten Märkten heißt das nicht, daß hier technische Produkte (PC) in gleicher Weise genutzt werden wie in anderen Ländern. In kollektivistischen Kulturen gibt es keinen Anreiz, Arbeit mit nach Hause zu nehmen. Private PC scheinen mit Individualismus zu korrelieren. In Japan gibt es nur sehr wenige private PC.

Individualistische Kulturen sind universelle Kulturen, kollektivistische Kulturen partikuläre. In individualistischen Kulturen glauben die Leute, daß es so etwas wie universelle Werte gibt, die von allen verfolgt werden sollen (Demokratie). Personen in kollektivistischen Kulturen akzeptieren hingegen, daß verschiedene Gruppen auch unterschiedliche Werte verfolgen.

Individualismus ist weltweit zunehmend, da es mit Reichtum korreliert. Allerdings ist anzunehmen, daß die relativen Unterschiede bestehen bleiben werden.

3. **Maskulinität/Femininität (MAS)**

Maskulinität definiert Hofstede als eine „Situation, in welcher die dominanten Werte einer Gesellschaft Erfolg und Geld sind“, Feminität als eine „Situation, in welcher die dominanten Werte einer Gesellschaft Sorge für andere und Lebensqualität sind“. In maskulinen Gesellschaften sind die Geschlechterrollen klar gegeneinander abgegrenzt, hingegen überschneiden sich in femininen Gesellschaften Rollenerwartungen und -verteilungen.

In einer maskulinen Kultur ist Status wichtig, um den Erfolg zu zeigen, schnell und groß ist schön. Feminine Gesellschaften sind eher dienstleistungsorientiert, haben eine Personenorientierung, small is beautiful. Hier besteht eine Tendenz zum Konsens. Lebensqualität ist wichtiger als gewinnen. Status ist weniger wichtig, um Erfolg zu zeigen bzw. Erfolg wird überhaupt nicht demonstriert. „Winner-Typen“ sind in einer maskulinen Gesellschaft positiv, in einer femininen negativ besetzt. In maskulinen Kulturen lernen Kinder die Starken zu bewundern, in femininen Sympathie für den underdog und looser. Feminine Kulturen sind darauf bedacht, nicht die Gefühle von anderen zu verletzen.

Beispiele unterschiedlicher Werthaltungen in bezug auf MAS in Staat und Gesellschaft	
Feminine Gesellschaften	**Maskuline Gesellschaften**
▪ Prinzip Solidarität	▪ Prinzip Konkurrenz
▪ Wohlfahrtsstaat als Ideal	▪ Leistungsgesellschaft als Ideal
▪ Hilfe für die Schwachen	▪ Belohnung der Starken
▪ Permissive, tolerante Gesellschaftsform	▪ Repressive, intolerante Gesellschaftsform

Quelle: Weidmann, W.F.: Interkulturelle Kommunikation und nationale Kulturunterschiede in der Managementpraxis, in: Scholz, J.M. (Hrsg.): Internationales Change-Management, Stuttgart 1995, S. 48

Schweden scored am geringsten in der Maskulinitäts-Dimension, Japan am höchsten. Alle angelsächsischen Länder scoren hoch, Skandinavien und Holland gering. Staaten in Mittelamerika scoren geringer als solche in Nord- und Südamerika, Deutschland scored ebenfalls hoch.

In femininen Gesellschaften können Männer typische Frauenarbeit annehmen ohne schief angesehen zu werden, in maskulinen wird die Hausarbeit kaum geteilt.

In maskulinen Gesellschaften werden Werte wie Status, Erfolg und Gewinnen häufig in der Werbung aufgegriffen, hard-selling, gegenüber soft-selling in femininen Kulturen.

4. **Vermeidung von Unsicherheit** (Uncertainty Avoidance (UAI) (Risikobereitschaft, Risikoscheu)

Vermeidung von Unsicherheit wird definiert als das Ausmaß, in dem Personen Angst vor Unsicherheit und Unklarheit haben und versuchen, derartige Situationen zu vermeiden. Letztlich beschreibt diese Dimension die Suche des Menschen nach der Wahrheit. In Gesellschaften mit starker UAI wird versucht, unklare Situationen durch exakte Richtlinien zu begrenzen. Auf religiöser Ebene äußert sich dies in dem Glauben an eine unbedingte Wahrheit.

Personen in Kulturen mit hoher UAI haben ein hohes Angstniveau, das Zeigen von Emotionen ist akzeptiert. Spannung und Streß wird aufgebaut und sucht nach einem Ventil. Dieser Spannungsabbau erfolgt in unterschiedlicher Weise. Solche Personen erkennt man daran, daß sie lauter sprechen, beim Sprechen mit den Händen gestikulieren, schneller Auto fahren und emotionaler Umarmen. Mitglieder in Kulturen mit schwacher UAI neigen dazu, ihre Gefühle nicht zu zeigen und sind tolerantere Autofahrer. Solche Personen möchten so wenig Regeln wie möglich haben. Sie glauben mehr an Generalisten und Gemeinsinn und weniger an rituelles Verhalten. Konflikte und Wettbewerb werden nicht als bedrohlich empfunden.

Deutschland, Österreich und Japan scoren hoch in UAI, England, USA, Schweden, Dänemark und Hongkong gering.

Länder mit hoher UAI haben eine spezialisierte Ausbildung und bringen Spezialisten hervor, die mit Diplomen ausgestattet sind. UAI korreliert stark mit Maskulinität, Status, Erfolg, gewinnen. Bei hoher UAI wird die Notwendigkeit gesehen, die Realität zu strukturieren.

Beispiele unterschiedlicher Werthaltungen in bezug auf UAI in Staat und Gesellschaft	
Gesellschaften mit schwacher UAI	**Gesellschaften mit starker UAI**
▪ Internationalismus, Offenheit für „Fremdes“	▪ Nationalismus, Xenophobie
▪ Wenige, allgemeine Gesetze, so wenig Regeln wie möglich	▪ Viele, exakte Gesetze, starkes Bedürfnis nach Richtlinien
▪ Liberalismus	▪ Konservatismus
▪ Gesetze müssen sich den Gegebenheiten anpassen	▪ Gesetze müssen eingehalten werden
▪ Toleranz, Meinungsvielfalt	▪ Dogmatismus
▪ Contenance, Haltung wahren	▪ Emotionsausbrüche

Quelle: Weidmann, W.F.: Interkulturelle Kommunikation und nationale Kulturunterschiede in der Managementpraxis, in: Scholz, J.M. (Hrsg.): Internationales Change-Management, Stuttgart 1995, S. 49

5. **Kurzzeit- versus Langzeitorientierung** (Long-Term-Orientation (LTO) (extrovertierte vs. introvertierte Einstellung)

Long-Term-Orientation bezeichnet das Ausmaß in dem eine Gesellschaft auf eine pragmatische Zukunftsperspektive ausgerichtet ist, im Gegensatz zu einer konventionellen historischen oder kurzfristigen Perspektive.

Beispiele unterschiedlicher Werthaltungen in bezug auf LTO	
Gesellschaften mit Kurzzeitorientierung	**Gesellschaften mit Langzeitorientierung**
▪ Tendenz zur absoluten Wahrheit	▪ Viele „Wahrheiten“
▪ Normativismus	▪ Pragmatismus
▪ Ungeduld, kurzfristige Erfolge	▪ Ausdauer, langfristige Zielverfolgung
▪ Eigene Ziele dominieren, Abneigung gegen Fremdbestimmung	▪ Bereitschaft, sich einem kollektiven Zweck unterzuordnen
▪ Bewahrung von Tradition	▪ Pragmatische Anpassung von Traditionen
▪ Hohe Investitionen für schnelle Entwicklung (Verschuldung)	▪ Haushalten zur Zukunftssicherung (Sparen)

Quelle: Weidmann, W.F.: Interkulturelle Kommunikation und nationale Kulturunterschiede in der Managementpraxis, in: Scholz, J.M. (Hrsg.): Internationales Change-Management, Stuttgart 1995, S. 50

Konsequenzen einer Langfristorientierung sind Beharrlichkeit und Ausdauer, die Einordnung von Beziehungen nach Status, Sparsamkeit und Schamgefühl. Kurzfristorientierung beinhaltet persönliche Festigkeit und Stabilität, die Wahrung des Gesichtes, Respekt vor Traditionen, Erwiderung von Grüßen, Gefallen und Geschenken. Das Streben nach Glück ist wichtiger als das Streben nach innerer Gelassenheit.

Die meisten asiatischen Länder, insbesondere solche mit hoher chinesischer Bevölkerung, scoren hoch in LTO, angelsächsische Länder gering.
Das westliche Konzept der Wahrheit existiert in ostasiatischen Ländern nicht. Im Westen gilt das logische Axiom, daß eine Aussage ihr Gegenteil ausschließt: Wenn A richtig ist, muß B (als Gegenteil von A) falsch sein. Östliche Logik hat ein anderes Axiom: Wenn A richtig ist, kann auch das Gegenteil B richtig sein und zusammen ergeben sie eine höhere Weisheit die über A und B steht. Pragmatismus läßt Personen das präferieren was funktioniert gegenüber dem was stimmt oder richtig ist.
Ein starker Wert in LTO-Kulturen ist Ehrfurcht vor der Natur. Natur und Natursymbole sind wichtige Bestandteile der Werbung in Japan und China.

Tabelle 7-7 zeigt, wie die einzelnen Länder in Hofstedes 5-D-Modell scoren. Anhand der Fragebögen wurden die Dimensionen auf einer Skala von 0 bis 100 bewertet (Index). (Einige Länder haben Indexwerte von mehr als 100 weil sie gemessen wurden, nachdem die Originalskala definiert war.) Lediglich für die Dimension Langzeitorientierung konnten nicht alle Länder Berücksichtigung finden. Die Werte definieren die relativen Positionen der Länder und erlauben eine Aussage darüber, inwieweit die Länder voneinander abweichen. Hinsichtlich der Machtdistanz weisen lateinamerikanische, asiatische und afrikanische Länder hohe Punktwerte auf, die Mehrzahl der europäischen Länder und Nordamerika hingegen niedrige. Bezüglich der Individualität (IDV) haben die USA und Australien die stärkste Ausprägung, Indonesien, Süd-Korea und Taiwan nur eine sehr geringe. Australien, Großbritannien und Österreich sind stark maskulin ausgeprägt, die Niederlande und die skandinavischen Länder stärker feminin. Bei der Unsicherheitsvermeidung (UAI) liegen Griechenland und Portugal an der Spitze, die skandinavischen Länder und Hongkong am Ende der Skala.

Diese kulturellen Dimensionen sind eng verknüpft mit politischen und wirtschaftlichen Dimensionen. Hohe Machtdistanz schlägt sich beispielsweise in Gewaltanwendung in der Innenpolitik und Einkommensunterschieden in diesen Ländern nieder. Nationaler Wohlstand und Mobilität zwischen sozialen Schichten korreliert mit Individualismus. Maskulin geprägte Staaten sind durch überdurchschnittlich hohe Rüstungsausgaben und unterdurchschnittlichen Ausgaben im sozialen Bereich gekennzeichnet. Gesellschaften mit einer langfristigen Orientierung weisen ein hohes nationales Wirtschaftswachstum auf (vgl. Weidmann 1995, S. 54).
Viele Unterschiede in der Produktverwendung, in Kaufmotiven oder im Mediennutzungsverhalten korrelieren mit Hofstedes Dimensionen. Beispielsweise sind individualistische Kulturen stärker verbal und kollektivistische Kulturen stärker visuell ausgerichtet. Angehörige von Kulturen mit geringer Machtdistanz sind intensive Zeitungsleser. Allerdings haben sie nicht so viel Vertrauen in die Berichterstattung wie Angehörige von Kulturen mit hoher Machtdistanz.

Auch die Nutzung von Computern und damit die des Internet ist kulturabhängig. Sie steht in Zusammenhang damit, wie Personen zwischen Berufs- und Privatleben

Tabelle 7–7: Länderspezifische Punktbewertung des 5-D-Modells (Auswahl)

	PDI		IDV		MAS		UAI		LTO	
	Index	Rang	Index	Rang	Index	Rang	Index	Rang	Index	Rang
Argentinien	49	35-36	46	22-23	56	20-21	86	10-15		
Australien	36	41	90	2	61	2	51	37	31	14-15
Belgien	65	20	75	8	54	8	94	5-6		
Brasilien	69	14	38	26-27	49	26-27	76	21-22	65	6
Chile	63	24-25	23	33	28	33	86	10-15		
Costa Rica	35	42-44	15	46	21	46	86	10-15		
Dänemark	18	51	74	9	16	9	23	51		
Deutschland	35	42-44	67	15	66	15	65	29	31	14-15
Finnland	33	46	63	17	57	17	59	31-32		
Frankreich	68	15-16	71	10-11	43	10-11	86	10-15		
Griechenland	60	27-28	35	30	57	30	112	1		
Gr.britannien	35	42-44	89	3	66	3	35	47-48	25	18-19
Hongkong	68	15-16	25	37	57	37	29	49-50	96	2
Indien	77	10-11	48	21	56	21	40	45	61	7
Indonesien	78	8-9	14	47-48	46	47-48	48	41-42		
Iran	58	29-30	41	24	43	24	59	31-32		
Irland	28	49	70	12	68	12	35	47-48		
Israel	13	52	54	19	47	19	81	19		
Italien	50	34	76	7	70	7	75	23		
Japan	54	33	46	22-23	95	22-23	92	7	80	4
Kanada	39	39	80	4-5	52	4-5	48	41-42	23	20
Kolumbien	67	17	13	49	64	49	80	20		
Korea (Süd)	60	27-28	18	43	39	43	85	16-17	75	
Malaysia	104	1	26	36	50	25-26	36	46		
Neuseeland	22	50	79	6	58	17	49	39-40	30	16
Niederlande	38	40	80	4-5	14	51	53	35	44	10
Norwegen	31	47-48	69	13	8	52	50	38		
Österreich	11	53	55	18	79	2	70	24-25		
Peru	64	21-23	16	45	42	37-38	87	9		
Philippinen	94	4	32	31	64	11-12	44	44	19	21
Portugal	63	24-25	27	33-35	31	45	104	2		
Schweden	31	47-48	71	10-11	5	52	29	49-50	33	12
Schweiz	34	45	68	14	70	4-5	58	33		
Singapur	74	13	20	39-41	48	28	8	53	48	9
Spanien	57	31	51	20	42	37-38	86	10-15		
Südafrika	49	35-36	65	16	63	13-14	49	39-40		
Taiwan	58	29-30	17	44	45	32-33	69	26	87	3
Thailand	64	21-23	20	39-41	34	44	64	30	56	8
Türkei	66	18-19	37	28	45	31-33	85	16-17		
USA	40	38	91	1	62	15	46	43	29	17

Quelle: Weidmann, W.F.: Interkulturelle Kommunikation und nationale Kulturunterschiede in der Managementpraxis, in: Scholz, J.M. (Hrsg.): Internationales Change-Management, Stuttgart 1995, S. 52

trennen. Während in individualistischen Kulturen Arbeit schon einmal mit nach Hause genommen wird, ist dies in kollektivistischen Kulturen nicht üblich. Daher ist in Japan der Besitz eines privaten PC nicht sehr ausgeprägt, somit auch nicht die private Nutzung des Internet (vgl. de Mooij 2000, S. 14 f.).

Daß diese kulturspezifischen Merkmale auch in der Werbung Berücksichtigung finden ist offensichtlich. Beispielsweise zeigt sich, daß in Ländern mit einer hohen Merkmalsausprägung im Bereich des Kollektivismus (Korea, Thailand) TV-Spots auch mehr Gruppensituationen enthalten. Hingegen ist für die USA und für Deutschland zu beobachten, daß in der Werbung kleinere Gruppen oder Einzelpersonen im Vordergrund stehen. In Ländern mit einer hohen Merkmalsausprägung im Bereich Machtdistanz zeigt die Werbung mehr statusungleiche Personen, in Ländern mit einer geringen Ausprägung sind eher statusgleiche Personen zu sehen (vgl. Mayer/Illmann 2000, S. 369).

Der wichtigste Aspekt von Kultur ist, daß sie unsere Wahrnehmung beeinflußt. Unsere Kultur bestimmt, wie wir kommunizieren und was wir kommunizieren. Wir kommunizieren was unseren eigenen Lern- und Denkschemata entspricht, was oftmals nicht mit denen der Empfänger übereinstimmt. Hofstede zeigt in seinem 5-D-Modell in sehr eindrucksvoller Weise, daß eine Werbebotschaft, die in einem Land entwickelt wurde und in anderen Ländern zum Einsatz kommt, nur in Ausnahmefällen auch überall gleich verstanden wird: „There may be global products but there are no global people" (de Mooij 1998, S. XIV).

7.4.2.1.2 Werbung im interkulturellen Umfeld

Befürworter der Standardisierung vergleichen häufig Berufs- und Altersgruppen in verschiedenen Ländern und stellen deren Gemeinsamkeiten heraus. „Eighteen-year-olds in Paris have more in common with 18-year-olds in New York than with their own parents. They buy the same products, go to the same movies, listen to the same music, sip the same colas" (William Roedy, Direktor MTV Europa, zitiert nach Keegan/Green 1997, S. 348). Dieser Vergleich darf allerdings nicht darüber hinwegtäuschen, daß diese Jugendlichen in deutlich unterschiedlichen Kulturkreisen beheimatet sind und möglicherweise unterschiedliche Motivationen für den Konsum der gleichen Produkte haben. „Die Existenz eines interkulturellen Segments (...) sagt nichts über die Möglichkeit und Effizienz einer standardisierten Werbung aus. Das, was von den Konsumenten dieses Segments nachgefragt wird, kann ähnlich sein, aber die Art, wie es zum Ausdruck kommt und von der Werbung thematisiert werden muß, kann sich fundamental voneinander unterscheiden" (Müller 1997, S. 13). Der *Sony* Walkman kann als ein klassisches Beispiel für ein globales Produkt angesehen werden. Allerdings liegen seiner Nutzung sehr unterschiedliche Motive zugrunde. Während er in der westlichen Hemisphäre genutzt wird um Musik zu hören, ohne von anderen gestört zu werden, wurde er in Japan mit der Absicht entwickelt, Musik zu hören ohne andere zu stören (vgl. de Mooij 1997, S. 3).

Unter Kultur wird „... die Gesamtheit der typischen Lebensformen einer Bevölkerung einschließlich der sie tragenden Geistesverfassung, insbesondere ihrer Wertvorstellungen und gesellschaftlichen Normen verstanden“ (Berekoven 1985, S. 80). Im Rahmen der Kommunikationstheorie erscheint es als unbestreitbar, daß der individuelle soziokulturelle Hintergrund des Empfängers die Art und Weise seiner Informationsverarbeitung beeinflußt. Faktoren wie Religion, Wertesysteme und Traditionen spielen hier eine große Rolle.

Die Religion formt in hohem Maße die Grundeinstellung zum Leben. Für den Konsum des einzelnen ist es entscheidend, ob er von Bedürfnislosigkeit oder Arbeitsethos geprägt ist. Innerhalb des Christentums bestehen zwei grundsätzlich unterschiedliche Einstellungen zur Arbeit. Während im alten Christentum Arbeit als eine durch den Sündenfall verhängte Strafe galt (mit der Vertreibung aus dem Paradies mußte der Mensch arbeiten), kam mit der Reformation die Vorstellung auf, Arbeit als eine Pflicht der Dankbarkeit gegenüber dem Schöpfer anzusehen. Im Puritanismus gilt sogar der Grundsatz, wenn einer auf Erden treu arbeitet, dann segnet ihn Gott mit irdischen Gütern (vgl. v. Glasenapp 1991, S. 223 f.).

Sicherlich gibt es Produkte, deren Konsum in unterschiedlich starkem Maße von kulturellen Aspekten beeinflußt wird. Aus dieser Tatsache heraus wurde eine Einteilung in **kulturgebundene** und **kulturfreie Produkte** vorgeschlagen (vgl. Usunier/Walliser 1993, S. 100). Standardisierte Werbung eignet sich danach vor allem für kulturfreie Produkte, da diese keine starken kulturellen Bindungen aufweisen. Während beispielsweise Investitionsgüter als kulturfrei angesehen werden können, da sie nach objektivierbaren und homogenen Kriterien nachgefragt werden, sind Konsumgüter und Dienstleistungen eher als kulturgebunden anzusehen, da sie eher traditionellen Konsummustern unterliegen und von einem kulturellen Verwendungskontext umgeben sind (vgl. Müller 1997, S. 14). Als kulturgebundene Produkte sind vor allem Nahrungsmittel anzusehen, der Verzehr von rohem Fisch ist für einen Japaner selbstverständlicher als für einen Europäer. Kulturfreie Produkte sind vor allem technologische und hochinvolvierende Produkte wie Video-/Audiogeräte oder Computer. Dennoch ist festzustellen, daß Computer und Videorekorder in einzelnen Ländern unterschiedlich stark verbreitet sind und insofern deren Nutzung vielleicht doch durch unterschiedliche kulturelle Hintergründe beeinflußt wird.

Es ist fraglich, ob die Produktverwendung unabhängig vom kulturellen Umfeld gesehen werden kann. Denn dieses wirkt einerseits als kollektives Gedächtnis, das das Wertesystem weiterentwickelt und weitergibt. Gleichzeitig aber auch als Wahrnehmungsfilter, das die Art und Weise, wie die Umwelt erfaßt wird, beeinflußt. Daher können die gleichen Produkte in unterschiedlichen Kulturen unterschiedliche Funktionen haben, sich unterschiedlich in die Bedürfnisstruktur der Nachfrager einfügen (vgl. Werner 1993, S. 185 f.). Beispielsweise sind die - auf den ersten Blick als kulturfreie Produkte eingeschätzten - *Recaro*-Autositze in Westeuropa und Nordamerika in einem Image-Dreieck aus Gesundheit, Sport und Lifestyle positioniert. Im Hauptmarkt Japan jedoch wird auf den Gesundheitsaspekt verzichtet, da Krankheit in Japan tabu ist (vgl. Michaelis/Brockert 1997, S. 93).

Der Ansicht, daß die einflußreichste Determinante der Standardisierung die Werbebotschaft ist, liegt die Annahme zugrunde, daß es Werte und Emotionen gibt, die auf alle Menschen gleichermaßen anziehend wirken, unabhängig davon, welcher Kultur sie angehören. Entsprechend können als **„universal appeals“** beispielsweise Schönheit, Attraktivität, Sozialprestige und Entspannung angesehen werden. Derartige Botschaften haben eine hohe Wahrscheinlichkeit, unabhängig vom kulturellen Kontext gleich verstanden und bewertet zu werden (vgl. Müller 1997, S. 16). Offenbar teilen die Menschen weltweit die gleichen Grundemotionen wie Glück, Liebe und Trauer. Soziale Emotionen wie Humor, Wärme und Überraschung scheinen jedoch kulturspezifisch zu sein.

Abbildung 7-10 zeigt als Beispiel für einen „universal appeal“ die internationale *Nivea* „Blue Harmony-Kampagne“ mit Anzeigenauftritten in Griechenland und Großbritannien (vgl. auch Abbildung 4-7). Die Kampagne basiert auf eindrucksvollen Bildern von Liebe, Glück, Sicherheit und Vertrauen, die als weltweit relevant angesehen werden können.

Abbildung 7–10: *Nivea* „Blue-Harmony-Kampagne“

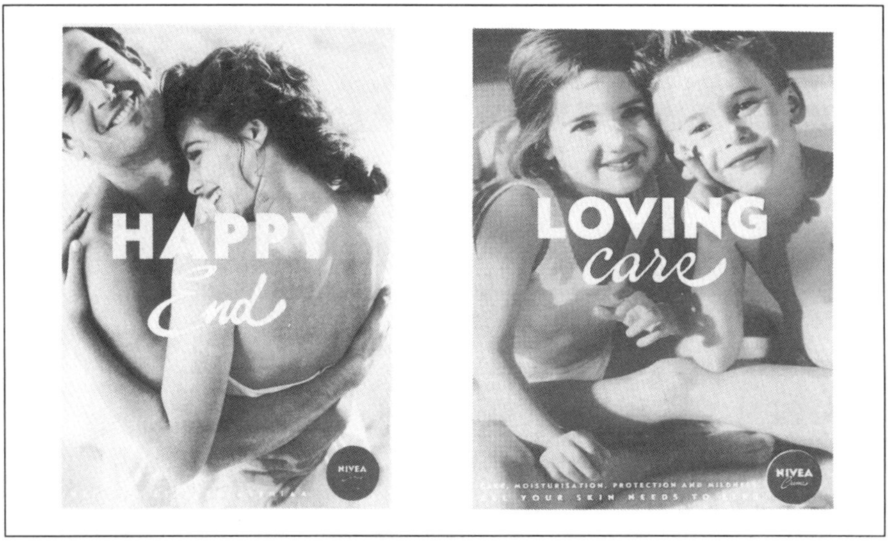

Quelle: Beiersdorf AG (Hrsg.): Nivea. Evolution of a world famous brand, Hamburg 1995, S. 109 f.

Eine weitere, als problemlos anzusehende Möglichkeit, eine international standardisierte Werbekampagne umzusetzen, ist eine reine packshot-Kampagne. Voraussetzung ist, daß das Produkt (die Packung) in allen Ländern gleich ist (vgl. Abbildung 7-11).

Kultur manifestiert sich in Symbolen, Ritualen, Helden und Werten (vgl. Abbildung 7-12), wobei Werte am tiefsten wurzeln (vgl. Hofstede 1991):

Abbildung 7–11: Internationale Packshot-Kampagne

- Symbole sind Worte, Gesten, Bilder oder Gegenstände, die spezifische Bedeutungen nur für diejenigen beinhalten, die sich einer gemeinsamen Kultur zugehörig fühlen. Regionale Dialekte gehören dazu ebenso wie nationale Hoheitszeichen.
  Farben sind eine Form visueller Symbole, die stark kulturspezifisch sind. Gelb ist in China immer eine kaiserliche Farbe gewesen, die ursprünglich für die Masse verboten war und die immer noch wenig benutzt wird. Sie deutet auf Vornehmheit und wirkt geheimnisvoll. Purpur ist eine noble Farbe in Japan, aber steht in Birma und einigen lateinamerikanischen Ländern für die Tod (vgl. Albaum/Strandskov/Duerr 2001, S. 513).
- Helden sind Personen mit Eigenschaften und Tugenden, die eine Gesellschaft charakterisieren und von dieser als vorbildlich erachtet werden. So repräsentieren Boris Becker und Michael Schuhmacher für viele typisch deutsche, John F. Kennedy, auf einer anderen Ebene, idealisierte amerikanische Eigenschaften.
- Rituale sind Handlungen, die innerhalb einer Kultur als wesentlich erachtet werden und die um ihrer selbst willen ausgeführt werden wie Begrüßungsformen, religiöse Zeremonien oder Tischsitten. So gilt es in Norwegen als unhöflich, etwas auf dem Teller zu lassen, in Ägypten hingegen, ihn leer zu essen (vgl. Fuchs 1995, S. 434).
- Das Zentrum einer Kultur stellen deren Werte dar. Werte können definiert werden als „... grundlegende, zentrale, allgemeine Zielvorstellung und Orientierungsleitlinie für menschliches Handeln und soziales Zusammenleben innerhalb einer Kultur“ (Brockhaus 1994, Stichwort Wert). Das Wertesystem einer Kultur beeinflußt die Art und Weise, in der Personen und Gegenstände aus anderen Kulturen bewertet und interpretiert werden.

Abbildung 7–12: Äußerungsformen von Kultur

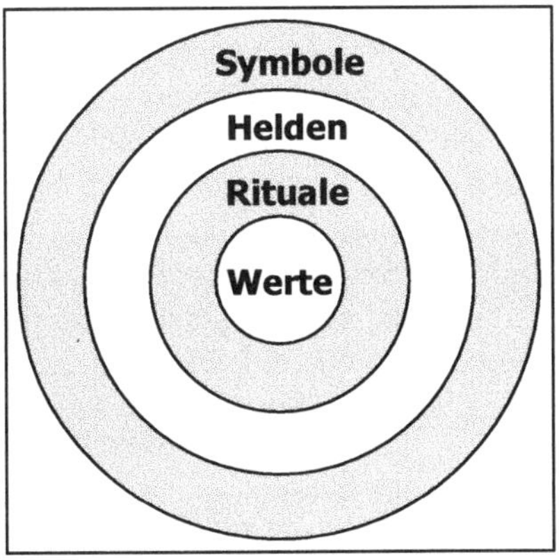

Quelle: Hofstede, G.: Cultures and Organizations: Software of the Mind, New York: McGraw-Hill, 1991, S. 9.

Symbole, Helden und Rituale sind äußere und sichtbare Ausdrucksformen von Kultur, ihre kulturelle Bedeutung hingegen ist unsichtbar und nur für ein Mitglied der Kultur interpretierbar (vgl. de Mooij 1998, S. 46).

Kultur hat immer einen lokalen, regionalen, höchstens nationalen Bezug, von einer internationalen, geschweige denn globalen Kultur läßt sich nicht sprechen. Kultur basiert auf einer gemeinsamen Geschichte, auf gemeinsamen emotionalen Bedeutungsinhalten der Gruppen, die sich einer Kultur zugehörig fühlen. Diese Charakteristika schaffen eine gemeinsame Identität. Internationale oder globale Kulturen können sich nicht auf derartige gemeinsame Identitäten beziehen, sie haben keinen gemeinsamen Nenner, der auf gemeinsamer Geschichte oder gemeinsamer Erinnerung beruht (vgl. de Mooij 1998, S. 60).

Ein weiteres kulturspezifisches Merkmal ist die **Zeitkonzeption**. Danach lassen sich drei verschiedene Zeitorientierungen unterscheiden:
Vorwiegende Ausrichtung des Verhaltens an der

- Gegenwart: arabische, spanische Kultur,
- Vergangenheit: indische Kultur,
- Zukunft: englisch/amerikanische und asiatische Kultur.

Bei langlebigen Produkten kann diese Zeitorientierung eine wichtige Rolle spielen: Verbraucher unterschiedlicher Kulturkreise werden in unterschiedlichem Maße bereit sein, heute für einen künftigen Produktnutzen finanzielle Opfer zu bringen (vgl. Werner 1993, S. 189).

Auch Die Verwendung von Erotik in der Werbung muß sich kulturellen Gegebenheiten unterordnen. Unterschiedliche religiöse oder Moralvorstellungen limitieren den Einsatz erotischer Motive stark, beispielsweise in den USA oder islamischen Ländern. Hier ist es sogar verboten, Frauen mit unbekleideten Armen oder nackte Babies in der Werbung zu zeigen.

Zahlreiche Untersuchungen zeigen auf, daß die Werbung kulturspezifische Faktoren sehr wohl berücksichtigt. Ein Land, dessen spezifische kulturelle Unterschiede häufig untersucht wurden, ist Japan. Japanische Werbung ist charakterisiert durch „soft-selling", d.h. Werbebotschaften appellieren vor allem an die seelischen Empfindungen der Empfänger, die Formen der Ansprache sind indirekt. Das im Westen häufig anzutreffende „hard-selling", also die direkte Herausstellung der Produktvorteile, teilweise sogar im direkten Produktvergleich, wird von den Japanern als unhöflich empfunden (vgl. di Benedetto/Tamate/Chandran 1992, S. 39 ff.). „Japanische Werbespots erklären nicht viel, bleiben eher wortkarg. Sie versuchen, eine möglichst hohe Aufmerksamkeit für das Produkt zu wecken und mit Imageaspekten zu verknüpfen. Dabei bedienen sich die Japaner eines Humors, der für Westeuropäer mitunter schon fast albern wirkt" (Brockmeyer 1994, S. 14). Eine Studie über westliche Werbung in Japan zeigt einen rückläufigen Trend des „hard-selling" bzw. ein Vordringen des typisch japanischen, für westliche Zuschauer häufig irritierenden „soft-selling" (vgl. Mueller 1992, S. 15 ff.).

Weitere Beispiele: US-Werbung richtet sich im allgemeinen an spezifische Verbraucherbedürfnisse. Sie nutzt logische Argumente, warum der Verbraucher das betreffende Produkt kaufen soll und stellt das Produkt aggressiv in den Vordergrund. Geworben wird mit Prominenten, Produktverwendern oder anderen glaubwürdigen Quellen, die spezifische Produktnutzen übermitteln wie Sicherheitsaspekte, Nährwerte u. dgl.

Französische Werbespots hingegen zielen mehr darauf, die Zuschauer mit Symbolik, Humor oder dramatischen Ereignissen zu unterhalten, häufig erfolgt dies ohne direkten Produktbezug. Werbung vermeidet Urteile und Argumentationen. Personen werden in der Werbung nur selten eingesetzt, um das Publikum zu belehren oder einzelne Tatsachen herauszustellen. In Frankreich erfolgen Preisinformationen in der Werbung häufig im Hinblick auf Status-Appelle, in England wird dies weitgehend vermieden. Französische Werbung neigt dazu, Kinder in realistischer Umgebung zu zeigen, englische Werbung zeigt Kinder eher in einer idealen Umgebung, sauber und lächelnd (vgl. Lamont 1996, S. 394).

Taiwanesische Werbespots stellen im allgemeinen Verbindungen zwischen dem beworbenen Produkt und traditionellen chinesischen Werten her wie Respekt vor der Obrigkeit oder familiären Bindungen. Eine Verbraucherorientierung ist häufig nicht gegeben (vgl. Zandpour/Chang/Catalano 1992, S. 25 ff.).

7.4.2.2 Imageunterschiede

Häufig ist es so, daß ein und dasselbe Produkt in unterschiedlichen Ländern unterschiedliche Images hat. Tabelle 7-8 zeigt die Imageunterschiede von Autos innerhalb von Europa auf.

In einer in 15 europäischen Ländern durchgeführten Untersuchung wurden 13 Imagemerkmale vorgegeben, denen Automarken zugeordnet werden sollten (vgl. Motorpresse-Verlag 1998). Lediglich bei den Merkmalen „Baut sportliche Autos“ und „Hohe Zuverlässigkeit“ wurden in allen Ländern die gleiche Marke zugeordnet (*Porsche* bzw. *Mercedes*).

Weitgehend eindeutige Zuordnungen gab es auch bei den Imagemerkmalen „Fortschrittliche Technik“ (*Audi*), „Gute Verarbeitung“ (*Mercedes*), „Hoher Wiederverkaufswert“ (*Mercedes*) und „Ich mag die Marke“ (*BMW*). Das Preis-Leistungsverhältnis der Automarken wird aber von Land zu Land sehr unterschiedlich eingeschätzt, ebenso das Styling, vor allem aber die Werbung. Aufgrund der Unterschiedlichkeit der jeweiligen Markenimages in den einzelnen Ländern ist es naheliegend, die Produktwerbung länderspezifisch anzupassen. Die Images der Automarken werden auch dadurch beeinflußt, ob es sich um Importautos handelt oder ob sie im eigenen Land hergestellt werden. *Renault* wird fast ausschließlich in Frankreich, *Fiat* in Italien und Polen, *Jaguar* in Großbritannien genannt.

Der Einfluß des Herkunftslandes auf die Beurteilung von Produkten wird auch als **Country-of-Origin-Effect** bezeichnet (vgl. Kapitel 3.5.4). Bei importierten Produkten sind grundsätzlich Länder- und Produkt- bzw. Markenimages zu unterscheiden. Nachweislich steigt die Kaufbereitschaft immer dann, „... wenn das Länderimage Merkmale aufweist, die für die Bewertung bestimmter Produkte wichtig sind“ (Werner 1993, S. 188). Wenn Frankreich von dem Image geprägt ist, daß die Franzosen über einen guten Geschmack verfügen, dann fördert dies die Kaufbereitschaft für Käse oder Parfum aus Frankreich.

Tabelle 7–8: Imageunterschiede von Autos in Europa

	Produkt					Qualität			Wirtschaftlichkeit		Kommunikation		
	Hohe Sicherheitsstandards	Fortschrittliche Technik	Baut umweltverträgliche Autos	Gutes Aussehen/Styling	Baut sportliche Autos	Hohe Zuverlässigkeit	Gute Verarbeitung	Guter Kundendienst	Gutes Preis-Leistungsverhältnis	Hoher Wiederverkaufswert	Im Motorsport erfolgreich	Macht gute Werbung	Ich mag die Marke
Deutschland	Mercedes	Audi	VW	BMW	Porsche	Mercedes	Mercedes	VW	VW	Mercedes	Mercedes	Mercedes	BMW
Schweiz	VOLVO	Audi	Merced Audi	Alfa	Porsche	Mercedes	Mercedes	Mercedes	Opel VW	Mercedes	Porsche BMW	Mercedes	BMW
Frankreich	Mercedes	Audi	Audi	BMW	Porsche	Mercedes	Mercedes	Renault	VW	Mercedes	Renault	Renault	BMW
Italien	VOLVO	Audi	VOLVO	BMW	Porsche	Mercedes	Mercedes	FIAT	Ford	Mercedes	Alfa	FIAT	BMW
Spanien	VOLVO	Audi	Audi	Audi	Porsche	Mercedes	Mercedes	Mercedes	SEAT	Mercedes	Renault	Audi	BMW
Portugal	Mercedes	Merced BMW	Opel	BMW	Porsche	Mercedes	Mercedes	Mercedes	VW	Mercedes	Porsche	Citroen	BMW
Großbritannien	VOLVO	Audi	VW	Jaguar	Porsche	Mercedes	Mercedes	Mercedes	Skoda	Mercedes	Renault	Peugeot VW	Audi Jaguar
Griechenland	Mercedes	Mercedes	Mercedes	Alfa	Porsche	Mercedes	Mercedes	Toyota	Hyund.	Mercedes	Toyota	Audi BMW	BMW
Ungarn	VOLVO	Audi	Audi	Audi	Porsche	Mercedes	Mercedes	VW	Opel	VW	Mercedes	Audi	BMW
Polen	VOLVO	Audi	Audi	Jaguar	Porsche	Mercedes	Mercedes	FIAT	FIAT	VW	Subaru	FIAT	BMW
Tschechien	VOLVO	Audi	Opel	Audi	Porsche	Mercedes	Mercedes	Skoda	Skoda	Mercedes	BMW	Audi	BMW
Ukraine	VOLVO	Mercedes	VOLVO Audi	BMW	Porsche	Mercedes	Mercedes	Mercedes	Mercedes	Mercedes	Honda	Daewoo	BMW
Schweden	VOLVO	Audi	VOLVO VW	BMW	Porsche	Mercedes	Mercedes	VOLVO	VW	VOLVO	Audi	VOLVO	BMW
Slowakien	VOLVO	Audi	Audi	Audi	Porsche	Mercedes	Audi Merced	Skoda	Skoda	Mercedes	Mercedes	Audi	Audi
Rumänien	Mercedes	Mercedes	Mercedes	BMW	Porsche	Mercedes	Mercedes	Mercedes	VW	Mercedes	Porsche	Mercedes	BMW

Quelle: Motorpresse-Verlag (Hrsg.): Die besten Autos 1998, Stuttgart 1998, S. 22.

Nach wie vor gilt das „Made in Germany“ weltweit als ein Zeichen für Wertarbeit, gefolgt von „Made in Japan“ und „Made in Switzerland“. Aber auch hier gibt es Unterschiede. So vermuten Osteuropäer hinter dem Label „Made in Japan“ eine deutlich höhere Qualität als Westeuropäer (vgl. Mayerhofer 1995, S. 143). Länderimages haben insofern vor allem Bedeutung im Hinblick auf das wahrgenommene Kaufrisiko.

Der Country-of-Origin-Effect spielt im Hinblick auf die Standardisierungs-/ Differenzierungsproblematik insofern eine bedeutende Rolle, als die Produkte, die mit diesem Ansatz weltweit vermarktet werden, definitionsgemäß standardisiert sind. Schottischer Whisky kommt nun mal aus Schottland und französisches Parfum aus Frankreich. Daher bietet der Country-of-Origin-Effect eine der wenigen Möglichkeiten, eine weltweit einheitliche Werbestrategie zu verfolgen, indem die stereotypischen Länderimages im Werbeauftritt verarbeitet werden.

Für eine internationale Kommunikation stellt somit das Länderimage eine Möglichkeit zur Differenzierung von inländischen und ausländischen Anbietern dar. Abbildung 7-13 zeigt, wie außerordentlich komplex die Zusammenhänge der einzelnen Imagekomponenten in der Internationalen Werbung sind. Dabei wird von den Beziehungen, die durch gestrichelte Linien dargestellt sind erwartet, daß sie nur schwach ausgeprägt sind.

Abbildung 7–13: Der Einfluß der Werbung auf die Einstellung gegenüber einer ausländischen Marke

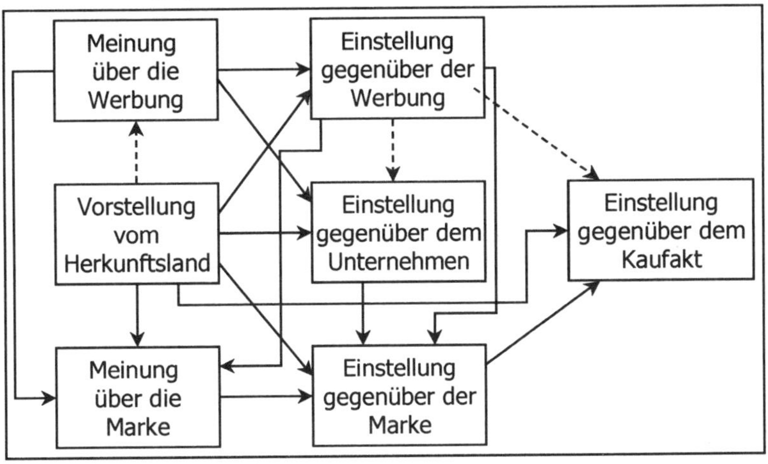

Vgl. Mayerhofer, W.: Imagetransfer, Wien 1995, S. 150

Die unterschiedliche Relevanz einzelner Imagekomponenten in unterschiedlichen Ländern muß natürlich auch in der jeweiligen Positionierung zum Ausdruck kommen. Beispielsweise ist die Tatsache, daß eine Schokolade aus Schweizer Alpenvollmilch hergestellt wird, für Länder wie die Schweiz und Deutschland durchaus relevant, weil hier auch Qualitätsvorstellungen übermittelt werden, die die ausgelobte Zartheit der Schokolade glaubhaft erscheinen lassen. Für die Belgier hingegen, die weltweit den höchsten Schokoladenkonsum pro Kopf haben, kommt die Milch aus den Ardennen. Hier ist der Ausweis, daß die Schokolade aus Zutaten aus dem eigenen Land hergestellt wird, ein gewichtigerer Qualitätsindikator als die Schweizer Alpenvollmilch. Für den Hersteller bleibt in einem solchen Fall abzuwägen, ob die Differenzierungsvorteile der Schweizer Alpenvollmilch höher anzusetzen sind, als eine Produktanpassung, mit der Gefahr der Austauschbarkeit.

7.4.2.3 Mediennutzungsverhalten und Verfügbarkeit der Medien

Auch Unterschiede im Mediennutzungsverhalten sowie in der Verfügbarkeit der Medien in einzelnen Ländern beeinflussen die internationale Werbeplanung. Je nach Land gibt es teilweise stark ausgeprägte Besonderheiten, die ein internationaler Werbetreibender berücksichtigen muß. Insbesondere Japan weist hier charakteristische Eigenarten auf (vgl. Kästen).

Zu berücksichtigen ist vor allem, daß Werbung in den einzelnen Ländern auf unterschiedliche Traditionen zurück blickt. Insbesondere in den Ländern Osteuropas ist diese Tradition sehr kurz, was auch ein Blick auf die pro-Kopf-Werbeaufwendungen zeigt (vgl. Tabelle 7-9).

Während in den westlichen Ländern davon ausgegangen werden kann, daß der Konsument den Umgang mit Werbung gelernt hat und in der Lage ist, Werbeaussagen zu relativieren, ist dies in den osteuropäischen Ländern sicherlich noch nicht der Fall. Bewußte Übertreibungen, die in der Werbung im Westen eingesetzt werden, um auf bestimmte Eigenschaften der Produkte aufmerksam zu machen und die im Einzelfall auch notwendig sind, um in der Werbeüberflutung wahrgenommen zu werden, laufen im Osten Gefahr, wörtlich genommen zu werden und können hier Irritationen auslösen. Dies ist bei der Gestaltung der Werbemittel zu berücksichtigen.

Auch wenn aufgrund unterschiedlicher Erhebungsmethoden die Länder in Tabelle 7-9 nur bedingt miteinander vergleichbar sind, zeigen sich doch deutliche Unterschiede in der Werbeintensität und im Mediennutzungsverhalten.

Die USA nehmen mit 809 Euro Werbung pro Kopf der Bevölkerung die absolute Spitzenposition ein, gefolgt von Japan mit rund 440 Euro und Italien mit rund 350 Euro. Deutschland weist mit rund 200 Euro noch eine vergleichsweise moderate Werbeintensität auf. Die osteuropäischen Staaten müssen in diesem Vergleich noch als Werbeentwicklungsländer aufgefaßt werden.

Unterschiede im Mediennutzungsverhalten zeigen sich vor allem im täglichen Fernsehkonsum. Mit mehr als viereinhalb Stunden hält Mazedonien hierbei den Rekord. Am anderen Ende der Skala steht die deutschsprachige Schweiz mit einem Fernsehkonsum von lediglich zweieinviertel Stunden täglich. Die Sehdauer ist ein Indikator für die Wichtigkeit des Fernsehens im täglichen Leben. Der Fernsehkonsum wird ferner durch die Anzahl der empfangbaren Kanäle beeinflußt. Tendenziell läßt sich sagen, daß die Sehdauer um so höher ist, je mehr Programme empfangbar sind. Jüngere Personen verbringen weniger Zeit vor dem Fernseher, daher weisen Länder mit einem geringeren Durchschnittsalter der Bevölkerung auch einen geringeren Fernsehkonsum auf. Südeuropäer verbringen mehr Zeit vor dem Fernseher als Skandinavier. Dies ist einerseits in den Lesegewohnheiten der nördlichen Länder begründet (was sich auch in einem deutlich überdurchschnittlichen Print-Anteil niederschlägt: Schweden 54,0%, Norwegen 58,2%, Dänemark 58,4%, Finnland 73,0%). Andererseits wird das Mediennutzungsverhalten aber auch von ökonomischen Faktoren wie dem Anteil der weiblichen Beschäftigten, beeinflußt. Länder mit einem hohen Beschäftigungsanteil von Frauen (wie z.B. in skandinavischen Ländern) haben einen geringeren Fernsehkonsum. Die bildbetonte Kultur der südlichen Länder und die Unterhaltungstradition wie in England wirken hingegen stärker in Richtung eines hohen Fernsehkonsums (vgl. IP 1997, S. 17).

Tabelle 7–9: Internationale Werbedaten 1999

Land	Werbeaufwendungen		Werbeanteile, %					tägl. Fernseh-dauer in Min.
	Mio. Euro	Euro pro Kopf der Bev.	TV	Print	Hör-funk	Außen-wer-bung	Sonst.	
USA	212.832	809,2	23,4	29,0	8,0	0,8	32,9	259
Japan	55.498	438,8	33,5	43,7	3,6	9,6	9,4	215
Italien	20.063	348,5	59,2	33,7	4,5	2,6	k.A.	229
Deutschland	16.215	197,7	42,8	48,6	6,0	2,6	k.A.	198
Großbritannien	15.572	265,6	46,1	38,5	6,8	7,4	1,2	232
Frankreich	13.080	217,3	33,5	42,9	11,1	11,6	1,0	199
Spanien	8.739	215,5	40,4	42,5	9,0	4,2	3,9	220
Mexico	7.500	75,9	60,3	9,8	29,8	k.A.	k.A.	188
Brasilen	7.422	43,6	50,4	48,5	k.A.	1,2	k.A.	n.a.
Holland	3.169	201,1	37,2	40,0	7,8	4,1	10,9	166
Schweden	2.573	290,4	39,0	54,0	2,0	5,0	k.A.	152
Rußland	2.542	17,3	77,1	12,6	5,4	5,0	k.A.	182
Schweiz	2.271	318,8	16,7	68,8	3,1	9,7	1,6	136**
Polen	1.775	45,9	53,9	32,4	6,5	7,0	0,2	214
Österreich	1.716	212,0	24,8	59,5	8,8	7,0	k.A.	147
Belgien	1.674	163,9	41,3	38,4	9,3	9,5	1,5	208*
Griechenland	1.527	144,7	41,4	43,0	4,7	10,9	k.A.	227
Portugal	1.451	145,4	57,6	25,9	7,3	8,7	0,5	194
Norwegen	1.442	324,4	32,4	58,2	5,9	2,2	1,5	149
Südafrika	1.284	31,6	41,2	43,1	11,7	3,2	0,8	n.a.
Dänemark	1.180	222,1	36,2	58,4	0,9	3,8	0,8	165
Finnland	943	182,4	20,0	73,0	3,0	3,0	0,8	161
Israel	932	154,3	25,1	60,7	7,2	6,8	0,1	170
Türkei	880	14,0	63,2	28,6	5,8	0,5	1,8	n.a.
Ungarn	679	67,6	54,4	32,9	5,9	6,4	0,5	252
Tschechien	582	56,4	54,6	40,0	5,4	k.A.	k.A.	197
Irland	568	153,3	30,0	52,0	9,0	8,0	1,0	188
Rumänien	250	11,1	70,7	23,8	2,7	2,2	0,6	214
Ukraine	228	4,5	58,6	19,9	6,4	15,0	0,1	193
Slovenien	207	103,6	55,5	29,1	10,5	4,9	k.A.	163
Slovakien	175	32,5	45,3	38,7	8,3	7,7	k.A.	173
Kroatien	126	26,9	74,1	25,9	k.A.	k.A.	k.A.	214
Litauen	118	31,9	50,3	41,9	4,4	3,2	0,2	191
Island	98	351,3	28,7	69,4	k.A.	1,0	0,9	n.a.
Luxemburg	71	164,0	10,8	69,5	15,5	2,3	1,9	124
Bulgarien	66	7,9	53,0	33,2	9,6	4,4	k-A.	179
Estland	41	28,4	20,4	60,5	12,0	6,5	0,7	259
Lettland	40	16,4	31,8	39,5	15,6	5,6	k.A.	179
Weißrußland	n.a.	n.a.	9,0	73,0	7,0	9,0	k.A.	n.a.
Mazedonien	n.a.	n.a.	n.a.	n.a.	n.a.	n.a.	n.a.	275

* = Südbelgien, Nordbelgien = 164 Min. ** = deutschsprachige Schweiz

Quelle: jeweilige nationale Marktforschungsinstitute

Quelle: IP (Hrsg.): Television 2000, European Key Facts, Köln 2000

Es gibt aber auch einen wichtigen kulturellen Aspekt, der den Fernsehkonsum beeinflußt, nämlich die Art und Weise wie das Medium Fernsehen in den Tagesablauf integriert wird. Neben dem weltweit festzustellenden Konsumhöhepunkt während der Primetime am Abend, tendieren südeuropäische Länder zu einer zweiten Primetime während der Mittagszeit. Hier gehört die „Siesta" als ausgedehnte Mittagspause zum normalen Tagesablauf. In den USA wird im Vergleich zu anderen Ländern besonders viel tagsüber ferngesehen. In Japan gibt es sogar einen dritten Peak in den frühen Morgenstunden: Während in der alten Welt der Tag zu Ende geht, beginnt er in Japan. Anders als die Europäer, die dazu tendieren mit dem Radio aufzuwachen, holen sich die Japaner die Neuigkeiten vom Bildschirm (vgl. IP 2000, S. 26).

Medien in Japan

Zeitschriften: Landesweit werden in Japan annähernd 3.000 Zeitschriftentitel angeboten. Jedes Jahr kommen 200 neue Titel hinzu. Der Markt ist in höchstem Maße segmentiert: Da gibt es Magazine für Schulabgänger, für die 11jährigen, für die 30jährigen, für junge Berufseinsteiger und für Rentner - also für fast jedes denkbare Segment der Bevölkerung. Die Auflage der einzelnen Titel ist entsprechend gering. Magazine werden in Japan fast ausschließlich an Kiosken und Bahnhöfen gekauft. Das Abonnement ist so gut wie unbekannt. Große Bedeutung haben Comic-Magazine, die sogenannten „Mangas". Jedes dritte gedruckte Heft ist ein Comic. Die „Mangas" sind bei Kindern und Jugendlichen genauso verbreitet wie bei Erwachsenen.

Plakat: Entlang der Autobahnen und Schnellstraßen gibt es kaum Plakatwerbung. In den U-Bahnhöfen und Zügen hat das Medium Plakat dagegen einen hohen Stellenwert entwickelt. „Sie sind zu einer eigenen Kunstform geworden, die ihresgleichen wohl nur noch in der Londoner Underground findet", lautet das qualitative Urteil über das Werbemedium Plakat in Japan.

New Media: Unter New Media versteht man in Japan neben Video- und Teletext auch das bisher unterentwickelte Kabel- und Satellitenfernsehen. Besonders die hohen Installationskosten haben bisher verhindert, daß diese Medien eine nennenswerte Bedeutung im japanischen Media-Mix erreicht haben. Bisher wird von den Werbern weniger als ein Prozent des gesamten Aufkommens in New Media investiert.

Brockmeyer, D.: Frischer Wind für die Insel, in: Tele Images Nr. 3, 1994, S. 11.

Globale Medien, die weltweit distribuiert sind, finden sich ausschließlich im Print-Bereich, von Online-Medien einmal abgesehen. Dazu gehören Tageszeitungen (z.B. Financial Times, Frankfurter Allgemeine Zeitung), Zeitschriften (Time, Reader`s Digest) und Fachzeitschriften (Harvard Business Review). Allerdings sind die Auslandsauflagen dieser Titel nicht vergleichbar mit den jeweiligen nationalen Auflagen und häufig nur über wenige Distributionspunkte (z.B. auf internationalen Flughäfen) zu beziehen.

Ein Ziel bei der Standardisierung von Werbekampagnen besteht darin, Produktionskosten zu sparen. Dies setzt allerdings voraus, daß international auch die Werbeträger eingesetzt werden können, für die die Werbemittel produziert wurden. Eine Einführungskampagne, die auf dem Basismedium Fernsehen aufbaut, ist in einigen Entwicklungsländern nicht einsetzbar. Da das Fernsehen aber nicht so ohne weiteres durch andere Medien ersetzbar ist, wäre in einem solchen Fall zu überprüfen, ob die Einführung überhaupt sinnvoll ist.

Fernsehen in Japan
Verbreitungswege: Das Fernsehen in Japan wird fast ausschließlich terrestrisch verbreitet. Satellitenfernsehen spielt kaum eine Rolle, auch die Verkabelung ist noch nicht sehr weit vorangeschritten - erstaunlich in einem so hochtechnisierten Land. Als Grund dafür geben Experten die ungünstige topographische Struktur Japans an: Fast 80 Prozent des Landes sind gebirgig. Auch in Japan sind die Frequenzen begrenzt. Im Großraum Tokio können neben den beiden öffentlich-rechtlichen Programmen sechs private Sender empfangen werden.
Spotpreise: Das Preisgefüge für TV-Spots ist kompliziert. Zwar gibt es keine saisonbedingten Unterschiede in den Schaltpreisen. Aber der Sekundenpreis umfaßt auch Produktionskosten und eine „microwave charge", eine Gebühr für die Nutzung der Frequenzen. Zum Beispiel kosten 30 Minuten Prime Time bei TBS Network alles in allem 923.077 und 1.076.923 US-Dollar. Alle Sender haben ein dreigeteiltes Tarifsystem, unterteilt nach Sendeplätzen in die Gruppen A, B und C. Sendeplätze in der begehrten A-Gruppe können nur im Paket mit mittleren und schlechten Werbezeiten gebucht werden. Deshalb läuft schon mal ein Whisky-Spot im Kinderprogramm. Dieses System fördert die Gewohnheit der Agenturen, große Werbestrecken schon im voraus aufzukaufen.
Zuschauerverhalten: In japanischen Haushalten ist der TV-Apparat im Durchschnitt in der Woche fast 22 Stunden eingeschaltet. Aber zunehmend werden Zapping und Zipping zum Problem. Auch japanische Werber stellen fest, daß reine Quantitäten an Aussagekraft verlieren. Sie interessieren sich mehr und mehr für „viewer characteristics".
Brockmeyer, D.: Frischer Wind für die Insel, in: Tele Images Nr. 3, 1994, S. 9.

Europa: kein einig Fernsehland
„Allen Kulturkritikern zum Trotz, die da befürchten, daß das Fernsehen mit seiner dominierenden Stellung im Freizeitverhalten und den international ähnlichen Inhalten die kulturelle Identität der Nationen gefährde: In der Realität läßt sich eine solche Nivellierung nicht feststellen. Das Fernsehen gewinnt und verliert an Bedeutung, je nachdem, welche Grenze man gerade überschritten hat.
Für Engländer hat das Fernsehen oft eine soziale Komponente, wenn sie sich zum Fußballspiel im Pub versammeln. Die Franzosen versüßen sich mit TV ihre Mittagspause, ohne daß dabei die Aufmerksamkeit durch Nebenbeschäftigungen wie Kochen oder Essen beeinträchtigt wird. Die Spanier entspannen sich während der Siesta mit TV-Serien, bevor sie den zweiten Teil ihres Arbeitstages angehen. In Italien flimmert das Fernsehen den ganzen Tag nebenher, während in Deutschland der Fernsehabend erst mit den Prime-Time-Programmen so richtig beginnt.
In der TV-Nutzung gibt es also noch kein vereintes Europa. Für die internationale Mediaplanung heißt dies, daß die genaue Kenntnis der nationalen Unterschiede dabei hilft, einerseits Fehler zu vermeiden und andererseits Chancen zu nutzen, die viele nicht sehen, weil sie nicht über ihren nationalen Tellerrand hinausblicken."
Engel, D.: Europa auf der Couch, in: Tele Images Nr. 1, 1999, S. 56.

7.4.2.4 Werbebeschränkungen

In dem zusammenwachsenden Binnenmarkt Europas wächst auch der Anteil grenzüberschreitender Werbung. „Eine grenzüberschreitende Werbung liegt vor, wenn das Medium, in dem die Werbung enthalten ist, auch in anderen Staaten als dem eigentlichen Ursprungsstaat des Mediums erhältlich ist“ (Nickel 1994, S. 72). Werbeselbstdisziplinäre Einrichtungen (z.B. der Deutsche Werberat, vgl. Kapitel 6.2) haben grundsätzlich nur auf das Gebiet ihres Staates Einfluß. Bei grenzüberschreitender Werbung konnten die nationalen Einrichtungen also nicht tätig werden. Aus diesem Grunde formierte sich 1991 die **European Advertising Standards Alliance (EASA)**, als Zusammenschluß von 15 Einrichtungen der Werbeselbstdisziplin in Europa. Die EASA hat ein Verfahren festgelegt, wonach für die inhaltliche Überprüfung der Werbung jeweils die Verhaltensregeln und Standards desjenigen Staates anzuwenden sind, in dem das Medium seinen Ursprung hat (vgl. Nickel 1994, S. 72).

Die deutsche Rechtsprechung wendet deutsches Wettbewerbsrecht dann auf Werbung an, wenn die Werbung für den deutschen Markt bestimmt ist. Im Gegensatz zu den Einrichtungen der Werbeselbstdisziplin ist für die deutschen Gerichte also nicht entscheidend, woher die Werbung kommt, sondern ob sie deutsche Verbraucher zu Kaufentscheidungen veranlassen soll.

> Bietet beispielsweise ein englischer Hersteller über eine Satellitensendung, die überall in Deutschland empfangbar ist, das in Deutschland nicht zugelassene Potenzmittel Viagra an, wäre deutsches Wettbewerbsrecht hier anwendbar. Dabei ist es unerheblich, ob die Werbung in englischer oder in deutscher Sprache erfolgt, da ein großer Teil der deutschen Verbraucher auch des Englischen mächtig ist.
> Der Fall wäre dann anders zu beurteilen, wenn lediglich unwesentliche Grenzbereiche Deutschlands die Sendung als Overspill empfangen könnten und die Werbung auch ihrem Inhalt nach nicht für den deutschen Konsumenten bestimmt wäre (vgl. Jaeger-Lenz 1999, S. 85 f.).

Jedes Land hat seine eigenen Werberegelungen und unterschiedliche Restriktionen, die ein Werbetreibender zu beachten hat, wenn er international werben will. Die folgenden Betrachtungen beziehen sich speziell auf die Regelungen der Fernsehwerbung. Neben gesetzlichen Verboten haben sich die Fernsehsender i.d.R. auch freiwillige Selbstbeschränkungen auferlegt.

Fernsehwerbung wird in den einzelnen Ländern unterschiedlich restriktiv gehandhabt. In einigen Ländern ist beispielsweise vergleichende Werbung erlaubt, in anderen nicht. In Deutschland war vergleichende Werbung bisher mit Hinweis auf den § 1 des Gesetzes gegen den unlauteren Wettbewerb (UWG) verboten. In einer Richtlinie vom 06.10.1997 hatte die EU aber vergleichende Werbung grundsätzlich erlaubt, sofern der Vergleich nicht irreführend oder verunglimpfend sei. Nachprüfbare und typische Eigenschaften von Produkten dürfen miteinander verglichen werden. Als Reaktion auf diese Richtlinie hat der Bundesgerichtshof vergleichende Werbung seit dem 22.05.1998 nun grundsätzlich auch in Deutschland erlaubt. Als vergleichende Werbung ist jede Werbung anzusehen, die einen Wettbewerber bzw.

dessen Produkte unmittelbar oder mittelbar erkennbar macht. Es wird abzuwarten bleiben, inwieweit deutsche Hersteller, die über Jahrzehnte Positionierungen aufgebaut haben, von dieser Regelung Gebrauch machen werden.

Auch wenn vergleichende Werbung in Deutschland grundsätzlich zulässig ist, wird sie doch, insbesondere im Hinblick auf den Grundsatz der Nachprüfbarkeit, sehr restriktiv gehandhabt. Der folgende Rechtsstreit zwischen zwei konkurrierenden Schnellrestaurants erscheint dafür exemplarisch: Der beklagte Wettbewerber hatte in der Werbung behauptet, bei einem Probeessen hätten die Konkurrenten bei der Mehrheit der befragten Tester schlechter abgeschnitten. Das Gericht meinte, daß ein subjektiv geprägter Geschmack nicht nachprüfbar sei und erachtete diese Werbung als unzulässig (vgl. ZAW Jahrbuch 1999, S. 140).

Neben der vergleichenden Werbung sind es vor allem Produktbeschränkungen, die von Land zu Land unterschiedlich gehandhabt werden. In den meisten Ländern ist Fernsehwerbung für Tabakwaren und Spirituosen verboten. Daneben haben einzelne Länder zusätzliche Verbote aufgenommen, beispielsweise Italien für Tierfutter oder Griechenland, wo Werbung für Kinderspielzeug verboten ist. Auch innerhalb der Europäischen Union gibt es keine einheitlichen Werberegelungen (vgl. zum folgenden Stadik 1997, S. 9 ff.). Denn die „Richtlinie des Rates zur Koordinierung bestimmter Rechts- und Verwaltungsvorschriften der Mitgliedsstaaten über die Ausübung der Fernsehtätigkeit" vom 03.10.1989 erlaubt den EU-Mitgliedsstaaten strengere Werbevorschriften.

In südlichen Ländern mit hohem TV-Konsum sind die Regelungen weiter gefaßt. Eine Besonderheit der Werberegelungen in **Spanien** besteht darin, daß während der Übertragungen aus der spanischen Fußball-Liga in natürlichen Unterbrechungen wie Verletzungspausen, kurzfristig ein Sechstel des Bildschirms für TV-Werbung genutzt werden kann. Der in Deutschland weitgehend eingehaltene Grundsatz der Trennung von Programm und Werbung würde hier eine solche Werbeform nicht gestatten.

Tabelle 7-10: Werberegelungen in Spanien

Werbedauer stündlich	12 Min. (max. 17 Min. inkl. Senderpromotions)
Werbedauer täglich	* 15% für Spots * 5% für Teleshopping (max. 1 Std./Tag)
Produkt-beschränkungen	* Tabak * Alkohol mit mehr als 20% * verschreibungspflichtige Medikamente * politische Werbung (mit Ausnahmen)
Besonderheiten	* Unterbrecher in Kinderprogrammen erlaubt * Sportübertragungen: bei natürlichen Pausen darf 1/6 des Bildschirms für Werbung genutzt werden.

Vgl. Stadik, M.: Europas Werbedschungel, in: Tele Images Nr. 1, 1997, S. 10.

Besonders liberale Werberegelungen hat **Italien**. Werbespots dürfen auch einzeln ausgestrahlt werden, der Abstand zwischen zwei Unterbrecherwerbeblocks muß nicht 20 Minuten betragen und Fußballübertragungen dürfen, zusätzlich zur normalen Unterbrecherwerbung in der Halbzeitpause, mit siebensekündigen Werbespots unterbrochen werden. Allerdings gibt es freiwillige Werbebeschränkungen der privaten Sender. Mit Ausnahme von Spielfilmen und Sport dauern 70% der Unterbrecherblöcke maximal 3 Minuten, 30% maximal 3,3 Minuten; 90% der Werbeblöcke enthalten maximal 9 Spots, 10% maximal 10 Spots. Außerdem garantieren die Sender Konkurrenzausschluß. Anders als in Deutschland nehmen die Italiener die Werbeflut im Fernsehen vollkommen gelassen hin.

Tabelle 7-11: Werberegelungen in Italien

Werbedauer stündlich	* 20% für private Sender * 12% für öffentlich-rechtliche Sender
Werbedauer täglich	* 15% Spots und Telepromotions * 5% Teleshopping nationale Sender * 15% Teleshopping lokale Sender
freiwillige Werbebeschränkungen	Obergrenzen für die Dauer der Unterbrecherwerbung und die Länge der Spots (nur private Sender)
freiwillige Produktbeschränkungen	Verhütungsmittel und Schwangerschaftstests bis 21.30 Uhr (nur öffentlich-rechtliche Sender)
Besonderheiten	* kein striktes Blockgebot * religiöse Sendungen dürfen unterbrochen werden * Kinderprogramm darf nicht unterbrochen werden * keine 20 Min. Abstand zwischen zwei Unterbrecherblöcken

Vgl. Stadik, M.: Europas Werbedschungel, in: Tele Images Nr. 1, 1997, S. 11.

Besonders restriktiv sind die Werberegelungen in **Frankreich**. Bei der Vergabe von Sendelizenzen schließt das Aufsichtsgremium Conseil Supérieur de l`Audiovisuel (CSA) mit den Sendern sogenannte „Lastenhefte" ab, die für die einzelnen Sender detaillierte Werberegelungen enthalten, deren Einhaltung streng kontrolliert wird. Beispielsweise dürfen die Privatsender TF 1 und M 6 Spielfilme nur ein Mal für maximal 6 Minuten unterbrechen. Den Staatssendern sind in Live-Sendungen und Unterhaltungsshows überhaupt keine Unterbrechungen erlaubt. Spielfilme dürfen nur mit Einwilligung der Rechteinhaber unterbrochen werden. Neben Tabak ist Werbung für Alkohol, Bücher, Presseerzeugnisse, Kinofilme und den Einzelhandel verboten. Werbung hat grundsätzlich nur in französischer Sprache zu erfolgen und muß sich einer privaten Selbstkontrolle unterziehen.

Generell zielt das französische Medienrecht darauf ab, die nationalen Medien gegen ausländische Einflüsse zu schützen. Diesem Ziel dienen weitere Programmauflagen:

- „Ausstrahlungsquoten für französische und europäische Filme,
- Produktionsquoten,
- Ausstrahlungsverbote für Kinofilme an bestimmten Wochentagen zum Schutz des Filmtheaterbetriebs und

- die Festlegung der Zahl an Kinofilmen, die jährlich ausgestrahlt werden dürfen" (Machill/Lutzhöft 1998, S. 132).

Tabelle 7-12: Werberegelungen in Frankreich		
	Private Sender	Öffentlich-rechtliche Sender
Sender	TF1, M6, Canal plus, RTL 9, Canal J	France 2 + 3, La Cinquième
Werbedauer stündlich	* 12 Minuten * TF1, M6: Fictionprogramme dürfen nur ein Mal für max. 6 Min. Unterbrochen werden	* France 2: 6 Min. * France 3 regional: 5 Min. * keine Unterbrecher in Live- oder zusammenhängenden Programmen
Werbedauer täglich	9 Min.	* France 2: 12 Min. * France 3 regional: 10 Min.
Produktbeschränkungen	Tabak, Alkohol (ab 1,2%), Druckschriften, Einzelhandel	
Besonderheiten	* Grundlage der Werberichtlinien sind „Lastenhefte", die zwischen den Sendern und dem Aufsichtsgremium geschlossen werden * französische Sprache in der Werbung ist Pflicht * Spots müssen von privater Selbstkontrolle akzeptiert werden * keine Unterbrechung von Spielfilmen ohne Einwilligung des Produzenten * strenge Kontrolle der Einhaltung der Werberegelungen	
Vgl. Stadik, M.: Europas Werbedschungel, in: Tele Images Nr. 1, 1997, S. 13		

Der Fernsehmarkt in **Großbritannien** ist im wesentlichen durch ein Duopol zwischen den öffentlich-rechtlichen BBC-Sendern und einem privaten Netzwerk von regionalen Fernsehgesellschaften, ITV, gekennzeichnet und weist somit eine strukturelle Ähnlichkeit mit dem deutschen Fernsehmarkt auf. Zusammen mit Channel 4 und 5 stellen BBC und ITV die terrestrischen Sender dar, die etwa 85% des gesamten Fernsehkonsums auf sich vereinen können. Während sich die nichtkommerzielle BBC im wesentlichen selbst reguliert, ist die Independent Television Commission (ITC) zuständig für die Lizensierung und Regulierung aller kommerziellen Fernsehdienste. Alle ITC-Lizenznehmer einschließlich der Kabel- und Satellitenprogramme unterliegen dem ITC-Programmkodex, dessen Einhaltung streng überwacht wird. ITV und Channel 4 und 5 sind darüber hinaus konkreten Programmauflagen unterworfen, die Bestandteil ihrer Lizenzverträge sind (vgl. Steemers 1998, S. 287 f.). Die lizensierten terrestrischen Sender dürfen durchschnittlich sieben Minuten pro Stunde werben, die Kabel- und Satellitensender durchschnittlich 9 Minuten. Eine britische Besonderheit besteht darin, daß Übertragungen von königlichen Zeremonien nicht unterbrochen werden dürfen, womit Auftritte der Queen werberechtlich mit Gottesdiensten gleichgestellt sind.

Mit über 8 Millionen Haushalten ist der Pay-TV-Markt in Großbritannien im europäischen Vergleich am weitesten entwickelt. Auch im digitalen Fernsehen ist Großbritannien mit ca. 5 Millionen Digital-TV-Haushalten führend (vgl. Zimmer 2000, S. 438).

Tabelle 7-13: Werberegelungen in Großbritannien		
	Terrestrische Sender	Kabel-/ Satellitensender
Sender	ITV, Channel 4+5	BSkyB etc.
Werbedauer	maximal 12 Min. pro Stunde	
Werbedauer täglich	* Ø 7 Min./Sendestunde * max. 7,5 Min. von 18.00 - 23.00 und 7.00 - 9.00 Uhr	* Ø 9 Min./Sendestunde * 3 Min. zusätzlich für Teleshopping
Unterbrecherblocks	* Sendedauer 21-45 Min.: 1 Block mit max. 3 Min. * Sendedauer 46-65 Min.: 2 Blöcke mit jeweils max. 3 Min. * Sendedauer > 65 Min.: 1 zusätzl. Block je zusätzl. 30 Min. Sendedauer	
Produktbeschränkungen	* Tabak, Alkohol (mehr als 1,2%) in Kinder- und Jugendprogrammen * Kondome (bis 21.00 Uhr), * Hygieneartikel nicht in Kinder- oder religiösen Programmen	
Besonderheiten	* Königliche Zeremonien, Parlamentsübertragungen, Programme von < 20 Min. Dauer dürfen nicht unterbrochen werden * Möglichkeit zu mehreren Unterbrechern innerhalb von 20 Min.	

Vgl. Stadik, M.: Europas Werbedschungel, in: Tele Images Nr. 1, 1997, S. 14.

Tabelle 7-14: Werberegelungen in den USA		
	Networks	Kabelsender
Sender	ABC, NBC, CBS, Fox ...	CNN, Discovery Channel ...
gesetzliche Werbezeitbeschränkungen	keine	
freiwillige Werbezeitbeschränkungen	Ø 10,5 Min./Stunde	keine
Besonderheiten	* Produzenten legen den Networks Werbespots zur Überprüfung vor * vergleichende Werbung möglich, Hersteller müssen aber Werbeaussagen beweisen	

Vgl. Stadik, M.: Europas Werbedschungel, in: Tele Images Nr. 1, 1997, S. 15.

Die liberalsten Werberegelungen weisen die **USA** auf, die auf unreglementierten Wettbewerb setzen. Hier gibt es keine gesetzliche Werbezeitenbeschränkung, weder für die großen Networks noch für die anderen landesweiten, nationalen oder regionalen Sender. Allerdings haben sich die Networks eine Reihe von freiwilligen Beschränkungen auferlegt, im Hinblick auf Dauer und Inhalte der Werbespots.

In den USA gibt es derzeit rund 1.600 Fernsehstationen, was in der lokalen Aufteilung des Marktes begründet ist. Dominiert wird der Markt von den drei großen nationalen Networks ABC, CBS und NBC, sowie dem unabhängigen Sender Fox.

7.5 Globale oder lokale Kommunikation?

Die Frage nach international standardisierter oder differenzierter Kommunikationsstrategie ist nicht pauschal zu beantworten. Grundsätzlich ist der Zielkonflikt zwischen Standardisierung und Differenzierung in der Internationalen Werbung als eine Grenzkosten-/Grenzerlös-Betrachtung zu sehen: Überwiegen die zusätzlichen Erlöse der Differenzierung deren Kosten?

Standardisierung oder Differenzierung ist sowohl unter Effizienz- als auch unter Effektivitätsaspekten zu betrachten. Der wirtschaftliche Aspekt betrifft die Frage, mit welcher Genauigkeit auf internationalen Märkten die Zielgruppen erreicht werden (Streuverluste) und welche Kosten dafür entstehen. Die Frage, welche Auswirkungen die gewählte Kommunikationsstrategie auf der Wirkungsebene hat, betrifft das Verständnis der kommunizierten Bedeutungsinhalte: Wird eine standardisierte Werbekampagne in allen Ländern in gleicher Weise verstanden und interpretiert? Während Effizienzaspekte eher für eine Standardisierung sprechen, ist unter Effektivitätsaspekten eher der Differenzierung der Vorzug zu geben. Die Kostenvorteile einer standardisierten Werbekampagne können leicht durch Wirkungsverluste konterkariert werden. Unternehmen agieren im globalen Maßstab, um Produktion und Distribution weltweit auszurichten. Globale Kommunikation muß jedoch in erheblichem Maße nationale Aspekte berücksichtigen.

Im folgenden sollen Marktbedingungen aufgezeigt werden, unter denen eine standardisierte internationale Kommunikation möglich erscheint:

1. Marke, Positionierung, Zielgruppe und Unternehmenszielsetzung müssen in allen Ländern einheitlich sein. Standardisierte Werbung setzt selbstverständlich auch standardisierte Produkte voraus.
2. Die Werbung muß in allen Ländern in gleicher Weise akzeptiert, verstanden und interpretiert werden. Das gilt natürlich vor allem auch für das beworbene Produkt.
3. Die Marktposition des Unternehmens sollte in allen Ländern vergleichbar sein und zwar sowohl im Hinblick auf die Konkurrenzprodukte als auch im Hinblick auf die Konkurrenten.
4. Das Unternehmen muß in der Lage sein, seine Strategie international auch durchzusetzen, sowohl innerhalb des eigenen Konzerns als auch innerhalb der betreuenden Agentur(en). Dies setzt ein stark zentralisiertes Unternehmen mit einer internationalen Agentur voraus.
5. Die Produktmärkte müssen weitgehend homogen und wenig segmentiert sein. Dies ist vor allem bei Statusprodukten der Fall, aber auch bei Massenprodukten, wenn diese einen weltweit eindeutigen USP haben.

Diese Voraussetzungen wirken kumulativ, sie müssen alle erfüllt sein, wenn eine international standardisierte Werbekampagne Aussicht auf Erfolg versprechen soll. Da diese Voraussetzungen aber nur in wenigen Fällen gegeben sein dürften, erscheint eine länderspezifisch differenzierte Kommunikationsstrategie als der Regelfall im internationalen Geschäft. Trotz aller Globalisierungstendenzen: Auch auf internationalen Märkten liegen jeweils länderspezifische Marktbedingungen vor (vgl. Müller 1997, S. 1).

Die Standardisierung wird in erheblichem Maße beeinflußt von

- der Art des Produktes: Spirituosen, Investitionsgüter, High-Tech- und High-Touch-Produkte (Kleidung, Parfum, Schmuck) lassen sich eher standardisieren als Nahrungs- und Waschmittel, Autos und Medikamente. Die größte kommunikative Standardisierung findet sich bei Fluggesellschaften und Zigaretten.
- und dem Produktlebenszyklus: Neue Produkte sind eher zu standardisieren als Produkte in gesättigten Märkten.

Wenn die Kommunikationsstrategie international standardisiert werden soll, ist sie nicht als **Quellenstandardisierung** zu konzipieren, in dem Sinne, daß der Sender in anderen Ländern dieselbe Botschaft verbreitet wie in seinem Heimatland. Vielmehr ist die internationale Kommunikation im Sinne einer **Empfängerstandardisierung** zu planen, d.h. es ist von vornherein zu berücksichtigen, daß die Empfänger in anderen Ländern die Botschaft in ähnlicher Weise verstehen und interpretieren wie die Empfänger im Heimatland (vgl. Werner 1993, S. 186). Wenn ein internationaler Werbespot aber von vornherein auf den kleinsten gemeinsamen Verständnisnenner der Zielgruppen ausgerichtet ist, dann besteht die Gefahr, „... daß diese internationalen Spots nur noch aus schönen Bildern bestehen, die keine Geschichte erzählen: fahren irgendwo Autos in der Gegend herum, laufen irgendwo Frauen herum, und am Ende des Spots dann irgendein Shampoo oder eine Automarke. Vollkommen austauschbar“ (Lürzer 1998, S. 97).

7.6 Die Strahlkraft der Marke globalisieren. Wie internationale Werbung den weltweiten Erfolg von Marken vorantreibt - das Beispiel BMW

Dr. Wolfgang Armbrecht*, Head of Communication and Marketing Services,* ***Hans-Peter Ketterl****, M.A., Manager Brand Identity and International Exhibitions, Dipl.-Betriebswirt* ***Michael Lerch****, Manager Brand Identity and International Exhibitions*

Werbung im Aufwind

Haben Automobilmarken nicht nur national, sondern auch international Erfolg, ist dies nicht selten das Resultat von Verzahnungsleistung, nämlich der Verzahnung eines überzeugenden Produktangebots mit einer ebenso überzeugenden Kommunikation. Letztere hat die Funktion des Wegbereitens - sie 'erobert' die Herzen und öffnet damit - Hauptanliegen der hier genannten Industrie - die Tore zu den Garagen. Dies funktioniert (Effizienz und Wirkung) immer dann überzeugend, wenn Botschaften konsistent - weltweit in Inhalt und Absicht vergleichbar - sind. Markenführung und Erwartungen von Menschen gehen hier Hand in Hand: Denn wo immer sich Kunden z.B. für ein BMW Automobil entscheiden, tun sie dies aus in etwa gleichen Gründen, und an aller erster Stelle steht in allen Ländern die Loyalität zur Marke BMW und deren Image:

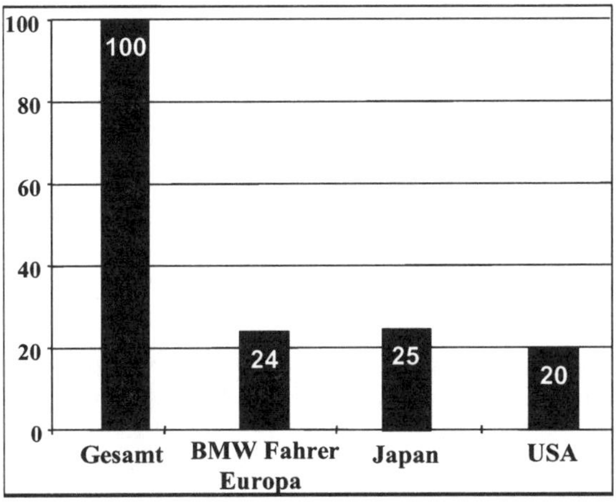

Quelle: BMW Marktforschung.

Werbung gehört nach wie vor zu den Schlüsselinstrumenten im Mix markenprägender Kommunikation. Mehr noch: Kaum ein der Werbung vergleichbares Instrument hat in den letzten Jahren ähnliche Zuwächse im Aufwand zu verzeichnen:

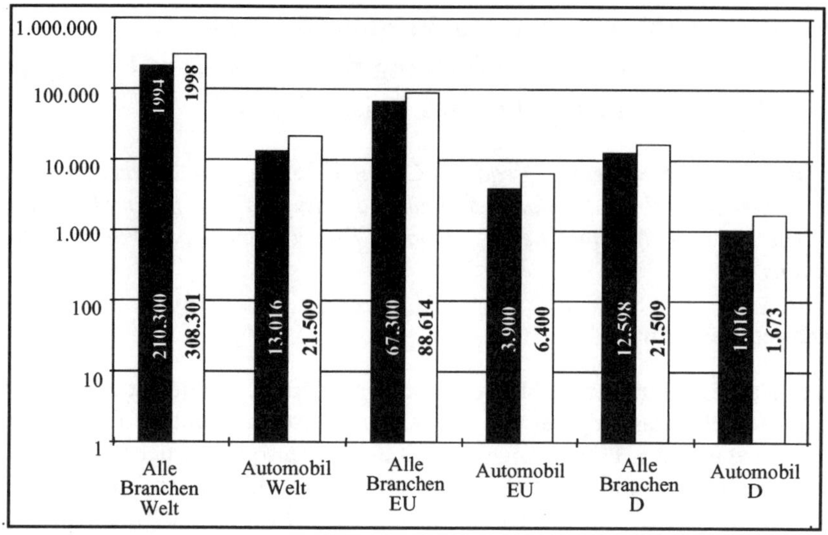

Quelle: mediaplus 1999, in Mio. US $.

Neue Herausforderungen offensiv nutzen

So gewaltig die hier umgeschlagenen Werte erscheinen, so nachhaltig sind sie als Resultate eines sich stark ändernden Werbeumfeldes zu sehen:

- Die weltweite Verbraucherlandschaft ist bunter, extrovertierter als früher, weniger gläubig, besser informiert und aufgeklärter denn je. Und um so 'resistenter' zeigt sich der Rezipient. Man sieht sich 'über' den Dingen, als kaum beeinflußbar - läßt Werbung an sich abperlen oder empfindet sie als auf die 'Nerven' gehend[1] - etwa dann, wenn sie als Werbeblock TV-Sendungen unterbricht. Besonders bitter für Premiumprodukte: Je höher das Einkommen und je höher der Bildungsgrad, um so eher wird Werbung 'weggezappt' oder ganz abgeschaltet (vgl. O.V. 1999d, S. 4).
- Die Medienlandschaft 'explodiert' und damit - allein quantitativ - der Aufwand zur Zielgruppenerreichung. Wie ungleich schwerer ist mit neuen technischen Möglichkeiten bei gleichzeitig veränderten Nutzungsgewohnheiten Schritt zu halten - also stets zu wissen, durch welches Medienset das Zielpublikum effizient zu erreichen ist.
- Die Kosten für Werbung steigen massiv, ihre Wertschöpfung sinkt - dies nicht nur als Folge einer breiteren Medienlandschaft, sondern ebenfalls als Konsequenz massiver Wettbewerbsaktivitäten sowie - siehe oben - geringerer Durchdringungskraft beim Rezipienten. Für Deutschland gilt, daß eine 1990 eingesetzte Werbe-DM im Jahr 1997 nur noch 65 Pfennig wert war (Quelle: GfK/Nielsen 1998) - also für eine vergleichbare Kommunikationswirkung etwa ein Drittel mehr aufzuwenden war. Eine noch so gute Kreation und eine noch

[1] Nach einer Forsa-Studie sind für die Mehrheit (75%) der deutschen Fernsehzuschauer die Werbespots im TV nervig, zwei Fünftel (40%) finden sie langweilig (vgl. Forsa 1999).

so ausgeklügelte Media-Strategie hilft nicht über die Tatsache hinweg, daß Werbung - soll sie tatsächlich 'Durchdringendes' bewirken - heute deutlich 'mehr' Aufwand (Budget) erfordert als noch vor wenigen Jahren. So zeigen Beobachtungen der Wettbewerbs- und Medialandschaft, daß heute z.B. in der Automobilindustrie in Deutschland für eine nachhaltige Imageänderung einer Premiummarke jährliche Budgets von etwa 200 Mio. DM anzusetzen sind - noch Anfang der 90er Jahre wurde hierfür etwa ein Drittel veranschlagt.

- Zunehmende Globalisierung macht weltweit konsistente Markenführung 'schwierig'. Dies gilt insbesondere, wenn Organisationsstrukturen auf dezentrale Ergebnisverantwortung ausgelegt sind und Markenwahrnehmung unter lokalen Gesichtspunkten - in der Regel Vertriebs- und Verkaufskriterien - entschieden wird.

Dazu ist zu sehen, daß die 'Sinnhaftigkeit' von Werbung auch innerhalb von Organisationen hinterfragt wird. Dies vor allem, wenn - z.B. in wirtschaftlich schwieriger Zeit - Effizienz- und Kostendenke das Geschäft einer Organisation dominieren. Hinzu kommt, daß sich die Bewertung von Werbewirkung nur allzu oft an der Erkenntnis von John Wanamaker orientieren muß: „At least half of my advertising budget is wasted. Trouble is, I don't know which half!". Die Basis tauglicher Erkenntnisse über kausale Zusammenhänge zwischen Aufwand und Wirkung von Kommunikation ist nach wie vor bescheiden.

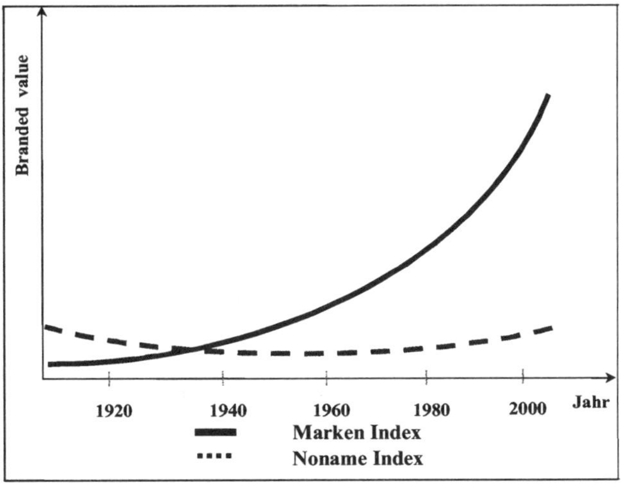

Quelle: Interbrand 1998, US.

Umfelder verändern sich - Plausibilitäten bleiben

Die Macher selbst - auf Agenturen- wie Organisationsseite - geben sich angesichts der Fülle neuer Entwicklungen eher unbeeindruckt. Für sie ist Werbung 'Glaubensangelegenheit', eine Kommunikationsform, die sich rationaler Obduktion entzieht. Von Werbung ist man überzeugt oder nicht, wobei es Plausibilitäten sind, die angeführt werden und damit über das Manko fehlender Wirkungstransparenz (was bringt das Ganze?) hinweghelfen. Besonders schlagkräftige, weil 'einleuchtende' Argumente sind:

- Nie zuvor gab es vergleichbar viele und erfolgreiche Marken wie heute (siehe Abbildung); wobei Marke stets als Verbindung von Produkt und Kommunikation - als 'Aura' um ein Produkt zu verstehen ist. Und Werbung prägt entscheidend die Kommunikation, die 'Aura' einer Marke.

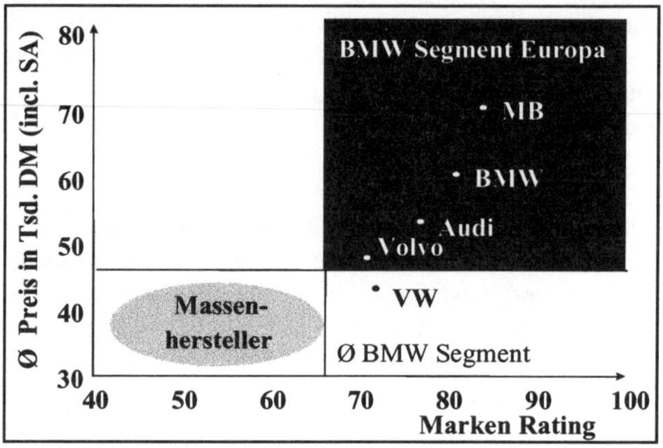

Quelle: Eigene Darstellung BMW.

- Nie zuvor war der Zusammenhang zwischen starker Marke und starker Preisposition, häufig Premiumpreisposition, offensichtlicher als heute (siehe Darstellung aus dem Feld der Automobilindustrie in der Abbildung) - wobei Werbung wiederum als zentral für den Aufbau einer Markenposition angesehen wird (vgl. Punkt zuvor).
- Nie zuvor gab es mehr Unternehmen, deren immaterieller Wert ('Image') das faktisch Greifbare, eben den materiellen Wert, um ein Vielfaches übersteigt (siehe Abbildung). Wiederum ist es Werbung, die hierbei einen entscheidenden Anteil hat.

Der Zusammenhang zwischen Werbung, Markenstärke und erzielbarer Preisposition bis hin zum Wert einer Organisation läßt die Bedeutung von Werbung in einem neuen Licht erscheinen. Erweitert um die Gesichtspunkte Internationalität und/oder Globalität ergibt sich ein Rahmen, innerhalb dessen es sich lohnt, die Rolle internationaler Werbung zu untersuchen, Plausibilitäten über Wirkungszusammenhänge (was ist wann sinnvoll?) herauszuarbeiten und diese, wie im vorliegenden Fall, exemplarisch als Beispiel aus der Praxis (Automobilindustrie) darzustellen. Ganz im Sinne einer Verifikation der 'fachlichen Glaubensangelegenheit' geht es dabei um folgende Aspekte:

- Was sind Marken und wie entstehen sie - wie läuft dieser Prozeß bei BMW?
- Welche Rolle spielt Werbung im Prozeß der Markenführung und welche Rolle kommt internationaler Werbung zu?
- Welches Publikum spricht internationale Werbung an und über welche Medien geschieht dies?

- Welchen Beitrag leistet internationale Werbung im Zielsystem von globalen Markenzielen und nationalen Vertriebszielen?

Marken	**Börsen-wert $**	**Materiell Netto**	**Imma-teriell**	**%**
Coca-Cola	130.3 Mrd.	4.4 Mrd.	125.9 Mrd.	97 %
American Express	26.9 Mrd.	8.2 Mrd.	18.7 Mrd.	70 %
Kellogg's	14.3 Mrd.	1.6 Mrd.	12.7 Mrd.	89 %
IBM	79.8 Mrd.	21.3 Mrd.	58.5 Mrd.	73 %
BP	42.3 Mrd.	10.9 Mrd.	31.4 Mrd.	74 %

Quelle: Interbrand 1998, US.

Im folgenden geht es daher um internationale Werbung, dargestellt anhand der Erfahrungen, wie sie in der Kommunikationsarbeit eines weltweit führenden Automobilunternehmens gemacht werden. Diese Arbeit wird geleistet im Spannungsfeld zwischen Sender und Rezipient sowie vor dem Hintergrund stark ausgereifter Internationalisierung bei gleichzeitig steigender Informationsflut, neuen technischen Kommunikationsmöglichkeiten und wachsender Reaktanz beim Publikum. Visuelle Beispiele untermauern die getroffenen Aussagen - zusammengefaßt wird das Ganze durch Empfehlungen für die Arbeit im Feld internationaler Werbung.

Neue Herausforderungen in geänderten Umfeldbedingungen

Die Halbwertszeit des Wissens ist kürzer denn je. Groben Schätzungen zufolge ist der Mensch in der Industriegesellschaft, speziell in Großstädten, allein ungefähr 3.000 Werbeappellen pro Tag ausgesetzt (vgl. Trout/Rifkin 1996, S. 12 f.)[2], was in einer Vielzahl der Fälle einer bewußten Aufnahme entgegensteht. Im weltweiten Streben nach Markterfolg hat die Ausstattung mit Waren eine Stufe erreicht, auf der der einfache Bedarf in den Industrieländern der Welt bereits ausreichend gedeckt ist und Neuanschaffungen nur noch zum Ersatz oder wegen neu erweckter oder umdefinierter Bedürfnisse notwendig sind. Die technische Information steht nicht mehr allein im Vordergrund; Einstellungen, Positionen und Gefühle der Kon-

[2] Ebd. sind weitere Daten zu diesem Thema aufgeführt: In den letzten Jahren wurden mehr Informationen erzeugt als in den 5.000 Jahren davor; das gedruckte Wissen verdoppelt sich alle vier bis fünf Jahre; an seinem achtzehnten Geburtstag hat ein Kind durchschnittlich 140.000 TV-Spots gesehen; die Sonntagsausgabe der New York Times umfaßt durchschnittlich 1000 Seiten mit ca. 6 Millionen Wörtern.

sumenten sind die zentralen Aussagen in der Werbung. Gerade in der Automobilindustrie erfordern Zyklen der Modellerneuerung durchgängige Konzepte, die einerseits Kontinuität und andererseits Erneuerung und Weiterentwicklung der Kommunikation ermöglichen. Dies auch unter dem Aspekt, daß ein sich ständig vermehrendes Modellangebot zu einer dramatischen Steigerung im Kommunikationsverhalten (bei letztlich endlichem Medienangebot) führt. Desweiteren prägen Polarisierungstendenzen und ein umfassender Wertewandel das 'alles immer und zu jeder Zeit' Kaufverhalten des 'hybriden', 'rosinenpickenden' Konsumenten, der von vertrauten Attributen nicht Abschied nehmen will und ein Produkt aber gleichzeitig modern und seiner Zeit zugehörig erleben will.

Diese Beobachtungen lassen nicht nur erahnen, wie stark die Informationskonkurrenz der entsprechenden Absender untereinander ist, sondern sie verdeutlichen auch, wie übermäßig der Verbraucher durch die in seine Richtung abgesandten Informationen überlastet ist. Einher geht dies in den Industriegesellschaften mit der stärkeren Abgrenzung einzelner gesellschaftlicher Gruppen (Milieus), die in ihren milieuspezifischen Geschmackskulturen, Einstellungs- und Verhaltensmustern zunehmend 'radikaler' werden. 'Meta-Trends' wie Individualismus, Hedonismus und Umweltorientierung haben nach wie vor Gültigkeit; 'Meta-Images' wie Verläßlichkeit, Vertrauen, Integrität, Sicherheit und Verantwortung ('Gemeinschaftswerte') haben bei der Markenwahl aber immer höhere Priorität. So kommt es zu einer Neuorientierung der Verbraucher, die sich auch in einem verstärkten Interesse an ethischen/moralischen Werten äußert: Im Zusammenhang mit Kommunikation steht nicht mehr nur das Produkt im Mittelpunkt des Konsumenteninteresses, sondern der 'Wert' des Unternehmens, das dieses Produkt verkauft. Dabei sind nicht eindeutige Trends, sondern - die beschriebenen - zum Teil divergierende Tendenzen wahrzunehmen, die bestenfalls erfolgreich ausgeglichen werden können. Zusammenfassend können folgende Herausforderungen definiert werden:

Unternehmensseite	**Medien**	**Rezipienten**
abnehmende Produktdifferenzierung	Angebotsexplosion (neue Techniken, neue Medien)	Flut von Informationen
wachsender Wettbewerbsdruck	Angebotserweiterung (neue Medien ergänzen, sie ersetzen nicht)	Flut von Wahlmöglichkeiten
steigende Kommunikationskosten bei sinkender 'Durchschlagskraft'		wachsende Resistenz gegenüber zunehmenden Kommunikationsimpulsen
globale Markenführung bei gleichzeitig dezentraler Vermarktungsverantwortung		Veränderung/Entwicklung von Werten, Einstellungen etc.

Quelle: Eigene Darstellung BMW.

Marke ist Vertrauensvorschuß

Die Mitte der 90er Jahre begonnene Renaissance der Marke setzt sich weiter fort. Marken profilieren das Leistungsangebot eines Hersteller, differenzieren es gegenüber Konkurrenzangeboten, schaffen somit Wettbewerbsvorteile und sind Garanten für Premiumpreispositionen. Marken spiegeln Lebensentwürfe und vermitteln Lebenswelten und haben somit einen gewichtigen Anteil an einem erfolgreichen Abverkauf. Der Vertrauensvorschuß von Marken basiert auf dem Versprechen eines Herstellers, mit dem Kauf der Marke einen funktionalen und emotionalen Nutzen zu stiften sowie den mit der Nutzung verbundenen Persönlichkeitsausdruck zu befriedigen. Starke Marken und aussagefähige Produkte werden in gesättigten Märkten wichtige Orientierungspunkte.

> *„Die Menschen versuchen in Marken zu denken. Marken sind Entscheidungshilfen. Mit einer prägnanten Marke verbinden sie ihr Wissen über Qualität, über Service, über Lifestyle. Kurz, über alles, was ihnen für ihre Kaufentscheidung wichtig erscheint“* (Weinberg 1997, S. 77).

In Summe sind Marken damit Symbole für ein Set von Einstellungen, denen Menschen oft ungeprüft einen Vertrauensvorschuß entgegenbringen. So zeigt sich z.B. in Japan, daß rund 1/3 aller Kunden sich allein aufgrund der Strahlkraft der Marke für ein BMW Automobil entscheiden.

Worauf lassen sich nun starke Marken zurückführen? Drei Säulen bilden die Basis für erfolgreiche Markenführung:

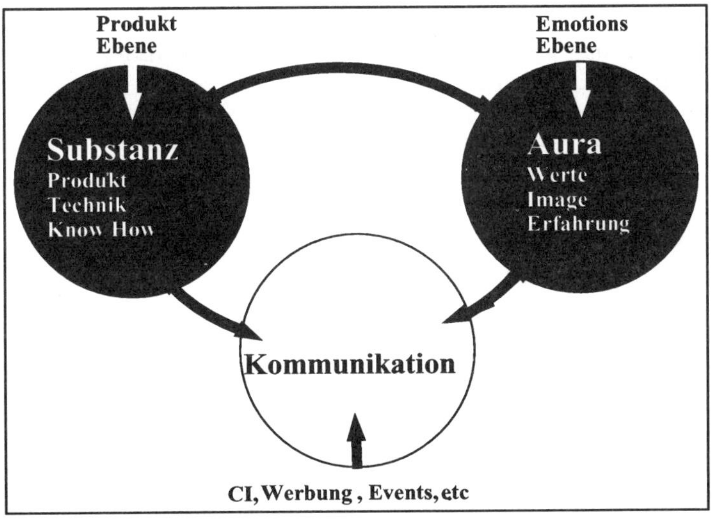

Quelle: Eigene Darstellung BMW.

Marken bieten also mehr an als nur das Produkt im Vordergrund. Sie faszinieren durch Leistungen, Botschaften und Atmosphären (Stil). Sie ‘überzeugen’ durch dialogische Kommunikation, außergewöhnliche Erlebnisse und eine Lebenswelt, zu der ‘man’ dazugehören will. So werden sie zu einer der Vorreiter gesellschaftlicher Entwicklungen. Zusätzlich wird es immer wichtiger, ein Produkt in eine Geschichte oder eine Aura einzubinden. Aber gerade diese ‘mythische’ Dimension ist ein weiterer schwer zu fassender Beweggrund für die Einstellung zu einer Marke. Im ‘Powerplay’ der Marken reicht es aber nicht aus, allein durch historische Rückgriffe ihre Markensubstanz zu erhalten. Marken müssen durch andauernde, authentische und glaubwürdige Feinpositionierungen aktuell gehalten werden. Eine Marke darf ihre Identität nicht verlieren. Auch wenn sie aktuell präsentiert wird, muß sie ihrem Bild treu bleiben. Wiewohl gerade eine historische Basis Vorbedingung für das Entstehen einer Aura ist, werden Firmen, die nur aus ihrer Vergangenheit leben, in kurzer Zeit selbst Vergangenheit. Die Treue zum Markenartikel hält nur, wenn immer wieder die Bestätigung kommt, daß die Bindung an die Marke zu Recht besteht. Bindung die nicht nur kommunikativ erzeugt sein kann, sondern die unmittelbar durch die Substanz des Produktes selbst getragen werden muß. Auch die beste Kommunikation kann langfristig aus einem schlechten Produkt keinen Verkaufsschlager machen. Daraus resultieren klare Anforderungen an Substanz und Aura der Marken, aber auch an die hinter ihnen stehenden Unternehmen. Indes kann diese Zielsetzung nur erreicht werden, wenn Markenführung konzentriert, kontinuierlich und diszipliniert ist und kommunikativ untermauert wird.

Starke Marken sind durch eine starke Substanz, also eine qualitativ hochwertige Produktleistung und ein Produkt oder eine Dienstleistung umgebende - einzigartige - Aura bestimmt. Kommunikation ist Bindeglied und Promotor zwischen beiden. Erst die Aura, das besonders Attraktive, die Welt, mit der 'man' sich identifiziert - zu der 'man' gehören will, schafft den Unterschied, die Differenz zum Wettbewerb, die starke Marken von der Menge anderer Angebote unterscheidet und die letztendlich die Abschöpfung von Premiumpreisen ermöglicht. Zusammengefaßt bestehen damit die Säulen erfolgreicher Markenführung in:

- einer qualitativ überzeugenden Produktleistung,
- einer differenzierbaren Aura als Summe aller emotionaler und subjektiver Nutzenkomponenten und
- einer fokussierten Kommunikationsleistung, die die Produktstärken vermittelt und das emotionale Umfeld permanent stärkt.

Für internationale Marken gilt dasselbe, wenngleich ein weiterer Faktor als wesentlich zu nennen ist: Konsistenz. Die Stärke einer Marke liegt letztlich in ihrem klar fokussierten und umrissenen Profil. Dieses ist weltweit über Regionen und Länder zu 'ziehen' - eine besondere Herausforderung vor allem dann, wenn dezentrale 'Entscheidungs-Hoheit' individuelle Markeninterpretation betreibt. An dieser Stelle entscheidet sich auch inwieweit Marken weltweit Stärke erlangen oder - was ja kein Nachteil sein muß - ihre Kraft aus regional unterschiedlichen Verständniszusammenhängen ziehen.

Für internationale Werbung ist in diesem Kontext der inhaltliche Rahmen allerdings klar: Internationale Werbung stärkt nur dann weltweit Marken, wenn sie von einer Vorstellung ausgehend international durchgängig das Profil einer Marke vermittelt.

Das Beispiel BMW: 'Freude am Fahren'

Markenführung bei BMW folgt dem oben dargestellten Modell. Kommunikation hat die Aufgabe, einem qualitativ 'outstanding' Produkt eine Aura zu schaffen, die

BMW vom Wettbewerb unterscheidet[3], die das Zielpublikum als Markenwelt von BMW empfindet und die letztendlich die Durchsetzung einer Premiumpreisposition ermöglicht.

Werte und Emotionen schaffen Differenzierung. Wesentlich dabei ist zu erkennen, welche Werte und Emotionen (Aura) zum Besitzstand der Marke gereift sind, um sie auch weiterhin im Sinne der Marke und ihrer Entwicklung zu nutzen. Es gilt, klare Signale zu besetzen, will man die Investitionen und damit auch die Strahlkraft der Marke, geboren aus der eigenen Heritage, in die Zukunft führen. Es kommt darauf an, die Marke, die Wertestruktur, charakteristisch und unkopierbar aufzuladen. Dies bedeutet, daß einzelne Werte dieser Struktur durchaus universalen Charakter haben können, sie aber erst in ihrer Kombination unverwechselbar werden. Dies ist, neben der Produktsubstanz, der entscheidende Wettbewerbsfaktor und -vorteil und damit maßgeblich für eine Premiumpreisposition. Somit kombiniert Markenmanagement über Kommunikation die Substanz und die Aura und gestaltet damit ein austauschbares Angebot zu einem individuellen Erlebnis.

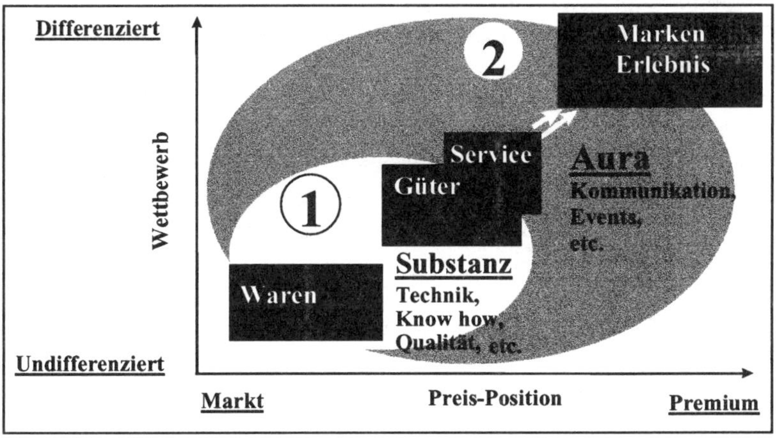

Quelle: Eigene Darstellung BMW.

Die Strahlkraft der Marke BMW wird in der öffentlichen Wahrnehmung als stark empfunden, im 'Wecken' emotionaler Regungen ist BMW europaweit führend (vgl. Auto Motor Sport 1999). Welcher Weg wurde nun vor diesem Hintergrund bei BMW beschritten?

Was die Marke BMW kennzeichnet

Die BMW Markenkommunikation fußt auf einer Analyse des Ist- und Soll-Zustandes - abgeleitet aus der Betrachtung der eigenen Geschichte, der gegenwärtigen Kompetenzen und Erwartungen sowie einer detaillierten Wettbewerbs- und Umfeldbetrachtung. BMW hat - im Sinne der Identitätsentwicklung - konsistente

[3] So sehen 60,3% der deutschen Bevölkerung ab 14 Jahren die Marke BMW als unverwechselbar an, 79,1% als zeitgemäß und 64,2% als sympathisch. Quelle: Verlagsgruppe Milchstraße, Fame '98/99.

Wertestrukturen und wiederkehrende Erfahrungsmuster aus der Unternehmensgeschichte extrahiert. Erfahrungen aus denen sich - in einem zweiten Schritt - konkrete Werte ableiten lassen. Die kongruenten Erfahrungen und Ereignisse einer jeden Phase ergeben die Bausteine, die zusammengeführt eine in sich geschlossene Identität zur Folge haben.

Die Herkunft der Marke BMW ist die Basis für ihr Können und ihren Charakter. In der Vergangenheit der Marke BMW finden sich neben der Technikbegeisterung vor allem Werte wie: Faszination, Wettbewerb und Zukunftsorientierung. In Summe eine Leidenschaft für Technik, ferner für Form, Design und Sportlichkeit. Daraus leiten sich die Kernwerte - die Identität - von BMW ab:
'Innovation' als das Streben nach Neuem, nach dem Besten, nach vorne gerichtet. 'Dynamik', verstanden als ein ständiges sich messen, ein in Bewegung sein, das Fahren in all seinen Facetten, bis hin zum Motorsport. Zum dritten Wert: 'Ästhetik'. Wertigkeit und Schönheit als oberstes Gebot. BMW ist echt, man weiß immer, woran man ist. BMW ist Premiummarke. Professionalität und Integrität kennzeichnen die Marke ebenso wie ein bestimmtes Verhältnis zur Formensprache. Da es nicht ausschließlich um ein funktionales Produkt, sondern immer um einen emotionalen Mehrwert geht, spielt Ästhetik eine herausragende Rolle.

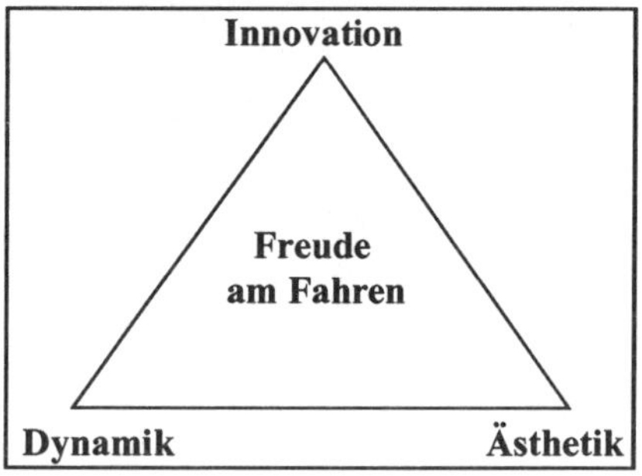

Quelle: Eigene Darstellung BMW.

Innovation, Dynamik, Ästhetik: Das sind die Werte, die die Marke beschreiben, die abgeleitet sind und - da aus der Produktsubstanz, aus dem Erfahrungsschatz von BMW belegbar - in ihrer Kombination einzigartig sind. Kristallisationspunkt dieser Wertestruktur ist die zentrale Mission der Marke: 'Freude am Fahren'. Diese spiegelt sich daher auch nicht nur im Produkt, sondern ebenso in der Summe aller Dienstleistungen, aller Auftritte und aller Äußerungen bis hin zum Selbstverständnis eines jeden einzelnen Mitarbeiters wider. In einer Prozeßdarstellung lassen sich die einzelnen Schritte - die zu diesem Ergebnis geführt haben - wie in der folgenden Abbildung darstellen.

Aus der Kombination der dargestellten Wertestruktur mit situations- und aufgabenbezogenen Themen ergibt sich die Kommunikationsplanung für einen bestimmten Zeithorizont. Sie organisiert aktuelle Kommunikationsaufgaben vor dem Hintergrund der langfristigen Kommunikationsziele. Ein Wertegerüst, eine Identität, ohne Transformationsform ist nutzlos. Eine Themenstruktur, über die Werte transportiert werden können, macht es erst möglich, Zielgruppen zu erreichen. Gerade Identität ist zunächst nur etwas, das aus einer Unternehmung selbst gewachsen ist, was aber nicht unbedingt deckungsgleich sein muß mit dem, wofür Umfelder sensibel sind. Also dienen Themen kommunikationsstrategisch dazu, Werte zu übersetzen und sie verständlich zu machen.

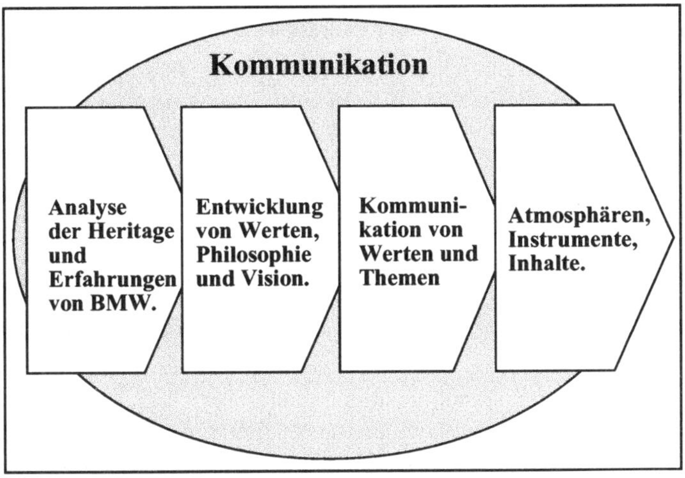

Quelle: Eigene Darstellung BMW.

Markenwerbung als Speerspitze internationaler Medienpräsenz

Die Grundwerte der Marke BMW spiegeln sich in jeder Äußerung der Marke wider. Eine klare Struktur, entwickelt aus der Geschichte, aus dem gesammelten Erfahrungsschatz, projiziert auf zukünftige Herausforderungen, umsetzbar in Kommunikation. Jedes Kommunikationsmittel wird daraufhin überprüft, ob es die angestrebten Botschaften in der richtigen Tonalität transportiert. Nur so zahlt jede Art von Kommunikation auf das BMW Markenkonto ein. Der 'Kontostand' wird durch Instrumente der Marktforschung ständig gemessen. Diese zeigen sehr deutlich mögliche Diskrepanzen zwischen dem langfristig formulierten Soll-Zustand der Wertestruktur und der gegenwärtigen Ist-Situation.[4] Daraus lassen sich konkrete Handlungserfordernisse für Kommunikationsaktivitäten für verschiedene Zeithorizonte ableiten. Markenkommunikation ist die unmittelbarste Form, Einfluß auf die Wahrnehmung der Marke auszuüben. Sie hat - mehr als andere Kommunikationsformen - Investitionscharakter. Aus diesem Grund setzt BMW seit einiger Zeit auf Markenwerbung - länderübergreifend, gleichwohl aber eng verzahnt - also verstärkend - mit produktbezogener und landesspezifischer Kommunikation.

[4] So fand die Mehrheit der Befragten 1998 die BMW Werbung als absolut markenadäquat. Quelle: ADAC-Verlag, PKW-Monitor '98/II.

Kosmopoliten als Zielgruppe

Die mittels internationaler Markenwerbung zu vermittelnde BMW Wertestruktur ist weltweit identisch und Teil der weltweit einheitlichen Markenidentität. Ihre Aufgabe ist es, global einheitliche Zielgruppen mit gemeinsamen und integrierten Botschaften ansprechen. Im Gefolge wird es zunehmend wichtiger, Zielgruppen - über die herkömmlichen soziodemographischen Merkmale hinaus - präziser zu klassifizieren und zu planen, um Mittel zielgerichtet einzusetzen.

BMW richtet seine internationale Markenbotschaft an eine Zielgruppe, die das Kriterium der psychographischen Einheitlichkeit sehr ausgeprägt erfüllt: 13.2 Millionen Kosmopoliten:
Unter dieser Kurzbeschreibung sind international tätige Führungskräfte mit starker Meinungsführerfunktion, die länderübergreifend gleiche demografische und psychografische Profile aufweisen (Cross-Cultural-Groups) subsumiert. Ihr Verhalten, besonders gegenüber werblicher Ansprache, stellt sich homogener dar, als zwischen verschiedenen Teilöffentlichkeiten innerhalb eines einzelnen Marktes. Kosmopoliten sind für BMW in mehrfacher Hinsicht eine wichtige Zielgruppe, die es Wert ist, auf zusätzlichem Weg angesprochen zu werden. Zum einen sind sie wegen ihrer Einkommensstruktur unmittelbare Potentialkunden. Zum anderen üben sie sowohl im beruflichen wie privaten Umfeld eine starke Meinungsführerfunktion aus, die gerade bei Kaufentscheidungsprozessen emotional aufgeladener Produkte wie Luxusautomobilen einen gewichtigen Einfluß hat. Denn: Womit man sich identifiziert, wird man auch identifiziert.

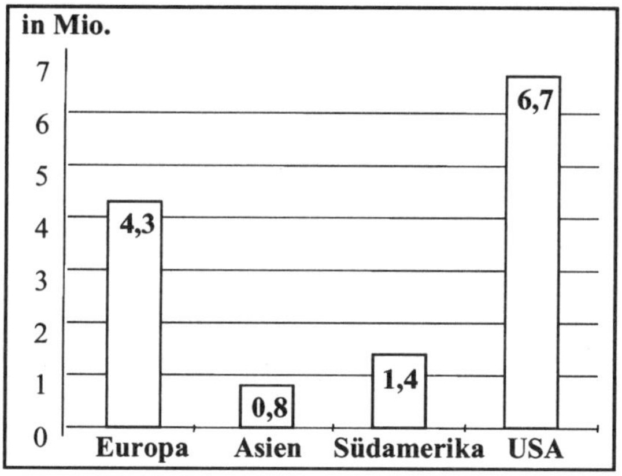

Quelle: PES, EBRS, ABRS; 1997/98.

Die BMW Markenwerbung überbrückt wirkungsvoll den weltweit einheitlichen medialen Background und nimmt im sich globalisierenden Kommunikations- und Wertenetzwerk eine Führungsrolle ein. Das Produkt in seiner Ausprägung ist in allen Kulturkreisen identisch, die Sprache, die man dazu nutzt, auch. Zu berücksichtigen sind aber die von Kontinent zu Kontinent unterschiedlichen sprachlichen Assoziationen. In Experimenten zeigt sich, daß sich die spontanen Vorstellungen der Menschen zu bestimmten Begriffen interkontinental unterscheiden (vgl. Banerjee 1994, S. 95 f.) Spricht man beispielsweise vom 'Handling' eines Autos, so spielt bei den Assoziationen eines Autofahrers seine spezifische Umgebung eine große Rolle: Die Mehrheit der Amerikaner und erst recht die Mehrheit der Westeuropäer werden andere Assoziationen äußern als ein Autofahrer eines sog. Drittweltlandes mit unterentwickeltem Straßennetz. Für die internationale Markenwerbung gilt deshalb der Grundsatz „Visuals travel much better across borders than copy lines“ (Banerjee 1994, S. 95 f.). Deshalb konzentriert sich BMW Markenwerbung auf das Wesentliche. Die große, einfache Idee beherrscht die Kampagne.

Als Beispiel hier zunächst die Kampagne des Jahres 1998[5] unter dem schon sprichwörtlich gewordenen Motto „Freude am Fahren“:

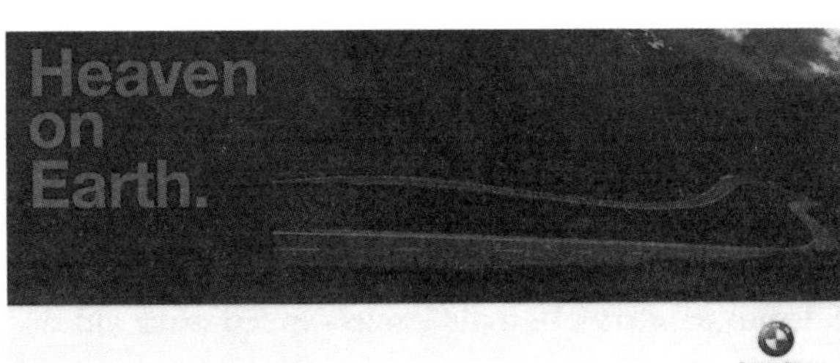

[5] Nach einer gemeinsamen Studie der internationalen Nachrichtenmagazine Newsweek und TIME hat die Kampagne ihre Ziele eindeutig erreicht: 72% aller Befragten erinnerten sich ungestützt an eines der Motive. Ebenfalls wurden die Kernwerte der Marke BMW nachhaltig gestärkt (Innovation 86%, Design 85% und Dynamik 80% Zustimmung); Quelle: Newsweek/TIME, International Advertising Study, September 1998.

Die Eröffnungsmotive 'Welcome' und 'Heaven on Earth' zeigen nichts anderes als schöne Straßen, die wie für einen BMW gemacht sind; Freude am Fahren ausdrückend - Emotion pur.

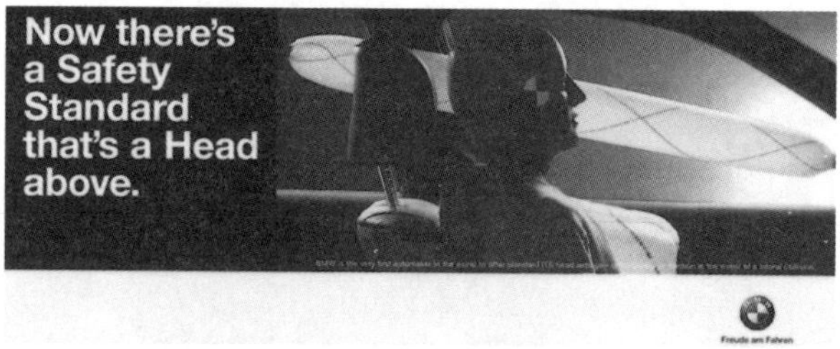

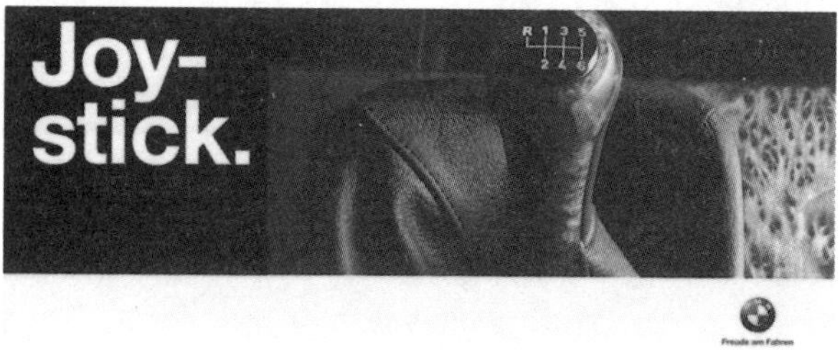

Die Folgemotive der Kampagne liefern die Beweisführung der „Freude am Fahren". Dazu gehören das ergonomische Multifunktionslenkrad genauso wie der BMW typische Schaltkomfort und der ITS Kopfairbag. Die Markenkampagne verliert kein Wort zuviel. Information wird emotional verpackt. Bei tiefergehenden Informationsbedürfnissen verweisen die Anzeigen lediglich auf das Internet.

Cross-Media zur Steigerung von Wirkungen

Cross-Media-Ansätze gewährleisten einer Kampagne höheren Impact. Daher findet die BMW Markenkampagne nicht nur im Medium Print, sondern zusätzlich im Internet statt. Banner auf den Internetseiten wichtiger Wirtschafts-, Nachrichtentitel und stark frequentierter Suchmaschinen erreichen die Zielgruppe auf einem zusätzlichen Weg. Die wiederholte Ansprache durch verschiedene Medien schafft eine starke Einprägung und Erinnerung der Botschaft.

Die gesonderte Ansprache dieser wertvollen Zielgruppe der Kosmopoliten ist fast ohne Streuverluste möglich: Internationale Nachrichten- und Wirtschaftstitel, Inflight Magazine und internationale Fernsehprogramme bieten ein Werbeumfeld, das treffgenaue und damit wirtschaftliche Werbung in einem Umfeld ermöglicht, das zudem (noch) nicht überflutet ist. Es zeigt sich jedoch heute bereits der Trend, daß zahlreiche Markenartikler verschiedener Branchen diese zukukunfsträchtige Medienkategorie verstärkt einsetzen. So haben sich die Werbeumsätze der paneuropäischen TV-Sender - zwar von einem niedrigen Niveau ausgehend - von 1991 bis 1997 verfünffacht (vgl. Stadik 1999, S. 122). Die globale Marke BMW hat aber dennoch die Chance, sich im Umfeld internationaler Medien einem immer größer werdenden internationalen Publikum zu präsentieren.

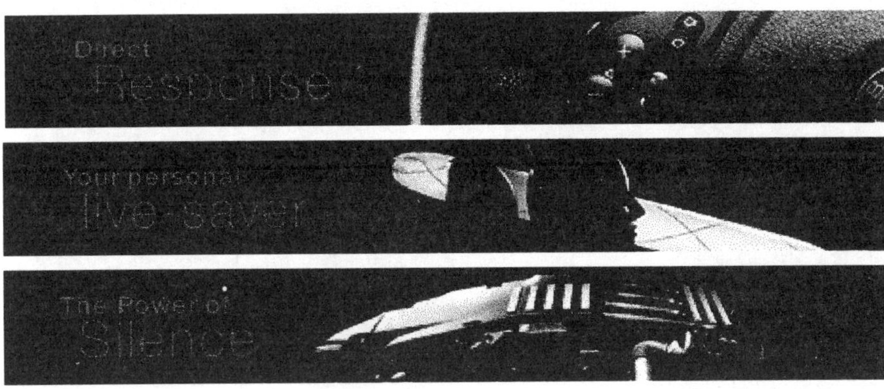

Internet Banner, animiert.

Stärke und Durchschlagskraft erhält die BMW Markenkampagne durch ihre Verzahnung mit nationaler Produktwerbung, regionaler Händlerwerbung und Auftritte in Ausstellungs- und Eventkommunikation - ganz im Sinne einer klaren Aufgabendefinition jeder Kommunikationsform:

Wirkungsraum	**Art**	**Aufgabe**
international	Markenwerbung als Dachkommunikation	Weltweite Markenprägung, Vermittlung BMW Atmosphäre und Emotion
national	Produktwerbung	Produktprägung, Aktualisierung, Verkauf
regional/lokal	Händlerkommunikation, Aktionswerbung	Verkauf

Quelle: Eigene Darstellung BMW.

Die Wirkungskraft ergibt sich dadurch, daß Markenbotschaften stets mit Produktbotschaften ausgefüllt werden. Beide, Marken- und Produktwerbung, funktionieren so stets in enger Verzahnung. Die Integration und wechselseitige Verstärkung erfolgt neben der Einheitlichkeit der kommunizierten Markenwerte vor allem durch das einheitliche Corporate Design der Auftritte. Dieser Disziplin hat sich BMW schon sehr früh verschrieben und sie hat als Teil der Markenführung ebenfalls klaren Investitionscharakter. Markenwerbung bei BMW ist langfristig angelegt. Nur mit langem Atem und der entsprechenden Disziplin lassen sich spürbare Erfolge erzielen. Weitsichtige Denkweise ist deshalb im Entscheidungsprozess des Unternehmens für oder gegen Markenwerbung von entscheidender Bedeutung.

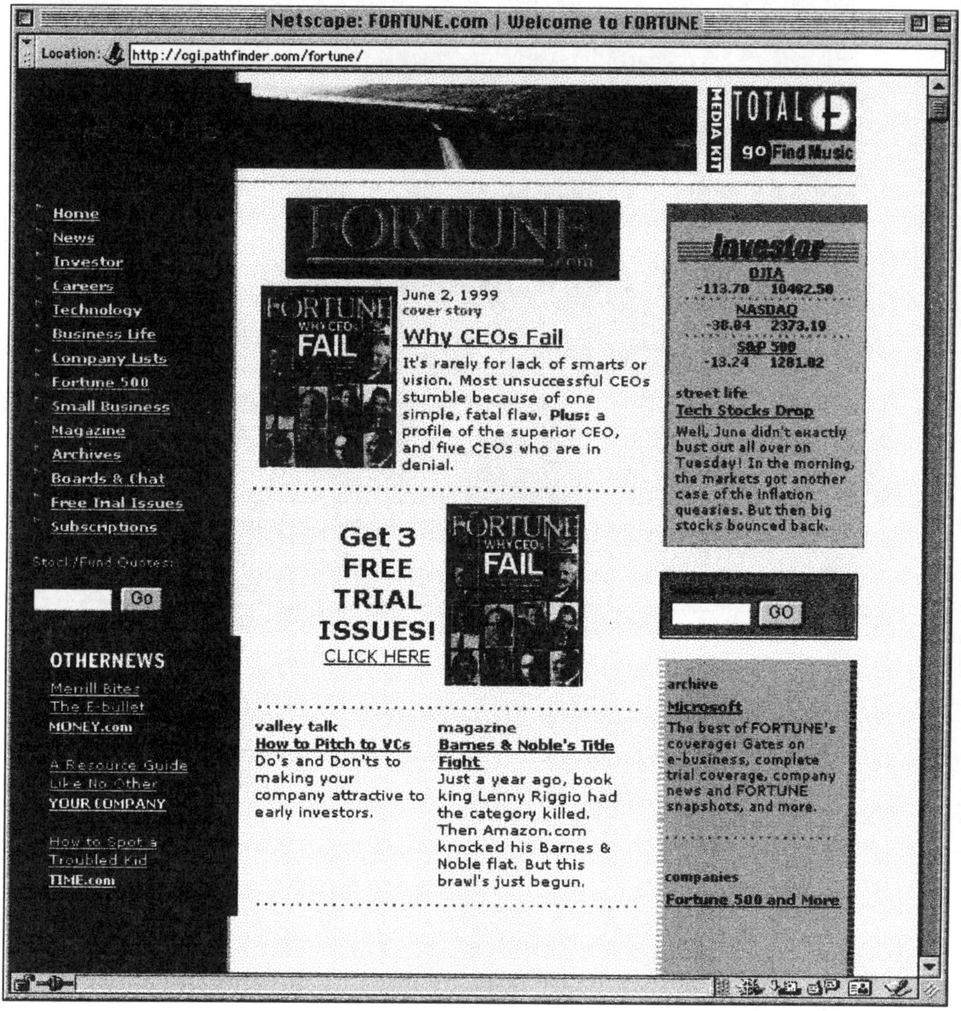

Internet Banner, animiert, unter: http://www.fortune.com.

Die Markenkampagne 1999 geht in der Emotionalisierung der Markenbotschaft noch einen Schritt weiter: Anzeigen, Plakate und TV-Spots, auf denen kein Auto zu sehen ist. Dafür Erlebnisse, die Freude bereiten unter der Headline „Und? Was haben Sie heute erlebt?" Denn die technische Leistung und Perfektion der Produkte dient nur einem Ziel: das Fahren in einem BMW zu einem authentischen und einzigartigen Erlebnis zu machen, wie es eben nur durch BMW erlebbar wird. Authentizität ist damit der Schlüssel und gleichzeitig Unterscheidungsmerkmal von Klischees und Stereotypen, die in vielen anderen Formen erlebnisvermittelter Kommunikation anzutreffen sind.

Beispiele internationaler Medien, die für BMW Markenwerbung genutzt wurden.

UND?
WAS HABEN SIE HEUTE ERLEBT?

UND?
WAS HABEN SIE HEUTE ERLEBT?

UND?
WAS HABEN SIE HEUTE ERLEBT?

Zusammenfassung

Abschließend können folgende Punkte festgehalten werden:

- Starke Marken sind das Ergebnis einer Verbindung von starker Substanz und starker Aura - letztere geprägt vor allem durch kontinuierliche Kommunikation.
- Kern jeder Aura ist eine glaubhafte Wertewelt, die ihre Stärke aus Herkunft, Können und Charakter einer Marke zieht, gleichwohl aber auch die Lebenswelten ihrer Zielgruppen reflektiert.
- Markenwerbung ist eine der wesentlichen Vermittlungsformen von Markenaura - ihr Wirkungspotential liegt insbesondere in der Vermittlung weltweit durchgängiger Botschaften und dies von einer Stelle aus initiiert und mit langem Atem durchgetragen. Mit anderen Worten: Wirksamkeit von Markenwerbung läßt sich kaum isoliert messen - schon gar nicht kurzfristig. Nur Disziplin und langfristige Präsenz lassen die Kommunikationsziele erreichen.
- Kommunikationswirkung multipliziert sich in der Verzahnung von internationaler Werbung mit nationaler und lokaler Kommunikation. Markenwerbung ist ein Stück integrierter Kommunikation; gleichermaßen in inhaltlicher wie optischer Hinsicht.
- Inhaltlicher Erfolg von weltweiter Markenwerbung bestätigt sich nach einem simplen Prinzip: Grundlage ist die große, einfache Idee, die sich auf den Kern der Botschaft konzentriert und international verstanden wird - richtige Emotionalität - abgestimmt auf internationale Zielgruppen - hilft bei der wirksamen Verankerung der Botschaft und verleiht auch angesichts turbulenter Umfelder nachhaltigen 'Impact'.

Aufgaben:

1. Charakterisieren Sie die strategischen Grundkonzeptionen im Internationalen Marketing.

2. Wie läßt sich eine Weltmarke charakterisieren?

3. Unter welchen Voraussetzungen stellen Medien-Overspills für Werbetreibende einen Bonus dar?

4. Welche grundlegenden Voraussetzungen müssen für eine international standardisierte Werbekampagne gegeben sein?

5. Wie ist eine Einteilung von Produkten in kulturfreie und kulturgebundene zu bewerten?

6. Erläutern Sie Kommunikationsbarrieren grundsätzlicher Art.

7. Inwiefern ist der Country-of-Origin-Effect eine Grundlage für eine international standardisierte Werbekampagne?

8 Sonderwerbeformen

„**Die Situation**: Anfang der achtziger Jahre war das elektronische Media-Segment noch vergleichsweise überschaubar, TV-Werbung nur in den öffentlich-rechtlichen Kanälen ARD und ZDF möglich. Hier hatten es die Werbungtreibenden jedoch mit allerlei Restriktionen zu tun. Gerade mal 20 Minuten durfte die gesamte tägliche TV-Werbezeit 1981 im Programm jedes Senders betragen. Die Folge: Der Werbe-Fernsehmarkt hatte damals den Charakter eines Verkäufermarktes. Den Werbekunden wurden Spot-Zeiten in beinahe planwirtschaftlicher Manier zugeteilt.

Die Gegenwart: Mit der Einführung des Privatfernsehens erlebte die TV-Werbung hierzulande einen ungeheuren Boom. (...) Doch das Medium ist keineswegs unumstritten. Die wachsende Zahl und Länge von Werbeblocks hat inzwischen nicht nur in der Primetime zur Überfrachtung geführt. So kann der Verbraucher heute während eines dreistündigen TV-Konsums theoretisch etwa 360 Werbespots sehen. (...) Der Mediachef von Henkel, Hans Kratz, faßt die Stimmung der Werbungtreibenden zusammen: ‘Alle wollen raus aus dem Werbeblock’.“
O.V.: TV-Werbung nur bedingt tauglich, in: Werben & Verkaufen Nr. 21, 1997, S. 104

„Die Werbetreibenden sind also in einem Dilemma gefangen, aus dem sie nur auf zwei Wegen entkommen können. Erster Weg: Den Werbedruck zurücknehmen, d.h. deutlich weniger Spots schalten. Dies käme nur in Frage, wenn sich alle Werbetreibenden hierzu entschließen würden - was höchst unwahrscheinlich ist. Zweiter Weg: Verstärkt Formen der programmintegrierten Werbung anbieten. Jene Werbung also, die eine untrennbare Symbiose mit dem Programm eingeht und die ggf. nicht einmal als Werbung wahrgenommen wird.“
Volpers, H./Herkströter, D./Schnier, D.: Die Trennung von Werbung und Programm im Fernsehen, Opladen 1998, S. 24

Stichworte wie Informationsüberlastung, Zapping und Reaktanz haben zu einer Verunsicherung über die Wirksamkeit der klassischen Werbung geführt. Die Werbetreibenden versuchen daher, die Zielgruppen auf neuen Wegen zu erreichen, sich in der Zielgruppenansprache von der Konkurrenz abzuheben und dadurch einen kommunikativen Wettbewerbsvorteil zu erreichen. Zu diesen neuen Kommunikationsformen zählen vor allem Sponsoring, Product Placement, Direct Marketing und die Verkaufsförderung. Die Gemeinsamkeit aller Sonderformen liegt darin, daß sie die Werbeblockbildung umgehen und Werbung stärker in das Programm integrieren, so daß sich der Zuschauer der Werbung nicht mehr entziehen kann.

8.1 Sponsoring

8.1.1 Grundlagen

„Sponsor“ kommt aus dem Englischen und bedeutet Förderer, Gönner oder Geldgeber. Das Wort hat mittlerweile in die deutsche Sprache Eingang gefunden, ohne übersetzt zu werden. Allerdings wird der Begriff im täglichen Sprachgebrauch teilweise unklar verwendet. Hier gilt nahezu jede Form der Unterstützung als Sponsoring, vom Taschengeld über Freibier bis zum ersten eigenen Auto eines Studenten („sponsored by daddy“).

Sponsoring als Sonderwerbeform basiert auf dem **Prinzip von Leistung und Gegenleistung**, was es vom **Mäzenatentum** unterscheidet. Sponsoring hat sich aus dem Mäzenatentum entwickelt, das benannt ist nach dem reichen Römer Gaius Clinius Maecenas (70 - 8 v. Chr.), der Dichter wie Vergil, Horaz und Properz förderte. Während ein Mäzen uneigennützige Motive hat, ist der Sponsor zu einer Förderung nur auf Basis einer Gegenleistung bereit. Allerdings sind bei einzelnen Sponsoringarten die Grenzen zum Mäzenatentum und auch zum Spendenwesen fließend. Für den Gesponserten ist diese Unterscheidung vor allem in steuerlicher Hinsicht relevant. Tabelle 8-1 zeigt einen Überblick über die spezifischen Merkmale von Sponsoring, Mäzenatentum und Spendenwesen.

Es wird geschätzt, daß die deutsche Wirtschaft zwischen eineinhalb und zwei Milliarden Euro in das Sponsoring investiert. Der Sponsoringanteil an den Kommunikationsaufwendungen liegt damit bei etwa 5%.

Sponsoring läßt sich kennzeichnen als

> die Zuwendung von Finanz-, Sach- und/oder Dienstleistungen von einem Unternehmen (Sponsor) an eine Einzelperson, eine Gruppe von Personen, eine Organisation bzw. Institution aus dem gesellschaftlichen Umfeld des Unternehmens (Gesponserter), gegen die Gewährung von Rechten zur kommunikativen Nutzung von Person bzw. Institution und/oder Aktivitäten des Gesponserten, auf Basis einer vertraglichen Vereinbarung (Hermanns 1993, S. 630).

Die **Leistung des Sponsors** kann in Geld-, Sach- oder Dienstleistungen bestehen. Der Regelfall im Sponsoring ist die Erbringung von einmaligen oder laufenden Geldleistungen durch den Sponsor. Aber auch Sach- und Dienstleistungen sind häufig anzutreffen und für den Gesponserten vor allem dann sinnvoll, wenn sie für ihn geldwerte Leistungen darstellen. So kann der Sponsor beispielsweise seine Computer, Autos, Sportgeräte, Getränke oder Nahrungsmittel zur Verfügung stellen oder administrative Aufgaben übernehmen bzw. qualifizierte Mitarbeiter vorübergehend für spezielle Aufgaben beim Gesponserten freistellen (Secondments). Insbesondere Sach- und Dienstleistungen ermöglichen es dem Sponsor, die Qualität und Zuverlässigkeit seiner Produkte und Leistungen zu demonstrieren.

Abbildung 8-1 zeigt die Stellung des Sponsoring im Marketing-Mix.

Tabelle 8–1: Abgrenzung von Mäzenatentum, Spendenwesen und Sponsoring

Merkmale	Art der Förderung		
	Mäzenatentum	**Spendenwesen**	**Sponsoring**
Art des Geldgebers	Privatpersonen Stiftungen	Privatpersonen Unternehmen	Unternehmen
Motiv(e) der Förderung	ausschließlich Fördermotive (altruistisch)	Fördermotiv dominant, evtl. Steuervorteile (Gemeinnutz)	Fördermotiv und Erreichung von Kommunikationszielen (Eigennutz)
Zusammenarbeit mit Geförderten	teilweise (über Förderbereiche)	nein	ja (Durchführung von Sponsorships)
Medienwirkung	nein (eher privat)	kaum	ja (öffentlich)
Einsatz im Bereich Sport	sehr selten	selten	dominant
Einsatz im Bereich Kultur	dominant	häufig	selten
Einsatz im sozialen/ökologischen Bereich	häufig	dominant	eher selten
Einsatz im Medienbereich	nicht existent	nicht existent	dominant
Entscheidungsträger im Unternehmen	Unternehmer	Finanzwesen	Vorstand, PR, Marketing, Werbung

Vgl. Bruhn, M.: Sponsoring, 3. Aufl., Wiesbaden 1998, S. 23

Abbildung 8–1: Die Stellung des Sponsoring im Marketing-Mix

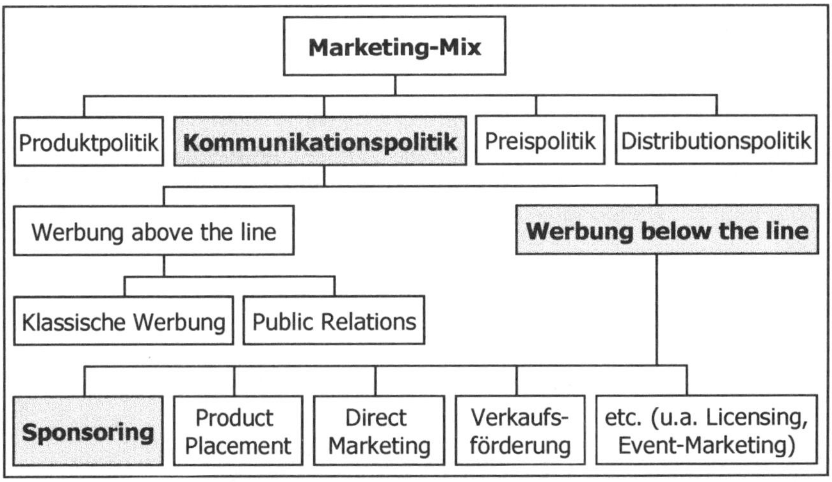

Die **Gegenleistung des Gesponserten** liegt üblicherweise in der Überlassung von Rechten zur kommunikativen Nutzung durch den Sponsor. Dies kann erfolgen durch die Vergabe von Prädikaten („Offizieller Sponsor ...“) oder Lizenzen (Nutzung von Logos oder Emblemen) oder durch aktiven bzw. passiven Einsatz des Gesponserten in die Kommunikation des Sponsors.

Das Resultat der vertraglichen Vereinbarung wird als **Sponsorship** bezeichnet. Für ein Sponsorship müssen also zumindest zwei Parteien gegeben sein: Ein Sponsor, der bereit ist in einen Gesponserten zu investieren, weil er sich davon einen meßbaren Nutzen verspricht und ein Gesponserter, der bereit ist, sich für den Sponsor zu engagieren, um an die Unterstützung durch den Sponsor zu gelangen.

Das Sponsoring hat also zwei komplementäre Aspekte: Aus der Sicht des Sponsors ist es ein **Kommunikationsinstrument**, aus der Sicht des Gesponserten ein **Finanzierungsinstrument**.

Abbildung 8–2: Komplementäre Aspekte des Sponsoring

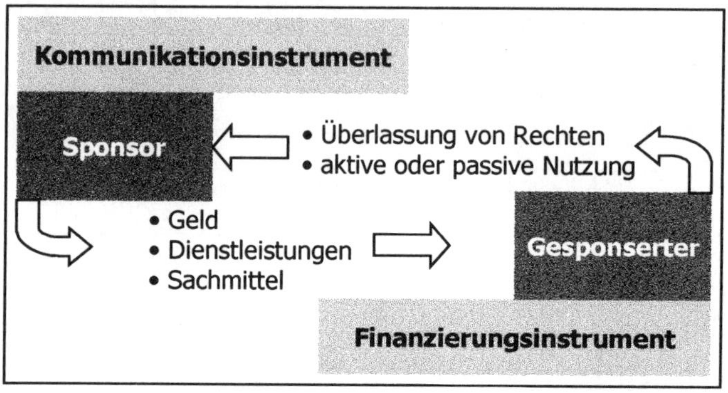

Für einige Bereiche sind beide Aspekte des Sponsoring relevant: Z.B. können Tourismusorganisationen sowohl als Sponsoren auftreten als auch Gesponserte sein. Schwerpunkt der Ausführungen dieses Kapitels liegt in der Rolle des Sponsoring als Kommunikationsinstrument.

Die Entscheidungsfindung für ein Sponsoring ist außerordentlich komplex und setzt ein umfangreiches Know-how voraus. Daher haben sich Spezialagenturen herausgebildet, die einerseits die Funktion als Ratgeber von Sponsor und Gesponserten haben, andererseits aber auch als Makler zwischen beiden Seiten agieren.

Abbildung 8–3: Grundstruktur des Sponsoring

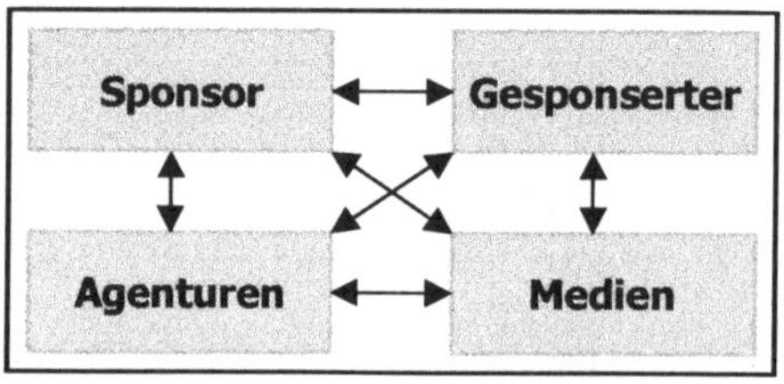

Quelle: Drees N.: Sportsponsoring, 3. Aufl., Wiesbaden 1992, S. 36

Die Nutzenerwartung des Sponsors wird häufig maßgeblich durch das Interesse der Medien an der Tätigkeit des Gesponserten geprägt. Das hat zur Folge, daß primär solche Ereignisse, Institutionen und Personen gesponsert werden, die im Mittelpunkt des öffentlichen Interesses stehen. Medien fungieren in dem Fall als unfreiwillige Multiplikatoren. Als Grundstruktur läßt sich das Beziehungsgeflecht beim Sponsoring wie in Abbildung 8-3 darstellen.

Es lassen sich folgende Sponsoringarten unterscheiden:

- Sport-Sponsoring
- Kultur-Sponsoring
- Sozial-Sponsoring
- Umwelt-Sponsoring
- Wissenschafts-Sponsoring
- Programm-Sponsoring

Sponsoring ist noch ein relativ junges Kommunikationsinstrument. Impulsgeber der Entwicklung war der Ausschluß der Zigarettenindustrie in Großbritannien (1965) und Deutschland (1975) von der Fernsehwerbung. Die Branche versuchte daraufhin, die Sportberichterstattung der Medien für ihre Werbezwecke zu nutzen und etablierte damit das Sport-Sponsoring. Erst seit den 80er Jahren findet das Kultur-Sponsoring verstärkte Aufmerksamkeit. Sozial- und Umwelt-Sponsoring sind erst dabei, sich als Sponsoringarten zu etablieren. Das Programm-Sponsoring im Fernsehen ist auf breiter Basis erst seit der Änderung des Rundfunkstaatsvertrages am 01.08.1994 möglich. Insbesondere im Sport-, Kultur- und Umweltbereich nutzt das Sponsoring die zunehmende Freizeitorientierung der Bevölkerung und die hiermit verbundenen positiven Imagedimensionen.

Sponsoring verfügt gegenüber der Werbung über eine Reihe von spezifischen **Vorteilen** (vgl. Hermanns 1993, S. 630):

- Sponsoring wirkt in **nicht-kommerziellen Situationen:** Werbung ist die klassische Form der kommerziellen Ansprache. Hingegen spricht Sponsoring die Zielgruppen in einer Situation an, in der das kommerzielle Interesse nicht unbedingt offensichtlich ist. Die Sichtbarkeit des Logos einer Bank während der Fernsehübertragung eines Golfspieles hat nicht den gleichen kommerziellen Charakter wie der Werbespot der gleichen Bank in einer Werbeunterbrechung.
- Sponsoring erfolgt unter **optimalen Transferbedingungen:** Werbung wird häufig als notwendiges Übel beim Medienkonsum betrachtet und wird daher nur mit einer geringen Aufmerksamkeit verfolgt. Der eigentliche Grund zum Fernsehen oder zum Lesen einer Zeitschrift ist das Programm bzw. der redaktionelle Artikel und nicht die Werbung. Wenn nun Werbung in das Programm oder den redaktionellen Artikel integriert ist, sind die Transferbedingungen, unter denen die Werbung in diesen Fällen erfolgt, deutlich besser. Das Sponsoring kann daher von der vollen Aufmerksamkeit des Zuschauers oder Lesers profitieren.
- Sponsoring ermöglicht **Konkurrenzausschluß:** Bei der Werbung ist ein Konkurrenzausschluß i.d.R. nicht möglich, d.h. eine Brauerei hat keinen Einfluß darauf, wieviele weitere Brauereien in der gleichen Zeitschrift oder im gleichen

Werbeblock vertreten sind. Beim Sponsoring hingegen ist ein Ausschluß der Konkurrenz i.d.R. gegeben. Hinzu kommt, daß sich die Umfelder, in denen die werbliche Botschaft übermittelt wird, ziel- und zielgruppenspezifisch steuern lassen.

- Sponsoring ermöglicht **kommunikative Wettbewerbsvorteile:** Die Vielfalt an Sponsoringmöglichkeiten erlaubt es, sich von dem werblichen Auftritt der Konkurrenz zu differenzieren und eigenständige kommunikative Ziele zu verfolgen. In der Bierbranche, die schwerpunktmäßig regional orientiert ist, erfolgt häufig auch ein regionales Sponsoring. So sponsert beispielsweise die Privatbrauerei *Diebels* die Touristikagentur Niederrhein, die *Hasseröder* Brauerei die Tourismus GmbH Wernigerode und die *Krombacher* Brauerei verschiedene Touristikverbände im Sieger- und Sauerland (vgl. DFV 1997, S. 46 ff.). Die Zielsetzung einer kommunikativen Alleinstellung im Sponsoring setzt eine Analyse der Wettbewerbsaktivitäten in diesem Bereich voraus. Beispielsweise sind viele Brauereien als Sponsoren im Fußball engagiert, mit der Maßgabe, daß hier eine kommunikative Alleinstellung für sie nicht mehr gegeben ist. Kommunikative Wettbewerbsvorteile lassen sich vor allem als Haupt- oder Exklusiv-Sponsor erzielen. Alleinige Sponsorenschaften sind im Kultur- und Sozial-Sponsoring die Regel. Bei sportlichen (Groß-) Ereignissen werden mittlerweile finanzielle Dimensionen erreicht, die von einem einzigen Sponsor nicht mehr zu tragen sind, so daß sich hier häufig mehrere Haupt- und Co-Sponsoren das Sponsorship teilen. Auch in diesem Fall ist eine kommunikative Alleinstellung nicht mehr gegeben.

Weitere Vorteile des Sponsoring sind:

- **Erreichen spezifischer Zielgruppen:** Mit Sponsoring lassen sich Zielgruppen erreichen, die mit den klassischen Kommunikationsmaßnahmen nur schwer zu erreichen sind. Hierzu zählen Personengruppen, die der Werbung gegenüber besonders kritisch eingestellt sind. Über Kultur-, Sozial- oder Wissenschafts-Sponsoring lassen sich hier teilweise Hürden der Ansprachemöglichkeit überwinden. Beispielsweise läßt sich die über klassische Medien nur schwer erreichbare Zielgruppe der Studenten, die vor allem für Banken und Versicherungen interessant ist, über Wissenschafts-Sponsoring erreichen.
  Grundsätzlich ist im Sponsoring zwischen den **Zielgruppen des Sponsors** und den **Zielgruppen des Gesponserten** zu unterscheiden. Der Sponsor muß sein Engagement nicht notwendigerweise nutzen, um seine aktuellen und potentiellen Verbraucher anzusprechen. Er kann sich mit seinem Sponsoring auch gezielt an Handelspartner, Kapitalgeber, Lieferanten oder Mitarbeiter wenden. Das Sponsoring eignet sich auch dafür, gezielt neue Zielgruppen zu erschließen bzw. bei bestimmten Zielgruppen Imagedefizite aufzuarbeiten bzw. neue Imagedimensionen aufzubauen. In jedem Fall ist vorher der Bezug der entsprechenden Zielgruppe zu der Sponsoringart zu untersuchen, ob sie beispielsweise eher mit Kultur- oder Sportveranstaltungen zu erreichen ist.
  Die Zielgruppen des Gesponserten sind einerseits die Aktiven selbst, also Schauspieler, Sportler, Sozialarbeiter, andererseits die Besucher (Konzert, Stadion, Ausstellung) bzw. die unmittelbaren Kontaktpersonen z.B. im Sozialbe-

reich. Jede dieser Zielgruppen kann für den Sponsor von Interesse sein, zumal insbesondere im Fußball hohe Besucherzahlen erreicht werden. Im Regelfall ist jedoch davon auszugehen, daß der Sponsor bei einem überregionalen, nationalen oder internationalen Engagement in erster Linie an den Mediennutzern, die die Aktivität des Gesponserten im Fernsehen, Hörfunk oder der Presse verfolgen, interessiert ist.
Während der Sponsor seine eigenen Zielgruppen i.d.R. gut quantifizieren kann, sind die Zielgruppen des Gesponserten hingegen im voraus nicht immer eindeutig bestimmbar.

- **Überwindung von rechtlichen Kommunikationsbarrieren:** Zigarettenwerbung ist in Deutschland in den elektronischen Medien verboten. Über das Sponsoring der Formel 1 können die Tabakkonzerne dieses Verbot umgehen. Bis zur Etablierung der privaten Fernsehanbieter stellte die 20:00 Uhr-Werbegrenze in den öffentlich-rechtlichen Fernsehanstalten eine weitere Barriere dar, die mit Sponsoring umgangen werden konnte.
- **Multiplikatorfunktion der Medien:** Stößt das Sponsoring auf das Interesse der Medien, kann der Sponsor von dem dadurch möglichen Multiplikatoreffekt profitieren, d.h. eine vielfach größere Zielgruppe erreichen als mit dem ursprünglichen Engagement. Es muß allerdings betont werden, daß Sponsoring häufig nur deshalb erfolgt, weil mit einer Übertragung in den Medien zu rechnen ist.

Den Vorteilen des Sponsoring stehen allerdings auch einige **Nachteile** gegenüber:

- **Überlastung einzelner Sponsoringarten:** Das Sponsoring konzentriert sich insbesondere auf das Sport-Sponsoring und hier auf die sogenannten telegenen Sportarten wie Fußball, Tennis und Motorsport. Mittlerweile sind hier so viele Sponsoren vertreten, daß eine ähnliche Informationsüberflutung gegeben ist wie in der klassischen Werbung.
- **Begrenzte Informationsübermittlung:** Die Sponsoringmöglichkeiten erlauben i.d.R. nur kurze, visuelle Botschaften wie die Übermittlung des Unternehmenslogos und/oder -namens. D.h. Voraussetzung für das Sponsoring ist ein hinreichender Bekanntheitsgrad des sponsernden Unternehmens.
- **Spezifische Probleme einzelner Sponsoringarten:** Ein Unternehmen, das im Sport-Sponsoring engagiert ist, kann z.B. von Dopingaffären oder generell dem persönlichen Auftreten einzelner Sportler in Mitleidenschaft gezogen werden.
- Eine spezifische Problematik kann sich ergeben, wenn bestimmte Bereiche als werbefreie Zonen angesehen werden, wie beispielsweise der Freizeitbereich. „Freizeit und Urlaub werden gerne als werbefreie Bereiche angesehen, in denen die permanente Konfrontation mit Werbebotschaften von Sponsoren aus dem Alltag der Konsumwelt nicht auf allgemeine Zustimmung treffen wird“ (Freyer 1995, S. 264).

Bei der Nutzung des Sponsoring als Kommunikationsinstrument sind einige **spezifische Besonderheiten** zu berücksichtigen. Die Werbung steht und fällt grundsätzlich mit ihrer Glaubwürdigkeit, dies gilt in besonderem Maße für das Sponsoring. Wobei die **Glaubwürdigkeit im Sponsoring** sich auf das Verhältnis zwischen Sponsor und Gesponsertem bezieht. Ein Sponsor muß vor allem darauf achten, daß eine für die Zielgruppe nachvollziehbare Verbindung mit seinem Sponsoring-Engagement besteht. Bei den meisten Sponsoringformen reicht es nicht aus, sich einfach nur mit Geld zu beteiligen, vielmehr sollte ein legitimes Interesse des Unternehmens deutlich werden, was vor allem mit echtem Engagement zu erreichen ist.

Die zweite Besonderheit liegt darin, daß die Sponsoring-Botschaft i.d.R. niemals die volle Aufmerksamkeit im Kommunikationsprozeß erzielt. Die Aufmerksamkeit des Zuschauers bei der Übertragung einer Kultur- oder Sportveranstaltung richtet sich auf das Kultur- oder Sportereignis, auch die Kameraführung ist darauf ausgerichtet. Sponsoring-Botschaften werden, wenn überhaupt, nur beiläufig wahrgenommen, d.h. beim Sponsoring ist grundsätzlich nur von einem geringen Involvement der Zuschauer auszugehen. Dieser Nachteil wird allerdings kompensiert durch die Tatsache, daß der Zuschauer sich der Sponsoring-Botschaft nicht entziehen kann. Die Ausführungen zum Mere-exposure Effekt haben gezeigt, daß gerade in der beiläufigen Darbietung ein erhebliches Wirkungspotential steckt (vgl. Kapitel 2.2.3.1.4). Die Inhalte der Sponsoring-Botschaft können nur durch häufige Wiederholungen gelernt werden, was ein langfristiges Engagement des Sponsors voraussetzt. Ein beabsichtigter Imagetransfer, also die Übertragung der Imagekomponenten des Sponsoring-Objektes auf den Sponsor, funktioniert nach der emotionalen Konditionierung (vgl. Kapitel 2.3.1.2). Dafür ist wiederum eine nachvollziehbare emotionale Nähe zwischen Sponsor und Sponsoring-Objekt Voraussetzung. „Sponsoring eignet sich demnach weniger zur Übermittlung komplexer Botschaften, sondern zielt auf die assoziative Verbindung von Unternehmen bzw. Marke mit Attributen des Gesponserten“ (Hermanns 1993, S. 645).

Sponsoring eignet sich für die Verfolgung einer Vielzahl von Zielen. Im Vordergrund stehen die kommunikativen Zielsetzungen

- **Erhöhung des Bekanntheitsgrades** und die
- **Beeinflussung von Images**.

Für beide Zielsetzungen erfüllt der Sport sehr gute Voraussetzungen. Er besetzt positive Begriffe wie Leistung, Erfolg, Gesundheit, Freizeit, trifft auf eine breite Öffentlichkeit und kann damit attraktive Gegenleistungen für einen Sponsor erbringen.

Für diese Zielsetzungen eignen sich allerdings die einzelnen Sponsoringarten in unterschiedlichem Maße. Bekanntheitsgrade lassen sich vor allem über die Multiplikatorfunktion der Medien steigern, hingegen lassen sich mit allen Sponsoringarten Images beeinflussen. Vielfach sind es dabei nur einzelne Imagefacetten, die gezielt ausgebaut werden sollen, um Imagedefizite auszugleichen.
Weitere Ziele des Sponsoring sind:

- **Demonstration der Produktleistung**. Für Uhrenhersteller lassen sich bei der Zeitnahme im Sport ebenso die Zuverlässigkeit ihrer Produkte herausstellen wie für Reifenhersteller im Motorsport. Unternehmen aus dem Bereich der Musikindustrie können ihre Leistungsfähigkeit z.B. bei Sinfonie- oder Rockkonzerten unter Beweis stellen. Brauereien können mit dem Sponsoring bestimmter Regionen auf die Reinheit und Natürlichkeit ihrer Biere hinweisen.

- **Kontaktpflege.** Für Unternehmen bieten Sport- oder Kulturveranstaltungen gute Möglichkeiten, den Kontakt zu ihren Händlern und Kunden auszubauen. Der Sponsor verfügt häufig über Kartenkontingente, die er entsprechend nutzen kann.
- **Mitarbeitermotivation.** Freier Eintritt zu Sport- oder Kulturveranstaltungen läßt sich auch für innerbetriebliche Zwecke nutzen, sei es für die gesamte Belegschaft oder für die Gewinner von Wettbewerben.
- **Demonstration gesellschaftlicher Verantwortung.** Sponsoring wird häufig auch unter unternehmensstrategischen Aspekten eingesetzt. Unternehmen können damit ihr soziales Engagement beweisen. Dafür eignet sich insbesondere Sozial- und Umwelt-Sponsoring, allerdings ist bei dieser Zielsetzung die Grenze zum Mäzenatentum fließend. Beispiele sind der *ADAC*, der die Deutsche Alleenstraße sponsert oder die *Lufthansa*, die Schutzgebiete für ihren Wappenvogel, den Kranich, sponsert.

Abbildung 8–4: Integrationsansätze für das Sponsoring

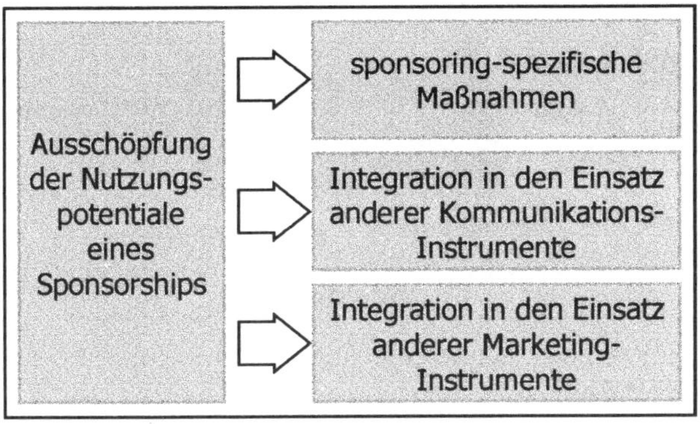

Quelle: Püttmann, M.: Das Management von Sponsoring, in: Berndt, R./Hermanns, A.: Handbuch Marketing-Kommunikation, Wiesbaden 1993, S. 662 ff.

Die Zielsetzungen verdeutlichen, daß Sponsoring zu ihrer Realisierung nicht als einziges Instrument eingesetzt werden kann, vielmehr in aller Regel im Rahmen einer integrierten Kommunikationspolitik flankierend zu anderen Instrumenten zu nutzen ist. Sponsoring ist ein Kommunikationsinstrument, das seine Wirkung nicht isoliert, sondern i.d.R. nur in Verbindung mit anderen Kommunikationsmaßnahmen entfalten kann. Daher ist es sinnvoll, neben den rein sponsoringspezifischen Maßnahmen (Markierung von Ausrüstungsgegenständen, Nutzung von Prädikaten usw., vgl. Abschnitt Sport-Sponsoring), eine Integration des Sponsoring in das Kommunikations- bzw. Marketing-Mix anzustreben und Synergieeffekte zu nutzen (vgl. Abbildung 8-4). Beispielsweise läßt sich die Thematik des Sponsoring in Werbung, Verkaufsförderung, Public Relations und der Mitarbeiterkommunikation aufgreifen. Eine Integration seines Sponsoring der Tourneen von Rockgruppen in die Produktpolitik nimmt der *Volkswagen*-Konzern mit den Pink-Floyd- und Rolling-Stones-Sondermodellen vor.

Der kommunikative Nutzen des Sponsoring resultiert in erster Linie aus der Vernetzung mit anderen Instrumenten. Isolierte Maßnahmen laufen Gefahr, in der zunehmenden Kommunikationsüberflutung nicht wahrgenommen zu werden. Abbildung 8-5 zeigt als Beispiel für die Integration einer Sponsoring-Maßnahme in das Kommunikations- bzw. Marketing-Mix die Möglichkeiten, die die Formel 1 im Rahmen des Sport-Sponsoring bietet. Neben Fußball-Welt- und Europameisterschaften und den Olympischen Spielen ist die Formel 1 eines der wenigen internationalen Tools im Sport. Als internationale Kommunikationsbausteine sind hier z.B. Teamsponsoring, Testimonials, Bandenwerbung und Internet einzusetzen. Sie bietet aber auch nationale Kommunikationsbausteine wie TV-Spots, Print, Plakat, Programmsponsoring oder Gewinnspiele. Auf nationaler Ebene erfolgt die Vernetzung im Sponsoring vor allem mit Maßnahmen der klassischen Werbung.

Abbildung 8–5: Kommunikationsbausteine in und um die Formel 1

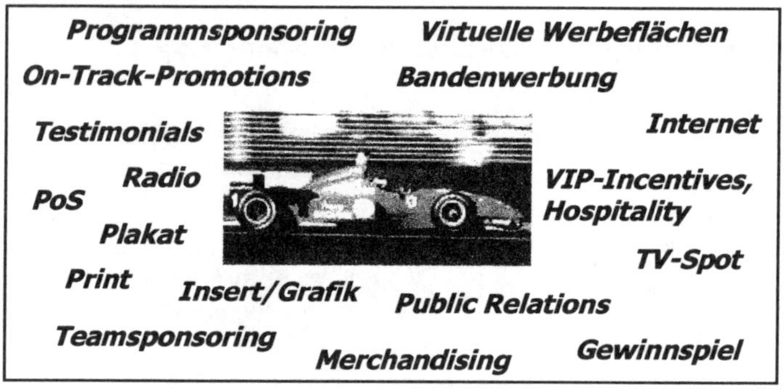

Quelle: Cordes, M.: Formel-1-Sponsoring: Weniger ist mehr, in: FAZ-Net: Uptoday Sport Sportbusiness, 01.03.2001

Wie alle Marketinginstrumente steht und fällt auch das Sponsoring mit der Glaubwürdigkeit seiner Umsetzung. Sponsoring setzt eine strategische Einbettung in eine Corporate Identity voraus. Wichtig ist, daß das Sponsoring-Engagement glaubwürdig mit dem Unternehmenszweck und dem Unternehmensverhalten harmoniert. Ein Zigarettenunternehmen, das die Leichtathletik sponsert wird ebenso in Argumentationsnot kommen wie ein Chemieunternehmen, das im Umwelt-Sponsoring engagiert ist, aber durch häufige Störfälle von sich Reden macht.

8.1.2 Sponsoring-Arten

8.1.2.1 Kultur-Sponsoring

Mit einer Größenordnung von ca. 300 Millionen Euro hat Kultur-Sponsoring mittlerweile einen festen Platz als Kommunikationsinstrument eingenommen.

Kultur-Sponsoring kann sich prinzipiell auf alle Kulturbereiche erstrecken. Tabelle 8-2 gibt einen Überblick über die Möglichkeiten im Bereich des Kultur-Sponsoring.

Tabelle 8–2: Möglichkeiten im Bereich des Kultur-Sponsoring

Kulturbereich	▪ Bildende Kunst (Malerei, Bildhauerei, Grafik, Fotografie, Design, Architektur) ▪ Darstellende Kunst (Schauspiel, Oper, Musical, Ballett) ▪ Literatur ▪ Filmkunst ▪ Musik
organisatorische Einheit	▪ Einzelkünstler ▪ Kunst-Wissenschaftler ▪ Kunstgruppen ▪ Kulturinstitutionen (Museen, Galerien, Theater, Kunstvereine, Kunsthochschulen) ▪ Kunstobjekte
Maßnahmen-kategorien	▪ Beiträge an Künstler (Stipendien, Ausstellungshonorare, Publikationsbeihilfen, Zuschüsse zu Inszenierungen) ▪ Bereitstellung von Arbeitsmaterialien für Künstler, Räumlichkeiten für Ausstellungen ▪ technische und kaufmännische Beratung, Übernahme von Versicherungs- und Transportleistungen ▪ der Gesponserte übernimmt Werbung für den Sponsor (M. Jackson für *Pepsi*) ▪ Ausschreibung von Kunstpreisen für etablierte oder Nachwuchskünstler (*AEG*, *Marlboro*) ▪ Förderung von Kunstveranstaltungen oder Kulturinstitutionen (Opernhäuser, Festivals, Konzerte) ▪ Förderung nationaler und internationaler Ereignisse (Festspiele, Schleswig-Holstein-Festival) ▪ Markierung von Ausrüstungsgegenständen (Musikinstrumente) ▪ Präsenz im Umfeld von Kulturveranstaltungen (Nennung des Sponsors auf Plakaten, Eintrittskarten, Programmheften, Bühnenspanntüchern, Sampling, Hospitality) ▪ Benennung des Sponsoring-Objektes nach dem Sponsor, Titel-Sponsoring ▪ Leihgaben an Kunstinstitutionen ▪ Restauration bedrohter Kunstwerke

Quelle: Hermanns, A.: Charakterisierung und Arten des Sponsoring, in: Berndt, R./Hermanns, A.: Handbuch Marketing-Kommunikation, Wiesbaden 1993, S. 635 ff.

Die Übersicht in Tabelle 8-2 zeigt die außerordentliche Breite an Einsatz- und Gestaltungsmöglichkeiten im Bereich des Kultur-Sponsoring. Namhafte Sponsoren in diesem Bereich sind z.B. der Bekleidungshersteller *Boss*, der einen Kooperationsvertrag mit dem Guggenheim-Museum in New York abgeschlossen hat. *Boss* finanziert 3 bis 4 Ausstellungen pro Jahr. Die *Boss*-Mitarbeiter erhalten einen Art-

Pass, der zum freien Eintritt in Museen berechtigt. Die Firma *Audi* sponsert u.a. die Salzburger Festspiele.

Mit dem Kultur-Sponsoring richtet sich ein Unternehmen nur in seltenen Fällen an eine breite Öffentlichkeit, dennoch ist seine Integration in die klassische Werbung problemlos möglich (vgl. Abbildung 8-6). Die damit verfolgten Ziele sind weniger aus dem Marketing als aus der Corporate Identity abgeleitet.

Dem Kultur-Sponsoring liegen vor allem folgende Ziele zugrunde (vgl. Bruhn 1998, S. 218):

- Dokumentation der Unternehmenskultur,
- Profilierung des Unternehmensimage,
- Aktualisierung der Öffentlichkeitsarbeit,
- Verbesserung der Kundenbeziehungen,
- Integration in das gesellschaftliche Umfeld der Region,
- Steigerung der Mitarbeiteridentifikation.

Die Ziele verdeutlichen, daß im Kultur-Sponsoring die individuelle Zielgruppenansprache eine größere Bedeutung hat als die Massenansprache.

Von dominanter Bedeutung im Rahmen des Kultur-Sponsoring ist der Bereich der Musik. Die meisten Festivals könnten ohne Sponsoren nicht stattfinden, da die Kosten für Organisation und Abwicklung durch die Einnahmen aus den Eintrittskarten nicht zu decken sind. Bei Unternehmen der Unterhaltungselektronik bietet sich ein Sponsoring im Musikbereich auch durch die Produktnähe an (z.B. *Sony*).
Die spezifischen Vorteile des Kultur-Sponsoring liegen vor allem in den vielfältigen Einsatzmöglichkeiten, die den Sponsoren große Differenzierungsmöglichkeiten bieten. Der Kulturbereich findet gesellschaftlich eine hohe Anerkennung und bietet entsprechend attraktive Imagewerte. Die Nachteile liegen insbesondere in einer geringen Multiplikatorwirkung durch die Medien, die - anders als im Sport - in der Nennung der Sponsoren häufig sehr zurückhaltend sind. Der Schwerpunkt des Kultur-Sponsoring liegt in regionalen Maßnahmen und hier vor allen in der Förderung von Nachwuchskünstlern aus den Bereichen Musik und Malerei.

Der *Volkswagen*konzern kann mit einem umfassenden Sponsoringkonzept im Musikbereich aufwarten. Neben dem Sponsoring von Top Stars (Rolling-Stones, Pink Floyd) zielt der Konzern auch auf eine Breitenförderung. Die „Volkswagen Sound Foundation" unterstützt Nachwuchsmusiker mit finanziellen Hilfen, Tourneebussen oder einer Hotline mit Fachleuten. Zusammen mit dem Musiksender Viva wird darüber hinaus versucht, Bands und Musikern einen TV-Auftritt zu verschaffen (vgl. O.V. 1997, S. 9).

Kultur-Sponsoring erfordert ein hohes Maß an Sensibilität in der Durchführung. Ähnlich wie im Sozial-Sponsoring können aufdringliche Auftritte beim Publikum und bei den Gesponserten zu Irritationen führen. Daher ist hier die Grenze zum Mäzenatentum fließend. Kultur-Sponsoring bietet sich vor allem für die Imagepflege an.

Abbildung 8–6: Beispiel für die kommunikative Nutzung des Kultur-Sponsoring

Kultur-Sponsoring hat für Sponsor und Gesponserten auch steuerrechtliche Konsequenzen. Für den Sponsor handelt es sich um absetzbare Betriebsausgaben, wenn er wirtschaftliche Vorteile nachweisen kann, was i.d.R. durch werbliche Maßnahmen des Gesponserten gegeben ist. Für den Gesponserten stellen die Leistungen des Sponsors zu versteuernde Einnahmen dar (vgl. Bruhn/Mehlinger 1994, S. 123).

8.1.2.2 Sozial-Sponsoring

Anders als in den USA, wo sich Non-Profit-Organisationen selbst finanzieren müssen, ist in Deutschland die Lösung sozialer Probleme Aufgabe des Staates („Sozialstaat"). Soziale Einrichtungen finanzieren sich überwiegend von Steuergeldern. Während in den USA das Sponsoring von z.B. Gesundheitseinrichtungen und Hochschulen weit verbreitet ist, kann das Sozial-Sponsoring in Deutschland noch auf keine lange Tradition zurückblicken. Deutsche Unternehmen wenden schätzungsweise lediglich rund 150 Millionen Euro für das Sozial-Sponsoring auf. Es zeichnen sich allerdings zwei Tendenzen ab, die dem Sponsoring als alternatives Finanzierungskonzept im sozialen Bereich eine stärkere Gewichtung zukommen lassen:

- Angesichts der Haushaltsprobleme wird von staatlicher Seite vor allem bei den Sozialausgaben gespart, gleichzeitig sinkt die Spendenbereitschaft der Bevölkerung.
- Andererseits erwartet eine Großunternehmen gegenüber zunehmend kritische Öffentlichkeit, von diesen die Übernahme sozialer Verantwortung.

Beim Sozial-Sponsoring hat i.d.R. das Fördermotiv Vorrang vor Werbemotiven und ist eng verknüpft mit einem tatsächlichen sozialen Verhalten des Unternehmens. Aus Gründen der Glaubwürdigkeit reicht deshalb gerade hier allein die Bereitstellung von Geldmitteln nicht aus. Vielmehr sollte ein Unternehmen durch eigenes und langfristiges Engagement legitimieren, daß es Sozial-Sponsoring nicht nur als Alibifunktion nutzt.

Die grundlegenden Ziele des Sozial-Sponsoring sind:

- Dokumentation sozialer und gesellschaftlicher Verantwortung in der Öffentlichkeit,
- Verbesserung des Unternehmensimages,
- Dokumentation des unternehmerischen Selbstverständnisses,
- Verbesserung der Mitarbeitermotivation (vgl. Bruhn 1998, S. 321 f.).

Für das Sozial-Sponsoring kommen z.B. folgende Institutionen in Betracht:

- Karitative Organisationen und Wohlfahrtsorganisationen,
- Jugendorganisationen,
- Organisationen der Altenpflege,
- Organisationen zur Behandlung von Krankheiten,
- Rettungs- und Unfallhilfeorganisationen,
- Katastrophendienstorganisationen,
- Institutionen der Verbraucherbildung und -information.

Abbildung 8–7: Beispiel für die kommunikative Nutzung des Sozial-Sponsoring

Hauptzielgruppen des Sozial-Sponsoring sind Kinder, Behinderte und kranke Menschen. Beispielsweise kümmert sich das Jugendwerk der Deutschen *Shell* um die Verkehrserziehung von Kindern und die Hilfe für Kinder im Koma; der *Stern* und die *Zeit* haben eine Blindenzeitschrift ins Leben gerufen.

Sozial-Sponsoring erfolgt typischerweise in folgenden Formen (vgl. Schiewe 1995, S. 51 f.):

1. Mit der **Unterstützung sozialer Organisationen durch Geldmittel** lassen sich gezielt Organisationen fördern, in denen Wirtschaftsunternehmen eine Profilierungsmöglichkeit sehen. So unterstützt z.B. *Daimler Benz* die SOS-Kinderdörfer und die DLRG.
2. Der Vorteil der **Gründung unternehmenseigener Stiftungen** liegt darin, daß die Förderung mittel- bis langfristig gesichert ist. Beispiele sind die *Hertie*-Stiftung für Multiple Sklerose Grundlagenforschung und die *Robert-Bosch*-Stiftung, die verschiedene Projekte fördert. In diesen Bereich fallen auch die Ronald *McDonald*-Häuser, die in unmittelbarer Nähe von Krankenhäusern gelegen sind und in denen Familien krebskranker Kinder während der stationären Behandlung untergebracht werden.
3. Eine häufig anzutreffende Form sind **Sachleistungen** mit **unternehmenseigenen Produkten**, wie Sonderrabatte bei Fahrzeugen oder Computer oder **Dienstleistungen** in Form sogenannter **Secondments**, bei denen Manager für einen bestimmten Zeitraum zum Einsatz in gemeinnützigen Organisationen freigestellt werden.
4. Ebenfalls dem Sozial-Sponsoring zuzurechnende Maßnahmen sind **Spendenaufrufe der Medien**, z.B. für die Afghanistanhilfe, das Müttergenesungswerk, Aktion Sorgenkind.

Das Sozial-Sponsoring ist ein sehr sensibler Bereich, in dem professionelle Manager auf idealistische Sozialhelfer treffen können. Allerdings können beide Seiten von der Zusammenarbeit profitieren: Die Gesponserten von der Unterstützung und einer professionellen Öffentlichkeitsarbeit, die Sponsoren von der kommunikativen Nutzung ihres sozialen Engagements. Dabei liegt es in der Natur der Sache, daß Wirtschaftsunternehmen bevorzugt solche Institutionen fördern, die in der Öffentlichkeit bekannt sind.

Im Bereich des Sozial-Sponsoring ist die Abgrenzung des Sponsoring von der Spende steuerrechtlich relevant. Spenden sind Leistungen ohne vertragliche Gegenleistung. Der Empfänger kann zwar freiwillig die Spender öffentlich herausstellen, aber der Spender hat kein vertragliches Recht darauf. Da Sponsoringleistungen für den Sponsor steuermindernde Betriebsausgaben sind, muß der Empfänger diese Leistungen als Betriebseinnahmen versteuern. Darin liegt eine gewisse Ambivalenz: Für Wirtschaftsunternehmen ist das Sponsoring attraktiver, für die sozialen Organisationen die steuerfreie Spende.

Die Vorteile des Sozial-Sponsoring liegen in seiner hohen gesellschaftlichen Akzeptanz und der Möglichkeit zu kommunikativen Alleinstellungen für den Sponsor zu guten Preis-Leistungs-Verhältnissen. Die Nachteile sind einerseits darin zu sehen, daß Sozial-Sponsoring ein in hohem Maße glaubwürdiges Konzept voraussetzt, andererseits ist ein Multiplikatoreffekt durch die Medien i.d.R. nicht gegeben. Sozial-Sponsoring dient vor allem der Herausstellung der Imagekomponente „soziale Verantwortung".

8.1.2.3 Umwelt-Sponsoring

Für das Umwelt-Sponsoring werden ca. 130 Millionen Euro aufgewendet, was zeigt, daß diese Sponsoringart noch ein großes Potential hat. Die Zielsetzungen im Umwelt-Sponsoring sind im wesentlichen die gleichen wie im Sozial-Sponsoring. Allerdings steht das Umwelt-Sponsoring stärker im Licht einer kritischen Öffentlichkeit, insofern ergeben sich besondere Anforderungen an Unternehmen, die sich hier engagieren wollen. Ein im Umwelt-Sponsoring engagiertes Unternehmen verliert jede Glaubwürdigkeit, wenn beispielsweise seine eigenen Produkte und Verpackungen unter Umweltaspekten kritisch zu beurteilen sind. Nur wenn ein Unternehmen selbst aktiv etwas für die Umwelt tut, kann es sich in diesem Bereich glaubwürdig als Sponsor betätigen. Auch die Gesponserten möchten negative Imagetransfers vermeiden und achten genau darauf, wen sie als Sponsor akzeptieren. Vielfach beraten sie auch ihre Sponsoren in umweltpolitischen Belangen und führen Kontrollen bei ihnen durch (vgl. Bruhn 1998, S. 353).

Gesponsert werden insbesondere Organisationen aus den Bereichen Naturschutz und Tierschutz. Sponsoringziel ist die Demonstration der Übernahme ökologischer Verantwortung. Die Leistungen der Sponsoren sind vor allem Geld- oder Sachleistungen (z.B. Fahrzeuge). Als Gegenleistungen können sie dafür Öko-Prädikate nutzen (*McDonald`s* ist „Offizieller Sponsor des Umweltprogramms der Vereinten Nationen") bzw. erhalten eine Lizenz zur Nutzung des Logos der gesponserten Organisation (vgl. Abbildung 8-8). Organisationen wie der World Wildlife Fund (WWF) haben namhafte Sponsoren wie die *Commerzbank*, *Opel* und *IBM.* Hingegen lehnt Greenpeace jedes Sponsoring mit der Industrie ab, weil sie den Firmen keine „weiße Weste" verschaffen will.

Abbildung 8–8: Logos von Umwelt-Organisationen

Die Umweltorganisation Oro Verde - Stiftung zur Rettung der Tropenwälder bietet unterschiedliche Sponsoringmöglichkeiten an:

1. **Formen der Stiftungsförderung**: Maßnahmen, die dem Aufbau, der Weiterentwicklung und dem langfristigen Bestand der Stiftung Oro Verde, ihrer Arbeit als Ganzes und damit allen Projekten dienen:

- **Namens-Stiftung**: Gründung einer Stiftung, die den Namen des stiftenden Unternehmens trägt.
- **Mitgliedschaft im Stifterkreis**: Jährliche Zahlung vom mindestens DM 25.000 zum Aufbau und zur langfristigen Weiterentwicklung der Organisation.

2. **Formen der Einzelprojektförderung**: Maßnahmen zur gezielten Förderung einzelner Projekte in Deutschland und den Tropenwäldern:
   - **Namens-Fonds**: Gründung eines Fonds, der den Namen des Unternehmens trägt. Aus den jährlichen Fonds-Einlagen werden vorher genau bestimmte Projekt finanziert.
   - **Projekt-Patenschaft**: Finanzierung eines exakt definierten Einzelprojektes in Deutschland oder einem Tropenland.
   - **Sach- und Dienstleistungs-Sponsoring**: z.B. Videoausstattung, Telefaxgeräte, Drucksachen, Organisationsberatung.
   - **Benefiz-Aktion**: Vom Unternehmen initiierte Aktivitäten, mit denen gleichzeitig Anlässe des Unternehmens mit Naturschutzförderung zu kombinieren sind (z.B. Feiern zum Firmenjubiläum, deren Erlös einem Tropenwaldschutzprojekt gewidmet ist oder der Verzicht auf den Versand von Weihnachtsgeschenken zugunsten eines entsprechenden Projektes).
   - **Blocked Funds**: Eine spezielle Form des Sponsoring für Unternehmen mit Töchtern in Tropenländern. Erträge, Dividenden oder Kapital von Tochtergesellschaften in Tropenländern können häufig aufgrund restriktiver Wechselkursbestimmungen oder Kapitalexportverboten nicht an die Unternehmenszentrale transferiert werden. Mit diesen Mitteln können aber Naturschutzprojekte im jeweiligen Land finanziert werden.
   - **Debt for Nature Swap**: Diese Sponsoringart richtet sich an Banken mit Tropenländern als Schuldner. Naturschutzprojekte können gefördert werden, indem die Bank die (oft schon wertberichtigten) Forderungen an Oro Verde abtritt. Die Finanzmittel werden für Naturschutz im Schuldnerland eingesetzt.
     (vgl. Oro Verde, o.J., S. 11 ff.)

Umwelt-Sponsoring trifft auf eine sehr hohe Akzeptanz in der Bevölkerung und ist in hohem Maße geeignet, Sympathie und positive Imagekomponenten zu verstärken. Umweltmaßnahmen lassen sich daher auch gut kommunizieren. Wie beim Sozial-Sponsoring steht und fällt allerdings auch beim Umwelt-Sponsoring der Erfolg mit der Glaubwürdigkeit des sponsernden Unternehmens. Umwelt-Sponsoring setzt ein „sauberes Unternehmen“ voraus (vgl. Mussler 1994, S. 86). Desweiteren zeichnet sich die Gefahr ab, daß das Umweltthema von den Unternehmen überstrapaziert wird und insgesamt an Glaubwürdigkeit verliert. Es ist zu erwarten, daß Umwelt-Sponsoring insbesondere im lokalen und regionalen Bereich in der Kommunikation lokaler und regionaler Unternehmen einen größeren Stellenwert einnehmen wird.

Abbildung 8–9: Beispiel für die kommunikative Nutzung des Umwelt-Sponsoring

Abbildung 8–10: Beispiel für die kommunikative Nutzung des Wissenschafts-Sponsoring

8.1.2.4 Wissenschafts-Sponsoring

Die Unterstützung der Wissenschaften mit der Gegenleistung einer kommunikativen Nutzung durch den Sponsor ist in Deutschland nicht sehr stark ausgeprägt. Wissenschafts-Sponsoring erfolgt im wesentlichen durch Ausschreibung von Stipendien, Unterstützung von Forschungsprojekten und Überlassung von Computersoft- und -hardware. Weitere Möglichkeiten liegen in der Ausschreibung von Forschungspreisen (*Philip-Morris*-Forschungspreis), in der Ausstattung von Lehrstühlen („Stiftungsprofessur") oder in der Einrichtung eigener Forschungsinstitute (*BAT*-Freizeitforschungsinstitut).

Gerade in Zeiten chronischer Finanzknappheit im Hochschulbereich erhält das Wissenschafts-Sponsoring für die Hochschulen als Finanzierungsinstrument eine zunehmende Bedeutung. Seit 1985 wurden beispielsweise 110 Lehrstühle von der Wirtschaft eingerichtet. Beispiele sind der „*Mannesmann*-Mobilfunk-Stiftungslehrstuhl für Mobile Nachrichtensysteme" an der TU Dresden, die *Bank 24* hat eine Professur für Multimediale Kunst an der Berliner Hochschule der Künste eingerichtet. Die „Wissenschaftliche Hochschule für Unternehmensführung" (WHU) trägt im Untertitel den Namen ihres Sponsors: Otto-Beisheim-Hochschule.

Auch bei den kommunikativen Gegenleistungen werden die Hochschulen kreativer. So werden bereits Immatrikulationsbescheide, Studenten- und Bibliotheksausweise durch Werbeaufdrucke von Geldinstituten oder Krankenkassen finanziert, selbst Werbeplakate auf dem Hochschulgelände sind nicht mehr tabu (vgl. Andresen 1998, S. 65).

Interessant ist Wissenschafts-Sponsoring vor allem im Hinblick auf die häufig vernachlässigte Zielgruppe Studenten, die über herkömmliche Medien schwer zu erreichen sind. Studenten stellen das Potential der Entscheidungsträger von morgen dar und sind insofern eine in vielfacher Hinsicht relevante Zielgruppe.

8.1.2.5 Programm-Sponsoring

Seit 1992 begründet der Rundfunkstaatsvertrag eine neue Sponsoringform: Programm-Sponsoring im Fernsehen und Hörfunk. § 8 RStV kennzeichnet die Zielsetzung des Sponsoring im Sinne von Programm-Sponsoring als „direkte oder indirekte Finanzierung einer Sendung, um den Namen, die Marke, das Erscheinungsbild der Person, ihre Tätigkeit oder ihre Leistung zu fördern". Insofern stellt das Programm-Sponsoring eine eigenständige Finanzierungsform des Rundfunks dar.

Das Programm-Sponsoring unterscheidet sich deutlich von den bisher vorgestellten Sponsoringformen, bei denen dem Sponsor mit einiger Berechtigung auch ein Fördermotiv unterstellt werden kann. Dies ist beim Programm-Sponsoring nicht der Fall, da hier ausschließlich eine werbliche Zielsetzung verfolgt wird. Die begriffliche Unterscheidung des RStV zwischen Werbung und Sponsoring führt vor allem dazu, daß die öffentlich-rechtlichen Anstalten zusätzliche Werbemöglichkeiten haben. De facto ist das Programm-Sponsoring der Werbung zuzuordnen (vgl. Bruhn 1998, S. 392 f.).

Abbildung 8–11: Bruttoumsätze im Programm-Sponsoring

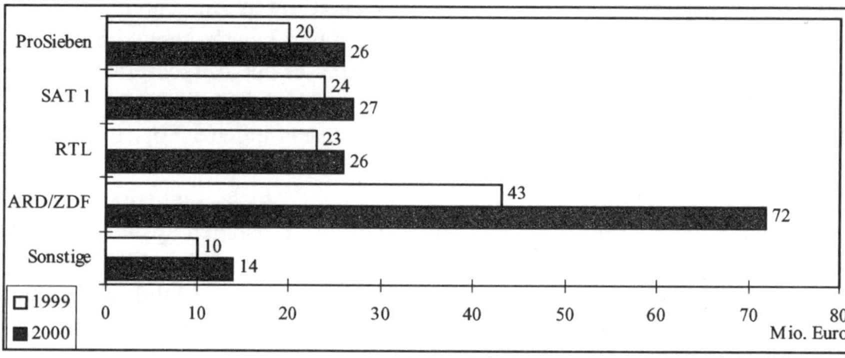

Quelle: Horizont/ZAW

Mit einem Volumen von rund 165 Millionen Euro liegt das Programm-Sponsoring bei einem Anteil von etwa 3% der gesamten Fernsehwerbeeinnahmen. Hauptnutznießer dieser Werbeform sind die öffentlich-rechtlichen Sender. Der große Zuwachs im Jahre 2000 erklärt sich aus den Sondereffekten durch die Übertragung der Olympischen Spiele und der Fußball-Europameisterschaften. Die aktivsten Branchen im TV-Sponsoring waren 2000 Telekommunikation, Automobile und Brauerein. Die Fernsehsender bieten mittlerweile eine Vielzahl von Sponsoringmöglichkeiten an.

„Die Sendung wurde Ihnen präsentiert mit freundlicher Unterstützung vom Unternehmen XY." Mit der Rundfunktätigkeit und der Produktion von Rundfunkprogrammen hat diese Firma eigentlich nichts zu tun, trotzdem hat sie die Sendung teilweise finanziert. Sie hofft, dass der Firmenname mit dem interessanten und spannenden Fernsehabend positiv in Verbindung gebracht wird und sich so dem Publikum einprägt. Das Programmsponsoring ist vor allem bei massenattraktiven Formaten aus Unterhaltung, Show und Sport beliebt. Die Sieben-Sekunden-Spots zu Beginn und Ende einer Sendung tragen dazu bei, die Gebührenbelastung der privaten Haushalte im Rahmen zu halten.
(Eigenwerbung ZDF, Quelle: www.zdf.de)

Der Rundfunkstaatsvertrag sieht unterschiedliche Regelungen für Werbung und Sponsoring vor. Die allgemeinen Werberegelungen (vgl. Kapitel 6.4.9.4) gelten nicht für das Programm-Sponsoring. Diese neue Regelung bietet den öffentlich-rechtlichen Sendern die bisher einzige Möglichkeit, für Kommunikationsmaßnahmen - nicht für Werbung im klassischen Sinn - die Sendezeit nach 20.00 Uhr zu nutzen.

Es lassen sich zwei Formen des Programm-Sponsoring unterscheiden:

- **Externe** Sponsoringformen stellen den Normalfall im deutschen Rundfunk dar. Hier wird der Sponsor mit der Sendung in Verbindung gebracht, aber nicht in die Sendung einbezogen. Dies sind die Fälle, in denen am Anfang oder am Ende einer Sendung ein Hinweis auf den Sponsor erfolgt („...wird Ihnen präsentiert ...“, „Mit freundlicher Unterstützung von...“).
- Bei den **internen** Sponsoringformen wird das Sponsoring in die Sendung mit einbezogen, also ein Produkt angemessen plaziert (Product Placement), oder die Sendung wird selbst zur Werbesendung (Game Shows).

Die wichtigsten Regelungen des RStV sind:

- Werbeunterbrechungen des Sponsors in der gesponserten Sendung sind erlaubt.
- Die öffentlich-rechtlichen Sender sind den privaten Sendern beim Programm-Sponsoring gleichgestellt.
- Die Sponsorhinweise am Beginn und am Ende einer Sendung dürfen den Markennamen, das Logo oder den Firmennamen enthalten.
- Die Sponsorhinweise dürfen auch in bewegten Bildern dargestellt werden, bisher waren nur Standbilder erlaubt.
- Politische, weltanschauliche oder religiöse Vereinigungen dürfen nicht sponsern.
- Nachrichtensendungen und Sendungen zum politischen Zeitgeschehen dürfen nicht gesponsert werden.
- Es darf keine Beeinflussung von Programminhalten oder Programmplazierungen erfolgen.
- Gesponserte Sendungen dürfen nicht zum Kauf von Produkten oder Dienstleistungen des Sponsors anregen. Dieses Verbot ist als ein spezifisches Schleichwerbungsverbot für den Bereich gesponserter Sendungen zu verstehen.
- Für die Sponsorhinweise besteht keine zeitliche Begrenzung, es gilt aber eine 7-Sekunden-Faustregel, abgeleitet aus einem Urteil des OLG Frankfurt: Der Sponsorhinweis darf nicht so kurz sein, daß ihn der Zuschauer nicht zur Kenntnis nehmen kann. Die Einblendung muß so deutlich sein, daß der Zuschauer die Tatsache des Sponsoring erkennen kann.

Der Sponsorhinweis am Anfang und am Ende einer gesponserten Sendung ist rundfunkrechtlich als **Offenlegungsprinzip** einzustufen, der dem Schutz des Zuschauers dient. Dem Zuschauer soll damit verdeutlicht werden, daß ein Dritter einen finanziellen Beitrag zu dieser Sendung geleistet hat. Dieses Offenlegungsprinzip macht allerdings das Programm-Sponsoring für den Sponsor überhaupt erst interessant.

Zusätzlich haben sich die Sender eigene Selbstbeschränkungen auferlegt. Z.B. werden Pharmaunternehmen nicht als Sponsoren in Gesundheitsmagazinen zugelassen und in Kindersendungen keine kindernahen Produkte.

Es ist zu beobachten, daß die Sponsorhinweise häufig in einer Form erfolgen, die einem Werbespot sehr ähnlich sind, teilweise auch direkt einem aktuellen Werbespot des Sponsors entnommen sind. Rundfunkrechtlich ist dies insofern problematisch, als es sich dabei im Prinzip um nicht-gekennzeichnete Werbung handelt (vgl. Volpers/Herkströter/Schnier 1998, S. 65).

Ziele des Programm-Sponsoring sind Bekanntheit und Imagetransfer, wobei als Voraussetzungen für einen Imagetransfer das Produkt einerseits zum Programm passen (wie beispielsweise *Frolic* zu „Kommissar Rex“ oder *Advocart* zu „Liebling Kreuzberg“) und andererseits die Nähe zur Zielgruppe gegeben sein muß.

Aufgrund seiner **Vorteile**, ist das Programm-Sponsoring als eine der effizientesten Werbeformen anzusehen. Programm-Sponsoring

- ermöglicht den schnellen Aufbau von Bekanntheit,
- ist im Umfeld einer attraktiven Sendung,
- erlaubt eine Alleinstellung mitten im Programm und außerhalb von Werbeblökken,
- läßt sich im Gegensatz zu Werbeblöcken nicht wegzappen und
- hat eine höhere Akzeptanz als Werbung.

Darüber hinaus können Programm-Sponsoren in den Ruf von Mäzenen kommen und es bietet sich die Möglichkeit, während der Sendung einen Hinweis auf die Sponsorenmarke zu bringen, z.B. durch Bandenwerbung oder Sport-Sponsoring.

Die **Nachteile** des Programm-Sponsoring liegen darin, daß der Zuschauer

- glauben kann, der Sponsor zahle alles und jede Sendung sei käuflich,
- befürchtet, daß Sponsoring die Inhalte der Sendung beeinflußt.

Beispiele für Programm-Sponsoring:

- *Stuttgarter Hofbräu* sponsert die Wasserstandsmeldungen im SWR,
- die *Lufthansa* den Wetterbericht auf Arte,
- *Licher Bier* Tier- und Natursendungen in ARD und ZDF,
- *Bitburger* die Filmhighlights im ZDF,
- *Ehrmann-Joghurt* „Wetten daß ...“ im ZDF und die „Traumhochzeit“ bei RTL.

Mit den „*Kulmbacher* Filmnächten“ auf Sat. 1 hat das Programm-Sponsoring eine kreative Ausprägung gefunden. Sie zeigen auch, wie das Programm-Sponsoring in die Marketing-Kommunikation integriert werden kann. Das Konzept der Filmnacht am 12.04.1997 bestand aus

- drei Spielfilmen, die ohne Werbeunterbrechung gezeigt wurden,
- dem „*Kulmbacher* Studio“, das von Thomas Gottschalk zwischen den Filmen moderiert wurde und
- einem 90 sekündigen Werbespot, der vor und nach jedem Film gezeigt wurde.

Begleitet wurden die Filmnächte durch Anzeigen in Fachzeitschriften und „TV-Spielfilm“, durch Verkaufsförderungsaktionen am PoS und durch Trailer in Sat. 1. Für Sat. 1 war der Abend der erfolgreichste in seiner Sendegeschichte (vgl. Hessler 1997, S. 18 f.). Im Ergebnis handelte es sich bei diesen Filmnächten um ein Programm-Sponsoring mit werblichem Konkurrenzausschluß.

Die Filmnächte wurden in der Fachwelt sehr kontrovers diskutiert, da sie die Zuschauer für werbefreies Fernsehen sensibilisierten. Zwar zeigen die Filmnächte, daß das Sponsoring kreative Möglichkeiten bietet, jedoch ist zu vermuten, daß das Wirkungspotential in Wiederholungsfällen schnell ausgeschöpft sein dürfte.

Programm-Sponsoring könnte insbesondere im digitalen TV-Zeitalter eine besondere Relevanz bekommen, da viele Sender werbefrei (pay per view) geplant werden.

Tabelle 8-3 zeigt einen vergleichenden Überblick von Programm-Sponsoring und klassischer Spotwerbung.

Tabelle 8–3: Vergleich Programm-Sponsoring mit klassischer Spotwerbung

	Programm-Sponsoring	klassische Spotwerbung
Dauer	Sponsornennung vor und nach der Sendung jeweils in vertretbarer Kürze (ca. 5 Sek.)	beliebige Länge
Positionierung	exklusive Alleinstellung im direkten Programmumfeld	innerhalb des Werbeblocks
Inhalt	Einblendung des Firmen-/Markennamens und/oder -logos ohne werbliche Aussagen	werbliche Aussagen und freie Gestaltung von Inhalten

Quelle: IP (Hrsg.): Programmsponsoring (o.J.)

Als eine spezielle Form des Programm-Sponsoring ist das **Titelsponsoring** aufzufassen. Hierbei handelt es sich um Sendungen, die im Titel den Namen eines Produktes oder Herstellers tragen. Klassische Beispiele sind die Magazinsendungen, die den Namen einer Zeitschrift als Titel tragen (*Spiegel-*, *Stern-*, *Focus*-TV). Diese Sendungen übernehmen das journalistische Konzept der Zeitschriften, die sie im Titel führen, was durch die Bezugnahme in der Sendung auf Beiträge der Zeitschrift unterstrichen wird.

Nach Volpers/Herkströter/Schnier (1998, S. 162) ist diese Form des Programm-Sponsoring als unzulässig anzusehen, da hier einerseits das Verbot der programmlichen Beeinflussung mißachtet werde. Andererseits bergen die Sendungen die Gefahr in sich, zum Kauf des Presseerzeugnisses und damit zu einem Produkt des Sponsors anzuregen.

8.1.2.6 Sport-Sponsoring

8.1.2.6.1 Die Grundstruktur im Sport-Sponsoring

„Die etablierteste Fernsehwerbeform außerhalb des regulären Werbefernsehens ist die Werbung im Rahmen von Sportveranstaltungen, die vom Fernsehen übertragen werden" (Völkel 1992, S. 56). Das Sport-Sponsoring verfügt von allen Sponsoringarten über die längste Tradition. Mitte der 60er Jahre engagierten sich Mineralölkonzerne im Automobilrennsport, es folgten Zigarettenkonzerne, bei denen bereits kein Bezug mehr zum Sport gegeben war. 1974 führte Mast mit *Jägermeister* die Trikotwerbung in der Bundesliga ein.

Rund zwei Drittel aller Sponsoring-Investitionen fließen in den Sport. Dafür gibt es gute Gründe:

- Einerseits repräsentiert der Sport eine Reihe von sehr positiv bewerteten Attributen wie Erfolg, Leistung, Sieg, Dynamik, Vitalität, Jugendlichkeit, Fitneß, Attraktivität, Kampf und Fair Play, von denen der Sponsor mittels eines Imagetransfers zu profitieren versucht.
- Andererseits sind eine Reihe von Sportarten Medienereignisse, die eine breite Öffentlichkeit anziehen und damit hohe Reichweiten garantieren. Ein großer Teil der Bevölkerung betreibt selbst aktiv Sport oder ist zumindest passiv an der Übertragung von Sportereignissen interessiert.

Der Sport profitiert in hohem Maße von der zunehmenden Freizeit. Allerdings hat der Sport sich mittlerweile so weit differenziert, daß eine Einheit nicht mehr gegeben ist. Sport umfaßt die Bandbreite vom Breitensport bis zum Hochleistungssport.

Abbildung 8–12: Das „magische Dreieck" im Sport-Sponsoring

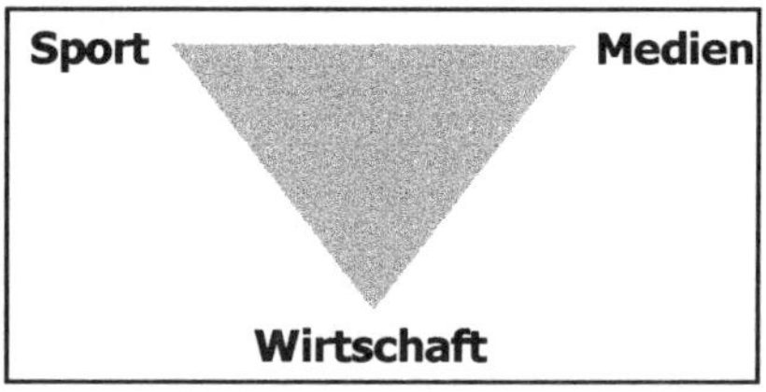

Die Grundstruktur des Sport-Sponsoring basiert auf einem magischen Dreieck, dessen Ecken der Sport, die Medien und die Wirtschaft darstellen: Die Wirtschaft sponsert den Sport nach der Medienpräsenz einer Sportart oder eines Sportereignisses. Dies hat zu einer Einteilung in telegene und nicht-telegene Sportarten geführt. Also einerseits Sportarten, die aufgrund eines hohen Medien- und Zuschauerinteresses eine interessante Kommunikationsplattform für die Wirtschaft darstellen und andererseits Sportarten, für die sich kaum ein Sponsor finden läßt (vgl. Huber 1995, S. 190).

Die Fernsehübertragung konzentriert sich im wesentlichen auf Fußball, Tennis und Motorsport, was dazu führt, daß Sponsoren in diesen Bereichen keine kommunikative Alleinstellung mehr finden. Alleinstellungen sind nur noch in Randsportarten wie Streetball, Basketball oder Beach-Volleyball (vgl. Abbildung 8-13) möglich, die allerdings noch kaum über ein werbewirksames Medieninteresse verfügen.

Die **Ziele** beim Sport-Sponsoring sind in erster Linie ebenfalls Bekanntheit und Image. Darüber hinaus lassen sich für die Produkte von Sportausrüstern, Zeitnehmern oder Reifenherstellern auch deren Leistungsfähigkeit demonstrieren.

Abbildung 8–13: Sponsoring in Randsportarten

Quelle: Friesisches Brauhaus zu Jever

Aufgrund der Heterogenität der Sponsoren im Sport ist es sinnvoll, eine Kategorisierung der sponsernden Unternehmen nach der Sportnähe ihrer Produkte vorzunehmen (vgl. Drees 1992, S. 41 f.). Danach lassen sich unterscheiden:

1. **Produkte ersten Grades**: Sportartikel bzw. Ausrüstungsgegenstände wie Sportschuhe, Schläger, Bälle, Skier, Sportbekleidung.
2. **Produkte zweiten Grades**: Sportnahe Produkte, die beim Training, vor und nach dem Wettkampf oder öffentlichen Auftritten von Sportlern verwendet werden wie Trainingsgeräte, Trainingsanzüge, Sporttaschen, Freizeitkleidung. Kriterium ist hier die Verwendung im Umfeld des Sports. Dazu gehören auch spezielle Sportler- oder Fitneßnahrung und -getränke, bis hin zu Erfrischungsgetränken. Aber auch Körperpflegemittel wie Duschgels, Shampoo, Sonnenschutzmittel im Skisport.
3. **Produkte dritten Grades**: Sportferne Produkte, die nur eine mittelbare Verbindung zum Sport aufweisen, z.B. durch gemeinsame Imagekomponenten, wie Kreditkarten oder Banken im Golf oder Autos als Fuhrpark.
4. **Produkte vierten Grades**: Sportfremde Produkte, die weder mittelbar noch unmittelbar mit dem Sport zu tun haben. Kriterium für die Sponsoren ist hier das Erreichen ihrer Zielgruppe. Das Problem, das sich bei diesen Produkten stellt, ist die glaubwürdige Verbindung mit dem Gesponserten.

8.1.2.6.2 Leistungen und Gegenleistungen

Die **Leistungen des Sponsors** sind abhängig von der Sportnähe seiner Produkte und können in Form von Geld-, Sach- oder Dienstleistungen erfolgen.

- **Geldleistungen** erfolgen insbesondere von sportfernen und -fremden Sponsoren. Die Höhe der Geldleistungen werden i.d.R. frei ausgehandelt und hängen von der jeweiligen Gegenleistung und vom „Marktwert" des Gesponserten ab. Häufig wird eine leistungsunabhängige Zahlung mit einer leistungsabhängigen verbunden.
- **Sachleistungen** werden vor allem von Sportartikelherstellern und sportnahen Unternehmen erbracht, da sie mit ihrem Sponsoring die Demonstration ihrer Kompetenz und ihrer Leistungsfähigkeit verbinden. Sachleistungen erfolgen im Rahmen sogenannter **Ausrüstungsverträge**. Darin verpflichtet sich der Sponsor, den Gesponserten in einem bestimmten Umfang mit Ausrüstung für Training und Wettkampf einzudecken. Darüber hinaus empfiehlt sich eine **Wohlverhaltensklausel** in der Art, daß der Gesponserte während der Laufzeit des Vertrages alles zu unterlassen hat, was den Interessen des Sponsors schaden könnte (vgl. Bruhn/Mehlinger 1994, S. 57).
- **Dienstleistungen** sind in vielfacher Hinsicht für den Sport notwendig und stellen häufig geldwerte Vorteile dar, beispielsweise bei der Zeitmessung, beim Fahrservice oder beim Kopierservice im Pressezentrum.

Die **Gegenleistungen der Gesponserten** liegen i.d.R. in der Überlassung von Rechten zur kommunikativen Nutzung durch den Sponsor bzw. bei Ausrüstungsverträgen in der ausschließlichen Verwendung der Produkte des Sponsors. Darüber hinaus können die Gesponserten weitere Verpflichtungen übernehmen wie Autogrammstunden oder Auftritte im Rahmen von Promotionveranstaltungen.

Der Marktwert des Gesponserten für den Sponsor liegt nicht allein in seiner sportlichen Leistung, sondern auch in seinem persönlichen Verhalten. Auf beides hat der Sponsor keinen Einfluß, daher beinhalten Sponsoringverträge häufig außerordentliche Kündigungsrechte, z.B. für den Fall des Dopings.

Zwischen Sponsor und Gesponsertem sind i.d.R. Agenturen zwischengeschaltet, die unterschiedliche Funktionen erfüllen. Verhandlungspartner mit dem Sponsor ist die Sportler-Agentur, die den Sportler unter Vertrag hat und seine Interessen vertritt. Daneben haben sich Sponsoring-Agenturen mit spezifischem Know-how etabliert, die in erster Linie beratende Funktionen für den Sponsor wahrnehmen und Sponsoring-Konzepte erstellen.

8.1.2.6.3 Entscheidungsfindung: Sportart und Leistungsebene

Die Entscheidungsfindung im Sport-Sponsoring ist außerordentlich komplex. Abbildung 8-14 gibt einen Überblick über die Dimensionen, die bei der Entscheidung für ein Sponsorship berücksichtigt werden müssen.

Die erste Entscheidung, die ein Sponsor treffen muß, betrifft die **Sportart**, in der er sich engagieren will. Nicht jede Sportart eignet sich gleichermaßen für die Erreichung der angestrebten Ziele, die Sportarten unterscheiden sich im Hinblick auf ihre Images und Zielgruppen, aufgeführt seien beispielsweise Golf, Paragliding, Volleyball oder Badminton.

Abbildung 8–14: Dimensionen bei der Entscheidungsfindung im Sport-Sponsoring

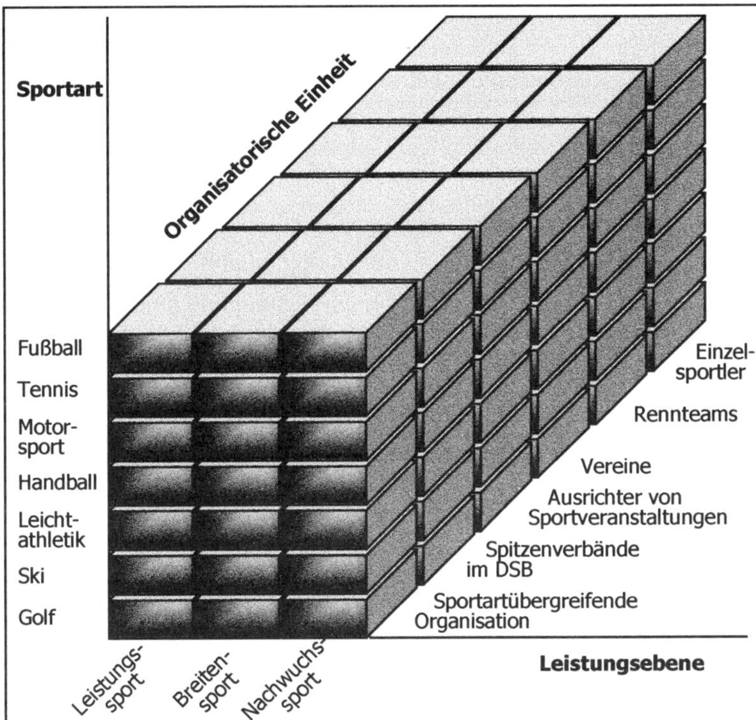

Quelle: Drees, N.: Sportsponsoring, 3. Aufl., Wiesbaden 1992, S. 127

Die Auswahl der Sportarten kann nach unterschiedlichen Aspekten erfolgen (vgl. Bruhn 1998, S. 118 ff.). Unter dem Gesichtspunkt der **Produktaffinität** kommen nur solche Sportarten in Frage, bei denen eine Beziehung zum Produkt oder der Leistung des Sponsors nachvollziehbar ist. Generell geringe Produktaffinitäten zum Sport haben Zigaretten und Alkohol. Hier wäre die **Zielgruppenaffinität** das Hauptauswahlkriterium, also die Tatsache, daß bestimmte Zielgruppen ein besonderes Interesse an bestimmten Sportarten haben. Beispielsweise finden sich im Umfeld von Fußball viele Brauereien. Die Sportart kann ferner unter dem Aspekt der **Imageaffinität** ausgewählt werden, daß also bestimmte Imagekomponenten der Sportart mit solchen des Unternehmens oder Produktes übereinstimmen.

Die nächste Entscheidung bezieht sich auf die **Leistungsebene**, ob im Breiten-, Leistungs- oder Nachwuchssport gesponsert werden soll. Aufgrund des Medieninteresses sponsern die meisten Unternehmen im Spitzensport. Gerade hier zeigt sich die Bedeutung des Sponsoring als Finanzierungsinstrument, denn eine Vielzahl von Großveranstaltungen im Tennis, Motorsport, Golf und auch Fußball wären ohne das Sponsoring nicht mehr durchführbar. Das hohe Interesse der Öffentlichkeit an Großveranstaltungen im Sport und das daraus resultierende Interesse der Medien an ihrer Übertragung, hat zu einer Inflationierung der Kosten für die

Übertragungsrechte geführt. Die Abbildungen 8-15 und 8-16 zeigen die Entwicklung der Kosten für die Übertragungsrechte an den Olympischen Spielen und der Fußball-Bundesliga.

Abbildung 8–15: Entwicklung der Kosten für die olympischen Fernsehrechte

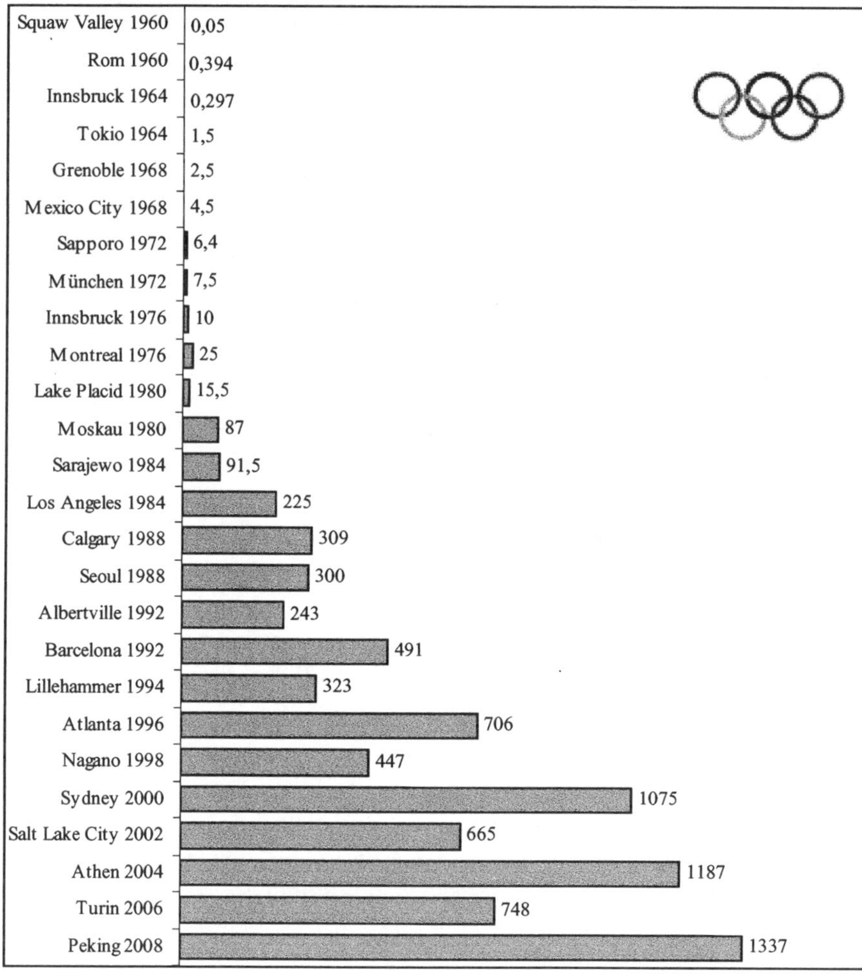

in Millionen US $

8.1.2.6.4 Entscheidungsfindung: Die organisatorische Einheit

Die Entscheidung über die **organisatorische Einheit** definiert vor allem die geographische Ansprache der Zielgruppe:

- **Sportartübergreifende Sportereignisse** wie die Olympischen Spiele oder Leichtathletik Weltmeisterschaften zielen auf eine breitest mögliche Zielgruppenansprache mit internationalem Charakter.

Abbildung 8–16: Entwicklung der Kosten für die Übertragungsrechte der Fußball-Bundesliga

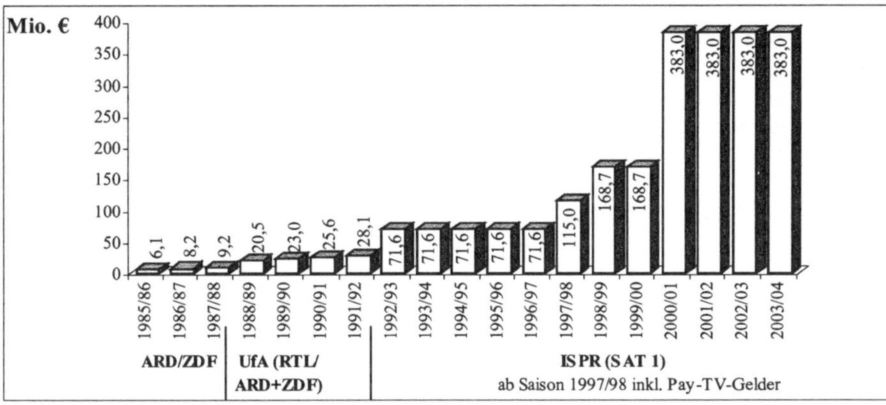

- Die **Spitzenverbände des Deutschen Sportbundes** (insgesamt sind im DSB 52 Sportverbände zusammengefaßt, die über die Vergabe von kommunikativen Nutzungsrechten entscheiden) eignen sich vor allem für Unternehmen, die bundesweit distribuiert sind. Z.B. hat der Deutsche Fußball-Bund mit *Daimler Benz* und der *Deutschen Telekom* Sponsorverträge für die Fußball-Nationalmannschaft abgeschlossen.
- **Vereins-Sponsoring** ermöglicht ein Sponsoring auf nationaler, regionaler oder lokaler Ebene und ist damit auch für kleine und mittlere Unternehmen interessant.
- **Teams** sind Gegenstand des Sponsoring im Motor- und Radsport, wobei hier ein Problem in möglichen Unfällen zu sehen ist, mit denen kein Sponsor gerne in Verbindung gebracht wird. Beispielsweise ist die *Deutsche Telekom* Sponsor des „Team Deutsche Telekom" im Radsport.
- Das Sponsoring der **Ausrichter von Sportveranstaltungen** ist ebenfalls auf internationaler, nationaler, regionaler oder lokaler Ebene möglich. Bei dieser Form des Sponsoring geht der Sponsor vergleichsweise geringe Risiken ein, denn er wird nicht direkt mit dem Verhalten oder Mißerfolgen einzelner Sportler in Verbindung gebracht.

  Das International Olympic Committee (IOC) hat mit TOP (The Olympic Partner Programme) ein Sponsorenpaket zusammengestellt, das einen Vier-Jahreszeitraum (Olympische Winter- und Sommerspiele) umfaßt und exklusive Vermarktungsrechte umfaßt:

  > TOP companies receive exclusive marketing rights and opportunities within their designated product category. They may exercise these rights on a worldwide basis, and they may develop marketing programmes with the various members of the Olympic Movement - the IOC, the NOCs, and the Organising Committees. In addition to the exclusive worldwide marketing opportunities, partners receive:
  >
  > - Use of all Olympic imagery, as well as appropriate Olympic designations on products.
  > - Hospitality opportunities at the Olympic Games.

- Direct advertising and promotional opportunities, including preferential access to Olympic broadcast advertising.
- On-site concessions/franchise and product sale/showcase opportunities.
- Ambush marketing protection.
- Acknowledgement of their support though a broad Olympic sponsorship recognition programme.

Quelle: www.olympic.org

Die TOP-Sponsoren der Olympischen Spiele in Salt Lake City und Athen (2002-2004) sind Coca-Cola, John Hancock, Kodak, Mc.Donald´s, Panasonic, Samsung, Schlumberger Sema, Sports Illustrated, Time, Visa und Xerox.
Auf nationaler Ebene werden die Spiele von den jeweiligen Landeskomitees vermarktet. In Deutschland ist die DSM (Deutsche Sport-Marketing GmbH) als Wirtschaftstochter der Stiftung Deutsche Sporthilfe Inhaber aller Nutzungsrechte der olympischen Symbole und Ringe innerhalb Deutschlands. Die Lizenzrechte und die Produktexklusivität werden jeweils für den Zeitraum einer Olympiade, also für vier Jahre vergeben.
Auf nationaler Ebene hat die DSM zwei Marketingprogramme entwickelt: Die **Olympia Partner** (*adidas*, *Bitburger* und *Obi*) können als Hauptsponsoren die olympischen Ringe in der gesamten Unternehmenskommunikation einsetzen. Die **Co Partner** haben eingeschränkte Vermarktungsrechte.

Abbildung 8–17: Olympia Partner- und Co Partner-Logo der DSM

Bei sportlichen Großveranstaltungen werden üblicherweise Sportvermarktungsagenturen vom Veranstalter mit der Vermarktung der Veranstaltung beauftragt.

- Das Sponsoring von **Einzelsportlern** bezieht sich i.d.R. nur auf die jeweiligen Top-Stars in einer Sportart. Die Besonderheit dieser Sponsoringform ist darin begründet, daß im Gegensatz zu den meisten anderen Sponsoringobjekten, der Sponsor in hohem Maße von den Leistungsschwankungen und dem persönlichen Verhalten der Sportler abhängig ist, zumal der Sponsor hier gezielt auch auf die Bekanntheit und Idolfunktion der Sportler setzt.
Beim Sponsoring von prominenten Einzelsportlern hebt der Sponsor vor allem auf deren Vorbildfunktion ab (Testimonialwirkung). Sportler verkörpern in erster Linie Erfolg und Leistung, die nicht nur personenbezogene sportliche, sondern allgemeine gesellschaftliche Werte darstellen. Diese Imagekomponenten eines Sportlers „lassen sich grundsätzlich auf nahezu jeden Produktbereich übertragen, ohne daß ein direkter Bezug zur Sportlichkeit bestehen muß“ (Kley 1995, S. 251). Bei der Auswahl der Sportler ist vor allem auf seine glaubwürdige und nachvollziehbare Verbindung mit dem Unternehmen zu achten, auf die

Abbildung 8–18: Beispiel für die kommunikative Nutzung des Sport-Sponsoring

Übereinstimmung seiner Imagedimensionen mit den von dem Unternehmen angestrebten sowie auf seine Fähigkeit im Umgang mit den Medien und darauf, welche weiteren Produkte von dem Sportler beworben werden. „Generell gilt, daß ein Engagement um so unglaubwürdiger wird, je mehr unterschiedliche Produkte von einem Sportler beworben werden" (Bruhn 1998, S. 75). Beispielsweise wirbt der Fußballspieler Oliver Bierhoff für *DWS Investmentfonds*, *L'Oréal*, *Danone* und die *VHV-Versicherung*.
Die häufigsten Maßnahmen beim Sponsoring von Einzelsportlern sind die Trikot- und Testimonialwerbung (vgl. Abbildung 8-18). Darüber hinaus können die Sportler zu öffentlichen Auftritten mit dem Sponsor im Rahmen von Unternehmensveranstaltungen, Verlosungen, Autogrammstunden oder zu Treffen mit Kunden und Lieferanten verpflichtet werden.
Das Sponsoring von Einzelsportlern oder Teams ermöglicht es Sponsoren, an deren Spitzenleistungen kommunikativ zu partizipieren. „Über den Vertrag mit einem einzigen Rekordhalter erreichen sie ein Millionenpublikum, das der Werbebotschaft auf Mütze oder Trikot nicht ausweichen kann" (Müller/Tietzel 1998, S. 15). Allerdings wird der Sponsor nicht immer nur mit den Erfolgen des Sportlers in Verbindung gebracht, sondern auch mit dessen persönlichem Verhalten. Daher sehen Sponsoringverträge Kündigungsklauseln bei Fehlverhalten vor. Beispielsweise enthält der Sponsoring-Vertrag der *Deutschen Telekom* mit den Fahrern des „Team Deutsche Telekom" eine Klausel, die ihre fristlose Kündigung für den Fall eines positiven Dopingtests vorsieht. Die Tour de France 1998 hat gezeigt, wie sehr Sponsoren negative Imagetransfers durch Doping fürchten, eine Reihe von Teams wurden von ihren Sponsoren zurück gezogen. „Von gekauften und prinzipienlosen Hochleistungssklaven empfängt der Sponsor doch kein positives Licht mehr; sie nützen uns nichts" (Gäb 1998, S. 94).

Sponsoring-Business

- Insgesamt 40 Tage im Jahr steht Michael Schumacher den Sponsoren zur Verfügung. 20 Tage sind für die Sponsoren von *Ferrari* reserviert (*Marlboro*, *Asprey*, *Goodyear*). 20 Tage hat der Rennfahrer Zeit für die eigenen 11 Sponsoren. Diese dürfen ihn als Testimonial einsetzen. Die zusätzlichen Vertragsdetails:
- *Dekra*, *D2 Mannesmann*, *Zentis*, *Omega*, *Technogym* und *Nike* dürfen pro Jahr einen Werbespot mit Schumacher produzieren. Termin und Drehbuch sind mit dem Formel 1-Star abzuklären. *DVAG* hat zusätzlich Helm-Logo.
- *Nike* liefert zusätzlich Freizeitkleidung.
- *Shell* liefert zusätzlich Treibstoff für den Schumi-Jet.
- *RTL* spendet bestimmte Anteile der Vertragssumme für Kinderhilfsprojekte.
- *OMP* liefert feuerfeste und Show-Overalls.
- *Bell* liefert kostenlos die Fahrerhelme.

Werben & Verkaufen Nr. 44, 1998, S. 90

8.1.2.6.5 Maßnahmen

Der Sport bietet eine Vielzahl von Möglichkeiten für **Sponsoring-Maßnahmen**, die sich in unterschiedlichem Maße für kommunikative Zwecke nutzen lassen. Im wesentlichen sind es die folgenden:

- Die **Markierung von Ausrüstungsgegenständen** bezeichnet „jedes Aufbringen von Markennamen oder -zeichen auf Ausrüstungsgegenständen eines Sportlers" (Drees 1992, S. 147) wie Sportbekleidung, Sportgeräte und Transportmittel. Die häufigste Maßnahme ist hierbei die Trikotwerbung.
- Das **Umfeld von Sportveranstaltungen** bietet ebenfalls eine Vielfalt von Möglichkeiten für Sponsoring-Maßnahmen:
  - **Bandenwerbung**[1], d.h. Werbung auf den Stadionbegrenzungen, ist vor allem im Fußball die meistgenutzte Form der Sportwerbung. Bandenwerbung erfolgt heute in den meisten Stadien auf Drehwerbe-Anlagen, die den Vorteil haben, daß sie alle die gleiche Werbung ausweisen, bis das nächste Motiv wiederum auf allen Flächen erscheint. Bei der Bandenwerbung läßt sich ein Zusammenhang zwischen Markenbekanntheit und Wiedererkennung nachweisen. Die Bekanntheit einer Marke wirkt sich begünstigend auf seine Erinnerung als Sponsor aus. Es sollte aber auch nicht übersehen werden, daß in einigen Stadien ein Maß an Werbeüberflutung erreicht ist, das mit dem der Fernsehwerbung vergleichbar ist. Daher muß bei der Bandenwerbung berücksichtigt werden, daß die Aufmerksamkeit und das Gedächtnis der Zuschauer begrenzt sind. „Alle Bandenwerber einer Veranstaltung konkurrieren um die kognitiven Ressourcen der Zuschauer" (Walliser 1997, S. 49).
  - In einigen Sportarten wie Handball und Eishockey dienen die **Sportflächen** selbst als Werbeträger. Der Vorteil dieser Werbeform liegt darin, daß die Kamera bei der Sportübertragung die Werbefläche nicht ausblenden kann.
  - Weitere Werbemöglichkeiten mit Breitenwirkung im Umfeld von Sportveranstaltungen sind **Organisationsmittel** wie Startnummern, Start- und Zielbänder und Hinweisschilder.

---

[1] Rundfunkrechtlich gesehen handelt es sich bei Banden- und Trikotwerbung um eine programminterne Werbeform (vgl. Kapitel 6.4.9.4.2), bei der der Grundsatz der Trennung von Programm und Werbung unterlaufen wird. Ihre rechtliche Zulässigkeit wird allerdings nicht mehr in Frage gestellt, da sie sich durch langandauernde Praxis gewissermaßen selbst legitimiert hat (vgl. auch Kapitel 8.5.4). „Solange sich die Bildberichterstattung auf das Sportgeschehen beschränkt und die Übertragung der Werbung nur unvermeidbare Nebenfolge der Berichterstattung ist, kann man davon ausgehen, daß das Fernsehen nicht in der Absicht handelt, den Wettbewerb der werbenden Unternehmen zu fördern" (Bork 1988, S. 100). Eine derartig unvermeidbare Werbung erscheint sowohl wettbewerbs- als auch medienrechtlich zulässig, da eine Irreführung des Zuschauers nicht erfolgt und es den Sendern nicht zugemutet werden kann, wegen der Banden- und Trikotwerbung auf die Berichterstattung zu verzichten. Die gleichen Überlegungen gelten analog für Interviewpartner, deren Kleidung deutlich das Herstellerlogo erkennen läßt (vgl. Bork 1988, S. 100 f.).

- Viele Sponsoren erwerben das Recht zur **Nutzung von Prädikaten** („Offizieller Ausrüster ...“, „Offizieller Lieferant ...“). Das Prädikat kann als Logo auf den Produkten und in der Werbung verwendet werden.
- Von **Titelsponsoring** wird dann gesprochen, wenn Sportveranstaltungen nach dem Sponsor benannt werden (*Compaq* Grand Slam, *Panasonic* German Open).

Tabelle 8-4 gibt einen Überblick über Werbemöglichkeiten im Fußball-Umfeld.

Tabelle 8–4: Werbeformen in der 1. und 2. Fußball-Bundesliga

Bandenwerbung
Trikotwerbung
Werbung durch Symbolfiguren
Werbung im Innenraum des Stadions
Werbung auf der Trainerbank
Werbung auf Eintrittskarten
Ausrüstungsverträge
Werbung im Presseraum
Werbung im VIP-Raum
Stadiondurchsagen
Werbung auf Autogrammkarten
Werbung in der Stadionzeitung
Ankündigungsplakate
Fahnen-/Wimpelwerbung
Werbestände im Stadion
Produktpräsentation
Videowand im Stadion
Anzeigetafel

Quelle: Schaffrath, M.: Auf Bande, Trikot, Trainerbank - wer ist der beste Sponsor im Bundesliga-Land?, in: Hackforth, J. (Hrsg.): Sportsponsoring: Bilanz eines Booms, 2. Aufl., Berlin 1995, S. 82

Das Sponsoring von bekannten Sportlern und Großveranstaltungen im Sport hat mittlerweile Kostendimensionen angenommen, die nur noch von Großunternehmen getragen werden können. Bei derartigen Ereignissen ist das Full-Sponsoring nur eines einzigen Sponsors eher die Ausnahme. Vielmehr werden i.d.R. die Kosten von einem Hauptsponsor und mehreren Co-Sponsoren übernommen. Dabei hat der Hauptsponsor natürlich weitergehende Nutzungsrechte als die Co-Sponsoren.

Daneben gibt es sogenannte **Sponsorenpools**, bei denen eine Vielzahl von lokalen Unternehmen mit vergleichsweise geringen Mitteln einen (lokalen) Verein unterstützen und nach außen gemeinsam als Förderer auftreten. Entsprechend gering ist i.d.R. auch die Werbewirkung.

Ein anderes Beispiel für die Kostensituation im Umfeld von Sportveranstaltungen aus der Sicht der Werbetreibenden zeigt Tabelle 8-5. Aufgelistet sind hier die Preise eines Werbespots während der Übertragung der Spiele der Fußball-Weltmeisterschaft 2002 in Korea und Japan durch die ARD. Sponsoren, die ihr Sport-Engagement auch durch klassische Spot-Werbung demonstrieren möchten, müssen entsprechend zusätzliche Kosten einkalkulieren.

Tabelle 8–5: Spot-Preise im Umfeld der Fußball-WM 2002

Vorrunde:	vor dem Spiel	in der Halbzeit	nach dem Spiel
Spiele ohne deutsche Beteiligung	Tarif 60: 15.000	Tarif 62: 43.500	Tarif 61: 25.500
Deutschland gegen Saudi Arabien, Sa.	Tarif 65: 60.000	Tarif 70: 144.000	Tarif 67: 93.000
Endrunde:	vor dem Spiel	in der Halbzeit	nach dem Spiel
Achtel- und Viertelfinale ohne BRD, Mo. - Fr.	Tarif 63: 48.000	Tarif 68: 112.500	Tarif 64: 63.000
Achtel- und Viertelfinale ohne BRD, Sa.	Tarif 64: 51.000	Tarif 69: 123.000	Tarif 66: 75.000
Achtel- und Viertelfinale mit BRD sowie Halbfinale und mögl. Spiel um Platz 3	Tarif 65: 60.000	Tarif 70: 144.000	Tarif 67: 93.000

Preise in € für einen 30 Sekunden-Spot
Quelle: http://www.ard-werbung.de/sales/tv/daserste/?name=nf_wm2002

8.1.2.6.6 Sport-Sponsoring Management

Im Sport engagieren sich mittlerweile über 3000 Unternehmen als Sponsoren, die sich allein im Fernsehen über Sport positionieren wollen. Dadurch sind die meisten Sponsoren nur in so geringem Maße auf dem Bildschirm präsent, daß die Wahrnehmung und Erinnerung durch die Zuschauer kaum nachhaltig zu beeinflussen sind. In der Fußball-Bundesliga sind zwischen 70% und 96% der Zuschauer nicht in der Lage, dem jeweiligen Verein den korrekten Hauptsponsor zuzuordnen (vgl. Schaffrath 1995, S. 93). Die Überflutung mit Sponsorenhinweisen im Sport ist in einzelnen Sportarten bereits auf dem Niveau der allgemeinen Werbeüberflutung anzusiedeln, so daß auch hier mit Reaktanzreaktionen seitens des Publikums zu rechnen ist.

Professionelles Engagement im Sport-Sponsoring setzt ein klares Konzept voraus mit eindeutigen Zielformulierungen, die sich aus den Marketing- und Unternehmenszielsetzungen ableiten lassen. Von den Sättigungserscheinungen in einzelnen Sportarten abgesehen, eignet sich das Sport-Sponsoring vor allem für den Aufbau von Bekanntheit und den Imagetransfer.

Die einzelnen Sportler bzw. Sportarten, die für ein Sponsorship in Betracht gezogen werden, müssen auf ihren Beitrag zur angestrebten Positionierung überprüft werden. Es müssen Soll- und Ist-Images genau definiert sein. Auf Basis dieser Zielsetzungen ist begleitend ein entsprechendes Sponsoring-Controlling durchzuführen.

Unter dem Aspekt des Sponsoring Managements ist es sinnvoll, Richtlinien vorzugeben, die klare Zielsetzungen beinhalten, an denen das geplante Sponsorship gemessen werden kann.

Sponsoringrichtlinien der Bayer AG

a) Langfristigkeit

Insbesondere Team-Sponsoring wirkt mit zunehmender Dauer stärker. Der Verbraucher benötigt einige Zeit, um Zuordnungen einer Marke zu einer bestimmten Mannschaft leisten zu können. Fachleute sprechen von einer erforderlichen Mindestdauer des Team-Sponsorings von zwei bis drei Jahren.

b) Regelmäßigkeit

Sponsoring-Maßnahmen, die regelmäßig präsent sind (beispielsweise Maßnahmen im Rahmen von Liga-Spielen) haben naturgemäß größere Recall-Werte als Einzelevents.

c) Dominanz

Sponsoren befinden sich zumeist im Wettbewerb mit weiteren Unternehmen, die dieselbe Veranstaltung nutzen. Bayer nimmt in der Regel eine dem Unternehmen entsprechende Dominanz als Haupt- oder Co-Sponsor wahr, was sich auch in der Gestaltung der eingesetzten Werbemittel niederschlagen sollte.

d) Image- und Zielgruppenkongruenz

Die gesponserte Sportart sollte zum Unternehmen bzw. zur Marke passen. Auch die Glaubwürdigkeit der Verbindung spielt hier eine besondere Rolle.

e) Vernetzung mit Basiswerbung und PR

Sportsponsoring kann in der Regel nur begrenzt Botschaften transportieren und eignet sich eher zum Aufbau der Markenbekanntheit. Durch Einbindung des Themas in die klassische Kommunikationsarbeit verstärkt sich überproportional die Wirkung der Maßnahme.

f) Klare Zielformulierung

Erst durch eine klare Zielformulierung lässt sich das Kosten-Nutzen-Verhältnis bzw. der Erfolg einer Maßnahme bewerten.

Quelle: www.sport.bayer.de

Zusammenfassend läßt sich festhalten, daß die Vorteile des Sport-Sponsoring vor allem in der Multiplikatorwirkung durch die Medien und in der großen Vielfalt der Einsatzmöglichkeiten liegen. Es steht eine große Auswahl an Sportarten mit jeweils eigenständigen Imageprofilen zur Verfügung.

Die Nachteile des Sport-Sponsoring liegen darin begründet, daß die Multiplikatorfunktion der Medien sich auf einige wenige Sportarten beschränkt, die von Sponsoren stark besetzt sind, so daß sich für sie hier kaum noch eigenständige Kommunikationsplattformen ergeben.

8.2 Product Placement

8.2.1 Grundlagen

Wie das Sponsoring ist auch das Product Placement eine der neueren Kommunikationsformen, die von Vorbehalten der Werbetreibenden gegenüber der Effizienz der klassischen Werbung profitieren. Abbildung 8-19 zeigt die Stellung des Product Placement im Marketing-Mix.

Abbildung 8–19: Die Stellung des Product Placement im Marketing-Mix

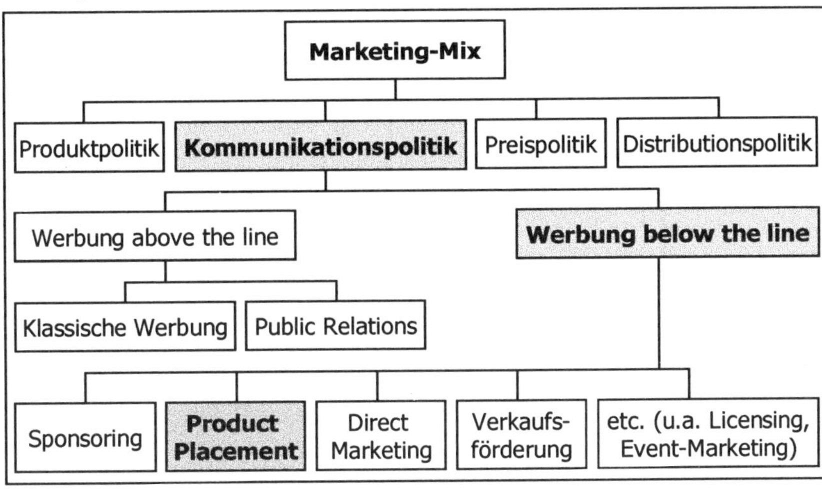

Product Placement ist die

gezielte, entgeltliche Plazierung eines Markenartikels als reales Requisit in der Handlung eines Spielfilms, einer Fernsehsendung ohne Spielfilmcharakter oder eines Videoclips, wobei der Markenartikel für den Betrachter deutlich erkennbar ist (vgl. Berndt 1993, S. 675).

Die Idee des Product Placement ist so alt wie die Filmgeschichte und beruht auf einer naheliegenden gegenseitigen Vorteilhaftigkeit für Filmproduzenten und Werbetreibende: Filmproduzenten benötigen geeignete Requisiten, die einem Film realen Handlungscharakter verleihen und können Kosten und Beschaffungsaufwand reduzieren, wenn ihnen diese direkt von den Herstellern zur Verfügung gestellt werden. Die wiederum sehen ihr Produkt in eine Spielfilmhandlung integriert. Anfangs bezog sich diese Art der Requisitenbeschaffung vor allem auf teure Produkte wie Automobile, aber auch die amerikanische Zigarettenindustrie hat frühzeitig versucht, Schauspieler zum Rauchen zu bewegen. Die ersten professionellen Ansätze des Product Placement bestanden in der sogenannten Warehouse-Methode. Hersteller stellten ihre Produkte in einer Art Supermarkt zur Verfügung, aus dem sich die Produzenten ihre Requisiten aussuchen konnten. Eines der meisterwähntesten Beispiele für Product Placement ist der Einsatz eines roten *Alfa Romeo* Spider in dem Spielfilm „Die Reifeprüfung" aus dem Jahre 1967.

In Deutschland erlebte das Product Placement einen ersten Höhepunkt in der zweiten Hälfte der 80er Jahre, allerdings mit deutlich überzogenen Präsentationen. So wurde 1986 in der „Lindenstraße" überdeutlich eine *Nesquick*-Dose plaziert und Götz George war in einem Tatort mit *Paroli*-Bonbons präsent. Filme, wie „Otto - der neue Film" oder Willy Bogners „Fire, Ice and Dynamite" (1990), in dem zwölf Firmen plaziert wurden, überspannten das Geschäft mit dem Product Placement. Die Reaktionen der Öffentlichkeit führten allerdings zu Lerneffekten, seither wird Product Placement in Deutschland sehr viel professioneller betrieben.

Markenartikel sind Bestandteil des täglichen Lebens, ein Film, der völlig auf Markenartikel verzichtet, würde nicht real wirken können. In einem Film tragen die Schauspieler Kleidung, Uhren, Accessoires, fahren Auto, essen, trinken und rauchen. Daher ist es nur naheliegend, daß sie die Produkte verwenden, die auch in der realen Welt dafür verwendet werden. Insofern ist davon auszugehen, daß kein Markenartikel, der in einem Film identifiziert werden kann, dort zufällig ist. Es ist als völlig realistisch anzusehen, wenn in einem Krimi, der in München spielt, die Polizei einen *BMW* fährt. Neben den Herstellern von Automobilen, Spirituosen, Erfrischungsgetränken und Zigaretten sind mittlerweile auch viele andere Bereiche im Product Placement vertreten.

Product Placement wird im Sprachgebrauch häufig mit Schleichwerbung gleichgesetzt. Tatsächlich sind die Grenzen fließend. Einerseits werden als Schleichwerbung alle dramaturgisch nicht notwendigen Darstellungen eines Produktes bezeichnet, die das Produkt aufdringlich präsentieren (vgl. Auer/Kalweit/Nüßler 1991, S. 53), andererseits wird Product Placement aufgrund der mangelnden Transparenz der werblichen Intention als eine Form der Schleichwerbung charakterisiert (vgl. Tolle 1995, Spalte 2096).

Im Rundfunkstaatsvertrag wird der Begriff Product Placement nicht verwendet, vielmehr wird dort ganz allgemein von Schleichwerbung gesprochen, die definiert wird als „die Erwähnung oder Darstellung von Waren, Dienstleistungen, Namen, Marken oder Tätigkeiten eines Herstellers von Waren oder eines Erbringers von Dienstleistungen in Programmen, wenn sie zu Werbezwecken vorgesehen ist und die Allgemeinheit hinsichtlich des eigentlichen Zwecks dieser Erwähnung oder Darstellung irreführen kann" (§ 7, 5).

Das Hauptcharakteristikum des Product Placement ist, daß sein werblicher Charakter nicht offensichtlich ist. Da durch die Einbettung eines Produktes in eine Filmhandlung die Grenzen zwischen Werbung und Redaktion verwischt werden, ist Product Placement gewissermaßen Werbung von neutraler, „objektiver" Seite und darin ist sein Wirkungspotential zu sehen.

Die weiteren **Vorteile des Product Placement** zeigen sich bei einem Vergleich mit der Fernsehwerbung (vgl. Auer/Kalweit/Nüßler 1991, S. 33 ff.):

- Bei der Fernsehwerbung ist ein Konkurrenzausschluß nicht möglich, hingegen wird ein Produkt in einem Film konkurrenzlos präsentiert.
- Mehrfachkontakte lassen sich in der Werbung nur durch (bezahlte) Mehrfachschaltungen erreichen. Spielfilme werden jedoch über Kino, Fernsehen und Video mehrfach verwertet, hinzu kommen zahlreiche Wiederholungen. Daher hat ein Product Placement bei einmaliger Bezahlung die Möglichkeit zu Mehrfachkontakten.
- Wie beim Sponsoring ist auch beim Product Placement eine Werbevermeidung durch Zapping ausgeschlossen.
- Ferner lassen sich durch Product Placement Werbebeschränkungen umgehen. Dies bezieht sich einmal auf die 20.00 Uhr-Grenze bei den öffentlich-rechtlichen Sendern, andererseits auf Werbeverbote für z.B. Zigaretten.

Wie entsteht Product Placement?

In der Regel macht sich die Filmproduktion, eventuell der Regisseur, manchmal schon der Drehbuchautor Gedanken über die Ausstattung des Filmwerks. Welche Gegenstände sind erforderlich, um einer bestimmten Situation einen eindeutigen Charakter zu geben, das bestimmte Lokal-Kolorit, das historisch richtige Umfeld zu treffen oder auch die Filmrollen selbst zu unterstreichen?

Welche Kleidung trägt ein Generaldirektor im Film, eine Hausfrau, eine Wissenschaftlerin, ein Rechtsanwalt, eine Richterin und wie sehen all diese Rollen aus, wenn ihre Akteure in privater Sphäre auftreten sollen? Welche Kugelschreiber, Füllfederhalter, Ringe, Ketten, Broschen, Schlipse tragen diese Menschen, welche Autos fahren sie? Teilweise stehen diese Dinge wohlweislich im Drehbuch, teils werden sie bei den Filmvorbesprechungen überlegt. Sicherlich wird darüber nicht erst am Drehort entschieden.

Kurzum, welche Gegenstände/Produkte letztlich im Film erscheinen, ist von vornherein kein Zufall, es ist geplant, denn beim Dreh muss jedes Teil, das im Bild erscheinen soll, vorhanden sein und nicht erst gesucht und per Zuspruch entschieden werden.

Der Requisiteur besorgt diese Gegenstände. Bevor er sie kauft, überlegt er, sie vielleicht zu mieten. Und bevor er sie mietet, findet er eventuell einen Hersteller, der sie ihm kostenfrei leiht und der sogar dafür Geld bezahlt, dass das Produkt im Film erscheint. Je deutlicher das Produkt allein durch seine Form auf den Hersteller hinweist, um so eindeutiger bringt es sich als Marke ins Bewusstsein der Zuschauer. Nachfrage und Angebot bestimmen dabei den PP-Preis. Der besteht nicht immer im Austausch von Geld, sondern wird oft mit einem Gegengeschäft kompensiert: Der Film wirbt in gewisser Weise für das Produkt. Das Produkt wiederum dient der klaren Positionierung und Charakterisierung einer Szene und ist in so einem Fall kostenfrei erhältlich, wenn beide Parteien ihre Interessen erfüllt sehen.

Wenn das Angebot für das Erscheinen gewisser Produkte gering ist, die Nachfrage jedoch groß, dann zahlt der Produkt-Hersteller zusätzlich zur Produktleihe noch eine “Gebühr” pro Sekunde Auftritt seines Produkts in der Szene. Je höherwertig das Produkt, je höher die Miete des Produkts ist und je seltener das Produkt verfügbar, desto eher muss der Filmproduzent für die Bereitstellung des Produkts zahlen. Hier profitiert dann der Film vom Image des Produkts. Je ausgewogener dieser Profit ist, wenn also der Film genauso viel Image vom Produkt erhält, wie er selbst dem Produkt gibt, um so gleichwertiger sind die Vorteile, die Filmproduzent und Hersteller haben. Man spricht vom gegenseitigen Imagetransfer. Die Interessen gleichen sich aus, ohne dass Geld fließt.

Quelle: Movie-College (www.movie-college.de)

Das **Ziel des Product Placement** ist in erster Linie der Aufbau bzw. die Verstärkung von **Images**, seltener die Steigerung der **Bekanntheit**. Ein Wirkungseffekt beim Product Placement ist vor allem durch **Wiedererkennbarkeit** eines Markenartikels erzielbar, d.h. ein Mindestmaß an Bekanntheit des plazierten Produktes ist für ein Placement Voraussetzung. Je höher die Bekanntheit eines Markenartikels, desto größer ist die Wahrscheinlichkeit, daß er in einer Filmszene wiedererkannt wird. Plaziert werden vor allem bekannte und sofort identifizierbare Produkte.

8.2.2 Formen des Product Placement

Es gibt verschiedene Möglichkeiten, das Product Placement zu klassifizieren (vgl. Tabelle 8-6).

Tabelle 8–6: Formen des Product Placement

Kriterium	Form des Product Placement
Art der Informations-übermittlung	▪ visuelles Product Placement ▪ verbales Product Placement
Art der plazierten Produkte	▪ Product Placement im engeren Sinn ▪ Image Placement ▪ Corporate Placement ▪ Location Placement ▪ Service Placement ▪ Generic Placement ▪ Music Placement
Grad der Einflußnahme auf das Drehbuch	▪ Zurverfügungstellung von Produkten ohne weitere Auflagen ▪ On-Set-Placement ▪ Creative Placement

Nach der **Art der Informationsübermittlung** wird in visuelles und verbales Placement unterschieden. Der Normalfall ist das **visuelle Placement**, bei dem das Produkt in der Filmhandlung sichtbar ist, wie beispielsweise das *TUI*-Logo in der Serie „Schöne Ferien". Das **verbale Placement** beinhaltet eine Erwähnung oder Bewertung des Produktes durch einen Darsteller (beispielsweise die Erwähnung der Marke *Whiskas* in dem James-Bond-Film „Im Angesicht des Todes"). Möglichkeiten zu einem verbalen Placement ergeben sich vor allem auch durch die Synchronisation von Filmen.

Nach der **Art der plazierten Produkte** ist zu unterscheiden zwischen der Plazierung von Markenartikeln (**Product Placement im engeren Sinn**) und der Plazierung einer Produktgruppe, ohne daß ein einzelner Markenartikel als solcher zu erkennen ist (**Generic Placement**). **Image Placement** bezeichnet die gezielte Herausstellung eines Unternehmens als Ganzes bzw. einzelner Teilaspekte wie ein spezifisches Know-how (**Corporate Placement**), die gezielte Plazierung bestimmter Orte oder Regionen (**Location Placement**) oder den gezielten Aufbau von Images einzelner Berufszweige, wie beispielsweise Ärzte oder Polizisten

(**Service Placement**). Als weitere Form ist schließlich das **Music Placement** zu nennen, mit dem versucht wird, bestimmte Musiktitel über Film und Fernsehen in die Charts zu bringen.

Beim Location-Placement haben Städte und Regionen eine große Bandbreite von Möglichkeiten, denn jede Filmhandlung benötigt schließlich einen Ort, an dem sie stattfindet. Allerdings ergeben sich die Location Placements nicht immer als gezielte Maßnahme, sondern sind häufig nur das Resultat einer erfolgreichen Serie wie die Insel Rügen in der Serie „Ein Bayer auf Rügen" oder das Glottertal in der „Schwarzwaldklinik". Die RTL-Serie „Ein Schloß am Wörthersee" wurde allerdings von der Kärntner-Tourismusgesellschaft subventioniert.

Ein Beispiel für ein sehr erfolgreiches Tourismus-Marketing in diesem Zusammenhang gibt Australien (vgl. Auer/Kalweit/Nüßler 1991, S. 111 f.):

> 1983 gewann Australien den America`s Cup, ein Segelwettbewerb, der so etwas wie das Nationalheiligtum der USA darstellt. Der Nationalstolz der Amerikaner war tief verletzt. Präsident Reagan äußerte sich dazu: „Es ist schlimm genug, daß wir verloren haben, aber mußte es ausgerechnet gegen ein Land sein, das heute noch die britische Flagge im Wappen hat?" (nach Auer/Kalweit/Nüßler 1991, S. 111).
>
> Australien reagierte mit einer Werbekampagne im US-Fernsehen, in der auf die Gemeinsamkeiten zwischen Australiern und US-Amerikanern hingewiesen wurde. Man solle die Niederlage nicht so ernst nehmen, man spreche schließlich die gleiche Sprache, seien beide Einwanderer und mögen Bier und Barbecue. Diese Kampagne löste eine erste Tourismuswelle aus. Der Darsteller in dieser Kampagne war der damals noch unbekannte Australier Paul Hogan. Der eigentliche Durchbruch kam jedoch mit dem Film „Crocodile Dundee", der jeweils zur Hälfte im australischen Busch und in New York spielte.

Der **Grad der Einflußnahme auf das Drehbuch** reicht von der Zurverfügungstellung von Produkten ohne weitere Auflagen - hier bleibt es dem Produzenten überlassen, was er mit dem Produkt macht -, bis zum **Creative Placement**, bei dem die Handlung eines Filmes bzw. einer Szene voll auf das Produkt abgestimmt ist und das Produkt für einen gewissen Zeitraum im Mittelpunkt der Handlung steht wie das Kreuzfahrtschiff Astor in der Serie „Das Traumschiff" oder der *BMW* Z3 in dem James Bond Film „Golden Eye". Beim **On-Set-Placement** ist das Produkt lediglich eine austauschbare Requisite, eine Einbindung in die Handlung erfolgt nicht. Das On-Set-Placement ist die häufigste Form des Product Placement. Geeignet hierfür sind vor allem die Produkte des täglichen Gebrauchs, wie Nahrungsmittel, Getränke, Alkohol, Süßwaren, Zigaretten oder Autos, Produkte, die in praktisch jeder Produktion untergebracht werden können. Als Paradebeispiel für das On-Set-Placement sind Autos anzuführen, die in fast jedem Film und jeder Serie als Requisiten zur Verfügung gestellt werden. In Serien wie Dallas, Denver Clan oder Schwarzwaldklinik waren vor allem deutsche Autos zu sehen. Der wesentliche Vorteil von Product Placement in Serien ist im Wiederholungseffekt zu sehen.

8.2.3 Wirkungspotentiale des Product Placement

Die unterschiedlichen Formen des Product Placement bedingen auch unterschiedliche Wirkungswahrscheinlichkeiten. Das Generic Placement kann als die neutralste Form des Placement angesehen werden, da hier kein Markenartikel gezeigt wird, und somit eine Beeinflussungsabsicht auch nicht erkennbar sein kann. Als entsprechend gering ist also auch das Wirkungspotential anzusehen, das Generic Placement hat daher auch nur eine untergeordnete Bedeutung. Die herausgestellte Produktgattung soll den Branchenumsatz steigern, profitieren werden die Hersteller davon nach Maßgabe ihrer Marktanteile. Als klassisches Beispiel für das Generic Placement ist die Plazierung von Götterspeise in der Serie „Liebling Kreuzberg" anzusehen, allerdings handelte es sich hierbei nicht um die gezielte Plazierung dieser Produktart durch die Götterspeisehersteller, vielmehr war es die Absicht, dem Darsteller eine Marotte beizulegen.

Das größte Wirkungspotential ist hingegen beim Product Placement im engeren Sinn zu sehen, insbesondere in der Form des Creative Placement, da hier die auf den Handlungsablauf gerichtete Aufmerksamkeit des Zuschauers automatisch auch auf das plazierte Produkt gelenkt wird. Allerdings liegen hier auch die größten Risiken, die darin bestehen, daß der Zuschauer die Beeinflussungsabsicht erkennt und Reaktanz aufbaut.

Wie in der Alltagswelt sind Zuschauer auch in Spielfilmen daran gewöhnt, Markenartikel zu erkennen. Ein Spielfilm, der völlig ohne Markenartikel abläuft, erscheint nicht unbedingt real. Dennoch ist davon auszugehen, daß der Zuschauer einen Spielfilm als werbefreien Raum betrachtet, in dem Sinn, daß eine Beeinflussung seiner Einstellungen gegenüber Markenartikeln nicht offensichtlich erfolgt. Ein Product Placement entspricht also grundsätzlich der wahrgenommenen Alltagsrealität des Zuschauers, so lange, wie es nicht als solches erkannt wird. Daher erfordert die Umsetzung ein hohes Maß an Sensibilität. Die Einbettung der Produkte sollte natürlich und selbstverständlich erfolgen und nicht aufgesetzt wirken. Nur so kann ein Product Placement sein Wirkungspotential nutzen.

Es darf allerdings nicht verkannt werden, daß für die Entfaltung einer Wirkung üblicherweise Wiederholungen notwendig sind, somit sollten die Wirkungspotentiale des Product Placement nicht überschätzt werden. Dieser immanente Nachteil des Product Placement, die Möglichkeit lediglich zu Einmalkontakten, kann jedoch durch eine glaubwürdige Einbettung des Produktes in den Handlungsablauf kompensiert werden, möglichst in der Form, daß das Produkt darin seine Vorteile voll entfalten kann. Im Gegensatz zur klassischen Werbung, die üblicherweise nicht mit zielgerichteter Aufmerksamkeit durch den Konsumenten verfolgt wird, kann ein Product Placement von eben dieser zielgerichteten Aufmerksamkeit, mit der der Zuschauer die Filmhandlung verfolgt, profitieren. Beim Product Placement ist also grundsätzlich von einer höheren Kontaktqualität auszugehen als bei einem Werbespot. Andererseits kann das Image und die Produktkompetenz des Darstellers, der das Produkt im Film verwendet, die Wirkung des Placement verstärken.

Abbildung 8–20: Beispiele für Product Placement

1. **Boss** in „Rocky“

2. Yellow Pages in „Star Trek“

3. *Milka* in „Feuer, Eis und Dynamit“

Die professionelle Umsetzung eines Product Placement setzt hohe Anforderungen an die Vorbereitung und Durchführung. Um die Wirkungspotentiale eines Product Placement zu nutzen, sind folgende Auswahlentscheidungen zu treffen:

1. **Auswahl des Films**. Werbetreibende erhalten eine Vielzahl von Drehbüchern, mit denen ihnen die Möglichkeit zu einem Product Placement angeboten wird. Die Einschätzung, ob ein Film voraussichtlich ein Erfolg wird, ist sehr schwierig. Erfolgsfaktoren sind in erster Linie die Thematik, die Schauspieler und der Regisseur. Neben der Erfolgseinschätzung ist eine grundsätzliche Einschätzung der emotionalen Merkmale des Filmgenres und seine potentielle Eignung für das zu plazierende Produkt vorzunehmen. Die emotionalen Wirkungen einer Komödie, eines Abenteuer- oder Erotikfilmes sind sehr unterschiedlich. Werbetreibende sollten versuchen, die für ihre Marken aufgebauten Erlebniszusammenhänge in adäquate emotionale Umfelder zu plazieren bzw. nicht-adäquate Umfelder zu vermeiden.
2. **Auswahl der Szenen**. Wichtig ist, daß Szenen ausgewählt werden, die eine thematische Verbindung mit dem zu plazierenden Produkt aufweisen. Mit einem Product Placement wird in erster Linie ein Imagetransfer angestrebt. Es ist also darauf zu achten, das Produkt in solchen Szenen zu plazieren, in denen es seine spezifischen Kompetenzen beweisen kann und eine positive Rolle spielt. Ein Autohersteller wird nicht daran interessiert sein, sein Produkt für eine Unfallszene zur Verfügung zu stellen, in der Personen zu Schaden kommen. Ein Reiseveranstalter wird Szenen vermeiden, die ihn in Verbindung mit negativen Urlaubserlebnissen bringen.
3. **Auswahl der Darsteller**. Bekannten Schauspielern wird i.d.R. eine höhere Aufmerksamkeit entgegengebracht als unbekannten. Vor allem aber haben Schauspieler auch personenspezifische Images, die auf das Produkt transferiert werden können. Dadurch ist aber nicht jeder Schauspieler in gleichem Maße für einzelne Produkte geeignet. Beispielsweise wird eine Fluggesellschaft, die die Kompetenz und das Verantwortungsbewußtsein ihrer Piloten demonstrieren will, mit Manfred Krug möglicherweise eine bessere Wahl treffen als mit Harald Juhnke.

Neben diesen vorbereitenden Überlegungen ist aber vor allem auf die professionelle Umsetzung zu achten. Ein Product Placement ist anders umzusetzen als ein Werbespot. Das plazierte Produkt muß sich als reales Requisit in den Handlungsablauf einfügen. Jede übertriebene Darstellung ist zu vermeiden, weil sie Gefahr läuft, als gezielter Beeinflussungsversuch erkannt zu werden und damit nicht mehr glaubwürdig ist. Eine realitätsnahe Einbindung der Produkte in die Filmhandlung ist daher durchaus im Sinne der Werbetreibenden.

8.2.4 Rechtliche Aspekte des Product Placement

Eine Klärung der rechtlichen Lage des Product Placement in Kinofilmen erfolgte erst 1991 mit einem BGH-Urteil über den Bogner-Film „Feuer, Eis und Dynamit“. Bis zu diesem Urteil spielte sich das Product Placement in einer rechtlichen Grauzone ab, waren alle Product Placement-Verträge nichtig. D.h. ein Werbetreibender konnte die Plazierung seiner Produkte rechtlich nicht durchsetzen, ebensowenig wie ein Produzent eine Vergütung für das Placement.

Der Bundesgerichtshof hatte bereits im Februar 1990 die juristische Basis des Product Placement geklärt und entschieden, daß es im öffentlich-rechtlichen und im privaten Fernsehen nur auf Basis der Filmausstattung und ohne finanzielle Zuwendungen zu Produktplazierungen kommen darf. Product Placement war also nur erlaubt, wenn Markenartikel unentgeltlich als Requisiten verwendet wurden.

1991 erfolgte ein Beschluß des BGH über Produktplazierungen in Kinospielfilmen. Anhand Willy Bogners Film „Feuer, Eis und Dynamit" entschied das Gericht, daß Product Placement im Kino auch mit finanziellen Zuwendungen explizit erlaubt ist.

Der BGH sah in dem Film einen Wettbewerbsverstoß, weil die im Film enthaltene Werbung „das erwartete Maß überschreitet". Daher müssen künftig Filme, die ein Übermaß an Produktplazierungen beinhalten, im Vorspann entsprechend gekennzeichnet werden. Geklagt hatte der Verband der deutschen Kinowerber: Wenn Unternehmen verstärkt ihre Produkte als Requisiten in Spielfilmen einsetzen, blieben früher oder später die eigentlichen Spots vor dem Hauptfilm aus.

Wird in einem **Kinofilm** *das vom Zuschauer erwartete Maß* an bezahlter Werbung überschritten, muß im Vorspann der Hinweis erfolgen: Der Film enthält bezahlte Werbung.

„Das Übermaß ist dann erreicht, wenn ein Film ungeachtet der dramaturgischen Absicht des Produzenten Namen, Kennzeichen, Produkte usw. von Unternehmen nicht nur flüchtig und vorübergehend, sondern deutlich herausstellt und wiederkehrend in das Geschehen einbezieht, so daß sich der Film über weite Strecken als Werbefilm präsentiert" (Nickel, zitiert nach O.V. 1995, S. 96).

Das Urteil stellte aber auch klar, daß die Hinweispflicht nicht schon dann besteht, wenn überhaupt Plazierungen vorkommen.

Die Konsequenzen des Urteils sind bedeutsam: Kinofilme dürfen grundsätzlich Werbung enthalten. Kinofilme dürfen in Zukunft soviel Placements enthalten, wie die Produzenten unterbringen können. Product Placement ist damit offiziell ein legales Geschäft.

Bisher waren die Juristen davon ausgegangen, daß, wie im Fernsehen auch, in Kinofilmen der Grundsatz der Trennung von Programm und Werbung gelte. Der BGH argumentiert, daß für Spielfilme die gesetzlich verankerte „Freiheit der Kunst" garantiert werden müsse und daher ein Verbot von Product Placement nicht möglich sei.

Weil das Publikum bei einem Kinofilm den kommerziellen Charakter durchaus richtig einschätze, sei bis zu einem gewissen Grad Werbung auch ohne Vorspann zulässig. Wenn Product Placement ohne Entgelt erfolgt, ist es vollkommen in Ordnung. Nur wenn Geld in erheblichem Umfang gezahlt wird, könne ein Hinweis im Vorspann angebracht sein. Wie dieser Hinweis erfolgen soll und wo die Grenze zu einem hinweispflichtigen Product Placement verläuft, ließen die Richter offen. Selbst bei Unterlassung der Hinweise ist nicht mit Verbot oder finanziellen Sanktionen zu rechnen.

Das Problem, das dieses Urteil aufwirft, besteht in der Trennung von Fernseh- und Kinofilm. Rundfunkrechtlich ist Product Placement verboten, sowohl im öffentlich-rechtlichen als auch im privaten Rundfunk, es sei denn, eine Marke wird allein aus journalistischen, redaktionellen oder dramaturgischen Gründen dargestellt. Dreht ein Fernsehsender einen TV-Film oder gibt eine Fernsehproduktion in Auftrag, dann gelten die Mediengesetze, weil der Sender den speziellen Richtlinien für Medienanstalten unterliegt, die Werbung im redaktionellen Teil verbieten.

Kaufen Fernsehsender ihre Programme auf dem freien Markt (z.B. Kinoproduktionen oder ausländische Fernsehserien), fallen diese Kaufproduktionen und darin eventuell enthaltene Placements automatisch auch in den Verantwortungsbereich der Sender. Während die Sender jedoch bei Eigen- und Auftragsproduktionen über die Plazierung von Produkten selbst entscheiden können, erhalten sie bei Fremdproduktionen ein fertiges Produkt. Die rechtliche Einschätzung der Ausstrahlung von Fremdproduktionen, die Placements enthalten, ist nicht eindeutig. Einerseits wird die Ausstrahlung aufgrund des Publikumsinteresses als zulässig erachtet, zumal das Herausschneiden der verbotenen Werbesequenzen sowohl technische als auch urheberrechtliche Probleme beinhalte (vgl. Müller 1997, S. 191). Andererseits wird die Zulässigkeit der Ausstrahlung an den Hinweis im Vorspann gekoppelt, daß der Film bezahlte Werbung enthält (vgl. Diekhof 1995, S. 84). Aus § 1 bzw. § 3 UWG läßt sich ein Unterlassungsanspruch herleiten, mit dem theoretisch jedes Product Placement im Fernsehen unterbunden werden könnte (vgl. Dörfler 1993, S. 124).

Unabhängig von der rechtlichen Zulässigkeit können freie Produzenten jedenfalls ihre Filme leichter finanzieren als Fernsehsender. Hier zeichnet sich eine problematische Diskriminierung ab. Jeder Spielfilm läuft früher oder später auch im Fernsehen. Damit wird die Trennung zwischen Kino- und TV-Film der Wirklichkeit nicht gerecht.

Für die Fernsehsender ist das BGH-Urteil zweischneidig: Product Placement geht an den Kassen der Sender vorbei. Wenn sich Produzenten und Werbetreibende zusammenschließen und die Werbung gleich in die Filme einbauen, sind die Sender letztlich nur noch Vorführer. Insofern stehen die Fernsehsender dem Product Placement sehr reserviert gegenüber, soweit es sich um Auftrags- oder Fremdproduktion handelt. Insbesondere die Privatsender befürchten, daß die Werbetreibenden die Placementkosten vom TV-Werbeetat abziehen und deshalb weniger Spots schalten (vgl. Henkelmann 1977, S. 70).

Nach wie vor ist Product Placement kein Rechtsbegriff und explizit gesetzlich nicht geregelt. Sofern Product Placement als Schleichwerbung gewertet wird, verstößt es gegen rundfunk- und wettbewerbsrechtliche Vorschriften:

- Rundfunkrechtlich verstößt Product Placement gegen den Trennungsgrundsatz, die Kennzeichnungspflicht von Werbung, das Beeinflussungsverbot, sowie das Gebot der Blockwerbung. Speziell bei den öffentlich-rechtlichen Sendern können noch Verstöße gegen zeitliche (20.00 Uhr-Grenze, Sonn- und Feiertagswerbeverbot) und quantitative Werbebeschränkungen (20 Minuten pro Werktag) hinzu kommen.

- Wettbewerbsrechtlich ist Product Placement vor allem im Hinblick auf Irreführung durch versteckte Werbung und als Verstoß gegen die guten Sitten zu werten (vgl. Spitzer 1996, S. 154 f.). Die Problematik liegt darin, daß die Zuschauer über den werbenden Charakter des Programms getäuscht werden sollen. Allerdings setzt die wettbewerbsrechtliche Ahndung voraus, daß der Tatbestand des Product Placement feststeht. Die Tatsache, daß ein Markenartikel in einem Programmbeitrag klar als solcher erkennbar ist, besagt noch nicht, daß damit gegen das Wettbewerbsrecht verstoßen wurde (vgl. Bülow 1991, S. 9 f.). Eine Wettbewerbswidrigkeit kann immer dann angenommen werden, wenn eine Entgeltzahlung oder eine vertragliche Vereinbarung vorliegt bzw. das Placement weder journalistisch, redaktionell noch dramaturgisch begründbar ist. Bei einem verbalen Placement kann daher i.d.R. von einem Wettbewerbsverstoß ausgegangen werden (vgl. Völkel 1992, S. 64 ff.).

Festzuhalten bleibt, daß Product Placement im Fernsehen eindeutig gesetzeswidrig ist, wenn es gegen Entgelt oder geldwerte Leistungen erfolgt und zwar sowohl unter rundfunkrechtlichen als auch unter wettbewerbsrechtlichen Aspekten. Allerdings wird dieses Verbot nicht allzu streng gehandhabt. Product Placement ist in vielen Bereichen des Fernsehens als gängige Praxis anzusehen. Beispielsweise wird in Reisemagazinen sowohl verbal als auch visuell auf Reiseveranstalter und Fluggesellschaften hingewiesen. In Sportsendungen werden Autos als Preise ausgelobt und ausführlich vorgestellt, Thomas Gottschalk plaziert seine Gummibärchen in „Wetten, daß ...?“ (vgl. Mörer 1997, S.13).

Von derartigen Fällen abgesehen, ist es im Einzelfall u.U. schwierig zu unterscheiden, ob es sich um ein - rechtlich zulässiges - Placement aufgrund einer programmlichen oder dramaturgischen Notwendigkeit handelt oder um ein gezieltes - und damit rechtlich unzulässiges - Placement.

8.2.5 Kosten des Product Placement

Naheliegenderweise lassen sich die Kosten für ein Product Placement am ehesten mit den Kosten für einen Werbespot vergleichen. Dabei werden im folgenden die Produktionskosten für den Werbespot (die für den Werbetreibenden bei einem Product Placement entfallen) ebensowenig berücksichtigt, wie die Qualität des Product Placement, auf die der Werbetreibende i.d.R. keinen Einfluß hat.

Ein Vergleich der Schaltkosten eines Werbespots mit den Kosten für ein Product Placement basiert auf dem TKP (vgl. Kapitel 4.9.3.5). Der TKP bietet eine finanzielle Vergleichsmöglichkeit zwischen diesen beiden Werbeformen.

Unter finanziellen Aspekten ist ein Product Placement der Schaltung eines Werbespots vorzuziehen, wenn sein TKP geringer ist als der des Werbespots:

$$TKP_{\text{Product Placement}} \leq TKP_{\text{Werbung.}}$$

Die TKP errechnen sich wie folgt:

$$TKP_{Werbung} = \frac{\text{Schaltkosten}}{\text{Zahl der Werbekontakte}} \times 1.000$$

$$TKP_{Product\ Placement} = \frac{\text{Kosten des Product Placement}}{\text{Zahl der Placementkontakte}} \times 1.000$$

Für den Wirtschaftlichkeitsvergleich sind grundsätzlich zwei Situationen zu unterscheiden:

1. Ist die **voraussichtliche Reichweite**, die mit einem Product Placement erzielt werden kann, **bekannt** (z.B. bei Serienproduktionen), dann läßt sich errechnen, wie hoch die Kosten des Product Placement maximal sein dürfen, wenn das Product Placement günstiger sein soll, als der Preis für einen Werbespot in einem Werbeblock innerhalb der Serie.
   Beispiel: Eine Fernsehserie erreiche erfahrungsgemäß durchschnittlich 4 Mio. Zuschauer, der TKP für einen Werbespot in einem Unterbrecher-Werbeblock während der Serie liege bei 20,00 €.
   Der Betrag, bei dem das Product Placement die günstigere Alternative zu einem Werbeblock darstellt, errechnet sich dann wie folgt:

$$Kosten_{Product\ Placement} \leq TKP_{Werbung} \times \frac{\text{Zahl der Placementkontakte}}{1.000}$$

$$Kosten_{Product\ Placement} \leq 20{,}00\ € \times \frac{4.000.000}{1.000}$$

   Das Product Placement erweist sich in diesem Beispiel also dann als günstiger, wenn es weniger als 80.000 € kostet.

2. Häufig ist allerdings eine **Schätzung der Reichweite**, die mit einem Product Placement erzielt werden kann, **nicht möglich**. In diesem Fall ist eine **kritische Reichweite** zu berechnen, die das Product Placement mindestens erzielen muß.
   Beispiel: Ein Fernsehsender plane eine Kochsendung und bietet einem Nahrungsmittelhersteller ein Product Placement für 30.000 € an. Der TKP für einen Werbespot liege bei der voraussichtlichen Sendezeit bei 20,00 €. Der Nahrungsmittelhersteller kann nun errechnen, wieviele Kontakte die Sendung mindestens erzielen muß, damit das Product Placement günstiger als die Schaltung eines Werbespots zu dem entsprechenden Ausstrahlungszeitpunkt ist:

$$\text{Zahl der Placementkontakte} \geq \frac{Kosten_{Product\ Placement}}{TKP_{Werbung}} \times 1.000$$

$$\text{Zahl der Placementkontakte} \geq \frac{30.000}{20} \times 1.000$$

   Wenn mit dem Product Placement mindestens 1,5 Millionen Zuschauer erreicht werden, erweist es sich als günstiger als die Schaltung eines Werbespots.

Es ist darauf hinzuweisen, daß derartige Berechnungen allein Wirtschaftlichkeitsvergleiche erlauben. Über die qualitativen Unterschiede lassen sich damit keine Aussagen machen.
Die Kosten für ein On-Set-Placement liegen in Deutschland in einer Größenordnung von 10.000 bis 30.000 €, die Kosten für ein Creative Placement können erheblich darüber liegen. Abgerechnet wird nach der Anzahl der Sekunden, die das Produkt im Film zu sehen ist.

Schätzungen über das Gesamtvolumen des Product Placement in Deutschland liegen bei etwa 150 Millionen Euro pro Jahr. Das zeigt, daß dem Product Placement derzeit nur eine untergeordnete Rolle als Werbeform zukommt. Wird allerdings unterstellt, daß ein Markenartikel in einem Spielfilm oder einer Serie nur in den seltesten Fällen zufällig erscheint, muß von einem Vielfachen dieser Schätzung ausgegangen werden.

8.3 Direct Marketing

8.3.1 Grundlagen

Während alle bisher vorgestellten Werbeformen der Massenkommunikation zuzurechnen sind, gründet sich die Besonderheit des Direct Marketing auf die Tatsache, daß es eine Form der **Individualkommunikation** darstellt:

> „Der Begriff Direktmarketing umfaßt alle Marketingaktivitäten, bei denen Medien und Kommunikationstechniken mit der Absicht eingesetzt werden, eine interaktive Beziehung zu Zielpersonen herzustellen, um sie zu einer individuellen, meßbaren Reaktion zu veranlassen".
> (Deutscher Direktmarketing Verband/Deutsche Post 1996).

Konstituierend für diese Definition ist das Wort **interaktiv**, d.h. dem Direct Marketing sind nur solche Aktionen zuzurechnen, die eine individuelle Wechselbeziehung zwischen Werbetreibenden und Umworbenen ermöglichen. Massenkommunikation richtet sich per definitionem immer an eine Ziel**gruppe**, hingegen sind die Aktivitäten im Direct Marketing auf einzelne, namentlich bekannte Personen ausgerichtet. Es sind allerdings auch solche Aktivitäten dem Direct Marketing zuzurechnen, die darauf ausgerichtet sind, eine namentliche Ansprache überhaupt erst zu ermöglichen, wie beispielsweise Anzeigen oder TV-Spots mit Responseelementen. Im weitesten Sinn zählt dazu auch die Haushaltswerbung.

Angesichts dieses sehr weit gefaßten Aktivitätsfeldes ist es sinnvoll, das Direct Marketing in drei Erscheinungsformen zu untergliedern (vgl. Löffler/Scherfke 2000, S. 46 ff.):

- **Passives Direct Marketing** ist die einfachste Art der Kundenansprache. Hierbei handelt es sich um eine Einweg-Kommunikation, bei der der Kunde zwar direkt angesprochen wird, eine unmittelbare Rückantwort allerdings nicht erwartet wird, wie beispielsweise bei der Haushaltswerbung und unadressierten Werbesendungen. In dieser Form reduziert sich das Direct Marketing auf den Informationsaspekt und ist hier der klassischen Werbung sehr nahe.
- **Aktives Direktmarketing** eröffnet dem Kunden eine unmittelbare Reaktionsmöglichkeit. Dazu zählen adressierte Werbesendungen und klassische Werbemittel wie Anzeigen, Plakate oder Werbespots mit Responseelementen.
- **Interaktionsorientiertes Direct Marketing** ist die individuellste Form, sie zielt auf einen Dialog mit dem Kunden, beispielsweise beim Telefon-Marketing oder auch beim Online-Marketing.

Die gezielte Ansprache von Kunden und Interessenten begründet die stark wachsende Bedeutung des Direct Marketing. Es zeichnet sich ab, daß das Direct Marketing seinen Stellenwert im Kommunikations-Submix der Werbetreibenden weiter ausbauen wird. Vor allem die Entwicklung in der Datenverarbeitung, Datenspeicherung und dem Ausbau elektronischer Kommunikationsnetze wird diesen Prozeß beschleunigen.

Die gesamten Aufwendungen für Direct Marketing beziffert der Deutsche Direktmarketing Verband (DDV) für 2001 auf mehr als 21 Milliarden Euro. Abbildung 8-21 zeigt die Entwicklung der Ausgaben für Direct Marketing, Abbildung 8-22 die Verteilung der Ausgaben auf die einzelnen Instrumente.

Abbildung 8–21: Ausgaben für Direct Marketing 1991-2001

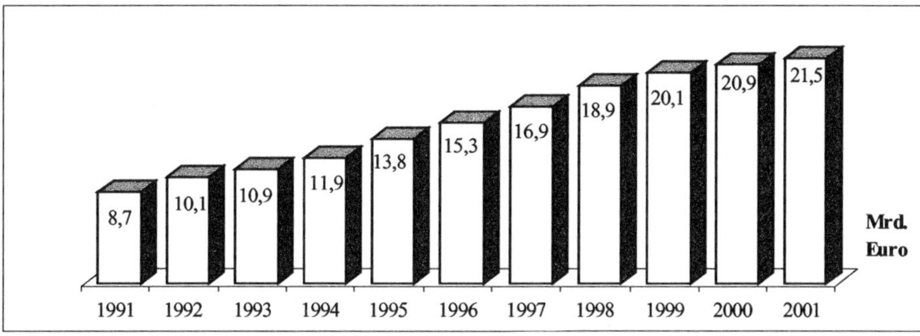

Quelle: DDV (www.ddv.de)

Abbildung 8–22: Ausgaben für Direct Marketing 2000

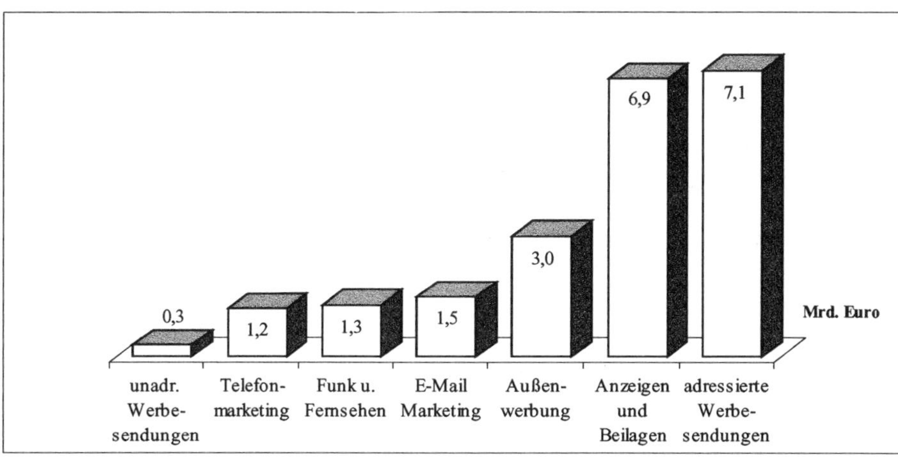

Quelle: DDV (www.ddv.de)

Die Ursprünge des Direct Marketing gehen auf Unternehmen zurück, die nach dem 1. Weltkrieg ihre Produkte auf dem Postweg vertrieben, also Versandhändler wie *Eduscho* und *Quelle*. Seit den 80er Jahren hat aber auch bei anderen Unternehmen die durch den Wettbewerbsdruck zunehmende Kundenorientierung zu einer stärkeren Hinwendung zum Direct Marketing geführt.

Der Trend vom Massenmarketing zum Individualmarketing setzt sich zunehmend stärker fort, der einzelne Kunde rückt immer stärker in den Mittelpunkt des Marketing. Die Unternehmen versuchen, gezielter auf die individuellen Bedürfnisse und Wünsche ihrer Kunden einzugehen. Notwendige Konsequenz daraus ist, daß die Unternehmen so viele Daten wie möglich über ihre Kunden sammeln. Die Datenbanken der Unternehmen, in denen sie Informationen über die Gewohnheiten ihrer Kunden gespeichert haben, stellen ihr Kapital für die Zukunft dar.

Tabelle 8–7: Entwicklung des Direkt Marketing

Zeit	Anwender	Grundlage	Adressaten	Vorwiegend eingesetzte Instrumente
1900-1970	Versandhäuser Buchclubs	eigene Kundenadressen	Einzelpersonen	Mailing, Direktvertrieb
1970-1980	zahlreiche andere Unternehmen	Kundenadressen, gekaufte und gemietete Adressen	nach Kriterien ausgewählte Einzelpersonen	Mailing, Telefon, Direktvertrieb
1980-2000	fast alle Unternehmen	Datenbanken mit Kundenadressen, Fremdadressen, E-mail-Adressen	Nach detaillierten Kriterien ausgewählte Einzelpersonen	moderne Kommunikationstechniken, Dialogtechniken, Direktvertrieb
nach 2000	fast alle Unternehmen	Datenbanken mit Kundenadressen, Fremdadressen, E-mail-Adressen, Internetnutzer	Nach detaillierten Kriterien ausgewählte Einzelpersonen	moderne Kommunikationstechniken, Dialogtechniken, Direktvertrieb, „individuelle Massenfertigung“

Quelle: Löffler/Scherfke: Praxishandbuch Direkt-Marketing, Berlin 2000, S. 9

Für einen Reiseveranstalter stellt es keine Schwierigkeit dar, die Urlaubsgewohnheiten seiner Kunden zu erfassen. Anders als im Konsumgüterbereich haben touristische Unternehmen notwendigerweise Zugang zu der Adresse und den persönlichen Daten eines Kunden. An seinem Buchungsverhalten läßt sich über einen längeren Zeitraum hinweg der Lebensweg eines Kunden verfolgen. Seine berufliche Entwicklung läßt sich an Hand der Urlaubsziele und der gebuchten Preiskategorien verfolgen, die familiäre Entwicklung an Hand der Anzahl der gebuchten Plätze. Ebenso lassen sich seine Interessen im Urlaub feststellen, ob er beispielsweise sportlich interessiert ist oder eher kulturell. Auf diese Weise ist ein Reiseveranstalter problemlos in der Lage, seinen Kunden maßgeschneiderte Angebote unterbreiten zu können. Selbst in einem Massengeschäft wie dem Tourismus ermöglicht das Direct Marketing eine individuelle Kundenpflege. Ein Brief des Reisebüros nach Beendigung der Urlaubsreise, in dem nachgefragt wird, ob der Urlaub zur vollen Zufriedenheit verlaufen ist oder ob es Grund zu Beanstandungen gab, vermittelt dem Kunden das Gefühl, individuell umsorgt zu sein. Dies ist ein Weg, den üblicherweise geringen Stammkundenanteil im Tourismus zu erhöhen. Kundenbindung über Direct Marketing wird zum Schlüsselbegriff für die Branche (vgl. Dahlem 1997, S. 124).

Das Marketing wird stärker dialogorientiert, individuelle Beratung und Betreuung der Kunden werden die Basis der Wettbewerbsvorteile von morgen sein. Damit wird zwangsläufig die Bedeutung des Direct Marketing zunehmen. Es wird sogar prognostiziert, daß das heutige Direct Marketing die Vorstufe zu einem interaktiven Marketing darstellt, dessen Kern nicht mehr Erfolgsindikatoren wie Marktanteil und Gewinnmargen sind, sondern die Ermittlung eines Kundenwertes (vgl. Wiedemann 1997, S. 26). Realistischerweise ist allerdings davon auszugehen, daß sich der Standardisierungsansatz des Massenmarketing und der Individualisierungsansatz des Direct Marketing parallel weiterentwickeln und sich in vielen Fällen Integrationsmöglichkeiten ergeben werden.

Der Trend zum Direct Marketing wird einerseits unterstützt durch Entwicklungen in der Kommunikationstechnologie und im Zahlungsverkehr. Computer ermöglichen den Aufbau von Datenbanken, das Internet neue Distributions- und Kommunikationsformen, mit der Kreditkartennummer ist eine einfache Zahlungsabwicklung per Telefon oder per Internet möglich.

Andererseits sind es die offensichtlichen **Vorteile des Direct Marketing**, die seine Bedeutung erhöhen:

- Jede Form der Massenkommunikation führt zwangsläufig zu Streuverlusten, d.h. es werden Personen angesprochen, für die die Werbebotschaft nicht relevant ist. Streuverluste mindern jedoch die Wirtschaftlichkeit der Werbung. Bei einer gezielten Personenansprache werden diese Streuverluste minimiert. Je kleiner die Zielgruppen werden, desto schwieriger sind sie über breit streuende Medien zu erreichen.
- Direct Marketing ermöglicht, was in der Massenkommunikation nicht realisierbar ist: nämlich eine unmittelbare Effizienzmessung und Erfolgskontrolle der ergriffenen Maßnahmen, da der Erfolg einer Direct Marketing-Aktion den ergriffenen Maßnahmen i.d.R. direkt zurechenbar ist. Indikator für die Wirtschaftlichkeit der Massenkommunikation ist der TKP. Der entsprechende Indikator im Direct Marketing ist der **CPO**, cost per order:

$$\text{CPO} = \frac{\text{Kosten der Direct Marketing - Aktion}}{\text{Zahl der Aufträge}}$$

- Der wesentliche Nachteil der Instrumente der Massenkommunikation besteht darin, daß sich die Werbebotschaften in einer Fülle von Konkurrenzbotschaften behaupten müssen. Hingegen erfolgt die individuelle Ansprache mit dem Instrumentarium des Direct Marketing weitgehend unter Ausschluß der Konkurrenz.

Direct Marketing hat sowohl **Kommunikations**- als auch **Distributionsfunktionen**. Abbildung 8-23 zeigt die Vielfalt an Aufgaben, die das Direct Marketing erfüllen kann. Auch beim Direct Marketing liegt das Hauptziel natürlich im Verkauf, sei es an bestehende oder an neue Kunden. Daneben kann das Direct Marketing aber eine Vielzahl an Aufgaben im Bereich der Kundenpflege und -betreuung erfüllen. Das Direct Marketing eignet sich aber vor allem auch als Aquisitionsinstrument.

Abbildung 8–23: Die Aufgaben des Direct Marketing

Vgl. Holland, H.: Direktmarketing, München 1992, S.12

Entscheidend ist im Direct Marketing die Art der Zahlungsweise:

- Bei der **Vorauszahlung** wird die Ware erst dann verschickt, wenn sie bezahlt ist. Dies ist zwar für den Anbieter die sicherste Form, aber sehr kundenunfreundlich, denn der Kunde kann die Ware nicht prüfen oder anprobieren.
- Bei Zahlung per **Nachnahme** zahlt der Kunde, wenn er das Paket erhält. Auch in diesem Fall hat er keine Möglichkeit zur Prüfung der Ware.
- Der **Rechnungskauf** ist für den Kunden das angenehmste System, er muß erst nach Erhalt und Prüfung der Ware zahlen. Diese Zahlungsweise entspricht dem Spontankauf am ehesten, enthält aber ein hohes Zahlungsausfallrisiko für den Anbieter.
- Der Kauf per **Kreditkarten** gewinnt zunehmend an Bedeutung und ist für beide Seiten vorteilhaft. Der Anbieter muß zwar einen bestimmten Prozentsatz vom Umsatz an das Kreditkartenunternehmen abführen, hat dafür aber eine Zahlungsgarantie. Für den Kunden ist die Kreditkarte die einfachste Zahlungsform, außerdem wird der Betrag seinem Konto erst mit Zeitverzug belastet.

8.3.2 Zielgruppenselektion

Das Wesen des Direct Marketing ist die gezielte und direkte Ansprache von Personen. Dazu ist es jedoch notwendig, zu wissen, **wer** angesprochen werden soll. Während sich die Massenkommunikation an eine namenlose Zielgruppe wendet, die mehr oder weniger genau getroffen wird, werden im Direct Marketing namentlich bekannte Personen angesprochen. D.h. es müssen zumindest die Namen und

Adressen der Personen herausgefunden werden, die das Angebot des Unternehmens nutzen bzw. nutzen könnten. Der Erfolg einer Direct Marketing-Aktion hängt wesentlich von der Zielgruppe ab, die angesprochen wird.

Grundsätzlich sind im Direct Marketing zwei Zielgruppen zu unterscheiden (vgl. Abbildung 8-24):

- im **Business-to-Business** (BtoB, B2B) bietet ein Unternehmen seine Leistungen einem anderen Unternehmen an.
- im **Business-to-Consumer** (BtoC, B2C) bietet das Unternehmen seine Leistungen dem Endverbraucher an.

Abbildung 8–24: Die Zielgruppen des Direct Marketing

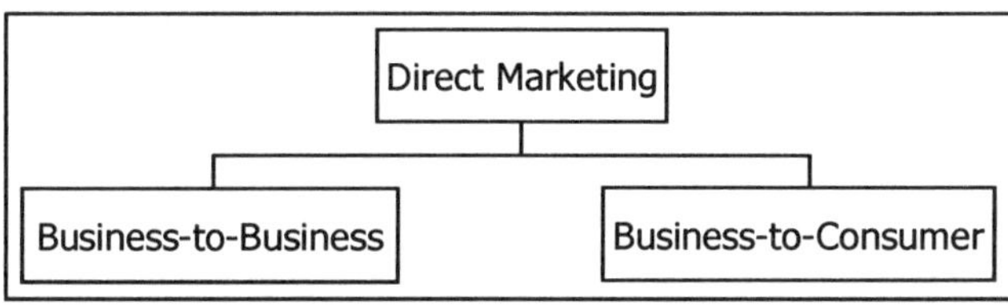

Eine individuelle Kundenansprache setzt den langfristigen Aufbau einer Datenbank voraus. Für ein professionelles Database-Marketing reichen die internen Daten i.d.R. allerdings nicht aus, vielmehr wird gezielt versucht, weitere Daten zu generieren. Je nach Zielgruppe sind dabei die Möglichkeiten zur Datenerhebung sehr unterschiedlich:

- Im **Business-to-Business-Bereich** kann das Unternehmen einerseits **interne Datenquellen** nutzen (wie Außendienstberichte, Messeberichte, Reklamationen). Einfacher und kostengünstiger sind i.d.R. jedoch **externe Datenquellen** wie Bezugsquellennachweise, Verbände, Handelsregister, Telefonbücher oder Messekataloge. Üblich ist auch die Miete von Adressen bei spezialisierten Adreßverlagen wie AZ Bertelsmann oder Schober-Direkt. Wichtig ist, daß die jeweiligen Entscheidungsträger ermittelt werden können, die für Einkauf und Beschaffung zuständig sind.
- Die Datengewinnung im **Business-to-Consumer-Bereich** kann ebenfalls über interne oder externe Quellen erfolgen. Interne Datenquellen beziehen sich aber nur auf die bereits bestehenden Kunden. Zur Gewinnung von Neukunden werden i.d.R. die Möglichkeiten der Massenkommunikation genutzt, also z.B. Anzeigen, Radio- oder Fernsehspots, in denen die Umworbenen aufgefordert werden, sich mit dem Unternehmen in Verbindung zu setzen. Dies erfolgt beispielsweise mit Coupon-Anzeigen oder über die Bekanntgabe einer Telefonnummer. Auf diese Weise ist es möglich, aus einer anonymen Masse von Zielpersonen **Interessenten** zu identifizieren. Eine andere Möglichkeit zur Gewinnung von Neukunden sind Kunde-wirbt-Kunde-Aktionen (Freundschaftswerbung).

  Mit dem Instrument der Mikrogeographie versuchen Adreßverlage, Streuverluste in der Direktansprache dadurch zu vermeiden, daß sie Wohngebiete nach verschiedenen Wohnmilieus zellenartig erfassen. Aus den so gewonnenen mikrogeographischen Datenbanken werden unterschiedliche Konsumgewohnheiten der Bewohner abgeleitet. Dieses Mikromarketing basiert auf dem Nachbarschaftsprinzip: „In kleinen räumlichen Einheiten, bspw. Ortsteilen, Straßenabschnitten oder einzelnen Häusern, leben Menschen mit einem ähnlichen Lebensstil und vergleichbarem Konsumverhalten“ (Junker/Nitsche 1998, S. 6). Abbildung 8-25 zeigt als Beispiel das mikrogeographische System der AZ Direct Marketing Bertelsmann GmbH, Regio Select. Rund 1,5 Millionen Straßensätze aus einer Straßendatei der Bundesrepublik wurden zu ca. 400.000 Straßenabschnitten mit je 70 Haushalten und 150 Personen verdichtet, für die jeweils eine Vielzahl von Informationen erhoben werden. Aus diesen Informationen werden sieben Marktsegmente gebildet, die wiederum aus jeweils sieben Ortsgrößenklassen und Wohngebietstypen bestehen. Die Wohngebietstypen wiederum sind nach verschiedenen Kriterien charakterisiert. Auf diese Weise können Haushalte, die einem bestimmten Konsumtyp zugeordnet sind, gezielt angesprochen werden (vgl. Stelzer 1997, S. 274). Als weitere Anwendungsmöglichkeit ist beispielsweise vorstellbar, daß in einem Call-Center, das telefonische Bestellungen für Produkte entgegennimmt, die in einem Teleshopping-Spot beworben wurden, zusätzlich gezielte weitere Angebote unterbreitet werden können, nachdem der Anrufer seine Adresse genannt hat.

Abbildung 8–25: Mikrogeographie

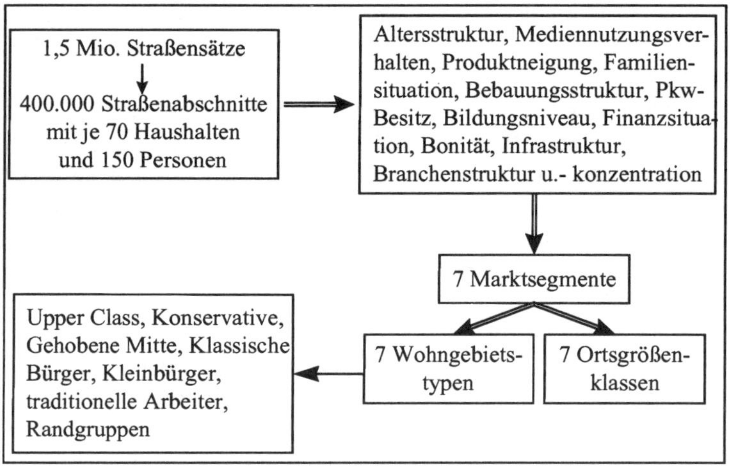

Quelle: Stelzer, J.: Wo die besseren Kreise hausen, in: Werben & Verkaufen, Nr. 39, 1997, S. 274

„Heute speichern 71% aller Unternehmen in Deutschland Kundendaten, und jeder Deutsche über 18 Jahre ist im Durchschnitt 52 mal in einer Unternehmensdatenbank abgespeichert“ (Kotler/Bliemel 1999, S. 1120). Spitzenreiter beim Abspeichern von Kundendaten sind Banken und Versicherungen vor dem Großhandel, Schlußlicht stellt der Einzelhandel dar (vgl. Löffler/Scherfke 2000, S. 63).

Alle über die Kunden und Interessenten über interne und externe Quellen erreichbaren Daten werden in einer zentralen Datenbank (Data-Warehouse) gesammelt, bereinigt und geordnet. Das sind in erster Linie soziodemographische Daten, aber auch Daten über das Kaufverhalten, aus dem sich Rückschlüsse über Gewohnheiten ziehen lassen. Die Daten werden dann auf versteckte Beziehungen hin untersucht sowie darauf, ob sich unbekannte Muster und Regeln erkennen lassen. Diese Analyse wird als Data-Mining bezeichnet. Damit wird versucht, aus Daten und Informationen neues Wissen zu produzieren. Zur Anwendung kommen komplexe statistische Verfahren von multidimensionaler Statistik bis hin zu sogenannten neuronalen Netzen.

Allerdings sind dem Data-Mining Grenzen gesetzt, die in erster Linie in der Datenqualität und der Datenmenge liegen. Voraussetzung sind aktuelle und richtige Informationen in einer für die statistischen Verfahren ausreichenden Menge (vgl. Huldi 2000, S. 84 f.).

Für ein Unternehmen wird es immer wichtiger, an persönliche Daten seiner Zielgruppe heranzukommen. Entsprechend ausgeprägt ist auch die Kreativität, diese Daten zu ermitteln. Wenn beispielsweise eine Kfz-Versicherung abgeschlossen wird, werden auch viele persönliche Daten erhoben, die nicht in einem unmittelbaren Zusammenhang mit der Versicherungsleistung stehen. Die Frage, ob jemand eine Garage hat, ist natürlich im Hinblick auf die Diebstahlswahrscheinlichkeit wichtig. Die Frage, ob die Garage gemietet oder im eigenen Besitz ist, hat mit dem Diebstahlsschutz allerdings nichts mehr zu tun. Der Versicherungsvertreter leitet die Daten jedoch an die Immobilienabteilung weiter, die später entsprechende Angebote unterbreiten wird.

Der gleiche Kfz-Versicherer gewährt einen Zusatzrabatt, wenn der Versicherte Kinder hat. Offizielle und nachvollziehbare Begründung: Jemand der Kinder hat fährt vorsichtiger und verursacht weniger Schäden als jemand, der keine Kinder hat. Für die Versicherung offenbart diese Information jedoch die Möglichkeit zu weiteren Abschlüssen wie Ausbildungsversicherung, erweiterte Haftpflichtversicherung u. dgl.

Eine Datenbank ermöglicht eine Klassifizierung von Kunden unter verschiedenen Kriterien. Es lassen sich aktive von inaktiven Kunden unterscheiden, rentable von unrentablen oder Stammkunden von gelegentlichen Kunden. Auf dieser Basis können die gebildeten Segmente gezielt angegangen werden. Inaktive Kunden können zu aktivieren versucht werden, gelegentliche Kunden in Stammkunden umgewandelt, den aktiven und Stammkunden maßgeschneiderte Angebote unterbreitet werden. Die *Lufthansa* erfaßt beispielsweise alle „Vielflieger Kids" von fünf bis neun Jahren und alle Teens von zehn bis sechzehn Jahren, denen jeweils spezielle Magazine zur Verfügung gestellt werden (vgl. Biedermann 1997, S. 46).

Eine Kundendatenbank sollte als Basis für eine zweigleisige Kommunikation aufgefaßt werden, „die es dem Unternehmen ermöglicht, sein Angebot den Wünschen und Reaktionen seiner Kunden entsprechend zu gestalten bzw. zu verbessern" (Linsner 1995, S. 68). Die Datenbank ermöglicht eine individualisierte Zielgruppenansprache, die gezielt zur Kundenbetreuung eingesetzt werden kann. Je zufriedener ein Kunde mit seiner Betreuung ist, desto größer ist die Wahrscheinlichkeit, daß er wieder bei demselben Unternehmen bestellt. Die Wahrscheinlichkeit kann noch erhöht werden, wenn dem Kunden rechtzeitig vor seinem üblichen

Bestellrhythmus gezielte Angebote unterbreitet werden. Eine gut gepflegte Datenbank ermöglicht die Bündelung von Budgets auf ausgewählte Zielgruppen.

Eine Datenbank sollte folgende Informationen zur Verfügung stellen können (vgl. O.V. 1997h, S. 7):

- Wer kauft?
- Wie oft wird gekauft?
- Was wird gekauft?
- Wieviel wird gekauft?
- Wann wird gekauft?
- Wo wird gekauft?
- Wie lange ist der Kunde schon Kunde?
- Wie zufrieden ist der Kunde?
- Was reklamiert der Kunde?
- Welchen Service nutzt der Kunde?

Das offensichtlichste Problem bei einer Datenbank ist deren Pflege und Aktualisierung. „Wird ein Adressenbestand ein Jahr lang nicht aktualisiert, wird nach Angaben der aktuellen Statistik der Einsatz der (nicht gepflegten) Adressen zu etwa 12% Retouren 'durch Umzügler' und zu ca. 1,6% Retouren 'durch Verstorbene' führen" (Löffler/Scherfke 2000, S. 86).

> Ein Problem, das in jedem Adressenbestand auftaucht, sind Mehrfach-Adressen, sogenannte Dubletten. Sie werden üblicherweise durch Abkürzungen von Namen, unterschiedliche Post- und Lieferadressen oder unvollständige Anschriften verursacht und führen in der Praxis zu erheblichen Nachteilen. Es entstehen einerseits Informationsverluste, weil Zusatzinformationen auf die Dubletten verteilt werden und sie somit u.U. mal unter der einen und mal unter der anderen Adresse erfaßt werden. Ferner entstehen höhere Kosten (Porto, verschwendete Werbemittel, Handlingskosten). Vor allem aber führen sie zu einer Verärgerung beim Empfänger, der mehrere gleiche Mailings von derselben Firma erhält. Diese mehrfache Direktansprache widerspricht natürlich vollkommen dem Grundgedanken des Individualmarketing (vgl. Löffler/Scherfke 2000, S. 87 f.).

Je nach der Art der Zielgruppe und der damit verbundenen Zielsetzung lassen sich ein- und mehrstufige Aktionen im Direct Marketing unterscheiden. Einstufige Aktionen sind typisch bei bereits bestehenden Kunden, denen beispielsweise in einem Mailing ein Angebot unterbreitet wird, mit der Möglichkeit, auf direktem Wege zu bestellen. Eine typische mehrstufige Direct Marketing-Aktion eines Versandhändlers könnte wie folgt aussehen: In einer Publikumszeitschrift wird eine Anzeige geschaltet, die ein neu in das Angebot aufgenommenes Produkt beschreibt. Die Anzeige enthält eine Antwortmöglichkeit (Response-Anzeige) in Form eines Antwortcoupons oder einer Telefonnummer, mit der Interessenten die Möglichkeit haben, Informationsmaterial anzufordern. Durch die Angabe des Namens und der Adresse wird der Antwortende als Interessent in die Datenbank aufgenommen. Das Informationsmaterial wird mit einem ersten Mailing übersandt. Mit einem zweiten Mailing kann bei den Interessenten nachgehakt werden, die auf das erste Mailing geantwortet haben.

8.3.3 Die Instrumente des Direct Marketing

Das Direct Marketing verfügt über eine Vielzahl sehr unterschiedlicher Instrumente, die wesentlichen sind in Abbildung 8-26 dargestellt. Die Instrumente des Direct Marketing sind in vielen Fällen gleichbedeutend mit den Medien, die das Direct Marketing nutzt (vgl. Abbildung 8-27). Dabei lassen sich spezifische Direktwerbemedien von den klassischen Werbemedien unterscheiden, die ebenfalls für Direct Marketing-Aktionen genutzt werden können.

Abbildung 8–26: Die Instrumente des Direct Marketing

Abbildung 8–27: Die Medien des Direct Marketing

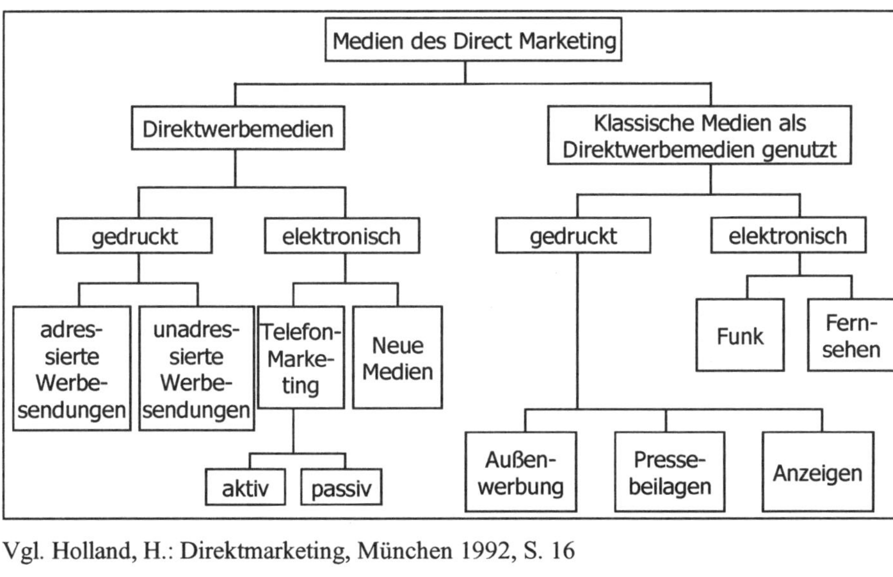

Vgl. Holland, H.: Direktmarketing, München 1992, S. 16

8.3.3.1 Das Mailing

Das bedeutendste Medium des Direct Marketing sind **adressierte Werbesendungen**, auch **Mailings** genannt. Sie bestehen üblicherweise aus vier Bestandteilen: dem Kuvert, dem Brief, einem Prospekt und einer Antwortmöglichkeit. Da unaufgeforderte Mailings bei einzelnen Verbrauchern bereits zu einer unübersehbaren Flut angewachsen sind, rufen sie häufig Verärgerung hervor. Dagegen kann sich ein Verbraucher durch einen Eintrag in die Robinson-Liste beim Deutschen Direkt

Marketing Verband (DDV) schützen. Das Wirkungspotential von Werbung, die Verärgerung hervorruft, ist ohnehin als gering einzustufen. Es darf aber nicht verkannt werden, daß ein großer Teil der Mailings nicht unaufgefordert erfolgt, zum Beispiel bei bestehenden Kunden bzw. in all jenen Fällen, in denen der Verbraucher ausdrücklich um Informationsmaterial gebeten hat.

Ein Mailing verfügt über eine Reihe von spezifischen Vorteilen, die seine Bedeutung für das Direct Marketing ausmachen (vgl. Löffler/Scherfke 2000, S. 197 ff.):

- **Erreichbarkeit der Zielgruppe**: Da praktisch jeder über eine Postanschrift verfügt, können, im Gegensatz zu fast allen anderen Instrumenten, mit einem Mailing alle Kunden und Interessenten direkt erreicht werden.
- **Persönliche Ansprache der Zielpersonen**: „Einer der wichtigsten Schlüsselreize ist der Name des Empfängers. Der eigene Name zieht den Blick des Lesers in den Text und ist eines der werbewirksamsten Worte überhaupt" (Löffler /Scherfke 2000, S. 197). Nachvollziehbarerweise verkehrt sich dieser positive Effekt jedoch ins Gegenteil, wenn der Name falsch oder falsch geschrieben ist.
- **Flexible Gestaltung**: Ein Mailing ist universell einsetzbar und für jedes Unternehmen und jede Zielgruppe geeignet. Auch hinsichtlich der Gestaltungsmöglichkeiten ist ein Mailing flexibel.
- **Vielfältige Dialogangebote**: Als Responseelemente können Antwortkarten, Rückumschläge, Faxantwortbögen, Coupons, Gutscheine oder auch Telefonnummern, E-mail- und Internetadressen eingesetzt werden.
- **Physisches Erlebnis**: Ein Mailing ist real und nicht virtuell. Der physische Erlebniswert kann durch Warenproben oder originelle Beigaben noch erhöht werden.
- **Keine störenden Einflüsse**: Die Werbebotschaft eines Mailings steht allein und muß nicht mit konkurrierenden Botschaften um die Aufmerksamkeit kämpfen. Der Empfänger kann selbst entscheiden, ob und wann er das Mailing öffnet.
- **Exakte Erfolgskontrolle**: Ein Mailing bietet eine lückenlose Erfolgskontrolle. Über eine Kodierung der Responseelemente kann bei unterschiedlichen Varianten eines Mailings getestet werden, welche Variante den besten Rücklauf innerhalb der Zielgruppe erzielt.
- **Minimierung von Streuverlusten**: Bei einer gut vorbereiteten Zielgruppenauswahl kann eine hohe Affinität der Empfänger mit dem Angebot erreicht werden, was eine Voraussetzung für eine hohe Rücklaufquote ist.

Damit ein Mailing seine Kommunikationsfunktion erfüllen und eine Reaktion hervorrufen kann, muß es vom Adressaten gelesen werden. Die Gestaltung eines Mailings muß also darauf abzielen, das Interesse des Adressaten zu wecken. Die Gestaltung des Kuverts entscheidet darüber, ob ein Brief überhaupt geöffnet wird. Die Funktion des Kuverts besteht darin, den ersten Kontakt mit dem Empfänger herzustellen und dafür zu sorgen, daß das Mailing geöffnet wird. Der Brief muß das Interesse des Empfängers aufrecht erhalten und zum Prospekt und zur Antwortkarte führen. Der Brief übernimmt die Funktion eines Verkaufsgespräches, der

Prospekt stellt das Angebot ausführlich mit technischen Daten und Preisen vor, die Antwortkarte schließlich ermöglicht die Bestellung (vgl. Holland 1992, S. 108 ff.).

Die heutige Computer- und Drucktechnik erlaubt es, die Briefe aus einem Guß erscheinen zu lassen. Es ist ihnen nicht anzusehen, ob es sich um einen Einzel- oder Massenbrief handelt, die individualisierten Bestandteile unterscheiden sich nicht von dem Standardschreiben. Immer häufiger ist nicht nur die Anrede der individualisierte Bestandteil, sondern der Name des Empfängers taucht auch im Text auf, manchmal auch zusätzlich noch das Bundesland, in dem er lebt. Eine zu weitgehende Personalisierung (z.B. Geburts- oder Hochzeitsdaten) sollte jedoch unterbleiben, da sie Mißtrauen erwecken kann.

8.3.3.2 Unadressierte Werbesendungen

Wie der Name schon sagt, sind unadressierte Werbesendungen eine Form des Direct Marketing, die sich nicht an namentlich bekannte Zielpersonen richtet. Synonym wird auch der Begriff **Haushaltswerbung** verwendet. Es handelt sich hier um außerordentlich vielfältige Werbemittel. Verteilt werden Handzettel, Propekte, Kataloge, Kundenzeitungen, Broschüren oder Warenproben. Anbieter sind in erster Linie Lebensmittelmärkte, Baumärkte und Möbelhäuser, aber auch Verlage, Autohäuser, Maklerbüros und Banken. Die Verteilung kann erfolgen in Form der Briefkastenverteilung, einer persönlichen Übergabe oder der „Ring & Leave-Methode, hier wird das zu verteilende Objekt an die Wohnungstür des Empfängers gehängt und anschließend geklingelt.

Haushaltswerbung hat den Vorteil einer breiten Streuung, sie erreicht flächendekkend jeden Verbraucher in einem bestimmten, räumlich klar abgrenzbaren Gebiet. Geschätzt wird, daß jährlich über 13 Milliarden Werbemittel auf diesem Weg abgesetzt werden, mit steigender Tendenz. Damit erhält, statistisch gesehen, jeder deutsche Haushalt an jedem Werktag eine Haushaltswerbung (vgl. Bottler 1999, S. 529). Größter Haushaltswerber ist die Deutsche Post AG, deren Briefträger auch unadressierte Werbesendungen zustellen.

Haushaltswerbung ist zwar keine beliebte Werbeform, was sich an den zahlreichen „Bitte keine Werbung“-Aufklebern an den Briefkästen dokumentiert. Ein großer Teil der Handzettel und Prospekte wandert ungelesen in den Abfall. Dennoch ist Haushaltswerbung sehr effektiv. Etwa ein Viertel aller Haushalte kauft gezielt Angebote aus den Handzetteln des Lebensmittelhandels.

Verglichen mit den Werbemitteln der klassischen Werbung sind unadressierte Werbesendungen i.d.R. sehr einfach aufgemacht: Sie enthalten üblicherweise lediglich Produktabbildungen, Preisangaben und besondere Kennzeichen der Sonderangebote und benötigen daher keine intensive Zuwendung. In dieser Einfachheit ist auch das Erfolgsgeheimnis der Haushaltswerbung zu sehen. Sie eignet sich vor allem für Produkte des täglichen Bedarfs und für wenig erklärungsbedürftige Konsumgüter. Da Haushaltswerbung Produkte bewirbt, die sich an eine breite Bevölkerungsschicht richten, sind ihre Streuverluste relativ gering. Selbst bei ziel-

Abbildung 8–28: Coupon-Anzeige

gruppenspezifischeren Produkten und Dienstleistungen können Streuverluste über die Selektion von Häuserzügen, Straßen, Stadtvierteln oder Postleitzahlgebieten in Grenzen gehalten werden.

Sowohl die Zusendung adressierter Briefwerbung als auch die Verteilung von Haushaltswerbung wird rechtlich als zulässig angesehen, mit der Begründung, viele Verbraucher hätten ein berechtigtes Interesse an Werbeinformationen und könnten sich ihrer aber auch problemlos entledigen. Unzulässig ist Haushaltswerbung grundsätzlich dann, wenn der Empfänger sich durch ein ausdrückliches Verbot dagegen wehrt, z.B. durch den Aufkleber „Bitte keine Werbung" (vgl. Dendorfer 2002, S. 266 f.).

8.3.3.3 Coupon-Anzeigen

Coupon-Anzeigen sind ein Instrument des Direct Marketing, das klassische Werbemedien benutzt. Es handelt sich dabei um Anzeigen mit einem Response-Element, sei es in Form einer aufgeklebten Postkarte oder als Coupon zum Ausschneiden. Das Response-Element kann aber auch einfach nur in der Angabe einer Telefon- oder Faxnummer bestehen. Abbildung 8-28 zeigt ein Beispiel für einen Fax-Coupon.

„Coupon-Anzeigen sind besonders dann empfehlenswert, wenn der Erfolg eines Werbeträgers gemessen und möglichst viele Interessenten aus dem Leserkreis gewonnen werden sollen" (Jaeckel 1993, S. 152). Die anvisierte Zielgruppe läßt sich über die Auswahl der Zeitschrift eingrenzen, entsprechend kann ein Fachpublikum oder ein Massenpublikum angesprochen werden.

8.3.3.4 Telefon-Marketing

Das Telefon ist im Direct Marketing eines der wichtigsten direkten Responsemedien überhaupt.

- Mit keinem anderen Medium kann schneller, unmittelbarer und bequemer Kontakt zum Unternehmen hergestellt werden, um Informationen einzuholen, Produkte zu ordern, Aufträge zu erteilen oder Beschwerden loszuwerden.
- Für den unmittelbaren Kontakt ist der Kunde zudem nicht an Ladenöffnungszeiten gebunden.
- Das Telefon-Marketing kommt dem persönlichen Kundengespräch am nächsten. Im direkten Gespräch hat der Kunde die Möglichkeit nachzufragen und er bekommt sofort Feed-back (Löffler/Scherfke 2000, S. 272).

8.3.3.4.1 Rechtliche Aspekte des Telefon-Marketing

Im Telefon-Marketing ist vor allem unter rechtlichen Aspekten die Unterscheidung in Business-to-Business- und Business-to-Consumer-Zielgruppen relevant. Denn Telefon-Marketing ist nur dann zulässig, wenn der Angerufene **vorher** sein

Einverständnis gegeben hat, angerufen zu werden. Im gewerblichen Bereich ist dieses Einverständnis als gegeben anzunehmen, wenn z.B. eine Geschäftsbeziehung besteht oder ein Einverständnis vermutet werden kann. Hingegen dürfen im privaten Bereich auch Kunden, mit denen bereits eine Geschäftsbeziehung besteht, nur unter bestimmten Voraussetzungen angerufen werden.

Beim Telefon-Marketing sind zwei Formen zu unterscheiden:

- Beim **aktiven Telefon-Marketing** werden die Zielpersonen vom Unternehmen angerufen, um Produkte vorzustellen und zum Kauf anzubieten oder um beispielsweise darüber zu informieren, daß bestimmte Bestellungen nicht ausgeführt werden können. Unangekündigte Anrufe bei Privatpersonen sind unzulässig. Private Verbraucher haben die Möglichkeit, sich beim DDV in die **Tele-Stop-Liste** aufnehmen zu lassen.
  Die rechtliche Zulässigkeit unerbetener Anrufe im **privaten Bereich** bestimmt sich nach § 1 UWG (Gesetz gegen den unlauteren Wettbewerb), das Handlungen im geschäftlichen Verkehr, die gegen die guten Sitten verstoßen, verboten sind. Werbung durch telefonische Anrufe im privaten Bereich werden rechtlich als lästig und aufdringlich beurteilt, da sie in die häusliche Sphäre eindringe und den psychologischen Zwang auf den Angesprochenen ausübe, diese Werbung zur Kenntnis zu nehmen (vgl. Dendorfer 2002, S. 253). Telefon-Marketing ist gegenüber Privatpersonen nur zulässig, wenn der Angerufene zuvor **ausdrücklich** oder **stillschweigend** sein Einverständnis erklärt hat, zu Werbezwecken angerufen zu werden.
  Ausdrückliches Einverständnis heißt, daß es **vorher** gegeben sein muß, auch bei nachträglicher Genehmigung ist es unzulässig. Ein Anruf ist auch dann wettbewerbswidrig, wenn der Anrufende zu Beginn des Telefonats das Einverständnis des Angerufenen eingeholt hat. Das Ankreuzen einer entsprechenden positiven Option auf einem Mailing ist ein ausdrückliches Einverständnis, nicht jedoch das Nichtankreuzen einer Negativoption. Ausdrückliches Einverständnis wird dann angenommen, „wenn der Werbeadressat um die fernmündliche Information nachgesucht oder bei Aufnahme des Geschäftskontaktes erklärt hat, mit einer telefonischen Betreuung einverstanden zu sein (Dendorfer 2002, S. 254).
  Ein **stillschweigendes Einverständnis** kann nur dann angenommen werden, wenn „der Kunde neben seiner Adresse auch seine Telefonnummer in der Erkenntnis mitteilt, diese werde von dem werbenden Unternehmen zur Fortführung des geschäftlichen Kontaktes genutzt" (Dendorfer 2002, S. 254). Die bloße Angabe der Telefonnummer im Briefkopf eines privaten Briefbogens kann nicht als stillschweigendes Einverständnis angesehen werden.
  Ob und inwieweit im **gewerblichen Bereich** die Bereitschaft zur Entgegennahme telefonischer Werbemaßnahmen vorliegt ist abhängig vom Interesse des Gewerbetreibenden an der telefonischen Werbung. Dieses Interesse kann dann angenommen werden, wenn ein allgemeiner Sachbezug zum Geschäft des Angerufenen besteht **und** ein konkreter, aus dem Interessenbereich des Angerufenen herzuleitender Grund vorliegt (vgl. Dendorfer 2002, S. 257).

- Beim **passiven Telefon-Marketing** geht die Aktivität vom Kunden aus, dadurch entfallen die rechtlichen Beschränkungen. Der Kunde reagiert damit z.B. auf ein Mailing oder eine Coupon-Anzeige bzw. er reklamiert eine ausgeführte Bestellung.

Die rechtlichen Regelungen zum aktiven Telefon- Marketing gelten nach Europarecht auch für den grenzüberschreitenden Telefonverkehr. D.h. der ausländische Werbetreibende muß seine Telefonaktion auf die deutschen Gegebenheiten abstimmen.

In diesem Zusammenhang soll darauf hingewiesen werden, daß die Übersendung von unerbetener **Telefax-Werbung** grundsätzlich verboten ist, sowohl im Business-to-Consumer- als auch im Business-to-Business-Bereich. Zwar findet bei dieser Art der Werbung kein unmittelbarer Kontakt zwischen Werbetreibendem und Adressaten statt, insofern hat der Schutz der Individualspähre hier nur eine geringe Bedeutung. Allerdings kann Telefax-Werbung zu einer erheblichen Belästigung beim Empfänger führen, da das Gerät zeitweilig blockiert ist und beim Empfänger Kosten für Papier, Strom und Toner verursacht werden. Auch für Telefax-Werbung gilt die Zulässigkeit nur bei Vorliegen eines ausdrücklichen oder stillschweigenden Einverständnisses (vgl. Dendorfer 2002, S. 262 f.).

8.3.3.4.2 Service-Telefonnummern

Eine zunehmende Bedeutung im Telefon-Marketing erhält der Einsatz sogenannter Service-Nummern, die die Kommunikation zwischen Unternehmen und Kunden erleichtern. Derzeit werden in Deutschland lediglich ca. 5% aller Telefonverbindungen über derartige Nummern abgewickelt, in den USA sind es 50% (vgl. Kühnapfel 1999, S. 112).

Zu den Service-Telefonnummern gehören alle Rufnummern, die mit einer der bundesweit einheitlichen Dienstekennzahl 0800, 0180, 0190 oder 0137 beginnen. Die Kosten des Telefonats sind für den Anrufer an der Telefonnummer zu erkennen. Je nach Nummer trägt die Kosten entweder das Unternehmen, der Anrufer oder beide.

- Bei der Service-Nummer **0800** (Freecall) erfolgt der Anruf zum Nulltarif, die Kosten trägt der Angerufene. Diese Nummern ermöglichen also telefonieren auf Firmenkosten. Mit einem derartigen Service zielt ein Unternehmen auf eine Intensivierung des Kontaktes mit seinen aktuellen und potentiellen Kunden, beispielsweise bei Bestellungen, Reklamationen oder Informationsbedarf. Die Einsatzmöglichkeiten sind sehr vielfältig und reichen von einer einmaligen Veröffentlichung der Nummer (Coupon-Anzeigen, Teleshopping, PR-Aktionen) bis hin zur permanenten Präsenz der Nummer beim Verbraucher (Direktbanken, Versandhäuser, Kundenhotlines, Hotelreservierungszentralen) (vgl. Kühnapfel 1999, S. 114). Als problematisch bei dieser Service-Nummer erweisen sich insbesondere die sogenannten Junk Calls, Anrufe von Personen, die die kostenlosen Nummern für ihr Mitteilungsbedürfnis nutzen.

Da die Zahl besonders leicht zu merkender Nummern begrenzt ist, setzen Unternehmen zunehmend auf sogenannte Vanity-Nummern („0800-PIZZA-SERVICE"), das sind Wort-Nummern, bei denen die Buchstaben mit dem alpha-numerischen Code moderner Telefone gebildet werden.

- Mit der Nummer **0180** werden Gespräche eingeleitet, bei denen die Kosten zwischen dem Anrufer und dem Angerufenen geteilt werden (Shared Cost-Dienst). Die 0180er Nummern unterteilen sich in 5 Tarifklassen, entscheidend für die Kosten des Anrufers ist die erste Zahl nach der Tarifkennung. Die Einsatzmöglichkeiten für die 0180er Nummern sind grundsätzlich die gleichen, wie bei den 0800er Nummern. Allerdings ist sichergestellt, daß jeweils der zuständige Ansprechpartner in der nächstgelegenen Zentrale erreicht wird. Beispielsweise erfolgen bei der *Lufthansa* bis 23:00 Uhr Buchungen über 0180 in Kassel, dann erfolgt eine Umleitung der Anrufe nach Los Angeles auf *Lufthansa*-Kosten, denn dort ist dann früher Nachmittag.

0180-1	**0180-2**	**0180-3**	**0180-4**	**0180-5**
Anrufer zahlt von 9.00 - 18.00 Uhr 4,6 ct pro Minute und von 18.00 - 9.00 Uhr 2,6 ct pro Minute. Anbieter übernimmt ggf. die darüber hinausgehende Differenz.	Anrufer zahlt pauschal 6,14 ct pro Gespräch, unabhängig von der Dauer, der Anrufherkunft und der Tageszeit. Der Anbieter zahlt Gesprächskosten, die über 6,14 ct hinausgehen.	Anrufer zahlt 9 ct pro Minute. Anbieter zahlt ggf. die Differenz zum normalen Tarif für Gespräche im T-Net.	Anrufer zahlt pauschal 24,6 ct pro Gespräch. Anbieter zahlt erst bei Gesprächen, die über 24,6 ct hinausgehen.	Anrufer zahlt 12,3 ct pro Minute. Anbieter zahlt nichts.
Stand: 01.01.2002, Quelle: Deutsche Telekom				

- Die Service-Nummer **0190** ermöglicht Telefondienstleistungen, deren Kosten über die Telefonrechnung auf die Anrufer übertragen werden. Derzeit werden 0190er Nummern hauptsächlich von Erotikdiensten genutzt. Einsatzmöglichkeiten bestehen aber auch für Wettervorhersagen, Börseninformationsdienste, Rechtsberatungen oder Verbraucherinformationen

	Anrufertarife	**Anbietervergütung**
0190-6	0,41 €/Min.	0,15 €/Min.
0190-5	0,62 €/Min.	0,34 €/Min.
0190-7	1,24 €/Min.	0,90 €/Min.
0190-8	1,86 €/Min.	1,48 €/Min.
Preise inkl. 16% MwSt; Stand: 01.01.2002		

- Die Nummer **0137** ermöglicht telefonische Meinungsumfragen und wird vor allem vom Fernsehen eingesetzt („Ted", Hitlisten).

8.3.3.4.3 Call Center

Die Anrufe gehen in sogenannten **Call Centern** ein. Ein Beispiel für ein professionalisiertes Call Center gibt *United Parcel Service* (*UPS*):

> *UPS* hat das Ziel, Kunden innerhalb von 6 Sekunden zu verbinden. Jeder Kunde soll mit der 0800-Nummer einen einzigen Kontakt bekommen und nicht mehr weiterverbunden werden müssen. Jeder Mitarbeiter im Call Center muß dem Kunden also alle Fragen beantworten können. Dank Datenübertragung weiß der *UPS* Centralcomputer immer genau, wo sich eine Sendung gerade befindet. Um die 6 Sekunden zu garantieren, unterhält der Konzern 11 Call Center in Europa, die untereinander vernetzt sind. Anrufe werden an den nächsten freien Arbeitsplatz durchgestellt. Der Vermittlungs-Computer weiß, welche Sprachen welcher Mitarbeiter spricht. Ein Call über eine deutsche 0800-Nummer wird immer auch von einem deutschsprachigen Mitarbeiter beantwortet. Allerdings kann *UPS* nicht immer die maximale Anzahl von Mitarbeitern einsetzen, vielmehr wird die notwendige Zahl an Mitarbeitern geplant: Aus der Zahl der Sendungen, die heute verschickt werden und aus deren Zieladressen werden Zahl und Sprachkenntnisse der einzusetzenden Mitarbeiter errechnet (vgl. Schruft 1996, S. 18 ff.).

„Als wir die Service-Nummer von *Toyota* wählten, um eine Broschüre anzufordern und die Adresse des nächstgelegenen *Toyota*-Händlers zu erfahren, fragte uns die Telefonistin nach Namen, Adresse, Telefonnummer, derzeitige Automarke, Baujahr und Modell. „Wann wollen Sie sich das nächste Mal ein neues Auto anschaffen? Haben Sie jemals an Leasing gedacht? Wären Sie an Namen und Adresse des nächstgelegenen Händlers interessiert? Brauchen Sie seine Telefonnummer?" Und die letzte Frage: „Können wir Ihnen sonst noch irgendwie behilflich sein?"
Wir hatten uns auf eine Corolla-Anzeige hin gemeldet und würden nun eine Corolla-Broschüre bekommen. Die freundliche Dame informierte uns darüber hinaus aber auch noch über weitere Modelle und versprach uns, dem Brief eine komplette Liste aller *Toyotas* beizulegen, wies uns aber darauf hin, daß wir mit etwa fünf bis zehn Tagen Wartezeit rechnen sollten.
Sie irrte sich. Die Sendung erreichte uns bereits nach vier Tagen. Im persönlichen Infobrief stand unter anderem: „Es geht nichts über eine Probefahrt, um Sie in das richtige *Toyota*-Feeling zu versetzen! Um Ihnen zu helfen, den passenden *Toyota* für Sie zu finden, gibt es nichts besseres als die Unterstützung Ihres freundlichen und fachkundigen *Toyota*-Händlers. Deshalb raten wir Ihnen: Statten Sie Ihrem nächsten *Toyota*-Autohaus einen Besuch ab (Name und Adresse waren angegeben). Wir haben Ihrem Händler bereits Bescheid gegeben, er erwartet Sie in seinen Ausstellungsräumen." (...)
Was uns jedoch am meisten beeindruckte, war der Anruf, den wir am Tag darauf von einem *Toyota*-Händler in unserer Nähe erhielten. Er lud uns zu einer Probefahrt ein und bot uns weiteres Informationsmaterial an" (Rapp 1996, S. 11).

Ein **Call Center** ist mehr als nur eine professionalisierte Telefonzentrale. Der Deutsche Direktmarketing Verband definiert ein Call Center als „Instrument zur Organisation der Kunden- und Marktkommunikation mit Mitteln der Telekommunikation". In einer Zeit, in der Service und individuelle Kundenbetreuung ein zunehmendes Gewicht als Wettbewerbsfaktor erhalten, erhöht sich auch der Stellenwert eines Call Centers als „verlängerte Werkbank des Marketing“ (vgl. Klocke/ Reichenbach 1996, S. 34).

Die **Ziele**, die mit einem Call Center verfolgt werden, sind im wesentlichen:

- Langfristige Kundenbindung und Gewinnung von Neukunden durch eine optimierte Marketingkommunikation.
- Nutzung des Call Centers als alternativen Vertriebskanal bzw. zur Vertriebsunterstützung.

Das obige Fallbeispiel zeigt, wie Telefon-Marketing als Kundengewinnungs-Instrument eingesetzt werden kann. Der Anruf wurde durch eine Coupon-Anzeige initiiert.

Abbildung 8-29 stellt die vier Basiselemente eines Call Centers dar (vgl. Klocke/ Reichenbach 1996, S. 32 ff.):

Abbildung 8–29: Strukturen und Prozesse eines Call Centers

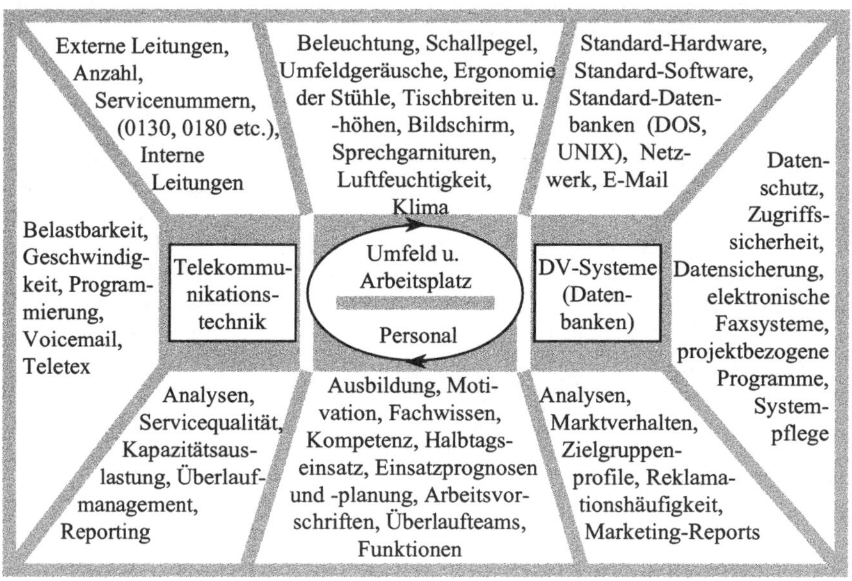

Quelle: Klocke, H./Reichenbach, C.: Call Center. Ziele, Aufgaben, Merkmale, in: Direkt Marketing, Feb. 1996, S. 32

1. **Telekommunikationstechnik**. Die technischen Komponenten umfassen eine ACD-Anlage (Automatic Call Distribution), die Anrufe an den nächsten freien Telefonberater weiterleitet. Die zentrale Frage bei einem Call Center ist, wieviele Anrufe in welcher Zeit mit welcher Gesprächsdauer eintreffen und welcher Personalbedarf sich daraus ableitet (vgl. Efthimiou 1997, S. 10). Im Falle von Unterkapazitäten muß eine Überlaufkonfiguration vorhanden sein, die Anrufe in eine Warteschleife einer Voicemail weiterleitet.
2. **Datenverarbeitungs-Systeme**. Der Telefonberater muß in der Lage sein, alle kundenbezogenen Daten zur unmittelbaren Verfügung zu haben. Anhand einer Identifikation, z.B. Kunden-, Konto- oder Telefonnummer, werden die Daten

auf seinem Bildschirm dargestellt. Da der Kundenkontakt in einem Call Center anonym erfolgt, müssen die Daten aktuell, vollständig und so aufbereitet sein, daß der Kunde am anderen Ende der Leitung den Eindruck gewinnt, daß er individuell und seiner persönlichen Situation entsprechend bedient wird und zwar unabhängig davon, mit welchem Berater er verbunden ist (vgl. Gotor Schäffer 1996, S. 38). Die Technik ermöglicht somit einen individuellen Service auch dann, wenn kein direkter Kontakt zu dem Kunden besteht, beispielsweise im Fall der Direktbanken.

3. **Arbeitsplatz und Personal.** Trotz aller Technik bleibt im Dialog zwischen Unternehmen und Kunde der Mensch der entscheidende Faktor. Daher sind an die Ausstattung des Arbeitsplatzes und an die Personalauswahl besondere Anforderungen zu stellen. Die Mitarbeiter eines Call Centers müssen kontaktfreudig, sprachgewandt und belastbar sein und vor allem Spaß am Telefonieren haben. Das Telefon-Marketing ist eine anstrengende Tätigkeit, bewährt haben sich für die Arbeitszeit Schichten von vier bis maximal fünf Stunden, unterbrochen von kleineren Pausen. Anrufspitzen müssen kurzfristig durch flexiblen Personaleinsatz aufgefangen werden können.
4. **Organisation.** Da die Informationen, die durch ein Call Center gewonnen werden vor allem im Marketing genutzt werden, gleichzeitig aber das Call Center auch Informationen nutzt, die im Marketing entstehen, sollte es organisatorisch auch hier eingebunden werden.
   Ein Call Center kann grundsätzlich in Eigen- oder Fremdregie betrieben werden. Diese Entscheidung ist in erster Linie davon abhängig, in welchem Maße es für Marketing- und Vertriebsaufgaben genutzt werden soll. In der Praxis werden häufig kombinierte Lösungen realisiert. Soll beispielsweise ein 24-Stunden-Service gewährleistet werden, können auslastungsschwache Nachtzeiten an ein selbständiges Call Center ausgelagert werden.

8.3.3.5 Katalog-Marketing

Im Direct Marketing hat das Katalog-Marketing einen besonderen Stellenwert. Mit einem Pro-Kopf-Umsatz von 470 DM (1997) und einem Marktanteil von 5,6% am Einzelhandel ist Deutschland Versandhandels-Weltmeister. Ein Katalog stellt das Angebot an Waren und Dienstleistungen eines Unternehmens vor. Er enthält Produktbeschreibungen und -abbildungen, Preisangaben und Informationen über Lieferungs- und Zahlungsbedingungen und Serviceleistungen (vgl. Holland 1992, S. 145). Die Funktion von Katalogen besteht darin, daß das Angebot eines Unternehmens beim Kunden ständig vorliegt. Das Inhaltsverzeichnis verleiht ihnen den Charakter von Nachschlagewerken (vgl. Lehr 1993, S. 169).

Während Versandhandelskataloge eine unmittelbare Verkaufsfunktion haben und somit ein Direktvertriebsinstrument darstellen, haben Kataloge von Reiseveranstaltern (und z.B. auch der *Ikea*-Katalog) die Funktion des Vor-Verkaufs. Aus einem Versandhandelskatalog kann der Kunde aus dem Angebot auswählen und schriftlich oder telefonisch direkt bestellen. Hingegen haben Kataloge im Tourismusbereich i.d.R. nur eine Informationsfunktion über das Angebot, die Buchung erfolgt im Reisebüro. Reisekataloge informieren über das Urlaubsgebiet, das Klima, das Hotelangebot, Preise, Ausflugsmöglichkeiten, Einreisebestimmungen u. dgl. Beim Nutzer eines Reisekataloges ist von einem hohen Involvement auszugehen, das sowohl emotional als auch rational bestimmt ist. Die Urlaubsplanung ist per se in hohem Maße emotional, der Informationsbedarf hingegen rational gesteuert. Die Kataloggestaltung muß also sowohl den emotionalen als auch den rationalen Bedürfnissen Rechnung tragen, wobei die emotionalen Aspekte in erster Linie durch die Bebilderung und durch die textliche Auslobung erfolgen. Generell sollten Übertreibungen und Schönfärbereien auf jeden Fall vermieden werden, es dürfen keine Erwartungen geweckt werden, die nicht gehalten werden können. Dies wäre nicht nur unter rechtlichen Aspekten fahrlässig, sondern vor allem unter dem Aspekt der Kundenzufriedenheit. Denn nur ein zufriedener Kunde kann Stammkunde werden.

„In dem Spannungsfeld des Kataloges: einerseits Werbemedium andererseits verbindliche Leistungsbeschreibung, hat sich eine besondere 'Katalogsprache' herausgebildet. Es werden Umstände der verschiedenen touristischen Objekte zwar beschrieben. Jedoch wird ein optimistischer Sprachstil verwendet, der den Interessenten leicht irreführen könnte. Die Rechtsprechung akzeptiert diesen Sprachstil mit der Begründung, das deutsche Reisepublikum sei durchaus reiseerfahren und als mündige Bürger in der Lage, den wahren Gehalt dieser Aussagen zu ergründen und die richtigen Schlüsse daraus zu ziehen.

So bedeutet z.B.:

- 'kurzer Transfer vom Flughafen zum Hotel', daß das Hotel vermutlich in unmittelbarer Flughafennähe liegt, also mit entsprechendem Fluglärm zu rechnen ist
- 'Verkehrsgünstige Lage' oder 'zentral gelegen', daß das Hotel mitten in der Stadt liegt mit entsprechender Straßen- und Verkehrslärmbelästigung
- 'Strandnah', daß das Meer durchaus viele Kilometer entfernt sein kann
- 'Direkt am Meer', daß das Hotel zwar in Wassernähe liegt, etwa auf einer Klippe, der eigentliche Badestrand also viele Kilometer entfernt sein kann
- 'Ruhige, idyllische Lage', daß hier Erholung gewährleistet ist, weil es keinerlei Unterhaltungsmöglichkeiten gibt
- 'Neu eröffnetes Hotel', daß kaum mit bereits funktionierendem Service zu rechnen ist; vielmehr sind noch nicht alle Anlagen des Hotels fertiggestellt
- 'Kleines ordentliches Haus, die Gäste sind im nahegelegenen Hotel gern gesehen', daß in diesem Hotel absolut tote Hose ist, für ein Glas Bier muß man ins nächste Hotel wandern
- 'Legere Anlage', daß kaum mit herausragendem Service zu rechnen ist
- 'Hotel mit ungezwungener Atmosphäre' oder 'in diesem Hotel fühlen sich Junggesellen besonders wohl', die Aussagen sprechen für sich".

Dettmer/Hausmann/Kloss u.a. 1999, S. 621 f.

Ein Versandhändler versucht, möglichst den gesamten Markt abzudecken und sich nicht auf einzelne Segmente zu beschränken. Entsprechend muß das Katalog-Marketing unterschiedliche Zielgruppen berücksichtigen. Dafür kann das Positionierungsmodell wie in Abbildung 8-30 eine Basis darstellen.

Abbildung 8–30: Positionierungsmodell eines Versandhändlers

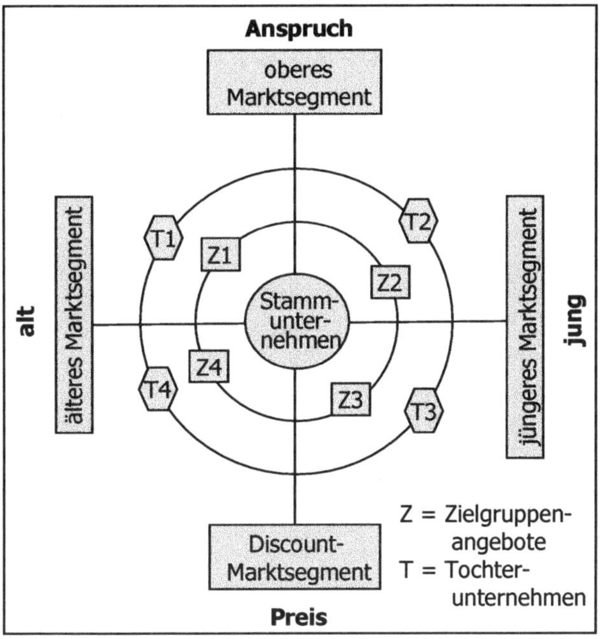

Vgl. Holland, H.: Direktmarketing, München 1992, S. 152

Das Modell teilt den Markt nach Alters- und Anspruchskriterien ein (natürlich läßt sich das Modell auch nach anderen Kriterien erstellen). Rund um das Stammangebot, das sich in der Marktmitte befindet, lassen sich eine Vielzahl von Tochterunternehmen oder Zielgruppenangebote gruppieren, die in ihrer Summe den Gesamtmarkt abdecken. Für jedes dieser Angebote sind entsprechend eigene Kataloge zu erstellen, so daß sich das Katalogangebot differenziert nach den Markterfordernissen ausrichtet. Die Distribution der Spezialkataloge läßt sich mit den Instrumenten des Direct Marketing ideal vornehmen und gezielt an Kunden und Interessenten versenden. Zur Interessentengewinnung können Coupon-Anzeigen in zielgruppenspezifischen Titeln geschaltet werden.

Kataloge erscheinen i.d.R. zweimal pro Jahr als Sommer- und Winterkatalog mit einer jeweiligen Gültigkeitsdauer von 6 Monaten. Während der Gültigkeitsdauer sind die Preise garantiert.

Kataloge eignen sich auch als Medium für Product Placement. In Versandkatalogen wird dies bereits realisiert. Beim *Otto*-Versand sind die Kühlschränke mit *Frosta*-Produkten gefüllt, auf Geschirrspülern steht *Somat* von *Henkel*, die Fernseher sind auf Sat. 1 eingeschaltet. Reiseveranstalter können mit ihren Katalogen Kooperationen mit internationalen Hotelketten oder Fluggesellschaften eingehen (vgl. Abbildung 8-31).

Abbildung 8–31: Katalogseite mit Kooperationspartnern

Bei der Herstellung eines Kataloges ist vor allem darauf zu achten, auf welcher Seite welches Angebot in welcher Art dargestellt wird. Grundsätzlich lassen sich Kataloge unterscheiden, die sehr viele Angebote auf einer Seite unterbringen und solche, die Angebote großzügig darstellen. Unabhängig von der grundsätzlichen Ausrichtung des Kataloges, betrifft die Artikeldichte die Kosten je Seite und damit die Wirtschaftlichkeit. Tendenziell gilt, daß größere Abbildungen und ausführlichere Behandlung eines Artikels zu einer Umsatzsteigerung führen, die die höheren Seitenkosten pro Artikel kompensieren kann. Besonders umsatzstarke Seiten sind die Titel- und die Rücktitelseite sowie deren Innenseiten. Auf diesen Seiten werden i.d.R. die besonderen Angebote herausgestellt (vgl. O.V. 1998d, S. 28 ff.).

Da Kataloge teuer sind, stellt sich für die Versandhändler die Frage nach einem wirtschaftlichen Katalogversand. Grundlage einer optimierten Katalogstreuung sind Informationen aus der Kundendatenbank, die zu einem Kundenbewertungsmodell (Scoringmodell) verdichtet werden. Am Beispiel des Spezialversenders *3 Pagen* soll aufgezeigt werden, wie sich wirtschaftliche Kunden von unwirtschaftlichen unterscheiden lassen:

Die Kundendatei von 3 Pagen unterscheidet:

- Grunddaten: Anrede, Name, Adresse, Telefonnummer, Werbeweg, auf dem der Kunde akquiriert wurde, soziodemographische Daten. Diese Daten können i.d.R. direkt aus der Erstbestellung übernommen werden.
- Potentialdaten: Hier wird die „Geneigtheit“ des Kunden, auf bestimmte Angebote zu reagieren erfaßt, und damit die Erfolgsaussicht von Ansprachen ermittelt. Diese Daten ergeben sich aus Kombinationen der übrigen Kategorien.
- Aktionsdaten: Sie erheben die Werbemaßnahmen, mit denen der Kunde innerhalb einer bestimmten Periode angesprochen wurde.
- Reaktionsdaten: Hier wird festgehalten, ob der Kunde auf einen Werbeanstoß reagiert hat, wann, was, wieviel, auf welchem Bestellweg bestellt wurde. Es wird der kumulierte „Lebensbestellwert“ eines Kunden sowie der Bestellwert in bestimmten zurückliegenden Perioden erhoben.

Die Daten der Kundendatei dienen als Basis zur Bewertung der Kundenqualität anhand von Kaufaktualität, Kaufhäufigkeit und Bestellwert. Jeder Kunde erhält einen Punktwert, der gesamte Kundenbestand kann somit in eine Rangfolge gebracht werden. Es wird dann ein Wert festgelegt, ab dem Kunden einen Katalog erhalten. Dieses Modell bietet somit auch eine Planungsgrundlage für die Katalogauflage (vgl. Tribukait 1988, S. 36 ff.).

Der Grundgedanke eines Scoringmodelles besteht darin, daß jeder Kunde hinsichtlich bestimmter Kriterien mit Punkten bewertet werden kann. Je höher das Punktekonto eines Kunden ist, desto höher ist seine Bedeutung für das Unternehmen. „Je aktueller das letzte Kaufdatum, je häufiger der Kunde gekauft hat und je größer der Umsatzwert ist, desto besser ist der Kunde zu bewerten“ (Löffler/ Scherfke 2000, S. 98).

8.3.3.6 Teleshopping

Das Teleshopping gehört zu den neueren Formen des Direct Marketing, bei dem das Fernsehen als Direct Marketing-Instrument eingesetzt wird. Teleshopping ist eine Form der **Direct Response-Television (DRTV)**, womit alle Formen bezeichnet werden, mit dem Kunden über das Fernsehen in einen Dialog zu treten. Diese Interaktion mit dem Fernsehzuschauer kann einerseits über direkte Einkaufs- und Bestellmöglichkeiten per Bildschirm (in Form von Verkaufsshows oder über Werbespots), andererseits als Informationsservice für den Zuschauer erfolgen (vgl. Thoma 1993, S. 293). Als Rückkanal dient üblicherweise das Telefon. Ferner ist zu unterscheiden zwischen aktivem und passivem Teleshopping (vgl. Kruse 1993, S. 304):

- Beim **aktiven Teleshopping** steuert der Zuschauer den Kaufprozeß selbständig (z.B. über BTX oder das Internet).
- Beim **passiven Teleshopping** ist es dem Zuschauer nicht möglich, die Produktpräsentation zu steuern, die Produkte werden so dargeboten, daß sie sofort bestellt werden können.

Teleshopping entstand eher aus einer Notlösung heraus 1982 in den USA. Ein Produzent von Dosenöffnern hatte bei einem Radiosender Werbezeiten gebucht, ging aber überraschend in Konkurs. Der Sender übernahm die Dosenöffner und bot sie in seinen Sendungen aktiv an. Das war so erfolgreich, daß sich daraus HSN, Home Shopping Network, entwickelte. Fünf Jahre später eröffnete Quelle in Deutschland das „Telekaufhaus" und Tjaereborg die „Tele-Reisen" auf Pro7, 1989 auch auf RTL. Otto eröffnete 1988 auf Sat. 1 den „Tele-Shop". Die Versuche waren aber nicht erfolgreich und wurden wieder eingestellt. Seit dem 16.10.1995 strahlt Quelle in einem Joint Venture mit Pro7 das Home Order-TV (H.O.T) aus.

Die Interaktion beim Teleshopping zwischen Zuschauern, Werbetreibenden und Fernsehsendern ist in Abbildung 8-32 dargestellt.

Abbildung 8–32: Funktionsweise des Teleshopping

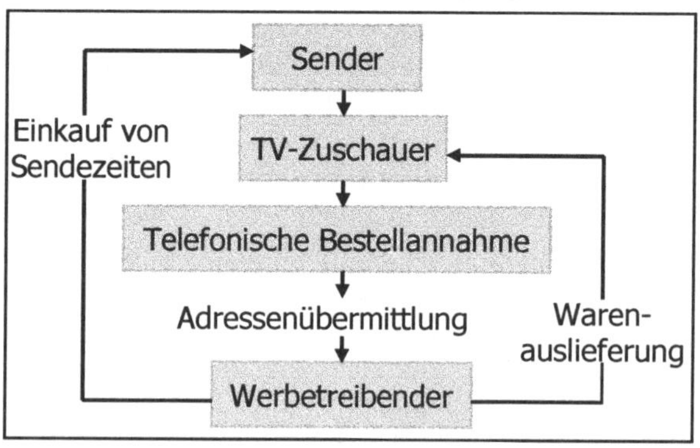

Vgl. Thoma, H.: Direktmarketing im Privatfernsehen, in: Greff, G./Töpfer, A. (Hrsg.): Direktmarketing mit neuen Medien, 3. Aufl., Landsberg 1993, S. 297

Teleshopping erfolgt in unterschiedlichen Formen:

- **Teleshoppingkanäle** werden von Sendern betrieben, die ausschließlich Teleshopping betreiben (H.O.T., QVC).
- **Teleshopping-Sendungen** sind Einkaufssendungen im Rahmen des normalen Programmangebotes von privaten Sendern.
- **Teleshopping-Werbespots** werden im Rahmen der Werbeblöcke mit Direkt Marketing-Angeboten unter Einblendung einer Telefonnummer ausgestrahlt, über die eine direkte Bestellung erfolgen kann.

Teleshopping ist **Spontankauf**. Die angebotenen Produkte müssen sofort ins Auge springende Produkt- oder Preisvorteile haben, verbunden mit einem Neuigkeitsaspekt. Die Kaufentscheidung aus dem heimischen Fernsehsessel muß schnell fallen, insofern sind auch der Preisgestaltung Grenzen gesetzt. Kaum jemand trifft die Entscheidung, ein Produkt über 1000 Euro zu kaufen, in wenigen Sekunden. Die Preisgrenze liegt bei etwa 50 Euro. Der Anbieter erhält innerhalb von 24 Stunden die genaue Information über Anzahl der Anrufer, Anzahl der Bestellungen, Anzahl der verkauften Zusatzprodukte und die soziodemographischen Daten der Besteller (vgl. Kruse 1993, S. 311 f.). Das Kunden- und Adreßmaterial kann für weitere Direct Marketing-Aktionen genutzt werden.

Das Teleshopping über Werbespots erfolgt i.d.R. außerhalb der Prime-Time, da es sonst von der Nachfrage her kaum zu bewältigen wäre. Die Rücklaufquote in bezug auf die Reichweite liegt zwischen 0,1 und 1%. Die Intensivphase der Anrufe dauert nur 12 - 15 Minuten.

Folgende Faktoren bestimmen den Erfolg im Teleshopping (vgl. Lux 1994, S. 136):

- Die **Produktauswahl**: Teleshopping-Produkte müssen in maximal 60 Sekunden emotional und rational darstellbar, ihr USP in wenigen Sätzen erklärbar sein.
- **Angebotstechnik** und **Spotkreation**: Das Angebot muß einfach und leicht verständlich formuliert sein. Im DRTV hat sich das Einführungsangebot durchgesetzt. Durch die Orientierung am CPO liegen die Produktionskosten der Spots weit unter denen der klassischen Werbung.

8.3.3.7 Direct Marketing mit neuen Medien

8.3.3.7.1 Kommunikationsformen von Multimedia

„Neue Medien" und „Multimedia" sind Begriffe, für die es noch keine allgemein verbindliche Definition gibt und die teilweise synonym verwendet werden. Volpers/Herkströter/Schnier (1998, S. 31) definieren Multimedia wie folgt:

> „Multimedia bezeichnet das Zusammenwachsen von Computertechnologie, Telekommunikation und Rundfunk in einer Netzstruktur und die gemeinsame, sich teilweise überschneidende Nutzung verschiedener Kommunikationsangebote in einem Endgerät".

Die Kommunikationsformen von Multimedia bzw. der Neuen Medien lassen sich in Anlehnung an Holland wie in Abbildung 8-33 darstellen.

Abbildung 8–33: Neue Medien

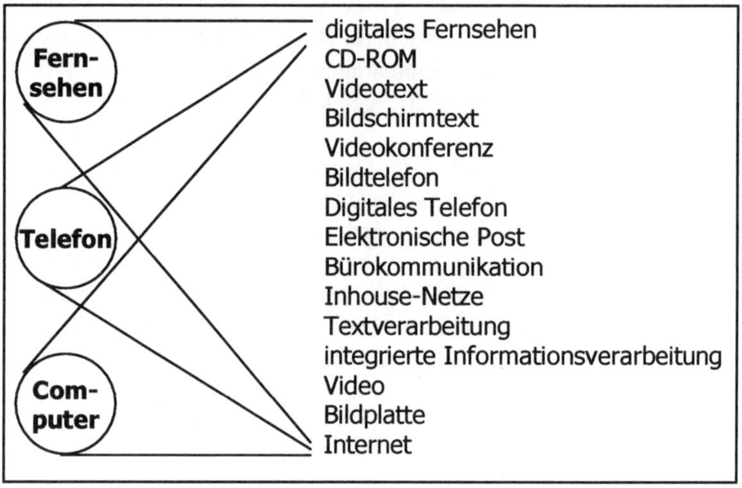

Quelle: Holland, H.: Direktmarketing, München 1992, S. 165

Die neuen Medien eröffnen dem Direct Marketing neue Möglichkeiten, einen direkten und interaktiven Kontakt zwischen Anbietern und Kunden herzustellen, insbesondere auch die Möglichkeit zu einer papierlosen Kommunikation. Die größte Bedeutung wird dabei zukünftig dem Internet zuzuschreiben sein (vgl. Kapitel 6.4.13).

Die Vorteile der neuen Medien für das Direct Marketing sind vor allem in zwei Tatsachen begründet:

- Die Kunden und Interessenten können gezielt und unmittelbar Informationen abfragen, ohne die Zeitverzögerung des Postweges.
- Der Kunde ist in einer sehr viel aktiveren Rolle als bei den klassischen Medien. Insbesondere dann, wenn die Aktivität von seiner Seite aus erfolgt, ist ein hohes Involvement vorauszusetzen, so daß sich die Kommunikation nicht nur effizienter, sondern auch effektiver gestalten läßt.

Allerdings ist nicht zu verkennen, daß die Einsetzbarkeit der neuen Medien als Direct Marketing-Instrument von ihrer technischen Reichweite abhängt. Erst wenn eine hinreichend große Anzahl von aktuellen und potentiellen Kunden überhaupt die Möglichkeit hat, mit den Anbietern auf elektronischem Weg in direkten Kontakt zu treten, ist ihr Erfolgspotential abzuschätzen.

8.3.3.7.2 Online-Marketing

Gemessen an den Gesamtaufwendungen für Direct Marketing, nehmen die interaktiven Dienste nur eine verhältnismäßig untergeordnete Bedeutung ein. Die anfängliche Euphorie der „New Economy“ ist einer realistischeren Einschätzung des Online-Marktes gewichen. Auch das Online-Marketing bleibt in seiner Entwicklung weit hinter den ursprünglichen Prognosen zurück. Allerdings hat sich auch hier die Bedeutung von starken Marken gezeigt. Internet-Surfer rufen in erster Linie die Adressen bekannter Marken auf, somit hat sich auch in der digitalen Welt der Vertrauensvorsprung der Marke behauptet. Diese Erfahrung mußte beispielsweise *Karstadt* machen, die mit My-world versucht hatten, eine Online-Shopping-Mall aufzubauen, dies aber letztlich mit einer *Karstadt*-Domain realisieren.

Online-Marketing verknüpft sich vor allem mit den Begriffen **E-Business/E-Commerce** und zunehmend auch **M-Business/M-Commerce**, wobei „E“ für „Electronic“ und „M“ für „Mobile“ steht.
In einer allgemeinen Definition umfaßt E-Business „die netzwerkgestütze Beschaffung, Verarbeitung und Bereitstellung (meist multimedialer) Informationen zur Abwicklung von Geschäftsvorgängen aller Art, die in nahezu allen betrieblichen Funktionsbereichen anzutreffen sind“, in Abgrenzung zu M-Business, der entsprechenden ortsungebundenen (mobilen) Variante (vgl. Steimer 2001, S. 137). Während das M-Business vor allem von der Durchsetzung des UMTS-Standards (= Universal Mobile Telecommunications System) abhängig sein wird, werden im E-Business bereits Umsätze erzielt, vor allem jedoch im Business-to-Business-Bereich. Hier können Zulieferer, Produzenten und Vertriebspartner ihre Logistik optimal aufeinander abstimmen.

Das **Online-Shopping** ist die Ausprägung des E-Business im Business-to-Consumer-Bereich und konzentriert sich derzeit vor allem auf die Warengruppen Bücher, Computersoft- und –hardware, Tonträger und Reisen. Online-Shopping hat sowohl für Anbieter als auch Kunden erhebliche Vorteile (vgl. Tabelle 8-8).

Tabelle 8–8: Vorteile des Online-Shopping

aus Anbietersicht	aus Kundensicht
▪ Deutliche Senkung der Vertriebskosten ▪ Detaillierte Kundenstatistiken ▪ Zwischenhandel entbehrlich ▪ Schnelle Aktualisierung von Produktinformationen und Daten	▪ Kürzere Lieferzeiten ▪ Unbegrenzte Ladenöffnungszeiten ▪ Kein Einkaufsstress ▪ Zeitersparnis ▪ Einkauf von jedem Ort der Welt aus möglich ▪ Preisvorteile ▪ Leichte Preisvergleiche ▪ Große Produktauswahl

Quelle: Löffler/Scherfke: Praxishandbuch Direkt-Marketing, Berlin 2000, S. 142 f.

Allerdings stehen diesen Vorteilen auch eine Reihe von Nachteilen gegenüber, die einem allgemeinen Durchbruch des Online-Shopping noch entgegenstehen. Das größte Hemmnis ist sicherlich im mangelnden Einkaufserlebnis zu sehen, Spontankäufe werden nach wie vor im Einzelhandel ausgelöst. Andere Hemmnisse sind in der als unzureichend eingeschätzten Datensicherheit und der Sicherheit des Zahlungsverkehrs zu sehen, in den teilweise hohen Liefer- und Versandkosten und vor allem dem fehlenden Vertrauen in unbekannte E-Shops. Zwar etablieren sich mittlerweile Prüfsiegel (vgl. z.B. www. trusted -shops.de, www.shopinfo.de), allerdings haben sie sich noch nicht durchgesetzt.

Als Alternative zum reinen Online-Shopping bietet sich eine Kombination mit dem stationären Handel an, der sogenannte Multi-Channel-Vertrieb, der die spezifischen Stärken beider Vertriebskanäle kombiniert. Beispielsweise kann der Kunde sich über die Produkte im Internet informieren, sie bestellen und im Geschäft abholen und bezahlen. Praktiziert wird dies bereits im Buchhandel.

Wie das Telefon-Marketing wird auch Online-Marketing aktiv und passiv betrieben. Auch hier bestehen gegen die passive Form keine rechtlichen Bedenken. Allerdings wird die unaufgeforderte Werbung mittels E-Mail mit bezug auf die Rechtsprechung zu Telefon-Werbung (vgl. Kapitel 8.3.3.4.1) als wettbewerbswidrig angesehen (vgl. Dendorfer 2002, S. 263 ff.).

8.3.3.8 Kundenclubs

Der Trend zu individualisierten Kundenbeziehungen hat seinen Ausdruck in der Bezeichnung Customer Relationship Marketing (CRM) gefunden. Es steht für eine Unternehmensstrategie, die sich konsequent auf den Kunden ausrichtet mit dem Ziel, die Servicequalität dauerhaft zu verbessern. Das CRM durchdringt alle Phasen der Kundenbeziehung und schließt damit auch die Vor- und Nach-Kauf-Phase ein. Seine wohl intensivste Ausprägung hat das CRM in den Kundenclubs gefunden.

Mit einem Kundenclub verfolgt ein Unternehmen das Ziel, Kunden stärker an sich zu binden und mehr über die Kunden zu erfahren. Ein Kundenclub hat somit sowohl die Funktion eines Marktforschungsinstrumentes als auch eines Kundenbindungsinstrumentes.

Der Verdrängungswettbewerb auf gesättigten Märkten läßt insgesamt die Kundenbindung wieder stärker in den Mittelpunkt des Unternehmensinteresses treten. Stammkunden sind für ein Unternehmen sehr wertvoll, denn mit ihnen erzielt ein Unternehmen den höchsten Umsatzanteil (vgl. Abbildung 8-34). „Wird die Kundenbindung lediglich um 5% erhöht, dann steigert dies den Profit um ca. 20 bis 50%" (Lübcke 1997, S. 20).

Abbildung 8–34: Kundenloyalitätspyramide

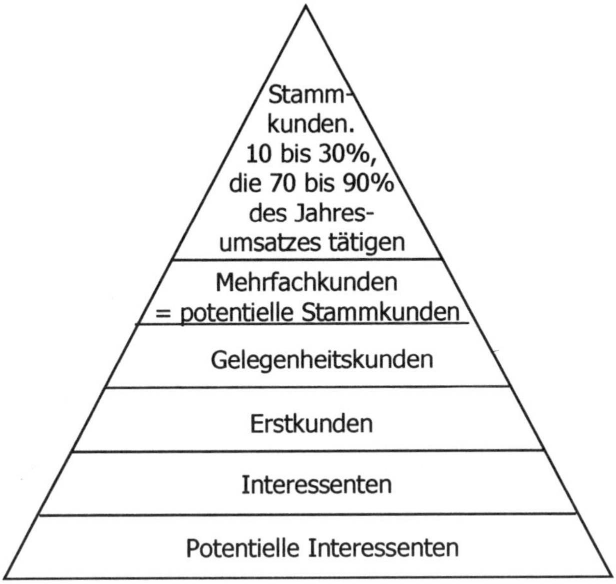

Quelle: Petersen, R.: Beziehungsmarketing und Clubmarketing im Business-to-Business-Bereich, in: Lübcke, D./Petersen, R. (Hrsg.): Business-to-Business-Marketing, Stuttgart 1997, S. 30

Eine allgemein gültige Definition eines Kundenclubs läßt sich nur schwer geben, da die konzeptionellen Ansätze zu unterschiedlich sind. Kennzeichnend für einen Kundenclub ist jedoch, daß die Kunden selbst aktiv werden müssen, um Mitglied zu werden (vgl. Löffler/Scherfke 2000, S. 247).

Die Arten von Kundenclubs sind sehr vielfältig. Sie lassen sich nach folgenden Kriterien einteilen (vgl. Bruns 1998, S. 165):

- nach der Erhebung eines Mitgliedsbeitrages
  - offene Clubs
  - geschlossene Clubs
- nach den Gründern
  - Herstellerclubs
  - Händlerclubs
  - Dienstleisterclubs
- nach der Zielebene
  - Händlermitgliederclubs
  - Weiterverarbeiterclubs
  - Endverbraucherclubs
- nach den Typen der Mitglieder
  - Fanclubs
  - Kundenvorteilsclubs
  - Lifestyle-Clubs

- Product-Interest-Clubs
- VIP-Clubs
- Business-to-Business-Clubs.

Im Gegensatz zu geschlossenen Clubs liegt bei offenen Clubs die Eintrittsschwelle aufgrund des zu entrichtenden Mitgliedsbeitrages oder einer Abonnementverpflichtung (z.B. Buchclubs) wesentlich höher. Daher müssen die Gegenleistungen für die Clubmitglieder entsprechend attraktiv gestaltet sein. Clubleistungen können in günstigen Einkaufsmöglichkeiten oder Serviceleistungen bestehen, in individuellen Produktangeboten, die ausschließlich Clubmitgliedern zur Verfügung stehen, in bevorzugter Behandlung oder auch in der Möglichkeit, mit Personen zu kommunizieren, die die gleichen Interessen haben.

Aber unabhängig von der Art und der Leistung der Clubs: Ihr wesentlicher **Vorteil** liegt darin, daß ihre Mitglieder für das Unternehmen transparent sind, indem sie vielfältige Daten zur Verfügung stellen, die in einer Datenbank erfaßt und verwaltet werden. Der Kunde ist durch die Mitgliedschaft eher bereit, über persönliche Daten Auskunft zu geben. Ein weiterer Vorteil liegt in der unmittelbaren Erfolgskontrolle aller Club-Maßnahmen. Kundenclubs stellen eine Form des Dialog-Marketing dar. Durch den Dialog zwischen Unternehmen und Kunden gewinnt das Unternehmen Informationen, die entscheidend sein können für die strategische Marketing-Ausrichtung.

Ein Club entwickelt eine spezifische Eigendynamik in der Kommunikation zwischen Unternehmen und Clubmitgliedern. Die Tatsache der Mitgliedschaft bedeutet, daß der Kunde dem Unternehmen bzw. dem Clubkonzept grundsätzlich positiv gegenübersteht. Durch die Mitgliedschaft lernt gleichzeitig aber auch das Unternehmen seine Kunden besser kennen und zwar nicht nur bezüglich ihrer persönlichen Daten, sondern vor allem im Hinblick auf deren Interessen, Bedarfsstrukturen sowie Wünsche und Erwartungen gegenüber dem Unternehmen bzw. dessen Produkten. Aufgrund dieser Kundenkenntnis kann das Unternehmen wiederum solche Club-Aktivitäten ergreifen, die gezielt zur Verbesserung seines Images, der Interaktion mit den Kunden und deren Integration in das Unternehmen beitragen. Die dadurch erreichte Intensivierung der Kundenbindung schlägt sich letztlich in mehr Sicherheit gegenüber dem Wettbewerb, in mehr Umsatz und somit langfristig in den Gewinnzielen nieder (vgl. Diller 1997, S. 34). Das Zielsystem von Kundenclubs ist in Abbildung 8-35 dargestellt.

Besonders stark ausgeprägt ist das Prinzip von Leistung und Gegenleistung in den Business-to-Business-Clubs. Die Mitglieder kommen hier in den Genuß besonderer Leistungen nur bei aktiver Mitarbeit. Die Leistungen des Club-Betreibers umfassen einerseits den klassischen Marketingbereich wie Verkaufsförderung, Dekoration und Präsentation, Ladenbau, Werbung und Öffentlichkeitsarbeit. Andererseits aber auch weitergehende unternehmensrelevante Leistungen wie Standortanalysen, Hilfe bei Personalfragen und Geschäftsführungsangelegenheiten, Schulungen in Marketing, Management und Kalkulation, Expertenrat zu betriebswirtschaftlichen, steuerlichen, versicherungstechnischen und kaufmännischen Fragen oder spezielle Softwareprogramme für besondere Branchenprobleme (vgl. Lübcke 1997, S. 25).

Abbildung 8–35: Zielsystem von Kundenclubs

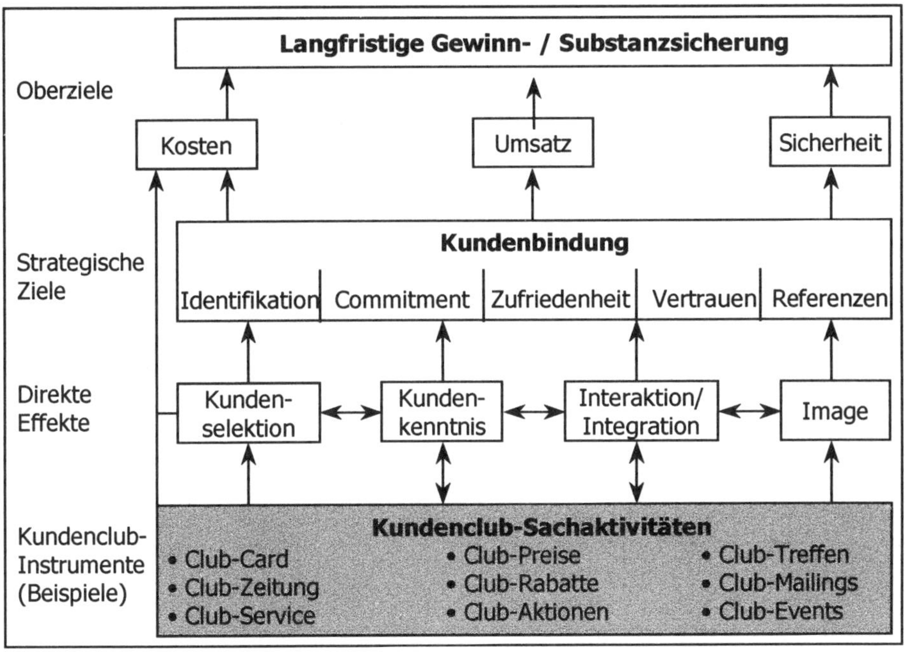

Vgl. Diller, H.: Was leisten Kundenclubs?, in: Marketing ZFP Nr. 1, 1997, S. 33

Ein Beispiel für einen erfolgreichen Business-to-Business-Club ist der *Grohe* Profi Club, dem mehr als 1.500 Betriebe aus dem Sanitärhandwerk angehören. Der Club realisiert den Partnerschaftsgedanken in einem aktiven Leistungsverbund, das Clubprogramm wird jedes Jahr gemeinsam von Clubmitgliedern und Unternehmen neu konzipiert, um aktuellen Entwicklungen des Marktes Rechnung zu tragen. Jedes Jahr erscheint ein neuer Katalog mit Basisleistungen sowie Mitgliederleistungen und Clubgegenleistungen. Leistungen und Gegenleistungen werden nach einem Punktesystem gegeneinander aufgerechnet, wobei jedes Mitglied frei aus dem Leistungskatalog wählen kann. Das Clubmitglied tritt zunächst in Vorlage, beispielsweise durch Mitwirkung an Verkaufsaktionen, spezielle Warenpräsentation oder Schaufenstergestaltung, Teilnahme an bestimmten Trainings oder Seminaren oder die Durchführung einer Hausmesse. Für jede erbrachte Leistung bekommt das Clubmitglied eine festgelegte Punktezahl gutgeschrieben, für die es Gegenleistungen abrufen kann. Diese Gegenleistungen bestehen z.B. in Unterstützung zur Stammkundenförderung, speziellen Seminaren zur Betriebsführung, Motivationswettbewerben für die Belegschaft oder VIP-Veranstaltungen im Sport, die zugleich zur Kundenbindung genutzt werden können.

Der Jahresbeitrag beinhaltet Basisleistungen, die jedes Mitglied ohne Vorleistungen in Anspruch nehmen kann. Das Angebot reicht von Expertenrat über Unter-

stützung bei Marketing, Werbung und Dekoration bis zur technischen Helpline für schnelle Problemlösungen.
Von dem Club profitieren beide Seiten gleichermaßen. Die Sanitärinstallateure erlangen Wettbewerbsvorteile im Markt, *Grohe* intensiviert die Kundenbindung und kann durch die unmittelbare Rückkopplung auf Veränderungen und Trends schnell reagieren (vgl. Pankow/Petersen 1997, S. 100 ff.).

In den Verbraucherclubs ist die Aktivität der Mitglieder i.d.R. weniger stark ausgeprägt, aber auch diese Clubs beruhen auf dem Prinzip von Leistung und Gegenleistung, die sich auf Seiten der Mitglieder aber häufig auf die Zahlung des Mitgliedsbeitrages beschränkt. Das Clubziel ist allerdings das gleiche: Kundenbindung. Die stärkste Kundenbindung wird aber vor allem durch Ansprache der emotionalen Ebene erreicht, wenn der Club es schafft eine Identifikation der Mitglieder zu erreichen, die über die materiellen Clubvorteile hinausgeht.

Ein Erfolgsbeispiel für einen Verbraucherclub liefert das Unternehmen *Swatch*. *Swatch*-Fans begannen, in regionalen Clubs selbst Auktionen zu organisieren. 1990 reagierte das Unternehmen mit der Gründung des Clubs „The Swatch Collectors of Swatch", der mittlerweile über 100.000 Mitglieder in neun Ländern umfaßt. Der Club verfolgt folgende Ziele:

- Identifizierung der besten Kunden, um so gezielt in die Opinion Leader zu investieren.
- Schaffen eines zweiseitigen Kommunikationskanals.
- Einbindung des Einzelhandels.
- Kommunikation der kompletten *Swatch*-Message.
- Interaktion und Dramatisierung der *Swatch*-Produkte und -Events.

Für den Mitgliedsbeitrag erhält der Kunde eine Club-Uhr, die jedes Jahr exklusiv für die Mitglieder kreiert wird und als Mitgliedsausweis fungiert sowie den *Swatch*-Gesamtkatalog. Die Mitgliedschaft gilt jeweils für ein Jahr.
Die Kommunikation mit den Mitgliedern erfolgt einerseits über Mailings, die über neue Kollektionen informieren oder zu Events einladen. Die als Lifestyle-Magazin konzipierte Clubzeitschrift „*Swatch* World Journal" erscheint zweimal jährlich und wird durch den „*Swatch* Newsletter" ergänzt, der sechsmal im Jahr erscheint.
Der regelmäßige Kontakt mit den Mitgliedern ermöglicht den Aufbau einer detaillierten Datenbank. Neben den Grunddaten werden alle Aktionen und Reaktionen des Mitglieds erfaßt, wie Aussand der Mailings oder der Clubzeitschrift, Anmeldungen des Mitglieds zu *Swatch*-Events oder telefonische und schriftliche Anfragen des Mitglieds. Die Datenbank wird durch die Mitglieder-Kontakte über eine Telefon-Hotline ergänzt, über die Fragen und Beschwerden erfolgen.
Durch den Dialog mit den Mitgliedern bringt das Unternehmen Verbesserungsvorschläge, Reklamationen, Produktwünsche und Informationen über den Handel in Erfahrung, die für eine noch zielgruppengenauere Ansprache genutzt werden können (vgl. Rathmann 1995, S. 160 ff.).

8.4 Verkaufsförderung

8.4.1 Grundlagen

In der Literatur findet sich keine einheitliche Verwendung des Begriffes Verkaufsförderung (auch Sales Promotions oder Promotions). Da i.d.R. jedoch auf ihren Kurzfristcharakter abgehoben wird (vgl. Kotler/Bliemel 1999, S. 926), soll hier folgende Definition zugrundegelegt werden:

> Unter Verkaufsförderung werden alle kommunikativen Maßnahmen verstanden, die **kurzfristig** den Absatz von Produkten und Dienstleistungen beeinflussen sollen.

„Mit der Verkaufsförderung sollen i.d.R. entweder die Endabnehmer eines Produktes, die Handelspartner oder die Verkäufer motiviert werden“ (Kotler/Bliemel 1999, S. 1023). Traditionell erfolgt Verkaufsförderung vor allem im Konsumgüterbereich.

Neben dem Direct Marketing wird insbesondere der Verkaufsförderung eine zunehmende Bedeutung zugesprochen. So sank der Anteil der klassischen Werbung an den gesamten Werbeausgaben zwischen 1994 und 1996 von 45 auf 42%, gleichzeitig erhöhte sich der Verkaufsförderungsanteil von 27 auf 28%, die gesamten Below-the-line-Aktivitäten stiegen in diesem Zeitraum von 55 auf 58% (vgl. Mangold/Hölzel 1997, S. 136).

Die Gründe für die zunehmende Bedeutung der Verkaufsförderung sind vielfältig:

- Grundsätzlich ist festzustellen, daß Kaufentscheidungen zunehmend erst am Point of Sale (PoS) getroffen oder dort zumindest maßgeblich beeinflußt werden. Da also die Eindrücke und Informationen vor Ort eine so starke Rolle für den Käufer spielen, ist der Laden und die Gänge im Laden zum Medium geworden, das gezielt Kaufsignale übermittelt.
- Ganz allgemein profitiert die Verkaufsförderung wie alle Below-the-line-Maßnahmen von den Vorbehalten der Werbetreibenden gegenüber der Effizienz der klassischen Werbung.
- Ein spezifischer Grund ist in der Veränderung der Handelslandschaft zu sehen. Die starke Konzentration im Handel stärkt dessen Verhandlungsmacht, so daß er maßgeschneiderte Verkaufsförderungsaktionen von den Herstellern durchsetzen kann, um sich gegenüber der Konkurrenz zu profilieren. Ferner hat der von der Konzentration ausgehende Wettbewerbsdruck mittlerweile ein eigenständiges Handels-Marketing entstehen lassen, das in Verbindung mit EDV-gesteuerten Warenwirtschaftssystemen zunehmende Bedeutung als Steuerungsinstrument gewinnt.
- Die Übersättigung im Bereich der klassischen Werbung hat dazu geführt, daß Werbetreibende die gezielte Verbraucheransprache am (PoS) stärker ausbauen.
- Veränderungen im Verbraucherverhalten haben zur Ausprägung von neuen Kundentypen geführt. Als „Smart Shopper“ wird der Käufer bezeichnet, der

ständig auf der Suche nach mehr Wert für weniger Geld ist. Dieser Käufertyp ist über Preise und Qualitäten von Produkten genau informiert und ist mit Sonderangeboten allein nicht mehr anzusprechen.

Viele Kaufentscheidungen werden erst im Laden getroffen oder werden dort zumindest stark beeinflußt. Käufer lassen sich von den Eindrücken und Informationen im Geschäft selbst leiten; es sind nicht mehr in erster Linie Markentreue und Werbung, die bestimmen, was gekauft wird.

Deshalb ist der Laden selbst und die Gänge im Laden ein wichtiges Medium geworden, um Botschaften zu vermitteln und Produkte tatsächlich zu verkaufen. Hinweisschilder, Position im Regal, der Platz, den die Ware einnimmt, spezielle Displays machen es entweder wahrscheinlich oder unwahrscheinlich, daß ein Konsument einen bestimmten Artikel kauft oder nicht.

Ein Kunde kauft umso mehr, je länger er in einem Geschäft verweilt. Die Zeit, die ein Kunde in einem Geschäft verbringt hängt davon ab, wie angenehm dieser Aufenthalt für ihn ist (vgl. Underhill 1999, S. 33 f.).

Im Rahmen der verbrauchergerichteten Verkaufsförderung kommt dem Merchandising eine große Bedeutung zu. **Merchandising** bezeichnet in diesem Zusammenhang das Plazieren der Ware (vgl. die andere Bedeutung von Merchandising in Kapitel 8.5.2). Einerseits handelt es sich dabei um sogenannte **Zweitplazierungen**, also Plazierungen außerhalb des Stammregales, wo das Produkt mit den anderen Produkten der Kategorie unmittelbar konkurriert und nun in eine konkurrenzlose Situation plaziert wird.

Andererseits geht es um die Kunst der Nachbarschaften: Ein Artikel wird so in die Nähe eines anderen plaziert, daß zwischen beiden eine Beziehung entsteht und mehr von beiden verkauft wird. Die richtige Nachbarschaft kann zu vielen Zusatzverkäufen führen. Wo plaziert man Gürtel? Neben Hosen. Socken? Bei den Schuhen. Tomatensoße zu den Teigwaren. Schlipse bei Anzügen. Paniermehl, Grillsoßen und Kräuter an der Fleischtheke. Milchprodukte sind in Verbrauchermärkten üblicherweise an der hintersten Wand plaziert. Da fast jeder Kunde sie braucht, gehen alle durch den ganzen Laden und schauen sich die Ware auf dem Weg dorthin an (vgl. Underhill 1999, S. 209.ff.).

Werden unterschiedliche Produkte zu logischen Kategorien zusammengefaßt und als ein Produkt vermarktet, wird auch von **Category Management** gesprochen. In einer „italienischen Woche" werden beispielsweise Wein, Pasta, Antipasti, Parma Schinken usw. zusammen plaziert und gemeinsam beworben. Dadurch kann der Umsatz der gesamten Kategorie und nicht nur einzelner Produkte gesteigert werden.

Die Verkaufsförderung grenzt sich in mehrfacher Hinsicht klar von der Werbung ab. Während die Werbung i.d.R. eine breite Zielgruppe anspricht, ist die Verkaufsförderung auf kleinste Zielgruppen ausgerichtet. Die Werbung zielt auf eine langfristige Wirkung, die Verkaufsförderung sucht den schnellen, kurzfristigen Erfolg. Gerade in dieser kurzfristigen Ausrichtung der Verkaufsförderung ist aber auch ihr

Gefahrenpotential zu sehen. Der kurzfristige Erfolg wird vielfach in Sonderpreisen und attraktiven Preisausschreiben gesehen. Eine Marke, die zu oft über Sonderpreise angeboten wird, läuft Gefahr, als Billigmarke angesehen zu werden, was mit dem durch die Werbung angestrebten langfristigen Markenimage nicht kompatibel sein muß. Außerdem wird der Handel für niedrige Preise sensibilisiert. Auch Preisausschreiben können das Markenimage schädigen, wenn die ausgelobten Preise eher unter dem Aspekt der Attraktion als unter Positionierungsaspekten ausgewählt wurden. Um derartige Irritationen auszuschließen, müssen Werbung und Verkaufsförderung an einer gemeinsamen, langfristig orientierten Kommunikationsstrategie ausgerichtet sein.

Bei der Verkaufsförderung lassen sich grundsätzlich drei unterschiedliche Zielgruppen unterscheiden: Endverbraucher, Handel und Außendienst (vgl. Abbildung 8-36), entsprechend unterschiedlich sind auch die jeweiligen Instrumente. Die Verkaufsförderung ist also nicht auf den PoS beschränkt. Jede Zielgruppe sollte nach Möglichkeit in ihrer eigenen Sprache angesprochen werden. Verkaufsförderung am PoS ist vor allem für wenig erklärungsbedürftige, problemlose Verbrauchsgüter von Bedeutung.

Abbildung 8–36: Arten der Verkaufsförderung

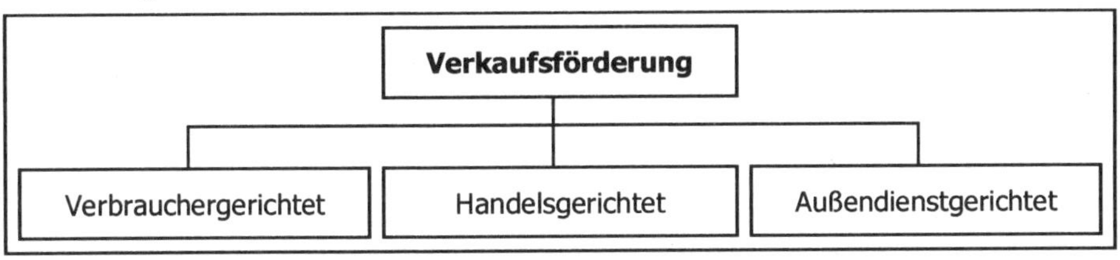

Da im Gegensatz zur klassischen Werbung sich die Kosten von Verkaufsförderungsmaßnahmen üblicherweise direkt den jeweiligen Produkten zurechnen lassen, ist im Vorfeld der Aktion eine Deckungsbeitragsrechnung vorzunehmen. Die Erfolgskontrolle von Verkaufsförderungsmaßnahmen ist immer unter langfristigen Aspekten durchzuführen. Bei einer erfolgreichen Aktion steigen Umsatz und Marktanteile während des Aktionszeitraumes, die aber nach der Aktion häufig auf ein unterdurchschnittliches Niveau sinken, aufgrund des Bevorratungseffektes. Erst die langfristige Betrachtung zeigt, ob die Aktion lediglich zu einem Austausch von Normal- gegen Aktionsware geführt hat oder ob der Umsatz nachhaltig erhöht werden konnte, indem z.B. tatsächlich neue Kunden gewonnen werden konnten bzw. eine Intensivierung des Konsums stattfand. Abbildung 8-37 zeigt ein Beispiel für die Langfristkontrolle einer Verkaufsförderungsaktion, bei der vier Perioden betrachtet werden.

Periode 1, der Zeitraum vor der Aktion, stellt hier die Vergleichsbasis dar, an der der Aktionserfolg gemessen werden soll. Während der Aktion geht der Umsatz sprunghaft nach oben und fällt nach Aktionsende stark ab, um sich dann einem neuen Niveau anzunähern. Von einem nachhaltigen Aktionserfolg kann nur gesprochen werden, wenn sich der Umsatz nach der Aktion auf einem höheren Niveau einpendelt als vor der Aktion.

Abbildung 8–37: Langfristige Erfolgskontrolle einer Verkaufsförderungsaktion

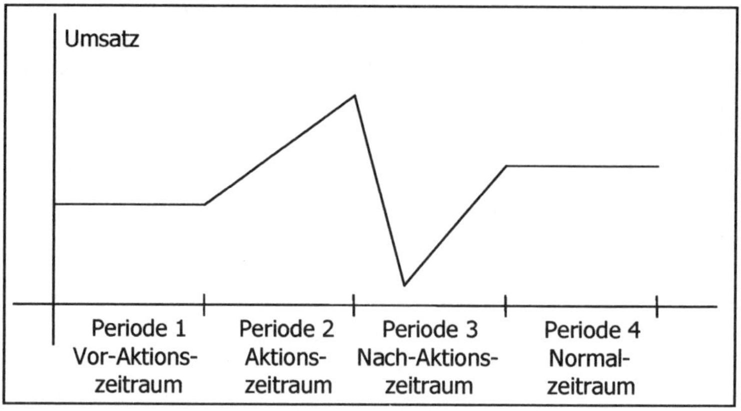

8.4.2 Verbrauchergerichtete Verkaufsförderung

Verbraucherpromotions können als die klassische Form der Verkaufsförderung angesehen werden. Sie zielen auf eine unmittelbare Reaktion der Verbraucher, häufig sind sie mit Zweit- oder Sonderplazierungen im Handel verbunden (beispielsweise Nudelsaucen beim Nudelregal). In diesen Fällen sollen Verbraucherpromotions für Hinausverkäufe (aus dem Handel) sorgen. Die klassische Werbung versucht, die beworbenen Marken im relevant set von möglichst vielen Personen zu verankern und die Marken mit Präferenzen auszustatten. Verbraucherpromotions stellen exogene Faktoren dar, die unter Umgehung des relevant set die Kaufentscheidung beeinflussen wollen. Die Käufer, bei denen die entsprechende Marke ohnehin im relevant set ist, erstehen das Produkt zu den mit der Promotion verbundenen Sonderleistungen. Neue Verwender können, positive Produkterfahrungen vorausgesetzt, an die Marke herangeführt werden. Da Verbraucherpromotions jedoch von praktisch allen konkurrierenden Marken veranstaltet werden, ist nicht auszuschließen, daß das Endergebnis ein Nullsummenspiel ist. Mit der Einschränkung vielleicht, daß die Verbraucher für Sonderaktionen sensibilisiert werden und gezielt in Aktionen auf Vorrat kaufen. Die Kehrseite der Verbraucherpromotions ist also darin zu sehen, daß sie der „Schnäppchen-Kultur" Vorschub leisten und damit zu einer Schwächung der Markentreue führen. Verbraucherpromotions wollen in erster Linie Impulskäufe auslösen. Es wird geschätzt, daß mehr als die Hälfte aller Käufe im Supermarkt spontan und ungeplant erfolgen (vgl. Underhill 2000, S. 216). „Fast alle Spontankäufe sind das Ergebnis von Sinneseindrücken – Berühren, Hören, Riechen oder Schmecken ..." (Underhill 2000, S. 164), die während des Einkaufs vor Ort erlebt werden. Allein diese Tatsache zeigt das außerordentliche Wirkungspotential der Art und Weise, wie Ware dargeboten wird.

Der Vorteil der Verbraucherpromotions liegt vor allem darin, daß sie schnell ökonomische Erfolge zeitigen. Dafür steht ein sehr umfangreiches Instrumentarium zur Verfügung. Die folgende Auflistung stellt die wesentlichen Möglichkeiten vor, sie erhebt keinen Anspruch auf Vollständigkeit, da sich ständig neue Formen der Verbraucherpromotions entwickeln:

- **Probenverteilungen** (Sampling). Sie sind das wirksamste, aber auch das teuerste Mittel, um (insbesondere neue) Produkte schnell bekannt zu machen. Ziel ist es Erstkäufer zu gewinnen, die sich von der Qualität der Produkte durch die Probe überzeugen konnten. Proben können auf sehr vielfältige Weise verteilt werden: von Tür zu Tür, über den Postweg, durch Hostessen im Laden oder in Fußgängerzonen, durch die Kassiererinnen im Laden, beim Hersteller angefordert werden, anderen Produkten beigepackt oder auch in Zeitschriften beigeklebt sein.
  Es kann davon ausgegangen werden, daß der Verbraucher ein ihm kostenlos überlassenes Produkt nicht wegwirft, sondern tatsächlich ausprobiert. Für Probenverteilungen werden i.d.R. keine Originalpackungen sondern Sondergrößen (Probierpackungen) verwendet. Je genauer die Zielgruppen der Aktion selektiert werden können, desto größer ist das Erfolgspotential. Denn die Aktion ist wirkungslos, wenn Proben an bereits bestehende Kunden bzw. bereits gewonnene Käufer verteilt werden.
- **Preisausschreiben**. Das Ziel von Preisausschreiben kann einerseits darin bestehen, Produkte interessanter zu machen und so ihren Abverkauf zu unterstützen, andererseits können gezielt bestimmte Produkteigenschaften herausgestellt werden.
  Bei einem Preisausschreiben muß der Verbraucher eine Aufgabe lösen und das Lösungswort auf einer Teilnahmekarte eintragen und diese entweder in eine bereitgestellte Box einwerfen oder an den Hersteller senden. Die Ziehung der Gewinner erfolgt nach dem Zufallsprinzip.
  Unter wettbewerbsrechtlichen Aspekten ist darauf zu achten, daß weder ein rechtlicher noch ein psychologischer Kaufzwang ausgeübt wird, d.h. die Teilnahme an dem Preisausschreiben darf für den Verbraucher keinerlei Verpflichtungen nach sich ziehen.
  Die Teilnahmekarten für das Preisausschreiben können dem Produkt beigepackt oder Zeitschriften beigeklebt sein, beim Hersteller angefordert werden oder im Handel ausgelegt sein. Aufgrund der Vielzahl derartiger Aktionen ist die Unterstützung durch den Handel gering, häufig finden sich am Ladeneingang Aufsteller, in denen sich die Teilnahmekarten aller gerade laufenden Preisausschreiben befinden. Die Rücklaufquoten sind i.d.R. auch sehr gering und hängen vor allem von der Attraktivität der Gewinne ab.
  Für die Gewinnauslobung von Preisausschreiben gibt es zwei Alternativen. Es können entweder viele kleine Gewinne ausgesetzt werden, damit möglichst viele Verbraucher gewinnen und somit in eine „moralische Verpflichtung" gegenüber dem Unternehmen genommen werden können. Zwar können die Verbraucher hier die hohe Gewinnchance erkennen, allerdings sind die Gewinne für sie häufig nicht sehr attraktiv, so daß die Rücklaufquoten nur gering sind. Bei einem attraktiven Hauptgewinn (Traumhaus, Traumreise) sind die Gewinnchancen gering, aber die Rücklaufquoten hoch, allerdings ist die „Enttäuschungsquote" ebenfalls hoch. In der Praxis findet sich häufig die zweite Alternative.

Abbildung 8–38: Beispiel für ein Preisausschreiben

- **Sonderpreise**. Im Rahmen einer Verkaufsförderungsaktion können Produkte für einen begrenzten Zeitraum zu Sonderpreisen angeboten werden („Jetzt besonders günstig“). Beabsichtigt sind dabei kurzfristige Umsatzeffekte. Preisnachlässe haben den Vorteil einfach und gleichzeitig wirkungsvoll zu sein. Die Gefahr besteht aber einerseits darin, daß der Handel den Preisnachlaß nicht oder nicht in voller Höhe an die Verbraucher weitergibt, andererseits kann der Verbraucher so an ein niedriges Preisniveau gewöhnt werden, so daß die Rückkehr zum Normalpreis schwierig werden kann.

- **Sonderpackungen**. Für Sonderpackungen gibt es ebenfalls vielfältige Möglichkeiten. Sie können beispielsweise mehr Inhalt zum gleichen Preis bieten, mehrere Originalpackungen zu einer Packung bündeln (zwei Packungen zum Preis von einer), das Produkt in einer speziellen Verpackung anbieten, die eigenständig verwendet werden kann bzw. einen Zusatznutzen bietet (Bonbons in einer Bonbonniere, Wein in einem Weinkühler) oder unterschiedliche Produkte, die in einem funktionalen Zusammenhang stehen, gemeinsam anbieten (Rasierklingen und Rasierschaum, Cognac und Cognacschwenker). Sonderpakkungen werden insbesondere auch bei Saisonartikeln (Weihnachten, Ostern) als Geschenkideen eingesetzt.
  Sonderpackungen stellen eine sehr wirkungsvolle Aktionstechnik dar, da sie dem Verbraucher einen Zusatznutzen oder einen Preisvorteil gegenüber dem Normalprodukt liefern.
- **Gutscheine**. Für die Distribution von Gutscheinen bestehen die gleichen Möglichkeiten wie bei den Teilnahmekarten für Preisausschreiben. Die Gutscheine können gegen eine Produktprobe eingetauscht werden oder eine Preisermäßigung beim Kauf eines Produktes beinhalten. In diesem Fall sind sie vor allem für die Auslösung von Probierkäufen geeignet.
- **Treueprämien**. Sie setzen üblicherweise Mindestkaufmengen von Produkten oder -inanspruchnahmen von Dienstleistungen voraus. Verbraucher können aufgefordert werden, eine bestimmte Anzahl von Verpackungen oder EAN-Codes der Verpackungen einzusenden und erhalten vom Hersteller entweder Bargeld oder andere Werte. Fluggesellschaften bieten Vielfliegerprogramme an, bei denen die Fluggäste Punkte sammeln können, die in Freiflüge umgewandelt werden (Miles & More). Ziel von Treueprämien ist die Erhöhung der Kundenbindung über einen längeren Zeitraum.
- **Verbundpromotions**. Hier werden unterschiedliche Produkte eines oder mehrerer Hersteller in eine gemeinsame Verkaufsförderungsaktion einbezogen. Verbundpromotions können z.B. über Preisausschreiben oder Gutscheine durchgeführt werden, die Produkte können auch in einer gemeinsamen Pakkung angeboten werden („Die Besten von *Ferrero*“). Verbindende Klammer einer Verbundpromotion ist ein gemeinsames Thema. Das Ziel kann einerseits in einer generellen Erhöhung des Verkaufsdrucks liegen, andererseits können neue oder schwächere Produkte von den anderen mitgezogen werden.

> Beispiel einer Verbundpromotion:
> Auf innerdeutschen *Lufthansa*-Flügen bekamen Passagiere der Business-Class 10 Minuten vor der Landung eine silbrige Schachtel überreicht, die ein detailgetreues *Audi* TT-Modell enthielt sowie, „als kleiner Vorgeschmack“, ein feines Stück Schokolade in Tankdeckelform. Wer bei dem Unternehmen *Europcar* einen *Audi* TT mietete, dem wurden 3000 *Lufthansa*-Prämienmeilen gutgeschrieben, 1000 Meilen erhielt, wer mit einer beigelegten Postkarte einen Testfahrt-Termin beim *Audi*-Partner vereinbarte.
> Insgesamt wurden 400.000 Boxen verteilt, von denen jede mehr als vier Mark kostete. *Audi* schaffte mit dieser Aktion einen außergewöhnlich hohen Rücklauf von 20%.

Vkf-Klassiker vorn
„Handelsunternehmen in Deutschland sprechen ihre Kunden in den Läden nach wie vor primär mit Palettenplazierung, Aktionskartons, Plakaten, Handzetteln, Preisausschreiben und Kundenzeitschriften an.
Damit haben die klassischen Instrumente der Verkaufsförderung 1998 erneut an Attraktivität gegenüber den neuen Medien wie Ladenfunk, Shop-TV oder Multimedia gewonnen, obwohl diese dem Händler eine flexiblere und individuellere Kundenansprache ermöglichen. Dies ergab eine Trendstudie des Euro-Handelsinstituts. Laut Aussagen großer Handelsunternehmen haben vor allem multimediale Pilotprojekte für einige Ernüchterung gesorgt. Niemand im Handel bestreite, daß Multimedia erhebliche Vorteile bei der Ansprache von Kunden habe, aber die 'richtigen Einsatzgebiete müssen noch besser definiert werden', resümierte das Kölner EHI. Allein der Ladenfunk habe als einziges der neuen Medien flächendeckende Verbreitung gefunden. Dagegen befänden sich bspw. das Shop-TV, elektronische Plakate und andere Innovationen noch in der Testphase.
Den Vorteil multimedialer Verkaufsförderung sehen die Befragten besonders in der Einsatzflexibilität und Interaktivität mit den Kunden. (...) Die Individualisierung der Gesellschaft mache sich auch in der Verkaufsförderung bemerkbar. Im Rahmen dieser Entwicklung erhoffe sich der Handel vor allem mit Multimediasystemen in Verbindung mit Kundenkarten einen großen Nutzen. So könne sich der Verbraucher etwa in einem Geschäft am Multimediaterminal mit seiner Kundenkarte über für ihn persönlich konzipierte Angebote informieren. Bis dahin sei der Weg allerdings noch 'sehr weit', urteilt das Euro-Handelsinstitut."
O.V.: Vkf-Klassiker vorn, in: Lebensmittel Zeitung Nr. 10, 1999, S. 59.

- **Displays**. Displays sind am PoS eingesetzte Werbemittel, die Produkte in besonderer Weise, üblicherweise als Zweitplazierung, herausstellen. Als Display zählt aber beispielsweise auch die lebensgroße lila Kuh von *Milka*. Eine Zweitplazierung ist eine zusätzliche Plazierung eines Produktes, außerhalb des Stammregales. Die Produkte werden hier entweder auf einer Normal-Palette oder auf einer displaymäßig gestalteten Palette belassen. Zweitplazierungen sollen einen Verkaufsdruck erzeugen allein durch die massive Darstellung der Produkte. Sie sind besonders wirkungsvoll, wenn sie in der Nähe von Produkten plaziert sind, mit denen sie in einem Nutzenverbund stehen (Saucen bei der Fleischtheke, Salatdressings in der Gemüseabteilung).
- **Verkostungen**. Für Nahrungs- und Genußmittel bieten sich Verkostungen an. Sie sind ideal dafür geeignet, daß sich der Verbraucher vom Geschmack der Produkte selbst überzeugen kann. Sie können insbesondere Produkte in der Einführungsphase unterstützen. Gleichzeitig können Tips für die Zubereitung oder Rezeptvorschläge unterbreitet werden.
- **Self-Liquidating Offers (SLO)**. Hierbei wird dem Verbraucher die Möglichkeit gegeben, einen Gegenstand, der mit dem Produkt in einem mittelbaren oder unmittelbaren Zusammenhang steht, zu Selbstkosten oder zu sehr günstigen Preisen zu erwerben. *Coca-Cola* bietet beispielsweise Badetücher und Kühltaschen als SLO an.

Für den Handel können Verbraucherpromotions ein Instrument darstellen, sich gegenüber den Wettbewerbern zu profilieren. Eine Profilierung über die angebotenen Produkte ist aus Handelssicht nur eingeschränkt möglich, da die meisten Handelsorganisationen die gleichen Produkte vertreiben. Daher verlangt der Handel von den Herstellern zunehmend maßgeschneiderte Verkaufsförderungsaktionen, die ausschließlich in seinen Geschäften erfolgen. Allerdings relativiert sich die Wirkung, wenn maßgeschneiderte Aktionen mit allen Handelsorganisationen durchgeführt werden.

8.4.3 Handelsgerichtete Verkaufsförderung

Handelspromotions sollen aus Herstellersicht für Hineinverkäufe in den Handel sorgen. Sie zielen auf Listung neuer Produkte, den Kauf zusätzlicher Mengen oder auf zusätzliche Förderungsmaßnahmen durch den Handel (wie z.B. Durchführung von Verbraucherpromotions, zusätzliche Regalflächen).

Die Gewichte zwischen Hersteller und Handel sind ungleich verteilt. Um die Größenordnungen aufzuzeigen: Während z.B. ein Hersteller mit einer bestimmten Handelsorganisation 20% seines Umsatzes tätigt, liegt der Umsatzanteil der Handelsorganisation mit diesem Hersteller bei vielleicht nur 1%. Aufgrund dieser Machtposition nimmt der Handel verstärkt Einfluß auf das Marketing der Hersteller (vgl. Frey 1993, S. 586 f.).

Aber nicht nur seine Einkaufsmacht verleiht dem Handel eine starke Verhandlungsposition, sondern auch die Datentransparenz im Hinblick auf die von ihm vertriebenen Produkte. Der Handel hat in den letzten Jahren viel in moderne Warenwirtschafts- und Informationssysteme investiert. Mit Scannerkassen läßt sich die Umschlagshäufigkeit jedes einzelnen Artikels genau ermitteln. Der Handel ist bestrebt, aus jeder Produktgruppe möglichst nur die „Renner" in seinen Regalen zu führen und die „Penner" auszulisten. Das elektronisch gestützte Instrument der Efficient Consumer Response (ECR) ist ein neuerer Ansatz dazu. Die Grundidee ist, daß der gesamte Warenfluß gemeinsam von Hersteller und Handel gesteuert wird, um Rationalisierungspotentiale aufzuspüren (vgl. Dahlem 1997b, S. 151). Für die verbrauchergerichtete Verkaufsförderung könnte dies dazu führen, Aktionen durch Dauerniedrigpreise zu ersetzen.

Mit handelsgerichteten Promotions wollen die Hersteller sowohl das Leistungsvermögen des Handels als auch dessen Leistungswillen stärken (vgl. Bänsch 1993, S. 570 f.). Entsprechend ist das Instrumentarium darauf ausgerichtet:

- **Beratung** und **Information**. Hierunter fallen Schulung des Verkaufspersonals, Bereitstellung von Informationssystemen für den Handel, Beratung bei Warenplazierung und Gestaltung der Verkaufsräume.
- **Funktionsrabatte**. Sie werden als Gegenleistung für Sonderplazierungen oder die Durchführung von Verbraucherpromotions gewährt. Auch die Abnahme größerer Warenmengen in Aktionszeiträumen wird mit Rabatten unterstützt.
- **Werbekostenzuschüsse**. Die Hersteller beteiligen sich an den Kosten für eine werbliche Herausstellung ihrer Produkte durch den Handel (Anzeigen für Sonderangebote in Tageszeitungen, Handzettelwerbung).

- **Incentives**. Hierzu zählen einerseits Verlosungsgegenstände, die dem Handel zur freien Verfügung überlassen werden, andererseits auch Bargeld oder kleinere Geschenke für Händler und ihr Verkaufspersonal.

Aus Herstellersicht sind Handelspromotions insofern kritisch zu betrachten, als die Durchführung der vereinbarten Gegenleistungen durch den Handel auf dem Prinzip von Treu und Glauben beruht. Nicht immer bewirbt der Handel auch tatsächlich das Produkt, führt Aktionen durch oder gibt Sonderpreise an die Verbraucher weiter. Ein Problem grundsätzlicher Art ist darin zu sehen, daß auch der Handel für Sonderaktionen sensibilisiert wird und sich mit der preiswerten Aktionsware auch über den Aktionszeitraum hinaus eindeckt.

8.4.4 Außendienstgerichtete Verkaufsförderung

Mit dem Instrumentarium der außendienstgerichteten Verkaufsförderung soll einerseits der Außendienst in seinem Tagesgeschäft unterstützt werden, andererseits sollen Leistungsanreize geschaffen werden.

- **Schulungen**. Der Außendienst muß in jeder Hinsicht auf dem neuesten Stand gehalten werden. Das betrifft einerseits die Produkte, die er vertreiben soll, sowie die produktbegleitenden Maßnahmen. Er muß in die Lage versetzt werden, alle Fragen zu neuen (und natürlich auch bestehenden) Produkten beantworten zu können, er muß die strategische Absicht kennen, auf die die Produkte zielen und er muß über die Entwicklung des Marktes informiert werden. Vor Aktionen und Neueinführungen werden dafür üblicherweise Außendiensttagungen abgehalten. Alle für den Außendienst relevanten Informationen werden in Verkaufshandbüchern zusammengefaßt. Die Notwendigkeit zur Schulung der eigenen Verkaufsorganisation ergibt sich vor allem bei erklärungsbedürftigen Produkten.

  Auf der anderen Seite gilt es auch, den Außendienst in Rhetorik, Präsentationstechnik und ggf. Mitarbeiterführung zu schulen. Er muß ein Verkaufsgespräch führen und steuern können, muß Einwände behandeln und sich in Konfliktsituationen behaupten können.

  Zur Schulung des Außendienstes gehört schließlich auch die Vermittlung von betriebswirtschaftlichen Grundkenntnissen, er sollte insbesondere Kenntnisse im Rechnungswesen und Marketing haben.
- **Verkaufswettbewerbe**. Sie zielen auf die Leistungsmotivation des Außendienstes. Im Rahmen von Verkaufswettbewerben werden für einen bestimmten Zeitraum Umsatz- oder Distributionsziele festgesetzt. Die Gewinnmöglichkeiten können in Bargeld bestehen, häufiger jedoch in Sachpreisen oder Reisen. Sie können an einzelne Verkäufer vergeben werden oder an Verkaufsmannschaften. Einige Unternehmen stellen auch einen Katalog mit Gewinnmöglichkeiten zusammen, für die Erfolgspunkte gesammelt werden können.
- **Demonstrationsmaterial**. Um die Produkte dem Handel präsentieren zu können benötigt der Außendienst Produktmuster, Produktbeschreibungen und Salesfolder. Ein Salesfolder ist ein Blatt, auf dem die Aktion beschrieben ist und das dem Handel nach der Präsentation überlassen wird. Häufig wird das De-

monstrationsmaterial ergänzt um Giveaways, kleine Geschenkartikel, die zur Aktion passen bzw. die aktionsspezifisch gestaltet sind, wie Kugelschreiber oder Notizblocks, die den Hersteller oder die Aktion beim Händler präsent halten.

- **Messen**. Auch Messen können als ein Instrument der außendienstgerichteten Verkaufsförderung angesehen werden, da auf ihnen ebenfalls neue Produkte vorgestellt werden und sie zur Kontaktpflege bzw. zum Aufbau neuer Kontakte genutzt werden.

8.5 Weitere Sonderwerbeformen

In den letzten Jahren haben sich eine Reihe weiterer Sonderwerbeformen herausgebildet, deren wichtigste hier aufgezeigt werden sollen. Die Ausdifferenzierung der Sonderwerbeformate führt in zunehmendem Maße zu einer Aufweichung der werberechtlichen Normen, da sie sich an der Grenze zwischen redaktionellen und werblichen Elementen bewegen, diese Grenze teilweise auch überschreiten. Dadurch wird die Kontrolle und Sanktionierung der Werbung immer schwieriger.

8.5.1 Bartering

Bartering bezeichnet Gegenlieferungsgeschäfte, bei denen der Austausch von Gütern mit annähernd gleichem Wert erfolgt, ohne daß es zu einer effektiven Geldzahlung kommt. Im internationalen Handel sind derartige Kompensationsgeschäfte weit verbreitet. **Programmbartering** heißt, daß ein Unternehmen einem Rundfunkveranstalter selbst produzierte oder erworbene Programme zur Verfügung stellt und der Sender dem Unternehmen als Gegenleistung Werbezeit im Werbeprogramm einräumt. Beispielsweise unterhält *Procter & Gamble* eigene Filmproduktionsgesellschaften für das Bartering (Springfield-Story, General Hospital). *Procter & Gamble* fing bereits in den 30er Jahren mit derartigen Tauschgeschäften zunächst im Hörfunk, später im Fernsehen an. Die von dem Waschmittelkonzern vorproduzierten Serien wurden bald als „soap operas“ bezeichnet und stehen heute als Synonym für diese Serien.

Beim Programmbartering liefert der Werbetreibende also ein fertiges redaktionelles Programm, in dessen Verlauf er ohne Berechnung von Schaltkosten werben kann. Berechnungsgrundlage für das Schaltvolumen sind die durch das gelieferte Programm erzielten Leistungswerte (vgl. Nickel 1996, S. 28). Die Vorteile für die Unternehmen liegen vor allem darin, daß sie zielgruppenaffine Umfelder für ihre Werbung schaffen und daß sie ihre eigenen Produkte als Product Placement einbringen können. Die Produktionskosten für die Serien amortisieren sich vor allem dann, wenn sie weltweit gegen Medialeistung eingetauscht werden können. Die Möglichkeit zur Mehrfachvermarktung einer Serie bietet sich vor allem internationalen Konzernen, die im Programmbartering auch dominierend sind. Der Vorteil für die Sender besteht darin, daß sie vergleichsweise kostengünstige Programme erwerben können, die sie entweder selbst produzieren oder kaufen müßten, wobei im Bartering das Kostenrisiko auf Seiten des Anbieters verbleibt (vgl. Nickel 1996, S. 40).

Beispiele für Barter-Programme in Deutschland sind:

- Springfield-Story (RTL): *Procter & Gamble,*
- Heiter weiter (Sat. 1): *Jacobs Suchard,*
- Kino News (Sat. 1): *Mc.Donald`s,*
- The Eurocharts Top 50 (Super Channel): *Coca-Cola,*
- Das Alpen-Internat (ZDF): *Jacobs Suchard,*
- Glücksrad (Sat. 1): *Unilever.*

In der Serie „Das Alpen-Internat" wurde auffällig häufig die Farbe „lila" verwendet, als ein Generic Placement für *Milka* .

Während in den USA der Anteil von Barter-Programmen bei etwa 25% liegt, ist ihre Bedeutung in Deutschland relativ gering. Schätzungen liegen bei weniger als 3% des Werbevolumens (vgl. Nickel 1996, S. 33). Möglicherweise wird aufgrund des steigenden Programmbedarfs der Sender, der Barteringanteil im Fernsehen künftig steigen. Allerdings ist nicht davon auszugehen, daß in Deutschland amerikanische Größenordnungen erreicht werden. Im Hörfunk ist Bartering in Form der sogenannten **Syndications** weit verbreitet.

Für Bartergeschäfte im Fernsehen eignen sich unterschiedliche Programmformate. Am häufigsten werden Serien, Sitcoms (abgeleitet aus „situation comedies", wie „Al Bundy" oder „Alf", die vor realen Zuschauern auf der Bühne produziert und nachträglich geschnitten werden) und Game Shows genutzt. Spielfilme sind hingegen wegen ihrer hohen Produktionskosten als ungeeignet anzusehen (vgl. Nickel 1996, S. 43).

Problematisch kann die Plazierung der Barter-Programme werden. Während der Werbetreibende möglichst reichweitenstarke Werbezeiten anstrebt, neigen die Sender dazu, diejenigen Werbezeiten im Gegenzug anzubieten, die aufgrund geringer Reichweiten schwer zu vermarkten sind.

Die Risiken des Programmbartering sind vor allem darin zu sehen, daß Geschäftsgegenstand eines Werbetreibenden üblicherweise nicht die Produktion von Rundfunksendungen ist. D.h. ein Werbetreibender begibt sich beim Programmbartering auf ein Gebiet, auf dem er kein Know-how besitzt. Das Risiko eines nicht-optimalen Ergebnisses wird verstärkt durch das Risiko der Programmvermarktung. Üblicherweise stimmen sich Werbetreibender und Sender jedoch im Vorfeld der Produktion untereinander ab.

Bartering im Rundfunkbereich ist nicht nur auf den Tausch von Programm gegen Medialeistung beschränkt. Werbezeiten können grundsätzlich auch gegen die Ausstattung des Fuhrparks oder gegen elektronische Hardware getauscht werden.

Rechtlich ist das Programmbartering einzelfallbezogen zu beurteilen. Der Grundsatz der Trennung von Programm und Werbung und das Verbot der Einflußnahme eines Werbetreibenden auf das redaktionelle Programm verbieten Programmbartering grundsätzlich (vgl. Keusen 1995, S. 181). Eine eindeutige rechtliche Regelung besteht jedoch nicht. Hinzu kommt, daß die Verträge im Einzelfall wohl kaum verifiziert werden können und es auch nicht zu erwarten ist, daß die Mißachtung des Trennungsgrundsatzes und des Verbotes der Einflußnahme bemerkt wird (vgl. Keusen 1995, S. 181 f.). „Denn Unternehmen wie beispielsweise der *Unilever*-Konzern (...) könnten in ihren eigenen Produktionen in der Werbeunterbrechung einige Artikel aus der rund 60 Produkte umfassenden Angebotspalette (etwa Fischstäbchen, Eiscreme, Waschmittel) präsentieren, ohne daß die Kopplung von Programm und Werbung bemerkt würde" (Keusen 1995, S. 182).

Eine Variante des Bartering stellt das sogenannte **Programming** dar. Der Begriff Programming ist nicht eindeutig definiert. Einerseits wird darunter ein Bartergeschäft verstanden, das den Ausschluß der Spots der unmittelbar werbetreibenden

Konkurrenz anstrebt (vgl. Keusen 1995, S. 182). Andererseits wird Programming dem Sponsoring zugeordnet und als Oberbegriff für das Bereitstellen von Produktionsmitteln verstanden (vgl. Bruhn/Mehlinger 1994, S. 226).

8.5.2 Merchandising

Auch **Merchandising** ist ein Begriff, der nicht eindeutig definiert ist. In einer engeren Definition bezeichnet er die „Produktion von Artikeln oder Begleitmaterialien zu Filmen und Serien, die im Medienverbund vermarktet werden" (Keusen 1995, S. 183). Merchandising in dieser Definition ist rechtlich insofern problematisch, als es ebenfalls eine Verbindung programmbezogener Elemente mit Werbebotschaften darstellt, insbesondere dann, wenn vor oder nach der Sendung auf diese Produkte hingewiesen wird. Allerdings ist Merchandising ebensowenig wie Bartering oder Programming ein Rechtsbegriff, der in einschlägigen Gesetzen geregelt ist. Medienrechtlich besteht beim Merchandising die Schwierigkeit in der Abwägung zwischen einerseits „programmbezogenen und programmbedingten Hinweisen auf Begleitmaterialien zur Sendung" und andererseits der nicht redaktionell veranlaßten Beeinflussung der Kaufentscheidung des Zuschauers (vgl. Keusen 1995, S. 183). Die „ARD-Richtlinien für die Werbung, zur Durchführung von Werbung und Programm und für das Sponsoring" bestimmen: „Redaktionelle Hinweise auf Bücher, Schallplatten, Videokassetten oder andere Publikationen sind nur zulässig, wenn sie Begleitmaterial zu einer Sendung darstellen oder wenn ein besonderes programmliches Interesse besteht (z.B. Ratgebersendungen)" (ARD-Richtlinien 9.1). Allerdings sind Programmbezüge in unterschiedlichster Form praktisch fast immer herzustellen.

In einer weiter gefaßten Definition bezeichnet Merchandising die „umfassende wirtschaftliche Verwertung eines Zeichens oder Logos auch für andere als die ursprünglich gedachten Zwecke" (Bruhn/Mehlinger 1994, S. 242) mit dem Ziel einer zusätzlichen Emotionalisierung von Produkten (z.B. die Mainzelmännchen). Erfolgreichstes Merchandising-Produkt in Europa ist der Kommissar Rex-Schäferhund. Insgesamt wird der Umsatz mit Merchandising auf ca. 3 Milliarden Euro beziffert. Die Gefahr beim Merchandising ist in einer Verwässerung der Marke zu sehen, wenn das Merchandising-Produkt und nicht die Marke im Vordergrund steht. Beispiele sind Fred Feuerstein-Pizzen, Krümelmonster-Kekse, Ottifanten-Negerküsse. Merchandising ist in allen Markenbereichen möglich. Beispielsweise haben sich zwei Studenten den Namen Ballermann 6 patentieren lassen und vermarkten Ballermann 6-Produkte (vgl. Schumann 1996, S. 42). Eine wesentliche Domäne des Merchandising stellt der Fanartikelverkauf im Fußball dar (vgl. Abbildung 8-39). Allerdings scheinen die Boomzeiten des Fanartikelverkaufs vorbei zu sein, zumal die Lizenzen viel zu breit gestreut wurden: „Ob Socken, Duschgel, Zahnputzbecher, Schreibwaren, Aschenbecher, Schlüsselanhänger, Schmuck, Trinkgläser, Teller: Gerade bei Nonfood gab es kaum ein Sortiment, das sich nicht in Teilen mit Bundesliga-Logos schmückte" (Zimmermann 1999, S. 47).

Abbildung 8–39: Merchandising im Fußball

Vom Merchandising kaum abzugrenzen ist das sogenannte **Licensing**, das Werben mit Lizenzen. Dabei erwirbt ein Werbetreibender das Recht, geschützte Warenzeichen, Gebrauchsmuster u.dgl. für sein Marketing einzusetzen. Ziel ist hier ein Imagetransfer bei dem die Bekanntheit und Beliebtheit von Gegenständen, Logos oder Filmfiguren genutzt wird.

Lizenzmöglichkeiten gibt es in den unterschiedlichsten Bereichen, grundsätzlich kann für jedes Produkt eine Lizenz vergeben werden. Es wird unterschieden zwischen:

- **Corporate Licensing** (hier erwerben branchenfremde Unternehmen die Rechte an Firmen- oder Markennamen (z.B. *Camel*), um eigene Produkte (z.B. Schuhe) mit dem Markenzeichen zu versehen),
- **Charity Licensing** (Lizensierung von Wohltätigkeitseinrichtungen und -Logos),
- **Music Licensing** (Lizensierung von Musikern oder Musiktiteln, z.B. *Spice-Girls*-Puppen, *Kuschelrock*-Produkte),
- **TV- und Movie Licensing** (Lizensierung von TV- und Filmtiteln, Requisiten oder Akteuren, z.B. *Star-Wars*-Raumschiffe, *Schimanski*-Jacken, *Dschungelbuch*, *Batman*),
- **Personality Licensing** (z.B. von Personen der Zeitgeschichte wie Marlene Dietrich, Marylin Monroe, Schaupielern, Designern, Sportlern),
- **Character Licensing** (Lizensierung von Puppen, z.B. *Alf*, fiktiven Figuren aus Film- oder Fernsehserien, z.B. *Al Bundy, James Bond* oder Comicfiguren wie z.B. *Biene Maja, Ottifanten, Pokemon*),

- **Brand Licensing** (Lizensierung von Markennamen oder Logos, z.B. verwenden Schuh- und Textilhersteller Markennamen wie *Camel* oder *Marlboro*)
- **Sport Licensing** (Lizensierung von Sportlern oder Sportereignissen, z.B. *Boris-Becker*-Sportkleidung, Formel 1, Davis Cup),
- **Art Licensing** (Lizensierung von Kunst oder Künstlern, z.B. *Andy-Warhol*- oder *Keith-Haring*-Motive auf unterschiedlichen Gebrauchsgegenständen),
- **Fashion Licensing** (Lizensierung von Modemarken wie *Joop!* oder *Boss* z.B. für den Lifestyle-Bereich wie Accessoires, Schuhe, Schmuck, Brillen).

Im Einzelfall ist hierbei eine Abgrenzung z.B. zum Sponsoring oder der Verkaufsförderung nicht möglich.

Der Handelsumsatz mit Lizenzprodukten in Deutschland wurde 1998 auf 5,3 Milliarden Dollar beziffert (vgl. Böll, K. 2001, S. 29 f.).

Vor allem die Spielzeugindustrie nimmt schon bei der Produktion von Spielfilmen und Serien Einfluß, die vielfach von vornherein auf das Merchandisinggeschäft abgestellt werden. Die Dimensionen, in denen sich das Merchandising bewegt, zeigt die „Star Wars“-Serie auf. Die Filme spielten Kinoeinnahmen von 1,3 Milliarden $ ein, die Merchandisingeinnahmen waren sogar noch höher:

- Bücher und Comics: 0,3 Mrd. $
- Kleidung, Accessoires: 0,3 Mrd. $
- Videospiele, CD-ROM: 0,3 Mrd. $
- Videokassetten: 0,5 Mrd. $
- Spielzeug: 1,2 Mrd. $.

(vgl. O.V. 1997b, S. 94)

Kommunikationspolitisch lassen sich beim Licensing im wesentlichen zwei Unterformen unterscheiden:

- **Promotional Licensing**: Übertragung von Markennamen oder Logos auf no-name-Produkte (beispielsweise Aschenbecher und Sammeltassen mit dem Logo der „Schwarzwaldklinik“). Diese Form der Lizensierung läßt sich auch als „Kapitalisierung des Bekanntheitsgrades einer TV-Serie oder eines Spielfilmes bezeichnen“ (Auer/Kalweit/Nüßler 1991, S. 120). Für den Film „Jurassic Park“ wurden Merchandisingverträge mit über 100 Lizenznehmern abgeschlossen, die mehr als 1.000 Produkte vermarkteten.
- **Promotional Tie-In**: Hierunter wird die Verknüpfung von Product Placement und Promotional Licensing verstanden (vgl. Auer/Kalweit/Nüßler 1991, S. 122). Ein Unternehmen erwirbt das Recht, ein in einer Serie oder einem Spielfilm plaziertes Produkt in einer eigens dafür produzierten Werbekampagne mit der Thematik des Filmes zu vermarkten. Beispielsweise produzierte *BMW* einen eigenen Werbespot für seine 7er Serie mit der Thematik des James-Bond-Filmes „Golden Eye“, in dem ein 7er prominent plaziert war. Bei dieser Form der Vermarktung profitieren beide Vertragspartner gegenseitig: *BMW* sorgt für zusätzliche Bekanntheit des Films, der Film für zusätzliche Bekanntheit des Autos. Auch die Imagetransfers beruhen natürlich auf Gegenseitigkeit.

Führender Lizenzgeber ist die Entertainment-Branche (Disney, Time/Warner). Schätzungen gehen von mehr als 100.000 Artikeln aus den unterschiedlichsten

Produktkategorien aus, die mittlerweile regelrecht zu einer Verstopfung des Marktes geführt haben (vgl. Zimmermann 1999, S. 46).

8.5.3 Event Marketing

Seit Anfang der 90er Jahre gewinnt das Event Marketing als unmittelbare Form der Zielgruppenansprache zunehmend an Bedeutung. Da es sich hier also um noch relativ junge Below-the-line-Aktivitäten handelt, gibt es bisher weder in der Literatur noch bei den Praktikern klare Abgrenzungen und allgemeingültige Definitionen. Die Definition wird insofern erschwert, als der Einsatz von Events weder an betriebliche noch branchentypische Größenordnungen gebunden ist (BDW 1993, S. 3). So werden in der Praxis auch Mitarbeitertagungen, Incentives, Verkaufsförderung, Messen und Schulungen als Events verstanden (vgl. Nickel 1998, S. 5). Präziser können Marketing-Events definiert werden als „inszenierte Ereignisse in Form von Veranstaltungen und Aktionen, die dem Adressaten (Kunden, Händler, Meinungsführer, Mitarbeiter) firmen- oder produktbezogene Kommunikationsinhalte erlebnisorientiert vermitteln“ (Zanger 1998, S. 76 f.). Entsprechend ist Event Marketing zu definieren als Kommunikationsinstrument, „das der erlebnisorientierten Umsetzung von Marketingzielen eines Unternehmens durch die Planung, Realisierung und Nachbereitung von (Marketing-) Events dient“ (Zanger 1998, S. 76).

Das Event Marketing ist Ausdruck der Anpassung des Marketing an einen freizeit- und erlebnisorientierten Lebensstil von großen Teilen der Bevölkerung und bringt deutlich zum Ausdruck, daß Marketing-Kommunikation immer vielschichtiger wird.

Nach der Zielgruppe lassen sich **offene** (öffentliche) und **geschlossene** (interne) **Events** unterscheiden. Während offene Events grundsätzlich an ein breites Publikum gerichtet sind (z.B. sportliche/kulturelle Veranstaltungen), richten sich geschlossene Events an eine vorgegebene, klar abgrenzbare Zielgruppe (Mitarbeiter, Außendienst, Händler).

Bei den klassischen Kommunikationsformen sind die Zielpersonen in einer passiven Rolle, zur Erzielung einer Wirkung müssen die Werbebotschaften zunehmend höhere Kommunikationsbarrieren überwinden. Der Vorteil des Event Marketing liegt hingegen in der aktiven Einbeziehung der Zielpersonen. Marketing-Events sind somit **interaktive** Kommunikationsformen, bei denen die Einstellungen der Zielpersonen durch direkte Erfahrung und tatsächliches Erleben unmittelbar beeinflußt werden können. Damit sind die Voraussetzungen für eine langfristige Gedächtniswirkung gegeben.

Das Event Marketing hat sich aus dem Veranstaltungs-Marketing entwickelt und zielt auf die Erlebnisprofilierung von Produkten und Marken. Aufgrund der relativ begrenzten Reichweite ist das Event Marketing ein Instrument, das nur flankierend zum Einsatz kommen kann. Allerdings können die Marketing-Events ihrerseits Grundlage für eine breit streuende Kommunikation sein (z.B. *Camel* Trophy, *adidas* Streetball Challenge). Unternehmen wie *Pepsi Cola* (Michael Jackson) und *Volkswagen* (Genesis, Rolling Stones) setzen im Rahmen eines integrierten Marketing erfolgreich auf Events aus der Pop-Musik, wobei deren Engagement weit über das Sponsoring hinausgeht (vgl. Graf 1998, S. 16). Immerhin zeigen diese Marketing-Events aber die Abgrenzungsproblematik von Event Marketing zum Sponsoring auf.

Das Wesen des Event Marketing liegt in seinem Dialogcharakter, der den unmittelbaren Kontakt zu den Zielpersonen ermöglicht und Marken-/Produktwelten „hautnah" erlebbar macht.

Das Wirkungspotential des Event Marketing hängt im wesentlichen von folgenden Faktoren ab (vgl. Zanger/Sistenich 1998, S. 80):

1. Die Events müssen **einzigartig** sein, d.h. sich deutlich von der realen Erlebniswelt der Zielpersonen unterscheiden. Die Inszenierung muß exklusiv und originell sein.
2. Die Events müssen **zielgruppenfokussiert** ausgerichtet sein, genau den Wünschen und Erwartungen der Zielpersonen entsprechen.
3. Events müssen **interaktionsorientiert** sein, d.h. die Zielpersonen müssen aktiv mit ihrem Verhalten einbezogen werden.
4. Die Events müssen **strategiekonform** ausgerichtet sein, sich stimmig in die Marketing- bzw. Kommunikationsstrategie integrieren lassen. Die Markenphilosophie muß für die Teilnehmer klar erkennbar sein.

Als ein sehr erfolgreiches Beispiel für Event Marketing ist die *adidas* Streetball Challenge anzuführen (vgl. Runau 1998, S. 177 ff.):

> Das Unternehmen fand 1991 durch Marktforschungsuntersuchungen heraus, daß die Marke *adidas* bei der Jugend als konservativ, verstaubt, eher langweilig und nicht trendig angesehen wurde. Die angestrebte Imagekorrektur sollte bei der Kernzielgruppe der 12- bis 20-jährigen über markenspezifische Events zu einer „Verjüngung" der Marke führen. Realisiert wurde dies innerhalb von drei Jahren durch das Streetballkonzept, mit dem *adidas* mittlerweile eine neue Sportart fest in Europa etabliert hat. 1995 wurden in Deutschland bereits mit 12.500 Teams ca. 500.000 Zuschauer erreicht.
>
> Streetball ist Basketball in einer ursprünglichen Form, bei dem drei gegen drei auf einen Korb spielen. Entwickelt hat sich dieses Spiel in den amerikanischen Slums. „Das *adidas*-Streetballkonzept (...) verbindet alle Elemente einer actiongeladenen Jugendkultur, wie Sport, Mode, Musik und Markenidentifikation. Die kommunikativen Maßnahmen (...) sind in formaler und sprachlicher Hinsicht auf die Zielgruppe abgestimmt. Wichtig ist auch die soziale Komponente. Streetball integriert Behindertensportler, ermöglicht multikulturelle Teams und steht für Drogenprävention" (Runau 1998, S. 181).

Als weiteres Beispiel, wie Event Marketing im Rahmen einer integrierten Kommunikationspolitik zur Differenzierung des Markenbildes eingesetzt werden kann, ist die Zusammenarbeit der Brauerei *Beck`s* mit Joe Cocker anzusehen (vgl. Andresen/Meermann 1998, S. 50 ff.):

> Der Entscheidung, Joe Cocker als neuen Interpreten der *Beck`s* Werbemusik einzusetzen lagen folgende Überlegungen zugrunde:

- „Der Markenauftritt von *Beck's* steht unter anderem für Männlichkeit, Freiheit und Abenteuer, Werte und Emotionen, die von der Stimme Joe Cockers sehr überzeugend verkörpert und transportiert werden.
- *Beck's* und Joe Cocker sind beide auf ihre Art zum Klassiker geworden, beständig und zeitlos, akzeptiert von Woodstock-Fans bis Generation X.
- Joe Cocker trifft auch außerhalb Deutschlands auf Akzeptanz, was im Hinblick auf das internationale Geschäft von *Beck's* bedeutend ist.

Marktforschungsergebnisse zeigen deutlich, daß auch Joe Cocker und der „Sail Away"-Song Bestandteil des *Beck's* Markenbildes sind. Diese Kenntnisse wurden konsequent in ein Event- bzw. Sponsoringkonzept umgesetzt: Das *Beck's* Management faßte den Entschluß, die bevorstehende Joe-Cocker-Deutschlandtournee von August bis Dezember 1997 partnerschaftlich zu begleiten" (Andresen/Meermann 1998, S. 52).

„Mit dem Eventkonzept wurden folgende Ziele verfolgt:
- **Aktualisierung der Marke**: *Beck's* sollte vor allem durch den intensiven Markenkontakt bei den Konzerten, aber auch durch den schon im Vorfeld der Tournee ausgeübten Werbedruck, ins Gespräch kommen und zum Thema werden.
- **Weitere Emotionalisierung der Marke**: Durch eine Vielzahl neuer, multimodaler Konzerteindrücke sollte mittelfristig das *Beck's* Markenbild durch neue Komponenten ergänzt werden. Man kann in diesem Zusammenhang auch von einem angestrebten Sympathietransfer von Joe Cocker auf die Marke *Beck's* sprechen.
- **Schaffung von Produktkontakten**: Für die meisten Konzerte hatte sich *Beck's* die Exklusiv-Ausschankrechte gesichert.
- **Handels- und gastronomiespezifische Wirkungen**: Durch Sonderplazierungen des *Beck's*-Sortiments mit speziellen „Sail Away"-Displays sollten Abverkäufe gesteigert und letztlich die Markenbindung bei den Entscheidern in Handel und Gastronomie erhöht werden" (Andresen/Meermann 1998, S. 52 f.).

Zunehmende Bedeutung erhält das Event Marketing im politischen Wahlkampf. Beispielsweise erhalten die Inszenierungen der Parteitage durch eine extensive mediale Berichterstattung lange Übertragungszeiten und damit eine hohe Medienaufmerksamkeit bei hohen Zuschauerreichweiten und dies praktisch zum Nulltarif für die Parteien (vgl. Müller, M.G., 1999, S. 257 f.).

8.5.4 Virtuelle Werbung

Der Fortschritt in der Elektronik ermöglicht neue elektronische Werbeformen, die unter werberechtlichen Aspekten als fragwürdig anzusehen sind. Diese elektronischen Werbeformen werden auch als **virtuelle Werbetechniken** bezeichnet. „Unter virtueller Werbung werden Abbildungen von Produkten, Logos, Marken- und Firmennamen sowie 3-D-Animationen verstanden, die in der filmischen abgebildeten Realität nicht vorhanden sind bzw. beim Filmen des Ursprungsmaterials nicht vorhanden waren" (Herkströter 1998, S. 107). Ermöglicht wird dies durch digitale Bildbearbeitung. Die Anwendung erfolgt derzeit vor allem bei Sportübertragungen, bei denen nicht vorhandene reale Werbung gegen virtuelle Werbebotschaften ausgetauscht werden. Damit können bei internationalen Sportübertragungen spezifische Werbebotschaften an Banden oder anderen Werbeflächen auf die nationalen Zielgruppen in einzelnen Ländern abgestimmt werden (virtuelle Billboards). Virtuelle Werbung stellt somit keine neue Werbeform im eigentlichen Sinn dar, vielmehr handelt es sich um eine digitale Bildaufbereitung, die ein zielgruppengenaues Placement ermöglicht (vgl. Volpers/Herkströter/Schnier 1998, S. 157). Durch virtuelle Werbung läßt sich die Werbefläche in den Sportstätten erheblich ausweiten. Die Fernsehveranstalter können eigene Werbeflächen kreieren (z.B. auf der Spielfläche), es besteht allerdings die Gefahr, daß die Werbeeinnahmen dafür an den Sportstätteneigentümern vorbeifließen.

„Premiere im deutschen Fernsehen: Erstmals wurde ein Programm für Zuschauer unmerkbar technisch manipuliert, um mehr Werbung unterzubringen. (...) Durchschnittlich 730.000 Fußballfans sahen beim Uefa-Cup-Spiel zwischen den Glasgow-Rangers und AC Parma im Deutschen Sport-Fernsehen (DSF) auf einer 'Virtuellen Bande' am Spielfeldrand die Firmennamen *Obi* und *Krombacher*, obwohl im schottischen Stadion diese Werbefläche rosa war. Im italienischen TV wiederum gab es Bandenwerbung ausschließlich für italienische Werbekunden".
O.V. (1998e), S. 92.

Streng genommen stellt auch die herkömmliche Trikot- und Bandenwerbung einen Verstoß gegen den Trennungsgrundsatz dar, da hier Werbung und redaktionelles Programm miteinander verschmelzen. Allerdings hat sich die Rechtsauffassung der normativen Kraft des Faktischen gebeugt: „Ein Verstoß gegen das Gebot der Trennung von Werbung und Programm liegt dann nicht vor, wenn die mit einer konkreten Szene verbundene objektive Werbewirkung aus redaktionellen oder dramaturgischen Gründen unvermeidbar (oder die Vermeidung nicht zumutbar) ist" (Borg 1988, S. 84). Da virtuelle Werbung jedoch durch Manipulation des Filmmaterials zustande kommt, ist sie unter diesem Gesichtspunkt als vermeidbar und damit mit dem Trennungsgrundsatz als unvereinbar anzusehen (vgl. Herkströter 1998, S. 111).

Mit dem seit dem 1. April 2000 in Kraft getretenen vierten Rundfunkänderungsstaatsvertrag ist virtuelle Werbung jedoch zulässig, wenn

1. am Anfang und am Ende der betreffenden Sendung darauf hingewiesen wird und
2. durch sie eine am Ort der Übertragung ohnehin bestehende Werbung ersetzt wird (§ 7, 6 RStV).

In den USA verlief die Einführung der virtuellen Werbung in mehreren Stufen: Zunächst wurde an die klassische Bandenwerbung angeknüpft, die durch virtuelle Bandenwerbung ergänzt bzw. verändert wurde. Später wurden weitere Flächen, insbesondere die Spielflächen, Zonen außerhalb des Spielfeldrandes sowie Himmel und Wasserflächen mit feststehenden Logos oder 3-D-animierten Produktdarstellungen angereichert (vgl. Volpers 2000).

Abbildung 8–40: Beispiele virtueller Werbung

Quelle: http://www.lpr-hessen.de/11HGFM/Volpers.htm

Eine Variante der virtuellen Werbung stellt das **Split-Screening** dar. Darunter wird die Möglichkeit verstanden, auf dem Bildschirm gleichzeitig parallel auf gesonderten Feldern sowohl Programm als auch Werbung auszustrahlen. Diese Aufteilung des Bildschirms gewährleistet zwar rein formal eine Trennung von Programm und Werbung, allerdings wird sie der Intention des Trennungsgrundsatzes nicht gerecht. Split-Screening und seine Varianten wie **Ticker-Meldungen** (z.B. der *Handelsblatt* Börsen-Ticker auf n-tv) muß daher als unzulässig angesehen werden (vgl. Herkströter 1998, S. 107 ff.). Entgegen dieser Auffassung ist in der

Neufassung des Rundfunkstaatsvertrages jedoch eine „Teilbelegung des ausgestrahlten Bildes zulässig, wenn die Werbung vom übrigen Programm eindeutig optisch getrennt und als solche gekennzeichnet ist" (§ 7, 4). Allerdings wird diese Werbung auf die Dauer der Spotwerbung angerechnet.

Die digitale Bildbearbeitung ermöglicht aber auch virtuelle Product Placements, indem das Filmmaterial nachträglich verändert wird. Bill Gates hat dafür ein Beispiel beschrieben:

> „In dem Film 'Demolition Man' aus dem Jahre 1993 scheinen auf dem Fast-food-Sektor nur *Taco-Bell*-Restaurants überlebt zu haben. Dafür hat *Taco-Bells* Muttergesellschaft *PepsiCo* kräftig gezahlt. Außerhalb der Vereinigten Staaten gibt es kaum *Taco-Bells*, daher sorgte *PepsiCo* dafür, daß in den Fassungen für das Ausland statt dessen *Pizza-Hut*-Filialen zu erkennen waren. Die notwendigen Veränderungen wurden digital vorgenommen, ohne daß eine einzige Szene neu gedreht werden mußte" (Bill Gates: Der Weg nach vorne, München 1997, hier zitiert nach Herkströter 1998, S. 109 f.).

8.5.5 Sonstige Sonderwerbeformate

Patronatssendungen sind Sendungen, bei denen ein Sponsor gegen Zahlung einer bestimmten Summe, die Präsentation der Sendung, das Patronat, übernimmt. Kennzeichnend ist, daß der Name oder das Logo für einen bestimmten Zeitraum im Bild erscheint (vgl. Bruhn/Mehlinger 1994, S. 242). Beispiele für Patronatswerbungen sind die Präsentationen der Wettervorhersagen auf diversen Sendern („Die *Advance* Finanzplanung präsentiert Ihnen das Wetter") oder die Einblendung der ARD- bzw. ZDF-Studiouhr in Werbespots kurz vor der „Tagesschau" bzw. „Heute". Die Patronatswerbung hebt den Trennungsgrundsatz von Programm und Werbung auf. Allerdings scheint kein besonderes Schutzinteresse gegenüber Wetter und Zeit zu bestehen (vgl. Keusen 1995, S. 186). Für Patronatswerbung gelten die allgemeinen Werberegelungen des RStV, d.h. sie wird auf die zulässige Höchstwerbezeit voll angerechnet und ist für die öffentlich-rechtlichen Sender nach 20.00 Uhr verboten.

Die ARD bietet hier als Sonderwerbeform die „Best Minute" an:

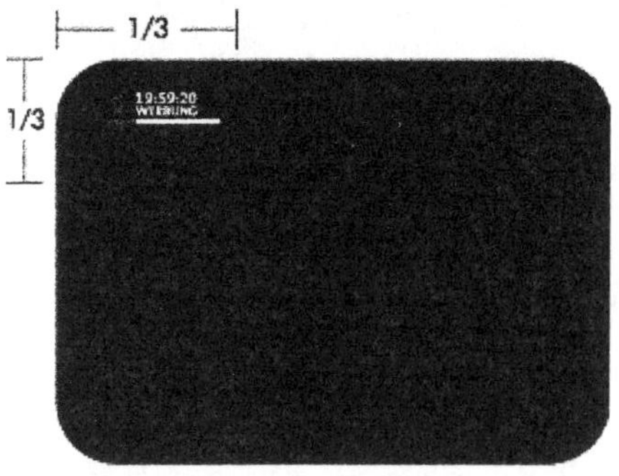

Best Minute (Montag bis Samstag)

- 60 Sek. vor der 20.00 Uhr-Tagesschau
- Ausstrahlung von drei aufeinanderfolgenden Werbespots
- Dauer der Werbeeinblendung: 20 Sekunden
- Einblendung der „Best Minute" im linken oberen Bildschirmteil
- Die Reihenfolge der Ausstrahlung erfolgt im täglichen Wechsel
- Konkurrenzausschluss kann gewährleistet werden

Quelle: http://www.ard-werbung.de/sales/tv/daserste/sonderwerbeformen/

Game Shows sind Sendungen, die rein werbenden Charakter haben, wie z.B. das Glücksrad auf Kabel 1 oder „Das McSchmidt-Studio“ während der Fußball Weltmeisterschaft 1998. Bei diesen Sendungen geht es im wesentlichen darum, daß Kandidaten um Sachpreise oder sonstige Leistungen wetteifern, die von Unternehmen zur Verfügung gestellt werden. Für die sponsernden Unternehmen besteht hier eine gute Möglichkeit, ihre Produkte dem Verbraucher optimal zu präsentieren, weil der Zuschauer die Produkte und Leistungen in eine Spielhandlung eingebunden erlebt, der er hohe Aufmerksamkeit widmet. Rechtlich gesehen stellen diese Sendungen **Dauerwerbesendungen** dar. Sie sind zulässig, wenn der Werbecharakter erkennbar im Vordergrund steht und die Werbung einen wesentlichen Bestandteil der Sendung darstellt. Sie müssen während der gesamten Dauer als Werbesendung gekennzeichnet sein. Dauerwerbesendungen sind grundsätzlich auch im öffentlich-rechtlichen Fernsehen zulässig. Da sie aber voll auf die Höchstwerbezeit angerechnet werden und diese bei den öffentlich-rechtlichen Sendern nur 20 Minuten pro Tag beträgt, stellt sich das Problem nicht.

Gewinnspiele sind dann als Sonderwerbeform zu bewerten, wenn sie in einen Werbeblock integriert werden, um den Zuschauer am Zapping zu hindern. Dabei werden zwischen den einzelnen Werbespots Zahlen, Buchstaben oder Wörter eingeblendet, die der Zuschauer zu einer Lösung zusammenfügen muß, mit der er an der Verlosung teilnehmen kann.

Als weitere Sonderwerbeformen sind **anmoderierte Spots** zu erwähnen, bei denen - hauptsächlich im Hörfunk - Moderatoren einen Werbespot ankündigen. Der Werbespot soll von der Informationskompetenz des Moderators profitieren. Hiervon ausgenommen sind Personen, die Nachrichtensendungen oder Sendungen zum politischen Zeitgeschehen moderieren.

Das **Narrow Casting** bezeichnet die Schaltung von Werbespots in einem thematisch naheliegenden Programmumfeld. Mit dem Versuch, einen Bezug zwischen Programm und Werbung herzustellen wird die Absicht verfolgt, das Interesse des Zuschauers vom Programm auf die Werbung zu lenken. Das Narrow Casting ist somit als strategische Plazierung von Werbespots zu verstehen, bei der eine gegenseitige Abstimmung von beworbenem Produkt und Programmumfeld erfolgt.

Aufgaben:

1. Worin liegen die wesentlichen Vorteile des Sponsoring im Vergleich zur klassischen Werbung?
2. Welche spezifischen Besonderheiten zeichnen das Sponsoring aus?
3. Charakterisieren Sie die Wirkungspotentiale des Generic Placement und des Product Placement im engeren Sinn.
4. Wie ist Product Placement unter rechtlichen Aspekten zu bewerten?
5. Welche Möglichkeiten zur Zielgruppenselektion gibt es im Direct Marketing?
6. Welche Voraussetzungen sollten Produkte erfüllen, die über Teleshopping vertrieben werden?
7. Welche Vorteile eröffnen Kundenclubs?
8. Erläutern Sie die wesentlichen Unterschiede zwischen verbraucher-, handels- und außendienstgerichteter Verkaufsförderung.
9. Wie ist virtuelle Werbung unter rechtlichen Aspekten zu bewerten?

Lösungen der kapitelbegleitenden Aufgaben

Lösungen zu Kapitel 1: Grundlagen

Lösung Aufgabe 1

Zwar zielt Werbung grundsätzlich auf eine Beeinflussung des Verhaltens der anvisierten Zielgruppe, was i.d.R. über eine Änderung der Einstellungen zu erreichen versucht wird. Dieses Ziel kann jedoch nur dann erreicht werden, wenn die Werbung zuvor wahrgenommen wurde. In einer Zeit, die durch Informationsüberflutung gekennzeichnet ist, stellt die Wahrnehmung eine bedeutende Hürde dar. Daneben hat die Werbung zwei weitere Hürden zu überwinden: Sie muß einerseits gelernt werden, d.h. Eingang in das Gedächtnis finden. Andererseits trifft Werbung üblicherweise auf bestehende Einstellungen und Vorurteile, die teilweise schwer zu überwinden sind.

Diese Wirkungsrichtung der Werbung beschreibt den High-Involvement-Fall, also beispielsweise Verbraucher, die unmittelbar vor einer Kaufentscheidung stehen. Bei geringinvolvierten Verbrauchern kann sich eine Einstellung u.U. erst dann bilden, wenn eine konkrete Erfahrung mit dem Produkt vorliegt (vgl. die Involvement-Hierarchien in Kapitel 2.3.2.1).

Ferner ist auf die nachrangige Bedeutung der Werbung im Verhältnis zur Produktpolitik hinzuweisen. Werbung kann dauerhaft die Einstellungen zu Produkten nur dann verändern, wenn die Produkte über entsprechende Wettbewerbsvorteile verfügen. Bei einer negativen Produkterfahrung kann selbst die beste Werbung nicht zu Wiederholungskäufen animieren.

Ist die Beeinflussungsabsicht der Werbung zu offensichtlich, muß mit Reaktanz auf Seiten der Empfänger gerechnet werden (vgl. Kapitel 2.1). In dem Fall nehmen die Empfänger die genau gegenteilige Position zu der in der Werbung vertretenen ein.

Lösung Aufgabe 2

Die Werbung basiert in ihrem Wirkungsmechanismus im Grunde auf nichts anderem als auf typischen menschlichen Verhaltensweisen. Daher ist die Werbung auch nur so „geheimnisvoll" wie das menschliche Verhalten. Die Grundannahme ist eine sehr einfache: Das menschliche Verhalten ist auf Wirkung ausgerichtet, jedenfalls bei den meisten Personen. Wirkung wird nicht nur versucht durch das Verhalten zu erzielen, sondern auch durch Produkte, naheliegenderweise vor allem durch solche Produkte, die andere Personen sehen können. Mit der Werbung werden für die Produkte Images aufgebaut, die sich in den Gedanken des Käufers auf ihn selbst übertragen. Menschen versuchen, auf andere Personen einen bestimmten Eindruck zu machen, was auch nichts anderes ist, als ein bestimmtes Image aufzubauen. Auch mit dem Konsum wird versucht, das angestrebte Fremdimage mit dem Selbstimage in Übereinstimmung zu bringen.

Wie die Maslowsche Bedürfnishierarchie zeigt (vgl. Kapitel 2.2.3.3), sind soziale Bedürfnisse und das Bedürfnis nach Wertschätzung starke Motive für das Verhalten. Es ist schwer vorstellbar, daß jemandem nicht an einem Kompliment über die Kleidung oder einer positiven Meinungsäußerung über einen selbst gelegen ist.

Lösung Aufgabe 3

Auf einer Party dreht sich das Gespräch in einer kleinen Männergruppe gerade über das Thema Autos. Ein Student (Sender) möchte der Gruppe (Empfänger) voller Stolz über seine mühsam ersparte und von den Eltern unterstützte Anschaffung eines Kleinwagens mit Dieselmotor erzählen (Botschaft). Die Gruppe sprach gerade über Sportwagen und hat nur am Rande die Schlüsselinformationen Kleinwagen und Dieselmotor aufgenommen, die sofort ein Vorstellungsschema aufgerufen haben: Kleinwagen sind nur etwas für „kleine" Leute, sind unbequem und haben zu wenig Platz; Dieselmotoren stinken und haben zu wenig Leistung. Autos sind für die Gruppe vor allem Sport- und Nobelautos, die nach außen auch Status vermitteln. Die Ausführungen des Studenten über geringen Verbrauch und geringe Unterhaltskosten, die hohe Zuverlässigkeit seines Wagens und die Tatsache, daß er damit in jede Parklücke kommt, wird bei der Gruppe entsprechend zu einer selektiven Wahrnehmung und Verzerrung führen. D.h. der Bericht wird von der Gruppe in erster Linie danach selektiert, inwieweit er Informationen enthält, die der eigenen Interessenlage entsprechen bzw. einzelne Punkte werden dahingehend interpretiert. Das kann z.B. dazu führen, daß in der selektiven Erinnerung nur die Informationen „Student" und „Kleinwagen" gespeichert werden, womit auch das Vorurteil „Kleinwagen sind nur etwas für kleine Leute" bestätigt wird.

Wechselseitig verständliche Informationen werden nur bei gleicher Interessenlage ausgetauscht, wenn also der Empfänger der Botschaft so viel Beachtung widmet, daß Störsignale minimiert werden können.

Lösung Aufgabe 4

I.d.R. ist es so, daß bei aufmerksamer Betrachtung von Werbung deren Botschaften intuitiv richtig erfaßt werden. Das richtige Verständnis der Botschaftsinhalte wird durch Wiederholung der Werbung erleichtert. Üblicherweise sind die Werbebotschaften auch nicht sehr schwer zu entschlüsseln, da es ja nicht im Sinne der Werbetreibenden ist, unverständliche Botschaften zu übermitteln. Daß Botschaften dennoch falsch entschlüsselt werden, liegt vor allem an dem geringen Interesse, das der einzelnen Werbung bzw. dem einzelnen Produkt entgegengebracht wird.

In dem Kapitel wurden bereits Beispiele für Verschlüsselungen von Werbebotschaften gegeben, die als Anregungen für eigene Werbeinterpretationen dienen mögen (vgl. auch das Positionierungsbeispiel von Condor in Kapitel 3.1 sowie die Beispiele zur Copy Strategy in Kapitel 4.4). Lösungshinweise lassen sich jeweils nur für einen konkreten Einzelfall geben. Hier müssen einige Anmerkungen über die grundsätzliche Vorgehensweise genügen.

Ausgangspunkt für die Interpretation von Werbung ist immer das Dargestellte bzw. das nicht Dargestellte. Es ist grundsätzlich davon auszugehen, daß nichts, was in einem Spot oder einer Anzeige gezeigt wird, dem Zufall überlassen wurde. Jedes Teil und Detail wurde mit einer gezielten Wirkungsabsicht ausgewählt, die es zu hinterfragen gilt. Anspruchsvoller wird die Interpretation von Werbung immer dann, wenn sie mit dem Mittel der Übertreibung arbeitet oder bewußt verwirren will, um zu einer intensiveren Beschäftigung mit dem Werbemittel zu verleiten, oder ganz einfach nur Aufmerksamkeit erregen will. Hier geht es darum zu fragen, was das eigentlich Gemeinte ist.

Zur Übung erweist es sich als sinnvoll, in einer Gruppe einmal Werbebeispiele zu diskutieren. Manchmal ist es frappierend, was alles aus einer Anzeige herauszulesen ist.

Lösung Aufgabe 5

Kennzeichnend für das kommunikative Umfeld, auf das die Werbung trifft, ist das hohe Ausmaß an Informationsüberlastung, die dazu führt, daß nur noch ein geringer Teil der Werbebotschaften die Empfänger erreicht. Die einzelne Werbebotschaft hat kaum eine Chance wahrgenommen zu werden.

Dieser Informationsüberlastung trägt die Werbung u.a. dadurch Rechnung, daß sie Informationen vorrangig über Bildkommunikation vermittelt, da Bilder im menschlichen Gehirn anders verarbeitet werden als sprachliche Informationen.

Lösung Aufgabe 6

Bei der Informationsaufnahme geht das Gehirn arbeitsteilig vor. In der linken Gehirnhälfte erfolgt die Verarbeitung von sprachlichen Informationen, in der rechten die Verarbeitung von bildlichen Informationen. Da in der linken Gehirnhälfte die rationale und in der rechten die emotionale Steuerung des Verhaltens erfolgt, bedeutet dies für die werbliche Kommunikation, daß sie mit Bildern emotional und mit Sprache rational beeindrucken bzw. argumentieren muß. Da Bilder einfacher verarbeitet werden und auf geringe rationale Kritik stoßen, ist die bildliche Kommunikation vorrangig bei geringinvolvierten Empfängern von Werbebotschaften einzusetzen; geringes Werbeinvolvement ist allerdings als der Regelfall der Werbung anzusehen. Auf der anderen Seite ist der Aufbau emotionaler Erlebniswelten vor allem über Bilder möglich.

Lösung Aufgabe 7

Viele Märkte sind heute durch Sättigungserscheinungen gekennzeichnet, die vor allem darin bestehen, daß die Produkte ausgereift sind und sich in ihren funktionalen Eigenschaften kaum von den Wettbewerbsprodukten unterscheiden. Wenn der Verbraucher zwischen mehr oder weniger identischen Produkten wählen kann, wird sich die Kaufentscheidung im Zweifel nach dem Preis richten. Um sich vom Preiswettbewerb abzukoppeln, müssen die Unternehmen ihren Produkten also Wettbewerbsvorteile verschaffen, die nicht in den Sacheigenschaften begründet liegen, denn diese sind bei den Produkten auf gesättigten Märkten im wesentlichen die gleichen. Wettbewerbsvorteile können also nicht in einem USP begründet sein, vielmehr erfolgt die Produktdifferenzierung vor allem durch emotionale Erlebniswerte bzw. werbliche Alleinstellungen. Aufgabe des Marketing auf gesättigten

Märkten ist es, dem Verbraucher durch Nutzenvorteile für an sich austauschbare Produkte einen Grund bieten zu können, warum er das eigene Produkt den Produkten der Wettbewerber vorziehen soll. Diese differenzierenden Nutzenvorteile sind auf gesättigten Märkten in immateriellen Werten begründet, die sich durch Images konstituieren. Beispiele sind die „zarteste Versuchung", die vielleicht „längste Praline der Welt", die „Freude am Fahren", das „Verwöhnaroma", der „Geschmack von Freiheit und Abenteuer". Präferenzbildung auf gesättigten Märkten erfolgt also über Erlebniswerte. Voraussetzung dafür ist, daß Erlebniswelten konstruiert werden, die für den Verbraucher in der jeweiligen Produktkategorie relevant sind. Das „Verwöhnaroma" macht im Kaffeebereich Sinn, da Aroma ein relevantes Kriterium für Kaffee ist. Im Bereich von Haushaltsreinigern hingegen wäre eine Differenzierung über das Aroma der Produkte völlig sinnlos.

Lösung Aufgabe 8

Mit der Zulassung privater Fernsehanbieter hat sich auch das Angebot an Werbezeiten erhöht, dadurch wurde für viele Werbetreibende die Nutzung des Mediums Fernsehen als Werbeträger überhaupt erst möglich. Dies führte einerseits dazu, daß die Zuschauer mit zunehmend mehr Werbung konfrontiert wurden, gleichzeitig verteilte sich die gegebene Anzahl von Zuschauern nun auf mehr Sender, ohne daß sich die Sehdauer nennenswert erhöhte. Um die gleichen Reichweiten zu erzielen, mußten die Werbetreibenden also mehrere Sender buchen, wodurch sich für sie die Werbung verteuerte. Dies wiederum hat dazu geführt, daß die Werbeinvestitionen nicht mehr allein unter Effizienz-, also Wirtschaftslichkeitsaspekten, sondern zunehmend auch unter Effektivitäts-, also Wirkungsaspekten betrachtet wurden.

Lösung Aufgabe 9

Die Entwicklung der Werbung wurde vor allem durch technische Erfindungen einerseits und den Ausbau der Handelsbeziehungen andererseits vorangetrieben. Grundvoraussetzung für Werbung ist eine Überproduktion von Gütern, die gegen andere Produkte ausgetauscht werden sollen.

Die Erfindung der Schrift, von Papyrus und Papier ermöglichte es, Werbebotschaften zu vervielfältigen. Mit der Wiedererfindung des Buchdrucks standen der Werbung erstmals Massenkommunikationsmittel zur Verfügung, die breite Masse konnte jedoch erst mit der Verbreitung des Lesens erreicht werden. Die Handelsbeziehungen forcierten den Wettbewerb der Hersteller untereinander, was schon in der Antike zu Produktmarkierungen führte. Je breiter der Handel die Produkte distribuierte, desto notwendiger wurde auch die Ansprache breiter Zielgruppen. Einhergehend mit den erst im Industrialismus erreichten Produktionsvolumina und entsprechend ausgeprägten economies of scale, wurde Werbung zunehmend als Instrument der Absatzförderung ausgebaut. Verkehrs-, Licht-, Kino- und Rundfunkwerbung waren die wesentlichen „Meilensteine" zur Entwicklung der Werbung in der Neuzeit. Die Ausprägung gesättigter Märkte in den 70er Jahren verlagerte den Schwerpunkt der Funktion der Werbung von der Absatzförderung zur Markendifferenzierung durch Erlebniswelten.

Lösungen zu Kapitel 2: Werbewirkung

Lösung Aufgabe 1

Reaktanz ist immer dann zu erwarten, wenn ein Beeinflussungsversuch zu offensichtlich erfolgt und sich jemand in seiner persönlichen Meinungsfreiheit eingeschränkt fühlt. Es setzt dann eine Gegenwehr ein, die zur Übernahme einer Gegenposition führen kann. Aus der Sicht der Werbetreibenden heißt das, daß die beabsichtigte Einstellung nicht erreicht werden kann, sondern gerade die gegenteilige erreicht wird. Werbung stellt immer einen Beeinflussungsversuch dar. Im Hinblick auf Reaktanzerscheinungen darf sie jedoch nicht so konzipiert sein, daß sie von der Zielgruppe als Druck empfunden wird.

Lösung Aufgabe 2

Ein idealtypischer Kaufentscheidungsprozeß für Fernsehgeräte könnte wie folgt aussehen:

1. Jemand erkennt, daß sein schwarz-weiß Fernseher vermutlich keine lange Lebenserwartung mehr hat und er ihn demnächst durch einen neuen Fernseher ersetzen muß.
2. Als Mindestanforderungen an das neue Gerät legt er fest, daß es ein Farbfernseher sein muß, mit Fernbedienung, der videotextfähig ist und seinen individuellen Designansprüchen genügen muß.
3. Er sucht verschiedene Elektrofachmärkte auf, läßt sich beraten und sammelt Prospektmaterial von den einzelnen Fabrikaten. Er studiert Fachzeitschriften und läßt sich von der Stiftung Warentest alle Untersuchungsergebnisse über Fernsehgeräte schicken. Offene Fragen läßt er sich von den Fachhändlern beantworten. Ferner achtet er intensiv auf Werbung für Fernseher.
4. Nach eingehendem Studium seiner Unterlagen erstellt er für jedes der möglichen Geräte eine Liste mit Vor- und Nachteilen und inwieweit sie seinen Anforderungen entsprechen. Jedes Gerät wird mit Punkten bewertet.
5. Er wägt sorgfältig das jeweilige Preis-Leistungs-Verhältnis ab und prüft das Risiko und die Folgen einer Fehlentscheidung. Er bedenkt, daß die Elektro-Verbrauchermärkte zwar preiswertere Angebote haben, dafür aber einen schlechteren Service bei der Installation und im Reparaturfall bieten.
6. Er entscheidet sich schließlich für ein Gerät, daß er bei einem alteingesessenen Fachhändler bestellt.
7. Während des Fernsehkonsums überprüft er fortlaufend ob seine Erwartungen erfüllt werden und sucht nach verwertbaren Erfahrungen.

Es ist offensichtlich, daß diese Art der Kaufentscheidung sehr zeitintensiv ist. Es erscheint als eher unrealistisch, daß subjektive Bewertungsgrundlagen ausgeschlossen werden.

Zwar geht dem Kauf eines Fernsehgerätes i.d.R. sehr wohl eine Phase der Informationsbeschaffung und Beratung voraus, denn schließlich „möchte man für sein Geld auch etwas haben". Aber realistischerweise wird die Marke auch nach ihrem Image gekauft bzw. nach dessen Kompatibilität mit dem Selbstimage. Vor allem wird auch die spontane äußere Anmutung die Entscheidung beeinflussen. Erfahrungen von Freunden und Bekannten fließen ebenso in die Wahl mit ein, wie die Überzeugungskunst der Mitarbeiter im Fachhandel. Nicht zuletzt auch die Werbung der Hersteller.

Lösung Aufgabe 3

Dem Kauf einer Tennisausrüstung wird in vielen Fällen ein **sozial abhängiges Verhalten** zugrunde liegen, wenn das Markenlogo deutlich sichtbar ist und es sich um eine bekannte Marke handelt. In diesen Fällen ist davon auszugehen, daß der Käufer, bewußt oder unbewußt, die mit dieser Marke verbundenen Images auf sich selbst übertragen möchte und dies nach außen signalisiert. Dieses sozial abhängige Verhalten kann im Einzelfall durch einen Gewohnheitskauf ergänzt werden (wenn immer wieder nur diese eine Marke gekauft wird) bzw. durch ein Rationalverhalten (wenn gezielt ganz bestimmte Problemlösungen gesucht werden).

Lösung Aufgabe 4

Der Mere-exposure-Effekt ist deshalb so wichtig für die Erklärung von Werbewirkungseffekten, weil er verdeutlicht, daß diese auch unabhängig von der Reizintensität erfolgen. Für die Werbung ist die beiläufige Wahrnehmung geradezu typisch, daß sie intensiv und aufmerksam verfolgt wird eher die Ausnahme. Auch ohne eine bewußte Zuwendung sind Lerneffekte erzielbar, die vor allem darauf beruhen, daß sie einem bei späterer, bewußter Wahrnehmung, vertraut vorkommen und damit positiver bewertet werden als Personen oder Gegenstände, die einem völlig unbekannt sind. Der Mere-exposure-Effekt verdeutlicht, daß Wahrnehmungen auch automatisch, ohne bewußte Kontrolle verarbeitet werden können.

Lösung Aufgabe 5

Bei unterschwelliger Wahrnehmung besteht das Problem in dem Nachweis, ob ein Reiz überhaupt wahrgenommen wurde. Nicht jeder wahrgenommene Reiz führt auch zu einer Reaktion, allerdings kann vom Ausbleiben einer Reaktion nicht auf die Nichtwahrnehmung eines Reizes geschlossen werden. Hinzu kommt, daß die Reizschwelle von Person zu Person und von Situation zu Situation unterschiedlich ist. Es ist also nicht eindeutig zu klären, ob ein Reiz überhaupt wahrnehmbar war.

Lösung Aufgabe 6

Diese Theorie relativiert den Begriff der Markentreue. Nach der Theorie des relevant set erfolgt eine Kaufentscheidung nur innerhalb eines bestimmten Satzes an Marken, den jeder Käufer individuell für jede Produktkategorie entwickelt hat. Außerhalb dieses Satzes liegende Marken werden für die Kaufentscheidung nicht in Betracht gezogen. Die Entscheidung für eine bestimmte Marke innerhalb des relevant set erfolgt in erster Linie nach den Präferenzen, die im Moment der Kaufentscheidung dominieren.

Das Marketing muß also darauf gerichtet sein, die eigene Marke in den relevanten Satz von Marken bei möglichst vielen Personen der Zielgruppe zu etablieren und darüber hinaus mit einem hohen Maß an Präferenz auszustatten.

Lösung Aufgabe 7

Reiz-reaktionstheoretische Modelle gehen von der Annahme aus, daß Verbraucher auf (Werbe-) Reize reagieren. Dabei werden im S-O-R-Modell sogenannte intervenierende Variablen wie Wahrnehmung, Lernprozesse, Einstellungen und Motivation berücksichtigt, die im Vorfeld der Reaktion wirken. Abgesehen davon, daß diese Modelle eine Reihe von kaufrelevanten Faktoren wie Gruppenprozesse oder allgemeine wirtschaftliche Bedingungen nicht berücksichtigen, erlauben sie keine generellen Vorhersagen über den Werbeerfolg, also die Reaktion des Umworbenen. Selbst wenn eine Reaktion stattgefunden hat, läßt sich nicht bestimmen, warum die Werbung zum Erfolg geführt hat. Der Stimulus (S) und die Reaktion (R) sind beobachtbar. Die intervenierenden Variablen (O) stellen jedoch eine Black-Box dar, die sich einer Beobachtung entziehen. Um dennoch Aussagen über mutmaßliche Werbewirkungen treffen zu können, werden die intervenierenden Variablen als Teilerfolgsgrößen für den eigentlichen Werbeerfolg betrachtet. Genauer gesagt, sie stellen die Operationalisierungen für die kommunikativen Werbeziele dar. Durch Messung der Veränderung ihrer Ausprägungen durch die Werbung wird versucht, Rückschlüsse darauf zu ziehen, wie erfolgreich eine Werbung voraussichtlich sein wird.

Lösung Aufgabe 8

Mit emotionaler Konditionierung wird versucht, eine Marke mit emotionalen Erlebnisgehalten aufzuladen. Dafür ist es notwendig, eine Marke gleichzeitig mit einem unabhängigen emotionalen Reiz wiederholt darzustellen, so daß die Verbindung gelernt werden kann. Dadurch ist es möglich, daß allein schon die Darstellung der Marke ausreicht, um den emotionalen Erlebnisgehalt mit ihr zu assoziieren.

Lösung Aufgabe 9

Es sind vor allem zwei Erkenntnisse, die aus dem Involvement-Konstrukt gewonnen werden können. Einerseits die Tatsache, daß die Reaktion des Verbrauchers auf die Werbung nicht vorhersagbar ist. Das Involvement ist vor allem situativ zu betrachten und hängt von einer Fülle von subjektiv empfundenen Faktoren ab, die es als eher zufällig erscheinen lassen, daß zwei Personen, die die gleiche Werbung gesehen haben, diese Werbung auch gleich empfinden. Andererseits läßt das Involvement-Konstrukt aber auch die Aussage zu, daß, unabhängig von der jeweiligen individuellen Situation, eine Werbewirkung nicht von der aktiven Beschäftigung des Verbrauchers mit Werbung abhängt, Werbung vielmehr auch durch passive Aufnahme wirken kann. Werbung kann also sowohl bei hoch- als auch bei geringinvolvierten Zuschauern wirken. Die älteren Werbewirkungsmodelle sind implizit von werbeinvolvierten Verbrauchern ausgegangen und konnten die Werberealität damit nur unzureichend widerspiegeln.

Lösung Aufgabe 10

Üblicherweise wird die Kommunikationswirkung aus der Sicht des Senders betrachtet. Da die Mediennutzer jedoch eine Vielzahl von Wahlmöglichkeiten haben, welche Zeitschrift sie lesen bzw. welches Hörfunk- und Fernsehprogramm sie hören und sehen wollen, ist es sinnvoll zu unterstellen, daß eine bewußte Selektion der Medien nach aktuellen Motiven und Nutzenerwartungen erfolgt. In dem „Uses and Gratifications-Approach“ wird der Empfänger, also der Mediennutzer, in den Vordergrund gestellt. Er wird nicht als passives Subjekt betrachtet, sondern aktiv in dem Sinne, daß er eine bewußte Steuerung seines Medienkonsums vornimmt. Das Modell geht davon aus, daß beispielsweise ein Fernsehzuschauer das Programm, das er sieht, danach bewertet, inwieweit es sein Bedürfnis nach Unterhaltung oder Information befriedigt oder nicht. Werden die Erwartungen nicht erfüllt, kommt es zu einer Neuselektion.

Lösung Aufgabe 11

Kommunikation kann direkt auch nur kommunikative Ziele beeinflussen, wie Information, Bekanntheit oder Images. Ökonomische Größen, wie Marktanteile oder Umsätze, werden von einer Vielzahl exogener Größen beeinflußt, von denen das Marketing-Mix nur eine ist. Die Unternehmen hängen auch von Wechselkursen, Lohnabschlüssen, Steuern oder der konjunkturellen Lage ab, also von Faktoren, auf die das einzelne Unternehmen keinen Einfluß hat. Einfluß hat es hingegen auf den Einsatz seines Marketing-Mix. Allerdings stellt die Messung von Wirkungseffekten einzelner Instrumente ein großes Problem dar. Das Problem ist in den Wirkungsinterdependenzen begründet. Jedes Produkt hat einen Preis, eine Verpakkung, eine bestimmte Qualität und wird über einen bestimmten Distributionskanal vertrieben. Jeder einzelne Marketing-Mix Faktor kommuniziert bestimmte Bedeutungsinhalte. Dabei kann die Gesamtbedeutung, die letztlich den Erfolg eines Produktes bestimmt, mehr sein als die Summe der einzelnen Bedeutungsinhalte. Aufgrund der Wirkungsinterdependenzen ist es praktisch nicht möglich, den Einfluß einzelner Marketing-Mix Instrumente, wie z.B. der Werbung, zu isolieren.

Natürlich zielt Werbung letztlich auf ökonomische Größen. Da diese aber auch von anderen Faktoren beeinflußt werden, ist ihr Einfluß nicht direkt meßbar. Daher werden Größen herangezogen, deren Veränderung direkt auf den Einfluß der Werbung zurückzuführen ist, nämlich kommunikative Größen, die ihrerseits wiederum Einfluß auf den ökonomischen Erfolg des Unternehmens haben. Es wird davon ausgegangen, daß die kommunikativen Ziele Einfluß auf das Kauf-Verhalten haben, daher werden sie auch als Dispositionen bezeichnet, die hinter dem Verhalten stehen.

Lösung Aufgabe 12

Wiederholungseffekte ergeben sich einerseits aus den lerntheoretischen Überlegungen, daß die Inhalte von Botschaften erst nach mehrmaliger Wiederholung gelernt werden. Andererseits aber auch aus psychischen Mechanismen, die bei zu häufigen Wiederholungen zu Reaktanz führen können. Die Wirkung von Wiederholungen hängt in erster Linie vom Involvement des Zuschauers ab. Bei einem hohem Involvement sind nur sehr wenige Wiederholungen notwendig um Botschaftsinhalte zu lernen, da hier von einem hohen Interesse und einer hohen Aufmerksamkeit des Zuschauers ausgegangen werden kann. Entsprechend hoch ist die Gefahr von Abnutzungserscheinungen einzuschätzen. Bei geringinvolvierten Zuschauern sind viele Wiederholungen notwendig, Abnutzungserscheinungen sind vor allem bei informativen Botschaftsinhalten gegeben.

Lösung Aufgabe 13

Da die beabsichtigte Werbewirkung i.d.R. nur mittelbar erfolgt, ist auch nur eine indirekte Messung des Werbeerfolges möglich. Als Indikatoren dafür gelten vor allem die durch Werbung verursachte Änderung von Einstellungen und die Werbeerinnerung.

Das Problem bei der Messung von Einstellungsänderungen liegt einerseits darin, daß sich Einstellungen üblicherweise nicht kurzfristig durch einen Werbekontakt, sondern eher in einem langfristigen Prozeß ändern. Darüber hinaus lassen Einstellungen nicht notwendigerweise Schlüsse auf das tatsächliche Verhalten zu. Situative Einflüsse wie z.B. Sonderangebote oder Verfügbarkeit können zu einem nicht einstellungskonformen Kaufverhalten führen.

Da Werbung nur wirksam werden kann, wenn sie im Gedächtnis haften geblieben ist, wird über die Werbeerinnerung die Gedächtniswirkung einer Werbung gemessen. Die Erinnerung an eine Werbebotschaft bedingt häufig auch deren Verständnis und läßt die Vermutung einer „motivierten Zuwendung" zu. Da Werbung aber vielfach mit emotionalen Erlebniswerten arbeitet, erscheint es als schwierig, die emotionalen Aspekte der Werbeerinnerung zu messen. Entsprechend der langfristig orientierten Werbewirkung erscheint es auch sinnvoller, die Kampagnenleistung zu messen.

Grundsätzliche Probleme bei der Messung der Werbewirkung sind vor allem auch in der jeweiligen kreativen Umsetzung einer Werbebotschaft zu sehen, sowie auch in der Tatsache, daß den einzelnen Werbeträgern unterschiedliche Kontaktqualitäten beizumessen sind.

Lösungen zu Kapitel 3: Positionierung und Image

Lösung Aufgabe 1

Mit der Positionierung einer Marke wird versucht, dieser eine Alleinstellung in den Köpfen der Verbraucher zu verschaffen. Da die Positionierung vor allem an den emotionalen Werten einer Marke ansetzt, sind Alleinstellungen i.d.R. mittels emotionaler Positionierungen vorzunehmen. Basis für die Alleinstellung sind immer die Besonderheiten, die ein Angebot von den Konkurrenzangeboten unterscheidet. Wenn diese Besonderheiten nicht auf objektiven Kriterien beruhen können, dann müssen subjektive Unterschiede kreiert werden, die mittels emotionaler Konditionierung mit der Marke in Verbindung gebracht werden. Notwendig ist dabei deren Konsumrelevanz, d.h. die herauszustellenden Besonderheiten müssen für den Verbraucher einen Nutzen darstellen, der auch immaterieller Natur sein kann. Jede Positionierung muß die Positionen berücksichtigen, die die Wettbewerbsprodukte besetzen, um eigenständige Positionen zu finden. Beispielsweise zielen alle Haushaltsreiniger auf Sauberkeit. Sauberkeit ist sicherlich ein konsumrelevantes Kriterium für diese Produkte, reicht aber zur Differenzierung nicht aus, da es von allen Haushaltsreinigern erfüllt wird. Positionierungen im Haushaltsreinigermarkt gehen daher über psychologische Dimensionen wie das Gewinnen von Kleinkriegen gegen den Schmutz (*Der General*), die Etablierung des Putzens als häuslichen Karneval (*Meister Proper*) oder die Hervorhebung einer umweltschonenden und zwanglosen Form des Putzens (*Frosch*). Positionierungen sind grundsätzlich langfristig zu sehen, wenn sie nachhaltig im Verbraucherbewußtsein aufgebaut werden sollen. Allerdings kann unter taktischen Aspekten versucht werden, kurzfristig Imagedefizite auszugleichen ohne die langfristige Strategie zu gefährden.

Lösung Aufgabe 2

Lösungsweg, der für den konkreten Einzelfall spezifiziert werden muß:

Bei Positionierungen ist es immer hilfreich, mit einem Positionierungsmodell, wie in Abbildung 3-5 oder 8-30 zu arbeiten. Von grundlegender Bedeutung sind dabei die strategischen Dimensionen, die für die Bezeichnungen der Achsen in der Matrix verwendet werden. Welche strategischen Dimensionen für die Positionierung Ihres Heimatortes relevant sind, hängt natürlich von jedem Einzelfall ab. In dem einen Fall kann es das kulturelle Angebot sein, in einem anderen die landschaftliche Schönheit. Ein Ort kann zum Shopping, zum Studieren, zum Sightseeing, zum Wandern, Baden, in Museen, Theater, das Spielcasino und den Zoo einladen. Er kann ein abwechslungsreiches Nachtleben, gute Parkmöglichkeiten oder eine attraktive Altstadt bieten.

Die prägnantesten Merkmale kommen für eine Positionierungsstrategie in Frage. Es ist klar, daß die ausgewählten Merkmale maßgeblich die Zielgruppe bestimmen, für die die Positionierung erfolgen soll.

Die folgende Abbildung zeigt Beispiele für die Kombination von strategischen Dimensionen in einer Positionierungsmatrix.

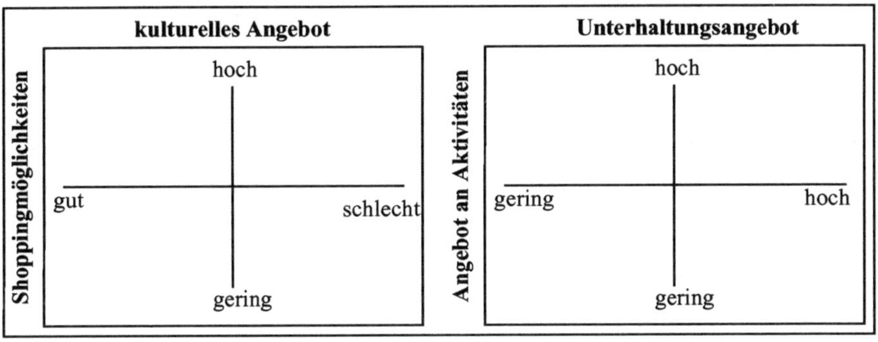

Im nächsten Schritt sind dann die Positionen zu bestimmen, die der jeweilige Ort in der jeweiligen Merkmalskombination einnimmt, sowie die Idealpositionen, die angestrebt werden sollen. Um erste Anhaltspunkte zu bekommen, kann die Position des Heimatortes nach Selbsteinschätzung oder einer kleinen Befragung ermittelt werden. Der Vergleich der tatsächlichen Position mit der Idealposition zeigt die Defizite und Stärken auf, die ausgeglichen bzw. ausgebaut werden können. Sie geben zwangsläufig auch die einzuschlagende Strategie vor.

Lösung Aufgabe 3

Der Biermarkt ist als ein typischer gesättigter Markt anzusehen, er ist durch stagnierenden bzw. sinkenden Bierkonsum gekennzeichnet. Es gibt Hunderte von Brauereien in Deutschland, was auf eine hohe Wettbewerbsintensität hinweist, die ihren Ausdruck in Preis- und Werbeschlachten findet. Ein weiteres Kennzeichen ist die Homogenität der Biere, die von den Zutaten her identisch sind (Reinheitsgebot) und sich geschmacklich kaum voneinander unterscheiden.

Für unsere Werbekampagne bedeutet dies, daß unser Bier nicht mit rationalen bzw. geschmacklichen Argumenten vermarktet werden kann. Ziel muß es also sein, emotionale Produktvorteile zu finden und damit eine Alleinstellung in den Köpfen der Verbraucher anzustreben.

Entsprechend der Positionierungsregeln könnten folgende Überlegungen für unsere Werbekampagne angestellt werden:

Ziel ist es, sich mit unserer Erlebniswelt an den Schemavorstellungen der Verbraucher zu orientieren. Dazu ist zunächst festzulegen, an welche Zielgruppe sich unser Bier richten soll. Als unmittelbare Zielgruppe werden alle Männer im norddeutschen Raum festgelegt, von Mecklenburg-Vorpommern bis Schleswig-Holstein, sowie die Millionen Touristen, die jährlich ihren Urlaub an der Küste verbringen. Im Rahmen einer Marktforschungsstudie werden spezifische geschmackliche Neigungen eruiert, ob beispielsweise das Bier sehr stark oder sehr herb schmecken soll, nach dem Motto „Männer im Norden sind bekanntlich etwas robuster".

Was ist das Besondere, das bei unserem Bier herausgestellt werden soll, welche Erlebniswelt soll aufgebaut werden? Es ist herauszufinden, welche Assoziationen mit Rügen verbunden werden, die im Rahmen eines Imagetransfers auf das Bier übertragen werden können. Das könnte z.B. sein die Schönheit der Insel, die Kreidefelsen, die Alleenstraße, weiße Strände, sauberes Wasser, intakte Natur, zurückhaltende, heimatverbundene, urige aber liebenswerte Menschen. Aus diesen Attributen wäre eine konsumrelevante Erlebniswelt zu kreieren.

Im Rahmen der Positionierung muß auf dem Markt eine Position geschaffen werden, die von der Konkurrenz noch nicht besetzt ist, sie muß eigenständig sein und sich durch Präferenzen bilden. Dies läßt sich mit einem klassischen Positionierungsmodell überprüfen. Als Achsen werden die geographische Ausdehnung (regional/überregional) und die Qualitätsdimension gewählt (Konsum-/Premiumbier). Wir streben die Position eines regionalen Premiumbieres an.
Für unser Bier, das wir Arkona-Pils nennen wollen, läßt sich folgende Positionierung vorstellen:

> *So wie die intakte, ursprüngliche Natur, das frische, stürmische Meer und die heimatverbundenen Menschen für Rügen stehen, so steht unser Arkona-Pils für Stärke, Frische, Ursprünglichkeit und Qualität.*

Daraus ließe sich folgende Copy Strategy ableiten:

Benefit: Ein Bier wie unsere Insel: frisch, stark, ursprünglich, ehrlich.
Reason Why: Wir verwenden nur Zutaten der Region: Frisches Quellwasser von Rügen, kräftigen Hopfen der Felder und das beste Malz.
Zielgruppe: Männer aus Norddeutschland und Touristen, die das Land und seine Besonderheiten entdecken wollen.
Tonality: Sinnlich und kraftvoll zugleich. Ehrlich, emotional, urig.

Lösung Aufgabe 4

Auch der Distributionskanal sendet spezifische Bedeutungsinhalte aus, die auf Produkt und Marke übertragen werden und umgekehrt auch auf den Distributionskanal zurückwirken. Die breite Distribution von Prestigeprodukten schließt sich aus Imagegründen ebenso aus, wie eine restriktive Distribution von Produkten des täglichen Bedarfs: Ein Produkt, das überall erhältlich ist, kann kein Prestigeprodukt sein. Der Exklusivitätsanspruch beispielsweise eines Parfums verträgt sich nicht mit seiner Erhältlichkeit in einem Discounter. Erklärungsbedürftige Produkte sollten von fachkundigem Personal vertrieben werden.

Lösung Aufgabe 5

Die Umweltbewältigungsfunktion von Images reduziert zunächst einmal die Zahl der in Frage kommenden Jeansmarken. Zwar ist davon auszugehen, daß der relevant set bei Jeans weniger Alternativen umfaßt als beispielsweise bei der Wahl der Automarke. Bestimmte Marken werden jedoch von vornherein ausgeschlossen.

Die Einstellung zu bestimmten Jeansmarken wird i.d.R. von dem Selbstimage, das jemand von sich hat, mitbestimmt. Wenn jemand sich nun absolut nicht als den „Designertyp“ erachtet, wird er auch keine Designerjeans kaufen. Die Selbstbestätigungsfunktion führt also zu einer weiteren Eingrenzung der in Frage kommenden Alternativen.

Jeans sind Produkte, die öffentlich konsumiert werden, die Marken sind sichtbar. Insbesondere bei solchen Produkten kann die Wertausdrucksfunktion im Einzelfall einen hohen Stellenwert einnehmen. Die Frage kann gestellt werden, ob jemand tatsächlich 50 Euro mehr für eine Designerjeans ausgeben würde, wenn das Markenlogo nicht sichtbar wäre.

Die Anpassungsfunktion von Images kommt bei Jeans beispielsweise dann zum tragen, wenn jemand stark in eine Gruppe eingebunden ist, z.B. als Student oder im Büro.

Natürlich sind diese Funktionen von Images für jeden individuellen Einzelfall zu relativieren. In dieser allgemeinen Beschreibung sind sie nur als Tendenzaussagen aufzufassen.

Lösung Aufgabe 6

Allgemein gesprochen ist ein Imagetransfer nur dann sinnvoll vorzunehmen, wenn die Zielgruppe Gemeinsamkeiten zwischen den Partnerprodukten erkennen kann. Der gemeinsame Markenname ist dabei nur der kleinste gemeinsame Nenner, der alleine nicht ausreicht, wenn nicht zumindest die Zielgruppen weitestgehend identisch sind und/oder eine hohe emotionale Affinität gegeben ist. Liegen diese Voraussetzungen nicht vor, dann wird im günstigsten Fall die Markengleichheit vom Verbraucher nur als zufällig erachtet. In diesem Fall können zwar keine Images transferiert werden, es finden allerdings auch keine negativen Rücktransfers statt.

Mit einem Imagetransfer wird versucht, positive Assoziationen von einem Produkt auf ein anderes zu übertragen. Dafür muß jedoch eine Übereinstimmung der Transferprodukte bestehen. Grundsätzlich gilt, daß dieser Transfer nur in gleichen Preis- und Qualitätsdimensionen stattfinden kann.

Lösung Aufgabe 7

Die Vorteile eines Imagetransfers liegen darin begründet, daß er einen Markenartikler der Notwendigkeit des Aufbaus einer neuen Marke enthebt. Es brauchen also keine Investitionen in Bekanntheit, Image und Distribution getätigt werden, vielmehr ist ein Imagetransfer als Amortisation der bisherigen Investitionen in eine Marke anzusehen. Imagestransfers können Synergieeffekte generieren. Die positiven Assoziationen, die der Konsument mit einer vertrauten Marke verbindet, können ohne großen Aufwand auf ein anderes Produkt übertragen werden. Schlüsselinformationen wie Preis und Qualität werden auch mit dem neuen Produkt assoziiert. Bei der Neueinführung eines Produktes kann somit das Risiko eines Flops reduziert werden, weil der Konsument das Kaufrisiko durch die Bedeutungsinhalte, die er mit der Marke verbindet, einschätzen kann.

Ein weiterer Vorteil kann darin gesehen werden, daß durch gezielte Imagetransfers bestimmte Imagefacetten der Muttermarke ausgebaut bzw. abgesichert werden können.

Lösung Aufgabe 8

Die Vorgehensweise bei einer Imageanalyse ist ähnlich wie bei der Erstellung einer Positionierung. Auch hierfür kann nur eine Lösungsskizze aufgezeigt werden, die für den konkreten Einzelfall spezifiziert werden muß. Ausgangspunkt ist die Analyse des Ist-Images. Als Instrument eignet sich dafür das Semantische Differential. Dafür ist es wichtig, aussagefähige Eigenschaften polar zu fassen, die in der Lage sind, Imagedefizite aufzuzeigen. Zunächst ist die Zielgruppe festzulegen: Bei wem soll das Image erhoben werden? Bei den Einwohnern der Stadt, bei den Jugendlichen, bei Arbeitnehmern, bei den Nutzern von Dienstleistungen, bei potentiellen Besuchern oder Investoren, um nur einige zu nennen.

Dem Ist-Image ist ein Soll-Image gegenüberzustellen, um einen Bewertungsmaßstab zu haben, der aufzeigt, ob die vermeintlichen Defizite auch tatsächliche Defizite sind. Die Auswertung der Befragungsergebnisse kann mit statistischen Verfahren wie z.B. SPSS durchgeführt werden.

Lösungen zu Kapitel 4: Werbekonzeption

Lösung Aufgabe 1

Mit Sortimentswerbung werden mehrere Angebote eines Unternehmens herausgestellt. Eine Möglichkeit dazu besteht darin, alle Angebote gleichzeitig zu bewerben, z.B. in Form von Multipicture-Anzeigen. Eine andere Möglichkeit besteht in der exemplarischen Herausstellung eines Angebotes. Ferner können alle Angebote rotierend beworben werden.

Alle Möglichkeiten haben Vor- und Nachteile. Multipicture-Anzeigen ermöglichen es, die gesamte Leistungsbreite des Angebotes vorzustellen, allerdings zu Lasten einer detaillierten Vorstellung der einzelnen Angebote. Die beispielhafte Hervorhebung eines Angebotes ist vor allem dann sinnvoll, wenn dieses Angebot ein weitgehend homogenes Gesamtangebot repräsentiert. Ist der Rest des Sortimentes heterogen, besteht die Gefahr, daß die Leistungsfähigkeit des Unternehmens nicht ausreichend abgebildet wird. Die Rotationslösung kombiniert die Vorteile der beiden anderen Möglichkeiten, allerdings besteht die Gefahr, daß das einzelne Motiv aufgrund zu geringer Wiederholungen nicht ausreichend gelernt werden kann und die Kampagne hohe Produktionskosten benötigt.

Lösung Aufgabe 2

Soziodemographische Zielgruppenbeschreibungen basieren i.d.R. zumindest auf der Kombination von Alter und Einkommen, häufig ergänzt durch das Merkmal Haushaltsgröße. Die Haushaltsgröße ist ein sinnvolles Merkmal zur Segmentierung in große und kleine Autos, in Familienvans und Sportwagen.

Nur in Einzelfällen ermöglicht das Geschlecht als soziodemographisches Merkmal eine sinnvolle relevante Zielgruppenbeschreibung in der Automobilbranche. So werden beispielsweise bestimmte Kleinwagen und Cabrios als typische Frauenautos angesehen. Aber auch hier erfolgt vermutlich eine Kombination mit den Merkmalen Alter und Einkommen. Zwar sind für Frauen im Einzelfall möglicherweise andere Kriterien bei einem Auto wichtig als für Männer. Sie legen vielleicht weniger Wert auf PS und Geschwindigkeit und dafür mehr auf Sicherheit (für die Kinder), Wendigkeit beim Einparken und geringe Ladungshöhe im Kofferraum. Aber auch diese Kriterien sind vermutlich abhängig von z.B. der Berufstätigkeit der Frau.

Eine sinnvolle Übung ist es, von Anzeigen auf die anvisierte Zielgruppe zu schließen. Dabei liefert die Zeitschrift, in der die Anzeige geschaltet wurde, bereits deutliche Hinweise auf die Zielgruppe.

Bei Autos ist in besonderem Maße jedoch auch zu berücksichtigen, daß es wie kaum ein anderes Produkt eine Außenwirkung hat. Insofern können Statusambitionen oder Wirtschaftlichkeitsüberlegungen soziodemographische Merkmale wie das Einkommen überlagern.

Lösung Aufgabe 3

Die Copy-Strategy könnte wie folgt lauten:
Benefit: Bei Condor fängt die Erholung schon während des Fluges an.
Reason Why: 40 Jahre Condor zeigt Erfahrung, Seriosität und Beständigkeit.
Zielgruppe: Alle Urlauber, denen vor allem Erholung wichtig ist.
Tonality: Ruhig, entspannt, kompetent, Ferienstimmung.

Lösung Aufgabe 4

Die Konzeption für Investitionsgüterwerbung wird maßgeblich durch den Kaufentscheidungsprozeß der Zielgruppe bestimmt. Dieser erfolgt üblicherweise als Gruppenentscheidung im Hinblick auf eine maßgeschneiderte Problemlösung und ist somit von einem hohen Maß an Rationalität bestimmt. Werbung für Investitionsgüter unterscheidet sich von Konsumgüterwerbung einerseits durch einen hohen Informationsgehalt und andererseits durch die einzusetzenden Werbemittel, die dem Informationsbeschaffungsverhalten der Zielgruppe Rechnung tragen müssen. Schwerpunktmäßig kommen hierfür Messen, Prospekte, Anzeigen in Fachzeitschriften und das persönliche Gespräch in Frage. Da die Auswahlentscheidung sowohl durch Produkt- als auch durch Imageaspekte des Herstellers beeinflußt wird, zielen kommunikative Maßnahmen für Investitionsgüter immer gleichzeitig auf Informations- und Imagewirkungen.

Die Besonderheit bei der Werbung für Handelsbetriebe ist vor allem im Werbeobjekt begründet: Da die von den Handelsorganisationen vertriebenen Produkte weitgehend identisch sind, ist Handelswerbung vor allem auf eine Einkaufsstättenprofilierung ausgerichtet. Neben der klassischen Werbung werden vom Handel als weitere kommunikationspolitische Maßnahmen vor allem die Präsentations- und, als Gegenstück zur Verkaufsförderung der Industrie, die Sonderangebotspolitik eingesetzt.

Lösung Aufgabe 5

Die Unterscheidung in Brutto- und Netto-Reichweiten ist immer dann relevant, wenn eine Anzeige bzw. ein Spot mehrfach geschaltet wird. Da je nach Regelmäßigkeit der Leser- bzw. Seherschaft bei den einzelnen Schaltungen nicht immer genau die gleichen Personen erreicht werden, ergibt sich aufgrund der Überschneidungen ein Unterschied zwischen der Brutto- und der Netto-Reichweite. Da es erhebungstechnisch praktisch nicht möglich ist, festzustellen, welche Personen im Kampagnenzeitraum das Werbemittel parallel in den verschiedenen Medien bzw. in allen Ausgaben des gleichen Mediums gesehen haben, ist die Netto-Reichweite zwangsläufig ein Konstrukt, das auf Wahrscheinlichkeiten beruht. Die Netto-Reichweiten lassen sich nur mittels spezieller EDV-Programme ermitteln. Während beim Fernsehen das GfK-Meter personenindividuelle Nutzungsdaten erhebt, wird bei den Printmedien der Werbeträgerkontakt mit der Werbemittelkontaktchance gleichgesetzt, wodurch die Reichweitenwerte, bezogen auf das Werbemittel, ein weiteres Mal zu relativieren sind.

Lösung Aufgabe 6

Der TKP errechnet sich nach der Formel:

$$\text{TKP} = \frac{\text{Kosten}}{\text{Reichweite}} \times 1.000.$$

Um die Frage zu beantworten, ist die Gleichung nach den Kosten aufzulösen, also:

$$\text{Kosten} = \frac{\text{TKP x Reichweite}}{1.000} = \frac{30 \times 1.500.000}{1.000} = 45.000 \text{ DM.}$$

Wenn tatsächlich jedoch nur ein Drittel der geplanten Reichweite erzielt wird, ist der TKP dreimal so hoch wie geplant, er beträgt also 90 DM. Rechnerisch:

$$\text{TKP}_{\text{effektiv}} = \frac{45.000}{500.000} \times 1.000 = 90.$$

Lösung Aufgabe 7

Die unterschiedlichen Nutzungsintensitäten von Zeitschriften beeinflussen über einen Kampagnenzeitraum die Entwicklung der Netto-Reichweite entscheidend. Je regelmäßiger die Nutzerschaft einer Zeitschrift ist, desto größer ist bei mehreren Ausgaben die interne Überschneidung, d.h. es werden überwiegend dieselben Personen erreicht. In diesem Fall sind die Reichweitenzuwächse bei jeder neuen Schaltung gering, weil nur wenige neue Leser hinzukommen. Während bei hoher regelmäßiger Nutzerschaft (anders ausgedrückt: bei geringer Fluktuation der Leserschaft) einer Zeitschrift die Reichweitenkumulation also nur gering ist, verhält es sich mit dem Aufbau der Kontakte umgekehrt: Zwar bleibt die Netto-Reichweite weitgehend konstant, aber die Kontakte werden maximiert.

Bei sehr unregelmäßigen Nutzerschaften einer Zeitschrift (bei hoher Fluktuation) sind die Auswirkungen auf Netto-Reichweiten und Kontakte hingegen genau entgegengesetzt: Die Netto-Reichweite kumuliert sich hier deutlich höher und die Kontakte kumulieren deutlich geringer. Aufgrund des unterschiedlichen Kumulationsverhaltens von regelmäßigen und unregelmäßigen Leserschaften kann in der Mediaplanung also entweder die Kontaktzahl oder die Netto-Reichweite forciert werden.

Aus dieser Überlegung heraus wird auch klar, warum im Zeitschriftenbereich die Unterscheidung in Abonnements- und Kaufzeitungen in der Mediaplanung relevant ist. Abonnementszeitungen sind üblicherweise durch eine sehr viel regelmäßigere Leserschaft gekennzeichnet als Kaufzeitungen.

Lösung Aufgabe 8

Vorsicht, Fangfrage! Natürlich erhalten Sie genau 1 OTS.

Lösung Aufgabe 9

Üblicherweise werden Mediapläne auf Basis des TKP, der Nettoreichweite und der Affinität beurteilt. Für die Zielgruppen werden nach diesen Leistungswerten Rangreihen gebildet, die aufzeigen, wie gut sich einzelne Werbeträger für eine Schaltung eignen. Da sich für jeden Leistungswert eine andere Rangfolge ergibt, muß der Mediaplaner Prioritäten setzen, welche Werbeträger für die Schaltung empfohlen werden sollen. So kann ein Werbeträger, der unter Wirtschaftlichkeitsaspekten (TKP) ganz vorne in der Rangfolge steht, unter Affinitäts- oder Reichweitenaspekten u.U. sehr viel schlechtere Plazierungen einnehmen. Die endgültige Mediaempfehlung ergibt sich aus einem Abwägen der Plazierungen aller drei Leistungswerte.

Lösung Aufgabe 10

Mit dem Werbecontrolling wird versucht, Abweichungen von den angestrebten Werbezielen rechtzeitig zu erkennen und Werbung auf ihrer Wirkungsebene planbar und steuerbar zu gestalten. Werbecontrolling und Werbekonzeption lassen sich als zwei Seiten ein und derselben Medaille auffassen. Das Werbecontrolling betrachtet also die konzeptionellen Größen der Werbung in ihrer Doppelfunktion als Richtschnur und als Maßstab. Die Werbekonzeption ist sowohl die planerische Vorwegnahme der Werbung, als gleichzeitig auch Kontrollinstrument zur Beurteilung der einzelnen Umsetzungsphasen. Jeder Teilbereich der Werbekonzeption ist vom Werbecontrolling kritisch zu hinterfragen und jeder Umsetzungsschritt dahingehend zu überprüfen, inwieweit er mit der Konzeption übereinstimmt. Da sich einzelne Teilbereiche der Konzeption einer Quantifizierung entziehen (insbesondere Werbestrategie und Copy Strategy), muß eine qualitative Überprüfung erfolgen, bei der immer der Blickwinkel aus der Sicht der Zielgruppe einzunehmen ist.

In seiner strategischen Ausprägung geht das Werbecontrolling allerdings noch über die Werbekonzeption hinaus. Das Werbecontrolling überprüft auch die der Konzeption strategisch vorgelagerten Bereiche, also deren Stimmigkeit mit der Positionierung und den Marketing- und Unternehmenszielen. Damit kann das Werbecontrolling auch zu einer grundlegenden strategischen Neuausrichtung führen.

Lösungen zu Kapitel 5: Public Relations

Lösung Aufgabe 1

Die Unterschiede zwischen Werbung und PR resultieren vor allem aus den unterschiedlichen Zielgruppen. Werbung richtet sich an alle aktuellen und potentiellen Käufer, PR in erster Linie an Meinungsbildner wie Journalisten und Politiker. Zwar zielen sowohl Werbung als auch PR auf die Beeinflussung von Einstellungen, allerdings erfolgt dies bei der PR durch den Austausch von Argumenten. Während Werbung i.d.R. eine Einwegkommunikation ohne Rückkoppelung vom Empfänger zum Sender ist, erfolgt PR dialogorientiert. Der Argumentationsstil muß bei der PR entsprechend rationaler sein, die Vermittlung emotionaler Erlebniswelten wie bei der Werbung ist nicht Gegenstand der PR.

Lösung Aufgabe 2

Es kann hier nur ein kurzer Abriß über mögliche Maßnahmen und Szenarien gegeben werden. Andere Möglichkeiten könnten in Gruppen erarbeitet werden.

Als erstes ist sicherzustellen, daß alle Abteilungen des Flughafens und die übrigen Flughäfen des Landes informiert sind. Sollten die Medien über den Streik noch nicht informiert sein, so ist dies nachzuholen.

Es ist davon auszugehen, daß die ankommenden Urlauber die Informationsstände belagern werden und Auskunft über den weiteren Ablauf verlangen. Sie richten eine zentrale Informationsstelle ein, die von allen Abteilungen sofort über den aktuellen Stand informiert wird und die diese Informationen an alle betroffenen Abteilungen weitergibt. Für jeden einzelnen Flug muß eine Lösung gefunden werden. Die voraussichtlichen neuen Abflugzeiten sollten ungefähr bestimmt werden.

Sie versuchen freie Kapazitäten von anderen Fluggesellschaften zu beschaffen. Zunächst bei allen europäischen, westasiatischen und nordafrikanischen. Sollte sich der Streik weiter ausdehnen, ist weltweit zu akquirieren. Unterrichten Sie auch die Botschaften der wichtigsten Urlauberländer und bitten Sie um Unterstützung bei der Kapazitätsbeschaffung. Sie buchen darüber hinaus alle verfügbaren Busse, Restaurants und Hotels, um den Urlaubern Stadtrundfahrten anbieten zu können und gegebenenfalls Verpflegungs- und Übernachtungsmöglichkeiten. Sicherheitshalber versetzen Sie die Sanitätsstelle in Alarmbereitschaft und informieren auch die umliegenden Krankenhäuser, falls die Urlauber ärztliche Versorgung benötigen.

Die ständige Präsenz eines Ansprechpartners ist wichtig. Für jede Touristengruppe wird ein Mitarbeiter abgestellt, der als Auskunftsperson zur Verfügung steht und der die Gruppen in die Busse und Hotels führt. Für die Wartezeit werden alle Warteräume mit Erfrischungsgetränken, Kaffee und kleinen Snacks versorgt.

Es ist dafür Sorge zu tragen, daß auch die Zielflughäfen über den jeweiligen Stand der Lage und die voraussichtlichen Ankunftszeiten informiert werden. Für den Fall, daß dort ein weiteres Fortkommen nicht gewährleistet ist, sind auch hier Hotelkapazitäten zu buchen.

Die Lage könnte sich verschlimmern, wenn z.B. aufgrund der Hochsaison Busse, Restaurants und Hotels ausgebucht sind. Für den Fall ist die Versorgung auf dem Flughafen vorzubereiten.

Die Situation könnte eskalieren, wenn sich die Fluglotsen mit den Piloten solidarisch erklären und sich dem Streik anschließen. Dann wären überhaupt keine Starts und Landungen mehr möglich. In diesem Fall könnten Sie versuchen, die Fluglotsen des Militärs um Unterstützung zu bitten.

Lösungen zu Kapitel 6: Werbeträger

Lösung Aufgabe 1

Die IVW stellt über die ihr angeschlossenen Institutionen die Verbreitung von Werbeträgern fest. Für die Werbeträger Zeitungen, Zeitschriften, Adreß- und Handbücher werden die Auflagen ermittelt, für Tageszeitungen darüber hinaus noch deren regionale Verbreitung. Im Bereich der Außenwerbung werden die Werbemöglichkeiten auf Plakaten und an und in Verkehrsmitteln, für Kinos die Besucherzahlen ermittelt. Bei den elektronischen Medien wird die Ausstrahlung der Werbespots überwacht bzw. die Auflagen der Datenträger erhoben. Ferner die Zugriffe auf die Angebote von Online-Werbetreibenden.

Lösung Aufgabe 2

Während das ZAW auf tatsächliche Werbeinvestitionen seiner Mitglieder zurückgreifen kann und Nettowerbeumsätze ausweist, ermittelt Nielsen/S+P durch Beobachtung die geschaltete Werbung in den Werbeträgern Presse, Hörfunk und Fernsehen und rechnet die Werbeumsätze an Hand von Tarifunterlagen zu Bruttozahlen hoch. Die jeweiligen Zahlen sind also nicht miteinander vergleichbar. Allerdings erhebt Nielsen/S+P die Werbeinvestitionen von einzelnen Werbetreibenden und nach Branchen, im Gegensatz zum ZAW, das nur Werbeträgerkategorien ausweist.

Lösung Aufgabe 3

Informationen über die Verbreitung von Werbeträgern sind notwendig, um deren technische Reichweite bzw. das Nutzerpotential einschätzen zu können. Entsprechende Daten liefert die IVW (vgl. S. 275), die GEZ und die Deutsche Telekom.
Für den Werbetreibenden ist es aber vor allem auch wichtig zu wissen, wieviele Personen mit welchen soziodemographischen Merkmalen tatsächlich und wie oft von einem Werbeträger erreicht werden. Diese Strukturdaten der Mediennutzer liefert einerseits die MA, vor allem für den Printbereich (vgl. S. 277 f.) und das GfK-Meter für das Fernsehen (vgl. S. 279).

Neben der MA stehen weitere Markt-Media-Studien zur Verfügung, die die Mediennutzung mit einer Reihe weiterer Kriterien kombinieren, wie die AWA, VA, TdW oder die Brigitte Kommunikationsanalyse.

Neben dem GfK-Meter erhebt auch das Nielsen Single-Source-Panel Fernsehnutzungsdaten, kombiniert mit Daten zum Einkaufsverhalten.

Lösung Aufgabe 4

Für die Mediaplanung sind die Strukturdaten der Mediennutzer wichtig, also Aussagen darüber, welche und wieviele Personen von den einzelnen Werbeträgern erreicht werden. Planungsgrundlage ist für den Printbereich die MA, die Leserschaften und für das Fernsehen das GfK-Meter, das Seherschaften ermittelt. Die

MA-Daten basieren auf einer repräsentativen Befragung über das Mediennutzungsverhalten. Das GfK-Meter ermittelt die tatsächliche Nutzung des Mediums Fernsehen der Panelmitglieder. Die jeweils erhobenen Daten haben grundsätzlich unterschiedliche Qualitäten. Während für den Printbereich Werbeträgerkontakte ermittelt werden, die mit Werbemittel-Kontaktchancen gleichgesetzt werden, stehen für das Fernsehen personenbezogene Nutzungsdaten zur Verfügung. Für die Fernsehwerbung läßt sich also mit großer Genauigkeit ermitteln, von wievielen Personen mit welchen soziodemographischen Merkmalen sie gesehen wurde. Für Werbung in Printmedien sind diese Angaben nur auf Basis von Wahrscheinlichkeiten möglich.

Lösung Aufgabe 5

Die Unterscheidung in Abonnements- und Kaufzeitungen ist relevant im Hinblick auf die Regelmäßigkeit der Leserschaften. Bei Abonnementszeitungen ist von sehr regelmäßigen Lesern auszugehen, hingegen werden Kaufzeitungen tendenziell eher unregelmäßig von den gleichen Personen gelesen. Die Fluktuation in der Leserschaft von Abonnementszeitungen ist also geringer als die bei den Kaufzeitungen, insofern generiert eine Kampagne in Abonnementszeitungen höhere Kontaktkumulationen und geringere Netto-Reichweiten als in Kaufzeitungen, bei denen die Verhältnisse umgekehrt sind.

Lösung Aufgabe 6

Die Einteilung in programminterne und programmexterne Werbeformen trägt der Tatsache Rechnung, daß sich Erscheinungsformen von Fernsehwerbung etabliert haben, die nicht mehr eindeutig als Werbung zu erkennen sind. Als programmexterne Werbung wird die klassische Spot-Werbung bezeichnet, die innerhalb von Werbeblocks gesendet wird und daher vom Zuschauer eindeutig als Werbung identifiziert werden kann. Da diese Tatsache jedoch auch die Werbeflucht erleichtert, haben Fernsehsender und Werbetreibende nach alternativen Werbeformen gesucht, die einerseits eine Werbeflucht nicht zulassen und andererseits eine werbliche Alleinstellung ermöglichen. Daher haben sich seit einigen Jahren programminterne Werbeformen etabliert, bei denen eine Trennung von Programm und Werbung nicht mehr gegeben ist, der Zuschauer sich also nicht der Werbung entziehen kann. Als programminterne Werbeformen sind z.B. Sponsoring, Product Placement und Merchandising zu bezeichnen. Da diese Werbeformen geeignet sind, den Trennungsgrundsatz aufzuheben, sind konkrete Umsetzungen im Einzelfall als rundfunkrechtlich bedenklich einzustufen.

Lösung Aufgabe 7

Der Trennungsgrundsatz soll die Glaubwürdigkeit der Berichterstattung in den Medien und die Informationsfreiheit sicherstellen. Der Zuschauer muß in die Lage versetzt werden, Redaktion und Werbung eindeutig unterscheiden zu können. Der Trennungsgrundsatz wird in der Praxis realisiert durch die Kennzeichnungspflicht für Werbung und das Gebot der Blockwerbung, das auch dem Beeinflussungsverbot Rechnung trägt. Trennungsgrundsatz und Kennzeichnungspflicht können jedoch insbesondere durch programminterne Werbeformen unterlaufen werden (vgl. Lösung Aufgabe 5). Unter dem Aspekt des Beeinflussungsverbotes erscheinen bestimmte Formen des Programm-Sponsoring, wie das Titelsponsoring, als rechtlich bedenklich, ebenso das Programmbartering (vgl. Kapitel 8.5.1). Das Verbot der Irreführung und der Beeinflussung dient ebenfalls dem Verbraucherschutz.

Lösung Aufgabe 8

Da sich private Fernsehanbieter ausschließlich durch die Werbung finanzieren, im Gegensatz zu den öffentlich-rechtlichen Sendern, denen zusätzlich die Fernsehgebühren zufließen, wurden ihnen weitergehende Werbemöglichkeiten eingeräumt. ARD und ZDF dürfen nur an Werktagen jeweils 20 Minuten vor 20:00 Uhr werben. Den Privaten sind 20% ihrer täglichen Sendezeit für Werbung erlaubt, für Werbespots 15%, das auch an Sonn- und Feiertagen. Teleshopping ist den öffentlich-rechtlichen Sendern im Gegensatz zu den privaten nicht erlaubt.

Lösung Aufgabe 9

Das Fernsehen ist ein Breitenmedium, das praktisch alle Zielgruppensegmente erreicht. Der Hauptvorteil der Fernsehwerbung liegt in der multisensorischen Darbietung, die sowohl visuelle als auch akustische Wirkungspotentiale beinhaltet. Produkteigenschaften lassen sich demonstrieren und dramatisieren, insbesondere können Erlebniswelten emotional vermittelt werden. Bekanntheit läßt sich relativ kurzfristig aufbauen.

Der Nachteil liegt vor allem in der Tatsache begründet, daß das Fernsehen zunehmend zu einem Nebenbeimedium wird, das Werbeflucht durch Nebenbeschäftigungen und Zapping ermöglicht. Dadurch und durch die Werbeüberflutung in diesem Medium, wird die Effizienz seiner Wirksamkeit beeinträchtigt. Eine Zielgruppenselektion ist nur eingeschränkt möglich, die Möglichkeit zu einem Konkurrenzausschluß ist nicht gegeben.

Lösung Aufgabe 10

In den Printmedien ist der Kontakt ein relativ schwacher Medialeistungswert, weil er nur den Werbeträger und nicht das Werbemittel mißt. Hingegen ermöglicht der G-Wert die Messung der Erinnerungswirkung eines Plakates. Er bewertet somit ein Werbewirkungskriterium. Zwar weist die Methode zur Ermittlung des G-Wertes einige Mängel auf, immerhin ermöglicht der G-Wert aber eine Vergleichbarkeit von Plakatanschlagstellen.

Lösung Aufgabe 11

Als Medialeistungswerte werden üblicherweise Reichweiten und Kontakte herangezogen. Fernsehen ist das klassische Massenmedium, eine Zielgruppenselektion ist hier nur eingeschränkt möglich. Das Fernsehen eignet sich vor allem für die Zielgruppe Gesamtbevölkerung, in der es hohe Reichweiten und Kontakte generiert. Hingegen ist das Kino ein Zielgruppenmedium, das hohe Reichweiten vor allem in der jüngeren Zielgruppe erreicht. Die geringe Gesamtreichweite kann das Kino jedoch durch eine hohe Kontaktqualität kompensieren. Publikumszeitschriften sind differenzierter zu betrachten. General-Interest-Titel richten sich an die Zielgruppe Gesamtbevölkerung, sind also keine Zielgruppenmedien. Zielgruppen- und insbesondere Special-Interest-Titel erreichen hingegen mit zum Teil nur geringen Auflagen hohe Reichweiten in soziodemographisch und nach Interessenschwerpunkten definierten Zielgruppen.

Lösung Aufgabe 12

Naheliegenderweise kommen für eine Bäckerei nur lokale Medien in Frage. Die Empfehlung würde also für örtliche Tages- und Wochenzeitungen und/oder gegebenenfalls Anzeigenblätter lauten. Weitere Möglichkeiten könnten im lokalen Hörfunk liegen. Neben den klassischen Werbemedien ist natürlich auch an die Verteilung von Handzetteln zu denken.

Lösung Aufgabe 13

Mittels einer auf den Servern der Online-Anbieter installierten Software erhebt die IVW Page mpressions und Visits, die sich als Kernwährungen zur Erfassung der Medialeistungswerte von Online-Medien in Deutschland etabliert haben. Visits messen den Werbeträgerkontakt, PageImpressions darüber hinaus auch Aktionen innerhalb eines Angebots. Mit der PI/V-Ratio läßt sich erfassen, wieviele Aktionen beim Besuch eines Online-Angebotes im Durchschnitt ausgeführt wurden. Mit den AdImpressions wird die Werbemittelleistung gemessen, beispielsweise die Abrufzahlen von Bannerwerbung.

Lösungen zu Kapitel 7: Internationale Werbung

Lösung Aufgabe 1

Will ein Unternehmen seine Produkte auch außerhalb der bisherigen nationalen Grenzen vertreiben, so stellt sich die Frage , inwieweit eine Standardisierung oder eine Differenzierung des Marketing-Mix erfolgen soll.

Standardisierung bedeutet, daß in allen Ländern die identische Marketing-Konzeption verfolgt wird. Bei dieser Strategie wird unterstellt, daß die Verbraucher in allen Ländern die gleichen Bedürfnisse haben, und überall in gleicher Weise angesprochen werden können. Ziel ist es hierbei, von globalen economies of scale zu profitieren.

Bei der Strategie der Differenzierung erfolgt eine voneinander unabhängige Bearbeitung mehrerer Länder. Ziel ist es hier, den jeweiligen Marktbedingungen bestmöglich zu entsprechen.

Lösung Aufgabe 2

Notwendige Voraussetzung für eine Weltmarke ist zunächst einmal ein weltweit einheitlicher Markenname. Weitere Voraussetzung ist eine weltweit einheitliche Positionierung. Die einheitliche Positionierung bedeutet jedoch nicht notwendigerweise auch eine einheitliche Ausgestaltung des Marketing-Mix in allen Ländern. Sprachliche, rechtliche, klimatische, kulturelle, wettbewerbliche, distributorische etc. Faktoren erfordern im Einzelfall entsprechende Anpassungen, ohne daß dies zu einer Veränderung der Positionierung führt. Würde das weltweit identische Marketing-Mix als Kriterium für eine Weltmarke herangezogen, gäbe es praktisch keine.

Lösung Aufgabe 3

Medien-Overspills sind Reichweitenüberhänge in benachbarte Länder, für die der Werbetreibende nicht zu bezahlen braucht. Beispielsweise streuen österreichische Fernsehsender auch nach Deutschland und in die Schweiz hinein, werden auch deutsche Zeitschriften in Österreich vertrieben. Einen Bonus stellen diese Reichweitenüberhänge allerdings nur dann dar, wenn sie einen effektiven Nutzen für den Werbetreibenden haben. Dies ist nur dann der Fall, wenn die beworbenen Produkte/Marken in den entsprechenden Ländern gleich beworben werden und die gleiche Positionierung haben. Ist dies nicht der Fall, kann dies bei den Verbrauchern in den benachbarten Ländern zu Irritationen führen. Beispielsweise hat die Marke *Knorr* in Deutschland, Österreich und der Schweiz unterschiedliche Marktpositionen, Images und Produkte. Die Werbung für ein „Fix für Kaiserschmarrn" würde möglicherweise bei deutschen Verbrauchern auf eine andere Akzeptanz stoßen als bei Verbrauchern in Österreich.

Lösung Aufgabe 4

Grundsätzlich gilt, daß eine Werbekampagne international nur dann standardisierbar ist, wenn in allen Ländern die gleiche Positionierung und die gleiche Copy Strategy umgesetzt werden kann. Dies wiederum setzt voraus, daß der Markenname in allen Ländern aussprechbar und schutzfähig ist und die gleichen Assoziationen weckt (International Branding). Ferner müssen in allen Ländern die gleichen kommunikationsstrategischen Ziele verfolgt werden, die sich vor allem aus den Lebenszyklusphasen der Produkte in den jeweiligen Ländern herleiten.

Darüber hinaus ist in jedem einzelnen Fall zu prüfen, auf welche individuellen Voraussetzungen das beworbene Produkt in den einzelnen Ländern trifft, beispielsweise im Hinblick auf Akzeptanz durch die Verbraucher und die Konkurrenzsituation. Nicht zu unterschätzen ist auch die Frage der Durchsetzungsfähigkeit und Kontrolle einer standardisierten Kampagne innerhalb des eigenen Konzerns.

Lösung Aufgabe 5

Im Zusammenhang mit der Standardisierbarkeit von Werbekampagnen wird eine Einteilung in kulturfreie und kulturgebundene Produkte diskutiert. Demzufolge eigneten sich vorrangig kulturfreie Produkte für eine werbliche Standardisierung, da diese keinen kulturellen Verwendungsmustern unterliegen. Als kulturgebundene Produkte sind vor allem Nahrungsmittel und Dienstleistungen anzusehen, als kulturfrei gelten langlebige Gebrauchsgüter und Investitionsgüter. Es ist allerdings als fraglich anzusehen, ob die Produktverwendung tatsächlich unabhängig vom kulturellen Umfeld gesehen werden kann. Auch wenn die Produkte in verschiedenen Kulturen in gleicher Weise verwendet werden, können sie unterschiedliche Funktionen erfüllen bzw. der Verwendung unterschiedliche Motive zugrunde liegen (vgl. Walkman).

Lösung Aufgabe 6

Grundsätzliche Kommunikationsbarrieren sind Schrift und Sprache, die entsprechende Anpassungen auf jeden Fall notwendig erscheinen lassen, da von ihnen die Verstehbarkeit einer Werbeaussage abhängt. In Europa sind ausländische Produktnamen nichts ungewöhnliches (*Citroën*, *Pampers*). Problematisch kann es bei der Übertragung von Produktnamen in eine neue Schrift werden. Hier muß sichergestellt werden, daß die Laute in der anderen Schrift ähnlich dargestellt werden und daß der Produktname bzw. sein Bedeutungsinhalt nachvollzogen werden kann. Manchmal kann es notwendig werden, daß das Produkt in einem anderen Land einen neuen Namen bekommt (*Pajero* in Spanien). Sprachprobleme lassen sich vielfach nicht einfach durch Übersetzungen lösen. Wenn eine Werbeaussage einen geografischen, landsmannschaftlichen oder kulturellen Bezug hat, Wortspiele oder Doppelbedeutungen nutzt, dann ist sie nur innerhalb enger Grenzen verstehbar. Die Interpretation von Werbeaussagen ist in vielen Fällen stark in kulturelle Umfelder eingebunden.

Lösung Aufgabe 7

Der Country-of-Origin-Effect resultiert aus länderspezifischen Stereotypen. Soweit diese Stereotype international einheitlich sind, lassen sie sich gezielt für eine Vermarktung von (typischen) Produkten dieser Länder einsetzen. Sobald Länderimages positiv für Produktqualitäten und –nutzen stehen, können sie als Grundlage für eine Positionierung genutzt werden (z.B. „Made in Germany", Weine aus Italien). Der Hinweis auf das Herkunftsland kann für diese Produkte also schon ausreichend sein, um sie von Wettbewerbsprodukten aus anderen Ländern zu differenzieren.

Lösungen zu Kapitel 8: Sonderwerbeformen

Lösung Aufgabe 1

Die Vorteile des Sponsoring können im wesentlichen gleichgesetzt werden mit den Nachteilen der Fernsehwerbung. Der kommerzielle Charakter des Sponsoring ist nicht so offensichtlich wie der der Werbung. Da Sponsoring in aufmerksamkeitsstarke Umfelder eingebettet ist, sind die Transferbedingungen der Sponsoring-Botschaften als optimal anzusehen. Daneben ermöglicht Sponsoring einen Konkurrenzausschluß, der bei der Werbung i.d.R. nicht gegeben ist. Ferner bietet Sponsoring eine ungleich größere Vielfalt an Einsatzmöglichkeiten, die kommunikative Alleinstellungen erlauben.

Daneben bieten die einzelnen Sponsoringarten eine Vielzahl von spezifischen Vorteilen. So lassen sich schwierige Zielgruppen wie Studenten beispielsweise über das Wissenschafts-Sponsoring erreichen, die Zigarettenindustrie hat im Sport-Sponsoring (Formel 1) die Möglichkeit zu einem kommunikativen Auftritt im Fernsehen. Mit Sponsoring läßt sich die Kompetenz des Unternehmens und die Leistungsfähigkeit seiner Produkte unter realen Bedingungen demonstrieren. Unabhängig von der Breitenwirkung über die Medien, läßt sich das Sponsoring für die Motivation von Kunden und Lieferanten sowie Mitarbeitern einsetzen. Darüber hinaus bietet es den Unternehmen eine Plattform zur Demonstration sozialer, ökologischer oder kultureller Verantwortung.

Lösung Aufgabe 2

Das Wirkungspotential des Sponsoring hängt in hohem Maße von der Glaubwürdigkeit der Verbindung zwischen Sponsor und Gesponsertem ab. Zwar wird die Sponsoring-Botschaft im Kommunikationsprozeß, wenn überhaupt, nur als nebensächliche Information wahrgenommen. Es liegt in der Natur des Sponsoring, daß komplexe Botschaften nicht übermittelt werden können. Die Wirkungen auf emotionaler Ebene können daher nur mit dem Mechanismus des Imagetransfers hervorgerufen werden. Für einen Imagetransfer ist jedoch Voraussetzung, daß die Beziehung auf nachvollziehbaren Gemeinsamkeiten zwischen Sponsor und Gesponsertem beruht.

Lösung Aufgabe 3

Das Product Placement im engeren Sinn hat natürlich die größten Wirkungspotentiale, da der Markenartikel als solcher erkennbar ist und in einen bewußt ausgewählten Handlungsablauf glaubwürdig integriert werden kann. Beim Generic Placement ist hingegen die Marke nicht erkennbar, daher kann der einzelne Hersteller nur nach Maßgabe seiner Marktstellung von eventuellen Wirkungen profitieren.

Die Wirkungspotentiale des Product Placement müssen allerdings relativiert werden. Zunächst einmal ganz allgemein durch die Tatsache, daß das Product Placement nur die Möglichkeit zu Einmalkontakten bietet. Zwar profitieren die plazierten Produkte von einer zielgerichteten Aufmerksamkeit des Zuschauers, Wiederholungen, die, wie aus den Lerntheorien bekannt ist Lerneffekte unterstützen, sind jedoch nur über spätere Weiterverwertungen des Films möglich. Zum anderen kann ein für den Zuschauer allzu offensichtliches Product Placement bei ihm Reaktanz auslösen, wenn eine vermeintlich werbefreie Zone wie ein Spielfilm erkennbar zur Beeinflussung benutzt wird. Diese Gefahr ist beim Product Placement im engeren Sinn eher gegeben als beim Generic Placement.

Lösung Aufgabe 4

Product Placement ist sowohl unter rundfunk- als auch unter wettbewerbsrechtlichen Aspekten zu betrachten (vgl. im einzelnen S. 484 f.). Allerdings ist nicht automatisch jede Präsentation einer Marke im Fernsehen schon als gesetzwidrig einzustufen. Dies ist nur dann der Fall, wenn das Placement als Schleichwerbung anzusehen ist, was regelmäßig dann unterstellt werden kann, wenn der Hersteller dafür bezahlt hat. Aus journalistischen, programmlichen oder dramaturgischen Gründen kann es durchaus notwendig sein, Marken verbal oder visuell zu präsentieren. Wenn *Daimler-Benz* mit *Chrysler* fusioniert, dann ist dies eine Nachricht, über die die Medien aus journalistischen Gründen berichten und in deren Zusammenhang auch einmal die Produkte dieser Unternehmen gezeigt werden. Eine Abgrenzung zwischen rechtlich zulässigem und unzulässigem Placement ist allerdings nicht immer so einfach.

Lösung Aufgabe 5

Die Möglichkeiten zur Zielgruppenselektion im Direct Marketing werden vor allem dadurch eingegrenzt, ob es sich um Zielgruppen im gewerblichen Bereich (Business-to-Business) oder um Endverbraucher (Business-to-Consumer) handelt. Im gewerblichen Bereich läßt sich sowohl auf interne Datenquellen zurückgreifen, es stehen aber auch eine Reihe von externen Datenquellen zur Verfügung, die allgemein zugänglich sind (Gelbe Seiten, Bezugsquellennachweise usw.), oder es werden Adressen angemietet. Grundsätzlich schwieriger gestaltet sich die Zielgruppenselektion bei Endverbrauchern. Interne Daten beziehen sich i.d.R. nur auf die bestehenden Kunden. Sollen Neukunden akquiriert werden, können die Instrumente der klassischen Werbung genutzt werden (Coupon-Anzeigen, Spots mit der Angabe der Telefonnummer) um Interessenten zur Kontaktaufnahme mit dem Unternehmen zu bewegen. Bestehende Kunden können zu Freundschaftswerbungen motiviert werden. Es können aber auch im Business-to-Consumer-Bereich Adressen angemietet werden, die von den Adreßverlagen beispielsweise über die Methode der Mikrogeographie gewonnen wurden.

Lösung Aufgabe 6

Teleshopping ist Spontankauf, die Kaufentscheidung erfolgt spontan oder gar nicht, ihr geht kein extensiver Kaufentscheidungsprozeß voraus. Die Produkte müssen einen sofortigen Besitzwunsch auslösen können. Produkte die über Teleshopping vertrieben werden dürfen also nicht erklärungsbedürftig sein, sondern müssen ihre Vorteile unmittelbar ins Auge springen lassen. Spontankäufe erfolgen darüber hinaus eher bei geringwertigen Produkten, als Preisobergrenze wird ein Betrag von etwa 50 Euro angesehen.

Lösung Aufgabe 7

Klubmitglieder sind treue Kunden, die eine intensive Bindung an das Unternehmen haben. Da Stammkunden den größten Umsatzanteil haben, sind Kundenclubs vor allem in wettbewerblicher Hinsicht relevant: Je mehr Stammkunden (Klubmitglieder) ein Unternehmen hat, desto besser ist es gegen Nachfrageschwankungen abgesichert.

Der Hauptvorteil von Kundenclubs liegt darin, daß Unternehmen detaillierte Informationen über ihre Stammkunden bekommen, die für die strategische Marketing-Ausrichtung genutzt werden können. Durch den Dialog mit den Klubmitgliedern werden deren Erwartungen gegenüber dem Unternehmen und seinen Marken und Produkten transparent. Kritik kann sofort konstruktiv genutzt, neue Produkte getestet, Fehlentwicklungen frühzeitig erkannt werden.

Lösung Aufgabe 8

Die Unterschiede begründen sich in den grundsätzlich anderen Zielsetzungen und dem darauf abgestimmten Instrumentarium. Verbraucherpromotions haben in erster Linie das Ziel des Hinausverkaufs, während des Aktionszeitraums sollen möglichst große Umsätze mit den Aktionsprodukten getätigt werden. Es soll ein unmittelbarer Einfluß auf die Kaufentscheidung genommen werden, sei es direkt am PoS oder indirekt durch Maßnahmen, die die Verbraucher an die Marke heranführen sollen. Erst in zweiter Linie übernehmen Verbraucherpromotions kommunikationspolitische Aufgaben wie die Herausstellung bestimmter Produkteigenschaften. Handelspromotions zielen auf den Hineinverkauf, der Handel soll für eine zusätzliche Förderung bestimmter Produkte bewegt werden. Außendienstgerichtete Verkaufsförderungsmaßnahmen schließlich sollen Leistungsanreize schaffen bzw. die Verkäufer in ihrem Tagesgeschäft unterstützen.

Lösung Aufgabe 9

Mit dem seit dem 1. April 2000 in Kraft getretenen vierten Rundfunkänderungsstaatsvertrag ist virtuelle Werbung zulässig, unter der Voraussetzung, daß am Anfang und am Ende der betreffenden Sendung darauf hingewiesen wird und durch sie eine am Ort der Übertragung ohnehin bestehende Werbung ersetzt wird (§ 7, 6 RStV).

Digitale Werbung eignet sich vor allem für Product Placement und für Werbung in internationalen Sportübertragungen, bei denen Zielgruppen länderspezifisch angesprochen werden können.

Banden- und Trikotwerbung unterläuft zwar den Trennungsgrundsatz, sie wird jedoch als unvermeidlich hingenommen, Sportereignisse mit diesen Werbeformen werden nicht mehr von der Übertragung im Fernsehen ausgeschlossen. Da virtuelle

Werbung jedoch durch Manipulation des Filmmaterials zustande kommt, ist sie grundsätzlich als vermeidbar anzusehen und damit mit dem Trennungsgrundsatz als unvereinbar. Dennoch hat der Gesetzgeber sie als zulässig erachtet.

Literaturverzeichnis

Aaker, D.A. (1989): Strategisches Markt-Management, Wiesbaden 1989

ACNielsen (2001): Reaching the Billion Dollar Mark, A Review of Today`s Global Brands, www.acnielsen.de

Ajzen, I./Fishbein, M. (1980): Understanding Attitudes and Predicting Social Behavior, Englewood Cliffs, 1980

Albaum, G./Strandskov, J./Duerr, E./Dowel, L. (1995): International Marketing and Export Management, 2nd ed., Harlow et al. 1995

Albaum, G./Strandskov, J./Duerr, E. (2001): Internationales Marketing und Exportmanagement, 3. Aufl., München 2001

Alwitt, L.F./Benet, S.B./Pitts, R.E. (1993): Temporal Aspects of TV-Commercial Influence Viewers Online Evaluation, in: Journal of Advertising Research, Nr. 33 (2) 1993, S. 9-20

Amsinck, M. (1997): Der Sportrechtemarkt in Deutschland, in: Media Perspektiven Nr. 2, 1997, S. 62-72

Andresen, K. (1998): „Da müssen wir was bieten“, in: Der Spiegel Nr. 48, 1998, S. 58-66

Andresen, T./Meermann, A. (1998): Die Musik macht den Umsatz, in: Absatzwirtschaft Nr. 9, 1998, S. 50-57

Auer, M./Kalweit, U./Nüßler, P. (1991): Product Placement, Düsseldorf/Wien/New York 1991

Auto Motor Sport (1999) (Hrsg.): Die besten Autos 1999, Stuttgart 1999

Autorenkollektiv (1969): Handbuch der Werbung, 2. Aufl., Berlin 1969

Backhaus, K. (1997): Industriegütermarketing, 5. Aufl., München 1997

Backhaus, K./Büschken, J./Voeth, M. (1996): Internationales Marketing, Stuttgart 1996

Backhaus, K./Büschken, J./Voeth, M. (1998): Internationales Marketing, 2. Aufl. Stuttgart 1998

Banerjee, A. (1994): Transnational Advertising Development and Management: An Account Planning Approach and a Process Framework, in: International Journal of Advertising, Vol. 13, 1994, S. 95-124

Bänsch, A. (1993): Charakterisierung und Arten von Sales Promotions, in: Berndt, R./Hermanns, A. (Hrsg.): Handbuch Marketing-Kommunikation, Wiesbaden 1993, S. 563-576

Baron, F./Bierach, B./Thelen, F. (1997): Konsum ist lokal, in: Wirtschaftswoche Nr. 10, 1997, S. 130-133

Barth, K. (1993): Kommunikationspolitik der Handelsbetriebe, in: Berndt, R./Hermanns, A. (Hrsg.): Handbuch Marketing-Kommunikation, Wiesbaden 1993, S. 875-894

BDW (1993): Bedeutung, Planung und Durchführung von Events. Erhebungsbericht 1992, Deutscher Kommunikationsverband (BDW), Bonn 1993

Becker, B. (1995): Suppenwürze seit mehr als 100 Jahren, in: Markenartikel Nr. 12, 1995, S. 557-559

Becker, J. (1995): Strategisches Marketing, in: Tietz, B./Köhler, R./Zentes (Hrsg.): Handwörterbuch des Marketing, 2. Aufl., Stuttgart 1995, Spalte 2411-2425

Becker, J. (1998): Marketing-Konzeption, 7. Aufl., München 2001

Behrens, G. (1996): Werbung, München 1996

Behrens, K. (1970): Begrifflich-systematische Grundlagen der Werbung und Erscheinungsformen der Werbung, in: Behrens, K. (Hrsg.): Handbuch der Werbung, Wiesbaden 1970, S. 3-11

Beiersdorf AG (Hrsg.), (1995): Nivea. Evolution of a world famous brand, Hamburg 1995

Bell, J.A. (1992): Creativity, TV-Commercial Popularity and Advertising Expenditures, in: International Journal of Advertising, Nr. 11 (2) 1992, S. 165-172

di Benedetto, C.A./Tamate, M./Chandran, R. (1992): Developing Creative Advertising Strategies for the Japanese Marketplace, in: Journal of Advertising Research, Jan./Feb. 1992, S. 39 ff.

Berekoven, L. (1985): Internationales Marketing, 2. Aufl., Herne/Berlin 1985

Berger, J. u.a. (1974): Sehen. Das Bild der Welt in der Bilderwelt, Reinbek 1974

Bergler, R. (1989): Werbung im Spiegel der Gesellschaft, in: ZAW (Hrsg.): Kulturfaktor Werbung, Bonn 1989, S. 17-52

Berndt, R. (1993): Das Management der Internationalen Kommunikation, in: Berndt, R./Hermanns, A. (Hrsg.): Handbuch Marketing-Kommunikation, Wiesbaden 1993, S. 769-810

Berndt, R. (1993): Product Placement, in: Berndt, R./Hermanns, A. (Hrsg.): Handbuch Marketing-Kommunikation, Wiesbaden 1993, S. 673-694

Berndt, R./Altobelli, C.F./Sander, M. (1995): Internationale Kommunikationspolitik, in: Hermanns, A./Wissmeier, U.K. (Hrsg.): Internationales Marketing-Management, München 1995, S. 176-224

Biedermann, H. (1995): Lufthansa: Mit Rock und Pavarotti zur Zielgruppe, in: Werben & Verkaufen (Hrsg.): Ganz Direkt 1995/96, München 1995, S. 46-48

Birkenbihl, V.F. (1991): Stroh im Kopf?, 11. Aufl., Speyer 1991

Birkigt, K./Stadler, M.M./Funck, H.J. (1994): Corporate Identity, 7. Aufl., Landsberg 1994

Bless, H./Mackie, D.M./Schwarz, N. (1992): Mood Effects on Attitude Judgements: Independent Effects of Mood Before and After Message Elaboration, in: Journal of Personality and Social Psychology, Nr. 63 (4), 1992, S. 585-595

Böll, K. (2001): Licensing: Marketinginstrument und Umsatzkatalysator, in: Böll, K. (Hrsg.): Handbuch Licensing, Frankfurt/M. 2001, S. 27-34

Borscheid, P./Wischermann, C. (Hrsg.) (1995): Bilderwelt des Alltags. Werbung in der Konsumgesellschaft des 19. und 20. Jahrhunderts, Stuttgart 1995

Bottler, S. (1996a): Verbraucher krönen Jacobs, in: Werben & Verkaufen, Nr. 31, 1996, S. 27

Bottler, S. (1996b): Spitzenplatz für lila Versuchung, in: Werben & Verkaufen, Nr. 33, 1996, S. 29

Bottler, S. (1999): Haushaltswerbung, in: Geffken, M. (Hrsg.): Das große Handbuch Werbung, Stuttgart 1999, S. 529-536

Bork, R.: Werbung im Programm, München 1988

Brabeck-Letmathe, P. (1999): Globale Konkurrenz und lokale Differenzierung am Beispiel von Nestlé im Weltmarkt, in: Schmengler, H.J./Fleischer, F.A. (Hrsg.): Marketing Praxis, Jahrbuch 1999, Düsseldorf 1999, S. 66-73

Bradley, F. (1995): International Marketing Strategy, 2nd ed., Hampstead 1995

Brand, H.W. (1995): Unterschwellige Werbung. Neun Thesen, 15. Aufl., Bonn 1995

Braunschweig, C. (1999): Marketing, München 1999

Brockmeyer, D. (1994): Frischer Wind für die Insel, in: Tele Images Nr. 3, 1994, S. 6-15

Bruhn, M. (1997): Kommunikationspolitik, München 1997

Bruhn, M. (1998): Sponsoring, 3. Aufl., Wiesbaden 1998

Bruhn, M./Mehlinger, R. (1994): Rechtliche Gestaltung des Sponsoring, Bd. 2, München 1994

Bruns, J. (1998): Direktmarketing, Ludwigshafen 1998

Buchli, H. (1962): 6000 Jahre Werbung, Bd. 1-3, Berlin 1962

Buchli, H. (1970): Geschichte der Werbung, in: Behrens, K. (Hrsg.): Handbuch der Werbung, Wiesbaden 1970, S. 11-24

Bülow, P. (1991): Product Placement und Freiheit der Kunst, in: WRP – Wettbewerb in Recht und Praxis Nr. 1, 1991, S. 9-11

Cacioppo, J.T./Petty, R.E. (1979): The Effects of Message Repetition and Position on Cognitive Response, Recall, and Persuasion, in: Journal of Personality and Social Psychology, 37, 1979, S. 97–109

Calder, B.J. (1979): When Attitue Follow Behavior: A Self-Perception/Dissonance Interpretation of Low Involvement, in: Maloney, J.C./Silverman, B. (Eds.), Attitude Research Plays for High Stake, Chicago: American Marketing Association, 1979, S. 25-36

Chattopadhay, A./Nedungadi, A. (1992): Does Attitude Toward the Ad Endure? The Moderating Effects of Attention and Delay, in: Journal of Consumer Research, 19, 1992, S. 26-33

Clausewitz, C.v. (1990): Vom Kriege, Reinbek 1990

Cordes, M.: Formel-1-Sponsoring: Weniger ist mehr, in: FAZ-Net: Uptoday Sport Sportbusiness, 01.03.2001

Cronau, R. (1887): Das Buch der Reklame, Heft 1-5, Ulm 1887

Czenskowsky, T./Schünemann, G./Zdrowomyslaw, N. (2002): Grundzüge des Controlling, Gernsbach 2002

Dahlem, P. (1997a): Reif für die Insel, in: Werben & Verkaufen, Nr. 23, 1997, S. 124-127

Dahlem, P. (1997b): Renner statt Penner, in: Werben & Verkaufen Nr. 36, 1997, S. 150-152

Darschin, W./Gerhard, H. (2002): Tendenzen im Zuschauerverhalten, in: Media Perspektiven Nr. 4, 2002, S. 154-165

Dendorfer, R. (2002): Direktmarketing und Recht, in: Steckler, B./Pepels, W. (Hrsg.): Handbuch für Rechtsfragen im Unternehmen, Band I: Marketingrecht, Herne/Berlin 2002, S. 249-278

Dettmer, H./Hausmann, T./Kloss, I. u.a. (1999): Tourismus-Marketing-Management, München 1999

Deutscher Direktmarketing Verband/Deutsche Post (1996): Wirtschaftsfaktor Direktmarketing 1995, Frankfurt/M. 1996

Deutscher Fremdenverkehrsverband e. V. (DFV) (Hrsg.) (1997): Sponsoring im deutschen Fremdenverkehr, Bonn 1997

Deutsches Werbemuseum (Hrsg.) (1990): Spurensicherung. 40 Jahre Werbung in der DDR, Frankfurt/M. 1990

Deutsches Werbemuseum (Hrsg.) (1995): 1945 bis 1995, 50 Jahre Werbung in Deutschland, 2. Aufl., Frankfurt/M. 1995

Diekhof, R. (1995): Feuer und Eis von den Bundesrichtern, in: Werben & Verkaufen Nr. 49, 1995, S. 82-84

Diekhof, R. (1996): Der Kunde wird zum Maß aller Dinge, in: Werben & Verkaufen Nr. 42, 1996, S. 198-202

Diller, H. (1997): Was leisten Kundenclubs?, in: Marketing ZFP Nr. 1, 1997, S. 33-41

Dingler, R. (1997): Core Values ein Roulettespiel?, in: Absatzwirtschaft, Sondernummer Okt. 1997, S. 160-164

Dohmen, J. (1993): Planung von Werbemaßnahmen, in: Autorenteam: Werbung, 5. Aufl., Landsberg 1993, S.111-146

Domizlaff, H. (1992): Die Gewinnung des öffentlichen Vertrauens, Neuausgabe Hamburg 1992

Dörfler, G. (1993): Product Placement im Fernsehen - unlautere Werbung oder denkbare Finanzierungsquelle im dualen Rundfunksystem?, Frankfurt/M. 1993

Drees, N. (1993): Sportsponsoring, 3. Aufl., Wiesbaden 1993

Efthimiou, A. (1997): Bei Anruf Chaos..., in: Direkt Marketing Nr. 2, 1997, S. 10-12

Eichmeier, D. (1997): Die Banner sind in Bewegung, in: Werben & Verkaufen, Nr. 9, 1997, S. 72-77

Engel, D. (1999): Europa auf der Couch, in: Tele Images Nr. 1, 1999, S. 50-56

Enzenauer, M./Jansen, S. (1999): Adreß- und Telefonbücher, in: Reiter, W.M. (Hrsg.): Werbeträger. Handbuch für den Werbeträgereinsatz, 9. Aufl., Frankfurt/M. 1999, S.219-230

Falkowski, B-J./Kloss, I. (2000): Ist Werbewirkung prognostizierbar? in: Marketing Journal Nr. 4, 2000, S. 216-221

Feldmeier, S. (1997): Bruce Lees Verhältnis zum Toyota-Affen, in: Werben & Verkaufen Nr. 11, 1997, S. 126-127

Feldwick, P. (1995): Warum Werbewirkung messen?, in: Planung und Analyse Nr. 5, 1995, S. 43-51

Felser, G.(1997): Werbe- und Konsumentenpsychologie, Stuttgart 1997

Festinger, L. (1964): Behavioral Support for Opinion Change, in: Public Opinion Quarterly 1964, Vol. XXVII, No. 3, S. 404-417

Fishbein, M. (1967): A Behavior Theory Approach to the Relations Between Beliefs About an Object and the Attitude Towards the Object, in: Fishbein, M. (Ed.), Readings in Attitude Theory and Measurement, New York, 1967, S. 389 ff

Fisher Gardial, S./Schumann, D.S./Pethus, E. et al. (1993): Processing and Retrieval of Interferences and Descriptive Advertising Information: The Effects of Message Elaboration, in: Journal of Advertising Nr. 22, (1), 1993, S. 25–33

Forgas, J.P. (1994): Soziale Interaktion und Kommunikation, 2. Aufl., Weinheim 1994

FORSA Studie, Die Trends im deutschen Fernsehen, Berlin, 26.02.1999

Forster, T. (1996): Die Black-Box als Besucherfalle, in: Werben & Verkaufen Nr. 44, 1996, S. 18-19

Franke, D. (1998): Was fasziniert Konsumenten?, in: Absatzwirtschaft, Nr. 1, 1998, S. 74-81

Frey, U.D. (1993): Das Management von Sales Promotions, in: Berndt, R./ Hermanns, A. (Hrsg.): Handbuch Marketing-Kommunikation, Wiesbaden 1993, S. 579-592

Freyer, W. (1995): Tourismus. Einführung in die Fremdenverkehrsökonomie, München 1995

Fuchs, W.A. (1995): Pro und contra standardisierter transkultureller Werbung, in: Markenartikel Nr. 9, 1995, S. 432-435

Gäb, H.W. (1998): „Sklaven nützen uns nichts“, Interview mit H.W. Gäb im Spiegel Nr. 32, 1998, S. 94-95

Gardner, M.P./Raj, S.P. (1983): Responses to Commercials in Laboratory versus Natural Settings, in: Bagozzi, R.P./Tybout, A.M. (Eds.): Advances in Consumer Research (Vol. X) 1983, S. 142-146

Geschuhn, A. (1997): Ohne Event läuft nichts mehr, in: Süddeutsche Zeitung, Nr. 162, 17.07.1997, S. 33

GfK (1981), (Hrsg.): Ein neues, realitätsgerechteres Modell zur Beobachtung und Positionsbewertung von Marken, Nürnberg 1981

GfK (1998), (Hrsg.): Fernsehzuschauerforschung in Deutschland, Nürnberg 1998

GfK (o.J.), (Hrsg.): Euro-Socio Styles, Nürnberg, o.J.

Glasenapp, H.v. (1991): Die fünf Weltreligionen, Gütersloh 1991

Gleich, U. (1998): Werbung im Internet - Gestaltung und Wahrnehmung, in: Media Perspektiven Nr. 7, 1998, S. 367-372

Gleich, U. (1999): Über 50jährige als Zielgruppe für Marketing und Werbung, in: Media Perspektiven Nr. 6, 1999, S. 301-311

Goldhammer, K./Fölsch, F. (2002):Werbung goes Online: Werbestrategien im Internet, in: Mattenklott, A./Schimansky, A. (Hrsg.): Werbung. Strategien und Konzepte für die Zukunft, München 2002, S. 262-305

Gotor Schäffer, M. (1996): Wenn die Datenbank das Gedächtnis ersetzt..., in: Direkt Marketing, Feb. 1996, S. 36-38

Gottschalk, T. (1999): „Es gibt auch fröhliche Huren", Interview mit Thomas Gottschalk im Spiegel Nr. 11, 1999, S. 118-122

Graf, C. (1998): Event-Marketing. Konzeption und Organisation in der Pop Musik, Wiesbaden 1998

Grimm, J./Grimm, W. (1960): Deutsches Wörterbuch, hrsg. von der Deutschen Akademie der Wissenschaften, Berlin 1960

Gröner, H. (1988): Wettbewerb im Rundfunk, in: Mestmäcker, E.-J. (Hrsg.): Offene Rundfunkordnung, Gütersloh 1988

Grünewald, S. (1996): Dem beseelten Marketing gehört die Zukunft, in: Werben & Verkaufen Nr. 42, 1996, S. 234-238

Hack, G. (1993): Grundlagen der Werbung, in: Autorenteam: Werbung, 5. Aufl., Landsberg 1993, S. 25-68

Halbert, A. (1927): Praktische Reklame, Hamburg 1927

Hammann, P./Erichson, B. (1994): Marktforschung, 3. Aufl., Stuttgart 1994

Harrison, A.A. (1977): Mere Exposure, in: Berkowitz, (Ed.), Advances in Experimental Social Psychology, Vol. 10, 1977, New York: Academic Press, S. 29-83

Hayek, F.A.v. (1969): Der Wettbewerb als Entdeckungsverfahren, wiederabgedruckt in: Freiburger Studien, Tübingen 1969

Heinemann, C. (1997): Werbung im interaktiven Fernsehen, Wiesbaden 1997

Heinlein, B. (1999): Hörfunkspots, in: Geffken, M (Hrsg.): Das große Handbuch Werbung, Stuttgart 1999, S. 405-412

Henderson, B.D. (1990): Geht es um Strategie - schlag nach bei Darwin, in: Harvard Manager Nr. 3, 1990, S. 9-12

Hendtrich, F. (1997): Mehr PR für die Branche? In: Creditreform Nr. 3, 1997, S. 26-28

Henkelmann, M. (1977): „Das ganze System ist völlig durchweicht", Interview in Horizont Nr. 42, 1977, S. 70

Henkenherm, U. (1999): Online-Medien, in: Reiter, W.M. (Hrsg.): Werbeträger. Handbuch für den Werbeträgereinsatz, 9. Aufl., Frankfurt/M. 1999, S.303-318

Herkströter, D. (1998): Neue elektronische Werbeformen: Glaubwürdigkeit des Programms gefährdet?, in: Media Perspektiven Nr. 3, 1998, S. 106-112

Hermanns, A. (1993): Sponsoring, in: Berndt, R./Hermanns, A. (Hrsg.): Handbuch Marketing-Kommunikation, Wiesbaden 1993, S. 627-648

Hermanns, A./Glogger, A. (1996): Auf dem Weg zur Professionalisierung, in: Absatzwirtschaft Nr. 11, 1996, S. 102-107

Hessler, A. (1997): Was brachten die Kulmbacher Filmnächte? In: Absatzwirtschaft Nr. 8, 1997, S. 18-19

Hippler, H.-J./Lönneker, J. (1995): Medienumgang und Werbewirkung. Funktion und Bedeutung von Tageszeitung, Fernsehen, Hörfunk und Anzeigenblättern als Werbeträger, in: Planung und Analyse Nr. 2, 1995, S. 35-40

Hofsäss, M./Krupp, M./Maksymiw, W. (1994): Mediaplanung, in: Reiter, W.M. (Hrsg.): Werbeträger. Handbuch für den Werbeträger-Einsatz, Frankfurt/M. 1994, S. 59–102

Hofstätter, P.R. (Hrsg.) (1970): Psychologie, Frankfurt/M. 1970
Hofsümmer, K-H./Müller, D.K. (1999): Zapping bei Werbung – ein überschätztes Phänomen, in: Media Perspektiven Nr. 6, 1999, S. 296-300
Hofstede, G. (1984): Culture`s Consequences – International Differences in Word-Related Values, Berverly Hills 1984
Hofstede, G. (1991): Cultures and Organizations: Software of the Mind, New York: McGraw-Hill, 1991
Högl, S. (1988): Wann Werbung erinnert wird, in: Absatzwirtschaft Nr. 9, 1988, S. 80-88
Holland, H. (1992): Direktmarketing, München 1992
Hort, P./Stabenow, M. (1995): Lobbyisten - die heimliche Macht in Brüssel, in: Frankfurter Allgemeine Zeitung vom 04.03.1995, S. 17
Horvath, P. (1994): Controlling, 5. Aufl., München 1994
Hörzu (Hrsg.) (1995): Media - Planung für Märkte, 5. Aufl., Hamburg 1995
Huber, S. (1995): Suche Konzepte - biete Spitzensport, in: Hackforth, J. (Hrsg.): Sportsponsoring: Bilanz eines Booms, 2. Aufl., Berlin 1995, S. 189-212
Huldi, C. (2000): Data-Mining – Mehr Wissen ist Macht, in: Absatzwirtschaft Nr. 8, 2000, S. 84-85
Hundhausen, C. (1969): Werbung, Berlin 1969
Hünerberg, R. (1996): Online-Kommunikation, in: Hünerberg, R./Heise, G./ Mann, A. (Hrsg.): Handbuch Online Marketing, Landsberg 1996
Hüttner, M./Pingel, A./Schwarting, U. (1994): Marketing-Management, München/Wien 1994

Informationsgemeinschaft zur Feststellung der Verbreitung von Werbeträgern e.V. (IVW) (Hrsg.): Auflagenliste, diverse Jahrgänge, Bonn
Informationsgemeinschaft zur Feststellung der Verbreitung von Werbeträgern e.V. (IVW) (Hrsg.): Geschäftsbericht, diverse Jahrgänge, Bonn
IP (Hrsg.) (1997): Television 97, European Key Facts, Brüssel 1997
IP (Hrsg.) (2000): Television 2000, European Key Facts, Köln 2000
IP-Deutschland (Hrsg.) (1998): Im Fokus der Forschung, 2. Aufl., Kronberg 1998
IP-Deutschland (Hrsg.) (o.J.): Programmsponsoring. Akzeptanz, Image, Wirkung, o.J.

Jacob, E. (1997): Tu Gutes, rede darüber oder schweig, in: Werben & Verkaufen Compact Nr. 9, 1997, S. 6-7
Jaeckel, R. (1993): Coupon-Anzeigen, in: Greff, G./Töpfer, A. (Hrsg.): Direktmarketing mit neuen Medien, 3. Aufl., Landsberg 1993, S. 149-166
Jaeger-Lenz, A. (1999): Werberecht – Recht der Werbung in Internet, Film, Funk und Printmedien, Weinheim u.a. 1999
Janich, N. (1999): Werbesprache, Tübingen 1999
Jarchow, H.-J. (1974): Theorie und Politik des Geldes, Bd, 1: Geldtheorie, Göttingen 1974
Jaspersen, T. (1996): Erfolgskontrolle von Online-Marketing-Aktivitäten, in: Absatzwirtschaft Nr. 12, 1996, S. 46-48
Jenner, T. (1994): Internationale Marktbearbeitung, Wiesbaden 1994

Johanssen, K-P./Vorfelder, J. (1996): Public-Relations-Alltag im Rückblick. Kommunikationsmanagement im Fall Brent Spar, in: Baerns, B./Klewes, J. (Hrsg.): Public Relations 1996, Düsseldorf 1996, S. 98-109

Julien, E.: Toulouse-Lautrec - Affiches, Paris 1975

Jüngling, E. (1999): Kundenzeitschriften, in: Reiter, W.M. (Hrsg.): Werbeträger. Handbuch für die Mediapraxis, 9. Aufl., Frankfurt/M. 1999, S. 202-209

Junker, B./Nitsche, M. (1998): Damit Sie Ihre Kunden besser kennenlernen..., in: Direkt Marketing Nr. 2, 1998, S. 6-9

Kalt, G. (1993): Lobbyismus: PR im Umfeld der Politik, in: Kalt, G. (Hrsg.): Öffentlichkeitsarbeit und Werbung, 4. Aufl., Frankfurt/M. 1993, S. 155-162

Kanso, A. (1992): International Advertising Strategies: Global Commitment to Local Vision, in: Journal of Advertising Research, Jan./Feb. 1992, S. 10-14

Käseborn. H.-G./Sieberkötter, R./Fehn, T. (1993): Wirtschaftswerbung. Historische Beispiele von der Antike bis zum Beginn des 20. Jahrhunderts, Rinteln 1993

Kasprik, R. (1994): Werbeerinnerung auf dem Prüfstand, in: Marketing ZFP, Nr. 4 (IV), 1994, S. 247–256

Keegan, W.J./Green, M.C. (1997): Principles of Global Marketing, New Jersey 1997

Keinath, A. (2000): Fernsehempfang und PC/Online-Ausstattung in Europa, in: Media Perspektiven Nr, 10, 2000, S. 451-457

Kelz, A. (1989): Die Weltmarke, Idstein 1989

Keusen, K.-P. (1995): Die werbetreibende Wirtschaft auf der Suche nach der „zappingfreien Zone“ - Zur Ausdifferenzierung der Werbeformen und ihren rundfunkrechtlichen Bestimmungen, in: Schmidt, S.J./Spieß, B. (Hrsg.): Werbung, Medien und Kultur, Opladen 1995, S. 165-193

Klein, C. (1999): „Es muß nach Sex riechen“, Interview mit Calvin Klein im Spiegel Nr. 24, 1999, S. 88-91

Kley, S. (1995): Beckenbauer, Becker und Co.: Sportler als Testimonials, in Hackforth, J. (Hrsg.): Sportsponsoring: Bilanz eines Booms, 2. Aufl., Berlin 1995, S. 233-256

Kline, S. (1991): Let`s make a deal: Merchandising im US-Kinderfernsehen, in: Media Perspektiven Nr. 4, 1991, S. 220-234

Klingler, W./Schaack, J. (1998): Hörfunk behauptet starke Position, in: Media Perspektiven Nr. 11, 1998, S. 559-569

Klocke, H./Reichenbach, C. (1996): Call Center. Ziele, Aufgaben, Merkmale, in: Direkt Marketing, Feb. 1996, S. 29-42

Kloss, I. (1986): Der Buridansche Esel heute - Langfristige Markenartikelpolitik, in: Der Markenartikel, Nr. 11, 1986, S. 509-511

Kloss, I. (1988): New Marketing - Marketing im (Werte-) Wandel, in: Praxisgespräche 1988, Tagungsband, Karlsruhe 1988, S. 33-57

Kloss, I. (1996): Marketing und Moral der Benetton-Werbung, in: Diskussionsbeiträge der Fachhochschule Stralsund, Heft 5, 1996

Kloss, I. (1998): Der Einfluß des Werbeumfeldes auf die Werbewirkung, in: Der Betriebswirt Nr. 2, 1998, S. 17-21

Kloss, I. (Hrsg.) (2001): Advertising Worldwide, Heidelberg/New York 2001

Kloss, I. (2001a): Stichwort: Marke, in: Lexikon der Presse- und Öffentlichkeitsarbeit, München 2001

Kloss, I. (2001b): Stichwort: Werbung, in: Lexikon der Presse- und Öffentlichkeitsarbeit, München 2001

Kloss, I. (2001c): Stichwort Werbewirkung und Werbeumfeld, in: Management-Lexikon, München 2001

Kloss, I. (2002): Internationale Werbung, in: Mattenklott, A./Schimanski, A. (Hrsg.): Die Zukunft der Werbung, München 2002

Koschnick, R. (1995): Standard-Lexikon für Mediaplanung und Mediaforschung in Deutschland, 2. Aufl., München/New Providence/London/ Paris 1995

Koschnick, W.J. (1995): Wie Erotik wirkt, in: Medien Bulletin Nr. 2, 1995, S. 42-44

Kotler, P./Bliemel, F. (1995): Marketing-Management, 8. Aufl., Stuttgart 1995

Kotler, P./Bliemel, F. (1999): Marketing-Management, 9. Aufl., Stuttgart 1999

Kotler, P./Haider, D./Rein, I (1994).: Standort-Marketing, Düsseldorf/Wien/ New York/Moskau 1994

Kreutzer, R. (1989): Global Marketing - Konzeption eines länderübergreifenden Marketing, Wiesbaden 1989

Kroeber-Riel, W (1979).: Activation Research: Psychobiological Approaches in Consumer Research, in: Journal of Consumer Research, 5, (4), 1979, S. 240–250

Kroeber-Riel, W. (1984): Emotional Product Differentiation by Classical Conditioning, in: Kinnear, T.C. (Ed.): Advances in Consumer Research (Vol. XI), 1984, Association for Consumer Research, S. 538-543

Kroeber-Riel, W. (1992): Konsumentenverhalten, 5. Aufl., München 1992

Kroeber-Riel, W. (1994): Strategie und Technik der Werbung, 4. Aufl., Stuttgart 1994

Krugman, H.E. (1965): The Impact of Television Advertising: Learning Without Involvement, in: Public Opinion Quarterly, 29, 1965, S. 349-356

Krugman, H.E. (1977): Memory without Recall, Exposure without Learning, in: Journal of Advertising Research 17 (4), 1977, S. 7-12

Kruse, H.-J. (1993): Teleshopping in Deutschland: Eine neue mediale Vertriebs- und Einkaufsform, in; Greff, G./Töpfer, A. (Hrsg.): Direktmarketing mit neuen Medien, 3. Aufl., Landsberg 1993, S. 301-320

Kühnapfel, J. (1999): Trend: Der Free-Call für den Kunden, in: Absatzwirtschaft Nr. 4, 1999, S. 112-118

Lambeck, A. (1994): Krisenmanagement - Krisen-PR, in: Kalt, G. (Hrsg.): Öffentlichkeitsarbeit und Werbung, 5. Aufl., Frankfurt/M. 1994, S. 115-128

Lamont. D. (1996): Global Marketing, Oxford 1996

Landgrebe, K.P. (1994): Transparenz der Werbeträger, in: Reiter, M.W. (Hrsg.): Werbeträger. Handbuch für den Werbeträger-Einsatz, Frankfurt/M. 1994, S. 15-58

Lasswell, H.D. (1927): The Theory of Political Propaganda, in: The American Political Science Review, Vol. XXI, 1927, S. 627-631

Laudien, H. (1995): TUI: Marketing aus einem Guß, in: Werben & Verkaufen (Hrsg.): Ganz Direkt 1995/96, München 1995, S. 43-45

Laurent, G./Kapferer, J.N. (1985): Measuring Consumer Involvement Profiles, in: Journal of Marketing Research, 21 (Feb.), 1985, S. 41–53

Lehr, G. (1993): Katalogresponse, in: Greff, G./Töpfer, A. (Hrsg.): Direktmarketing mit neuen Medien, 3. Aufl., Landsberg 1993, S. 167-188

Leitherer, E. (1974): Geschichte der Absatzwirtschaft, in: Tietz, B. (Hrsg.): Handwörterbuch der Absatzwirtschaft, Stuttgart 1974, Spalte 666-674

Levitt, T. (1983): The Globalization of Markets, in: Harvard Business Review, 5/1983, S. 92-102

Linsner, I. (1995): Kundenorientierte Informationssysteme in der Touristikbranche, in: Link, J./Hildebrand, V. (Hrsg.): EDV-gestütztes Marketing im Mittelstand, München 1995, S. 61-85

Lippert, W. (1993): Lexikon der Werbebegriffe, Düsseldorf/Wien 1993

Löffler, H./Scherfke, A. (2000): Praxishandbuch Direkt-Marketing, Berlin 2000

Lötters, C. (1993): Werbung als Marketinginstrument, in: Autorenteam: Werbung, 5. Aufl., Landsberg 1993, S. 1-24

Lübcke, D. (1997): Aktuelle Strategien im Marketing - Clubs als Krönung der Kundenbindung, in: Lübcke, D./Petersen, R. (Hrsg.): Business-to-Business-Marketing, Stuttgart 1997, S. 30

Lürzer, Conrad & Leo Burnett (1985) : Life Style Research 1985, Frankfurt 1985

Lürzer, W. (1998): Die Welt da draußen ist böse, Interview mit W. Lürzer im Spiegel Nr. 27, 1998, S. 96-99

Lux, D. (1994): DRTV ist hard selling, in: Absatzwirtschaft Nr. 10, 1994, S. 136-137

Machill, M./Lutzhöft, N. (1998): Der französische Fernsehmarkt im digitalen Zeitalter, in: Media Perspaktiven Nr. 3, 1998, S. 132-143

MacLachlan, J./Logan, M. (1993): Camera Shot Length in TV-Commercials and their Memorability and Persuasiveness, in: Journal of Advertising Research, Nr. 33 (2), 1993, S. 57-61

Maggi GmbH (1996) (Hrsg.): Magginalien, Frankfurt 1996

Mangold, C./Hölzel, B. (1997): Abgesang auf das Aktions-Gehetze, in: Werben & Verkaufen Nr. 29, 1997, S. 136-137.

Mayer, A./Mayer, R.U. (1987): Imagetransfer, Hamburg 1987

Mayer, H./Schuhmann, G. (1981): Positions- und Umfeldeffekte bei TV-Spots, in: Jahrbuch der Absatz- und Verbraucherforschung, 4, 1981, S. 291-304

Mayer, H./Illmann, T. (2000): Markt- und Werbepsychologie, 3. Aufl., Stuttgart 2000

Mayerhofer, W. (1995): Imagetransfer, Wien 1995

Media Perspektiven Basisdaten, Daten zur Mediensituation in Deutschland 1998

Meffert, H. (1980): Strategische Planung unter besonderer Berücksichtigung von Marktsättigung und Rezession, in: Absatzwirtschaft, Nr. 6, 1980

Meffert, H. (1985): Marketing und Neue Medien, Stuttgart 1985

Meffert, H. (1988): Strategische Unternehmensführung und Marketing, Wiesbaden 1988

Meffert, H. (1993): Marketing, 7. Aufl., Wiesbaden 1993

Meffert, H. (1998): Marketing, 8. Aufl., Wiesbaden 1998

Meffert, H./Bruhn, M. (1997): Dienstleistungsmarketing, 2. Aufl., Wiesbaden 1997

Meffert, H./Hensmann, J. (1993): Die Entwicklungsdynamik des europäischen Fernsehmarktes in den 90er Jahren, Wien 1993

Meier, W. (1999): Publikumszeitschriften, in: Reiter, W.M. (Hrsg.): Werbeträger. Handbuch für den Werbeträgereinsatz, 9. Aufl., Frankfurt/M. 1999, S. 136-176

Meining, W. (1995): Lebenszyklen, in: Tietz, B./Köhler, R./Zentes, J. (Hrsg.): Handwörterbuch des Marketing, 2. Aufl., Stuttgart 1995, Spalte 1392-1405

Meisel, E. (1994): A star was born. 25 Jahre Big Mäc als Medienereignis, in: Klewes, J. (Hrsg.): Jahrbuch Public Relations 1994, Düsseldorf 1994, S. 108-112

Meissner, H.G. (1995): Strategisches Internationales Marketing, 2. Aufl., München 1995

Merbold, C. (1993): Kommunikationspolitik bei Investitionsgütern, in: Berndt, R./Hermanns, A. (Hrsg.): Handbuch Marketing-Kommunikation, Wiesbaden 1993, S. 857-874

Merkle, H. (1981): Als Werbung noch Reklame hieß, in: Werben & Verkaufen Nr. 38, 1981, S. 8-12

Merten, K. (1994): Wirkung von Kommunikation, in: Merten, K./Schmidt, S. J. /Weischenberg, S. (Hrsg.): Die Wirklichkeit der Medien, Opladen 1994, S. 309-313.

Meyer, A. (1993): Kommunikationspolitik von Dienstleistungsunternehmen, in: Berndt, R./Hermanns, A. (Hrsg.): Handbuch Marketing-Kommunikation, Wiesbaden 1993, S. 895-921

Meyers-Levy, J. (1989): Priming Effects on Product Judgements: A Hemispheric Interpretation, in: Journal of Consumer Research, Vol. 16, June 1989, S. 76-86

Michaelis, K./Brockert, S. (1997): Globaler Schuß nach hinten, in: Werben & Verkaufen Nr. 37, 1997, S. 92-93

Michealis, K. (2001): Gefährliche Star-Allüren, in: Werben & Verkaufen Nr. 18, 2001, S. 23-28

Milgram, S. (1974/1997): Das Milgram-Experiment, Reinbek 1974/1997

Miller, R.L. (1976): Mere Exposure, Psychological Reactance and Attitude Change, in: Public Opinion Quarterly, 40, 1976, S. 229-233

Mitchell, A.A./Olson, J.C. (1981): Are Product Attribute Beliefs the Only Mediator of Advertising Effects on Brand Attitudes?, in: Journal of Marketing Research, 18, 1981, S. 318–332

Modenbach, G. (1999): Fernsehen, in: Reiter, W.M. (Hrsg.): Werbeträger. Handbuch für den Werbeträgereinsatz, 9. Aufl., Frankfurt/M. 1999, S. 231–272

de Mooij, M. (1998): Global Marketing and Advertising: Understanding Cultural Paradoxes, Thousand Oaks/London/New Delhi 1998

de Mooij, M. (2000): The Impact of Culture on Advertising, in: Kloss, I. (Ed.): Advertising Worldwide, Heidelberg/New York 2000, S. 1-23

Moore, T.E. (1982): Subliminal Advertising: What You See is What You Get, in: Journal of Marketing, 46 (2), 1982, S. 38-47

Mörer, A. (1997): Keiner macht's, in: PR Magazin Nr. 12, 1997, S. 12-15

Motorpresse-Verlag (Hrsg.) (1998): Die besten Autos 1998, Stuttgart 1998

Mueller, B. (1992): Standardization vs. Specialization: An Examination of Westernization in Japanese Advertising, in: Journal of Advertising Research, Jan./Feb. 1992, S. 15-24

Müller, C./Tietzel, M. (1998): Der Preis der Moral im Sport, in: Frankfurter Allgemeine Zeitung, 08.08.1998, S. 15

Müller, D.K. (1997): Das AG.MA-Partnerschaftsmodell wird neu definiert, in: Media Perspektiven Nr. 6, 1997, S. 320-329

Müller, M.G. (1999): Parteienwerbung im Bundestagswahlkampf 1998, in: Media Perspektiven Nr. 5, 1999, S. 251-261

Müller, O. (1997): Product Placement im öffentlich-rechtlichen Fernsehen, Frankfurt/M. 1997

Müller, R. (1975): Geschichte der Werbung - sehr aktuell, in: Markenartikel Nr. 8, 1975, S. 322-327

Müller, R. (1986): Odol - die werbliche Pionierleistung von Karl Lingner und seinen Nachfahren, in: Marketing Journal Nr. 1, 1986, S. 71

Müller, R. (1990): Eine segensreiche und verhängnisvolle Macht, in: Werben & Verkaufen Nr. 48, 1990, S. 68-71

Müller, R. (1991): Entwicklung des Inseratenwesens in deutschen Zeitungen per 1901, in: Marketing Journal Nr. 2, 1991, S. 173

Müller, W. (1997): Interkulturelle Werbung, Heidelberg 1997

Müller, W. (1998): Verlust von Werbewirkung durch Standardisierung, in: Absatzwirtschaft Nr. 9, 1998, S. 80-88

Mussler, D. (1994): Sponsoring, in: Kalt, G. (Hrsg.): Öffentlichkeitsarbeit und Werbung, Frankfurt/M. 1994, S. 83-100

Nagel, D. (1998): Die Bewertung des Internet als Werbeträger unter besonderer Berücksichtigung der Leistungsmessung, Diplomarbeit, Stralsund 1998

Naisbitt, J. (1984): Megatrends, Bayreuth 1984

Naisbitt, J./Aburdene, P. (1992): Megatrends 2000, 5. Aufl., Düsseldorf/Wien/ New York 1992

Naundorf, S. (1993): Charakterisierung und Arten von Public Relations, in: Berndt, R./Hermann, A. (Hrsg.): Handbuch Marketing-Kommunikation, Wiesbaden 1993

Neckermann, G. (2001): Multiplexe in der Krise? Filmbesuch, Verleih- und Kinostruktur in Deutschland 1991 bis 2000, in: Media Perspektiven Nr. 10, 2001, S. 505-513

Neumann, E./Sprang, W./Hattemer, K. (Hrsg.): 1974 Werbung in Deutschland, Jahrbuch der deutschen Werbung, Düsseldorf/Wien 1974

Nickel, O. (1998): Event - Ein neues Zauberwort des Marketing?, in: Nickel, O. (Hrsg.): Event Marketing, München 1998, S. 3-14

Nickel, U. (1996): Bartering, Bonn 1996

Nickel, V. (1994): Werbung in Grenzen, 11. Aufl., Bonn 1994

Nickel, V. (1995): Werbung für alkoholische Getränke, 3. Aufl., Bonn 1995
Nickel, V. (1997a): Werbung und Moral, Bonn 1997
Nickel, V. (1997b): Werbung unverblümt, Bonn 1997
A.C. Nielsen GmbH (1998) (Hrsg.): Universen `98, Frankfurt 1998
Niemeyer, H.-G./Czycholl, J.M. (1994): Zapper, Sticker und andere Medientypen. Eine marktpsychologische Studie zum selektiven TV-Verhalten, Stuttgart 1994
Niggemeier, S. (1996): Der Vertreter kommt in die „gute Stube", in: Werben & Verkaufen Nr. 45, 1996, S. 78-81

Oeckl, A. (1987): Anfänge der Öffentlichkeitsarbeit, in: PR-Magazin Nr. 2, 1987, S. 23-30
Oehme, W. (1992): Handels-Marketing, 2. Aufl., München 1992
Oenicke, J. (1996): Online-Marketing, Stuttgart 1996
Ogilvy, D. (1984): Ogilvy über Werbung, Düsseldorf/Wien 1984
Ogilvy, D. (1991): Geständnisse eines Werbemannes, München 1991
Oro Verde (o.J.) (Hrsg.): Was die Zukunft Ihres Unternehmens mit der Zukunft der Regenwälder zu tun hat, Broschüre zum Umwelt-Sponsoring
O.V. (1974): Autorität: „Ich kann doch nicht töten!", in: Der Spiegel Nr. 26, 1974, S.102-106
O.V. (1982): Zigaretten Werbung, 2. Aufl., Bonn 1982
O.V. (1986): Marketing by Bum-Bum, in: Absatzwirtschaft Nr. 3, 1986, S. 14-19
O.V. (1994): Männer haben Autos und Geld im Kopf, in: Werben & Verkaufen Nr. 16, 1994, S. 16
O.V. (1994): Stichwort „Wert", in: Brockhaus, 19. Aufl., Bd. 24, S. 81-83
O.V. (1995): Werbefilm statt Kinohit, in: Werben & Verkaufen Nr. 45 1995, S. 96
O.V. (1996): Die Erinnerung ist eine harte Währung, in: Werben & Verkaufen Nr. 41, 1996, S. 250
O.V. (1997a): In der Warteschleife, in: New Media Report Nr. 6, 1997, S. 11-12
O.V. (1997b): Neue Herren in Hollywood, in: Der Spiegel Nr. 37, 1997, S. 94-97
O.V. (1997c): Welche Marken will die Jugend?, in: Absatzwirtschaft, Sondernummer Oktober 1997, S. 216
O.V. (1997d): Breiter und billiger, in: Absatzwirtschaft Nr. 9, 1997, S. 9
O.V. (1997e): Kleben am Werbeblock, in: Werben & Verkaufen Nr. 8, 1997
O.V. (1997f): Maschinen aus Schanghai, in: Der Spiegel Nr. 40, 1997, S. 142
O.V. (1997g): TV-Werbung nur bedingt tauglich, in: Werben & Verkaufen Nr. 21, 1997, S. 104
O.V. 1997h): Blackbox oder totaler Durchblick? So managen Sie Ihre Datenbank, in: Direkt Marketing Nr. 2, 1997, S. 6-7
O.V. (1997i): Finger weg vom Kundenclub, in: Direkt Marketing Nr. 2, 1997, S. 20-22
O.V. (1998a): Frankfurter Thesen zur Werbung im Rundfunk, in: Media Perspektiven Nr. 8, 1998, S. 436-439
O.V. (1998b): Programmsponsoring. Weiterhin im Aufwind, in: Absatzwirtschaft Nr. 9, 1998, S. 28

O.V. (1998c): Wenig professionell, in: Absatzwirtschaft Nr. 11, 1998, S. 35
O.V. (1998d): Erfolgreich verkaufen mit Katalogen, in: Direkt Marketing Nr. 8, 1998, S. 26-31
O.V. (1998e): Manipulierte Fußball-Übertragung, in: Der Spiegel Nr. 49, 1998, S. 92
O.V. (1998 f): Werbung - Strukturen, Ziele und Grenzen, Bonn 1998
O.V. (1999b): Vkf-Klassiker vorn, in: Lebensmittel Zeitung Nr. 10, 1999, S. 59
O.V. (1999c): Austauschbare TV-Formate, in: Absatzwirtschaft Nr. 3, 1999, S. 128-130
O.V. (1999d): Kaufkraft zappt verstärkt, in: Zeitung Marketinggesellschaft Nr 5, 1999, S. 4.
O.V. (2001): Coca-Cola schaut bei der Identitätssuche genau auf Pepsi, in. Frankfurter Allgemeine Zeitung vom 19.03.2001, S. 19

Packard, V. (1957/1994): Die geheimen Verführer, Ulm 1994
Palmgreen, P (1984).: Der „Uses and Gratifications Approach", in: Rundfunk und Fernsehen, 32, 1984, S. 51–62
Pankow, M./Petersen, R. (1997): Das Handwerk hat uns stark gemacht - jetzt machen wir das Handwerk stark, in: Lübcke, D./Petersen, R. (Hrsg.): Business-to-Business-Marketing, Stuttgart 1997, S. 100-104
Pauli, K. (1994): Erfolgreiche Öffentlichkeitsarbeit für mittelständische Unternehmen, in: Kalt, G. (Hrsg.): Öffentlichkeitsarbeit und Werbung, Frankfurt/M. 1994, S. 173-180
Pepels, W. (1994): Marketing, Baden-Baden 1994
Pepels, W. (1996): Kommunikations-Management, 2. Aufl., Stuttgart 1996
Peter, U. (1991): Psychologie der Marketing-Kommunikation, Savosa 1991
Petersen, R.: Beziehungsmarketing und Clubmarketing im Business-to-Business-Bereich, in: Lübcke, D./Petersen, R. (Hrsg.): Business-to-Business-Marketing, Stuttgart 1997, S. 27-40
Pfennigschmidt, C. (1999): Supplements, in: Reiter, W.M. (Hrsg.): Werbeträger. Handbuch für die Mediapraxis, 9. Aufl., Frankfurt/M. 1999, S. 126-135
Pflaum, D. (1993): Ausgewählte Werbemittel und Gestaltungsansätze, in: Berndt, R./Hermanns, A. (Hrsg.): Handbuch Marketing-Kommunikation, Wiesbaden 1993, S. 333-352
Porter, M. (1992): Wettbewerbsstrategie, 7. Aufl., Frankfurt/M. 1992
Porter, M./Millar, V. (1988): Wettbewerbsvorteile durch Information, in: Simon, H., (Hrsg.): Wettbewerbsvorteile und Wettbewerbsfähigkeit, Stuttgart 1988
Postman, N. (1985): Wir amüsieren uns zu Tode, Frankfurt/M. 1985
Preißler, P.R. (1996): Stichwort Controlling, in: Woll, A. (Hrsg.): Wirtschaftslexikon, München/Wien 1996, S. 107-111
Puchleitner, K. (1994): Public Relations in Krisenzeiten, Wien 1994
Puhlmann, M./Semlitsch, B. (1997): Wie geht das Management mit der Marke um?, in: Absatzwirtschaft, Sondernummer Oktober 1997, S. 24-32
Püttmann, M. (1993): Das Management von Sponsoring, in: Berndt, R./ Hermanns, A. (Hrsg.): Handbuch Marketing-Kommunikation, Wiesbaden 1993, S. 649-672

Raithel, H. (1986): Gepflegt in alle Ewigkeit, in: Manager Magazin Nr. 6, 1986, S. 232-240

Rall, W. (1988): Strategien für den weltweiten Wettbewerb, in: Henzler, H.A. (Hrsg.): Handbuch Strategische Führung, Wiesbaden 1988, S. 197-218

Rapp, S. (1996): „Hier bin ich. Hilf mir!“ in: Deutsche Telekom (Hrsg.): Im Dialog mit dem Kunden, Bonn 1996, S. 10-11

Rathmann, S. (1995): Kundenclubs: Swatch im Dauerdialog, in: Werben & Verkaufen (Hrsg.): Ganz Direkt 1995/96, München 1995, S. 160-164

Reinhardt, D. (1993): Von der Reklame zum Marketing, Berlin 1993

Ridder, C.M. (2002): Onlinenutzung in Deutschland, in: Media Perspektiven Nr. 3, 2002, S. 121-131

Riefler, D. (1997): Ohne Pappnasen-Zwang, in: Werben & Verkaufen Nr. 19, 1997, S. 88-90

Ries, A./Trout, J. (1986): Positioning, Hamburg 1986

Rode, F.A. (1994): Ist Werbewirkung soziologisch erklärbar? Werbewirkungsforschung heute, Düsseldorf 1994

Rogge, H.J. (1996): Werbung, 4. Aufl., Ludwigshafen 1996

Röper, H. (1994): Das Mediensystem der Bundesrepublik Deutschland, in: Merten, K./Schmidt, S.J./Weischenberg, S. (Hrsg.): Die Wirklichkeit der Medien, Opladen 1994, S. 506-543

Röper, H.: Formationen deutscher Medienmulties 1999/2000, in: Media Perspektiven Nr. 1, 2001, S. 2-30

Rosenstiel, L.v./Kirsch, A. (1996): Psychologie der Werbung, Rosenheim 1996

Rosnow, R.L. (1966): Whatever Happened to the „Law of Primacy“?, in: Journal of Communication, 16, 1966, S. 10–31

Rost, D. (1986): Werbung: Ansichten - Aussichten, Bonn 1986

Rota, F. (1994): PR- und Medienarbeit im Unternehmen, 2. Aufl., München 1994

Rothlauf, J. (1999): Interkulturelles Management, München 1999

Rothschild, M.L. (1979): Advertising Strategies for High and Low-Involvement Situations, in: Maloney, J.C./Silverman, B. (Eds.): Attitude Research Plays for High Stakes, Chicago 1979, S. 74–93

Ruland, J. (1978): Werbeträger, 4. Aufl., Bad Homburg 1978

Runau, J. (1998): Adidas: Events als Ausgangspunkt einer Markenverjüngung, in: Nickel, O. (Hrsg.): Event Marketing, München 1998, S. 177-191

Sattler, H. (1997a): Monetäre Bewertung von Markenstrategien für neue Produkte, Stuttgart 1997

Sattler, H. (1997b): Das Millionenspiel, in: Absatzwirtschaft Nr. 12, 1997, S. 86-90

Schaffrath, M. (1995): Auf Bande, Trikot, Trainerbank - wer ist der beste Sponsor im Bundesliga-Land?, in: Hackforth, J. (Hrsg.): Sportsponsoring: Bilanz eines Booms, 2. Aufl., Berlin 1995, S. 73-102

Schenk, M./Donnerstag, J./Höflich, J. (1990): Wirkungen der Werbekommunikation, Köln/Wien, 1990

Schenk, M. u.a. (2001): Nutzung und Akzeptanz des digitalen Pay-TV in Deutschland, in: Media Perspektiven Nr. 4, 2001, S. 220-234

Schiewe, K. (1995): Sozial-Sponsoring, 2. Aufl., Freiburg 1995
Schloßbauer, S. (1998): Handbuch der Außenwerbung, 2. Aufl., Frankfurt/M. 1998
Schneider, H. (1999): Fachzeitschriften, in: Reiter, M.W. (Hrsg.): Werbeträger. Handbuch für den Werbeträgereinsatz, 9. Aufl., Frankfurt/M., S. 177-201
Schnibben, C. (1992): Die Reklame-Republik, in: Der Spiegel Nr. 52, 1992, S. 114-128
Scholz, Chr. (1992): Effektivität und Effizienz, organisatorische, in: Frese, E. (Hrsg.): Handwörterbuch der Organisation, 3. Aufl., Stuttgart 1992
Schrey, Martin (1999): Hörfunk, in: : Reiter, W.M. (Hrsg.): Werbeträger. Handbuch für den Werbeträgereinsatz, 9. Aufl., Frankfurt/M. 1999, S. 273-302
Schröter, R. (1996): Diese Marken bringen Erlösung, in: Werben & Verkaufen Nr. 35, 1996, S. 27
Schruft, O. (1996): Qualität im Call-Center, in: Deutsche Telekom (Hrsg.): Im Dialog mit dem Kunden, Bonn 1996, S. 18-20
Schumann, K. (1996): Grenzübertritte - das „deutsche" Mittelmeer, in: Stiftung Haus der Geschichte der Bundesrepublik Deutschland (Hrsg.): Endlich Urlaub! Die Deutschen reisen, Köln 1996, S. 33-43
Schumpeter, J.A. (1993): Theorie der wirtschaftlichen Entwicklung, 8. Aufl., Berlin 1993
Schweiger, G. (1982): Imagetransfer, in: Marketing-Journal, 4, 1982, S. 321–322.
Schweiger, G./Schrattenecker, G. (1995): Werbung, 4. Aufl., Stuttgart 1995
Simmet-Blomberg, H. (1998): Interkulturelle Marktforschung im europäischen Transformationsprozeß, Stuttgart 1998
Simon, H. (1988): Management strategischer Wettbewerbsvorteile, in: Simon, H., (Hrsg.): Wettbewerbsvorteile und Wettbewerbsfähigkeit, Stuttgart 1988
Spiegel, B. (1961): Die Struktur der Meinungsverteilung im sozialen Feld, Stuttgart 1961
Spitzer, G. (1996): Sonderwerbeformen im TV, Wiesbaden 1996
Staab, J.F./Hocker, U. (1994): Fernsehen im Blick der Zuschauer. Ergebnisse einer qualitativen Pilotstudie zur Analyse von Rezeptionsmustern, in: Publizistik, Nr. 39 (2), 1994, S. 160–174
Stadik, M. (1997): Europas Werbedschungel, in: Tele Images Nr. 1, 1997, S. 8-16
Stadik, M. (1999): Global und regional, in: Werben & Verkaufen Nr. 11, 1999, S. 122-123
Stach, M. (1999): Markterfolg zwischen globaler Wettbewerbsstärke und lokaler Kundennähe, in: Schmengler, H.J./Fleischer, F.A. (Hrsg.): Marketing Praxis, Jahrbuch 1999, Düsseldorf 1999, S. 62-64
Stanko, M.K. (1993a): Keine Angst vor Kontakten, in: Tele Images Nr. 4, 1993, S. 42-45
Stanko, M.K. (1993b): Ein Muster mit Wert, in: Tele Images Nr. 3, 1993, S. 28-33
Stanko, M.K. (1994): Dringend gesucht: Zielgruppen in ausreichender Größe, in: Tele Images Nr. 2, 1994, S. 42-47
Steemers, J. (1998): Der terrestrische Fernsehsektor in Großbritannien, in: Media Perspektiven Nr. 6, 1998, S. 287-297

Steffenhagen, H. (1984): Kommunikationswirkung - Kriterien und Zusammenhänge, Hamburg 1984

Steffenhagen, H. (1995): Werbewirkungsmessung, in: Tietz, B./Köhler, R./ Zentes, J.(Hrsg.): Handwörterbuch des Marketing, 2. Aufl., Stuttgart 1995, Spalte 2678–2692

Steimer, F. (2001): Mobile Business – Top oder Flop?, in: Absatzwirtschaft Nr. 5, 2001, S. 134-137

Steinmann, H./Schreyögg, G. (1993): Management, 3. Aufl., Wiesbaden 1993

Stelzer, J. (1997): Wo die besseren Kreise hausen, in: Werben & Verkaufen, Nr. 39, 1997, S. 270-274

Stern (Hrsg.) (1987): Bilder im Kopf, Hamburg 1987

Stock, M. (1992): Programmauftrag und Medienforschung, in: Media Perspektiven Nr. 11, 1992

Strothmann, K.-H./Roloff, E. (1993): Charakterisierung und Arten von Messen, in: Berndt, R./Hermanns, A. (Hrsg.): Handbuch Marketing-Kommunikation, Wiesbaden 1993, S. 707-724

Szallies, R. (1988): Wem vertraut der Verbraucher - Wie erlebt er Marketing?, in: Absatzwirtschaft, Sondernummer Oktober 1988, S. 8-13

Szallies, R. (1997): Neue Bilder in den Köpfen? Die herausgeforderte Marke, in: Absatzwirtschaft, Sondernummer Oktober 1997, S. 132-140

Thoma, H. (1993): Direktmarketing im Privatfernsehen, in: Greff, G./Töpfer, A. (Hrsg.): Direktmarketing mit neuen Medien, 3. Aufl., Landsberg 1993, S. 291-300

Tippach-Schneider, S. (1999): Messemännchen und Minol-Pirol. Werbung in der DDR, Berlin 1999

Tolle, E. (1995): Product Placement, in: Tietz, B./Köhler, R./Zentes, J. (Hrsg.): Handwörterbuch des Marketing, 2. Aufl., Stuttgart 1995, Spalte 2095-2101

Toscani, O. (1996): Die Werbung ist ein lächelndes Aas, Mannheim 1996

Tostmann, Th./Trautmann, M. (1993): Die Fernsehwerbung in Deutschland: Status und Perspektiven, in: Berndt, R./Hermanns, A. (Hrsg.): Handbuch Marketing-Kommunikation, 2. Aufl., Wiesbaden 1993

Trachtenberg, A. (1985): Imagetransfer kann nützen. Und schaden, in: Bestseller Nr. 3, 1985, S. 45-46

Trepte, S./Baumann, E./Borges, K. (2000): „Big Brother“: Unterschiedliche Nutzungsmotive des Fernseh- und Webangebotes?, in: Media Perspektiven Nr. 12, 2000, S. 550-561

Tribukait, B. (1998): Punktgenauer Katalogeinsatz, in: Absatzwirtschaft Nr. 1, 1998, S. 36-44

Trommsdorff, V. (1995): Involvement, in: Tietz, B./Köhler, R./Zentes, J. (Hrsg.): Handwörterbuch des Marketing, 2. Aufl., Stuttgart 1995, Spalte 1070–1078

Trout J./Rifkin, S. (1996): New Positioning, Informationen in Hülle und Fülle, Düsseldorf 1996

Trux, W. (1994): Unternehmensidentität, Unternehmenspolitik und öffentliche Meinung, in: Birkigt, K./Stadler, M./Funck, H.: Corporate Identity, 7. Aufl., Landsberg 1994, S. 65-76

Turner, S. (1997): Was bringt Ignaz Bubis auf die Eiche?, in: Frankfurter Allgemeine Zeitung (Hrsg.): Kluge Köpfe, München/Berlin 1997

Underhill, P. (2000): Warum kaufen wir?, München 2000
Unger, F./Durante, N.-V./Gabrys, E. u.a. (1999): Mediaplanung, 2. Aufl., Heidelberg 1999
Urban, D. (1995): Kauf mich! Visuelle Rhetorik in der Werbung, Stuttgart 1995
Usunier, J.-C./Walliser, B. (1993): Interkulturelles Marketing, Wiesbaden 1993

Völkel, R. (1992): Product Placement aus der Sicht der Werbebranche und seine rechtliche Einordnung, in: ZUM, Nr. 2, 1992, S. 55-72
Volpers, H./Herkströter, D./Schnier, D. (1998): Die Trennung von Werbung und Programm im Ferrnsehen. Programmliche und werbliche Entwicklungen im digitalen Zeitalter und ihre Rechtsfolgen, Opladen 1998
Volpers, H. (2000): Virtuelle Werbung im Fernsehen - ein internationaler Überblick, http://www.lpr-hessen.de/11HGFM/Volpers.htm
Vorderer, P. (1994): Involvementverläufe bei der Rezeption von Fernsehfilmen, in: Bosshart, L./ Hoffmann-Riem, W. (Hrsg.): Medienlust und Mediennutz. Unterhaltung als öffentliche Kommunikation, München 1994, S. 333–342

Walliser, B. (1997): Über den Zusammenhang zwischen Markenbekanntheit und Wiedererkennung bei der Bandenwerbung, in: Marketing ZFP, Nr. 1, 1997, S. 43-52
Watzlawick, P./Beavin, J.H./Jackson, D.D. (2000): Menschliche Kommunikation, 10. Aufl., Bern 2000
Webb, P.H./Ray, M.L. (1979): Effects of TV-Clutter, in: Journal of Advertising Research, 19 (3), 1979, S. 7-12
Wegener, M./Bös, R. (2001): Die klassische Werbeagentur, in: Bös, R./Rätsch, C. (Hrsg.): Biwak, besser informiert über Werbung, Ausbildung und Kontakte, 2. Aufl., Frankfurt/M., 2001
Weidmann, W.F. (1995): Interkulturelle Kommunikation und nationale Kulturunterschiede in der Managementpraxis, in: Scholz, J.M. (Hrsg.): Internationales Change-Management, Stuttgart 1995, S. 39-61
Weinberg, P. (1997): Die Fähigkeiten des Kunden werden überschätzt, Interview in: Werben & Verkaufen Background Nr. 22, 1997, S. 77-80
Wells, W./Burnett, J./Moriarty, S. (2000): Advertising: Principles and Practice, 5th ed., Prentice Hall 2000
Wenige, H.-U./Müller, A. (1993): Das Management von Messe-Beteiligungen, in: Berndt, R./Hermanns, A. (Hrsg.): Handbuch Marketing-Kommunikation, Wiesbaden 1993, S. 725-745
Werner, A./Stephan, R. (1997): Marketing-Instrument Internet, Heidelberg 1997
Werner, U. (1993): Möglichkeiten der Anwendung semiotischer Erkenntnisse im multikulturellen Marketing, in: Marketing ZFP, Heft 3, 1993, S. 181-196
Wieck, R. (1988): Das Wettbewerbsverhältnis von öffentlich-rechtlichen und privaten Rundfunkanbietern, in: Mestmäcker, E.-J. (Hrsg.): Offene Rundfunkordnung, Gütersloh 1988

Wiedemann, G. (1997): Achten Sie auf Michael Dell, in: Absatzwirtschaft, Nr. 8, 1997, S. 26-27

Wilson, W.R. (1979): Feeling More Than we Can Know: Exposure Effects Without Learning, in: Journal of Personality and Social Psychology, 37, 1979, S. 811-821

Wimmer, K.-H. (1999): Zeitungen, in: Reiter, W.M. (Hrsg.): Werbeträger. Handbuch für den Werbeträgereinsatz, 9. Aufl., Frankfurt/M. 1999, S. 62-115

Witzens, P. (1998): Der Weltmarktführer entwickelt Menschen und Marken, in: Absatzwirtschaft, Sondernummer Oktober 1998, S. 110-117

Wündrich, H. (1992): Wirtschaftswerbung während der NS-Zeit, in: Gries, R./Ilgen, V./Schindelbeck (Hrsg.): Geschichtswerkstatt, Bonn 1992, S. 5-12

Wyss, W. (1986): New Marketing, Adligenswil 1986

Yi, Y. (1991): The Influence of Contextual Priming on Advertising Effects, in: Advances in Consumer Research, Vol. 18, 1991, S. 417-425

Young, C.E./Robinson, M. (1992): Visual Connectedness and Persuasion, in: Journal of Advertising Research Nr. 33 (2) 1992, S. 51-59

Zajonc, R.B. (1968): Attitudinal Effects of Mere Exposure, in: Journal of Personality and Social Psychology Monograph, 1968, 9 (2, Part 2), S. 1-28

Zandpour, F./Chang, C./Catalano, J. (1992): Stories, Symbols, and Straight Talk: A Comparative Analysis of French, Taiwanese, and US TV Commercials, in: Journal of Advertising Research, Jan./Feb. 1992, S. 25-37

Zanger, C. (1998): Eventmarketing - Ist der Erfolg kontrollierbar?, in: Absatzwirtschaft Nr. 8, 1998, S. 76-81

Zanger, C./Sistenich, F. (1998): Theoretische Ansätze zur Begründung des Kommunikationserfolgs von Eventmarketing - illustriert an einem Beispiel, in: Nickel, O. (Hrsg.): Event Marketing, München 1998, S. 39-60

Zentes, J. (1995): Internationales Marketing, in: Tietz, B./Köhler, R./Zentes, J.: Handwörterbuch des Marketing, 2. Aufl., Stuttgart 1995

Zentralverband der Deutschen Werbewirtschaft (ZAW) (Hrsg.) (1996): Jahrbuch Deutscher Werberat 1996, Bonn 1996

Zentralverband der Deutschen Werbewirtschaft (ZAW) (Hrsg.): Werbung in Deutschland (ZAW- Jahrbücher), diverse Jahrgänge

Zimmer, J. (1998): Fernsehempfang: In Zukunft Satellit vor Kabel?, in: Media Perspektiven Nr. 7, 1998, S. 352-365

Zimmer, J. (1998b): Werbemedium World Wide Web, in: Media Perspektiven Nr. 10, 1998, S. 498-507

Zimmer, J. (2000): Großbritannien und Frankreich: Vorreiter für digitales und interaktives Fernsehen, in: Media Perspektiven Nr. 10, 2000, S. 438-450

Zimmermann, T. (1999): Lizenzbranche am Wendepunkt, in: Lebensmittel Zeitung Nr. 13, 1999, S. 46-47

Adreßverzeichnis

Verbände

ZAW, Zentralverband der deutschen Werbewirtschaft e.V.
Postfach 201414
53144 Bonn
Tel.: 0228/82092-0
Fax: 0228/357583
E-Mail: zaw@zaw.de
Internet: www.zaw.de

Gesamtverband Werbeagenturen, GWA e.V
Friedensstraße11
60311 Frankfurt
Tel.: 069/2560080
Fax: 069/236883

Markenverband e.V.
Schöne Aussicht 49
65193 Wiesbaden
Tel.: 0611/5867-0
Fax: 0611/5867-27
E-Mail: info@markenverband.de
Internet: www.markenverband.de

Deutscher Direktmarketing Verband e.V.
Hasengartenstraße 14
65189 Wiesbaden
Tel.: 0611/977930
Fax: 0611/9779399
E-Mail: info@ddv.de
Internet: www.ddv.de

Verband Privater Rundfunk und Telekommunikation (VPRT) e.V.
Burgstraße 69
53177 Bonn
Tel.: 0228/93450-0
Fax: 0228/93450-48
E-Mail: vprt@vprt.de

Fachverband Außenwerbung e.V.
Ginnheimer Landstraße 11
60487 Frankfurt
Tel.: 069/719167-0
Fax: 069/719167-60
E-Mail: info@faw.de

Bundesverband Deutscher Zeitungsverleger e.V. (BDZV)
Postfach 205002
53170 Bonn
Tel.: 0228/810040
Fax: 0228/8100415
E-Mail: bdzv@bdzv.de

Deutscher Multimediaverband e.V.
Kaistraße 14
40221 Düsseldorf
Tel.: 0211/6004560
Fax: 0211/60045633
E-Mail: info@dmmv.de

Europäischer Markenverband
European Brands Association
9 Avenue des Gaulois
B - 1040 Brussels Belgium
Tel.: +32 2 736 0305
Fax: +32 2 734 6702

Marktforschung

A.C. Nielsen GmbH
Ludwig-Landmann-Straße 405
60486 Frankfurt / Main
Tel.: 069/7938 0
Fax: 069/7074012
Internet: www.acnielsen.de

A.C. Nielsen Werbeforschung S+P GmbH
Sachsenstraße 16
20097 Hamburg
Tel.: 040/23642 0
Fax: 040/23642 122
Internet: www.acnielsen.de

Arbeitsgemeinschaft Media-Analyse e.V. (AG.MA)
Am Weingarten 25
60487 Frankfurt
Tel.: 069/156805-0
Fax: 069/156805-40
E-Mail: AGM@agma-mmc.de

Werbeträger

FFA Filmförderungsanstalt
Große Präsidentenstraße 9
10178 Berlin
Tel.: 030/27577-0
Fax.: 030/27577-111
E-Mail: presse@ffa.de
Internet: www.ffa.de

SevenOne Media GmbH
Medienallee 9
85774 Unterföhring
Tel.: 089/95004-0
Fax: 089/95004-339
E-mail: info@sevenonemedia.de
Internet: www.sevenonemedia.de

IP Deutschland GmbH
Vermarktung von Medienwerbung
Aachener Straße 1042 a
50858 Köln
Tel.: 0221/5886-0
Fax: 0221/5886-999
E-Mail: info@ip-deutschland.de
Internet: www.ip-deutschland.de

FDW Werbung im Kino e.V.
Charlottenstraße 43
40210 Düsseldorf
Tel.: 0211/1640-733
Fax: 0211/1640-833
E-Mail: info@fdw.de

Informationsgemeinschaft zur Feststellung der Verbreitung von Werbeträgern e.V., IVW
Postfach 201414
53144 Bonn
Tel.: 02 28 / 8 20 92 -150
Fax: 02 28 / 36 51 41
E-Mail: ivw@ivw.de
Internet: www.ivw.de

Organisation der Media-Agenturen im GWA, OMG
Friedensstrasse 11
60311 Frankfurt am Main
Tel.: 069/25 60 08 - 22
Fax: 069/25 60 08 - 17
Internet: www.omg-online.de

Weitere

Art Directors Club für Deutschland e.V. (ADC)
Melemstraße 22
60322 Frankfurt
Tel.: 069/5964009
Fax: 069/5964602
E-Mail: adc@adc.de
Internet: www.adc.de

Deutscher Werberat
Postfach 201414
53144 Bonn
Tel.: 0228/820920
Fax: 0228/357583
E-Mail: werberat@werberat.de
Internet: www.zaw.de

Organisation Werbungtreibende im Markenverband (OWM)
Schöne Aussicht 59
65193 Wiesbaden
Tel: 0611/5867-0
Fax: 0611/5867-27
E-Mail: info@markenverband.de

Sachverzeichnis

L

Q

R

S

T